成都市

青白江区志

CHENGDUSHIQINGBAIJIANGQUZHI

1991—2005

成都市青白江区地方志编纂委员会　编

方志出版社
Publishing House of Local Records

图书在版编目(CIP)数据

成都市青白江区志. 1991－2005／成都市青白江区地方志编纂委员会 编. —北京：方志出版社，2017.2

ISBN 978-7-5144-2355-6

Ⅰ.①成… Ⅱ.①成… Ⅲ.①区(城市)—地方志—成都—1991－2005 Ⅳ.①K297.14

中国版本图书馆 CIP 数据核字(2017)第 031289 号

成都市青白江区志（1991—2005）

编　　者：成都市青白江区地方志编纂委员会
责任编辑：章　瑾

出 版 人：冀祥德
出 版 者：方 志 出 版 社
地址　北京市朝阳区潘家园东里 9 号(国家方志馆 4 层)
邮编　100021
网址　http://www.fzph.org
发　　行：方志出版社发行中心
电话(010)67110500
经　　销：各地新华书店
法律顾问：北京市大禹律师事务所
印　　刷：成都现代印务有限公司

开　　本：889mm×1194mm　1/16
印　　张：45
字　　数：1218 千
版　　次：2017 年 2 月第 1 版　2017 年 2 月第 1 次印刷
印　　数：0001～2500 册

ISBN 978-7-5144-2355-6　定价：650.00 元

青白江城区（一）

青白江城区（二）

领导视察

LINGDAOSHICHA

1990 年 11 月，全国实验教学现场会在青白江区召开，教育部部长何东昌（前排左）在大同中心校题词

1994 年 1 月，中共四川省委书记谢世杰（左）视察王牌车辆股份有限公司

2005年11月18日，攀成钢举行340连轧管机组竣工典礼，四川省委书记张学忠（前排左一），四川省委副书记、省长张中伟（前排右一）等领导出席

工　业

GONG YE

1995 年 10 月 20 日，四川川化集团公司更名为“川化（集团）有限责任公司”

2000 年 9 月 18 日，川化股份有限公司 1.3 亿股发行上市，国家石化局、四川省人大、四川省政府、四川省化工厅等单位领导出席上市仪式

攀钢集团成都钢铁有限公司

攀钢集团成都钢铁有限公司 340 连轧管机组生产线

四川升达林产有限公司

巨石集团成都有限公司

台玻（成都）玻璃有限公司

成都王牌车辆股份有限公司

农 业

NONG YE

食用麻竹

黄金梨

福洪杏

北四支取水枢纽工程

毗河沈家巷段防洪大堤

马棚堰渠

旅　　游

LU YOU

彭家珍大将军塑像

家珍公园

怡湖公园一角

怡湖公园全景

福洪优质杏基地

姚渡龙门桃花山

绣川书院

省级文物保护单位——文庙三重殿全景

市级文物保护单位——武庙正殿

八阵图遗址

八阵图遗址老照片

城　　市

CHENG SHI

城区一角

怡湖广场

青江南路

城雕《春风》

青白江区污水处理厂

交　通
JIAO TONG

唐巴公路改建工程竣工典礼

成绵高速公路青白江连接线出入口

达成铁路城厢站

高速公路交通节点（一）

高速公路交通节点（二）

文　化 WEN HUA

川化集团公司第三届职工运动会

龙王客家龙灯

城厢过街火连箫

生　活 SHENG HUO

和谐

民生

证券交易

憩园巷花鸟市场

文　物 WEN WU

东汉时期的青铜马

东汉时期的摇钱树

西汉时期的人马陶灯座

西汉时期的虎熊龙凤座

西汉时期的铜熏炉

西汉时期的铜镜

教　育

JIAO YU

1992 年，青白江区教育系统行风评议“三满意”活动动员会现场

2004 年，青白江区通过“两基”教育年审

2005 年 3 月，四川省农村远程教育现场会在青白江区召开

1995 年 8 月，华严中心校落成

1998年落成的大弯中学

大弯小学校景

2005 年 8 月，标准化建设学校——清洁村小学落成

2005 年，农村标准化学校——城厢学校落成

《青白江区志（1991－2005）》终审验收会现场

《青白江区志（1991－2005）》终审验收会参审人员合影

1991–2005 年地区生产总值

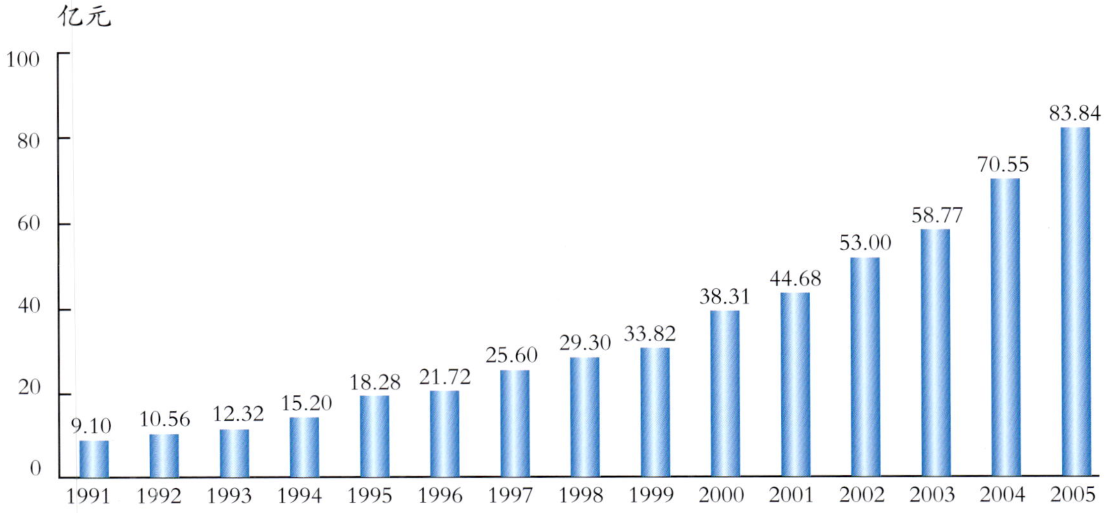

1991–2005 年全社会固定资产投资总额

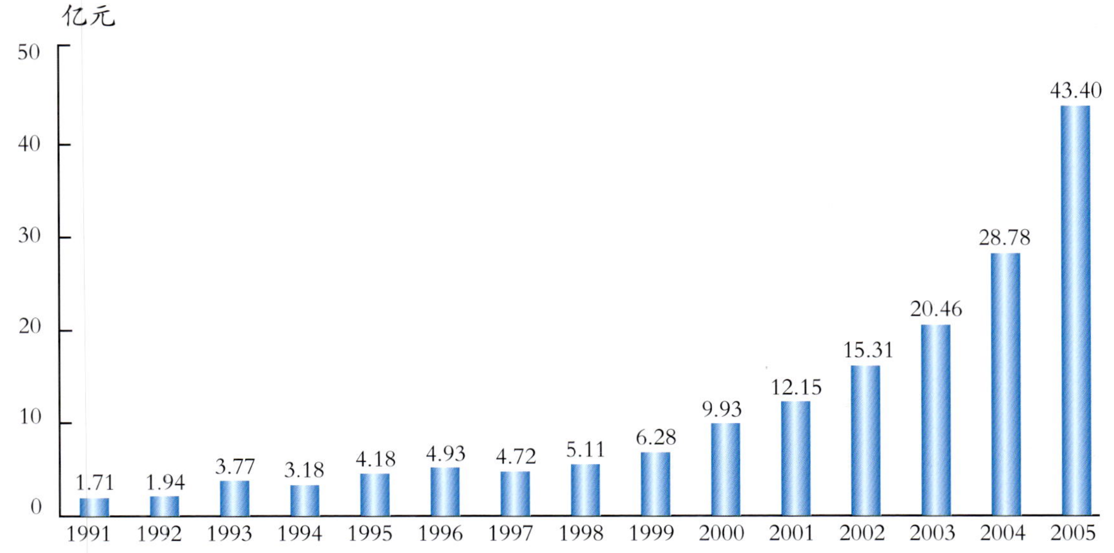

1991-2005 年社会消费品零售总额

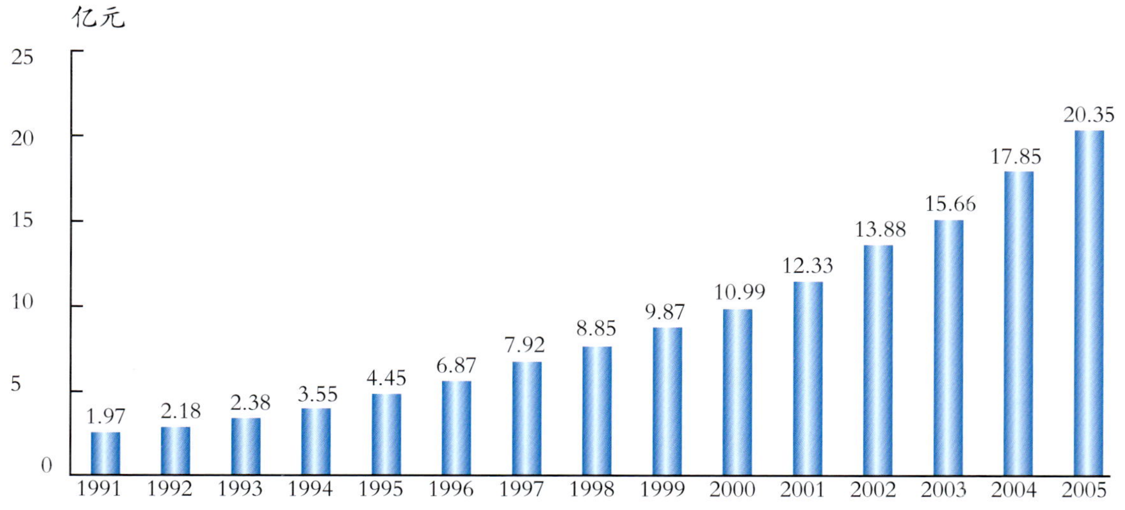

1991-2005 年全口径财政收入

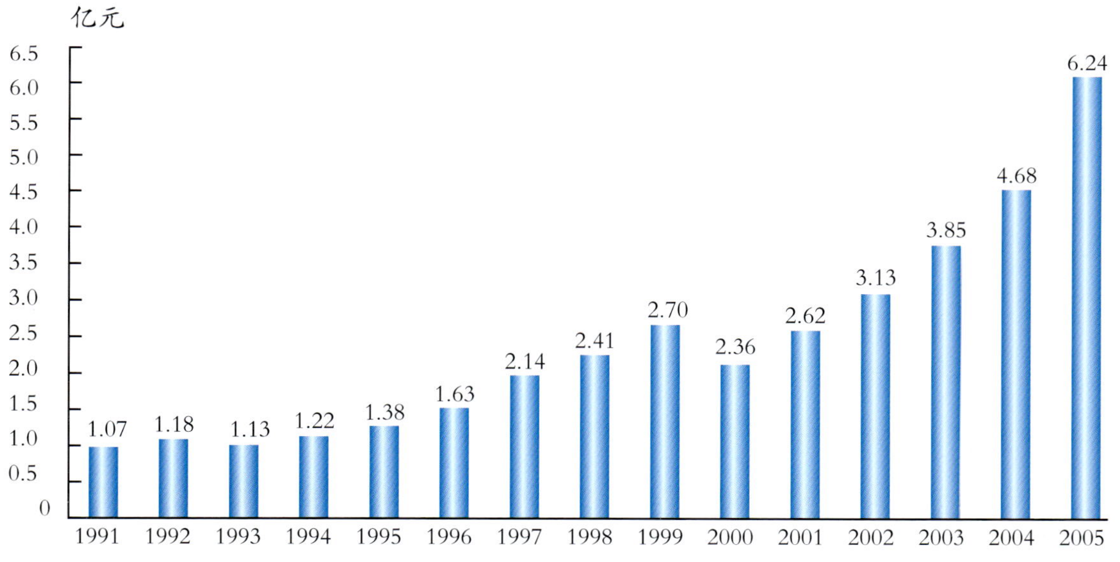

1991–2005 年地方财政收入

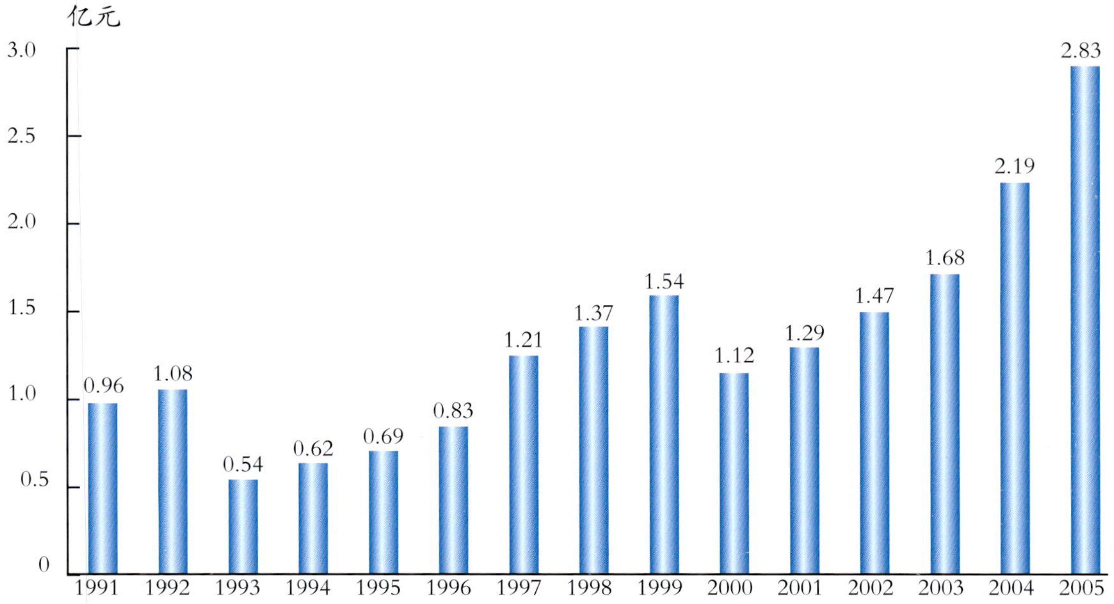

1991–2005 年地方财政支出

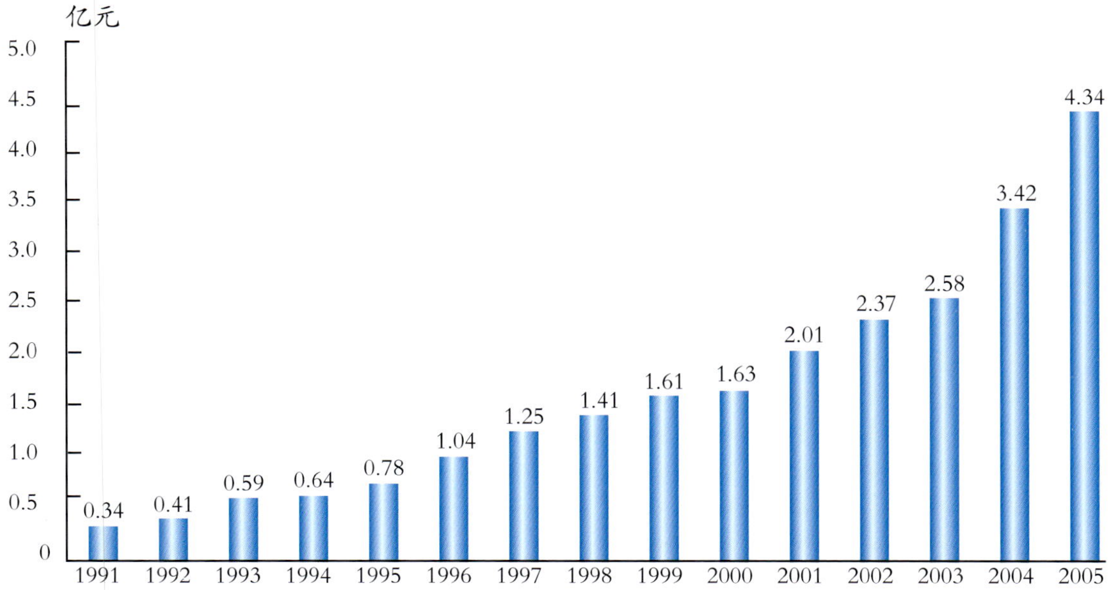

1991–2005 年农村居民人均纯收入

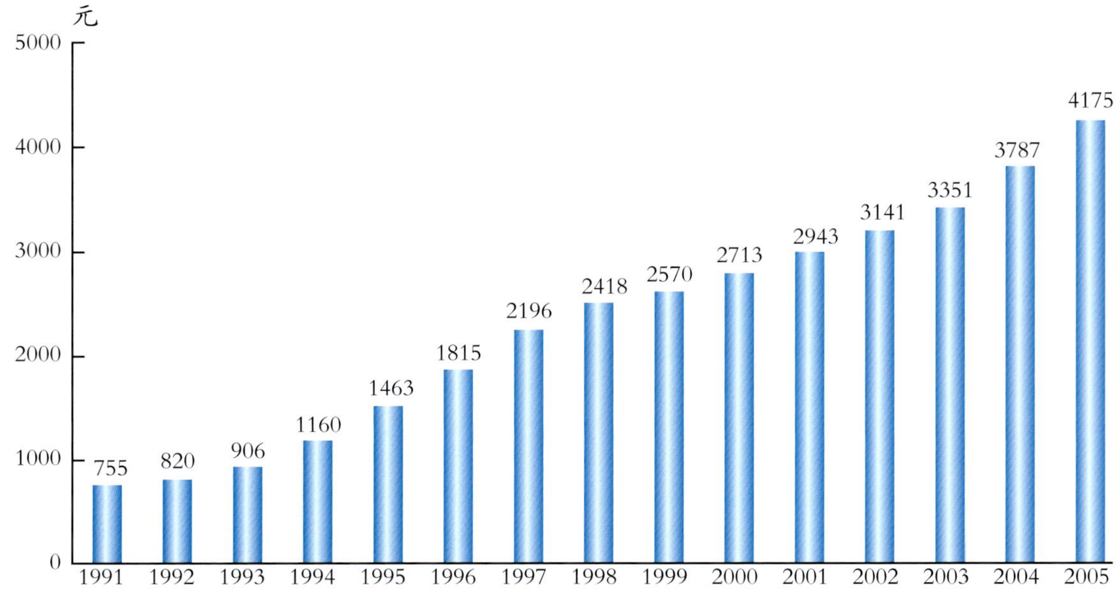

1991–2005 年城镇居民人均可支配收入

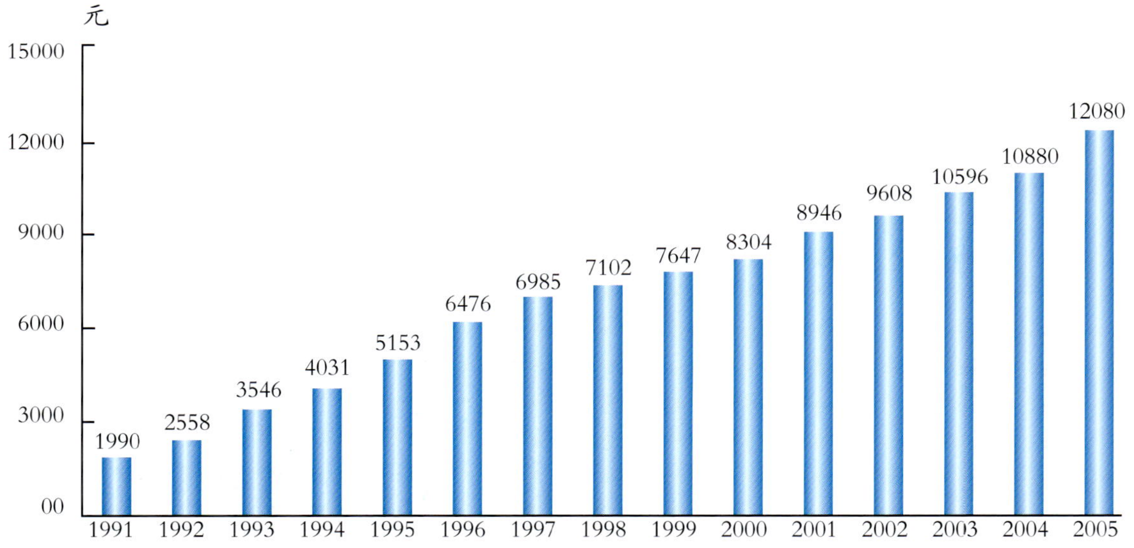

成都市青白江区地方志编纂委员会

《成都市青白江区志(1991—2005)》总编室人员

成都市地方志审查验收委员会
《青白江区志（1991—2005）》终审验收组成员

苏碧群	成都市地方志审查验收委员会主任委员、原中共成都市委副书记
王　真	成都市地方志审查验收委员会副主任委员、原成都市政协主席
邹翰铭	成都市地方志审查验收委员会委员、原成都市政协副主席
鲜开值	成都市地方志审查验收委员会委员、原成都市市长助理
曾祥麟	成都市地方志审查验收委员会委员、原《郫县志》主编
高志刚	成都市地方志办公室党组书记、主任
王家球	成都市地方志办公室党组成员、副主任
孟　渝	成都市地方志办公室巡视员
赖　立	成都市地方志办公室编纂处处长
杨文华	成都市地方志办公室资料信息处处长

序

以史为鉴，传古承今。修志编鉴能真实客观地记载历史创造的生动过程，将昨天、今天与明天连接成一条奔流不息的滚滚长河，存史资政，启迪后人。1960年，青白江区因工业而兴、因河流而得名。虽建区仅五十余载，历史却可追溯数千年，其厚重的文化积淀，与辉煌的现代文明交相辉映，共同演绎着独有的田园魅力。

春华秋实，雄歌曼舞。1995年9月，青白江的第一部区志问世，记载了1960—1990年三十年的发展历程。《成都市青白江区志（1991—2005）》是我区的第二部区志，续写了1991—2005年间的重大变化。全志客观真实、详略得当、图文并茂，精要记述了我区十五年来改革开放、经济发展、社会进步的生动轨迹。十五年一瞬间，仿若流经历史长河的一颗沙砾，展现的却是当代青白江人掀起改革开放高潮、创造历史辉煌的重要一幕。川化A股上市，成钢资产重组，国有集体所有制企业改革、建立现代企业制度全面铺开。一系列改革发展的新思路、新举措，时刻提振着青白江人奋进创新的激情，推动着历史的车轮滚滚前行。到2005年，青白江区工业总产值已达162.46亿元，是1990年的8倍。全区规模以上企业71家，形成了以冶金、化工、建材和机械四大产业为主导的工业新格局。一幅幅美轮美奂的图片勾勒出城乡统筹的沧桑巨变，一组组真实客观的数据鸣奏着青白江人干事创业的华丽乐章。我们为历史的缔造者们喝彩，更为勤劳智慧的青白江人自豪！

以史为鉴，负重自强。读这本志书，我们可以从创业者闪光人生中吸取奋进的精神，从翔实历史文献中吸取创新的智慧，用燃烧的激情镌刻新的历史丰碑，用五彩的画笔描绘更加灿烂的前景！

草碧怜春色，花红忆旧游。《成都市青白江区志（1991—2005）》编纂历时十二载，凝聚着全区各级各部门广大干部群众的辛勤劳动和心血，是各位史志专家、学者，历届区委、区人大、区政府、区政协领导关心帮助的结果。在此，向所有支持和帮助本志书编纂出版的同志们致以衷心感谢，向所有为本志书付出辛勤劳动的同志们表示诚挚的敬意！

中共成都市青白江区委书记：

成都市青白江区人民政府区长：

2016 年 12 月

凡 例

一、本志以马列主义、毛泽东思想、邓小平理论、“三个代表”重要思想、科学发展观和习近平总书记系列重要讲话精神为编纂工作的基本指导思想，坚持辩证唯物主义和历史唯物主义方法，力求客观公正、系统准确地记述断限期内成都市青白江区自然与社会、历史与现状的基本情况。

二、本志记事范围为成都市青白江区行政辖区。记事断限为上限起于1991年1月1日，下限至2005年12月31日。为保持志书记事的相对完整性，部分条目的资料采集和记事年份可适当上溯或下延。

三、本志以科学分类和现代社会分工为依据设置篇目。按地方志体例“事以类从、类为一志、横排门类、纵述史实”的原则规范分级，设置各级目次及其名称。

四、本志分为总述、大事记、政区、自然环境、资源、人口与控制、中共地方组织、地方人民代表大会、地方人民政府、地方政治协商会议、民主党派与人民团体、地方司法、经济管理、工业、农业、城乡建设、环境保护、房地产、交通运输、商贸服务与旅游、邮政电信、金融保险、教育、科学技术、医疗卫生、文化体育、社会保障、居民生活、民俗风情、人物、附录共三十一卷，设卷目、类目、条目三级，以条目为记事单元，构成基本体例架构。

五、本志采用述、记、志、传、图、表、录七种体裁，以志体为主。视选材、记事、行文所需，各体兼用。

六、本志行文采用规范的语体文。文字、称谓、标点、数字、计量单位、注释等均执行国家标准。行文力求严谨、朴实、简洁、流畅。

七、本志行文使用第三人称，不用“我市”“我区”，但可酌情使用“本市”“本区”。行文中涉及的组织机构、会议、文件、职务、地名等，使用全称；多次出现的，第一次出现时用全称，以后可用简称，如“中国共产党青白江区委员会”简称“区委”，“青白江区人民政府”简称“区政府”。

八、本志所用数据，凡列入国家统计部门专业统计的数据均采用法定统计数据；未列入国家统计部门专业统计但又必须使用的数据，则经有关国家机关核实后使用。

九、本志人物传坚持“生不立传”的原则。在本籍出生、或外籍人在本地工作，对全区政治、经济、社会具有重要影响的本志断限内已故人物，根据生平事迹，以传记或传略方式入志，按卒年顺序排列。

出生本籍，长期工作在外地，对地区政治、经济、社会做出重要贡献的历史人物、本志上限前已故人物列入补遗类目记载，按卒年顺序排列。

典型的在世人物，采用“以事系人”的方式在相关条目中记述或分类列表，顺时排列。

十、本志图片选用适当下延，收录的书画和摄影作品标准，作者是区内现任省级以上艺术家协会会员。

十一、纪年、世纪、年代一律用阿拉伯数字书写。中华人民共和国成立后用公元纪年，中华民国时期用民国纪年，中华民国以前用朝代纪年，并括注公元纪年。

十二、本志所用资料，部分由相关部门提供，部分采自青白江年鉴、青白江统计年鉴、馆藏档案、公开出版的书报杂志、部门调研资料和口碑资料，一般不注明出处。

目　录

资　源

人口与控制

中共地方组织

地方人民代表大会

地方人民政府

地方政治协商会议

民主党派与人民团体

法 治

经济管理

工 业

农 业

城乡建设

环境保护

房地产

交通运输

商贸服务与旅游

邮政电信

金融保险

教 育

科学技术

医疗卫生

文化体育

社会保障

居民生活

民俗风情

人　物

附　录

总 述

青白江区位于成都市东北，东邻金堂县，南接龙泉驿区，西界新都区，北靠广汉市。地理坐标北纬30°39′33″~30°55′0″，东经104°9′37″~104°29′31″，东西最长31.6千米，南北最宽28.4千米，面积378.56平方千米。2005年辖7个镇、2个乡和2个街道办事处，96个行政村，24个社区居民委员会，村（居）民小组1655个，总人口394257人。耕地面积16447公顷。区政府驻红阳街道办事处（大弯镇）青江中路，距成都城区25千米。

青白江区境属内陆亚热带季风气候区，四季分明，气候温和，雨量充沛，日照偏少，无霜期长。春季少雨易旱，时有倒春寒；夏季较热，伴有阵性大风，因暴雨易涝；秋季气温下降快，多绵阴雨；冬季较短，干燥多雾。年平均气温在14.9℃~16.7℃之间，年平均降水量925.4毫米，年平均日照时数1239.1小时。区境地势西北低、东南高，由西北平原向东南龙泉山脉逐步抬升过渡，形成平原、丘陵、低山三种地貌，海拔451~915米。平原和丘陵占全区总面积的72.8%，土地肥沃，保肥保水力强，适宜水稻、小麦、玉米、油菜籽等多种农作物生长；低山区森林资源丰富，森林面积占全区的49.47%，森林覆盖率47%，活立木蓄积量32.76万立方米。区境地处沱江流域，属都江堰自流灌溉区，水资源相对丰富，年平均水资源总量7.47亿立方米。青白江、毗河、西江河、长流河等天然河流为全区工农业生产和居民生活提供可靠水源。区境矿产资源种类多，分布广，部分矿产品资源储量丰富。天然气是青白江区主要矿产资源，累计探明地质储量500亿立方米，各气田天然气品质优良，甲烷含量达95%，不含硫化氢。建材等非金属矿产资源丰富，具有一定的开发利用价值。

区境建有500千伏、220千伏、110千伏变电站各1座，35千伏变电站3座，主变总容量195.13万千伏安，年供电量18.36亿千瓦时。建有川西北和川东天然气输气主管道两条。中国石油天然气集团西南油气田、中国石油化工集团西南分公司油气田提供气源。青白江配气站是成都最大的天然气输配气中心，承担成都地区供气调度职能。青白江区年供气量10.07亿立方米。

交通邮电全面发展。青白江区位于成都北部交通要道，古金牛道、小川北大道途经区境，连接川陕、辐射西南。15年来，按照全区“两纵三横”公路建设规划，以改善通行条件，提高通行能力为重点，新建、改建区内公路370余千米，“两纵三横”公路格局基本形成，新增了出入口，接通了断头路，分别与过境的国道、省道和周边区县相连接，构成了方便快捷的公路交通网络。1992年全区乡乡通油路，2001年全区村村通水泥（沥青）路。2005年全区公路通车里程582.8千米，好路率由1991年的68.7%提高到2005年的87.4%；客运量由1991年的430万人增加到2005年的1389万人；货运量由1991年的218万吨增加到2005年的970万吨。成渝铁路、宝成铁路、达成铁路、成都铁路北环线与区内工厂企业专用铁路共同构成铁路交通网络。2005年，成都华铁国际储运有限公司开通了成都—上海铁路集装箱“五定”班列。

1991年邮政、电信经营传统业务，1992年邮政、电信分设。1994年新建区邮政大楼，拓展了邮政业务，增设了邮政网点，延伸了投递线路，促进了全区邮政事业的发展。1991年邮政业务184.36万元，2005年邮政业务615万元；1991年邮政储蓄存款余额1099万元，2005年邮政储蓄存款余额1.55亿元。1991年全区纵横制交换机200门，磁石电话300门。1992年开通S1240程控交换机，并入成都市话网，实现国际、国内长途直拨。1994年后，相继建成并开通了模拟无线移动“B”网基站、无线模拟移动“A”网基站和数字无线移动“G”网基站。1997年全区村村通电话，2001年开通小灵通和互联网业务。2005年全区市话用户89773户，移动通信基站437个，建成移动电话村12个。

青白江区是成都化工、冶金基地，位于成都—德阳—绵阳经济带。雄厚的工业基础，优越的地理位置，发达的交通路网，便捷的通信设施，为青白江区工业的发展创造了良好的条件，焕发了老工业区的生机。工业经济在全区占有举足轻重的地位，历届区委、区政府十分重视工业发展，先后作出了“深化企业改革，改善投资环境，依托大中型企业，加快工业区建设。”“走工业强区之路，构建成都工业高地……”“生态立区、工业强区，建设成都市北部新城、生态工业高地。”等决策，推进了企业产权制度改革，促进了产业结构调整，初步形成工业企业集中成片，规范了工业布局。1992年以弥牟工业开发区为成片开发试点，引进项目31个，总投资1.39亿元。到20世纪末，全区基本形成冶金、化工、机械、建材四大支柱产业，总产值占全区工业总产值的70%。天府牌尿素、热轧带肋钢筋、王牌农用汽车、强化木地板等产品先后被评为省、市优质产品。围绕国家西部大开发战略，抓住成都东郊产业结构调整的历史机遇，区委提出“走工业强区之路，构建成都工业高地，跨越发展青白江”的战略，按照“做大做强一批，引进扩张一批，鼓励扶持一批，脱困解难一批，调整退出一批”的工作步骤实施一厂一策，启动工业集中发展区的规划建设，做好承接东郊产业转移，引进一批科技含量高，经济效益好，资源消耗低，环境污染小的企业，促进产业结构和产品结构提档升级，不断淘汰落后产能，壮大优势产业。2005年全区工业总产值162.46亿元，比1990年增长10.5倍。其中规模以上工业企业总产值145.25亿元，工业增加值44.07亿元，利税14.42亿元。

青白江区认真贯彻落实“决不放松粮食生产，积极发展多种经营，大力发展乡镇企业”的农村工作方针，以稳粮、增收、达小康为目标，突出农业基础地位，实施“科技兴农”战略，完善农业服务体系，提高农业产业化水平，实施扶贫开发，减轻农民负担，增加农民收入，促进了农村经济持续发展。

1991年，在全区推广和实施以杂交水稻种植面积、两段育秧面积、规范化栽插面积均达到90%为目标的“三九”工程，广泛推广应用农业新品种、新技术，粮油作物单产稳步提高，1996年水稻单产突破500公斤。加强农田基本建设，实行山、水、田、林、路综合治理。整治进水枢纽工程，疏通排灌渠道，完善水利设施，增加提灌机具、新建微型蓄水池，确保农业用水引得进，用得上，排得出。治理水土流失，扩大农机作业面积，改善了农业生产条件。农业产业化水平进一步提高，产业结构调整步伐加快。结合退耕还林工程，在低山和丘陵乡镇建立优质水果、无公害蔬菜、中药材和食用菌基地，在平坝乡镇建立优质水稻、优质小麦和“三低”油菜试验示范基地，启动毗河、西江河沿岸食用竹产业带建设，打破了长期形成的以种粮为主的单一的产业格局。2004年，探索农村土地经营权有偿转让的途径和方式。按照自愿、有偿、互惠、互利、风险共担的原则，推行公司+基地+农户的经营模式，推进农村土地适度规模集中经营，促进传统农业向现代农业转变。2005年流转土地1000余公顷，发展年产值超5000万元的农业产业化龙头企业4家，农业专业合作经济组织21个。

全区乡镇企业起步早、发展快、门类多、效益好，成为解决农村富余劳动力就业，增加农民和财政收入的支柱产业。乡镇企业经历了布局零乱、设备陈旧、技术落后的作坊式生产到布局合理、产业配套、依靠科技、巩固提高的发展过程，在深化企业改革中，实现了从量的积累到提高质量的转变。形成了一批生产规模大，科技含量高，产权结构和投资主体多元化的骨干企业，部分产品分别获得国家、省、市、金奖、银奖和优秀产品称号。

1991年青白江区启动“大市场、大流通、大商业”建设，逐步完善城乡商业网点，先后新建唐家寺畜牧市场，太平综合市场、城厢巫家祠市场、大弯综合市场、团结村综合市场，1998年集市贸易成交额已达10.48亿元。1999年成立区房地产交易中心，启动青白江区房地产交易市场。随着国营商业和供销合作商业企业的改革，国有资本逐步退出县级以下商品流通市场，为物流配送连锁经营等现代商业经营模式的发展提供了发展空间。2001年建成青白江区首条商业步行街，引进红旗连锁、万家福超市、汇集超市等一大批大中型商贸企业，促进了全区商品零售业的发展，2005年全区社会消费品零售总额实现14.21亿元，是1990年的8.3倍。

实施“科技兴区”战略，完善科技机制，增加科技投入，促进科技事业发展，到2002年，全区完成科技项目158项，其中，荣获市以上政府及科技部门的科技成果奖94项，民营科技企业发展到22家。1995年全面完成普及九年义务教育（简称普九）任务，小学生适龄儿童入学率为100%，初中生适龄少年入学率为96.94%。1996年以来，在巩固“普九”成果的基础上，推进普通高中和职业高中同步发展。2001年7月，大弯中学建成“国家级示范性普通高中”。2004年引入北大附中成都实验学校入驻青白江区。青白江区形成以区级医院为中心，乡镇卫生院（公立医院）、村（社区）卫生所为基础的三级医疗、防疫、保健网络。先后对“二号病”“非典”“禽流感”“猪链球菌病”等进行有效防控，积极开展农村药品监督配送供应，实施新型农村合作医疗和少儿住院医疗互助制度。2001年区人民医院与川化医院重组，建成国家二级甲等综合性医院。2002年成立区疾病预防控制中心。2005年，全区有区级医院5所，乡镇卫生院13所，妇幼保健院、专科疾病院各1所，病床位1101张。

青白江区逐步建立以养老、失业、工伤、医疗为主的社会保障制度。1991年，实施国营、集体企业职工退休养老保险基金统筹，1992年，国营、集体职工实行大病基金统筹。1995年，全面实行职工养老保险制度，2001年企业职工养老保险参保率达100%，失业职工救济金按时足额发放。2001年5月开展城镇职工基本医疗保险，推行补充医疗保险，2002年，全区参加基本医疗保险的职工达到5.6万人。1997年12月和1998年12月，分别建立农村、城市居民最低生活保障制度，保障了特殊困难群体的基本生活。

15年来，全区社会稳定，经济发展，城乡居民生活明显改善。2005年，地区生产总值达到83.84亿元，比1990年增长7.7倍，其中：第一产业增加值6.88亿元，比1990年增长0.8倍；第二产业增加值54.79亿元，比1990年增长9.8倍；第三产业增加值22.17亿元，比1990年增长10.7倍。全口径财政收入6.24亿元，比1990年增长5.1倍；城镇居民人均可支配收入10941元，比1990年增长5倍；农村居民人均纯收入4175元，比1990年增长5.4倍。

15年来，青白江区经济持续增长，社会事业全面发展，人民生活水平明显提高。但横向比较仍然存在较大差距。经济总量小，财政增收困难；农业基础脆弱，产业化水平较低，山区经济发展缓慢，农民增收难度大；工业布局和产业结构不尽合理，优势产业不够突出；第三产业发展后劲不足；固定资产投入不足，基础设施建设滞后；城市结构、布局不合理，功能不完善；社会保障体系不完善，城镇下岗职工、农村富余劳动力就业压力大。1996—2000 年，全区人均国内生产总值、人均财政收入、人均固定资产投资总额和农民人均纯收入均低于全市平均水平。这些问题和不足，应引起高度重视，认真研究解决。

大事记

1991—2005
成都市青白江区志

1991 年

1 月 15—20 日，省市国土局在青白江区召开地籍研讨会。

1 月 25 日，市委书记吴希海走访慰问人和乡油坊村贫困户。

1 月，四川化工总厂厂长谢木喜在出席全国化工厅（局）长会议期间，与部分化工企业代表受到国务院总理李鹏、副总理田纪云等领导的接见。副厂长雷子良在出席全国“百家企业提高经济效益交流会”期间，参加国务院总理李鹏召集的部分大中型企业厂长、经理座谈会。

2 月 4—8 日，区政协召开三届二次全体会议，听取和审议政协常委会工作报告，提案报告。

2 月，四川化工机械厂研制成功 Φ168 弯曲半径为 180°的不锈钢弯头，填补了国内大口径不锈钢弯头生产空白。

3 月 5—8 日、区人大召开第十二届人民代表大会第二次会议。会议听取和审查批准区政府工作报告；青白江区 1991 年国民经济和社会发展计划草案报告；青白江区 1990 年财政决算和 1991 年财政预算草案报告；区人大、区法院、区检察院工作报告。

3 月 11 日，区委、区政府组织 12 个农村乡镇负责人到都江堰市学习推广杂交水稻经验。3 月 16 日印发《关于切实做好 1991 年推广种植杂交稻工作的意见》。

4 月 27 日，区委、区政府召开创建卫生文明城镇宣传动员大会，一万多人上街游行演出。同日，青白江区台胞台属联谊会成立。

4 月 28 日，国家土地管理局、省国土局及有关专家，对区开展农业资源经济信息动态监测布点工作进行检查验收，30 日检查验收结束，青白江区验收合格。

4 月，省农工委在青白江区召开龙泉山脉开发农业工作会议，参加会议的 9 个县（区）相互交流开展农业工作的经验。

5 月 9—11 日，区委、区政府召开全区贫困村脱贫致富工作会议，研究和落实乡（镇）、村脱贫致富的一年计划，三年规划及措施。

5 月，成都钢铁厂与建筑科学院联合研制开发的中等强度直径 4 毫米的“冷轧变形钢丝”新产品在劳动服务公司研制成功，填补了国内生产“冷轧变形钢丝”产品的空白。

6 月 26 日，区委在怡湖宾馆举行《中国共产党青白江区组织史》首发式。

6 月 29 日，青白江区第一届残疾人代表大会召开。

6 月，苏联农工学会副主席伊万诺娃·莉莉亚·伊万诺夫娜和肥料研究所所长叶戈罗夫·亚力山大·亚力山德耶维奇两位专家到区考察食用菌生产加工情况，参观了区微生物协会菌种站和区蘑菇中心。

7 月 1 日，成都钢铁厂钢渣矿渣水泥开发成功，各项指标均达到和超过国家 GBn146—82 标准，成为西南地区首家生产钢渣矿渣水泥的企业，解决了钢渣矿渣处理难题。同月 15 日生产出第一批水泥。

7 月 5 日，青白江区华严中心校组织部分学生到彭县银厂沟举办夏令营活动，16 时 10 分，客车行至白水河（距银厂沟 7.9 千米处），因驾驶员处理不当，客车翻入 158 米深的山下沟内，造成 25 人死亡，28 人轻重伤的重大恶性交通事故。其中青白江区死亡 23 人，重伤 17 人，轻伤 8 人。

7月29日，青白江区第一家中外合资校办企业——成都巨人树制衣有限公司在区教育局举行签字仪式。

7月31日，区委召开五届四次全委会议，总结1991年上半年工作和部署下半年工作。

7月，青白江区被国家教委评为全国电化教育先进县。

9月17日，化工部部长顾秀莲、副部长贺国强到四川化工机械厂检查和指导工作。

10月8日，成都钢铁厂具有国际先进水平的300立方米高炉“水冲渣”处理工艺和全国最大的“球式热风炉”建成投产。

10月25日，成都桥梁厂被四川省人民政府批准为“省级先进企业”。

12月5日，青白江区中小学、幼儿园奖励基金会成立。

12月，四川化工机械厂与兰州化工机械研究院合作，在国内首次成功研制美型30万吨/年大化肥装置用ZV－203尿素减压阀和MIC－22合成氨蒸汽快开阀。

1992年

1月6—7日，区委召开五届五次全委（扩大）会议。会议传达了市委全委扩大会议精神，学习讨论《中共中央关于进一步加强农业和农村工作的决定》。

1月10—20日，彭县、金堂县、青白江区书画联展在怡湖公园举行。

1月21日，铁道部副部长傅志寰在计划司、工业总公司负责人陪同下到成都桥梁工厂检查指导工作。

1月，青白江区大弯镇被四川省爱国卫生运动委员会命名为川西地区第一个省级“卫生县城”。

2月7日，经国务院批准四川化工总厂为“特大型企业”。

2月19日，省长张皓若到四川化工机械厂检查和指导工作。

3月5—11日，区人大召开区十二届人民代表大会第三次会议。审议并批准青白江区国民经济和社会发展第八个五年计划纲要。同日，区政协召开三届三次会议。协商青白江区“八五”规划。

3月11日，成都桥梁厂研制的2059图桥梁钢模型，第一孔24米梁试灌成功。

3月23日，省人大、省政府沱江流域环保执法检查团到川化、成洗、成纤厂检查环保工作。省人大常委会副主任兼城环委主任刘海泉，省人大常委黎汉超，省环保局局长潘大健，省政府有关委、局负责人参加检查。

同日，区政府决定成立“青白江区城市经济体制改革指导小组”，指导小组下设办公室。

4月6日，副省长蒲海清、省劳动人事厅厅长沈伯俊、市委副书记骆隆森、副市长朱永明一行到成都钢铁厂了解企业转换机制及劳动人事制度改革情况。

5月1日，龙王、合兴、福洪、清泉、姚渡5个乡镇，29个村遭受大风、冰雹袭击，受灾面积3.95万亩，经济损失1716万元。

5月20日，区委、区政府在怡湖宾馆会议室召开科技顾问团成立大会。聘请川化总厂厂长谢木喜、成钢厂厂长廖子才、化机厂厂长赖成文等12人为科技顾问团顾问。

5月27日，区委、区政府在怡湖宾馆召开驻区市属以上工厂领导座谈会，区领导介绍了青白江区贯彻中央 2 号文件精神，加快改革步伐的有关政策；研究同驻区市属以上工厂联办企业有关事宜。

6 月 1 日，区政府印发《关于加快我区企业经营机制转换的意见》，企业经营机制转换工作正式实施。

7 月 25 日，市政府批准《成都市青白江区住房制度改革规划和实施方案》。

7 月，中国石油天然气总公司和省政府决定：川化以年产 500 万吨炼油厂副产物丙烯酸为生产原料，建设丙烯酸及脂、丁辛两套装置，作为石油化工的启动项目。

8 月 2 日，由中国（包括香港）、日本、荷兰、贝宁 80 名中学生组成的“国际中学生环保夏令营”，到四川化工总厂参观。

8 月 17 日，“青华建材杯”全国女子篮球甲级四强精英赛在青白江区文体公园举行。同日，区委、区政府成立区“三引进”办公室。

9 月 3 日，区委、区政府制定《关于加快我区工业开发区建设步伐的意见》。

9 月 17 日，农工民主党青白江区支部与成都市第四人民医院、青白江区景峰乡卫生院合作建立“成都市第四人民医院青白江分院”，该院属区卫生局、景峰乡政府双重领导。

10 月，川化党委书记陶孝伯当选中国共产党十四大代表。

11 月 1 日，根据市委、市政府《关于进一步改革粮食购销体制的通知》要求，全区放开粮食收购价格、销售价格、调拨价格。城镇居民口粮不再实行凭票、凭证、平价供应。

11 月 20 日，区委印发《关于提高乡、镇领导干部待遇等有关问题的通知》。乡、镇党政正职、专职人大主席团主席享受正局级待遇，乡、镇党政副职，武装部长享受副局级待遇。

12 月 5 日，市委决定：谢述钧任中共成都市青白江区委委员、常委、副书记，免去杨恒宇中共成都市青白江区委委员、常委、副书记职务。

12 月 9 日，区十二届人大常委会第十二次会议，任命谢述钧为区政府副区长；接受杨恒宇辞去区长职务的请求，决定谢述钧为区政府代理区长。

12 月 20 日，大弯镇青江中路建设巷“节假日市场”开市。进入市场经营的人员不办执照，不缴纳税金，不交入场费，工商部门无偿提供摊位和服务。

12 月 30 日，区委召开五届七次全委会议。研究召开第六次党代会的有关事宜。

同日，五环特种钢管厂在弥牟工业开发区破土动工。

1993 年

1 月 8 日，区委、区政府决定从 1993 年起，创办《青白江报》。

1 月 14—18 日，召开中共青白江区第六次代表大会。孙寿权代表五届区委作《抓住机遇、锐意进取、加快我区改革开放和经济建设步伐而努力奋斗》的报告，选举孙寿权为区委书记，谢述钧、李永江为副书记。

1 月，省爱国卫生委员会授予青白江区大弯镇卫生县城称号。

2 月 11—15 日，召开区政协四届一次会议，选举杨恒宇为主席，朱一中，白美德、刘世增、李春生、夏公禹为副主席，白美德兼秘书长。

2 月 12—16 日，区十三届人大一次会议召开，审查批准八个工作报告。选举侯忠万为区十三届人大常委会主任，袁秀华（女），曹玉安、杨仲恒、廖世泽为副主任；选举谢述钧为区政府区长，江家模、肖敏生、郭永立、王玉华（女）、吴定明为副区长；选举邓远斌为区法院院长；张义金为区检察院检察长。

2 月 18 日，副省长李蒙到区视察大弯镇城镇建设和城市创建工作。

2 月 22 日，省爱委会授予青白江区“省卫生文明城镇”称号。

3 月 7 日，国家教委到区考察成都巨人树制衣有限公司和大弯小学。

3 月 18 日，四川南山机械厂成都分厂举行奠基典礼。

4 月 6 日，市委、市政府命名彭大将军专祠为成都市青少年教育基地。5 月 26 日，区委、区政府举行揭牌仪式。

同日，区十三届人大常委会召开第三次会议，决定接受吴定明辞去副区长职务的请求。

4 月 30 日，21 时 30 分至 22 时 40 分，青白江区遭受八级左右大风及冰雹、暴雨、雷电袭击。油菜、小麦成片倒折，部分房屋倒塌，部分秧苗淹没，龙王乡锦江村 5 组农民李 × × 遭雷击身亡。全区直接经济损失 290.7 万元。

5 月 28 日，龙王乡青平村 7 组、4 组发生两起火灾，24 户村民，91 人受灾，137 间草房及大部分衣物、农具、家具被烧毁，32 头生猪烧死，烧毁粮食 1.1 万多公斤和现金 3900 余元。

6 月 3 日，化工部副部长李子彬到四川化工机械厂检查和指导工作。

6 月 9 日，日新乡福农村 10 组发生火灾，受灾 17 户、60 人，烧毁房屋 56 间，经济损失 10 万元。

6 月 30 日，区电视台在怡湖宾馆召开开播庆典大会。7 月 1 日，用 17 频道试播成功。

7 月 16 日，铁道部副部长孙永福在物资总公司副总经理周建国、建设司副司长、工程总公司副总经理的陪同下视察成都桥梁厂。

7 月 28 日，召开中共青白江区代表大会，选举中共成都市第八次代表大会代表。

8 月 23 日，省长肖秧、省委副书记郭金龙到川化现场办公。

9 月 24 日，区委召开全区党员领导干部大会，贯彻中纪委二次全会精神，区人大、区政府、区政协党员领导出席会议。

10 月 27 日，国营企业青白江区工业联营公司出售给民营企业重庆市大渡口建民科技实业有限公司。是全区第一家民营企业收购国营企业。

11 月 22 日，省人大常委会副主任兼省城环委主任徐尚志带领“四川省环保执法检查组”，在市领导陪同下对川化、成钢、成化、成纤四厂进行检查。

12 月 24 日，中国残联群工部主任王应朝、省残联理事长凌时仁及市残联领导一行到区检查指导工作。

1994 年

1 月 6—7 日，“93 四川省十佳运动员”评选会在怡湖公园天人之都国际休闲俱乐部召开。

1 月 12 日，省委书记谢世杰、市委书记黄寅逵、市委副书记陶武先、市委常委兼秘书长苏海红等一行 4 人到区视察乡镇企业和个体私营经济发展情况。

2 月 4 日，省委常委、常务副省长蒲海清一行，考察驻区市属以上大中型企业。

2 月 8 日，四川化工总厂年产 4000 吨双氧水稀品（27.5%）装置试车成功。

2 月 18 日，副省长李蒙和省爱卫办副主任周利到区视察巨人树制衣有限公司、四川化工总厂、大弯中学、大弯小学、团结村农贸市场。

2 月 20 日，龙王乡清洁村小学五年级学生，12 岁的少先队员陈志全为抢救不慎落入西江河的同学英勇献身。3 月 2 日，区委、区政府命名陈志全为“赖宁式”好少年。3 月 5 日，市政府授予陈志全“赖宁式”好少年称号。

3 月 18 日，四川川化集团公司成立。

同日，中共中央总书记江泽民、国务院总理李鹏等中央领导接见全国科技奖励大会代表，川化代表张文出席。

3 月，成都市首届地掷球比赛在区文体公园举行。

4 月 27 日，以区长谢述钧为团长的青白江区招商引资代表团一行 12 人，赴新加坡招商引资。

4 月 28 日，区政府对销售的菜油、标米、标准面粉实行最高限价管理，确保粮油价格相对稳定。

4 月 30 日，21 时 30 分突刮大风，降暴雨、冰雹。祥福、龙王、合兴、华严等乡 125 个村受灾，粮食作物受灾面积 3200 公顷，经济作物 226 公顷，倒塌房屋 500 余间，损失折款 300 余万元。

4 月，四川省第三届地掷球比赛在青白江区文体公园举行。

5 月 9 日，唐巴公路青白江段水泥路浇筑改建工程竣工，青白江段长 17.5 公里、宽 15 米，水泥路面。7 月 18 日，在川化俱乐部举行竣工剪彩仪式。

5 月 20 日，《青白江区志》送审稿经市地方志编纂委员会审查，验收合格；12 月 22 日，市政府批准出版。

6 月 11 日，“93 四川省十佳演员颁奖仪式”在怡湖公园天人之都举行。

6 月，标二米和标准面粉继续由国家粮店挂牌限价销售，采取定点、限量、限时、造册登记的办法供应。

7 月 12 日，省市领导蒲海清、朱永明到区考察国营大中型企业，区委领导汇报了青白江区上半年工作。

7 月 17 日，凌晨 3 时半至 4 时，龙王、日新、祥福、合兴、福洪乡遭受特大冰雹、大风暴雨袭击，死亡 1 人，重伤 2 人，轻伤 7 人，倒塌房屋 1300 余间，牲畜死亡 1165 头，造成经济损失 1200 余万元。

8 月 26—27 日，召开共青团青白江区第七届代表大会。

9 月 28 日，成都市青白江区国家税务局、成都市青白江区地方税务局分别成立。

同日，副省长刁金祥到区视察商业网点建设情况。

9 月，青白江区妇保所被世界卫生组织、联合国儿童基金会和卫生部命名为“爱婴医院”。

9 月，青白江区实施国有企业劳动合同制改革。区经委直属企业 728 名全民所有制职工转为劳动合同制工人，打破了工人与干部身份界限，用法律的形式规范了劳动关系。

10 月 21 日，区委召开六届五次全委（扩大）会议，会议通过关于认真学习、贯彻《中共中央关于加强党的建设几个重大问题的决定》的决议。

10 月 22 日，青白江区“94 情在金秋”菊花灯展商贸会在怡湖公园开幕。

11 月 29 日，中央电视台《神州风采》编辑部与省林业厅电视制作中心到区拍摄专题片《潮起青白江》。

12 月 12 日，青白江区工商局更名为成都市工商行政管理局青白江分局。

1995 年

1 月 18 日，市委书记黄寅逵，市人大副主任靳双林一行到区慰问困难户。

2 月 7 日，城厢镇三楚宫改建的佛教寺庙——寿佛寺举行开光典礼，寿佛寺是青白江区第一个正式开放的佛事活动场所。

3 月 3 日，合兴乡干部和肉联厂职工面对持枪抢劫的 3 名歹徒，奋不顾身与其搏斗，1 人负伤。9 日，区长谢述钧、区委副书记李永江和副区长肖敏生专程前往解放军 47 医院，慰问勇斗歹徒的负伤人员。

3 月 17 日，化工部副部长贺国强到川化检查工作。

3 月 22 日，中共中央政治局委员、国务院副总理吴邦国一行视察川化集团公司。

3 月 25 日，日新乡太山小学民办教师张崇莲身患尿毒症、严重肾衰竭，区委、区政府成立救助领导小组，筹集捐款 63132. 35 元。

4 月 2 日，省委副书记杨崇汇、副省长张中伟、市委副书记陶武先，副市长刘家忠到区检查“化肥一条街”化肥交易市场治理整顿情况。

4 月 26 日，青白江区机械厂以出售的方式改制为民营企业。

4 月 28 日，国内最大宽幅玻璃生产线在成都华明玻璃纸制品公司建成投产。

4 月 29 日，青白江区城厢中学，绣水中学举行合校庆典大会。

5 月 19 日，国家、省、市保密局领导到区检查保密工作。区保密局代表成都市 19 个区（市）县，接受并通过检查验收。

5 月 22 日，区政府印发《成都市青白江区全面实行劳动合同制的意见》。在全区城镇集体企业中全面开展劳动合同制改革，同时分别在重点乡企、三资、私企、股份制企业进行试点。

6 月 17 日，市委书记黄寅逵、副市长何绍华及有关部门负责人到区检查小春粮油收购情况。

6 月，市政府命名彭家珍大将军专祠为成都市爱国主义教育基地。

7 月 10 日，区委召开全区反腐败工作会议。区人大、区政府、区政协领导以及各乡镇党委书记、纪委书记、区级各部门各单位的主要负责人、纪检组长等近 200 人参加会议。

8 月 10—11 日，青白江区遭受暴风雨袭击，雨量达 92. 5 毫米，毗河、西江河河水猛涨，青白江大河洪峰流量超过 1981 年，全区 8 个乡镇受灾。

8 月 13 日，华明玻璃纸制品公司总经理税志异，又一次放弃星期例行休假，到公司值班，不幸倒在生产现场，以身殉职。11 月，区委、区政府追认他为优秀企业家；12 月，市纺织局追认他为纺织系统优秀党员；省纺织工业厅发出通知，在全省纺织系统开展学习税志异的活动。

9 月 28 日，区政府在成钢宾馆召开首部《青白江区志》发行大会。

10 月 20 日，四川川化集团公司更名为川化集团有限责任公司。

11 月 4 日，成都 7005 油库（青白江区人和乡）发生泄漏事故，在市、区有关领导、消防人员及油库职工的共同努力下，一起重大火灾隐患被排除。

11 月 9 日，市委任命王琪为中共成都市青白江区委常委、区委副书记。免去谢述钧区委常委、区委副书记职务。

11 月 24 日，区人大十三届第 23 次常委会决定，接受谢述钧辞去区长职务，任命王琪为区政府副区长、代理区长。

11 月，川化天府牌尿素、三聚氰胺被评为“四川省名牌产品”。

12 月 6 日，大弯市场竣工投入使用。市场建筑面积 1.9 万平方米。

12 月 7—12 日，国家土地管理局在怡湖宾馆召开土地管理档案信息研讨会。

12 月 11 日至 12 日，区委、区政府召开全区农村工作会。会议讨论通过了区委、区政府制订的《关于加快农村奔小康步伐的实施意见》（征求意见稿）。

12 月 13—15 日，省、市普及九年义务教育检查验收团对全区“普九”工作进行抽样验收，副市长吴平国宣布，青白江区“普九”工作验收合格。

12 月 14 日，区政府与广汉市政府签订“广青”17 千米边界勘界协议书。

12 月，唐家寺牲畜市场，被国家工商行政管理局评为“全国文明市场”。

1996 年

1 月 1 日，区人大常委会决定零时始，青白江区大弯镇地区禁止燃放烟花爆竹。

1 月 12 日，由成都钢铁厂与省港中建太平洋美国有限公司组成的合资公司——成都成钢有限公司正式成立，注册资本 2 亿元。成都成钢有限公司董事长由外方公司董事长、总经理麦绍棠担任，成钢厂厂长廖子才任成都成钢有限公司副董事长兼总经理，行使公司法人代表职权。成都成钢有限公司董事会董事 10 名，其中外方 6 名，中方 4 名。

2 月 4 日，川化集团公司与什邡市政府签订协议，川西磷集团加入川化集团，实行国有资产授权经营。

3 月 1 日，全国绿化委员会、林业部、人事部授予青白江区“全国绿化先进单位”称号。

3 月 11—15 日，区人大召开十三届五次会议，会议听取 6 项工作报告，并作出相应决议。选举王琪为区政府区长，吴定明为区十三届人大常委会委员。

4 月 8 日，区委、区政府召开青白江区国家安全工作会议。全区党政各部门、企事业单位把维护政治稳定、社会治安放在首要位置，互相协作，密切配合维护国家安全。

4 月 25 日晚，省、市召开“严打”电话会议，区委、区政府领导连夜部署“严打”工作。30 日召开“严打”新闻发布会，通报“严打”第一战役成果。

4 月 26 日，市委副书记、市长王荣轩、副市长孙家痳到成钢、成化厂等企业，了解技术改造和通站路建设情况。

5 月 8 日，中日合资的川化赖氨酸工程建成投产。

5 月 10 日，区政府在怡湖宾馆召开常务会议，审查并通过了“住房公积金实施办法”，“深化城镇公有住房租金改革实施办法”，“职工购买公有住房实施办法”，“房改售房中部分产权转换为全产权的办法”，“职工集资合作修建住房实施办法”。

5月16日，区政府组织公安、国土、城监及有关部门人员近100人，对青江北路、怡湖西路搬迁户的违章建筑物强制拆除。

6月9日，化工部部长顾秀莲在副省长李蒙的陪同下到川化检查工作。

6月10日，区政府制订“关于深化城镇住房制度改革的决定”，全面推行住房公积金制度和租金改革。

6月24日，中国银行成都市分行青白江区分理处开业。

7月3日，市委副书记、市长王荣轩，副市长刘家忠一行到云顶、清泉、日新等乡镇了解旱情。

7月17日，区公安分局在大弯镇中心广场举行“严打”成果展示及赃物发还大会。

同日，城厢镇商业街竣工。

8月2日，区人民医院门诊大楼破土动工，次年11月19日竣工，12月正式投入使用。总投资900万元，建筑面积6300平方米。

9月9日，第12个教师节，巨人树服饰公司将价值200余万元的4800套西服赠送给全区教师。

9月24日，国家环保局、监察局到区检查贯彻落实国务院限期关停“十五小”执行情况。9月30日，区内13家造纸厂，5家小制革厂、8家电镀厂和1家印染厂停业或限期整改。

10月18日—11月3日，青白江区“96菊花灯展商贸会”在怡湖公园举办。

10月20日，玉虹乡污（水）改清（水）灌溉工程竣工，430余公顷农田结束了污水灌溉。

11月10日，民盟成都市青白江区总支委员会成立。

11月29日，大同镇被列为省级乡镇企业示范区。

同日，宝光寺佛教慈善功德会在人和乡中心校举行教育工程捐款仪式。慈善功德会向清泉、人和、福洪、云顶4个乡镇111名中小学学生捐资9480元。

12月，青白江区被省委、省政府列入全省“一条线”重点区（市）县。

1997年

1月6日，农行青白江支行弥牟镇中街营业所发生一起特大持枪抢劫银行杀人案。历时三天四夜的侦查，犯罪嫌疑人被全部抓获。

2月27日，省教委在青白江区召开地、（市）州电教工作会议。

3月7日，全国人大环委主任于越峰在省人大、省市环保局领导的陪同下到区视察川化集团公司环保工作。

3月26日，市委任命王琪任青白江区委书记，免去孙寿权区委书记、常委、委员职务。

3月27日，省教委主任王可植到青白江区考察大弯中学及大弯小学。

同日，成都市20区（市）县人大主任联系会在青白江区召开。

4月25日，市委书记黄寅逵、副书记张锋、副市长孙家蘋到区了解企业扩张问题，并深入蓝风实业股份有限公司调查。

5月15日，全国妇联副主席、书记处第一书记黄启璪等领导，代表全国人大内司委到川化集团检查《中华人民共和国妇女权益保障法》执行情况。

5月16日，青白江区微波数字干线工程竣工。

6月27日，成都至上海的8338次列车满载集装箱从成都桥梁厂专用线发车，四川省首列海铁联运国际集装箱五定班车（定发站、定线路、定车次、定始发时间、定运价）开通。

同日，祥福乡甘泉2组发现1根长27米，最大直径1.7米的古代巨木。经中国科学院考古鉴定，古木系当地生长，该树木距今6455年正负64年（现存成都金沙遗址）。

6月30日，在大弯镇举行青白江区迎接香港回归庆祝活动。

6月，川化子弟中学为全省第一所参加实施“GLOBE计划”的学校。该计划是国际环境教育合作项目。

9月1日，第一所光彩事业学校在龙王乡双堰村建成投入使用。由成都市民营企业金骊实业公司赞助为主，区、乡、村三级投入为辅，总投资51.8万元，占地3.5公顷，建筑面积886平方米。

9月10日，投资3280万元的大弯中学新校舍竣工投入使用。

9月17日，城厢镇天然气管道安装工程竣工供气。

9月21—28日，区委、区政府组建投资洽谈会代表团，参加在成都举办的“97西南六省七方投资洽谈商品博览会”。

9月，龙王乡牟池35千伏变电站建成投入营运。

10月22日，20时，区委党校一辆轿车在唐巴公路8千米+850米处，与相对方向行驶的长安小货车、中巴车相撞，造成死4人，重伤1人，轻伤2人的特大交通事故。其中青白江区死3人，伤1人。

11月8日，中外合资成都瀚江新型建材有限公司试产成功。

1998年

1月16—18日，召开中共青白江区第七次代表大会。王琪代表六届区委作“高举邓小平理论伟大旗帜，把一个充满生机活力的青白江区胜利地带入二十一世纪”的报告。会议选举了中共青白江区第七届委员会和纪律检查委员会。

1月19日，区委召开七届一次全委会议，选举王琪等10人为中共青白江区第七届委员会常委。王琪为区委书记，戴晓明、江家模、杨安莉为副书记。

同日，人和乡平桥村10社发生一起食用白糖中毒事件，死亡1人。经查证系投毒案件，犯罪嫌疑人被依法逮捕。

1月23日，省高级人民法院院长敬成祥在市中级人民法院院长的陪同下，到青白江区看望司法干警。

2月19—24日，召开区政协五届一次会议。会议听取和审议了杨恒宇代表政协第四届青白江区常务委员会所作的工作报告，列席区十四届人大一次会议，协商讨论区人代会的各项报告。李永江当选第五届政协主席，陈锦文、邓光发、刘世增、涂忠模、孙钧翔、刘曦为副主席，陈锦文兼秘书长，万兴厚等30人为常委。会议期间收到提案88件，建议37条。

2 月 20—25 日，区人大召开十四届一次会议。会议听取和审议了区人大、区政府、区法院、区检察院工作报告，审查批准了区计划、财政工作报告。选举王琪为十四届人大常委会主任，袁秀华、廖世泽、肖敏生、陈绍国、肖钺为副主任。选举戴晓明为区政府区长，谢瑞金、刘理安、涂基松、钟碧辉、刘怀光为副区长。选举邱蜀新为区法院院长，张义金为区检察院检察长。

3 月 19 日，四川化工机械厂子弟校二年级学生刘阋明（8 岁），在下午放学途中失踪，其母当晚接到“拿钱赎人”的电话后报警。警方经过连续作战，侦破了这起绑架人质，勒索钱财，杀害人质的恶性案件，罪犯赵全受到法律制裁。

4 月 21 日 16 时 30 分，龙王乡青光村 8 组王家大院发生火灾，20 户村民财产全部烧毁。

4 月 26—29 日，区人大十四届二次会议召开，选举成都市第十三届人民代表大会代表 24 名。

5 月 7 日，国有企业区木螺钉厂以出售的方式改制为民营企业。

5 月 8 日，召开中共青白江区代表大会，选举王琪等 14 人为中共成都市第九次代表大会代表。

5 月 10 日，青白江区大弯中学被确定为北京师范大学实验基地，揭牌仪式在大弯中学举行，北师大副校长郑君弘、省教委副主任颜振为教学实验基地揭牌。

8 月 19 日，长江流域和松花江流域发生特大洪涝灾害，区直机关工委与区红十字会联合召开“青白江区赈灾募捐动员大会”。全区共募捐现金 41.89 万元，160 双劳保毛皮鞋专赠哈尔滨红十字会。

9 月 23 日，在城厢镇小学举行青白江区特殊教育中心落成典礼。

9 月 29 日，区政府和市文化局联合举办“98 成都市青白江区美术书法摄影展”。

10 月 8 日，青白江区 15 个乡镇司法所挂牌办公。

10 月 16 日，青白江区菊花灯会在怡湖公园举办。

11 月 18 日，青白江区综合性职业介绍服务中心开业。

11 月 27 日，云顶乡扶贫路竣工并举行通车剪彩仪式。

12 月 25 日，成都钢铁厂钢年产量达到 50.2 万吨，跨入冶金行业全国 50 强行列。

12 月，投资 140 万元的大弯派出所办公楼及辅助设施完工交付使用。

1999 年

1 月 11 日，区委七届第三次全委会在区政府 6 楼会议室召开，全体区委委员出席。区人大党员副主任，区政府党员副区长、巡视员、调研员、区长助理，区政协主席、党员副主席，区级离退休党员老领导，区级各部门党员主要负责人，各乡镇党委书记，乡镇长列席了会议。

1 月 18—20 日，市医疗机构评审委员会医院分级管理评审组，对青白江区人民医院创建二级乙等医院工作进行评审。区人民医院成为区内第一家二级乙等医院。

1 月 27 日，青白江区科技、文化、卫生三下乡启动仪式在大弯镇中心广场举行。

2 月 6 日，最高人民检察院检察长韩杼滨在省、市、区领导的陪同下视察区检察院。

3 月 5 日，省公安厅授予 1997 年 10 月勇斗逃犯、身负重伤的民警贺杰二等功一次；授予青白江区看守所“三级看守所”称号，并荣记集体三等功一次。

4 月 8 日，区公安分局依法查处青白江面粉厂非法收购小麦一案，作出没收小麦 668858 公斤，罚款83万元的行政处罚，并将此案移交司法部门。这是区内查处最大的粮食案件。

3—4月，弥牟镇出现严重的牲畜口蹄疫，共捕杀患病耕牛、奶牛175头，遏制了疫情蔓延。

5月16日，法国安道尔地掷球队一行5人到区进行友好访问，与区老年地掷球队进行友谊比赛。

5月29日，市委书记陶武先、副书记王少雄、市委常委、常务副市长颜家谨、市委常委、秘书长张继海及有关部门负责人到区检查指导农村合作基金会清理整顿工作。

6月16日，区财政局被评为“省级文明单位”。授牌仪式在区财政局三楼会议室举行。

7月上旬，成都市中德制辊有限公司大型高速纸浆造纸、薄膜用辊子开发项目，王牌农用车有限公司COW1605C、1605CD农用车开发项目被列入国家级“星火计划”。

7月23日，区委召开工作会议，区委、区人大、区政府、区政协领导出席，区委书记、区人大常委会主任王琪强调，要继续把招商引资作为经济建设突破口，以农民增收、扩大消费为着力点，确保“两增一稳定”目标的实现。

7月26日，部分市人大代表到人和乡视察石板河被成都垃圾处理场污染的情况。副市长狄廷国，区委书记王琪等陪同视察。

9月4日，应全国总工会邀请，以缅甸政府劳工部局长索纽为团长的缅甸工人代表团一行3人，在全国总工会亚洲处处长张涛、省总工会副主席李静的陪同下，到区参观王牌车辆股份有限公司。区委副书记杨安莉会见了代表团。

9月6日，区委党史研究室编辑的《光辉历程》出版。该书全面反映了青白江建区40年，特别是党的十一届三中全会以来，在两个文明建设中取得的辉煌成果。

9月27日—10月3日，青白江区开展“建区40年新闻宣传周活动，先后邀请了《人民日报》《经济日报》《中国经济时报》《四川日报》《成都晚报》、四川电视台、成都电视台等新闻单位20余家，采访报道青白江区建区40年来经济建设和社会发展等方面取得的成就。

10月27日，中共中央办公厅督查室调研员成罗洪，国家统计局公交司处长张卫东在省委办公厅、省统计局，市委目督办等相关负责人的陪同下到区调研，听取了区委常委、区纪委书记李光明，区委常委、区委办公室主任王伯鹏，区统计局局长陈先铧关于经济社会发展的建议和经济案件查处情况的汇报。

11月25—26日，青白江区“基本扫除青壮年文盲”和“基本普及九年制义务教育”接受全面复查。高质量通过市政府“两基”复查评估。

12月12日，市委副书记、市长王荣轩到城厢镇检查省级计生甲级站达标情况。

12月23日，青白江区收费结算中心正式启用，全区行政事业性收费实行收缴分离、罚缴分离管理。

2000年

1月4日，省高级人民法院授予青白江区人民法院“人民满意的好法院”称号；授予区法院法官李春贵“人民满意的好法官”称号。

1月25日，区委召开七届四次全委（扩大）会议，会议通过了《中共成都市青白江区委2000年工作要点》，提出抓住西部大开发的历史机遇，解放思想、更新观念、开拓进取，把青白江区建设成成都市名副其实的"卫星城"。

2月5日，省委书记周永康、省长张中伟、市委书记陶武先、市长王荣轩等到川化、成钢厂慰问节日坚持在生产一线的职工。

2月16日，四川化工机械厂生产的百万千瓦级大型压水堆核电厂主管道，填补了核电设备国产化空白，该厂成为国内唯一能够向大型核电厂提供回路主管道的企业。

2月23日，区粮食局组建成都市青白江区粮油购销站，注册资本307.9万元，主要担负全区政策性粮油的收购、销售、加工、调运和储存等任务，下设大弯、太平、城厢、弥牟4个粮站。

3月1日，经区政府同意，区国土局统征大弯镇新河村二组、三组全部土地，两个组的农业人口全部转为非农业人口。(其中：劳动力实行自谋职业；老年人实行退养，自谋职业人员安置费每人1.3万元；退养人员安置费每人1.4万元，未成年人一次性生活补助费每人6000元。住房安置人平享受占地面积20平方米，1人户的给一间住房占地面积；2~3人户的给二间住房占地面积；4人户以上的给三间住房占地面积)，拆迁户建房实行统一规划，统一设计，分户自建，统征工作于当年5月完成。

4月20日，联合国儿童基金会、教育部、外贸部有关负责人与专家到青白江区视察现代远程教育培训师资工作。

4月28日，弥牟镇狮子村2组部分村民因土地问题集体上访，经解释无效，少数人到政府机关和企业实施打砸抢，严重阻挠政府和企业的正常工作和生产，司法部门依法采取果断措施平息了事态。

5月10日上午8：30，长流河川化水厂以下600米河段被大量机油污染，并在红卫中学河段遇明火引发浮油燃烧，造成火灾。区公安分局根据事故原因及污染程度，给予成都钢铁厂2万元罚款，要求限期整改，制订防范措施。

5月24日，区广播电视局注册成立"成都市青白江区视讯有限责任公司"。

5月26日，川化集团新三聚氰胺装置经连续72小时运转考核，产品各项经济技术指标均达到或超过设计能力。公司新老两套三聚氰胺生产系统拥有年产2.58万吨的能力，成为全国最大的三聚氰胺生产基地。

6月1日，省长张中伟率省有关部门负责人在市委副书记王少雄、副市长吴平国、区领导王琪等陪同下到祥福镇民强村、日新镇兴隆村察看旱情，研究落实了"旱片死角"治理方案。

6月19~20日，区委召开七届五次全委（扩大）会议，审议通过《中共成都市青白江区委员会成都市青白江区人民政府关于抓住西部大开发机遇，实现跨越式发展的意见》。

6月26日，大弯工商所向"成都市青白江区华胜机械厂"颁发了《个人独资企业营业执照》，这是青白江区第一家个人独资企业。

6月30日，城太路改建工程竣工。7月18日举行竣工通车仪式。城太路与唐巴路、成绵、成南高速公路连接，形成了区内快速公路交通网络。

7月21日，区人大常委会召开十四届20次常委会议，任命王健为区政府副区长。

7月26日，区水务局成立，原区水电局、青白江水业股份有限公司、区节水办等涉水机构、人员、职能成建制划归区水务局管理。

8月21日，区烟草专卖分局在成都市近郊7436厂、7448厂出租厂房内捣毁一特大制售假烟窝点，缴获假烟842件，机器6台及大量的制假原料和包装，挡获制假嫌疑人10余名。

9月1日，青白江区开通3条城市公交线路，从青白江主城区分别发往弥牟镇（1路）、城厢镇（2路）、祥福镇（3路），开通剪彩仪式在中心广场举行。

9月5日，澳门卫视亚洲台播放专题片《新兴卫星城青白江》。

9月18日，川化集团公司1.3亿A股在深圳股票交易所上市，是区内首家上市公司。

9月28日，四川移动通信公司青白江分公司举行揭牌仪式，该公司从青白江电信分离组建。总资产超过2亿元。

10月31日，省委常委、市委书记陶武先一行在区领导的陪同下，到川化集团公司、成都钢铁厂了解生产经营情况。

同日，“世纪春天商城”竣工。

11月8日，全省高中工作会议在大弯中学召开，各地、市、州教委主任，124所省重点中学校长、教科所主任共200余人参加会议，与会者参观了大弯中学、区教仪厂并听取了大弯中学办学经验介绍。

11月13日，市委任命戴晓明为中共青白江区委书记。免去王琪中共青白江区委委员、常委、书记职务。

11月16日，区人大常委会召开十四届23次常委会议，任命王文斌为区政府副区长，代理区长；接受戴晓明辞去区政府区长职务。

12月27日，区污水处理厂竣工运行，日处理能力10万吨。

12月29日，区委召开七届六次全委会。审议通过《中共成都市青白江区委2001年工作要点》。

2001年

1月5日，最高人民法院授予青白江区人民法院全国法院系统“人民满意好法院”称号，院党组书记、院长邱蜀新作为四川省唯一的集体代表参加了全国法院系统“两满意”表彰大会，受到尉健行等党和国家领导人接见。

1月6日，红旗连锁青白江分店开业，该分店是青白江区第一家大型超市。

同日，中铁二局四处生产调度综合楼投入使用。

1月13日，省委常委、市委书记王荣轩到清泉镇龙洞村看望老复员军人、抗美援朝一等功臣曾天刚。

1月21日，区人大常委会召开十四届26次常委会议，任命朱志萍（女）为区政府副区长。

2月11日，马棚堰分干渠整治工程开工。省水利厅厅长孙砚方、都江堰水管局局长彭述明、区领导王文斌等参加了义务劳动。

2月13—16日，区十四届人大五次会议召开，选举戴晓明为区人大常委会主任，选举王文斌为区政府区长。

2月22日，四川省第一条普线散卷冷却生产线在成都钢铁厂建成投产。

2月27日，青白江电信实业有限公司举行成立典礼。

3月1日，城厢卫生院、绣水卫生院、口腔医院合并重组为青白江区城厢镇卫生院。

3月3日，区公安分局治安大队民警包维超在“打黑除恶”专项斗争中，执行“夜鹰”行动时被犯罪分子开枪击伤，抢救无效英勇牺牲。这是四川省在“打黑除恶”专项斗争中牺牲的首位人民警察。4月29日，省政府批准包维超为“革命烈士”，并追认为中共党员。

4月4日，省、市农机局将30台潜水泵送到云顶乡帮助抗旱。

4月13日，大弯小学被教育部命名为“全国现代教育技术实验学校”，并举行授牌仪式。

4月20日，国家环保总局副局长王心芳、规划财务司副司长刘启凤一行视察青白江区污水处理厂，省环保局局长朱开天、市长助理孙平及区领导王文斌等陪同视察。

4月30日，怡湖广场竣工，5月1日对外开放。

5月16日，区法院院长邱蜀新，被省高级人民法院荣记个人一等功。

5月17—19日，大弯中学经过省市有关专家、学者检查验收合格，成为“四川省国家级示范性普通高中”，进入中华名校行列。

5月17日，成都玉龙化工有限公司举行成立挂牌仪式。

5月18日，清泉镇桔丰村3组村民因修建成南高速公路征地补偿问题提出不合理要求未得到满足，多次阻碍施工，造成巨大损失。区公安分局出动警力将16名阻碍施工的闹事人员强制带离现场。

5月20日，全国人大常委、香港中华总商会会长曾宪梓为彭大将军专祠题写“客家之光”金匾。

5月28日，区委、区政府通过大弯地区学校布局调整方案，区外国语学校（原红卫中学）并入大弯中学，设立大弯中学初中部，原大弯中学校址设立高中部。区外国语学校与前进职高的校址对调。

6月18日，“博能杯”区第二届农民运动会在区文体公园开幕。

6月25—27日，为庆祝中国共产党成立80周年，区委组织部、宣传部承办《母亲颂》大型广场文艺演唱会。演唱会在新落成的怡湖广场下沉式音乐厅举行。

7月18日，市委任命巫敏为中共成都市青白江区委副书记。

7月23日，市政府授予人和乡、云顶乡“成都市依法治理模范乡（镇）”称号。

8月3日，区委召开七届七次全委会，区人大、区政府、区政协领导，区级各部门、各乡镇负责人参加了会议。

8月21日，市政协主席骆隆森率队到区考察农村电网改造工作。

9月16日，民政部救灾救济司副司长宋志强、省民政厅副厅长三躲木滚一行到青白江区调查了解旱、洪、涝三灾并发的受灾情况。

9月26日，省政协文史委员会主任陈文书、市政协副主席周肇义一行在区政协领导李永江等陪同下，到城厢镇调查彭大将军专祠、明教寺觉皇殿、文庙、武庙等省市文物保护单位和小城镇建设情况。

10—11月，福洪乡发生甲型肝炎暴发疫情，短时间内发病33人，解放村小学发病28人，其中教师1人，学生27人，疫情波及其他村及毗邻的清泉镇。通过采取就地隔离和将部分重症病人转市传染病医院治疗等措施，疫情得到控制。12月29日，疫情解除。

11月1日，经全国用户满意工程联合推进大会评审，成都钢铁厂在全国97家大中型冶金企业中，被评为“2001年全国实施用户满意工程先进单位”（另两家是太原钢铁公司、柳州钢铁厂）。

11月7日，市妇联主席杨小英、副主席周晓莎、市女企业家协会代表慰问云顶乡松柏村特困户，送去3万元扶贫款和5000件衣物。

11月14日，区委召开七届区委116次常委会。研究同意青白江区城区规划区内人力三轮车实施客运特许经营权出让管理，明确大弯、华严规划区内人力三轮车控制在1364辆以内，严格界定经营范围。城厢、弥牟两镇人力三轮车经营权出让收入用于两镇的基础设施建设。

11月18日，区公安分局召开侦破“李建明涉黑犯罪集团”情况通报会。人民日报、新华社、中央人民广播电台、法制日报、人民公安报、四川日报、四川人民广播电台、四川电视台、四川法制日报、成都日报、成都电视台、成都商报等媒体30多名记者参加了情况通报会。

12月1日，川化职工医院从川化集团剥离，成建制整体移交区政府。

12月10日，被群众喻为青白江区“府南河”的杨柳堰整治一期工程竣工。

同日，台资企业成都易信达塑胶有限公司建成投产。

12月19日，博能怡湖宾馆举行“晋升三星级宾馆暨青白江会议中心”开业庆典。

12月30日，弥牟镇清真寺举行“圣纪节”活动，纪念“先知”穆罕默德诞生1422年，原副省长韩邦彦、省、市民宗局及青白江区领导到会祝贺，1000余名回族群众参加活动。

2002年

1月10日，区政府和成都钢铁厂举行成钢子弟校移交仪式，成钢子弟校从成钢厂剥离并入区实验小学，纳入地方政府管理。

1月21—25日，区政协五届五次会议召开，会议批准陈锦文辞去区政协副主席兼秘书长职务，刘世增辞去区政协副主席职务；增选王化中为区政协副主席兼秘书长，赵中彬、闵燕华、蔡剑冰为区政协常委会委员。

1月28—31日，区十四届人大六次会议召开，选举游章田为区人大常委会副主任，孙明为区人民检察院检察长。

2月5日，省高级人民法院院长敬瑞祥一行到区法院慰问干警。

2月12日—3月20日，“怡湖之春”大型艺术灯会举行。

3月16日，“青白江桃花诗会”在姚渡镇龙门村“龙腾园”举行。省作协党组书记、副主席宋玉鹏，著名诗人孙静轩，省作协党组副书记、副主席、《星星》诗刊主编杨牧，“红学”家、省行政学院教授胡邦炜，著名记者、原市委宣传部常务副部长李维中，著名诗人李自国参加诗会。

4月1日，中国银行四川省分行副行长白树屏与区政府区长王文斌在银政合作协议上签字，青白江区成为成都市第二个实现“银政”合作的区（县）。

4月12日，副市长何绍华、副秘书长胡昌年、市台办主任任庭生，台湾玻璃股份有限公司董事长林玉嘉，总经理林伯丰，执行副总经理林伯淳等一行到青白江区实地考察投资环境，决定在青白江区征地26.8公顷，投资6500万美元，建设日产700吨高级浮法玻璃生产线及其加工项目，并签订投资协议书。5月21日，台玻成都玻璃有限公司在青白江区登记注册。

4月17日，启动全区农村税费改革工作，培训农村税费改革工作人员。

4月22日，15支农村税费改革工作队，188名工作人员到乡镇指导工作。

4月28日，成都国龙前峰表面处理有限公司举行投产仪式。

5月13日，农业银行青白江支行职工黄友香（女，30岁）与其在互联网上认识的男友谭强内外勾结，套取农行存款632万元后外逃。6月16日中午，在重庆琵琶山公园将两名嫌疑人抓获，缴获人民币570余万元，“5·13”案件告破。

5月27日，中共中央政治局常委、国家副主席、中央军委副主席胡锦涛在铁道部和青海省主要领导陪同下，到中铁成都桥梁厂格尔木制梁场视察工作，胡锦涛亲切接见和慰问了制梁场全体员工，听取了厂长王建的工作汇报。

5月28日，攀钢集团成都无缝钢管公司与成都钢铁厂整合，成立“攀钢集团成都钢铁有限责任公司”。

6月8日，国务院安全生产检查组在省委常委黄彦容、副市长唐川平、区长王文斌陪同下，到川化集团检查安全生产工作。

7月7日，最高人民法院授予区法院院长邱蜀新“全国法院系统人民满意的好法官”称号。

7月10日，全区第一个由村举办的“西瓜节”在云顶乡五爱村举行。

7月15日，凌晨5时40分，弥牟镇灯塔村3组孟天罡住宅发生爆炸，造成5人死亡，2人重伤，房屋垮塌。事件发生后，副市长唐川平、市安办主任陈庚文，省公安厅副厅长吴健、市公安局副局长姚成毅等率省、市消防、治安、刑事技术部门相关人员赶赴现场勘查，经鉴定，事故为可燃气体爆炸所致。区领导王文斌、谢瑞金等到现场指挥抢救工作。

7月16日，省委常委、市委书记王荣轩、市委副书记葛红林、市委常委、企业工委书记张继海，市长助理、市经委主任朱志宏等到川化味之素有限公司、攀钢集团成都钢铁有限责任公司调研企业生产和技改情况。王荣轩强调，要不怕打破行政财政隶属关系，不怕打乱利益分配关系，下决心调整结构，把企业做大做强。

8月8日，区委、区政府举行“银企”座谈会。中国人民银行、中国银行、中国农业银行、中国工商银行、市信用联社、光大银行、深圳发展银行等金融单位驻省市分支机构相关负责人参加会议，对青白江区中小企业状况进行专题调研，就企业技改信贷问题进行座谈。

9月18日，投资近600万元的青白江区新图书馆建成并投入使用。

9月23日，福洪乡农业税征收站打印出青白江区第一张机制农业税税票，结束了50余年农税实物征收和手工制票的历史。

10月，在乐斯集团施工工地发现宋代墓葬6座。

10月30日，原成钢厂部分职工对攀成钢公司2003年工资方案有意见，在原成钢厂厂区聚集，发生一起阻断厂区公路交通的群体性治安事件。市、区党政、公安等职能部门和攀钢集团、攀成钢公司共同做好工作，11月3日事件得到解决，恢复了生产秩序。

11月1—5日，在怡湖广场下沉式舞台举办“伟大的里程碑”6场文艺晚会。

11月13日，区机关集资房建设工程全部完工。

11月，川化集团“天府”牌尿素、三聚氰胺、结晶硝酸铵；攀成钢公司“成钢”牌冷、热轧带肋钢筋、焊接用钢、低碳热轧园盘条、液压件用无缝管；升达林业公司“升达”牌强化木地板；巨人树公司“巨人树”男式西服被评为四川省名牌产品。

12月20日，成南高速廖家场连接线竣工。

11月28日，区十四届人大40次常委会召开，会议接受王文斌辞去区政府区长职务，任命何立祥为区政府副区长、代理区长。

12月29日，攀钢集团10万吨彩涂板工程开工。

2003 年

1 月 3 日，区委七届十次全委会在博能怡湖宾馆召开。决定 2003 年 1 月 8 ~ 10 日，召开区第八次党代会。

1 月 6 日，蓉台包装有限公司在青白江区成立，该公司是为台玻成都公司提供包装服务的台资企业。

1 月 8—10 日，中共青白江区第八次代表大会在大弯中学礼堂召开，区委主要负责人代表七届区委作《全面贯彻“三个代表”重要思想，构建成都工业高地，为率先基本实现现代化而努力奋斗》的报告。选举中共青白江区第八届委员会和纪律检查委员会。1 月 10 日，新当选的第八届区委在博能怡湖宾馆召开第一次全委会。选举区委常委 11 人，戴晓明当选区委书记，何立祥、巫敏、陈忠孝、谢瑞金当选副书记。

1 月 19—23 日，区政协六届一次会议在成都蓝风公司培训中心召开。会议听取和审议了《政协第五届青白江区委员会工作报告》，选举李光明为区政协主席，邓光发、吴斌、王勇、王俊林为副主席，温贤杰为秘书长，市政协副主席张苏华、市委统战部副部长陈小晋到会祝贺。

1 月 20—24 日，区十五届人大一次会议召开。杨安莉当选第十五届区人大常委会主任，袁秀华、刘理安、陈绍国、游章田、范家堂为副主任；何立祥当选区政府区长，王伯鹏、张映明、涂基松、钟碧辉、王健、郑兴华、张军为副区长；邱蜀新为区人民法院院长，孙明为区人民检察院检察长。

1 月 23 日，川化子弟中学、小学成建制移交区政府，川化集团党委书记、副总裁苏重光与区委副书记、区长何立祥签署移交协议书。

1 月，青白江区殡仪服务中心投入使用。

2 月 6 日，华严镇永红村 3 组，（攀成钢梅塞尔公司内）发现一座保存较为完好的宋代古墓。该墓除发现宋砖、宋人牙齿外，还有一椭圆形陶罐，为区内发掘的宋代古墓中最长最大的一只。

2 月 12 日，区委副书记陈忠孝因突发心肌梗塞病逝，终年 47 岁。

2 月 17 日，市委决定袁泉任中共青白江区委副书记。

2 月 24 日，区人大常委会举行十五届一次会议。根据区长何立祥的提请，任命彭勇、李邦为区政府副区长。

3 月 12 日，区级机关 200 余名干部在成绵连接线与唐巴路绕城线交接处，开展义务植树活动，栽植香樟和紫薇 900 余株。

3 月 13 日，区人民医院与川化医院合并为青白江区人民医院。

3 月 18 日，区知识产权局挂牌成立，国家知识产权局协调管理司司长胡佐超、省、市相关领导，成都市部分区（市）县科技部门负责人，区领导、乡镇、部门及 30 多家主要企业负责人共 200 多人参加仪式。胡佐超作了题为《知识经济与发展》的演讲。

3 月 青白江区与温江农校联合，在福洪乡规划成片发展万亩凯特杏种植基地，该基地是省内规模最大的凯特杏种植基地。

4 月 1 日，市人大常委会主任段维义，副主任舒銮逸、刘忠恕等一行视察成都王牌车辆股份有限公司、巨人树服饰有限公司和祥福中学。

4月7日，区委、区政府紧急部署防止“非典型肺炎”工作。区委、区政府召开非典型性肺炎防制工作紧急会议。区政府印发《关于加强非典型性肺炎防制工作的通知》，各乡镇政府、区政府各部门成立相应机构，各乡镇和区级各部门实行“包保责任制”。

4月11日，以彭家珍大将军为题材的10集电视连续剧《血战王朝》摄制组（筹）揭牌仪式在川化宾馆举行。

4月17日，区委、区政府在博能怡湖宾馆召开经营城市暨建设工作会。区属各部门、各乡镇有关领导、驻区企业，在建业主等200余人参加了会议。市规划局王万俊博士作了经营城市的专题报告。区建设局、计划与经济局、国土资源局、房产管理局负责人在会上作了发言。

5月6日，区政府与中国石化新星油气西南分公司签订青白江区生产生活用气协议。

5月8日，省委书记、省人大常委会主任张学忠，省委副书记、省长张中伟等一行到攀成钢公司检查企业生产和抗“非典”工作。

5月9日，区残疾人第四次代表大会在川化宾馆召开。

5月15日，成都军区副司令员陈世俊在成都军区动员部部长凌峰、省军区司令员罗烈文、成都军分区司令员王考庭、政委郑天扬陪同下，到区检查、指导武装工作。陈世俊指出：青白江区人武部的正规化建设属西南地区一流。

5月27日，王牌车辆股份有限公司生产的12辆自卸垃圾车，赴山西省支援抗“非典”工作。

5月30日，区委、区政府在博能怡湖宾馆召开全区民营经济发展工作会议。印发了区委、区政府《关于加快民营经济发展的决定》。

6月1日，投资500万元，建筑面积2000平方米的万福隆购物中心开业。

6月4日，经四川省教育厅批准，原四川化工总厂子弟中学更名为四川省成都市川化中学。

6月21日20时，区公安分局团结村派出所报称：攀成钢九千宿舍一幢三单元一楼25号家有一女孩死亡。经调查，因金堂县城交派出所和青白江分局团结村派出所个别民警失职、渎职，导致强制戒毒人员李××三岁女孩在家中饿死，酿成震惊全国的“6·21”事件。案发后，中共中央政治局委员、国务委员、公安部部长周永康，公安部常务副部长田期玉，公安部部长助理孟宏伟，省公安厅厅长吕卓，市委副书记王体乾分别作出重要批示。23日14时30分，区公安分局召开党组扩大会，区委副书记谢瑞金、区委常委、常务副区长王伯鹏参加会议，妥善处理了这次事件。

7月1日，区委召开庆祝中国共产党成立82周年大会。2233名党员代表冒雨在怡湖广场集会，在党旗下重温入党誓词，在38米长的横幅上签名。区委表彰了23个“四好”领导班子，86个“先进基层党组织”，100名“优秀共产党员”，30名“优秀党务工作者”。

同日，根据市地税局关于税收属地化管理的规定，从即日起攀成钢集团所属的成都钢铁有限责任公司等10家单位由区地税局负责税收征管。

7月8日，成都焊研威达自动焊接设备有限公司举行落成典礼。

7月9日，区委、区政府召开全区财政工作会议，就区国库集中支付、乡镇财政体制改革、国有资产管理和政府采购等4项改革作出安排部署。

7月10日，共青团成都市青白江区第十次代表大会召开。

7月21日，入夏以来，久旱少雨，福洪、清泉、姚渡、合兴等乡镇遭受旱灾。福洪乡受灾面积

1000公顷，绝收133.3公顷。清泉镇水稻、玉米受灾面积分别达400公顷和1330公顷，绝收面积分别有60公顷和173公顷。

8月1日，区国库集中支付（核算）中心举行揭牌仪式。

8月12—13日，区十五届人大二次会议召开。选举26名成都市十四届人民代表大会代表。

8月25日，中国人寿保险青白江支公司向区教育局捐赠10万元爱心助学款。公司决定每年捐赠10万元，解决15个乡镇小学、初中和区教育局直属学校特困家庭学生的书本费、学杂费和保险费。

8月28日，马棚堰支渠整治工程列入中央预算内专项资金投资计划。工程投资762万元，设计流量每秒4～12立方米，改善灌面2660余公顷。

9月1日，攀钢集团成都彩涂板项目建成投产。

同日，区政府组织教育、财政、物价等部门组成联合检查组，对全区36所中小学校2003年秋季收费进行专项检查，共查出14所中小学违规收费790余万元，检查组责令有关学校在10月中旬前将多收款项全部清退。

9月4日，弥牟镇旱八阵图遗址一期修复工程竣工。修建了集保护和观赏于一体的石质围栏释台及石碑等设施，区领导及省、市有关专家出席揭牌仪式。

9月，天保机械制造有限公司落户青白江。

10月10日，区第二届运动会开幕式在大弯中学田径场举行。省、市体育局及区委、区人大、区政府、区政协有关领导出席开幕式。

10月14日，四川茂文集团举行成立暨华金酒店开业仪式。

10月29日，攀成钢公司举行一期迁建工程竣工暨340轧机项目开工典礼。

11月10日，四川米高化肥有限公司建成投产。

12月1日，市委决定钟碧辉任中共成都市青白江区委常委、副书记。

12月17日，市委、市政府授予区卫生局“防治非典型性肺炎工作先进集体”称号。

12月中旬，四川省食用菌协会授予姚渡镇“全省食用菌十大基地乡镇”称号。

12月31日，青白江区规模最大的民办幼儿园——爱心培幼儿园落成并举行剪彩仪式。

2004年

1月1日起，农业税税率降低3%，正税、附加税合计执行4.8%税率。

1月5日，大同卫生院门诊大楼竣工。卫生院占地1公顷，总投资200余万元，床位110张。

1月5—6日，区十五届人大常委会六次会议召开，通过李跃任区政府副区长的决定。接受钟碧辉辞去区政府副区长职务。

1月12日，何立祥主持召开区政府十一届19次常务会。会议审议并原则通过了区建设局《关于解决建筑企业拖欠农民工工资问题的意见的请示》，区信息办《关于与区电信公司合作利用电信网络构建青白江区VPN电子政务网络的请示》。

1月19日，青白江区破获一起虚开增值税专用发票案。区国税局根据有关法规，对当事人追缴税款7.8万余元，罚款7.7万余元。

2月5日，区政府在大同镇召开全区禽流感防治工作紧急会议。安排全区禽流感防治工作。区领导何立祥、张映明、王健及各乡镇、各部门负责人参加了会议。

2月6日，何立祥主持区政府十一届20次常务会议。审议并原则通过了区动物重大疫病防治指挥部办公室《关于提请审议〈成都市青白江区高致病性禽流感防治应急预案（试行)〉的请示》，区卫生局《关于提请审议〈成都市青白江区人感染禽流感预防控制预案（试行)〉的请示》。

2月11日，区政府召开全区发展333.3公顷麻竹产业带项目建设动员会，副区长王健主持会议。

2月13日，区爱国卫生运动委员会印发《关于深入开展爱国卫生突击活动做好禽流感防治工作的紧急通知》。

3月8日，省委常务副书记刘鹏在市委副书记、市长葛红林、市委副书记刘宏建、副市长朱志宏等陪同下到区调研工业经济。

3月11日，2004（四川）生态保护公益大行动启动仪式在区举行，启动青白江区80公顷生态绿化隔带建设，区领导出席启动仪式。

3月12—14日，区政协六届二次会议在博能怡湖宾馆召开。会议选举唐雪玉（女）为区政协副主席。

3月13日，区第19届“相聚春天”桃花诗会在清泉镇花园沟举行。

3月15—18日，区十五届人大三次会议召开，选举赖维芳为区人大常委会副主任。

3月18日，浙江巨石集团成都有限公司年产9万吨玻纤生产线奠基仪式暨3万吨池窖拉丝生产线开工典礼在区工业园区举行。

3月16日，省环保局局长朱天开、纪检组长何鹏、巡视员李智果一行到川化集团公司调查沱江污染事故。区委主要负责人作了书面汇报。

4月9日，区委、区政府在攀成钢俱乐部，召开青白江区参加成都市创建全国文明城市暨迎接国家环保模范城市检查动员大会。

4月12日，市第十届运动会老年人地掷球比赛在青白江区举行。

4月28日，市委免去朱志萍中共成都市青白江区委常委、委员职务。

4月29日，省委、省政府在川化召开沱江污染事故处理情况汇报会。30日，区政府召开十一届28次常务会，通报沱江污染事故的处理结果。

5月19日，省委书记、省人大常委会主任张学忠、省委副书记、省长张中伟率全省工业工作会的代表到青白江区参观攀成钢公司。

5月24日，中共中央政治局委员、国务院副总理曾培炎在川化集团公司召开沱江水质污染现场会。区委、区政府有关领导出席会议。

5月29日，区水务、环保等部门及弥牟、大弯等相关乡镇开展长流河等水域环境整治，组织200余名机关干部，出动民工430余人次，清淤5000余立方米，垃圾1300余吨。

6月2日，开展新型农村合作医疗集中宣传活动。

6月3日，经省、市政府同意，区政府印发《关于调整我区乡镇行政区划的通知》。将原来的15个乡镇，撤并为11个乡镇和街道。

6月4日，区人大常委会召开十五届9次会议，听取常务副区长王伯鹏受区长何立祥委托所作的《关于提请审议撤销赖××区环境保护局局长职务的议案》，作出关于接受郑××辞职的决定。

6月16日，区委召开八届三次全委会，对撤并乡镇、街道党政正职的拟任人选和推荐人选进行投票表决。16名候选人全部通过。

7月1日，农业部畜牧管理局副局长张喜武一行在省农机局负责人的陪同下，到区检查农业部2003年新型农机具购置补贴项目，区委副书记、区长何立祥出席情况汇报会。

同日，新型农村合作医疗制度在全区推行。

7月6日，区政府转发区民政局、区卫生局、区财政局《关于实施农村医疗救助的试行意见》

7月9日，弥牟镇与锦江宾馆签订供应亚洲杯足球赛区清真食品合同，从7月12日至8月21日，宾馆用牛、羊等清真食品由弥牟镇提供。

7月14日，省人大常委会副主任刘永顺率省人大环资委、农委、研究室、省环保局负责人到川化集团、攀成钢公司检查《水污染防治法》贯彻实施情况。

同日，中国西部开发世界联合会总会主席、美国世界艺术院院长、美国国际通集团总裁谢平、中国西部开发世界联合会总会中国首席代表邱振华（女）一行，参观了城市市容，考察了区工业园区和区污水处理厂。

7月16—17日，清华大学副校长郑燕康，国家贝氏体钢中心主任、博士生导师方鸿生、白秉哲一行到区考察，与宏达机械公司"新型空冷贝氏体钢"项目签订合作协议。

7月28日，区委召开八届56次常委会议。通报区政府与四川化工机械厂的责权情况：经市中级人民法院裁定：四川化工机械厂欠区政府300万元，用于该厂安置职工。

8月9日，区政府决定成立"青白江区防治人类重大疾病工作指挥部"。

8月18日15：08分，世界最大的中碱玻璃纤维池窑拉丝生产线在青白江区成功点火，浙江巨石集团完成西部首个年产3万吨玻纤的投资项目。

8月25日，区质量技术监督分局在清泉镇龙洞村捣毁一制造劣质奶粉窝点，查获"虎山"牌奶粉成品3200袋，无标识奶粉4200公斤，国家明令禁止销售的劣质奶粉3160袋，成品包装1.4万个。

8月30日，北大附中成都实验学校举行竣工典礼，教育部民办教育工作委员会常务副书记郭福昌，市政府副秘书长王宗全，市教育局副局长杨兴平，区领导何立祥、杨安莉、李光明出席竣工典礼。

8月30—31日，区人大常委会召开十五届12次会议。免去张军、彭勇、李邦区政府副区长职务，任命罗晓辉为区政府副区长。

9月3日，经市委批准，城厢镇、清泉镇被纳入成都市30个重点镇名单，享受重点镇建设优惠政策。

9月，清泉中学列入全市首批16所川西园林式书院风格的标准化农村中小学，标准化建设工作由区教育局统一组织实施。

10月12日，青白江区"民办教育协会"成立。

10月26日，清泉镇被市科协评为市级"科普示范乡镇"。

11月11日，成都军区副司令员范晓光到青白江区检查征兵工作，常务副区长王伯鹏，区人武部部长赵红跃陪同检查。

11月17日，青白江区"创建国家环境保护模范城市——我爱绿色家园青白江万人宣誓签名活动"在怡湖广场举行。

11月19日，国家环保局污染控制司副司长陈明剑率国家环境保护模范城市技术核查组对青白江区"创模"成效进行核查。

11月22日，大弯小学通过"成都市实验教学示范学校"评估验收。

12月8日，据成都市2004年普通高中教学工作会议公布的信息，大弯中学当年高考列成都市国家级示范学校第四名（仅次于成都四、七、九中），列郊区县"国重"第一名。

12月12日，青白江区举办第一届残疾人运动会。

12月17日，市教育局对前进职高"省级重点职业中学"进行复查评估验收，该校以"优秀级"获得通过。

12月20日，清泉片区城乡公交车开通清泉至合兴，清泉至人和、云顶，清泉至洪安3条线路。

12月24日，台玻（成都）玻璃有限公司举行浮法玻璃生产线及深加工生产线开工典礼。

12月30日，区电子政务办公系统完成安装调试。

12月31日，攀成钢成都镀锌工程开工。工程总投资9.5亿元，占地10公顷，设计年生产能力45万吨冷轧薄板。

2005年

1月1日，全区免征农业税。

1月7日，青白江区举行"人道博爱，四海同心"向印度洋海啸灾区捐款仪式。

1月12日，弥牟清真寺举行2005年新春茶话会，为长期从事伊斯兰教务工作的马立本阿訇庆祝90寿辰。

2月25日，市人大常委会主任骆隆森、副主任何志全、秘书长李果及市级有关部门负责人，到姚渡镇芦稿村开展扶贫调研。

同日，福洪乡解放村土地整理项目经省国土资源厅批准立项，整理土地总面积596.9公顷（新增耕地面积86.13公顷）。市政府投资2064万元，规划修建一个中心村。新增耕地指标归市所有。

3月1日，在首都各界妇女纪念"三八"国际妇女节95周年暨表彰大会上，区国家税务局办税服务厅被授予"全国巾帼文明岗"称号，区国税局征收科科长彭登菊参加会议。

3月10日，宝成铁路二线青白江段竣工。

3月20日，青白江区获成都市创建国家环保模范城市先进区（县）称号。

3月22日，区人大常委会召开十五届15次会议，审议通过"关于接受袁秀华辞去区人大常委会副主任职务的决定。"

3月以来，市、区文管部门在跃进村汉代墓群进行考古发掘。共清理发掘东汉初的墓葬19座，为研究四川地区汉墓分期及汉代的丧葬习俗提供了较为翔实的资料。

4月8日，区人大常委会召开十五届16次会议。听取并审议《成都市青白江区人民政府关于向国家开发银行四川省分行融资的有关事项的报告》，同意区政府向国家开发银行四川省分行申请贷款1.2亿元，用于城市基础设施建设。

同日，区电视台更新电视制作、播出设备，实现制作、播出数字化、自动化。

4月12日，省经委、省环保、市环保等部门组成的专家验收组，对川化股份有限公司日产1000吨合成氨及加工装置（简称“二化”）节能技改工程进行验收，验收组认为“二化”技改工程项目在发生沱江污染事故后积极整改，健全了环保应急制度和日常管理制度，在试生产期，环保设施与主体设备运行稳定，主要污染物达标排放，符合环境保护验收条件。

4月12日，2005年“粮食直补”工作动员会召开。4月底，全区2005年粮食直补工作全面完成，补贴种粮面积16520.93公顷，向89125户农户发放补贴资金211万元。

4月18日，成都市新开元城市建设投资有限公司成立，公司为青白江区国有全资投资公司。

4月22日，青白江区工业集中发展区管委会举行挂牌仪式。

4月28日，龙王镇新谊、双柏、黄果、园林、石柱、长林等6个村（原合兴镇）划归新都区石板滩镇管辖，并举行交接仪式。

4月，区农村村级管理体制改革工作全面启动，全区建制村由172个减少到96个，社区由12个增加到24个。

5月15日，区残联、团区委在怡湖广场举行“助行工程”轮椅捐赠活动，向50名下肢瘫痪的残疾人捐赠轮椅。

5月27日，市委决定，免去袁泉中共青白江区委副书记、常委、委员职务。

5月31日，区政府政务中心开始试运行。(8月1日正式运行)

同日，四川龙腾茧丝绸有限公司青白江区分公司在清泉镇成立。

6月上旬至7月上旬，区委、区政府、攀成钢公司举办“2005成都·青白江之夏攀成钢杯”文化节。

6月10日，市委决定，免去巫敏中共青白江区委副书记、常委、委员、区纪委书记职务。

6月13日，攀成钢公司和日本伊藤忠丸红钢铁株式会社举行合资建设石油管加工项目签字仪式。合资企业名称为攀成钢伊红石油钢管有限公司，注册资本3000万美元，投资6000万美元建设两条石油钢管生产线，设计能力年产25万吨。

6月17日，杨柳堰农贸市场投入使用。

6月30日，区农村新型合作医疗筹资工作全部完成，全区参加农村新型合作医疗的人数占应参加人数的93.52%。

同日，25万条假烟在攀成钢炼钢总厂内被销毁，总价值上千万元。

7月1日，四川省2005年西瓜生产技术研讨、优质西瓜鉴评会在区召开。青白江区选送的优质礼品西瓜——“口口脆”获四川省优质西瓜第一名，“甜妞”“口口脆”“早佳8424”“超甜抗袭京欣1号”“冰淇淋”等7个品种获四川省优质西瓜奖。

7月20日，工商银行青白江支行与金堂支行整合。

7月25日，区卫生局召开预防控制“人感染猪链球菌病”紧急会，区政协副主席、卫生局长王勇，区乡各医疗卫生单位，驻区市属以上厂矿医院负责人及防疫医生、卫生局中层以上干部共50余人参加了会议。

8月1日，省政府“人感染猪链球菌病扑疫指挥中心”督查9组到青白江区督查人感染猪链球菌病防制工作。同日，区委、区政府印发《关于对防制人感染猪链球菌疫情工作不力的龙王镇、祥福镇的通报》，责令两镇党委、政府主要负责人作出书面检查。

8月2日，市政府督查组到区督查人感染猪链球菌病防控工作。

8月31日，村社代理会计核算中心清产核资工作全面完成，核实各乡镇、街道上报的村社集体总资产10015.73万元。

9月2日，姚渡镇召开公推直选党委书记推荐大会，陈林当选镇党委书记。

9月8日，成都生物制品研究所党委书记、所长王丽峰（女）个人向区捐资10万元改建蓉生希望小学。

9月13日，区委召开全区领导干部大会，市委组织部副部长张进宣布市委9月1日作出的决定：孙建成任中共成都市青白江区委委员、常委、书记；张国清任中共成都市青白江区委员、常委、副书记、纪委书记。

同日，区人大常委会召开十五届19次会议，首次向普通公民开放。王尔胜等5名市民列席会议。

9月14日，由区科协推荐的“退耕还林种草养畜项目”获成都市第四届“金桥工程”（2002～2004）优秀项目二等奖。

9月22日，市委常委、成都警备区政委郑天扬在区人武部全体干部职工大会上宣读了《中共成都警备区委员会关于孙建成等同志党内职务任免的通知》，孙建成任中共成都市青白江区人武部党委委员，第一书记。

9月24日，区委召开区委八届89次常委会议。会议听取了区纪委关于清泉镇干部在值班时间违反规定“斗地主”的情况汇报。会议决定：原则同意区纪委的建议，责成陈××等4人作出书面检查，通报全区；按有关程序给予陈××等3人行政警告处分，对王××作降级处理，对方××作免职处理。

9月29日，亚鑫公司矿渣微粉项目第一期工程竣工投产。

10月19日，市委决定：冷晓燕任中共成都市青白江区委委员、常委。

同日，区委召开八届91次常委会议，会议提出要善于走活经营城市这盘棋，要坚持“生态立区、工业强区，构建生态工业高地”努力改善青白江的对外形象，抛掉污染重灾区的帽子。

10月28日，区委、区政府和市委统战部、市工商联、市海外联谊会，成都光彩事业促进会联合举行“相约青白江”民营企业投资说明会。

10月30日—11月5日，区委组队参加在浙江桐乡举行的第11届国际玻纤年会。期间，先后赴上海、浙江、广东等地招商引资。

11月1日，市委副书记、市长葛红林率市计委、市国土局、市规划局、市交通局、市经委及成都铁路局、铁二院相关负责人到城厢镇查勘铁路集装箱中心站选址情况，确定了向铁道部推荐选址点。

同日，区政府采购中心成立。

11月1—12日，区政协主席李光明带领区政协政研室、区规划局、建设局、城管局、环保局和大弯街道办事处负责人一行10人，到上海、江苏、浙江、福建等地学习考察城市规划、建设、管理、环境保护及小城镇、工业园区建设。

11月4日，中国科学技术协会确定青白江区为“第三批全国科普示范区创建单位。”

11月17日，区委、区政府再次召开高致病性禽流感防控暨口蹄疫防制工作紧急会。严格控制高致病性禽流感病菌的传播。

11月18日，攀成钢公司举行340连轧管机组项目竣工典礼。该机组是目前国内口径最大、技术最先进的连轧管机组，投资14.96亿元，是攀成钢建厂近50年来投入最多，规模最大的单项工程。

11月21日，使用国债资金建设的区检察院办案用房和专业技术用房竣工。总投资2100万元，使用面积6500平方米。

11月22日，成都王牌车辆股份有限公司出口菲律宾轻型和重型车辆举行交车仪式。这是四川本土载重汽车首次出口国外。

11月23日，国务院国资委副主任王瑞祥一行12人，考察攀成钢公司340连轧管机组。攀钢（集团）公司董事长洪及鄙，集团总经理，攀成钢公司董事长罗泽中，集团副总经理、攀成钢公司总经理余自甦等陪同考察。

11月24日，区政府与巨石集团成都有限公司签订二期工程投资协议，总投资4.2亿元。

11月25日，区委、区政府召开重大行政决策专家咨询论证委员会成立大会暨第一次咨询会议。

同日，四川盛源拍卖有限责任公司第200546期拍卖会在区卫生局五楼会议室举行，底价为62万元的日新卫生院整体资产以80.3万元的价格成交。

12月6日，区首批中低收入家庭租赁住房租金补贴和首批廉租房住房租金补贴发放工作启动。

12月10日，国家环保总局行政监察局局长蒋延东一行，对青白江区落实全国环境污染事故应急电视电话会议精神及环境安全工作进行检查。

12月12日，省政府水环境综合整治督查组到区督查污水治理工作。

12月16日，成都胜达玻璃有限责任公司（原成都玻璃厂）生产基地投入生产。

12月17日，区投资说明会暨项目签约仪式在博能怡湖宾馆举行。台湾、东莞、九江及成都市工商界、金融界的嘉宾应邀参加会议。会上签约项目6个，协议资金14.05亿元。

同日，区委、区政府举办的2005年“青白江杯”高尔夫球邀请赛在都江堰市青城高尔夫俱乐部举行。来自东莞、九江、成都等台商协会40余名选手参加了比赛。

12月21—25日，由市民族宗教事务局和区政府共同主办的“2005成都·青白江唐家寺清真美食节”在弥牟镇举行。

12月23日，从和盛花园至清泉客运站的6路公交车投入运行。

12月26日，四川省工业设备安装公司蜀港铝业有限公司在区工业集中发展区开工建设。

12月，区“青江东路科普画廊”“政府路科普画廊”入选中国科协“2006年度全国示范科普画廊”名单。

政区

1991—2005
成都市青白江区志

概　述

1990 年成都市青白江区辖大弯、弥牟、城厢、清泉 4 个镇和华严、景峰、祥福、玉虹、绣水、姚渡、日新、龙王、福洪、合兴、人和、云顶 12 个乡。1995 年撤销景峰乡设立大同镇，1998 年撤销绣水乡，并入城厢镇；撤销祥福乡，姚渡乡、日新乡、合兴乡，相应设立祥福镇、姚渡镇、日新镇、合兴镇。2004 年实行乡镇合并，部分乡镇增设街道办事处建制。撤销大弯镇、华严镇，设立大弯和红阳街道办事处。撤销日新镇，并入祥福镇；撤销合兴镇，并入龙王镇；撤销玉虹乡，并入城厢镇；撤销云顶乡，并入清泉镇。弥牟镇、大同镇、城厢镇、清泉镇、祥福镇增挂街道办事处牌子，实行“两块牌子，一套人马、合署办公”的管理模式。撤并后，全区辖 7 镇、2 乡、2 个街道办事处。2005 年实施农村村组管理体制改革，全区由 172 个村 28 个城镇居民委员会合并为 96 个村，24 个社区居民委员会。

2005 年行政区划调整，龙王镇 6 个村和 1 个社区划归成都市新都区管辖，全区面积由 392.41 平方千米调整为 378.56 平方千米。

建　置

【沿革】　成都市青白江区境域原为四川省新都和金堂二县辖地。1956 年，国家第一个五年计划重大项目之一的四川肥料厂（今川化集团有限责任公司）确定在金堂县华严乡（今成都市青白江区主城区）境内建设，中国共产党四川省委员会（简称省委）设置四川省金堂工业区建设委员会。1957 年，国家缩小基本建设规模，金堂工业区拟建的 7 个项目中，只保留四川肥料厂 1 个在建项目。同年 7 月，四川省人民委员会（简称省人委）撤销金堂工业区建设委员会，四川肥料厂的建设改由中国共产党成都市委员会（简称市委）领导，地方行政管理工作主要由金堂县负责。

1958 年，四川肥料厂第一期工程进入土建施工高潮，四川省小型氮肥示范厂（今玉龙化工有限责任公司）和成都钢铁厂（今攀钢集团成都钢铁有限责任公司）相继破土动工，职工和家属人数猛增，职工生活、市政管理等问题都急需解决。四川肥料厂现场党组多次向省委和市委汇报，提出建立地方政权组织的意见。

1959年1月，市委就扩大成都市区的问题向省委提出建议，将新都、金堂等县部分乡镇划归成都市管辖。同年11月，省委批复同意，市委派程富全、郭荣森等人负责筹备建区工作。

1960年1月，成都市青白江区筹备组在四川肥料厂招待所召集金堂县、新都县、四川肥料厂、成都钢铁厂负责人参加工作交接会，宣布成都市青白江区成立。同年2月，市委任命程福全、党思维为中国共产党成都市青白江区委员会（简称区委）书记，任命四川肥料厂党委书记韦从俭为区委第一书记，任命成都钢铁厂党委书记金星为区委第二书记。同年7月，省人委批准成都市青白江区行政区划，辖弥牟、华严、大同3个公社。1981年1月，根据四川省人民政府（简称省政府）通知，金堂县城厢区和太平区划入成都市青白江区，全区新增1个镇11个公社，行政区域基本定形。

【行政区划调整】 1990年全区面积392.41平方千米。2005年5月10日，经省政府批准，龙王镇的新谊、双柏、黄果、园林、石桩、长林6个村和1个社区居民委员会划归成都市新都区管辖。调整后，全区面积为378.56平方千米，减少13.85平方千米。

【主城区演变】 1998年以前，成都市青白江区人民政府（简称区政府）所在地大弯镇为主城区。1998年8月，大弯镇和华严乡合并调整行政区划，分设大弯镇、华严镇。主城区一分为二，大致以青江南、北路为界，大弯镇居东，华严镇居西。2004年6月，撤销大弯镇，设立大弯街道办事处；撤销华严镇，设立红阳街道办事处。成都市青白江区主城区由大弯和红阳街道办事处组成，建成区面积17.36平方千米。2005年，随着工业集中发展区的建立，主城区逐步向东南扩展。

街道乡镇

【大弯街道办事处】 大弯街道办事处位于区境北部，东邻大同镇，南接新都区新都镇及祥福镇，西连红阳街道办事处，北靠广汉市新丰镇，面积15.53平方千米。

大弯街道办事处由大弯镇演变而来。1998年以前，大弯镇无农村组织，辖团结路、政府路、青江路、大弯东路、大弯南路、大弯北路、青江东路、化工路和红阳9个居民委员会，1997年年末总人口64051人。1998年8月辖区调整，划入原华严镇所辖新河、大弯、红旗、大夫、双元、黄金、革新7个村，保留大弯东路、大弯南路、大弯北路、青江东路和化工路5个居民委员会，其他居民委员会划入原华严镇，实行以城镇带农村的管理模式。1998年大弯镇年末总人口65963人。2002年9月实行社区管理体制，撤销原大弯东路、大弯南路、大弯北路、化工路和青江东路居民委员会，设立广场、怡湖、大弯路、青华路、化工路5个社区居民委员会。

2004年6月撤销大弯镇，设立大弯街道办事处。2005年6月实行农村村组管理体制改革，原新河村与广场社区合并组建石家碾社区，大弯村与大弯路社区合并组建大弯社区，红旗村与青华路社区合并组建肖家院社区；大夫、双元、黄金三个村增挂社区牌子，与村民委员会合署办公，实行“两块牌子，一套人马”的管理模式。2005年大弯街道办事处辖石家碾、大弯、肖家院、化工路、怡湖5个社区，大夫、双元、黄金、革新4个村，53个村（居）民小组，年末总人口56038人，其中农业人口9370人。

大弯街道办事处境内工业企业聚集，商业网点密布，基础设施建设完善配套。农民收入主要来源于务工、经商、运输、建筑和服务业。2005年乡村从业人数7990人，其中第一产业1828人，第二产业1817人，第三产业4345人。

境内主要农作物以水稻、小麦、油菜籽为主，蔬菜、瓜果、花卉苗木为辅，生猪、奶牛养殖已形成一定规模。随着城市的发展，耕地面积逐年减少，粮油单产稳步提高，总产量保持基本稳定。1999年耕地面积665.8公顷，2005年耕地面积456.27公顷，耕地总面积减少209.53公顷。1999年粮食总产量5199吨，油菜籽总产量738吨；2005年粮食总产量4666吨，油菜籽总产量544吨。1999年，农民人均纯收入3016元，2005年4701元。

【红阳街道办事处】 红阳街道办事处位于区境北部，东邻大弯街道办事处，南接祥福镇和新都区新都镇，西连弥牟镇，北靠广汉市向阳镇和新丰镇，面积13.60平方千米。

红阳街道办事处由华严乡演变而来，华严乡因寺得名。1991年辖新河、革新、大夫、大弯、红旗、黄金、双元、顺江、红阳、红锋、同井、玉带、永红13个村，125个村民小组，面积29.20平方千米，耕地面积1473.8公顷，总人口29891人，其中农业人口29640人。1998年8月撤销华严乡，设立华严镇，划入原大弯镇团结路、青江西路、怡湖小区、青江中路4个居民委员会，保留顺江、红阳、红锋、同井、玉带、永红6个村，其他村划入原大弯镇。1998年华严镇年末总人口29615人，其中农业人口28912人。2002年9月实行社区管理体制，撤销团结路、青江西路、怡湖小区、青江中路居民委员会，设立团结路、政府路、青江路、红阳4个社区居民委员会。

2004年6月撤销华严镇，设立红阳街道办事处。2005年6月实行农村村组管理体制改革，将原红阳村与红阳社区合并为蔡家庙社区，原玉带村与政府路社区合并为玉带社区。同井村、红锋村、永红村增挂社区牌子，与村民委员会合署办公，实行“两块牌子，一套人马”的管理模式。2005年红阳街道办事处辖蔡家庙、玉带、青江路、团结路4个社区，同井、红锋、永红、顺江4个村，49个村（居）民小组，年末总人口49152人，其中农业人口8493人。

境内主要农作物以水稻、小麦、油菜籽为主，红苕、洋芋、玉米、蔬菜、菌类、水果、花卉次之。1991年粮食总产量12682吨，油菜籽总产量1326吨，农业总产值2580万元。2005年耕地面积396.8公顷，粮食总产量3811吨，农业总产值3588万元。2002年，随着耕地面积逐步减少，种、养殖业逐步向规模化、专业化发展，栽植花卉、苗木的苗圃7个，从事观赏鱼专业化养殖场3个，美蛙、奇彩珍珠山鸡、波兰山羊等特种养殖场3个，2004年实现多种经营收入3145万元。

境内以攀钢集团成都钢铁有限责任公司为标志的大、中型国有企业云集，乡镇企业发展较早。1991年华严乡乡镇企业1366家，总产值15013万元，总收入11248万元。2003年华严镇乡镇企业601家，总产值80292万元，企业增加值19093万元，其中工业增加值16531万元，总收入74520万元。2005年红阳街道办事处乡镇企业608家，企业总产值112261万元，企业增加值26950万元，其中工业增加值22838万元，总收入138750万元。1991年，农民人均纯收入998元，2005年4817元。

【弥牟镇】 弥牟镇位于区境西北部，地处川陕交通要道，北邻广汉市向阳、广兴镇，南接新都区新都镇，西连新都区军屯、马家镇，东靠红阳街道办事处，面积22.49平方千米。2004年6月弥牟镇增挂街道办事处牌子。

弥牟镇始见于《通鉴纪事本末》十二第四十一卷："唐长兴三年（932 年）五月甲申，西川节度使孟知祥在弥牟镇鸡踪桥大败谋袭成都的东川节度使董璋。"弥牟镇历代贡品弥牟布、柳叶烟，现均已失传，历史古迹毁于战乱。现存八阵图、诸葛井遗址和清真寺，分别列为市、区级文物保护单位。

1991 年弥牟镇辖灯塔、火星、立新、金光、国光、挺进、狮子、仁寿、三星、仁瑞、曙光、白马 12 个村、107 个村民小组，总人口30559人，其中农业人口27624人。2002 年 11 月成立唐家寺社区居民委员会。2005 年 6 月实行村组管理体制改革，将原灯塔村、火星村、立新村合并组建火星社区，金光村、国光村合并组建国光社区，挺进村、狮子村合并组建狮子村，仁寿村、三星村合并组建三星村，仁瑞村、曙光村合并组建曙光村。2005 年末，弥牟镇辖火星、国光、唐家寺 3 个社区，狮子、三星、曙光、白马 4 个村，95 个村（居）民小组。总人口32322人，其中农业人口16236人。

弥牟镇地势平坦，土地肥沃、自流灌溉。主要粮食作物有水稻、小麦，油料作物以油菜籽为主，兼种花生、瓜果、药材。1991 年耕地面积 1358.33 公顷，粮食总产量12421吨，油菜籽总产量 999 吨，2005 年耕地面积 1101.8 公顷，粮食总产量11346吨，油菜籽总产量 668 吨。1991 ~ 2005 年，累计投入资金2208.44万元，加固、改造和维修河道及水利设施，改善排灌条件，促进农业生产发展。

弥牟镇是成都市北部回族主要聚居区，肉牛、奶牛饲养较为普遍，形成以伊斯兰民族食品加工为特色的民族经济。唐家寺耕牛市场历史悠久，1994 年扩建，建成西南地区最大规模的耕牛、肉牛、奶牛市场。2005 年，全镇民族经济总产值达到 2.1 亿元。

弥牟镇乡镇工业起步早，产业涉及冶金、化工、建材、汽车、服装、食品、包装等行业。1991 年全镇乡镇企业1660家，1992 年设立弥牟工业开发区，2005 年设立汽车制造工业园区，以成都王牌载重汽车股份公司为代表的汽车工业，逐步发展成为全区支柱产业。1991 年全镇工业总产值13547万元，2000 年77464万元，实现利税1938万元；2005 年工业总产值159930万元，实现利税3211万元。1991 年，农民人均纯收入 725 元，2005 年4619元。

1995 年弥牟镇列入成都市小城镇建设试点镇。1998 ~ 2004 年，弥牟镇拆除城镇旧房、危房 3.6 万平方米，改造道路2470米。新建民族商贸街、八阵图商业街等街巷 8 条，新建八阵图农贸市场、祥和商城及住宅小区等城镇配套设施 27.08 万平方米，场镇绿化面积 78072 平方米，新安装街灯 124 盏，新建水冲式公厕 3 座。

【城厢镇】 城厢镇位于区境北部东侧，东邻金堂县赵镇，南接姚渡镇、祥福镇，西连大同镇，北靠金堂县清江镇和广汉市三水镇，面积 45.68 平方千米。

城厢镇历史上相继为白牟、金渊、金堂县治所，秦汉时期即有居民聚居。许多街名在旧县志中即有记载，街名历史已逾数百年。镇内省级文物保护单位 1 处，市级文物保护单位 4 处，区级文物保护单位 3 处，旧县衙、绣川书院、西街民居等建筑布局还保留着原有风格，彭家珍烈士纪念专祠、明教寺觉皇殿、文庙、武庙历年修缮，1993 年恢复寿佛寺，2006 年恢复三清观。1993 年 2 月，省政府批准为第二批省级历史文化名镇，2000 年 4 月列为四川省小城镇建设试点镇，2003 年列为国家小城镇经济综合开发示范镇，2004 年 9 月列为成都市重点镇，2005 年列为成都市优先发展重点镇。

1991 年城厢镇面积 1.21 平方千米。1998 年 4 月绣水乡并入城厢镇，面积扩大到 18.46 平方千米。2002 年 10 月，成立槐树街、朝阳路社区居民委员会。2004 年 6 月玉虹乡并入城厢镇，增挂街道办事处牌子，面积扩大到 45.68 平方千米，辖茶花、永久、绣川、板桥、马鞍、星星、和平、金川、龙潭、前锋、沿沱、桂花、永乐、双龙、壁峰、双福、杨柳、万寿、月明、五泉、玉隆、同心、万安、联兴、泉龙、十五里、白贯、筒渡28个村，槐树街、朝阳路2个社区居民委员会，229个村（居）民小组。

2005年6月实行农村村组管理体制改革，将茶花村与永久村合并组建茶花社区，绣川村与板桥村合并组建绣川河社区，马鞍村与星星村合并组建马鞍社区，和平村与金川村合并组建金河村，龙潭村与桂花村合并组建龙潭村，永乐村与双龙村合并组建十八湾村，壁峰村与双福村合并组建壁峰村，杨柳村与万寿村合并组建万柳村，月明村与五泉村合并组建五泉村，玉隆村与同心村合并组建玉龙村，万安村与联兴村合并组建联兴村，泉龙村与十五里村合并组建十五里村，白贯村与筒渡村合并组建白贯村。2005年末，城厢镇辖金河、龙潭、十八湾、壁峰、万柳、五泉、玉龙、联兴、十五里、白贯、前锋、沿沱12个村，茶花、马鞍、绣川河、槐树街、朝阳路5个社区，235个村（居）民小组，总人口55046人，其中农业人口35815人。

城厢镇气候温和，四季分明，雨量充沛，无霜期长，土地肥沃，自流灌溉。耕地面积2637.93公顷，主要农作物有水稻、小麦、玉米、油菜籽，薯类、生姜、海椒、西瓜、蔬菜、水果、食用菌和中药材。1991~2002年，先后投入资金408.5万元，修复毗河粉子堰、后江堰及川祖庙段护岸等水利工程，新建泉龙村提灌站，整治壁山渠，修建杨柳、万寿、壁峰、永乐、联兴等村的标准化渠道18500米。1997~2004年，总投资237.88万元，修建乡村水泥（沥青）道路22.81千米。1991年实现农业总产值3400万元，2005年农业总产值18118万元。1991年，农民人均纯收入512元。2005年4252元。

20世纪70年代4家省属轻工企业入驻城厢镇，1991年城厢镇工业涉及机械、冶金、服装、制药、建筑、运输、金属制造等行业，工业总产值6608.13万元。1993年驻镇省属企业相继改制，民营企业不断壮大。2005年规模以上骨干工业企业13家。城厢镇食用菌加工历史悠久，早在1970年已形成食用菌生产与加工、公司加农户的产业化发展模式。生产加工白平菇、黑牡丹平菇、鲍鱼菇等40多个产品，产品出口日本、韩国、美国、欧洲等20多个国家和地区。

1991年街、巷、路共32条（段）。2000年拆除城镇公、私危、旧房495户5.2万平方米，拓宽部分老街巷，修建商住楼及商铺。2004年9月，按照重点镇建设土地利用规划、城镇建设总体规划、城镇建设控制性详细规划、产业发展规划和历史文化名镇保护规划等，对天马轴承、中心卫生院、标准化学校、新居工程、滨河南路、经济适用房、滨河北路与广场之间、七星岛路及拟建的加油站共9个用地组团区域进行拆迁，共拆迁571户、面积14.08万平方米。建设尚武路、七星岛路、东门广场、公厕、朝阳路、滨河南路、滨河北路、新居工程、西街道路、中心医院、标准化学校、客运站、巫家祠和建设路市场等项目，拓宽街面9800平方米，改造城区输电线路5000米，改造供水、天然气管网8000米，新建和改造地下雨污管道2400米，增设人行道彩砖、街灯、街道标识和环卫设施等。

【清泉镇】 清泉镇位于区境东南，东邻金堂县九龙镇，南接人和乡，西连福洪乡，北靠姚渡镇和金堂县赵镇，面积66.80平方千米，全境流行客家方言。

清泉镇旧称太平场，地处成都市东部龙泉山脉，农村集市较为发达，被当地人俗称为“成都东山五场之首”。1981年凿井建自来水厂，幸遇泉眼，因而改太平为清泉。2000年列为四川省小城镇建设试点镇，2004年被列为成都市重点镇。

1991年，清泉镇辖友谊、花园、红梁、北宁、七里、秧田、龙洞、太平、五桂、快乐、永顺、金龙、桔丰、西平、友好15个村和3个居民委员会，总人口34452人，面积46.36平方千米。2004年6月撤销云顶乡，云顶乡所辖长虹、红岩、红卫、五爱、红星、牌坊、松柏7个村并入清泉镇，清泉镇增挂街道办事处牌子，总人口40605人，面积66.80平方千米。2005年6月实行农村村组管理体制改革，将一、二、三居民委员会合并为廖家场社区居民委员会，友谊村与花园村合并为花园村，北宁村与红梁村合并为北宁村，秧田村与七里村合并为秧田村，五爱村与红卫村合并为五爱村，牌坊村与松柏村合并为牌坊村，红岩村与长虹村合并为红岩村。2005 年末，清泉镇辖花园、北宁、秧田、五爱、牌坊、红岩、龙洞、太平、五桂、快乐、永顺、金龙、桔丰、西平、红星、友好 16 个村和 1 个社区，232 个村（居）民小组，耕地面积 2262 公顷，总人口40605人，其中农业人口38595人。

清泉镇地处丘陵山区结合部，农业灌溉用水依赖桤木河、东风渠七支渠、十支渠和堰塘蓄水，有效灌溉面积占耕地面积的 85.6%。主要粮食作物为水稻、小麦、玉米、红苕，主要经济作物是油菜籽、花生、生姜、海椒、大蒜、柑、橘和梨。1991 年以来，先后对原有果树进行品种淘汰和高位嫁接，引进早熟梨、晚熟桃等优质果苗，分别在金龙、龙洞村建立优质水果基地。2002 年水果产量达到 1599 吨。蔬菜种植面积常年保持在 866.67 公顷，总产量近 2 万吨，已经形成“一村一品”的种植格局。主产莴笋、芹菜、生姜、韭菜、黄瓜、西红柿、青菜、大头菜、姜、椒、蒜、藕等，分别销往成都、宜宾、自贡、重庆和攀枝花等地。

栽桑养蚕是境内传统产业。1991 ~1998 年，全镇蚕茧总产量 4380 公斤。受传统养蚕技术和市场影响，蚕茧产量逐年下降，1999 年蚕茧产量 116 公斤，2000 ~2002 年，蚕茧养殖停止。2003 年，在金堂县龙腾茧丝绸公司的帮助和技术指导下，利用“退耕还林”工程栽植优质桑树 200 公顷，生产优质蚕茧2690公斤，2005 年蚕茧产量27978公斤。

山区素有种植中药材的习惯，川明参的种植更具地缘优势。2000 年建立 6.67 公顷药材基地，规模化种植川明参、桔梗、青蒿等中药材。云顶川明参以其品质优良、参蕊呈菊花瓣形状，在当地享有盛誉，远销港台地区和东南亚国家。2005 年川明参总产量 259.85 吨。

2005 年农业总产值12111万元，粮食总产量15381吨，蔬菜12502吨，水果3003吨，出栏肥猪41130头，农业总收入18024.5万元。1991 年，农民人均纯收入 539 元，2005 年4212元。

【大同镇】 大同镇位于区境北部，东邻城厢镇，南接祥福镇，西连大弯街办，北靠广汉市万福、三水镇，面积 21.56 平方千米。

清初属甘泉乡境，1940 年改称大同乡，1983 年 12 月因景峰山寺而更名景峰乡。1991 年景峰乡辖跃进、福聚、战斗、爱国、丰收、上游、景峰、新建、五勤、向阳、西林、一心、复兴 13 个村，108 个村民小组，总人口22633人，其中农业人口22127人，耕地面积 1620.73 公顷。1994 年列为成都市首批小城镇建设试点镇。1995 年 10 月撤销景峰乡，更名设立大同镇，列为四川省首批小城镇建设试点镇。2004 年 6 月大同镇增挂街道办事处牌子。

2005 年 6 月实行农村村组管理体制改革，撤销一心村建制，组建一心社区居民委员会；撤销复兴村建制，组建红光社区居民委员会。福聚村与跃进村合并为同福村，爱国村与战斗村合并为界牌村，丰收村与上游村合并为青龙村，向阳村与五勤村合并为五里村，景峰村与新建村合并为新峰村。2005 年末，大同镇辖同福、界牌、青龙、新峰、五里、西林 6 个村，一心、红光 2 个社区居民委员会，108 个村（居）民小组，总人口25098人，其中农业人口18407人，耕地面积 1416.6 公顷。

大同镇以平原为主，兼有丘陵，属都江堰自流灌区，马棚堰支渠、杨柳堰支渠和壁山灌溉渠流经全境。主要农作物有水稻、小麦、玉米、红苕、油菜籽、二荆条海椒、生姜及水果等。2002 年推行丰水梨集中成片种植，在唐巴公路两侧，采取租地的方式将土地集中，形成规模种植面积 56 公顷。丰水梨俗称黄金梨，专业户利用梨园饲养绿色生态鸡，被当地群众称为黄金鸡。2004 年引进喜水、翠冠、圆黄等优良品种，改良和嫁接丰水梨29.33公顷，建成优质水果基地。1991年粮食总产量13877吨，油菜籽总产量1442吨，水果产量80.9吨；2005年粮食总产量13945吨，油菜籽总产量1266吨，水果产量49.45吨。

1991年乡村两级集体企业31家。1998年开始实施企业产权制度改革，到2003年31家集体企业全部依法进行以明晰产权关系为核心的产权制度改革，建立股份制或股份合作制企业。1991年全镇企业总产值7641万元，总收入3500万元；1999年企业总产值4.98亿元，总收入1.79亿元。2000年企业增加值8510万元，2005年企业增加值1.7亿元。1991年，农民人均纯收入794元，2005年4560元。

【祥福镇】 祥福镇位于区境中部，东邻城厢、姚渡镇，南接龙王镇，西连新都区新都镇、泰兴镇，北靠大同镇。面积44.12平方千米。

清乾隆二十七年（1762年）设青龙场，1931年因避匪患拆除。1936年恢复，改名祥福场，1940年设祥福乡。1991年祥福乡辖高楼、联合、强胜、民强、桂通、万年、高平、天星、香山、新华、青龙、甘泉、强力、凤凰、金桥15个村、1个街道居民委员会，118个村民小组。1995年列入成都市小城镇建设试点镇，1998年撤销祥福乡，设立祥福镇。2004年6月撤销日新镇，日新镇所辖新生、兴隆、太山、东升、东方、四方、华家、接龙、福农、马坪、上元、新山、西江、停坝14个村并入祥福镇，增挂街道办事处牌子。2004年祥福镇列为四川省小城镇建设试点镇，同年由国家建设部、发展与改革委员会、民政部、国土资源部、农业部、科学技术部确定为国家级重点镇。

2005年6月实行农村村组管理体制改革，街道居民委员会与青龙村合并为康家渡社区居民委员会，新生村与兴隆村合并为红瓦店社区居民委员会，太山村与东升村合并为太山村，东方村与四方村合并为东方村，西江村与停坝村合并为西江村，华家村与接龙村合并为华家村，甘泉村与强力村合并为甘泉村，香山村与新华村合并为香山村，天星村与凤凰村合并为天星村，万年村与高平村合并为万年村，桂通村与金桥村合并为桂通村，高楼村与联合村合并为高楼村，民强村与强胜村合并为民强村，保留福农村、马坪村、上元村、新山村建制。2005年，祥福镇辖康家渡、红瓦店2个社区居民委员会，太山、东方、西江、华家、甘泉、香山、天星、万年、桂通、高楼、民强、福农、马坪、上元、新山15个村，231个村（居）民小组，总人口47940人，其中农业人口43274人，耕地面积2564.87公顷。

镇境南高北低，北部为平原，占面积的80%；南部为丘陵，占面积的20%。全镇属都江堰自流灌区，西江河、羊叉河、杨柳堰支渠、毗河在境内呈南、北、中分布，灌溉面积占耕地面积的85%以上。1991年以来，先后整治幸福渠、贺江堰、红旗堰、李家堰等渠系和大坝，改善灌溉条件。2000年6月1日，省长张中伟视察旱情后，确定万亩旱片治理方案，对幸福渠、赵村堰、龙门支渠、北干支渠所涉及的旱片死角进行集中整治。到2001年4月，累计改造水利工程70余千米，改善旱片灌溉面积720公顷。主要农作物有水稻、小麦、玉米、红苕、油菜籽、花生、海椒、生姜、水果和蔬菜，养殖业以生猪为主，兼有奶牛及家禽饲养。1991年粮食总产量25304吨（含日新下同），油菜籽总产量1800吨，农业总产值3319万；2005年粮食总产量24419吨，油菜籽总产量2289吨，农业总产值16897万元。

祥福镇乡镇企业起步较早，结合企业经营管理体制和产权制度改革，以联营、独资、股份制和股份合作制等形式，引进一批规模较大，技术先进的企业，形成冶金铸造、机械加工、邮电器材、服装食品、石油化工、建工建材、教学仪器等门类较为齐全的乡镇工业。1991年乡镇企业总产值8666万元，2005 年工业总产值 2.6 亿元。利税总额2550万元，其中税金 901 万元。1991 年，农民人均纯收入 743 元，2005 年4282元。

1991 年祥福镇拓宽大石公路场镇段，新建祥福北街。1995 年按照城镇建设总体规划，改造祥福中街、祥福南街，1998 年改造和新建同心中路、同心北路、滨河北路、滨河南路，1999 年新建天星路，到 2005 年建成供排水管道 5.5 千米，增设人行道彩砖、街灯、街道标识和环卫设施等。

【姚渡镇】 姚渡镇位于区境中部，东邻金堂县杨柳、云绣乡，南接清泉镇、福洪乡，西连祥福镇，北靠城厢镇，面积 23.50 平方千米。

清乾隆年间设兴隆场，1940 年设姚渡乡。1991 年姚渡乡辖长安、跳磴、坪家、龙门、凉水、集体、永和、大吉、芦稿、黄泥、光明 11 个村，1 个场镇居民委员会，113 个村民小组。1998 年撤销姚渡乡，设立姚渡镇。2005 年 6 月实行农村村组管理体制改革，将坪家村、长安村、跳磴村合并为坪家村，凉水村与龙门村合并为凉水村，永和村与集体村合并为永和村，芦稿村与大吉村合并为芦稿村，保留黄泥村、光明村和场镇居民委员会建制。2005 年末，姚渡镇辖坪家、凉水、永和、芦稿、黄泥、光明 6 个村，1 个居民委员会，113 个村民小组，总人口17958人，其中农业人口17339人，耕地面积 1105.47 公顷。

境内以丘陵为主，毗河、西江河沿岸少许平原。毗河、东干渠是全镇主要水源，土壤为黄泥、二黄土、红砂石岗土。农作物以水稻、小麦、玉米、红苕、油菜籽为主，生姜、海椒、蔬菜、水果等逐年规模发展。1991 年粮食总产量 10706 吨，油菜籽总产量 476 吨，出栏生猪 14818 万头，农业总产值 1490 万元，农民人均纯收入 615.8 元。1997 年，深化农业产业结构调整，推广产业化、集约化经营，形成“一村一品”的产业格局。以龙门村为龙头，成片改造低质果树和改良、引进优质果树 133.33 公顷，龙门桃花沟成为区内著名的旅游景区之一。黄泥、光明、凉水、永和、集体等村重点发展食用菌栽培，种植大田蘑菇 200 公顷，平菇 60 万袋，木耳 40 万袋。2005 年粮食总产量 8878 吨，油菜籽总产量 552 吨，蔬菜3935吨，水果2406吨，出栏生猪24612头，农业总产值8907万元。

姚渡镇乡镇企业基础弱、规模小。主要有建工、建材、小水电及农副产品加工业。1991 年乡镇企业总产值 884 万元，总收入 471 万元，2005 年，乡镇企业增加值2078万元，其中工业增加值 862 万元，利税总额 129 万元，其中税金 68 万元。1991 年，农民人均纯收入 615 元，2005 年4181元。

【龙王镇】 龙王镇位于区境中部，东邻福洪乡、姚渡镇，南接新都区石板滩镇，西连新都区泰兴镇，北靠祥福镇，面积 25.69 平方千米，全境流行客家方言。

清咸丰元年（1851 年）设龙王场，1940 年设龙王乡。1991 年龙王乡辖梁湾、清平、红树、双埝、牟池、龙安、青光、锦江、红沙、三方、清洁、天平 12 个村、1 个场镇居民委员会、145 个村（居）民小组，耕地面积 2187.67 公顷。2001 年 11 月撤销龙王乡，设立龙王镇。2004 年 6 月撤销合兴镇，合兴镇所辖新谊、双柏、黄果、园林、石桩、长林 6 个村，1 个居民委员会并入龙王镇。

2005 年 5 月，经省政府批准，龙王镇所辖新谊、双柏、黄果、园林、石桩、长林 6 个村及合兴社区居民委员会划归新都区石板滩镇管辖。

2005 年 6 月实行农村村组管理体制改革，龙安村与场镇居民委员会合并为龙王社区居民委员会，牟池村与锦江村合并为牟池塔村，天平村与红沙村合并为天平堰村。2005 年末，龙王镇辖牟池塔、天平堰、红树、清平、三方、清洁、青光、双埝、梁湾 9 个村、1 个社区居民委员会，143 个村（居）民小组，总人口 24668 人，其中农业人口23309人，耕地面积 1410.8 公顷。

境内地势起伏，土壤为黄泥、二黄泥、白鳝泥和红沙石岗土。属都江堰东风渠尾水灌区，北干渠、北干一支渠、东干渠为主要输水水源，8条支渠、12条斗渠、141条农毛渠构成排灌渠系，有效灌溉面积占耕地面积的70%。粮食作物以水稻、小麦、玉米、红苕为主，油料作物有油菜籽、花生，经济作物以韭黄、生姜、海椒、蔬菜、水果为主。双埝村所产韭黄历史上曾为“贡韭”，以其鲜嫩，味正、化渣而闻名。水产养殖已成规模，年产各种成鱼10余万公斤，生猪和小家禽饲养是传统养殖业。1991年粮食总产量12681吨，油菜籽总产量83吨，水果总产量107吨，蔬菜总产量11021吨，农业总产值1783万元。2005年，粮食总产量13356吨，油菜籽总产量68吨，水果总产量684吨，蔬菜总产量19681吨，农业总产值10736万元。1991年，农民人均纯收入565元，2005年4232元。

龙王镇企业起步较晚，基础薄弱。主要有机械加工，建工建材，食品加工等企业，龙王酿酒有其传统优势。1991年乡镇企业总产值1038万元。2005年企业增加值2480万元，其中工业增加值1396万元，利税总额242万元，其中税金85万元。

1991年按照城镇建设规划，改建西江河大桥，拓宽大石公路场镇段，新建龙兴路、龙合路、商贸街、龙胜路、裕康街及龙兴、龙胜、裕康街延伸段，新修供排水管道、自来水厂、垃圾清运站、公共厕所、沼气化粪池和街灯等城镇基础设施。到2005年，新建和改造街道7条，长4.3千米，新建供排水管道3千米。

【福洪乡】 福洪乡位于区境南部，东邻清泉镇、人和乡，南接龙泉驿区洪安镇，西连新都区石板滩镇，北靠龙王、姚渡镇，面积39.25平方千米，全境流行客家方言。

清光绪十年（1884年）设卷棚寺场，1940年设福洪乡。1991年福洪乡辖民主、进步、大堰、幸福、解放、双河、新光、胜利、前进、字库、团结、拦冲、红光、先锋、互助15个村，131个村民小组。2005年6月实施农村村组管理体制改革，将字库村与大堰村合并为字库村，幸福村与双河村合并为幸福村，胜利村与新光村合并为胜利村，团结村与前进村合并为团结村，拦冲村与红光村合并为拦冲村，先锋村与互助村合并为先锋村，解放村更名为杏花村。2005年末，福洪乡辖字库、幸福、胜利、团结、拦冲、先锋、杏花、民主、进步9个村，131个村民小组。总人口27809人，其中农业人口27340人，耕地面积1910.8公顷。

乡境地处洛带气田中心，天然气储量丰富，建有金遂井组采气站3个，天然气气井15口，日产气量10万立方米。

福洪乡地处龙泉山脉山丘结合部，丘陵区土壤为黄壤土，土质粘重，低山区为紫色土，土层较薄。桤木河、东风渠流经境内的三条支渠是主要水源，以引水灌溉为主，堰塘蓄水、电力提灌作补充水源。1991～2003年，改建、扩建和整治灌溉渠道64.2千米，新建、扩建堰塘219口，新建微型蓄水池127口，山平塘386口，电力提灌站27座，蓄水量78万立方米，灌溉面积占耕地面积的80%。

主要农作物有水稻、玉米、小麦、红苕、花生、生姜、大蒜、海椒、甘蔗、蔬菜和水果，生猪、小家禽饲养和水产养殖为传统产业。1991年粮食总产量16012吨，油菜籽总产量238吨，农业总产值2110万元。2005年粮食总产量15632吨，油菜籽总产量428吨，水果总产量2093吨，蔬菜总产量10758吨，出栏生猪30400头，农业总产值9337万元。1991年，农民人均纯收入476元，2005年4218元。

福洪乡历来就有种植水果的条件和经验，由于传统品种产量低、品质劣而被逐步淘汰。1999年开始，在杏花、幸福、拦冲、先锋等村建立优质水果生产基地，引进凯特杏、雪枣、日本甜柿、晚白桃等优质水果。2004年，福洪乡利用生产基地与成都市温江农业学校联合开发优质杏新品种，种植金太阳、凯特杏、海棠红等优质杏266.66公顷，雪枣53.33公顷，日本甜柿26.66公顷，晚白桃77.33公顷，杏李13.33公顷。2005年秋，基地内办起第一家农家乐，已成为成都市郊农业观光旅游景点。

乡镇企业有建工建材、地毯生产和农副产品加工等行业。地毯生产颇具民族特色，产品畅销西藏、青海、新疆等地。1991年乡镇企业总产值468万元，利税3万元。2005年乡镇企业总产值5826万元，利润352万元，税金52万元。

【人和乡】 人和乡位于区境南部，东邻金堂县五凤、白果镇，南接龙泉驿洛带镇、万兴乡，西连福洪乡，北靠清泉镇，面积60.04平方千米。

清宣统年间设茅店场，1940年设人和乡。1991年人和乡辖险峰、黎明、官仓、南岳、青林、东风、新桥、三元、油坊、高峰、新民、卫星、车站、平桥、壁山、龙王、金星17个村，166个村民小组。2005年6月实施农村村组管理体制改革，黎明村与险峰村合并为黎明村，南岳村与官仓村合并为南岳村，东风村与青林村合并为东风村，三元村与新桥村合并为三元村，油坊村1、2、8组与高峰村合并为油坊村，新民村与油坊村3、4、5、6、7组合并为新民村，车站村与红星村合并为车站村。2005年末，人和乡辖黎明、南岳、东风、三元、油坊、新民、车站、平桥、壁山、龙王、金星11个村，166个村民小组，总人口17621人，其中农业人口17047人，耕地面积1186.93公顷，其中田38.53公顷，林地面积3872.67公顷。

人和乡地处龙泉山脉低山区，海拔高度630～915米，高差大，坡度陡，植被弱，土壤为紫色石骨子土、紫色沙土、紫色泥土、紫色二泥土。水源奇缺，高字库河、石板河属冬枯夏涝的季节性山溪河，农业用水靠拦蓄地面径流和堰塘蓄水，有效灌溉面积仅占耕地面积的1.8%。

农业以旱地作物为主，主产小麦、玉米、红苕、豌豆、胡豆，经济作物主要有柑、橘、苹果、核桃、油桐、大蒜、野山椒和中药材。林地以用材林、防护林和经济林为主，是区内主要森林资源，建筑用石料是境内主要矿产资源。1991年粮食总产量9545吨，油菜籽总产量179吨，川明参总产量378吨，蔬菜总产量3258吨，水果总产量534吨，农业总产值1414万元。2005年粮食总产量7957吨，油菜籽总产量143吨，药材总产量408吨，蔬菜总产量6462吨，水果总产量1792吨，农业总产值7986万元。1991年，农民人均纯收入557元，2005年4363元。

2000年启动天然林保护工程。天然林保护工程管理保护面积2889.3公顷，林分面积2255.1公顷。2001年封山育林面积217公顷，2004年封山育林面积333.3公顷，2004年荒山育林面积236公顷，2005年封山育林面积193.34公顷。

1995年修建贯通龙王、金星、东风、南岳、官仓五个村的龙官路，解决了五个村群众行路难的问题。1991—2005年先后扩建茅店子上街、中街、下街和后街，改建人和中学教学楼、卫生院门诊部、人和乡敬老院等公共服务设施。

青白江区各乡镇村（社区）名变更情况表

表 1

乡　镇	村（社区）名变更情况	2005 年末实有村（社区）名
大弯街道办	新河村　广场社区合并为石家碾社区 红旗村　青华路社区合并为肖家院社区 大弯村　大弯路社区合并为大弯社区	社区：石家碾　大弯　肖家院　化工路　怡湖 村：大夫　双元　黄金　革新
红阳街道办	红阳村　红阳社区合并为蔡家庙社区 玉带村　政府路社区合并为玉带社区	社区：蔡家庙　玉带　青江路　团结路 村：同井　红锋　永红　顺江
弥牟镇	灯塔村　火星村　立新村合并为火星社区 金光村　国光村合并为国光社区 挺进村　狮子村合并为狮子村 仁寿村　三星村合并为三星村 仁瑞村　曙光村合并为曙光村	社区：火星　国光　唐家寺 村：狮子　三星　曙光　白马
大同镇	一心村改名为一心社区　复兴村改名为红光社区 福聚村　跃进村合并为同福村 丰收村　上游村合并为青龙村 景峰村　新建村合并为新峰村 爱国村　战斗村合并为界牌村 向阳村　五勤村合并为五里村	社区：一心　红光 村：同福　界牌　青龙　新峰　五里　西林
城厢镇	茶花村　永久村合并为茶花社区 绣川村　板桥村合并为绣川河社区 马鞍村　星星村合并为马鞍社区 和平村　金川村合并为金河村 龙潭村　桂花村合并为龙潭村 永乐村　双龙村合并为十八湾村 壁峰村　双福村合并为壁峰村 杨柳村　万寿村合并为万柳村 月明村　五泉村村合并为五泉村 玉隆村　同心村合并为玉龙村 万安村　联兴村合并为联心村 泉龙村　十五里村合并为十五里村 白贯村　筒渡村合并为白贯村	社区：茶花　马鞍　绣川河　槐树街　朝阳路 村：金河　龙潭　十八湾　壁峰　万柳　五泉 　　玉龙　联兴　十五里　白贯　前峰　沿沱
姚渡镇	长安村　跳蹬村　坪家村合并为坪家村 集体村　永和村合并为永和村 龙门村　凉水村合并为凉水村 大吉村　芦稿村合并为芦稿村	社区：场镇居民委员会 村：坪家　凉水　永和　芦稿　黄坭　光明
祥福镇	青龙村　场镇居委会合并为康家渡社区 新生村　兴隆村合并为红瓦店社区 桂通村　金桥村合并为桂通村 天星村　凤凰村合并为天星村 香山村　新华村合并为香山村 民强村　强胜村合并为民强村 太山村　东升村合并为太山村 万年村　高平村合并为万年村 高楼村　联合村合并为高楼村 甘泉村　强力村合并为甘泉村 华家村　接龙村合并为华家村 西江村　停坝村合并为西江村 东方村　四方村合并为东方村	社区：康家渡　红瓦店 村：太山　东方　西江　华家　甘泉　香山 　　天星　万年　桂通　高楼　民强　福农 　　马坪　上元　新山

续表1

乡 镇	村（社区）名变更情况	2005年末实有村（社区）名
龙王镇	龙安村　场镇居委会合并为龙王社区 牟池村　锦江村合并为牟池塔村 天平村　红沙村合并为天平堰村	社区：龙王 村：牟池塔　天平堰　红树　清平　三方 清洁　青光　双埝　梁湾
清泉镇	一、二、三居委会合并为廖家场社区 红梁村　北宁村合并为北宁村 牌坊村　松柏村合并为牌坊村 红卫村　五爱村合并为五爱村 友谊村　花园村合并为花园村 七里村　秧田村合并为秧田村 长虹村　红岩村合并为红岩村	社区：廖家场 村：花园　北宁　秧田　五爱　牌坊　红岩 龙洞　太平　五桂　快乐　永顺　金龙 桔丰　西平　红星　友好
福洪乡	字库村　大堰村合并为字库村 胜利村　新光村合并为胜利村 拦冲村　红光村合并为拦冲村 解放村更名为杏花村 幸福村　双河村合并为幸福村 团结村　前进村合并为团结村 先锋村　互助村合并为先锋村	村：字库　幸福　胜利　团结　拦冲 先锋　杏花　民主　进步
人和乡	黎明村　险峰村合并为黎明村 东风村、青林村合并为东风村 南岳村　官仓村合并为南岳村 三元村　新桥村合并为三元村 新民村　油坊三、四、五、六、七组合并为新民村 油坊一、二、八组与高峰村合并为油坊村 车站村　卫星村合并为车站村	村：黎明　南岳　东风　三元　油坊　新民 车站　平桥　壁山　龙王　金星

勘 界

【区境界线】 成都市青白江区行政区域东与金堂县边界线长75千米，南与成都市龙泉驿区边界线长30千米，西与成都市新都区边界线长60千米，北与广汉市边界线长24.5千米，全区边界线长189.5千米。区内25条乡镇间界线，总长210千米。

【边界勘查】 1995年四川省勘界工作办公室在成都市青白江区试点，组织开展成都市青白江区与广汉市边界勘查工作，勘定边界24.5千米。1996年初，国务院要求全国全面开展行政区域界线的勘定工作，从根本上解决边界争议，维护社会稳定，促进经济发展。

1996年6月，区政府建立勘界工作领导小组，区民政局牵头组织实施全区勘界工作。根据试点勘查的青、金、新、龙全境界线165千米，乡镇间界线210千米，以行政区域管辖的现状为基础，协调邻近区县共同实地勘查，明确行政区域界线走向位置，核定法定线，勘定习惯线，解决争议线。

1996 年 9 月成都市青白江区相继与成都市新都区、成都市龙泉驿区和金堂县签订边界线交会点勘查协议书，同时成立“青白江、龙泉驿”“青白江、新都”“青白江、金堂”联合勘界领导小组和联合勘界办公室，有序推进县界勘定工作。

在边界线所涉双边乡镇人民政府和群众的密切配合下，联合勘界办公室工作人员进行了实地踏勘，界线比较清楚，未发现因边界线不清导致争议，三条边界线均属历来双边乡镇、村、组和群众认可的习惯线。

区勘界办公室统一制发全区边界线调查登记表，通过一年半时间，完成全区 25 个乡级边界 210 千米的勘定任务。

【界桩定点定位】 “青白江、新都”边界线 60 千米，双方确定 5 个界桩定位点；“青白江、龙泉驿”边界线 30 千米，双方确定 3 个界桩定位点；“青白江、金堂”边界线 75 千米，双方确定 7 个界桩定位点。“青白江、龙泉驿、金堂”“青白江、龙泉驿、新都”“青白江、新都、广汉”3 个“三线交会点”相应确定。

1996 年 11 月底，三条边界线上 15 个界碑和 3 个“三交点”6 个界碑完成制作。同年 12 月 4 日，成都市青白江区与成都市龙泉驿区、金堂县三方勘界领导小组及三方有关乡镇、村、组干部在区境人和乡险峰村 5 组“三线交会点”处埋下第一块“青白江、龙泉驿、金堂”三面型界碑，埋下方位物界碑 2 块。在区境弥牟镇挺进村 6 组设置“青白江、新都、广汉”界碑，在区境原合兴乡新谊村 1 组设置“青白江、龙泉驿、新都”界碑。同年底，“青白江、龙泉驿”“青白江、新都”“青白江、金堂”三条边界全面完成界碑埋设，分别落实界碑维护管理责任人，签订《界碑委托保管书》。

1997 年成都市青白江区与广汉市完成“青白江、广汉”9 块界碑埋设任务，落实界碑维护管理责任人，签订《界碑委托保管书》。

2005 年行政区域调整后，“青白江、龙泉驿、新都”界碑从原合兴乡新谊村 1 组移到区境福洪乡进步村 7 组。

【勘界成果应用】 区勘界办公室规范、整洁、数据精确的对测绘成果资料进行分类、核定、校对、整理和组卷。根据工作底图和记录转绘正式成果图，编写边界线走向说明书。依据测绘成果数据，制作规范的界桩登记表和界桩位置略图。县界由成都市统一测绘，采用全球卫星定位系统观测仪器观测，准确测定界桩坐标及高程数据。

2001 年区勘界办公室完成四条县级界勘界测绘成果资料 24 卷，“青白江、金堂”“青白江、新都”，“青白江、龙泉”“青白江、广汉”各 6 卷。绘制协议书附图 16 幅、保存工作底图 16 幅、照片资料 2 册、录像资料 3 盒。形成乡（镇）界成果资料 25 个卷宗，绘制协议书附图 65 幅，保存工作底图 65 幅、照片 100 张。

“青白江、龙泉驿”边界成果资料，被省政府勘界领导小组办公室选作全省县级边界线勘定工作标准资料，成都市青白江区被评为四川省勘界工作先进单位、成都市勘界工作先进区县。

经过严格勘界确认，成都市青白江区行政区划图于 2006 年 12 月出版发行。

自然环境

概 述

区境地处新华夏系四川沉降带成都断陷东部，南靠成都平原与川中丘陵分界的龙泉山脉断褶束，形成平坝、丘陵、低山三种地貌。大弯街道办事处、红阳街道办事处、弥牟镇、大同镇、城厢镇以及祥福镇、姚渡镇平坝村，属成都断陷带；龙王镇、清泉镇、福洪乡、人和乡以及姚渡镇、祥福镇的丘陵村，属龙泉山脉断褶束。

区境属内陆亚热带湿润季风气候，四季分明，雨量充沛，日照偏少，无霜期长，气温在14.9℃～16.7℃之间，多年年均降水量925.4毫米，日照时数1239.1小时。由于地形差异，伴有季节性突变，平原、丘陵、低山在温度、日照、降水等方面都有差异。青白江河和毗河属都江堰渠系内江系统的两条干流，弥牟河、长流河、绣川河、羊叉河以排洪为主，兼有灌溉功能，石板河、高字库河、水磨河、桤木河、西江河、湖江河属山溪河流，低山地区石板河最大，丘陵地区西江河最大。

自然灾害主要有洪涝、干旱、大风冰雹和山体滑坡，低温霜冻、连绵阴雨也对农业产生不良影响。

地 质

【地层结构】 区境地层由新生界第四系、中生界白垩系、侏罗系组成。地层厚度由东南向西北方向逐渐变厚，在中部丘陵区仅几米，至西北部弥牟镇一带厚度达188米。

全新统中下段以河流冲积为主，部分为坡残积，一般具有冲积二元结构：下部为砾石层，砾石成分以石英石、花岗石为主，上部为河漫滩亚相沉积，以粘土或砂层组成，呈灰色，系中层状，具水平层理构造而成。分布于西北平原区、河谷两侧及丘陵低凹地段，区域厚度大于55.9米，经绝对年龄C14测得为9640±140年。由于是早全新世的沉积，常形成河道漫滩及一、二级阶地，高出河面0～20米。

上更新统上段具有冲积二元结构；下层为砾石层，上部为粘土层，夹凸镜状泥炭层，与下伏砾石层呈整合接触，泥炭顶底板为灰白色粘土层，上部为黄色粉砂质粘土层，不含钙质结核。粘土矿物为水云母。分布于城厢镇东北侧及姚渡镇西南的毗河南侧，形成三级阶地。一般为基座阶地，部分为堆积阶地，区域厚度4～23.2米，高出河面10～25米。

上更新统中段具有冲积二元结构：下部为砾石层，砾石以花岗岩、石英岩为主，次为燧石、脉石英等，磨圆度好，具有分选性，呈定向排列；上部为粘土层，以私设公堂粘粒为主。黏土矿物为水云母，含钙质结核，铁锰质胶膜和颗粒。分布于城厢镇东北及弥牟镇东西两侧，形成堆积阶地。区域厚度5.2~30.1米，高出河面10~20米。

上更新统下段具有冲积二元结构：下部为砾石层，砾石以石英砂岩为主，次为花岗岩、玄武岩、石英岩、脉石英等，砾径一般2厘米左右，最大的20厘米，上部为黏土层，含钙质结核，中部含铁锰质胶膜，粘土矿物由水云母组成。主要分布于城厢镇东、东南和姚渡镇南、东干渠侧的丘陵地带，多构成堆积阶地。区域厚度3.4~23.3米，一般高出河面10~30米。

中更新统上段具有冲积二元结构：下部为砾石层，砾石以石英岩为主，次为花岗石、脉石英及少量硅质板岩、燧石等，砾径一般7厘米，最大50厘米。主要分布在底部，呈定向排列，大小较均匀；上部为粘土层，具有灰白色高岭土网纹特征，含钙质结核和铁锰豆粒，黏土矿物为水云母。主要分布于祥福镇南部至清泉镇中部丘陵地区，形成残积型基座阶地。区域厚度1.5~34.4米，高出河面10~30米。

白垩系上统夹关组岩性较单一，呈灰黄色，在上部紫红色块状中，含细粒豆石砂岩，偶夹薄层状砂质黏土岩和粉砂岩；底部为24米厚的砾岩和砂砾岩。此地层砂岩十分发育，占总量的95%以上；底部砾石稳定，一二层厚3~20米，砾径2~5厘米居多，砾石含量特高，占砾岩的60%以上。区域厚度143.5米。分布于中部丘陵区的东干渠两岸，呈东北西南向状带。

白垩系下统白龙组岩性下部为桃红色块岩状屑豆石砂岩，偶夹黏土岩；上部为紫红色砂岩和硅红色粘土岩、粉砂岩互层；底部夹1~3层凸镜状钙质砾岩，最厚度0.4~0.6米，产介形类化石。与上覆地层夹关组呈假整合接触。区域厚度150~190米。在福洪乡幸福村一带有零星出露。

白垩系下统苍溪组岩性为一套鲜红色的粘土岩，由粉砂岩夹豆石砂岩及岩屑砂岩组成。底部砂岩夹1~2层、厚0.5~1.5米含石英石的砾岩，产介形类化石。与下伏侏罗系上蓬莱镇组呈断层接触。区域厚度150~164米。出露地域与白龙组相同，仅福洪乡幸福村一带有分布。

侏罗系上统蓬莱镇组下段为紫红色粘土岩、砂质粘土岩和粉砂岩，夹紫红、灰白、黄灰色，中厚层状含细粒豆石砂岩，黄绿色的薄层状含砂质页岩、泥灰岩及一层灰绿色水云母粘土岩、粉砂岩。地层厚420.88米，砂岩含量占22%左右，产介形类化石。侏罗系上统蓬莱镇组上段为灰白、紫红、砖红色细粒豆石砂岩，岩屑豆石砂岩、豆石英砂岩与紫红、鲜红、灰绿色土岩互层、夹薄层状；而厚层状为粉砂岩、灰白色薄层泥灰岩及黄绿色水云母粘土岩、页岩及粉砂岩。地层厚444.35米，砂岩含量占42%，产介形类化石。此地层广泛分布于区境东南部低山区的龙泉山东、西坡的广大地带。

【地质构造】 老第三纪末的“喜马拉雅山运动”，使震旦纪以来的沉积盖层全部回返褶皱，沉积的湖盆历史结束，龙泉山背斜同时形成。其主体北起中江、南到仁寿，轴向北东20°~30°，全长约130千米，宽15~20千米。北斜轴部宽阔平缓，东西两翼东缓而西陡，为典型状箱背斜。翼部发育有系列的扭压性逆断层，局部地层倒转，核部最老地层为侏罗中统上砂溪庙组。两翼地层依次为侏罗系中统遂宁组和上统蓬莱镇组，背斜由南西向北东断次倾伏。区境居龙泉山背斜中段西翼，长约13千米，处于东南部低山区茅店子与高土地之间，背斜轴部仅出露蓬莱镇组地层，背斜西翼由第四系覆盖，地层出露不全，仅零星出露有夹关组、白龙组、苍溪组地层。次一级构造形态不清晰。

龙泉山断裂分为西坡断裂，东坡断裂和隐伏断裂三类。

西坡断裂属压扭逆断层性质，位居龙泉山西坡，北东20°~30°走向，倾向南东，倾角25°~30°。北起中江县合兴场，经龙泉驿、青白江低山区，双流县太平镇等地，至仁寿县以西。因第四系覆盖，多呈隐伏状态。它是区内最大的一条断裂构造，垂直断距1200米，水平断距2000米。此断裂具有活动性，易造成滑坡、泥石流灾害，可导致地震发生。

东坡断裂位于龙泉山东坡，北东—南西走向，倾向北西，与中江—仁寿东坡断裂近于平行、产状正相反的断裂带，在区境内延伸2.5千米左右。

隐伏断裂多分布于第四系覆盖的地区，呈北东~南西走向，与邻区断裂对应。弥牟镇西北沿宝成铁路分布的断裂，是导致区境第四系厚度在弥牟附近突然增大的主要根据。其厚度在大弯镇一带40米左右，而弥牟附近则增至188米，这些隐伏断裂，均处于“成都凹陷”之内。

【水文地质分区】 水文地质分区包括平坝松散堆积孔隙潜水区、丘陵孔隙裂隙水区和低山基岩裂隙水区。

平坝松散堆积孔隙潜水区包括青白江、毗河、弥牟河、长流河、排洪河、毛家河、绣川河、羊叉河，属富水区，也是成都平原地下水库的组成部分。受大气降水、河渠流水、稻田渗透补给，呈季节性变化，冬春少雨地下水位下降，一般3米~5米；夏秋多雨地下水位上升，一般1米~3米。据深部钻孔资料记载，由于松散堆积的第四系新统砂砾卵石层中的孔隙潜水含量，取决于该石层的厚度，含水层越厚则地下水量越大。富水区分布在弥牟镇、大同镇和大弯红阳两个街道办事处的全部和城厢镇、祥福镇、姚渡镇的平坝村。其含水层自南东向北西逐渐增厚，姚渡、祥福的平坝村厚度近10米，单井每日涌水量800吨左右；至城厢、大弯地区，厚度达30米~40米，单井每日涌水量达1500吨~3630吨；而西部的弥牟镇附近厚度达188米，单井每日涌水量2532吨~4000吨。

丘陵孔隙裂隙水区的地层分布，上部多为更新统粘土及砾卵石层，含孔隙潜水；下部为白垩系砂、泥岩，含裂隙水。因上部地层在一些地段缺失，其地下水变化幅度较大。而地表水的西江河、东干渠、湖江河、桤木河、车家河、沙河子，则受季节控制，农田灌溉亦受其制约，是地下水较为缺乏地区。分布在姚渡镇、龙王镇、清泉镇、福洪乡及祥福镇丘陵地带。据深部钻孔资料记载，地下水位28米~40米，每日单井涌水量432吨~800吨。

低山基岩裂隙水区处于龙泉山区，地质由侏罗系上统蓬莱镇组砂页岩、粘土岩组成，地势陡峻，高差大，坡度陡，切割深，多裸露基岩，故只含裂隙水。而裂隙水又受断裂，裂隙构造的影响，地下水位变化很大。分布在人和乡全境及清泉镇、福洪乡的低山村一带。仅有流出山谷的石板河、水磨河、高字库河三条山溪小河。据打井及邻区资料记载，地下水位在48米以上可见初水，每日单井涌水量一般50~200吨。个别岩层构造不发育地段，钻井可能为干井。该区地表水、地下水都较贫乏，属贫水区。

【工程地质分区】 根据地貌和岩土性质分为平原冲、洪积粘土碎石类土区，丘陵冲、洪积粘土、碎石类土区，丘陵半坚硬—坚硬岩类区和低山半坚硬—坚硬岩类区四个工程地质区。

平原冲、洪积粘土碎石类土区广泛分布第四系全新统上下段地层，上部为根植土，城镇多为人工杂填土，厚0.3米~0.7米，接下部粘土及砂土，再下部为卵石夹砂层，自东南向北西逐渐增厚，卵石层顶板埋深0.5米~6.5米，厚8.3米~188米，容许承载力0.3~0.7MP2；预制件打入桩的桩尖容许承载力3.5~5MP2。该区包括所有平坝地区。

丘陵冲、洪积粘土、碎石类土区上层多分布在上、中更新统及全新统地层，主要由上部粘土、下部砾卵石组成。粘土多呈软塑至硬塑状态，厚0.5米~2米承载力0.15~0.25MP2；砾卵石层厚2米~4米，容许承载力0.5~1.5MP2，下伏基岩为白垩系砂岩及粘土岩，此区分布于所有丘陵地区。

丘陵半坚硬—坚硬岩类区分布于白垩系砂岩夹黏土岩，工程地质条件较好，承载力0.5~1.5MP2。主要分布在东干渠两侧丘陵地带。

低山半坚硬—坚硬岩类区由侏罗系上统蓬莱镇组砂页岩、黏土岩组成，而黏土多裸露；在山谷、冲沟低洼地带，一般有3米~5米的堆残积和崩塌堆积物。裸露的基岩地表，局部处于风化、半风化状态，若人工开挖边坡，破坏其力学平衡，在暴雨后易发生滑坡、泥石流灾害。

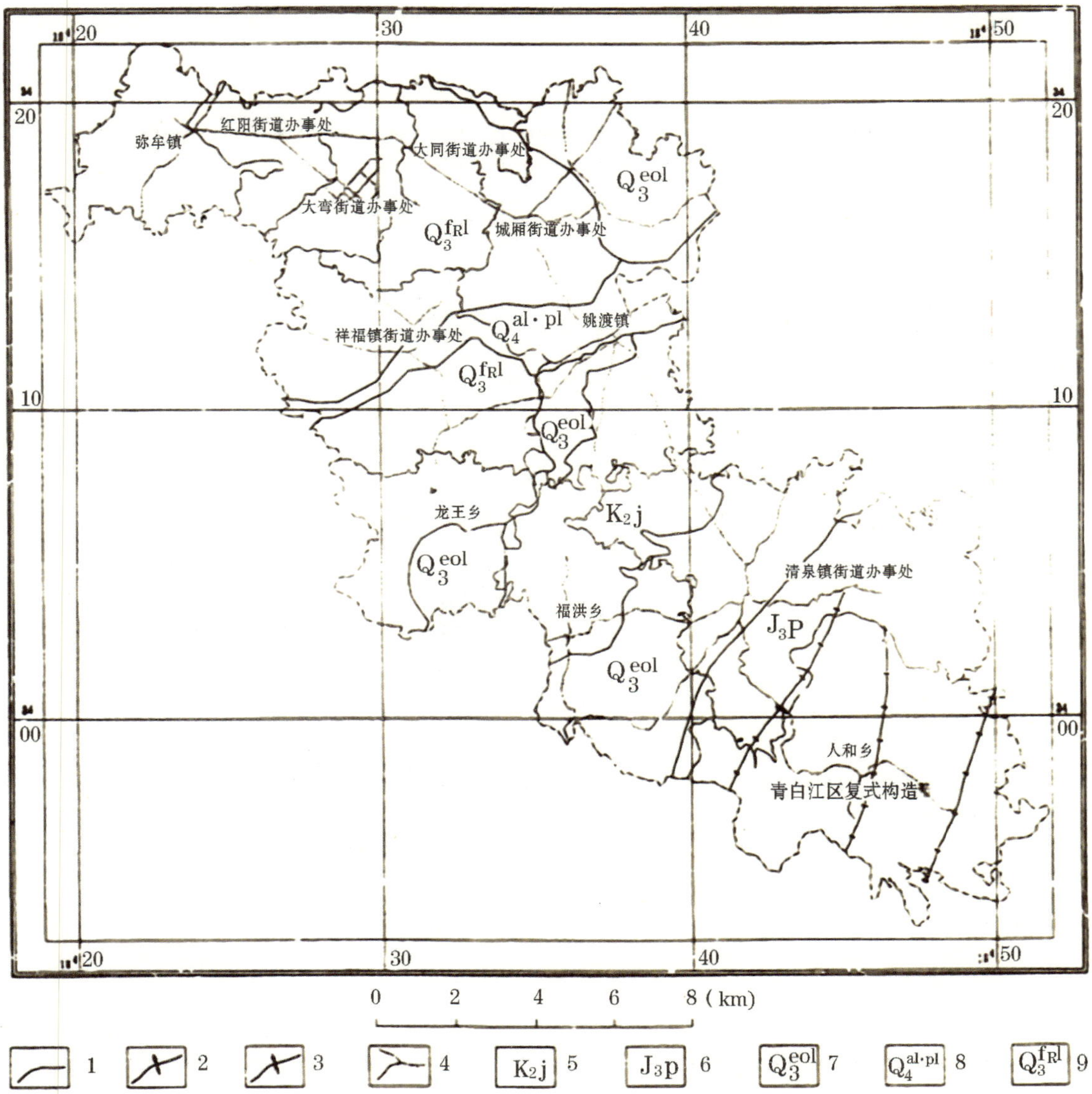

图2-1 青白江区地质图

1. 地层界线 2. 背斜构造 3. 向斜构造 4. 公路 5. 夹关组地层及代号 7. 蓬莱镇组地层及代号 7. 风成地层及代号 8. 冲洪积地层及代号 9. 冰碛地层及代号

地　貌

【平坝】　冲、洪积平坝区由青白江、毗河等河流的冲、洪积物堆积而成。遍布第四系全新统中、下段粘土及砾卵石层，地势平坦，具有成都平原独特风貌。面积 145.89 平方千米，占全区总面积的 38.54%，覆盖弥牟镇、大同镇和大弯、红阳两个街道办事处全部及城厢镇、祥福镇、姚渡镇的平坝村。

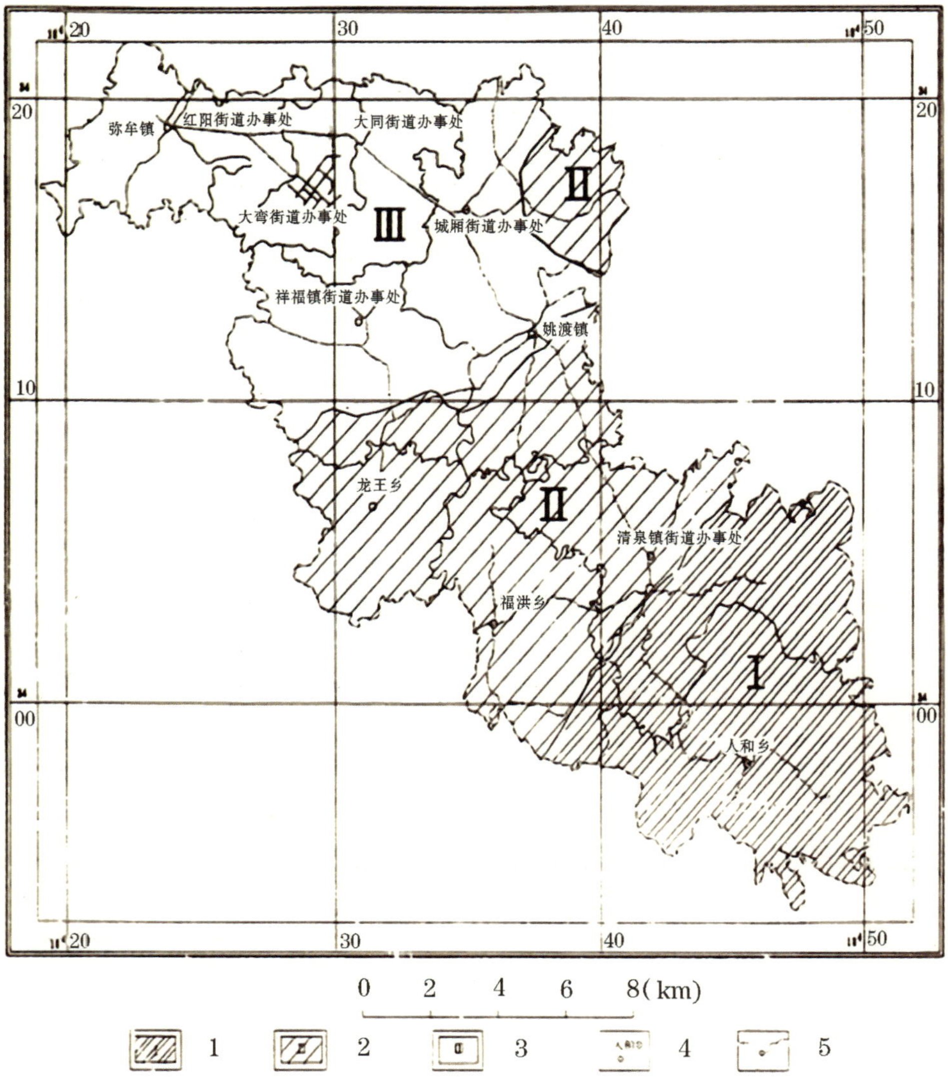

图 2－2　青白江区地貌分区图

1. 侵蚀构造低山地貌区　2. 构造剥蚀浅丘地貌区　3. 侵蚀堆积平原地貌区　4. 乡镇政府及驻地　5. 公路

【丘陵】 冲、洪积构造剥蚀丘陵区由受浸蚀的冲、洪积平坝与冰心堆积老阶地组成，呈波状起伏地形。该区小山梁有从新都区太兴场入区境，止于龙王镇的牟池塔山；从龙泉驿区文安场入区境，经福洪乡、清泉镇、姚渡镇，再入金堂县境，止于金堂县菜子坝的蟠龙山；从大同镇壁山头起，经城厢镇东入金堂县境，止于金堂县焦沙尾的壁山。遍布冲、洪积第四系全新统粘土加砾卵石层，中部的东干渠还大面积出露白垩系上统夹关组，泥岩层。地势虽呈波状起伏，但高差不大，坡度较小，实为浅丘地区。面积129.68平方千米，占全区总面积的34.26%，覆盖丘陵区的龙王镇、福洪乡、清泉镇和姚渡镇、城厢镇、祥福镇丘陵村。

【低山】 构造剥蚀低山区位于龙泉山背斜轴部西翼。因长期强烈剥蚀，故切割较深，起伏高差大，坡度陡，一般在25°以上，交通不便，缺水少河，但植被发育，广布侏罗系上统蓬莱镇组砂页岩及粘土岩地层。由于背斜轴部受岩性及其构造影响，地势较险峻，常形成单面山、平顶山和纵向谷、横向谷，沟谷呈“V”字形，与岩层走向平行、斜交或垂直。该区有从金堂县三皇庙入境的龙泉山，分支有云顶山、石城寺山，云顶山经人和乡神仙桥入龙泉驿区，区境内长13千米。沟谷中常堆积数米厚的第四系松散残坡的崩塌堆积物。在暴雨或久雨后，易发生小型表层滑坡或泥石流。面积102.99平方千米，占全区总面积的27.2%，覆盖人和乡全境及清泉镇、福洪乡的低山部分。

气　候

【四季时段】 按气候划分，夏冬季较长，合计208天；春、秋季较短，合计157天，四季时段见表。

青白江区四季时段表

表2

季节	春	夏	秋	冬
平均气温	10℃~22℃	>22℃	22℃~10℃	<10℃
起止日期	3月1日—5月20日	5月21日—9月10日	9月11日—11月25日	11月26日—2月28日
天　数	81	113	76	95

春季气温回升快，但不稳定，冷空气活动频繁，常有倒春寒，降水少，易发生春旱；夏季多闷热，易出现暴雨洪涝和冰雹；秋季气温下降较快，常有绵阴雨；冬季较干燥，雾日多，出现暖冬。

【温度】 年平均气温在14.9℃~16.7℃之间，以平原区为例，年平均气温16.2℃，最高年平均气温16.8℃，最低年平均气温15.4℃，高低相差1.4℃，历年变动不大，气温比较稳定。

最热为7~8月，常年平均气温25.6℃；最冷为1~2月，常年平均气温5.4℃。常年平均旬的最高气温是8月上旬，为26℃；最低气温是1月，为5℃。

极端最高气温36℃，极端最低气温为-5.4℃，极值相差41.4℃。一般年份的极端高温为34℃，极端低温是-2℃。

稳定通过0℃的平均年积温5932.2℃。日平均稳定通过10℃的平均初日为3月20日，终日为11月22日，稳定日数为251天，积温5101℃，最少为4677℃，80%保证率为4912℃。稳定通过10℃的平均初日，到稳定通过20℃的平均终日，其间间隔186天，积温4053℃，最少为3467.8℃，80%保证率为3700℃。按累年3月11日~10月31日的热量条件分型，暖年占41%，冷年占36%，正常年占23%，暖年多于冷年；按累年11月1日~5月10日的热量条件分型，暖年占41%，冷年占23%，正常年占36%，暖年多于冷年。

年平均地温18.01℃，地表极端高温64℃，比历年平均36℃高28℃；地表极端低温-7.8℃，比历年平均-5.4℃低2.4℃。

【无霜期】 全年无霜期长，雾期能见度低，年平均阴天数239天。常年无霜期273~297天，无霜期最长年为303天，最短为261天。80%保证率为267天。初霜一般为12月4日，终霜在3月1日，特殊年份出现在3月中下旬。

按照热量和水分条件，全区分为平原、丘陵和低山三类地区。平原温暖区，年平均气温16.2℃，年积温5900~6000℃，无霜期279天，水资源丰富。丘陵温暖区，年平均气温16.3~16.7℃，年积温5950~6100℃，无霜期282天，水资源不足。低山温凉区，年平均气温15.0~15.8℃，年积温5400~5800℃，无霜期273天，水资源缺乏。

【日照】 日照年平均为1239.1小时，最高年平均为1959.6小时，最低年为641.4小时，最高年与最低年相比差1318.2小时，各月日照数最多是8月，平均为177.4小时，最多年为251.5小时，最少年为112.6小时。各月日照数最少是12月，平均为62.6小时，最多年为94.8小时，最少年为36.6小时。5~9月日照数为693.3小时，占全年日照数的55%。全年平均日照率为28%，8月份平均日照率为43%，从10月份开始，日照率下降为22%以下。

太阳总辐射值，全年90.94千卡/平方厘米，5~9月为50.66千卡/平方厘米，占全年的56%，10月份开始，因秋季绵雨，太阳辐射值迅速下降。

【降水】 区境多年平均降水量925.4毫米，变差系数为0.299毫米。常年降水量911.8毫米，最多年为1409.9毫米，最少年为612毫米，相差130.37%。降水多集中在6~9月，月降水量均在100毫米以上，7月降水量最多，累年平均237.9毫米；11月至次年2月降水量最少，月平均水量不足20毫米，最少是12月，仅5.6毫米。常年旬降水量，最多是7月下旬，平均降水量94.7毫米；最少是11月下旬至次年1月下旬，旬降水量均在3毫米以下。

全年降水量大于或等于0.1毫米降水日数，累年平均为143天，5~10月降水日数最多，月平均在15天以上。

全年月降水量大于或等于50毫米的月份在5~9月，最多是7~8月。日降水量大于100毫米的时间也是5~9月。区境内曾在1981年7月13日出现过日降水量299.6毫米的最高纪录。日降水量大于或等于0.1毫米的连续降水日数最长为14天；日降水量小于0.1毫米的连续无降水日数最多为41天。

水的蒸发量小于降水量，年平均538.1毫米。平原地区的蒸发量小于全区平均蒸发量，为521.8

毫米。丘陵和低山区则大于全区的平均蒸发量，分别为545.5毫米和550毫米。夏季蒸发量大于冬季。

青白江区各月蒸发量表

表3 单位：毫米

项目	1	2	3	4	5	6	7	8	9	10	11	12	全年
蒸发量	37.1	43.4	76.3	91.4	128.8	124.2	124.4	114.7	85.5	54.4	44.3	32.2	956.7

青白江区累年各月相对湿度77%～86%之间，年平均相对湿度为82.42%。各月相对湿度见表

青白江区各月相对湿度表

表4

项目	1	2	3	4	5	6	7	8	9	10	11	12	全年
相对湿度（%）	81	81	80	80	77	81	86	86	86	85	83	83	82.42

水　系

【青白江】 青白江属沱江二级支流，属“双生水源”河道，水源分别来自岷江和湔江。岷江水源从都江堰内江蒲柏闸分流，上段在都江堰市、郫县、彭州市境内，名蒲阳河；湔江水源从彭州市关口的湔堰分出的支流，至彭州市北君平乡桃花滩左岸与蒲阳河汇合后称青白江。流经新都区，至朱家湾入区境，沿弥牟镇西北边缘，于右岸接纳弥牟河水，分出马棚堰，经广汉市向阳镇境，再流向金堂县赵镇汇入沱江。区境流长2.75千米，平均河宽120米，水深2.5米，同比下降2.5‰，过洪能力1300立方米/秒，特大洪水1600立方米/秒，区境集雨面积18.5平方千米，多年平均流量54.56立方米/秒。青白江是都江堰水系排灌两用河道，具有典型的平原河流特征，河面宽，堤岸曲，同比下降缓，洪枯水位变幅大。由于在上游接纳都江堰市及彭州市境内山溪河水，暴雨季节汇入洪水，来势迅猛，易发生洪涝。民国时期，曾季节性通航，后因河道不规整，引水堰坝多，停止航运。

【毗河】 毗河属沱江三级支流，水源来自岷江，上段为柏条河，通过都江堰枢纽蒲柏闸分流，向东南至郫县石堤堰始称毗河。自新都区邵家寺入区境，流经祥福、城厢、姚渡等乡镇，在祥福镇康家渡左岸接纳羊叉河河水，祥福镇华家村右岸接纳西江河水，在城厢镇沿沱村左岸接纳绣川河和长流河河水，流向金堂县赵镇汇入沱江。区境流长17.5千米，平均河宽155米，水深3.5米，同比下降1.32‰，过洪能力800立方米/秒，特大洪水2000立方米/秒。区境集雨面积141.5平方千米，多年平均流量27.34立方米/秒。毗河是东风渠引水的主要水源，不仅是都江堰渠系的排灌两用河道，而且是

成都平原的主要排洪河道之一。具有平原河道蜿蜒曲折，河床不稳定的特征。由于河道同比下降平缓，洪水期泥沙沉积，沿岸漫滩多，并形成一、二级阶地。洪枯水位变幅大，冬春流量一般 4 立方米/秒，而汛期最大可达 2000 立方米/秒。由于毗河是主要的区间排洪河道，汛期洪峰高、来势猛，对两岸极易造成洪水灾害，尤其是区境内五个河心州坝危害最大。毗河历史上曾经通航，货运木船上至都江堰市胥家湾、中至郫县三道堰、新都区二江沱，下达金堂县赵镇进入沱江干流。20 世纪 50 年代到 60 年代初期曾做过漂木河道。随着东风渠、人民渠相继建成，毗河流量锐减，铁路、公路交通运输日益发达，航运逐渐停止。

【弥牟河】 弥牟河属沱江三级支流，位于青白江右岸弥牟镇境内，1975 年新开河道。流向东偏北，在广汉市向阳场汇入青白江。区内流长 3.5 千米，平均河宽 11 米，水深 2.5 米，同比下降 1‰，过洪能力 40 立方米/秒，特大洪水 80 立方米/秒，集雨面积 1 平方千米，多年平均流量 1.5 立方米/秒。弥牟河与北四支两条斗渠连通，兼有灌溉功能。

【长流河】 长流河属毗河二级支流，杨柳堰北流分支之一。在新都区督桥河公路桥下起水，在二扒堰分水入区境，流经弥牟镇，大弯、红阳街道办事处，至工农堰，称长流河，又名长连河。从工农堰至城厢镇友谊电站，辗转流过工业区，接纳工业废水，其中段又称排洪河。友谊电站以下的城厢镇境内又称毛家河，下段的玉虹电站至绣川河汇合处又称赶牛河。长流河在区境流长 18.5 千米，平均河宽 17 米，水深 3 米，过洪能力 80 立方米/秒，特大洪水 100 立方米/秒，区境集雨面积 55.23 平方千米，多年平均流量 5 立方米/秒，常年水位较为稳定。

【绣川河】 绣川河属沱江四级支流，水源来自杨柳堰。杨柳堰在新都区督桥河公路桥下南北分流后，又在祥福镇与大同镇交界处的三口堰重新汇合，三口堰以下称绣川河，古称清流河。绣川河在城厢镇向东流过，在贯子山下接纳长流河水，最后汇入毗河。区内流长 10.75 千米，平均河宽 20 米，水深 3 米，同比下降 1‰，过洪能力 110 立方米/秒，特大洪水 250 立方米/秒，区境集雨面积 30 平方千米，多年平均流量 3.4 立方米/秒。

【羊叉河】 兰叉河在祥福镇与新都区交界处的杨柳堰支渠右岸新金桥起水，向东流经祥福镇腹心地带，在康家渡汇入毗河。羊叉河 1975 年人工新开，河道去弯取直。区境流长 3.88 千米，平均河宽 12 米，水深 2.5 米，同比下降 1‰，过洪能力 100 立方米/秒，特大洪水 160 立方米/秒，区境集雨面积 5.5 平方千米，多年平均流量 1.6 立方米/秒。

【石板河】 石板河又称茅店子河，属沱江一级支流，发源于龙泉驿区长安乡龙泉山柏树坳西洞子，流经龙泉驿区，自人和乡油坊村人区境，接纳沿河低山沟及高字库河水，基本与成渝铁路平行，在人和乡龙王沱偏东过铁路，经红花塘，流向金堂县五凤镇汇入沱江。境内流长 15 千米，平均河宽 10 米，同比下降 5‰，过洪能力 10 立方米/秒，特大洪水 130 立方米/秒，区境集雨面积 59.5 平方千米，多年平均流量 2 立方米/秒。洪枯水位变幅大，河弯多，同比下降陡，最大洪水可达 130 立方米/秒，洪水来势迅猛，极易造成灾害。

【高字库河】 高字库河发源于云顶山支脉人和乡青林寺，属石板河左岸支流，在人和乡境接纳沿河山沟水，至龙王沱汇入石板河。区境流长 13 千米，平均河宽 7 米，水深 3 米，同比下降 5‰，过洪能力 6 立方米/秒，特大洪水 18 立方米/秒，集雨面积 9.45 平方千米，多年平均流量 0.3 立方米/秒。

【水磨河】 水磨河发源于清泉镇罗家山牌坊梁子，接纳众多山沟水，绕过云顶山后，在金堂县

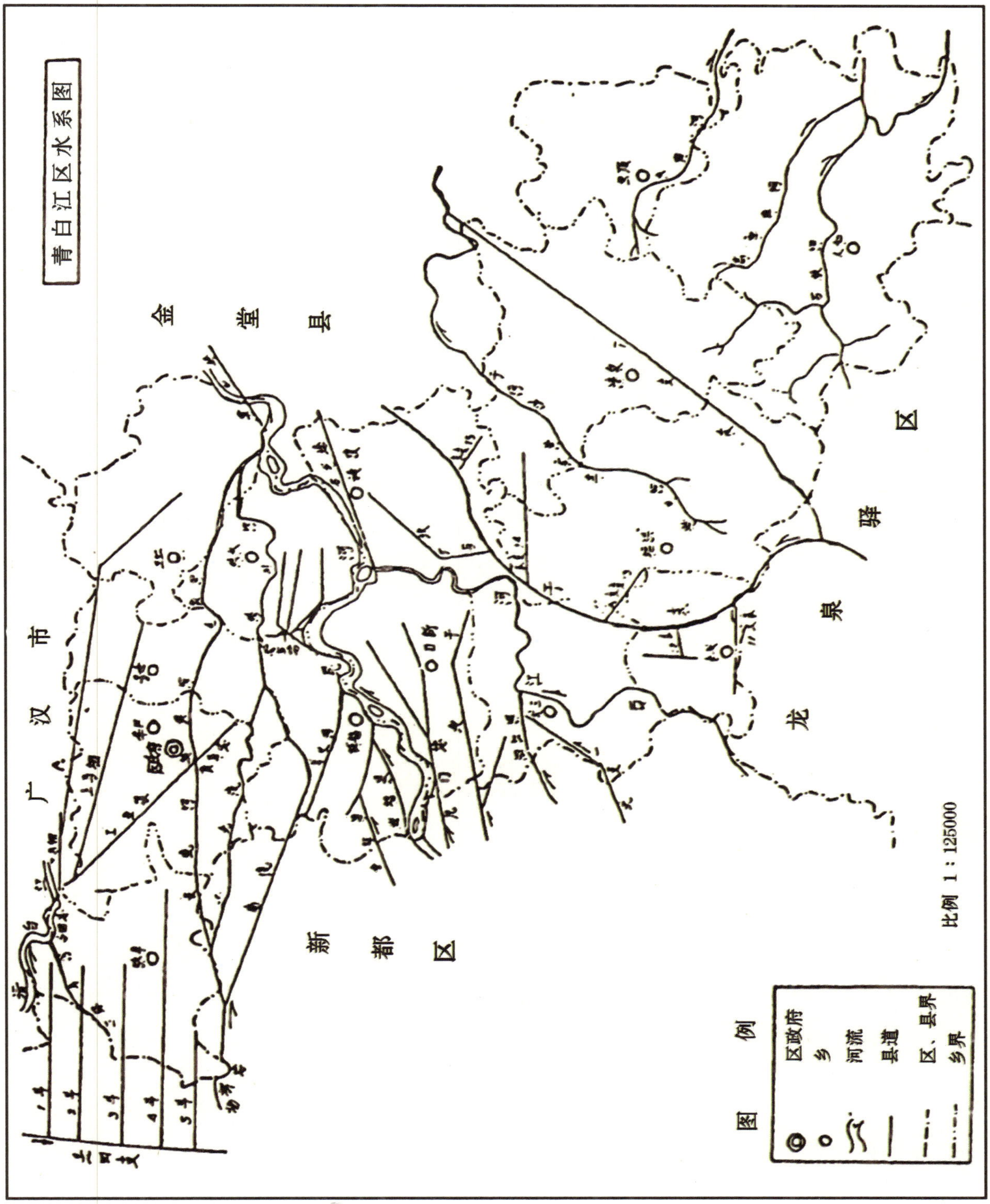

图 2－3　青白江区水系图

双拱桥出区境，汇入团结水库，再折向东北，在金堂峡口汇入沱江。区境流长 9 千米，平均河宽 5 米，水深 2 米，同比下降 2‰，过洪能力 4 立方米/秒，特大洪水 11 立方米/秒，区境集雨面积 24 平方千米，多年平均流量 0.2 立方米/秒。

【桤木河】　桤木河古名三州河、沙河，属沱江一级支流，发源于龙泉驿区文安场，自南向北穿过成渝铁路入区境福洪乡，沿途接纳众多山沟水，流经福洪乡，入清泉镇车家桥，流长11千米；再曲折东北流，至清泉镇秧田村，又称车家沟，流长8千米，再向北流2千米出区境，又称沙河子。流经金堂县云绣、龙威两乡，汇入沱江。区境流长21千米，平均河宽：沙河子以上8米，沙河子以下12米，水深3米，同比下降2‰，过洪能力8~10立方米/秒，特大洪水25立方米/秒，多年平均流量1.5~2立方米/秒。

【西江河】 西江河属沱江四级支流，毗河一级支流，发源于龙泉驿区山泉乡北的柏杨村，流经龙泉驿区境，至八角水出山口，称董家河、驿马河；再沿龙泉驿镇东侧北流，在两河口以下始称西江河。河道曲折北行，成为新都区和龙泉驿区的界河，再流过新都区石板滩镇入区境，流经龙王镇、祥福镇、姚渡镇，过西江河桥，在祥福镇华家村右岸汇入毗河。区境流长19千米，平均河宽45米、水深3.5米，同比下降1.1‰，过洪能力400立方米/秒，特大洪水1200立方米/秒，区境集雨面积58.5平方千米，多年平均流量4立方米/秒。洪枯水位变幅大，洪水频繁，易涨易退，极易造成灾害。1959~1965年，曾以小吨位木船季节性通航。

【湖江河】 湖江河属西江河支流。发源于新都区三河镇凤凰山回龙寺，自新都区木兰镇入区境龙王镇双堰村，在龙王镇龙王沱汇入西江河。区境流长4.25千米，平均河宽10米，水深2.8米，同比下降2‰，过洪能力10立方米/秒，特大洪水15立方米/秒，区境集雨面积4平方千米，多年平均流量1.5立方米/秒。

自然灾害

【洪涝】 1991年6月29日上游降暴雨，西江河河水陡涨，冲毁河堤，淹没农田。全区调动42车辆，运送钢渣100多吨，加固堤坝。祥福镇、城厢镇、龙王镇、福洪乡西江河沿岸地区受灾，房屋倒塌741间，农作物受灾面积达2393公顷，受灾8571户、31712人。

1993年6月26日—27日西江河沿岸局部洪灾。

1995年8月11日，青白江、毗河上游突降暴雨，青白江朱家湾、郑家河坝护堤坡面下沉，毗河城厢镇龙潭村4社河堤被洪水冲毁130余米。全区组织民工1250人，出动车辆225车次，装填连沙石350立方米，现浇混凝土60立方米，抛填砼块1105立方米。

1996年7月28—30日和8月26日，青白江和毗河分别出现洪水流量达到800立方米/秒的险情。事前加固了堤坝，提前开启泄洪闸，未受重大损失。

1997年8月15日凌晨，毗河、西江河水位急剧上涨，冲毁河堤35处、护岸27处。救出被困人员4人，紧急转移199人。沿岸损坏房屋128间，倒塌房屋98间，农作物受灾面积1444公顷，冲毁堰塘拦水坝2座，冲毁鱼塘2.3公顷，损坏提灌泵站5座，92个村、2895人受灾。

2001年8月19日，西江河水位猛涨，龙王镇青光村4组的15户34名村民被洪水围困。区委、区政府主要负责人亲赴现场组织营救，成都市消防官兵及时增援，20日凌晨3时被困群众全部安全转移。同年9月19日凌晨，暴雨雨量达173毫米，青白江最大洪峰量达1200立方米/秒，区乡镇企业局停泊在朱家湾100吨采沙船失去控制，随洪水下移300余米，直接威胁到马棚堰大坝、宝成铁路青白江大桥和108国道公路大桥的安全。市区领导亲赴现场指挥抢险，成都军区某部、省武警支队、市消防支队官兵赶来增援，几经周折，20日下午7时30分终于将船体固定，避免了一次重大的安全责任事故。两次洪灾全区共损毁房屋6118间，其中倒塌1566间，冲毁水利设施、公路、桥梁、渠道147条段，死亡3人，受伤5人，农作物受灾面积1240公顷。

2002年7月29—30日，青白江、西江河、毗河局部洪灾。

2004年6月29—30日连续暴雨，平均雨量达142.33毫米，西江河、毗河水位猛涨，沿岸农田被淹。大弯、弥牟等城镇低洼地带内涝，部分工矿企业进水。人和乡石板河暴发山洪，场镇进水。城厢镇前锋村、沿沱村共12人被困河心岛，区武装部组织民兵应急分队用冲锋舟救出被困群众。全区冲毁水利设施44处，倒塌房屋460间，1人死亡，农作物受灾面积4346公顷，6个乡镇9.56万人受灾。

2005年7月1—3日，西江河、毗河局部洪灾。

【干旱】 区境丘陵和低山区，遇多晴少雨天气，极易造成干旱，故有“十年九旱”之说。

1994年春旱、夏旱、伏旱连续出现，2000公顷水稻、6000余公顷旱地作物受灾，全区启动固定电力提灌站188台，新增临时电力提灌站100台、柴油机145台、机深井17口，提水428万立方米，都江堰管理处加大东干渠、北干渠输水量，缓解旱情。

1996年6月持续连晴高温，清泉、人和、福洪、龙王、祥福、城厢、姚渡等乡镇约670公顷水稻、670公顷红苕、3070公顷玉米因缺水不能播种，已栽水稻的稻田58%干涸裂缝，干旱造成33公顷水稻、400公顷玉米，453公顷经济作物绝收，270公顷果树减产，旱情涉及101个村、1.7万户、5万余人。

1997年汛期降雨量偏少，丘陵、低山区相继出现干旱。

1998年春旱，旱情涉及低山、丘陵区的113个村、3.16万户、8.86万人，造成1.52万人饮水困难，小春作物绝收面积850公顷，经济林木因灾死亡率8.4%。

1999年6月持续高温，都江堰水量减少，水稻和旱地作物出现旱情。

2001年1—3月持续干旱，全区乡镇相继出现旱情。

2002年入夏少雨，全区400余口堰塘干涸，旱情涉及9个乡镇65个村，造成全区3624公顷水稻受灾，其中严重缺水2341公顷，裂缝995公顷，枯萎180公顷、绝收4.86公顷；造成低山、丘陵区1200余人饮水困难，旱地作物受灾6000余公顷，其中绝收770公顷。

【大风冰雹】 1992年5月1日13时，大风、冰雹袭击龙王、福洪、清泉、姚渡4个乡镇29个村，受灾面积2633公顷。

1994年4月30日21时30分，大风、冰雹、暴雨袭击祥福、龙王、大弯、红阳4个乡镇125个村，最大风力5级以上，最大冰雹2厘米~3厘米，房屋倒塌500多间，受灾面积3200公顷。同年7月17日凌晨3时30分~4时，祥福、龙王、福洪等3乡镇37个村遭受大风、冰雹袭击，最大风力6~7级，最大冰雹直径5~7厘米，损坏房屋2819间，其中倒塌1503间；死亡1人，受伤9人，其中重伤2人；农作物受灾面积4540公顷，绝收面积411公顷，牲畜死亡1165头。

1997年4月21日—22日12时，全区持续大风暴雨，降雨量达100毫米，风力4~5级，小麦、油菜被大风吹倒，倒塌房屋30间。

2000年7月27日晚，大同镇遭受大风袭击，部分高压输电线被吹断。

2002年8月17日，清泉、人和遭受大雨冰雹袭击，损坏房屋35间，倒塌17间，农作物受灾面积364公顷。

【山体滑坡】 1998年8月持续暴雨，26日晚清泉镇红岩村4组发生山体滑坡。区委书记王琪等领导连夜奔赴现场组织抢险，20多名武警消防官兵营救转移被困人员，持续奋战10个小时。山体滑坡造成死亡1人，轻伤2人，损毁房屋6间。

2001年10月8日连续降雨，人和乡平桥村与清泉镇西平村交界处发生大面积山体滑坡，乡间路面塌陷，受灾区域内6户村民安全转移。

2005年7月19日—8月17日，人和乡和清泉镇境内连续发生8次山体滑坡，均无人畜伤亡。

资源

1991—2005
成都市青白江区志

概　述

区境属亚热带常绿阔叶林带，耕地常年有农作物覆盖，森林植被以天然林为主，各种林木与农作物相间分布。平坝、丘陵区主要是零星植树、果树、竹类组成林网和院落林盘；低山区以乔木林、果树林为主，森林植物品种 300 多个，栽培品种 150 多个，古树名木 54 株。2005 年林地总面积8363公顷，其中有林地面积8147公顷；活立木总蓄积量 32.76 万立方米，其中林分蓄积量 12.46 万立方米，四旁树蓄积量 19.51 万立方米。区境土壤主要分为灰色冲积土、黄壤土和紫色土三种类型，土地开发利用以农耕地和建设用地为主。区境水域面积2093公顷，其中河流 595 公顷，沟渠 812 公顷，塘堰 732 公顷，水库 4 公顷。全区已查明的矿产资源有 4 大类（能源矿产资源、非金属矿产资源、金属矿产资源、水气矿产资源）、13 种（天然气、泥碳、粘土与粘土岩、页岩、砂岩、条石砂岩、砂石与砂砾石、石灰岩矿、铜矿、砂金、矿泉水、热矿水）。小型矿藏 49 处，采矿场（点）73 处，可开采利用的主要有 3 类 8 种。

区境除土地资源、水资源、动植物资源、矿产资源外，风景名胜古迹逐步成为旅游资源得到开发。1998 年 10 月，境内名胜古迹、遗迹、遗址被列为区级文物保护单位。到 2005 年，全区有省级文物保护单位 1 处，市级 4 处，区级 12 处。1996 年全区先后兴办了一批以河岸森林、田园风光与园林景观融为一体的农家乐乡村旅游景区（点），到 2005 年，农家乐旅游景区（点）达 100 余家。

土地资源

【土壤分布】　西北部平坝地区占总面积的 38.54%，含弥牟镇、大同镇、大弯、红阳街道办事处全部和城厢镇、祥福镇大部。土壤属灰色冲积土，沿河床垂直方向由低到高、由近到远，土壤质地也由粗到细。土壤深厚肥沃，保肥保水能力强，PH 值 6.5 ~ 7.5，适宜多种农作物生长，是主要的水稻种植区域。

中部丘陵区占总面积的 34.26%，含姚渡镇、龙王镇、福洪乡全部和清泉镇大部，城厢镇东部以及祥福镇南部。中部丘陵黄壤土，覆盖浅丘坡脚到坡顶，土层深厚，结持力强，适宜种植水稻、经济作物和林木。

东南部低山区占总面积的27.2%，含人和乡全部及清泉镇东部。东南部低山紫色土，覆盖山谷到山顶，土壤中不同程度含有碳酸钙，PH 值7.5~8.5，土层薄，肥力低，结持力不强，土壤疏松，保水性能差，植被覆盖率低，土壤流失严重，适宜种旱地作物及林木、药材。

【土壤类型】 形成区境第四系、白垩系、侏罗系地层的成土母质，共分为第四系全新统灰色冲积物，第四系上更新统黄色沉积粘土，第四系中更新统黄色老冲积物、白垩系夹关组和侏罗系上统蓬莱镇组5种类型。

第四系全新统灰色冲积物由岷江支流冲积而成，上部以壤土为主，厚2~3米；下部为深厚的砂砾发育形成的灰色冲积水稻土。

第四系上更新统黄色沉积粘土系冰水沉积物，鲜黄棕色。土层较坚实，富含圆形碳酸钙结核。土壤粘粒占35~40%，粉粒占53%，砂粒占7~12%，局部可见白色高岭土条带，发育形成姜石黄壤和姜石黄壤性水稻土。

第四系中更新统黄色老冲积物零星分布在福洪乡、清泉镇腹区地带，多为橙黄色粘土、砾石组成。砾石以石英为主，其次是花岗岩、砂岩和硅化碳酸岩，无定向排列，无选择性，无碳酸盐反应，为酸性。

白垩系夹关组为内陆河流——滨湖相沉积物，由砖红色厚层或块状长石、石英石岩夹少量的泥页岩组成，底部为厚层砾岩，无碳酸盐反应，为微酸性或中性反应。分布在龙泉山西麓的丘顶上，土层多在60厘米以下，砂性大，保水保肥能力差。

侏罗系上统蓬莱镇组为浅湖相泥页岩和粉砂岩韵律或沉积。由棕紫色砂岩，页岩互层，以厚砂薄页为主组成，发育成为棕紫泥土和棕泥水稻土，土壤质地较松，碳酸盐反映强烈，偏碱性。分布在龙泉山地带的人和乡、清泉镇的西平、快乐、桔丰、友好、红岩、五爱和福洪乡的幸福、杏花等低山村。

此外，区境内还有零星的紫色冲积物分布，具有水平冲积层次，质地较轻，粗砂多，矿质养分少，渗透力强，有碳酸盐反映，碱性强。主要分布在西江河两岸及沿山溪河地带。

按照省市有关土壤普查的分类规定，区境土壤分4个土类，7个亚类、11个土属，30个土种。以1990年土地面积为基础，按A类B类种数计算百分比见下表。

青白江区土壤分类统计表

表5 单位：公顷

土 类	亚 类	土 属	土 种	代 号	面 积	占土类（%）
水稻土 A	冲积性水稻土 A1 9085	灰色冲积水稻土代号（1）8978.09	漏沙田	1	92.6	0.64
			沙 田	2	633.33	4.38
			油沙田	3	1177.75	8.14
			二泥田	4	2397.06	16.58
			泥 田	5	4050.1	27.99
			白鳝泥田	6	190.67	1.32
			下湿田	7	436.59	3.02

续表5

土 类	亚 类	土 属	土 种	代 号	面 积	占土类（%）
水稻土 A	冲积性水稻土 A19085	紫色新冲积水稻土(2)106.96	沙 田	8	109.63	0.74
	黄壤性水稻土 A2 4399.44	姜石黄泥水稻土（3）4395.8	二黄泥田	9	1176.63	8.13
			黄泥田	10	2258.91	15.63
			死黄泥田	11	148.81	1.03
			白鳝泥田	12	372.02	2.57
			烂泥田	13	122.53	5.45
			沙黄泥田	14	316.83	2.2
		老冲积黄泥水稻土(4)3.64	卵石黄泥田	15	3.64	0.02
	紫色土性水稻土 A3 319.44	红紫泥水稻土(5)124.09	红沙田	16	124.09	0.86
		棕紫泥水稻土(6)195.35	棕紫色丰沙田	17	138.25	0.96
				18	57.1	0.39
冲积土 B1	冲积土 b1	灰色冲积土(7)	半沙半泥土	19	305.44	4.92
黄壤 B2 2560.96	黄壤 b2 2560.96	姜石黄泥土（3）2534.34	二黄泥土	20	560.73	9.04
			黄泥土	21	1400	22.56
			死黄泥土	22	531.58	8.57
			沙黄泥土	23	42.04	0.67
		老冲积黄泥土（9）26.67	卵石黄泥土	24	26.67	0.43
紫色土 B3 3339.26	红紫泥土 b3 1326.26	红紫泥土（10）507.84	红沙石岗土	25	507.84	8.18
			石骨子土	26	818.37	13.19
	棕紫泥土 b4 2852.09	棕紫泥土(11)2852.09	沙 土	27	583.76	9.14
			二沙土	28	632.15	10.19
			二泥土	29	385.2	6.21
			泥 土	30	411.94	6.64

【土壤级次】 按照四川省第二次土壤普查规定，结合区内耕地实际，以土壤养分灌排条件，耕作性能、单位产量、生产潜力和障碍因素等综合考核，全区30个土种分为五级。

一级土，占耕地面积的46.18%。地形平坦，土层深厚（在100厘米以上），无不良层次，质地沙粘适中，保水保肥能力强，能灌能排、稳产高产，年亩产粮食一般在750公斤~800公斤。土种有七个：平坝区为灰色油沙田、二泥田、泥田、半沙田；丘陵区为二黄泥田；低山区为棕色二泥田、二泥土。

二级土，占耕地面积的29.44%。地形平缓，土层较深厚，障碍层次低，质地稍差，稳肥保肥性能不强。年亩产粮食650公斤~750公斤。土种有七个：平坝区为沙田、白鳝泥田；丘陵区为黄泥田、黄泥土，二黄泥土；低山区为棕紫色泥土，二沙泥土。

三级土，占耕地面积10.57%。土壤障碍层次明显，质地过沙或过粘，易受旱涝，年亩产粮食600~700公斤。土种有九个：平坝区为漏沙田、下湿田；丘陵区为黄泥田、死黄泥土、白鳝泥田、沙黄泥田、沙黄泥土、紫色新冲积的沙田；低山区为棕紫色半沙田。

四级土，占耕地面积9.84%，土壤障碍层次突出，质地不良，结构差，易受旱涝，对农业生产有很大限制，一般年亩产粮食400公斤~450公斤。土种有六个：丘陵区的烂泥田、卵石黄泥田、卵石黄泥土，紫色土中的红沙田，红沙石岗土，沙土。

五级土，占耕地面积的3.96%。土壤坡度大，土层薄，风化浅。年亩产粮食250公斤~400公斤。该级土壤只有棕紫色石骨子一个土种。

【土地利用现状】　2003年，全区土地总面积39240.69公顷，其中农业用地31047.24公顷，占79.12%；建设用地6967.91公顷，占17.76%；未利用土地1225.54公顷，占3.12%。

农业用地中：耕地21274.65公顷，占农用地的68.52%，全区人均耕地0.72亩（农业人口人均耕地面积1.11亩）。耕地中，基本农田19026公顷，占耕地的89.43%。园地2267.45公顷，占农用地的7.30%，园地以果园为主。林地2951.24公顷，占农用地的9.51%，林地中以有林地为主占94%。牧草地199.15公顷，占农用地的0.64%，以天然草地为主。其他农用地4354.75公顷，占农用地的14.03%，其他农业用地构成比较复杂，主要包括农田水利设施用地、水库、塘堰、农村沟渠及道路等。

建设用地中：城镇及工矿用地1722.79公顷，占建设用地的24.72%。城镇及工矿用地中，城市主城区与工矿用地1489公顷，占86.43%；其余重点镇和一般乡镇及独立工矿共233.79公顷，占13.57%。农村居民用地4501.97公顷，占建设用地的64.61%。交通用地693.11公顷，占建设用地的9.95%。水利设施用地20.43公顷，占建设用地的0.29%。其他用地29.61公顷，占建设用地的0.43%。

2003年与1990年相比，全区耕地面积减少2549公顷，建设用地增加约1900公顷。

水资源

【地表水】　地表水多年平均资源量6.18亿立方米，其中境内径流量多年平均值为1.48亿立方米，占地表水资源量的25%左右，外引水量多年平均值为4.7亿立方米，占地表水资源量的75%左右。全区地表水的70%分布在平坝地区，河流水质较好。

平坝地区多年平均径流深412.9毫米，变差系数0.3374，径流深年内变化幅度大，3~5月径流深为38.5毫米，占年径流深的9%，6~9月径流深为278毫米，占年径流深的67%，河流最大径流出现在7月，最小径流出现在2月。

丘陵地区多年平均径流深为412.9毫米，变差系数为0.3374，径流深年内变化幅度大。3~5月径流深为35毫米，约占年径流深的9%，6~9月径流深为253.1毫米，占年径流深的61%，河流最大径流出现在8月，最小径流出现在2月。

低山干旱区多年平均径流深为330.5毫米，变差系数0.4，径流年内变化幅度大，3~5月径流深为35.9毫米，占年径流深的11%，6~9月径流深为237.4毫米，占年径流深的72%，河流最大径流出现在9月，最小径流出现在2月。

按多年平均径流深与相应的幅员面积计算，平原区、丘陵区和低山区年径流总量分别为6030万立方米，5367万立方米和3407万立方米。

外引水源主要用于工农业生产，马棚堰、杨柳堰、南四支、北四支、东干、北干等引水渠，多年平均引水量4.7亿立方米，其中区境内灌溉年均用水量3.37亿立方米，余水作为下游配水量。工业专用渠道多年平均引水量1.33亿立方米，用于区境内工业用水。

过境水量除青白江、毗河有多年平均流量外，其它河流尚未进行测量。青白江多年平均流量654.72万立方米，毗河多年平均流量328.08万立方米。

【地下水】 地下水资源由灌溉渠道、江河等地表水转化渗透和丘陵低山裂隙水、层间水、溶洞水构成。地下水资源多年平均总量为1.29亿立方米，其中平坝地区占地下水资源总量的82.7%，丘陵地区占地下水资源总量的15%，低山地区占地下水资源总量的2.3%。

平坝地区土质湿润，河网密布、渗透性好，降水、河渠过境水和农灌渗透构成补给水源。

丘陵上部出露粘土或中下更新世粘土，砾卵石层，含水微弱，单井每小时出水量100~200立方米，岩性结构密实，风化粘泥渗透性能差，入渗补给条件不良，径流滞缓，地下水资源贫乏。台地覆盖下层为红层砂泥岩，浅部泥岩风化，带网状裂隙和溶隙密集细小，砂岩中风化裂隙比较发育，地下水以成层裂隙、溶隙水为赋存条件，是中部丘陵地区主要的地下水含水层。在宽缓沟口中沙泥质堆积，一般厚度达5~10米，形成浅层风化带红层砂泥岩裂隙地下水，风化带裂隙发育不均，含水层空间分布有限，厚度小，储水能力差。受地下水补给，大气降水和农业灌溉季节影响，富水性普遍缺乏。局部地区裂隙发育较好，富水性较优，形成贫水地区中的富水地段，单井每小时出水量达到300立方米~500立方米。

东南部低山区主要的地下水资源是红层裂隙水和溶洞水，属灰色砂岩，红色砂、泥岩。龙泉山背斜轴部两翼坡度较陡，裂隙发育，地层高差较大，沟窄坡陡，裂隙含水层沿沟谷分布，因地形复杂而多被分割，以下降泉流形式排泄。受大气降水补给，径流途径短，季节变化大的影响，泉径流量一般为每秒0.01~0.05升，冬枯季节一般断流。低山区地下水埋深1~10米，含水层深度均在20~30米。

【水质】 地表水属碳酸钙型、低矿化水质，PH值6.5~7.8，属中性水质；硬度8~16德国度，属微硬水；河流中溶解氧一般为每升含6~12.3毫克，毗河个别河段的溶解氧每升含0.1~5毫克。水体中含有各种人体所需的微量元素和矿物质。

随着河流流程的增加，水体受到流经地区的地质、土壤、植被和工业废水、城市生活污水排放的影响，以及农村面源污染的增加，地表水污染问题日益突出。区境内地表水污染物主要有非离子氧、高锰酸盐、五日生化需氧量、亚硝酸盐和石油类五种，属有机污染型。地表水污染程度受洪枯水位和降水量变化的影响，洪水期污染程度加重，污染范围扩大，季节性变化规律不明显。2005 年，石油类、亚硝酸盐、五日生化需氧量等污染指标均有下降，高锰酸盐，氨氮指标优于国家地表水三类标准。

地下浅层水质一般良好。无色、无味、无嗅，水体透明，水温一般 15 ~ 20°，属低矿化水，PH 值 6.5 ~ 7.8，属中性水，总硬度为 16.8 ~ 25.2 德国度，属硬水或极硬水。区境内地下水除低山区外，埋藏较浅，80% 以上分布在平原地区，地表水极易渗入地下，并与地下水互为补给。随着地表水的污染减轻，，地下水水质也得到不同程度的改善。1991 ~ 1995 年，地下水良好控制面积 9.06 平方千米，占总面积的 8.88%，较差级占 12.75%，较好的占 78.37%；1996 ~ 2000 年，地下水质良好面占 0.37%，较差、极差面占 3.41%，水质较好面占 96.22%。

矿产资源

【天然气】 天然气主要分布在福洪、清泉、龙王等乡镇，面积 92 平方千米，与龙泉驿、新都、金堂等区县同属洛带生气层。气层深度约 1000 ~ 2000 米，累计探明地质储量 500 亿立方米，剩余可采储量 500 亿立方米，远景储量达 1200 亿立方米。各气田天然气品质优良，甲烷含量 95%，不含硫化氢。

1999 年钻探出天然气，2002 年试采气成功。2005 年日产气量 20 多万立方米，2006 年日产气量 30 多万立方米，主要输往成都市城区。2007 年，中国石油化工股份有限公司成为四川盆地成都洛带油气田（含青白江清泉、福洪、龙王等乡镇）的合法采矿权人，生产规模 8 亿立方米/年，矿区面积 268.82 平方千米，开采深度由 3000 米至 800 米，采矿有效期限 50 年。

【泥碳】 属古河道沉积型，分布在祥福镇境内毗河段及西江河跳蹬子两岸。毗河点的分布面积 1.5 平方公里，储量 108 万吨；跳蹬子点呈近南北的新月状，长 500 米，宽 20 ~ 250 米，泥炭埋深 2 ~ 3 米，含泥矿有三层，厚度 10 ~ 20 厘米不等，呈灰黑色，灰分大于 70%。

【粘土与粘土岩】 丘陵部分地区最上部广布中、上更新统粘土，储量巨大，但多为耕地，不宜开采。低山区的荒山荒坡等地带，广布侏罗系上统蓬莱镇组粘土岩，主要矿物成分为水云母，可作为砖瓦、普通水泥辅（配）料。普通水泥辅（配）料粘土岩主要分布在城厢镇东关山一带。砖瓦用粘土岩，主要分布在城厢、龙王、福洪、姚渡及祥福等乡镇丘陵村。粘土矿属禁止开采矿种，以粘土为原料的 13 家企业，在 2005 年 3 月 1 日前全部关闭。

【页岩】 砖用页岩矿主要分布在清泉、福洪、人和以及祥福等乡镇部分丘陵低山区。页岩矿产于侏罗系上统蓬莱镇组，岩矿层产状平缓，厚度较大，已探明有一定储量的共 10 处，1034.37 万立方米。砖用页岩矿潜在资源储量估算在 3000 万立方米以上，是生产墙体材料的主要原料，具有长期开发潜力。

2000年祥福镇和福洪乡建起页岩砖厂，年生产实心、多孔、空心页岩砖3500万匹。2001年后页岩砖厂在清泉镇、福洪乡低山丘陵区迅速发展，2006年全区持证页岩砖厂7家，年生产页岩砖2亿匹左右。

【砂岩】 模具翻砂用粉砂质黏土岩矿，呈紫红、浅中红色。主要分布在城厢镇白贯村磨盘山一带，范围0.04平方千米，矿体产于第四系上更新统中下段（Q31+2al）地层中，储量约19万立方米。

【条石砂岩】 条石砂岩主要分布在人和乡和清泉镇低山区的20余个村，已探明资源26处，截止2006年探明储量489.9万立方米，远景储量1000万立方米。砂岩（条石、石板、毛石块）具有长期开发利用价值。

条石制品中，石板、毛石、柱墩、桥梁等常用于建筑用石料，或制作磨子、猪槽、碓窝、碾砣、秤砣等农用石俱，手工开采历史久远。清泉镇北宁村刘家石场、快乐村雷家石场开办于上世纪四十年代。1950年成渝铁路通车后，人和乡采石（场）厂开采出的石料通过铁路运输远销到省内外。随着建筑市场需求量增大，人和乡、清泉镇条石开采点增多、开采量增加，到2005年全区采石矿点70多处。

【砂石与砂砾石】 河道砂砾石主要分布在青白江河道的弥牟，毗河河道的祥福、姚渡和城厢镇，绣川河、西江河等河道也有砂砾石储量。已查勘河道砂石覆盖面积20.62平方千米。毗河河道砂石储量22.35万立方米，远景储量200万立方米以上。漫滩旱地砂石主要分布在青白江、毗河、绣川河等两岸的河滩和Ⅰ、Ⅱ级阶地。已查明资源3处，储量255.39万立方米，远景资源量900万立方米。河道漫滩旱地砂石静态总储量尚未探明。河道砂砾石具有较好的开发利用价值。河漫滩Ⅰ、Ⅱ级阶地及平坝区域旱地耕作层下的砂砾石可视情况作限制性开采。

河道砂砾石开采历史久远。1994年开始采用打砂船、挖掘机开采，2000年全区6家砂石企业年开采砂砾石10余万立方，2002年开采范围相对集中在祥福镇达成铁路大桥以下及粉后堰以下河段。

【石灰岩】 水泥、石灰用石灰岩矿主要分布在清泉镇五爱村西北边麻柳山山坡间一带地区，曾有少量开采，储量不明。

【铜矿】 位于人和乡帽顶山，产于蓬莱镇组上段的下部、中下部的紫红、灰红色砂岩所夹的灰绿色砂岩中，含铜矿有三层，矿体形态呈凸镜状、团粒状，有23个小矿体，单个矿体长6~10米，一般厚0.1~0.4米，最厚处1.7米，矿石成分以孔雀石、蓝铜矿为主，次为黑铜矿，含铜量一般为0.2~0.42%，最高为0.8%~1%，储量2.421吨。

【砂金】 毗河、青白江的河床有砂金，从民国时期至20世纪90年代曾有群众在毗河一些地段淘砂提取微量砂金，储量不详。

【矿泉水】 1999年西南石油局钻井勘探天然气时，在清泉镇牌坊村一组的猫狗洞打出一口矿泉水井，每天溢出矿泉水约10余立方米，可饮用，储量不详。

【热矿水】 1998~2001年，西南石油局第二物探大队在洛带~廖家场地区构造带蓬莱镇组开展油气三维地震勘探过程中，从油气钻探资料分析发现，龙泉山构造带北段北西翼存在地热资源。一处位于清泉镇西坪村9组，设计井深930米、海拔574米，预计抽水量200立方米/日以上，水温30℃以上；另一处位于人和乡油坊村5组，设计井深750米、海拔552米，预计抽水量200立方米/日以上、水温26℃以上。

青白江区矿产资源储量表（2005 年）

表 6

矿产名称	计量单位	资源量	备 注
天然气	亿立方米	500	4～10 个
建筑用条石砂岩矿	万立方米	489.90	23 个矿山
砖用页岩矿	万立方米	1034.37	10 个矿山
砂质粘土矿	万吨	18.79	1 个矿山
河道砂砾石矿	万立方米	22.35	1 个矿山
旱地砂石（河漫滩及一级阶地）	万立方米	255.39	3 个矿山

注：1. 天然气储量大于 300 亿立方米为一个大型气矿

2. 矿石 小于 200 万立方米属小型矿，小于 1000 立方米为分散小型矿点

青白江区矿产资源开采规划分区表

表 7

CODE 规划区编号	GHQMC 规划区名称	SZXZQ 所在行政区	GHQLB 规划区类别	KCMC 主要矿产	GDZB 拐点坐标
G－1	毗河沿岸砂砾石	祥福镇 姚渡镇	鼓励开采区	砂、砾石	①184 32 500,34 13 250 ②184 37 100,34 13 200 ③184 41 150,34 16 600 ④184 39 750,34 13 000 ⑤184 35 200,34 10 700 ⑥184 33 700,34 12 000 ⑦184 28 750,34 09 100 ⑧184 27 400,34 10 500
G－2	清泉、人和建筑用条石砂岩	清泉镇 人和乡	鼓励开采区	条石砂岩	①184 46 300,34 07 500 ②184 49 750,34 04 700 ③184 49 950,33 95 200 ④184 42 500,33 95 400 ⑤184 39 400,33 98 500
G－3	福洪、清泉、祥福砖用页岩	福洪乡 清泉镇 祥福镇	鼓励开采区	砖用页岩	①184 39 600,34 12 000 ②184 40 400,34 07 800 ③184 45 250,34 07 000 ④184 45 200,34 06 250 ⑤184 39 400,33 98 500 ⑥184 30 750,34 03 000 ⑦184 34 200,34 06 800
G－4	磨盘山模具用砂质粘土岩	城厢镇	鼓励开采区	砂质粘土	①184 34 800,34 19 500 ②184 37 250,34 20 100 ③184 39 100,34 18 000 ④184 40 000,34 48 400 ⑤184 41 150,34 16 600 ⑥184 38 250,34 14 700
G－5	青白江天然气	青白江区	鼓励开采区	天然气	①184 39 600,34 12 000 ②184 40 400,34 07 800 ③184 45 250,34 07 000 ④184 45 200,34 06 250 ⑤184 39 400,33 98 500 ⑥184 39 400,34 03 000 ⑦184 34 200,34 06 800
X－1	水泥用粘土	城厢镇	限制开采区	水泥用粘土	
X－2	毗河两岸一级阶地砂砾	祥福镇 日新镇 姚渡镇	限制开采区	砂、砾石	
J－1	城区、城镇建设规划区	城区 各镇区	禁止开采区	各种矿产	
J－2	砖瓦用粘土	青白江境内	禁止开采区	砖瓦用粘土	

注：截至 2005 年底，青白江区采矿企业规模均属小型矿山

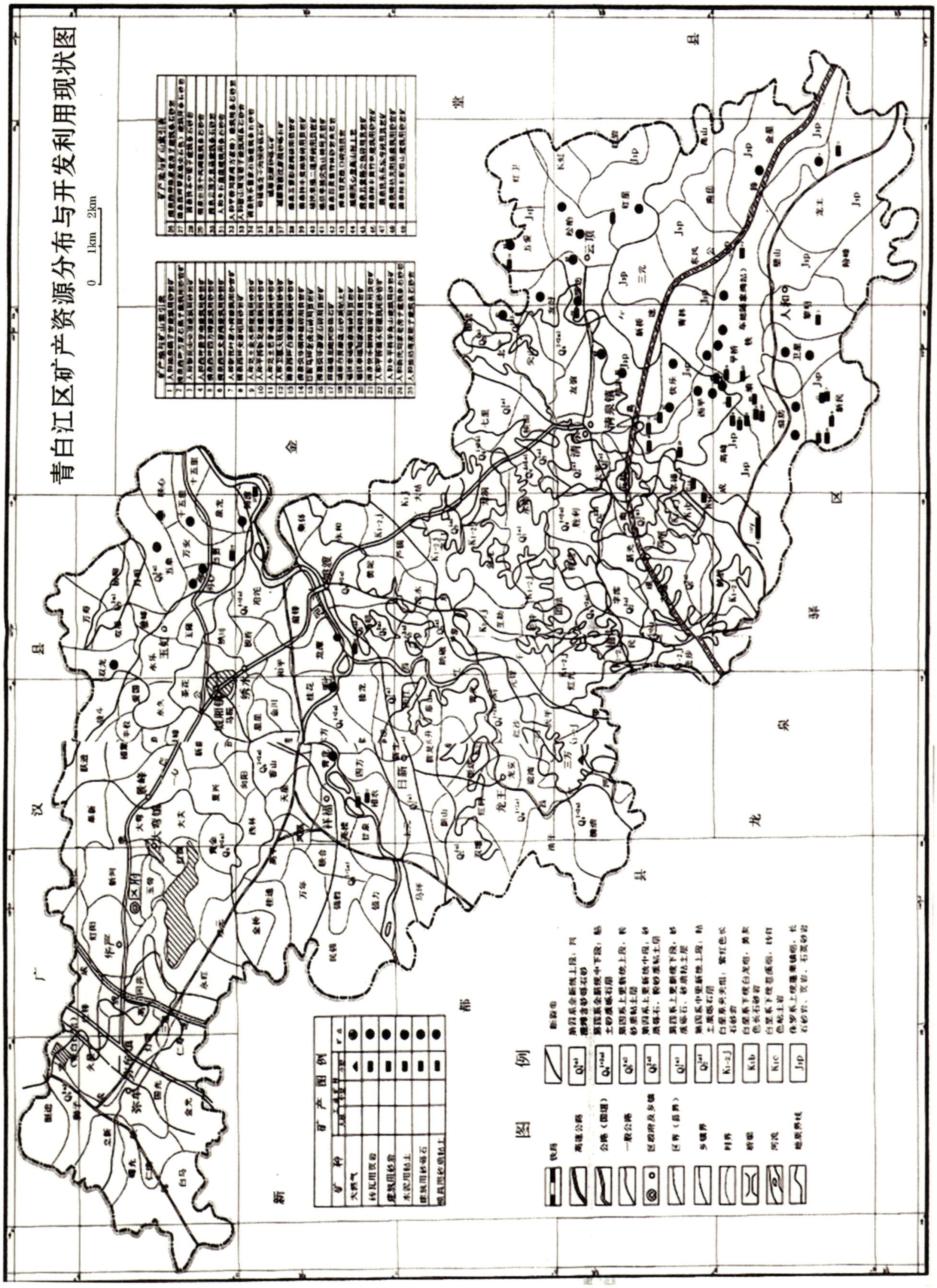

图 2－4　青白江区矿产资源分布与开发利用现状图

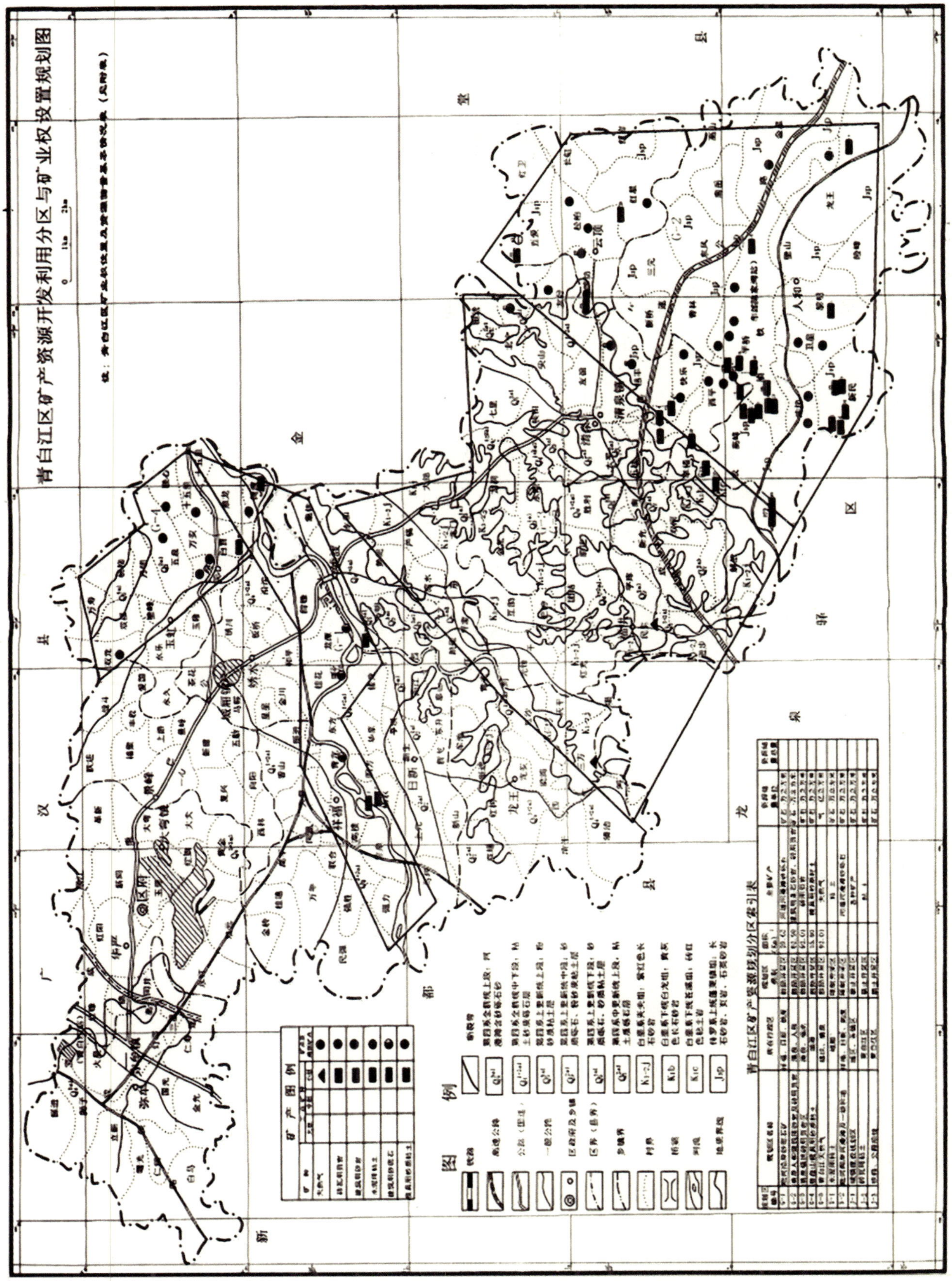

图 2－5 青白江区矿产资源开发利用分区与保护规划图

植物资源

【植被分布】 低山用材林、水土保持林区主要分布在区境东南的人和乡、清泉镇、福洪乡的低山村。林业用地4792公顷，占全区的49.47%。在林业用地中，有林面积3384公顷，占70.61%；林粮间作经济林696公顷，占14.54%。疏林面积477公顷，占9.95%；灌木林4公顷，占0.07%；造林未成林地132公顷，占2.75%；无林地99公顷，占2.08%。“四旁”植树103.87万株，折占地面积693公顷。森林覆盖率47%。活立木蓄积量14.62万立方米，占全区的62.38%。森林植被的主要植物种类有桤木、柏木、青冈，次为香樟、楠木、马尾松、灌木类的马桑、黄荆等树种组成的混交林，经济林木类有枣子、核桃、油桐、柿子、苹果、梨、桃、李以及林下禾木科草类及菌类。

丘陵经济林、用材林区主要集中在中部的龙王镇、清泉镇、福洪乡、祥福镇、姚渡镇、城厢镇的丘陵村。林业用地1301公顷，占全区的8.11%。在林业用地中，有林地830公顷，占63.84%；林粮间作面积470公顷，占36.16%。“四旁”植树227.68万株，折占面积151公顷。森林覆盖率15.8%，活立木蓄积量5.10万立方米，占全区的21.76%。森林植被的主要植物种类以竹林为主，次为柑橘、苹果、桃、李、杏等经济林，再次为桤、桉等防护林。

平坝防护林、环境保护林区主要在区境西北的弥牟镇、大弯、红阳两个街道，大同镇的全部和城厢镇、祥福镇、姚渡镇的平坝村。林业用地288公顷，占全区的2.14%。林业用地中，林地259公顷，占89.86%，林粮间作经济林29公顷，占10.14%。“四旁”竹、树183.26万株，折占面积1222公顷，森林覆盖率13.4%。活立木蓄积量3.71万立方米，占全区的15.86%。森林植被主要植物基本类似丘陵地区，以沿河两岸、庭院绿化、城镇绿化为主。

【林木品种】 林木类包括用材林、经济林、水土保持林和竹林。

用材林有柏树、桤木、喜树、青冈、香樟、楠木、苦楝、枫杨、榆树、桉树、槐树、白杨、意杨、皂角、香椿、马尾松、黄连、麻柳、杨柳、杉木等。

经济林有油桐、乌桕、棕榈、花椒、油橄榄、桑树等。

水土保持林有黄荆、马桑、洋槐、柳树等。

竹林有慈竹、荆竹、麻竹、硬头黄、白夹竹、雷竹等。

【果树品种】 果树类有柑橘26个品种、苹果11种，梨18种、桃13种，还有樱桃、葡萄、核桃、枇杷、李、杏、枣、栗和柿子等。

1995年人和乡、云顶乡、清泉镇、福洪乡引进金花雪梨品种，1998年福洪乡引进凯特杏、雪枣、日本甜柿、晚白桃等优质水果品种，2002年大同镇引进黄金、喜水、翠冠、圆黄等优质梨品种。

【观赏品种】 观赏类植物包括乔木、灌木、半木本、木本花卉、草木花卉等品种。

乔木：榕树、棕树、榆树、银桦、银杏、水杉、川柏、红枫、法国梧桐、海桐、桂花树、女贞树、樱桃树、梅花树、雪松、罗汉松、垂柳、铁树、龙爪槐、黄葛树、黄连木等。

灌木：塔柏、扁柏、龙柏、花柏、孔雀柏、洒金柏、小叶女贞、毛竹丁香、万年青、紫荆、金弹子、怪柳、茶花等。

半木本：广玉兰、白玉兰、紫薇、芙蓉、黄杨、棕竹、凤尾竹、观音竹、五针松、六月雪、圣诞树、郁李、红背桂花、橡皮树、仙人山等。

木本花卉：栀子、麻叶海棠、垂丝海棠、西府海棠、杜鹃海棠、贴梗海棠、米兰、黄桷兰、月季、月桂、金桔、节姊妹、五色梅、象牙红、春鹃、夏鹃、七里香、茉莉花等。

草木花卉：春兰、夏兰、剑兰、葱兰、珠兰、蝉兰、君子兰、草子兰、鱼子兰、龙舌兰、蟹爪兰、洒金叶兰、菊花、地阳菊、金杯菊、万寿菊、剑麻、蒲麻、竹节蓼等。

【药材品种】 药材类植物：人工种植的川明参、丹参、荆参、川芎、薄荷、桔梗、白芍、白芷、白芥子、半夏、泽泻、郁金、黄柏、栀子、前仁、爪蒌等。野生药材类植物有川楝子、地芋、益母草、旱莲草、槐角、猪芽皂、霍香、蒲公英、瞿麦、仙鹤草、车前草、伸筋草、石韦、青蒿、淡竹叶、鱼腥草、舒筋草、夏枯草、野菊花、旋复花、密蒙花、葛花、艾叶、菖蒲、白鲜友、寄生、忍冬藤、首乌藤、雷子等。

【古树名木】 1990 全区共有古树名木 54 株，2005 年 8 月尚存活 46 株，先后死亡消失 8 株，其中自然死亡 5 株，移植死亡 1 株，因灾采伐 2 株。

区域分布：弥牟镇 3 株、大同镇 1 株、姚渡镇 6 株、城厢镇 1 株、祥福镇 2 株、福洪乡 5 株、清泉镇 12 株、人和乡 24 株。按古树名木树种分为：黄葛树 20 株、柏树 16 株、罗汉松 3 株、银杏 3 株、黄连木 3 株，香樟 2 株、苏铁 2 株、茶树 1 株、皂荚树 1 株、无患子 1 株，枳具（拐枣）1 株，大叶榆（沙棠）1 株。

青白江区尚存古树名木分布表

表 8

所在乡镇名称	编号	树种	树龄	生长情况	权属	管理单位	地形地貌	生长地小地名	备注
弥牟	01	罗汉松	310	良好	集体	仁瑞村	院坝内	仁瑞村 3 组梓同宫	今曙光村
	02	罗汉松	310	一般	集体	仁瑞村	院坝内	仁瑞村 3 组梓同宫	今曙光村
	03	茶树	210	良好	集体	弥牟派出所	院坝内	原弥牟派出所	
城厢	04	银杏	110	良好	私有	黄大发	林盘内	前锋村 11 组	
姚渡	05	黄葛树	360	一般	国有	镇政府	毗河边	姚渡场镇王爷庙	
	06	黄葛树	130	较差	国有	镇政府	西江河边	跳蹬村 2 组下跳蹬	今坪家村
	07	黄葛树	130	一般	国有	镇政府	西江河边	跳蹬村 2 组下跳蹬	今坪家村
	08	黄葛树	360	一般	国有	镇政府	路边	光明村 3 组	
	09	黄葛树	510	良好	国有	镇政府	院坝内	坪家村 2 组肖家坪	
	10	黄葛树	110	一般	国有	镇政府	路边	芦稿村 14 组官山么店子	
祥福	11	黄葛树	130	一般	集体	泰山小学	学校内	泰山村 3 组泰山庙	
	12	黄葛树	130	良好	集体	泰山小学	学校内	泰山村 3 组泰山庙	

续表8

所在乡镇名称	编号	树种	树龄	生长情况	权属	管理单位	地形地貌	生长地小地名	备注
福洪	13	黄葛树	110	一般	集体	互助村	路旁	互助村6组钟保长么店子	今先锋村
	14	黄葛树	110	一般	集体	互助村	路旁	互助村6组钟保长么店子	今先锋村
	15	黄葛树	110	良好	集体	互助村	路旁	互助村6组钟保长么店子	今先锋村
	16	黄葛树	110	良好	集体	互助村	路旁	互助村6组钟保长么店子	今先锋村
	17	黄葛树	210	一般	国有	乡中心校	校园内	福洪乡卷棚寺场	
清泉	18	黄葛树	210	一般	国有	镇政府	街道旁	清泉镇政府路东岳庙	
	19	香　樟	210	一般	国有	镇政府	街道旁	清泉镇政府路东岳庙	
	20	黄葛树	210	良好	国有	镇政府	茶园内	清泉镇文化站文化花园	今古树街
	21	黄葛树	160	较差	国有	太平中学	学校内	清泉镇福建馆	今清泉中学
	22	黄葛树	210	一般	国有	镇政府	街道旁	鳅鱼巷	
	23	黄葛树	160	一般	国有	龙洞村	荒坝	龙洞村3组龙洞庙	
	24	黄葛树	170	良好	国有	桔丰村	河边	桔丰村14组樟树坳	
	25	黄葛树	190	较差	国有	学校	校园内	金龙村6组坛神庙	
	26	大叶榆（沙棠）	210	较差	国有	长虹村	院坝内	原云顶乡老龙湾	今红岩村
	27	苏　铁	150	较差	国有	长虹村	院坝内	原云顶乡尼姑庙	已移植怡湖公园
	28	苏　铁	150	一般	国有	长虹村	院坝内	长虹村2组尼姑庙	今红岩村
人和	29	柏　木	120	一般	集体	三元村9组	草坡	三元村9组狮子包	
	30	柏　木	120	良好	集体	三元村9组	草坡	三元村9组狮子包	
	31	柏　木	120	良好	集体	三元村9组	草坡	三元村9组狮子包	
	32	柏　木	140	较差	国有	青林村	学校旁	青林村5组青林寺	今东风村
	33	黄连木	130	一般	国有	青林村	学校旁	青林村5组青林寺	今东风村
	34	皂　荚	130	一般	国有	青林村	学校旁	青林村5组青林寺	今东风村
	35	银　杏	130	一般	国有	险峰村	草坡	险峰村1组石城寺	今黎明村
	36	枳　具（拐枣）	130	良好	国有	险峰村	草坡	险峰村1组石城寺	今黎明村
	37	柏　木	140	良好	国有	险峰村	林地	险峰村5组回龙庙	今黎明村
	38	柏　木	140	良好	国有	险峰村	林地	险峰村5组回龙庙	今黎明村
	39	柏　木	140	良好	国有	险峰村	林地	险峰村5组回龙庙	今黎明村
	40	柏　木	160	一般	集体	龙王村	草坡	龙王村16组七跨村	
	41	银　杏	140	良好	集体	车站村3组	林地边	车站村3组	
	42	柏　木	120	良好	集体	新桥村1组	耕地旁	新桥村1组龙王庙	

续表8

所在乡镇名称	编号	树种	树龄	生长情况	权属	管理单位	地形地貌	生长地小地名	备 注
人和	43	柏 木	120	良好	集体	新桥村1组	耕地旁	新桥村1组龙王庙	
	44	柏 木	120	良好	集体	新桥村1组	耕地旁	新桥村1组龙王庙	
	45	柏 木	120	一般	集体	新桥村1组	耕地旁	新桥村1组龙王庙	
	46	柏 木	120	良好	集体	新桥村1组	耕地旁	新桥村1组龙王庙	

注：数据资料截至2005年8月26日，由青白江区林业局提供

动物资源

【禽畜类】 禽类有鸡、鸭、鹅等；畜类有猪、牛、羊、兔等。家禽家畜，全区普遍饲养。

【鱼类】 江河鱼有鲫鱼、鲤鱼、荷色鲤、兴国红鲤、镜鲤、白鲫、中华倒刺鲤、四川白甲、麦穗鱼、棒花鱼、蛇鮈、南方马口鱼、赤眼鳟、青鱼、草鱼、鳡鱼、团头鲂、蒙古红鲌、翘咀红鲌、红鳍鲌、中华鳑鲏、高体鳑鲏、鲢、鳙、黄尾鲴、细鳞斜颌鲴、泥鳅、黄桑鱼、鲶鱼、胡子鲶、青鳟、柳条鱼、黄鳝、鳜鱼、黄动鱼、吻虾虎、成都虾虎、斗鱼、乌鳢、罗非鱼。

【昆虫类】 昆虫类有澳洲瓢虫、七星瓢虫、大红瓢虫、小黑瓢虫、食蚜蝇、螳螂、叩头虫、草青蛉、蜂、西蜂（意大利蜂）、蚕。

【鸟类】 鸟类有兔鹰、岩鹰、苍鹰、隼、竹鸡、斑鸠、秧鸡、咚鸡、布谷鸟、杜鹃、阳雀，猫头鹰、啄木鸟、大画眉、金画眉、小画眉、乌鸦、喜鹊、野雀、黄荆雀、儿检粪、麻雀、地麻雀、鱼咀子、点水雀、白头鹎、戴胜、翠鸟、鸢、白鹭、池鹭、伯劳、大山鹊。

【哺乳类】 哺乳类动物有毛狗、果子狸、花鼻梁、黄鼠狼、野兔、拱猪子、蝙蝠。

【两栖类】 两栖类动物有青蛙、雨蛙、石蛙、蛤蟆。

【爬行类】 爬行类动物有菜花蛇、青竹标、乌臊蛇、鸡公蛇、眼镜蛇、水蛇、四脚蛇（爬壁虎）、甲鱼、螃蟹。

名胜古迹

【旱八阵图遗址】 旱八阵图始建于蜀章武年间（221年），是蜀国丞相诸葛亮练兵布阵的场所。据南朝梁李膺《益州记》载：“旱八阵图为纵横皆八，六十四垒方阵。每垒高三丈，外围以土城，有

四门，诸葛亮练兵之阵”。后人对八阵图有所改置。《元和郡县志》《太平寰宇记》《图经》《纬略》《八阵图集记》等均有记载。据宋人赵抃、明文学家胡应麟的记述，八阵图两方阵各六十四垒，加上两垒指挥台，共为一百三十垒，各为“当头阵法”。此后，以一百二十八垒为基本定数，但排列已不是方阵。到清末尚存七十一垒，后又有损毁。现仅存6垒，是全国唯一尚存的真迹遗址。现存6垒，呈圆形，东西向排列3个，南北排列2个，垒高1.3~2米，直径4~4.5米。

1981年旱八阵图遗址被成都市人民政府列为市级文物保护单位。2003年7月由民营企业家佘本成捐资7万余元，在遗址修建石质围栏、石碑和拜台。

【绣川书院】 绣川书院位于城厢镇大东街，原名金堂书院，占地面积5085平方米，建筑面积1969平方米。绣川书院始建于宋代，原址在城厢镇西街，清康熙五十九年（1720年），金堂县令陈舜明将其从西街迁建于现址。清乾隆年间，金堂县令张南瑛根据附近绣川河之名，更名为绣川书院。

据旧志记载，绣川书院九任院长中，进士1人，举人6人，拨贡2人。光绪三十一年（1905年）改为县立高等小学，民国17年（1928年）改名金渊小学，1950年改为城厢第一小学。

绣川书院基本保留了清代的建筑结构和风格。层叠式布局，穿斗式木质结构，青瓦屋面，花格门窗。共分四进，大门三楹向大街，两侧为八字墙，门内为天井，两侧厢房供学生住宿，一照壁式墙体从中将天井和厢房分为前后两个小院，墙中开门，门有石刻，为清金堂县令李琪章撰写的门联：“博学多能养成佳士，依仁游艺勉作通儒”，横额是“人文蔚起”。二进为一宽大过厅，厅后为大天井，两侧厢房作书院学生自修室。第三进是书院院长讲课的大讲堂。第四进为院长、斋长宿舍，自成小院。左侧院坝是师生散步休息之地。

绣川书院分别在1751年、1761年和1805年由时任金堂县令张南瑛、饶学曦、谢惟杰局部维修和扩建，是全省至今保存完好的古代县级最高学府，1998年10区政府列为区级文物保护单位。

【文澜堤】 文澜堤位于大同镇西林村与祥福镇香山村交界处，地名鹅项颈。始建于汉代，为无孔堤式长桥，在杨柳堰支渠两条分支河流汇集处顺水而建，素有“顺水一道桥”之称。据清嘉庆金堂县志记载：“治西旧有堤，俗呼鹅项颈，盖因地形如鹅伏状，而堤当其颈也”；“嘉庆十四年（1809年）重修，堤平如砥，两岸清波，嘉其名曰文澜建坊。”

文澜堤长57.3米，宽2.7米，高3.4米。堤两面临水，条石砌筑，堤面用长3米，宽0.5米，厚4~5厘米的石板铺成。历代多次维修，清乾隆年间黄仲尧，嘉庆十四年（1809年）金堂县令谢惟杰分别重修。1998年10月区政府列为区级文物保护单位。

【张家兵洞】 张家兵洞位于人和乡新民村二组胡家沟左面半山坡上，始建于清代咸丰年间。兵洞高出胡家沟12米左右，有四道门，八个瞭望孔，共11间，占地面积476.2平方米。洞门离地面高2.4米，第六洞的通道下面掘有深2米，宽0.8米的坑，上盖石板作粮弹仓。1998年10月区政府列为区级文物保护单位，2005年7月，兵洞正面发生大面积塌陷。

【莹华祖师石刻摩崖造像】 莹华祖师石刻摩崖造像位于人和乡三元村二组，始建于清光绪年间。造像一龛二尊，从上至下，上为祖师，下为财神，刻于距地表面5.5米的岩壁上，全长10米，宽5.6米。祖师造像通高3.2米，左侧有观音造像，通高1.08米，祖师头部、观音头部均为双龙戏珠，深浮雕彩色像。1998年10月莹华祖师石刻摩崖造像被区政府列为区级文物保护单位。

【诸葛井】 诸葛井位于弥牟镇老横街1号铺左侧，始建于三国时期。诸葛井砖石结构，井台为方形，井口为圆形，上井腹成八角形，由上至下渐宽，下井腹与上井腹成等距的错位八角形，角由宽渐窄。井壁用条石砌成，井面至井底水面为2.02米。井台座东北向西南，井台正中有一摇架，高0.92米，宽0.25米，厚0.1米。1998年10月诸葛井被区政府列为区级文物保护单位。

【城厢古城遗址】 城厢古城遗址位于城厢镇茶花村古城桥附近和大同镇新建村之间。1987年第一次全国文物普查发现汉代水井七口，井圈砖上有动物图案，汉砖、汉瓦残片随处可见。1999年因修建城厢——太平的公路，市文物考古工作队对该路段全程进行了文物勘探，重点对城厢茶花村段、姚渡镇瓦窑堰段进行了考古清理发掘，从而确定城厢古城遗址约10万平方米的保护范围。1998年10月区政府列为区级文物保护单位。

【谢湜墓】 谢湜墓位于城厢镇马鞍村东南150米，系宋代墓葬，未发现盗掘迹象，但宋代墓碑已损坏。墓葬表面为土质，正方形，长宽均为5米，高3米，圆土封顶。1998年10月区政府列为区级文物保护单位。

园林景区

【家珍公园】 家珍公园位于城厢镇大东街，面积5公顷。始建于明代天顺末年至成化初年（1464～1465年），由川西著名丛林明教寺僧会（低级僧官）法心修建，名金刚池。民国15年（1926年），驻军旅长杨秀春将此园从金刚池划出作金堂县公园，名金刚公园。民国27年（1938年），在园内修建彭大将军专祠和彭家珍殉国纪念碑，故名家珍公园。1981年整修时，建公园大门，“家珍公园”门匾由张秀熟题写。

1986年在公园大门内修建一尊彭家珍汉白玉雕像。像高3米，基座3米，基座下面镶刻着孙中山题字“我老彭收功弹丸”，背面为《彭家珍大将军事略》碑文。

金刚池为公园主景，池中亘以长堤，分为大小二池，由两涵洞相连，池沿为条石砌保坎。小池似河渠，上有石拱桥三座，石栏上有花饰浮雕。小池东岸沿为圆弧形保坎，上有栏杆，小池向东拐弯处，池面近方形，中建六角亭，绿色琉璃瓦顶。大池近似长方形，内植荷花，茎长叶大，常开并蒂莲，无藕。池沿岸遍植垂柳。

民国27年（1938年）在小池东侧修造“抗日阵亡将士纪念碑”。碑形为三棱柱状体，基座三角各雕异兽头，顶部三角翘起，中心为圆球状宝顶。碑身三面为石刻，正面为“抗日阵亡将士纪念碑”，两侧一为“耿营长明抗倭死事纪念碑”，一为“易营长明道抗倭死事纪念碑”，石刻皆为国民政府考试院院长戴传贤题写。基座第三层附耿明传略。

【怡湖公园】 怡湖公园位于大弯镇青江东路153号，总面积16.76公顷，其中水面面积3.86公顷。1986年动工修建，1988年10月20日竣工开放。怡湖公园既有中国园林自然山水景观，又具西式园林整齐简洁的风貌。

公园由主景区、大门景区和盆景花卉区组成。

主景区由水面、峡谷、人造山、露天音乐室、划船码头、临水长廊、音乐茶室和草坪组成。

水面以中湖为中心，串连其它湖渠，湖心修筑两个浮岛，设彩球雕塑。中湖与东湖之间用柳堤隔断。中湖北岸为人造山，东西长230米，南北宽50米，高16.1米，人造峡谷将其分为东西两山，山顶设纵向林间小道，又经峡谷索桥连接两山。山北面悬崖峭壁立于中湖与后湖之间，南面壁画为《水族世界》，颇具特色。湖中一岛建露天音乐台，音乐台为一仿古希腊圆形露天剧场建筑物，高低错落，临水处似在水中，情趣别致。台的西侧为船篷式划船码头，游船从码头经临水长廊可至音乐茶室，音乐茶室为圆形和矩形组合平台，底层设音乐茶座、卡拉OK，配置观赏水池，二楼为音乐茶座和观景平台，茶室东北侧临湖水边设露天茶座。

大门景区由大门、内外广场组成。大门宽64米，立面最高处10.5米。大门图案为地球剖面抽象图案，组画抽象、含蓄，正中为“怡湖园”三个金字。大门区设内外广场，外广场横向展开，东西长98米，南北宽64米，配以低位花池草坪。内广场纵向延伸至湖边，配置高位花坛、草坪和弧形花廊。

盆景花卉区位于公园东侧，由展览室、制作室、花架、曲廊、水池，草坪等组成，为一处精美秀丽的园中园。

园内道路总长2912.7米，与各景点相连。园内建有青年活动中心，儿童游乐园等活动场所和多种游乐设施。园内以芭蕉林、垂柳林为主体，配置雪松、罗汉松、广玉兰、银杏、黑松、马尾松、棕树、蒲葵、桃花、象牙红等观赏植物，四季常青。

【清泉花园沟】 清泉花园沟位于清泉镇友谊村（今花园村），种植樱桃、桃树、杏、梨等果树140公顷。阳春三月，满山遍野的果树花，油菜花和绿油油的麦苗，随着起伏的山峦，错落有致，吸引众多游人观花赏果，领略田园风光。

【龙门桃花山】 龙门桃花山位于姚渡镇龙门（今凉水）村，面积214.86公顷，境内一条长约2公里的狭长地带，当地人称龙门沟，沟内有两口水井，传说是龙的眼睛，名龙眼井。境内有形状各异的小山包39个，分布在龙门沟两侧，沿沟顺山势种植桃树、梨树、李树、脐橙、柚子等优质水果。龙门桃花山已成为成都市郊区以桃花为主的农家乐旅游区。

【福洪杏花村】 杏花村位于福洪乡，种植优质水果树437.3公顷，其中金太阳、凯特杏、海棠红优质杏266.66公顷，雪枣53.33公顷，日本甜柿26.66公顷，晚白桃77.33公顷，杏李13.33公顷。2005年秋，基地内建起第一家农家乐。杏花村已成为成都市郊区以杏花为主的观赏农业旅游区。

人口与控制

1991—2005
成都市青白江区志

概　述

1991 年全区总人口377855人，其中农业人口306194人，占总人口的 81.03%；非农业人口71661人，占总人口的 18.97%。2000 年总人口400161人，首次突破 40 万人。2005 年初，总人口403991人。2005 年 5 月 10 日行政区划调整，龙王镇所辖的新谊、双柏、黄果、园林、石桩、长林 6 个村和 1 个社区约 1.3 万人划入新都区。2005 年末，全区总人口394257人，其中农业人口255225人，占总人口的 64.74%；非农业人口139032人，占总人口的 35.26%。同 1991 年相比，农业人口比重下降 16.29 个百分点，非农业人口比重增长 16.29 个百分点。

全区人口发展趋势由“高出生、低死亡、高自然增长”向“低出生、低死亡、低自然增长”转变。1991 年全区出生人数4818人，人口出生率 12.73‰，自然增长率 6.02‰；2005 年，出生人数2961人，人口出生率 7.33‰，自然增长率 1.14‰。出生人数、人口出生率、自然增长率均呈下降趋势。

全区人口预期寿命 71.85 岁，其中男性 69.17 岁，女性 74.99 岁，80 岁以上人口中女性多于男性。人口性别构成是男性多于女性，2005 年性别比为 104.8，性别比例趋于合理。全区人口总体趋势是：非农业人口增加，农业人口减少；总户数、总人口增加，户均人口减少；初、中、高学历人数增加，15 岁以上文盲人数减少；老年组人口数增加，少年儿童组人口数减少。出生率高于死亡率，迁入人口多于迁出人口。

人口分布

【城乡分布】 全区总户数、总人口增加，户均人口减少。2000 年全区总人口首次突破 40 万人，2005 年户均人口首次低于 3 人。

非农业人口逐年增加，农业人口逐年减少，2005 年同 1991 年相比，非农业人口比例提高 16.29 个百分点。1991 年非农业人口19956户、71661人，占总人口的 18.97%，每户平均 3.59 人；农业人口87285户、306194人，占总人口的 81.03%，每户平均 3.5 人。2005 年非农业人口43892户、139032人，占总人口的 35.26%，每户平均 3.16 人；农业人口88281户、255225人，占总人口的 64.74%，每户平均 2.89 人。

1990—2005 年成都市青白江区农业、非农业人口统计表

表 9 单位：人

年份	农业人口	非农业人口	年份	农业人口	非农业人口
1990	304994	69885	1998	306936	88318
1991	306194	71661	1999	306453	90122
1992	306075	73912	2000	308477	91684
1993	306610	75590	2001	307196	93940
1994	306978	77859	2002	305758	95863
1995	307298	80363	2003	305433	96973
1996	307057	83822	2004	310789	93202
1997	307402	85965	2005	255225	139032

【人口密度】 人口密度逐年增加，平坝地区人口密度较大且增长较快。1991 年全区每平方千米人口密度为 961 人，2005 年为 1041 人，增加 80 人。按地区人口比例分布，1991 年平坝地区人口数占总人口的 49. 90%，丘陵地区占 34. 13%，低山地区占 15. 97%。2005 年平坝地区人口数占总人口数的 55. 30%，丘陵地区占 29. 93%，低山区占 14. 77%，平坝地区人口比 1991 年增加 5. 4 个百分点，丘陵和低山区人口分别下降了 4. 2 和 1. 2 个百分点。2005 年平原地区每平方千米人口密度为 1867 人，丘陵地区每平方千米人口密度为 859 人，低山地区每平方千米人口密度为 387 人。

成都市青白江区人口密度分布统计表

表 10

年　份	平均密度（人/平方千米）	平坝区			丘陵区			低山区		
		面积（平方千米）	总人口（人）	密度（人/平方千米）	面积（平方千米）	总人口（人）	密度（人/平方千米）	面积（平方千米）	总人口（人）	密度（人/平方千米）
1991	961	146. 09	188543	1291	143. 19	128980	901	103. 13	60332	585
2005	1041	146. 09	218032	1492	129. 34	117999	912	103. 13	58226	565

人口变动

【自然变动】 1991—2005 年，全区共出生 57100 人，其中 1991—1995 年出生人口 23137 人，占 15 年出生人口总数的 40.52%；1996—2000 年出生 19118 人，占 15 年出生人口数的 33.48%；2001—2005 年出生人口 14845 人，占 15 年出生人口总数的 26%。1998 年全区人口出生率首次低于 10‰，2001 年出现 6‰的最低点，人口出生率的总体趋势水平从 11－12‰下降到 7－9‰。

1991—2005 年全区共死亡 38302 人，平均每年死亡 2553.44 人，其中死亡人数最多的是 2002 年，死亡 3246 人；死亡人数最少的是 2001 年，死亡 2247 人。1991—2005 年平均每年人口死亡率为 6.5‰，人口死亡率变动不大，其中最高点 2002 年人口死亡率为 8.09‰，最低点 2005 年人口死亡率为 6.38‰。

1991—2005 年，平均每年人口自然增长率为 3.23‰，其中最高点 1992 年人口自然增长率为 6.03‰，最低点 2002 年人口自然增长率为－0.91‰。1990—1996 年人口自然增长率保持在 5－6‰的水平，1997－2000 年下降幅度较大，2001－2005 年人口自然增长率维持在 0－1‰水平。

【迁移变动】 1991—2005 年迁出人口 52538 人，平均每年迁出 3502.5 人。2000 年迁出人数最少，全年迁出 1703 人；2005 年行政区划调整迁出人数最多，全年迁出 15090 人。15 年间迁入人口 58610 人，每年平均迁入 3907.3 人。迁入人数最少的是 2000 年，全年迁入 3071 人；迁入人数最多的是 1996 年，全年迁入 5299 人。2005 年 9 月～2006 年 4 月，接收安置雅安市汉源县富林镇瀑布沟电站库区移民，先后在大同镇、城厢镇、祥福镇设置 14 个移民接收安置点，修建移民安置房 306 套，安置移民 319 户、1071 人。

1990—2005 年青白江区人口变动情况表

表 11

年份	总户数（户）	总人口（人）	出生		死亡		自然增长率（‰）	迁移变动	
			出生人数（人）	出生率（‰）	死亡人数（人）	死亡率（‰）		迁出（人）	迁入（人）
1990	105723	374879	4740	12.64	2491	6.64	6.00		
1991	107241	377855	4818	12.73	2550	6.78	6.03	2544	3475
1992	108838	379987	4568	12.02	2662	7.02	5.08	2724	4024
1993	110640	382200	4663	12.20	2538	6.64	5.60	4149	4798
1994	110627	384837	4501	11.70	2479	6.46	5.26	2890	4333

续表11

年份	总户数（户）	总人口（人）	出生		死亡		自然增长率（‰）	迁移变动	
			出生人数（人）	出生率（‰）	死亡人数（人）	死亡率（‰）		迁出（人）	迁入（人）
1995	110858	387661	4587	11.90	2527	6.52	5.31	2959	4017
1996	112194	390879	4440	11.40	2433	6.22	5.13	2876	5299
1997	112934	393367	3986	10.13	2302	5.85	4.28	2476	3491
1998	113678	395254	3670	10.00	2315	5.86	3.43	2709	4274
1999	120043	396575	3305	9.29	2744	6.92	1.41	2773	3445
2000	121977	400161	3524	8.81	2264	6.66	2.15	1703	3071
2001	122376	401136	2406	6.00	2247	5.60	0.40	2271	3374
2002	123503	401621	2879	7.20	3246	8.08	-0.91	2182	3654
2003	126736	402406	3005	7.47	2763	6.87	0.60	2998	3541
2004	130393	403991	2965	7.34	2719	6.73	0.61	2194	3533
2005	132173	394257	3590	9.1	2515	6.38	2.72	15090	4281

人口构成

【性别构成】 1991年总人口377855人中，男性196641人，占总人口的52.04%，女性181214人，占总人口的47.96%，性别比为108.5。1994年总人口384837人中，男性199696人，占总人口的51.89%，女性185141人，占48.11%，性别比为108。1998年总人口395254人中，男性203872人，占总人口的51.58%，女性191382人，占48.42%，性别比为106.5。2001年总人口401136人中，男性206681人，占51.52%，女性194455人，占48.48%，性别比为106。2005年总人口394257人中，男性201765人，占51.18%，女性192492人，占48.82%，性别比为104.8。15年间性别比较为平稳，属正常范围内，但个别地区、个别时段存在性别比例偏高。2000年第五次全国人口普查时，清泉镇人口性别比为110，人和乡性别比为122。

【年龄构成】 1990年第四次全国人口普查时，全区人口平均年龄31.03岁，人口年龄中位数

27.1 岁，人口老龄化指数为 28.59%。

2000 年第五次全国人口普查时，全区 0～14 岁少年儿童年龄组人口69339人，占全区总人口的 18.02%，15～64 岁劳动人口年龄组人口284290人，占全区总人口的 73.90%，65 岁以上老年人口年龄组人口31045人，占全区总人口的 8.08%。同 1990 年第四次全国人口普查相比，少年儿童年龄组人口比例下降 1.6%，劳动人口年龄组人口比例下降 0.85%，老年人口年龄组人口比例上升了 2.46%。

2000 年全区人口平均年龄 38.46 岁，人口年龄中位数 32.39 岁，分别比 1990 年提高 7.43 岁和 1.36 岁，人口老龄化指数为 22.33%。全区人口呈老龄化趋势。

【民族构成】 全区以汉族为主，少数民族中以回族居多。大多数回族在弥牟镇、城厢镇集中居住，少数回族分散在其它乡镇。除回族外，还有满族、藏族、苗族、壮族、蒙古族、彝族、白族、侗族、朝鲜族、维吾尔族、土家族、羌族、傣族、纳西族和布依族。1990 年，总人口中汉族占 99.48%，少数民族占 0.52%；2000 年，总人口中汉族占 99.39%，少数民族占 0.61%。随着流动人口的增加，少数民族人口的比例不断上升。

【文化构成】 1990 年第四次全国人口普查时，全区小学以上文化程度284420人，占总人口的 76.08%。其中：小学文化159761人，初中文化94330人，高中文化19815人，大学文化1895人，15 岁以上文盲或识字很少的56481人。2000 年，第五次全国人口普查时，全区小学以上文化程度325449人，占总人口的 84.60%。其中：小学文化17779人，初中文化118276人，高中文化25914人，中专文化11575人，大专文化8616人，大学文化3225人，研究生及以上学历 64 人，15 岁以上文盲或识字很少的22461人。

【家庭构成】 2000 年第五次全国人口普查时，全区117052户家庭，平均每户家庭人口 3.11 人，家庭人口规模以 3 人户为主。其中 1 人户10669户，2 人户24294户，3 人户47342户，4 人户18824户，5 人户11262户，6 人户2869户，7 人户 936 户，8 人户 551 户，9 人户 169 户，10 人以上户 137 户。各村（居）民家庭户类别以二代户为主，其中一代户28210户，二代户62150户，三代户25650户，四代户1041户，五代户 1 户。

【职业构成】 2005 年在业人口276992 人。其中农村在业人口199089人，占在业人口总数的 71.88%；工业运输业在业人口50468人，占在业人口总数的 18.22%；国家机关、事业单位在业人口8362人，占在业人口总数的 3.02%；教职员工、医护人员在业人口5150人，占在业人口总数的 1.86%；各类专业技术人员在业人口13141人，占在业人口总数的 4.74%；其他劳动者在业人口 782 人，占在业人口总数的 0.28%。

1990～2005 年青白江区人口构成统计表

表 12

人口构成	第四次人口普查（1990 年 7 月 1 日零时）	第五次人口普查（2000 年 11 月 1 日零时）	2005 年末数
人口总数（人）	373866	389987	394257
总户数（户）	103594	118669	132173
平均每户人数（人）	3.46	3.11	2.98
按性别分：			
男（人）	195141	200258	201765
女（人）	178725	189729	192492
性别比例（女性为 100）	108.07	105.55	
按民族分：			
汉族（人）	371910	382356	
少数民族（人）	1956	2318	
其中回族	1773	1687	
按文化构成分：			
小学（人）	159761	159922	
初中（人）	94330	119930	
高中（人）	25375	38007	
大专及以上（人）	4954	12069	
文盲、半文盲（人）	60446	24532	
按年龄分：			
0～14 岁（人）	73418	69339	
15～64 岁（人）	281457	284290	
65～99 岁（人）	18991	31045	
100 岁及以上（人）	0	4	
按户口性质分：			
农业人口（人）	304994（为 1990 年末数）	308477（为 2000 年末数）	255225
非农业人口（人）	69885（为 1990 年末数）	91684（为 2000 年末数）	139032

人口控制

【机构】 区计划生育领导小组由区级领导任组长、副组长，有关部门领导任小组成员，负责全区计划生育决策。领导小组组长、副组长以及成员随人事变动而调整。

1983 年区政府设立区计划生育委员会，2001 年 3 月区计划生育委员会更名为区计划生育局。2002 年机构改革后，区计划生育局核定行政编制 11 名。2006 年 9 月，区计划生育局更名为区人口和计划生育局。

各乡镇相应成立计划生育领导小组，建立计划生育办公室，设置计划生育专职干部。2004 年 9 月乡镇机构改革，乡镇计划生育办公室并入社会事务办公室。

【宣传教育】 坚持以“宣传教育为主、经常工作为主、避孕节育为主”为宣传教育重点，集中宣传与经常性工作相结合，开展有针对性的宣传教育活动，增强宣传教育效果。采取出动宣传车、制作橱窗、板报、电教片、印发宣传资料，在新闻媒体开设专栏、举办知识竞赛和文艺表演等形式，结合元旦、春节、每年春秋两季“三查一治”（查环、查孕、查病）期间和“世界人口日”“5·29”计划生育协会活动日开展计划生育方针政策、法律法规、优生优育、孕产期保健、避孕节育知识的宣传教育。

1993 年起，青白江电视台设置“人口与经济栏目”，录制纪录片，宣传计划生育政策。1994 年 7 月 11 日，全区首次开展纪念“世界人口日”宣传周活动。1996 年起，全区开展“婚育新风进万家”活动，进村入户，提供服务，2001 年中央宣传部、国家计划生育委员会等 10 部委授予成都市青白江区“婚育新风进万家”活动先进集体。

【目标考核】 1991 年人口与计划生育工作纳入区委、区政府目标管理。区委、区政府每年与乡镇（街道）签订人口与计划生育工作目标责任书，各乡镇街道分别与村（居）委会签订计划生育工作目标责任书，分解下达工作目标。实行“一票否决”考核制度，没有完成计划生育工作目标的单位，视同所有工作没有完成目标。

1995 年起，开展计划生育与群众生产、生活、生育相结合（简称“三结合”）帮扶工作、计划生育工作经费投入、流动人口计生管理等工作相继纳入目标管理。2000 年后，计划生育“三结合”帮扶、“三结合”帮扶基地建设、计划生育贫困户帮扶逐步纳入市区为民办实事目标。

【技术服务】 从 1990 年起，区计划生育宣传技术指导站每年坚持使用 B 超对全区已婚育龄妇女进行“环情、孕情、病情”普查，开展优生优育宣传、咨询服务，发放避孕药具，会诊和鉴定计划生育手术并发症，加强乡镇计划生育技术人员业务培训，指导乡镇计划生育技术服务工作。

1995 年区计划生育宣传技术指导站在全区推广计划生育新技术，扩大“米非司酮”药物流产和“速而准”早孕诊断及皮下埋植避孕等临床应用。2000 年新增优生遗传、生化、肝功等项目检查，方便群众，扩大服务面。

1990 年以前建立乡镇计划生育服务站 7 个，1991 年以后全区各乡镇相继建立。2004 年乡镇机构改革，乡镇计划生育服务站与乡镇卫生院合署办公，保留计生服务站牌子，人员、职能不变。

【计划生育三结合】 1991 年在城厢镇万寿村开展计划生育与群众生产、生活、生育相结合的“三结合”帮扶工作试点。以抓紧抓好计划生育工作，帮助农村家庭解决生产生活生育方面的困难为切入点，根据每个农村家庭的实际情况选择帮扶项目；采取政策上优惠、资金上扶持、技术上指导、一帮三年的帮扶措施，因地制宜地选择种菇、种西瓜、养猪等帮扶项目，帮扶启动资金及时到位，产前、产中、产后服务到位，帮扶效果明显。1994 年 5 月省计划生育委员会宣教中心到现场拍摄了帮扶工作纪实片，在省电视台播出。同年，区、乡两级分别成立计划生育“三结合”帮扶工作领导小组，“三结合”帮扶工作在全区各乡镇开展。

1995 年起，区政府每年分解下达计划生育“三结合”帮扶工作目标任务，同年落实帮扶 280 户。1997 年计划生育“三结合”帮扶工作纳入区委、区政府一级目标考核，以区级部门帮扶为主开展帮扶工作；1997 年参加帮扶部门 13 个，1999 年落实帮扶 390 户，新建成片帮扶基地 2 个，每个基地帮扶户在 30 户以上；2005 年参加帮扶部门 25 个，落实帮扶 1290 户，新建成片帮扶基地 11 个。以区级部门帮扶为主的做法和经验，在全市推广。

2004 年起，帮扶重点选择独生子女或父母伤、残、病、死、遭遇不幸的计划生育家庭，既帮助解决眼前困难，又加大资金、技术、信息的扶持力度，增强计划生育家庭的致富信心和发展能力。2005 年按照市有关部门安排，为计划生育"三结合"新增帮扶户、计划生育困难户家中的 18 周岁以下中小学生、婴幼儿共 182 人，每人购买 40 元住院医疗互助金，由区级帮扶部门提供医疗互助金 7280元。

2005 年底，全区共有计划生育"三结合"帮扶基地 19 个，帮扶计划生育户 7700 户，共投入资金 800 万元，绝大多数计划生育家庭脱贫致富。

【流动人口计划生育管理】 1990 年成都市制定《成都市流动人口计划生育管理规定》，1991 年 12 月国家计划生育委员会颁布《流动人口计划生育管理办法》。1993 年建立成都市青白江区流动人口计划生育管理办公室，弥牟镇等 5 个乡镇建立流动人口计划生育管理站。1993 年 5 月 1 日起，全区统一使用《四川省流动人口计划生育证明》，与省内市县同步开展流动人口办证、验证工作。凡离开户籍地居住 1 月以上，女性 15 ~49 岁，男性 18 ~60 岁，都要在户籍地乡镇（街道）计划生育部门申办流动人口计划生育证明、签订计划生育协议，到达异地后，主动到当地乡镇（街道）交验计划生育证明。全区建立流动人口计划生育管理联系会议制度，公安、工商、劳动、卫生、房产等部门为联系会议单位，不定期召开会议解决存在的问题。

1999 年 1 月国家发布《流动人口计划生育工作管理办法》，2000 年区政府将流动人口计划生育管理工作纳入目标管理，流动人口计划生育工作目标分解到乡镇、街道和计划生育、公安、工商、卫生、民政、房管等有关部门，落实职责，明确奖惩办法。从 2000 年 6 月起，全区停止使用《四川省流动人口计划生育证明》，统一使用全国《流动人口婚育证明》，建立发证档案，固定全区各乡镇流动人口办证编号范围，办证验证按年度分类归档，逐级上报流动人口计划生育统计月报。

2000 年 8 月，在全区范围内启用"流动人口婚育证明补办保证卡"，分别向暂住地计划生育部门和工作单位各送一份，保证卡使用时限为半年。2001 年，全区停止办理外来流动人口保证卡，废止不规范的文书资料。

2005 年 4 月，区政府办公室转发市政府办公厅《关于进一步加强流动计划生育管理与服务工作的通知》，各乡镇（街道）、区政府有关部门进一步加强流动人口计划生育管理与服务，流动人口较多的社区居委会配备一名协管员，落实工作经费，将流动人口计划生育管理服务工作纳入一级目标考核。

1991 年全区有流动人口2562人，其中区内流出 634 人，办证 563 人，办证率 88%，区外流入1928 人，持证人数1014人，验证率 52. 6%。2005 年全区有流动人口27381人，其中区内流出25776人，办证 22253人，办证率 86. 33%，流出人员中已婚育龄妇女9578人，有节育措施8739人，节育率 91. 24%；区外流入1605人，持证1319人，持证率 82. 18%，流入人员中已婚育龄妇女 567 人，有节育措施 409 人，节育率 72. 13%。

【农村奖励扶助】 为稳定低生育水平，促进农村人口与经济社会协调发展，国务院通过试点推行农村计划生育家庭奖励扶助制度。

国家奖励扶助政策规定，在现行计划生育奖励优惠政策的基础上，对夫妇双方户籍在农村，只生育一个子女或两个女孩的独生女子家庭；夫妇双方曾经生育或依法收养子女死亡，现存一个子女或两个女孩的家庭，其父母年满60周岁以后，由中央和地方财政安排专项资金，按每人每年不低于600元的标准，发给奖励扶助金，直到亡故止。奖励扶助对象已超过60周岁的，以当地开始执行奖励扶助制度时的实际年龄为起点发给奖励扶助金。夫妇未曾生育、收养一个子女的不享受奖励扶助政策。

2004年，四川省作为全国首批试点地区之一，全区严格执行奖励扶助工作的登记、公示、审核、确认和资金发放的程序，开展奖励扶助工作。经过层层评议、审核，全区享受奖励扶助政策的共467人，按规定时限录入国家奖励扶助信息专网，颁发“光荣证”，建立个人账户。奖励对象凭身份证、专户存折、“光荣证”领取奖励扶助金。2005年，全区“双女户”纳入奖励扶助范围，当年新增奖励扶助对象357人。

中共地方组织

概　述

1990年，全区基层党（工）委24个，总支委员会6个，支部委员会468个，党员9559名。经过行政区划调整、乡镇撤并和农村村级管理体制改革，到2005年，全区基层党（工）委11个，党组50个，总支委员会12个，支部委员会312个，党员12971名。

历届区委十分重视党的建设，把党的组织建设、思想建设、作风建设作为提高党的执政能力的突出重点，切实加强和改进党的建设，充分发挥党的领导核心作用。基层组织建设进一步加强。按照“选好一个班子，带好一支队伍，配强一个书记”的要求，调整和充实一批基层组织的领导班子和领导干部，夯实了党的组织基础。组织全区党组织开展讲学习、讲政治、讲正气的“三讲”教育，“三个代表”重要思想学习教育，“三级联动”和“创先争优”活动，党员队伍建设得到加强，党员素质明显提升。积极开展领导班子创“四好”、乡镇党委创“六好”、农村支部创“五好”活动，切实加强干部队伍建设。深入推进干部人事制度改革，建立干部竞争淘汰机制，领导干部公开选拔制度，领导干部任前公示和考察预告制度，领导干部离任审计和述职述廉制度。认真落实党风廉政建设责任制，深入开展党风廉政教育、坚持和完善人民代表大会制度、政治协商制度，推进民主法制和民主监督进程。民主党派和人民团体工作进一步加强，联系党和人民群众的桥梁作用进一步发挥。深入开展公民道德建设，积极开展文明城市、文明单位、文明村镇创建活动，干部群众思想道德水平不断提升。

15年来，在历届区委的领导下，全区政治稳定，经济发展，社会事业全面进步，1998年消除财政赤字。深入推进国有、集体企业产权制度改革，建立现代企业制度，形成多种所有制企业共同发展的格局。建成一批冶金、化工、机械、建材等支柱产业，建立工业集中发展区，促进工业企业集中连片、聚集发展。1998年完善农村土地第二轮承包，稳定农村政策，同年实现小康目标。解决了山区群众饮水难、用电难、行路难，1.36余万户农村贫困人口脱贫致富。1995年全区普及九年制义务教育，2004年普及高中阶段教育。建立和完善农村初级卫生保健和公共卫生服务体系，巩固地方病防治成果，有效应对和控制突发性公共卫生事件。养老、医疗、工伤、失业、生育等社会保障体系进一步完善。城乡建设有序推进，环境保护取得阶段性成果。城乡居民收入增加，生活水平稳步提高。

党的代表大会

【第五次代表大会】 1990 年 1 月 15—19 日，召开中共青白江区第五次代表大会。出席会议的正式代表 298 人，列席代表 22 人，特邀代表 3 人，大会听取和批准候忠万代表四届区委所作的《坚持一个中心，两个基本点，为建设富裕，民主、文明的青白江区而努力奋斗的工作报告》，听取和批准区纪律检查委员会（简称区纪委）工作报告。大会提出坚持以经济建设为中心，加快改革开放步伐，加大工业、农业、城建、市场开发力度、促进全区经济快速发展的奋斗目标。大会采用差额选举办法选举区委委员 21 人，候补委员 4 人；选举区纪委委员 11 人。

【第六次代表大会】 1993 年 1 月 14—18 日，召开中共青白江区第六次代表大会，出席会议的正式代表 268 人，列席代表 37 人，特邀代表 15 人。大会听取和批准孙寿权代表五届区委所作的题为《抓住机遇，锐意进取，为加快我区改革开放和经济建设步伐而努力奋斗》的报告，报告提出深入学习领会党的十四大精神，进一步解放思想，更新观念；狠抓开发区建设、乡镇企业、市场建设、大弯镇建设、企业经营机制转换、政府职能转换六项重点工作，不断促进全区改革的深化和经济的发展；坚持两手抓，把社会主义精神文明建设提高到新的水平；充分发挥人大、政协的职能作用，促进民主和法制建设进一步发展；坚持党的基本路线，加强党的建设和改善党的领导。大会听取和批准区纪委工作报告。大会采用差额选举办法选举区委委员 23 人，候补委员 3 人；选举区纪委委员 13 人。

【第七次代表大会】 1998 年 1 月 16—18 日，召开中共青白江区第七次代表大会。出席会议的代表 295 人，大会听取和批准王琪代表第六届区委所作的题为《高举邓小平理论伟大旗帜，把一个充满生机活力的青白江区胜利地带入二十一世纪》的报告，报告提出高举邓小平理论伟大旗帜，在思想上牢固确立邓小平理论的指导地位；调整和完善所有制结构，不断加快改革步伐；加强农业基础地位，调整优化产业和产品结构；抓住机遇，努力提高对外开放水平；狠抓基础设施建设，切实加强城镇管理和环境保护；狠抓财源建设，努力扭转财政困难局面；推进政治体制改革，加强民主法制建设；加强精神文明建设，发展各项社会事业；加强和改善党的领导，进一步把党建设好。大会听取和批准区纪委工作报告。大会采用差额选举办法选举区委委员 25 人，候补委员 4 人；选举区纪委委员 19 人。

【第八次代表大会】 2003 年 1 月 7—10 日，召开中共青白江区第八次代表大会。出席大会的正式代表 298 名，列席代表 56 名，听取和批准区委主要负责人代表第七届区委所作的题为《全面贯彻“三个代表“重要思想，构建成都北部工业高地、为率先基本实现现代化而努力奋斗》的报告，大会听取和批准区纪委工作报告。大会提出高举邓小平理论伟大旗帜，全面贯彻落实“三个代表”重要思想和党的十六大精神。以全面建设小康社会为目标，提高人民生活水平为根本，跨越式发展为主题，改革开放为动力，结构调整为主线，着力构建成都工业高地。切实加强农业基础，大力发展第三产业，推进精神文明建设和民主法制建设，保持社会政治稳定。全面加强党的建设，发挥党的领导核心作用，推进青白江区经济社会发展新跨越的奋斗目标。大会采用差额选举办法选举区委委员 25 人，候补委员 4 人；选举区纪委委员 15 人。

历届区委

【第五届区委】 1990 年 1 月 19 日，召开中共青白江区五届一次全委会，区委委员王松林、邓光发、白美德、朱一中、江家模、李永江、杨安莉（女）、杨恒宇、肖敏生、吴敦和、陈志林、陈锦文、赵洪畴、侯忠万、钱克昭、黄忠莹（女）、葛义超、舒先麟、曾德君、谢金洪（女）、廖世泽，候补委员叶长顺、钟碧辉（女）、赖建能、游章田参加会议。选举侯忠万、杨恒宇、李永江、黄忠莹（女）、江家模、邓光发、杨安莉（女）、陈锦文、葛义超 9 人为区委常委，侯忠万任书记，杨恒宇、李永江、黄忠莹（女）任副书记。

1991 年 8 月，市委决定：免去黄忠莹（女）区委委员、常委、副书记职务。

1992 年 1 月 16 日，市委决定：杨万青任区委委员、常委、副书记。同年 11 月 14 日，市委决定：孙寿权任区委委员、常委、书记，侯忠万离任。同年 12 月 5 日，市委决定：谢述均任区委委员、常委、副书记，杨恒宇离任。

【第六届区委】 1993 年 1 月 18 日，召开中共青白江区六届一次全委会议，区委委员王玉华（女）、邓光发、刘理安、江家模、孙寿权、李长全、李永江、杨安莉（女）、杨恒宇、肖敏生、张宏友、陈志林、陈忠明、陈锦文、钟碧辉（女）、侯忠万、钱克昭、麻渝生、葛义超、舒先麟、曾德君、游士志、谢述钧，候补委员邓忠、廖素华（女）、谢瑞金参加会议。选举孙寿权、谢述均、李永江、江家模、邓光发、杨安莉（女）、陈锦文、葛义超、刘理安 9 人为区委常委，孙寿权任书记；谢述均、李永江任副书记。

1994 年 1 月，市委决定：江家模、杨安莉（女）任区委副书记。

1995 年 11 月，市委决定：任命王琪任区委委员、常委、副书记，免去谢述均区委委员、常委、副书记职务。

1997 年 3 月，市委任命王琪任区委书记，免去孙寿权区委委员、常委、书记职务。同年 8 月，市委任命戴晓明任区委委员、常委、副书记。

【第七届区委】 1998 年 1 月 19 日，召开中共青白江区七届一次全委会议，区委委员王琪、王玉华（女）、王伯鹏、叶和清、刘理安、庄昭友、江家模、杨安莉（女）、李光明、肖贻宗、邱蜀新（女）、张宏友、张映明、赵全、钟碧辉（女）、郭忠亮、钱克昭、涂忠模、涂基松、黄忠顺、麻渝生、鲁楠、曾令辉、谢瑞金、戴晓明，候补委员易丽华（女）、张军、陈传明、黄成剑参加会议。选举王琪、戴晓明、江家模、杨安莉（女）、谢瑞金、李光明、麻渝生、王伯鹏、张映明、郭忠亮10人为区委常委，王琪任书记，戴晓明、江家模、杨安莉（女）任副书记。

2000年11月13日，市委任命戴晓明任区委书记，免去王琪区委委员、常委、书记职务。同年11月，市委任命王文斌任区委委员、常委、副书记。

2001年，市委决定，巫敏任区委委员、常委、副书记。

2002年1月18日，市委任命李光明任区委副书记。同年12月2日，市委任命何立祥、陈忠孝任区委委员、常委、副书记；万仲全任区委委员、常委，免去麻渝生区委委员、常委职务。

【第八届区委】 2003年1月10日，召开中共青白江区八届一次全委会议，区委委员万仲全、王伯鹏、邓忠、朱志萍（女）、牟建平、孙明、巫敏、李光明、杨安莉（女）、吴世国、邱蜀新（女）、何立祥、张军、张映明、陈忠孝、周德昌、郑兴华、赵红跃、钟骏、钟碧辉（女）、郭光群（女）、涂忠模、涂基松、谢瑞金、戴晓明，候补委员侯建川、李发全、杨成蓉（女）、廖冬雪（女）参加会议。选举戴晓明、何立祥、巫敏、陈忠孝、谢瑞金、王伯鹏、万仲全、朱志萍（女）、涂忠模、赵红跃、邓忠11人为区委常委，戴晓明任书记，何立祥、巫敏、陈忠孝、谢瑞金任副书记。

2003年2月12日，区委副书记陈忠孝病逝。同年2月17日，市委任命袁泉任区委委员、常委、副书记（挂职锻炼）。同年8月，市委任命艾仁恰拉任区委委员、常委、副书记（挂职锻炼至12月）。同年12月1日，市委任命钟碧辉（女）任区委常委、副书记。

2005年5月，市委免去袁泉区委委员、常委、副书记职务。同年6月，市委免去巫敏区委委员、常委、副书记职务。同年9月1日，市委任命孙建成任区委委员、常委、书记，张国清任区委委员、常委、副书记，免去戴晓明区委委员、常委、书记职务。

【乡镇党委】 乡镇党委由书记、副书记、委员组成，乡镇党委委员由乡镇党的代表大会选举，乡镇党委每届第一次会议选举书记、副书记。乡镇党委设书记1人、副书记1－2人，委员3－7人。中共街道工作委员会（简称街道党工委）属区委派出机构。

1990年全区有弥牟镇、大弯镇、城厢镇、清泉镇、华严乡、景峰乡、绣水乡、祥福乡、玉虹乡、姚渡乡、日新乡、龙王乡、福洪乡、合兴乡、云顶乡、人和乡16个乡镇党委。1995年撤销景峰乡党委，建立大同镇党委；1998年4月绣水乡与城厢镇合并，撤销绣水乡党委；同年12月撤销华严乡、祥福乡、姚渡乡、日新乡、合兴乡党委，建立华严镇、祥福镇、姚渡镇、日新镇、合兴镇党委。2001年11月撤销龙王乡党委、建立龙王镇党委。2004年6月，撤销大弯镇、华严镇党委，设立大弯、红阳街道办事处党工委；撤销玉虹乡、日新镇、云顶乡、合兴镇党委，分别调整并入城厢镇、祥福镇、清泉镇、龙王镇党委，弥牟镇、大同镇、城厢镇、祥福镇、清泉镇增挂街道办事处党工委牌子。

2005年，全区街道党工委2个、镇党委7个、乡党委2个。

区委会议

【区委全委（扩大）会议】 每届区委第一次全委会议选举产生新一届区委常委、书记、副书记，每年例行召开全委会议审议区委当年的工作报告和部署次年的工作。区委通过全委（扩大）会议贯彻落实中央、省、市委的重要会议精神，安排部署全区工作。1991—2005 年，区委共召开全委（扩大）会议 32 次，其中第五届 4 次，第六届 12 次，第七届 10 次，第八届 6 次。

1993 年 6 月，区委全委（扩大）会议提出统一思想，抓住机遇，进一步加快全区经济发展步伐；围绕“中心”，服务“中心”进一步加强精神文明建设和党的建设。1999 年 1 月，区委全委（扩大）会议提出加大开放力度，增强开放实效；优化农村经济结构，切实增加农民收入；加大企业改革力度，提高企业运行效益；扩大内需，抓好投资与消费的双重拉动；继续大力扶持非公有制经济，加快地方经济发展步伐等工作要点。2000 年 6 月，区委全委（扩大）会议贯彻落实中央关于实施西部大开发战略决策，会议提出跨越式发展的要求，明确新世纪最初 10 年的总体目标是“建设一流卫星城、跨越发展青白江”。2004 年 12 月，区委全委（扩大）会议听取并表决通过区委常委向大会所作的《提高执政能力，构建工业高地，加快推进城乡一体化进程》的报告。2005 年 12 月，区委全委（扩大）会议表决通过区委《抢抓机遇，加快发展，为建设成都北部新城生态工业高地而奋斗》的报告，提出“生态立区、工业强区，建设成都北部新城，生态工业高地”的目标。

1991—2005 年中共青白江区委历届全委（扩大）会议

表 13

会议届次		召开时间	会议主要内容
届	次		
5	4	1991. 7. 31	审议通过 1991 年上半年工作和下半年工作要点
	5	1992. 1. 6 ~ 1. 7	传达党的十三届八中全会和中共成都市委七届十一次会议精神，学习讨论《中共中央关于进一步加强农业和农村工作的决定》；审议通过中共青白江区 1991 年工作计划和 1992 年工作要点
	6	1992. 10. 30	传达党的十四大精神，小结当年工作，布置当前任务
	7	1992. 12. 30 ~ 12. 31	会议决定，中共青白江区第六次代表大会于 1993 年 1 月 14 日至 18 日召开
6	1	1993. 1. 18	选举中共第六届区委领导成员
	2	1993. 6. 11	讨论贯彻中共成都市委七届十四次全委（扩大）会议精神
	3	1993. 12. 26 ~ 12. 27	审议并通过《中共青白江区委员会 1993 年工作总结和 1994 年工作要点》
	4	1994. 7. 28	总结上半年工作，部署下半年工作

续表13

会议届次		召开时间	会议主要内容
届	次		
6	5	1994. 10. 21 ~ 10. 22	传达贯彻党的十四届四中全会精神,传达省委六届三次全会和市委八届四次全委(扩大)会议精神,结合青白江区实际,安排部署今冬明春的主要工作
	6	1995. 1. 23 ~ 1. 24	听取《中共青白江区委1994年工作估计和1995年工作要点》,区委书记孙寿权作《总结经验,找出差距,统一认识,明确目标,坚定信心》的讲话
	7	1995. 12. 6	审议并通过区委《关于制订青白江区国民经济和社会发展第九个五年计划和2010年远景目标的建议》
	8	1996. 2. 5	贯彻市委八届七次(扩大)会议精神,总结区委1995年工作,安排部署1996年工作,区委书记孙寿权作题为《真抓实干,富民强区,为实现"九五"计划目标开好头,起好步》的报告
	9	1997. 1. 13 ~ 1. 14	审议通过《青白江区精神文明建设"九五"规划》;总结区委1996年工作安排部署1997年工作
	10	1997. 10. 27	学习贯彻党的十五大精神
	11	1997. 11. 27	讨论通过关于召开中共青白江区第七次代表大会的决议;讨论通过区委1997年工作总结和1998年工作设想
	12	1998. 1. 6	会议讨论并通过中共青白江区六届委员会的工作报告;通报关于召开中共青白江区第七次代表大会筹备工作的情况
7	1	1998. 1. 19	选举第七届区委领导成员
	2	1998. 7. 31	总结区委上半年工作,安排下半年工作
	3	1999. 1. 11	审议并通过《中共成都市青白江区委1999年工作要点》
	4	2000. 1. 25	审议并通过《中共青白江区委2000年工作要点》
	5	2000. 6. 19 ~ 6. 20	学习江泽民总书记"三个代表"的重要讲话精神,贯彻落实中央关于实施西部大开发战略决策和市委九届五次会议精神
	6	2000. 12. 29	会议审议并通过中共青白江区委2001年工作要点,总结2000年工作,安排布置2001年主要工作
	7	2001. 8. 3	讨论修改并通过中共青白江区委七届第七次全委会《关于深入学习贯彻江泽民同志"七一"重要讲话,努力推进青白江跨越式发展的决定》
	8	2002. 1. 16	学习贯彻党的十五届六中全会和市委九届八次全委会、市委经济工作会议精神,总结2001年工作,部署安排2002年任务
	9	2002. 8. 5	学习贯彻江泽民"5·31"重要讲话和市委九届十次全委会精神
	10	2003. 1. 3	会议同意2003年1月8—10日召开第八次党员代表大会
8	1	2003. 1. 10	选举中共青白江区委第八届委员会领导成员
	2	2003. 12. 30	明确2004年全区经济社会发展的主要任务:2004年国民生产总值比2002年翻一番,达到110亿元;人均国内生产总值翻一番,达到3500美元;财政收入翻一番达到6.5亿元,力争8亿元,人民生活水平显著提高,逐步走上生产发展,生活富裕,生态良好的文明发展道路

续表13

会议届次		召开时间	会议主要内容
届	次		
8	3	2004. 6. 16	对撤并乡(镇)及街道党政正职的拟任人选和推荐人选进行投票表决,16名候选人全部通过表决
	4	2004. 12. 27	传达党的十六届四中全会、中央经济工作会议和市委十届三次全委会精神
	5	2005. 7. 19	总结上半年工作、部署下半年工作
	6	2005. 12. 28	传达市委十届五次全委会精神

【区委常委会议】 区委常委会在区委全委会闭会期间，讨论决定全区的重大方针政策问题，讨论决定区人大常委会、区政府、区政协党组和区纪委以及区级部门党组重大事项的请示；对全区副局级以上的干部培养、选拔、任用作出决定。常委会会议一般每半月召开一次，如需要可临时召集。常委会会议有半数以上的常委到会，方能举行。会议作出的决策、决定、决议，形成会议纪要，并由相关党的组织遵照执行。1991—2005年共召开常委会会议382次，其中，第五届区委常委会会议35次，第六届区委常委会会议96次，第七届区委常委会议156次，第八届区委常委会会议96次。

【区委书记办公会议】 区委书记办公会议基本上每周召开一次，因工作需要，有时临时召开，会议一般都由书记主持，有关常委和有关部门负责人参加会议，主要研究解决一些重要问题或重大事件的应急处置意见。会议议题在会议一天至两天前由各常委提出，区委办公室秘书科汇总，经区委办公室主任审阅，由区委书记确定。会议内容和议决事项，除经会议决定可以在党内一定范围传达外，与会人员或知情人员均应严格保密。

重要决策

【政治建设决策】 1991—1994年，区委先后作出《关于开展农村社会主义思想教育的决定》《关于开展经常性社会主义思想教育的意见》等决策，在全区党员中开展坚定社会主义信念教育和解放思想大讨论，先后在16个乡镇开展社会主义思想教育活动。1995—2005年，区委先后作出开展邓小平理论学习教育、“讲学习、讲政治、讲正气”、学习“三个代表”重要思想、保持共产党员先进性教育活动等决定，进一步坚定了坚持中国特色社会主义道路的信念。

1991—2005年，区委先后作出《关于加强农村基层组织建设的决定》，制定《青白江区农村基层组织建设三年规划》《各级党员领导干部民主生活会若干规定》《区委常委联系农村党支部书记制度》等，在全区各级领导班子开展“学习好、团结好、勤政好、廉洁好”四好班子创建活动，副局级以上领导干部建立廉政档案。14个农村乡镇集中开展基层组织整顿，分三期集中培训村党支部书记178

人，基层组织得到加强，干部结构明显改善。

1991 年，区委制定《关于加强党外后备干部队伍建设的意见》。1998 年，区委作出《进一步加强人大工作的决定》《关于进一步做好政治协商民主监督工作的意见》，为人大、政协培养了一批后备干部，区、乡人大依法履行法律监督、工作监督，区政协参与全区重要问题的政治协商、为民主监督创造了条件。制定《依法治区工作规划》《青白江区社会主义精神文明建设规划》，持续开展普及法律知识教育、爱国主义教育和文明单位、文明村镇创建活动。

【经济发展决策】 1991 年 2 月，区委制定《关于切实控制和减轻农民负担的意见》，全区农民负担始终控制在上年农民人均纯收入的 5% 以内。同年 4 月，区委制定《关于贫困村脱贫致富的若干规定》，在政策、项目、技术、资金等给予支持，加快了贫困村脱贫致富的步伐。1992 年，区委作出加快改革步伐、鼓励外商投资、加强外引内联、发展个体私营经济、加快工业区建设等重要决策，创造了良好的投资环境，形成了个体、私营、外商企业共同发展的格局。1992 年，区委提出“依托大中型企业、大力发展乡镇企业、第三产业和高效农业，服务城市、繁荣农村。搞好以大弯镇为中心的城市建设，促进成都市次级经济城市建设，形成城乡、城郊一体化经济格局”的指导方针，促进了一、二、三产业协调发展和产业结构调整。1994 年 8 月，区委制定《青白江区农村奔小康年度实施计划》，1998 年全区实现小康目标。2002 年，区委制定《关于做好农村扶贫开发工作的意见》，全面开展新一轮农村扶贫开发工作，2005 年，扶贫村农民人均纯收入比 2004 年增加 426 元。

2003 年，区委提出“全面建设宽裕型小康社会，努力提高人民生活水平。以跨越式发展为主题、改革开放为动力、结构调整为主线，着力构建成都工业高地，切实加强农业基础，大力发展第三产业”的经济发展战略，促进产业聚集和工业集中发展区建设。

【文化建设决策】 1991 年，区委作出在全区农村开展“双文明户”“五好家庭户”“遵纪守法户”评选活动。

1996 年，区委制定《青白江区（1996－2000 年）社会主义精神文明建设规划》《青白江区爱国主义教育实施细则》，全区开展文明单位创建和爱国主义教育活动。

2001 年，区委制定《关于加强农村思想道德建设的意见》，在农村开展爱国主义、集体主义、社会主义和社会公德教育。

2004 年，区委制定《青白江区创建全国文明城市实施方案》，开展以弘扬城市精神，争做文明市民为主题的公民道德教育实践活动。

1992 年贯彻《中共中央国务院关于加速科学进步的决定》，区委、区政府先后制定《青白江区关于加速科学进步的决定》《青白江区科学技术奖励办法》《青白江区关于进一步加强引进人才和人才管理的意见》，实施“科技兴区”和“人才强区”战略。

2002 年，区委作出“加强科技中介机构建设，完善技术交易市场，健全科技服务体系，加强科技成果推广应用，建立科技风险投资基金，落实技术入股政策”等决定。

1993 年，区政府作出清理整顿文化市场的决定，印发《关于加强文化市场管理的通告》，开展“扫黄打非”专项行动。

1996 年，区委、区政府制定《青白江区文化发展五年计划和十年计划》《青白江区加强农村文化工作的意见》。

1997 年，制定《青白江区创建文化先进县（区）的意见》。

【改革开放决策】 1992 年，传达贯彻邓小平南巡讲话精神，区委制定《关于加快我区改革步伐的十条措施》，先后制订鼓励外商投资和土地、税收、建设费用等优惠政策，鼓励农民办理自理口粮户口，到城镇经商、办企业。1993 年，区委制定《青白江区股份制企业试行办法》，明确了原则、方式和要求，全面推进企业产权制度改革和供销合作体制改革。

1995 年 6 月，区委制定《青白江区关于机构改革的实施意见》，坚持“政企分开、政事分开”和“精简、统一、效能”的原则，提出“定机构、定岗位、定人员”工作方案，制订人员分流方式和办法，机关机构改革达到了机构、人员精减，分流人员平稳过渡的目的。

1998 年 8 月，区委制定《关于进一步完善我区乡镇行政管理体制及机构设置、编制核定的意见》，按照乡镇幅页面积、人口状况划分类别，清理自聘人员，按政事分开的原则，将乡镇的“七所八站”归并到职能相近的办公室。

2001 年 10 月，区委制定《青白江区机构改革实施意见》《青白江区机关工勤人员和直属区级事业单位工作人员分流有关问题的处理意见》《关于青白江区乡镇机构改革的意见》，实行分流一批、提前退休一批，巩固了机构改革成果。

【社会保障决策】 随着改革的深入，区委将建立社会保障制度，完善社会保障体系纳入区委、区政府议事日程，作出了一系列重要决策。

1990 年，国有企业固定职工、合同制工人、临时工退休养老保险金实行社会统筹。1991 年，实行工伤保险。1992 年，外资企业的中方职工实行社会养老保险、企业职工补充养老保险、职工大病医疗保险。1993 年，开展城镇集体企业职工待业保险试点，职工待业期间发给基本生活费，1995 年，建立待业保险制度和集体企业职工退休保险制度。1997 年，实行女职工生育保险。1991—1997 年，全区逐步建立了职工养老保险、医疗保险、工伤保险、失业保险和生育保险制度。国有、集体、个体、私营、外商投资企业中方职工、事业单位职工、合同工、临时工、农民工纳入保险范围。各种保险费用实行社会统筹，逐步完善社会保险体系，规范社保资金管理。

1998 年，实行城镇职工医疗保险制度改革，2001 年 5 月，区委、区政策制定《青白江区城镇职工基本医疗保险暂行办法》，实行补充医疗保险。

1997 年在城镇实行最低生活保险制度，1998 年在农村实行最低生活保障制度，2004 年建立新型农村合作医疗制度。

综合事务

【机构设置】 1991 年区委工作机构有办公室、组织部、宣传部、统战部、政法委、机要局、保密局、政策研究室、区级机关工委、纪委等10个工作机构。

1995年，机构调整，坚持政企、政事分开和精简、统一、效能的原则，以转变职能、理顺关系、精兵简政、提高效率为目的，区委机构重新设置，按市上规定的必设机构有：办公室、组织部、宣传部、统战部、政法委；按市上建议设置的机构有：政策研究室、区级机关工委；按党章规定设置的有：区纪委、区委党校、区党史研究室。

调整后区委机构职能归并为：办公室含保密、机要、目标督察管理职能；组织部含老干部管理职能；宣传部含精神文明建设、外宣职能；统战部含台湾事务、侨务职能；政法委含社会治安综合治理职能；政策研究室含经济体制改革职能，挂区政府经济体制改革办公室牌子，两块牌子，一个机构。

2001年区委机构调整的主要任务是：理顺关系，划清职责范围，减少职能交叉，调整人员结构，精简内设机构和人员，进一步提高机关人员素质和工作效率。2001年，区委设：纪委、办公室、组织部、宣传部、统战部、政法委、机关工委7个工作部门。党校、党史研究室、《青白江报》社3个直属事业单位。

政研室、机要局、保密局、目督办并入区委办公室（保留政研室、目督办牌子）。防邪办公室由区委办公室管理（保留牌子），机构规格为正局级；区老干局由组织部管理（挂老干部局牌子），负责全区离休干部和副区级以上退休干部的管理，一般退休干部由人事局管理；区老龄委办公室职能划归区民政局；区精文办由宣传部管理；区台务、侨务办由统战部管理；政法委机关与综治办仍实行合署办公体制。

2005年，区委工作机构有办公室、组织部、宣传部、统战部、政法委、机关工委、区纪委。党校、党史研究室为区委直属事业单位。

【政策研究】 围绕区委各阶段中心工作，区委政策研究室组织发动全区各级干部，采取专题调查、联合调查等形式开展调查研究，形成工作建议、调查报告，编辑印发《工作研究》或《情况反映》内部资料。从1997年起，根据市委要求，区级领导每年完成1～2篇重点课题，撰写有分析、有观点、有对策的调研文章，到2005年，《工作研究》累计登载调查研究文章226篇。

1992年邓小平南巡讲话后，全区组织开展推动市场经济发展的调查研究，先后形成“走出去，请进来，建立工业开发区”“工业开发、农业开发、城建开发、市场开发”“振兴青白江工业若干设想”“我区横向经济联合政策与新都、广汉、深圳比较与建议”“以化工、冶金、食品和高技术产业为支柱产业的思路”“狠抓四个开发、加快经济发展步伐”等专题调查报告，这些研究成果被应用在区委相关政策决定中。

区委政策研究室在区域经济发展定位方面，1995年提出“逐步把青白江建成成都东北部次级经济城市的发展目标”的建议，1998年提出“进入省‘一条线’重点区（市）县，打基础，立支柱，建基地，探索具有特色的发展路子研究”等专题调研文章，2002年提出“建设一流卫星城，跨越发展青白江”和“构建成都工业高地”的建议，2004年提出“构建工业高地，加快推进城乡一体化进程”的建议，2005年提出“全面推进城乡一体化，构建和谐青白江”的建议，对区委形成“生态立区、工业强区、建设成都北部新城，生态工业高地”的战略决策起到了积极作用。

【目标管理】 1991年区委成立目标管理领导小组，将年度主要工作目标分解下达给各乡镇和部门，实行目标管理。区委目标管理办公室组织实施目标运行情况的检查考核，督促相关部门落实办理区委重要会议议决、区委领导批办、交办等事项。

区委目标管理办公室以区委工作报告和政府工作报告为依据，采取自下而上，自上而下的办法，编制目标任务。遵循“纵向到底，横向到边”的原则，层层分解落实。1991年起，全区设定国民生产总值，工业和农业总产值、财政收入、乡镇企业总产值、农民人均纯收入等经济目标任务，1997年将为民办实事项目纳入目标管理。

1995—2005年，完成市委、市政府下达的主要工作目标500余项，完成新增目标百余条。完成省政府下达的工作目标和协调目标，投入大量的人力，财力，完成为民办实事190余项。

目标督查。坚持对重点目标不定期地开展督查，半年抽查。建立目标运行报告制度，协调制度、目标修正制度。1995年制定《关于进一步加强督促检查工作的意见》，1997年7月，为适应机构改革的需要，印发《关于加强目标管理督查工作若干问题的通知》，督查工作进一步规范。每年如期完成省、市、区委交办、督办、督查事项。1995—1998年完成督办件153件，1999—2002年完成督查件63件，完成交办事项360件。

目标考核。按照《青白江区目标考核奖惩办法》，由区委、区政府目督办牵头，组成考评小组，每年年终对各一级目标管理单位进行考核，以考核得分兑现奖惩，并作为区委、区政府对各单位领导政绩考评的依据。1997年12月，重新制定《成都市青白江区目标考核奖惩办法》，规定把为民办实事、GDP增长、财政增收、招商引资等目标作为考核重点。

【文秘信息】 1991年全区继续采用《常委会纪要》《专题会议纪要》等形式，指导全区各项工作，落实区委重要议决事项。按照分类服务、增加效能的原则，1993年全区采用《今日汇报》《信息简报》《领导参阅》等形式，反映全区各项工作进展、成绩、意见和建议。

1996年按照《中国共产党机关公文处理条例》，区委办公室规范文件办理程序，完善文件起草、审签、校核等岗位责任制，建立责任追究等配套制度，做到职能清楚，权责明晰。

2005年区委办公室增设《工作通报》，专门整理印发区级领导讲话和经验交流材料，加大指导和推进全区工作的力度，全年印发《今日汇报》180期，《信息简报》106期。

【机要保密】 全区机要保密工作坚持“对党忠诚、立场坚定、严守机密、遵守纪律、精研业务、无私奉献”的原则，严格审查挑选全区各级机要涉密人员，建立健全各种规章制度，认真做好区委、区政府各种文件的编写、装订、分发，以及上级文件的传阅、借阅、清退和销毁工作。做好中央、省、市、区委文件的立卷归档。1993年底，全区建立基层单位保密领导小组92个，确定要害部门、要害部位和要害人员。1994年青白江区开通全市党委系统计算机联网通信工程，1997年5月完成密码技术系统微波数字干线工程，增添网络通信保密措施。

1995年全区加强各级领导干部和涉密人员的警醒教育，组织举办保密技术、防范知识宣传演示专场会。1996年全区加强涉密检查，分别对区委、区人大、区政府、区政协在职领导以及区级要害部门领导进行检查。1998年区委制定《青白江区关于加强新形势下保密工作的实施意见》，2001年区委将保密工作纳入目标管理，2002年区委办公室、区政府办公室联合制定《成都市青白江区保密工作“十五”发展计划》。

【党政网建设】 2001年全区建立公众信息网，启动青白江电子政务工程。经三次改版，网站栏目重新整合，增大网站信息量，完善页面设计，提升网上政府形象。加大政务公开力度，集成若干网上应用系统，加强政府与市民的网上互动。采用子网站自建系统，各单位可在本单位的网站首页下根据单位工作需要，自行设置管理二、三级栏目，同时将网站上的有关栏目授权分配给相关单位维护，实现动态信息发布等功能。2005年，入驻区政务服务中心的部门对外办理行政审批和服务事项时，可使用统一接办系统。

【党史研究】 1991年，区委党史研究室开始编辑内部资料《党史资料丛书》，7月1日首次出刊。《中共地方组织早期在青白江区的活动情况》《青白江区委简史》《青白江建区三十年的发展变化》《党史资料丛书》（1~3辑）同时与读者见面。1992年9月出刊第4辑，着重反映新中国建立前后，共产党在城厢镇和清泉镇的活动情况。1997年，区委党史研究室征集改革开放以来青白江区取得的成果，整理文章100余篇。会同区委宣传部、政研室、党校召开纪念党的十一届三中全会召开20周年理论研讨会，编辑《光辉历程——青白江区40年》。1999年8月出版，全书40万字，发行1.5万余册。区委党史研究室配合市党史研究室，先后编写彭家珍、耿明、易明道、刘仲宣、吴惠安五位烈士的传略，经审查，彭家珍、刘仲宣传略入选。

1992年10月，首次编辑《中国共产党成都市青白江区党史大事记》，第1辑党史大事记时间上限为1959年12月，下限为1990年12月。1993年、1995年和2001年陆续编辑第2、3、4辑。

《青白江党史》季刊于1992年3月创刊，由区委办公室、区委组织部、区老干部局和区委党史研究室共同主办，1995年2月被列为区委机关刊物，2001年区直机关工委加入主办单位。至2005年，《青白江党史》出刊108期，汇集党史资料近一千万字，发行10万余册。

纪律检查

【历届区纪委】 区纪委委员由区党代会代表选举，组成区纪委委员会；区纪委委员会第一次全体会议选举区纪委常务委员会委员，组成区纪委常务委员会；常务委员会委员选举区纪委书记、副书记。

1990年1月19日，中共青白江区第五次代表大会选举邓远斌、李光明、李忠万、杨安莉（女）、何永清、张宏友、张孝平、徐泽兴、黄明裕、康立勋、谢宝贵为第五届区纪委委员。选举杨安莉（女）、康立勋、李忠万、何永清为区纪委常委，杨安莉（女）任书记，康立勋任副书记。1991年4月20日，区委决定增补麻渝生为区纪委委员、常委。

1993年1月18日，中共青白江区第六次代表大会选举王伯鹏、刘国平、李光明、李忠万、杨安莉（女）、杨宗华、张义金、张光修、贾夏申、黄明裕、麻渝生、康立勋、路兴富为第六届区纪委委员。选举杨安莉（女）、康立勋、麻渝生、李忠万、王伯鹏、贾夏申为区纪委常委，杨安莉（女）任书记，康立勋、麻渝生任副书记。

1998年1月18日，中共青白江区第七次代表大会选举王隆远、邓忠、刘怀光、刘明坤、刘国平、刘和平、李光明、李忠万、李昌寿、李福林、张义金、张光修、张昌全、姚明行（女）、贾夏申、康立勋、唐贤富、曾忠树、曾经达为第七届区纪委委员。选举李光明、邓忠、贾夏申、曾经达、李忠万、刘国平、姚明行（女）为区纪委常委。李光明任书记，邓忠、贾夏申任副书记。

2003年1月10日，中共青白江区第八次代表大会选举王学才、王隆远、邓清玉（女）、左永文（女）、包世美（女）、刘和平、巫敏、李锡文、邱友明、胡荣才、姚明行（女）、徐声明、唐贤富、曾忠树、谢天贵为第八届区纪委委员。选举巫敏、胡荣才、姚明行（女）、王隆远、谢天贵、王学才为第八届区纪委常委（空缺1人）。巫敏任书记，胡荣才、姚明行（女）任副书记。

2005年6月巫敏调离。2005年9月，市委任命张国清任区纪委书记。

1991年，区纪委和区监察局分设。1993年3月贯彻党中央、国务院决定，区纪委、区监察局合署办公，实行两块牌子，两种职能，一个领导班子，一套工作机构的新体制。

【派驻机构】 1991年，区纪委向区政府成立党组、党委、总支的23个局级单位派驻纪检组，向区政府成立党支部的17个局级部门派驻纪检员，按照区纪委工作安排，开展纪检工作。

2001年根据市委《关于实施〈成都市县、乡机构改革方案〉有关问题的意见》，区委办公室、区政府办公室制定《关于区级部门和区级单位纪检监察机构的设置、编制、配备有关问题的意见》，明确规定在机构改革中派驻纪检监察机构的有关问题。区委制定《关于派驻纪检监察机构若干问题的规定（试行）》及《关于派出纪检组长述职评议的意见》，对区级纪检机构领导体制、工作职责、工作权限、工作关系、工作制度、干部配备以及派出机构干部的工资福利和退休等7个方面作出明确的规定。区纪委会同区委组织部考察，报区委批准，先后向区法院、区司法局、区计经局、区教育局、区环保局等27个部门直接派驻纪检组长或纪检员。纪检组长、纪检员按副处级干部管理，从事所在部门和单位的纪检工作。同年，全区广泛开展“讲授一堂廉政党课，强化一次思想沟通，开展一次警示教育，进行一次专题分析，开展一次调研工作，组织一次明查暗访，举办一期反腐专栏，突出一件特色工作，做好一次全面总结，开展一次述职述廉”为主要内容的“十个一”活动，推动区级部门纪检工作的开展。

【乡镇纪律检查委员会】 1992年前，乡镇纪检工作由一名乡镇党委副书记分管。1993年2月，乡镇换届选举工作中，由乡镇党的代表大会选举16个乡镇纪律检查委员会，乡镇纪委书记由一名乡镇党委副书记兼任，其中11个乡镇专门配备一名纪委副书记。

2004年撤乡并镇，全区乡镇由原来的15个合并为11个乡镇（街道）。为适应撤乡并镇后乡镇街道纪检工作，区纪委制定《关于乡镇纪委和街道纪工委领导干部任免审批程序的规定》，对乡镇纪委和街道纪工委领导的任命提出明确的要求，全区11个乡镇街道纪委、纪工委书记由同级党委副书记兼任。

【党风党纪教育】 1992 年，全区组织党员学习中纪委颁发的 7 个党纪处分决定，开展以政治纪律、组织纪律、群众纪律、财经纪律为主要内容的党纪教育活动。全区举行党纪教育报告会 102 场，举办党纪教育培训班 32 期，组织 4400 余名党员、干部参加四川省党纪知识百题竞赛，农村党员受教育面达 97.1%，机关单位党员受教育面达 98.9%。

1993 年起，全区相继开展党性党风党纪学习教育、发扬党的优良传统作风教育、反腐倡廉教育、“三个一”教育（即看一本党员干部行为规范的书，读一组违纪违法典型案例，看一套正反典型教育录像片）、党纪政纪条规教育等 10 个方面的专题教育活动。建立和完善以“区纪委为中心，区委组织部、区委宣传部、区广电局等部门各施其责的反腐倡廉”大宣传教育工作格局。青白江电视台举办电视片播放周、播放月，举办广播电视讲座、警示教育等专题节目。区纪委多次组织党纪知识、党纪政纪条规知识、党内法规知识、《廉政准则》《行政监察法》等知识竞赛，组织全区党员领导干部参观《四川省反腐败大要案成果展》，观看话剧《茅屋为秋风所破歌》《清风颂》。全区 4 名党员干部获中纪委、监察部、省纪委、省监察厅颁发的党纪政纪知识竞赛个人奖。

2005 年组织《建立健全教育、制度、监督并重的惩治和预防腐败体系实施纲要》专题辅导报告会，开展知识竞赛、演讲比赛，全区有 3436 人参加知识竞赛、演讲竞答；组织党员和干部观看《汉源事件的背后》《贪欲打开地狱门——朱福忠腐败警示录》等 123 部警示教育录像片，全区各单位“一把手”撰写观后感文章 70 多篇。同时还把此次教育活动同区内开展廉政文化建设和“读报（刊）思廉”活动结合起来，撰写理论文章 100 多篇，组织创作廉政歌曲 3 首。举办“清风颂”广场文艺演出，开展赠送廉政台历，发廉政短信活动，推进廉政文化活动的开展。

在党风党纪教育中，区纪委注重宣传身边的正面典型，15 年间有 33 篇典型经验和优秀党员先进事迹分别在《四川日报》《四川农村日报》和省市纪检监察刊物上发表。

【领导干部廉洁自律】 1992 年根据中央、省、市纪委统一部署，全区开展领导干部廉洁自律工作，区纪委先后印发《关于党政机关正局级以上领导干部廉洁自律自查自纠的通知》《关于县（处）级领导干部廉洁自律五条规定实施细则》等文件。区纪委抽调纪检干部，通过座谈会的形式，广泛听取和征求干部群众和社会各界人士的意见和建议，对全区各级领导干部廉洁自律专题民主生活会给予指导。到 1997 年，区纪委先后派出纪检干部和从基层抽调干部 300 多人次，参加和指导全区各级领导干部廉洁自律专题民主生活会 400 多次，召开征求群众意见的座谈会 160 次。全区党政机关科、乡级和基层站所负责人以上干部计 3856 人（次）参加了廉洁自律自查自纠工作，自查率达 100%。在领导干部廉洁自律自查自纠活动中，区纪委纠正 7 件违反规定使用军警号牌的行为，清退领导干部多购占公有住房 16 套。超面积住房的领导干部，按房改规定补交房款 456 万多元。

1998 年起，全区各级领导干部贯彻落实《廉政准则》和制止奢侈浪费八条规定，区纪委针对公款配置通讯工具、公款出国（境）旅游、配偶子女经商办企业，非因公用车以及接受礼金等问题开展专项清理。纠正违反规定公费安装住宅电话 324 部，纠正超标配备和不符合规定配备移动电话 153 部；进一步明确通话费限额，实行通话费定额包干、超支自付的制度；制止 7 起党政机关不必要的出国（境）团组；对 31 辆公车私户车辆按规定办理转户手续，对 2 起公车私用造成严重后果的违纪案件进行严肃查处。

2003年起，全区领导干部深入学习江泽民、胡锦涛关于反腐倡廉的重要论述，认真学习《党内监督条例（试行）》《纪律处分条例》《党员权利保障》等党内法规，继续开展治理各级领导干部收受现金、有价证券的清理工作。区纪委先后制定《领导干部述职述廉制度》《纪委负责人同下级党政主要负责人谈话》《领导干部任前谈话、诫勉谈话》《青白江区公务车辆管理办法》等规定，组织《廉政准则》《党内法规》知识竞赛，建立领导干部廉政档案。到2005年底止，全区党员领导干部主动上交到区纪委或区廉政账户的礼金、礼品价值12万元。

【案件查处】 1991—1992年，全区贯彻落实中纪委《关于当前执纪中应注意的几个政策问题》和市纪委《关于当前经济活动若干政策界限问题的试行意见》，区纪委注重把握惩治腐败和支持改革开放的政策界限，对发生的经济案件、违反社会主义道德的案件、违反计划生育政策的案件、官僚主义失职等违纪违法案件进行了坚决地查处。两年来，共立案查处违纪违法案件53件，56人受到党纪处分。

1993年起，按照上级纪委的部署，区纪委把查处党政领导机关、行政执法机关、司法机关、经济管理部门和县（处）级以上党员领导干部违纪违法案件作为查案工作的重点，完善区、乡、村和部门信访网络，建立领导接待、阅批信访、实名举报反馈、初信初访等制度，拓宽违纪线索的来源。在办案工作中，主要领导直接参与大要案件的指导、协调和查处工作，认真落实“定任务、定领导、定人员、定时限、定质量的”五定办案责任制，区纪委同法院、检察院、公安和执法监督部门定期分析和通报情况。到1997年，共立案查处违纪案件117件，其中贪污25件，受贿3件、挪用公款13件、其它经济案件13件，徇私舞弊2件、工作失职7件，违反社会道德和嫖娼42件、赌博7件、违反计划生育政策4件，违反治安管理1件。处理违纪违法人员120人，其中受党纪处分88人；乡镇、局级以上干部20人，科级干部37人。

1998年起，区纪委继续把查办党政机关、行政执法机关、经济管理和县（处）级以上领导干部违纪违法案件作为查案工作的重点，加强大要案件的查处。到2002年，共受理群众信访举报701件（次），立案查处违纪违法案件125件，结案124件，其中大要案件62件；给予纪律处分124人，其中县（处）级14人，科级干部33人；给予开除党籍处分33人，留党察看19人，撤销党内职务1人。

2003年起，区纪委以查办滥用权利谋取非法利益、侵害群众利益，党政干部、执法人员为黑恶势力充当“保护伞”等违纪违法案件为重点。到2005年，全区查办违纪违法案件68件，给予党纪政纪处分81人，涉及县（处）级干部9人。其中党内警告13人，党内严重警告26人，撤销党内职务1人，留党察看12人，开除党籍14人。

加强政纪案件查处。区纪委和区监察局统筹安排、分工协作，对违纪违法人员作出相应的政纪处分。1991—2005年，共立案查处违反政纪的案件97件，97人分别受到政纪处分。其中，11人受到行政开除处分，45人受到行政撤职处分，15人受到行政降职处分，12人受到行政记大过处分，1人受到行政记过处分，12人受到行政警告处分，1人受到行政留用察看处分。

【执纪监督检查】 1991—1992年，重点监督基层党组织贯彻执行党的路线、方针、政策，是否认真贯彻执行党的决定、决议，和贯彻党风廉政建设制度的情况。利用纪检信访跟踪调查、个别座谈，派员参加民主生活会，有针对性地发放党风监督书、调查表等形式进行监督。

1993年起，围绕中央、省、市的大政方针和和区委重要目标开展工作，区纪委先后制定《关于进一步落实党内监督制度的意见》《关于认真履行监督职能，为跨越式发展提供纪律保证的意见》《关于严肃纪律，确保统筹城乡经济社会发展推进城乡一体化顺利实施的意见》《关于严肃纪律，确保撤乡并镇工作顺利进行的紧急通知》等文件，对11个乡镇、12个重点窗口单位进行明查暗访，对行政机关不作为、乱作为、推诿扯皮、延时误事影响决策实施的各种问题进行纠正和查处，严肃政治纪律、组织纪律、财经纪律、工作纪律，增强执行力。

确保纪律处分执行到位。2002年后，区纪委会同相关部门先后制定《关于执行党纪政纪处分决定有关问题的规定》《关于共产党员、党和国家机关、事业单位工作人员违纪违法情况通报的暂行办法》等文件，区纪委、组织部、人事局、财政局等有关部门协调配合，共同落实党纪政纪处分决定的执行工作。组织人事监察部门深入相关单位和乡镇，通过“听、看、问、查”等方式对执行单位的执行情况进行检查，并将检查情况通报全区，强化相关单位严格执行纪律处分决定的意识。

【纠正部门和行业不正之风】 1991年，针对群众反映农村财务管理混乱的热点问题，区纪委深入福洪乡和华严乡总结村社财务管理经验，指导和建立健全村社财务管理制度，在全区推广，一些村社财务管理混乱问题得到及时纠正。

1993年起，按照“突出重点，抓住热点，解决难点，务求实效”的纠风工作方针，区纪委每年确定纠风工作重点，先后确定60个窗口行业为纠风工作的重点联系单位，进行重点整治和检查；先后推广5个单位纠风工作的典型经验，推动全区纠风工作的开展；相继建立和完善343个农民负担联系点，制止农村的乱收费和搭车收费；加大治理公路“三乱”，全区拆除5个未经批准设立的收费站（卡）；加强对中小学收费情况的专项巡回检查，清理违规收费3.2万元。区纪委在区机关、学校、市属工厂聘请30名行风评议员，授予他们的调查权、评议权和监督权，改进行风监督方式。

1998年起，进一步健全农民负担预决算、监督卡和专项审计等三项制度，农民建房、婚姻登记、计划生育、中小学教育等实行涉农收费公示制，制订和建立企业负担登记卡、收费项目明白卡、企业负担监督卡三项制度，严肃查处10件涉农负担的案件。全区取消涉及企业收费项目40项，推进区级医疗机构药品集中招标采购，开展创建文明行业、文明单位活动，促进部门和单位行业风气的好转。

2003年起，全区相继开展土地征用、城镇房屋撤迁、企业改制中损害群众利益及拖欠、克扣农民工工资的清理，清理兑现拖欠农民工工资580万元。全区中小学实行“一费制”收费，清退不规范收费500多万元，对存在违规收费的10所中小学进行通报批评，4名相关责任人受到免职、党纪处分。全区医疗系统对收受“红包”、回扣、开单提成、乱收费、大处方、滥检查等群众反映的问题进行专项治理，纠正一些错误做法。在教育、卫生等33个部门和基层站所开展行风评议，社会各界参加评议的人员达1394人次，推进行业风气的社会监督。

【行政执法监察】 1991—1999年，区监察局牵头，有关部门参与加强乡镇政府、区级部门严禁用公款吃喝送礼、乱发钱物、奖金补贴、公费旅游、、减轻农民负担、企业负担、扶贫资金管理、转换企业经营机制、企业项目审批、清理行政事业收费，夏季农副产品收购、整顿化肥流通秩序、非农业建设项目、粮食流通体制改革、粮改执法、城太路扩建工程、人畜饮水工程、职工住宅工程建设等

100余个项目的监察。通过行政执法监察，协助建章立制80条，取消23个收费项目，严肃查处7起化肥价格违法行为，整治取缔化肥一条街，注销15家有经营权的化肥经营户。查出、纠正违纪金额105.8万元，立案查处违纪人员9人。

2000—2005年，全区重点对投资上亿元的青白江区污水处理厂新建工程、国债资金使用、社会保障资金的管理使用、天然林保护工程、退耕还林工程、农村电网建设与改造工程、房改资金、住房公积金、政府采购、机关集资建房、人力三轮车客运经营权、区内公交四路车经营权、出租汽车第二轮经营权出让、经营性土地使用招标拍卖等情况开展执法监察。会同有关职能部门完成“微水治旱工程”、青白江人民广场建设工程、大弯中学迁建工程、青白江中学综合楼工程、区医院门诊急救大楼工程、北大附中成都实验学校工程、绕城路绿化工程、街头绿化工程，石家碾东、西路路灯工程、农村药品监督供应网络建设，农村合作基金会、贯彻《行政许可法》和政府投资建设的30个项目工程的专项执法监察。其中对污水处理厂新建项目的资金筹集、基础设施建设、设备采购进行全程跟踪监察，节约资金上百万元。

【行政效能监察】 2001年，全区开展行政效能监察，设立成都市青白江区行政效能监督投诉中心。区委、区政府制定《关于严肃党纪政纪，进一步转变机关作风，改善投资软环境的意见》，对党政机关工作人员作出“不准在招商引资、招投标和其他管理活动中接受吃请，收受礼品和红包，接受有价证券和各种代币购物券”等“十不准”规定。2003年，区委、区政府将治理投资软环境任务分解为49项，由11个区级牵头部门承办。区监察局每年组织实施青白江区软环境测评工作，开展问卷调查；公开投诉电话，接待群众来访，对执法部门的工作纪律、服务态度、办事效率、首问责任制进行明查暗访；对21个行政主管部门推行政务公开和执行《成都市行政过错行为行政处分暂行规定》《成都市国家公务员行政效能和告诫暂行办法》及《关于实行告知服务制度》等情况进行专项检查。至2005年，全区受理公众对行政机关及其工作人员的投诉57件，办结57件，对两起严重违规案件进行了查处。

组织工作

【党员发展】 1991年区委组织部制定《关于贯彻〈中国共产党发展党员工作细则〉（试行）的意见》和《发展党员的工作程序》，党员发展工作重点向企业、农村生产第一线倾斜。党员发展工作注重计划性、规范性和程序性，在党员发展工作中坚持“十不批”，从而保证新党员的质量。1995—1996年，全区重点解决53个农村村党支部3年以上未发展党员的问题。1998年，区委组织部印发《关于贯彻〈中国共产党发展党员工作细则〉（试行）的意见》，制定《成都市青白江区发展党员工作程序》，使发展党员工作逐步走上规范化、程序化轨道。2000 年按照市委组织部《关于建立发展党员公示制度的意见的通知》，全区全面推行发展党员公示制。2001 年，重新制定《成都市青白江区发展党员工作程序》。2003 年，党员审批季报制度改为月报制度。

1991—2005 年，区委组织部、区直机关党工委、区党校坚持每年联合举办入党积极分子培训班，指导乡镇培训入党积极分子，全区共发展新党员 3270 人。

【党员管理】 全区党员的管理工作，坚持开展一年或两年一次的民主评议党员的制度，党员民主评议参评率由 1991 年的 97.39% 提高到 2005 年的 99.2%。

加强流动党员管理。1991 年开展农村外出党员管理的情况调查，1994 年执行市委组织部《关于加强党员流动中组织关系管理的暂行规定》，1996 年以村党支部为单位，为农村外出党员颁发流动党员证，外出党员凭流动党员证到所在地党组织登记并参加组织活动。2000 年，进一步完善流动党员请假、审批、登记、联系四项制度，到 2003 年，流动党员发证率从 1996 年的 65% 提高到 100%。

【党员教育】 1991 年，逐步建立党员电教工作站，通过电视播放设备对党员开展教育。1998 年，15 个乡镇、43 个区级部门建立规范的党员电教工作站；在 95% 的村和部分企事业单位设立电教点 256 个，形成以区委组织部电教室为龙头，区、乡（镇）、村三级党员电化教育网络，实现“党支部个个有网点，党员人人受教育”的电教格局。每个播放点全年组织收看活动不少于 12 次，截至 2005 年底，全区累计播放电视教育片 23226 场，党员受教育面达 95%。

1991—1992 年，结合学习十三届七中全会文件和江泽民“七一讲话”，开展坚持党的领导、坚持社会主义信念、反“和平演变”的教育，组织全区共产党员开展“共产党员如何在深化改革中发挥好先锋模范作用”的大讨论。1991 年 9 月至 1992 年 7 月，全区在农村开展社会主义思想教育活动，抽调区级机关工作人员到乡镇指导工作。工作队驻村入户开展宣传，协助乡村建立健全规章制度，增强党员、干部和群众的社会主义信念，密切党群、干群关系。

2005 年 1 月至 2006 年 7 月，按照中央和省、市委的统一部署，在全体党员中开展先进性教育活动，全区 423 个基层党组织分三批参加先进性教育活动。在先进性教育活动中，以加强领导为重点，以转变作风为关键，以群众满意为根本，以典型推动为手段，以方式创新为动力，以制度建设为保障，党员的模范作用得到充分发挥，基层组织的战斗力明显增强，党群干群关系更加和谐，群众满意率达 99% 以上。

【基层组织建设】 1991 年区委制定《关于加强党的基层组织建设的意见》，以振兴农村经济为中心，脱贫致富为重点，整顿后进村党组织为突破口，开展党支部升级达标活动。

1991—1993 年，对人均年纯收入在 500 元以下的经济发展缓慢村的村党支部进行整顿，开展帮扶促变工作。1993 年举办村党（总）支部书记培训班，4 个奔小康示范村和 34 个经济发展缓慢村党（总）支部书记参加培训。通过整顿，1993 年总产值突破亿元的乡（镇）7 个，突破千万元的村 29 个，31 个贫困村年人均收入达到 600 元以上。1994 年，分三批培训 178 个村的党（总）支部书记，组织到龙泉、夹江、宜宾等地参观学习；组织 4 个奔小康示范村党（总）支部书记参加市委组织部举办的赴江苏省无锡市集中培训。1994 年 11 月至 1995 年 2 月，区委抽调 400 名干部组成整建工作队深入 14 个农村乡（镇），对农村基层党组织进行全面、系统的集中整顿。调整村党支部书记 25 人，副书记

28 人。1995—1998 年，全区分三批集中整顿经济发展缓慢村党支部，先后调整村党支部书记 131 人。

2000 年推行党务、政务、村务公开，投资 83 万元在乡（镇）建立规范化、标准化政务公开栏和村务公开栏。不断规范栏目设置明确公开的重点，拓展公开内容和形式。

2001 年 1—3 月，在村级组织开展“三个代表”重要思想集中学习教育活动。通过学习培训、对照检查、整改提高三个阶段的学习教育，村党支部和村民委员会干部找准存在的突出问题，理清发展思路，增进班子团结。2001 年，推行农村党支部书记公推直选。2003 年，推行“支部加协会”工作，以“党委（支部）+协会+农户”的模式创办各类协会，进一步发挥党支部和党员在农村经济中的带头作用。到 2005 年，全区已建立专业种养植协会 30 个，会员 2140 余人，会员中的党员 703 人，覆盖全区 80% 以上的行政村。

2003 年，对非公有制经济组织中的党员进行重新登记，明确私营企业和“三资”企业党组织的隶属关系，探索非公有制组织党建工作制度。到 2005 年，全区共建立非公有制企业党支部 4 个，党委 1 个，党总支 1 个，在非公有制企业发展党员 94 名。

【机关组织建设】 1991 年 9 月中共成都市青白江区机关党委改为中共成都市青白江区级机关工作委员会，1997 年 4 月更名为中共成都市青白江区直属机关工作委员会（简称区直机关工委）。2001 年 6 月区委明确区直机关工委为派出机构，领导和管理区级机关各部门的党组织。2005 年，区直机关工委管理区级机关各部门直属党组织（党委、总支、支部）67 个，区级机关各部门下属党支部 192 个，党员 3330 名。

1991 年，区直机关工委坚持开展和不断深化“创先进支部，争当优秀党员”活动，每两年进行一次评选表彰，向区委推荐表彰先进支部、优秀共产党员和优秀党务工作者，坚持“三会一课”制度，深入扎实地开展创建“规范化党支部”活动，巩固率达到 98%。2003 年，区直机关工委开展以“好班子、好队伍、好制度、好作风、好业绩”为主要内容的“五好党支部”创建活动，把党的建设与全区经济、社会的发展相结合。

区直机关工委每年与区委组织部、区委党校共同举办区级机关入党积极分子培训班，重视发展机关优秀青年入党，1998 年全面推行发展新党员公示制。到 2005 年，区直机关工委开展区级机关入党积极分子培训班 15 期，发展新党员 264 名。

【领导班子建设】 按照德才兼备原则，结合区级部门届中考核和乡镇领导班子换届，充实调整各级领导班子。按照中央组织部 1995 年颁布的《党政领导干部选拔任用工作暂行条例》、2002 年制订的《党政领导干部选拔任用条例》，规范干部选拔任用工作。1991—2002 年，考察各级干部 1174 名，新提拔副局级、副乡级以上干部 403 名，调整任命副乡级、副局级以上领导干部 1143 名。2003 年，集中调整区级部门和乡镇领导班子。2004 年，乡镇撤并后对没有配齐、职数空缺和结构不合理的个别班子进行调整。2003—2006 年，任免干部 618 人次，其中新提拔干部 197 人次。

1991 年区委制定《关于乡镇党政领导班子中开展“学习、团结、勤政、廉洁”活动的决定》，以争创“学习、团结、勤政、廉洁”的“四好”活动为载体，加强领导班子的思想作风建设。1996 年区委制订《关于区级部门领导班子开展“四好”活动的实施意见》，全面开展领导班子争创“四好”活动，全区 67 个局级以上领导班子、16 个乡镇领导班子制订了争创规划，建立和完善领导班子思想作风建设制度。

1994 年建立和完善领导干部年度政绩考核制度、领导班子思想作风定期分析制度、领导干部个人重大事情报告制度、领导干部回复上级党组织摘转群众反映本人重大问题制度、领导干部信访接待日制度、信访监督联系制度、联系通报制度。开展党政领导干部任期经济责任审计，提高领导干部经济责任意识。1999—2000 年，全区共审计 23 名党政“一把手”，对 2 名主要领导干部作出免职处理。

1999 年 3—5 月，按照中央和省、市委的统一部署，全区各级领导班子相继开展以“讲学习、讲政治、讲正气”为主要内容的党性党风集中教育（简称“三讲”教育）。区级领导班子和领导干部、区级部门领导班子和领导干部共 433 人参加了“三讲”集中教育。坚持时间服从质量，坚持实行领导责任制，坚持把“三讲”教育同加强领导班子思想政治建设、领导班子届中考核和充实调整结合起来，深入搞好整改和“回头看”，认真查核和处理群众反映的涉及干部违法违纪的线索和问题，切实解决各级领导班子和领导干部中存在的突出问题。

2001 年，在乡镇领导班子和区级部门中层干部中开展“三个代表”学习教育活动，全区 120 名乡镇领导干部和近 300 科级干部全部参加。通过学习教育活动，进一步加强了领导干部的思想作风建设。

2002 年，区委制定《关于在区级部门、乡镇领导班子中深入开展“四好”活动的实施意见》和《关于对乡镇、区级部门班子开展“四好”活动进行考核验收的通知》等文件，对深入开展“四好”活动提出明确要求。1991—2005 年，区委先后 4 次对“四好”班子进行考核验收和表彰奖励。

【干部培训】 1991 年加强干部学历教育，组织年龄在 45 岁以下、初中文化程度以下的干部 55 人参加“成人中等专业证书教学班”。1995 年，制定《青白江区“九五”干部教育培训规划》，重点加强局级领导干部、后备干部、政工业务干部及农村基层干部培训。1999 年区委制定《关于加强在职干部学历教育的意见》，进一步加强在职干部学历教育。同年区委组织部举办对外开放与招商引资专题讲座，参训人员 57 名。2000 年，针对领导干部学习培训难、学员入学率低等问题，建立领导干部点名学习培训制度。培训内容与不同时期工作重点相结合，相继开展党外干部培训班、党务政工人事干部培训班、计算机应用能力培训班、妇女干部培训班，2004 年建立干部培训审批制度，区委根据各单位的培训计划统筹协调安排各类培训班次。

1991—2005 年，选送 2 名领导干部赴国外参加高级管理培训，抽调 400 余名干部到省行政学院、市委党校和市行政学院学习，全面完成市委组织部干部调训任务。

【后备干部选拔培养】 1991 年区委先后制定《关于进一步加强后备干部队伍建设的意见》《关于在社教中加强后备干部队伍建设的意见》和《关于加强党外后备干部队伍建设的意见》，加强全区后备干部队伍建设。1994 年，按当时领导干部职数 1∶1.5 的比例选拔配备后备干部，注重妇女干部、非党干部、少数民族干部的选拔培养。1995 年区委制定《青白江区“1238”跨世纪领导人才培养规划》，即培养乡级后备干部 100 名，区级部门后备干部 200 名，区级后备干部 30 名，从中精选 80 名作为重点培养对象。1999 年区委制定《关于加强和改进后备干部队伍建设的意见》，对后备干部的推荐、培养、管理等作出详细规定。1991—2002 年，全区确定区级部门后备干部 641 名、乡级 627 名、村级

3949 名。

2003 年，加强女干部的培养选拔，建立女后备干部推荐制度和女后备干部人才库，2003—2004 年，先后提拔 28 名女干部到局级领导岗位。2005 年，通过各单位民主推荐，建立 206 名区管后备干部人才库，区委组织部选派 10 名年轻干部到乡镇、部门挂职锻炼。

【老干部管理】 2005 年，离退休老干部 63 人，其中抗日战争时期参加革命工作的 7 人，解放战争时期参加革命工作的 26 人，纳入老干部管理的副区级以上退休干部 30 人。

1991 年 1 月，由区老干部科、区老龄委、区退管办三个部门组成区老干部管理局。2001 年 12 月更名为区老干部局，由区委组织部管理，挂区老干部局的牌子。2002 年 6 月，区委、区政府明确了全区离退休干部管理职责，区老干部局负责管理全区离休干部和副区级以上退休干部，局级以下退休干部由工资关系所在单位主要管理，区老干部局协调管理。

1991 年，为离休干部分别办理了享受副厅级、县（处）级、副县处级政治、生活待遇手续，为 31 名离休干部颁发了荣誉证书。坚持每月 5 日阅读文件制度，及时传达中央、省、市区的重要会议及重要文件精神，每年安排 2 ~ 3 次由区委领导向老干部通报全区经济社会发展情况。根据政策规定，为老干部落实政治待遇、生活待遇，组织开展文体活动和社会活动。

1991 年区门球协会成立，全区有 23 支老年门球队，成员 200 余人，每周一、三、五组织开展门球活动。同年 3 月，区医院建立 9 张老干部病床，为离退休干部发放特约医疗证，凭证享受挂号、看病、取药、交费、住老干部病房优惠。1993 年 9 月，全区举办首届“劳动保险杯”老年职工运动会。1994 年省市首届地掷球比赛在青白江区举行，区男女门球队参加比赛获第二名，代表成都市参加在九江举办的全国门球比赛。1995 年 8 月区老干部男女地掷球队参加四川省比赛，并分别夺得地掷球比赛第一名。1998 年成都德阳片区、市级机关、中央驻蓉单位老干部门球赛相继在青白江区举行，同年区老干部门球队代表四川省老年地掷球队参加全国西北片区的比赛，获得第二名。

春节、重阳节等重要节日，区主要领导亲临老干部家中看望和慰问。区老干部局以联欢会、老少同乐、钓鱼、门球、卡拉 OK、书画展等形式开展“国际老人节”和“重阳节”敬老活动，先后组织老干部参加纪念抗日战争胜利 50 周年、庆祝香港回归、庆祝澳门回归等活动。2001 年，在庆祝中国共产党成立 80 周年活动中，老干部“夕照”合唱团和老年大学共 100 人参加全区大合唱比赛和舞蹈表演。

宣传思想工作

【形势教育】 1991 年，根据海湾战争、南斯拉夫裂变、苏联解体等国际形势的变化，组织开展有针对性的形势宣传教育。编写印发形势教育材料《海湾争端危机变战争，两霸相斗世界不安宁》

《发扬爱国主义精神，坚定不移地走建设中国特色的社会主义道路》《社会主义成就辉煌，改革开放继往开来，治理整顿基本实现目标，国民经济持续稳定发展》《把握机遇，加快步伐，我区经济呈现可喜局面》等文章。同年4月，区委宣传部、区工会在青年职工中进行基本国情、基本路线的教育，全年培训青年职工2590余人。

针对北约悍然轰炸中国驻南使馆的暴行事件，1999年5月区委开展以激发爱国主义热情为目的的形势政策教育。区委召开常委会，区人大、区政协召开座谈会，坚决一致拥护中国政府的原则立场，各民主党派、工商联及区直机关分别举行声讨大会和集会，愤怒声讨北约暴行。

2005年，区委制定《关于加强形势政策宣传教育的意见》，健全形势报告会制度，每年举行两次大型报告会，参会党员、干部、职工不得低于85%。同年5月，西南财经大学教授、博士生导师赵国良应邀来区作关于全国经济形势的报告。6月，原区委主要负责人作题为《关于中日关系及我区经济形势》的专题报告，两场报告会参加人数1600余人次。

【爱国主义教育】 1991年3月9日，江泽民总书记在写给国家教委的信中指出："要对小学生（甚至幼儿园的孩子）、中学生一直到大学生，由浅入深，坚持不懈地进行中国近代史、现代史及国情的教育。"区委组建《可爱的家乡》丛书青白江区卷编委会。1992年8月编辑出刊《蜀都新星青白江》。全书17.3万字，作为全区中小学生进行"两史一情"爱国主义教育的正式补充教材，发行近两万册。

利用节日和重大纪念日，开展爱国主义教育活动。从1995年5月1日起，各单位插挂国旗。1995年6月30日，全区举办"纪念反法西斯战争胜利50周年歌咏比赛"，同年10月1日在中心广场首次举行升国旗暨成人宣誓仪式。

1997年7月1日，香港回归祖国。6月30日，全区在中心广场举办"庆七一·迎回归"庆典活动，来自全区工厂、农村、学校、机关的35个8×8受检方队及10余辆彩车入场参加庆典，展示了"团结奋进，求实创新、负重自强、富民强区"的青白江精神。《青白江报》刊登了"庆回归"图片和庆回归专题报道文章。1999年9月28日在中心广场举办澳门回归庆典活动，23个方队、23辆彩车参加庆祝活动。12月16日，《青白江报》报道了区委召开各界人士庆祝澳门回归座谈会，开辟了澳门回归专版，刊登了《澳门回归颂》《喜迎澳门归来》《汇聚一堂畅谈回归》《马万祺与彭家珍祠堂》等文章。

2005年全区开展纪念中国人民抗日战争胜利60周年和红军长征70周年活动，举办大型书画展和广场文艺晚会，播放纪念电影和专题电视片，观众达5万余人次。

【新闻宣传】 利用《青白江报》、电视台、电台，宣传时政要闻，反映全区发展规划、重大举措和群众生活。

1991—1992年，摄制13部电视专题片，其中11部反映区属工业、乡镇企业改革与发展。1993年区委、区政府制订实施"1744"（即1995年前实现10个亿元企业，7个亿元乡镇，40个千万企业，40个千万元村）经济发展目标。《青白江报》开辟了"'1744'目标追踪"和"来自乡镇的报道"两个栏目，区电视台《经济纵横》专栏节目同步宣传全区经济发展动态。区委宣传部主办《经济天地》电视专栏节目，开辟了"亿元乡镇榜""千万元企业采风""千万元村巡礼"三个专栏，先后摄制了“6个亿元乡”“8个千万元村”“9个千万元企业”的电视专题片在区电视台播放。1999年，区委宣传部协调青白江报社和区电视台，开设“两增一稳定”（财政增收、农民增收、社会稳定）专栏节目。

2002年，围绕区委提出“坚持工业强区战略，构建成都工业高地”的工作思路，区委宣传部指导青白江报社和电视台开设“构建成都工业高地系列报道”，开辟“扬鞭奋蹄大跨越”“荧屏金桥”两个专栏。

2004年贯彻区第八次党代会精神，加大经济建设的宣传力度，全区推出《青白江——正在崛起的成都工业高地》《青白江、重塑成都工业高地》《成都青白江区成为西部建材基地》等专题报道。同年12月，为庆祝建区45年经济社会成就，区委宣传部组织制作展板79个、图片1100余幅，2005年3月26日在区第十五届人大四次会议上首展，并在全区各乡镇、部分企业巡回展出3个多月，集中宣传全区经济和社会的发展变化。

2005年，区委宣传部组织新闻媒体，加强投资软环境建设宣传。区电视台“开设会战项目年”专栏，政府网站开设“项目年、干部作风整顿”专栏，先后播放新闻报道63篇。

【对外宣传】 1991年11月，区委宣传部制订青白江区对外宣传工作三年规划。1992年区委宣传部加强投资环境、引进外资若干规定的宣传，在香港招商引资洽谈会展出时受得好评。1993年区委宣传部制作《古镇换新颜》（城厢镇）和《别具一格怡湖园》等对外宣传的电视专题片，在招商引资活动中介绍区情。

1995年8月，区委成立对外宣传办公室（简称区外宣办），挂靠区委宣传部，启动对外宣传“五个一”工程。到1998年，区外宣办、电视台、青白江报共同采访撰写反映全区经济和社会发展的稿件，在市以上新闻单位刊登和播发稿件660篇。2000年8月，区委制订《关于加强我区对外宣传工作的通知》，以报社、电视台、电台为网络基础单位，以驻区企业、乡镇、区级部门的23人为骨干成员，组建对外宣传网络，形成“大外宣格局”。《新华每日电讯》《中国经济时报》等相继刊载《建设一流卫生城，跨越发展青白江》等文章。澳门卫视亚洲台拍摄《中国城镇——四川篇·新兴的卫星城——青白江》专题片，在亚洲20多个国家和地区播出，提升了青白江的知名度。

2001年，区外宣办围绕优越的基础设施环境、优美的人居环境、优良的招商环境、优秀的人才资源和优良的法制环境等“五优环境”，采写一批精品文章。同年8月，成都市东郊企业向青白江、龙泉、新都整体搬迁，区外宣办着力宣传青白江“工业强区”的发展思路，《成都日报》《四川经济日报》分别刊出《在这儿投资我们选对了——青白江敞开怀抱迎接东郊企业》《诚意让你看见——青白江“行政110”为企业护航》等文章，为东郊企业落户青白江做好舆论导向。9月4日《成都商报》刊登《一个区委书记的口号——经营政府》，“经营政府”这种新颖提法，叫响了成都市新闻界，引起市委领导的关注。

2002年，围绕“走工业强区之路，构建成都工业高地”的发展思路，加大对外宣传力度，在省市以上新闻媒体刊登青白江各类新闻和文章300余篇（条）。中央电视台第七套节目和中国经济时报对青白江区工业进行专题报道。2003年区委与成都日报共同策划“构建成都工业高地”专题系列报道，成都日报用六个整版对青白江区7个部门和企业进行整体宣传。

2004年7月，区委、区政府制订《关于下达在中央和省市级媒体上宣传青白江专项目标任务的通知》，将在中央和省市媒体上宣传青白江区作为乡镇和部门的专项目标任务。截止12月20日，青白江区新闻在中央级媒体刊播报道47次。新华通讯社“生态家园，人居城镇”，刊登《全国21个重点乡镇：青白江祥福镇》。

2005年，制订青白江区2005年外宣报道重点指南，建立青白江区外宣报道组，组织协调中央省市媒体集体采风活动。4月5日全区首次举办中央、省、市新闻单位座谈会，人民日报、新华社、中新社、中央人民广播电台、经济日报、四川日报、四川电视台、成都日报、成都商报、华西都市报、香港文汇报、香港商报等40余家新闻单位应邀参加会议。此次座谈会构建了从中央到地方的三级新闻宣传网络，为加大外宣力度奠定了基础。同年8月，区委宣传部和成都日报联合组织“生态工业区、和谐青白江”系列报道，成都日报先后发表《和谐社会篇》《生态工业篇》《绿色城市篇》《循环经济篇》《现代农业篇》等5篇文章。2005年对外宣传报道433篇（条）。

【专项宣传】 2000年，全区开展经济普查工作，区委、区政府制订《全区经济普查宣传工作的实施意见》，从4月开始到12月，区内媒体播发经济普查信息近300条次。

2001年3月，区委宣传部和市委宣传处共同策划专题宣传打黑除恶英雄包维超事迹。中央电视台3月7日晚间新闻以“送英雄”为题播放了包维超英雄事迹，人民公安报、成都晚报分别刊载长篇通讯《三月壮歌》，四川电视台以《蓉城打黑奏壮歌》《58小时擒凶》为题进行宣传报道，《青白江报》以“勇士热血荡黑恶”“三月壮歌”报道英雄勇擒歹徒的事迹。在系列宣传报道中，各大媒体共发稿件118篇（条），其中中央级26篇（条），省级61篇（条）、市级31篇（条）。

2001年4月，区委制定《关于纪念中国共产党成立八十周年纪念活动的通知》，区委宣传部组织开展纪念建党八十周年专题宣传。青白江报社组稿、编辑、出版“纪念建党八十周年”专刊，登载图片204幅、35万余字。

2002年9月，区委制定《关于做好迎接党的十六大新闻宣传工作的意见》，《青白江报》开设“学理论、创业绩、迎盛会”栏目，电视台“青白江专线”栏目反映学习动态，刊播辅导文章28篇，宣传各条战线优秀共产党员16名，累计刊播稿件31篇。

2004年，区委、区政府面对“沱江水污染事件”，正视问题，实事求是，既宣传有关企业吸取教训切实整改，又宣传青白江区历年来环境保护工作。人民日报海外版、人民日报科教周刊、中央人民广播电台相继报道《企业投资治污染，环保观念深入人心》《成都市青白江重拳治污》《成都青白江治污显效》等文章，宣传青白江区污染治理成效与决心。新华社《巧手绘华章，绿满青白江》《锦城北缘，绿色新星》两篇报道，把绿树成荫，鸟语花香的青白江介绍给广大群众。

【理论学习教育】 区委中心组理论学习形成制度化、规范化。区委宣传部负责乡镇党委、部委办（党组、总支、支部）中心组的学习指导、检查督促，举办理论学习培训班、邀请专家学者开设讲座，报纸开辟专栏刊载理论学习、教育、研讨文章。

1991年，全区干部、党员以《马克思主义哲学基础》《关于科学社会主义若干问题学习纲要》为理论学习重点。区委宣传部统一制作试卷，各级党组织负责实施考试。6月11日，2133名干部、党员、参加了成都市干部学习理论第四次统一考试。2106人考试合格，占参考人数的98.74%。

1992年，全区深入学习《邓小平建设有中国特色的社会主义理论学习纲要》，贯彻落实党的十四大、十五大精神。1992年4月，中国管理学院四川分院副院长胡世禄教授应邀在区电影院，为一千多名干部、党员作“科学技术是第一生产力”的专题报告。1993年9月，区委印发《关于认真组织学习建设有中国特色的社会主义理论的通知》，青白江报开辟“十四大精神”学习专栏，相继刊载《党的十四大的重要意义》《社会主义市场经济的特点》《引导农民向社会主义市场经济进军》等13篇文章。1994年，组织学习《邓小平文选》，区委宣传部派出辅导组为单位举办的学习培训班作辅导，《青白江报》连载“解放思想，实事求是是建设有中国特色社会主义理论的精髓”辅导资料。1996年3月5—19日，举办农村基层干部培训班，学习建设有中国特色社会主义理论和有关社会主义市场经济知识。同年6月，组织1300余人参加成都市学习邓小平建设有中国特色社会主义理论知识竞赛。

1997年7月，区委宣传部举办“农耕文化”讨论培训班。1999年，区委宣传部印发《关于在全区开展“农耕文化”讨论活动的通知》，开展“农耕文化”讨论。2000年4月，区委宣传部将《成都晚报》署名文章《超越农耕文化的负面影响，弘扬面向未来的时代精神》纳入当年区委中心组、基层党组织中心组和党员、干部理论学习的内容。青白江报、电视台、电台开设“农耕文化”讨论专栏，区委宣传部组织“农耕文化”笔谈、征文等活动。广大党员、干部对“农耕文化”的负面影响——“封闭性”“狭隘性”“粗放性”和“保守性”有了初步认识，增强了冲破“农耕文化”在计划经济条件下形成的保守观念和思维定势的自觉性。

2000年，区委将学习“三个代表”重要思想作为党委中心组理论学习的主要内容。2001年1—5月，全区开展“三个代表重要思想宣传教育”活动，区委派出15个宣传教育组到基层指导。

2005年5月和10月，西南财大、四川大学和省委党校的教授先后应邀作专题报告，重点辅导全区400余名副局级以上领导干部学习科学发展观理论。

【精神文明建设】 全区持续开展“优美环境、优良秩序、优质服务，学雷锋做好事”（简称“三优一学”）和“讲文明、讲卫生、讲科学，树新风”（简称“三讲一树”）文明创建活动，相继参加6次成都市“三优一学”竞赛活动。

1990—1992年，参加成都市第三届“三优一学”竞赛活动。结合“卫生城市”创建活动，改善大弯镇市政设施，机关、事业单位及商铺建立健全各项管理制度，全面落实“门前三包”卫生责任制。1991年，启动农村“遵纪守法户、五好家庭户、双文明户”（简称“三户”）评选活动，当年评选出“三户”77015户，占总农户的89.79%；1992年，接受卫生县城考核，大弯镇以全省第二名的成绩通过省级卫生县城验收。

1993—1995年，参加成都市第四届“三优一学”竞赛活动。竞赛活动以纪念学习雷锋30周年为契机，开展“学雷锋、树新风、除陋习”的宣传，以创建文明城镇竞赛活动为主线，将“五讲四美三热爱”的各项内容落实到竞赛活动中。1994年，结合为救落水儿童而英勇牺牲的陈志全同学的事迹，在全区青少年、干部群众中广泛开展学习陈志全先进事迹的活动。1994年4月区委、区政府召开创建文明城市（乡）镇竞赛签字动员大会，12个参赛乡镇及区级8个责任部门在会上与区政府签订“三优一学”竞赛目标责任书。通过“三优一学”竞赛活动，全区创建安居苑、川化五村等文明小区，城厢镇建成区级卫生城镇。

1996—1998 年，参加成都市第五届、第六届“三优一学”竞赛活动。围绕“创全优、争第一”的目标，以一镇（大弯镇）带四镇（弥牟、城厢、大同、清泉）辐射其它乡镇，以创建文明社区、文明行业、文明村镇为重点，以讲文明树新风，做合格市民和爱国主义教育为主要内容，发动社会各界广泛参与。1997 年制定《成都市青白江区 1996 ~ 2000 年社会主义精神文明建设规划》，实施“1122“工程，即培养一种精神——“团结奋进、求实创新、负重自强、强区富民”的青白江精神，建设一万户文明家庭，20 个文明示范村，两个文明城镇。在成都市总评检查中，全区十项竞赛内容全部获得优秀。

2000 年，参加成都市第七届“三优一学”创建文明城市活动。各责任部门对照《四川省第七届“三优一学”创建文明城市竞赛活动实施细则》进行全面自查，7 月 10 日召开“三优一学”暨城市综合整治千人动员大会。相继建立健全“110”巡逻机制，实施畅通工程；对街道、市场、广告、环卫设施等进行综合整治，严格实行“门前三包”责任制；加大旧城改造力度，成绵路连接线、华金大道、政府路、怡湖广场以及重点单位实施拆墙透绿工程，形成多种层次的城市绿化美化格局。2000 ~ 2001 年，创省最佳文明单位 1 个，省级文明单位 2 个、市级文明单位 14 个，文明村 17 个。

2003 年制订参加成都市第八届“三优一学”创建文明城市竞赛活动的实施意见。活动从 2003 年 1 月起到 2005 年 12 月止，为期三年。全区分为两个层次：第一层次，大弯镇、华严镇所属辖区代表全区参加成都市第八届“三优一学”创建文明城市竞赛活动；第二层次，将 14 个乡镇分 3 个组，开展创建区文明城镇竞赛活动。2003 年 6 月，区“三优一学”领导小组与区级部门、乡镇的主要负责人签订“三优一学”竞赛活动责任书。全区先后完成绕城公路绿化工程、工业园区工业大道、川化城区地下污水管网改造工程、杨柳堰整治工程、城区生态绿化隔离带建设，城市形象进一步提升。三年共创区级优秀文明单位 23 个、文明单位（村）17 个、文明行业 5 个、优质服务示范窗口 11 个、优质服务窗口 20 个、文明小区 3 个、区级服务标兵 2 名。2003 年，实行“三讲一树”活动与其他工作相结合，做到一起部署、一道检查、一并落实。加强市容环境整治力度，开展专项整治 92 项。2004 年 3 月，青白江区纳入成都市争创全国文明城市考核范围，区委制定《青白江区参加成都市创建全国文明城市工作总体方案》，分解创建工作目标任务，抽调干部组成创建督查指挥部，对重点难点指标实施有效追踪，2004 年 119 条基本指标，有 100 项指标实现 A 级达标，达标率 84%。2005 年，对照新的全国文明城市测评操作手册进行查漏补缺，开展以“弘扬城市精神，争做文明市民”为主题的公民道德教育实践活动，建立近 300 人的“文明劝导员”队伍；开展窗口服务行业文明创建，商贸服务行业组织优质服务竞赛活动，医院开展规范医院评比活动；区电视台黄金时间每天滚动播出 6 次公益宣传广告，推出 11 幅大中型公益广告。加强污染治理，实施雨污分流工程、城市光彩工程，新增城市公共绿地、公共消防和交通信号设施；“三馆”建设取得突破，区档案馆达省一级馆标准，区文化馆达国家二级馆标准，图书馆达三级馆标准；群众性文化活动丰富多彩，组织开展 20 多项大型文体活动。7—8 月，分别接受和通过受中央文明委、省文明委和市创建督查指挥部的测评考核。

统一战线

【民主党派组织建设】 全区有中国国民党革命委员会青白江区支部、中国民主同盟青白江区总支部、中国民主促进会青白江区支部、中国农工民主党青白江区总支部四个民主党派基层组织。区委积极支持民主党派基层组织有计划、稳妥地发展成员，帮助做好巩固和健全组织的工作。在区人大、区政府、区政协换届中，区委统战部认真按照方针政策，支持党外人士担任人大代表和政协委员，落实民主党派和无党派人士的政治安排。1997 年底，全区民主党派均成立支部或总支委员会。1991 年民主党派成员 100 人，1998 年发展到 147 人，2005 年发展到 215 人。

【政治协商与民主监督】 贯彻落实中国共产党领导的多党合作和政治协商制度，把这一基本政治制度贯穿统一战线工作的始终，区委统战部坚持每季度举行一次各界人士座谈会、协商会或情况通报会，把全区重大问题的协商纳入决策程序。坚持重大问题的决策主动协商在区委决定之前、区人大通过之前、区政府实施之前；制订经济发展规划，先协商后决策，重要人事安排、国计民生重大问题先协商后决策，制订全区重大政策，先协商后决策。1994 年区委制定《关于进一步做好政治协商、民主监督工作的意见》，1995 年 12 月区委邀请民主党派和无党派人士代表协商《成都市青白江区“九五”规划和 2010 年远景目标建设（讨论稿）》，1998 年 2 月区委邀请各界人士协商区人大、区政府、区政协领导班子人选。1999 年 11 月区委统战部召开情况通报会，向民主党派基层组织和工商联负责人通报全区经济运行情况，区纪委通报全区党风廉政建设情况。2001 年 3 月区委统战部协助区地税局调整税务监察员，特邀 12 名党外人士加入监察员队伍。2002—2005 年，民主党派人士提交提案、议案、建议 150 余件，民主监督职能得到发挥。

【组织活动】 组织民主党派、无党派人士参加各种社会活动，学习党的方针政策。1991 年 6 月 29 日，区委领导与各民主党派支委以上成员共同纪念中国共产党建党七十周年，学习中央统战部部长丁关根在庆祝建党七十周年大会上的讲话。同年 10 月 7 日，区委、区政府召开“纪念辛亥革命八十周年报告会”，民革青白江区支部、黄埔同学会青白江联络小组、各群团组织及区级部门 150 多人参加报告会。1995 年 9 月 4 日，区委举办纪念中国人民抗日战争、世界反法西斯战争胜利 50 周年座谈会，各民主党派基层组织正副主委、黄埔同学会青白江联络小组成员、社会知名人士代表、民族宗教界代表人士参加。1997 年 6 月和 1999 年 12 月，区委、区政府分别召开的各界人士迎香港回归和澳门回归庆祝会，各民主党派人士应邀出席。1998 年 11 月，区委、区政协联合举办“学习邓小平理论讲座报告会”，各民主党派和黄埔同学会成员、工商联执委等 100 多人参加。1999 年 5 月 10 日，各界人士集会声讨北约轰炸驻南联盟大使馆的暴行。2000 年，区委统战部组织民主党派部分医务人员到龙王乡开展

“跨世纪作贡献”支农服务义诊活动。2004年10月，区委举办各界人士庆祝新中国成立55周年，建区45周年座谈会。

【培养选拔党外干部】 1991年7月，区委制定《关于加强党外后备干部队伍建设的意见》，规范党外后备干部的培养选拔工作。1998年8月，区委七届第17次常委会通过区委常委联系党外人士制度的方案，进一步落实党外后备干部培养。2000年，区委统战部相继举办科级以上党外干部统一战线基础知识培训班和党外代表人士干部培训班，建立党外人士人才库。2001—2005年，区委两次选派党外干部参加成都市社会主义学院党外中青年干部培训和市委党校举办的党外干部培训，不断提高党外干部思想理论水平。

1998年换届后，全区副科级以上党外干部145人，其中正局级1人，副局级5人。2005年副科级以上党外干部198人，有技术职称的85人，占43%。2005年，区委印发《关于区委常委联系党外知名人士的通知》，11名常委联系22名党外人士，其中民主党派11名。区委常委通过联系党外人士，就共同关心的国家大政方针、涉及群众切身利益的重要问题进行交谈，达成共识。

【非公有制经济】 1991年10月，区委传达中央统战部《关于工商联若干问题的请示》的通知，工商联工作的重点由经济型转变为统战型，工作对象由国营企业转变为私营企业和部分乡镇企业。1993年，区委制定《关于积极鼓励我区个体私营经济发展的若干政策规定》，积极支持，正确引导，大力发展个体私营经济。

1995年5月，区委统战部组织3名非公有制经济代表人士参加成都市非公有制经济人士研讨班学习，积极引导开展回报社会活动。同年7月，青白江区光彩事业工作会召开，邀请成都地区非公有制知名企业家来区结对寻找项目。四川托普集团无偿捐赠价值50.15万元的计算机设备和配套软件，为区地税局装备一套自动计税系统。1997年，成都市私营企业金骊公司捐赠30万元，加上乡、村自筹款共45万元为龙王乡双埝村新建“金骊光彩小学”，当年9月1日开学招生。

1998年9月，统战部、工商联举办个体私营经济厂长、经理培训班，聘请西南财经大学经济学院教授讲解企业管理、营销决策，80余家企业的厂长、经理参加。区委、区人大、区政府、区政协23名领导与46家民营企业结成对口联系，向企业宣传党的方针、政策、法规，帮助企业排忧解难，形成区级领导干部联系非公有制企业制度。5家非公有制企业参加成都市非公有制企业招聘会，为社会提供100个就业岗位。同年《成都晚报》刊载成都市私营企业协会公布的全市私营企业192强排名公告，青白江区中德制锟公司排名第5，科华重轴排名第35，宏达机械公司排名第59，迪澳植化公司排名第100，天保石化公司排名第120，液压件厂排名第127。

1999年3月，全市统战系统开展“跨世纪作贡献”活动，工商联和非公有制经济人士踊跃参加，全区兴办个体工商户80家，注册资金780余万元，民营企业接纳下岗职工76人，收购兼并企业18家。2003年，区非公有制经济领导小组建立，同年12月，召开企业界代表人士座谈会，商讨全区经济发展战略。2004年，区委统战部、区纪委、区工商联等部门建立区民营企业投诉中心，协调解决非公有制经济发展中遇到的困难问题，同年，19个非公有制企业向光彩事业工程捐赠扶贫款54.55万元，捐赠受灾地区2.16万元，助学支教9.4万元，捐赠化肥10吨，衣服100套，招聘下岗工人520人。

2005年，区委、区政府调整和加强区级领导联系重点骨干企业的工作，27名区领导与72家重点企业结对，每季度联系一次。2005年10月，召开“相约青白江”民营企业投资说明会，5家民营企业与区政府签订投资合作协议。

2001—2004年，非公有制经济工作依托工商联，坚持统战性、增强经济性，体现民间性，非公有制企业中的市、区人大代表、政协委员共提出提案、议案和建议83件，受到市区相关部门的重视，有的议案被区委采纳。

【民族宗教】 全区有回族、苗族等19个少数民族，1990年少数民族共1956人，其中回族1773人，2000年少数民族增加到2184人，其中回族1842人。青白江区是成都市回族相对集中的区（市）县之一，有伊斯兰教、佛教、天主教、基督教和道教，伊斯兰教徒最多。1991年，区政府办公室民族宗教科负责民族宗教事务工作，2002年8月区政府设立区民族宗教局，牌子挂区政府办公室。2005年6月，区委、区政府决定民族宗教工作移交区委统战部，设立民族宗教事务局，由一名副部长兼任局长。

1991年，开放的宗教活动场所仅有弥牟镇伊斯兰教清真寺，登记的教职人员15人。1992年11月18日，城厢镇召开群众大会，揭露反动会道门归根道首领的非法活动，21日，区政府组织人员对灵官庙进行清场，彻底捣毁反动会道门在川的主堂。1993年，在城厢镇建立和开放寿佛寺为佛事活动场所。

1993年8月，四川出版社出版的《脑筋急转弯》一书中某些内容伤害了穆斯林群众的宗教感情，在成都地区引起突发事件，波及青白江区，并逐步扩大到全国。按照省市委“稳定局势，做好工作”的指示，区民族宗教事务局与相关部门配合，做好穆斯林代表人士和广大回族群众的工作。弥牟镇清真寺阿訇马立本及寺管委会成员配合省市疏导穆斯林群众，为成都市及青白江区的稳定做出了贡献。马立本的爱国爱教之举，受到省市领导的赞扬和表彰。

加强民族宗教政策法规的学习宣传。1994年9月，开展为期一个月的民族宗教政策宣传月活动，发放政策法规宣传手册500余册，通过广播、报刊、电视等多种形式宣传民族宗教法律法规，统一广大群众对党的民族宗教政策的认识。1996年8月，区委、区政府召开全区宗教工作会议，传达学习《中共中央国务院关于进一步做好宗教工作若干问题的通知》等文件。1999年8月，举办民族宗教政策法规讲座，乡镇党委、政府各部门领导参加。

2000年，依据《成都市宗教活动场所管理办法》，全区取缔非法宗教活动点14个。2002年，区民族宗教事务局会同区公安分局对农村非法宗教活动场所及动态进行排查摸底，集中力量取缔和制止祥福、日新、大同等农村的7处非法小庙。同年10月，在乡镇、村设置统战（民宗）工作信息员，2003年成立成都市青白江区民族宗教工作协调领导小组。

2005年7月，区政府同意恢复开放三清观道教活动场所，妥善处理产权归宿等问题。同年，贯彻中央、省、市民族工作会议精神和《宗教事务条例》，相继制定《关于预防和处理民族宗教突发事件的工作预案》和《关于加强散杂居少数民族工作的实施意见》，形成民族宗教工作齐抓共管的局面。

支持民族经济发展，促进回族群众屠宰专业户、奶牛饲养专业户、腌卤专业户的发展，年产值达60多万元。2001年建成“成都市伊斯兰速冻食品有限公司”和“荣泰清真食品有限公司”，推动回族经济快速发展。2004年亚洲杯足球赛成都赛区组委会确定弥牟镇为赛事期间清真食品定点供应地。2005年，市民族宗教事务局与区政府举办“成都·青白江唐家寺清真美食节”。

【海外联谊】 1992年7月6日，全国政协副主席、澳门中华总商会会长马万祺一行到城厢镇彭家珍专祠，瞻仰辛亥革命烈士彭家珍雕像，参观纪念堂、碑廊，指出“应扩大宣传，让更多的人到专祠学习历史，接受爱国主义教育”。马万祺曾多次捐款达35万元，用于彭家珍专祠的修缮。2002年12月，香港、澳门客家总会和海峡两岸关系研究中心邀请彭家珍的堂弟彭家祥赴澳门参加全球客家华侨领袖会，彭家祥受到马万祺、何厚铧等领导的接见，出席澳门回归三周年庆祝酒会。2003年9月，区委统战部长涂忠模拜会法国四川交流协会主席贝尔纳·德伯雷。同年10月，区委统战部与区政府办公室、区台侨办公室联合举办青白江区外出人士省亲会，包括特邀嘉宾共180人到会。2004年，香港记者巫玉萍（女）、美国SMD汽车公司爱德一行，四川客家海外联谊会秘书长等先后到区考察。引进海外投资项目8个，引进资金6692万美元，其中中美合资企业3家，港商投资企业1家，中俄合资1家，中英属维尔京群岛投资1家。

1989年黄埔同学会青白江联络小组成立，黄埔18期、1949年冬在四川邛崃起义的原国民党57军214师副师长张世尧任小组长。张世尧与曾任台湾“行政院长”郝伯村等14人取得联系，介绍大陆发展状况，鼓励在台和海外同学返乡探亲访问，宣传“和平统一，一国两制”的方针。1998年10月，黄埔同学会青白江联络小组召开“黄埔同学会成立十周年纪念大会”，区委、区政协领导到会祝贺。黄埔同学会青白江联络小组成员最多时达29人，2005年9人，均为80岁以上的老人。

【台侨工作】 2005年，全区有台侨属3000人，常住台胞15人。国民党起义投诚人员32人。

1991年5月，区委加强对台工作的领导，调整对台工作领导小组。同年9月，65岁的台胞刘继明随团从台湾到成都参加“91中国四川国际电视节”，寻找失散多年的两个胞弟。区委统战部与区台侨办公室组成“寻亲小分队”，四处寻访，三弟兄得以团聚。台胞刘继明送来锦旗“弟兄得团聚，辛苦架桥人”，感谢青白江区委和《成都晚报》。

1992年4月，“台胞台属联谊会”成立，选举彭家祥为会长，张世尧为名誉会长。同年4月，区政府及区台侨办公室领导前往成都抚琴小区看望青白江籍原台湾金门城防司令钟顺昌。同年10月，区委、区政府制定《关于鼓励我区台侨属企业发展的若干决定》，从开户、税收、发证、办企业等方面为台侨属企业发展给予优惠政策。

1995年2月，区委邀请各界人士学习座谈江泽民对台工作重要讲话。1998年7月，台湾侨生大学副教授何石松一行22人到家珍专祠参观考察，区委及相关部门接待台湾客人。2000年2月，区委召开各界人士情况通报会，学习传达《一个中国原则和台湾问题白皮书》，通报台湾选举情况。2004年6月，全区建立台侨工作协调会议制度，强化涉台涉侨部门全局意识，加强分工协作，开创台侨工作新局面。2005年，区台侨办公室组织各界人士学习《中华人民共和国反分裂法》。

每年举行“三胞”“三属”中秋茶话会，春节前开展慰问活动。截至2005年，全区引进台玻成都玻璃有限公司、易信达公司、蓉台包装公司、青上化工公司等台资企业。

政法工作

【维护社会稳定】 1995 年成立区维护社会稳定工作领导小组，区委书记任组长，区委副书记、区政府区长任副组长；区维护社会稳定工作办公室设在区委政法委，区委政法委副书记兼任办公室主任。各乡镇相应成立维护社会稳定工作领导小组。

1999 年，制定《关于对发生影响政治稳定社会安宁有关重大问题查究领导责任的规定》，严格实行责任追究制，将维稳工作纳入区委、区政府一级目标，加大督查督办力度，健全领导责任、工作信息、预警处置三个网络。坚持月查季报制度，定期对征地拆迁安置、农税征收、企业改制、集资兑付等进行排查。2000 年 6 月，弥牟镇狮子村村民封堵蜀青建材厂大门，有关部门依法对煽动闹事的 4 名骨干分子予以刑事拘留和逮捕，平息了事态。2001 年 5 月，清泉镇桔丰村三组村民因修建成南高速公路征地补偿问题，多次堵塞成南路正常施工，区委、区政府组织 120 余名警力维护施工秩序，将 16 名骨干分子强制带离现场。2002 年 10 月，原成钢厂部分职工对攀成钢公司工资方案有意见，4000 余人在厂区聚集，区委、区政府在市委、市政府的指挥下，化解矛盾，疏散职工，恢复正常秩序。

【社会治安综合治理】 1990 年，区委、区政府成立区社会治安综合治理委员会（简称区综治委），下设区社会治安综合治理委员会办公室（简称区综治办），区委政法委副书记兼任办公室主任。各乡镇、部门、驻区市属以上企业成立相应机构，专人负责社会治安综合治理工作。1991 年，区委、区政府将社会治安综合治理工作纳入年度一级目标考核，实行社会治安综合治理工作“一票否决制”。

1991—1994 年，先后开展“反盗窃”“围歼车匪路霸”“惩治流窜犯罪”等专项斗争。区委组织部、区纪委、区人事局、区监察局和区综治委联合制定《成都市青白江区社会治安综合治理领导责任制实施办法》，明确党政“一把手”的领导职责，广泛开展区、乡镇创建省、市级社会治安综合治理模范区、模范乡镇活动，深入推进社会治安综合治理工作。

1997 年，开展安全文明小区建设活动，制订创建安全文明小区活动三年规划，制订“治安秩序优良、社会风气良好、小区环境优美、社区服务完善、组织机构健全”的安全文明小区基本条件。1997 年以来，区委、区政府命名区级安全文明小区、单位、村、铁道线 273 个，其中城镇覆盖面达 76%，农村达 62%。同年 9 月，组织 3500 余人前往省博物馆参观全国禁毒教育巡回展览。

1999 年，强化各项综合治理措施，总结推广综治典型经验。弥牟镇狮子村责任书到户、姚渡镇综治资料规范管理、大同镇一心村对两劳人员帮教的成功经验、祥福镇狠抓综治群防群治网络建设的具体作法、成都化纤厂住宅小区的物业管理经验在全区宣传推广。同年 3 月，在青江路中心广场举行青白江区“青少年遵纪守法做新世纪主人”签名活动，区委书记王琪接受四川日报、成都晚报、成都电视台等新闻媒体的采访。

2003 年 3 月，实施社会治安综合治理整体联动防范工程，形成华严镇、大弯镇为一道重点防控网络层，弥牟镇、大同镇为二道防控网络层，城厢镇、清泉镇为三道防控网络层，制订整体联动防范网络八大标准和建立完善七大体系，全区建成群防群治组织 253 个，构建治安防范“四警联勤”和保安队伍、民兵参治、治保会、巡逻队、群防群治队等五个网络。2004 年 3 月，区综治委在大弯中学举行“全民参与，做新世纪遵纪守法模范”宣誓活动，全区学校、机关干部、政法干警、民主党派代表 4000 余人参加宣誓活动。

2001 年、2002 年社会治安综合治理工作被市委、市政府评为先进区（县）。铁路护路工作多次受到省、市综治委的表彰，2004 年青白江区获得成都市社会治安综合治理模范区光荣称号。

【重点整治】 1996 年，进一步加强流动人口管理，区政府牵头，有关部门配合，加强流动人口管理工作的领导，制订措施，强化打击处理和收容遣送工作。1997 年 7 月，全区建立流动人口管理办公室 17 个，登记站 74 个，负责流动人口登记、办证，签订治安责任书等管理。

1999 年，重点整治延伸到娱乐场所、服务场所、修理厂、废旧物资收购站、重点公路地段、重点铁路地段、住宅小区和重点辖区，适时开展各项专项整治及区、县联合整治。同年 6 月，召开唐巴公路青白江段沿线公路整治工作会，弥牟镇、华严镇、大同镇、城厢镇、玉虹乡五个乡镇整体联动，治安、交通秩序有较大好转。同年 9 月，根据市委政法委、市综治办《关于整治龙泉、成华、新都、青白江四区县交叉结合部治安秩序集中行动总体方案》的要求，四区县在交叉结合部开展集中整治行动。区公安分局组织干警对福洪乡、合兴乡两地外来人口、公共娱乐场所、旅馆等进行重点清查，清查歌舞厅 12 家、修理厂 16 家、废旧收购站 1 个、旅馆 3 家、出租房 187 间，遣返“三无”人员 6 人。

2001 年 9 月，大弯镇辖区（包括华严镇辖区）被成都市列为全市 32 个重点整治辖区之一。区委政法委、区综治办、区公安分局、大弯镇、华严镇共同制订整治方案，落实整治措施，重点整治辖区的突出治安问题，社会治安面貌明显改变。

【政法队伍建设】 1991 年，按照中央《关于请调不适合做政法工作的人员的通知》，区委制订《加强政法队伍建设的意见》，政法系统清理了不适合做政法工作的人员。1995 年，政法队伍开展“争先达标”活动，57 个基层单位有 49 个达到“争先达标”标准，其中 19 个单位分别达到省、市标准，4 个达市级优秀，1 个达省级优秀标准。

1997 年 8 月，全区政法系统开展为期 4 个月的集中整顿，成立由区委书记王琪为组长的领导小组。领导小组办公室抽专人组成调查组，深入乡镇开展调查，听取意见。1998 年 9 月，全区 422 名政法工作人员参加整顿。设立举报中心 3 个、举报电话 22 部、举报箱 18 个。教育整顿中，全区收到举报 4 件，给予 1 名干警党纪处分，处理不合格干警 1 名，对司法局领导班子、政法各部门基层班子进行了调整充实。

1999 年，结合机关作风整顿，开展争创人民满意政法单位、干警的活动。2000 年区法院被最高人民法院评为全国法院系统“人民满意的好法院”称号。2001 年区公安分局民警包维超在“打黑除恶”斗争中英勇牺牲，全区政法部门广泛开展向包维超学习的活动。

2003 年，区法院采取“双选双聘”淘汰机制，有 8 名一般干部走上庭级岗位，4 名庭级干部成为一般干部，改变了过去干好干坏一个样，庭级干部“一纸定终身”的状况，受到省、市人大和省高院、市中院领导充分肯定。区检察院、区公安分局、区司法局相继开展“双选双聘”工作。2004 年，区法院院长邱蜀新荣获全国“五一”劳动奖章。

在政法队伍建设中，区委分别对“四好”领导班子、基层党支部、优秀党员、基层先进集体、先进干警进行表彰。1998 年投入 4000 多万元，新建区法院办公大楼，2000 年新建区公安分局办公大楼，2005 年新建区检察院办公大楼，改善了政法部门的办公条件。

【见义勇为奖励基金】 1993 年，在区十三届人大一次会议上区人民代表提出成立见义勇为基金协会的议案。区委批转区政法委的请示，成立成都市青白江区人民群众见义勇为奖励基金协会。同年 11 月，召开区人民群众见义勇为奖励基金协会成立大会，各单位、各界人士参加会议，副区长肖敏生作筹备工作报告。截止 1993 年 10 月 21 日，各单位和个人捐款 219587. 91 元。

1993 年见义勇为基金协会成立以来，基金由区委政法委设专门账户、专人管理。2003 年区见义勇为奖励基金的管理移交区财政局统一管理。

1993—2005 年，见义勇为奖励基金协会，共奖励见义勇为先进人物和英雄群体 23 件 51 人，合计奖励金额 38600 元。

人民武装

【武装机构】 1986 年中国人民解放军四川省成都市青白江区人民武装部（简称区人武部）改归地方建制，属副区（县）级单位，设部长、政委各 1 人，下设办公室、军事科、政工科。全区设有 18 个乡（镇）、街道、企事业基层人武部。1996 年，区人武部改归军队建制，属正团级单位，设部长、政委、副部长各 1 人，下设军事科、政工科、后勤科。2003 年，区人武部编制 8 人，设部长、政委、副部长，下设军事科、政工科、后勤科。

区人武部党委设第一书记，由地方党委书记兼任。第一书记、书记、副书记，副部长、军事科长、政工科长、后勤科长为党委委员。区人武部党委按照“集体领导、民主集中、个别酝酿、会议决定”的十六字方针，实行党委集体领导下的首长分工负责制。

1996 年 12 月，根据国务院、中央军委有关规定，区国防动员委员会成立，与中共青白江区人民武装委员会一套班子，两个牌子。1997 年 1 月，区国防动员委员会召开第一次全体成员单位会议，明确国防动员委员会工作职责是：贯彻执行党中央、国务院、中央军委、成都军区及四川省、成都市国防动员委员会有关国防动员工作的方针、政策和指示；组织全区人民武装动员，人民防空、交通战备、经济动员和国防教育工作；组织编制全区国防动员规划方案，拟订国防动员工作措施；检查监督国防动员法律、法规的实施和国防动员计划的执行；行使上级国防动员委员会及区委、区政府、区人武部赋予的其他任务。2002 年根据成都市国防动员委员会文件要求，区国防动员委员会主任由区委书记担任。

党委书记任职变更情况

表 14

职　别	姓　名	任职年月
第一书记	侯忠万	1984 年 1 月～1992 年 10 月
	孙寿权	1992 年 11 月～1997 年 2 月
	王　琪	1997 年 3 月～2000 年 10 月
	戴晓明	2000 年 11 月～2005 年 8 月
	孙建成	2005 年 9 月～
书　记	陈旭东	1990 年 8 月～1996 年 3 月
	郭忠亮	1996 年 4 月～2000 年 3 月
	补鹤龄	2000 年 4 月～2002 年 7 月
	龙慧君	2002 年 8 月～
副书记	葛义超	1990 年 4 月～1996 年 3 月
	舒德荣	1996 年 4 月～1999 年 4 月
	补鹤龄	1999 年 5 月～2000 年 3 月
	赵红跃	2000 年 4 月～2006 年 3 月

区武警消防中队隶属成都市消防支队，连级单位，编制人数 38 人，担负青白江区的消防、抢险救援以及社会求助等工作任务。中国人民武装警察部队成都市支队青白江中队组建于 1983 年 4 月 20 日，主要配合公安机关担负押解、逮捕、处决罪犯，处置各种突发事件，维护社会治安。

【军事训练】　区人武部主要负责组织实施民兵应急分队、专业技术兵训练。民兵对口专业分队训练，由区人武部和组建单位共同组织实施。专业技术兵的训练分别采取部队带训、军事院校挂训、与地方组建单位联训等方式。

1992 年，按照省军区下发的《关于贯彻民兵军事训练若干规定》，区人武部制订军事训练工作计划，实施规范化、正规化训练，确保内容、时间、效果的落实。1997 年，区应急民兵营，在参加成都军分区组织的 19 个区（市）县应急民兵比武中获单项射击第 3 名、投弹第 5 名，团体 3 等奖，被成都军分区评为民兵训练先进单位。1999 年，民兵军事训练采取集中训练，封闭式管理的方法，进行队列、射击、投弹、单兵攻防战术、战斗勤务等科目的训练，各兵种训练成绩总评优秀。2002 年，民兵训练严格按照《民兵训练大纲》要求，采取集中住训、科技练兵方法，应急民兵和步兵集中进行封闭式住训，完成队列、步兵战术、轻武器射击、警棍、盾牌术、擒敌拳、战斗勤务等训练科目，经考核，训练成绩总评良好，合格率 100% 。

【政治思想教育】 1991—2002 年，区人武部坚持每周一次学习制度，党员坚持每周一次组织生活制度，定期组织学习政治理论、业务知识和科学文化知识，不断提高干部职工的政治素质和业务工作能力。民兵政治教育由区人武部、区委宣传部主管，基层人武部具体组织实施。区人武部按照《民兵教育大纲》，根据成都警备区政治部的指示拟制政治教育年度计划。民兵政治教育以刊授教育为主，把随机教育与经常性教育相结合，不断提高民兵政治思想觉悟，做到政治信念坚定，政治合格。

2003—2005 年，区人武部按照“打得赢、不变质”的总要求，认真实践“三个代表”的重要思想，加强党风廉政建设，围绕“两个武装”，做到“四个坚持，一个牢记”。坚持党委中心组每月学习 2 ~ 4 天、机关干部职工每周两个半天、专武干部每季度 1 ~ 2 次会议学习培训制度。坚持按照党委提出的“练内功、树形象、创一流”的要求，把定期教育与随机教育结合起来。认真贯彻《中华人民共和国国防教育法》，把领导干部、民兵预备役人员、学生作为重点，全区开展国防教育周、国防知识竞赛等活动。在每年的全民国防教育日活动中，组织乡（镇）、街道、企事业单位武装部，制作国防图文展板，音像设备宣传国防知识。

【武器管理】 民兵武器装备由区人武部民兵武器仓库集中管理，使用程序由区人武部上报成都警备区审查批准。民兵装备管理和保障坚持有利于提高整体作战能力、有利于确保安全、有利于均衡负担的原则，合理调整布局，改进管理和保障方式，提高综合保障能力。民兵装备中缺编的军民通用装备，采取预编的方式从民用装备中解决。民兵专业技术分队和民兵应急分队所需的车辆、通信、器械、防暴等缺编通用装备，在具备条件的单位预编，对口专业分队所需装备由所在单位预编。

区民兵武器仓库实行干部带班制度，坚持 24 小时值班。严格执行总参谋部、总后勤部《关于民兵武器装备管理》的规定，建立登记、擦试、检查、交接制度，做到无丢失、无锈蚀、无损坏、无霉烂变质。1997 年 10 月，区民兵武器库被成都军分区评为“民兵武器装备管理先进单位”。1998 年，实行部领导或军事科长每周不少于两次的检查制度和每周一学习时对武器库的讲评制度。2001 年，区民兵武器库进行加固维修，安装铁丝网、脉冲电网、电视监控系统，改造安装振动报警器和红外线报警器，达到安全密闭，设施完善，管理规范的技术要求。2003 年改建区民兵武器仓库，添置各类安全消防设施，完善各种规章制度，经成都军分区检查组综合检查验收，评为先进武器库。

【民兵组织建设】 区人武部总管辖区民兵工作，未设武装机构的企事业单位的民兵工作由所在乡（镇）、街道人武部实施属地管理。组织民兵参加维护社会治安和抗灾抢险。

1991 年，坚持每年按新颁发的《民兵工作条例》开展乡（镇）和企业单位民兵组织整顿。按规定的年龄出队入队，逐连整编，做好编组、出队、入队、转队、点名站队等工作。1995 年 7 月，根据市委、成都军分区指示，建立青白江区民兵应急营 1 个，统一装备服装、警棍、盾牌、头盔。1999 年，全区基干民兵 32 个连、96 个排、288 个班；应急民兵营 1 个，下设防暴连，执勤连；普通民兵 198 个连、594 个班。2003 年，按照上级要求，区人武部组织力量，历时 1 个半月，对全区党政机关、企事业、科研院所、大中专院校等 35 个单位进行调查摸底，全面掌握单位布局、种类、结构、质量等情况，分析存在的问题和原因，研究解决的办法和意见，制定《青白江区城市民兵工作调整改革实施方案》。

【兵员征集】 《中华人民共和国兵役法》规定：当年12月31日以前年满18岁的男性公民，应当被征集服现役。当年未被征集的，在22岁以前，仍可被征集服现役。根据军队需要和自愿的原则，可征集当年12月31日前未满18岁的男女公民服现役。1991—2005年，青白江区按时，保质保量完成年度兵员征集任务。（附：青白江区历年征兵情况统计）

【预备役登记】 1991年，根据省委组织部《关于转业军官报到上岗前进行服预备役登记的通知》和成都军区政治部《关于转业干部转服预备役的通知》，区委组织部、区人事局、区人武部共同做好转业干部预备役登记工作。凡政治表现好、身体健康、符合年龄条件的，均进行转服预备役登记。

兵役、预备役登记与民兵整组结合进行，在乡（镇）、街道和企业单位设登记站，由基层人武部长任站长，党委书记任指导员，乡干部或民兵连长任登记员，登记人员佩戴制式标志。参加登记人员由村支部书记带队进站，按照先教育后登记的程序进行。

党校教育

【教育机构】 中共成都市青白江区委党校（简称区委党校）成立以来，坚持区委领导兼任校长制度。1991年区委党校设办公室、教育科、科研科。1993年，区委党校与区教师进修校联合举办成人中专教育，区委党校兼挂青白江区成人中等专业学校牌子。1996年11月，成都市青白江区行政学校（简称区行政学校）成立，与区委党校合署。1997年，区编委核定，区委党校挂成都市青白江区行政学校和成都市青白江区成人中等专业学校的牌子，三块牌子一套班子，负责全区局级以下在职和后备干部及公务员的轮（培）训和函授学历培训。1999年经市人事局确定，区行政学校为全区国家公务员培训施教机构。2005年，区委党校2名教师取得高级讲师任职资格，8名教师取得讲师任职资格。

【教育培训】 区委党校配合区委组织部，负责全区副局级（含享受正局级待遇的干部）和乡镇副职领导干部的培训。重点学习党的基本理论、基本路线和政策，开设形势教育、党纪廉政教育、党性锻炼教育等讲座课。1991—2005年，举办领导干部培训班12次，轮训490余人次。

区委党校与区委组织部联合举办农村干部培训，结合农村工作实际，制订培训计划，设置培训课程，培养和造就素质优良、作风过硬、结构合理的农村基层干部队伍。1991—2005年，共培训农村基层干部2400余人次。

加强后备干部培养教育，开设青年干部培训班，注重培训35岁以下的青年干部，每次培训安排两个月的学习时间，到2005年，共开展青年干部培训10批次，培训450余人次。1995年，区委党校与区委组织部、区委宣传部联合举办邓小平有中国特色社会主义理论纲要培训。1996 年与区纪委、区监察局联办纪检监察干部培训班，与区财政局联合举办财务人员岗位技术培训。

1997—1999 年，举办干部计算机应用能力培训，370 人参训并取得合格证。与区委组织部、区司法局联合举办副局（乡）级在职领导干部法制培训班。

2000—2002 年，与区委组织部、区委统战部举办三期党外干部培训班，培训 179 人。2003 年，与区人事局联合开办公务员 WTO 知识培训班，培训 86 人。

2000 年，区人事局与区行政学校对政府各部门、各乡镇未经培训的科长及国家公务员进行培训。建设一支素质高、能力强、业务精的公务员队伍，培训合格者颁发市人事局统一印制的“国家公务员培训结业证”。2000—2004 年共办三期，培训 155 人，全部结业。

区委党校坚持每年与组织部、区直机关党工委联合举办入党积极分子培训，培训的主要内容是党的基本知识。共举办 15 期，培训入党积极分子 2264 人。

【理论研究】 区委党校坚持科研工作为教学服务、为党委政府的决策服务、为三个文明建设服务的宗旨，组织教研人员围绕区委、区政府的中心工作开展理论研究，深入实际开展调研。1991—2005 年期间举办理论研讨会 4 次，参加理论研讨会 13 次，18 篇论文获一等奖，区委党校先后两次被评为全市科研先进单位。

1996 年，区委党校创办校刊《青白江论坛》，到 2005 年，共编辑出版 19 期，发表 200 余篇理论文章。《加强农民素质教育问题》获中国发展与西部大开发社科研究成果奖，2002 年 6 月 1 日被《人民日报》登载。2003 年以来，有 6 个省级、9 个市级、7 个区级科研课题，成功申报并结题。

【学历教育】 区委党校设立省委党校函授学院青白江函授站，函授大专课程，先后开设行政管理、经济管理和法律三个专业。青白江函授站组织老师进行面授答疑，布置并批改作业，引导和帮助学员自学。学员所学各门课程经过考试考查合格，毕业论文通过论文答辩合格，由省委党校函授学院颁发“毕业证书”。按照中央、省、市《关于加强和改进党校工作的决定》，认真做好函授教育和教学管理，加强师资队伍建设，2002 年被省委党校函授学院授予“先进函授辅导站”称号。1991—2005 年，区委党校共培养 3300 余名大专、本科学员，为党政机关、企事业单位培养具有大专以上从事行政管理和经济管理工作的骨干人才。

1991 年秋季，区委党校举办经济管理中专专修班，招收学员 55 名，学制一年，结业后在岗享受中专待遇，1993 年招收学员 64 名，1995 年招收学员 61 名。

地方人民代表大会

1991—2005
成都市青白江区志

概　述

成都市青白江区人民代表大会（简称区人大），依照《中华人民共和国宪法》和《中华人民共和国地方各级人民代表大会和地方各级人民政府组织法》，选举成都市青白江区人民代表大会常务委员会（简称区人大常委会）、区政府、区法院、区检察院组成人员。区人大及其常委会，依法行使对区政府、区法院、区检察院（简称“一府两院”的监督权，全区重大事项的决定权和“一府两院”内设部门主要领导的任免权。

15 年来，先后举行 18 次区人民代表大会，听取和审议区政府、区人大常委会、区法院、区检察院的工作报告，听取和审议国民经济和社会发展计划、财政工作报告。1993 年 2 月、1998 年 2 月、2003 年 1 月，区人大代表先后三次换届，区人民代表大会相继换届选举第十三届、第十四届和第十五届区区人大常委会组成人员，换届选举第九届、第十届、第十一届区政府正副区长，同时选举区法院院长、区检察院检察长。

区人民代表大会闭会期间，区人大常委会先后召开常委会会议 105 次，区人大主任会议 341 次，对全区政治、经济、社会事业及人民关心的重大事项进行审议，有重点地视察、调查和了解情况，作出 70 余项决议和决定。从组织、制度等方面不断完善人民代表大会制度，制订各种规定和办法 30 余项；任命国家机关工作人员 319 人次，免职 58 人；对“一府两院”及其部门实施法律监督和工作监督，提出意见和建议 740 余条；评议 7 名副区长，5 名法院副院长，5 名检察院副检察长；办理代表议案 5 件，代表建议、批评和意见 1321 件。

1990 年 3 月，全区建立乡镇人民代表大会主席团（简称乡镇人大主席团）16 个，负责乡镇人民代表大会闭会期间的工作。2004 年 6 月行政区划调整，部分乡镇人大主席团作了相应调整。2005 年全区乡镇人大主席团 9 个、街道人大工作室 2 个。

区人大代表

【代表选举】　从第十三届起，区人民代表大会代表（简称区人大代表）每届任期由 3 年改为 5 年，1992 年 12 月、1997 年 12 月、2002 年 12 月分别进行区第十三届、第十四届和第十五届人民代表的换届选举工作。根据《中华人民共和国全国人民代表大会和地方各级人民代表大会选举法》的规定，成立区选举委员会和选举工作办公室，指导选举工作。各乡镇、企事业单位分别设立选区，按照选举准备、宣传动员，选民登记、推荐候选人、召开选举大会等程序，由选民无记名投票直接选举本选区的区人大代表。

【代表结构】 区人大代表名额按照全区人口总数的一定比例分配到选区，逐届有所增加，第十二届区人大代表174名，到第十五届增加到198名。代表结构注重各行各业的代表性，特别注重提高妇女代表的比重，第十二届妇女代表占代表总数的18.4%，到第十五届提高到24.24%。代表结构根据不同时期的特点不断调整和充实，第十四届设“知识分子”代表，第十五届设“专业技术人员”“商业、服务业和生产运输人员”代表。

青白江区第十三届、第十四届人大代表界别情况统计表

表16

界别	第十三届		第十四届	
	人数（人）	比例（%）	人数（人）	比例（%）
代表总数	195	100	198	100
工人	12	6.15	32	16.16
农民	43	22.05	40	20.2
军人	1	0.51		
干部	133	68.21	94	47.47
知识分子			29	14.65
妇女	37	18.97	45	22.73
少数民族	5	2.56	9	4.55
民主党派	6	3.08	2	1.01
其他	6	3.08	3	1.52

青白江区第十五届人大代表界别情况统计表

表17

界别	第十五届	
	人数（人）	比例（%）
代表总数	198	100
专业技术人员	28	14.14

续表17

界　别	第十五届	
	人数（人）	比例（%）
机关、党群、企事业单位负责人	112	56.56
办事人员	7	3.53
商业工作人员	1	0.5
服务业工作人员	2	1
农、林、牧、渔、水利	39	19.69
生产运输	8	4.04
妇　女	48	24.24
少数民族	5	2.53
民主党派	3	1.52

区人大常委会

【常委会组成】　区人大常委会由区人民代表大会选举，由主任、副主任、委员组成。区人大常委会设主任1人，副主任4～6人，委员12～15人。1998～2002年，区人大常委会主任由区委书记兼任。

青白江区人民代表大会常务委员会组成情况

表18

届　次	主　任	副主任	委　　员
第十二届 1990.3～1993.2	侯忠万	袁秀华(女)　罗祯炳 曹玉安　杨仲恒	陈敦友(女)　马家祥　万岂惟　任素珍(女)　吴定明 刘金福　刘振邦　陈旭东　赵德勋　卿尚奎　余江奎 黄天泉
第十三届 1993.2～1998.2	侯忠万	袁秀华(女)　曹玉安 杨仲恒　廖世泽	王松林　任素珍(女)　张惠琼(女)　苏顺良　李福林 马天锡　李明宽　刘振邦　万岂惟　余江奎 辜文(女)　黄天泉　任孝品　陈宪荣　吴定明①

续表18

届　次	主　任	副主任	委　　员
第十四届 1998. 2 ~ 2003. 1	王　琪 戴晓明②	袁秀华(女)　廖世泽 肖敏生　陈绍国 肖　钺　游章田③	张惠琼(女)　刘凤菊(女)　范维禄　何世元　张崇林 陈宪荣　吴定明　马天锡　麻渝生　贾夏申　何世林 赵晓明　余江奎
第十五届 2003. 1 ~ 2006. 12	杨安莉	袁秀华(女)　刘理安 陈绍国　游章田 范家堂　赖维芳(女)④	王中强　张惠琼(女)　刘凤菊(女)　罗　骥　严平原 姚明行(女)　唐永芳(女)　彭兴树　汪亚丽(女) 李　晖　李　武　陈文荡⑤

注：①1996 年 3 月区十三届五次会议上当选　②2001 年 2 月区十四届五次会议上当选　③2002 年 1 月，区十四届六次会议上当选　④2004 年 3 月，区十五届三次会议上当选　⑤2004 年 10 月，区十五届人大常委会第十三次会议依法终止其代表职务，委员职务相应终止

【工作委员会】　1991 年，区人大常委会设置法制工作、财政经济、教科文卫、代表联络 4 个工作办公室。同年 5 月，根据省人大常委会的要求，经区编委批准，增设农业工作办公室。

2002 年 3 月，代表联络工作办公室归并到人大常委会办公室。2003 年 3 月，按照市人大机构改革方案，农业工作办公室归并到财政经济工作办公室。

2005 年 6 月，代表联络工作从人大常委会办公室划出，增设代表联络工作委员会；法制工作办公室更名为内务司法工作委员会，财政经济工作办公室更名为财政经济工作委员会，教科文卫工作办公室更名为教科文卫工作委员会；增设区人大常委会信访办公室。

2005 年，区人大常委会设置 4 个专门工作委员会和 1 个工作办公室。各专门工作委员会设主任和副主任，主任一般由区人大常委会委员担任。

【内设机构】　区人大常委会办公室内设秘书科、行政科和选举任免科。2002 年 3 月，按照市人大机构改革方案，代表联络工作办公室归并到人大常委会办公室。2005 年 6 月，增设区人大常委会代表联络工作委员会、区人大常委会信访办公室，代表联络和信访工作职能从办公室划出。

区人大会议

【代表大会】　区人民代表大会每年举行一次。1991 年 3 月和 1992 年 3 月，区第十二届人大分别召开第二、三次全体会议。会议听取和审议区人大和“一府两院”的工作报告，通过上述报告的决议；审查和批准区计划、财政工作报告。1992 年 3 月，审议通过区国民经济和社会发展第八个五年计划纲要草案，审议区政府关于办理区十二届人大第二次会议代表建议、批评和意见情况的报告。

1993 年 2 月 12—16 日，区第十三届人大召开第一次会议，应到代表 195 人，实到 195 人。会议听

取和审议区人大和“一府两院”的工作报告，通过上述报告的决议；听取和审议区计划、财政工作报告，审查和批准区政府关于调整国民经济和社会发展第八个五年计划纲要的报告。选举区第十三届人大常委会组成人员20名，选举侯忠万为区人大常委会主任，袁秀华（女）、罗祯炳、曹玉安、杨仲恒为副主任；选举第九届区政府正副区长，谢述均为区长，江家模、肖敏生、郭永立、王玉华（女）为副区长；选举邓远斌为区法院院长、张义金为区检察院检察长。

1993年8月至1997年3月，区第十三届人大先后召开五次会议。会议听取和审议区人大、“一府两院”的工作报告，审查和批准区计划、财政工作报告，审议政府办理代表建议、批评和意见情况的报告。1993年8月，选举出席市第十二届人民代表大会代表22名。1994年3月，审议办理《建立青白江区“见义勇为”奖励基金》议案情况的报告。1995年3月，审议办理《进一步开展打击生产、销售假冒伪劣商品，切实保护消费者利益》议案情况的报告。1996年3月，审议办理《在青白江区各主要城镇内禁止燃放烟花爆竹》议案情况的报告。选举王琪为区长，选举吴定明为区人大常委会委员。1997年3月，审议办理《加强对我区机关预算外资金的管理和民主监督》议案情况的报告。

1998年2月20—25日，区第十四届人大举行第一次会议，应到代表197人，实到代表165人。会议听取和审议区人大和“一府两院”的工作报告，通过上述报告的决议；审查和批准区计划、财政工作报告，审议区政府办理代表建议、批评和意见情况的报告。选举区第十四届人大常委会组成人员19名，选举王琪为区人大常委会主任，袁秀华（女）、廖世泽、肖敏生、陈绍国、肖钺为副主任；选举第十届区政府正副区长，选举戴晓明为区长，谢瑞金、刘理安、涂基松、钟碧辉（女）、刘怀光为副区长；选举邱蜀新（女）为区法院院长、张义金为区检察院检察长。

1998年4月至2002年1月，区第十四届人大先后召开五次会议。会议听取和审议区人大、“一府两院”的工作报告，审查和批准区计划、财政工作报告，审议政府办理代表建议、批评和意见情况的报告。1998年4月，选举出席市第十三届人民代表大会代表24名。2000年1月，通过《成都市青白江区人民代表大会议事规则（草案）》。2001年2月，选举戴晓明为区人大常委会主任，王文斌为区政府区长。2002年1月，审议办理《切实加强住房公积金和房改售房款管理》议案情况的报告，选举游章田为区人大常委会副主任、孙明为区检察院检察长。

2003年1月20—24日，区第十五届人大召开第一次会议，应到代表198人，实到代表192人。会议听取和审议区人大和“一府两院”的工作报告，通过上述报告的决议；审查和批准区计划、财政工作报告。审议区政府办理代表建议、批评和意见情况的报告。选举区第十五届人大常委会组成人员18名，选举杨安莉为区人大常委会主任，袁秀华（女）、刘理安、陈绍国、游章田、范家堂为副主任；选举第十一届区政府正副区长，选举何立祥为区长，王伯鹏、张映明、涂基松、钟碧辉（女）、王健、郑兴华、张军为副区长；选举邱蜀新（女）为区法院院长、孙明为区检察院检察长。

2003年8月至2005年3月，区第十五届人大先后召开三次会议。听取和审议区人大、“一府两院”的工作报告，审查和批准区计划、财政工作报告，审议政府办理代表建议、批评和意见情况的报告。2003年8月，选举出席市第十四届人民代表大会代表26名。2004年3月，选举赖维芳（女）为区人大常委会副主任。

【区人大常委会会议】 1991—2005年，区人大常委会共召开105次常委会会议。

1991—1992年，区第十二届人大常委会共召开16次会议，会议听取和审议关于转换企业机制，减轻农民负担、开展打假工作等11项工作报告，听取和审议贯彻实施《中华人民共和国水法》《治安处罚条例》等17部法律法规情况的报告，先后作出6项决议、决定和干部任免事项。1992年12月9日，区第十二届人大常委会第22次会议同意杨恒宇辞去区长职务，任命谢述钧为区政府副区长，通过谢述钧代理区长的决定。

1993—1997年，区第十三届人大常委会共召开28次常委会会议，听取和审议贯彻《农业法》《审计法》等55部法律法规情况的报告，听取和审议关于企业转制、交通建设、城市规划、住房改革等35项工作情况的报告，作出13项决议、决定和干部任免事项。1995年11月24日，区第十三届人大常委会第23次会议同意谢述均辞去区长职务，任命王琪为区政府副区长，通过王琪代理区长的决定。

1998—2002年，区第十四届人大常委会共召开41次会议，听取和审议贯彻《税收征管法》《土地管理法》等50余部法律法规情况的报告，听取和审议关于国有企业和集体企业改制、税收征管、金融体制改革等60余项工作情况的报告，作出15项决议、决定和干部任免事项。2000年11月，区第十四届人大常委会第23次会议同意戴晓明辞去区长职务，任命王文斌为区政府副区长，通过王文斌代理区长的决定。2002年11月，区第十四届人大常委会第41次会议同意王文斌辞去区长职务，任命何立祥为区政府副区长，通过何立祥代理区长的决定。

2003—2005年，区第十五届人大常委会共召开20次会议，听取和审议贯彻实施《水污染防治法》等29部法律法规情况的报告，听取和审议“一府两院”专项工作报告、专题汇报85项，作出18项决议、决定和干部任免事项。区政府关于编制区国民经济和社会发展第十一个五年计划纲要的报告，关于向国家开发银行四川省分行贷款1.2亿元的情况报告，常委会认真审议后作出决议。

【区人大常委会主任会议】 从区十二届人大常委会第9次主任会议到区十五届人大常委会期间，共召开341次区人大常委会主任会议。讨论决定常务委员会会议的时间、议程和日程安排，提出下次常委会议的建议时间和建议议题；提出属于常委会职权范围的议案，提请常委会会议审议；听取向常委会提出的任免人员考察情况的报告，决定任免案是否提交常委会审议；听取“一府两院”及有关部门的工作报告；听取常委会办事机构提出的工作意见、重要的调查报告或通报重要情况；检查区人民代表大会及其常委会决议、决定的贯彻执行情况，区人大代表的议案、建议、批评和意见的办理情况，研究重要信访案件的处置等。

区人大工作

【法律监督】 区人大常委会及其专门工作委员会，通过有重点地组织人大代表视察、检查和调查，推动《农业法》《工业法》《经济合同法》《劳动法》《土地管理法》《水污染防治法》《规划法》等170余部法律法规在全区的宣传贯彻，听取和审议相关部门贯彻实施法律法规的情况报告，开展法律监督。

1991年，区人大常委会制订关于实施法制宣传教育第二个五年计划的决定。1992年，区第十二届人大常委会分别听取和审议区政府贯彻《工业法》《乡村集体所有制企业条例》《技术合同法》《专利法》《药品管理法》等法律法规的汇报，提出理顺政府与企业关系，尊重企业自主权，增加区属工业投入等意见。

1995年，区人大常委会制订关于实施法制宣传教育第三个五年计划的决定。2001年9月，区第十四届人大第31次常委会作出《关于进一步开展法制宣传的决议》。

2005年5月，区人大常委会深入乡镇了解贯彻《村民委员会组织法》的情况，针对存在的问题，区人大党组向区委常委会作了汇报，区委批转区人大党组《关于村级组织建设有关问题的请示》，全区村委会主任、副主任选举程序进一步规范。

【工作监督】 区人大常委会组织委员和代表，采取走访选民、实地考察以及召开座谈会等形式调查、了解情况，听取和审议专题工作报告，提出意见和建议，开展“一府两院”的工作监督。

1991—1992年，区人大常委会听取和审议区政府及相关部门对减轻农民负担、招商引资、住房改革等工作报告，制定《关于控制和减轻农民负担的暂行办法》《关于住房制度改革规划和实施方案的决议》。1992年，区人大常委会第22次会议通过《区人大常委会监督区人民法院、区人民检察院实施法律的暂行办法》。

1993—1997年，区人大常委会重点调查企业改制、交通建设、城市建设规划等工作，听取相关部门工作汇报。1995年，区人大常委会作出《关于同意补充完善大弯镇总体规划的决定》。1997年，区人大常委会制定《关于加强对我区预算外资金管理的监督暂行办法》。

1998—2003年，针对全区土地管理、农村合作基金、住房公积金管理和杨柳堰整治等工作，区人大常委会向区政府提出一系列建议。2001年，区第十四届人大第五次会议，审议通过“切实加强对住房公积金和房改房售房款管理”的议案。同年9月，区第十四届人大第31次会议通过《关于对司法机关实行部分案件备案制度的决定》。同年，区人大常委会作出《关于加强农村合作基金管理的决定》。

2004年4月，区第十五届人大第8次常委会议通过《青白江区人民代表大会常务委员会监督暂行办法》。

【工作评议】 区人大常委会按照准备动员、调查研究、民主评议、督促整改四个阶段，对“一府两院”及相关部门责任人开展工作评议。1991—2005年，组织评议区政府副区长7名，政府部门负责人34名，评议区法院副院长、区检察院副检察长各5名；评议“一府两院”工作48次。

2004年，区人大常委会制定《青白江区人民代表大会常务委员会评议工作暂行办法》。2005年，组织开展对区公安分局等4个驻区省市直属部门和政府序列外的部门的工作评议。同年10月，区人大常委会听取和评议区监察局、区计生局、区人事局、区审计局局长和区检察院副检察长的述职报告，区人大常委会首次对人大选举任命的干部进行集中述职评议。

【人事任免】 1991—2005年，区人大常委会依法任命国家机关工作人员319人次，免去58名干部职务，接受12名干部辞职，撤销31名干部职务。

1993年，区人大常委会制定并实施《成都市青白江区人大常委会人事任免办法》。在区人民代表大会闭会期间，根据组织安排和工作需要，区人大常委会先后任命周道君、王健、朱志萍（女）、彭勇、李邦、李跃、罗晓辉、郭勇、金武为区政府副区长。2001年11月，政府机构改革后，区人大常委会对似任命的干部进行任前法律知识培训考试，实行三分钟演讲制度，使用电子表决器进行任免表决。

2004 年，因沱江污染事件，区人大常委会第 9 次会议，接受区政府分管副区长的辞职，作出撤销区环保局局长职务的决定。

【代表议案、批评和意见】 15 年，区人民代表提出并立案的议案共 5 件，建议、批评和意见 1321 件，接待人民代表和人民群众来信来访 5559 件次，办复率均为 100%，满意率为 98%。

1991 年 6 月，区人大常委会制定《成都市青白江区人民代表职责和工作试行办法》和《关于办理人民代表建议、批评和意见试行办法》，建立代表接待选民制度。区第十二届人大，设立区人民代表小组，建立和坚持代表小组活动制度。区人大常委会每年为各小组订阅《人民权力报》《民主与法制》《成都人大》等刊物，建立区人大常委会主任、副主任联系代表制度，建立代表议案、建议、批评和意见督办制度。成钢厂联合代表小组提出水质污染问题，文卫代表小组提出解决学生实习费用和实验器材问题，绣水茶花村农田污染等问题，向区政府提出建议，并得到解决。

1993 年，区人大常委会制订《关于加强人民代表联系的办法》，坚持邀请代表列席常委会会议，参与常委会组织的视察、调查、检查、评议活动，组织在区的市人大代表开展活动。代表相继提出并立案的《建立青白江‘见义勇为’奖励基金》《进一步打击生产、销售假冒商品，切实保护消费者利益》《在青白江各主要城镇禁止燃放烟花爆竹》《加强对青白江区机关预算外资金的管理和民主监督》等议案，区政府及其相关部门在规定限期内办理完结。

1998—2002 年，代表提出并立案的《切实加强住房公积金和房改房售房款管理》的议案，推动政府部门改进房改资金管理。

2003—2005 年，区人大常委会针对代表多次提出的毛家河桥改建，蔡家巷道路整治，撤除唐家寺收费站等建议，区人大常委会列为重点督办事项，各项建议得到合理解决。

【重要决定】 1991—2005 年，区人大常委会针对全区政治、经济、社会事业以及人民群众普遍关心的重大事项作出 70 余项决议和决定。其中，法规性的办法、规定、决定 30 余项。

1991—2005 年青白江区人大部分“决议、决定、办法、规定”

表 19

届　别	文　件　名	制定时间
第十二届	《关于认真实施法制宣传教育第二个五年计划的决议》	1991
	《关于控制和减轻农民负担的监督暂行办法》	1991
	《成都市青白江区人民代表职责和工作试行办法》	1991
	《关于监督区人民法院、区人民检察院实施法律的暂行办法》	1991
	《成都市青白江区人民代表大会常务委员会办理人大代表建议、批评和意见暂行办法》	1991
	《关于加强社会治安综合治理的决定》	1992
	《区人大常委会信访工作暂行办法》	1992
	《区人大常委会信访工作联系会议制度与奖励办法》	1992
	《关于住房制度改革规划和实施方案的决议》	1992
	《关于大弯镇总体规划的决议》	1992

续表19

届别	文件名	制定时间
第十三届	《成都市青白江区人大常委会人事任免办法》 《关于加强人民代表联系的办法》 《关于审议意见的办理试行办法》 《成都市青白江区禁止燃放烟花爆竹的规定》 《关于认真实施法制宣传教育第三个五年规划的决议》 《关于调整我区年度财政预算的决定》 《关于同意补充、完善大弯镇总体规划的决定》 《关于加强区人民法院执行工作的决定》 《关于进一步推行执法责任制的决定》 《关于认真宣传贯彻〈中华人民共和国产品质量法〉的决定》	1993 1993 1994 1995 1996 1996 1997 1997 1997 1997
第十四届	《关于加强农村合作基金管理办法》 《关于批准青白江区城市总体规划的决定》 《关于进一步开展法制宣传教育的决定》 《关于对司法机关实行部分案件备案制度的规定》	2001 2001 2001 2001
第十五届	《青白江区人民代表大会常务委员会关于对提请区人大常委会任命的国家机关工作人员进行任前法律知识考试的暂行办法》 《关于试行“朝九晚五”工作制度的决定》 《关于批准区政府推进城乡一体化的决定》 《成都市青白江区人民代表大会常务委员会监督暂行办法》 《成都市青白江区人民代表大会常务委员会议事规则》 《成都市青白江区人民代表大会常务委员会任命国家机关工作人员的暂行办法》 《成都市青白江区人民代表大会常务委员会评议工作暂行办法》 《成都市青白江区人民代表大会常务委员会代表工作暂行办法》	2003 2004 2004 2004 2004 2004 2004 2004

乡镇人大

【乡镇人大主席团】 1990年3月，根据《中华人民共和国地方各级人民代表大会和地方各级人民政府组织法》《四川省乡镇人大主席团工作条例》，在全区建立乡镇人民代表大会主席团（简称乡镇人大主席团），乡镇人大主席团成员由乡镇人民代表大会选举，为乡镇人民代表大会闭会期间的常设工作机构。1991年，全区16个乡镇人大主席团设专（兼）职主席或副主席，主席团配备工作人员1名。1995年10月，根据《四川省人民政府关于同意成都市青白江区撤销景峰乡设立大同镇的批复》，景峰乡人大主席团更名为大同镇人大主席团。1998年华严乡、祥福乡、龙王乡、合兴乡、日新乡改为镇建制后，更名为华严镇、祥福镇、龙王镇、合兴镇、日新镇人大主席团。2004年6月区划调整，大弯、华严撤销镇建制，原镇人大主席团撤销。云顶乡与清泉镇，玉虹乡与城厢镇、日新镇与祥福镇、合兴镇与龙王镇合并组建清泉镇、城厢镇、祥福镇、龙王镇，重新选举新一届镇人大主席团。

区人大常委会按照乡镇人大主席团工作条例和区委关于加强乡镇人大主席团工作的决定，加强乡镇人大主席团的联系和工作指导。年初制订乡镇人大主席团工作计划，组织区人大常委会成员深入乡镇指导召开主席团工作会、培训会，举办法律知识讲座。1999 年 10 月，区人大常委会在城厢镇召开全区乡镇人大主席团建设现场会，提出行使“三职”（主席团主席、副主席、人大办公室职责），建立“五簿二册”（五簿：主席团会议及活动，人大代表活动、代表批评和建议，来信来访、代表先进事迹记录簿。二册：主席团成员、乡镇代表花名册），推进乡镇人大主席团规范化、制度化建设。区人大常委会坚持邀请乡镇人大主席团主席列席区人大常委会会议，参与常委会组织的视察、检查、学习人大理论和业务知识，指导和推动乡镇人大工作。

【街道人大工作室】 2004 年 6 月，大弯镇、华严镇撤销建制设立街道办事处。同年 8 月经区委同意，区人大常委会会议通过，成立“成都市青白江区大弯街道人大工作室”和“红阳街道人大工作室”。街道人大工作室设主任 1 名，联络员 1 名。区人大常委会加强街道人大工作室主任的培训，建立健全人大工作室各项工作制度，探索开展人大代表进社区接待选民活动。

【乡镇人大换届选举】 青白江区乡镇人民代表大会每届任期三年。1993 年 2 月全区各乡镇第十二届人民代表大会届满，区人大常委会从 1992 年 10 月 25 日至 1993 年 1 月 9 日历时 75 天，指导全区各乡镇第十三届人民代表的换届选举工作。全区实有选民 289961 人，参加投票人数 276305 人，参选率 95.3%，划分选区 338 个；经过选举准备、宣传动员、选民登记、投票选举、总结等五个阶段选出乡镇人民代表 832 名，比上届增加 121 名，增长 17%，其中妇女代表 196 名，占代表总数的 23.6%。

1995 年全区各乡镇第十三届人民代表大会届满，全区登记选民 260027 人，参加投票选举 246105 人，参选率 94.7%；应选代表 880 名，实际选出第十四届代表 874 名，其中连任代表 245 名，占 39.5%。

1997 年全区各乡镇第十四届人民代表大会届满，全区选举第十五届乡镇人民代表 861 名。2001 年 9 月 30 日至 12 月 17 日，全区进行乡镇第十六届人民代表大会换届工作，选举乡镇人民代表 865 名，其中妇女代表 220 名，占代表总数 25.4%。

2004 年 6 月，祥福镇、日新镇合并为祥福镇，龙王镇、合兴镇合并为龙王镇，城厢镇、玉虹乡合并为城厢镇，清泉镇、云顶乡合并为清泉镇。合并后的各镇分别举行第一届乡镇人民代表选举，选举人民代表 279 名。

乡镇人民代表大会选举乡镇人大主席团成员、主席、副主席，选举乡镇长，副乡镇长。

青白江区乡镇人大代表名额统计表

表 20

乡　镇	第十三届	第十四届	第十五届	第十六届	第一届 2004.6②
代表总数	832	876	861	865	279
大弯镇①	54	62	83	75	
华严乡（镇）	60	60	60	71	
景峰乡大同镇③	53	56	56	56	

续表20

乡　镇	第十三届	第十四届	第十五届	第十六届	第一届 2004.6②
弥牟镇	61	59	61	61	
城厢镇	39	43	59	60	76
清泉镇	65	63	63	63	67
姚渡镇	48	52	52	52	
祥福镇	53	56	56	55	71
龙王乡（镇）	54	54	56	56	65
合兴乡（镇）	43	49	49	49	
人和乡	49	53	52	52	
云顶乡	37	45	45	45	
玉虹乡	55	56	56	56	
日新乡（镇）	53	54	55	55	
绣水乡	51	54			
福洪乡	57	58	58	59	

注：①大弯镇依次为第四、第五、第六、第七届。

②2004年6月，因行政区划调整，祥福镇、日新镇合并为祥福镇；城厢镇、玉虹乡合并为城厢镇；清泉镇、云顶乡合并为清泉镇；龙王镇、合兴镇合并为龙王镇，分别选举第一届人大代表。

③1995年10月，景峰乡更名为大同镇。

地方人民政府

概　述

区政府坚持以邓小平理论、“三个代表”重要思想为指导，贯彻落实科学发展观，以经济建设为中心，深化改革、扩大开放，全区经济社会持续健康发展。

加强自身建设，推进依法行政。1990 年第八届区政府任期三年，1993 年后每届任期五年。历届区政府严格遵守法律法规，完善政府议事规则，重大事项集体决定。严格依法行政，自觉接受人大和群众监督。1996 年清理和废止不适应经济发展的规范性文件，清理和减少行政审批的环节和事项。1998 年全面实行政务公开，1999 年制定《关于贯彻落实〈全面推进依法行政实施纲要〉的实施意见》，推进服务型政府建设；2004 年建立重大行政决策公示和听证制度，2005 年 8 月区政府常务会议向市民开放。

履职尽责，做好政府工作。1995—2001 年，实施区、乡（镇）政府机构改革，制订改革方案，分步实施精简机构、合并职能、分流人员，确保机构改革平稳过渡。2005 年规模以上工业企业 71 家，工业总产值比 1990 年增长 10 倍。1991 年全面推广杂交水稻种植，1996 年水稻单产突破 500 千克。1998 年完善农村集体土地二轮承包，2001 年推行农村土地承包经营权有偿流转，2002 年实行农村税费改革，2005 年全区免征农业税，同年实行粮食补贴。15 年间，新建安居房 11.38 万平方米，“安身房”4461 间，农村 1.36 余万户脱贫致富。新建生态隔离带、排污截流、污水处理厂、生活垃圾压缩中转站等环保设施。经济管理、地方司法、教育卫生、科技文化、城乡建设、交通运输、邮电通信、劳动人事、社会保障等工作全面发展。

区长副区长

【第八届区政府】　1990 年 3 月，区第十二届人民代表大会第一次会议，选举杨恒宇为第八届区政府区长，江家模、赖福润、郭永立、游士志、肖戴敏生 5 人为副区长。

1990 年 4 月，区第十二届人大第 2 次常委会议，任命徐家才为区政府副区长；1991 年 2 月，区第十二届人大第 9 次常委会议，免去徐家才副区长职务。1992 年 12 月，区第十二届人大第 22 次常委会议，接受杨恒宇辞去区长职务的辞呈，任命谢述均为区政府副区长、代理区长。

【第九届区政府】 1993 年 2 月，区第十三届人民代表大会第一次会议，选举谢述均为第九届区政府区长，江家模、肖敏生、郭永立、王玉华（女）、吴定明 5 人为副区长。

1993 年 4 月，区第十三届人大第 3 次常委会议，接受吴定明辞去副区长职务的辞呈。1995 年 11 月，区第十三届人大第 23 次常委会议，接受谢述均辞去区长职务的辞呈，任命王琪为区政府副区长，代理区长。1996 年 3 月，区第十三届人大第五次会议，选举王琪为区政府区长。

【第十届区政府】 1998 年 2 月，区第十四届人民代表大会第一次会议，选举戴晓明为第十届区政府区长，谢瑞金、刘理安、涂基松、钟碧辉（女）、刘怀光 5 人为副区长。

1999 年 5 月，区人大常委会任命周道君为区政府副区长；2000 年 2 月，区第十四届人大第 17 次常委会议，免去周道君副区长职务。2000 年 7 月，区第十四届人大第 20 次常委会议，任命王健为区政府副区长。同年 11 月，区第十四届人大第 23 次常委会议，接受戴晓明辞去区长职务的辞呈，任命王文斌为区政府副区长、代理区长。

2001 年 1 月，区第十四届人大第 26 次常委会议，任命朱志萍（女）为区政府副区长。同年 2 月，区第十四届人大第五次会议，选举王文斌为区政府区长。同年 12 月，区第十四届人大第 34 次常委会议，任命彭勇为区政府副区长。2002 年 4 月，区第十四届人大第 36 次常委会议，接受刘怀光辞去副区长职务的辞呈。同年 10 月，区第十四届人大第 39 次常委会议，任命李邦为区政府副区长。同年 11 月，区第十四届人大第 40 次常委会议，接受王文斌辞去区长职务的辞呈，任命何立祥为区政府副区长、代理区长。

【第十一届区政府】 2003 年 1 月，区第十五届人民代表大会第一次会议，选举何立祥为第十一届区政府区长，王伯鹏、张映明、涂基松、钟碧辉（女）、王健、郑兴华、张军 7 人为副区长。

2003 年 2 月，区第十五届人大第 1 次常委会议，任命彭勇为区政府副区长。2004 年 1 月，区第十五届人大第 6 次常委会议，任命李跃为区政府副区长，接受钟碧辉（女）辞去副区长职务的辞呈。同年 6 月，区第十五届人大第 9 次常委会议，接受郑兴华辞去副区长职务的辞呈。同年 8 月，区第十五届人大第 12 次常委会议，免去张军、彭勇、李邦副区长职务，任命罗晓辉为区政府副区长。2005 年 10 月，区第十五届人大第 20 次常委会议，分别任命郭勇、金武为区政府副区长。

【乡镇人民政府】 乡镇人民政府乡镇长、副乡镇长由乡镇人民代表大会选举，届期与乡镇人大任期同步。乡镇人民政府设乡镇长 1 名，副乡镇长 2 ~3 名。

1990 年全区乡镇人民政府 16 个，其中乡人民政府 12 个、镇人民政府 4 个。1995 年 10 月，撤销景峰乡，建立大同镇。1998 年 4 月撤销绣水乡，并入城厢镇。同年 8 月，撤销华严乡，建立华严镇。同年 12 月撤销祥福乡、姚渡乡、日新乡、合兴乡，建立祥福镇、姚渡镇、日新镇、合兴镇。1998 年全区乡人民政府 5 个，镇人民政府 10 个。2001 年 11 月撤销龙王乡，建立龙王镇。2004 年 6 月，撤销大弯镇、华严镇，设置大弯、红阳街道办事处。玉虹乡与城厢镇合并，日新镇与祥福镇合并，云顶乡与清泉镇合并，合兴镇与龙王镇合并。2005 年，全区街道办事处 2 个，乡人民政府 2 个，镇人民政府 7 个。其中城厢镇、祥福镇、清泉镇、弥牟镇、大同镇增挂街道办事处，合署办公，实行“两块牌子，一套人马”的管理模式。

区政府会议

【区政府全体会议】 区政府全体会议由区长、副区长、区长助理、区政府巡视员、助理巡视员、区政府办公室主任和区政府工作部门的委（办、室）主任、局长等区政府全体成员参加，区人武部、各群团组织、区政府办公室副主任和其他有关部门主要负责人列席政府全体会议。根据需要，安排乡、镇长列席政府全体会议，邀请区委、区人大、区政协、区法院、区检察院领导列席会议。

区政府全体会议一般每半年召开一次，由区长或区长委托的副区长召集和主持。会议传达贯彻上级的重要指示、决议、决定和重要会议精神，通报国内外重大事件和全区政治经济形势，总结部署区政府的工作，讨论重要法规和政府工作报告，讨论通过其他需要由区政府全体会议决定的重大问题和重大决策。

区政府全体会议的议题由区长确定，每次区政府全体会议后形成会议纪要，由区长或常务副区长签发。1990—2005 年，区政府共召开全体会议 34 次。

【区政府常务会议】 区政府常务会议由区长、副区长、区长助理、区政府巡视员、助理巡视员、区政府办公室主任参加，区政府办公室副主任、与议题有关的区级部门主要负责人列席会议。邀请区人大、区政协、区人武部领导列席会议。为增强政府工作的透明度，从 2005 年 8 月 11 日开始，由区人大、区政协选派人民代表、政协委员和市民代表列席区政府常务会议。

区政府常务会议一般每周召开一次，由区长或区长委托的副区长召集和主持。会议传达贯彻上级的重要指示，研究并决定贯彻措施；讨论决定向上级国家行政机关的重要请示、报告；讨论决定区政府的工作安排和其他重大问题；讨论通过提交区人大常委会审议的议案；讨论决定由区政府公布的行政规章、决定、命令；讨论决定区政府各部门、乡镇政府请示的重要事项；按干部管理权限，讨论决定人事任免及奖惩等事项。区政府常务会议的议题由区长确定，每次区政府常务会议后形成会议纪要，由区长或常务副区长签发。1991—2005 年，区政府共召开常务会议 217 次。

【区长办公会议】 区长办公会议由区长、常务副区长或委托其他副区长召集和主持，根据需要不定期召开。区长、副区长、区长助理、区政府巡视员、助理巡视员、区政府办公室主任、区政府办公室副主任、区政府目督办主任、区法制局局长以及与议题有关的部门主要负责人参加。

区长办公会议研究分析一定时期全区经济社会形势；研究处理区政府日常工作中的重要事项；听取有关部门专题汇报，研究有关重大政策措施；需要区长、副区长协调的有关问题；区长、副区长通报有关工作情况；区长、副区长认为需要提请区长办公会议讨论的其他事项。区长办公会议的议题由政府办公室根据区长、副区长的批示意见，登记汇总后，报区长审定。会议议决事项，由区政府办公室草拟《区长办公会议纪要》，经区长审定后印发。1991—2005 年，区长办公会议共召开 152 次。

机构和机构改革

【机构设置】 1991年初，区政府设置办公室、计划委员会、经济委员会、科学技术委员会、城乡建设委员会、计划生育委员会、民政局、人事局、劳动局、审计局、统计局、物价局、监察局、环境保护局、国土局、司法局、交通局、财政局、技术监督局、商业局、粮食局、工商行政管理局、农牧林业局、水利电力局、乡镇企业局、农机局、教育局、广播电视局、文化体育局、二轻局、保密局、档案局、财贸办公室、农业办公室、经济协作办公室、地方志办公室、人民防空办公室、精神文明办公室、体制改革办公室、物资局（公司）、供销联社、机关事务管理科等42个单位，不包括垂直管理的金融、保险、公安等机构。1996年，区政府工作部门28个，直属事业单位8个；2001年，区政府工作部门24个，直属事业单位7个；2005年，区政府工作部门25个，直属事业单位9个。

【机构改革】 1995年11月，政府机构改革正式启动。坚持政企、政事分开和“精简、统一、效能”的原则，走“小机构、大服务”的路子。加强统筹协调、信息引导和检查监督职能，理顺政企、政事和乡镇的关系，将属于市场的职能还给市场，属于社会服务的职能交给社会中介组织，属于基层的职能下放给乡镇。在理顺关系的基础上，精简机构和人员，减轻财政负担，提高办事效率。经反复酝酿、论证，区委、区政府将机构改革方案上报市委、市政府审批。

1996年6月，区委、区政府召开机构改革工作会议，宣布报经市委、市政府批准的青白江区党政机构改革方案，部署机构改革工作，提出定管理职能、定内部机构设置、定人员编制“三定”工作意见；明确区级归并部门筹建领导小组组长、副组长及成员，具体讨论区级部门“三定”工作的实施意见和机关人员分流的意见。

1997年3月，完成区级党政群机关和直属局级单位“三定”方案审批。区政府设28个工作部门、8个直属事业单位。同年7月，区委印发《关于做好区级机构改革中机关人员分流工作的通知》。1997年和1998年，区级机关工作人员实现负增长。

1996年青白江区政府机构设置

表21

区政府工作部门（28个）	区政府直属事业单位（8个）
办公室、计划与经济委员会、教育委员会、科学技术委员会、人事局、劳动局、民政局、财政局、监察局、司法局、建设管理委员会、交通局、农业局、林业局、水利电力局、乡镇企业管理局、商业贸易委员会、对外经济贸易委员会、文化体育委员会、卫生局、计划生育委员会、审计局、统计局、地方税务局、技术监督局、国土局、环境保护局、粮食局	区电视台、《青白江报社》、农业机械事业局、档案局、地方志办公室、住房委员会办公室、二轻联社、供销社联合社

2001年9月，根据《成都市市县乡机构改革方案》及《实施意见》精神，区委、区政府向市委、市政府报送《青白江区机构改革方案》。同年10月，区委印发《成都市青白江区机构改革实施意见》《成都市青白江区机关人员分流实施意见》《成都市青白江区机关工勤人员和直属局级事业单位工作人员分流有关问题的处理意见》《关于做好区级部门“三定”工作的通知》。

2001年11月，区委、区政府召开机构改革工作会议，宣布报经市委、市政府批准的区机构改革方案。区经济委员会、区乡镇企业局、区物价局、区二轻工业局职能并入区计划与经济局，挂区中小企业局、区物价局牌子；合并区农业局、区畜牧局，组建区农牧局；区对外经济贸易委员会更名为区对外贸易经济合作局，挂区招商引资局牌子；撤销区市容环境卫生管理局、城市综合管理指挥部办公室，组建区市容环境管理局；区档案馆挂区档案局牌子；区房地产管理局更名为区房产管理局；区广播电视局并入青白江电视台，挂区广电局牌子；区商业贸易委员会、区粮食局合并，组建区贸易与粮食局，挂区粮食局牌子。机构改革后，政府工作部门由原来的28个精简为24个，政府机关内设机构由原来的157个精简为117个。

做好人员精减和分流工作，空编单位和急需充实的部门优先选调机关富余人员，禁止各部门超编进人；改为经济实体或服务实体的人员成建制转移；鼓励干部走出机关创办第三产业；选派优秀青年干部充实到乡镇或各类企事业单位任职；充实到实体性公司和事业单位的机关人员与原行政部门脱钩；允许接近离退休年龄的机关工作人员提前离岗；清退临时人员和借调人员。区级党政群机关行政编制由510名减少到389名，精减24.31%。区乡两级分流人员274人，分流24.07%。

2001年青白江区政府机构设置

表22

区政府工作部门（24个）	区政府直属事业单位（7个）
办公室、人事局、对外贸易合作局、计划经济局、劳动和社会保障局、文化体育局、教育局、国土资源局、卫生局、科学技术局、建设局、计划生育局、监察局、交通局、审计局、民政局、水务局、环境保护局、司法局、农牧局、统计局、财政局、林业局、市容环境管理局	青白江电视台、贸易与粮食局、档案馆（局）、农机局、房管局、区供销社联合社、地方志办公室

在2001年机构改革的基础上，区政府机构设置不断完善。区监察局与区纪律检查委员会合署办公，列入区政府工作部门序列，不计区政府机构个数。区规划局按市上要求成立，计入区政府序列。设立议事协调机构的常设办事机构3个：区机构编制委员会办公室为区机构编制委员会的常设办事机构，既是区委的工作机构，又是区政府的办事机构，挂靠区人事局；区人民防空办公室为区国防动员委员会的常设办事机构，也是区政府人民防空工作主管部门；区安全生产监督管理委员会办公室为区安全生产监督管理委员会的常设办事机构（增挂区安全生产监督管理局牌子）。在区文化体育局增挂区新闻出版（版权）局牌子，在区科学技术局增挂区知识产权局牌子，区政府办公室增挂区民族宗教事务局牌子，在区政府办公室增设区台湾事务侨务办公室。至2005年底，区政府设25个工作部门和9个区直属事业单位。

2005年青白江区政府机构设置表

表23

区政府工作部门	区政府直属事业单位（9个）
办公室、计划经济局、教育局、科学技术局、监察局、民政局、司法局、财政局、人事局、劳动和社会保障局、国土资源局、建设局、交通局、水务局、农牧局、林业局、对外贸易经济合作局、文化体育局、卫生局、计划生育局、审计局、环境保护局、统计局、市容环境管理局、规划局	农机局、档案馆（局）、地方志办公室、房管局、青白江电视台（挂区广播局牌子）、贸易与粮食局、工业区管委会、区供销社、粮食局

说明：

1. 区监察局与区纪律检查委员会合署办公，列入区政府工作部门序列，不计区政府机构个数；区规划局按市上要求成立，计入区政府序列。
2. 议事协调机构的常设办事机构3个：区机构编制委员会办公室为区机构编制委员会的常设办事机构，既是区委的工作机构，又是区政府的办事机构，挂靠区人事局；区人民防空办公室为区国防动员委员会的常设办事机构，也是区政府人民防空工作主管部门；区安全生产监督管理委员会办公室为区安全生产监督管理委员会的常设办事机构（增挂区安全生产监督管理局牌子）。
3. 在区文化体育局增挂区新闻出版（版权）局牌子，在区科学技术局增挂区知识产权局牌子，区政府办增挂区民族宗教事务局牌子，在区政府办增设区台湾事务侨务办公室。

区政府综合政务

【机构调整】 1991年，区目标管理领导小组成立，区政府办公室增设区政府目标管理办公室。1992年5月，区政府办公室增挂“青白江区机关事务管理局”牌子。1995年，区无线电管理委员会成立，区政府办公室增设无线电管理办公室。同年，区政府外事办公室成立（简称区外事办），归口区政府办公室管理。2001年机构改革，区机关事务管理局归并到区政府办公室。2005年，区政务服务中心管理委员会办公室、区规范化服务办公室、金融办公室相继成立，归口区政府办公室管理。

【文秘信息】 区政府办公室加强综合协调，组织实施和参谋服务。在办会工作中，规范会议流程，加强议题的协调把关，为政府全体会议、常务会议、区长办公会议和其它重要会议服务。在办文工作中，准确把握领导意图，把好政策关，法律关、文字关，杜绝原则性差错，文字差错率控制在0.5‰以内。2001年以来，按照规范化服务型政府建设和行政审批制度改革的要求，把承诺件改为即办件，提高服务效率。2005年，区政府办公室与各乡镇（街道）、政府各部门实现公文网上办理，做到急文急办，急件急送，来件有登记，批件有反馈，发文无差错，确保公文运转及时、准确、安全、保密。在信息工作中，以信息采编和报送为重点，及时收集、整理、上报、反馈信息，每年收集信息千余条；每年编辑区政府大事记1～2期；2005年编辑《领导参考》《区政府工作日志》《政务通报》。2005年启用政务服务信息系统，实现“规范”“高效”“服务”的管理模式。

【规范行政审批】 1996年，按照国务院、省、市有关要求，区政府办公室组织清理过去出台的规范性文件，废止和修改不适应经济和社会发展的文件及政策措施。

2001 年 2 月，区政府开展清理行政审批事项工作，取消不适应社会主义市场经济发展、不适应对外开放、不适应投资体制改革的行政审批事项。2002 年 3 月，区政府按照国务院行政审批制度改革的精神和市委、市政府的要求，取消不适应市场经济发展、不适应世界贸易组织规则的行政审批事项；对确需保留的，进一步规范审批程序，简化审批手续，规范审批行为。坚持“合法原则”，各类行政审批必须以法律、法规、规章为依据，凡法律、法规、规章未明确规定审批的，一律不得进行审批；凡国家、省、市已明令取消的，一律不得再进行审批；凡继续执行已明令废止、失效的行政审批事项的，要追究有关负责人的责任。坚持“合理原则”，取消不符合政府职能转变，不符合政企分开、政事分开，妨碍市场开发和公平竞争的行政审批事项；凡可通过市场机制或中介组织、行业自律解决的，如有关经营性土地使用权出让、建设工程招投标、政府采购和产权交易等事项，不得再进行行政审批。2003 年 5 月，继续深入推进行政审批制度改革，行政审批项目切实做到“应减必减”，对已取消的行政审批事项加强督促检查和后续监管。凡国家和省、市政府明令取消的行政审批事项，审批部门一律不得再进行审批或变相审批。进一步规范行政审批行为，根据审批事项的性质、特点和复杂程度，确定不同的审批办理形式，制订操作性强、透明度高的审批操作规程，明确各个审批环节的标准、条件、责任、权限、时限等，最大限度地减少审批人自由裁量和审批随意性。按照“谁审批、谁负责”的原则，建立行政审批责任追究制，严格履行审批职责，加强审批监督。规范行政审批收费，除法律、行政法规有明确收费规定外，审批机关不得收取任何费用。2001—2003 年，通过三次清理，全区共取消和调整行政审批事项 237 项。

2004 年，贯彻落实《行政许可法》，区政府对确需保留的行政审批项目设定行政许可，凡与《行政许可法》规定不一致的、不属于保留的其他行政许可规定，自 2004 年 7 月 1 日起一律停止执行。各乡镇和区政府各部门清理、核实后，对所承担的行政许可项目，依照《行政许可法》的规定，逐项制订具体实施的程序、期限、条件、公示办法等，报区政府法制办公室备案。2005 年 8 月，全区公布第一批保留执行的行政审批事项 220 项。

【推行政务公开】 1998 年 10 月，区委、区政府制定《关于全区农村全面推行村务公开和民主管理制度的意见》，统一制作公开栏，统一确定公开内容，统一公开程序，统一公开时间，统一确定领导接待群众来访日，统一督促检查，达到“还干部一个清白，给群众一个明白”的目的。1999 年，按照市委的统一部署，全区 15 个乡镇全面推行财务公开工作。

2001 年，区委、区政府决定在区级部门推行政务公开制度，区委办公室和区政府办公室联合印发《关于在区级部门中推行政务公开制度的通知》，作出政务公开的内容、方法和形式的具体规定，明确政务公开内容主要包括政务、财务、人事、群众利益等四个方面。2003 年，区委、区政府制定《关于认真做好 2003 年乡镇和区级行政机关政务公开工作的意见》，设置区长公开电话、电子邮箱。各部门遵循“依法公开、注重实效和有利监督”的原则，将内设机构及其职责、领导干部姓名及分工，工作事项、依据、程序、条件、期限等政务公开公布，设置公开栏及意见箱，公布举报电话。2004 年，全区推进重大行政决策事项公示和听证制度，建立政府新闻发言人制度。2005 年 8 月，区政府第十一届 52 次常务会议首次向普通市民开放，邀请市民代表何霞、张明英、钟惠萍到会旁听。

【服务型政府建设】 1999 年，转变政府职能，建立规范化服务型政府，对不适应经济发展的文件及相关政策措施进行清理、修改和废止。各部门、乡镇通过简化、合并、集中、归类等方式优化办事流程，制定《规范服务细则》和办事流程导引图，科学划分服务范围、标准、责任，努力建设行为规范、运转协调、公正透明、廉洁高效的服务型政府。为方便群众，提高办事效率，1999～2003 年，全区先后成立投资服务中心、收费结算中心。相关部门增设服务窗口，区国税、地税局设立办税服务厅，区公安分局设立交警办证厅和综合办证厅，区房管局设立房地产交易中心，区交通局设立办证收费中心，区国土资源局设立服务中心。服务窗口在审批地点公布审批事项内容、依据、条件、程序、时限和收费标准，实行“工商告知，并联审批、限时完成”制度和“一站式”服务。

2003 年，推行电子政务，完善政府网站建设。2005 年，区政府政务服务中心成立，全区 11 个乡镇（街道）建立便民服务中心，村（社区）建立便民服务点，形成三级便民服务网络。区政府政务服务中心设立 29 个窗口，根据各部门办件量大小进行窗口分配。设立咨询台和监督投诉台，负责受理办事者的咨询和投诉。区政府政务服务中心开通网上政务大厅，完善一次性告知制度，制定《青白江区人民政府政务服务中心管理制度》，建设网上协同互动平台，开辟企业投资绿色通道。

【机关事务管理】 1991 年，区委、区政府机关共同使用一栋办公楼，区人大、区政协机关共同使用一栋办公楼。1995 年 3 月，区政府办公楼竣工交付使用，建筑面积 4674 平方米，总造价 430 万元。区政府机关及大部分工作部门迁入新楼办公，仍与区委机关办公楼共处同一办公区域。1995 年底，改造区委、区政府机关办公区域的大门和围墙。2000 年 9 月，按照区政府《关于将部分事业单位房地产进行集中管理的通知》，区委、区人大、区政府、区政协机关办公楼纳入区国有资产管理局统一管理。

区委、区人大、区政府、区政协机关实行统一安全保卫，由区机关事务管理局负责。1991 年，制订《门卫制度》和其他管理制度，聘请 13 名护楼守院人员轮流值班守护。1998 年，区党政机关门卫由公安机关派武警执勤。2000 年，聘用经过公安机关培训的保安人员，实行三班式运转，24 小时值班制度。2003 年，聘用 7 名 B 级保安在机关 24 小时站岗执勤，白天做好来访人员的登记工作，疏导上访人员，夜晚加强巡逻守护。

加强公务用车管理。1995 年开始，实行单车核算，按月逐车登记行程、油耗和维修等情况；制订《机关驾驶员管理制度》，建立《油耗手册》和《维修手册》，定期进行检查。1997 年，制订《关于青白江区人民政府机关小汽车管理意见》，坚持每月一次安全学习制度。2002 年，区政府机关车辆统一实行定点维修、定点加油。2005 年，加强机关事业单位更新购置公务车辆的报批管理，杜绝超编、超标购置公务车辆。

2000 年 9 月，第十届区政府 67 次常务会议听取区机关事务管理局《关于区机关集资建房的请示》。2001 年 3 月，第十届区政府 77 次常务会议决定机关集资建房实行统一规划、统一集资、统一建设、统一分配的办法，区级各部门不再单独集资建房。区机关集资建房共 16 栋，住房 451 套。其中：坐落在大弯镇石家碾西路的 15 栋、66661 平方米，住房 416 套、商铺 145 间，命名为“阳光花园”；坐落在团结西路的 1 栋、6063 平方米，住房 35 套、商铺 1100 平方米，命名为“文博花园”。

【依法行政】 按照“一切政府机关，必须依法行政、切实保障公民权利”的要求，认真贯彻《成都市行政执法责任制条例》。1999 年，区政府制定《关于贯彻落实〈全面推进依法行政实施纲要〉的实施意见》，成立区推进依法行政领导小组，将行政执法考核工作纳入目标管理。按照行政执法责任制的要求和全区的工作安排，先后检查《中华人民共和国价格法》《中华人民共和国建筑法》《四川省殡葬管理条例》等法律、法规的贯彻实施情况，对土地违法案件、水事违法案件、销售质量不合格产品案件、“乱收费、乱罚款、乱设点”等情况进行专项执法监督。

按照《四川省行政执法证管理办法》的规定，区政府对需申请执法证件的执法人，统一进行行政执法培训和考试，按规定程序申领执法证件。1999—2002年，全区共有1648人申领“四川省行政执法证”，注销执法证247人，坚持实行申领执法证件和执法人员年审验证制度。

1999年，认真贯彻《行政诉讼法》和《行政复议法》，各乡镇人民政府和区政府各部门逐步建立和完善“行政诉讼”“行政复议”的办案程序和制度，全区建立行政复议机构12个。1999—2002年，全区发生行政诉讼和行政复议案件52件，都依法审结。

【外事工作】 1995年，区外事办公室指导、督促各单位贯彻执行中央对外方针政策和涉外工作的指示、决定。负责转报审批区内派遣临时因公出国（境）团、组人员和邀请国外人员来区事宜；负责转报审批重要经济、科技、文化、教育、体育、社会科学等国际交流项目；负责涉外人员的管理，外事保密和外事礼宾接待工作。1995—2005年，全区共办理125批、187人次各类人员因公外出美国、加拿大、日本、意大利、德国、法国、比利时、荷兰等国家，先后邀请和接待泰国暹罗集团、国际水处理集团、法国罗地亚公司、日本味之素株式会社、德国赫可特投资有限公司和物流协会、新加坡商务考察团、美国乔治亚太平洋集团、加拿大国际开发计划署、国际儿童基金会等企业及组织到青白江区进行投资环境考察和交流，配合川化味之素有限公司、成都梅塞尔气体产品有限公司、成都森美汽车零件有限公司、成都龙盛电子有限公司等企业做好外事服务工作。

【移民安置】 按照省、市汉源库区移民工作的统一部署，2003年11月区政府成立瀑布沟水电站农村外迁移民安置工作领导小组。2004年，依照《四川省人民政府关于下达瀑布沟水电站农村外迁移民安置任务的通知》，做好接收安置瀑布沟水电站库区外迁移民的工作。

区委、区政府认真落实省委移民工作方案，移民安置点满足交通条件、自然条件、产业基础、基层领导班子、群众基础等“五个好”的要求，遵循“以农为本、以土为本、相应对等”的移民安置原则，通过在平坝乡镇实地考察，配合汉源县富林镇移民工作队党委、镇党委、镇政府，落实14个移民安置点的规划、房屋户型设计和移民认定工作。

14个移民安置点涉及大同、城厢、祥福3个镇10个村28个村民小组，其中大同镇5个，城厢镇4个，祥福镇5个。2005年9月，全面完成承包地、宅基地、公建用地调地工作，完成移民配套用地调整和基础设施项目概算，落实安置移民所需的宅基地、公建用地8.9公顷、承包地53.3公顷。根据审核，全区移民安置基础设施建设预算、调地、土地开发费2343万元。

2005年9月，全区306套移民住房动工修建，2006年4月份8批组织移民搬迁入住，同年8月底全面完成安置工作。全区实际接收安置汉源县富林镇外迁移民319户、1071人，其中有土安置890人，养老保障安置153人，非农安置22人，非移民随迁安置6人。

【无线电管理】 1993年9月国务院颁布《中华人民共和国无线电管理条例》（简称《条例》），1997年10月省政府发布《四川省〈中华人民共和国无线电管理条例〉实施办法》（简称《实施办法》）。区无线电管理委员会（简称区无委），坚持“加强管理，保护资源，保护安全，健康发展”的方针，先后组织区属、市属有关单位和设台用户学习《条例》和《实施办法》。按照无线电台年检工作的要求，加强频率管理和设备管理，办理无线电台年检、验证、设备检测、购机和各种设备的报停、报废手续。遵循频谱资源有偿使用原则，按时收取频谱资源占用费，注册登记费和设备检测费。

维护无线电波秩序，开展执法监督检查。加大无绳电话、私设电台执法检查力度，查处非法设置使用电台。1998 年，开展厂矿、乡村、街道及娱乐场所无线电发射设备执法大检查。2002 年 8 月，针对无线电波干扰影响正常使用效果，加大监管力度，维护无线电波秩序。

加强设台用户宣传教育和台、站的保密管理，建立健全无线电档案资料，制订防火、防盗、防潮、防尘安全措施。1999—2002 年，区无线电管理办公室完成各类档案资料录入计算机的工作，为无线电管理合理化、规范化、制度化、信息化奠定基础。

【为民办实事】 区政府将为民办实事项目列入年度工作计划和目标考核，突出重点，优先安排。1991—2005 年，完成为民办实事项目 90 余项（含市级）。改善了群众生产生活条件，保障了困难群体基本生活。

水利设施建设。修复水毁工程 45 处，新建北四支、东干渠等引水工程，整治北干渠、东干渠、马厂坝等河道和穿城堰、黄草堰等护岸工程，新建东关山、丰收等电力提灌站 19 座，实施微水治旱工程，基本解决山区生产、生活用水困难。

道路交通建设。完成大石路改建，修复西江河大桥，新建洪安公铁立交桥、成环路青白江段、唐巴路绕城线、城太路、成绵高速青白江连接线、成南高速清泉连接线等。2001 年村村通水泥（沥青）路，开通乡、村公交车。

城市及设施建设。新建、改建红阳路、青江北路、芳邻路、石家碾路、华金大道等城市道路 43 条，完善城市及城镇市政设施。新建、改建市场、学校、幼儿园、医院、卫生院、村（社区）卫生站、公园、广场、绿地等公共设施。新建生态隔离带、排污截流工程、污水处理厂、生活垃圾压缩中转站等环卫设施。

民生工程。新建安居房 11.38 万平方米，实施“安身工程”、修建“安身房”4461 间。实施云顶、人和人畜饮水工程，新建、扩建乡镇自来水厂和乡镇敬老院。扶持贫困村 51 个、贫困户 7599 户，脱贫 3970 户。建立城乡最低生活保障、农村新型合作医疗和少儿住院互助金制度，开展帮困助学，资助低保户、困难家庭子女 2853 人次。

人事管理

【公务员管理】 1993 年 10 月 1 日《国家公务员暂行条例》发布施行，公务员制度建立。按照国家公务员考核制度，全区开始对机关工作人员进行年度考核。

1994 年，区政府决定，对 1993 年工农业总产值过亿元的华严、祥福 2 个乡的党委书记、乡长上浮一级工资；对乡镇企业上台阶工作中做出贡献的玉虹、合兴等 5 个乡镇企业办公室主任，落实享受副乡级政治经济待遇。

1996 年，开展国家干部过渡为国家公务员的工作。在区国税局实施公务员考试、考核、录用及职位分类等过渡工作，大多数工作人员过渡为全区第一批国家公务员。1997 年，全面推行公务员过渡工作，政府系统971人（含免试174人）工作人员全部考试合格，顺利过渡为国家公务员。1999年，第一次面向社会公开招考国家公务员，5名高校毕业生考入公务员队伍。1999年，实行公务员轮岗交流，2000年实行中层干部竞争上岗，有效提升公务员整体素质。

严格执行考核结果，受到党纪、政纪处分的人员兑现惩戒结果，按工资政策规定降低工资。2003年9月，区公安分局干警张国英勇擒歹徒，区政府授予张国英“优秀公务员”称号。截至2005年，全区面向社会公开招考录用公务员77人，辞退公务员3人，开除1人。

【专业技术人员管理】 1991年，开展专家推荐、选拔，落实专家的政治经济待遇。经区政府同意，区人事局推荐区农发局高级农艺师吴世元等享受国家级政府特殊津贴，罗思训、郑发文等专家享受省、市级政府特殊津贴。

1991—2005年青白江区享受政府津贴专家名录

表24

级别	姓名	职称	所属单位
国家级	吴世元	高级农艺师	区农发局
	蒋岳安	高级工程师	川化集团公司
	胡元刚	教授级高级工程师	川化集团公司
	赵明智	教授级高级工程师	川化集团公司
	邓尤其	教授级高级工程师	川化集团公司
	谢木喜	教授级高级工程师	川化集团公司
	苏允正	教授级高级工程师	川化集团公司
	罗安奎	教授级高级工程师	川化集团公司
	陈龙友	高级工程师	川化集团公司
	韦忠檀	高级工程师	川化集团公司
	林运卓	高级工程师	川化集团公司
	滘兆鸿	高级工程师	川化集团公司
	陆仁明	高级工程师	川化集团公司
	连分衍	高级工程师	川化集团公司
	夏公禹	高级工程师	川化集团公司
	张馥根	高级工程师	川化集团公司
	陶孝伯	高级工程师	川化集团公司
	殷国茂	教授级高级工程师	攀成钢集团成都钢铁有限公司
	戚海涛	高级工程师	攀成钢集团成都钢铁有限公司
	谢大宏	高级工程师	四川三洲核能钢管公司（原四川化机厂）
	赵伯林	高级工程师	四川三洲核能钢管公司（原四川化机厂）
	李秉亚	高级工程师	四川三洲核能钢管公司（原四川化机厂）
	丁世奇	高级工程师	四川三洲核能钢管公司（原四川化机厂）
	徐华达	高级工程师	四川三洲核能钢管公司（原四川化机厂）

续表24

级别	姓名	职称	所属单位
国家级	张政道	高级工程师	四川三洲核能钢管公司（原四川化机厂）
	曾正涛	高级工程师	四川三洲核能钢管公司（原四川化机厂）
	任仁南	高级工程师	中铁八局集团桥梁工程有限公司
	王起超	高级工程师	成都华明玻璃纸股份有限公司
	苟能西	高级工程师	成都玉龙化工有限公司
	陈树生	高级工程师	四川化工机械厂
	季庸西	高级工程师	成都化肥厂
	高树林	高级工程师	成都化肥厂
	张　文	高级工程师	川化集团
	雷子良	高级工程师	川化集团
	许文模	高级工程师	川化集团
省级	罗思训	教授级高级工程师	川化集团公司
	张炳鑫	高级工程师	川化集团公司
	叶懋超	教授级高级工程师	川化集团公司
	羊为民	高级工程师	川化集团公司
	吴定明	教授级高级工程师	川化集团公司
	胡国民	高级工程师	攀钢集团成都钢铁有限公司
	陈世桓	高级工程师	攀钢集团成都钢铁有限公司
	李永治	高级工程师	攀钢集团成都钢铁有限公司
	张运达	高级工程师	攀钢集团成都钢铁有限公司
	刘清欣	高级工程师	成都华明玻璃纸股份有限公司
市级	郑发文	副主任医师	区人民医院
	郑向阳	高级工程师	巨石集团成都有限公司
	陈　勇	高级工程师	四川三洲核能钢管公司
	袁开全	高级工程师	成都玉龙化工有限公司
	成海涛	高级工程师	攀钢集团成都钢铁有限公司
	王代洲	高级工程师	攀钢集团成都钢铁有限公司
	李高贤	高级工程师	攀钢集团成都钢铁有限公司
	李　晓	高级工程师	攀钢集团成都钢铁有限公司
	张　军	高级工程师	攀钢集团成都钢铁有限公司
	陈北铣	高级工程师	攀钢集团成都钢铁有限公司
	李仕坚	高级工程师	攀钢集团成都钢铁有限公司
	谌灿伦	高级工程师	攀钢集团成都钢铁有限公司
	赵虎田	高级工程师	攀钢集团成都钢铁有限公司

1992年推行职称改革，全区重新组建统计、会计、经济、中小学教师、党校教师、农技、工程、卫生、乡企等11个专业技术职务（称号）初级评审委员会。同年6月成立区农村技术人员职称评定领导小组。1993年，成立工程类和经济类中、高级专业技术职称四个评审委员会，制定《成都市青白江区工程、经济专业技术称号评定工作试行办法》，在区属部门事业单位中开展评聘分开“双轨制”试点工作，缓解评聘指标的矛盾。

1999年，开展“成都市人才兴市百千万工程”人才选拔工作，调整和归并各类初级评审委员会，乡镇企业系统1000余名专业技术人员的地方职称进行转认。2001年，事业单位专业技术岗位逐步实行结构比例控制管理，不再下达岗位指标。2002年，全区有23人入选成都市“人才兴市百千万工程”第一、二层次人选。

2004年，调整归并各类初级评审委员会，成立青白江区初级职务任职资格评审中心，制定《成都市青白江区专业技术职务任职资格评审工作管理暂行办法》。2005年，成立区农民技术中级职称评审委员会。

1991—2005年，持续开展企事业单位专业技术职务年度考核、聘任升降、补增评聘、继续教育和以考代评等工作，共申报高级职称495人次，中级职称3800人次，评审初级职称12805人次（含乡镇企业称号）。不断完善专业技术人员考试制度，组织会计资格考试3066人次，组织经济类考试3945人次，组织职称外语等级考试5247人次，计算机考试6386人次，科技知识考试2934人次。开展选拔“百千万工程”乡土人才，评定农民技术初级职称211人次，中级职称108人次。

2005年，区委制定《关于为统筹城乡经济社会发展推进城乡一体化提供人事人才服务的意见》，开展第一届农村优秀人才评选活动，表彰8名农村优秀人才。同年，成都市授予城厢镇“推进城乡一体化专家服务（示范）基地”称号。

【工资管理】 1992年，根据川人工〔1991〕28号、人薪发〔1992〕4号文件精神，先后两次为全区国家机关、事业单位5000余名在职干部提高奖励工资标准，根据川人退〔1991〕18号、国发〔1992〕28号等文件精神，先后两次为全区国家机关、事业单位700余名离退休干部提高离退休费，根据国发〔1991〕4号、川府发〔1992〕39号文件精神，全区6463名国家机关、事业单位在职及离退休干部提高工龄津贴。区人事局会同区计委、区劳动局进一步明确核定工资基金管理范围，规范工资管理。

1994年，全面实施工资制度改革，清理全区国家机关、事业单位1985年以来的工资情况，套改新工资标准。全区67个国家机关单位1567人、120个事业单位4282人参加工改，人均月增资85元；157个单位的958名离退休干部调整了离退休待遇，人均月增资105.2元。为全区886名民办教师、250名集体事业单位的工作人员套改了工资。国家机关工作人员实行新工资标准后，两年晋升一个职务档次，五年晋升一次级别工资。1995年，全区国家机关、事业单位6000多名职工建立工资档案，建档案达100%。1996年，按照市人事局的统一部署，为全区国家机关事业单位5647名工作人员，首次晋升职务工资档次。

1998年，根据人事部、财政部《关于1997年调整机关、事业单位工作人员工资标准问题的通知》（人发〔1997〕89号）精神和市上统一部署，为全区国家机关、事业单位工作人员7362人提高工资标准，人平月增资22.50元。1999年，完成公务员工资标准调整，在职人员6736人，人平月增资134元；离退休人员1467人，人平月增加离退休费114元。

2002年，川化医院、成钢子弟校、化机子弟校与企业脱钩，为287名职工比照事业单位同标准套改工资。

1990—2005年青白江区历次工资调整表

表25

调资时间	调资人数	调资对象	文件依据	人均调资额
1992年	700余人	国家机关、事业单位离退休干部	川人退〔91〕18号	
	700余人	国家机关、事业单位离退休干部	国发〔92〕28号	
	6463人	国家机关、事业单位在职及离退休干部提高工龄津贴	国发〔91〕4号、川府发〔92〕39号	
1993年	5677人	全区机关事业单位提升一级工资和工资性津补贴	川人工〔93〕18号、成人工〔93〕6号	
1994年	1567人	全区67个机关单位人员	国发〔1993〕79号、85号	85元
	4282人	120个事业单位人员	国发〔1993〕79号、86号	85元
	958人	157个单位离退休干部调整离退休待遇	川府发〔1994〕34号	105.2元
	886人	民师	国发〔1993〕79号、86号	
	250人	集体事业单位的工作人员	国发〔1993〕79号、86号	
1995年	255人	机关事业单位工作人员提高津贴比例	《事业单位工作人员工资制度改革方案》实施意见	
1998年	7362人	机关、事业单位工作人员提高工资标准	人发〔1997〕89号	22.50元
1999年	6736人	机关事业单位工作人员工资标准	国办发〔1999〕78号	134元
	1467人	增加离退休人员离退休费	国办发〔1999〕78号	114元
2001年	1203人	全区机关单位调整工资标准	国办发〔2001〕4号	126元
	4094人	全区全额拨款事业单位调整工资标准	国办发〔2001〕4号	115元
	601人	全区差额拨款事业单位调整工资标准	国办发〔2001〕4号	117元
	694人	全区自收自支事业单位调整工资标准	国办发〔2001〕4号	115元
	1491人	离退休人员办理增加离退休费手续	成人工〔2002〕1号	
2002年	5414人	机关事业单位在职人员增加职务工资	成人工〔2002〕1号	41元
2003年	6616人	机关、事业单位在职人员调整工资标准	国办发〔2003〕93号	58元
	2158人	离退休人员增加离退休费	国办发〔2003〕93号	57元
2004年	5170人	机关事业单位在职人员晋升职务工资档次	成人工〔2004〕1号	
	56人	机关公务员晋升级别工资	成人工〔2004〕1号	
	2104人	离退休人员增加离退休费	成人工〔2004〕1号	
2005年	908人	正常晋升工资档次	成人办发〔2005〕215号	
	130人	正常晋升级别工资	成人办发〔2005〕215号	
	13人	离退休人员增加离退休费	成人办发〔2005〕215号	

【人事培训管理】 1992 年，成立区继续教育工程领导小组，以继续教育为契机，开展专业技术人员培训工作。结合阶段性工作需要，采取以会代训；结合工作特点，组织专门业务培训；举办公务员新任职培训、中青年公务员培训、公务员更新知识培训。1999 年，经市人事局批准，青白江区行政学校为青白江区公务员施教机构。2002 年，贯彻落实人事部《2001 ~ 2005 年国家公务员培训纲要》，在公务员中开展 WTO 基本知识暨依法行政培训。2003 年，推行培训积分登记制度。1991—2005 年，累计开展职称、计算机、会计、经济、外语、WTO 基本知识等培训 35 期，参训人员 3503 人次。

【军队转业干部安置】 军队转业干部安置坚持“情况清、方向明、定岗准、安置好”的原则，实行指令性计划分配与推荐选用相结合的方式，做到安排一步到位。为了让军队转业干部更快适应新的工作，区人事局每年组织安排军队转业干部参加市行政管理学院举办的公务员、管理人员等上岗培训。2001 年，执行军队转业干部自主择业政策。1991—2005 年，全区共接收军队转业干部 108 人，其中：正排职务 5 人，副连职务 16 人，正连职务 27 人，副营职务 22 人，正营职务 20 人，副团职务 10 人，正团职务 8 人；其中：计划安置 100 人，自主择业 8 人。

2004 年，区人事局对区内 744 名企业军转干部进行摸底调查，对其中失业的 30 名企业军转干部按时足额发放生活困难补助。

【大中专毕业生就业管理】 1991 年，按照面向基层、面向企业、专业对口、人尽其才的原则，区人事局按计划统筹分配、派遣安置大中专毕业生。1995 年，改革大中专毕业生就业办法，加强委培大中专学生管理，制定《1995 年大中专毕业生就业具体办法》。1991—1998 年，全区派遣安置大中专毕业生 1354 人。

1999 年，大中专毕业生由分配安置改为就业指导。按照“双向选择、自主择业”的原则，鼓励、引导大中专毕业生面向事业单位及企业就业。到 2005 年，区人事局接收大中专毕业生登记 3230 人，为 2830 名大中专毕业生办理档案托管手续。

【人才交流管理】 1992 年 6 月，成立区人才流动中心，加强人才引进管理，开展人才流动服务。同年，区委、区政府制定《进一步加强引进人才和人才管理工作的意见》。1993 年，区政府制定《成都市青白江区人才交流暂行办法》，理顺进人渠道和办事程序。1999 年，成立青白江区人事行政执法责任制领导小组，确定 3 名人才市场执法人员加强人才市场法治管理。2000 年，区委、区政府制定《关于进一步加强人才引进管理工作的意见》，提出“构建青白江人才高地”。2003 年，区政府制定《关于进一步做好人事人才工作为加快民营经济发展服务的意见》，指导民营经济人事人才工作，同时成立青白江区人事争议仲裁委员会，促进全区人才市场健康发展。

1999—2005 年青白江区大中专毕业生报到登记情况表

表 26

年份	硕士	本科	专科	中专
1999		12	62	177
2000	1	35	80	192
2001		40	70	304
2002		67	79	280

续表26

年份	硕士	本科	专科	中专
2003	1	82	122	121
2004	3	378	150	59
2005	3	619	258	36

区人才流动中心在全区开设单位人事代理及个人人事代理，为到各类企事业单位工作的大中专毕业生及各类辞职人员保留全民干部身份、人事档案和工资关系；实行人事代理，代办职称评审，办理出国政审，婚姻状况证明，流动党员按期转正手续等。建立区“人才资源库”，与成都市人才市场、用人单位建立信息网络。

国土资源管理

【耕地保护】　坚持耕地总量动态平衡的原则，做好耕地保有量、基本农田保护面积和年度耕地占补平衡。

1996年，开始执行基本农田保护政策。按照《基本农田保护条例》和省、市关于划定基本农田的要求，将区级以上人民政府批准的粮、油、名、特、优农产品和良种繁育基地，平坝地区耕地、丘陵地区一、二台土的水田、旱地、山区梯田、宽谷地带的耕地、蔬菜基地、农业综合开发项目中的耕地和改造后的中低产田划入基本农田保护区。河道泄洪区耕地、大弯镇周围易污染耕地作为一般农田保护。坚持开展“三无”乡镇创建活动，加大土地执法监察力度，对耕地总量动态平衡实行动态监察。建立和完善基本农田保护制度，把基本农田责任、基本农田保护区用途管理、占用基本农田上报审批等规章制度落实到人，奖惩挂钩。

1999年以来，城市建设、成都东郊企业和招商引资项目入驻等非农建设用地增加，耕地占补平衡的难度加大。为确保耕地保有量，在新一轮规划中，把1872公顷高质园地划入基本农田保护范围，基本农田总体质量有所下降。应采取增加土壤有机质，恢复地力等措施，确保基本农田质量。

2000年，根据国土资源部、农业部《关于基本农田保护区调整划定工作验收办法》和省国土资源厅、农业厅的相关规定，全区按照统一安排部署，统一业务培训，统一技术标准的要求，完成基本农田保护区调整划定工作，并层层签订基本农田保护责任书，设立基本农田保护区标志。2003年，全区耕地面积21613.6公顷，其中基本农田保护面积19026公顷，占耕地面积的88.03%。2004年，经市土地管理委员会第三、四次会议讨论通过，市委常委会议同意，青白江区基本农田保护面积在上轮土地利用总体规划的基础上，调整为18360公顷。

【地籍地政管理】　1991年完成历时4年的土地利用现状调查，形成各类土地面积统计表、土地利用现状图、土地权属界线图、土地利用现状报告等调查成果。1990—1992 年，先后测量大弯、城厢、弥牟、清泉等 12 个乡镇国有土地，形成测量图 48 张，地块 2143 宗，完成城镇土地登记发证。1992 年 10 月至 1993 年，开展农村集体土地使用权申报登记、调查、审核发证。农村集体土地使用权应申报 80819 宗，已申报登记、核发"集体土地使用证"80522 宗，占应申报登记的 99.63%。

1996 年，根据国家土地管理局《关于完成全国土地普查将土地详查数据变更到 1996 年 10 月 31 日同一时点的紧急通知》和成国土发〔1996〕50 号文件精神，在全区范围内开展土地利用现状变更调查，1996 年 10 月全面完成土地利用现状变更调查。1988～1996 年 10 月，全区土地利用变更 439.4 公顷，其中城镇村庄和工矿建设用地增加 264.31 公顷，占变更总量的 60.15%；交通建设用地增加 39.03 公顷，占变更总量的 8.89%；耕地减少 290.98 公顷，占变更总量的 66.22%。

1996 年以后，全区土地利用变更较大，到 2003 年全区农业用地减少 3271.2 公顷，其他用地减少 223.6 公顷，未利用土地减少 138.93 公顷；建设用地增加 1659.93 公顷，其中城镇和工矿建设用地增加 158.93 公顷，农村居民点建设用地增加 1013.93 公顷，交通建设用地增加 487.07 公顷。

1993 年，根据省国土局《关于进行土地变更登记工作的通知》，按变更登记范围，依法开展调查登记工作。1993—1998 年，办理土地变更登记 573 宗，其中国有土地使用权转让 375 宗，集体土地使用权变更 198 宗。1999—2005 年，办理土地变更登记 4633 宗，其中出让土地 2118 宗，转让土地 2515 宗。

【建设用地管理】 1992 年，实行土地使用制度改革，将无偿、无期限、无流动的土地使用制度，转变为有偿、有期限、允许依法流动的土地使用制度。1993 年 10 月，建立土地价格标准和评估体系，将城镇土地分为一、二、三、四级，按照"综合用地""商业用地""住宅用地""工业用地"四大类，分别评出基准地价。除石油天然气、民航、铁路、交通、水利、电力、教育、体育、卫生等行业和安居工程（经济适用房）建设用地，可以依法采取行政划拨方式供应土地外，其余建设用地一律采取招标、投标、挂牌出让等方式取得土地使用权。

1992 年 9 月，区政府制订土地统征工作暂行办法，规定建设用地按照城乡规划，实行"统一规划，统一征地，统一开发，统一管理，政府审批"；成立区建设用地统一征地办公室，负责土地统征、开发和划拨，减少办理环节。1993 年 3 月、1995 年 3 月和 1996 年 7 月，区政府相继制定《青白江区关于强化国土管理，改革土地征（拨）方式，人口安置途径和费用管理办法的通知》《青白江区国家建设征用土地农转非人员安置实施细则》和《青白江区国家建设用地补偿安置实施细则》，对建设用地方式、征地补偿、补助标准、人员安置、费用管理等作出明确规定，确保国家建设和重点项目建设用地需要。

1994 年 7 月，国务院颁布《关于深化城镇住房制度改革的决定》，区政府制定《青白江区城乡居民住宅用地管理办法》，规定城乡居民新建、扩建住宅用地或买卖、转让房屋等建筑物，应办理变更"国有土地建设用地使用证"；有出卖、出租住房、原宅基地超过规定标准的，不能再申请建设用地；移址建房的，原宅基地限期还耕。

1995 年 4 月、1995 年 12 月、1996 年 10 月国家土地管理局三次下发通知，公布石油、天然气、民航、铁路、交通、水利、电力、教育、体育、卫生行业划拨用地项目目录（试行）。全区经济适用房、石油天然气、民航、铁路、交通、水利、电力、教育、体育、卫生建设用地实行划拨，保证国家建设用地，严格执行划拨土地使用权不得转让、出租和抵押的政策。

1994年区政府制定《青白江区关于做好小城镇建设用地管理的意见》，规定小城镇建设用地按其性质分别采用行政划拨和有偿使用方式出让土地使用权。按照小城镇建设总体规划和定点红线图，一次性审批3.3～6.6公顷土地，作为启动小城镇建设用地控制面积，每个试点镇建设用地总量控制在20公顷以内。1994—2000年，大同、祥福、弥牟、城厢、清泉、姚渡、合兴等乡镇先后列入省、市小城镇建设试点镇，享受省、市试点镇建设用地政策。为保证重点工程建设，试点镇建设用地指标经上级同意后可以在区内调剂使用。

【土地开发整理】 2000年，编制全区土地开发整理专项规划，6.6公顷以上集中连片荒山和4公顷以上可开垦土地列入省级项目库；6.6公顷以下、2公顷以上集中连片可开垦土地和4公顷以下、1公顷以上待开垦土地列入市级项目库；2公顷以下和1公顷以上集中连片可开垦土地列入区级项目库。2001年4月，土地开发整理专项规划通过市国土资源局组织的评审验收。

据2003年土地利用现状调查，全区城市、工矿、草地河滩、村落宅院、废弃瓦窑、土坑、河渠中未利用土地4991.18公顷。尤其在农村，由于居住分散，田块零星，相互交叉，田间耕作道路、沟渠数量增加，弯曲程度大，非耕作面积约4000公顷，占耕地面积的18.8%，比例明显偏大。农村居民点人均占地面积140平方米，加上临时搭建，辅助设施和院落道路等占地，人均占地180平方米左右，高于人均80～100平方米的部颁标准。

2003年，福洪乡解放村（今杏花村）土地整理申报立项，2005年2月，省国土资源厅以川国土资函〔2005〕246号文件批复。项目工程属成都市中心城区2005年城市建设占用耕地占补平衡项目，总面积596.98公顷，净增耕地81.18公顷，总投资5955.1万元。其中宅基地15.25公顷，坡地改梯田131.64公顷，小田并大田109.87公顷，农用地138.94公顷，废弃工矿地0.82公顷，回填坑凼0.49公顷。修建“U”型渠12425.3米，排水沟276米，新修蓄水池20口、3700立方米，沉沙池20口，引洪沟20条，新建和改造道路8920.7米。修建中心村沼气化粪池6个，住房79套，1.02万平方米。中心村占地面积5.01公顷，人均占地70平方米。

2005年，先后完成城厢镇十五里村废弃砖厂、清泉镇花果山荒坡开发、姚渡镇跳蹬（今坪家）村废弃砖厂等土地开发、复耕整理项目。同年10月，龙王镇长林、锦江、红树、双堰、清平村，祥福镇新生村等土地开发整理项目经省国土资源厅批准立项，总面积778.28公顷。

审计监督

【审计体系建设】 1991年，根据国务院《关于审计工作的暂行规定》和《中华人民共和国审计条例》，初步建立国家审计、社会审计、内部审计的审计体系。1995年《中华人民共和国审计法》颁布实施，先后制定《执法程序制度》和《错案追究制度》，规范审计执法工作。审计工作由区级财政预算执行情况审计向使用财政资金的部门、乡镇延伸，将过去的企业审计、行政事业单位定期审计改为重点单位、重点行业、重点资金和基本建设项目审计。1999 年 5 月，依据《县级以下党政领导干部任期经济责任审计暂行规定》《国有企业及国有控股企业领导人员任期经济责任审计暂行规定》，开展领导干部任期经济责任审计。根据四川省国家建设投资审计办法，开展投资审计，接受审计署的委托开展驻区国家金融机构和保险机构审计。1991—2005 年，全区共完成审计项目和审计调查 969 项，查出违规金额 9992.47 万元，收缴财政金额 2906.3 万元。

【同级财政预算审计】 1995 年，根据《中华人民共和国审计法》，深化财政、地税、地方金库的审计。坚持“账户入手，下审一级”的方法，对同级财政预算执行情况进行重点审计，针对存在的问题提出审计建议。1995—2005 年，查出违规金额 4210.04 万元，收缴财政金额 2200.91 万元。向区政府提交年度《审计结果报告》，区审计局受区政府委托，每年向区人大常委会议报告财政预算执行及其他财政收支情况。

【乡镇财政决算审计】 1991 年，乡（镇）财政实行就地审计。到 1994 年，全区 15 个乡（镇）财政审计 17 项，查出违纪金额 69.28 万元，上缴财政 27.78 万元。

1995—2005 年，区审计局依法审计乡（镇）政府财政决算。重点审计有无越权减免税，上下级财政收入是否划清，专项资金使用是否合法，合规等。1995—2005 年，完成乡（镇）（街办）财政决算审计 27 项，查出违规金额 336.81 万元，上缴财政 150.08 万元。通过审计，督促乡镇（街办）完善财务管理，乡镇（街办）部门收支纳入乡镇（街办）财政所统一管理。

【行政事业及专项资金审计】 1991—1994 年，执行定期审计制度，按年度分阶段对全区行政事业单位进行一次以上审计，完成审计项目 141 项，查出违规金额 53 万元，上缴财政 13 万元。1995 年，除定期审计外，开展专项审计。先后对住房资金中心、交通、城建、环保、国土、卫生、工商、计生委、社保和农业综合开发等专项资金进行审计，重点审计资金的归集、收支、管理和预算外资金纳入财政专户储存的情况，是否符合财政规章制度和“收支两条线”规定，有无乱收费，乱建基金，专项资金是否专款专用。根据审计中发现的问题，提出进一步加强预算外资金管理的建议，全区预算外资金全部纳入财政专户储存，实行收支两条线管理，充分发挥资金的使用效益。1995—2005 年，先后完成行政事业及专项资金审计 122 项。

【领导干部任期经济责任审计】 1997 年 7 月 10 日，《成都市国有企业法定代表人离任审计条例》正式实施，区审计局开展国有企业法定代表人离任审计。1999 年 5 月 24 日，中共中央办公厅、国务院办公厅关于印发《县级以下党政领导干部任期经济责任审计暂行规定》和《国有企业及国有控股企业领导人员任期经济责任审计暂行规定》的通知，区委、区政府制定《关于青白江区党政领导干部任期经济责任审计的审计办法》，建立区纪委、区委组织部、区监察局、区人事局、区审计局等五部门联系会议制度，执行审前公示制度。在审计过程中把好审前资料收集、审计结果认同、审计评价审定“三个环节”，做到搞好经济责任审计与年度财政财务收支审计，账内审计与账外审计，审计本级与延伸下级，全面审计与调查核实“五个结合”。重点审计资产、负债、损益情况；固定资产保值、增值情况；执行国家财经纪律情况；任期内目标完成情况；财务收支、收益分配、投资和基金管理使用情况。1999—2005 年，对 51 个单位的法定代表人进行了任期经济责任审计。查出违纪金额 2451.18 万元，归还原资金渠道 607.51 万元，收缴财政入库 169.63 万元。

【固定资产投资审计】 1995 年，城乡建设步伐加快，基本建设投资报审项目不断增加，区审计局依法加大财政性投资、银行贷款投资项目的审计。1995—2005 年，对城市建设、水利、交通道路、土地整理和小城镇建设等重点工程进行工程预决算审计，完成审计项目259项，基建预决算送审金额10.22亿元，审减基建投资5423.48万元。

【金融审计】 1991—1994年，区审计局根据省、市审计厅（局）授权审计金融机构11项次；1995—2005年，上级授权审计19项次，财政预算执行情况延伸审计1项，合计31项次。其中工行青白江支行4次，农行青白江支行8次，区保险公司3次，建行青白江支行3次，中国财产保险青白江区支公司2次、中国人寿保险青白江区支公司3次，区城市信用社1次，农村信用合作联社1次，景峰、华严、弥牟、祥福、玉虹信用社各1次，财政证券所1次。重点检查损益真实性和资产质量情况，违规经营和财务收支盈亏、资产不实及账外账等弄虚作假问题，促进规范管理，提高金融资产质量。

【企业审计】 1991—1994年审计项目21个，查出违规金额277万元，上缴财政12万元；1995—1998年审计项目9个，查出违规金额205万元，上缴财政22万元；1999—2005年审计项目7个。在企业审计注重内部控制制度和经济效益延伸审计，调查企业财务收支，资产负债和亏损盈利情况，帮助企业纠正违规问题，促进企业挖掘内部潜力，改善经营管理，实现扭亏为盈，提高经济效益。

1994年，根据省、市审计厅（局）的安排，开展青白江区粮食企业财务挂账情况审计，查出违规金额118.4万元。1995年青白江区粮食财务挂账总额1876.82万元，1996年和2005年又对区粮食财务挂账情况、粮食企业亏损情况进行审计，截至2004年12月31日，青白江区4个粮站总负债13551.07万元。

【外资审计】 改革开放以来，利用外资（主要国外资金）进行经济建设的项目不断增多。区审计局按照审计署“严格执法、如实披露、提高质量、强化监督”的要求，加强外资审计监督。2001—2004年，上级授权区审计局，对亚行贷款项目成南高速公路青白江段跟踪审计。区审计局立足监督，做好服务，保证贷款资金合理使用。项目审计总金额5544万元。2003年查出管理不规范资金129万元，作出归还原资金渠道的处理。

【社会审计】 青白江区审计事务所1988年9月成立，1992年11月和1993年7月经市审计局批准，先后成立审计事务所农业机械分所和农村经济分所，1999年12月，根据省政府办公厅《关于印发会计师（审计）事务所脱钩改制实施意见》，青白江区审计事务所与区审计局脱钩，成为社会审计机构。青白江区审计事务所坚持以《注册会计师法》《审计法》为准绳，按照公正执业、公平竞争的要求，严格质量管理，积极拓展业务，配合国有企业改制，认真做好资产评估和资金验证、财务收支及基建竣工决算审计等工作，1998—2005年，共完成委托事项4552项，核减基建预决算770万元，核减虚假注册资金6112万元，为委托单位挽回损失13万元。

【内部审计】 内部审计紧紧围绕各部门、各单位中心工作，年初下达内审项目，年中进行业务指导，年末进行综合考核。努力发挥内审作用，全面履行审计监督职责，以财政财务收支审计为基础，加大重点领域、重点部门、重点资金和厂长（经理）离任审计。内审工作切实维护财经法纪，督促部门和单位建立健全自我约束机制，依法经营，加强管理，提高经济效益。2005年，仅有区教育局、区建设局、区卫生局等7个部门保留内审机构。

档案管理

【档案法规宣传】 1990年11月《中华人民共和国档案法实施办法》正式实施。1991年，制订档案法制规划，每年采取培训、设点、挂图、广播电视、发放资料等形式，宣传《〈档案法〉实施办法》。

1995年8月青白江区档案执法小组成立。1998年，对全区98家单位开展贯彻执行《档案法》执法检查。1999年6月配合区属企业的改制工作，区档案局对青白江区机械厂、区房地产综合开发公司、区天作股份有限公司、区木螺钉厂、区燃建公司等5家国有改制企业的档案工作进行抽查。2000年区档案局获得四川省档案普法先进单位称号。2003年，区档案局对区污水处理厂、怡湖广场、达成铁路、成南高速公路等重点建设项目的档案进行执法检查，要求未依法整理归档的项目单位限期整改。

1991—2005年，全区共举办《档案法》《档案法实施办法》《档案行政执法责任制》等法律、法规的培训16次，培训档案人员、档案分管领导1000余人次。

【馆藏档案】 1990年馆藏档案7887册。1991年、1995年陆续接收各一级立档单位。1981—1990年形成的各类专门（业务）档案进馆。1995年对馆藏89个全宗单位22251卷（张、盒）、15种门类的档案进行整理、分类、排列、编号、定位，编制配套的检索工具和参考资料；对馆藏满30年（1965年以前）的2205卷档案，组织专门人员进行鉴定、编目，确定32个全宗2205卷属于开放档案，编制《开放档案案卷目录》16本。1996年建立全区档案目录中心，先后编写《区委、区政府文号索引目录》《区委、区政府系统干部任免专题目录》《青白江区机构演变专题目录》等17种411本。1999年新编《地名档案专题目录》《名人档案专题目录》《人口普查专题目录》《第三产业普查专题目录》《人事档案专题目录（死亡干部档案）》等5种检索工具。2004年编辑出版约30万字的《青白江区档案馆指南》。

1996年前档案馆主要采用樟脑块防虫和防鼠，1997年采用档案专用杀虫药，分别在1995年、1999年、2005年利用磷化铝熏蒸杀虫法定期对档案馆库房及全部档案进行杀虫消毒，确保馆藏档案的安全。

1997年修建档案馆消防通道，1998年档案馆进行房屋维修和防漏处理。2004年档案馆馆库、业务技术用房安装防火防盗自动报警装置，进行防腐、防虫、防鼠处理。2004年建立接待室、检索室、内部阅览室、整理裱糊室、复印打字室等技术用房，配置消毒柜、裱糊架等设备。对馆藏4.9万余卷档案资料进行倒库、重新排列上架，重新整理56836件，裱糊4838件，复制1347件，建立规范全宗卷131盒。2004年10月，档案馆通过省、市档案局组成的联合考评小组的考核，以107.5分的高分达到四川省档案规范化管理一级标准。

1991 年开始把档案的抢救重点放在基层档案室。1992 年征集实物档案 41 件，照片档案1634张，征集到一本有重要保存价值的族谱。1991—2005 年全区共抢救积存档案151321件，其中 1999 年抢救保险赔付专门档案4599件张，2003 年抢救城南路工程项目档案23537件。

2005 年，馆藏档案 48124 卷册，全宗 138 个。馆藏档案结构从最初的文书档案和少量的幻灯片档案增加到以文书档案为主，其他专门（业务）档案为辅共 18 个门类的立体型馆藏结构。

【基层档案建设】 2005 年，全区多功能综合档案室 56 个，98 个一级立档单位，170 个行政村、217 个下属单位和区重点企业、乡镇企业建立档案管理制度。30 多个机关、企事业单位的档案室达到省级标准，其中 8 家单位达到省一级管理标准。

1996 年，全区推行村级档案建设。1997 年制定《档案员职责》《村级档案室立卷归档制度》《村级档案保管制度》《村级档案利用制度》《村级档案保密制度》等。2000 年加强小城镇建设档案管理，对 8 个乡镇的小城镇建设建档工作开展执法检查，共形成小城镇建设档案 122 卷（盒）。2001 年在大同镇开展农科站档案试点，加强乡镇农科站建档工作，同年 15 个乡镇收集整理农科站档案1282卷册。2003 年在城厢镇试点社区档案建设。2004 年 12 个社区建立档案管理机构，形成社区档案 125 卷（盒、册），建档率达 100%。

2000 年，开展乡镇企业档案建设，确定飞亚曲轴厂为乡镇企业建档单位，通过市、区两级综合考评，该厂档案管理工作达到省级标准。2001 年开展乡镇企业档案工作业务指导，规范企业档案管理。

【档案利用】 区档案局（馆）建立开放档案1479卷（册），编制开放目录 11 本，为全区经济建设、工作考证、解决纠纷、领导决策、科学研究提供利用档案36293卷次，10378人次，出具证明3444件，根据档案的利用情况汇编《利用档案典型事例》。

1992 年建立档案资料陈列室。2003 年配合爱国主义教育，对馆藏民国档案彭家珍烈士全宗档案 317 件按照现代化管理要求进行著录。2003 年和 2004 年，相继征集到包维超、税志异等烈士档案，2004 年区档案馆建成区级爱国主义教育基地。

2004 年 7 月，区委、区政府“档案信息及现行公开文件资料利用中心”在档案馆挂牌成立。建立区委、区政府现行公开文件和档案信息查询系统，录入现行公开文件11157条。2005 年 11 月，区档案局（馆）对区委、区政府及所有部门 2004 年现行公开文件进行收集整理与归档，采用计算机录入现行公开文件 6615 件，接待查阅利用1860件次、965 人次。

【档案信息化】 1999 年底，全面推行由市档案局研制开发的 AMS－2000 紫晶文档管理软件，到 2005 年 8 月有 91 个单位利用档案管理软件进行计算机归档，形成档案 4814 盒。2003 年，按照《全国档案信息化建设实施纲要》《四川省档案信息化建设实施意见》的要求，区档案局（馆）建立现行公文数据库，录入 47 家单位的现行公文条目 16775 条，录入 5 个乡镇的婚姻档案条目 1326 条。

信访工作

【信访制度】 根据国务院《信访条例》和《成都市乡镇、街道信访工作办法》，先后制定《青白江区人民群众逐级上访办法》《成都市青白江区各乡镇、区级各部门领导阅批人民来信制度》和《成都市青白江区各乡镇、区级各部门领导接待人民群众来访日制度》，指导和规范信访工作和信访行为。

坚持和规范领导阅批群众来信和接待群众来访日制度。乡镇、街道办事处领导阅批群众来信达100%；乡镇、街道办事处和各部门每周一上午安排一名领导接待群众来访。值班领导接待上访群众日不得缺席，不得迟到早退，不得中途离岗脱岗，不得临时由工作人员顶替。

建立处理信访突出问题及群体性事件联席会议制度。联席会议办公室设在区政府办公室。办公室下设五个工作小组，农村征地拆迁问题工作小组，由区国土资源局牵头；城镇房屋拆迁问题工作小组，由区房管局牵头；企业改制问题工作小组，由区体改办牵头；涉法涉诉问题工作小组，由区政法委牵头；企业军转干部问题工作小组，由区人事局牵头。

【信访接待】 人民来信来访突出反映农村村组财务、环境污染、乱收费、征地拆迁安置补偿、改制企业职工利益等五类问题。1991—2005 年，区信访办公室共接待人民群众来访7191批次，受理人民群众来信4800余件，接待集体访1293批、28348人；受理联名信 544 件，25444人。其中：1991 年信访量最少，共接待来访 170 人次，受理来信 102 件；2000 年是最多的一年，共接待来访1717人次，受理来信 340 件；2004 年是集体访最多的一年，共接待来访 238 批4154人，也是联名信最多的一年，共收到来信 105 件，3901人。

【查处信访案件】 区信访办公室采取转办、自办、联办、协办、交办、督办等形式，查办信访案件。一般信访实行转办，承办单位做到件件有结果，事事有回音。重要信访报区领导批示，按领导批示交办、督办或区委、区政府目督办与区信访办对主要信访案件实行双向督办。1991—2005 年，全区共查处市以上单位交办督办信访件 225 件；查处领导批示信访交办件2980件次，其中领导阅批群众来信1483件，领导接待群众来访交办件1497人次。

重大集体访、群体访事件，由区委、区政府领导，各级各部门通力合作，按政策妥善处理。1991—2005 年，接待和办理集体访和群体访1306批，28540人。其中到省市重大集体访、群体访 6 批，151 人；到北京重大集体访、群体访 7 批，41 人；到区委、区政府重大集体访 11 批，1066人。

安全生产监督

【重点行业监督管理】 2003年，区政府制定《关于加强农村机动车驾驶员安全教育管理工作的通知》，成立以区委副书记谢瑞金为组长的治理两轮摩托车和货运三轮摩托车非法营运领导小组。2003年初至2005年11月，全区集中整治36次，出动警力和执法人员869人次，监督车辆216台次，重点整治城厢、大同、清泉、姚渡、福洪、人和6个乡镇，查处非法营运摩托车146辆，扣留无牌、无证、非法改装、违法载客"火三轮"146辆。

2004年1月，开始实施违法客运车辆抄告制，给予驾驶员纪律处分和经济处罚，违章抄告累计达3次的客运车驾驶员，由单位取消驾车资格，有效监管客车违章驾驶。

加强农村住宅建筑质量和安全施工管理，区安监局、区建设局、质量监督局制定《青白江区农村住宅建设管理暂行办法》，被市安全生产监督管理局作为农村住宅建设安全管理经验在全市推广。

【安全生产管理规范化建设】 2002年，全区开展安全生产管理规范化建设创建工作。2003年，15个乡镇和6个示范企业的创建工作通过验收，达到合格标准。2004年12月，11个乡镇（撤乡并镇后）通过区级验收，示范企业成钢梅塞尔气体产品有限公司、成都市王牌有限责任公司、成都玉龙化工有限公司同时通过区级验收。

2005年6月，市政府制定《关于进一步加强乡镇（街道）安全生产管理规范化建设的意见》，对进一步加强乡镇（街道）安全生产管理规范化建设，建立和完善基层安全生产长效管理机制提出新的要求。区政府制定《关于进一步深化乡镇（街道）安全生产管理规范化建设的意见》，对建立和完善基层安全生产长效管理机制，强化安全监管作出具体安排。

【安全生产应急救援预案】 2003年4月，区政府办公室制定《青白江区2003年地质灾害防御预案》，2003年开展青白江区地质灾害重点防御点调查统计。同年5月，区安监委制定《成都市青白江区危险化学品事故应急救援预案》，成立青白江区重大危险化学品事故救援处置领导小组，对全区危险化学品基本情况进行摸底调查。同年12月，区政府制定《成都市青白江区重特大安全事故应急救援预案》，建立重特大事故应急救援指挥系统，成立以区长何立祥为指挥长的区重特大事故防范和救援处置指挥部；明确重特大事故应急救援主要成员单位的职责和重特大事故应急处置程序。

中铁成都桥梁厂、川化股份有限公司、攀成钢有限责任公司分别编制现场事故应急救援预案，成立现场事故应急救援组织。

【安全生产重大事故案例】 2002年7月15日凌晨5时40分，弥牟镇灯塔村3组孟天罡家，因室内天然气使用不当，导致泄漏，遇火花发生爆炸，炸毁楼房4间，造成5人死亡、2人重伤，直接经济损失30万元的非生产重大事故。

2003年2月10日上午10时20分，日新镇新生村4组罗家山坡村民罗永清拆除旧平房时，发生墙体倒塌，造成3死1伤的重大事故。

2003年7月31日20时30分，清泉镇桔丰村6组村民陈香伦驾驶川AB9416二轮摩托车违章搭乘妻子和两个儿子，由清泉镇方向沿桂红路向城厢镇方向行驶，行至桂红路22.6千米处，与前方右侧横向停放的川A12074拖拉机后部相撞，摩托车上4人受伤，其中3人经医院抢救无效死亡，只有一名2岁男孩幸存。

2004年9月12日，金堂县一辆越野车途经唐巴公路青白江绕城线成绵加油站路口，因酒后驾车，闯红灯超速行驶，与金堂县出租车公司的出租车相撞，造成3人死亡、3人重伤的重大道路交通事故。

2005年8月11日15时30分，福洪乡新光村4组村民刘良山驾驶ATK493三轮摩托车，搭乘人和乡官仓村两位村民运仔猪从福洪回官仓村，行至龙官路200米处时，驶离路面翻入路边沟坎下，造成驾驶员和一名乘车人当场死亡，1人重伤的道路交通事故。

人民防空

【人防宣传教育】 区人防办公室利用人防宣传栏、广播、电视、报刊等多种形式开展人防宣传教育，增强人民群众的国防观念和防空意识。1991—2005年，共制作宣传橱窗26期，展板264个；发放《四川省人防报》《成都人防》和《国防时报》等2740份；在省、市、区报刊上发表人防工作稿件126篇。

1997年1月1日《中华人民共和国人民防空法》（简称《人民防空法》）颁布实施。全区成立6个宣传队，在《青白江报》设宣传专栏、组织宣传车、在街道设宣传点、举办人防图片展等形式，广泛宣传《人民防空法》。2002年9月，区人防办公室与区人武部在怡湖公园门口联合举办国防暨人防宣传大型活动。

【人防工程建设】 认真贯彻《人民防空法》，坚持“长期准备、重点建设、平战结合”的方针，以工程建设、指挥通信为重点，提高人防工作战备效益、社会和经济效益。1991年以来，严格按照省、市总体防护规划，注意工业布局合理，避免重要目标过于集中，做好搬迁疏散准备，增强目标抗震、抗毁能力。加强地下人防工事管理，提高供水供电系统稳定性。1991—1994年，先后完成1476.4平方米的工事维修任务，人防工事达标面积5792平方米。贯彻平战结合、开发利用的方针，到1994年利用面积4225平方米。到1997年，全区已建成人防工事29个，总面积逾1万平方米。2002年，区人防指挥中心地下室人防工程竣工投入使用。

【人防指挥通信】 1991年，编制《青白江区防化学事故应急救援方案》。1992年，修改1984年制订的《青白江区防空袭预案（草案）》。1994—1997年，调查防空袭人口疏散路线道路及基地，完成人口疏散道路保障计划的修改任务。全区警报器每年法定时间统一鸣放，一次鸣响率100%，到2002

年全区已建电动警报器16台。

地方志编纂

【第一轮修志】 1986年4月区地方志编纂委员会办公室（简称区地志办）根据《四川省地方志工作规划纲要（1986～1990）》拟订《青白江区志编修实施计划》，1986年9月全区召开第一次修志工作会议。后因修志的人员、经费等问题修志工作处于停滞状态。

按照市长刁金祥对地方志编纂工作的指示，1990年5月区委、区政府调整区志编委会、办公室和编辑班子，区志编委会通过区志编纂方案和区志篇目（征求意见稿），区政府召开修志工作再动员会议。以会代训，对61个单位161名工作人员进行4天培训。同年11月，区地志办印发《〈青白江区志〉基本篇目（1990年11月第一次修订稿）》及责任采编分工意见。

1991年修志工作纳入一级目标管理，修志工作全面启动。区委、区政府先后下发4个文件，加大修志工作力度。同年5月和8月，举办两期168人参加的修志业务培训班。1991年搜集资料2114万字，资料建卡1413万字，编写“资料长编”91万字。1992年印发区志总纂篇目，制订审稿须知，成立区志审稿领导小组。6月编辑室召开有30个部门主笔和区志常务人员参加的志稿研讨会。7月区志编修进入总纂阶段，经过“三纂三审”完成区志基本稿32篇130万字。1993年10月，完成志稿区级终审。1994年5月，市地方志编纂委员会区县志审查验收小组、市出版社联合编辑室代表市政府在青白江区召开终审验收会，区志基本稿审查验收合格。1994年6月，省地方志编纂委员会同意《青白江区志》对外发行；同年12月市政府批准出版《青白江区志》。

1995年4月，《青白江区志》第1版第1次印刷2700册，每册81万字，精装护封本，每册定价75元。同年9月28日，举行《青白江区志》首发式。《青白江区志》先后被评为四川省地方志优秀成果二等奖、成都市地方志优秀成果一等奖和成都社会科学优秀成果三等奖。2003年，区地志办按照成都市政府再版志书的要求，集中5个月时间开展《青白江区志》审校、勘误工作。

【年鉴编纂】 1994年11月，成立青白江区年鉴编纂领导小组，组织开展第一本《青白江年鉴（1991～1994）》的编纂。1995年5月，区委办、区政府办要求“区属各单位设立年鉴资料员”。区地志办先后拟订《年鉴编纂实施计划》《年鉴编写工作规范》《年鉴编写应注意的几个问题》，培训区级部门、乡镇和驻区市属以上企事业单位资料员110余人。1996年3月，承编单位编写的年鉴资料基本完成，区地志办组织开展总纂、修改、审订和定稿。1997年1月，《青白江年鉴(1991～1994)》内部出版发行，全书62万字，印数700册。《青白江年鉴(1991～1994)》主要记载1991～1994年间全区政治、经济和社会发展的基本情况，先后获省地方志协会优秀成果奖和市地方志编委会、地方志协会优秀成果一等奖。

1998年9月，区政府批转区地方志编委会《青白江年鉴(1995～1998)》编纂实施计划，召开全区年鉴资料员培训会，布置年鉴工作。1999年6月，单位完成年鉴资料报送，收集年鉴资料100余万字。同年10月，区地志办完成年鉴的初稿、审核稿、总纂稿和图片编辑工作。2000年初，区地志办进一步对基本稿进行修改、补充，提交区委、区政府审核后定稿。2000年5月，《青白江年鉴(1995～1998)》内部出版发行，全书67万字，彩插16页，共印500册。

2002年9月，区地志办制定《青白江年鉴(1999～2002)》编纂实施计划。2003年3月，区政府11届4次常务会同意编写出版1999～2002年《青白江年鉴》。2003年4月，区政府办公室制定《关于编写出版1999～2002年〈青白江年鉴〉安排意见》，年底各单位基本完成初稿编辑，收集图片689张，文字资料150余万字。区地志办通过审核、修改、总算，形成图片500张、文字资料80余万字的年鉴稿。2004年3月，《青白江年鉴(1999～2002)》内部出版发行，全书80万字，彩插120页，共印1000册。

【方志资料收集】 区地志办承担上级部门交办的编写编辑编审青白江区有关地情资料的工作任务，先后为《四川省成都市地名录》《四川经济大典》等18部地情文献提供资料。

区地志办通过购买、交换等形式，收集方志资料，2002年建立方志陈列室。至2005年，收集市内志书67种、年鉴60种；收集省内志书37种、年鉴33种；收集省外志书12种、年鉴3种。

地方政治协商会议

概　述

中国人民政治协商会议成都市青白江区委员会（简称区政协）由区内中国共产党、民主党派、无党派人士、人民团体和社会界别组成。1990 年第三届区政协任期三年，从 1993 年第四届区政协开始，每届任期五年。1990—2005 年，共召开区政协全体会议 15 次，每届第一次会议选举本届区政协常务委员会委员、秘书长、副主席、主席，由主席、副主席、秘书长、常务委员会委员组成区政协常务委员会，负责区政协闭会期间的日常工作。

区政协委员参加政协会议听取和审议区政协常委会工作报告、区政协提案工作报告，讨论并通过有关报告的决议。列席区人大会议，听取政府工作报告、国民经济计划执行情况的报告和财政预决算报告。区政协五届四次会议听取区法院、区检察院工作报告。区政协通过召开全体会议、常委会议、主席会议、专题协商会议，组织开展专题调研、调查、视察、民主评议政府工作和办理委员提案等形式，参与全区经济和社会发展等重要问题的讨论，履行政治协商、民主监督、参政议政职能。15 年间，区政协围绕区委、区政府中心工作，充分发挥政协人才荟萃，联系广泛的优势。针对全区改革开放，经济建设，社会发展等重要问题开展视察、调查活动 161 次，提出意见、建议 1508 条，提案 2006 件，编辑出版《青白江区文史资料》4 期。多渠道开展海内外联谊活动，先后与全国 110 个区（市）县建立和保持工作联系。

区政协组成

【第三届区政协】　（1990 年 3 月—1993 年 3 月）第三届区政协主席、副主席、秘书长、常务委员会委员名单

主　席：鄢燮安

副主席：朱一中、王德洋、刘世增、张家秀（女）、李春生、夏公禹

秘书长：李文秀

常务委员会委员：马立本（回族）、王子东、王树森、王曼萍（女）、尹效兰（女）、邓清序、白美良、冯渊、华金良、李光明、李运华（女）、李德久、李德富、肖以勤（女）、何世林、张世尧、陈云珍（女）、陈冰、陈富先、罗先模、康仁俊、彭家祥、温贤本、赖建能、廖光智、暨贤贵

【第四届区政协】　（1993 年 3 月—1998 年 2 月）第四届区政协主席、副主席、秘书长、常务委员会委员名单

主　席：杨恒宇

副主席：朱一中、白美德、刘世增、李春生、夏公禹

秘书长：白美德（兼）

常务委员会委员：万兴厚、王子东、王树林、王曼萍（女）、邓忠、邓清序、冯渊、华金良、李光明、李运华（女）、李德久、宋世英（女）、肖以勤（女）、张世尧、何世林、何永清、陈云珍（女）、陈富先、罗先模、康仁俊、辜凌霄、温贤本、彭家祥、戴正文

【第五届区政协】　（1998 年 2 月—2003 年 1 月）第五届区政协主席、副主席、秘书长、常务委员会委员名单

主　席：李永江

副主席：陈锦文、邓光发、刘世增、涂忠模、孙钧翔、刘曦（女）

秘书长：陈锦文（兼）

常务委员会委员：万兴厚、王健、王小伯、王仕方、邓忠、兰隆学、刘跃国、吴斌、吴世国、何锡玲（女）、李德久、林义忠、张友良、杨成蓉（女）、杨潮海、孟兴蓉（女）、胡洪强、骆登智、赵碧桃（女）、党云、徐彪、黄承庚、辜凌霄、彭传勇、程家镛、舒德荣、廖冬雪（女）、蔡可瑞、潘英（女）

2002 年 1 月，在区政协五届第五次全体会议上，接受陈锦文辞去第五届区政协副主席、秘书长职务，选举王化中为第五届区政协副主席兼秘书长。

【第六届区政协】　（2003 年 1 月—2006 年 12 月）第六届区政协主席、副主席、秘书长、常务委员会委员名单

主　席：李光明

副主席：邓光发、吴斌、王勇、王俊林

秘书长：温贤杰

常务委员会委员：丁宪军、王小伯、向中华、刘洲、米莉（女）、任莉莉（女）、陈天万、肖茂文、余国平、杨忠稷、王玲（女）、张顺杰、张玺、张敏（女）、张锡惠（女）、何锡玲（女）、闵燕华（女）、周国民、胡杰、侯晓红（女）、党云、晋蜀、黄耘（女）、彭传勇、程造、程福中、蓝云（女）、熊寿学、刘国平、顾川、刘越（女）、曾令辉、安晓瑾（女）、潘英（女）、蔡剑冰、赵中彬、李实。

2004 年 3 月，在区政协六届第二次全体会议上，选举唐雪玉（女）为第六届区政协副主席，2005 年 5 月免去温贤杰第六届区政协秘书长职务。

区政协会议

【区政协全体会议】　区政协全体会议每年召开一次，全体委员参加，与区人代会相衔接，时间比区人代会提前一天。会议审议区政协常委会工作报告和提案工作报告；列席区人大会议，协商、讨论政府工作、计划和财政工作报告。1997 年 3 月区政协四届五次会议开始，增加讨论协商区法院、区

检察院工作报告。每届第一次会议选举区政协常务委员、主席、副主席、秘书长。1991—2005 年共召开区政协会议 15 次。

1991—2005 年青白江区政协历次全体委员会议情况

表 27

届次		召开时间	主要内容
届	次		
3	2	1991 年 2 月 4—8 日	常规内容。学习党的十三届七中全会精神，召开农业专题座谈会
	3	1992 年 3 月 5—9 日	常规内容。听取并讨论了《青白江区“八五”计划纲要（草案）》
4	1	1993 年 2 月 11—15 日	常规内容。讨论调整区“八五”计划纲要（草案）的报告，选举区政协第四届常务委员会、主席、副主席和秘书长
	2	1994 年 3 月 8—11 日	常规内容。增补选举贾汝培、廖素华为区政协四届常务委员
	3	1995 年 2 月 28 日—3 月 2 日	常规内容。协商讨论《青白江区国民经济和社会发展第九个五年计划和 2010 年远景目标（送审稿）的报告》
	4	1996 年 3 月 6—8 日	常规内容。协商讨论《关于我区国民经济和社会发展“九五”计划和 2010 年远景目标纲要（草案）》《关于进一步扩大开放，加快发展经济的政策规定》（讨论稿）
	5	1997 年 3 月 3—5 日	常规内容。专题协商讨论《青白江区公费医疗改革实施意见》（讨论稿）和《青白江区住房改革实施意见》（讨论稿）
5	1	1998 年 2 月 20—24 日	常规内容。选举区政协第五届常务委员会、主席、副主席、秘书长
	2	1999 年 2 月 7—9 日	常规内容
	3	2001 年 1 月 14—16 日	常规内容。选举增补一名区政协常务委员
	4	2001 年 1 月 14—16 日	常规内容。听取副区长涂基松作关于青白江区“十五计划”和 2010 年长期规划的说明。增补选举 3 名区政协常务委员
	5	2002 年 1 月 21—25 日	常规内容。增补选举 1 名区政协副主席、1 名秘书长、3 名常务委员
6	1	2003 年 1 月 19—22 日	常规内容。选举区政协第六届常务委员会主席、副主席和秘书长
	2	2004 年 3 月 12—14 日	常规内容。增补选举 1 名区政协副主席、2 名常务委员
	3	2005 年 1 月 19—21 日	常规内容。增补选举 6 名区政协常务委员

【区政协常委会议】 政协全体委员会议闭会期间，由常务委员会行使职权。政协常委会议由主席、副主席、秘书长、常务委员组成。会议由主席或主席委托的副主席主持。副秘书长、各委室负责人及相关人员列席会议。政协常委会主要职责是召集并主持区政协全体会议（每届第一次全体会议由大会选举的主席团主持），审议提交全体会议的文件；组织委员视察、参观和调查，执行全体会议的决议，审查通过提交区委、人大、政府的重要建议，决定区政协人事任免等。区政协常委会议邀请区委、区政府领导在常委会上向委员通报全区建设与发展情况，让委员及时了解区委、区政府工作任务和重点建设项目。1993 年 2 月至 2005 年 12 月，共召开常委会会议 75 次。

三届区政协常委会协商讨论了关于城镇道路建设方案、住房制度改革规划和实施方案，听取劳动局关于转换劳动人事机制的情况汇报、区纪委关于全区廉政工作情况的汇报等。1992 年 5 月在区政协三届13次常委扩大会议上，围绕区委《关于加快我区改革步伐的十条措施》《关于鼓励外商投资、鼓励外引内联》《关于鼓励党政机关干部到企业工作》《关于工业开发区》4个配套文件进行讨论，提出了15条修改意见。四届区政协常委会共举行了20次会议，专题协商讨论区政府关于加快实施九年制义务教育的意见，区长谢述钧通报全区对外开放、招商引资工作情况，听取经委、外经委、教委、工商局、企业局工作汇报等。五届区政协常委会共举行21次会议，专题协商讨论区农工办关于农村达小康工作、财政局关于全区财政预算执行情况的汇报，听取和讨论国土资源局关于土地管理、城综办关于大弯镇“创卫”复查及综合整治工作、卫生局关于大弯镇食品卫生整治工作的汇报，听取清理整顿农村合作基金会的情况汇报，区长戴晓明关于区财政工作有关情况的通报、财政局关于区财政工作情况的汇报，副区长钟碧辉关于2000年区财政预算调整情况的通报、财政局关于区财政情况的汇报。六届区政协常委会共举行34次会议，协商讨论拟修订的城市分区规划，听取和讨论城厢镇党委、国土资源局通报区域中心城镇城厢镇建设有关工作、全区土地利用总体规划第二轮修编情况，协商讨论《青白江区国民经济和社会发展第十一个五年规划纲要（征求意见稿）》。

【区政协主席会议】 主席会议由主席、副主席、秘书长组成，主要处理常委会日常工作，主席会议每月召开一次。区政协注重发挥主席会议在政治协商中的作用，围绕全区经济社会发展的重点、难点和社会普遍关注的热点问题进行协商，提出意见和建议。

第三届区政协主席会议主要协商讨论区政府《关于启动市场，搞活经济的通知》《关于村级干部连续记酬和正常离任后生活补贴的意见》，协商讨论关于引进项目、外商投资、机关干部下放企业、工业开发区等的四个深化改革的配套文件，听取区“三引进”办公室负责人关于贯彻中央2号文件以来工作情况的汇报，协商讨论《关于兴办台侨属企业的若干规定》等。四届区政协主席会共举行51次会议，协商讨论《成都市青白江区城镇养犬管理暂行办法》，听取了房改委关于全区深化城镇住房制度改革和实施安居工程的情况汇报，文体局的工作汇报，城建委规划办关于大弯镇城市规划的情况汇报等。1997年8月11日，送交了《政协第四届委员会第42次主席会议关于大弯镇城市规划管理工作的若干建议》。五届区政协主席会共举行60次会议，听取和讨论区建委关于城市规划、建设、管理工作的汇报，巨人树制衣有限公司关于近期发展的情况汇报，团区委关于团委工作、青年奔小康示范基地的情况汇报，区建委关于征地拆迁有关问题的汇报，全区医疗实施细则和暂行办法等。六届区政协主席会共举行34次会议，听取和讨论供销合作社联合社关于供销社企业改制工作的汇报，区公安分局关于严打整治斗争的情况汇报，区民政局负责人关于调整乡镇行政区划的情况汇报，区政府关于调整乡镇行政区划的方案（征求意见稿），区委、区政府《关于切实做好农村村级体制改革的意见》（代拟稿），供销合作社联合社关于服务“三农”的情况汇报。

政协工作

【政治协商】 1990—1992年，区政协以经济建设为重点，开展区一级协商活动24次，委组与职能部门对口协商活动15次，听取情况通报37次，组织委员开展视察活动31次，通过协商讨论，提出意见和建议，受到区委和政府的重视。1993～1998年，区政协发挥政协“人才库”的优势，坚持“两手抓、两手都要硬”的方针，组织专题协商、通报会、座谈会108次，开展视察活动48次，参加财务、税收、物价大检查5次，提出意见和建议357条。政协四届四次全体会议协商讨论《成都市青白江区国民经济和社会发展“九五”计划和2010年远景目标纲要》（草案），提出意见和建议。开展“引进一个项目、引进一笔资金、引进一项技术、提出一条信息或建议”的“五个一”活动，引进项目11个，引进人才8名，引进资金4247万元，提供信息75条。1999—2002年，区政协形成“全委会整体协商、常委会重点协商、主席会高层协商、专委会对口协商”的政治协商格局，围绕区委提出的“构建成都工业高地、营造优美人居环境”“实现跨越式发展”的发展战略，开展全方位、多层次、多角度的政治协商。2003—2006年，区政协围绕“项目年”“推进城乡一体化”“加快产业发展、构建成都生态工业高地”“推进三个集中，建设社会主义新农村”等事关全局的重大问题，建言献策，梳理230余条意见和建议，绝大部分都得到落实。

【民主监督】 区政协以视察监督、评议监督和意见建议等形式履行民主监督职能。改进监督方式、提高监督质量，专门委员会视察前调查，确定视察内容，有针对性地进行调查。采取专门委员会共同视察、结合委员提案重点视察、重点项目跟踪视察等方式，对全区法律、法规的实施，重大方针政策的贯彻执行，国家机关及其工作人员的工作进行监督，形成视察报告，提出意见和建议。1991—2005年，区政协共组织161次视察，听取农业、工业、个体私营经济、文化教育、社会治安、财政物价、民族宗教、法律法规贯彻情况，水利、科技推广、医疗卫生、城市建设、交通、电力、环境保护、助残扶残、计划生育等部门情况汇报。委员在视察活动中直接了解全区经济、社会、文化等取得的成效和面临的问题，增强了民主监督的针对性和实效。

区政协组织委员采取问卷调查、实地视察、召开座谈会和明察暗访等方式开展评议监督。把民主监督贯穿于民主评议全过程。选派政协委员到区级单位担任行风评议员和特邀监督员。区政协组织委员到区建委机关、城监队、质检站、国土局、质监局、环卫所、自来水公司、燃气公司、工商分局、公安分局、电力局、交通局、市容管理局、旅游等单位及行业开展行风评议，履行民主监督职能。各届区政协委员共提出涉及全区政治、经济、文化、社会等意见建议1508条。这些意见和建议得到区委、区政府的重视和落实。

【参政议政】 区政协组织委员对全区政治、经济、文化和社会生活中的重要问题以及人民群众普遍关心的问题，开展调查研究，形成调研报告，为区委、区政府决策起到了较好的参考作用。15年来，区政协共向区委、区政府提供64篇调研报告。其中有涉及农村经济的《发展壮大农村集体经济，促进农村基层组织建设》，涉及交通建设的《经济要发展，交通应先行》，涉及城市环境的《全面提升城市形象，创造优美人居环境》，涉及个体私营经济的《关于进一步发展我区个体私营经济的思考及建议》，涉及医疗卫生的《改变农村卫生医疗现状迫在眉睫》，涉及文化的《关于加强青白江区文化娱乐市场管理的思考及建议》，涉及政法队伍建设的《关于提升政法队伍形象的思考》，涉及城乡一体化的《关于全区推进城乡一体化工作情况的调查及建议》，涉及学习外地先进经验的《区政协主要领导带队赴沪苏浙闽考察的考察报告》等，为党政决策起到一定参考作用。

【提案办理】 区政协委员以提案的方式向区委、区政府提出意见和建议，反映群众的意见和要求。区政协制定《提案工作简则》《优秀提案评选暂行办法》等，规范提案工作，坚持走访委员，加强与提案人的联系，举办提案工作座谈会，为委员知情明政创造条件。1990—2005年，区政协提案委员会收到委员提案2006件，参与提出提案的委员3059人次。其中，参加政协的单位、委员小组、人民团体、专门委员会提案40件，委员个人及联名提案1966件。

经提案委员会审查，立案1877件，立案率93.57%，129件不具备立案条件的作为委员建议转送有关单位或部门研究处理。

按照“统一交办、归口集中、分级负责、共同办理”原则，区委、区政府把提案办理列入一级目标考核，承办部门注重实效，突出现场办案、面商办案和二次办案，探索提案办理互动式民主评议，通过区公众信息网公布提案办理情况，表彰优秀提案人和承办先进单位。基本形成“委员提出提案，领导批办提案，部门承办提案，督查部门督办提案，委员追踪提案”的办理格局。

1991—2005年，立案的1877件提案在规定的时间全部办理完毕，办复率100%。其中：已解决和基本解决的951件，占50.7%；正在解决和已纳入计划解决的有728件，占38.8%；因条件制约不能解决的197件，占10.5%。大多数委员对提案办理和落实情况表示满意和基本满意。

【文史资料】 区政协注重发挥文史资料“存史、资政、团结、育人”的作用，征集、编撰文史资料坚持政治性、真实性、可读性相结合的原则。

1991年，纪念辛亥革命八十周年，区政协与市政协和彭家珍专祠联合出版《义烈千秋彭家珍大将军》一书，并寄往海内外。1992年5月，编辑出版《青白江区文史资料》第八辑，从各个方面反映了青白江区的历史。1993年12月，纪念毛泽东诞辰100周年，区政协编辑出版了《青白江文史资料》第九辑。1994年4月，庆祝区政协成立十周年，编辑出版了《青白江文史资料》第十辑。1995年8月，纪念世界反法西斯战争和抗日战争胜利50周年，编辑出版了《青白江文史资料》第十一辑。2001年9月，编辑出版《青白江文史》第十二辑，反映了青白江人在各个不同革命和建设时期历史风采。1998年10月至2000年期间，编辑出版《青白江区文史资料选编》4期。

2001年6月，为庆祝中国共产党建党八十周年，编辑出版了专辑《七月放歌》，书中收录全区老政协委员、从事统战工作的老同志、中共党员、民主党派人士、机关干部、普通劳动者的作品60余篇。2002年9月，编辑出版了届刊《岁月如歌》，书中收录了第五届区政协组织机构、大事记、工作研究、委组活动、委员风采、工作成就、散文广角、摄影书法篆刻等12个章节66篇作品。

【联谊交往】 区政协坚持团结和民主两大主题，以实现大团结、大联合为目标，充分发挥政协联系广泛的优势，密切与各方面的团结合作，多形式、多渠道地开展联谊交友活动，促进爱国统一战线的巩固和发展。传统节日，区政协领导坚持走访政协委员和社会各界知名人士代表，邀请民主党派基层组织、各界人士与政协委员参加各种联谊活动，迎佳节、思团圆、话发展、议大事，体现人民政协团结、民主的主题。通过列席省政协全委会，参加市政协全委会，承办成都市区（市）县政协主席联谊会、秘书长联系会，增进与省、市政协及兄弟区（市）县政协的相互了解。1991—1992年，参与组织彭家珍专祠和黄埔同学会，多渠道开展海内外联谊活动，宣传“和平统一、一国两制”方针，收到台湾国史馆寄来的文史资料。1993—1998年，承办四川省20区（市）县政协工作协作会第24次会议和成都市8区（市）县政协工作会第23次会议。与全国110余个区（市）县政协保持工作联系。1999年，举办庆祝建国50周年，人民政协成立50周年，建区40周年和庆祝澳门回归系列活动，拓展海内外联谊渠道。

工作机构

【专门工作委员会】 第三届区政协设6个专门委员会、22个政协联络组和委员小组（其中乡镇8个，区级机关7个，市属以上工厂7个）。第四届区政协设6个专门委员会、19个政协联络组和委员小组（其中乡镇6个，区级机关9个，市属以上工厂4个）。第五届区政协设6个专门委员会、17个政协联络组和委员小组（其中乡镇民企5个，区级机关、企事业单位8个，市属以上工厂4个）。第六届区政协设6个专门委员会、17个政协联络组和委员小组（其中乡镇民企5个，区级机关、企事业单位8个，市属以上工厂4个）。

1990—2005年青白江区政协专门工作委员会

表28

机　构	第三届	第四届	第五届	第六届
专门工作委员会	提案工作委员会 学习文史委员会 经济建设委员会 教育医卫文体委员会 祖国统一民族宗教委员会 法制群团委员会	提案工作委员会 学习文史委员会 科技经济委员会 教育医卫文体委员会 社会联谊委员会 法制群团委员会	提案工作委员会 学习文史委员会 经济科技委员会 文教卫生委员会 社会联谊委员会 法制群团委员会	提案委员会 学习文史委员会 经济科技委员会 文教卫生委员会 社会联谊委员会 法制群团委员会

【机关内设机构】 第三届区政协，机关内设政协办公室、专门委员会办公室、经济咨询办公室、委员联络办公室。第四届区政协，机关内设政协办公室、科技经济工作办公室、精神文明工作办公室、联络办公室。第五届区政协，机关内设政协办公室、第一专门委员会办公室、第二专门委员会办公室。第六届区政协，机关内设政协办公室、第一专门委员会办公室、第二专门委员会办公室。

1990—2005年青白江区政协专门工作委员会

表29

机　构	第三届	第四届	第五届	第六届
内设机构	政协办公室 专门委员会办公室 经济咨询办公室 委员联络办公室	政协办公室 精神文明办公室 科技经济工作办公室 联络办公室	政协办公室 第一专门委员会办公室 第二专门委员会办公室	政协办公室 第一专门委员会办公室 第二专门委员会办公室

民主党派与人民团体

1991—2005
成都市青白江区志

概　述

1982—1991 年，青白江区先后成立了中国国民党革命委员会（简称民革）青白江支部，中国民主同盟会（简称民盟）青白江总支、中国民主促进会（简称民进）青白江支部、中国农工民主党（简称农工党）青白江总支和青白江区工商业联合会（简称区工商联）。2005 年，全区有民主党派基层组织 4 个。1990 年民主党派成员有 96 人，2005 年 204 人；1990 年，工商联会员 141 人，2005 年 420 人。

民主党派成员和区工商联会员主要分布在全区机关单位、文化教育、医药卫生、厂矿企业、科学技术、非公有制企业等领域。按照“长期共存，互相监督，肝胆相照，荣辱与共”的方针，积极参政议政，建言献策，认真履行政治协商，民主监督职能，为全区经济建设和社会事业发展提出了高质量的建议和意见，被区委、区政府采纳。热心捐资助学、扶贫帮困等公益事业，帮助贫困家庭学生完成学业。充分发挥科技人才作用，多项发明创造获得国家专利和科技进步奖。利用联系广泛，人才荟萃的优势，加强同台湾同胞和海外侨胞的沟通联系，叙亲情、讲变化，消除误解，增进共识，为引进海外投资项目、支持基层卫生事业和社会力量办学发挥了重要作用。

人民团体充分发挥联系人民群众的桥梁和纽带作用，积极参加社会主义现代化建设，在全面建设小康社会的实践中履职尽责。区总工会依法维护劳动者合法权益，努力提高劳动者技能。共青团充分发挥党的助手和后备军作用，组织和带领团员青年参加各项社会实践活动，培养和激励团员青年报效祖国、热爱人民、甘于奉献的热情。区妇联组织妇女参加“双学双比”“巾帼建功”等活动，切实维护妇女合法权益，提高妇女素质，促进婚姻家庭和睦。区残联认真贯彻《残疾人保护法》，建立区、乡（镇）、村（社区）三级机构，完善为残疾人服务网络，开展残疾人康复、教育、培训、就业等个性化服务，促进了全区残疾人事业持续健康发展。

民革青白江支部

【组织机构】 民革青白江支部隶属民革成都市委，统一编号为二十一支部。1991 年初，支部下设成钢、川化、城厢 3 个学习小组，张世尧任支部委员会主任委员。1992 年 5 月换届选举，刘世增任主任委员，王曼苹、陈绍忠任副主任委员。1996 年 12 月增补何锡玲为副主任委员。1998 年 4 月换届选举，刘世增任主任委员，何锡玲任副主任委员。1998 年，增补彭传勇为副主任委员。2003 年换届选举，何锡玲任主任委员，刘世增、彭传勇任副主任委员。1991 年有党员 29 人，1991—2002 年发展新党员 15 人，2004—2005 年发展党员 7 人，2005 年有党员 43 人。

【主要工作】 注重自身建设，积极参与区委、区人大、区政府、区政协的有关活动，履行政治协商、民主监督的职能。1993 年，有 10 人分别担任市、区人民代表和政协委员。2005 年有市人大代表 1 名，市政协委员 2 名，区政协委员 5 名（其中区政协常委 3 名）。每年 12 月和 1 月定为参政议政月。2004—2005 年，民革支委赵维国，先后撰写《大力发展职业教育，服务地方经济建设》《加强政协工作，构建和谐成都》《充分发挥政协的纽带桥梁作用，构建和谐青白江》等文章，向市、区政协提出建议意见，被市、区政协采纳。

坚持开展组织活动，1991 年 10 月，举行“纪念辛亥革命八十周年大会”祭扫彭家珍烈士衣冠墓。1992 年组织党员到新都、什邡、都江堰等地参观学习，考察青白江弥牟工业开发区，为振兴经济献计出力。开展给在台亲属“写一封信”的活动。1995 年 8 月，与四川省黄埔同学会青白江联络小组共同举行“纪念抗日战争胜利五十周年座谈会”。1996 年 1 月与黄埔同学会在家珍公园集会，纪念孙中山先生诞辰 130 周年。1997 年参加迎香港回归活动。12 月 25 日纪念民革成立五十周年。1998 年 12 月 25 日，纪念中共十一届三中全会 20 周年，到郫县农科村参观农村庭园经济。1999 年 9 月 27 日与黄埔同学会青白江联络小组共同庆祝新中国成立五十周年。2000 年 9 月 6 日，召开支委扩大会，号召参与青白江区城镇建设，发展区域经济。2001 年 9 月与黄埔同学会青白江联络小组在彭大将军专祠纪念辛亥革命 90 周年。2004 年召开“纪念邓小平诞辰一百周年暨抗日战争胜利 59 周年”“纪念孙中山先生诞辰 138 周年”座谈会。2005 年 3 月 12 日组织 28 名党员，冒雨前往成都春熙路中山广场，参加民革市委组织的“纪念孙中山先生逝世 80 周年”活动。同年 8 月与民革金堂县支部举行纪念中国人民抗日战争暨世界反法西斯战争胜利 60 周年座谈会，向抗日英雄纪念碑敬献花圈。

民盟青白江总支

【组织机构】 1991 年，民盟青白江支部有盟员 49 人，主要由文教、医卫和科技界人士组成，韩兴举任主任委员。1993 年换届，韩兴举续任主任委员，辜凌霄、张家秀任副主任委员。1996 年 10 月经民盟成都市委批准，成立民盟青白江区总支部，辜凌霄任主任委员，韩兴举任副主任委员。总支下设成都钢铁厂、城厢镇、大弯中学、东风校 4 个支部。2003 年 11 月换届，刘洲任主任委员，辜凌霄、王江、汪亚丽、兰云任副主任委员。2005 年有盟员 91 人。除 3 位老盟员（1987 年前退休）外，所有盟员均具有高中级技术职称。2005 年，总支中有区政协委员 8 名，其中常委 1 人，区人大常委 1 人，市人大代表1人。

1991—1998年，发展盟员22人，2005年底有盟员91人。

【主要工作】 1993年，在盟员中开展“提一条建议，进行一次科研实验，写一篇科研论文”的“三个一”活动。盟员中的人大代表和政协委员，针对全区经济和社会发展及群众关心的问题提出建议和提案。2000年，区政协委员陈富先（原民盟主委）提出的“关于继续大力发展青白江区食用菌的建议”被列为重点提案办理。政协委员辜凌霄（原民盟主委）连续三年提交的“关于延伸怡湖东路的建议”作为优秀提案被采纳。区政协委员钟先海（民盟总支宣传委员）“关于我区4路车与金堂2路车对接的建议”“关于对我区新课程改革的建议”，以及其他盟员提出“加强医保管理，变隐性磁卡为显性账本与磁卡相结合的方式”“保证居民用电的建议”“关于开通大弯镇至成都走高速路的交通车的建议”“加强网吧管理”“不断完善新型农村合作医疗制度建设的建议”等提案，被区委区政府采纳。

坚持办学兴教，服务社会。1990年，民盟青江职业技术学校与民盟东风学校实行两块牌子，一套人马体制。1991年，学校开办机械、电子、汽修、大专财会函授班10个，培训学生366人。1993年，民盟青白江东风校被市、区教委评为社会力量办学先进集体，被《中央盟讯》和《四川省政协报》刊登。1995—1998年开设职技班9个，招收学员161人，开辟占地30多亩的文体农业综合开发试验农场。先后被评为成都市社会力量办学先进集体，四川省社会力量办学先进集体。校长韩兴举办学事迹被辑入《四川校长教育艺术大观》和《全国中小学幼儿园联谊录》。1997—2002年，民盟总支多方筹资，为学生颁发奖学金、助学金30957元，韩兴举办学成绩被载入《中华魂·中国百业领导英才大典》，2000年评为跨世纪做贡献先进个人。民盟总支评为跨世纪做贡献先进集体。2003—2005年，民盟东风校与区“再创业学校”联合办学，培训失地农民和下岗工人5000多人次。

原主委陈富先主持区微生物技术推广站工作，大力推广姬松茸栽培技术，引进省外资金180万元，发展食用菌生产。2003年新开发的菇类深加工纳入星火计划。到2005年底先后受到农业部和四川省农牧厅等22个部门的表彰和奖励，陈富先被评为2003年四川省食用菌先进个人。盟员、高级工程师张冬珍1993—1994年主持建成“高炉煤气布袋除尘装置”，研制“处理废水永磁分离装置”获成都市新技术推广应用优秀项目一等奖和国家专利，她的论文《硅酸钙肥料的开发利用前景》在《四川农业科技》刊物上发表，《CC法冲制高炉水渣》获国家环保局论文二等奖，1994年获四川省科技成果一等奖。盟员陈问渠（原支委）长期坚持诗词创作，1994年获全国诗词笔会三等奖，1995年获全国诗词大赛文化精英“鲁迅奖章”，被录入《中国当代艺术界名人录》和《中华人物辞海》。盟总支大弯中学支部11位盟员，1995—1998年，在市级以上刊物发表教育、教学科研论文23篇，盟员何丽在高中英语新教材优质课竞赛中获市一等奖，省三等奖，汪亚丽被评为市学科带头人。钟先海《谈谈中小学数学渗透德育的技能》获全国第四届数学与管理优秀论文一等奖。主委刘洲评为市学科带头人，被区政府任命为大弯中学副校长。2003年10月，应盟省委的邀请钟先海参加了《义务教育法》修改意见专题研讨会。

民进青白江支部

【组织机构】 1991年4月成立民进成都市委青白江直属小组，组长万兴厚，有会员4人，均为教育工作者，1991—1994年，新发展会员4人，1997年10月12日，经民进成都市委批准，成立民进青白江支部委员会，万兴厚任支部主任委员。2001年10月换届，李荃荨任主任委员，巨浪、万兴厚任副主任委员。1995—2002年，发展新会员12人。2002年有会员18人，会员中有区政协委员2人（其中常委1人）区人大代表1人。2005年，李荃荨任主任委员，吴斌、巨浪任副主任委员，会员29人。

【主要工作】 1992年，民进小组引进项目、技术、资金和人才，创办校办企业——蜀星化工厂，年产值520万元，被列为区重点校办企业。1994年，小组成员自筹资金，兴办高效煤厂，利用新技术，节约能源，减少污染，收到明显的经济效益和社会效益。

1997年以来，坚持双月活动制度，支部成员立足本职，服务社会。会员黄祖泗（大弯中学教师）在《语文学习》《中学语文教学》《演讲与口才》等刊物上发表文章50万字，2002年编写的《人物风流语自华》出版。主委万兴厚编写的《孝敬父母故事新编》在四川出版社出版。1996年主委李荃荨在川化中学发起并组织为贫困学生捐资助学，1996—2002年共筹集资金5万余元，全部帮助川化中学、龙王中学贫困生完成学业。

农工党青白江总支

【组织机构】 1991年农工党青白江支部有党员18人，大部分为医务工作者。李德久任主任委员，党员中8人担任市、区人大代表、政协委员。1994年换届，李德久任主任委员，邓定琪任副主任委员。2003年成立农工党青白江总支委员会，晋蜀任主任委员，侯晓红、李德久任副主任委员。2005年王勇任主任委员，侯晓红、李德久任副主任委员。1991—2002年发展新党员23人。

【主要工作】 1992年与市第四人民医院和青白江区景峰乡（今大同镇）卫生院共同集资兴建“市第四人民医院青白江分院”，农工党青白江支部自筹13万元，向有关单位集资30万元，用作建院资金，1994 年 5 月建成青白江分院，占地 15 亩，建筑面积 2444 平方米，150 张床位。同年农工党青白江支部被农工党成都市委评为先进支部，1 名成员被农工党四川省委评为“三八”红旗手。1995 年 5 月，请华西大学支部 15 名专家到龙王乡、清泉镇义诊。1998 年支部组织到祥福敬老院为老人检查身体和免费治疗。1999 年重阳节，支部组织李德久等同志到日新乡敬老院为 30 多名老人义诊。2000 年 10 月，参加“三下乡”活动，到龙王乡为敬老院老人和退休教师义诊。1998—2002 年，支部定点扶持合兴镇卫生院新开设肝、肾功能检验、胸透照片、心电图和下腹部手术等业务科目，协助购置 200 毫安 X 光机和麻醉机，对医院放射、检验、麻醉医生进行技术辅导，提高医疗服务水平。2005 年与农工党成都市委定点扶持姚渡卫生院，三次为姚渡卫生院捐赠资金 32 万元、药品、医疗器械价值 26.5 万元，改善卫生院医疗条件。

区工商联

【组织机构】 1989 年 10 月 25 日，青白江区工商业联合会成立，重新登记新老会员名单，乡镇工商联分会相继建立。1995 年建立区工商联（商会）龙王乡会员活动领导小组，2003 年建立工商联大同分会，2004 年建立大弯分会、华严分会、城厢分会、弥牟分会、装饰建材分会等。工商联会员由建会初期的 141 名增加到 2005 年的 420 名。

1996 年 1 月 28—29 日，区工商联召开第二届会员代表大会，选举区工商联第二届执行委员 24 名，第二届执委会第一次全体会议选举陈和平任会长，陈贵文、易敏先、肖茂文、唐宗秀任副会长，刘再锟任秘书长。1997 年 11 月 4 日，届中调整任命吴斌为会长，增补米莉为副会长。

2001 年 12 月 27—28 日，召开区工商联第三届会员代表大会，选举区工商联第三届执行委员 29 名，第三届执委会第一次全体会议，选举曾令辉任会长，米莉、刘再锟、马武寿、闵燕华、肖茂文、赵宗彬、王亚文任副会长，张晓任秘书长，许泽平任副秘书长。2003 年 8 月，届中调整丁宪军任会长。

【参政议政】 参与重要问题的政治协商，发挥民主监督作用，积极参政议政，做好工商界代表人士政治安排的推荐。1991—2005 年，推荐 156 人次为区政协委员，其中 28 人次当选区政协常委。区工商联主要领导参与全区政治生活中重大问题的协商，会员中的政协委员参与每季度的联系会议和区委、区政府重要议事活动，并提出建议。1996 年，工商联与政协、区工商局共同完成《我区私营经济发展的现状与探讨》的调研课题。1998 年，工商联提出的“关于区级领导干部联系民营企业的意见”被区委、区政府采纳，同年，工商联承担了区委、区政府《关于大力发展私营经济的决定》文件起草工作，召开了青白江区首次个体私营经济工作会议。1999—2002 年工商联中的政协委员提出提案和意见 50 余条。其中，“关于加大非公有制经济发展力度的建议”“政府部门应协助民营企业解决生产中的问题”“关于解决唐巴公路大弯段街灯的建议”等提案，得到区委、区政府的重视和采纳。

【服务非公有制经济】 加强非公有制经济人士思想政治工作，宣传各级党委、政府大力发展非公有制经济的方针政策，总结非公有制经济中的先进典型。加强廉政建设，订立廉政措施，向企业宣传廉政规定，支持和帮助企业搞好廉政工作。配合市、区统战部，推动光彩事业。开展抗洪救灾、帮扶济贫等各项募捐活动，共计捐赠人民币161万元。开展会员互助，为民办实事活动，号召会员合伙出资购买处于困境中的青白江电石厂，绣水前锋村12户制板经营户，捐赠制板修建引水槽，解决该村灌溉困难。加强与香港、澳门、台湾和世界各国工商社团及工商经济界人士的联系，促进经济、技术和贸易合作，协助引进资金、技术、人才。注重会员中“三胞”关系的了解，登记造册，举办“三胞”、侨眷、合资企业代表联谊会。

区工商联组织会员赴国外及国内沿海发达地区进行商务考察。1996年组织推荐部分会员参加澳门国际商贸交易会和新疆'96乌鲁木齐边贸洽谈会。1998年帮助私营企业中德制辊有限公司完成征地手续。为会员及企业提供各类展销会、技术项目及商品信息280条，组织召开西部大开发研讨会，制订全区个体私营经济发展五年规划。为会员提供融资服务，解决会员生产经营中资金短缺问题。1992年，经区政府批准建立青白江区城市信用合作社，由区工商联办理成都市人民银行签发的许可证。同年区工商联约请成都市典当同业公会，为青白江区开办以融资为目的的典当业提供可行性论证。1994年，区工商联按照自愿参加，自筹资金，自我服务，民主管理的原则，筹备恢复“青白江区工商联会员互助基金会”，经区委统战部批准当年融资3.5万元。1991—2005年，区工商联为会员融资1203万元。

会员单位青燕服装厂与香港西南发展公司合资筹建“成都巨人树制衣有限公司”，是青白江区第一家合资企业。2004年，区工商联与三桥商业广场营销部合作，促进了三桥商业广场的形成。在2005年“项目年”招商引资工作中，工商联开展“相约青白江”民营企业投资说明会，签订协议资金1.28亿元，到位资金2100万元。

区工会

【组织机构】 1990年，青白江区设成都市总工会青白江区办事处，全区基层工会205个，有会员9066人。办事处内设经费审查小组、妇女职工委员会、职工技术协作委员会、法律顾问室、工人文化室，13个系统工作委员会。2004年9月，成立成都市青白江区总工会（简称区总工会），撤销成都市总工会青白江办事处。2005年，有乡镇（街道）工会11个，直属工会工作委员会14个，直属企业工会40个，基层工会238个；全区职工40715人，有会员35736人，农民工会员12800余人。区总工会内设（包括临时机构）职工技术协作委员会，“关心扶助计划”领导小组（1998 年 3 月建立）、厂务公开领导小组（1999 年成立）、区中国职工保险互助会成都办事处青白江区分会（1999 年成立）。区新经济组织工会组建工作领导小组（2000 年 3 月 13 日成立）。区职工法律援助中心（2001 年 3 月成立）。区工会劳动保护监督检查分站（2002 年 10 月正式命名挂牌）。区特困职工救助中心（2003 年 9 月 22 日正式成立）。2004 年成立经费审查委员会。

【会员代表大会】 2004 年 9 月 6—8 日，召开区总工会第一次工会代表大会，成立成都市青白江区总工会，大会选举区总工会第一届委员会和第一届经费审查委员会。9 月 8 日，区总工会第一届委员会举行第一次全体会议，选举第一届委员会常务委员、主席、常务副主席。同时举行第一届经费审查委员会全体会议，选举区总工会第一届经费审查委员会副主任。区总工会第一届委员会常务委员由万仲全、唐永芳、何世林、沈跃芬、曾光素、侯晓红组成。万仲全任区总工会第一届委员会主席。唐永芳任常务副主席，何庆显任区总工会第一届经费审查委员会副主任。

【职工教育】 区工会利用会议、培训班、组织竞赛活动等形式开展职工培训教育。1991 年，举办各种政治轮训班 86 期，参训人员 5042 人。1997 年，区工会加强职工业务技术培训、岗位技术培训和法制教育。到 2005 年，各级工会举办车工、家政、电工、缝纫、烹饪、计算机、市场营销等各种专业技能培训 400 余期，培训职工 3 万人次。2001 年，在有条件的单位中分期分批组织计算机培训，1218 人参加学习，取得初级以上职称。

加强各级工会干部培训。2000—2005 年，区总工会组织参加省、市、区工会干部培训班 60 余期，培训各级工会干部 2500 人次。

组织开展职工文化体育活动。1991—1995 年，开展各种读书演讲活动 183 次，征文 389 篇，文艺演出节目 173 个，举行 9 次书画展览，参展作品 723 幅（件）。参加各类活动的企业 300 余个，参赛职工达 3 万人次。2000 年，区工会参与组织“青白江区职工首届运动会”，73 个单位组团参赛，参赛职工达 1300 余人。2001 年 6 月，庆祝中国共产党建党八十周年，开展“在党的阳光哺育下”主题系列活动，近百个工（委）会参加。2002 年 11 月，迎接党的十六大召开，举办“伟大的里程碑”文艺晚会。2004 年，区工会组织参加市总工会举办的“银杏杯职工演讲比赛”，分获一、三等奖。2005 年，开展“新世纪成都百万职工技能大赛”“爱祖国、爱成都、爱厂（校）、爱岗位”“科学发展观——资源节约与可持续利用”“全国知识大赛”“激情看成都——2005 十大魅力城镇评选”等活动。

提高职工尤其是农民工和女职工的文化素质，增强法律保护意识。聘请有关专家开展《工会法》《劳动法》《新合同法》《工伤保险条例》《信访条例》《妇女权益保障法》《女职工劳动保护规定》《母婴保健法》等宣传教育，宣传面达 90% 以上。

【劳动保护】 切实维护职工合法权益。1998 年，成立“关心扶助计划实施领导小组”，建立特困职工档案和工会干部联系困难职工制度，开展办千件实事活动。到 2000 年，全区建立劳动保护委员会 28 个，小组 90 个，专兼职检查员 158 人，建立工会调解组织 99 个，配合相关部门开展安全生产和法律援助的宣传。

2000 年，区工会与 11 个区（市）县工会签订维权联动多边合作协议，建立区（市）县维权联盟。15 个乡镇建立劳动争议调解委员会。受理各类劳动争议 78 件，涉及 315 人。处理职工来信来访 321 件次，结案率98%；协助劳动保障等部门为外出农民工追讨工资237.8万元。培训下岗失业人员3119人次，帮助1921人次下岗失业人员实现再就业。走访慰问困难职工5327人次，帮助6名困难职工子女入学，发放慰问金55万元。297户特困职工纳入低保，重点帮扶。2303人次职工参加安康保险，累计投保金额68.5万元，1893人次女职工参加大病保险，投保金额18.492万元，受理赔付4件，赔付金额1.35万元。

【厂务公开】 1997年认真落实市总工会《关于进一步健全落实职工代表大会民主评议和民主监督企业领导人员制度的意见》。1999年6月30日区纪委、组织部、经委、建委、商贸委、农工办、工会七家联合制定《关于推广厂务公开加强企业民主监督和民主管理工作的意见》，成立青白江区厂务公开领导小组。2000年，89家企业单位推行厂务公开，其中企业25家、学校（园）39家、医院25家。2001年，以“巩固提高、扩大增效、规范运作、突破创新”为重点，厂务公开领域由工业、交通、粮食、供销、商贸、教育、卫生扩展到文体系统。2003年110个企业单位推行厂（事）务公开。2004年11月5日在青白江中学召开厂务公开工作现场经验交流会。2005年厂务公开扩大到经济、国税、交通、教育、文体、贸粮、农行青白江支行、粮食、建设、供销联社、卫生等12个系统，125个机关企事业单位。22家非公有制企事业单位实行厂（事）务公开，37家非公有制企事业单位建立职代会或职工大会，12家非公有制企事业建立集体协商合同制度或工资集体协商制度。2004年撤乡并镇后，11个乡镇（街道）以及私营、个体工委签订了区域性集体合同。覆盖企事业单位363户，职工14988人。

【劳模管理】 1991年全区有全国劳模1名、省级3名，市级12名。1997年4月，开展劳模调查，深入劳模所在单位，了解劳模的生活工作情况，做好登记。1999年评选出1994—1998年度市劳模5名。2002年开展全国、省（部）级劳模基本情况调查，核实上报省、部级劳模18名，落实劳模待遇。2002年，全区有在职、离退休、下岗的省、部级劳模20人。从2003年开始，按季给离退休劳模发放荣誉津贴，当年为52名劳模发放荣誉津贴79280元。2005年为1名无住房劳模发给一次性住房补助4800元，为两名家庭困难劳模发放3000元困难补助，为90名劳模发放劳模荣誉津贴4万元。2005年，全区各类劳模90名，模范单位6个，模范班组11个。先后表彰了各类先进个人287人，各类先进集体89个。先后为离退休劳模发放荣誉津贴和慰问补助30余万元。每年“五一”“国庆”等节日期间，区工会组织劳模举办各种庆祝活动。

【劳动竞赛】 1991—1993年，开展“效益优胜杯”竞赛，195家区级重点企业参加，创直接经济效益503万元。1995—1999年，提供技术咨询217次，提供技术服务200次，开发各类新产品50个。2000年，开展“跨世纪立功竞赛”，共有60个重点单位，近4000人参加竞赛，创经济价值348万元。2001年，庆祝建党八十周年，工交企业开展“跨世纪立功竞赛”，创经济价值280万元。2002年，开展以“四创三增一提高”为主要内容的劳动竞赛，创经济价值480万元。到2005年，约7万人次参加各项劳动竞赛。提出合理化建议28571条，采纳实施10225条，创经济效益1.26亿元。企业累计开展技术攻关164项，运用新技术45项。1991—1992年评选出区劳动竞赛先进集体31个，各种能手198人。1998—2003年，区总工会技术协会被市技协评为1998—2003年度“技协工作先进单位”。2000—2004年，区工会连续4年被市竞赛委员会评为成都市实施群众性创新工程组织工作先进单位。

区共青团

【共青团代表大会】 1991年4月29—31日召开团区委第六次代表大会，197名代表出席。大会通过第五届团区委《振奋精神，艰苦奋斗，开拓进取，为实现“八五”计划的宏伟目标奉献青春》的工作报告，选举团区委第六届委员会，赖建能任书记，杨德智、唐雪玉任副书记。

1994年8月26—27日，团区委召开第七次代表大会，193名代表出席。大会通过六届团区委《肩负跨世纪重托，培养跨世纪人才，团结带领全区青年为加快青白江区现代化建设进程贡献青春》的工作报告，总结表彰1993年度先进集体和个人，选举团区委第七届委员会，邓忠任团区委书记，张军任副书记。

1997年4月15日，团区委第八次团员代表大会选举团区委第八届委员会，张军任书记，廖冬雪任副书记。

2000年6月15—16日，团区委召开第九次团员代表大会，157名代表出席。大会通过《投身大开发，创造新业绩，团结带领青年以崭新的姿态胜利迈向二十一世纪》的工作报告，选举团区委第九届委员会，廖冬雪任书记，刘越任副书记。

2003年7月9—10日，团区委召开第十次团员代表大会。选举团区委第十届委员会，廖冬雪任书记，陈天万任副书记。

【组织建设】 1990年12月完成农村团组织整顿。团区委印发《关于贯彻青委发（1990）42号文件的实施意见》，全面开展城镇各级团组织整顿。到1991年6月新建、改建团委（总支）3个，10个团委班子得到加强；14个团委（总支）按期召开代表大会进行换届；22个直属支部进行班子调整，244个城镇团支部得到调整和充实，消除团组织建设的空白点。1994年，全区有团委31个，总支8个，支部504个，团员11947人。1995—2002年，发展新团员2400名，2002年，团区委直属团组织48个，团员13400人。2003年，按照“党建带团建、党团一起抓”的工作思路，基层团组织建设推行《团员工作手册》。11个团委班子得到加强，25个团委（总支）按期召开代表大会。

【希望工程】 1994年，继续开展“希望工程——1+1百万爱心助学”活动。捐款6409.89元，资助人和、清泉、云顶、姚渡4乡（镇）的26名特困失学儿童。1995年组织团员收看《跨世纪的钟声——希望工程大型义演实况》录像，《山梁上的太阳》《圆梦》等“希望工程”专题片。1996年举办“希望工程1+1百万爱心助学活动文艺晚会”，开展“爱心储蓄”活动。同年，团区委会同区委组织部，联合印发《关于认真开展推荐优秀团干部、优秀青年人才做党政后备干部工作的意见》和《关于在我区新经济组织中建团的通知》，完善“双推”工作程序和机制，促进青年成长。2000年10月，由团区委、区关工委、区少工委、区青教办联合创办《青白江青年》报，坚持“宣传先行，服务为本”“弘扬时代精神，导航全区青年”的办报方针，保证质量，定期出版，成为共青团工作的一大窗口。

【青年工作】 1991年，全区确定区级“星火带头人”500名，带领农村广大团员、青年依靠科技致富奔小康。1992年，选派6名青工参加成都市青工技术比武活动，华严乡红阳机械厂刘忠清获车工组比赛第一名。1993年，成立“五小”“QC”小组53个，取得“五小”“QC”成果21项，创经济效益40.6万元。区属企业和乡镇企业成立“青年突击队”35个，开展活动113次，创效益41.55万元。1994年，在窗口行业开展“青年文明号”竞赛活动。区内燃机分厂、青华新型建材厂、华严纸厂、区面粉厂、鑫发实业有限公司的5位年轻厂长、经理被团区委推荐加入成都市乡镇企业家协会。1995年，团区委联合区劳动局、区乡镇企业局、华严造纸厂举办首届“华纸杯”青工（钳工）技术比武活动，30名选手参赛，其中15名获得市劳动局颁发的工人等级合格证书。1994—1997年团区委先后印发《青白江区爱国主义教育活动方案》《关于利用爱国主义教育基地开展爱国主义教育活动的通知》。“彭大将军专祠”被列为市、区两级爱国主义教育基地后，团区委联合区委青教办、城厢镇团委、城厢中学组织团员青年参加祭扫活动，接受爱国主义教育。

团区委联合基层团委，先后组织“环保之声‘五四’”，“跳动的火焰‘五四’之夜”，“纪念‘五四’暨希望工程1+1百万爱心助学活动”文艺晚会。争创“青年文明号”活动，地税局大弯所被命名为省级“青年文明号”，国税局大弯所、农行城厢所被命名为市级“青年文明号”，交通局路桥征收所等十五个青年集体被命名为区级“青年文明号”。举办“新世纪、新青年、新家庭”青年集体婚礼，“成都·青白江‘田原之夏’青年文化节”，文艺演出、坝坝电影、民间曲艺表演、古玩鉴赏、趣味体育比赛。开展“青年文明社区大家乐”“常下乡”“四进社区”活动，青白江区第二届“创造美好生活，争做文明市民”广场舞比赛，以及“义务植树”“推进城乡一体化，团员青年认识重点镇、了解重点镇、宣传重点镇”“禁毒万人行”传旗和签名等活动。

【少先队工作】 1991年，区少先队工作以“学赖宁、做党和人民的好孩子”为主线，先后开展“在赖宁精神鼓舞下”“学赖宁、好花人人戴”“闪亮的水晶心”等主题教育活动。成立3000个学赖宁、献爱心、送欢乐、手拉手小分队，常年开展“红领巾敬老助残优军助人”等活动。1992年，实施《中国少先队教育纲要》，加强少年儿童中国近、现代史教育、国情教育和爱国主义教育。先后开展“祖国在我心中”“从小爱劳动、长大才有用”“在队旗下成长”“五彩世界、七色光”“金色童年、美好的志向”“我是绿色小卫士”“我是知法守法好少年”等主题活动。1993年，开展“学赖宁，做党和人民的好孩子”“我有一双灵巧的手”“雏鹰从这里起飞”的中队主题活动，组织队报队刊竞赛和大型鼓号队比赛，“小学生故事大赛”“初中生历史知识竞赛”，少先队“五有十率”检查评比、“十佳队员”评选活动。1994年，42所学校合格，其中有20个少先队大队部分别被授予省、市、区优秀少先队（或优秀大队）称号。1994年6月，开展《未成年人保护法》和《成都市未成年人保护暂行条例》宣传，发动各级团组织参与扫黄、打非、社会治安综合治理，向舍身救人“赖宁式好少年”陈志全学习，不断优化青少年成长的社会环境。聘请校外辅导员85名，选拔任命少先队总辅导员32名，分级分专题，培训辅导员509人次。1996年，团区委、区少工委在全区各中、小学广泛开展“手拉手”互助活动，城区普及率达100%。通过红领巾志愿服务、情系贫困小伙伴、手拉手捐书助朋友等活动，大同、祥福、弥牟三镇横向联系结成“手拉手”对子，大弯中学与云顶中学结成对子，区实验小学与大弯中心校结成对子。形成“横向联系、纵深发展、面向社会、走出地区”的“手拉手”活动模式。

2001 年 4 月，组织建委、卫生局、教委、房管局及川化、成钢、成纤、蓝风、化机等团委（总支），参观成都市青少年法制教育展览，号召青少年向打黑英雄包维超学习。开展优秀“青少年维权岗”创建活动，制订创建活动《实施办法（试行）》，维护青少年权益。

【志愿者服务】 1994 年，基层团组织成立青年志愿者服务队（组）。1995 年建立拓展、培训、使用、管理、评估、奖励的工作机制和服务体系。1996 年注重拓展青年志愿者行动的发动面、参与面、覆盖面。先后组织“新村植树”“红领巾手拉手互助、“学雷锋青年志愿者奉献周”“青年志愿者为困难群众排忧解难‘一助一’”等活动，为志愿者服务活动创造条件。

2001 年 3 月，团区委组织区卫生局、建委、国税局、农业局、畜牧局、环保局、川化等单位 60 名青年志愿者，到福洪乡幸福村、大同镇战斗村，开展义诊和农技、畜牧知识讲座，进行税法、环保知识宣传，组织文娱表演，赠送种兔、小鸡等青年志愿者科技、文化、卫生“三下乡”活动，结对救助福洪乡贫困户 7 户。同年 11 月，市残疾人联合会在中心广场举行台北曹仲植基金会、市残疾人联合会轮椅颁赠仪式，团区委组织 40 名青年志愿者为来自青白江区、新都县、金堂县的 40 名残疾人提供志愿服务。2001—2002 年，开展青年志愿者“扶贫开发送温暖”活动，先后为合兴、玉虹、日新、姚渡、云顶等乡镇 31 户特困户捐款捐物。2002 年 4 月，区关工委、团区委组织教育局、卫生局、建设局、市容环卫局、房管局、国税局、环保局等 12 家基层团组织 300 名青年志愿者，在怡湖公园开展“加强道德建设，维护社会稳定，提升城市形象”大型宣传教育活动。2003 年 4 月启动青白江区“青少年健康行动”，成立卫生、国税、建委、房管、华严、大弯 6 个“青少年健康行动”志愿者服务小分队，200 多名青年志愿者，7 辆宣传车分赴 15 个乡镇宣传非典型肺炎防治知识。团区委组织两支青年志愿者“文明劝导员”队伍，利用业余时间在主城区开展“除恶习、树新风”的文明劝导活动。组织团员青年代表、西部计划志愿者近 2000 人参加四川省十大杰出青年志愿者先进事迹报告会。弘扬“奉献、友爱、互助、进步”的志愿精神，激励团员青年报效祖国、热爱人民、甘于奉献的热情。组织开展创建“百城万店无假货”文明劝导活动，提高市民文明意识，自觉养成文明习惯。

2005 年，全区登记注册的青年志愿者有 8000 余名。

区妇女联合会

【妇女代表大会】 1994 年 6 月 28—30 日召开区第五次妇女代表大会，应到代表 213 人，实到 177 人。选举第五届妇女联合会执行委员会委员 38 名、常务委员 10 名，廖素华任主席，康俐任副主席。

1999 年 9 月 15—16 日，召开区第六次妇女代表大会，应到代表 138 人，实到 135 人。选举执行委员会委员26名，常务委员8名（执委和常委暂缺一名）。易丽华任主席，杨成蓉任副主席。2001年12月，区委决定杨成蓉任区妇联主席。2002年3月区委决定黄耘任区妇联副主席。

【基层组织】 1991年，区妇联陆续在全区党政机关和教科文卫等事业单位建立妇委会和区直属妇代会。1994年，农村按照配好一个班子、选好一个村妇代会主任、选好一条带领农村妇女发展经济的路子、建好一个活动阵地、建立一套好制度目标，开展基层组织整顿工作，各乡镇建立工作联系点39个。1998年2月，区妇联制定《青白江区妇联1998~2000年农村基层组织建设规划》。女职工人数在30人以下的单位建立妇代会，女职工人数30人以上的单位或系统设立妇委会。2005年底，全区有乡镇（街道）妇女联合会11个，村妇代会96个，党政机关和事业单位妇女组织31个（妇委会17个、区直属妇代会14个）。

【“双学双比”活动】 1991—1994年，组织农村妇女开展“学文化、学技术、赛贡献、赛新风”（简称“双学双赛”）竞赛活动，区、乡两级共举办实用技术培训班264期，聘请专家为妇女骨干和参赛妇女开设辅导课，从理论上提高妇女的素质。按照规划分项办点，分片竞赛，组织实地参观学习，形成一村一品、一级一色的多种经营专业格局。到1994年，农村参赛妇女68538人次，基本掌握1~2门实用技术。1995年，围绕农村致富奔小康，调整“双学双赛”活动内容，开展“学文化、学技术、比成绩、比贡献”的“双学双比”活动。1998年参学参比妇女达到74434人次，占农村中青年妇女总数的97%。参加妇女中的文盲、半文盲有95%脱盲，65%的妇女掌握了2~3门实用技术。2000年，将“双学双比”活动内容调整为“学科学、学经营、比素质、比管理”。到2002年，参加活动的妇女达78632人次，占农村妇女劳动力的99%。共举办种植、养殖、加工等实用技术培训班198期，培训妇女39518人次；建立区级基地3个、举办“农技之声”科技知识竞赛4期、帮助贫困妇女脱贫致富490户。

【“巾帼建功”活动】 1992年，贯彻全国妇联关于在城镇妇女中开展做“四有、四自”女性，开展“八五”计划建功立业（简称“巾帼建功”）竞赛活动，成立区“巾帼建功”活动领导小组，在全区城镇妇女中开展竞赛活动。组织妇女学政治、学文化、学科学、学技术、学管理。竞赛活动以调整产业结构，提高产品质量、开发新产品、促进经济效益、争做人民公仆为主题，举办优质服务、园丁、科技发明、学雷锋树新风、勤政廉洁、技术标兵、合理化建议等竞赛活动，参赛女职工达4890人。

1995年，区妇联在城镇组织以“爱岗敬业、岗位练兵、岗位成才”为主要内容的“巾帼建功”活动，在文教卫生、工商税务等女职工集中的部门开展“巾帼文明示范岗”创评活动，激励各行各业的女职工立足岗位争创佳绩。

1999年，市“巾帼建功”活动领导小组授予区国税局纳税大厅市第一届“巾帼文明岗”。深化“巾帼文明岗”创建活动，规范管理，窗口行业开展的“巾帼文明岗”创评活动纳入创建“文明单位”活动按区级“文明单位”管理。2000年，省城镇妇女“巾帼建功”活动领导小组授予青白江区“巾帼建功”活动领导小组为四川省“巾帼建功”活动先进协调组织，青白江区国税局为“巾帼文明示范岗”。2002年，市“巾帼建功”活动领导小组授予青白江区“巾帼建功”活动领导小组办公室等10个单位“2001~2002年度‘巾帼建功’活动组织协调工作优秀集体”。2003年，区审计局、区国税局管理分局，区国税管理二分局、区地税局第一税务所、区环境卫生管理处五家单位获成都市第三届“巾帼文明岗”称号。2005 年 9 月 27 日，区“巾帼建功”活动领导小组在区房管局举行国家级、市级“巾帼文明岗”授牌仪式，区国税局办税服务厅成为全区第一个国家级“巾帼文明岗”，市妇联副主席王春霞参加授牌仪式。

【“三八”国际妇女节活动】 1991 年 3 月 2—8 日，全区各级妇女组织结合庆祝“三八”国际妇女节，开展税法宣传活动。青白江区“庆‘三八’，‘宣税法”街头文艺表演活动受到全国、省、市有关部门的表彰。中央电视台以新闻形式转播实况。区妇联分别被国家、省、市税务局、妇联评为税法宣传工作先进集体。1992 年 3 月 7 日，区妇联、区文体局、区物资局联合举办“物资杯”社会主义思想教育庆“三八”营火晚会。1993 年 3 月 2 日，28 个妇委会、直属妇代会举行庆祝“三八”国际妇女节 83 周年游园活动，共有猜谜、摸字等 60 余个项目，2000 多名妇女参加。1995 年区妇联、区建行、区广播局联合举行青白江地区庆“三八”迎“九五”文艺大赛、青白江区庆“三八”迎“四大”“城建之光”妇女运动会。1997 年，迎接中国共产党十五大的召开及香港回归祖国，区妇联在区文体公园举办“庆祝国际‘三八’妇女节老年门球赛”。2004 年，纪念“三八”国际妇女节 94 周年，区妇联联合区文明办、区妇儿工委办、团区委在怡湖广场举行“创造美好生活 争做文明市民”家庭美德建设主题活动启动仪式。区级各部门、驻区市属以上厂矿、各乡镇妇联及人民群众约 2000 人参加。

【妇女儿童工作】 1991 年 2 月，区打击拐卖妇女、儿童办公室和妇联在各乡镇巡回举办图片展览，组织全区妇女群众观看打击拐卖妇女、儿童罪行的图片。1992 年 3 月，《中华人民共和国妇女权益保障法》（简称《妇女权益保障法》）实施，区妇联与区委宣传部等 17 家单位开展学习宣传周活动。1993 年 9—10 月，区妇联协助区人大分三次在各乡镇、各机关单位和企业、市属以上单位贯彻《妇女权益保障法》的情况进行检查。1994 年区政府成立妇女儿童工作委员会，负责协调和推动有关部门执行《妇女权益保障法》，制定《青白江区妇女儿童发展纲要》。同年 5 月 24 日，区妇女儿童教育服务中心动工修建，占地 0.68 公顷，总面积 1.5 万平方米，总投资 800 万元，1995 年 5 月竣工。

1989 年起，每年 5 月的第二个星期日开展“母亲节”活动，表彰优秀母亲。配合有关部门开展“五好家庭”创评和家庭文化建设。1991 年 3 月 14 日，中华国教年会、全国妇联儿童工作会议在成都召开，青白江区被列入现场参观点。参加年会的 200 多名代表，在全国妇联副主席黄启璪、全国妇联书记处书记康泠带领下，到祥福乡和省广播父母学校川化分校参观。1995 年在城乡开展文化教育、法制教育、道德教育、科学技术、计划生育、健康教育进家庭等家庭文化建设活动。1997 年 11 月，区妇联与区教委共同制定《九十年代青白江区家庭教育规划》《家长行为规范》在全区实施。1998 年区妇联与区工委、区妇幼保健院举办中老年女性健康知识讲座，聘请北京市更年期综合症防治中心余淑惠教授讲课。2000 年，开展“妇女崇尚科学，家庭拒绝邪教”主题宣传活动和为期三年的“不让毒品进我家”活动。

2004 年 5 月 15 日，贯彻实施《成都市妇女发展规划》和《成都市儿童发展规划（2001—2010 年）》，区妇儿工委召开 2004 年区“两规”监测统计工作会，安排 2004 年“两规”监测统计工作。2005 年 8 月，区政府统计、教育、卫生、劳动、妇联及有关专家对各乡镇《规划》实施情况进行中期监测评估检查。根据 2004 年监测统计资料，区级 61 个指标中，县级政府领导班子女干部配备率、孕产妇死亡率、婚前医学检查率、孕产妇系统管理率 4 个监测指标离目标值尚有一定差距，占监测指标的 6.56%。

区残疾人联合会

【残联组织与代表大会】 青白江区残疾人联合会（简称“区残联”）原为区政府三项康复工作领导小组办公室，办公室设区民政局，主任由区民政局局长兼任。

1991 年 6 月 29 日，召开第一次区残疾人代表大会，选举游士志为主席，葛文超、骆德隆为副主席的大会主席团，聘请黄忠莹、罗祯炳为名誉主席。选举第一届执行理事会，刘德明任理事长，郑宗太、廖宏沛任副理事长，理事吴文斌，区残联正式成立。区残联属副局级事业单位，挂靠区民政局，负责全区残疾人事务管理，代表残疾人利益，为残疾人生产、生活、教育、劳动就业、康复、文化体育等提供服务。

1996 年 7 月 29 日，区残联召开第二次代表大会，选举戴晓明为主席的大会主席团，聘请孙寿权为名誉主席。选举第二届执行理事会，叶斌任理事长，吴文斌任副理事长，理事宋良芳。

2002 年 4 月 29 日，区残联召开第三次代表大会，选举王健为主席，吕鸣、曾新等 13 人为副主席的大会主席团。聘请戴晓明、王文斌、杨安莉、巫敏、麻渝生为名誉主席。选举第三届执行理事会，吴文斌任理事长，赖维芳任副理事长，理事宋良芳。

2002 年 8 月 15 日，区委制发《关于区编委〈关于青白江区残疾人联合会单列有关问题的请示〉的批复》，区残联单列为正局级群团机构。

2003 年 5 月 9 日，区残联召开第四次代表大会，选举朱志萍为主席，王健等为副主席的大会主席团，聘请戴晓明、何立祥、杨安莉、李光明为名誉主席。选举第四届执行理事会，刘国建任理事长。2005 年 3 月 15 日区委决定增补黄先林为区残联执行理事会副理事长。

2004 年 6 月 22 日，区政府办公室印发《关于转发青白江区残疾人联合会关于利用残疾人就业保障金提供公益性岗位，完善基层残联组织建设的实施意见的通知》，在全区公开招聘 11 个乡镇（街道）残联残疾人专职干事 11 名。2005 年 11 月，区委任命 11 个乡镇（街道）残联的主席、理事长。健全和完善了乡镇（街道）残联组织。

【残疾人救助】 区残联制定和完善了《青白江区残联工作制度》《青白江区残联工作职责》等规章制度，依靠区、乡、村（社）三级残联组织，贯彻落实《残疾人保障法》，履行残联“代表、管理、服务”三大职能，切实做好残疾人教育、就业、扶贫等工作。

残疾人教育。1998 年投资 35 万元在城厢镇建成青白江区特殊教育中心，培训智残儿童 36 人，培训智残儿童家长 17 人，完成残疾人培训 200 人次。

残疾人就业。2001 年社会福利企业集中安置残疾人就业 28 人。2002 年，区政府制定《关于贯彻〈成都市按比例安置残疾人就业办法〉的实施意见》，当年分散安置残疾人就业 38 名。

残疾人扶贫。15 年来，共开展“九项扶助工程”。为特困残疾人家庭发放“特困残疾人家庭专项补助”，每户每月 50 元。建立残疾人“百万自强助学金”，实施“助明、助听、助行”工程。扶持残疾人从事种养殖业。做好义务教育阶段残疾学生“两免一补”工作，对义务教育阶段学习的贫困残疾学生给予生活补助。实施贫困残疾人社会医疗救助工程和残疾人免费职业技能培训。

残疾人维权。1997—1998 年，为 1000 名残疾人颁发“中国残疾人证”。经区司法局同意成立区残疾人法律援助中心区残联工作站，10 余名接受法律援助的残疾人的合法权益得到保护。热情接待残疾人来信来访，依法给予妥善解决。

【残疾人康复】 1991—1995 年，坚持实施白内障病人复明手术，小儿麻痹患者实施矫治，聋儿实施语言教育。4 年来，白内障复明手术 149 人次，实施肢体及儿麻矫治手术 30 人次，20 人接受聋儿语训，培训聋儿家长 12 人，低实力康复 63 例次。

1998 年，区政府讨论通过《青白江区残疾人事业“九五”计划纲要及配套实施方案》。1998—2002 年，白内障复明手术 455 人次，实施低视力矫治手术 32 人次，肢体矫治手术 5 人，装配假肢 29 件次，装配矫形器 30 人次，聋儿语训 26 人，配助听器 6 个。

1994 年 3 月，区残联被市政府残疾人工作协调委员会评为先进单位。1995 年被成都市残疾人工作协调委员会授予“五年工作纲要康复工作先进集体”称号。

法治

1991—2005
成都市青白江区志

概　述

随着“依法治国”和民主法制建设的深入，全区司法机关依法履行法律赋予的职责，推进司法体制改革，建立和完善制度化、规范化的长效管理机制。以维护国家安全、社会主义市场经济秩序和社会稳定为己任，以打击犯罪、预防和惩治腐败、维护司法公正和青少年合法权益为重点，履职尽责。为保护国家、集体和人民群众生命财产安全，维护社会稳定，促进全区经济发展及社会进步作出了积极贡献。

区公安分局切实维护国家安全和社会稳定，严厉打击刑事犯罪，加大刑事案件侦破力度，加强治安、户政、消防、交通的管理和监督，维护公共信息安全，加强基层治安防范体系建设。区检察院推进检察体制改革，实行“检务公开”。加强刑事、经济、行政、渎职侵权等案件的检察监督，积极预防和严厉打击职务犯罪。区法院推行审判方式改革，坚持人民陪审员制度。依法受理和审判辖区内刑事、民事、经济和行政案件，推行民事案审判与调解相结合，收到明显效果，维护了社会主义市场经济秩序和社会公平、司法公正。区司法局结合“普法”工作组织开展依法治区活动，改革和完善律师制度，完善人民调解管理机制，建立基层司法机构，完善基层调解网络，落实刑释解教人员的安置和帮教。积极开展法律咨询服务，开通“148”法律咨询服务电话，热情为群众提供法律援助。

加强政法队伍建设，干警综合素质进一步提高，履职能力进一步增强。多项工作获得上级表彰，民警包维超被公安部追认为公安二级英模。

公　安

【公安机构】　1991年，成都市公安局青白江区分局（简称区公安分局）机关设办公室、政治处、监察室、政保科、经文保科、治安科、户政科、预审科、法制科、刑警队、交通警察队，成都市公安消防支队在分局设消防科，派公安消防九中队驻区。设有治安队、看守所、治安拘留所和收容审查所四个股级单位。

1992年8月看守所更名为青白江区看守所（正科级）。1993年8月，交通警察队更名为交通警察大队。1994年3月，刑警队更名为刑警大队。1995年1月，治安队设巡警分队，1996年3月，增设林业公安科（人员编制在区林业局）。1996年9月，设立行政科。2001年11月更名为装备财务科。1997年5月，成立治安大队。1997年7月，消防科更名为青白江区公安消防大队。同月，设立巡警大队。1999年11月，设立经济犯罪侦察大队（与经文保科合署办公）。1998年10月，撤销预审科，由法制科行使预审职能。2000年8月交警大队与巡警大队合署执勤、名称为交通警察巡警大队、巡警（防暴）大队。2001年11月，增设信息通信科。2001年11月，政保科更名为国内安全保卫科。2003年3月，国内安全保卫科更名为国内安全保卫大队。1997年10月，撤销收容审查所。2005年，区公安分局设办公室、政治处、监察室、装备财务科、信息通信科、法制科、国内安全保卫大队、单位内部安全保卫科（经济犯罪侦查大队）、治安科、治安防范人口管理科、刑警大队、禁毒大队、治安大队、交通巡警大队、公安消防大队、林业公安科、区看守所、治安拘留所。其中政治处、刑警大队、国内安全保卫大队为副分局级机构。

1991年初，派驻乡镇的有大弯、团结、弥牟、城厢、太平等15个派出所。2005年，派驻乡镇的有大弯、红阳、弥牟、新街、城厢、太平、捲棚寺（含龙王派出所）和康家渡8个派出所。

【队伍建设】 1991年，局领导班子成员平均年龄45.6岁，中专以上文化占60%。2005年平均年龄降到39岁，大专以上文化100%，其中本科50%。1991年处、室、科、队、所领导班子成员平均年龄46.1岁，中专以上文化占26.5%，2005年，平均年龄降到40.5岁，大专以上文化占98.1%，其中本科占32.7%。1991年，干警整体文化素质较低，具有大中专文化的占37%。1991年以来，鼓励干警参加中央、省市人民警察院校、大专院校函授站、区委党校学习，2005年，全局在岗干警中具大专以上文化的占82%，其中本科占24.7%。进一步提高干警的业务素质，开展户政、治安、刑警、交警等警种日常岗位练兵活动，派到市公安局授业培训310人次。先后组织法制、治安、治安防范、人口管理、刑侦业务为主要内容的短期培训23期，轮训民警1017人次。1997年被市委市政府授予政法队伍建设先进单位；1998年被市委授予先进基层党委；2000年被区委区政府授予“学习、团结、勤政、廉洁”四好班子。1991—2005年，受到公安部、省、市、区党委政府，省市公安厅局和省市政法委嘉奖的民警626人次。其中授予二级英模1人、市级劳动模范2人；一等功1人，二等功3人，三等功28人；获四川省先进法制工作者、先进档案管理工作者各1人，获成都市百佳少年辅导员称号1人，青白江区“十杰青年”称号1人。

【国内安全保卫】 1991年以来，在全区相继开展“反非法宗教活动”“反动会道门”“反暴力恐怖活动”和“反邪教组织”等专项调查，取得了“敌情我明、敌动出击”的主动权。1992年8月破获“归根道”鼓吹“真龙天子”的复辟活动，1995年4月取缔“门徒会”裹胁群众的非法活动。1999年7月，按照公安部的统一部署，集中开展打击取缔邪教组织的专项斗争，加强邪教组织的组织者的教育和监督。追缴邪教组织的徽章、徽记、挂牌及书籍、音像等宣传资料。

加强情报网络建设，1991—2005年全区共搜集各类敌、社、政情报4802条。其中被省、市、区党委、政府和上级公安机关采用1150条。区委、区政府采纳公安情报信息，及时妥善处置各类群体性事件苗头107起。

【刑事侦查】 1990年，专业刑侦人员24人，2005年76人，占全局在编干警的24%，基本形成刑侦工作大格局。1991—2005年，按照刑警大队主攻大要案件，指导辖区刑警队（治安组）破一般案件的原则，始终把杀人、放火、抢劫、强奸、伤害、绑架人质等暴力案件和重大盗窃、破坏金融以及带黑社会性质的犯罪团伙作为打击的重点，实施定案、定人、定时限、定措施、定领导的五定责任制。

15 年来，相继开展“反三窃”“反盗窃自行车”“追逃犯，破大案，除隐患”“反走私，盗抢机动车”“打击人贩子，解救被拐卖妇女儿童”“命案必破”“打黑除恶”“打击‘两抢’‘两盗’”“禁毒战役”，打击“破坏电力、通信设施”等 45 次专项斗争，摧毁盗窃、诈骗、抢劫、拐卖人口以及带黑社会性质的犯罪团伙 611 个，成员 2459 人，破获各类刑事案件 6280 件，其中大要案件 1569 件；追缴赃物、赃款累计 4029 万元；打击处理犯罪嫌疑人 3925 名，其中逮捕 3168 名，直诉 219 名，劳动教养 514 名，妇教 22 名，少管 2 名。2004—2005 年，全区发生命案 22 件，在“命案必破”的斗争中，不仅做到了发一件破一件，而且还破获两件积案，受到市公安局的表彰，刑警大队连续两年获得集体三等功。

1991—2000 年青白江区刑事案件统计表

表 30 单位：件

年份	全部案件			重大案件			
	立案	破案	破案率（%）	立案	破案	破案率（%）	占全部案件（%）
1991	1596	689	43.17	101	76	75.24	6.35
1992	500	315	63.00	82	54	65.85	16.40
1993	647	358	55.33	101	69	68.31	15.61
1994	645	378	58.60	121	92	76.03	18.76
1995	486	385	73.66	124	93	75.00	25.51
1996	528	441	83.52	134	103	76.11	25.38
1997	543	454	83.61	155	113	72.90	29.03
1998	514	379	73.74	176	130	73.86	34.24
1999	534	382	71.54	197	138	70.05	36.89
2000	1461	508	28.76	212	102	52.80	13.21

2001—2005 年青白江区刑事案件统计表

表 31 单位：件

年份	全部案件			主要案件																	
	立案数	破案数	破案率（%）	立案数	破案数	破案率（%）	杀人		伤害		抢劫		放火		强奸		绑架	
							立案	破案	立案	破案	立案	破案	立案	破案	立案	破案	立案	破案
2001	1560	529	33.91	140	63	45.00	6	6	18	14	105	37	4	3	6	2	1	1
2002	1285	389	30.27	120	53	44.17	2	2	11	11	102	52	3	2	2	1		
2003	1799	389	21.62	212	62	29.25	5	3	51	16	143	37	6	2	3		4	4
2004	1878	333	17.73	272	123	45.22	11	11	40	13	208	93	4	1	6	3	3	2
2005	1618	351	21.69	149	39	26.17	4	4	26	7	110	26	1		7	2	1	

【内部保卫与经济侦查】 内部保卫坚持“看好自己的门，管好自己的人，办好自己的事”的指导思想，贯彻执行市政府《关于加强厂矿、企业、事业单位、机关、学校治安保卫工作的若干规定》。1991年，区公安分局内保工作的重点放在要害单位和要害部位，全区二级重点保卫单位38个、要害部位119个。2005年，贯彻国务院颁发的《企业事业单位内部治安保卫条例》，重新确定重点保卫单位45个、要害部位135个。按照单位的性质、特点分为机关、金融、工矿三个片区，全面落实各项安全防范措施。特别重视加强金融单位的安全保卫工作，坚持每月对全区52个金融网点和7个金库进行抽查，不定期跟踪检查运钞车。重大节日前，组织单位领导及保卫部门对重点要害单位、要害部位进行“地毯式”的安全大检查。1994—2005年相继开展“创治安安全单位”和“争创‘四无’单位”活动（无重大刑事案件、重大治安灾害事故、两劳回归人员重新犯罪、职工违法犯罪）。1994年针对职工生活区入室盗窃突出，开展“安全宿舍区”达标活动。先后投资400多万元改造职工宿舍区落水管1765根，楼梯花窗750扇，修建自行车棚261个，安装防盗门37618扇，防盗锁61864把。253幢楼开展创安达标，228幢楼达标，安全达标率90.1%。1996年区政府制定《关于在全区二级内保单位开展争创四无单位活动》的通知，全区二级内保单位层层落实责任。对川化集团有限责任公司、成都钢铁厂等重点单位进行整治。清理、清查企业周边的废旧收购点7家，追回被盗钢材15吨，钢管315米，摩托车一辆，追缴赃物、赃款总价值4.6万元。加强二级保卫单位人防、物防、技防建设，建立严密的防范系统。强化派出所辖区“110”巡逻队的指挥、协调和快速反应能力，加强街道、厂区周围的控制。完善治安保卫工作体系，组建专职保卫处、科7个，保卫干部18人、保安18人、护卫队85人，兼职保卫部门38个，干部61人、保安172人、护卫队189人，形成遍布城镇、单位的群防群治的治安防范网络。运用科学手段预防犯罪，全区180个重点要害单位和部位建立了重点区域、部位的报警系统，其中59个金融网点全部安装红外线电视监控和报警系统，与区公安分局“110”指挥中心联网。开展区内中小学校周边治安秩序整顿，先后取缔无证经营录像放映点17家，无证经营商业摊点160家，占道经营摊点230家，净化了学校周边的治安环境。加强二级内保单位安全检查，检查单位和要害部位1271处，发现安全隐患579处，其中重大隐患18处。

经济犯罪侦察大队配合刑侦部门和企业保卫部门把盗窃、诈骗，破坏金融、生产秩序，利用职务之便侵占国家、集体财产犯罪作为打击重点。经济犯罪案件由刑侦、经侦、派出所和发案单位保卫部门组成四结合专案组，定人、定案、速侦速破。1991—2005年共破获各类经济案件293件，打击处理犯罪嫌疑人303人；挽回经济损失2407.04万元。配合工商、烟草、税务、药监、质检等部门，查获价值22.5万元的假烟、假药、假酒等假冒伪劣商品，维护了市场经济秩序。

【治安管理】 查处治安案件。1991—2005年共受理治安案件14958件，查处8217件，查处率54.9%。查处违法人员13882人，其中治安拘留2917人，罚款5736人，警告829人，劳动教养17人。

1991—2005年青白江区治安案件统计表

表32 单位：件、人

年份	受理案件数	查处件数	查处人数	处理情况							
				治安处罚				移交其他部门	劳教少管	其他
				合计	拘留	罚款	警告			
1991	874	840	1996	801	140	589	92			1165

续表32

年份	受理案件数	查处件数	查处人数	处理情况							
				治安处罚				移交其他部门	劳教少管	其他
				合计	拘留	罚款	警告			
1992	701	684	1639	1054	101	873	80			585
1993	1361	1067	1541	1042	83	873	86			499
1994	1026	825	1280	896	73	758	65			384
1995	446	404	926	724	103	575	46			191
1996	532	441	616	548	100	386	62			68
1997	478	381	675	601	165	385	57			64
1998	473	384	633	537	119	379	39			96
1999	664	533	958	819	316	454	49			139
2000	1344	372	672	596	391	164	41			17
2001	1232	434	534	341	257	68	16		1	192
2002	1144	419	519	374	281	69	24	4	8	133
2003	1377	632	819	470	295	114	41	1	2	346
2004	1813	375	504	317	218	25	74		1	186
2005	1493	426	570	356	275	24	57	2	5	207

公共场所管理。1991 年，公共娱业场所有 162 家，1993 年发展到 607 家，2005 年仍在营业的有 594 家。针对各个时期出现的治安问题，严格规范公共文化娱乐场所的安全经营管理制度，实行“谁主管、谁负责”的治安责任制，签订治安责任书，统一制发《入场须知》《工作人员守则》《治安员工工作职责》。坚持月抽查、季检查，重大节日前开展集中整治。1991—2005 年，发现和整改各类不安全隐患 342 起，其中：重大不安全隐患 18 起，避免了重大事故的发生。挡获违法犯罪嫌疑人员 6230 人，其中赌博 2802 人，卖淫嫖娼 749 人，吸贩毒品 334 人；破获各类刑事案件 446 起，其中重大刑事案件 115 起；依法取缔违法经营 17 家，停业整治 32 家，行政处罚业主 11 人。加强大型文艺演出、体育赛事、群众集会及庆典活动的安全保卫。1992 年 6 月，在青白江怡湖公园由中国、美国、日本、荷兰等国家和地区组织的“国际中学生环保夏令营”活动，在文体公园举行的女篮八一队、广东队、河北队、四川队友谊比赛；同年 10 月 27 日至 30 日，在怡湖宾馆举行的全国中小学生实验教学普及现场会；1996 年 5 月 27 日，市委宣传部在青白江区中心广场组织的“心连心”艺术团演出活动；1999 年 9 月 28 日，在大弯镇由区委区政府举行的庆祝建国五十周年和建区四十年的街头文艺演出及当晚的烟火晚会等，确保了活动的安全。

特种行业管理。1991 年特种行业 169 家，其中旅店、招待所、宾馆 43 家，印刷业 48 家，刊刻业 4 家，废旧物资收购业 74 家。2005 年，特种行业 303 家，其中旅店、招待所、宾馆 35 家，刊刻业 4 家，机动车修理 153 家，废旧物资收购业 71 家，印刷业 40 家。坚持规范特种行业安全守法经营的各项制度，签订治安责任书。1991—2005 年，取缔非法收购废旧物资 29 家，停业整顿 49 家，行政处罚非法收购的从业人员 6 人。特业职工向公安机关提供案件线索 998 起，破获刑事案件 988 件，协查治安案件555件，查处违法犯罪嫌疑人1926人，缴获赃物折款10万余元。

民用枪支管理。1992年，对全区城乡个人持有的猎枪、高压气枪全面清理和登记，颁发持枪证1636个。1997年，对政法部门、金融系统、保卫处（科）配置的公务枪支进行审核发证。大力宣传《中华人民共和国枪支管理法》。1996年8—9月，在全区开展为期一个月的宣传活动，清理非法持有的枪支弹药，严厉打击非法制造枪支的违法行为。收缴非法持有的民用枪支2429支，猎枪、气枪子弹578发，捣毁非法制造枪支窝点8个，清泉镇鳅鱼巷张青云依法批准逮捕，判处有期徒刑8年。

爆炸物品管理。加强雷管、炸药、导火线的采购、运输、库存及使用的严格管理，制发“爆炸物品购买证”“爆炸物品运输证”“爆炸物品储存许可证”以及使用单位爆破人员须持的“爆破证”。加强烟花爆竹生产、库存、销售网点的监管。与生产、使用、库存单位签订治安安全责任书，帮助完善内部领取、使用、清退登记制度。15年来，查处违反民用爆炸物品管理规定的案件93件，57人；取缔非法生产、储存、销售烟花爆竹点50个，收缴不符合安全要求的烟花爆竹13760饼，收缴流散在社会上的雷管5713枚，废旧炮弹14枚，炸药21.36千克。

剧毒危险化学品、放射性同位素管理。区公安分局与全区有剧毒危险化学品使用的单位11家，有放射性同位素储存、使用的单位2家签订安全责任书，指导单位建立和完善内部专项储存、双人收发、双人保管、监督使用等安全保管、领取、使用岗位责任制。坚持定期监管检查，及时帮助整改。2003年1月，帮助成都玉龙化工有限公司销毁废放射源芯3枚；3月，帮助四川化工机械厂销毁剧毒氢氟酸40瓶共20000毫升，帮助区外国语实验学校销毁氯化汞、液溴等9种剧毒物品1880克。2005年4月，对祥福镇青龙化工厂和澄江化工厂等4家非法使用液氯的企业进行停业整顿，清收非法购得的液氯2吨，对4名涉案人员给予治安行政处罚。帮助川化股份有限公司、华明股份有限公司和青白江区水业股份有限公司安装了液氯防泄露报警预警装置，确保了公共安全。

整治治安热点。对比较复杂的路段、地域、部位实行重点整治。1991—2005年，全区累计确定和整治治安热点237处。1995年确定30处整治重点，发生刑事案件30件，治安案件78件，分别比上年的77件和148件下降了61%和47.3%。2000年确定22处重点部位，发生刑事案件42件，治安案件19件，分别比上年的58件和28件下降27.6%和32.1%。2005年确定8个重点部位，发生刑事案件39件，比上年的114件下降65%。

警卫工作。加强党和国家领导人及外国元首视察现场和途经线路的保卫。1991—2005年，区公安分局配合省、市公安厅局警卫处执行路线保卫15次，现场保卫1次。1995年7月3日，老挝共和国主席诺哈马沙万从成都乘坐汽车途径国道108线，执行路线保卫；1995年3月22日，中共中央政治局委员，国务院副总理吴邦国一行到四川化工厂视察，执行现场警卫。

治安防范。加强群防群治，不断完善以公安派出所为枢纽的防范网络体系。在城乡公共场所建立警民联防专职巡逻队，在机关、企业、学校建立护厂、护校队或由保安公司派驻保安人员提供有偿服务，在乡村和城镇社区建立治保会，在居民院落建立守楼护院组或派驻保安人员，在铁路沿线建立护路队；在金融营业网点建立友邻联防。2005年，全区建立各类群防组织419个，群防人员2478人。群防组织协助公安机关破获各类刑事案件1601件，其中重大刑事案件372件，查处治安案件1737件，消除不安定因素6280件，调解民事纠纷13932件，预防制止犯罪1172件，帮助教育违法青少年6471人。

1991—2005年青白江区治安防范组织统计表

表33

年份	治安防范组织		治保会		治保小组		保安公司		治安巡逻队		治保室		护(厂、校、路)队		守楼护院组	
	总个数	总人数	个数	人数	个数	人数	个数	人数	个数	人数	个数	人数	个数	人数	个数	人数
1991	434	1712	213	531	50	121			18	98	36	169	27	173	94	358
1992	528	1552	201	877	61	208			13	89	97	384	43	193	113	574
1993	385	1340	201	811	55	106	1	8	14	75	67	230	31	186	16	648
1994	564	1231	229	944	48	96	1	18	25	157	7	21	57	213	195	707
1995	544	2194	244	980	52	971	1	37	37	155	2	7	31	249	177	669
1996	929	3361	239	1155	207	492	1	58	15	80	3	11	34	125	431	1528
1997	1239	3794	224	935	413	775	1	90	15	73	2	64	315	520	412	4600
1998	1138	3684	208	865	299	680	1	101	13	69	2	5	71	348	544	1616
1999	1189	3126	207	638	424	59	1	131			2	5	68	340	487	1503
2000	638	2796	247	1612	32	96	1	76					23	165	335	847
2001	333	1822	258	1489			1	98					37	115	37	120
2002	328	2142	253	1733			1	174					37	120	37	125
2003	317	2239	242	1769			1	216					37	125	37	129
2004	490	2845	274	1508			1	317					37	127	37	130
2005	419	2478	216	988			1	347					43	202	43	257

【人口管理】 1991年，区公安分局直接管理大弯、弥牟、城厢、清泉四镇及华严乡的居民户籍，其他乡镇委托乡镇人民政府管理。1993年12月，全区城乡居民户籍由区公安分局直接管理，乡镇公安派出所协助办理。2001年3月，区公安分局建立政务办证中心，将户口、身份证、出入境等集中到办证中心办理。2005年5月，合兴镇行政区规划调整，划归新都区公安分局管理。

常住人口管理。1993年12月以前，公安派出所管理城镇和场镇常住人口，以户为单位建立户口登记簿和户口簿，户口登记簿由派出所管理，户口簿发给户主保存使用。农村常住人口（除华严乡）委托乡镇政府和村管理。1993年12月，建立人口信息计算机管理系统。1994年起全区农村常住人口纳入公安派出所计算机管理。1998年12月，实现市公安局、区公安分局和派出所三级联网。2005年9月，成都市民市内户口变动实现"网上迁移"，方便人民群众和公安机关查询。2005年共提供人口信息服务21350条。

城镇自理口粮户人口管理。1992年6月区政府决定：在大弯、城厢、清泉、大同、祥福、日新等镇采取农业人口离土又离乡，集资建新镇的办法，到集镇发展集体企业、经商、兴办第三产业。凡经批准到小集镇入户的，发给《自理口粮户口簿》，按常住人口管理。2001年底停办，有381户1795人到小城镇入户。

暂住人口管理。1991年，区公安分局遵照公安部关于实施《暂住证申请办法》和《成都市外来人口治安管理办法》等法律、法规，建立健全《发函协查》规章制度，与用工单位、外来务工人员、出租房户主签订《治安责任书》。凡年满16周岁的中国公民，离开常住地，到青白江区城乡暂住三日以下的，由暂住的户主或暂住人到所在地居委会或村组登记站登记；暂住三日以上的，到所在地公安派出所登记，离开时申请注销，有正当理由可以申请延长暂住期；暂住在旅店、宾馆、招待所的进行登记，每天送派出所审查。1991—2005年，累计登记暂住人口431532人。其中来自省内各市县的142898人，省外各市县的14845人，港澳台地区150人。定期和不定期对外来人口进行清查。到2005年，开展外来人口专项治理32次，清查、检查78次，出动警力2165人次，抓获违法人员369人，破获刑事案件621起，查处治安案件318起，挡获盲流人员186人。打击处理违法犯罪人员81人，其中逮捕35人，劳教6人，治安处罚40人。暂住人口协助提供破案线索41起，破案48件，打击处理23人。

出入境人员管理。建立和完善入境人员登记册、出境人员登记册、境外人员租房登记册、三资企业登记册，建立涉外案件卷、涉外情报信息卷、回访记录卷和入境人员临时经营登记表。1991—2005年，接待38个国家、港澳台地区的入境人员2269人次。受理因私个人申请出境（包括到中国香港、澳门）5902人次，回访181人次，获取有价值信息28条。查处涉外案（事）件12起，行政处罚12人，其中外国人4名，中国台湾居民6名，大陆居民2名。

居民身份证。依照《中华人民共和国居民身份证试行条例》，凡年满十六周岁的中国公民均应申请领取居民身份证。2004年1月1日《中华人民共和国居民身份证法》实施后，未满十六周岁的中国公民也可以申请领取居民身份证。1991—2005年，区公安分局办理居民身份证219300人，临时身份证12829人。2005年9月26日起办理二代身份证10851人；办理边境证12586人。加强居民身份证的使用管理和查验，发现犯罪嫌疑人1623人，提供破案线索638件，破获刑事案件563件，查处治安案件642件，打击处理违法犯罪人1613人，挡获负案在逃人员28人，为人民群众提供查询服务23486人次。

【“110”警务】 1997年11月16日区公安分局建立“110”报警服务台。制订和完善“110”接处警服务系统的总体规划和实施细则，建立以分局“110”指挥室为龙头、交巡警为骨干、多警种参战、相关部门配合的联动快速反应机制。1998年10月，相继在城厢镇等9个派出所成立辖区“110”接处警分队，配备“110”接处警专用车、对讲机，在城乡设立报警点124处，覆盖全区70%以上的地域。到2005年，“110”接处警服务台服务功能不断延伸，安装350MHZ无线通信网、公安有线专网、“110”接处警系统、金融网点自动报警系统、重要机关部门闭路监控系统、大弯和红阳辖区主要街道路口交通安全监视系统，筹备城市“天网工程”。1997—2005年，接处警130117次，其中处置交通违章46404次、刑事案件4552件、治安案件3411件、火警96次、处置群体性事件21件、调解民事纠纷2156件、受理群众求助9076件（其中：救助迷路走失老人、儿童251人，救助伤病群众193人，帮助、护送智力残障及醉酒群众272人，处理路毙尸体38具，阻止自杀32人），配合卫生、民政、水电、燃气等部门处警332件。现场挡获各类违法犯罪嫌疑人1332人，其中刑事拘留179人、逮捕82人、劳动教养43人、治安拘留377人。

【监所管理】 区看守所担负依法刑拘、逮捕的犯罪嫌疑人和刑期一年以下的服刑人犯关押任务。1992年5月更名为成都市青白江区看守所。监舍24间，917平方米，1999年投入15万元，安装监所监控系统，摄像头监舍20个，周界5个。

1991年以来，区看守所贯彻执行公安部“依法、严格、科学、文明”管理的八字方针和市公安局《看守所工作评比试行办法》，先后制定《民警包监舍管理》《在押人员行为规范》《一日生活作息制度》等各项规章制度，推行《岗位责任制》，坚持24小时值班巡监制度。提讯犯罪嫌疑人时，管教干警到提讯室周围巡逻守候，配合公安、检察院的干警讯问罪犯。定期消毒、灭蝇、杀菌，杜绝传染病和食物中毒事件的发生。在羁押的人犯中开展争创“文明监舍”“五好人犯”活动，对评为“五好人犯”的个人给予适当的精神物质奖励。

实行所长、管教民警对在押人员，尤其是对重刑犯谈话制度，宣传党的政策和国家的法律、法规，谈话率达95%。1991—2005年，通过人犯检举揭发破获杀人、盗窃等刑事案件320起，抓获违法犯罪嫌疑人226人，逮捕112人，治安处罚105人，其他处理78人，追缴赃物折合人民币300余万元。对揭发人实施减刑缓刑政策。

【公安消防】 成都市公安消防支队九中队驻青白江区，现役军官3人，士兵33人。装备水灌消防车3辆，泡沫、抢险、救援消防车各1辆，灭火器材有：吸水管、水枪、水炮等126支（节、盘）；防护装备有：战斗服、消防靴等305套（双、具）。2005年底，川化集团、华明公司、攀成钢等建立专职消防队，有专职消防员82人，消防车8辆。11个乡镇成立义务消防队，2005年，有义务消防队65个，兼职消防员1460人。

按照“预防为主、防消结合”的方针，开展形式多样的宣传教育。举办消防知识培训班，利用市、区新闻媒体加强宣传教育，每年的“119”和“红五月”组织乡镇、各部门和二级消防单位开展大规模的宣传活动，设立宣传站（点）763个次，参与宣传人员3382人次，出动宣传车256台次，印发宣传资料26万余份。

坚持“政府领导、行业管理、单位负责、群众防范”，消防工作进入厂矿、学校、社区、农村，依法审查建筑防火设计、防火措施和防火技术规范，加强二、三级重点防火单位的定期和不定期检查。1991—2005年，组织安全大检查165次，查处隐患11469处。其中，较大隐患186处，重大隐患40处，火灾年均万人发生率为0.621%。查处火灾事故425起，违章建筑206起，自己放火烧毁房屋骗取保险费6起，治安拘留5人。

1991—1996年，接火警出动2015次，扑灭火灾992次。1997年，消防九中队全面贯彻执行“有警必出，有灾必救，有险必抢、热情服务”的规定，积极开展社会抢险救援。1998年7月15日，唐家寺伊斯兰度假村发生氨气泄漏事故，严重危及周围群众的生命安全。参战官兵奋力抢险，避免了一起重大恶性事故。1999年1月25日晚上6时，玉虹乡同兴村四组蜀星化工厂约30吨的次氯酸钠钢混池突然垮塌，毒液喷溅，有毒气体四处蔓延，波及方圆两公里人民群众的生命财产安全，经参战单位和中队官兵的英勇奋战，排除了险情。1997—2005年，消防九中队共接警出动9913次，抢险救援245次，社会救援8481次。

1991—2005年青白江区火灾事故统计表

表34

年份	发生次数（次）	死亡（人）	受伤（人）	损失折款（元）	万人发生率（%）	人平损失折款（元）
1991	42			154004	1.1	0.41
1992	17	2		48814	0.45	0.13
1993	15	1		73834	0.39	0.20

续表34

年份	发生次数（次）	死亡（人）	受伤（人）	损失折款（元）	万人发生率（%）	人平损失折款（元）
1994	16			40360	0.40	0.10
1995	26	1	4	98420	0.67	0.25
1996	15		4	104326	0.38	0.27
1997	19	4	2	71300	0.48	0.18
1998	13			102000	0.33	0.26
1999	14	1		126700	0.35	0.32
2000	38	2	3	479220	0.95	1.19
2001	23			55460	0.54	0.13
2002	37			182010	0.88	0.43
2003	29	3	5	91500	0.69	0.21
2004	41	3		396020	0.97	0.94
2005	31	1	1	384600	0.73	0.91

1991—2005年青白江区灭火情况表

表35

年份	接警出动次数	扑灭各种火灾次数	出动消防车辆台次	参加灭火人次	灭火成功率%
1991	167	70	334	2810	100%
1992	138	51	276	2150	100%
1993	158	54	316	2520	100%
1994	184	61	368	3050	100%
1995	143	54	286	2100	100%
1996	166	48	332	2840	100%
1997	173	75	346	2900	100%
1998	169	58	338	2740	100%
1999	154	67	308	2450	100%
2000	173	73	378	3520	100%
2001	1820	77	218	1744	100%
2002	1785	75	210	1680	100%
2003	1798	74	222	1776	100%
2004	1875	82	246	1968	100%
2005	1835	79	237	1896	100%

【交通管理】 1990年在大件路与唐巴公路交叉路口建成首座民警指挥岗亭。1995～2005年在青

江西路，红阳路，石家碾路、巨石路等30个路口安装了红绿灯交通信号和电子自动指挥系统。1991年，道路交通管理以“压事故、保畅通”为中心，以改革路段管理，加强道路巡逻，严格纠正违章为重点，全面加强道路交通管理。1992年建立分局分管副局长、交通警察队长、派出所长、车队（站）长、安全联组组长责任制，与有车单位签订“交通安全责任书”。制定《非机动车管理办法实施细则》。组建义务交通队，对机动车和非机动车实行统一管理。1995年改革交通勤务管理体制，制订和完善“定人员、定时间、定路段、定任务、定标准”的五定责任制。根据道路交通秩序状况，加强成绵高速公路、国道108线、唐巴路、大弯镇教育街等专项治理和整顿。1997年10月组织开展向济南交警学习的活动，贯彻江泽民“严格执法、热情服务”的题词，改变交警“冷、硬、横”的作风。2001—2005年开展创建“平安大道”和“争创全国一流、打造成都交警品牌”活动。1991—2005年，交通立案事故2367起，死亡475人。

1991—2005年青白江区主要交通事故统计表

表36

年份	件数（件）	死亡人数（人）	受伤人数（人）	经济损失（元）
1991	151	20	56	13818
1992	81	19	64	118750
1993	115	9	52	231900
1994	126	20	127	385600
1995	99	19	72	303945
1996	144	18	98	418200
1997	161	20	103	636600
1998	123	20	56	397600
1999	89	20	89	386600
2000	128	43	62	551214
2001	186	67	752	145321
2002	343	51	142	1428168
2003	180	46	120	632700
2004	190	52	125	705729
2005	251	51	243	801327
合计	2367	475		

宣传教育。在青白江报、攀成钢报、成都日（晚）报等刊登交通安全稿件，在区内三家电视台开设交通安全专题，制作交通安全展板，开展交通安全进学校、社区、企业、乡镇活动；在成绵高速公路、国道108线，巨石大道等地段设置200多块交通安全警示牌。增强广大人民群众“珍爱生命、安全出行”的意识。

驾驶员管理。在有车单位和乡镇建立安全联组和驾驶员每月参加学习制度，纳入驾驶员年审内容。1991—2005 年，对违章肇事严重的 31 名驾驶员依法追究刑事责任，对较为严重的 51 名驾驶员给予行政治安拘留，行政警告 372 人。

机动车管理，1991 年机动车 2485 辆，2005 年 53454 辆。按照公安部《机动车登记办法》《驾驶员管理办法》的规定，严把车辆驾驶人入籍和年检考试关。加强机动车技术检测，严防“病车”上路行驶。共检测汽车 131258 台次，合格率 95% 以上。

非机动车管理。全区自行车 13 万余辆，根据成都市《非机动车管理办法》规定：凡新购自行车或在旧货市场购的自行车，必须在区公安分局非机动车管理所登记，打号、领取牌证后方可行驶。1994 年自行车被盗案件上升，规定凡新购自行车入户，必须安装防盗锁。2000 年 1 月，自行车换发分合式号牌，实行两年检验一次。1991 年客运人力三轮车逐步发展，2005 年全区有人力客运三轮车 1354 辆。1997 年制定《成都市青白江区非机动车管理实施细则》，规范三轮车车主交通经营行为。2001 年区政府实施大弯地区人力三轮车经营权拍卖，区公安分局做好教育整治和日常管理。

检　察

【检察机构】 1991 年，区检察院设刑事检察一科、刑事检察二科、贪污贿赂检察科、法纪控告申诉检察科、监所检察科、办公室等 6 个科室。1995 年 5 月，成立成都市青白江区反贪污贿赂局。区检察院内设机构调整为反贪污贿赂局、刑事检察一科、刑事检察二科、法纪检察科、民事行政检察科、监所检察科、控告申诉检察科、办公室、政工科。分别设置税务检察室、技术监督检察室、工商行政管理检察室派出机构。1997 年 4 月，按照《成都市青白江区人民检察院机构改革方案》，调整为：办公室，审查批捕科，审查起诉科，反贪污贿赂局，法纪检察科，监所检察科，民事、行政检察科，控告申诉检察科，检察技术科，法律政策研究室，政治处（挂纪检组牌子）等 11 个部门。1997 年 12 月，根据最高人民检察院、国家税务总局《关于撤销税务检察机构有关问题的通知》精神，撤销税务检察室。1998 年 6 月，撤销技术监督检察室、工商行政管理检察室。10 月，“成都市青白江区反贪污贿赂局”更名为“成都市青白江区人民检察院反贪污贿赂局”。2002 年 4 月，按照机构改革方案，区检察院内设机构调整为：办公室、政治处（与区纪委派驻纪检组合署办公）、侦查监督科（原审查批捕科）、公诉科（原审查起诉科）、反贪污贿赂局、渎职侵权侦查科（原法纪检察科）、监所检察科、民事行政检察科、检察技术科、计划财务装备科（与后勤服务中心一个机构两块牌子）、法律政策研究室（与办公室一个机构两块牌子）、职务犯罪预防科（与职务犯罪预防领导小组办公室一个机构两块牌子）、法警大队，共 14 个部门，延续至 2005 年。

1991—2005 年青白江区检察院检察长、副检察长名单

表 37

职　务	姓　名	任职时间
检察长	张孝平	1988. 1—1993. 2
	张义金	1993. 2—2002. 2
	孙　明	2002. 2—2005
副检察长	李伟光	1988. 1—1993. 2
	张显志	1988. 1—
	廖平凡	1995. 1—
	米因泉	

【刑事检察】　认真做好批捕、审查起诉、出庭支持公诉和侦查及刑事诉讼活动的法律监督。1991 年，区检察院重点打击抢劫、强奸、重大盗窃、重大诈骗、拐卖人口、破坏电力通讯设备等危害社会治安的严重刑事犯罪，坚持“专人审查，集体讨论，检察长决定，重大疑难案件由检委会决定”的原则，切实保证办案质量。1999 年，根据中央和上级检察院的安排，区检察院加强打击邪教活动的刑事检察工作，依法打击严重危害社会治安的刑事犯罪活动。2004 年，区检察院组织开展“强化监督、公正高效、执法为民”主题活动，建立和完善便民服务措施，落实首办责任和实名举报、投诉答复制度，建立行政执法与刑事执法相衔接的机制。

区检察院结合刑事案件的特点，实行定人、定案、定时、定质量同考核相结合的办法，坚持按照法定程序办案，与公安、法院紧密配合互相监督，突出抓好立案、逮捕执行、抗诉和监外执行等的监督，把执法监督和办案有机结合。坚持重特大刑事案件侦查提前介入制度，落实宽严相济的刑事政策，坚持打击严重刑事犯罪与教育挽救失足者并重，对未成年犯罪慎捕慎诉。认真做好侦查监督和审判监督，坚持判决书审查制度，实行错案追究责任制。1991—2005 年的刑事检察案件，全部在法定期限内审结，批捕、起诉、有罪准确率、法定时限审结率在全市同级检察院中排名靠前，多次受到上级党委、政府和省、市检察院的表彰与奖励。

1991—2005 年青白江区刑事检察工作统计情况表

表 38

年份	受理批捕数	批准逮捕数	不批准逮捕数	受理起诉数	决定起诉数	决定不起诉数
1991	269 人	233 人	25 人	147 件 253 人	127 件 206 人	2 件 4 人
1992	170 人	149 人	10 人	141 件 253 人	88 件 146 人	8 件 12 人
1993	285 人	261 人	20 人	154 件 272 人	157 件 263 人	3 件 3 人
1994	142 人	112 人	22 人	95 件 131 人	88 件 130 人	3 件 4 人
1995	240 人	197 人	0 人	132 件 208 人	106 件 158 人	6 件 6 人
1996	336 人	297 人	0 人	188 件 289 人	178 件 283 人	7 件 10 人
1997	282 人	224 人	0 人	156 件 219 人	153 件 213 人	0 件
1998	246 人	211 人	0 人	148 件 208 人	140 件 196 人	0 件

续表38

年份	受理批捕数	批准逮捕数	不批准逮捕数	受理起诉数	决定起诉数	决定不起诉数
1999	179 人	159 人	21 人	162 件 257 人	146 件 231 人	3 件 6 人
2000	172 人	143 人	26 人	143 件 237 人	110 件 164 人	5 件 13 人
2001	238 人	219 人	15 人	203 件 339 人	163 件 258 人	7 件 9 人
2002	194 件 341 人	185 件 321 人	9 件 28 人	198 件 372 人	158 件 330 人	5 件 6 人
2003	210 件 351 人	202 件 329 人	9 件 23 人	207 件 357 人	187 件 307 人	6 件 8 人
2004	222 件 350 人	216 件 339 人	8 件 13 人	218 件 378 人	196 件 322 人	0 件
2005	192 件 308 人	178 件 281 人	10 件 16 人	219 件 399 人	201 件 356 人	0 件 2 人

【预防职务犯罪】 1991—1998 年，预防职务犯罪由区检察院各职能部门开展，通过宣传、报告、咨询、信访以及公开办理案件等起到预防和警示作用。1999 年 6 月，区委批转区检察院《关于加强职务犯罪预防工作的报告》，成立以区委书记为组长，以区纪委、政法委、公安、检察、法院、司法、监察、审计等单位的负责人为成员的职务犯罪预防工作领导小组，建立联席会议制度，在乡镇、大中型企业成立相应的领导小组，形成预防职务犯罪社会网络。2002 年，检察院成立职务犯罪预防科，制订职务犯罪预防工作计划和工作部署，督促各部门各单位实施，职务犯罪预防工作走上制度化、正规化的轨道。

2002 年，根据中共十六大提出的反腐败要“坚持标本兼治，综合治理，逐步加大治本力度，从源头上预防和解决腐败问题”的方针，以“完善预防网络，强化预防职能，突出预防重点，规范预防活动，增强预防实效”为总体工作思路，将行业（系统）预防和重点工程预防作为职务犯罪预防工作的重点，分别与区建设局、区计生局、区看守所共同签发开展职务犯罪预防工作的文件，全区新建职务犯罪预防领导小组 65 个。注重重点企业的职务犯罪预防，攀成钢、川化集团建立职务犯罪预防制度，推动职务犯罪预防工作在全区各企业中开展。2004 年，贯彻中央《建立教育、制度、监督并重的惩治与预防腐败体系实施纲要》，加强国家工作人员的法制教育和警示教育，在全市率先创办《职务犯罪预防》专刊，编写全市第一本《预防职务犯罪手册》，发送全区各部门和驻区各国有企业。

【职务犯罪侦查】 区检察院坚持“一要坚决、二要慎重、务必搞准”原则，坚决查办各类职务犯罪案件。1991 年以来，适时调整工作布局，深入发动群众举报，扩大职务犯罪案源线索，通过严密初查，严格立案标准，确保办案质量，创造了侦查贪污案 3 天连破 3 案的记录。加大查办侵犯公民人身权利、民主权利，重大责任事故等职务犯罪案件的力度。1995 年，树立查办职务犯罪持久作战思想和“重环节、贵细节”的办案理念，突出检委会作用，发挥全院整体优势，确保稳、准、狠地查办打击职务犯罪。1998 年以来，先后立案侦破 5 起县处级领导干部挪用公款、滥用职权、贪污受贿案等系列案件，为国家挽回了经济损失。

2001 年以来，区检察院严格执行市检察院印发的《检察机关自侦案件执法执纪跟踪考察暂行规定》，坚持开展联合回访考察，发现问题向院领导汇报，及时纠正，考察率和发现问题纠正率均为 100%。坚持“公正执法、加强监督、依法办案、从严治检、服务大局”二十字方针，注意掌握西部大开发和国有企业改制进程中国家工作人员贪污、受贿、渎职、侵权等职务犯罪线索，坚决查办群众反映强烈的案件，肃清“吃拿卡要”的不正之风。查办职务犯罪案件中发现的问题，及时向有关单位提出书面或口头检察建议，实现打击、保护、预防和法治、经济、社会效益的有机统一。

1991—2005 年青白江区办理职务犯罪案件（反贪、渎侦）情况统计表

表 39

年份	受理案件数（件）	立案数	侦结数	移送起诉数	挽回损失（万元）
1991	66	19 件 28 人	17 件	6 件 14 人	25.05
1992	60	10 件 10 人	10 件 10 人	3 件 3 人	18
1993	51	12 件 17 人	13 件 18 人	3 件 6 人	19.99
1994	45	12 件 14 人	20 件	6 件 7 人	120
1995	77	22 件 27 人	22 件 27 人	16 件 21 人	130
1996	65	23 件 26 人	21 件 25 人	11 件 16 人	159.79
1997	84	21 件 24 人	22 件 25 人	11 件 14 人	300
1998	57	10 件 10 人	7 件 7 人	6 件 6 人	144.57
1999	44	14 件 18 人	13 件 17 人	12 件 15 人	75
2000	22	14 件 14 人	10 件 10 人	9 件 9 人	60.68
2001	58	13 件 14 人	15 件 15 人	11 件 11 人	30.38
2002	38	14 件 17 人	11 件 13 人	11 件 13 人	862.84
2003	34	14 件 16 人	17 件 18 人	16 件 17 人	3.8
2004	54	17 件 17 人	14 件 14 人	15 件 15 人	623
2005	32	10 件 15 人	11 件 16 人	11 件 16 人	

【控告申诉】 认真接待和受理人民群众的举报、控告和申诉，排解社会矛盾、维护社会稳定。建立工作制度，做到登记清楚、呈批及时、定性准确、分流恰当、无积压、无差错。1993 年，检察院控申科干警实行挂牌服务，责任到人。申诉案件严格依照“归口管理，分级负责”的原则，实事求是依法处理。坚持“检察长接待日制度”，人民群众控告申诉的每一事、每一案，“事事有交代，件件有着落”；对有苗头性的“告急”案件和集体上访等重大事件，院领导直接处理。2004 年推行填写《接待群众意见工作反馈表》，收集倾听来信来访群众对检察院信访工作的意见，使一些老上访户的问题得到解决。

1991—2005 年青白江区控告申诉工作情况统计表

表 40

年份	受理举报线索（件）	受理控告申诉案件数（件）	控申立案复查数（件）	检察长接待人数（人）
1991	145	11	2	
1992	131	13	5	
1993	114	3	5	79 人
1994	92	8	2	120 人
1995	113	4	1	116 人
1996	147	2	0	
1997	147	2	2	
1998	114	0	0	
1999	104	1	1	

续表40

年份	受理举报线索（件）	受理控告申诉案件数（件）	控申立案复查数（件）	检察长接待人数（人）
2000	113	0	0	
2001	89	0	0	49 次
2002	78	0	0	49 次
2003	37	45	2	45 次
2004	43	37	0	50 次
2005	30	40	0	48 次

【监所检察】 按“一查看，二检查，三询问，四配合，五记载”方式，开展在押人员的思想政治学习、法律法规学习，同重刑犯、重点犯谈话，配合做好在押人员的管理。定期和不定期进行安全检查，收缴违禁物品，消除隐患。严格减刑、假释、保外就医的检察监督。加强重刑犯的安全防范检察，确保严厉打击严重刑事犯罪斗争的顺利进行。积极探索完善监所检察制度，1991 年制定《关于解决看守所超期羁押等问题的意见》，基本杜绝监所内超期羁押和一人提讯被告等不规范现象。1996 年，“严打”斗争中，配合看守所抓获一名逃犯，并以“脱逃罪”起诉。2003 年，区检察院首次在看守所建立检察官窗口，为犯罪嫌疑人家属提供法律咨询和帮助。在区看守所开展职务犯罪预防工作，与看守所签订预防职务犯罪工作意见。2004 年，推行减刑公示制度，制订羁押期限通报制度和提示制度，坚持全面检察和专项检察工作制度。同年，区看守所被省检察院确定为“双加强，双保障”创建活动示范单位（全省仅有 5 个）。组织监外执行罪犯情况检查，根据检查情况写出简报或调查报告，及时纠正检查中发现的问题。

【民事行政检察】 1994 年设立“民事、行政检察科”，行使民事、行政诉讼检察职能。新职能在当时不为人们了解，在区内大部分乡镇进行“民、行检察”业务宣传，深入企业、法律服务所、人民法庭进行调查、联系，民事行政检察工作逐年得到发展。2003 年，民事行政检察工作突出办案重点，对刑事附带民事诉讼作了有效尝试，对刑事附带民事诉讼的提起和检察建议的有效运用，进行实践性探索，得到法庭判决支持，为被害单位挽回损失，取得较好的社会、法律和经济效益。

1991—2005 年青白江区民事行政检察工作情况统计表

表 41

年份	受理数（件）	立案数（件）	处理结果
1994	1	1	依法向法院提出检察建议
1995	2	2	抗诉 1 件
1996	3	1	抗诉 1 件
1997	2	1	抗诉 2 件
1998	6	2	抗诉 2 件
1999	6	2	抗诉 1 件
2000	12	8	抗诉 2 件
2001	11	2	抗诉 3 件

续表41

年份	受理数（件）	立案数（件）	处理结果
2002	13	5	抗诉3件
2003	3	2	抗诉2件
2004	4	2	抗诉1件
2005	9	1	0

法　院

【法院机构】　1991年，区人民法院内设办公室、政工科、刑事审判庭、民事审判庭、经济审判庭、行政审判庭、立案庭、城厢人民法庭、太平人民法庭、大弯人民法庭共10个部门。

1997年7月，按《成都市青白江区人民法院机关机构改革方案》，内设政治处（原政工科，同时挂纪检监察室牌子）、办公室、刑事审判庭、民事审判庭、经济审判庭、行政审判庭、告诉申诉审判庭（内设立案室）、执行庭、大弯人民法庭、城厢人民法庭、太平人民法庭，增设研究室、技术室（挂成都市法庭科学技术研究所青白江分所牌子）、司法警察大队14个庭级单位。

1991—2005年青白江区法院院长、副院长名单

表42

职　务	姓　名	任职时间
院　长	邓远斌 邱蜀新	1990. 3. 8—1996. 5. 17 1996. 9. 18（代理院长）　1997. 3. 14—2006. 11
副院长	罗隆平 米因泉 任莉莉 何志纯	1986. 6. 23—2000. 12. 28 1995. 7. 20—2006. 11 2003. 5. 8— 2005. 6. 28—

2002年4月，区编委批准《青白江区人民法院机关机构改革方案》，内设政治处、办公室、研究室、监察室、书记官室、刑事审判庭、少年审判庭、民事审判第一庭、民事审判第二庭、行政审判庭（赔偿办）、审判监督庭、立案庭、执行局（庭）、司法警察大队共14个庭级单位。

【刑事审判】　1991—1997年，刑事审判工作重点打击杀人、重伤、抢劫、重大盗窃、拐卖妇女、绑架儿童等严重危害社会治安的犯罪，加强带黑社会性质团伙犯罪的审判。以集中公判为重点，召开公开宣判大会。审结杀人、伤害、投毒、强奸、盗窃、诈骗、贪污、受贿等普通刑事案件973件，1428人受到刑事处罚。

1997年1月1日，按修订后的刑事诉讼法，确立了新的刑事审判方式。同年10月1日，修订后的

刑法施行。2001年6月，区法院聘请人民陪审员参加案件审判。1998—2005年，审结杀人、伤害、投毒、强奸、盗窃、诈骗、贪污、受贿等刑事案件1436件，2349人。其中自诉案件94件，被告132人。判决1348件，撤诉、调解、移送、驳回、终止共88件。

区法院与公安、检察机关协调配合，严厉打击刑事犯罪和严重经济犯罪，开展“打黑除恶”“治爆缉枪”“两盗两抢”等专项斗争。2002年，加大经济犯罪案件的审判力度，依法判处贪污、受贿、挪用公款等案件66件97人。贯彻惩办与宽大相结合的刑事政策，对罪行较轻的初犯、偶犯和未成年罪犯依法适用缓刑。2000年5月18日，中法庭召开缓刑犯帮教大会，区法院指定区内尚在缓刑考验期间的29名缓刑犯到会接受教育。2002年5月，开庭审理一件撤销缓刑、收监执行案件，安排上年被判处缓刑的10名罪犯旁听庭审接受教育，对有潜在社会危害的不稳定人员敲响了警钟。

2003年6月，区法院受理被告人陈某犯隐匿会计凭证、会计账簿、财务会计报告罪提起公诉的刑事案件。陈某因对单位免除其财务科长职务不满，将公司的部分财务凭证、账簿、报表等资料从公司拿回家中藏匿，经所在公司、镇政府多次催促，陈某仍拒交。2003年11月19日，区法院对该案审理后认为陈某不具有隐匿会计资料的犯罪故意，作出一审判决，宣告被告人陈某无罪。2003年12月，区检察院提起抗诉。2004年6月，市中级人民法院作出判决，认定陈某犯罪事实成立，判处有期徒刑两年，缓刑三年，并处罚金2万元。导致二审法院改判的原因系一审合议庭对案件事实认定有误。该案是区检察院自1996年以来第一件抗诉成立的案件。

【民事审判】 1991—2001年，区法院按照《中华人民共和国民法通则》《中华人民共和国婚姻法》《中华人民共和国继承法》等法律法规的规定，依法审判婚姻家庭、损害赔偿和债务突出等民事案件，共审结婚姻、抚养、赡养、继承、债务、房地产、人身损害赔偿等各类民事案件8720件。其中判决结案2244件，调解结案4852件，撤诉1520件，移送、终结63件，驳回诉讼请求41件。其中离婚案6201件占71.11%。2001年6月，区法院按修改后的婚姻法审理首例婚姻无效纠纷案件，因原告田某与被告李某系三代以内的旁系血亲，当庭判决原、被告婚姻无效。

2002年4月，最高人民法院《关于民事诉讼证据的若干规定》施行。实行当事人举证和人民法院调查取证相结合的举证制度。2002—2005年共审结各类民商事案件3421件。其中，判决结案1214件，调解结案1388件，撤诉739件，驳回诉讼请求58件，终结、移送22件。民事案件中，婚姻家庭纠纷1824件，抚养、赡养、继承等264件；权属案件401件，交通事故、工伤事故、人身伤害等人身权利和财产损害赔偿、民商事合同案件1196件。2005注重发挥诉讼调解功能，共受理911件，审结789件，调解结案570件。

【经济审判】 1991—2001年，区法院审结经济纠纷案件2194件。其中判决结案746件，调解结案1014件，撤诉358件，移送51件，驳回23件，其他2件。涉案标的36755万元。经济纠纷主要涉及购销合同1076件、借款合同648件、建设工程承包合同54件，加工承揽合同137件、企业承包经营合同67件、联营合同48件、租赁45件、运输合同13件，农村承包合同13件，保管合同11件，其他66件，票据、信托、居间、保险、破产等16件。1999年3月，区法院根据国务院清理整顿农村合作基金会的决定，组成专门的办案小组，开展农村合作基金会借贷案件的专项审判。共审理55件，解决争议4465万元，保全3980万元。同年10月起执行《中华人民共和国合同法》，经济纠纷案件名称变更为民商事案件，统归民事审判。2002年撤销经济审判庭，设立民事审判第二庭，审结了大量的购销合同纠纷案，有效地维护了流通领域的经济秩序。深入企业送法上门，同120多家企业建立经济司法联络制度，提供法律咨询服务，协助清理债权债务174件，为企业挽回经济损失1320多万元。审结购销合同案169件，借款合同案64件。认真贯彻上级法院《关于充分发挥审判职能作用为经济发展提供司法保障和法律服务的意见》，提出司法建议6份。2002年4月，区法院首次受理一起消费者状告手机销售商，销售伪造信息产业部发布进网许可证标志手机的赔偿纠纷案件，判决商家按《中华人民共和国消费者权益保护法》的44条规定，双倍返还消费者购买手机的价款。

【行政审判】 区法院严格执行《行政诉讼法》和最高人民法院的司法解释，依法受理、审结行政诉讼案件86件。涉及房屋拆迁、土地争议、劳动争议、公安处罚、计划生育处罚、税务工商处罚、烟草专卖等。通过审理，维持行政机关具体行政行为的14件，原告撤诉52件（被告改变原具体行政行为后原告撤诉17件，原告主动撤诉35件），撤销原行政处罚决定9件，驳回7件、移送1件、终结1件、其他处理1件，判决行政赔偿1件。1995年受理的行政案件中，其中三件涉及农民负担的集体诉讼案。针对部分行政机关在作出行政处罚决定中反映出的不足之处，逐一提出改进和完善意见。未设立行政诉讼代理人和复议机构的行政机关提出建议，培训行政执法人员500余人，向行政执法机关发送司法建议书2份。注意处理维权、监督与支持的关系，既支持行政机关依法行政，维护法律的尊严，又维护当事人的合法权益，提高公民遵守法律的自觉性，推进依法治区的进程。

【执行工作】 区法院按照“强化执行工作，注意工作方法，抓重点，攻难点，重实效”的要求，坚持讲求工作方法，主动争取党委、人大、政府领导的支持，坚持文明执行，以理服人，依法执行。1991—2005年，受理执行案件3607件。被执行人自动履行1527件，和解528件，采取强制措施执行697件，终结354件，其他496件，不予执行5件。其中接受外地法院委托执行14件。执行兑现金额33805万元。

1997年，充实执行工作力量，实行办案时限制度。1998年按照最高人民法院的统一部署，用4个月的时间执结一批老案、难案。11月，区法院在审判庭召开执行大会，20余家申请人和40余家被执行人到会，对成都三鑫冶炼厂等44家拒不履行法律文书确定义务的被执行人进行曝光；依法对有履行能力但拒不履行的谷某、冯某、曾某三人当场予以司法拘留，兑现申请人现金13万余元和价值39万元的汽车、空调等物品。1999年，采取执行大会、集中强制执行、拘留罚款等制裁措施，司法拘留9人、罚款2人。同年8月18日，区法院依法执行张某、刘某、曾某欠税行政处罚决定，38名干警进行强制执行，对冲击执行现场、阻挠执行、煽动村民闹事的案外人依法拘留。2000年，继续加大执行工作力度，建立健全执行工作机制，完善听证制度，探索公开拍卖、变卖等执行方式。2001年1月，在审判大楼前设立”成都万丰机械制造厂破产案债权兑付点”，兑现200多名债权人的债权。2003年，受理各类执行案件234件，执行结案147件，兑现金额816.54万元。其中，审查并执行行政非诉案件12件，标的金额86.68万元。2004年，采取被执行财产申报、债权凭证、执行听证等新方法，受理299件，结案234件，兑现金额4298.57万元。同年10月，推行执行中止、终结案件预先告知制度。2005年实行“提供被执行人财产线索登记表”“被申请人财产申报表”“被申请人财产举报登记表”“执行人员案件执行情况登记表”，实行“不履行人民法院生效裁判确定义务承担责任告知书制度”“执行案件终止与终结听证制度”“执行权与执行监督权相分离制度”的执行工作新措施，受理各类执行案件304件，结案194件，执行兑现金额1870.51万元。

【审判监督】 1992年起实行立案和审理分开，公开受案范围、立案标准，坚持重大信访领导接待处理制度。告诉申诉审判庭接待群众来信来访和告状，受理符合立案条件的案件，做到件件有交代，事事有着落。1997 年，把告诉申诉作为确保案件质量的第一个监督环节，建立统一的立案分案制度，在成都市两级法院中率先实行由告申庭统一接受告诉、统一审查立案，统一计算预交诉讼费用，统一编号移送有关审判庭审理，审判庭审案不立案，财务室只收费不办案的“三分离四统一制度”。1991—2005 年，接受来信 3452 件，来访 11757 人次。其中来信审查立案 1740 件，转交其他部门处理 437 件。来访审查立案 8255 件，息诉 491 件。非诉来信来访 1845 人次，其中法律咨询 957 人次，转处 389 件，其他 499 件。

认真复查申诉案件，对申请再审和申诉复查的案件，由院长提交审判委员会讨论决定。15 年来，受理审判监督案件 139 件。其中当事人申诉再审 119 件、本院决定再审 11 件，检察院抗诉 5 件，上级指令再审 4 件。通过对当事人的申诉和再审申请的审查以及法院自查，改判 35 件。其中：刑事案件改判 20 件，宣告无罪 1 人，减轻刑罚 7 人，加重刑罚 2 人，其他处理 22 人。民事改判 5 件，经济合同改判 10 件。2002 年撤销告诉申诉庭，成立立案庭和审判监督庭，挂两块牌子。2005 年分开设立，各司其职。

2000 年坚持院长接待日和领导交办事项报告回复制度，接受告诉 1284 件，审查立案 1035 件，来信 118 件，上级转交 28 件。认真贯彻国务院《信访条例》和区人大常委会《关于方便群众告状办法》，2001 年受理，来信来访 1393 件（人），立案处理 1023 件。2004 年 4 月 8 日，区法院收到大同镇复兴村全体村民的诉状，状告村委会、广汉大地种业有限公司土地侵权，要求赔偿 7.699 万元经济损失。立案审查中发现 2000 余名村民有集体上访苗头，如果处理不当，将可能引发严重后果。区法院领导带队前往复兴村做好村民的疏导工作，及时向区委区政府书面反映，经多个部门共同做好工作，平息了事态，使该案得到了妥善处理。2005 年制定《信访工作管理办法》《信访接待工作暂行规定》《信访工作实施细则》等信访工作规范性文件，建立信访听证制度，坚持和完善院长接待日制度，院领导值周制度，信访工作责任制度，双休日立案和互联网、电话预约立案制度。接待来信来访 274 件（人）次，办理上级转办案件 15 件，督办案件 4 件，院领导和党组成员阅批接待处理信访案件 59 件。

不断完善审判监督，严格实行以审限管理为中心的案件流程管理，修订《案件质量考核检查办法》《差错案件责任追究办法》，确定评查内容，对全部已结案件逐案进行质量检查，每季度书面通报，审判质量和效率得到有效监控。2005 年进一步完善人民陪审员制度，上半年选任 18 名人民陪审员。主动接受人大监督，不断改进法院工作。2005 年 7 月，区法院互联网站在中国法院网正式开通。法院网站开辟了网上立案、案件讨论、执行动态、开庭信息、诉讼指南、法官风采等栏目，实现与市中院和其他基层法院的互联互通，开始公文、信息网内传递，提高了工作效率，方便了当事人的诉讼和咨询。

司　法

【依法治区领导机构】　根据区委《关于在全区公民中开展法制宣传教育的第二个五年规划》的规定，全区普法工作由区法制建设领导小组统一组织实施，领导小组办公室设在区司法局，主任由区司法局局长兼任。1999 年 1 月依法治国基本方略写入宪法，按照成都市依法治市办的统一要求，“成都市青白江区法制建设领导小组”更名为“成都市青白江区依法治区领导小组”。

1991—2005 年青白江区依法治区领导小组成员名单

表 43

年 份	组 长	副组长	办公室主任
1991—1992	区委副书记黄忠莹	区人大副主任袁秀华 区政府副区长赖福润	区司法局党组书记、 局长庄成伦
1993—1995	区委副书记李永江	区人大副主任袁秀华 区政府副区长肖敏生	区司法局党组书记、 局长杨晓明
1996—1997	区委副书记、区委政法委书记李永江	区人大副主任袁秀华 区政府副区长肖敏生	区司法局党组书记、 局长王典华
1998—2001	区委副书记、区委政法委书记江家模	区委常委、副区长谢瑞金 区人大副主任廖世泽	区司法局党组书记、 局长王典华
2002—2003	区委副书记、区纪委书记李光明	区委常委、常务副区长谢瑞金 区人大副主任游章田	区司法局党组书记、 局长徐　骏
2003—2005	区委副书记区委政法委书记谢瑞金	区委常委、常务副区长王伯鹏 区人大副主任袁秀华	区司法局党组书记、 局长徐　骏

【普法教育】 1991—1995 年，以宪法为核心、专业法为重点，按照“二五”普法规划有步骤、分层次、分部门地实施普法教育。将重点放在领导干部、执法人员和青少年的普法教育上，领导干部和执法人员重点学习社会主义法制理论和《宪法》《行政诉讼法》《国家赔偿法》等法律法规，提高依法管理、依法行政的能力。青少年特别是在校学生，重点组织学习《义务教育法》《刑法》《治安管理处罚条例》等，增强法制观念。“二五”普法期间，共举办各类法制培训班 274 期，2.15 万人次参训；开展全区性法律知识竞赛活动 3 次，13 万人次参赛；开办法制专栏 278 期；在全区 28 万普法对象中，参加普法学习的达 23.8 万人次。

1996—2000 年，针对不同对象，分层次开展普法教育。注重法制宣传队伍建设，成立由区级有关部门共 23 名领导干部组成的普法讲师团，组织区级法制宣传员 144 名，乡村法制宣传员 1652 名，形成区有讲师团，乡、村、组（社）有宣传员的普法宣传骨干队伍。根据市法建办、市委组织部、市委宣传部的要求，在干部中实行“普法合格证”制度。全区机关事业单位干部 5080 人，按要求全部领取了“普法合格证”。

2001—2005 年，按照“努力实现由提高全区公民法制观念向增强全区公民法律素质的转变，实现由注重依靠行政手段管理向注重运用法律手段管理的转变，提高全区公民的法律素质，全面提高全社会的法治化管理水平”的目标要求，开展“送法下乡”“送法进社区”“送法进校园”，以及组织各类法制宣传月、宣传周、宣传日等活动，进行普法教育。“四五”普法期间，发放普法教材 9000 余册，法制宣传资料 5 万余件，组织各类干部法制培训 200 多期，中小学校上法制课 140 余次。

在“二五”至“四五”普法期间，坚持普治并举，推进依法治理工作的持续深入进行。在乡镇，结合推行村务公开，依法治理群众关心的热、难点问题。普法教育和依法治理工作的不断推进，促进了全区的改革发展和社会稳定。2002 年、2005 年青白江区被市委、市政府评为依法治市先进集体。

【律师体制与管理】 1997 年 4 月，区司法局增设“公证律师管理科”，负责监督、管理和指导公证、律师机构的业务活动，规范法律服务市场，举办业务交流、业务培训、专业职称考评晋升；开展公证、律师执业纪律、职业道德的评查活动；组织公证、律师机构的注册和年检工作。1991—2005年，各律师事务所共担任常年法律顾问450家次，代理各类经济、民事案件1226件，刑事案件辩护1035件，行政诉讼案件23件，代写法律文书1513件，解答法律咨询4299件，为企事业单位和当事人挽回经济损失5200万元，避免经济损失6500余万元。

【公证体制与管理】 1991年以来，随着经济体制改革的深入和社会主义市场经济体制的建立，区公证处在原有经济合同公证等13种公证项目的基础上，增加企业资产转让、拍卖、财产抵押合同、招商引资合同公证等15个项目和土地使用权转让、企业职工自谋职业等新型公证项目。1991—2005年，区公证处共办理各类公证12974件，其中经济类公证4462件，民事类公证7491件，其他各类公证1021件，替当事人挽回经济损失1800余万元，维护了社会经济秩序和社会稳定。区公证处坚持对公证后的经济合同进行回访检查，督促当事人全面履行合同，避免假证、错证，履约率达到99%。在努力拓展公证业务的同时，积极进行内部机制改革，实行公证处主任负责制和目标考核责任制，1996年转制为事业性单位。2003年7月，经省司法厅考核，授予区公证处办理涉外公证业务资格。

【人民调解】 坚持“调防结合、以防为主”的调解工作方针，以矛盾排查、根源分析、基层调处、事件处理、信息报送为主要环节，以落实领导责任、目标管理、条块结合、月查季报等制度为保障，确保人民调解工作的顺利进行。全区共建立164个人民调解委员会，调解员2316名。15年来，共发生各类民事纠纷21470件，调解21266件，调解成功20397件，调解率和成功率分别达到99%和95%，对维护社会稳定，促进经济发展起到“第一道防线”的作用。2005年11月23—25日，四川省企业人民调解工作现场会在青白江区召开，推动全区人民调解工作进一步发展。

【刑释解教人员安置帮教】 以预防和减少重新违法犯罪为目标，加强刑释解教人员的安置帮教工作，建立区、乡（镇）、村（居委会）三级帮教工作机构。1992年区政府批转区司法局《关于发展第三产业经济实体安置“两劳”释放人员就业的请示》，1994年举办15家帮教企业，1996年在各乡镇建立安置帮教工作站，建立安置帮教工作志愿者协会和刑释解教人员档案，全面落实各项帮教措施。2005年，全区共建立安置帮教工作站11个，安置帮教小组120个，安置刑满释放、解除劳教人员就业2419人，安置率超过90%，帮教率超过95%。通过安置帮教，巩固了改造教育成果，减少了社会不安全因素。

【司法所】 根据《司法部关于加强司法所建设的意见》，1998年经区政府批准建立乡镇司法所，同年10月8日，召开青白江区15个乡镇司法所成立大会和授牌仪式。1999年，司法所建设工作被省司法厅授予“集体三等功”。2002年，乡镇司法所建设全部达到规范化标准。司法所协助乡镇人民政府开展依法治理和行政执法监督检查；指导管理人民调解，参与重大疑难民间纠纷调解；指导管理基层法律服务。代表乡镇人民政府处理民间纠纷；组织开展普法宣传和法制教育；安置帮教刑释解教人员；参与社会治安综合治理；完成上级司法行政机关和乡镇人民政府交办的其他工作。

【基层法律服务】 乡镇（街道）法律服务所业务受司法行政机关指导和监督，业务范围包括：应聘担任法律顾问；接受当事人委托，代理民事、经济、行政诉讼；接受当事人委托，参与仲裁活动和非诉讼法律服务；接受被告人委托，或经人民法院指定，担任轻微刑事案件被告人的辩护人；根据双方意愿，主持调解诉外纠纷；解答法律询问、代写法律文书等。到2005年，全区共有10家法律服务所。1991—2005年，法律服务所代理民事、经济案件4080件，非诉讼代理3248件，代写法律文书3567件，解答法律咨询12万余人次，为当事人避免和挽回经济损失4200余万元。

【法律援助】 1998年10月，成立“青白江区法律援助中心”。公民在赡养、工伤、刑事诉讼、请求国家赔偿、依法发给抚恤金等方面需要获得律师帮助，无力支付律师费用的，按国家规定给予法律援助。2001年9月，省人大常委会颁布实施《四川省法律援助条例》，区法律援助中心与公、检、法等部门协调，按照统一受理、统一审查、统一指派、统一监督的法定程序，规范法律援助的管理，发挥区法律援助中心在组织实施援助工作中的主体作用。2003年，在区残联建立法律援助工作站。2004年，先后在区工会、区妇联、团区委、区看守所相继建立法律援助工作站，形成以政府为主导、全社会参与的法律援助工作机制。1998—2005年，区法律援助中心实施法律援助的案件315件，义务解答咨询5026人次。

【“148”法律咨询服务】 1999年6月开通“148”法律咨询服务电话。区司法局值班人员每天坚持填写当天的值班咨询登记表和典型法律事务登记表，按月编写“148”电话情况分析表并及时报送区委、区政府和市司法局。发挥“148”便利群众、服务社会的职能作用，加强与有关部门的协调，探索巩固和发展“148”工作的新机制。与信访、妇联等部门联合开展涉法信访和维护妇女儿童合法权益的宣传咨询活动，开展“148”送法下乡、送法进社区等法律咨询活动。1999—2005年，全区共接“148”专线电话咨询1326人次，接待当事人416人次，提供上门服务107人次，解决矛盾纠纷256人次。

【人民陪审员管理】 1991年，按照法律规定，区法院从全区公民中挑选出适合担任人民陪审员的人选，参与审判工作。2004年8月28日全国人大常委会通过《关于完善人民陪审员制度的决定》区司法局会同法院对人民陪审员的任职资格、职务免除进行审查，陪审制度所需开支，列入司法局和区法院业务经费，由区财政予以保障。2005年3月，司法局及法院开展青白江区人民陪审员的选任、培训工作。18名人民陪审员由区人大常委会任命，经过市中级人民法院的培训取得了合格证书，2005年4月宣誓上岗。为人民陪审员学习法律，提高素质履职尽责，公正司法创造条件。把参与审判工作中所学到的知识和技巧运用到民间纠纷的调解工作中，筑牢人民调解第一道防线，处理好本职工作和人民陪审员工作之间的关系提供帮助。

【律师制度改革】 1991—1994年，律师工作主要由区司法局下属的区法律顾问处（1992年8月更名为“青白江区律师事务所”）承担。1994年按照《律师法》的规定和市司法局关于律师制度改革的要求，律师制度改革工作正式启动。律师事务所由机关行政单位转为事业性法人单位，成为市场经济中介性质的法律服务机构，律师由国家公务员转为事业编制人员，成为依法为社会提供法律服务的执业人员。1997年10月，区律师事务所更名为“四川·成都西蜀律师事务所”。2000年，按照市委目督办下达的督办目标要求，区司法局、区国资办、区人事局配合，2001年6月完成国有资产的剥离和人员分流。所有专职律师，有的辞去公职，有的办理退休，组建了合伙制的“四川·成都西蜀律师事务所”，2005年1月更名为“四川西蜀律师事务所”。同年，市司法局同意区司法局关于设立合伙制“四川达和律师事务所”的申请，报请省司法厅审核登记。2005年，全区有“四川西蜀律师事务所”和“四川达和律师事务所”两家律师事务所。

经济管理

1991—2005
成都市青白江区志

概 述

青白江区坚持以经济建设为中心，建立和完善社会主义市场经济体制，全面推进计划、财政、税务、工商、质监、统计、物价等管理体制改革，理顺经济管理职能，建立经济管理机制，转变经济管理方式，运用法律、法规和国家产业政策，促进经济体制和经济增长方式的根本转变。经济管理由微观管理向宏观管理转变，由直接管理向间接管理转变，由计划控制向协调服务转变，注重经济效益、社会效益和环境效益协调发展，促进全区经济持续快速增长。

1991 年调整国民经济和社会发展计划编制项目，1993 年将环境保护列入国民经济和社会发展年度计划，1995 年实行固定资产投资项目备案制，注重发挥计划在经济建设中的导向作用，促进全区国民经济和社会事业协调发展。加强财政预算、财政支出、基金和预算外资金管理，确保重点项目和民生工程的财政投入，1997 年实现财政收支平衡。建立国有资产授权经营体制，确保国有资产运营安全。1994 年实行分税制。建立和完善税收新体制，积极组织税收收入，加强税收征管，简化办税程序，完善“一站式”服务。依法整顿税收秩序、严厉打击涉税违法行为。2002 年实行农村税费改革，2005 年全区免征农业税。建立和完善企业、个体工商户开业登记和年检制度，加强经济合同、商标和广告管理。2001 年市场管理实行管办分离，区工商局履行管理职能。健全消费者维权网络，维护消费者合法权益。建立企业质量档案，完善产品质量证书、产品标准登记、重点企业计量等级申报评审和特种设备登记制度。加强日常监管，建立特种设备安全监察网络，配备乡镇（街道）特种设备安全监察管理员。积极扶持和培育工业、农业标准化示范项目。1995 年，实行机关、事业单位、社会团体、企业等组织机构代码证管理。认真组织开展国情国力普查和专项调查，做好国民经济、社会事业的统计、管理和服务，加强统计执法检查，查处违反统计法规的行为，维护统计数据的权威性和科学性。1992 年实行行政性收费许可证和年审制度，规范行政收费行为。1991—2001 年，取消行政性收费项目 819 项，降低收费标准 57 项。1998 年实行价格调整听证制度，2003 年将涉及民生的 11 个项目列入价格调整听证目录。稳妥推进价格改革，逐步放宽自主定价范围，保持全区价格基本稳定。推进价格诚信体系建设，严厉打击价格欺诈行为，维护消费者合法权益。

计划管理

【年度计划管理】 1991 年，编制下达国民经济和社会事业发展计划、农村经济计划、工业和交通运输计划、土地资源利用计划、教育事业计划、人口计划、固定资产投资计划、资源节约和综合利用计划等年度计划。

随着社会主义市场经济体制的建立，计划管理逐步从偏重于微观经济管理转变为宏观经济管理，从偏重于直接管理转变为间接管理，从偏重于控制型计划管理转变为协调服务型宏观管理。注重经济增长方式转变的引导，淡化产值指标，强化效益指标，注重社会事业与经济建设的协调发展。1993 年年度计划增加环境保护和重点科技项目计划，1997 年不再编制下达资源节约和综合利用计划，1999 年不再编制下达土地开发利用计划，2000 年不再编制下达交通运输计划，2002 年不再编制下达重点科技项目计划。

各类计划的有关指标及内涵不断演变。1992 年，农村经济计划取消生猪出肥、蛋产量、大牲畜总产量、羊产量、成片造林面积、木材采伐量、农机机耕量、改造低产田土 8 个指标。1993 年，取消农村社会总产值、奶类总产量、水果总产量 3 个指标，增加农业增加值、糖料总产量、造林合格面积 3 个指标。1998 年取消造林合格面积。1999 年只保留农业总产值、农业增加值、农民人均纯收入及主要农产品产量四大类指标体系。1998 年，工业经济计划指标体系中相继增加工业企业的经济效益综合指数、销售收入、销售税金、利润、亏损总额、流动资金周转天数、全员劳动生产率、产品产销率、增加值等效益指标。2001 年，不再下达工业总产值指标，取消主要产品产量指标。2005 年，只保留“工业增加值”和“规模以上工业经济效益综合指数”两项指标。2002 年，人口计划取消人口机械增长计划指标。2003 年，环境保护计划改为环境保护与资源综合利用计划，计划指标中增加城市取水量、农村取水量、农用地转建设用地等指标。

2005 年，编制下达的年度计划有：国民经济和社会事业发展计划、固定资产投资计划、农村经济计划、工业经济计划、环境保护与资源综合利用计划、教育事业计划和人口计划。

【中长期计划】 1992 年 3 月，编制《成都市青白江区国民经济和社会发展第八个五年计划纲要》（简称《八五纲要》）。纲要提出：继续全面贯彻中共十一届三中全会以来的方针政策，认真落实中央提出的国民经济和社会发展五条基本指导方针。大力发展城郊农村经济，加快工业城市化建设步伐；依靠科技和教育，努力提高国民经济的整体效益。强化精神文明建设，进一步繁荣社会事业，不断提高人民物质和文化生活水平，努力实现建成城乡一体化的成都市次级经济中心的目标。邓小平南巡讲话发表后，区委决定加快发展步伐，对《八五纲要》的经济发展速度进行调整，提出实现工农业总产值翻一番的目标。

1992 年青白江区调整国民经济和社会发展第八个五年计划情况表

表 44

项　目	1990 年绝对数（亿元）	调整前：八五计划年平均增长速度（%）	调整后：八五计划年平均增长速度（%）	调整前：八五末（1995 年）应达到的绝对数（亿元）	调整后："八五"末实现的绝对数（亿元）	"八五"期间实际年平均增长速度（%）
国内生产总值	7.34	10	16.8	16	22.37	24.96
工业总产值	4.39	12.8	35.6	8	14.33	26.7
农业总产值	2.16	2	4.3	2.5	3.08	5.74
乡镇企业总产值		15	34.9	22	47.2	
财政收入	1.1		7		1.38	4.6

说明：财政收入以 1992 年 1.08 亿元为基数，后三年平均递增 7%

1995 年 7 月，编制《青白江区国民经济和社会发展第九个五年计划和 2010 年远景目标纲要》（简称《九五纲要》），1996 年初《九五纲要》经区十三届人大五次会议审议通过。《九五纲要》提出：坚持邓小平建设有中国特色的社会主义理论，坚持党的基本路线，坚持"二十字"基本方针，正确处理发展、稳定的关系，以"三个有利于"作为检验各项工作的根本标准，从传统计划经济向社会主义市场经济体制转换，从粗放经营向集约经营转变；同心同德，真抓实干，依托区域优势，以建设中等城市为重点，增强经济素质和综合实力，实现经济社会相互协调和可持续发展。"九五"期间国内生产总值计划年均增长 11%，到 2000 年达到 30.5 亿元，2001—2010 年年均增长 10%，到 2010 年实现 80 亿元；工农业总产值计划年均增长 13.5%，乡镇企业总产值计划年均增长 22%，固定资产投资计划年均增长 25%，社会消费品总额计划年均增长 15%；"九五"期间大力发展第三产业，计划年均增长 19.2%，到 2000 年，全区一、二、三产业的结构比例由"八五"时期的 12：67：21 调整为 9：61：30；财政收入计划年均增长 7.7%，2000 年达到 2 亿元。

2001 年 1 月，编制《青白江区国民经济和社会发展第十个五年计划及 2010 年规划纲要》（简称《十五纲要》），区十四届人大五次会议审议通过。《十五纲要》提出：以邓小平理论和党的基本路线为指导，紧紧抓住西部大开发的历史机遇，以提高国民经济整体素质为中心，以改革开放和制度创新、技术创新为动力，调整和优化经济结构，加速实施"工业富区"战略，完善基础设施，推进城镇化进程，实现经济体制和经济增长方式的根本性转变，促进经济、社会、环境协调发展，加快现代化建设步伐。"十五"期间，工业增加值年平均增长 12.4%，力争 16.6%，到 2005 年实现工业增加值 35 亿元，力争 42 亿元，化工、冶金、机械、建材等主导产业工业增加值的比重提高到 70% 以上；根据低山、丘陵、平坝区不同的自然资源条件，大力发展生态农业、高效农业、观光农业，到 2005 年全区粮经比例调整为 4∶6，农民人均纯收入达到 3450 元，力争达到 3600 元；2005 年城镇居民人均可支配收入计划实现 11500 元，力争 12000 元。

青白江区五年计划主要指标完成情况表

表 45

项目	1990 年		1995 年		2000 年		2005 年		1990—2005 年平均增长%
	绝对数	七五时期平均增长%	绝对数	八五时期平均增长%	绝对数	九五时期平均增长%	绝对数	十五时期平均增长%	
国内生产总值(亿元)	7.34	18.51	22.37	24.96	40.69	12.71	83.84	15.56	17.63
第一产业	1.57	15	3.72	18.83	4.37	3.27	6.88	9.5	10.35
第二产业 其中：工业	4.63 3.15	20.08	13.98 13.48	24.73 33.74	22.58 19.73	10.06 7.9	54.79 48.63	19.40 19.77	17.91
第三产业	1.14		4.67	32.58	13.74	24	22.17	10.04	21.88
工业总产值	15.42		39.7	20.82	67.34	11.15	154.3	18.04	16.6
农业总产值	2.32		3.08	5.74	3.59	3.11	4.74	5.72	4.85
乡镇企业总产值(亿元)	4.93		47.18		37.18				
全口径财政收入(亿元) 其中地方财政收入	1.1		1.38	4.6	2.36 1.12	11.33	6.24 2.83	44.46	12.27
固定资产投资总额(亿元)	2.13		4.18	14.44	9.93	18.89	43.4	34.31	22.26
社会消费品零售总额(亿元)	1.71		4.45	21.08	10.99	19.82	20.35	13.11	17.95
城镇居民年均可支配收入（元）	1990		6476	26.62	8304	5.09	12080	7.78	12.77
农村居民年均纯收入(元)	649		1463	17.65	2713	13.15	4175	9	13.21

【投资项目管理】 1991 年，全民和集体所有制单位基本建设投资项目实行审批管理，按投资额大小分别由国家、省、市、区计划部门审批，区计委负责审批 300 万以下的生产性投资项目和 100 万元以下的非生产性投资项目。1992 年，区级审批权限扩大为审批 500 万元以上的生产性投资项目和 300 万元以下的非生产性项目。1993 年，扩大为审批 3000 万元以下的生产性项目和 1000 万元以下的非生产性项目。

1993 年，全区基建投资计划报批程序实行简政放权，项目单位可不经过主管部门初审直接向区计委申报立项和投资计划。1994 年，为适应企业自主决策的需要，区政府制定《青白江区固定资产投资项目登记备案暂行办法》，计划部门改变投资项目审批办法，实行投资项目备案管理。

1995 年，区计委继续实行并完善投资项目备案制，推行项目法人制；加强基本建设资金的源头管理，规范基本建设投资行为，强化政府投资的公益性项目的监督检查，驻区市属以上企业和个体私营企业的投资项目在审批权限内简化手续。加强重点建设项目的协调和服务，建设项目在环境保护、劳动安全、消防等方面实行同时设计、同时施工、同时验收。

2003 年，成立青白江区重点项目领导小组，进一步加强重点项目建设的组织和协调，做好国债资金的争取和重点项目贴息贷款。1991—2005 年，全区固定资产投资累计 165.8 亿元。

1991—2005 年青白江区重点项目（非工业）计划一览表

表 46

序号	项目名称	项目性质	建设内容	总投资（亿元）	建设年限
1	团结路改造	改建	长 3180 米	0.12	1992—1994
2	唐巴路（青白江段）改建工程	改建	长 18.7 千米，宽 14 米	0.3765	1992—1994
3	大弯第一综合市场	改建	建房屋 19500 平方米	0.1209	1993—1995
4	怡湖商品住宅小区	新建	总建面约 17 万平方米	0.9	1993—1995
5	唐巴公路 K0—K1	改建	长 900 米	0.035	1994—1995
6	青华东路	扩建	道路长 350 米，宽 36 米	0.015	1995—1996
7	自来水公司扩建	扩建	日供水 1 万立方米	0.0551	1995—1997
8	华金大道扩建工程	扩建	城镇段宽 36 米慢车道、人行道等市政配套工程	0.275	1995—1998
9	异地建大弯中学	迁建	占地 182 亩，59126 平方米	0.474	1995—1999
10	巨人树服饰公司	新建	综合大楼，25000 平方米	0.19	1998—1999
11	成环路（城厢—清泉）	改建	长 14.5 千米 × 宽 18 米国家二级标准公路	0.86	1998—2000
12	安居西苑一期工程	扩建	40000 平方米	0.136	1998—1999
13	怡湖广场	新建	占地 68 亩	0.314	2000—2001
14	成绵高速路连接线及配套工程	新建	用地 81 亩，道路长 1.63 公里	0.185	2000—2001
15	新唐巴路建设及配套工程	新建	道路、绿地、照明等市政设施	0.6368	2000—2002
16	怡湖芳邻商住小区	扩建	用地 50 亩，总建筑面积 48000 平方米	0.3864	2001—2002
17	大弯商业步行街	新改	13000 平方米	0.35	2001—2002
18	区机关职工集资房（阳光花园）	新建	16 栋住宅，423 套，68500 平方米	0.37	2001—2002
19	唐巴路绕城线工程	新建	长 6.228 千米，路面宽 15.1 米	1.073	2001—2003
20	青白江区城镇天然气气化工程	新改	新建调压计量站 10 座，CNG 充气站 2 座	0.87	2001—2003
21	北大附中成都实验学校	新建	占地 216 亩、45000 平方米，按国家级标准配置初、高中 60 个班	0.6	2002—2003
22	国龙花园商住楼	新建	占地 60 亩，67000 平方米	0.48	2002—2003
23	团结花园	新建	占地 82 亩，约 600 余户、70000 平方米（其中商铺 2 万平方米）	0.8	2003—2004

续表46

序号	项目名称	项目性质	建设内容	总投资（亿元）	建设年限
24	攀成钢华逸花园	新建	占地133亩，建18栋楼宇、92000平方米	0.6035	2003—2004
25	城镇天然气气化工程	新改	新建大弯配气站，改造城厢配气站，建供气管网30公里	0.3	2003—2005
26	无公害优质早熟梨产业带	新建	建黄金梨基地，总面积4万亩	1.16	2003—2006
27	开发性土地储备项目	新建	分期分批统征整拾5000亩土地（为各类开发及城市基础设施建设用地储备）	3.37	2003—2008
28	区人民医院扩建	扩建	建内外科综合楼及配套设施，新增临床位80个，实现与川化病区合并	0.5	2005—2008
29	组团区、市级重点镇及工业集中区基础设施建设	新改扩	包括组团区红阳西路、学苑路等	32.38	2005—2010
31	组团城区通信管网建设	新建	铺设管网65.3公里，市交换能力达14万门	3.1215	2005—2010
32	组团区电网建设	新建	架设输电线路44.7公里，变电容量由原45万千伏安增至69万千伏安	7	2005—2010
33	组团区配套供水管网建设	新建	铺设DN80以上上水管网，长83.7公里	0.162	2005—2010

【编制专项规划】 积极争取国家支持，加大投资力度，搞好生态环境重点项目建设。1998年10月完成《青白江区生态环境建设规划》的编制。规划提出7大项目，总投资8.4亿元。

四川省行政区划调整后，省委、省政府提出构建成都平原经济圈的跨世纪发展战略。根据省、市发展规划，认真分析发展现状和未来趋势，完成《（成都平原经济圈）青白江区发展规划》的编制工作。规划提出青白江区1999—2010年的发展战略和指导思想，发展的重点行业、重点项目和城镇发展总体布局。其中规划的重点项目共37项，总投资30亿元（含市属以上企业重点项目。）

2000年，相继完成《青白江区特色经济研究》《青白江区经济发展战略研究》《青白江区现代化物流发展研究》《青白江区化工产业园区项目建议书》《青白江区工业经济发展规划》等，分析研究青白江区基础设施、交通网络、水电气资源等比较优势，提出积极培育化工、冶金、机械、建材四大支柱产业，实施“传统产业高新技术化，高新技术产业化”的发展战略。

财政管理

【财政预算管理】 财政收支预算的编制，以上级核定的前一财政年度收支决算数及当年区级各行政事业部门收支预算报告数为基础，参照各部门资金需求及收入情况，先由区财政局拟出当年预算草案数，经区政府审核，编制预算方案，再经区人民代表大会审议通过。财政预算编制坚持收支平衡，略有节余的原则。区财政局对各部门执行预算情况进行监督，在财政年度末执行预算的决算。

1990 年，全区区级行政、事业单位预算外资金实行所有权、使用权不变，专户储存，计划管理，财政审批，银行监督；区级企业留用的各项专用资金实行计划管理、政策引导。2000 年，改革预算编制方法，全面推行零基预算加项目预算的管理体制，各行政事业单位实行预算内外综合预算管理。

2001 年，预算外资金及行政性收费实行收支两条线管理。2003 年，成都市青白江区国库集中支付（核算）中心成立，并按照《会计法》《预算法》等会计法规和国家统一的会计制度，监督各单位会计核算、办理各单位资金结算和划拨手续。实行集中支付后，取消了单位的银行账户，各单位收入直接进入收费结算中心，预算外缴存金额大幅增加，加强了收支两条线管理，规范了各单位财务收支行为。

全口径财政收入由 1990 年的 10965 万元增加到 2005 年的 62403 万元，增长 469%；地方财政支出由 1990 年的 2867 万元增加到 2005 年的 43437 万元，增长 1414.7%。

由于财政体制原因，自 1987 年以后连年出现赤字。全区坚持以财政建设为重点，以增收节支为基础，增添措施，强化征收，加强财政资金管理，有保有压，严格支出管理。1997 年，实现财政收支平衡。到 2005 年，连续 9 年实现财政收支平衡。

【农村财政管理】 坚持“稳定粮食，调整结构，增加收入，早奔小康”的农村工作方针，以发展高产优质高效农业为重点，争取省粮食生产发展专项资金支持，多渠道筹集资金，确保农业重点项目的资金需求。积极探索新体制下支农资金管理方式，做好支农资金预算安排，加强资金统筹和管理，突出支农资金使用重点，提高资金使用效益。

1990 年全区推行农业综合开发，1993 年实施国家级粮食生产发展专项资金项目，1996 年 4 月通过上级的检查，获得一等奖。

2000 年，运用“国家引导，配套投入，民办公助，滚动发展”的投入引导新机制，引导各种资金加大农业投入，支持农业产业结构调整，重点支持农业科技进步项目。2002 年，加强支农资金管理，实行申报制度和部分项目区级报账制度，在全市率先实行农业开发项目招标，进一步完善农业综合开发投资管理体制，提高支农资金的使用效益。

2002 年，实施农村税费改革，2004 年，降低农业税税率 3 个百分点，2005 年，全区免征农业税。全区用于农业、农村、农民“三农”总投入 17660 万元，是历年投入力度最大的一年。

【基金资金管理】 采取有效措施拓宽融资引资渠道，挖掘资金潜力，狠抓财源管理，管好用活财政周转金。加强资金调度管理，保证行政事业单位正常运转，保证城市建设、交通、环境污染治理、教育和农业支出。

1993 年，经中国人民银行批准设立青白江区城市信用社。区城市信用社在工商银行、农业银行、建设银行设立一般户，开展存款、货款、结算，代收代付和代理保险业务，重点为区内中小企业和私营企业投放货款。

1994 年，进一步加强预算外资金管理，实行专户储存，计划管理，财政审批，银行监督，完善重点专项资金管理办法，加强城建资金、房改资金、水费等重点专项资金的专项检查，建立事前、事中、事后监督管理机制，充分发挥资金的使用效益。清理城镇、城市增容费，保证专款专用。

1996 年 5 月，按照市政府清理检查预算外资金的工作部署，成立区清理检查预算外资金领导小组，分阶段清查预算外资金。控制单位乱收乱支，提高资金使用效益，强化财政调控能力。

1998 年，全区集中资金支持重点项目和重点企业，将个体经济作为财源建设突破口。认真贯彻落实国务院《关于加强预算外资金管理决定》，全区行政事业单位实行预算内、外收支统管，政府集中使用的管理办法。1999 年，实行“收支两条线”，推行“单位开票、银行代收，财政统管”的办法，做到“收缴分离”和“票款分离”，规范预算外资金管理。

【国有资产管理】 1991 年成立区国有资产管理局。1993 年，对全区行政事业单位的财产进行全面清查登记。全区行政事业单位实有资产 14469 万元，增长 18. 96% 。开展区属国有企业资产评估，防止国有资产流失。

1995 年，开展国有企业年度产权登记，保证国有资产保值增值。到 1996 年，全区有 25 户国有企业，137 个行政事业单位进行了清产核资和产权登记，1996 年国有资产总额 22478 万元，其中区属企业国有资产 4281 万元，行政事业单位国有资产 18197 万元。

1998 年，国有资产管理以经济结构调整为主线，加快经济结构调整步伐，开展国有资产运营，区属国有企业相继实行剥离改制。全面开展城镇集体企业清产核资工作。开展粮食流通体制改革，进一步转换粮食流通企业经营机制。行政事业单位所办实体进行改制，办理企业和行政事业单位国有资产产权登记，发放产权登记证书，明确国家所有者权益。

2000 年，区国有资产投资经营有限公司成立，注册资本 5000 万元，按照“国家所有，分级管理，授权经营，分工监督”的原则，把国有企业改革中的资产变现收益和国有产权集中起来，开展国有资本运营。区国有资产投资经营有限公司为区政府投融资平台，对区内企业投资和贷款担保。

【财政监察管理】 1993—1997 年，坚持依法理财，强化财政监督，认真宣传和贯彻《预算法》《资金管理条例》《会计法》《注册会计师法》《行政处罚法》《国家赔偿法》等法规。整顿会计工作秩序，查出违纪金额 36. 6 万元。深入清理预算外资金，全区预算外资金单位 71 户，自查面 100% ，重点检查 51 户，查出违纪金额 222 万余元。认真开展税收财务物价大检查，1993—1996 年，查出各类违纪金额 2189. 7 万元，上缴财政 2103. 8 万元，严肃了财政纪律，追回了流失资金。1997 年，进一步开展预算外资金清查，加强财务会计监督，逐步规范会计基础工作，加大重点行业、重点部门监督、检查和惩治力度。

1999—2000 年，全区行政性收费、罚没收入实行收支两条线管理，开展乡（镇）财政预决算执行情况和社保基金的专项检查，进一步加强内部监督和管理。

2001—2002 年，坚持“内外兼顾、两手齐抓”的方针，对内抓清理整顿财税政策，优化财税制度环境；对外抓治理整顿财经秩序，规范财政服务与财政监管。进一步加强“收支两条线”管理，对115个收费单位进行了清理检查。继续加强财政专项资金的跟踪检查和财政审批事项的清理，取消财政审批事项7项。

2003年加强政府性财政资金的管理，清理回收财政信用资金。通过内外核对债权债务、催收欠款单位、完善法律手续、法律诉讼等措施，清理收回本金506万元，利息44万元。加强财政转移支付和财政专项资金的监督，对粮食直补和农村中小学危房改造资金进行专项检查。开展会计信息质量检查，强化会计监督和规范化建设，推进会计管理制度改革，推行会计委派制，全区734户企业和单位实行建账监管。

统计管理

【专项普查】 1990年，组织开展第四次全国人口普查，1991年完成第四次人口普查后期工作，1992年5月编成《青白江区1990年人口普查资料》。

1993年，组织开展第一次全国第三产业普查，普查时限为1992年1月1日至1992年12月31日，1994年完成第三产业普查工作。

1995年，组织开展第三次全国工业普查。全区组建1000余人的调查队伍，对乡及乡以上独立核算工业企业进行普查，按国家统一制发的普查表逐户调查登记。区属乡及以上孤立核算工业企业240个，1995年工业总产值104111万元，全员劳动生产率为12139元。区工业普查办公室被第三次全国工业普查办公室评为先进集体。

1996年，组织开展第一次全国基本单位普查，普查的标准时点是1996年12月31日。范围是区境内所有从事社会经济活动的法人单位和产业活动单位。全区组织100余调查人员历时8个月，完成普查登记，录入和汇总上报等各项工作。全区法人单位1647个，其中企业1161个，事业180个，机关78个，产业活动单位2708个，社团22个。基本单位普查办公室被全国基本单位普查办公室评为先进集体。

1997年，组织开展第一次全国农业普查，普查的标准时点为1996年12月31日。对象是区内各类农业生产企业经营单位，农村住户、乡镇企业、村和乡镇。组织2388名普查工作人员历时3年对88187户农户、14个农村乡镇和584个乡镇企业、38个项目687个指标进行调整登记，通过电光录入，汇总整理取得了农业和农村生产经营单位的结构及其经营规模，农业科技应用、农村基础设施状况等6个方面的重要资料。全区有农业户71919户，有304018个家庭成员，平均每户农村家庭成员3.45人，男女性别比106.65。区农业普查办公室被全国农业普查办公室、国家统计局评为先进集体。

1999年，组织开展第五次全国人口普查。1999年5月区第五次全国人口普查机构成立，各乡镇、村、居委会相应成立普查机构。第五次人口普查的标准时间是2000年11月1日0时。2000年，全区组织普查工作人员2500余人，按普查要求进行登记，并采用光电录入技术。全区总户数120485户，总人口384674人，其中：男性197522人，女性187152人，性别比105.54（女为100）；大学12069人，高中37499人，初中119930人，小学159922人，文盲半文盲22461人。2003年，区第五次人口普查工作被评为省级先进集体。

2001年9月，开展第二次全国基本单位普查，普查标准时点为是2001年12月31日，范围是区内的法人单位及其所属的产业活动单位。普查原则上采用“以块为主、条块结合”，直接发表调查和与有关部门的行政登记资料相结合的方式进行。2001年9月，成立普查机构，抽调普查工作人员500余人。全区法人单位1585个，其中企业875个，事业292个，机关136个，社团39个；产业活动单位2209个，其中生产经营性单位1308个；个体工商户16383户，其中工业1563个，商业及餐饮业8224个。区政府被全国第二次基本单位普查领导小组评为国家级先进集体。

【专项调查】 1993年区统计局对工业开发区的28个计划投资在100万元以上的项目进行调查，对乡镇企业中的40个投资项目的施工进度、建设经验及存在问题逐户进行调查，对区属五户重点工业企业的生产销售情况、经济效益及当前产销中的问题进行调查。

1994年，针对经济发展的新情况、新问题，区统计局组织开展专题统计调查。区统计局对工业企业实行按主要经济指标排序，组织乡镇参加四川乡镇200强评价。针对农资价格大幅上扬的情况，区统计局组织开展化肥售价跟踪调查。

1995年，组织开展全国1%人口抽样调查。抽调调查人员，分片组建调查队，按照全区统一随机抽样的结果，逐户进行入户调查，上报调查资料和质量评估报告。样本总户数2434户，总人口7907人。出生人口123人，死亡人口43人。样本出生率为15.45‰，样本死亡率为5.4‰。人口抽样调查办公室被全国人口抽样调查办公室评为先进集体。

【统计服务】 围绕全区经济工作和区委区政府重大决策，区统计局完善统计指标体系，组织专门调查，加强数据整理，开展统计分析，先后为党代会、人代会及政协会提供统计资料，为全区目标考核、县区领导班子考核提供量化指标，为决策和部门管理提供了可靠的依据。

1991年，围绕质量、品种、效益年活动和人民群众关心的“热点”“难点”问题，区统计局多次开展调查研究。同年，《成都市青白江区国民经济和社会发展统计资料》改名为《青白江区统计年鉴》，内容包括年度国民经济和社会发展统计公报、各类专业统计主要数据资料，坚持每年编印，供党政机关内部使用。

规范全区统计数据口径，提高统计数据使用的及时性。1994年开始按月整理工业生产和工业经济评价考核资料、居民消费价格总指数、商品零售价格总指数和农产品成交价格总指数，按农时季节整理农业生产和禽畜生产情况，开展半年社会经济运行态势分析，为区领导及各部门提供全区经济发展情况。2002年改换《青白江区统计月报》，增加图形分析版面，每月10日编印。

2004年，区统计局组织编印《2003青白江区统计年鉴（特刊）》，收录2002年全区经济和社会发展方面的统计数据，部分统计数据的时限延伸至1949年或1978年。

【统计培训】 结合每年统计年报工作，区统计局加强统计法规和专业知识培训，1992年，开展统计专业技术职称评定，助理统计师级岗位培训61人、统计员级岗位培训11人，组织全区工业、商业、农业等46名专业统计人员分别参加国家、省、市统计局组织的业务培训学习。到1994年，全区评定助理统计师81名。

1995年，统计专业技术职称由评定改为全国和全省统一考试取得资格证书。1995年4月，区统计局组织47人参加统计专业大专水平的培训和考试，组织152人参加全国统一的统计专业岗位职称资格考试。到2002年，全区新增统计师27名、助理统计师118名。

【统计检查】 认真贯彻落实《统计法》和中共中央办公厅、国务院办公厅联合印发的《关于坚决反对和制止在统计上弄虚作假的通知》，2001年6—8月，区统计局、区监察局、区司法局联合开展统计执法大检查，重点检查劳动报酬、工业总产值、农业总产值等指标。抽查22个报表单位，对其中违法情节较重的7个单位，依据《统计法》和《四川省统计管理条例》进行立案查处；对其中3个违法情节严重的单位进行罚款处理，对4个情节稍轻的单位给予了批评教育、限期改正的处理。

2002年，全区抽查18个报表单位，查出有统计违法行为的单位9个，占抽查数的50%；对3个违法较轻的单位给予限期改正处理，对3个违法较重的单位，按照行政处罚程序进行立案查处。

【城镇居民住户抽样调查】 1990年7月，区统计局组建城镇调查队，在大弯镇抽选300户居民作为城镇居民住户调查样本。在300户的基础上，按照随机抽样调查的方法，确定40户作为城镇居民家庭收支情况调查点（户）。调查户每天记录实际发生的家庭收支情况，区统计局通过对调查户资料的汇总、评估和推算，反映城镇居民家庭收入、支出水平以及居民消费结构的变化情况。城镇居民住户抽样调查每年轮换三分之一的住户，每三年轮换一次调查样本。

1991年城镇住户调查项目有家庭人口、有收入人数、无收入人数、户均人口数、户均有收入人口数、户均就业人数、户均就业面、每一就业者负担人数、户均无收入人数，月人均实际收入、月人均实际支出等11项。1996年增加最高收入、高收入、中等收入、低收入、最低收入比例分组，1997年减少户均就业人数、户均就业面，增加人均住房使用面积、户均电话拥有量。

据抽样调查，城镇家庭年人均实际收入从1991年的1990.57元增加到2005年的14159元，增长621%。

1991—2005年，全民所有制职工工资收入和集体所有制职工工资收入占城镇居民年均收入的比重逐年下降，其它就业性质的收入占城镇居民年均收入的比重逐年上升，财产性收入、转移性收入占城镇居民年均收入的比重平稳增长。在家庭支出结构方面，食品支出、衣着支出占城镇居民年均支出的比重逐年下降；医疗保健支出、居住支出、交通通信支出占城镇居民年均支出的比重逐年上升；家庭设备支出、娱乐教育支出、书报杂志支出占城镇居民年均支出的比重平稳增长。

【农村住户经济调查】 1982年推行家庭联产承包责任制后，以生产队为调查对象的抽样方法已不适用。1983年全区开始以农户为调查对象，通过抽样调查的方法，建立40户农村经济调查户。1987年农村经济调查户由40户增至80户，1993年减至40户，1996年增至100户，1998年增至140户，2002年减至100户。农村住户经济调查采取逐户建立现金、实物收支账的方法，调查户每天记录实际发生的现金、实物收支情况，区统计局通过对调查户资料的汇总、评估和推算，测算全区农村经济的发展变化情况。

1991年，农村住户调查项目有家庭常住人口、劳动力文化构成、居住情况、人均耕地面积、人均生产性固定资产原值、人均收入、全年总收入、全年总费用、全年纯收入、全年现金收入，年末存款余额11个大项，2000年增加耐用消费品拥用量。

据调查推算，农村家庭年人均收入从1993年的2095.28元增加到2005年的5231.07元，增长149%。其中，农村家庭年现金收入从1993年的2038.8元增加到2005年的4251.69元，增长108%。

1991—2005年，家庭经营收入占农村居民年均收入的比重逐年下降，工资性收入占农村居民年均收入的比重逐年上升，非经营性收入占农村居民年均收入的比重平稳增长。在农村居民年均支出方面，医疗保健支出、交通通信支出占农村居民年均支出的比重逐年上升，食品支出、衣着支出、居住支出、家庭设备支出、服务支出占农村居民年均支出的比重平稳增长，文教娱乐支出占农村居民年均支出的比重逐年下降。

国家税务管理

【国家税政管理】 根据《国务院关于组建国家税务局在各地的直属税务机构和地方税务有关问题的通知》，实行分税制财政体制和组建两套税务机构。1994年9月撤销成都市青白江区税务局，分别成立成都市青白江区国家税务局（简称区国税局）和成都市青白江区地方税务局（简称区地税局）。

坚持机构、编制、经费、领导干部职务的审批、任免等下管一级的原则，区国税局由市国家税务局实行垂直管理，同时接受地方政府的领导和支持。按照国家规定的税种，区国税局主要负责下列各税种的征收和管理：

增值税（按比例分别入中央和地方库）；

消费税；

进口产品消费税、增值税、直接对台贸易调节税（委托海关代征）；

铁道、各银行总行、保险公司集中缴纳的营业税、所得税和城市建设维护费；

中央企业所得税；

地方和外资银行及非银行的金融企业所得税；

证券交易税；

对境内外商投资企业和外国企业的各项收入以及外籍人员（华侨、港、澳同胞）缴纳的个人所得税（按税种分别入中央和地方库）；

出口产品退税的管理；

集贸市场和个体户的各项税收（按税种分别入中央和地方库）；

中央税的滞补罚收入；

按中央税、共享税附征的教育费附加，属于铁道、银行总行、保险公司缴纳的入中央库，其它入地方库；

国家能源交通重点建设基金，国家预算调节基金。

【国税服务管理】 不断深化税收服务，改善税收征纳关系，提高纳税人的税法遵从度和税收征管质量。从机构改革入手，建立征收、管理、稽查三个税收服务体系；受理区国税局征管范围的纳税人、扣缴义务人的纳税申报、解缴入库、税收统计、计算机软件开发维护，以及“金税工程”的录入工作；相继推出“十项免费服务”“七个一服务”、多媒体电子触摸查询系统、实行“全天服务”等系列新的服务措施；改变原有工作方式，取消申报审核制度，由征前审核变为征后稽核，建立纳税人自核自缴的申报体系，把纳税人应该履行的纳税义务和应承担的法律责任归还给纳税人。

1997 年，区国税局建立国税申报缴纳大厅，推动优质服务创建工作，把“服务纳税人、奉献全社会”作为宗旨，把公民道德建设，税务职业道德教育作为重点，把开展“窗口”优质服务创建工作作为出发点，建成“文明执法、优质服务”示范窗口；开展完善“一站式”服务，办税文明承诺服务、税收宣传服务和便民服务；简化办税办事程序，与纳税人签订“依法纳税、优质服务”协议书。

【国税征收管理】 1991—1993 年，区国税局开展恢复和新开征增值税、建筑税、房产税等十多种税种的政策宣传。1994 年实施新税制，区国税局举行税制改革新闻发布会，利用报纸、电视台开辟“税改知识讲座”“税改之窗”专题节目。

税务登记。从事生产、经营的纳税人必须自领取营业执照之日起 30 日内，或向工商行政管理机关申请办理变更登记之日起 30 日内，或申请办理注销登记之前，持有关证件向税务机关申报办理税务登记、变更或注销。税务证件实行三年换证，两年验证。1993 年，开展全区税务登记普查工作，普查 4542 户，其中漏征户 73 户，漏管户 22 户，查补偷漏税款 82529 元，违章罚款 4870 元。重新校发外商投资企业和外国企业税务登记证 7 户。1996 年换发税务登记证 2837 户，占应换发户数 3284 户的 86.4%；1999 年全面换发税务登记证 2698 户，占应换发户 3739 户的 72.16%；2001 年税务登记应验证 3324 户，实际应验证户 2980 户，已验证户 2776 户，占应验证户的 93.15%，清理出漏征漏管户 31 户，查补税款 1.6 万元；2004 年应验税务登记证 3589 户，已验证 3556 户，占应验证户数的 99.08%，清理漏征漏管户 79 户。

纳税申报。1991 年进一步完善纳税申报制度，申报范围包括：凡负有纳税义务的单位和个人；实行查账征收、查验征收、查定征收、定期定额征收、代征、代扣、代缴等征收方式的纳税人；应当缴纳国家能源交通重点建设基金和国家预算调节基金的单位和个人；享受减免税照顾的纳税单位和个人等都应按税务机关核定的申报纳税期限内，办理纳税（基金）申报。1993 年，全区实行纳税人主动申报制度，纳税人主动申报率达 95% 以上。1995 年建立办税服务厅，实行计算机开具税票、集中申报、计算机征管，计算机征管面达 96%，申报率达 95% 以上，征期入库率达 90%。严格控制申报率、入库率，对未按期申报的，依法加收滞纳金和处以罚款。2003 年，全区企业、个体申报率和入库率均在 95% 以上，入库欠税 420 万元。

税源管理。坚持编制税收年度计划前税源摸底，税收计划执行中进行税源调查研究分析，掌握重点税源和重点企业税源变化情况；强化重点税源管理，规范重点税源监控及 10 万元以上企业的纳税报表制度；在年纳税额百万元以上的纳税户建立重点企业税源监控管理台账，年纳税 500 万元以上的重点企业建立报送监控软盘制度。坚持一手抓大户，一手抓小户的原则，重视零散个体税收的管理，实行划片定级定征收的管理办法，尽量避免税款流失。1995 年仅个体税收就增收 173 万元，2004 年，仅攀成钢、川化等 6 户重点企业入库“两税”达 48939 万元，占税收入库的 78%；加强 10 万元或 5 万元的重点税源户监控管理，定期走访，做好税收收入的分析和预测工作。

税收票证。1993 年底前，税收票证种类主要有通用完税证、税收专用缴款书、普通缴款书、罚金收据、收入退还书、税收调换证、基金专用缴款书等。1994 年新税制实施后，税收票证有：工商税收通用缴款书、三联通用完税证及限额完税证、屠宰税完税证、所得税缴款书、个人所得税完税证、投资方向调节税专用缴款书和投资方向调节税零税率项目凭证、基金缴款书、外商投资企业和外国企业所得税完税证、出口产品专用缴款书和出口产品分割单、罚款收据、税票调换证等13种。区国税局加强税收票证管理，税收票证的领发、结报做到领发有据、进出有账、按次记账、按月结账、专人负责、专库（柜）保管、定期查库，要求账据、账表、账实相符，限期限额结报；严格执行外出税票不离身，不准带票回家、走亲访友、参加会议和到公共场所；票证使用按各类票证的使用范围，坚持"一税一票"，认真执行"票证填用十不准"的规定；税收票证审核检查采用自审、互审、复审，对税收票证的领发、使用、结报、保管等情况定期和不定期全面检查。1992年，全区重点检查生猪税收代征单位，外抄三联完税证1744份，清对税票178册，涉税票证43504张，清查用票人员84人，查出有问题5人，其中3人有贪污行为，贪污挪用税款10500元。1994年，全区对当年1月30日前所使用和未使用的旧票进行全面的清理核对，对当年五、六月所使用的全部税票进行重点检查，查出代征、专管人员丢失专用缴款书、罚款收据55份，定额完税证25份，1人涂改税票7份，贪污税款4200元；查出代征单位及个别专管员积压税款，积压多的单位达9.9万元。1994年税务机构分设后，区国税局将税收票证纳入年度目标考核，2001—2005年，按照《税收票证管理办法》和《税收票证管理考核办法》及有关规定，区国税局切实加强税收票证审核检查和管理。

税务检查。坚持开展日常税务检查、专项检查和税务大检查。1991—1994年，全区税收大检查共查补税款1104.8万元。1998—2002年，区国税局以专业稽查和各分局日常稽查相结合的方式，加强日常检查和各项专项检查。

【出口退税管理】 加强外贸企业出口货物退税管理、生产企业自营出口或委托代理出口货物"先征后退"管理、生产企业自营出口或委托代理出口货物"免、抵、退"税管理，除另有规定外，出口企业可在货物报关出口，并在财务上做销售后，凭有关凭证报税务机关批准退还或免征增值税和消费税。

出口企业按照《出口货特退（免）税管理办法》规定，出口企业自取得出口经营权之日起30日内向税务管理部门申请办理出口退税登记，经过初审、复审，报市国税局审批。2001—2005年，出口企业征管户共计47户，出口销售额180406万元，应退（免）税额25762万元。

2001—2005年青白江区出口退税情况表

表47

年份	征管户数（户）	出口应退（免）税出口额（万元）	应退（免）税额（万元）
2001	5	7640	1279
2002	7	12059	2014
2003	11	35640	5952
2004	13	42670	5817
2005	11	82307	10700
合计	47	180406	25762

【涉外税收管理】 根据《中华人民共和国外商投资企业和外国企业所得税法》的有关规定，对中国境内的中外合资经营和外资、外国企业境内生产经营所得开征所得税。凡企业已经开始生产、经

营（含试生产、试经营），不论企业是处于盈利或亏损年度，还是处于免税期年度，均应在年终后四个月内报送企业所得税申报表和会计决算报表。税务机关于年终后五个月内办理企业所得税汇算清缴。1995 年，区国税局征管的“三资”企业 14 户，实际汇算户 9 户，重点检查 9 户。通过汇算，品迭后查增收入 119. 2 万元，查增成本费用 9. 6 万元，查增所得额 89. 6 万元，查补净增所得税 9. 7 万元，查补流转税 15 万元。2005 年，税务登记的涉外企业 17 户。1995—2005 年，共计征收税款4679. 1万元。

1995—2005 年青白江区外商投资企业所得税完成情况表

表 48 单位：万元

年份	金额	年份	金额
1995	10. 9	2001	546. 7
1996	171. 1	2002	335. 6
1997	464. 2	2003	1106. 2
1998	274. 2	2004	791. 2
1999	457. 1	2005	414. 6
2000	106. 3	合计	4679. 1

【国税稽查】 1991—1994 年，推进依法治税，治理整顿税收秩序，严厉打击偷漏税行为，查处税务违章案件 85 起，查补税款 360 余万元。

1994 年 9 月，以税务稽查改革为重点，加强税务稽查组织建设，稽查人员达到基层征管力量的 40. 68%。1997 年，全区形成以稽查局为主的专业稽查、各税务管理所检查小组为辅的双层稽查体系，有专兼职稽查人员 34 人，达到一线征管人员总数的 54. 8%。以计算机为依托，建立“选案、检查、审理、执行”的工作制度，开展日常稽查和专项稽查。

1998 年，实施“阳光稽查”，建立“廉政明示卡”和“信息反馈卡”制度，推行税务政务公开，增强税收稽查工作透明度；开展“为纳税人服务、让纳税人满意”活动，进一步向社会公开文明服务承诺，让纳税人了解、支持和配合稽查工作；举办“以案说法”讲座，增强学法、知法、懂法、守法意识；净化税收环境，严厉打击偷骗抗税违法行为，区国税局成立涉税信访举报中心，落实专人负责受理和查处工作。1998—2002 年，受理举报案件 57 件，查补税款 499 万元。在专项检查中，查处1093户，查补增值税1785万元，加收滞纳金及罚款 308 万元。

加强税警协作，建立“税警联络室”和工作联系制度，联合打击涉税犯罪。2004 年，税警联合查处“利金达税案”“振喜油业税案”“玛钢税案”三起案件，涉嫌偷税金额1445万元，罚款 233 万元。

地方税务管理

【营业税】 1994 年 1 月起执行国务院界定的金融、保险营业税划归中央外，其余营业税划归地方。交通运输业、建筑业、邮电通信业、文化体育业税率为 3%，金融保险业、服务业、转让无形资产、销售不动产为 5%，娱乐业为 5%～20%。省地税局规定，按月纳税的起征点为营业额 400 元，按次纳税的起征点为每次（日）营业额 50 元，未达到规定营业额的免征。2003 年 1 月 1 日起提高营业税的起征点，将按月纳税起征点提高到 1500 元，将按次纳税的起征点提高到 100 元，经营歌舞厅、卡拉 OK 厅、音乐茶座、网吧等营业税率为 20%；保龄球、台球税率为 5%，游艺、游乐税率为 10%。1994—2005 年，全区共征收入库营业税款36977万元。

【企业所得税】 1994 年 1 月 1 日起实行。对境内的企业，除外商投资企业和外国企业外，对企业生产、经营所得和其他所得征收所得税。国有、集体、私营、联营、股份制企业和生产、经营所得和其他所得的其他组织为企业所得税纳税义务人。税率 33%，纳税人发生亏损，可用下一纳税年度的所得弥补，仍不足的可逐年延续弥补，延续弥补期限最长不超过 5 年。企业所得税按年计算，分月或分季预缴。月份或季度终后 15 日内，向所在地主管税收机关报会计报表和预缴所得税申报表。年终后 45 日内，向所在地主管税务机关报送会计决算报表和所得税申请表。1994 年 5 月 13 日起执行财政部、国家税务总局新规定：全年应纳税所得额 3 万～10 万元的税率为 27%，3 万元（含 3 万元）以下的应纳税所得额，税率为 18%。1996 年 1 月 1 日起执行新办企业符合《财政部、国家税务总局关于企业所得税若干优惠政策的通知》规定的予以定期减免税。2002 年 1 月 1 日起，新办企业的企业所得税由国家税务局征管。1994—2005 年全区共征收企业所得税 35568 万元。

【个人所得税】 1993 年 10 月 31 日起施行。对工资、资金所得，个体工商户生产经营所得，企事业单位的承包经营、承租经营所得、劳务报酬所得、稿酬所得、特许权使用费所得、利息、股息、红利所得、财产租赁所得、财产转让所得、偶然所得，经国务院、财政部门确定征税的其它所得征收个人所得税。凡在中国境内有住所，或者无住所而在境内居住满 1 年的个人，从中国境内外取得的所得，依法缴纳个人所得税。工资资金所得，税率为 5%～45%；个体工商业户生产、经营所得和企事业单位的承包经营、承租经营所得，适用 5%～35% 的超额累进税率；稿酬所得，适用比例税率为 20%，并按应纳税额减征 30%；劳务报酬所得，适用比例税率为 20%，对劳务所得一次收入较高的，可实行加成征收。特许权使用所得、利息、股息、红利所得、财产租赁所得、财产转让所得、偶然所得和其他所得，适用比例税率为 20%。个人所得税以所得人为纳税义务人，以支付所得的单位和个人为扣缴义务人、个人所得税的征收管理，按照《中华人民共和国税收征收管理法》的规定执行。1994—2005 年，全区共征收个人所得税 10113 万元。

【城镇土地使用税】 1988 年 11 月 1 日，对在城市县城、建制镇和工矿区范围内使用土地的单位和个人征收铖镇土地使用税，以纳税人实际占用的土地面积为计税依据，按省规定每平方米税额县城0.2～2元；建制镇、工矿区0.2～1元计征；从2003年7月1日，青白江区城镇土地使用税每平方米年税额调整为：一等4元、二等3元、三等2元、四等1元、五等0.50元。1994—2005年，全区共征收城镇土地使用税4075万元。

城市维护建设税。1984年，第二步利改税时设置城市维护建设税。1994年1月改为城市维护建设税，以缴纳增值税、消费税、营业税为计税依据，纳税人在市区的税率7%，在县城、建制镇的税率为5%，在农村的税率为1%。青白江区执行市区7%的税率。1994—2005年，全区共征收城市维护建设税15519万元。

【固定资产投资方向调节税】 按照《中华人民共和国固定资产投资方向调节税暂行条例》规定，自1991年1月1日起征收。除中外合资经营企业、外资企业及国家禁止发展的项目外，对单位和个人用于基本建设投资、更新改造、商品房投资和其他固定资产投资征收。起征点为5万元，税率按产业发展序列分别实行0%、5%、10%、15%、30%。国家税务总局通知，1999年7月1日起减半征收，2000年1月1日起暂停征收。1994—1999年，全区共征收固定资产投资方向调节税365万元。

【土地增值税】 1993年12月13日国务院颁布《中华人民共和国土地增值税暂行条例》，自1994年1月1日起施行。颁布1995年1月27日财政部《中华人民共和国土地增值税暂行条例实施细则》。土地增值税实行四级超额累进税率，增值额未超过扣除项目金额50%的部分，税率为30%；增值额超过扣除项目金额50%，未超过扣除项目金额100%部分，税率为40%。增值额超过扣除项目金额100%、未超过扣除项目金额200%的部分，税率为50%。增值额超过扣除项目金额200%的部分，税率为60%。对纳税人建造普通住宅出售，增值额未超过扣除项目20%的，免征土地增值税。对房地产开发企业的房地产开发项目按照省地税局和市地税局有关文件规定，实行土地增值税预征方式，待项目全部竣工后进行清结算，预征比例为1%，普通标准住宅0.5%。1994—2005年，全区共征收土地增值税款156万元。

【房产税】 1986年9月15日国务院颁布《中华人民共和国房产税暂行条例》。1994年，按照《条例》和省政府规定，执行以房产原值一次减除30%的余值计税，税率为1.2%；出租房屋按租金收入征税，税率为12%。出租住宅，税率为4%；房产税按年征收，分5月和11月两次缴纳，严格执行房产税减免规定。1994—2005年，全区共征收房产税6145万元。

【屠宰税】 屠宰猪、牛、羊，按重量从价计征屠宰税，税率为10%。为方便征管，根据省政府规定，按屠宰、贩运牲畜头数定额征税。省地方税务局通知，从2002年4月1日起停征屠宰税。1994—2002年，全区共征收屠宰税814万元。

【车船使用税】 1986年6月5日车船使用牌照税改为车船使用税，对境内拥有并使用车船的单位和个人按吨位或车辆数量定额征收。同年10月16日省政府决定用于农业生产的拖拉机免税，专门从事运输业务的拖拉机按所挂拖车的净吨位依照载重货车适用税额减半征收，市内公共汽车暂免征三年，残疾人使用的专用车免征，个人自有自用的自行车和其他非营业用的非机动车船以及非专业运输的摩托车暂缓征。1994—2005年，全区共征收车船使用406万元。

【印花税】 1988年10月恢复征收。课税范围包括合同或具有合同效力的协议、契约、合约、单据、确认书及其他各类凭证，单位和个人产权买卖、继承、赠予、交换、分割等所立的产权转移书据，单位和个人记载生产经营活动的会计核算账簿、商标注册、房屋产权、工商营业执照、权力许可证照，营业账簿等载有金额的凭证应缴纳印花税采用比例税率，按合同性质分为5档，分别按千分之一、万分之五、万分之三、万分之零点五、万分之零点三税率计征。对权力凭证无法计算金额的，作为计税依据明显不合理的凭证，采用定额税率，以件为单位计算税额，每件5元。1999年5月25日省地方税务局通知，对不能如实提供购销合同性质凭证的纳税人，按购销额核定比例为计税金额，比照适用税率征收。工业企业、其他企业按不低于购销金额60%的比例；商业企业采购环节不低于60%，销售环节不低于20%，期限一年一定。自2000年5月15日起，全面推行按购销金额一定比例核定征收印花税。1994—2005年，全区共征税款1799万元。

【资源税】 1994年1月1日起施行。在境内开采规定的矿产品的单位和个人依法缴纳资源税，应纳税额按应税产品的课税数量和规定的单位税额计算，收购未税矿产品的单位为资源税的扣缴义务人，税额按财政部制定的《资源税税目、税额明细表》划定等级执行。1994—2005年，全区共征收资源税211万元。

【农业税】 农业税以粮食、薯类、棉、麻、茶叶、油料作物的常年产量为计税依据，以征收粮食为主，分夏秋两季征收。平均税率为常年产量的16%，一般农林特产收入按当年收入或评定其常年产量依10%的税率计征；零星种植的农林特产以及农民采集野生药材和其他野生植物的收入免征。纳税人的农作物因遭受水、旱、风、雹、病、虫或其他自然灾害而欠收的，按评议灾情，依据“轻灾少减、重灾多减、特轻不减、特重全免”的原则减征或免征。灾情减免采取“自下而上掌握灾情材料，自上而下分配减免指标，民主评议”的方式，减免税额由乡镇组织评议后报区核定。2002年，青白江区实行农村税费改革，以二轮承包面积为基础，重新确定农业税计税土地面积，新农业税正税按7%确定，同时按农业税正税20%收取农业税附加，农业税计税价格，按全省统一的中等稻谷收购价格1.07元/公斤执行，3年保持不变。2005年1月1日起全区免征收农业税。1994—2004年，全区共征收农业税8528万元。

【农业特产税】 根据1994年1月31日《国务院关于对农业特产收入征收农业税的规定》，对烟叶、水果、蚕茧、园艺、水产、林木、牲畜、食用菌及其他农业特产品收入，按全国统一税目、税率计征农业特产税。税率在5%～20%幅度内由省政府确定。减税免税由纳税人提出申请，经县级财政机关审核并报上级财政机关批准后执行。1994年12月30日起执行财政部《关于缓征、减征猪、牛、羊皮农业特产税问题的通知》，对收购猪皮的单位和个人，在1994—1995年两年内暂缓征；对收购牛皮、羊皮的单位和个人，在1994—1995年两年内按5%的税率征收。1995年7月1日起执行省政府重新发布的《四川省农业特产税征收实施办法》，实行农业特产品划分生产者和收购者，明确纳税人。省政府办公厅《关于停止征收农业特产税的通知》规定，从2003年6月1日起停止征收农业特产税。青白江区农业特产品主要以食用菌（含黄背木耳）、水果、渔业三大类为主，1994—2005年，全区共征收农业特产税378万元。

【契税】 1950年4月3日开征，1997年10月1日起执行国务院新颁布的《中华人民共和国契税暂行条例》。国有土地权出让，土地使用权转让、出售、赠与和交换、房屋买卖、赠与、交换的转移土地、房屋权属，承受的单位和个人为契税的纳税人，土地使用权转让不包括农村集体土地承包经营权的转移，税率为3%～5%；计税依据为土地使用权出让、出售、房屋买卖为成交价格，土地使用权赠与、房屋赠与参照市场价格核定，土地使用权交换、房屋交换为交换价格的差额。国家机关、事业单位、社会团体、军事单位承受土地房屋，用于办公、教育、医疗、科研和军事设施的免征，城镇职工第一次买公房的免征，因不可抗拒而失去住房重新购买的酌情减征或免征。契税税率按省规定的4%计征，成都市执行3%的税率。1994—2005年，全区共征收契税2639万元。

【耕地占用税】 1987年4月1日，国务院颁布的《中华人民共和国耕地占用税暂行条例》执行。凡占用耕地建房或者从事其他农业建设的单位和个人。以实际占用耕地面积，按规定的税额一次性征收。税额以县为单位，人均耕地在0.067公顷以下（含0.067公顷）的地区，每平方米2~10元；人均耕地在0.067~0.133公顷（含0.133公顷）的地区，每平方米6~8元；人均耕地在0.133~0.2公顷（含0.2公顷）的地区，每平方米1.3~6.5元；人均耕地在0.2公顷以上的地区，每平方米1~5元。1987年11月30日，青白江区确定各乡（镇）耕地占用税适用税额分为四等，一等每平方米8.16元，有弥牟、华严、绣水，二等每平方米6.8元，有大同、祥福，三等每平方米6.2元，有玉虹、姚渡、日新、龙王、合兴、福洪、清泉，四等每平方米5.5元，有云顶、人和。农民建房用地减半征收，道路建设用地按每平方米1.5元征收。1994—2005年，全区共征收耕地使用税3269万元。

【教育费附加】 1986年7月1日起征收，纳税人原为缴纳产品税、增值税、营业税的单位和个人，1994年税制改革，调整为缴纳增值税、消费税、营业税（简称“三税”）的单位和个人，海关进口产品征收的“三税”不征收教育费附加。以纳税人实际缴纳的“三税”税额为计税依据，随税并征。1990年附加率从1%调至2%，1994年调至3%，1994—2005年，全区共征收教育费附加6349万元。

地方教育附加从2004年5月1日起征收，纳税人为缴纳“三税”的单位和个人，以纳税人实际缴纳的“三税”税额为计税依据，随税并征，附加率为1%。2004—2005年，全区共征收地方教育费附加529万元。

【交通建设费附加】 1992年12月1日起按省政府办公厅通知执行。凡缴纳产品税、增值税、营业税的单位和个人，应缴纳交通建设费附加。以单位和个人实际缴纳的产品税、增值税、营业税额为依据，附加率4%，分别与产品税、增值税、营业税同时缴纳。1994—2005年，全区共征收交通建设费附加1190万元。

【文化事业建设费】 从1997年1月1日起按省政府决定执行。各种营业性的歌厅、舞厅、卡拉OK厅、音乐茶座和高尔夫球、台球、保龄球等娱乐场所，广播电台、电视台和报纸、刊物等，广告媒介单位以及户外广告经营单位，按营业收入的3%计缴，随营业税一并征收。1997—2005年，全区共征收文化事业建设费9万元。

【地税管理】 按照《征管法》规定，从事生产、经营的纳税人必须自领取营业执照之日起30日内，或向工商行政管理机关申请办理变更登记之日起30日内，或申请办理注销登记之前，持有关证件向税务机关申报办理税务登记、变更或注销。税务登记证件每三年一换，一年一验，1996年和1999年先后换证两次。

纳税人发生纳税义务后，就纳税事项或税务机关核定的期限和内容，向税务机关提出书面申报。加强税收票证管理，印花税票由国家税务总局统一印制，其他各类税收票证由省地税局统一印制，区地税局根据用量向市地税局领取，做好登记、保管、领用管理。

加强税源管理，促进企业发展。对符合产业政策，生产经营有困难的企业，按照政策规定，分别由省、市地税局批准，在税收上实行减免缓照顾；帮助企业加强经营管理和财务核算，支持调整产品、产业结构，提高市场竞争能力。实行重点税源（A类）、一般税源（B类）和零散税源（C类）三类管理，为每户建立《征管工作手册》。规范税款核定、定额调整、税款核减及停歇业、注销各个环节，减少管理工作随意性。坚持“双定户”的月核定税款上墙公示，接受群众监督。抓好小税源税收秩序整顿。

做好催欠保收工作。成立催欠领导小组，抽调专人负责催欠，制订目标，限期催回，奖惩挂钩。区别情况分类催交。对发展正常，资金一时确有困难的企业，定出计划，分期入库；对特困企业，无法交欠的，补办手续暂缓缴纳；对企业因货款一时未收回而产生欠税的，协助催收货款；对有能力缴纳而有意拖欠的采取强制措施扣缴。1994—2005 年，全区共清缴欠税 299 万元。

【地税服务】 完善“一站式”服务，规范办税程序，简化办税手续，窗口设置齐全，布局合理，方便纳税人。推进承诺服务，5 分钟内完成申报资料审核签收，3 分钟内开具税票或税收专用缴书，3 分钟内完成现金收验，3 ~5 分钟完成配售及代开发票。做好宣传服务，在办税服务厅（窗口）设置政策宣传栏和税收资料、公开税收政策。开展便民服务，设置空调、咨询台、桌椅、笔墨纸、饮用水、雨伞、办税服务指南等设施，工作人员举止文明、语言规范、态度积极、热情周到、着装整齐、挂牌上岗，把工作时间延长至送走最后一位纳税人，办结最后一件纳税事项。设置监督电话、意见簿，直接向办税服务厅（窗口）负责人或向上级税务机关投诉。

【地税稽查】 按照《征管法》规定及上级税务部门部署，开展日常检查、专项检查和税务大检查。查纳税人遵守国家税收法律法规，自觉履行纳税义务，及时足额缴纳税款的情况，有无偷税、漏税和骗取出口退税行为。查纳税人遵守各项税收管理制度，自觉办理税务登记，及时申报，缴纳税款，建立健全账簿情况。查代扣代缴义务人依法履行扣缴义务，有无违反代扣代缴管理制度的行为。在宣传动员、辅导企业自查的基础上，通过账簿检查、现场检查和查问结合，查补各项税款。组织责任心强、熟悉政策业务的干部，深入企业、个体纳税大户开展专项检查。1994—2005 年，全区查补各项税款3186万元。

工商管理

【注册登记管理】 1991 年，全区已注册个体工商户5809户，从业人员8966人，注册资金 945. 9 万元。登记注册企业1961户，其中私营企业 2 户，从业人员 24 人，注册资金 7. 99 万元。1991 年，区工商行政管理局（简称区工商局）坚持一业为主，多种经营，有主有次，突出特点的原则，办理审批登记，简化登记注册手续。1992 年，支持全民所有制企业转换经营机制，引导企业走向市场，发展各类集体企业，允许企业根据自身条件从事综合性经营和跨行业经营，进一步放开经营方式。

按照《关于党政机关与所办经济实体脱钩的补充实施意见》规定，1995 年 7 月底前，对冠以党政机关名称的企业办理名称变更登记，以党政机关名义办理的直属或挂靠企业与党政机关脱钩。1997 年后，持续开展清理假集体企业和假全民企业，2001 年底，共清理挂靠的假集体、假全民企业 134 户。

2001 年，区工商局实行“一口清”和“首问责任制”，在全市首先实行“工商告知、并联审批、限时完成”制度。同年 1—6 月，清理 1992 年以来在简化程序、特事特办、招商引资以及大办公司的背景下，工商行政管理部门发放的一部分不具备法定条件或法定登记资料不全的营业执照 134 户，针对实际情况进行相应处置。2003 年，聘任企业登记审查员、核准员，实施“一审一核”和“受理—审查—核准”并行的工作制度。

2005 年 6 月 1 日，区工商局在区政务服务中心设立的服务窗口，建立登记注册绿色快捷通道，招商引资企业、大型项目、企业改制、企业集团、农村专业合作经济组织的登记注册均实行提前介入，全程服务，行政许可 51 项承诺件中的 14 项改为即办件，37 项承诺件均缩短承诺时限，提高行政效率。

截至 2005 年 11 月 25 日，全区共注册登记企业2170户，注册资本（金）365302万元。其中私营企业1035户，注册资本（金）69066万元。个体工商户12776户，注册资金11886万元。

【商标管理】 1991 年，全区有注册商标 34 个。随着经济的发展，区工商局广泛宣传商标法律法规，坚持培育和保护并重，引导和扶持企业树立商标品牌战略意识。先后支持“兰力”“奎伊鲜”“红丽祥”等商标申报工作，推荐成都市名茶公司“香山”牌商标参加“四川省著名商标”的评定，推荐四川钢锉厂“川”牌商标和成都王牌农用车公司“王”牌商标参加“市著名商标”评定。依法查处青白江区力奇洗涤制品厂侵犯“雕”牌注册商标专用权等商标案件 160 件。

1991—2005 年，全区申请注册商标 442 件，注册商标 286 件，其中全国驰名商标 1 件，省著名商标 5 件，市著名商标 6 件。“蓝风”“巨人树”“天府”等 31 件商标为青白江区重点保护商标。

【户外广告管理】 1991 年，区内有户外广告栏 14 个。1996 年，加强户外广告的规划和管理，召开区建委、区工商分局户外广告规划和管理工作协调会，明确唐巴公路弥牟镇至青白江收费站为灯杆广告一条街。2000 年 7 月，大弯镇青江东路、华严镇青江中路为招牌示范街，通过市级验收。

2002 年，建立户外广告发布一户一档制度。2004 年，登记发布的户外广告信息全部实行微机管理。2005 年，建立广告监控机制，加强户外广告、印刷品广告及招牌、店堂广告管理，推行店堂广告备案制度，以“反误导、打虚假”为主题，整治广告违法行为。

1991—2005 年，办理户外广告登记证 3580 个，招牌登记 2495 个，查处各类广告违法违章案件 262 件。

【经济合同管理】 区工商局加强合同的行政监管，开展经济合同鉴证，查处合同欺诈行为，办理动产抵押物登记，监管拍卖行为，开展“守合同重信用企业”的评选和认定。1992 年 10 月 1 日起，全区实施房地产租赁、买卖合同鉴证管理。1993 年，建设工程合同实行委托鉴证。委托区城乡建设管理委员会办理建设工程合同审查鉴证，委托区房地产管理办公室办理房地产买卖合同鉴证管理。

1993 年 9 月 2 日起，区工商局不再行使无效经济合同的确认权，经济合同的无效由经济合同仲裁机构确认。1995 年《中华人民共和国担保法》和国家工商行政管理局《企业动产抵押物登记管理办法》的颁布施行，区工商局开展城市房地产、乡（镇）、村企业的厂房等建筑物抵押登记。

1998 年，区工商局合同档案管理被省工商局评为档案管理二级单位。2000 年 5—12 月，全区更换各企业单位的合同专用章。2003 年起，区工商局不再鉴证经济合同。

1991—2002 年，全区共鉴证各类经济合同6793份，金额102246万元，年审查合同累计53082份，金额1429023万元。1995—2005 年，办理动产抵押物登记 665 件，抵押物价值121728. 5万元，主债权金额26083万元。2005 年推荐考核 AAA 级“守合同重信用”企业 6 户，AA 级企业 6 户，A 级企业 3 户。

【经济检查】 加强流通领域商品（服务）质量监督管理，保护消费者和经营者的合法权益，维护市场经济秩序。持续开展粮食、农资、药品、肉食品、饮料等市场的专项执法检查。1995 年查获倒卖化肥案，没收销货款70000元；1998 年查获制造销售假冒“天府”牌硝酸铵案，没收假冒“天府”牌硝酸铵 81 吨，罚没款合计45500元。1991—2005 年，全区共计查处各类经济违法案件 3045 件，收缴和销毁假冒“五粮春”“五粮液”，劣质大米、假药、假烟等假冒伪劣商品。

【市场监督管理】 加快市场建设步伐，1992 年投资 300 万元，新建唐家寺综合市场、改建太平农贸市场；1993 年投资 750 万元，扩建龙王市场，完成大弯一综合市场主体工程；1998 年投资 60 余万元，维护和改造团结村、怡湖、大弯一、二综合市场，增添交易区2000余平方米，维护改造交易设施5000余平方米；2001 年，筹集资金 290 万元改造怡湖市场，彻底解决怡湖市场消防安全隐患。

加强集贸市场管理，引缺泄余，使农贸市场旺季不烂，淡季不淡，集市贸易日趋活跃。1992 年全区共有集贸市场 12 个，年成交额15746万元；1998 年全区登记注册市场 38 个，年市场成交额104800万元。

开展“三优一学”和“文明集贸市场”创建活动。1994 年，唐家寺牲畜市场被评为“省、市级文明集贸市场”，团结村市场、大弯市场、人和农贸市场被评为“市级文明集贸市场”。1996 年，唐家寺牲畜市场获得 1993—1995 年度“全国文明市场”称号。1998 年，唐家寺牲畜市场、怡湖市场被评为 1996—1997 年度“省级文明市场”。2000 年，唐家寺牲畜市场被农业部授予“活牲畜重点交易市场”。2001 年，怡湖市场、大弯一综合市场、团结村市场、人和农贸市场、唐家寺牲畜市场通过市级“文明市场”考评。

1999 年 5 月推行市场巡查制，依法检查市场主体资格和规范市场交易行为，现场处理投诉，查处一般违法违章行为。2001 年 12 月 11 日，根据国务院管办脱钩精神，区工商局将 11 个自办市场、3 个联办市场移交成都市青白江市场开发服务中心。2004 年，区工商局推行网格化监督管理，进一步深化市场巡查，规范市场经营。

1991—2005 年，全区共查处各种违章违法行为 4215 件，销毁病瘟猪肉 2273 公斤，注水猪肉 3634 公斤，注水鸡鸭 597 公斤，变质食品 2780 公斤，收缴失准秤 200 余支，不合格化肥 8025 公斤，假冒卷烟 1.5 万条，假“五粮液”“剑南春”等名酒 2537 瓶，假药 6800 瓶，一次性打火机 1 万余个，劣质化肥 19 吨，劣质大米 27 吨，伪劣农药 4.2 吨，过期饮料 1500 瓶（袋）。

【维权网络】 1998 年 3 月 2 日，区工商分局组建“成都青白江 315”网络，设“成都青白江 315 工商投诉台”，工商所设立“315 投诉站”，团结村菜市、大弯菜市、怡湖市场设立“315 投诉岗”。台、站、岗互相联系，互为依托，形成投诉举报的工作网络。

2000 年 4 月，全区成立“12315”申诉举报中心，相应设置工作站和联络站（点），依据《工商行政管理机关受理消费者申诉暂行办法》受理申诉举报，强化商品流通服务领域商品（服务）质量的监管。至 2005 年，建立申诉举报联络站（点）23 个，12315 网络共接受消费者咨询4660人次，受理申诉4186件，举报 93 件，为消费者挽回经济损失1907000元。

质量技术监督

【质量管理】 1991年，组织405人参加全面质量管理知识培训，7个企业全面质量达标验收合格，考核20个企业的重点产品，产品质量计划完成率85%，产品质量稳定提高率90%，优质产品产值率7.7%，超额完成工作目标。青燕服装厂“巨人树”牌男式西服创省优产品，皇华劳保皮鞋厂“神奇”牌牛面防静电皮鞋、溶解乙炔厂“青剑”牌瓶装乙炔气，区机械厂“青江”牌实腹钢窗创市优产品，区有机化工厂“柯灵”牌醋酸丁酯，区石棉水泥制品厂“青发”牌石棉水泥小波瓦等2个市优产品复评合格。1993年，清理整顿171个企业的产品质量，其中冶金机械行业43个，皮鞋生产企业118个，纸箱厂8个，饮料厂2个。在15个企业开展降低不良产品损失活动，为企业创收25.2万元。

1995年，推行质量证书管理制度，1700多家商贸企业办理计量质量管理证。1996年经验收合格的9个眼镜经销企业办理质量等级证书。1999年100个生产企业办理产品质量检验合格证书，累计有309个企业取得《生产企业出具产品质量检验合格证明资格证》。2000年6家企业取得冷轧带肋钢筋临时生产许可证，3家企业取得塑钢门窗或铝合金的生产许可证，2家企业通过ISO 9000认证。

2002年，整改五类产品抽查不合格的8家企业。2003年，建立质量档案，100家生产企业，15家汽车维修厂，35家加油站建立质量档案。2004年，87家企业开展企业质量建档工作培训，对年销售收入300万元以上企业实施生产许可证，强制认证6类共48家企业、113家食品生产企业建立质量档案。

2004年在成都市第六届四川名牌产品表彰会上，成都王牌车辆股份有限公司的成都王牌农用运输车获得四川名牌称号，复查往届四川名牌11个；攀成钢公司、川化集团公司、蓝风（集团）股份有限公司和升达林产有限公司获得全市首批质量诚信承诺活动先进单位称号。

2005年，完成工业产品生产许可证年审24个，建立年销售收入100万元以上企业及6类企业质量档案28个；组织4个取得食品质量安全证书企业参加年审，5个企业新取得食品质量安全证书。玉龙化工有限公司生产的“裕农牌”尿素获成都市用户满意产品称号，成都蓝风（集团）股份有限公司生产的合成洗衣粉获国家免检产品称号。

【标准化管理】 1991年，全区48个区属及乡（镇）一级企业的55种产品执行产品标准的情况进行调查，标准采集率100%。1992年，206个企业的184个主要产品执行产品标准的情况进行了普查，国营企业和集体、乡镇企业的标准覆盖率分别为100%和91.8%。

1993年，推行企业标准化生产，3个企业的3个产品率先采用国际标准和国外先进标准。1995年11个企业产品采用国际标准。全面推行组织机构代码证，新办机关、事业、社会团体、企业组织机构代码证200个。1996年，加强企业标准备案工作，新制订备案的企业标准达36个，审查备案企业标准42个。1999年，加强产品标准登记工作，新办理企业产品标准登记105个，累计办理产品标准登记

507个，12个企业的24个产品企业标准办理备案手续，累计备案431个，办理食品标签确认7个。2000年，全区完成取消无标准生产企业的任务，7月通过省级验收。

2001年，全区18家企业的20个项目采用国际标准和国外先进标准，14家企业通过ISO9000质量体系认证。推行农业标准化工作，上报3个农业标准化项目，"茶树菇栽培技术"被市农业标准化领导小组确定为青白江区农业标准化项目。2004年，组织4个企业申报采标产品确认，黄金梨被确认为四川省农业标准化示范项目。2005年，食用菌栽培加工申报为市级农业标准示范项目。

【产品质量监督检验】 1992年，列入全区产品质量重点监督食品、饮料、酒类、农药、化肥、建材、鞋类等产（商）品，列入抽查企业387个，抽样1284批次，产品合格率87.53%。1999年，对320个企业的预制构件、红砖、皮鞋、冷拉丝等产品进行抽样检验，抽检产品1222组。2003年，贯彻食品质量安全市场准入制度，督促企业申办生产许可证，开展新老5类食品生产许可证评审，收到申办企业110家，53家企业通过评审发证。2004年，完成8类食品生产企业状况调查，涉及企业9家，完成113种食品及相关产品卫生许可调查；专项调查白酒生产许可状况及企业质量。

2005年，开展"百城万店无假货"活动，政府中路被成都市命名为市级"百城万店无假货"示范街。全区81个食品生产加工企业签订承诺书。开展7类食品生产加工企业调查，5个食品生产企业领取食品生产许可证书。建立质量监管片区责任制，在乡镇、街道聘请质量技术监督协管员11人，开展食品生产企业巡查、回访工作，巡查回访面达100%。

【计量管理】 1991年，全区35个工业企业取得计量等级合格证，其中新定级企业16个，复核、换证19个。强制检定计量器具25种，计量器具6806台（件）次，检查普通计量器具498台（件）次，检查商品计量准确性153件。

1993年，完成23个企业计量工作水平评价的申报评审、发证工作，审查5个轧钢厂的计量工作依法检定、检修在用计量器具6694台（件）次。1995年，86个企业的计量工作通过年度审核，重点年审24个燃油加油站计量器具。2个企业36个项目的内部强检计量授权通过考核发证，监督抽查集贸市场在用计量器具，对10家违反计量法律法规的企业给予行政处罚。2002年，检查2个集贸市场，300户经营者的计量器具180件，复检合格60台，检查定量包装100批次，抽查32个加油站加油机70台，抽检率46%，加强加油机防爆、油品质量的安全检查。2003年，4个集贸市场和23个加油站计量器具受检率92%，公平秤的设置率和受检率、加油机强制检定率均为100%，2个集贸市场取得计量合格证。2005年，检定计量器具10198台（件）次，其中强制检定计量器具9765台（件）次。

2005年，全区有计量等级企业78个，二级计量等级企业1个，重点企业计量等级面达100%。6个区级医院、3个职工医院和1个乡级医院计量工作达标，8个商贸企业取得"计量管理规范化"合格证书。

【质量执法监督】 针对社会上制假售假采取不法手段谋取非法暴利，损害国家和人民群众的合法权益，加强执法监督，加大市场商品查处力度。1991年，检查商贸单位232个，抽查商品4664批次，涉及金额89.77万元，商品合格率87.22%；处理质量案件127件，其中现场处罚124件，立案处理2件，质量纠纷仲裁1件，结案率为100%。1993年，立案查处违法案件12件，捣毁生产劣质饮料窝点1个，没收生产工具和劣质饮料200瓶；破获生产假冒"五粮液"窝点1个，没收假酒71件1420瓶；查处经销劣质螺纹钢案1件，钢材391吨；查获用工业盐冒充食用盐案2件，没收工业盐3.7吨；查获假冒羊皮茄克106件，假冒"红塔山"香烟620条、"红梅"香烟395条；破获经销劣质椰子汁案

1件，没收椰子汁16140瓶；查处生产劣质酱油和冒牌木螺钉案各1件；查处计量违法案件2件。

1998年12月，青白江区华光商贸公司将15吨由什邡市红白水泥厂生产的425号废水泥销售给日新镇3个农户建房，使用后出现水泥不凝固、湿润松散的质量问题，区质监局对青白江区华光商贸公司给予没收违法所得4640元、处以违法所得5倍的罚款23200元。该公司不服行政处罚，向成都市质量技术监督局（简称市质监局）申请行政复议，市质监局维持行政处罚决定。该公司不服行政复议结果，1999年7月向区人民法院起诉，经法院调查，判决维持行政处罚决定，实施强制执行。

2000年，区质监局查处生产、销售不合格二级菜籽油20吨。2002年，中国石油三川公司青白江区盛峰加油站以不合格柴油冒充合格柴油销售15082.93升，货值39157.51元，区质监局给予货值2倍的罚款，没收违法所得1858.50元，合计罚没80173.52元；该案经过3次审理、2次告知和2次听证会后最终结案。同年12月，查处销售国家明令淘汰的地条钢坯400.93吨和角钢214.462吨。2004年，查处422瓶未经许可擅自从事氢氮混合气、氩氢混合气瓶充装。捣毁1个制造劣质奶粉窝点，查处虎山牌奶粉成品3280袋，无标识奶粉4200公斤，国家明令禁止销售的劣质奶粉3160袋。2005年，查处不合格特级花茶30件。

【特种设备安全监察】 2000年12月，特种设备安全监察工作由劳动部门划转质量技术监督部门管理。同年，全区有在用锅炉单位75户共92台（不含小型和常压热水锅炉），其中立式锅炉55台，卧式37台。压力容器使用单位21户238台（不含川化集团）。电梯使用单位16户28台，新办理压力容器登记使用证4个单位共19台，锅炉定检、补检20家，配合水质检验抽样51家。

2001年，举办市属以上企业、各乡镇、各行业等在用锅炉、压力容器、电梯普查登记员培训，培训司炉工45人，培训压力容器操作人员56人，更换“锅炉使用登记证”43个，司炉工复试换证61个，办理“压力容器使用登记证”30台，办理1公斤以下锅炉使用登记证2个。全区完成特种设备普查登记，有E2级以上锅炉67台，小型和常压热水锅炉30台，压力容器359台，电梯36台。销毁“土锅炉”“土容器”14台。

2003年，开展液化气瓶专项整治。2004年，有4家企业取得充装许可证，按要求实施产权转移，其中自有气瓶9453个，实施产权转移的气瓶10417个。立案查处1家未经许可充装液氨和2家充装单位。同年，完成压力管道普查247千米，10家具有代表性的大企业采用计算机管理档案，取缔、停止使用土制设备78台。

2005年，开展机电类特种设备普查，检查起重机械560台、厂内机动车23台、大型游乐设施4台，全区特种设备操作人员持证上岗率100%。完善特种设备信息化管理，健全特种设备安全监察网络，在11个乡镇、街道聘任特种设备安全监察协管员。

物价管理

【行政收费管理】 1992 年，根据国家《收费许可证管理办法》《四川省价格管理条例》《四川省行政事业性收费许可证管理办法》，区物价局对有收费行为的机关事业单位实行行政事业性收费许可证年度审验制度，从源头上堵截乱收费现象。

根据国家计委、财政部的通知，1998 年 2 月至 2000 年 8 月，清理收费项目，降低 57 项收费标准；按照中央和省、市关于取消不合理收费项目的通知精神，1991—2001 年，集中清理取消了公安、教育、文化、技监、卫生、城建、交通、国土、劳动、司法、工商、市容环卫等部门的 819 项不合理收费项目，减轻了群众和企业的负担。

【服务收费管理】 1995 年，按照省、市物价局《关于加强经营性收费管理的通知》精神，确定家电维修、汽车维修、机动车停放、清洗收费、勘察设计收费等纳入经营性收费许可证管理，区内相关单位的经营性收费项目实行年度审验制度，规范经营者的价格（收费）行为。1998 年，区物价局、交通局对区内汽车维修企业实行等级管理。

2000 年全区暂停经营性收费许可证的年审工作。根据国家《收费许可证管理办法》和《四川省物价局关于"收费许可证"发放问题的通知》，经营性收费统一更名为服务价格，"经营性收费许可证"更换为服务价格"收费许可证"，原"经营性收费许可证"于 2003 年 8 月 31 日前废止。2004 年，开展服务价格收费许可证年度审验，55 个服务性收费单位的服务价格"收费许可证"通过年审。2005 年，全区年审服务性收费单位的服务价格"收费许可证"33 个。

【工业品物价管理】 全区工业品物价管理实行政府定价、政府指导价、市场调节价三种价格管理形式。按照《中华人民共和国价格法》（简称《价格法》）规定，对与国民经济发展和人民生活关系重大的极少数商品价格，资源稀缺的少数商品价格，自然垄断经营的商品价格，重要的公用事业价格，重要的公益性服务价格等，政府在必要时可实行政府指导价或者政府定价。政府指导价、政府定价的定价权限和具体适用范围，以中央和地方的定价目录为依据。

按照《四川省定价目录》规定和分级定价的原则，1994 年，全区农村分类综合电价核定统一标准，农村生活照明电价实行最高限价管理。华严、弥牟、景峰乡最高限价 0.37 元/千瓦时；龙王、日新、祥福最高限价 0.35/千瓦时，1994 年 5 月 1 日起执行。2002 年 12 月，全区城乡居民生活用电实行同价管理，最高限价 0.4657/千瓦时。2003 年，全区农村药品实行配送价格管理。药品配送企业不论从生产企业直接进货，还是从批发市场进货，在 6% 的流通差率之内顺加作价，制订配送价格；乡（镇）卫生院、村卫生室（站）在配送价格基础上按 30% 的流通差率之内顺加作价，制订最终零售价。2005 年，全区落实尿素最高限价实行"一县一价"，下浮不限政策，化肥（尿素）最高零售限价为 1805.50 元/吨（含运杂费：40 元/吨）。

1991—2005 年，区物价局对定价权限范围内的城市供水价格、污水处理费、医院自制药品价格、城镇天然气价格等适时适度进行审批调整。对政府定价、政府指导价外的大多数工业品价格放开，实行市场调节价，间接调控。

【农产品物价管理】　《价格法》规定：“政府在粮食等重要农产品的市场购买价格过低时，可以在收购中实行保护价格，并采取相应的经济措施保证其实现”。按照《四川省定价目录》和市物价局、市农业委员会《关于加强杂交水稻（杂交玉米）种子价格监管办法（试行）的通知》规定，1991—2005 年，区物价局对稻谷、大米、玉米、小麦等粮食收购价格，以及杂交水稻、杂交玉米等种子购销价格进行了核定、调整（见下表）。对大多数农产品价格放开，实行市场调节价。

1991—2005 年青白江区主要粮油产品购销价格统计表

表 49　　单位：元

年　份	稻　谷		大　米		小　麦		油菜籽购销		备　注
	购	销	购	销	购	销			
1991—1992. 4	46	19	65	27. 6	46. 6	26	156	148	1992 年 4 月 1 日以前执行 1990 年国家统购统销价
1992. 4—1992. 11	52	52	74	74	58. 4	58. 4	140. 80	140. 80	执行购、销同价
1993	保护价 52 指导价 62		保护价 74 指导价 88		保护价 62 指导价 70				保量放价执行保护价、指导价
1994—1996（1995）	100		140	136 140	102		244		执行国家定价
1997	144				136		260		执行国家保护价
1998—1999	保护价 126				134		260		
2000—2003	106				1999 年：130 ~ 136 2000 年：86 ~ 110		210 ~ 230（2001—2003 年 190 ~ 196 元）		
2004—2005	144（中籼稻）								

注：资料来源《青白江区年鉴》（1991—1994）、（1995—1998）、（1999—2002），均为中等价格

1991—2005 年青白江区水稻、玉米种子价格核定、调整统计表

表 50

年　份	杂交稻			杂交玉米		
	批发价（元）	零售价（元）	品　种	批发价（元）	零售价（元）	品　种
1991	3. 80		汕优 D63			
1992	5. 60	5. 70	汕优 D63 Ⅱ优 63			
1994	11. 04					

续表50

年份	杂交稻			杂交玉米		
	批发价（元）	零售价（元）	品种	批发价（元）	零售价（元）	品种
1995	13.05	13.56	汕优63D 优63 Ⅱ优802 Ⅱ优63 辅优63	7.36	7.80	雅玉2号
1996	12.47	19.98		6.90	7.30	
1997	11.50	11.90		5.34 6.27 5.11	5.70 6.70 5.50	雅玉2号 成单18号 川单9号 掖单3号
1998	8.87	9.30		5.34 6.27 5.11	5.70 6.70 5.50	雅玉2号 成单18号 川单9号 掖单3号
1999	8.34 8.15 8.94 9.73 8.37	8.80 8.60 9.40 10.20 8.90	汕优63D 优63 辅优63 岗优725 岗优151 Ⅱ优838 501组合	7.06	7.53	雅玉2号 成单18号
2001	6.00 4.60	6.30 4.90	汕优63D 优63 辅优63 Ⅱ优63	5.76 5.00	6.20 5.40	雅玉2号 成单19号

【价格事务】 针对区内刑事、民事、经济、行政，仲裁案件涉及的各种扣押、追缴、没收及纠纷财物价格鉴定的需要，价格行为合法性、价格水平合理性认证、价格纠纷调解的需要，1994年12月成都市青白江区价格事务所成立。2000年，经区编办批准，成都市青白江区价格事务所更名为成都市青白江区价格认证中心（简称区价格认证中心）。

1996—2005年，区价格认证中心受理公安机关涉案物品价格鉴定委托1952宗，涉案鉴定标的3746件，评估总价值1204.49万元。1995—2005年，先后对区自来水价格、安居房价格、乡镇小水电自发电价、天然气价格、公交客运票价、自来水和天然气户表工程包干费等16项商品价格和收费标准进行了价格认证，为政府价格决策提供科学依据。

【物价监督检查】 1984年6月区物价检查所成立。2002年11月，经区编办批准，区物价检查所更名为成都市青白江区物价局监督检查分局。

1996年前，区税务局、区财政局、区物价局联合成立税收、财务、物价大检查办公室，每年进行一次财政税收物价大检查。物价检查范围涉及与人民生活密切相关的公用事业价格、公益性服务价格，涉农价格（收费），重要的行政事业性收费、明码标价执行情况。每年元旦、春节、“五一”“十一”组织开展节日市场物价大检查，配合省、市物价部门开展专项检查。2003年，加大教育乱收费处罚力度，查处教育违规收费589万元，退还学生家长589万元，有效遏制教育乱收费行为。

1991—2005年，全区共查处各类价格违法行为和案件1254件，收缴入库523.54万元，退还消费者683.90万元。查处的价格违法案件，无一例申请行政复议和行政诉讼。

【价格听证制度】 《价格法》规定：“制订关系群众切身利益的公用事业价格、公益性服务价格、自然垄断经营的商品价格等政府指导价、政府定价，应当建立听证会制度，由政府价格主管部门主持，征求消费者、经营者和有关方面的意见，论证其必要性、可行性”。

1998 年，区物价局逐步开始在相关商品和服务价格调整时实行听证制度，邀请人大代表、政协委员和市民代表参加价格听证会。1998 年 11 月，举行首次价格听证会，区供电局所辖的弥牟、华严、大同、日新、龙王、祥福 6 个乡镇农村分类综合电价标准举行听证。听证会对相关商品和服务价格调整时间、价格结构和价格涨落起到了积极作用。

2002 年 11 月，国家发展与计划委员会颁布第 26 号令，制定《政府价格决策听证办法》。2002 年 12 月，四川省物价局根据《政府价格决策听证办法》规定，公布《四川省政府价格决策听证目录》，确定从 2003 年 3 月 1 日起，将公共交通汽车票价、出租汽车票价、中小学收费、污水处理费、医疗服务收费、有线电视、居民生活用气价格、居民生活用电价格、重要道路及桥梁收费价格、公路客运票价、自来水价格等 11 类商品和服务价格收费标准的调整列入听证目录。

1998—2005 年，对十类商品和服务价格调整进行了听证。

工 业

1991—2005
成都市青白江区志

概 述

“一五”时期，四川肥料厂（今川化集团有限责任公司，以下简称川化）、成都钢铁厂（以下简称成钢）、温江地区小型氮肥厂（成都玉龙化工有限公司，以下简称玉龙）等一批国家及地方的重点工业企业先后建成，青白江区成为成都市的工业新区。到1990年，全区独立核算工业企业155家，其中驻区市属以上企业13家，区属企业142家；工业固定资产原值10.08亿元，工业总产值15.42亿元（现价），实现利税18446万元，独立核算企业年平均从业人员40362人，全员劳动生产率人均23833元。化工、冶金、机械、食品、化学纤维、建材等主要工业行业26家，其中化工、冶金、机械、建材四个行业总产值占工业总产值的77.61%。

1990年以来，尤其是1992年邓小平南巡讲话后，区委、区政府依托工业优势，抓住青白江区纳入四川省“江—峨”一条线重点开发地区的机遇，规划和实施弥牟工业开发区。先后引进项目31个，其中工业项目占20个，总投资1.39亿元。

1992年国务院颁发《全民所有制工业企业转换经营机制条例》，1993年市政府颁发《成都市贯彻实施〈转机条例〉实施办法》，工业企业实施劳动、人事、分配三项制度改革，企业经营机制改革不断深化。1993年区委、区政府制定《青白江区股份合作制试点办法》，全区新办企业开始实行股份有限责任公司制度，老企业通过转让、拍卖、重组等形式，逐步推行“产权明晰、权责明确、政企分开、管理科学”的现代企业制度。到2002年，国有工业、城镇集体工业以及乡镇工业全部完成所有制形式的转变。

2002年区委、区政府提出“走工业强区之路，构建成都工业高地，实现青白江区跨越发展”思路。

2005年八届区委91次常委会决定，坚持“生态立区、工业强区、建设成都北部新城、生态工业高地”战略决策，设立青白江工业集中发展区，规划控制面积17.36平方千米，当年建成工业区骨干道路，工业老区焕发生机。

1991—2005年，全区全社会固定资产投资累计165.84亿元，其中更新技术改造投资87.83亿元，占53%。2005年全社会固定资产投资总额43.4亿元，是1990年的20.4倍；更新技术改造投资总额33.65亿元，是1990年的24.2倍。2005年，全区工业总产值162.46亿元（当年价），是1990年的10.5倍。国有及年产品销售收入500万元以上非国有工业企业（以下简称规模以上企业）71家，其中大型企业7家、中型企业9家、小型企业55家。年销售收入过亿元的15家，其中攀成钢销售收入75亿元，位列全市第一。利税过千万元的工业企业有16家。规模以上企业实现工业总产值145.25亿元、工业增加值44.07亿元、利税14.42亿元，占成都市规模以上企业的比重分别达到8.87%、7.88%和8.89%。

工业体制改革

【管理体制改革】 推行现代企业管理制度以前，驻区市属以上工业企业分别由部、省、市有关行业主管部门管理。川化集团公司（四川化工总厂）在1971年前由化工部领导，后由省化工厅领导。政府机构改革不断深化，一些行业主管部门相继撤销，改制后的国有企业逐步由国有资产管理机构负责管理。川化集团公司1996年10月18日改由省国资委管理。

区属国有企业改制后，国有资产有序退出，政府对企业的直接管理变为间接管理。1991—2002年，区属企业管理实行“条块”结合，以“块”为主管理模式，区经委对区属企业实行归口管理。2002年，撤销区中小企业局、区经委、二轻工业局、乡镇企业局，组建区经济局。2003年2月，企业实行属地化管理，区政府经济部门行使区域内企业及其中小企业的管理职能，转变为指导、监督、协调和服务。

2005年，完成青白江区工业集中发展区规划并成立管委会。管委会负责实施工业集中发展区基础设施建设及企业引进和管理。

【产权制度改革】 1992年下半年，新办企业开始按股份制、股份合作制的形式申报登记。同年11月，第一家股份合作制企业“青白江通用机械厂”批准成立。

1993年区委、区政府成立“青白江区企业改革领导小组”，按照“产权明晰、权责明确、政企分开、管理科学”的原则，统一领导、统一组织、统一指挥、统一协调，推进企业产权制度改革。全民所有制企业经确认后的国有净资产有偿转让给企业内部职工或社会法人、自然人，受让资产者增资入股，组建新的股份制或股份合作制企业。1993年10月，国营青白江工业联营公司首家出售给民营企业重庆大渡口建民科技实业有限公司。1995年4月，区政府以“接受企业全部在职和退休职工、承担原企业全部债权债务、税收缴交关系在青白江区”为条件，公开招标，将国营青白江机械厂以零价转让方式，出让给成都金山科技实业公司。同年7月，区政府以同样条件，以336万元的价格，将国营青白江有机化工厂出让给成都华川化工供销公司。两家国有企业完成产权制度改革，盘活国有资产。

1996年区委转发《成都市委〈关于加快国有小企业改革的决定〉的通知》，区政府制定《青白江区乡镇企业改革试行办法》，参照国有企业的改革形式，推进城乡集体所有制企业改革。集体所有制企业在资产评估确认后，依据“工龄长短，贡献大小，职务高低”的原则，将集体资产量化到企业每个职工，职工再将量化的资产按1比0.5～1的比例出资配股，完成股份制改造。巨人树、大弯石化厂、玛钢厂、王牌农用车、新民钢丝绳厂、华严供销公司、飞亚曲轴厂等38户重点企业实施改制。1997年3月，华明公司按照《中华人民共和国公司法》重新进行登记，总资股本增至6000万元，玻璃纸生产能力跃居全国同行业第一。

1998年，改制企业总产值占区属企业总产值的三分之一。2001年全区乡镇企业改制完成80%，其他中小企业完成改制90%以上。2002年全部完成产权制度改革。

【劳动制度改革】 1991年，成钢厂被市政府列为首批企业劳动制度综合配套改革试点单位。1992年7月，该厂216名管理干部成为首批合同制职工，次年7月实行上岗（聘任）合同制。川化、化机、成桥厂、成化厂、化纤厂、成洗厂等驻区市属以上企业先后实行全员劳动合同制，实行“控制员工总量、清理清退临时工、多渠道分流人员”，推行职工竞争上岗制度。

1994年，区属国有企业实施劳动合同制改革。区经委直属企业728名全民所有制职工转为劳动合同制工人，打破了工人与干部身份界限，用法律形式规范劳动者与企业关系。1995年5月，区政府颁发《成都市青白江区全面实行全员劳动合同制的意见》，在全区城镇集体企业实行劳动合同制，在重点乡镇、三资、私企、股份制企业进行试点。到1997年12月，全区所有企业完成了劳动制度改革，建立起新型的劳动关系制度。

【资产重组】 1997年10月，成都无缝钢管公司与中国远望总公司合资成立成都无缝钢管有限责任公司（成都无缝钢管公司投入净资产11.53亿元，远望总公司投入现金1亿元，分别占股本92.02%和7.98%）。2000年10月攀枝花钢铁（集团）公司兼并成都无缝钢管有限责任公司，更名为攀钢集团成都无缝钢管有限责任公司。2002年5月，攀钢集团成都无缝钢管有限责任公司与成都钢铁厂联合重组，成立攀钢集团成都钢铁有限责任公司（简称攀成钢），其中攀枝花钢铁（集团）公司占总股本的83%，成都工业投资经营有限责任公司占总股本的17%。重组后51个行政机构压缩为46个。2002年，原成钢生活服务公司与攀成钢剥离，成立成都恒正和实业发展总公司，2003年8月，成都华夏建设公司（原成都无缝钢管厂建安公司）剥离。攀成钢公司涉及各类公司32家，其中四川冶金机械厂等8家为子公司，攀成伊红石油钢管有限责任公司等5家为控股公司，成都成钢梅赛尔气体产品有限公司等19家为参股公司。2002年攀成钢产铁95.5万吨，钢129.7万吨，钢材143.5万吨，销售收入40.7亿元，利润1.54亿元。2005年攀成钢产铁145万吨，钢178万吨，钢材161万吨，销售收入75亿元，利润3.5亿元。

四川化工机械厂（简称化机厂）隶属化工部，是国内四大化机厂之一。1991年化机厂效益下滑，1997年下岗分流200余人，1998年歇岗1600余人次，总产值1496.8万元，利税－960.3万元。同年取得国内唯一一家核电站主管道制造许可证。经主管部门批准，将核电设备制造所涉及的资产从化机厂中剥离，由甘肃三洲集团、四川化企实业公司、中国核动力研究设计院参与资产重组，2000年3月注册四川三洲川化机核能压力容器设备制造有限公司，注册资本5000万元。化机厂资产剥离后，于2003年破产，2004年重组为民营企业四川化工机械有限公司。

1992年成都大型轴承厂（四川省轴承厂，厂址在城厢镇）被列为成都市改革试点企业，1994年10月并入成都轴承集团公司，成为下属分厂，1996年该公司对下属分厂实行“分灶吃饭，分块搞活”政策，分厂与公司签订资产租赁经营合同，由生产型向经营型转变。1998年分厂下岗分流”182人，1999年宣布破产。2002年浙江天马轴承股份有限公司整合成都轴承集团有限公司（含在城厢镇的分厂），成立成都天马轴承有限公司，注册资本1.2亿元。2004年，该公司从成都东郊搬迁至青白江工业集中发展区。

【股票上市】 1996年4月，国务院领导指示选择化肥企业到海外上市。经国务院证券委、中国证监会、国家计委、国家经贸委、国家体改委审查并报国务院同意，1996年12月31日国务院证券委将川化确定为第四批境外上市预选企业。1997年学习股份制改组和H股发行上市操作经验，选聘10

个机构分别担任主副承销商、会计师、评估师、律师、财务顾问。同年5月，境内外中介机构人员到川化开展工作，川化抽调人员配合。8月，完成土地和资产评估报告，制定《股份公司章程》等9个文件制作及完成相关报告。

与此同时，有关上报市、省、国务院相关部门的报告及相关部委的审核、审计、审批等程序顺利进行。1997年4月30日，国家国有资产管理局确认川化集团有限责任公司上市的资产总额为102968.63万元人民币，负债为53136.09万元人民币，净资产为49832.54万元人民币，同意“川化集团有限责任公司将其所属第一化肥厂、第二化肥厂、三聚氰胺厂、硫酸厂、硝酸厂、催化剂厂、气体厂、供应公司、销售公司、设计院、研究院和相关职能处室的资产及相应负债纳入股份制改造范围，设立川化股份有限公司的方案”，同意“将净资产的68.23%折为股本，计34000万股（每股面值1元），股权设置为国有法人股，其余15832.54万元计入股份公司的资本公积金；股份公司经国家证券管理部门批准在香港地区公开发行21000万股H股后，股份公司总股本将达到55000万股，其中，国有法人股34000万股，占总股本的61.82%，股权由集团公司持有”。国家体改委同意川化集团有限责任公司作唯一发起人，以发起方式设立川化股份有限公司，公司总股份为34000万股，每股面值1元，由川化集团有限责任公司持有并行使股权。1997年10月18日举行川化股份公司创立大会暨股东大会，通过《公司章程》，选举第一届董事会、第一届监事会；同日召开董事会一届一次会议，选举董事长、副董事长，聘任总经理及部门负责人；召开监事会一届一次会议，选举监事会主席。1997年10月20日股份公司在四川省工商局登记注册。

1997年10月中旬暴发东南亚金融风暴，使香港股指从狂升到暴跌，恒生指数由当年最高的16673点（8月7日）下降到9059点（10月28日），川化境外上市被搁置。

1998年7月31日，副省长王金祥在成都会展中心主持召开“川化境外上市第三次部省联合协调会”，明确在川化H股工作基础上，争取尽快发行川化A股。在取得A股发行指标的同时，川化重新确定了A股发行上市的中介机构，国信证券有限公司（简称国信证券）为主承销商、上市推荐人，北京证券有限责任公司（简称北京证券）为上市推荐人、副主承销商，中银律师事务所为公司律师，中天信会计师事务所为审计机构，华衡资产评估为资产评估机构，省地产评估所为土地评估机构。

1999年6月29日，川化上报《川化股份有限公司公开发行股票预选申请材料》，进入发行审核阶段。2000年9月4日中国证监会下达核准发行文件，川化申请公开发行A股额度由15000万股调减为13000万股，发行价由每股4.86元调整为6.18元。

1999年9月8日，川化上网定价发行6500万股。认购总数为133.98亿股，认购资金量828.39亿元，超额认购倍数为206倍，中签率0.48%。同年9月9日，向二级市场投资者配售6500万股，认购总股数为339.39亿股，超额认购倍数为522倍，中签率0.19%。同年9月26日，深圳证券交易所举行川化股份、新中基、国际实业三只股票上市仪式；9时30分，川化董事长谢木喜敲响上市钟声，“川化股份”开盘8.77元，涨幅41.91%。

川化A股发行共筹集资金81024万元（其中，13000万股A股发行收入80340万元，冻结申购资金利息684万元）扣除发行费后净收入78651万元。所筹集资金不仅满足川化7个发展项目建设资金的需求，还补充了流动资金。A股发行后，川化净资产由发行前的5.2亿元增加到13亿元，相当于公司股票发行前44年间形成的净资产的2.5倍。同时在申请股票发行过程中，省政府根据国务院国发〔2000〕2号文精神，同意2000—2005年间对川化设立农业生产专项资金，每年按公司税前利润的

18%给予财政补贴，为川化更好更快地发展创造了有利条件。

招商引资

【投资服务管理】 1992年4月，区委、区政府制定《关于青白江区工业开发区的若干规定》，工业开发区实行“一站式”投资服务管理。所有项目在所需资料齐备后，由工业开发区管委会在一周内办完区内全部手续。凡经工业开发区管理委员会决定的，各职能部门不再审批，只从速履行相关手续。对急需办理的事项，工业开发区管理委员会可实行“特别调度令”制度，代表区委、区政府责成有关部门执行。

1998年5月，成立成都市青白江区对外开放领导小组。1998年12月，青白江区对外开放领导小组制定《关于加强对外来投资兴办项目服务工作的若干规定》，设立青白江区投资服务中心，每月16日区计委、建委、外经委、体改委、国土局、工商分局、国税局、地税局、交通局、环保局、卫生局、文体局、供电局、审计局、物价局、经委、乡镇企业局、技术监督局、劳动局、公安分局、区政府目督办及金融部门建行、工行、农行、信用联社等25个单位，派员集中办公，对到青白江投资的客商实行“一站式”服务。2005年5月31日，“一站式”投资服务纳入区政府政务中心统一管理。

【招商管理】 1994年以前，招商引资工作主要在省内开展，由职能部门参加一些经济协作会议，收集信息，联系客商，洽谈业务等形式开展招商引资工作。1994年4月，组团到新加坡举行招商引资说明会，1995年5月，新加坡投资考察团到区考察。随着全国性的贸易博览会、投资洽谈会的兴起，到2005年，累计组团参加各类全国性招商活动18次。2005年12月，举办“青白江杯”高尔夫球比赛，邀请台湾客商50余人到区考察。

1996年，年度招商引资任务实行目标考核，将招商项目和引资数额以目标任务分解到各经济主管部门和各乡镇，当年引进资金1.08亿元，到位资金6300万元，引进项目20个。1997年，招商引资目标考核扩大到全区所有党政部门，引进资金额度逐渐增大，考核标准逐渐规范。到2005年，全区合同利用外资8095万美元，实际利用外资5940万美元，实际到位内资15.3亿元，出口总额2550万美元。

2002年，成都市调整工业布局，整治沙河，成都东郊企业外迁，青白江区抓住机遇，积极配合东郊产业结构调整，引进成都东郊企业到青白江落户。2003年，加大招商引资政策力度，强化举措，吸引商家，至2006年底，先后引进攀钢集团（成都无缝钢管公司）、焊研威达公司、五冶钢瓶公司、成异钢管公司、胜达玻璃公司、华夏建设公司、巨峰玻璃公司、蜀都纳米公司、天马轴承公司、虹波钼业公司、成铁材料总厂、蜀港铝业公司、科东材料公司等13家企业。引进企业科技含量高，后续发展潜力强，发挥了良好经济效益，2006年，东调企业实现工业总产值94亿元，占全区工业总产值的51%。

【土地使用政策】 1992年起，青白江区土地实行“统一规划、成片征用、综合开发”，土地征用费、城建配套费等按最优惠价格收取，对外商投资企业的土地使用权采用出让、转让、出租等形式，最长期限70年。

1998年起，全区土地价格根据用地类型和区位确定土地基准地价，外商投资企业按青白江区土地基准地价最低限额以每宗地评估价格下浮10%～20%执行，并可实行分期付款；经有关部门审定为高新技术和产品出口型的生产企业用地，其使用土地价格按青白江区土地基准地价最低限额以每宗地评估价格下浮15%～25%；外来投资者使用土地，产业符合国家政策、土地费用到位80%以上时，可实行预登记、确权，发给“临时土地使用证”。

2005年起，以投资密度及税收情况确定土地使用面积和地价。根据投资规模（投资密度每亩80～100万元）、投资定额标准，核实用地面积，以当年国土部门发布的基准地价为基数，结合企业税收情况，由政府给予不同的土地补贴优惠。投资额不足1000万元或每亩实现年税收低于7万元的，按基准地价执行；投资额在1000万元（含1000万元）～3000万元以下，或年均每亩实现税收7万元（含7万元）～8万元以下的，按基准地价的90%执行；投资额在3000万元（含3000万元）～5000万元以下，或年均每亩实现税收8万元（含8万元）～9万元以下的，按基准地价的85%执行；投资额在5000万元（含5000万元）～1亿元以下，或年均每亩实现税收9万元（含9万元）～10万元以下的，按基准地价的80%执行；投资额在1亿元及以上，或年均每亩实现税收10万元及以上的，按基准地价的70%执行；重大产业化项目、税收贡献较大的项目或解决就业较好的项目，可采取“一企一策”。企业建成投产后前三年年均每亩实现税收高于协议税收的，其地价差额部分，在企业实现税收起的第三、四、五年内，由区财政逐年返还至相应供地价；若企业建成投产未达到协议承诺纳税额的，地价按基准地价执行，地价差额部分在区享受的地方财政扶持资金中扣除；对未建成生产的企业所取得的土地按国家土地管理相关政策规定处置。

【税收优惠政策】 1992年起，新办企业免征产品税、增值税和所得税2～3年。1998年起，外来投资者在青白江区投资项目，经企业申请，区政府批准，对企业地方所得税部分可实行税收目标责任制；外来投资者在青白江区新办生产性企业，经营期在十年以上，年销售收入200万元以上的，所得税地方部分前两年全免，后三年减半征收。增值税、营业税根据实际入库地方所得税部分，前两年按50%、后三年按30%的比例，由区财政返还企业；投资经营市场、商业网点，固定资产投资在100万元以上，从实现销售收入之日起，两年内增值税、营业税、所得税根据实际入库，地方所得部分的50%由区财政返还投资经营者；从事交通、通信、能源、市政公用等基础设施建设，农、林、牧、渔等农业综合开发项目，除企业所得税地方部分前两年免征、后三年减半征收外，经企业申请，区财税部门批准，还可减征两年50%的所得税；兼并、承包、租赁亏损企业的，从盈利年度起，免缴企业所得税三年，减半征收企业所得税三年；投资总额在500万元以上的新项目，投产后两年内，由区财税部门审查确立增值税、所得税上缴基数及递增比例后，超过部分，地方所得由区财政全额返还，用于企业扩大再生产；外商投资企业中的国外投资者，将企业分配所得利润再投资到本企业或新办企业，经营期在5年以上的，经申请批准，可退还其再投资部分已缴纳所得税款的40%，其中投资新产品出口企业和技术先进型企业，可全部退还投资部分缴纳的企业所得税税款；外来投资者在青白江区兴办生产性企业，应缴纳的城市建设配套费，酌情减免；凡鼓励投资合作的重点行业及项目，以及被区上列为重点发展的大中型项目和国内外享有盛誉的名牌产品，可采取以项目定政策，一事一议，实行特殊优惠。

2005 年起，凡符合国家和省市政府关于西部大开发、高新技术产业开发投资领域的项目、鼓励外商投资的企业，都按相关优惠政策执行。投资兴办企业，经营期在 10 年以上，自实现销售收入起，企业交纳的所得税地方留成部分，前两年按 100%、后 3 年按 50% 由区财政返给企业进行技术改造；国家和省市政府的重大产业化项目、世界 500 强企业，或税收特别大的企业及解决就业好的企业，政府适当延长财政扶持期限；对投资额 200 万元以上，年纳税 20 万元以上的商贸、餐饮及服务业等企业，从纳税之日起，所得税地方留成部分第一年按 100%、第二年按 50%、第三年按 25% 由区财政返给企业扶持发展。投资企业同时符合上述几项条款的，不得重复享受优惠但可按最优惠的财政扶持政策执行。

工业园区

【产业定位】 1992 年，区委、区政府提出以大弯镇为中心，建立镇东工业区、镇西高新技术开发区和弥牟工业开发区，确定化工、冶金、建材、机械、高新技术产业的发展方向。1994 年后，三个工业开发区相继停滞，弥牟工业开发区以王牌农用汽车为代表的机械制造业得到发展。2002 年引进台湾独资企业，建立台玻成都玻璃有限公司。2004 年 2 月 12 日，市委、市政府印发《成都市工业发展布局规划纲要（2003—2020 年）》，确定青白江工业发展方向：重点发展冶金工业、化工工业（含石油化工深加工产业）、以玻璃及玻璃深加工为主的建材业。2005 年，铁道部规划在青白江区建设亚洲最大铁路物流中心，区委、区政府调整产业布局，提出重点发展冶金、化工、建材、机械、物流五大主导优势产业。

【园区规划】 2002 年，区政府向市政府呈送修订后的青白江区 1999—2020 年城市发展规划报告，市有关部门的领导和专家按程序对报告进行了审核论证。同年 4 月 8 日，市政府同意《青白江区城市总体规划（1999—2020 年）》。青白江区作为东郊企业外迁的主要接纳地之一，工业布局规划重点向东南发展，与新都区工业集中发展区连接。2005 年，根据市政府《关于切实做好工业集中发展区和工业点布局落实工作的通知》和《关于编制工业集中发展区和工业点控制性详细规划的指导意见》，进一步完善《成都市青白江区分区规划(2003—2020)》，青白江工业集中发展区规划面积由 19（未含商业、居住区）平方千米调整为 42 平方千米，工业集中发展区涉及大同、祥福、城厢 3 个镇，27 个行政村。

【工业集中发展区建设】 2005 年 10 月，成立青白江区工业集中发展区管理委员会（简称区工管委）。区工管委按照“小机构、大服务、高效率”的要求行使区委、区政府授予的管理职能，按照打造“高标准生态工业高地”，举全区之力，创新工作机制和体制，推动工业集中发展区的建设。2005 年累计投入 6 亿元，建成主干道路 33. 5 千米，自来水主管道 32 千米，35 千伏输电干线 12 千米，10

千伏输电线路 18 千米，天然气主管道 26 千米，光纤线路 35 千米，通信线路 44 千米，道路和场地绿化 105 万平方米，形成了 8 平方千米的承载能力，为承接产业转移奠定了基础。

冶金工业

【冶金工业发展】 1990 年，区内有成钢和区轧钢厂两家冶金企业，正式职工 7962 人（其中区属 165 人），冶金工业总产值 17251 万元（其中区属 120 万元）；年产钢 188130 吨、生铁 72667 吨、钢材 272580 吨；钢和钢材产量，分别占全省冶金行业钢和钢材总产量的 26.3% 和 32.3%。1988 年成钢进入全国 500 家最大企业行列，成为区工业系统中的第二大企业。

1991—1995 年，区属冶金企业发展到 4 家，按国家关停“五小”工业的政策关停两家。1991—2005 年期间，成钢深化改革，加强管理，大力增加投入和技术改造，扩大了生产规模，提高了生产能力和经济效益，1991 年成钢产铁 8.16 万吨、钢 19.09 万吨、钢材 29.71 万吨，销售收入 4.5 亿元；2002 年 5 月组建攀成钢公司，从业人员 18764 人，工业总产值（不变价）72.25 亿元，占全区工业总产值（不变价）的 44.5%，工业增加值 24.76 亿元，占全区工业增加值的 50.9%，成为青白江工业企业中具有核心竞争力的企业。2001 年以后组建或引进的冶金企业成都异型钢管有限公司、四川三洲川化机核能设备制造有限公司、成都五冶钢瓶有限公司、四川华源高温炉管有限公司等四家冶金企业。冶金企业成为青白江工业企业中第一大产业。

2005 年冶金企业产钢 178 万吨、铁 144 万吨、钢材 167 万吨。其中无缝钢管 68 万吨、钢筋和棒材 74 万吨、线材 25 万吨、彩色钢卷 56506 吨，冶金企业具有比较雄厚的基础和较为明显的产业特色，部分企业和产品在全国具有优势，部分产品出口国际市场。

【攀成钢公司】 攀成钢公司是攀钢集团下属子公司，注册资本 15.6 亿元。2005 年 12 月 31 日，公司在岗职工 18368 人，资产总额 99.5 亿元，其中固定资产原值 71 亿元，净值 42 亿元。占地面积 507.77 公顷，包括青白江工业区的新厂区 200 余公顷（大件路牟弥镇以东片区）、老厂区（华严镇团结南路）133.33 余公顷以及成都厂区（搬迁中）133.33 公顷，在金堂、新都有部分厂区。2005 年生产铁 150 万吨、钢 190 万吨、钢材 215 万吨。

1990—2005 年攀钢集团成都钢铁有限责任公司主要经济指标统计表

表 51 单位：万元、人

年份	职工人数（平均数）	产品销售收入	利税总额	利润总额	工业总产值		工业增加值	说明
					现价	不变价		
1990	7590	35801	3522	-526	42605	37777	8376	原成都钢铁厂
1991	8185	45024	4490	-178	46545	40358	9516	

续表51

年 份	职工人数（平均数）	产品销售收入	利税总额	利润总额	工业总产值		工 业增加值	说 明
					现 价	不变价		
1992	8427	59700	7154	914	59665	45070	14560	
1993	8593	112846	14026	1517	59327	49927	25145	
1994	8790	93389	6786	506	120762	50587	27250	
1995	9051	90905	3382	275	88966	45113	22840	原成都钢铁厂
1996	9076	97249	3650	413	92913	50187	23363	
1997	8889	96727	1335	6	101958	524228	14080	
1998	8705	95433	4959	21	99371	54182	14878	
1999	8546	101578	5637	52	113302	89189	16049	
2000	6798	101794	10112	1508	110608	95418	20089	
2001	6764	120510	17419	8542	133884	88124	42886	
2002	18764	407337	41856	15426	165482	91040	113429	攀成钢有限责任公司执行新会计制度
2003	18799	463820	40301	18185	449095	407911	115006	
2004	18835	656435	46528	13581	647367	511862	135771	
2005	18471	749583	68571	34534	795781	722460	247632	

注：1. 2004 年利润数为执行新会计制度后的数据，同口径数为 2. 24 亿元

2. 职工人数为从业人员年平均人数

【成异钢管】 2004 年，成都成异钢管有限责任公司从成都东郊搬迁到青白江工业区（华严红锋村五组的大件路与川陕路之间）。占地 8 公顷，总建筑面积 4 万平方米。公司利用搬迁机会，对生产线进行技术改造，提高了装备整体水平。2005 年，在岗职工 560 人，资产总额 0. 83 亿元，其中固定资产原值 0. 23 亿元，净值 0. 13 亿元，产品销售收入 5907 万元，利税总额 638 万元。公司是生产无缝钢管的专业企业，建厂已 40 多年，为原冶金部 404 会议确定的军工配套项目，拥有 Φ100 热轧机组、Φ60 热轧机组和 Φ40 热轧机组各 1 套，以及全套冷轧、冷拔钢管生产设备和与之配套的检测设备。具有年产热轧商品管 Φ（57～133）×（3. 5～14）4 万吨，冷拔钢管 Φ（6～300）×（1～15）、冷轧钢管、异型钢管等 2 万吨的能力。公司通过 ISO 9001：2000 标准国际质量体系认证，取得 AA 级供货资格证、银行 AA 信用等级及计量二级合格企业。国家、省市质量监督部门历年监督检查均全部合格。

【三洲核能】 四川三洲川化机核能设备制造有限公司占地 10 公顷，建筑总面积 6. 6 万平方米，有员工 500 多人，其中工程技术人员 140 余人，中高级技术人员 80 余人，主要生产车间 4 个，主要生产检测设备 209 台（套），其中高精尖设备 20 台（套）。建有 5000 平方米不锈钢设备的清洁厂房，从瑞典 ESAB 公司进口的焊接设备，完全达到产品质量和清洁度的要求。公司是一家服务于核电、军工、石化等行业的大型骨干企业，主要产品包括核电站主管道（大口径厚壁不锈钢管道离心铸造、静态铸造、锻制、轧制）、铸锻件、管配件（弯头、三通、异径管等）、核级压力容器、热交换器等。公司是较早通过质量体系认证的企业，拥有 ISO 9001：2000 质量体系认证及国军标证书；拥有国家核安全局颁发的“民用核承压设备制造资格许可证”（成套主管道，核 2、3 级压力容器，核级锻），是国内唯

一家既有许可证又有业绩的企业。公司主要生产检测设备，门类齐全，质量体系与国际接轨，已成为国内核电站和实验反应堆的合格供应商，是国内核电装备骨干企业中第一家成套完成百万千瓦级核电机组主管道企业。2000 年，百万千瓦级压水堆核电站主管道交付岭澳核电站，安装用于百万千瓦级大型压水堆核电站，回路主管道一期 2 号机组运行一直正常。公司还先后承担清华大学高温气冷堆、北京原子能研究院快中子堆及军品等制造任务，提供了大量的主管道、辅助管路系统、空气预热器、空气热交换器及主换热器等主要设备。

【五冶钢瓶】 成都五冶钢瓶有限公司以生产无缝钢瓶为主，具有机械加工、压力管道安装、钢结构制作安装等综合性国有企业。注册资金 1600 万元。公司属东调搬迁企业，2004 年 5 月 18 日落户青白江工业园区，占地面积 1.88 公顷，建筑面积 11407 平方米。公司主营无缝钢瓶、公共用管道、工业管道制作安装。经营自产机电产品（不含汽车）、成套设备及相关技术的出口业务，兼营本企业生产、科研所需的原辅材料，机械设备、仪器仪表、备品备件、机械加工，金属构件、设备制作及安装，工程机械修理、批发零售汽车配件、汽车普通货运。主要产品名称为“金盾”牌无缝钢瓶，年生产能力 20 万支。2005 年在册职工 239 人，其中工程技术人员 14 人，管理人员 29 人，工人 210 人，大专以上学历占职工总数的 25.62%。2006 年实现产值 5530.05 万元，销售收入 4727.23 万元，利润 40.25 万元，税金 114.45 万元（其中什邡分厂 35 万元）。

【华源炉管】 四川华源高温炉管有限公司由原四川化工机械厂炉管分厂于 2001 年改制重组企业从事高温合金转化炉管、裂解炉管、辐射管、炉底辊、压延辊及弯头、管键等铸件的专业生产企业，是国内第一家具有年产 600 吨合金炉管、300 吨铸件生产能力的炉管厂。注册资金 108 万元，华源炉管公司在青白江工业园区，占地面积 2.73 公顷，一期建筑面积 8500 平方米，有资产 3600 万元，员工 150 人。公司先后开发研制出 HK 系列、HP 系列及添加微合金元素的炉管、弯头、管件、合成氨竖琴管排、乙烯裂解炉盘管，制造了年产 30 万吨、20 万吨合成氨一段转换炉竖琴管排，年产 2 万吨、4 万吨、10 万吨乙烯裂解炉盘管、5 万标米制氧转炉炉管，年产 10 万吨甲醇装置炉管等成套设备，生产工业炉用辐射管、炉底辊、输送辊、弯头、异径管等高温合金产品 8000 余吨，广泛用于石油化工、冶金、建材等行业。

化工工业

【化工工业发展】 1990 年，区内有化工企业 23 家，职工总数 13838 人，化工工业总产值 41912 万元，利税总额 11824.8 万元。全区化工工业已具备合成氨 54 万吨、尿素 63 万吨、硝胺 24 万吨、碳铵 8 万吨、磷肥 10 万吨、三聚氰胺 1.2 万吨、高纯氩 180 万立方米、催化剂 2500 吨、硫酸 10 万吨和合成洗涤剂 10 万吨的综合生产能力。2005 年，有化工企业 27 家，其中规模以上企业 16 家，形成了以川化、米高、蓝风、华明、玉龙等公司为龙头的化工企业。产品形成化肥及天然气化工、石油化工、生物医药化工、日用品化工等四大门类；具备合成氨 68 万吨、尿素 103 万吨、三聚氰胺 6.46 万吨、硝酸铵（含 NP 肥）24 万吨、碳铵 10 万吨、浓硝酸 2 万吨、工业硫酸 12 万吨、催化剂 2500 吨、双氧水 3.4 万吨、食品二氧化碳 1.4 万吨、硫酸钾 5 万吨、盐酸 6 万吨、赖氨酸 3.1 万吨、磷肥 8.4 万吨、复合肥 10 万吨、农用硝酸钾 8 万吨、农用氯化铵 4.4 万吨、洗衣粉 16 万吨、合成洗涤剂 14.98 万吨、二硫化碳 1.5 万吨、玻璃纸 6000 吨、粘胶短纤维 4.5 万吨的综合生产能力。工业总产值 36.14 亿元，占全区工业总产值的 22.2%；实现工业增加值 17.06 亿元，占全区工业增加值的 35.1%；实现利润 3.14 亿元，占全区规模企业利润的 38.0%。化工工业成为青白江区工业中的第二大产业。

【川化集团】 川化集团有限责任公司是以生产化肥和化工原料为主的国有特大型化工企业。固定资产原值 16973.99 万元，现有资产总额 35.7 亿元，年销售收入 20 亿元以上，占地 220 公顷，在册职工近 7000 人，设有国家级技术中心和博士后科研工作站。主要生产合成氨、尿素、三聚氰胺等 57 种 100 多个型号的产品，主导产品的年生产能力为：合成氨 56 万吨、尿素 83 万吨、三聚氰胺 6.46 万吨、硝酸铵（含 NP 肥）24 万吨、浓硝酸 2 万吨、工业硫酸 12 万吨、催化剂 2500 吨、双氧水 3.4 万吨、食品二氧化碳 1.4 万吨、硫酸钾 5 万吨、盐酸 6 万吨、赖氨酸 3.1 万吨。

1990—2005 年川化集团主要经济指标统计表

表 52　　　　单位：万元、人

年份	年平均职工人数	产品销售收入	利税总额	利润总额	工业总产值		工业增加值
					现价	不变价	
1990	11021	41579	10001	4322	42605	30250	12782
1991	11192	37912	7128	1974	38591	56314	11577
1992	11224	43343	8459	2810	46417	62435	11759
1993	11900	57277	5473	1212	59327	61661	17798
1994	11692	73632	7165	2466	86149	72883	28050
1995	11641	90800	13722	9081	111909	76828	45588
1996	11805	114986	13436	8227	103032	75328	35083
1997	11696	87627	17849	12865	126574	82711	37972
1998	11644	120888	13013	5625	115916	84658	34775
1999	11472	113443	12301	6365	113302	89189	42008
2000	11208	114446	9216	3443	110608	95418	42020
2001	10850	102262	5829	1166	141374	93225	29493
2002	10002	104066	7513	1058	132065	91040	30063
2003	9326	111985	8358	1376	130910	89337	35303
2004	7517	107894	120	−7161	117043	67139	13419
2005	7072	174553	28057	19913	185627	135373	117050

注：资料来源于《青白江统计年鉴》

【玉龙化工】 成都玉龙化工有限公司位于青白江老工业区黄金北路1号，占地面积近20公顷，有从业人员600人。2005年，固定资产原值22563.36万元，现总资产近2.7个亿。2005年工业总产值27205万元，销售收入27268万元，利税总额6773万元，利润总额6185万元。1991—2005年，合成氨生产能力由年产2.5万吨扩大到12万吨，尿素由4万吨扩大到20万吨，碳铵由6万吨扩大到10万吨，新增10万吨复合肥生产能力。“裕农”牌尿素、碳铵获部省优质产品；2002年尿素产品被省质监局列为免检产品，2004年被全国供销合作社评为名牌产品。

【华明玻璃纸】 华明玻璃纸股份有限公司，1993年经市体改委批准改制为股份制企业，1998年股本5619.2904万股，其中法人持有4019.2904万股，自然人持有1600万股。注册资金5619.2904万元。华明公司位于老工业区团结南路270号，占地近14公顷，有员工1858人，其中正式员工1324人，临时用工534人。现资产4.3亿元，2005年工业总产值57767万元（现价），工业增加值10366万元、销售收入59018万元、利税4288万元、利润1343万元。华明公司生产粘胶短纤维、玻璃纸和二硫化碳。其中粘胶短纤维4.5万吨（4条生产线）、玻璃纸6000吨（6条生产线）、二硫化碳1.5万吨（3条生产线），是中国西部地区唯一生产粘胶短纤、玻璃纸和用天然气制二硫化碳的企业。

【蓝风集团】 成都蓝风集团股份有限公司前身是成都合成洗涤剂厂。1993年3月，设立成都蓝风实业股份有限公司。1996年12月，经市政府批准，公司与成都轻工物资总公司、成都日用化学品总厂重组后更名为成都蓝风（集团）股份有限公司，总股本为7500万元。占地面积11.33公顷，有员工522人，其中各类专业技术人员247名，占员工总数的47%。专业技术人员中有高级技术职称人员10名，中级技术职称人员95名。2005年工业总产值20989万元（现价），产品销售收入3亿元，利税总额1510万元，利润总额200万元。公司拥有从意大利、美国、日本等国引进的具有国际先进水平的洗衣粉生产装置。能生产粉、膏、液三大系列的合成洗涤剂以及膏霜、香水、香波等化妆品。公司生产的“蓝风”系列洗衣粉、“红玫瑰”餐具洗洁精、“双猫”洗衣浆（膏）及“春娟”系列化妆品分别获四川省名牌产品、四川省著名商标产品。生产的蓝风、双猫、红玫瑰、兰香牌洗衣粉、红玫瑰液体洗涤剂分别获国家免检产品。

【梅塞尔气体】 成都成钢梅塞尔气体产品有限公司，1997年成立，由德国梅塞尔集团与成钢厂共同出资组建的合资企业，注册资本9725万元，总投资15037万元，外方出资比例占60%，中方占40%。公司位于老工业区大弯镇团结南路，占地面积2.8公顷。有从业人员152人，生产销售工业气体。2005年工业总产值9940.2万元（现价），主营业务收入10406万元，利税总额4501万元。公司拥有MESSER集团在气体应用方面的成熟技术，可为冶金工业、化工业、食品加工、微电子、医疗保健、环境保护等行业提供服务。除为攀成钢、川化等客户供应管道气体产品外，还能为客户提供瓶装、液态气体多品种结构系列产品，目前除攀钢氧气厂外，是四川省最大的工业气体生产基地，供氧能力达到每小时13400标准立方米。

【米高化肥】 四川米高化肥有限公司（简称米高化肥）2003年初建立。初期建设由辽宁永成经贸发展有限公司出资75%、俄罗斯“柳米克丝”化工有限公司出资25%共同投资组建的合资公司。2005年10月18日与香港米高实业有限公司达成股权转让协议，成为外商独资企业，是香港米高实业有限公司的全资子公司。注册资本8358万元，占地23公顷，有员工182人、技术专家6人。2005年工业总产值16070.2万元（现价），产品销售收入16388万元，利税总额2981万元。

2005年9月通过ISO 9001:2000质量管理体系和ISO 14001:2004环境管理体系认证。米高化肥公司现有四套农用硝酸钾生产装置，年产农用硝酸钾 8 万吨、农用氯化铵 4.4 万吨，产品销往全国 18 个省、市（区）。实现产品销售率 100%，资金回笼率 100%。

【成都宝洁】 成都宝洁有限公司是全球 500 强企业之一的美国宝洁公司在中国西部第一家生产洗涤用品的外商独资企业。1994 年 1 月 1 日成立，注册资金 2500 万美元。有员工 177 人，其中经理 16 人。固定资产原值 19930 万元，现资产总额 23797 万元，资产负债率 9.9%，银行信用等级 AAA。宝洁公司拥有十余条生产线，洗衣粉年产量达到 16 万吨。主要产品有汰渍和碧浪洗衣粉，销售市场居同行业之首，市场份额达到 25%。累计交纳税金 1.46 亿元，是青白江区和成都市的模范纳税户。宝洁公司重视生产能力的提高和人员素质的培养，不断提升公司形象，投资 1030 万元加强环境设施建设，2005 年 12 月通过政府验收，排污达到国家一级排放标准。宝洁公司参与地方一对一扶贫工作，在四川省建了 5 所希望小学。

机械工业

【机械工业发展】 1990 年，全区主要机械工业企业有 14 家，工业总产值 7942 万元，职工总数 4543 人，是青白江区工业系统中的第三大产业。

1990 年机械工业企业有：四川化工机械厂、成都王牌农用汽车制造厂、成都第一重型轴承厂、区粮油机械厂、区水泥设备配件厂、四川省机械厂、四川省螺钉厂等 14 家。2002 年以后，形成以成都王牌车辆股份有限公司、成都天马铁路轴承有限公司、成都焊研威达自动焊接设备有限公司、成都天保机械有限公司等为核心的一批科技含量高的现代机械工业企业，技术落后，没有市场竞争力的机械制造企业被淘汰或破产。2005 年，全区机械工业企业 91 家，其中规模以上 28 家。王牌车辆公司、天马铁路轴承公司、三洲核能、天保机械等机械工业制造的载货汽车及零部件、重型及精密轴承、铁路轴承、核能设备、金属制品、电力设备、仪器仪表、机械基础件、石油化工设备等主要产品在国内外具有竞争优势。2005 年全区机械工业总产值 11.86 亿元，占全区工业总产值的 7.3%，实现工业增加值 1.07 亿元，占全区工业增加值的 2.2%。

【成都王牌】 成都王牌车辆股份有限公司由弥牟镇和国营长城机械厂联合投资，创办国营长城机械厂成都分厂，主要生产农用运输车。改制后成为国家商用汽车整车制造重点企业，注册资金 3200 万元。2005 年公司占地面积 6 公顷，其中，生产性建筑面积 12.96 万平方米；有员工 2600 余人，经销范围为载货汽车、专用汽车及农用运输车。2004—2005 年进入四川省工业企业 100 强，工业企业最大规模 50 强企业。2005 年生产汽车 23460 辆；专用汽车 81 辆；车架 22255 台；驾驶室 11798 台；液压件 22269 件。工业总产值（现价）92310 万元，销售收入 98650 万元，利税总额 1912 万元，利润总额 1560 万元。公司进入全国载货汽车重点企业行列，成为四川省“十一五”期间鼓励扶持的重点汽车生产企业，成都市载货汽车生产基地。

【天马轴承】 成都天马铁路轴承有限公司是浙江天马轴承股份有限公司与成都轴承集团整合后组建的合资子公司，2002 年 1 月成立，注册资本 1.2 亿元，固定资产原值 4.45 亿元，现资产总额 13 亿元。有员工 2200 余人，占地面积 33.33 公顷，总建筑面积 25 万平方米。产品以铁路提速轴承、大型非标轴承（Φ430 毫米～Φ5000 毫米）、精密冷辗长寿命轴承为主导产品，广泛应用于汽车、铁路、港口、船舶、风力发电等行业。2005 年工业总产值（现价）16548 万元，销售收入 22861 万元，利税总额 6181 万元，利润总额 4801 万元。公司获得 2005 年度成都市工业企业"五十强"称号、成都市青白江区工业企业"十强单位"。银行信用等级 AAA。2005 年，在铁道部装备部产品质量评定中获得第一名。

2001—2005 年成都王牌车辆股份有限公司主要经济指标统计表

表 53 单位：万元

年 份	产品销售收入	利税总额	利润总额	工业总产值		工 业增加值
				现 价	不变价	
2001	44482	546	289	31589	37331	4305
2002	71501	1167	970	70998	70495	5218
2003	77080	2911	2335	74289	71294	5408
2004	111876	3017	2300	98809	89759	26679
2005	98650	1912	1560	92310	81455	1278

【焊研威达】 成都焊研威达自动焊接设备有限公司前身是中国电焊机研究所，1964 年由上海迁至成都。1994 年成都威达自动焊接设备厂成立，主要产品埋弧焊设备达国内领先技术水平。2000 年成都电焊机研究所改组，由 7 个自然人投资组建成都焊研威达自动焊接设备有限公司，2003 年公司总部从成都东郊搬迁青白江工业区。在青白江工业区和苏州新加坡工业园区共有工业用地 15.3 公顷，已建厂房 5 万多平方米，总资产 2.2 亿元。其中在青白江工业区占地 9 公顷，总建筑面积 28000 平方米，资产 1.1 亿元，注册资金 2500 万元，有员工 600 余人，其中各类专业技术人员 100 余名，各类加工、检验设备 160 余台（套），生产厂房 33554 平方米。公司主要生产焊接切割设备，包括专机、切割机、机械除尘等 40 多个系列的产品，产品广泛运用于石油、石化、钢结构、压力容器、船舶工业等行业。2005 年工业总产值 10489 万元（现价），销售收入 8694 万元，利税 399 万元，利润 114 万元。

【天保机械】 成都天保机械制造有限公司 2001 年成立，注册资本 6000 万元，位于青白江集中工业发展区，占地 16 公顷，建立了市级认定技术中心，有职工 600 余人，其中工程技术人员 62 人（高级工程师 13 人，工程师 23 人），厂房建筑面积 35000 平方米。公司各类加工及检测设备 150 余台（套），其中大、精、尖设备 40 余台，是化工、环保、冶金、医药、食品等领域大型分离设备技术开发和制造商，真空转鼓过滤机、大型活塞推料式、螺旋筛网式卧式、螺旋沉降式离心机等具有独立知识产权，在纯碱行业分离设备制造领域具有领先地位。天保机械公司是目前西南地区规模最大的民营重型机械制造企业之一，成都市自营进出口企业。

【飞亚曲轴】 成都飞亚曲轴有限公司创建于1967年，是汽油发动机和柴油发动机曲轴、连杆、平衡轴生产的专业厂家。公司位于大同镇，占地面积2公顷。现有员工700余人。2005年工业总产值（现价）4966.3万元，销售收入4456.4万元，税利495.3万元，利润256.1万元。

公司国内主要客户有：长春一汽有限公司、一汽海马汽车有限公司、天津一汽夏利汽车股份有限公司、安徽江淮汽车股份有限公司、奇瑞汽车有限公司、宁波吉利汽车有限公司、上海比亚迪有限公司、保定长城内燃机制造有限公司、沈阳航天三菱发动机公司、香港华晨集团金杯汽车有限公司、北京福田环保动力有限公司、荣城华泰汽车有限公司、重庆力帆汽车发动机有限公司等。曲轴及赛车连杆出口美国、法国、德国、日本、澳大利亚、瑞典等国家。

建材工业

【建材工业发展】 1990年，区内建材工业有铁道部成都桥梁工厂（今中铁八局集团桥梁工程有限公司）、青白江区水泥厂、华严青华新型建材厂、日新页岩厂等15家企业。工业总产值2397万元，是区内工业的重要行业之一，1997年以后先后建成成都瀚江新型材料有限公司、升达林产有限公司、台玻成都玻璃有限公司、巨石集团成都有限公司等。到2005年，已有建材企业59家，其中规模以上8家，主要产品有：铁路公路混凝土制品、木地板、玻璃、玻纤、离心玻璃棉、水泥等。全区建材业主营销售收入10.9亿元，占成都市建材业的11.2%。工业增加值5.1亿元，占成都市建材业比重13%。

【中铁桥梁】 中铁八局集团桥梁工程有限公司是以生产铁路桥梁、高速铁路无砟轨道板、提速岔枕、轨枕、公路交通所需钢筋混凝土产品、土建施工、机械加工、仓储物流业务为主的国有大型骨干企业。占地面积35.2公顷，注册资金5000万元。有员工1070名，专业技术人员占25.2%，中、高级专业技术人员93人，占专业技术人员的34.5%。生产一线员工具有10年以上的实践经验，大部分具有中、高级技能水平。公司年生产铁路桥梁2000孔，轨枕系列50万根以上，提速岔枕1200组，公路桥板5000片；加工设备配套能力4000吨，辅轨龙门机12台，铁路桥梁铸钢支座1000孔，钢质锚具100万孔。其中，桥梁、岔枕、铺轨龙门机等产品获省、市优质产品。产品广泛应用于成昆线、京广线、京九线、达成线、宝成线、陇海线、青藏线在内的国内60余条铁路干线。先后在贵州玉屏、甘肃天水和兰州、青海格尔木、湖北武汉和随州、重庆、陕西咸阳、四川南充、广东中山、云南大理、河北石家庄、宁夏银川、辽宁营口分别创建现场制梁场。

2001—2005 年中铁八局集团桥梁公司主要经济指标统计表

表 54　　单位：万元、人

年份	产品销售收入	利税总额	利润总额	工　业增加值	工业总产值（现行价格）	工业总产值（不变价格）	年均职工人数
2001	14986	1460	198	3995	13458	6334	1213
2002	20386	235	36	4646	18550	10207	1140
2003	12912	-980	-1411	3050	12949	7432	1113
2004	20405	-439	-1191	4600	19196	19593	969
2005	33431	1158	104	4569	34690		962

【巨石集团】　巨石集团成都有限公司由巨石集团有限公司、四川成都振石投资有限公司共同投资组建，2003 年落户青白江工业区，注册资本 60957 万元，占地面积 20.87 公顷，建筑面积 18.49 万平方米，有员工 1460 人，固定资产原值 17.20 亿元，现资产 21.43 亿元。2004—2005 年，投资 6.64 亿元分两期兴建年产三万吨中碱玻璃纤维及年产四万吨玻璃纤维池窑拉丝生产线。2005 年产品产量 3.3 万吨，销售收入 1.53 亿元，利润 4140 万元，税收 2060 万元，出口创汇 327 万美元。巨石集团是全国最大的玻璃纤维生产企业，出口创汇、经济效益位居国内第一。2005 年生产规模达 18 万吨，位居亚洲第一，世界排名第四。

【升达木地板】　升达强化木地板公司是四川升达林业产业股份有限公司下属分公司，位于青白江工业区（华严镇同井村七组），注册资金 2000 万元，有员工 47 人，占地面积 6.67 公顷。年生产强化木地板 250 万平方米，是西南地区最大的强化木地板生产厂家。2000 年省技监局授予“四川用户满意产品称号”；2003 年强化木地板被省政府评为“四川名牌产品”。2004 年 2 月“升达”牌地板获得中国驰名商标；同年 5 月，升达集团被列入《联合国采购目录》系统供应商。升达集团在省工业企业市场占有份额，为最大纳税 500 强，最佳效益 200 强，市工业企业 50 强，是强化木地板国家标准和强化木地板中国环境标志产品认证技术要求的主要协助起草单位；在专业生产强化木地板的国内企业中，唯一获“中国驰名商标”；并通过 ISO 9001 国际质量管理体系、中国环境标志产品认证和 ISO 14001 国际环境管理体系认证。产品出口美国、加拿大、德国、法国、比利时、西班牙、澳大利亚、越南、朝鲜等 58 个国家。2005 年工业总产值 51366 万元（现价），销售收入 48561 万元，利税 7483 万元，利润 5225 万元。

【台玻集团】　台玻成都玻璃有限公司由台湾玻璃集团投资兴建，2002 年落户青白江工业区。公司占地 28.67 公顷，一期投资 6500 万美元新建一条日熔量 700 吨优质浮法玻璃生产线，2003 年 6 月开工建设，2004 年 12 月投产。厂区建筑面积 10.5 万平方米，有员工 650 人。2005 年 11 月，公司增资 5000 万美元新建一条日熔量 900 吨的优质浮法玻璃生产线。

【瀚江建材】　成都瀚江新型材料有限公司是集科、工、贸一体的大型玻璃棉生产企业，有员工 452 人，其中教授级高工 1 名，高级工程师 3 名，工程师 15 名。占地面积 12 公顷，年产离心玻璃棉及制品 3 万吨，冷轧带肋钢筋 4 万吨。1995 年由江阴华化工建材有限公司、广州保税区海关石化有限公司、成都青白江玻璃纤维厂共同投资筹建，1997 年正式生产，2001 年在重庆成立销售分公司，2003 年顾春生收购绝大部分的股份。2006 年在青白江工业集中发展区新征地 8.07 公顷，改扩建离心玻璃棉生产线。

1997—2005 年瀚江公司主要经济指标

表 55　　单位：万元、人

年份	产品销售收入	利税总额	利润总额	工业增加值	工业总产值（现行价格）	工业总产值（不变价格）	年均职工人数
1997	986	166	148	296	1086	1060	106
1998	1069	198	176	320	1168	1080	108
1999	1578	229	198	458	1986	1715	115
2000	1866	268	206	597	2398	2260	126
2001	2018	286	259	565	2246	2131	131
2002	2486	328	298	796	2786	2640	140
2003	2650	386	308	742	2880	2769	169
2004	3206	490	406	834	3568	3476	176
2005	3680	568	496	956	3866	3785	185

其他工业

【其他工业概况】　青白江区除冶金、化工、机械、建材主要工业行业外，服装纺织、农副食品加工、文教体育用品、物流等行业也具有一定规模。2005 年，其他工业规模以上企业有四川儒雅教学仪器设备有限公司、成都巨人树服饰股份有限公司、青白江区红旗油脂有限公司、四川南台实业总公司、成都市祥福铸造厂、四川省钢锉厂、成都市玉虹造纸厂、成都市青白江区教学仪器厂、成都巨华纺织有限公司、四川科美纸业有限公司、成都国发制胶有限公司、成都市大炬机械有限公司、成都市青白江区高效综合净水剂厂等 13 家，工业总产值 15.83 亿元。部分企业及产品在同行业或省内外具有优势和影响。

【四川儒雅】　四川儒雅教学仪器设备有限公司原为青白江区祥福中学校办工厂，创建于 1981

年。2000 年 5 月 12 日改为有限责任公司，注册资金 1000 万元，位于青白江工业区（祥福镇天星村）。1991 年校办工厂有员工 12 人，占地 0.065 公顷，建筑面积 300 平方米，累计固定资产 20 万元，主要生产销售各种规格教学仪器设备，产值、税、利分别为 50 万元、2.5 万元、2.5 万元。2005 年有员工 120 人，其中中高级技术人员 12 人。占地 6 公顷，建筑面积 2.5 万平方米，固定资产 1600 万元，固定资产原值 1600 万元，固定资产现值 2000 万元。公司是四川省教育厅教学仪器和教学设备生产定点企业，是中国教育技术装备行业的先进企业、民营优秀企业。儒雅公司制造销售教学仪器、理化生实验设备、教室课桌椅设备、阅览室设备、阶梯教室设备、音体美卫器材设备、学校公寓设备、学校餐厅设备、计算机语言学习系统、电教系统设备、多媒体设备、系列书写板、玻璃钢花盆玻璃钢环卫设备，办公家具和卧房家具设备等；体育运动场地及相关设施的设计、安装、铺设配套材料，现代化办公设备家具、会议室设备等 20 个系列数百个规格品种，是全国教育装备能力最强的企业之一。产品覆盖全国 29 个省市自治区。生产设备、技术、材料主要从欧洲、美、日、韩等国家和中国台湾地区购入，产品设计规范标准，结构科学，式样新颖，工艺精湛，性能可靠。实行流水线作业，产品经营实行生产、销售、安装一条龙服务。2003—2005 连续三年被区委、政府评为纳税大户。2005 年公司主要生产实验室设备 3 万套、课桌椅 20 万套、教学仪器 40 余万件。实现产值 6800 万元，税收 300 万元，利润 280 万元。

2000—2005 年儒雅公司主要经济指标

表 56　　　　单位：万元、人

年份	产品销售收入	利税总额	利润总额	工业增加值	工业总产值（现行价格）	工业总产值（不变价格）	年均职工人数
2000	836	108	55	251	1006	1006	42
2001	1455	268	165	382	1497	1497	73
2002	1338	201	110	375	1429	1429	70
2003	3912	403	158	752	3942	3942	128
2004	3480	375	132	1108	3608	3608	120
2005	33920	300	280	1085	6800	6800	120

【巨人树服饰】 成都巨人树服饰股份有限公司是集开发、设计、生产、销售于一体的服装生产企业。1987 年成立成都青燕服装厂，1992 年青燕服装厂与香港西南发展有限公司合资组建成都巨人树制衣有限公司，1998 年 7 月改制成立成都巨人树服饰股份有限公司。公司注册资本 3200 万元，有职工 350 人，生产及办公场地 4 万余平方米，生产西服、衬衫、风衣、T 恤、茄克、毛衣、休闲裤、领带等。2005 年产值 2609 万元，税收 163.9 万元，利润 328.5 万元。

1990 年先后引进日本立体蒸气定型设备，美国格柏 CAD 自动裁床，德国百福粘合机，德国杜克普微电脑控制上袖机、开袋机和珠边机。服装生产基本实现设计裁剪电脑化、缝纫高速标准化、立体整烫蒸汽化。1990 年巨人树西服参展“中国妇女儿童用品四十年博览会”获铜牌奖；1990—1992 年，连续三年被评为“四川省优质产品”；1993—2005 年连续评为“四川省名牌产品”；1994 年获“中国名牌产品”；1995 年被中国质量协会评为“全国用户满意产品”；1996 年被评为“96 内贸部全国大商场推荐市场名优商品”“中国服装行业百强企业”和“全国服装行业利税总额百强企业”；1997 年获“97 四川服装及其它纤维制品制造业工业企业最佳效益首强称号”；“巨人树”商标获市著名商标；1998 年“巨人树”牌西服、T 恤获“98 中国成都服装博览会金奖”；衬衫、领带获“98 中国成都服装博览会银奖”；1997—2000 年获“四川服装及其他纤维制品制造业工业企业最大规模 10 强”称号；1997—2005 年获成都市著名商标；1999 年巨人树商标获省著名商标；2002 年获“全国服装行业质量示范企业”；2002 年获“四川省产品质量免检证书”。

【红旗油脂】 2000 年成都市青白江植物油厂改制成立成都市青白江区红旗油脂有限公司，注册资本 358.2 万元。占地 1.38 公顷，建筑面积 5894 平方米，年均职工 60 余人。主要产品为国标 1 级、2 级、3 级、4 级菜油，“仙餐”牌及“乡佬坎”系列包装油，年产量 1.3 万吨。公司先后完成大豆加工和动物油生产两条灌装线投建；具备生产全精炼植物油生产能力，拥有压榨、浸出、精炼生产线，年处理植物油料 2.5 万吨，产成品油量 1.3 万吨，灌装包装油 200 万提。

2002 年 10 月被评为“四川省粮食行业首批放心粮油”，2003 年 5 月通过 ISO9001：2000 国际质量管理体系认证。被区委、区政府列为“重点保护企业”、成都市工商局青白江分局授予“重合同守信誉企业”、成都市消费者协会授予“2003 年度无消费者投诉单位”、四川产（商）品工程服务质量跟踪办公室评为“质量信得过产品”、2003 年 1 月取得 5 类食品生产许可证、产品质量检验合格资格证。2004 年被中国粮食行业协会和油脂协会评为“放心油”。2005 年 3 月获“3·15”连续三年无投诉社会满意单位，产品被列为四川省特产协会推荐产品，获成都市龙头企业称号。“仙餐”及“乡佬坎”系列产品获首届中国成都国际农业博览会金奖。产品远销西藏、北京、山东、广东、深圳、云南、贵州、河北、辽宁、黑龙江、河南、山西、甘肃、重庆、福建等 20 多个省市。

2001—2005 年青白江区红旗油脂有限公司主要经济指标统计表

表 57 单位：万元、人

年份	产品销售收入	利税总额	利润总额	工业增加值	工业总产值（现行价格）	工业总产值（不变价格）	年均职工人数	备注
2001	1711	11	9	94	1687	1635	61	
2002	2418	25	15	181	2680	2440	59	
2003	3299	26	18	151	3542	2776	60	
2004	2830	-13	-15	133	3470	2380	60	
2005	3063	26	18	353	2331	1924	60	

工业产品及效益

【主要工业产品产量】 15年来，工业生产的行业和门路扩展，产品种类增多，产量提高。

青白江区工业主要指标及主要工业产品产量

表58

项　目	单位	1990年	1995年	2000年	2005年	说　明
工业总产值 轻工业 重工业 工业增加值	亿元	15.42 5.42 13.27 3.37	39.69 9.53 26.43 13.48	67.34 19.45 47.89 19.73	162.46 12.74 149.72 48.63	当年价
产品销售收入（独立核算工业企业）	亿元	13.05	35.58	42.4	149.21	1990、1995为乡及乡以上独立核算企业 2000～2005年为销售收入500万元以上企业
利总额（独立核算工业企业）	亿元	1.88	2.50	2.52	14.42	
主要产品产量 钢 生铁 钢材	吨	 111402 72700 275200	 397936 21850 356300	 501122 498891 450195	 1780132 1441476 1674630	
合成氨 尿素（实物量） 复合肥 硫酸（100%） 合成洗涤剂	吨	435768 55300 90800 63700	452395 574100 114000 115300	618887 789829 128525 62562	619649 932300 21687 123600 149793	
汽车 轴承	辆 万套	821 （农用）	6764 （农用）	647+农用 2998	16891 27.46	
强化木地板	万平方米				704	
平板玻璃	重量箱				3115438	
钢化玻璃	万平方米				21.85	
化学纤维	吨	4025	9741	24125	38312	
玻璃纤维纱	吨			9018	30972	
水　泥	吨	48416	120500	135000	58000	
食用植物油	吨	3332	7408	5176	3912	

2005年青白江区年产品销售收入500万元以上工业企业（按工业行业分类）主要经济指标

表59　　单位：万元

按行业分类	产品销售收入	利税总额	工业总产值		工业增加值	年平均人口（人）
			现价	上年价		
总计	1492091	144203	1452549	1418004	440727	39535
采掘业	—	—	—	—	—	—
制造业						
农副食品加工业	5140	39	4862	4860	338	162
纺织业	2624	18	3805	3520	651	160
纺织服装、鞋、帽制造业	1895	-143	2146	1878	773	384
木材加工及林、竹、藤、棕、草制品业	48561	7483	54619	51366	18001	413
造纸及纸制品业	8669	1621	6922	8019	1932	193
印刷业和记录媒介的复印	1905	154	1967	1967	581	
文教体育用品制造业	4351	264	4477	4477	3040	241
化学原料及化学制品制造业	298895	40108	258834	297424	137689	8035
医药制造业	1260	204	1563	1969	69	136
塑料制品业	3722	343	3798	3696	10349	256
化学纤维制造业	45196	3963	64559	57750	862	1714
非金属矿物制品业	61068	6333	64502	32122	3201	1416
黑色金属冶炼及压延加工业	765592	69009	736863	766573	235853	19087
有色金属冶炼及压延加工业	36247	3243	32660	27240	4792	44
金属制品业	21726	573	21341	21371	3205	1265
通用设备制造业	44820	7218	41240	30028	10537	1813
专用设备制造业	12258	-343	17471	19439	3985	946
交通运输设备制造业	104613	2526	91742	102501	4800	2214
工艺品及其他制造业	531	39	531	531	112	25
燃气生产和供应业	5902	1196	2473	2594	-114	127
水的生产和供应业	1556	328	1630	1792	1104	117

【规模以上企业】 1990—2005年，区内工业企业在激烈的市场竞争中发展快，效益好。

青白江区部分规模以上工业企业统计表（一）

表 60

1991 年		1995 年			
分　类	按当年价计算的工业总产值(万元)	企业名称	销售收入（万元）	利税总额（万元）	工业增加值（万元）
全地区总计	186860	川化集团	91794	13722	35111
区属工业	53524	成钢厂	90905	3382	22840
级以上工业	29291	宝洁公司	35021	2232	9410
市属及以上工业	133336	兰风公司	22302	4592	3195
成钢厂	46545	成纤厂	19284	489	1738
成洗厂	17058	化机厂	7126	-392	1325
成纤厂	11056	成化厂	6149	336	1377
化机厂	6879	成桥厂	5617	40	2149
成化厂	3503				
成都大型轴承厂	858				
川锉厂	442				
川螺厂	390				
成都香料二厂	167				
成钢劳服司	2242				
成钢复合肥分厂	870				
川化劳服司	414				
成化建材厂	116				
成桥劳服司	98				

青白江区部分规模以上工业企业统计表（二）

表 61　（销售收入在 1 亿元以上企业）　单位：万元

2000 年				2005 年			
企业名称	销售收入	利税总额	工业增加值	企业名称	销售收入	利税总额	工业增加值
川化集团	122705	114446	36501	攀成钢	749583	68570	247632
成钢厂	101794	9795	20089	川化集团	174553	280570	1170498

续表61

2000年				2005年			
王牌农用车	38699	247	2034	王牌车辆	98650	1912	1278
华明玻璃	32200	1145	3113	华明玻璃	59019	3963	10349
蓝风公司	34600	2680	4490	攀钢彩板	36427	3243	4792
宝洁公司	15603	2024	5728	蓝风公司	30000	1510	9432
成桥厂	13891	761	3292	玉龙化工	27268	6773	13288
成化厂	13666	118	2430	台玻成都公司	24071	292	4711
味之素	12740	-3549	256	天马轴承	22861	6181	2969
				米高化肥	16388	2989	1326
				巨石集团	15261	5493	22011
				川化味之素	13406	-5311	-4741
				成钢梅塞尔	10406	2634	4830

【工业发展速度】 1990—2005年，青白江区工业总产值保持快速发展势头，工业增加值保持年均两位数增长。

1990—2005年青白江区工业发展情况表

表62

年份	工业总产值（万元）	发展速度（%）	工业增加值（万元）	占全区DGP的比重（%）	增幅（%）	劳动生产率（元/人）（以增加值计算）	工业增加值年均增长（%）
1990	154226	1140	41872	51.8			1991—1995年 16.31
1991	161965	108	51032	56.1	21	9751	
1992	234554	117.7	58149	55.1	13.8	11609	
1993	279433	125.5	64669	52.5	10.9	21100	
1994	374752	122	75106	49.4	16	25276	
1995	396900	112.8	89116	48.8	18.4	18600	
1996	495352	112.2	103238	47.5	15.5	23000	1996—2000年 15.87
1997	548750	115.1	122161	47.7	18.1	19443	
1998	586649	115	144671	49.4	18.1	24251	
1999	606546	115.3	168407	49.8	16.2	24134	
2000	673400	114.3	186166	48.6	8.9	28465	

续表

年份	工业总产值（万元）	发展速度（%）	工业增加值（万元）	占全区DGP的比重（%）	增幅（%）	劳动生产率（元/人）（以增加值计算）	工业增加值年均增长（%）
2001	734006	113.1	224120	50.1	18.8	46347	2001—2005年21.17 1991—2005年间平均增长速度17.76
2002	825026	112.6	276767	52.3	18.8	60041	
2003	1150000	105.7	306379	52.1	17.9	48540	
2004	1502800	115.6	389857	55.3	21.3	89040	
2005	1624600	119	486300	58	20.4	117858	

注：工业总产值1990—2002年按90年价计算；2003—2005年按现价，2002年现价工业总产值为1064786万元，其中重工业767439万元

【重点企业主要经济指标】 1999—2005年，区内国有及销售收入500万元以上非国有工业企业主要经济指标显示，国有和非国有工业企业协调发展，共同推动青白江区的社会经济发展。

1999—2005年青白江区工业企业（国有及销售收入500万元以上非国有工业企业）基本情况表

表63

项 目	1999	2000	2001	2002	2003	2004	2005
总计	46	41	41	45	54	69	71
内资企业（家）	43	37	37	41	48	61	62
国有企业（家）	9	8	6	6	6	4	4
集体企业（家）	9	8	8	6	7	4	4
股份合作企业（家）	9	6	5	5	6	6	6
联营企业（家）	2	2	2	1	1	43（股份制企业）	44（股份制企业）
有限责任公司（家）	3	3	4	7	6	4（其他企业）	4（其他企业）
股份有限公司（家）	5	6	6	7	9		
私营企业（家）	6	4	6	9	13		
港、澳、台资企业（家）	1	2	2	2	4	8	9
外商投资企业（家）	2	2	2	2	2		
总计中：亏损企业（家）	15	10	11	11	18	18	17
总计中：轻工业（家）	18	18	19	20	15	大型2 中型1 小型15	大型1 中型2 小型14
重工业（家）	28	23	22	25	39		
总计中：特大型企业（家）	1	1	1	1	3（大型企业）	7（大型企业）	7（大型企业）
大一型企业（家）	1	1	3	3			
大二型企业（家）	5	7	5	5			
中型企业（家）	4	4	4	5	9	7	9

续表63

项　目	1999	2000	2001	2002	2003	2004	2005
小型企业（家）	35	28	28	31	42	55	55
工业总产值(现价)(万元)	436024	423659	464579	517944	857560	1171845	1452549
工业增加值(万元)	98082	103281	135109	160563	215673	345600	440727
产品销售收入（万元）	410707	423954	449581	541105	879326	1199287	1492090. 8
利税总额(万元)	24139	25209	30623	31823	63333	78481	144202. 6
利润总额(万元)	6944	1363	10258	4100	21929	27810	82669. 4
资产总计(万元)	652762	707433	735907	754405	1300312	1434800	1859171. 9
负债总计(万元)	缺统计	缺统计	361105	387404	760112	959205	1300140. 9
全部从业年均人员数（人）	34322	32222	29467	34325	39665	38549	39535

【重大技术装备】 1990—2005年，区内大中型国有工业企业重视重大设备的技术改造和重大技术设备的装备，企业保持强劲的生产能力。

1990—2005年青白江区工业企业重大技术装备生产能力情况表

表64

企业名称	年　份	重大技术装备、生产能力
成钢	1991	建成投产具有国际先进水平的318立方米高炉“水冲渣”处理工艺和“球式热风炉”；研发出中强度直径为4毫米的“冷轧变形钢筋”，开发成功钢渣矿渣水泥，各项指标均达到或超过国家GBn146—82标准；建成投产300立方米高炉“水冲渣”处理工艺和“球式热风炉”。
	1992	二期技改成为年产钢30万吨的综合能力。
	1996	四川省地方骨干钢铁企业中规模最大、自动化程度最高的三号高炉建成投产。
	1998	三期技改产铁427231吨、钢501623吨、钢材400584吨，跨入全国冶金行业50强行列。
攀成钢	2002	成都无缝钢管厂与成都钢铁厂重组为攀钢集团成都钢铁有限公司，成为国内开发研究无缝钢管的基地和西部地区生产建筑钢材的企业。
	2003—2005	340连轧管机组是四川冶金行业唯一列入国家第三批重点技术改造“双高一优”导向计划的工程，总投资17. 25亿元，是攀成钢成立以来投入最多、规模最大的单项技改工程。 拥有国内一流水平棒材连轧机组为代表的棒材生产线，是当前国内品种规格最齐、生产规模较大的无缝钢管生产企业和四川省建材骨干生产企业。成都市最大的工业企业。
	2006	具有产铁150万吨、钢190万吨、钢材215万吨（其中管材112. 5万吨，建筑钢材102. 5万吨）的年生产能力。

续表64

企业名称	年 份	重大技术装备、生产能力
川化	1992	被国家认定为“特大型企业”。
	1996	赖氨酸合资装置建成投产，川化从无机化工进入了高科技的生物化工领域，结束了中国赖氨酸长期依赖进口的历史。
	1996—1998	三聚氰胺年产均超过1.2万吨，突破设计能力，成为国内主要的生产出口基地。
	1998	1973年引进年产30万吨合成氨48万吨尿素的“二化”装置1998年双双突破设计能力，尿素达51.68万吨，创历史最高纪录。
	2000	拥有新老两套三胺装置，年产2.58万吨的能力成为全国最大的三胺生产基地。
	2005	产合成氨56万吨、尿素83万吨、三聚氰胺6.46万吨、硝酸铵（含NP肥）24万吨、浓硝酸2万吨、工业硫酸12万吨、催化剂2500吨、双氧水3.4万吨、食品二氧化碳1.4万吨、硫酸钾5万吨、盐酸6万吨、赖氨酸3.1万吨年生产能力。
华明公司	1995	建成投产国内最大一条宽幅玻璃纸生产线。
	2002	四条粘胶短纤生产线，实际产能为45000吨/年，综合规模居同行中等水平。是中国西部地区唯一生产粘胶短纤、玻璃纸和用天然气制二硫化碳的企业。
	2005	拥有6条玻璃纸生产线，玻璃纸产能为6000吨/年，其品种规格、产销规模均为全国领先。
成桥	1998—2004	自行设计的两座混凝土搅拌楼，规模和电子控制居西南第一；年生产能力为铁路桥梁2000孔；轨枕系列50万根以上；提速岔枕1200组；公路桥板5000片；机加工设备配套能力4000吨；辅轨龙门机12台；铁路桥梁铸钢支座1000孔；钢质锚具100万孔。
	2004—2005	为国内第一条铁路无砟轨道生产试验段混泥土预制产品。
蓝风		有全国独一无二的甲脂磺酸盐装置，产以第三代表面活性剂MES为原料的“三高”（高技术含量、高附加值、高价位）天然复配洗衣粉和甲脂香皂。
巨石	2005	是中国最大的玻璃纤维生产企业，玻璃纤维年产3.8万吨，位居亚洲第一。
中德制辊	1998	大型双向拉伸薄膜用卷芯达到国际先进水平，填补国内空白；大型高速双向拉伸薄膜、纸浆造纸用辊子。
升达	1997	年产250万平方米“升达”牌强化木地板为西南地区最大生产厂家。
	2004—2005	被列入《联合国采购目录》系统供应商，授予农业产业化国家重点龙头企业。 名列四川省工业企业最大规模、最大市场占有份额、最大纳税500强，最佳效益200强，成都市工业企业50强之一，是强化木地板国家标准和强化木地板中国环境标志产品认证技术要求的主要协助起草单位；在专业强化木地板的国内企业中，唯一荣获“中国驰名商标”。
台玻	2003	拥有西南最大优质浮法玻璃日产700吨生产线。

续表64

企业名称	年份	重大技术装备、生产能力
天马	2005	进入成都市工业企业50强，“TMB”轴承被授予“中国驰名商标”。
	2006	产能达各类轴承458715套。
瀚江	2005	中国绝热隔音材料协会副会长单位和标志性企业，年产离心玻璃棉及制品3万吨，冷轧带肋钢筋4万吨。
儒雅	2000	四川省教育厅教学仪器和教学设备生产定点企业，中国教育技术装备行业的先进企业、民营优秀企业。
	2005	年生产销售几百个品种规格教学仪器设备，主要产品为实验室设备3万套、课桌椅20万套、教学仪器40余万件。
三洲核能	2000	成为国内核电站和实验反应堆的合格供应商，获得了国家四部委联合颁发的“九五”国家重点攻关计划（重大装备）优秀技术成果奖和四川省科技进步一等奖。
	2006	进入四川省专用设备制造业最佳效益30强企业。
王牌	2004—2005	是国家重点的商用汽车整车制造企业，四川省工业企业100强，工业企业最大规模50强企业。
	2006	进入全国载货汽车重点企业行列，成为四川省“十一五”期间鼓励扶持的重点汽车生产企业。“十一五”期间，重点培育的百亿企业集团，定为成都市载货汽车生产基地。
焊研威达	1994	产品埋弧焊设备达国内领先技术水平。
	2003	生产焊接切割设备，包括专机、切割机、机械除尘等40多个系列的产品，其中通用、专用埋弧焊设备年产量达2000余台（套），居国内首位；以操作机、滚轮架、变位机组成的焊接中心类产品的产销量位居国内第一，产品已成为国内同类产品进口的替代产品并出口到世界各地。

农业

1991—2005
成都市青白江区志

概　述

青白江区传统农业以水稻、小麦、油菜种植为主，畜牧以生猪养殖为主，常年水稻播种面积12667公顷，生猪20余万头。20世纪90年代，种植业结构逐步调整，经济作物比重上升，年油菜种植最高达到5467公顷，粮经面积比例达到5.2∶1。农业新品种、新技术不断推广和应用，在耕地不断减少的情况下，基本稳定了粮食总产量。2005年，全区耕地面积16447公顷，比1991年减少4136公顷，减少25.1%。全区粮食总产量143771吨，比1990年减少6.5%，其中水稻78628吨，比1990年减少7.2%，小麦30864吨，比1990年减少27.4%；油料作物总产量9706吨，比1990年增长3.4%，其中油菜籽8243吨，比1990年减少9.2%。2002年，引进栽植黄金梨，推动各类特种水果发展，2005年全区水果总产量11021吨，比1990年增长234.6%。随着农村专业化、规模化养殖的发展，改变了农村"一家一户、零星分散"的传统养殖模式，规模化养殖场迅速发展。2005年，全区年产生猪100头以上的养殖场76个，年产小家禽1万只以上的养殖场10个，出栏生猪32.33万头，比1990年增长57%。存栏奶牛642头，比1991年增长34.9%，牛奶产量5012吨，比1991年增长5.5倍。畜牧业产值占农业总产值35.6%，比1991年提高1.1个百分点。

全区林木品种300余个，百年以上树龄的名木古树54株，2003年林地面积8862.2公顷，林木蓄积量34.71万立方米。1992年实施"森林防护林体系工程建设"，2000年启动天然林保护和退耕还林工程，2003年颁发退耕还林林权证。1991年和1995年被全国绿化委员会分别授予"全国南方平原造林绿化先进县区"和"全国造林绿化百佳县"称号。

1991年全区农业机械总动力6.19万千瓦，2005年7.6万千瓦。2000年被批准为全省第二批农业机械化先行县，2002年开始组织农业机械参与跨区作业，2003年，平坝地区基本实现农业机械化。15年间，加大农业水利设施建设投入，推进水土流失治理、渠道引水、机电提灌、微水抗旱等工程建设，增加了有效灌溉面积。深化农村经济管理体制改革，加大农民负担监管和强化农村扶贫开发力度，贫困村农民收入增加，生活、生产条件面貌得到改善。农村小康建设稳步推进，1998年14个农村乡镇基本达到小康标准。乡镇企业起步早、发展快，1991—2001年，乡镇企业总产值占农村社会总产值的90%，从业人员占农村劳动力的20%，部分产品分别获得国家、省、市金奖、银奖和优质产品称号。

1990—2005年青白江区农林牧渔总产值

表65　　　　单位：万元

年份	农林牧渔业总产值(不变价)	农　业	林　业	牧　业	渔　业	附：农林牧渔业商品产值(现价)
1990	23260	14932	160	7909	259	12053

续表65

年份	农林牧渔业总产值（不变价）	农 业	林 业	牧 业	渔 业	附：农林牧渔业商品产值（现价）
1991	25712	16386	158	8875	293	13304
1992	26380	17296	205	8469	410	15011
1993	27391	18363	150	8452	426	17764
1994	28917	18969	162	9378	408	25444
1995	30804	20537	187	9671	409	31130
1996	32270	21790	92	9960	428	37113
1997	33471	23054	112	9863	442	41781
1998	32522	21096	113	10815	498	41231
1999	33904	22298	101	10996	509	39436
2000	35506	23514	113	11435	444	46247
2001	36793	23578	99	12686	429	47092
2002	38668	23723	350	14122	473	50757
2003	40937	20891	207	16549	487	58712
2004	43783	21081	229	18757	606	68131
2005	47368	26272	248	16870	700	76694

注：1990—2002 年资料来源《青白江统计年鉴 2003 年特刊》

2003—2005 年资料来源《青白江统计年鉴》（各年度）

种植业

【品种及分布】 粮食作物小春以小麦、豌豆、胡豆为主；大春以水稻、玉米、红苕为主，大小春间种、套种部分小杂粮。主要粮食作物中，小麦、水稻种植面积最大，其次是玉米、红苕、豌豆、胡豆。平坝区的水田小春种植小麦、油菜为主，大春种植水稻，丘陵和山区的旱地小春种植小麦、油菜、豌豆、胡豆等，大春种植玉米、红薯等。1991 年，全区粮食种植面积 30938 公顷，粮食总产量 16. 19 万吨。随着农业产业结构的调整、粮食作物种植面积逐年减少，粮食总产量也有减少，2005 年，粮食种植面积 27027 公顷，比 1991 年减少 3911 公顷，减少 12. 6%，粮食总产 14. 38 万吨，比 1990 年减少 9974 吨，减少 6. 5%。

油菜是全区主要油料作物，平坝地区种植面积较大，丘陵、低山地区也有种植。受价格影响，油菜种植面积变化较大，2005 年全区种植面积 3907 公顷，总产 8243 吨。花生主要在丘陵、低山地区种植，平坝的河边和沙地也有种植，2005 年全区种植面积 559 公顷，总产 1463 吨。

蔬菜品种主要有白菜、莲花白、花菜、大头菜、红萝卜、白萝卜、芹菜、菠菜、冬瓜、南瓜、黄瓜、茄子、番茄、莴笋、海椒、四季豆、土豆、姜、葱、蒜、韭菜等。2005 年，全区蔬菜栽种面积 4959 公顷。

【水稻】 1991 年水稻面积 12849 公顷，其中杂交水稻面积 11335 公顷，占水稻面积的 88.2%，2005 年水稻种植面积 10529 公顷，比 1991 年减少 18.1%。

杂交水稻品种由单一的南优 2 号发展到 1990 年的汕优 63、D 优 63 等多个品种，2005 年增加到 II 优 838、辐优 838、II 优 7 号、宜香 1577 等近百个品种。1991 年加大杂交水稻推广力度，建立一乡（镇）一个点示范村，一村一个示范组、一组十户示范户。职能部门协作配合，搞好服务，开展技术承包，技术宣传、培训。推广地塘两段育秧、旱育秧、塑料盘育秧、抛秧、宽窄行规范化栽培、秸秆还田免耕抛秧栽培、三角形强化栽培，多效唑控苗，化学除草，重底早追和后补、降氮、增磷、补钾及根外追肥等农业新技术。1991 年水稻亩产 458 公斤，总产 88308 吨，2005 年种植面积 10529 公顷，亩产 498 公斤，亩产比 1991 年增加 40 公斤，增长 8.73%，总产 78628 吨，1998 年亩产达到 535 公斤，15 年中，水稻种植面积逐年减少。

【油菜】 1990—1993 年，油菜品种以中油 821、川油 11、14 号为主，1994 年后以蓉油系列、川油系列等杂交油菜为主；2000—2005 年，除蓉油、川油外，还引进有科源油系列、油研 9 号、油研 10 号、中油杂 1 号、中油杂 2 号。1990 年推广宽窄行栽培，免耕稻草覆盖栽培，2000 年开始示范种植油菜套种马铃薯，推广化学除草、配方施肥等技术。

油菜是区内的主要油料作物，平坝地区种植面积较大，丘陵、低山地区均有种植。1991 年种植面积 4690 公顷，亩产 124 公斤，总产 8752 吨。2005 年，面积达到 3907 公顷，亩产 141 公斤，总产 8243 吨，2001 年种植面积 5491 公顷，比 1991 年增加 801 公顷。1995 年亩产达到 146 公斤，比 1991 年增加 22 公斤，增长 17.7%，总产量达到 9754 吨，比 1991 年增加 1002 吨，增长 11.4%。

【红薯】 1990—2005 年，红薯品种主要推广徐薯 18、南薯 88、潮薯 1 号、北京一号等，品种比较单一，自种苗为主引进较少。推广露地育苗、地塘薄膜育苗、单埂密植、高埂密植和独轮大厢双行错窝栽培等新技术。推广施足底肥，增施磷钾肥，追施提苗肥和块根膨大肥等施肥办法。1991 年全区种植面积 4274 公顷，亩产 216 公斤，总产 13863 吨，2005 年种植面积 3036 公顷，比 1991 年减少 1138 公顷，减少 26.68%，亩产 243 公斤，比 1991 年增加 27 公斤，增长 12.5%，总产 11431 吨，比 1991 年减少 2432 吨，减少 17.5%。1994 年种植面积 4493 公顷，2005 年 3036 公顷，1998 年亩产 252 公斤，2003 年亩产 212 公斤，1998 年总产量 16386 吨，2003 年总产量 10730 吨。

【玉米】 玉米品种主要推广中单 2 号、川单 2 号、雅玉 2 号、成单 2 号等系列品种 80 余种。主要推广方格育苗、肥团育苗、地塘薄膜覆盖育苗、营养杯育苗。“旱三熟”“四熟”分带轮作，地膜覆盖栽培。巧施壮秆肥，重施攻苞肥，推广化学除草。

1991 年种植面积 2534 公顷，亩产 297 公斤，总产 11274 吨。2005 年种植面积 2332 公顷，比 1991 年减少 202 公顷，减少 7.9%，亩产 316 公斤，比 1991 年增加 19 公斤，增长 6.4%，总产 11071 吨，比 1991 年减少 203 万吨，减少 1.8%。1991—2005 年，玉米种植面积基本稳定。由于自然灾害的影响，玉米产量不稳定，1998 年亩产 356 公斤，1993 年亩产 206 公斤，1991 年总产量 11274 万吨，2005

年总产量11071吨。

【小麦】 小麦品种以绵阳系列为主，搭配川麦系列、川农系列等品种。等距种植改为宽窄行种植。1995年示范推广免耕稻草覆盖栽培、机具播种和小撬小窝疏株密植及配方施肥、化学除草等新技术。

1991年，种植面积9221公顷，亩产303公斤，总产45108吨，2005年种植面积7076公顷，比1991年减少2845公顷，减少28.7%，亩产291公斤，比1991年减少12公斤，减少4%，总产30864吨，比1991年减少14244吨，减少31.6%。1993年种植面积10727公顷。2000～2005年因产业结构调整，种植面积减少。1991年和1995年亩产均为303公斤，1998年亩产230公斤。

【蔬菜】 蔬菜品种主要有：白菜、莲花白、花菜、大头菜、红萝卜、白萝卜、芹菜、菠菜、冬瓜、南瓜、黄瓜、茄子、番茄、莴笋、海椒、四季豆、土豆、姜、葱、蒜、韭菜等。1990年种植面积3541公顷，亩产1313公斤，总产69752吨。随着新品种和地膜覆盖、遮阳网覆盖等新技术的推广，打开了市场销路，蔬菜面积逐年上升，产量不断增加，1991年种植面积4413公顷，2000年蔬菜面积已达8235公顷，总产量169890吨。2001—2003年蔬菜面积基本稳定，总产量149048吨至150922吨。2005年，蔬菜面积较多的合兴镇划归新都区石板滩镇，蔬菜面积4958公顷，总产量111455吨。

食用菌。食用菌栽培除在弥牟、红阳、大弯、大同、清泉、福洪等乡镇有部分种植外，主要集中在祥福、城厢、姚渡3个镇，城厢、姚渡的食用菌栽培种植面积和袋装食用菌占全区的96%。食用菌的种类有：鸡腿菇、金针菇、平菇、蘑菇、香菇、草菇、猴头类和木耳类、珍稀类等。主要推广袋装和露地栽培。1994年青白江区成为成都市食用菌生产基地，食用菌发展开始形成规模种植。当年栽种露地蘑菇143公顷、鸡腿菇3.3公顷，袋装平菇222.711万袋、金针菇18.7万袋、其它7.1万袋、人工木耳157.193万袋，总产量达391.67万公斤。区政府投入，建立蘑菇中心、微生物推广站、新兴食用菌厂，菌种生产由站、厂供种，带动食用菌栽种大户的发展，2005年袋装食用菌1802.2万袋，总产1644.15万公斤，总产值5441.7万元。

1995年，食用菌价格下跌，种菇户受到影响，区政府给予种菇户财政补贴，2003年拨款扶持种菇大户，发挥栽种大户的试验、示范和带动作用，营销大户打开了销路，保证了食用菌种植户的利益。

【水果】 水果栽培主要分布在人和、清泉、福洪、姚渡、日新、龙王等山丘地区。品种主要以柑橘类为主，20世纪80年代，逐步推广“高改”技术引进脐橙、碰柑、温州蜜橘等新品种，改造果树2000余公顷。1996年调整果品结构，先后引进梨、桃、杏、枇杷等新品种。2001年，在福洪乡解放、幸福等村，新建优质杏基地，2003—2004年，新建1333.33公顷早熟梨基地，到2005年，水果栽植面积6407公顷，总产量11021吨，形成了规模，增加了果农收入。

2002年引进反季节早熟梨新品种，在清泉北宁村、姚渡凉水村、大同景峰村、龙王红树村等先后建立早熟黄金梨梨园66.7公顷。2003年早熟梨产业带建设项目通过省、市专家论证，到2005年，共栽植黄金梨1800公顷，产量1224.2吨，收入367.26万元。在黄金梨园放养家禽，实施动、植物共生，发展生态种养。

1990—2005 年青白江区农林牧渔总产值

表 66

年份	农作物播种面积（公顷）	粮食作物（吨）	稻谷	小麦	玉米	红薯	油料作物（吨）	油菜籽	蔬菜（吨）	水果（吨）
1990	43191	153745	84753	42501	10799	12751	9384	9081	69752	3294
1991	44274	161913	88308	45108	11274	13863	9144	8752	89512	4234
1992	44661	165086	93159	43046	11670	13977	9777	9266	102183	4049
1993	44742	161258	93282	43155	7680	14597	6183	5790	108648	3125
1994	44561	160438	89263	44795	7516	15245	8095	7584	108738	4343
1995	44710	163254	92363	43133	8638	15702	10492	9754	118963	4943
1996	45005	166824	95968	42010	9891	15691	9205	8415	130448	5501
1997	45126	160677	97722	35079	10321	14332	7419	6489	132441	4427
1998	45650	162709	98427	33187	12885	16386	8937	7618	138900	5327
1999	45433	163377	96603	36500	12480	14683	9066	7685	15490	5450
2000	45556	155671	93826	31725	11590	14330	12146	10543	169890	6192
2001	44647	132257	82570	26494	8213	12078	11283	9926	149048	6132
2002	43339	137964	82403	29923	10207	11488	10950	9413	150922	5798
2003	42088	132909	81429	28065	9157	10726	10742	9276	149546	7512
2004	41351	146917	82955	30965	10988	12469	9549	8048	131963	8322
2005	39079	143771	78628	30864	11065	11431	9706	8243	111455	11021

【杂交水稻】 20 世纪 70 年代中后期，引进杂交水稻四优一号、南优一号、汕优三号等品种试种。20 世纪 80 年代推广种植 D 优、汕优、Ⅱ优等品种。土地承包到户后，由于受传统耕作观念影响，加之良种与良法不够配套，杂交水稻种植面积逐年减少，被常规水稻品种取代。群众中还流传着“杂交水稻不涨饭，杂交玉米嚼不烂，杂交猪儿要翻圈”的顺口溜，推广难度加大。

1991 年，区委、区政府提出“稳粮、增收、达小康”的农村工作目标，把推广杂并水稻种植面积达到水稻面积的 90%、两段育秧面积达 90%，规范化栽培（宽窄行）占 90%（简称三九工程），作为“稳粮”的重要举措，纳入乡镇工作单项考核，涉农部门全程服务。同年 3 月 11 日，分管农业的副区长带队，组织涉农部门、12 个农村乡镇负责人到都江堰市学习杂交水稻育秧和推广经验，3 月 16 日，区委、区政府印发《关于切实做好 1991 年推广杂交水稻工作的意见》，在全区贯彻落实。由于当年育秧时节持续低温天气，影响种子出芽，出现烂苗，部分改种，当年杂交水稻种植面积占水稻面积的 88.2%，比 1990 年增长 43.1%。

虽然育秧阶段受低温天气影响，但杂交水稻同常规水稻相比较，间株分蘖增加 1.5～2 个，单产增加 5.27%。其秧苗壮、分蘖强、耐干旱、抗倒伏、产量高的优势，逐步被农民接受，农作物新品种改良取得重要突破。

1992 年 3 月 12 日，区政府与农村乡镇签订杂交水稻“三九工程”目标责任书，农业部门将种子、技术送到田间地头，农业技术人员具体指导播种、育秧、栽插和防病治虫。推广配方施肥，改变农民施肥单一，重氮肥、轻磷钾肥的用肥习惯，科学种田水平进一步提高。1992—1994 年，“三九工程”三项指标均达到 90% 以上。

1993 年，在推广杂交水稻“三九工程”的同时，实施杂交水稻制种基地建设和优质水稻生产基地建设，先后推广旱地育秧、塑料盘育苗抛秧技术，发挥了示范作用，到 1998 年，杂交水稻推广率稳定在 97% 左右。

养殖业

【生猪】 生猪生产稳中有增。1991 年，生猪存栏 24.49 万头，出栏 21.77 万头，2005 年，生猪存栏 18.58 万头，出栏 32.33 万头，出栏比 1991 年增长了 48.5%。2002 年首次引进全外血二元杂交母猪 50 头，引进全外血三元杂交商品猪 300 头。1991—2005 年，引进新品种 57 个，其中引进美国、丹麦、新加坡、长白猪，美国、加拿大、新加坡大约克猪，美国、法国、台湾系杜洛克公猪，PIC 父母代种猪，PRC 祖代种猪等品种 12 个。

推广二杂母猪生产技术、全外血三杂商品猪生产技术，早期断奶、调痢性健胃、标准化种猪舍等养猪新技术 7 项。改良生猪品种、推广高产、育肥快的“Lr”“Yc”纯外血二杂母猪和美系杜洛克公猪等优质母系、父系品种，生产优质三元杂交商品猪，淘汰成华猪、内江猪、荣昌猪等老品种。扶持青源殖种场和清泉、人和、福洪、龙王、姚渡、祥福等乡镇优质商品猪生产基地和养猪大户，促进生猪生产发展。培训畜牧兽医人员，基层管理人员、专业大户，传授饲养管理方法及防疫、防治技术。

【小家禽】 小家禽主要有鸡、鸭、鹅、兔。农户喂养为主。20 世纪 80 年代中期，大力发展养殖大户，更新家禽品种、改进养殖方法、技术，促进家禽生产、快速发展，1991 年，家禽存栏 81.49 万只，出栏 77.8 万只。到 2005 年，家禽存栏 308.36 万只，出栏 266.75 万只，分别比 1991 年增长 2.8 倍和 2.4 倍。2005 年，家禽存栏鸡 191.89 万只，鸭 99.27 万只，鹅 17.2 万只。禽蛋销售 3866 吨，其中鸡蛋 3355 吨，鸭蛋 413 吨，鹅蛋 98 吨。

推广山地、果林杂鸡散放饲养技术。引进 AAA、江村麻鸡、铁脚麻鸡、青脚麻鸡等肉鸡品种 5 个；引进尼克 T、B－380、罗曼粉、罗曼褐等蛋鸡品种 6 个；引进花边鸭、大白沙、樱桃谷、川府肉鸭等蛋鸭、肉鸭品种 6 个；引进四川白鹅等肉鹅品种 2 个。

肉兔品种以四川白兔、日本大耳兔为主。1991 年引进齐卡兔、新西兰兔、加利福尼亚兔、比利时兔、花巨兔、日本大耳白兔。1991 年，存栏兔 1.4 万只，出栏 17.25 万只。2005 年，存栏 15.44 万只，出栏 38.65 万只，分别比 1991 年增长 10 倍和 1.2 倍。

【肉羊和奶牛】 山区、丘陵、平坝有丰富的草坡、草地、草坪，具有养羊、发展羊业生产的有利条件。

1991 年前，以养成都麻羊、川东白山羊为主，1991 年，以养金堂黑山羊、简阳大耳羊为主。先后引进波尔羊、努比羊、沙伦羊、简阳大耳羊、金堂黑山羊等山羊品种。推广高床、半舍饲养羊、大型三杂肉羊饲养、规模化、标准化饲养等五项养羊技术。更换的新品种、生长快、产量高，效益好，发展快。1992 年，肉羊存栏 0.52 万头，出栏 0.33 万头，2005 年，肉羊存栏 4.86 万头，出栏 4.33 万头，分别比 1992 年增长了 8.3 倍和 12 倍。

【水产养殖】 渔业生产以塘堰养殖为主，品种主要有：鲤、鲫、草鱼、青鱼、鲢鱼、鳙鱼、河鲶、中华鳖。1993 年，发展特种水产和观赏鱼类养殖。到 2005 年，全区水产品总量 1551 吨，比 1991 年增长 1.3 倍。稻田养鱼采取丰产片、千斤稻、百斤鱼等养殖模式，1991 年稻田养鱼 934.4 公顷，产鱼 20.2 万公斤，平均亩产 14.4 公斤。2005 年，稻田养鱼面积 25 公顷，产量 9200 公斤，亩产 24.5 公斤。池塘养鱼：1991 年从省水产研究所、米易县引进南方大口鲶 20 多万尾，在池塘中套养，每亩投放 5 厘米鱼苗 50 ~ 100 尾，不单独投饲饵料，不影响主养鱼类，年底每亩收获尾重 500 克以上的大口鲶 20 ~ 30 公斤。1993 年 11 月，投资 234.1 万元，其中国家农业投资公司低息贷款 118 万元，建成 1.4 公顷特种水产养殖场（基地），次年繁育成功鲤鱼、草鱼鱼苗 1000 万尾，改变完全从外地购进鱼苗的局面。1995—1996 年推广、应用草鱼养殖高产技术，实现千亩池塘草鱼单产达 210 公斤。1997—1998 年推广应用花、白鲢养殖高产技术，实现池塘白鲢单产达 200 公斤，池塘套养南方大口鲶 346.6 公顷，产成鱼 12 万多公斤。2001 年，调整水产养殖结构，形成以河鲶、南方大口鲶为主，鳜鱼、武昌鱼、斑点叉尾鮰并存的养殖布局，总产量 1.5 万公斤。2005 年，全区可养鱼水面 321.26 公顷。池塘 284 公顷、水库 12.26 公顷，可养鱼稻田 18.33 公顷。

1990—2005 年青白江区主要畜牧渔产品产量

表 67

年份	年末生猪存栏数(头)	当年肥猪出栏数(头)	出售和自宰肉牛(头)	出售和自宰肉羊(只)	肉类总产量(吨)		牛 奶(吨)	水产总产量(吨)
						猪肉(吨)		
1990	248464	205646	201	1769	14690	13099	753	590
1991	244900	217717	200	3040	16085	14436	911	651
1992	236061	217131	217	3303	16036	14100	961	791
1993	239879	216045	232	4656	15967	13827	1415	938
1994	226499	225255	193	4882	17801	15407	1520	966
1995	218981	227135	120	5920	17897	15559	1330	901
1996	220155	235384	124	7246	18422	16053	1324	954
1997	208511	235317	137	8064	18448	16037	1371	1001
1998	209213	249977	154	12797	19775	17123	1343	1120
1999	204397	252465	219	15186	20587	17294	1123	1150
2000	202242	258835	263	18214	21482	17729	1382	1002
2001	200302	266924	263	23790	22643	18284	1398	1005
2002	197362	278359	469	26981	24898	19080	1500	1050

续表67

年份	年末生猪存栏数(头)	当年肥猪出栏数(头)	出售和自宰肉牛(头)	出售和自宰肉羊(只)	肉类总产量(吨)		牛 奶(吨)	水产总产量(吨)
						猪肉(吨)		
2003	203412	394237	603	49348	26913	24898	2233	1251
2004	205724	315452	797	53687	28690	21609	4633	1376
2005	185778	323321	1035	43310	29581	22147	5012	1551

林 业

【林业资源】 全区林木树种300多个，其中，栽培品种150多个，在低山区主要是乡土树种组成的混交林，树下是禾本科草类和菌类；丘陵地区以传统延续的经济林为主；平坝地区原生植被主要是沿河两岸，庭院绿化为主的慈竹及混交乔木。经济林有80余个品种；竹类有10余个品种；观赏植物有60多个品种，草本花卉有20多个品种。1993年10月，共清查、建档、挂牌树龄在100年以上的名木古树54株，1998年7月复查，有8株因灾采伐或自然死亡，到2005年保存46株。1991年以全面绿化为总目标，结合山、丘、坝不同的地理类型，因地制宜发展林业生产和加强林政资源管理，经省绿化达标领导小组检查验收认定，青白江区成为首批实现“四川省基本绿化达标”区县之一，全国绿化委员会授予“全国南方平原造林绿化先进县区”称号。1992年实施“森林生态防护林体系建设工程”，1995年3月获全国绿化委员会“全国造林绿化百佳县”称号。2000—2002年，分别启动天保工程、退耕还林工程，全区基本消灭荒山和宜绿空地，森林生态环境步入良性循环的轨道。2003年，根据森林资源二类调查数据，全区林业用地8862.2公顷。其中，有林地为8322.1公顷（用材林1851.8公顷，防护林1618.0公顷，特用林24.1公顷，经济林2971.9公顷，竹林1856.3公顷），疏林地103.2公顷，灌木林地10.7公顷，未成林造林地334.0公顷，苗圃地92.2公顷，总蓄积约346859立方米，森林覆盖率1992年为23.2%，2005年为29.74%。

【林权林木管理】 指山为界，界限模糊，证地不相符合等情况屡屡发生，造成产权不明确，经营主体不落实，机制不灵活，林权纠纷不断等。1984年全区完成了第一轮林权制度改革，国有、集体和个人林地颁发了林权证。2003年，退耕还林地和其他林地666.67公顷，21140宗地颁发林权证5995本。2004—2006年，对2244.38公顷，50268宗地补换发林权证27780本。

林木采伐管理。1990年编制年度林木采伐限额计划，加强自用木材的管理，实行木材运输证、木材经营加工许可证和木材采伐证制度，依法查处乱砍滥伐、违法运输、违法加工经营行为，林政案件由1995年的51件，减少到2005年的9件。严格控制采伐限额，全区每年采伐限额指标6842立方米，1991—2005年，平均每年实际采伐量525立方米。

1999—2002 年，共办理各类森林案件 296 件，其中刑事案件 2 件，治安案件 1 件，林政案件 293 件，为国家挽回经济损失 20 余万元。与地方公安机关和周边区县紧密协作，建立健全了护林网络，形成了爱林护林的治安防范体系。

【林业工程建设】 2000 年 11 月编制《四川省成都市青白江区 2001 ~2010 年天然林资源保护工程实施方案》，2001 年 6 月通过省市评审，管护森林面积 7626. 6 公顷，分布在 11 个乡镇（街道），计划投入资金 551. 71 万元。2000—2005 年编制《青白江区天然资源保护工程森林管护作业设计说明书》。聘请森林管护人员 269 人，实施天保工程公益林建设 1993 公顷，其中人工造林 193 公顷，主要树种有麻竹、枣子、香樟、天竺桂、三叶桉、杨树、巨桉等；封山育林 1133 公顷，补植的核桃、柿子、柏树等。

退耕还林工程。2002—2003 年，水土流失严重的坡耕地实行退耕还林，累计退耕还林 666. 67 公顷。退耕还林当年，每亩补贴种苗费 50 元，补贴粮食 300 斤，折价 210 元，医教补助费每亩 20 元，合计 280 元；以后每年每亩补助粮食款和医教补助费 230 元。2002 年 6 月编制《青白江区 2002 ~2003 年退耕还林工程作业设计说明书》，投入资金 1760. 2 万元，按照“严管林、慎用钱、质为先”的要求，加强工程建设监管，执行市林业局退耕还林“一档、两证、三图、六卡”的规范化管理制度，依法履行土地用途变更手续，为 5197 户退耕户颁发了国家林业局统一制式的林权证。

全区退耕还林地按林种分：生态林 575. 6 公顷，经济林 91. 6 公顷。按坡度级别大于 25°276. 7 公顷，15° ~25°390 公顷。按年度分：2002 年 333. 3 公顷，2003 年 333. 3 公顷。按区域分：人和乡 186. 6 公顷，清泉镇 400 公顷，福洪乡 80 公顷。按树种分：桑树 200 公顷，柿子 185. 5 公顷，枣子 9. 3 公顷，核桃 83. 6 公顷，南抗杨 13. 4 公顷，杏子 26. 7 公顷，桃、李等 64. 9 公顷。

【森林防火】 青白江区属于三类森林防火区，每年 11 月 1 日至次年 5 月 31 日为森林防火期，每年 2 月 1 日至 5 月 31 日为防火警戒期。1982 年成立青白江区护林防火指挥部，1987 年加入三县（简阳、金堂、双流）两区（青白江区、龙泉驿区）护林联防组织。1994 年 12 月 27 日成立青白江区森林公安科、配备必要的警用器械和武器，建立了干警岗位责任制。青白江区已连续 20 年无森林火灾发生。

2003 年，成立人和、清泉和云顶 3 支各 10 人组成的森林消防半专业扑火中队，加上防火大队部 5 人，共 35 人，配备了林用灭火组合工具 5 套，二号工具 20 套，背负式森林灭火器 20 套，林用灭火水枪 2 支。2004 年，森林消防半专业扑火中队人员进行重组，建立了 35 人组成的半专业扑火中队，其中大队部 5 人，人和中队 15 人，清泉中队 15 人。配备了扑火服装 35 套，森林灭火组合工具 8 套，新购森林灭火器 15 具，换药 9 具，GDP 定位仪 1 个，探照灯 2 盏，工作灯 6 盏、器材架两个。2005 年，新成立福洪乡森林消防半专业扑火中队，完成人和、清泉、福洪中队各 15 人，队部 5 人的重组工作。配备了森林扑火组合工具一套，森林灭火器 13 具，换药 6 具，二号工具 8 套，扑火服 15 套，器材架 1 个，在人和乡、清泉镇、福洪乡建森林消防水池 100 口。

【森林病虫害防治】 1994 年 11 月至 1995 年 4 月，区林业局组织 10 名专业技术人员对人和、云顶、清泉、福洪等乡镇开展主要树种、虫种、越冬虫情调查。调查面积 4266 公顷，占全区柏木林总面积 5000 公顷的 85%。查出云南松毛虫（原名大柏毛虫）发生面积 300 公顷，占总面积的 6%；虫源地 4 个。建立区级测报点 8 个、乡级测报点 15 个，柏木林区监测覆盖率达 90%。

1996—1998 年，区内森林病虫害发生面积大、危害严重。全区发生云南松毛虫、舞毒蛾面积达

2513.3公顷，其中，1996年发生云南松毛虫266.6公顷，防治面积226.6公顷。1997年发生云南松毛虫2000公顷，重度面积达1000公顷，防治面积2000公顷，有虫株率达90%，同时发动群众实施人工捉虫，仅半个月时间，收购云南松毛虫1.25万千克，森林病虫防治耗资8万元，云南松毛虫得到有效控制。1998年发生舞毒蛾危害面积246.6公顷，防治面积246.6公顷。1999—2004年，全区共发生云南松毛虫、舞毒蛾虫害面积3973.3公顷。采用化学防治和人工防治方法，有效控制了虫害漫延，1999年防治186.6公顷，2000年防治946.6公顷，2001年防治426.6公顷，2002年防治400公顷，2003年防治200公顷，2004年防治133.3公顷。

【全民绿化及义务植树】 1991年实现绿化达标。1992年，区政府向市政府签订1996年青白江区全面绿化达标的目标责任书，同年实施“森林生态防护林体系建设工程”；1995年3月获全国绿化委员会“全国造林绿化百佳县”称号，同年9月7日，《中国林业报》专版介绍青白江区造林绿化工作。同年11月，中央电视台《神州风采》栏目以绿化为线索报道青白江区的社会经济发展情况。1996年3月，被全国绿化委员会、林业部授予“全国绿化先进单位”称号。同时，人和乡龙王村和清泉镇友谊村被全国绿化委员会授予“全国造林绿化千佳村”称号。1996年12月，经“四川省绿化阶段目标考核验收组”考核验收，各项绿化指标达到“实现全面绿化”阶段的标准。

根据《四川省开展全民义务植树运动实施细则》的要求，将义务植树任务下达到各单位，各单位建立义务植树登记卡，因工作和客观原因没有直接参加义务植树活动的，采取“以金代劳”的形式完成义务植树任务，尽责率达95%以上。1996年起，区政府规定，城镇义务植树一律实行“以金代劳”，由区绿化委员会办公室统一收取“以金代劳”费，用于组织集中义务植树活动或组织专业造林。

1993—2005年青白江区义务植树情况表

表68

年份	植树量（万株）	领导干部义务植树基地
1993	76	
1994	100	
1995	142.53	马棚堰
1996	90.23	绣水后江堰
1997	69.71	日新乡龙门堰
1998	87.87	华金大道广场至大弯路口
1999	89.12	姚渡公路姚渡段
2000	72.3	华严镇政府北路
2001	50.5	祥福永福渠
2002	69	姚渡长安村9组
2003	59.8	绕城路沿线
2004	65	青江南路绿化隔离带1号地段
2005	80.647	

农业机械

【跨区作业】 1999 年青白江区无高性能联合收割机，春秋两季全靠人力收割。2001 年按照全省第二批农机化先行示范县要求，加快农机化发展，提高了农机装备水平。2002 年，成立了第一个区农机化服务队，根据部分省市收割时间，动员联合收割机拥机户到省内外的西昌、云南、江苏、陕西等地参加异地跨区作业服务。2004 年联合收割机械 161 台，平坝和丘陵部分地区大、小春收割基本实现机械化和半机械化作业。随着全国各地大量装备国内外先进的高性能联合收割机械，机收市场竞争激烈，城市建设用地增加，能源供应紧缺，2005 年全区联合收割机 69 台，机收作业 6666 余公顷，跨区机收作业 2266 公顷。

【政策扶持】 2000 年区政府印发《抓好农机化先行县建设，加快农业现代化步伐的意见的通知》，同年，青白江区已被正式批准为全省第二批农业机械化先行（区、市）县，省、市投入财政资金 320 多万元，区农机装备水平迈上了一个新的台阶。2001 年区府办印发《关于对 2001 年度购买农业机械的单位和个人给予补助的通知》，农业部农机鉴定总站来区视察农机化工作。2002 年由区政府支付征地款 142.86 万元修建农机办公综合楼。2004 年 11 月 1 日《中华人民共和国农业机械化促进法》正式颁布实施，农机化发展纳入法律保障。同年，全区联合收割机达到 161 台。2005 年，国家实施农机具购置补贴政策，市发改委将青白江区列为农机提灌站改造试点县，购机财政补贴额达 20% ~ 30%，全区农机作业户达 1134 户、从业人员 1239 人。

【农业机械示范区建设】 1999 年，青白江区在全市率先引进一台久保田高性能联合收割机，大量引进适用型机动脱离机、小麦播种机、小马力耕整机、稻麦两用割晒机等进行试验示范。2000 年开始试用、推广作业效率高、粮食损失率低的联合收割机，政府加大补贴资金投入，深受农民欢迎的先进的联合收割机得到迅速发展，2001—2003 年，推广各类联合收割机 161 台。2004 年，随着先进适用机械化作业水平的提高，农田收割基本实现了机械化。2005 年，全区农机总力达 7.6 万千瓦，拥有各类农业机械 6.9 万台（套），农机作业量 6893 公顷。

农业水利

【水土治理】 丘陵和低山区土壤有机质含量低、团粒结构较差，加之不合理的生产活动，如遇雨水冲刷，极易导致水土流失。1990 年全区存在水土流失的面积 86.38 平方千米，占全区面积的 22.82%，其中微度流失面积 3.37 平方千米，中度流失面积 38.55 平方千米，强度流失面积 44.45 平方千米。

1991 年起，根据水土流失成因，结合治理区自然和经济条件，先后编制《青白江区龙泉山脉治理水土流失建设生态环境规划》《青白江区云顶乡水磨河小流域综合治理规划》等治理工作规划。水土流失治理坚持“因地制宜，扬长避短”的原则，建立以小流域为单位的综合防治体系和成片综合防治体系。以治理坡耕地为重点，实行坡地改梯田、退耕还林、荒山造林等减少坡地面积；加大小流域径流量调控力度，控制水土流失，提高水土资源利用率；轻度和中度流失区域实行封闭管护，培养生态系统自我修复能力。结合农村产业结构调整，在治理区域培育再生优质资源，将侵蚀地改造成优质、高产、高效的土地，先后在云顶乡五爱村、姚渡镇龙门村、福洪乡解放村建起了西瓜、水蜜桃、杏李基地，减少了水土流失，发展了治理区经济。

1991—2005 年，全区投入水土流失治理资金 12899.5 万元，治理水土流失面积 31.83 平方千米，改造荒山 443.7 公顷，坡地改梯田（地）186.6 公顷，成片造林 1209 公顷，兴修水利工程 3163 处（个），整治标准化渠道 283 千米。

【标准化渠系建设】 1991—2005 年，先后投资 316.1 万元，分别对毗河右岸的沈家巷堤防、黄家滩护堤、东方堰护岸和左岸的李家堰护堤、川祖庙护堤、龙潭护堤、前锋护堤、筒渡护堤、朱家湾护堤进行加固整治。各级渠道按照“统一领导、全面规划、彻底改造、综合利用、统筹兼顾、分地实施”和“山、水、田、林、路”综合治理的原则，开展渠系改造，改变了渠系“长、乱、弯、浅”的状况。1992 年四川省粮食生产发展专项资金工程（简称粮专工程）和成都市青白江区农业综合开发资金工程（简称农发工程）相续实施，各种专项资金陆续到位，开始了标准化渠系建设。

1992—1996 年，实施“粮专工程”，先后对城厢镇粉子堰、大同镇高堰沟、小纺车，祥福镇幸福渠，红阳街办上马棚堰一斗渠，姚渡镇马厂坝支渠，龙王镇北支一渠共七条渠道进行标准化整治，投劳 11.45 万个，总投资 212.48 万元（自筹资金 80.61 万元），整治渠道 19.05 千米，完成土石方量 4.79 万立方米，改善灌溉面积 1600 公顷。

1993 年实施“农发工程”，实行成片治理与节流相结合，流域分年分镇实施相结合，先后对壁山渠，南四支二、三斗，北干北支一及东干干渠尾段和沉塘堰、东方堰、龙门堰进行标准化渠道建设。大弯镇革新村片、城厢镇穿城堰、板桥堰片、祥福镇红旗堰片等斗农渠进行了渠系网络化标准建设。到 2005 年，累计投入资金 2095.56 万元（自筹现金 787.88 万元），投劳 40 余万个，完成高标准防渗渠道196.79千米，扩（建）提灌站39座，新（改）建各类渠系建筑物千余处，改善灌面9183公顷。

投资1392.85万元，先后完成了上马棚二斗调水工程、马棚堰分干渠、万亩旱片节水灌溉渠道标准化建设55.29千米，完成倒虹吸管、节制闸、机耕桥、渡槽等大小渠系建筑700余处，新建管理房1处39.53平方米。利用水利扶贫资金47.8万元整治祥福镇上元村、姚渡镇芦稿、大吉、福洪互助村等8处渠道5.43千米的标准化建设，改善灌溉面积133公顷。1990—2005年，共投入资金558万元，其中自筹238万元，投劳23万个，完成367条（段、处）的岁修工程整治，现浇混凝土2730万立方米，维修整治电灌站及制口闸房等39处。

【引水工程】 青白江区是都江堰内江灌区，有青白江、毗河、东干渠、北干渠4条干渠，17条支渠和杨柳堰、马棚堰、龙门堰、粉后堰等10处引水工程，控灌10个乡镇、14600公顷农田。

区境引水工程进水口远，流程长，弯道多，渠道淤塞，设施老化。杨柳堰、南四支、北四支，毗河的龙门堰、幸福渠，东风渠的4条支渠，北干渠的北一支渠的进口均在新都区境内，北干渠的2条东支渠的进水口在龙泉驿区境内，严重制约季节性农田灌溉。1991年，按照全区小流域综合治理规划，结合标准化渠系建设，重点实施引水工程建设。制定了“引得进，用得上，排得出”的引水工程实施方案，采取围堰筑堤、浆砌条石，混凝土护坡、疏淘进水口、修建排洪闸（洞）、安装自动启闭器等方式，因地制宜实施引水工程建设。

1991—2005年，投资2676万元，先后整治引水干渠4条、支渠17条（段），整治引水口21处，整治里程140余千米。1992—1999年，先后完成粉子堰引水口、北四支引水枢纽工程、南四支引水工程的整治和改造，修复贺江堰和幸福渠二号坝水毁工程。2000年，完成祥福镇红漆堰片区万亩旱片引水及渠道改造。2001年—2005年，先后完成龙门堰、幸福渠、祥福渠、粉后堰、东干渠、北干渠等引水工程建设，完成马棚堰和下马棚堰支渠引水工程整治。引水工程建设和整治，加快了流速、增加了流量，缓解了季节性农田灌溉矛盾。2001年，位于祥福镇红漆堰片区的联合村二组，提前一周“关秧门”。

【提灌工程】 2005年全区电力提灌站187处234台（套），装机容量4396千瓦，提水能力576万立方米，补充灌溉面积1973公顷，其中装机容量在100千瓦以上的有东关山电力提灌站，装机容量225千瓦，丰收电力提灌站，装机容量560千瓦。

东关山电力提灌站，水源来自排洪河，机泵2台（套），装机容量110千瓦，设计出水量0.1立方米/秒，灌溉城厢镇4个村水田100公顷、地300公顷。1996年纳入区政府为民办实事工程，投入资金93.8万元，重新安装3台套75千瓦机组，装机容量225千瓦，设计出水能力0.4立方米/秒，新开渠道160米，更换出水口管道3根660米，改建泵房和管理房85平方米。1998年投资16.44万元，整治提灌站渠道2200米，提高东关山灌区供水能力。

丰收电力提灌站1974年建成，经过28年的运行，机泵设施严重老化，电器设备故障频发。2003—2004年，分别投入170万元和154万元，更新机泵2台套，装机560千瓦，出水量1.42立方米/秒。新建泵房133平方米，生活及管理房127平方米。新建35千伏高压变电站1座，更新630千伏变压器1台，维修35千伏变压器1台，改造高压输电线200米及低压输电电缆。购置全套高低压控制屏和维修检查行车1台，离心泵1套，改建西江河拦河大坝、泄洪闸、护岸180米，解决了福洪、姚渡农业生产用水。

小型电力提灌站选址容易、投资小、见效快、简单快捷，区内已新建187处，有效地缓解了山区、丘陵的用水矛盾。

【微水工程】 无外来水源的人和乡及福洪乡、清泉镇的部分村，靠打山茅坑、修建土石河堰集蓄雨水、拦截当地径流，用以农业生产，但规模小，成片开发少，遇到冬干春旱或连续干旱，则无水保苗。1990年人和乡人畜饮水工程开工，山区微型水利工程开始建设。按照一沟有多堰、一社有多塘、一亩一个凼、一户一个池（井）的要求因地制宜建设微水工程。到1994年，总投劳16.9万个，投资87.18万元（其中国家补助39.96万元，自筹47.22万元）新建蓄水池367口，山茅坑7912个，山泉堰189处，土石河堰97处，总蓄水量179.4万立方米，增加和改善灌溉面积2000公顷。1995—1998年实施润泽山丘的“甘露工程”，在清泉、福洪低山村和人和乡投资1100万元，建蓄水池709处，塘堰11处，增加蓄水18.82万立方米，改善灌溉面积1466.7公顷。1999年，成立青白江区水土保持站，编制《青白江区2001年微型水利工程规划方案》《青白江区“微水治旱”工程规划》《青白江区旱山村雨水集蓄利用工程三年规划》。2001年《青白江区“微水治旱”工程规划》被市相关部门批准立项。1999—2005年，共投入资金3809万元，修建蓄水池2937口，整治山平塘150口，石河堰9处，新增蓄水147万立方米，改善灌溉面积3166公顷。

【农村饮水工程】 人和、清泉、福洪等乡镇低山丘陵区如遇冬春干旱或久晴不雨，就会发生严重的人畜饮水困难。1990年在人和乡开始人畜饮水工程建设，1991年春打井251口，新建蓄水池54处、引泉43处，初步缓解人畜饮水困难。1991—1994年，共投入资金37.88万元，修建人工井706眼、引泉74处，解决了31.8万人和1.85万头牲畜饮水问题。1995—1998年，实施润泽山丘“甘露工程”，投入资金128万元，投劳14万个，修建人饮井920口、水池32处，基本解决低山丘陵区的人畜饮水困难。区政府先后制定《青白江区解决农村人口饮用水困难规划》《青白江区解决人饮困难“十五”规划》。2001—2005年投入资金123万元，投劳13万个，新建自流引水16处，泵站扬水19处，泵房1处，打井（池）110口，开挖土方3400万立方米，石方1500万立方米，浆砌红砖220万立方米，浆砌条石400万立方米，现浇混凝土330万立方米，铺设管道4.7万米，彻底解决4500余人的饮水困难。

农业管理

【农经管理机构改革】 1991—2001年，全区农村经济管理机构继续执行建立乡镇农经服务站，聘请专业会计负责农村经济管理的农经管理体制。

2002年乡镇实行机构改革，精简机构和人员，乡镇农经服务站并入乡镇经济发展办公室。2004年，农经服务站在编人员，由区人事局统一考试、考核，竞聘上岗。上岗人员一部分到乡财政所，一部分到乡经发办工作，指定一人负责乡上的农经工作。1998年，区农经科改为农经站，2000年改为农村经济管理服务中心。2005年实行村社财务管理体制改革，全区11个乡镇建立村社代理会计核算中心，村社资金实行“村有社有乡管”制度，委派代理会计。按公开、公平、公正的原则，通过面试、考试、考核，择优聘用22名委派会计，委派会计的工资、办公费等由区财政划拨。

【行政执法与农民负担监管】 1991—1999年，农业行政执法由区农业局下属部门执行，农业局执法人员会同区工商管理部门，负责区内农贸综合市场和从事农业生产资料经营的商贩、商家的执法监督检查，查处违法劣质产品。1998年3月下旬至4月上旬，执法人员对从事种子、化肥、农药的经营单位和个体经营户的经营行为进行了为期一周的执法监督检查，共检查经营户211家，依法查处无证照经营12家，经营过期失效农药3家，当场处罚5家，收缴过期农药1642瓶。1999年共检查20家经营门市及个体户，查出两家农药销售门市证照不齐，无生产日期的5个品种。2000年，成立青白江区农业执法大队，执法人员经考核合格颁发上岗证持证上岗。执法人员加强监督管理和查处违法行为，规范市场秩序，确保种子、农药、化肥安全，2003—2005年，查处违法案件202件，结案202件；受理投诉27件，查处27件，罚款13.3万元。

加强农民负担监管。1995年建立“青白江区农民负担监督管理领导小组”，办公室（简称“农负办”）设在农业局，按照《四川省农民负担管理条例》的规定，对农民每年负担的提留统筹等，由区“农负办”控制总额指标，乡镇按指标分到农户，再经区农负办审核，张榜公布。提留统筹等费用，实行“社有乡管”制度，专款专用，乡、村、社不准挪用。区“农负办”配合区监察局、区农工办坚持检查、抽查，发现问题及时解决。2002年税费改革后，先后取消村提留，乡统筹等面向农民收取费用。区“农负办”加强“两减免”“三补贴”政策的监管，接受群众监督。

【农村土地流转】 2001年中央下发《关于做好农户承包土地使用权流转工作的通知》和《农村土地承包法》，坚持依法、自愿、有偿的原则，采取转包、出租、互换和转让等方式进行土地承包经营权流转。到2005年，全区耕地面积16466.7公顷，土地流转面积1646.6公顷，占耕地面积的10%，涉及18132户，41433人。土地流转面积中，耕地1296.6公顷，非耕地352.3公顷（其中：林地247.6公顷，草地8公顷，四荒地75公顷，其他土地21公顷）。流转形式：转包410公顷，转让25公顷，租赁1171公顷，其他2公顷。流转用途：种植业1391.3公顷（其中：蔬菜105公顷，花卉56.9公顷，水果568.9公顷，其他660.6公顷）；林业地79.92公顷；养殖业32.3公顷；水产业2.7公顷；工业开发42.7公顷；商业开发8公顷；其他91.9公顷。土地流转6.6公顷以上规模化经营的有22户，流转面积266公顷，参与土地流转的业主738个（其中：企业类105个，科技人员类40个，城镇居民类52个，其他业主541个）。

【农村专业合作经济组织】 按农业部《关于支持和促进农民专业合作组织发展的意见》《农民专业合作经济组织示范章程（试行）》的通知，2004年，区委、区政府印发《关于成立成都市青白江区农村专业合作经济组织领导小组的通知》，在全区开展专业合作经济组织的建设。先后在大同建立专业合作社2个，龙王建立菜蔬果业专业合作社2个，有成员554人，带动2498户，养鸡16万只，种植蔬菜48.3公顷，果树88.2公顷。到2005年，全区建立农村专业合作经济组织39个，其中种植业21个、养殖业14个、其他协会4个，有会员3431人，资产1120.9万元，实现销售收入15257万元，纯收益2016万元，合作组织内部成员人均年纯收入5067元，比全区人均年纯收入高437元，专业合作组织带动各类专业户1.5万户。

2005年，已建立大同镇生态黄金鸡养殖协会、福洪乡优质杏产业协会、清泉镇蔬菜产业协会等35个专业协会。会员2877户，协会坚持“民主、民管、民受益”和“平等、自愿、互利”的原则，实行“统一技术服务、统一指导管理、统一销售服务”，为会员和农户提供品种，销售信息和技术服务。资产994.9万元，实现销售收入10100万元，纯收益1756万元，带动12510户。

【农业用水管理】 全区水源由人民渠和东风渠管理处控灌供水，片区、乡镇水利管理站包干负责。分配用水实行“先平坝、后丘陵，先源头、后尾水，先成片、后零星，先高后低”和交接轮灌制度，搞好协调渠道的输水、送水。

1991年，区水务局制定《农业水费计价和收取办法》，实行农业水费计收、使用分成、先交后分、监督管理。农业水费按平坝灌区每亩28元、丘陵灌区每亩31元，按各乡镇实际灌溉面积收取水费。

1993年，区政府制定《青白江区取水许可证及水资源费征收管理办法》，区水务局负责取水许可证审批、发证和水资源费征收工作。1993—2005年，定期举办水政培训班，学习《水法》《防洪法》《河道管理条例》《水资源费征收管理条例》《取水许可实施办法》，向取水单位下达年度用水计划和节水指标；收取用水单位、用水户水资源费。

【农作物病虫害防治】 水稻的稻瘟病、纹枯病、螟虫、稻苞虫，小麦的赤霉病、纹枯病、锈病、蚜虫，玉米的螟虫、粘虫、黑穗病，油菜的菌核病、霜霉病、蚜虫，果树的炭疽病、叶斑病、锈病、黑星病、食心虫、天牛、梨瘿蚊、梨网蝽等，是青白江区常年发生的主要病虫害。采取“查、测、治”的方法。了解掌握农作物病虫害发生时间、规律，预测预报最佳防治时间，科学用药，做到经济有效。在城厢、清泉、姚渡、祥福、龙王建立五个病虫调测点，加大抽样调查面积，植保部门分别发布不同地区，不同作物的防治时间、防治方法，安全使用农药的知识，将病虫害的损失降到最低。

【动物检疫及疫病防治】 1992—2004年，区农牧局设动物防疫站、动物检疫站，乡镇配备动物检疫监督员。区乡镇检疫人员经过培训持证上岗，负责市场、屠宰点猪、牛、羊检疫、检验。开展春季、秋季疫病防治，做好动物防疫记录，实施猪、牛、羊免疫耳标（代表猪瘟三联苗和W苗的免疫率），2004年防治口蹄疫，免疫猪24.4万头，牛4300头次，羊4.55万只次；免疫猪瘟、猪丹毒、猪肺疫16.38万头次；免疫仔猪副伤寒2.35万头次；免疫鸡新城疫147.32万只次；免疫山羊痘0.785万只次，以及鸡鸭鹅兔等小家禽、家畜防疫治病和狂犬病免疫、耕牛血吸虫病查治。到2004年，全区动物产地检疫面达100%，生猪定点屠宰检疫率达100%。年检疫生猪10万头，羊1000只，禽类40万只，检疫肉类1.8万吨，消毒毛、蹄、骨、角700吨，回收耳标8.5万套。加强突发高致病性禽流感防治，由于预防早、防控严、措施有效，阻止了禽流感的发生。2005年生猪链球病疫情发生，发现不明病因死猪1396头，全部作无害化处理。区内发生8例“人感染猪链球菌病”，其中4例为临床诊断病人，4例疑似病人；1例救治无效死亡，7例全部治愈。加大宣传、督查、排查力度、严把入口关，强化防疫检查、消毒措施，控制了人感染猪链球菌病病例的发生。

【防汛抗洪】 健全区、乡（镇）、村三级防汛机构。准确及时做好雨情、水情的信息传递。拟订应急方案，常年组织抢险人员786～2712人，安排车辆42～56辆，草袋及塑料编织袋5.46万条～11.2万条，水泥20吨，铁锹铁锄1185～2495把，铁丝1.2～5.3吨。检查重点防洪地段及单位，拆除阻水建筑物，增强基础设施抗洪能力。1991年3月，投资28.1万元，建成防汛专用无线电网，有网络基地台14台、车载台1台、手持机33台，保证了汛期通信畅通。1992年3月，投资4万元，增设日新乡丘陵高地人工降雨消雹炮点1处（原仅有清泉镇1处）。1991年6月29日西江河发生局部洪灾，区间降雨量不大，上游龙泉驿地区是大暴雨（雨量118.8～170毫米），造成区境河水陡涨，泛滥成灾，水淹两个乡场、4处电灌站、2万多亩农田。及时调度车辆42辆，运送100多吨钢渣，草袋几千条堵住了缺口。1995 年 8 月 11 日青白江上游普降暴雨，朱家湾、郑家河坝护岸基础洗空，坡面下滑。同日上午，毗河水位上涨，绣水乡桂花村 4 社堤防被冲毁 130 米，威胁几十户群众的生命和财产安全。区防汛办调集了川化、成钢、化机、成桥、成纤、物成储等 8 家企业的运输车辆，运载抢险物资加固险区、险段、水毁工程，共装填编织袋 4200 条，耗用连砂石 350 立方米，现浇砼 60 立方米，抛填砼块 1105 立方米，出动民工 1250 人，运输车辆 225 辆次，工程总耗资 15 万余元。1998 年 8 月 19 日，持续大雨和暴雨，西江河水位猛涨，龙王乡青光村 4 组 15 户 34 人被洪水围困。水务、防汛、公安等部门赶赴现场，一边组织营救，一边上报市防汛指挥部请求支援。市消防支队官兵驾驶冲锋舟，把受困的 34 名村民解救上岸。同年 9 月 19 日凌晨，区内普降大暴雨，青白江河水猛涨，最高洪峰达 1200 立方米/秒，停泊在弥牟镇挺进村朱家湾的区乡镇企业局的 100 吨采砂船失控，随水下移 300 余米，危及马棚堰大坝和宝成成铁路的运行安全。市政府派人赶赴现场指挥抗洪抢险，成都军区某部、省武警支队、成都消防支队官兵和市交通局航运专家及时赶到，将钢绳套固船上，把威胁控制住采砂船，消除了重大险情。

2004 年 6 月 29 日、30 日，毗河、西江河水位猛涨。城厢镇的前锋、沿沱两村 12 人被困在河心岛上，被区武装部民兵抗洪抢险应急分队用冲锋舟营救上岸。

【防旱抗旱】 低山、丘陵是全区干旱易发区。1994 年发生 40 年未遇的大旱，3—8 月春旱、夏旱、伏旱相连。经与上游协调，加大来水量，组织机电提灌抽水，保证了 2000 多公顷水稻及时栽插。伏旱威胁到 2000 多公顷水稻、6666.7 余公顷旱地作物，经省抗旱救灾领导小组与都江堰管理处到现场办公，决定加大东干渠、北干渠来水量，同时动用固定电灌站 188 台（3274 千瓦）、机沉井 17 台（122.5 千瓦）、临时电灌 100 台（2280 千瓦）、柴油机 145 台（1705 马力）提水 428 万立方米，确保了水稻浇灌和旱地作物用水需要。针对全区易发旱情的山区、丘陵地区，在争取上游供水缓解农业生产用水困难的同时，坚持开源节流，引、蓄、提并用，启动所有提灌机具，开放水库塘堰，给缺水严重的乡镇和群众重点输水。同时，与都管局、人民渠一处、东风渠管理处站紧急协调，增大主要进水口马棚堰、北四支、龙门堰、东干渠的进水量。协调处理各乡镇和上下游的输配水关系，整治塘堰、水库、增加蓄水能力，缓解农业用水、人畜饮水困难。

农村扶贫开发

【扶贫规划】 1991 年，区委、区政府制定《关于贫困村脱贫致富的若干规定》（青委发〔1991〕21 号），将地处边远、交通不便、基础薄弱、自我发展能力差，农民年人均纯收入低于全区平均水平的村、年人均纯收入最低水平的农户列入扶贫规划，实行“统筹规划，逐年扶持，对口帮扶，动态管理”。1992 年，区委、区政府制定《关于加快我区贫困村脱贫致富步伐的意见》（青委发〔1992〕27 号，进一步完善扶贫措施，加大扶贫力度，动员社会力量，整合扶贫资源，脱贫步伐明显加快。1994

年，实施经济发展缓慢村“促变工程”，建立帮扶促变机制，转变扶贫方式，强化帮扶措施，奠定了贫困村可持续发展的基础。1996 年，农民人均纯收入在 1700 元以下的 48 个村，被规划为成都市“三片一地”经济发展缓慢村“促变工程”。2002 年，启动新一轮扶贫开发，全区 52 个农民人均纯收入在 2280 元以下的经济发展缓慢村，列入市、区“促变工程”规划，其中市级贫困村 34 个、区级 18 个。2005 年，43 个村列入经济发展缓慢村“促变工程”规划。

1991—2005 年，先后有 9 位市级领导、24 位区级领导，26 个市级部门、78 个区级部门、4 个乡镇、49 家企业，400 余名副局（乡）级以上领导参与扶贫开发工程。帮助贫困村新修道路，整修水利工程，安装输电线路，实施村通工程，解决贫困户住房、饮水、入学、就医困难，贫困村生产、生活条件明显改善，贫困村经济收入和贫困户收入增加，部分贫困户达到小康水平。

【建立扶贫机制】　1991 年，成立区、乡镇扶贫工作领导小组，建立区、乡镇、村扶贫工作机构，健全领导分片联系、部门挂村帮户、企业定点帮扶制度，落实“领导联系到村，部门帮扶到村，规划落实到村，资金安排到村，扶持措施到村，干部帮扶到户”的帮扶措施。建立和完善了市级部门、区级部门、4 个经济较发达的乡镇、副局（乡）级以上领导干部、川化集团、攀成钢、成都王牌汽车等 49 家企业共同参与扶贫开发的长效机制。鼓励有实力的企业到贫困村兴办企业，简化审批程序、降低申报条件；贫困村发展集体企业，在“八五”期间免征企业所得税、产品税和增值税；贫困村新办集体经营性企业，纳税有困难的，减免一定期限的营业税。贫困户发展养殖业所需圈舍用地，按临时用地审批，免收土地占用税费，鼓励集体、个人兴办扶贫福利企业。

1992 年，建立扶贫资金筹集机制，在财政投、干群捐、部门帮、企业援的基础上，提取支农周转金的 30%、农业扶持资金的 50%、科技三项费用的 80%、基地建设专项资金的 50%、小型水利费基数的 30%、国土开发资金的 50%、贫困乡镇农村合作基金会融资收入的 60%、区委党费总额的 10% 用作扶贫开发资金。

【完善扶贫方式】　转变“筹集扶贫资金，发放扶贫款物，减免农业税费”等救济式扶贫方式，探索实行产业、技术、就业等开发式扶贫新模式。在资金、物资救济的同时，帮助贫困户发展生产、培训劳动者技能，提供就业岗位，改善贫困地区生产、生活条件，增强自身脱贫致富能力。坚持“产业带动、投资推动、科技助动、劳务拉动、服务促动”的扶贫方针，探索建立农村新型合作经济组织，逐步形成“土地权属股份化，农业发展产业化，产业经营企业化，农村生活城镇化，农民收入多元化”的农村扶贫开发新模式，实现救济式扶贫向生产开发式扶贫转变。

加大“结对”帮扶力度，整村推进扶贫开发。引导和推动红旗油脂有限公司、成都志华食品有限公司、城厢农副产品加工厂等农业产业化龙头企业“结对”帮扶，建立农业产业化基地，培训和传授农业技术，帮助和带动贫困户发展优质农产品，无公害生猪养殖和农副产品加工，提高农产品附加质，增加贫困户收入，为脱贫后可持续发展奠定基础。

特别困难地区实行转移安置。坚持“群众自愿，政府引导，政策扶持，示范带动，稳妥转移”的原则，启动小学校拆并转移，五保户安置转移，劳动力就业转移，村民向城镇转移。启动文明新村建设，发挥文明新村在农村扶贫开发中的示范和带动作用。

【基础设施建设】　1991—2005 年，全区投入帮扶资金 4233 万元，完成帮扶项目 244 个，为贫困村新建和改建村组道路 457 千米、桥涵 85 座；修建和整治沟渠 74 千米，整治堰塘 66 口，新建蓄水池 1560 口，修建提灌站 18 座；架设输电线路和农村电网改造 48 千米；为贫困户修建住房 454 户、修建农村户用沼气池422口，新建村小学房屋2084平方米，新建村活动室8个、1700平方米，改造低产田2600余公顷。

1991—1998年，投入帮扶资金1363万元，完成帮扶项目122个。新建和改建村组道路267千米、桥涵85座，修建蓄水池720口，架设输电线路40千米。

1995年，承担市级扶贫目标任务。投入帮扶资金682万元，打井228眼，新修蓄水池32口，新建提灌站10座，新修引泉15处，铺设输水管道17.6千米，解决了云顶、人和、清泉、福洪4个乡镇、2500人、2300头牲畜饮水困难。新修龙官路13.5千米，解决了5个村、17个组群众行路难的问题，提前完成市级扶贫目标任务。

1999—2002年，投入帮扶资金140万元，完成帮扶项目122个。新建村组道路83千米，整治沟渠42.11公里、堰塘43口，新建蓄水池784口，新建提灌站8座，改造农村电网8千米。修建村小学房屋2084平方米，修建村活动室8个、1700平方米，为困难户建记61户。

2003—2005年，投入帮扶资金785.76万元，新建村组道路93.68千米，整治沟渠32.4千米、堰塘23口，建蓄水池34口，修住房393户，建户用沼气池422口。

【扶贫促变工程】 1990年，全区农民人均纯收入在400元以下的有51个村，列入扶贫规划，到1993年，贫困村农民人均纯收入达到600元，其中的32个村达到700元以上。

1994年，农民人均纯收入在1000元以下的有46个村，列入经济发展缓慢村“促变工程”，1995年，经济发展缓慢村农民人均纯收入达到1310元，增长31%~38%，高于全区农民人均纯收入平均增长水平12个百分点。

1996年，农民人均纯收入在1700以下的48个村，列入成都市“三片一地”经济发展缓慢村“促变工程，”到1998年，经济发展缓慢村农民人均纯收入增长速度高于全区平均水平10个百分点。

1999—2002年，农民人均纯收入在2280元以下的有52个村，列入市、区经济发展缓慢村“促变工程”，其中市级34个、区级18个。到2002年，经济发展缓慢村农民人均纯收入达到2800元。

2003—2005年，重点帮扶经济发展缓慢村的人均纯收入处于最低水平的特别困难户3798户，2004年，人均收入增加485元，2005年，人均收入增加426元。

人和乡龙官村规划为“三片一地”市级贫困村，先后投入帮扶资金400余万元，生产、生活条件有所改善，但自身发展能力仍然差。2004年，启动“搬迁转移工程”，撤销龙官村小学，学生就近转移安置在人和、清泉小学就读；14位五保老人整体转移安置到日新敬老院集中供养；开展行业引导培训，转移劳动力265人，其中自主就业124人。

【文明新村建设】 2005年，启动贫困村和经济发展缓慢村文明新村建设试点，姚渡镇芦稿村列入成都市10个文明新村建设试点村之一。芦稿村党支部书记、姚渡镇负责人参加了市上举办的文明新村建设规划培训班。编制了芦稿村文明新村建设规划，启动文明新村基础设施建设。

2005年，新建水泥路7千米，整治标准化沟渠3.8千米、堰塘3口，打卫生井296眼，新建一座民福院，建筑面积960平方米。实施产业扶贫和劳务扶贫，引导和帮助发展种养殖业。全村种植日本甜柿和薄壳核桃混交林20公顷，种植露地蘑菇8公顷，袋装食用菌101万袋。发展生猪规模养殖，年出栏生猪200头以上的4户、100头以上的6户，全村生猪存栏6000余头。加大农村劳动力引导培训力度，转移富余劳动力1263人。

农村小康建设

【乡村小康建设】 根据中央在全国农村实施小康建设的要求和省、市的安排部署，区委、区政府提出"稳定粮食生产，调整产业结构，增加农业投入，实现小康目标"的总体思路，把农村小康建设作为农村工作的重点，多渠道增加投入，加快农村基础设施建设，改善农村生产、生活条件。1994年和1996年，针对全区农村小康建设中的重点、难点问题。相继制定了"广泛发动群众，争取上级支持，部门挂钩帮助"和"重点突破、整体推进"等措施，推进了全区农村小康建设步伐，取得了明显的效果。1996年，2个乡镇、10个村达到小康标准；1997年，4个乡镇、60个村达到小康标准；1998年，8个乡镇、62个村达到小康标准。经过四年努力，完成市委、市政府"全区实现小康目标"的任务。

1994年8月10日，区委、区政府制定《青白江区农村奔小康年度实施计划》(青委发〔1994〕16号)，提出全区农村乡镇分三批，用三年时间基本实现小康乡、村目标。

农村小康建设重点在村、难点也在村。而全区农房改造、道路建设、人畜饮水，电视、电话、电力等村通工程相对集中在山区和丘陵乡镇，增加了山区、丘陵乡镇小康建设的难度，延缓了山区、丘陵乡镇实现小康目标的步伐。1995年9月27日，区委调整了区农村奔小康工作领导小组，进一步加强农村奔小康工作的领导，从组织、协调入手、督促农村小康建设政策、措施的落实。

广泛发动群众，争取上级支持，部门挂钩帮扶。开展"万名青年达小康活动"，上级部门定点帮扶，区级部门归口挂钩。采取"突破重点，解决难点，各负其责，整体推进"的方式，完成年度计划目标。

把评选"三户"活动同小康建设相结合。调整评选标准，增加评选条件，完善评选程序，充分发挥"三户"在帮扶促变达小康工作中的示范和带动作用。

1996年，市委、市政府提出"1998年，青白江区基本实现小康目标"的要求，区委、区政府制定了《关于加快农村奔小康步伐的实施意见》，全区加快了山区人畜饮水、农房改造，广播电视等建设，人和、清泉、福洪、云顶4个乡镇人畜饮水基本解决，修建乡、村公路142.1千米，通车行政村165个，通电话行政村120个，通广播电视行政村178个，钢筋混凝土和砖木结构住房比重达到90%以上，1998年，全区基本实现小康目标。

【考核验收标准】 根据省、市农村小康建设达标验收条件和标准，制订了青白江区、乡（镇）、村、户达小康考核验收标准。其中区达小康考核验收标准18项，乡镇达小康考核验收标准12项，村达小康考核验收标准9项，户达小康考核验收标准5项。

青白江区乡（镇）、村、户达小康考核验收标准

表 69

序号	指标名称	标　准	单　位
1	人均国民生产总值	≥2400	元
2	年农民人均纯收入	≥1900	元
3	享受社会五保人口比重	≥90	%
4	基尼系数	0.3～0.4	
5	恩格尔系数	≤50	%
6	人均日摄入蛋白质	≥76	克
7	人均年衣着消费支出	≥80	元
8	钢筋混凝土和砖木结构住房比重	≥80	%
9	人均年文化生活服务支出比重	≥10	%
10	电视机普及率	≥90	%
11	人均预期寿命	≥70	%
12	劳动力平均受教育程度	≥8	年
13	已通公路行政村	≥90	%
14	安全卫生饮用水普及率	≥90	%
15	用电农户比重	≥95	%
16	已通电话的行政村（山区和丘陵村除外）	≥70	%
17	计划生育率	≥94	%
18	当地居民年内万人刑事案件立案件数	≤9	件

青白江区小康乡镇标准

表 70

序号	指标名称	标　准	单　位
1	农民人均纯收入	≥1900	元
2	年人均动物性食品消费量	≥30	公斤
3	钢筋混凝土和砖木结构住房	≥85	%
4	电视机普及率	≥90	%
5	劳动力平均受教育程度	≥8	年
6	安全卫生饮用水普及率	≥90	%
7	用电农户比重	≥95	%
8	已通公路行政村比重	≥90	%

续表70

序号	指标名称	标 准	单 位
9	享受五保人口比重	≥90	%
10	计划生育率	≥94	%
11	达小康行政村比重	≥90	%
12	当地居民年内万人刑事案件立案件数	≤9	件

青白江区小康村标准

表 71

序号	指标名称	标 准	单 位
1	年农民人均纯收入	≥1900	元
2	钢筋混凝土和砖木结构住房比重	≥85	%
3	电视机普及率	≥90	%
4	安全卫生饮用水普及率	≥90	%
5	用电农户普及率	≥95	%
6	公路（晴雨通车）	已通	
7	享受五保人口比重	≥80	%
8	计划生育率	≥94	%
9	小康农户所占比重	≥85	%

青白江区小康户标准

表 72

序号	指标名称	标 准	单 位
1	年人均纯收入	≥1900	元
2	钢筋混凝土和砖木结构住房	≥45	平方米
3	劳动力平均受教育年限	≥8	年
4	电视机	≥1	部
5	适龄儿童入学率	100	%

【实现小康目标】 1995年按照考核验收标准，经市、区考核验收组查阅资料、入户调查，现场考核，白马、革新等10个村命名为小康村；1995年，弥牟镇、华严乡（今红阳街道办）、国光、红阳、五爱等60个村命名为小康乡（镇）和小康村；1997年，大同镇、城厢镇、祥福镇、合兴镇（2005年划归为新都区）、丰收、西平、松柏等46个村命名为小康乡（镇）和小康村；1998年，玉虹乡（今城厢镇）、清泉镇、人和乡等8个乡镇、月明、东升、红卫等62个村命名为小康乡（镇）和小

康村。1998 年，省政府命名青白江区为小康区（县）。

青白江区乡（镇）村小康达标情况统计表

表 73

乡　镇	乡镇达标时间	村达标时间			
		1995	1996	1997	1998
弥牟镇	1996	白马、仁寿	国光、灯塔、火星、挺进、立新、曙光、金光、三星、仁瑞、狮子		
华严镇	1996	革新、双元、永红、大弯	红阳、同井、红峰、新河、顺江、大夫、黄金、红旗、玉带		
大同镇	1997	一心	新建、复兴、跃进、福聚、景峰、五勤	丰收、战斗、上游、西林、向阳、爱国	
城厢镇	1997		马鞍、前锋、和平、龙潭	茶花、星星、金川、桂花、沿沱、板桥、绣川	
祥福镇	1997	凤凰、民强	高楼、强胜、桂通、香山、青龙、金桥、万年、甘泉	联合、天星、新华、强力、高平	
合兴镇	1997		新谊、双柏、黄果	园林、石柱、长林	
玉虹乡	1997	五泉	永久、万寿、同心、杨柳、十五里、壁峰	白贯、联心、泉龙、双龙、永乐	月明、玉隆、同渡、万安、双福
姚渡镇	1998			长安、大吉、龙门、跳蹬、集体	光明、坪家、芦稿、黄泥、凉水、永和
清泉镇	1998		太平、秧田、龙洞、友谊	西平、金龙、红梁、七里、五桂	尖山、桔丰、友好、永顺、快乐、北宁
日新镇	1998		福农、西江	新龙	东升、停坝、接龙、马坪、新山、新生、东方、上元、四方、华家、泰山
龙王乡	1998		三方、清洁、龙安	锦江、天平、清平	红树、双埝、青光、红沙、梁湾、牟池
福洪乡	1998		民主、进步、字库		幸福、新光、团结、拦冲、红光、先峰、互助、大埝、解放、双河、胜利、前进
人和乡	1998		龙王	壁山、黎明、卫星、平桥	险峰、金星、南岳、岌仑、三元、青林、油坊、高峰、新民、车站、新桥、东风
云顶乡	1998		五爱	牌坊、松柏	红卫、红星、红岩、长虹
合　计		10	60	46	62

乡镇企业

【乡镇企业规模】 1990年，全区乡镇企业有7223家，其中乡办企业139家，村办企业300家，村以下企业6784家，从业人员39420人，主要涉及农业、工业、建筑、运输、商业饮食、服务等行业，其中工业企业2811家。总产值49323万元，其中工业总产值31557万元，总收入34862万元。利税总额2587万元，其中利润940万元。

1991年，贯彻省委、省政府“决不放松粮食生产，积极发展多种经营，大力发展乡镇企业。”和市委、市政府“积极扶持，合理规划，正确引导，加强管理。”的农村工作方针和政策，1992年学习贯彻邓小平南巡讲话精神，抓住省委、省政府把青白江列入“发展县经济，先抓一条线”的4市14县之一的历史机遇，区委、区政府先后制订了加快乡镇企业发展、鼓励外引内联、鼓励外商投资、发展个体私营经济、建立工业开发区等政策。提出“五轮驱动”（乡、村、组、户、联），“五业并举”（工、商、建、运、服），拓宽乡镇企业生产、经营领域，促进乡镇企业上档升级的思路和措施。1995年，结合乡镇企业转换经营体制改革，允许乡镇企业、个人、个体私营企业承包、租赁国有企业，鼓励乡镇企业跨行业、跨地区、跨所有制联合。在政策的引导和鼓励下，促进了全区乡镇企业的快速发展，冶金、机械、化工、建材四大支柱产业基本形成，一批生产规模大，科技含量高，产权结构和投资多元化的骨干企业相继建成，培育重点行业、重点企业107家，重点乡镇7个。1995年，乡镇企业10157家，其中乡办171家、村办339家、村以下964家，工业企业2871家，从业人员61668人。乡镇企业总产值471776万元，其中工业总产值317212万元。总收入317778万元，利税总额8067万元，其中利润4492万元，随着个体私营企业的发展，在总产值中的比重逐年增加。1990年，乡村两级集体企业占总产值的65.62%，村以下企业占34.48%；1995年，乡村两级集体企业占总产值的45.69%，村以下企业占54.31%。1998年，80%的乡村两级集体企业转制为股份制、股份合作制或个体私营企业。2002年，乡镇企业纳入中小企业管理。全区中小企业6706个，其中规模以上企业40个。中小企业总产值78884万元，营业收入322997万元，利税总额12505万元，入库税金5818万元。

【乡镇企业改革】 1990年前，乡镇企业实行厂长、经理承包经营责任制。针对承包基数，普遍偏低承包期限短，难以克服短期行为，不利于企业持续发展包盈不包亏，盈利属个人，亏损集体承担等问题。1991年，结合乡镇企业第二轮承包，区委、区政府制订了改进和完善乡镇企业承包经营责任制的政策。在明确承包人的前提下，实行集体承包；参照同行业平均水平，确定承包基数；明确产权所有者与承包经营者的关系、权利和义务，防止短期行为；引入竞争机制，推行全员风险承包。全区乡村两级企业开展了乡镇企业第二轮承包，乡镇企业承包经营责任制进一步完善。

1992年，区委、区政府制定《关于进一步加快我区企业经营机制转换的意见》，把乡镇企业转换经营机制列入改革范围。同年，在弥牟镇立新挤塑厂等3个企业实行股份制改革试点，按照“产权明晰，权责明确，政企分开，管理科学”的要求，通过改组、联合、兼并、租赁、承包、出售等多种形式，改革企业经营机制。但由于乡村集体企业结构复杂，投资多元化，工作难度大，改制工作进展缓慢。1995 年，开始在部分乡村集体企业中开展调查，摸清企业基本情况，发现集体企业中有一部分名为集体实为个体私营企业（所谓戴“红帽子”）。1997 年，区委、区政府针对调查中出现的问题，进一步明确了乡镇企业改制工作程序，权限和职责。按照《公司法》及其配套法规的要求，探索建立现代企业制度试点，规范建立股份制和股份合作制企业的运作程序，乡镇企业改制实行归口管理，推进了乡镇企业改制步伐。1997 年，本着“先易后难，逐步推进”的原则，完成乡镇企业转换经营机制 57 家。其中，建立股份合作制企业 26 家，改为私营企业 1 家，兼并 3 家，拍卖 5 家，租赁 22 家。1998 年，区政府办公室转发市委、市政府办公厅转发的《市乡镇企业局关于进一步深化企业改革实施意见的通知》（成委办〔1998〕57 号，进一步明确了企业改革的范围、权限和审批程序，促进了乡村集体企业的改革。1998 年，完成乡村集体企业改制 51 家。

1998 年，全区乡村集体企业（不含挂靠企业）217 家，累计改制 108 家，占 49.77%。其中组建股份有限公司 1 家，责任有限公司 2 家，股份合作制 32 家，兼并 5 家，拍卖 9 家，租赁 59 家。重点企业 28 家，已改制 15 家，占 5357%。2002 年，名为集体，实为个体企业的，在明晰产权、债权债务的基础上，一律脱钩转制，当年乡镇企业改制完成 80%。2003 年全部完成集体所有制企业改制和产权制度改革。

【乡镇企业管理】 1991 年至 2001 年 11 月，青白江区乡镇企业管理局负责全区乡镇企业规划、协调、监督和服务。设局办公室、生产统计、财会审计、科技教育、建工建材、安全和直属企业管理科。职工 52 人，其中专业技术人员 43 人。除大弯、城厢镇外，在乡镇成立乡镇企业管理办公室，工作人员 102 人，其中招聘干部 59 人。1996 年，内设机构调整为办公室、企业指导、建工安全环保、财务审计和科技教育科，职工工资 29 人。2001 年 12 月，原青白江区经济委员会、青白江区乡镇企业管理局、青白江区二轻工业合并组建青白江区经济局（中小企业局），内设局办公室、经济运行、企业指导、投资规划和直属企业管理科，职工 39 人。设在乡镇的企业办公室归并到乡镇经济办公室。

财会和统计管理。帮助和监督企业贯彻国家会计、统计法规，建立和完善财会、统计制度，培训企业财会、统计人员，严格考核，持证上岗，加强企业财务审计。

技术改造和人才管理。帮助和引导企业编制技术改造项目，逐级申报、审批和立项。1991—2002 年，实施技术改造 185 项，总投资 15.61 亿元，引进新技术、新工艺、新产品 102 项。乡镇企业产品先后获得省、市金奖、银奖和优秀产品称号，1993 年，在全国菜篮子工程成果展览会上，有 6 个产品获得“消费者喜爱食品”称号。落实区委、区政府“人才战略”计划，帮助企业引进中、高级专业技术人才 536 人次，从大中专毕业生中选拔和培养企业所需人才，弥补了企业人才不足的难题。

质量管理。组织和指导企业开展质量管理小组活动，培养了一批优秀的 QC 小组。1995 年，青白江区第三建筑工程公司获得成都市乡镇企业系统 QC 成果二等奖；1996 年，成都飞亚曲轴厂通过 GB/T 19000 ~ ISO 9002质量认证。同年，大龙石化设备制造有限公司取得一、二类压力容器试制资格。青白江区华锋纸箱厂、青白江区乙炔厂先后通过“采用国际标准”认可。

安全和环保管理。帮助企业加强安全和环境保护宣传教育，督促企业落实生产和环境保护措施，完善安全生产和环境保护的制度、设施和设备，加大特种作业人员培训和特种设备检查力度，排查安全隐患，杜绝安全事故发生。完善环境保护设施，严格达标排放，关闭经整改仍不能达标的企业。

专题记述

【农村合作基金会】 1987年，青白江区在祥福乡（今祥福镇）开展兴办农村合作经济组织试点，按照“入会自愿，退会自由，民主管理，互助互利，有借有还，信誉第一”的原则，建立祥福农村合作基金会。1988年10月，全区相继建立乡镇农村合作基金会13个，同年底全区14个农村合作基金会筹集集体、个人股金、代管金154.3万元，向村社、乡镇企业和个人投放借款56万元、62万元，收入1.13万元。1991年全区农村合作基金会集资总额1023.49万元，投放借款651.8万元，收入64.22万元。1993年10月，建立青白江区农村合作基金会联合会（简称区联合会），负责全区农村合作基金会的资金调剂、集资、投放和股金、代管金的审核和管理，同时开展集资和借贷投放业务。1993年区联合会集资112.74万元，投放资金109万元，收入0.79万元。到1999年3月，区联合会累计集资2643.92万元，累计投放资金1624.54万元，收入170.36万元，股金所有者权益余额314.21万元。

1998年，全区农村合作基金会集资25601.17万元，投放资金19281.54万元，收入2442.89万元。1999年3月，所有者权益余额2545.03万元。

农村合作基金会对深化农村改革，完善农村集体、个人双层经营体制，加强村社集体资金管理，聚集民间闲散资金，解决基层单位创办经济实体资金困难，扩大农村富余劳动力就业等起到了一定的促进作用。

农村合作基金会管理体制不够完善，管理制度不够健全，操作规程不够规范，从业人员专业知识参差不齐，高利率吸引银行资金流入农村合作基金会，增加了金融风险。为了有效防范和化解农村金融风险，维护农村金融秩序和社会稳定，省委办公厅、省政府办公厅印发了《关于转发〈四川省清理整顿农村合作基金会工作方案〉的通知》，按照省、市的统一部署，青白江区全面开展农村合作基金会清理整顿工作。

1999年3月15日，成立青白江区清理整顿农村合作基金会工作领导小组。设立领导小组办公室，负责清理整顿的日常工作。从财政、金融、纪检、监察、审计、工商、农经、司法、公安、乡镇等部门抽调147人，组成14个工作队进驻乡镇开展工作。3月17日统一冻结农村合作基金会在银行、农村信用社的存取款账户，停止农村合作基金会集资和借贷投放业务，封存单据账簿。3月18日，区政府向全区发布清理农村合作基金会公告。

同年3月17日—5月15日，为清产核资，资产确认阶段。派驻乡镇的工作队按照统一要求逐项清理账目，核查债权债务，完善借款抵押、担保合同，全面掌握了各乡镇农村合作基金会资产状况。全区15个农村合作基金会总资产20217万元，总负债20217（含所有者权益）万元。股金、代管金17832万元，其中个人股金、代管金13021万元，占总额的73%，集体股金、代管金4811万元，占总额的27%。5月12—15日，按照省、市统一部署，针对各个农村合作基金会资产状况，制订了整体并入、整体关闭、分块并入、分块关闭，整块并入与分块划转、清盘关闭相结合的处置方案。5月15—20日，中国人民银行新都支行营业部核查组，在川化宾馆分两次对全区13个农村合作基金会清产核资资料进行核查。华严（今红阳）、弥牟、大同、城厢、玉虹、姚渡、日新、龙王、福洪、清泉、合兴、人和、云顶13个农村合作基金会清产核资有关指标符合或基本符合整体并入条件，祥福农村合作基金会为分块划转，区联合会为关闭清盘。

整块并入农村信用社的13个农村合作基金会资产17120万元，占全区农村合作基金会（下同）总资产的84.7%；股金、代管金16608万元，占贷管金总额的93.14%，其中个人股金、代管金12269万元，占个人股金、代管金总额的94.2%；借款总额5597万元，占借款总额的68.2%，其中逾期借款1069万元，占逾期借款总额的19.1%；呆滞款528万元，占呆滞款总额的9.4%。

分块划转农村信用社的祥福农村合作基金会，资产1482万元，占总资产的7.3%；负债1482万元，占负债总额的7.3%；股金、代管金1046万元，占股金、代管金总额的5.9%，其中个人股金、代管金752万元，占个人股金、代管金总额的5.8%；借款总额1402万元，占借款总额的17.9%。分块划转个人股金、代管金752万元，划转应付利息22.2万元，划转有效借款38.7万元。

关闭清盘区联合会，资产1615万元，占总资产的8%；负债1615万元，占负债总额的8%，其中个人股金35万元。借款1212万元，占借款总额的14.7%。

1999年5月21日至6月5日，青白江区注入资金7496.26万元，其中区政府注入资金6479.36万元，各乡镇自筹资金1016.9万元。6月5日农村信用社对移交的存、借款业务重新登记后，开始兑现原存款单位和个人的股金、代管金，全区未发生挤兑事件。

7月22日，全区清理整顿农村合作基金会的工作结束，遗留资产870笔、金额7434.17万元。区政府制定《青白江区农村合作基金会遗留资产管理实施方案》，由区财政局与乡镇签订“借款协议书”，明确管理职责。2002年累计收回遗留资产491.68万元，2004年5月26日，除向法院起诉57笔、金额2706.9万元外，还有遗留资产764笔、金额4527.29万元。

城乡建设

1991—2005
成都市青白江区志

概　述

全区城乡规划，城乡建设发展快，变化大。建立区规划管理局，完善规划编制、规划管理、规划监督体制，建立城乡规划地理信息数据库。编制、修订和调整了青白江区城乡总体规划、分区规划、产业规划和专项规划，虽经多次修编调整，但规划总体布局合理，功能区分明确，发挥了规划的基础和龙头作用。

坚持“统一规划，分期建设”的原则，推进城市和试点镇建设。扩建华金大道，迁建唐巴公路青白江路段，拓展城市空间，带动新区建设，形成城市格局，扩大城市规模。1999 年，驻区企业危旧房屋改造纳入城市建设统一管理，促进旧城改造和新区建设同步推进。城市建设步伐加快，市政设施不断完善，人居环境逐步改善，为构建成都市北部新城创造了条件。

小城镇试点建设持续推进，试点建设效果明显。1994 年，景峰乡（今大同镇）被成都市列为首批小城镇建设试点镇后，祥福、弥牟、城厢、清泉、日新、姚渡、合兴等乡镇先后被列入国家、省、市小城镇建设试点镇和区域性优先发展试点镇。小城镇试点建设和优先发展重点镇建设，促进了乡镇工业适当集中，带动了农村二、三产业发展，增加了就业岗位，增强农村消费能力，促进农村产业发展，社会进步，生活环境良好，加快了城市化进程。

城乡规划

【规划调整】　在 1986 年总体规划的基础上，1993—2005 年，对城区的性质、规模、人口、功能分区等作了较大的调整、补充和完善，突出青白江卫星城功能，城市发展以主城区为核心，以华金大道为轴心，形成东西向、串珠状的组合型城市，城市组团范围包括弥牟、大弯、红阳、大同、祥福行政区域，幅员面积 94.95 平方千米，分区职能规划为成都市主城区北部分中心，以化工、冶金、建材、重型设备制造为主导产业的集中发展区，与新都区共同形成北部物流中心和北部新城。

1991 年由市规划设计院编制《成都市青白江区区域规划》。1992 年，根据《成都市市域城镇体系规划》的区域城镇体系布局，调整了 1986 年编制的《青白江区大弯镇总体规划》，1993 年市规划设计研究院完成《青白江区大弯镇总体规划》修编。调整后规划明确大弯镇、弥牟镇、城厢镇城镇群是成都市域次中心城市和青白江区域中心城市，从城市空间分布、生产力总体布局、产业结构、人口规模、交通设施、建设用地等作了补充和完善。到2000年规划城市人口14.5万人~15万人，2010年19.5万人~20万人；2000年规划建设用地14.65平方千米，2010年19.88平方千米。远期规划范围27.69平方千米，其中水源保护地、城市森林隔离带和铁路建设用地共7.82平方千米不列入占补平衡项目。1994年3月24日，调整后的《青白江区大弯镇总体规划》通过评审，市建设委员会以成建委发〔1994〕30号文件批准实施。

根据《成都市城市总体规划》的布局，青白江区城市规划纳入成都市城市总体规划。1999年12月至2000年9月，市规划设计研究院修编《成都市青白江区城市总体规划》。新规划按照大弯镇以化工、冶金、机械加工为主，成都北部卫星城的产业和城市定位，坚持整体性、生态性和远近结合的原则，在保留原规划优点和已经形成城市特色的基础上，突出卫星城发展战略，调整城市结构，优化城市布局，注重环境保护、绿地系统和城市特色的规划。弥牟、华严、大弯、大同、城厢等乡镇行政区域纳入城市规划范围，控制面积100.6平方千米。形成以大弯、华严、大同为中心的主城区，城厢、弥牟为东西组团区，以华金大道为轴线，向东向西发展的组合型城市格局。2010年规划主城区人口15.4万人，2020年19.44万人；2010年规划建设用地12.17平方千米，2020年15.36平方千米。2002年4月8日，市政府以成府函〔2002〕19号文件批准实施。

2003年，为适应接纳成都东郊外迁企业的需要，调整和修订了《成都市青白江区分区规划》。

【分区规划】 《青白江区分区规划》（简称分区规划）依据《成都市城市总体规划（2003—2020）纲要》编制，包括城市组团规划和部门行业规划，期限分为近期规划和远期规划，近期2003—2010年，远期2011—2020年。总人口2010年为47万人，2020年为54万人，城市化水平2010年为30%，2020年为42%。

城市组团包括大弯、红阳街道办事处，弥牟、大同和祥福镇毗河以北地区，幅员面积94.95平方千米，总人口近期21万人，远期32万人，用地规模近期23.89平方千米，远期33.58平方千米。

部门行业规划包括综合交通、绿地景观、市政工程、综合防灾、环境保护、城镇体系、基础设施和近期建设等专业规划。

职能分区。按照成都北部分中心，以冶金、化工、建材、重型设备制造为骨干的工业集中区，与新都区共同形成北部物流中心，构建北部新城的城市和产业定位，规划华金大道、同华大道、老川陕路生活区为居住带；沿工业区铁路专用线，大同居住区至新都区城市主干道为工业带；构建弥牟组团和大弯组团两个综合功能区。在青江中路、青江北路地区规划为区级行政办公中心；保留老城区主要商业、金融业，沿华金大道新增综合商场、专业批发市场、集贸市场等公共服务设施。青江西路、团结西路和团结北路区域规划为文化娱乐中心区，保留和扩建川化体育馆，青江北路北延线至同华大道交汇处和大同片区规划一处分区体育中心。建立以综合医院为中心，社区卫生服务机构为基础的医疗卫生服务体系，在城区和大同片区设置医院6个。撤除防护绿地规划范围内的教育科研机构，在大同片区规划建设职业技术培训基地。

标准分区。划分为7个标准大区、25个标准片区、63个标准街坊。大弯、红阳为居住标准大区，弥牟、大同为居住、工业组团标准大区，大同东区和原成钢、川化地区为工业组团标准大区，祥福北区为物流、工业混合组团标准大区。

标准大区对应城市建设用地，面积约5平方千米，标准片区对应一个工业区、居住区或混合组团区，面积1平方千米左右，街坊以城市道路分界，对应一个工业园区、居住小区，面积0.25～0.5平方千米左右。

综合交通、绿地景观、市政工程、供排水、供电、燃气、邮政、综合防灾、防洪抗震、消防、环境保护等。

在建项目。建设成青快速路，改建川陕公路为城市主干道，修建华金大道弥牟段，新建新彭家桥南路至物流中心区、公交枢纽站和客运、货运站。完善城区商业、金融、文化、体育设施，新建居住区和改造旧城居住区，完善城市干道带状绿地和节点景观绿地。建设攀成钢工业新区，完善传统工业区，进一步向东片区拓展。扩建青白江自来水厂和污水处理厂，做好电力升压、电信扩容和燃气设施建设。

【城厢镇总体规划】 城厢镇位于区境北部东侧，幅员面积46.91平方千米。1993年2月，省政府批准为第二批省级历史文化名镇，2000年4月列为四川省小城镇建设试点镇，2003年列为国家小城镇经济综合开发试点镇，2004年列为成都市重点镇，2005年列为成都市优先发展重点镇。境内省级文物保护单位1个，市级4个，区级3个。

1993年以后，曾先后编制《城厢古镇保护规划》等总体和详细规划。2001年委托成都市规划设计研究院编制《青白江区城厢镇总体规划》。2004年乡镇区划调整和列入优先发展重点镇，2005年重新编制了《青白江区城厢镇总体规划》。

规划以中心镇为重点，保护历史文化名镇，引导产业和人口向城镇、聚居点集中，接受中心城市辐射，带动周边小城镇发展，促进生产要素和人口聚集。规划年限为2005—2020年。

全镇产业规划为城镇、火车站、丘陵、平原4个经济发展区。

城镇经济发展区幅员面积5.97平方千米，以居住、商贸、旅游产业为主，依托城镇开发“七星岛”旅游景点。

火车站经济发展区幅员面积6.14平方千米，依托达成铁路城厢火车站，以货物运输、仓储市场为主的服务业和生态农业为主要产业。

丘陵生态农业经济发展区，幅员面积11.26平方千米，以水果、蔬菜、薯类等生态农业和养殖业为主要产业。

平原生态农业经济发展区，幅员面积23.54平方千米，以粮油作物和养殖业为主要产业。

村镇体系。村镇体系结构近期分为城镇建设区、聚居区、散居农户三级，远期分为城镇建设区和聚居点两级。

城镇建设区是全镇政治、经济、文化中心，突出历史文化名镇地位。重点发展居住、商贸、旅游业，居住人口4万人，占总人口的58.4%，城镇化水平58.4%。

聚居点以片区为中心，以居住和农副产品加工为主，培育接纳散居农户集中居住的承载能力，居住人口2.75万人，占总人口的39.4%。

散居农户分布在镇境东部丘陵区，远期规划逐步向城镇建设区和聚居点集中。到2020年，散居人口0.15万人，占总人口的1.2%。

基础设施包括全镇交通、供排水、供电、燃气、邮政、电信、消防等规划。

用地规划。

镇政府搬迁到小南街与城埝街之间，保留房屋管理所、公安派出所、城厢法庭用地。新建九年制学校，城厢小学和城厢中学初中部并入九年制学校，改造城厢中学高中部，新建四所幼儿园。分别在城镇南面和西街以西，新建历史文化、民间艺术展示、文化娱乐中心和体育场。保留青白江区血防医院用地，新建1所医院，现有医疗机构逐步转为社区卫生站。北街—南街、城镇中心干道和绣川河两侧为商贸、金融中心，保留巫家祠市场，在聚居点新建5个农贸市场。

古镇保护。按照历史文化名镇保护要求，划分为保护范围、环境协调区和控制地带三个层次。文物古迹现状和附属环境为保护范围，护城河以内为环境协调区，根据城镇现状和文物古迹形态划定建设控制地带，确保古镇风貌的恢复和完整。

【清泉镇总体规划】 清泉镇位于区境东南，幅员面积66.67平方千米。属成都市城市总体规划范围，是成都出入成南高速公路的门户，距成都市三环路18.4千米。

2001年，委托成都市规划设计研究院编制了《青白江区清泉镇总体规划》。2004年云顶乡并入清泉镇，同年列入成都市30个重点镇之一，原规划编制的城镇用地规模、远期发展方向、土地利用比例和人均用地指标等已不适应建设和发展需要，2005年重新编制《青白江区清泉镇总体规划》。

规划以统筹区域发展，加快城市化进程为思路，以推进城乡一体化为基础，以中心镇建设为重点，引导产业和人口向城镇集中，接受中心城市辐射，带动周边小城镇发展，促进生产要素和人口聚集。

规划年限为2005—2010年。产业定位以发展商贸集散、休闲旅游和农业产业化为主，形成农副产品集散流通、农副产品加工和山、沟、果、林为一体的生态旅游业。

全镇规划为城镇商贸、生态旅游、丘陵生态农业、山地生态农业4个经济发展区。

城镇商贸经济发展区，面积2平方千米。成南高速公路以北，成南连接线以东，关帝庙河以西。以城镇为依托，发展商贸、农副产品加工、交通运输和餐饮娱乐业。

生态旅游经济发展区，面积11.34平方千米。以花园沟生态农业园为中心，辐射邻近村社，发展山、沟、果、林为一体的生态农业和乡村旅游。

丘陵生态农业经济发展区，面积10.42平方千米。发展水果、蔬菜、粮食、油料等绿色农产品和以生猪为主养殖业。

山地生态农业经济发展区，面积42.91平方千米。发展薯类、玉米、蚕桑、林果和中药材等山地生态农业。

村镇体系。村镇体系结构近期为中心镇、聚居点、散居农户三级，远期为中心镇、聚居点两级。

清泉镇是全镇政治、经济、文化中心，是成都东山五场之一，农副产品集散地，商贸型小城镇。

聚居点规划原则是宜聚则聚，宜散则散。丘陵地区一村或几村为一聚居点，坝区几个村为一个聚居点。在已经形成的布局较为合理，基础条件较好居住点，要进一步完善学校、医疗、商店、电力、供水、排水、消防等配套设施，逐步形成接纳散居农户的能力。

基础设施包括供排水、燃气、邮政、电信、供电和道路等规划。

地质灾害。地质灾害主要分布在低山区，存在山体滑坡和少量山体崩塌。聚居点的选择要避开滑坡、崩塌区域，严禁在断裂带等存在地质隐患的地带选址和建设，同时要加强地质灾害的监测和预防。

城镇布局。清泉镇城镇布局范围东至关帝庙河，南邻成南高速公路，西以成南高速连线为界，面积1.76平方千米。因东、南、西三面发展空间受限，城镇建设远期规划只能沿赵洪路清泉段向北呈带状拓展。

城镇建设沿平安路、榕树街老城区与北部、南部两个新城区构成两条轴线，分别形成老城区、北部新城区、南部新城区三个片区，规划为产业、商业、南、北居住四个功能组团区。

产业组团区。位于城镇西南，以农副产品加工、综合市场和清泉客运站为依托，形成一体化产业基地。

商业组团区，以老城镇为基础，保留老城镇格局，利用平安路以西商贸业基础，结合东岳庙河生态带，山地生态公园、文化活动中心、体育场建设等设施，形成商业和文化娱乐中心。

南部居住组团区，位于产业组团区和商业组团区之间，是与产业组团区配套的居住社区和安置居住区。

北部居住组团区。位于老城镇以北，在东岳庙河与关帝庙河生态带之间，建设高档居住社区。

旧城改造

【改造方案】 1991 年，大弯镇城市街道 29 条，总长 17.29 千米，城市桥梁 11 座，城市排水管道 13.74 千米，路灯 1114 盏，路灯线路 17.48 千米。总功率 94.09 千瓦，城市建成区面积 5.55 平方千米，绿地面积 2.6 万平方米。1991 年起先后启动城市道路、危旧房屋、市政设施改造。

2005 年，大弯、红阳两个街道办事处城市街道 116 条，总长 80.08 千米，城市桥梁、涵洞 92 座，总长 953.32 米，供水主管道 104.09 千米，排水管道 73.94 千米，路灯电杆 1714 柱、路灯 4715 盏，总功率 943.33 千瓦，路灯线路长 88.78 千米，天然气输气管道 87.47 千米，建成区面积 17.36 平方千米，公共绿地面积 86 公顷，绿地覆盖面积 4.47 平方千米。

1991—1993 年，旧城改造以拓宽城市道路，提高街（路）面质量，形成道路格局为主。1994—1998 年，旧城改造实行道路改造、“安居工程”、小区建设、市政设施相结合的方式进行。1999 年在深入调查、总结经验的基础上，区政府制订了《成都市青白江区旧城改造实施方案》，明确了旧城改造的目的，规定了旧城改造的原则，规范了旧城改造的行为，并将驻区企业职工、家属宿舍区的危旧房改造列入旧城改造的范围，促进了旧城改造工作有序进行。

【城市道路改造】 1991—2005 年，改造城市道路 12 条，总面积 27.27 万平方米，其中行车道面积 22.58 万平方米，人行道面积 4.69 万平方米。

1991—1994 年，对夏家巷、团结东路、团结中路、青江南路等 7 条街道进行拓宽和路面改造，1995 年以后，先后改造了友谊巷、玉带路、教育街等街道，同时完善了供水、排水、绿化、路灯、环卫等市政设施。1993—1998 年，对原唐巴公路城区段（今华金大道一、二、三段）长 7850 米，按城市主干道的标准进行路面拓宽改造，形成一条自西向东贯通城区的城市主干道。城市道路经过拓宽改造，接通了断头路，形成了城市道路网络，完善了市政设施，提高了路面质量，街道硬化率达到 100%。

【危旧房屋改造】 1991—1998 年，城市危旧房屋改造零星分散，随意性较大，导致重复拆建。

1999年区政府制定《成都市青白江区旧城改造实施方案》，旧城改造工作有章可循，由零星分散逐步向有计划、有步骤集中成片转变，做到改造一片利用一片。2000—2002年，拆除城区危旧房屋13.64万平方米，开工建设低洼棚户区和危旧房改造16.76万平方米，竣工面积16.07万平方米。川化集团、化工机械厂、玉龙化工公司、攀成钢等企业危时房屋拆迁改造纳入城市建设统一管理，相继完成了企业职工、家属宿舍区危旧房屋的改造。怡湖明珠商业广场、川化步行街商业场、三桥商业广场和团结村商业场等商业网点进行集中成片改造，完善了商业网点设施，改善了交易环境，方便了市民购物。

【市政设施改造】 市政设施改造同城市道路改造、城市危旧房屋改造同步进行。改建城市桥梁和涵洞6座，团结西路、青江中路、教育街、芳邻片区等老城区的雨污合流排污管道逐步改建为雨污分流管道，城市生活污水由化粪池处理转变为由污水处理厂处理。自来水厂完成三期扩建工程，更新取水泵、变频供水、二氧化氯消毒系统设备和取样流量仪。1993年9月，成立青白江天然气公司、结束过去青白江地区民用天然气由成钢、川化等工厂供气的历史，民用天然气由青白江天然气公司统一管理。更新改造团结路、青江路等老城区街道路灯，在成钢小广场、青江路广场、怡湖明珠广场和怡湖广场等公共场所进行节点照明改造，形成亮化、美化为一体的城市照明系统。

新区建设

【城市道路建设】 根据调整后编制的《成都市青白江区大弯镇总体规划》，1994年启动新区建设。城市小区建设跨过唐巴公路（今华金大道）向北拓展，城市建设由单一的城市改造转变为城市道路、小区建设和市政设施及公共服务设施同步进行。到2005年，绕城公路（今同华大道）、红阳路、政府路北延线和石家碾路相继建成，城北新区城市道路骨架基本形成，为城北新区建设创造了条件。

1990年，大弯镇城市道路33条，总长18.05千米，道路面积18.66万平方米。1991—1998年，城市道路建设以接通断头路，完善城市道路网络，提高路面质量为重点，城市道路建设向北延伸，形成城北新区道路框架。新建怡湖东路、安居路、通站路等城市道路13条，总长14572米。改建、扩建华金大道、团结东路、玉带路等城市道路11条，总长12145米。1998年，城市道路54条，总长39.51千米，面积86.67万平方米，高级、次高级路面达到98.22%。1999年，根据《成都市城市总体规划》，青白江城市规划为成都北部卫星城，按照城市建设标准，调整城市结构，优化城市布局，形成组合型城市格局。1999—2005年，城市道路建设以华金大道为轴心，完善城北新区路网、连接新老城区，形成了“四纵”（大弯北路、青江北路、政府北路、红阳路）、“六横”（同华大道、石家碾路、华金大道、怡湖路、青江路、团结路）的城市道路格局。新建城市道路9条，改建老城区道路、街巷24条总长21025米。

华金大道改建工程。华金大道原属唐巴公路青白江区大弯路段，西起唐家寺108国道，东至大同镇，全长7.85千米，1993年命名华金大道一、二、三段。

1992 年，唐巴路成都段列入市政府重点改建项目，青白江区承担区境段改建任务，城区路段按城市道路设计同步施工。1992 年 9 月，完成设计、审查、征地、拆迁和招投标。1993 年 5 月主车道动工，1994 年 5 月主车道通车，总投资 4000 余万元。1995—1998 年，分两期完成慢车道、人行道、绿化带、地下管网、路灯等工程，总投资 1000 余万元。华金大道宽 51 米，主车道双向 4 车道，双向慢车道 11 米、人行道 17 米、分车绿化带 10 米。是连接东西的城市标志性工程和进出口通道。

2005 年，城市道路 116 条，总长 80. 08 千米，面积 115 万平方米。

【小区建设】 1990 年，大弯镇城市格局基本形成，驻区企业职工住宅分布在东西两端，形成川化、成钢两个生活小区，由一条厂区公路连接。机关、学校、医院及职工宿舍集中在主次干道两侧，企业、单位自建为主，布局比较零乱。同年，青白江区被列为成都市郊区（市）县统建开发小区设点区县，川化、成钢、怡湖小区、青江南路小区被列入全区统建开发小区建设试点项目，编制了小区试点建设规划，做好征地、拆迁、筹集资金、项目报建等前期工作。1992 年，启动试点小区建设。统一征地 71. 7 公顷，解决了川化、成钢、成纤、成化，化机等驻区企业和区属单位小区建设用地。1993 年怡湖小区建设初具规模，试点项目顺利推进。1994 年启动“安居工程”小区建设，安居苑一期工程开工建设，安居房 4 幢、112 套，建筑面积 9223. 2 平方米。1996 年实行统征统建。按照统一规划、统一征地、统一建设和集中成片的要求，驻区企业和区属单位的职工集资建房纳入统征统建管理，加快了小区建设步伐。1998 年新建青江苑、大弯新村、锦绣花园等小区 30 幢、1388 套，建筑面积 113291. 43 平方米。2002 年停止集资建房，实行“解困房”、经济适用房、商品房建设同步推进。2005 年，全区居住小区有 61 个，面积 158. 82 万平方米。

公用设施建设

【城市照明】 1990 年，大弯镇路灯 1114 盏，路灯线路 17. 4 千米，总功率 94. 09 千千瓦。1991—1994 年，新建的怡湖路、中心广场、青江南路等 6 条街道，改建的青江路、大弯路、团结路等 7 条街道安装或改造了路灯，团结路水泥灯杆更换为金属杆组合路灯。1994 年，城市路灯灯杆 496 柱、1192 盏，路灯线路 19. 91 千米，总功率 132. 7 千千瓦。1999—2002 年，实施城市“光彩工程”，亮化、美化向庭院延伸，路灯单一的照明功能向亮化、美化、主体化转变，灯杆以金属杆组合灯为主，路灯种类由单一的纳灯转变为钠灯、金卤灯、节能灯、霓虹灯等组合型彩色灯组。2002 年，路灯杆 1800 柱、路灯 4217 盏，总功率 646. 5 千瓦。2005 年，路灯杆 1714 柱，路灯 4715 盏、线路 88. 78 千米，总功率 943. 33 千瓦。

【城市供水】 1990 年区自来水厂 1 个，供水管道 54. 85 千米，年供水量 1015 万吨，其中生活用水 956 万吨，供水面积 5. 55 平方千米，供水人口 10. 9 万人。1992 年扩建澄清、过滤池，购置消毒设备。1995 年，投资 789 万元，新建一套供水生产线，增设排水分流管道，更换输水管道蝶阀，改造澄清地斜管托架，铺设大弯汽车站至大同镇输水管理2.3千米。1996—1999年，先后安装和更新低压配电柜、过滤池反冲阀、电动蝶阀、氯气回收装置、加药计量泵、自动化控制设备，新建红阳路输配水设施，完善新老城区供水系统。自来水厂日供水能力达到5万余吨，供水面积12平方千米，人口12万余人。2005年，城市供水管道104.09千米，年供水量7355万吨，其中居民生活用水1700万吨，用水人口16万余人。

【城市排水】 1990年，城市主干道、次干道埋设水泥圆管，一般街巷设置方形明沟或暗沟构建城市排水系统，收集城市污水和雨水。大弯镇地势西高东低，4条排水主管道由西向东贯穿城区，次干道、一般街巷排水管（沟）呈南北或北南向与主管道连接，经主管道排入排洪河，管道总长27.1千米。1994年，新建街道和小区推行雨污分流，城市排水管道20.32千米，其中加盖方沟8824米，明沟4100米。1998米，全面实施雨污分流工程，新建街道、小区和旧城改造项目的排水系统建设实行统一规划、统一设计、统一标准、统一建设。2002年区污水处理厂建成投产，城市污水经处理后排放，结束了城市污水直接排入河道的历史。1991—2005年，先后新建和改造城市排水系统59条（段）、长60.2千米。到2005年，城市排水管道总长73.94千米。

【城市供气】 1993年以前，大弯镇民用天然气分别由川化、成钢、成纤等企业转供。1990年，民用天然气供气管道24千米，年供气量837万立方米，用气人口5万余人，大弯镇民用天然气普及率达到90%。

1993年，区政府投资270余万元，成立区天然气公司，隶属区城建委，经营全区民用、商用和小型工业企业供气业务。同年12月，完成输气管道铺设和设备安装调试，开始供气。2000年8月，组建四川博能燃气股份有限公司。城市规模逐步扩大，城市人口不断增加，供需矛盾明显加剧。博能公司加大供气基础设施建设力度，增设输气管线，完善供气设备，争取足够气源，扩大业务范围，保障城市供应。2005年，建有输气调压站8个、配气站6座、压缩天然气加气站1座，输气管道84.47千米。年供气量10.07亿立方米，其中民用气5424万立方米，家庭用户3万余户、14余万人，商业用户560余户。

【供电】 1990年，境内有220千伏青白江变电站，由成都热电厂、灌县渔子溪电厂、映秀弯电厂、江油电厂和乐山龚咀电厂提供电源。1991—1995年，新建唐家寺、牟池塔35千伏变电站。1998年建成500千伏龙王变电站，承担二滩电站向川西地区输送电源的任务。2000年3月，全区第一个无人值守的35千伏祥福变电站建成，2002年6月，新建110千伏大弯变电站。2002年5月，青白江电力调度监控中心开始启用，大弯、祥福、唐家寺等变电站实现遥测、遥控管理。1998—2002年，采用边新建、边改造、边运行的方式，完成220千伏、110千伏、35千伏、10千伏4个电压等级和主变压器、二次设备的技术改造。1998—2002年，完成农村电网改造，总投资4299万元，达到电压质量稳定，统一农村电价，基本消除拉闸限电的目的，尤其是农村电价由原来的每千瓦时1元多，控制在每千瓦时0.4657元。在城市实施“光彩工程”和“一户一表”工程，提升了城市形象，方便了群众生活。

1991年，220千伏变电站有1座，1998年4座，其中500千伏、220千伏各1座，35千伏2座，主变压器8台，变电总量103万千伏安。35千伏以上输电线路7条、38.82千米，10千伏输电线路10条、46.4千米，供电量81492万千瓦时。2001年，供电量首次突破10亿千瓦时，达到103866万千瓦时。2005年变电站有6座，其中500千伏、220千伏、110千伏各1座，35千伏3座，变电总容量

195.13 万千伏安，供电量 18.36 亿千瓦时。

城市管理

【机构职能】 1991 年，城市管理由区建委城市建设管理办公室、环境卫生管理处、城市建设监察大队等共同管理。2002 年 2 月，由原区城市综合管理办公室、区城市建设监察大队、区城市建设管理科（原城管办）、区环境卫生管理处、区园林绿化处、区市政设施维护队、区路灯所、区广场管理处、区排水所合并成立区市容环境管理局。2003 年，在区城市建设监察大队设建筑渣土管理监察中队。2005 年 10 月，成立区城市管理局，设局办公室、城市市容管理科、环境卫生管理科、综合执法科。下属事业单位设环境卫生管理处、园林绿化处、市政设施管理处，原城市管理监察大队更名城市管理综合执法大队，在城厢、清泉、弥牟、大同、祥福设置城镇综合执法中队。坚持“条块结合、以块为主、重心下移、属地管理”的原则，初步形成区、乡（镇）、局、中队四级城乡管理网络。2002 年，区市容环境管理局负责管理、维护城市道路 105.8 万平方米，排水管网 54.7 千米，路灯（不含广场）5577 盏，大小涵洞 200 余个，桥梁 13 座，公厕 19 座，垃圾桶、果皮箱 980 个，清扫面积 57.17 万平方米，日清运垃圾 70 余吨。

【清扫保洁】 1991 年，城市清扫保洁按道路使用性质划分。城市街道由区环卫处负责，人行道实行“门前三包”由商家清扫，厂矿、企业、学校、机关、车站由产权单位负责，过境道路由区交通局负责。2004 年 11 月，主城区清扫保洁移交大弯、红阳街道办事处，2005 年 4 月，主城区清扫保洁纳入统一管理，同年 7 月，区交通局管理的华金大道一、二、三段，红阳、同华大道移交区市容局管理。

1991 年，区环卫处有 5 吨自动装卸垃圾运输车 4 辆，5 吨洒水车 1 辆，垃圾桶、果皮箱 410 个。清扫面积 13.02 万平方米，年清运生活垃圾 9125 吨，管理公厕 8 座，同年新建沼气式公厕 2 座。1995 年，自卸式垃圾运输车 5 辆、洒水车 1 辆、垃圾桶、果皮箱 632 个。清扫面积 23.57 万平方米，年清运垃圾 12775 吨。管理公厕 15 座。2003 年，实行环卫保洁市场化运作试点，以保洁权公开招标方式，将政府北路北延线、石家碾西路等城市道路清扫保洁由成都圣爱物业公司承包管理。2004 年，进一步扩大试点范围，先后引进成都恒正和实业发展总公司、居安物业管理公司、信义家政服务有限公司等社会力量参与清扫保洁。2005 年，有垃圾运输车 10 辆、洒水车 2 辆、扫地车 1 辆、5 吨垃圾收集箱 4 个、袋装垃圾转运（电瓶）车 10 辆，垃圾桶、果皮箱 955 个，清扫面积 115 万平方米，日清运生活垃圾 74 吨。

川化集团公司、攀成钢公司等企业建有环卫组织，负责厂区和生活区的清扫保洁。

【垃圾处理】 主城区生活垃圾、特种垃圾、部分城镇、企业生活垃圾的收集、清运和处理由区环卫处负责。川化集团、攀成钢的生活垃圾自行清运。

1990 年，租用玉虹乡（今城厢镇）二砖厂取土场作生活垃圾填埋场。1994 年 7 月，玉虹乡五泉村标准化生活垃圾填埋场动工修建，完成单元堤坝、道路、保坎、截雨沟、汇车坝等工程，年底投入使用。2000 年 4 月，全区生活垃圾转运龙泉长安固体废弃物处置场处置。

2005 年 10 月 11 日，动工修建青白江区生活垃圾压缩中转站。压缩中转站位于红阳街道办事处红阳村（今蔡家庙社区）14 组，占地 35 亩，总投资 411.8 万元，日压缩生活垃圾量 80 吨，2006 年 2 月 26 日投入试运行。

【市政设施维护】 1991 年区建委设市政设施维护队，2002 年更名市政设施管理处，负责城市道路、桥涵、路灯、排水等市政设施的管理、维护和改造，受理市民有关市政设施建设、管理的来信、来访和投诉。

城市道路管理。禁止单位和个人在城市道路开、闭进出口，禁止非法占用城市道路，施工挖掘城市道路须办理许可证并设置安全标志和防护设施，竣工必须恢复。路栏、交通标志等市政设施不得擅自移动、损坏或改作他用。1991 年，管理维护街道 29 条、长 17.3 千米，面积 28.16 万平方米，桥 13 座，涵洞 22 个。2002 年推广沥青混泥土路面速补技术，城市道路硬化率 100%，完好率 98%。2005 年，管理城市街道 116 条，长 80.08 千米，面积 115 万平方米，桥梁、涵洞 92 座，总长 953.32 米。

排水管理。禁止在城市排水设施上修建构筑物，不得擅自拆卸、改装排水设施或接入市政排水沟管道。1991 年管理城市排水管道 13.74 千米、检查井 415 座，进水品 715 个，雨污混合排放率 91.11%。1998 年，城市建设北移、区污水处理厂动工修建，新区建设和旧城改造排水系统实行雨污分流，老城区排水管网布局作了调整。1998 年末，管理维护城市排水管道 39.4 千米，检查井 644 座，进水口 1583 个。2005 年，随着城北小区建设步伐加快，城市排水系统进一步完善，城市排水管道 73.94 千米。坚持排水管道、检查井、水箅子、暗沟等排水设施的维护和清淘，确保城市排水率常年保持在 90% 以上。

路灯管理。路灯管理由路灯所负责，建立了定岗、定员、分片包干，定时巡查等制度。路灯实行专线供电，禁止拉接和盗用，不得在路灯杆上悬挂广告和标语。1994 年，主干道路灯水泥杆逐步更换为金属杆组合式路灯。

1991 年，管理和维护路灯 1114 盏，路灯线路长 17.47 千米，总功率 94.09 千瓦。1995 年，路灯 1192 盏，路灯线路长 19.91 千米，总功率 132.74 千瓦。1998 年，路灯 1877 盏，路灯线路 33.91 千米，总功率 294.6 千瓦。2005 年，路灯 4715 盏，路灯线路 88.78 千米，总功率 943.33 千瓦。配电柜 49 个，钟控 101 个。

【城市管理执法】 1991 年，城市管理执法由城市建设监察中队负责，1997 年更名为监察大队，2003 年监察大队内设建筑渣土管理监察中队，2005 年更名为城市管理综合执法局，同时，城市管理综合执法延伸到乡镇。其主要职责是：查处违规、违法建设，纠正和查处出摊占道、非机动车乱停乱放等影响市容的行为。2002 年，推行“优化组合，竞争上岗”管理机制，执法行为进一步规范。执法范围扩大到“越门出摊、流动商贩、乱停乱放、非法营运、渣土撒漏、沿街棋牌、乱贴乱画、废旧物资收购”等。2003 年，集中开展废品收购点、校园周边环境、综合市场、扬尘等专项治理。实行“延时、错时”工作制，建立督察制度，公布投诉电话，规范执法行为，加强违章行为的纠正和劝阻，加大违法行为的处罚力度。1991 年，纠正违章设点 1500 余件，罚款 1000 元；查处违法建设 72 处，限期拆除 10 处，罚款 3000 元。1995 年，纠正违章设点 1680 件，罚款 1310 元；查处违法建设 128 处，补办规划许可证 68 件、处罚 5 件，罚款 16900 元。1998 年，建立过渡性综合摊位 275 个，搬迁临街水果市场，沿街为市、出摊占道有所好转。2002 年违章设点有所反弹，纠正查处 5000 余件，其中 115 件按一般程序、140 件按简易程序给以查处。规范户外广告载体设置，办理户外广告载体审批 50 件。2005 年，进一步加大整治力度，市容市貌有较大改善，基本能做到“坐商归店、摊点归区、农贸归市、车辆停放归点”。

乡镇建设

【村镇建设规划】 1994 年，景峰乡（今大同镇）被市委、市政府批准为成都市首批小城镇建设试点镇，全区启动小城镇建设试点工作。1995 年，省委、省政府批准，撤销景峰乡，建立大同镇，列为四川省小城镇建设试点镇。同年，市委、市政府批准弥牟镇、祥福乡（今祥福镇）为成都市小城镇建设试点镇。2000 年，弥牟镇、城厢镇、清泉镇、祥福镇批准为四川省小城镇建设试点镇。2003 年，城厢镇被批准为国家小城镇经济综合开发示范镇，2004 年，城厢镇、清泉镇被批准为成都市小城镇建设重点镇。同年，祥福镇被国家发展与改革委员会、建设部、农业部、民政部、国土资源部、科技部批准为国家小城镇建设试点镇。2005 年，城厢镇被批准为成都市优先发展重点镇。到 2005 年，全区被批准为国家、省、市小城镇建设试点镇 8 个。除合兴镇划归新都区、日新与祥福合并后，还有大同、弥牟、祥福、城厢、清泉、姚渡 6 个小城镇建设试点镇。

根据建设部《村庄和集镇规划建设管理条例》《四川省村镇规划建设管理条例》，成都市建设委员会（简称市建委）《关于认真贯彻执行〈村镇和集镇规划建设管理条例〉的通知》的规定，按照省、市小城镇建设试点工作的要求，成立了青白江区小城镇建设领导小组、建立了村镇建设管理办公室，在乡镇配备村镇助理员，负责乡镇村镇建设和管理。

小城镇建设试点工作坚持“合理布局、突出特色、壮大产业、完善功能、强化管理、注重实效”的原则，以试点镇为重点，以规划为龙头，以项目为基础，加强建设管理，以点带面推动全区小城镇建设。根据全区总体规划，区域规划、城市总体规划的调整和修编，先后编制和调整了 8 个试点镇、2 个区域中心镇的总体规划，编制了 6 个乡镇的 20 余个中心村规划。将产业布局、城镇体系布局、基础设施建设、土地利用和环境保护列入小城镇建设规划内容，使小城镇规划全面、建设有序。试点镇建设采取小城镇户籍指标、财政支持、社会资金等多种渠道筹集建设资金，农民到城镇建房保留土地承包关系、保留自留地和农村房屋产权。重点镇建设按照统筹城乡经济社会发展，推进城乡一体化的要求，在政策、人才、资金和建设用地指标等方面向重点镇倾斜。探索投融资体制改革，以财政资金为引导，社会资金为主体，经营城市等方式，多渠道筹集建设资金，重点镇建设开始走上产业发展，社会进步，生活改善，环境良好的可持续发展道路。

【城厢镇建设】 按照重点和优先发展重点镇建设的标准和要求，编制和调整了城厢镇总体规划、控制性详细规划、建设性详细规划和城镇景观、交通、卫生、教育、古镇保护等专项规划。

城厢镇改造城镇危旧房屋4万余平方米，拆迁农房6.07万平方米。新建东门和北门广场，商业街及巫家祠等综合市场。改造和铺设上北街、下北街、大东街、小东街、建设路、滨河路、朝阳路、尚武路的混凝土路面和人行道彩色地砖。修建水冲式公厕12座和净化沼气池27个，改造城镇排污管道和环卫设施。新建学校1所、完成中心卫生院主体工程和七星岛旅游通道，新建城厢长途汽车客运站和2路、4路、6路、11路公交车站。

加强文物保护。城厢镇是四川省历史文化名镇，境内有省、市、区级文物保护单位8个。在旧城改造和新区建设的同时，根据文物保护法规和古镇保护规划，制订了保护措施，落实了管理人员，划定了保护范围，确保了文物安全。在建设过程中特别注意保护明清时期建筑，突出历史文化名镇特色，维修了家珍公园、彭大将军专祠、绣川书院，恢复了西街区风貌，开放了寿福寺、三清观庙会。

改革和完善了城市管理体制。建立区规划管理局城厢分局、区交通局城厢交通管理办公室、区公安分局交巡警大队城厢中队，并赋予区级行政管理职能，整合了管理资源，强化了城镇管理。

2005年，城厢镇建成区面积1.88平方千米，新增城区面积0.9平方千米；新增城镇道路面积20.58万平方米，道路硬化率90%；城镇绿地面积68.5万平方米，建成区绿地率35.2%。1995年开通天然气，用气率92%，工业污水处理率100%，生活污水处理率78%，生活垃圾无害化处理率100%，城镇化率33%。

【清泉镇建设】 清泉镇改造了城镇土墙、草房。新建清云路、商贸街、箩篼巷、菜市巷、关云巷、鳅鱼横巷等城镇街道。拓宽了平安路，拆迁了古树街，改造了清石路场镇段。新建清泉汽车站，客车和公交车通往周边区县和乡镇。引进四川长河科技有限公司新建平安路禽蛋市场和商贸街综合市场。新建太平中学教学楼和清泉中心校，改建清泉镇卫生院住院楼。扩建自来水厂，新建城镇排污管道，新建公厕、垃圾池，安放垃圾桶，配备垃圾清运车辆，安装和改造路灯，1995年开通天然气、光纤电视和程控电话。

清泉镇公路网络基本形成。成南高速公路清泉出口连接线建成通车，可辐射周边区、县。城镇基础设施和公共设施进一步完善，建立水果、蔬菜中药材基地，扩大种植面积，引进优良品种，提高了农产品质量。龙洞、秧田、花园沟的乡村旅游业形成规模，以“桃花诗会”为载体的乡村旅游文化进一步发展。以商贸集散和交通运输业为龙头，特色农业和乡村旅游共同发展的城郊型小城镇初步形成。

【小城镇建设】 1994年第一个试点镇建设启动，全区先后有8个乡镇分别列入国家、省、市小城镇试点镇。合兴镇划出，日新镇合并，城厢、清泉列入重点镇，弥牟、大同、祥福、姚渡为试点镇。

1996年完成弥牟镇总体规划编制，1997年批准实施。到2005年，改造旧城房屋2.32万平方米，拆迁农房18.31万平方米。新建民族商贸街、八阵图商贸城、祥和商城、综合市场、青白江中学学生公寓。改建西干道北一段，唐巴公路、唐军公路场镇段。完善了城镇供、排水管网，供电、供气、路灯、绿化、沼气池等基础设施建设。新建安置房185套，农村居民聚居点4个，面积1.85万平方米。维修了清真寺和八阵图遗址。

2004年列入主城区规划范围，规划为弥牟居住、工业汇合组团区。

1992年和1994年，四川省城乡规划设计研究院分别编制《青白江区景峰乡村镇规划》和《青白江区景峰乡城镇规划》。随着全区总体规划的调整，大同镇规划调整较大，2004年规划为青白江区城市组团次中心。

大同镇小城镇建设采用先地下后地上的方式完善地下管网，沿南北方向主干道修建排污主管道，连接城镇地下管网，形成地下排污系统进入区污水处理厂。到2005年，小城镇建设拆迁旧城房屋3.61万平方米。新建同福后街，同福6、7、8、9号等城镇街道，形成以华金大道为中轴，连接12条街道的城镇格局，建成区面积0.8平方千米，供水、排水、供电、供气、消防、环卫等公用设施完善，学校、医院、市场、车站、光纤电视等公共设施齐全。

2004年，区内重点项目建设集中安排在大同镇境内，用地指标困难。区政府致函市建委，请求区内调整小城镇建设用地指标。市建委以成建函〔2004〕23号复函同意，从合兴、日新、姚渡、城厢、祥福5个试点镇建设用地指标中调整66.65公顷到大同镇集中使用，解决了重点项目建设用地的难题。

祥福镇是成都市集镇建设试点镇，按照小城镇建设试点镇的要求，先后对总体规划、土地利用规划、村镇建设规划和城镇建设规划等作了调整和修编，经批准后实施。1991—2005年，新建大石路场镇段、滨河南路、滨河北路、同兴中路、同兴北路和同兴东路、天星路，改造祥福东街、祥福西街和渡口路街面，以及祥龙、祥城路场镇段，新建水冲式公厕和净化沼气池，新建综合市场和禽蛋市场。完善了供水、排水、供电、供气、环卫等基础设施建设，新建了卫生院、祥福中学学生公寓、中心幼儿园，扩建了祥福中学教学楼和操场，建成区面积0.48平方千米，城镇绿地面积4.06公顷。

2004年，祥福北区规划为物流、工业混合组团区。

姚渡镇拓宽城太路、姚日路场镇段，改造姚渡上街、姚渡下街、平江路等8条街道，新建综合市场，完善供、排水管道，1995年开通天然气。

【村镇建设管理】 1990年，区建委内设村镇建设管理办公室，1991年，在12个乡镇配备村镇建设助理员18名。1996年，结合小城镇试点建设，成立大同镇城镇建设管理办公室和城市建设监察大队大同分队。2002年村镇建设助理员由区建设局统一管理，实行轮岗制。2004年乡镇区划调整，调整后的乡镇（街道）配齐了人员，规划、建设、公安、交通、城管等区级职能部分延伸到乡镇，保持了村镇建设管理工作的连续性。

村镇建设助理员受所在乡镇党委、政府领导和区建设局业务指导和管理，宣传和贯彻执行村镇规划建设的法律法规，负责农村、城镇房屋建设的审查、报批和建筑质量管理，为房屋建设提供咨询服务、配合城建监察部门调查、处理违法建设。1997年，实行建筑工匠从业资格管理，协助开展专业培训和监督持证上岗。2003年，贯彻区政府《农村住宅建设管理办法》，清查核实2003年6月1日以前颁发的村镇房屋产权证、产籍和档案，换发全市统一监制的村镇房屋产权证。

1991—2005年青白江区街名变化一览表

表74

年份		原名	更名	备注
1991	1	工农路	青江西路	大弯、华严街办
	2	工农路	青江东路	
	3	工农路	青江中路	
	4	原厂区东路、厂区中路、厂区西路、团结东路	团结东路	

续表74

年份		原名	更名	备注
1991	5	长征路	化工北路	
	6	大夫路	青华中路	
	7	前进中路	大弯中路	
	8	前进西路	大弯西路	
	9	大弯东街	白塔巷	
	10	长征路	化工南路	
	11	大夫路	青华东路	
	12	大夫路	青华中路	
	13	前进北路	大弯北路	
	14	前进南路	大弯南路	
	15	前进东路	大弯东路	
	16	大弯西街	滨河路	
	17	大弯中街	果市巷	
	18	和平街	和平中街	清泉镇
	19	和平街	和平上、下街	
		关云路	关云巷	清泉镇
1993	1	公安街	公安巷	
2000	1	政府北路	政府中路	大弯、华严街办
	2	民族路	清真巷	弥牟镇
	3	景峰路	大同路	大同镇
2004	1	大同中路	巨石大道	
	2	大同南路	巨石大道	
2005	1	上马棚堰支渠	清城河	弥牟镇
合计		29条	26条	

1991—2005年青白江区新命名街道一览表

表75

年份		乡镇	新命名街道	年份		乡镇	新命名街道
1991	1	大弯镇	青江南路	1991	1	城厢镇	朝阳路
	2	大弯镇	政府南路		2	城厢镇	公园路
	3	大弯镇	团结中路		3	城厢镇	建设路
	4	大弯镇	青江北路		4	城厢镇	大东街
	5	大弯镇	政府北路		5	城厢镇	上北街
	6	大弯镇	怡湖西路		6	城厢镇	忠烈祠街
	7	大弯镇	怡湖北路		7	城厢镇	大南街
	8	大弯镇	憩园路		8	城厢镇	城堰街
	9	大弯镇	教育街		9	城厢镇	槐树街
	10	大弯镇	园林街		10	城厢镇	余家湾
	11	大弯镇	石桥街		11	城厢镇	秋玉巷
	12	大弯镇	邮电巷		12	城厢镇	平仓巷
	13	大弯镇	乐园巷		13	城厢镇	九思巷
	14	大弯镇	建设巷		14	城厢镇	江西巷
	15	大弯镇	玉带巷		15	城厢镇	糠市巷
	16	大弯镇	红阳巷		16	城厢镇	奎阁巷
	17	大弯镇	夏家巷		17	城厢镇	长宁路
	18	大弯镇	沿河巷		18	城厢镇	庆泽巷
	19	大弯镇	安全巷		19	城厢镇	尚武路
	20	大弯镇	怡湖东路		20	城厢镇	小东街
	21	大弯镇	紫荆路		21	城厢镇	下北街
	22	大弯镇	建安街		22	城厢镇	河边街
	23	大弯镇	夏庙街		23	城厢镇	小南街
	24	大弯镇	玉带街		24	城厢镇	西街
	25	大弯镇	肖家巷		25	城厢镇	公安街
	26	大弯镇	粮食巷		26	城厢镇	西城边街
	27	大弯镇	公园巷		27	城厢镇	横秋玉巷
	28	大弯镇	三家巷		28	城厢镇	家珍巷
	29	大弯镇	窄巷子		29	城厢镇	营房巷
	30	大弯镇	蔡家巷		30	城厢镇	坚强巷
	31	大弯镇	团结北路		31	城厢镇	上寿巷
	32	大弯镇	团结西路		32	城厢镇	桑园巷
	33	大弯镇	团结南路		1	弥牟镇	镇南路
	34	大弯镇	文化巷		2	弥牟镇	民族路

续表75

年份		乡镇	新命名街道
1991	3	弥牟镇	弥牟上街
	4	弥牟镇	弥牟下街
	5	弥牟镇	新横街
	6	弥牟镇	半边街
	7	弥牟镇	草市街
	8	弥牟镇	弥牟中街
	9	弥牟镇	老横街
	10	弥牟镇	中横街
	11	弥牟镇	玉狮桥
	12	弥牟镇	鸡市巷
	1	清泉镇	光明路
	2	清泉镇	平安路
	3	清泉镇	公安街
	4	清泉镇	箩篼巷
	5	清泉镇	姜巷子
	6	清泉镇	光明巷
	7	清泉镇	青石路
	8	清泉镇	荒市街
	9	清泉镇	狗市巷
	10	清泉镇	鳅鱼巷
1993	1	大弯镇	华金大道一段
	2	大弯镇	华金大道二段
	3	大弯镇	华金大道三段
	4	大弯镇	黄沙坡路
	5	大弯镇	黄草堰路
	6	大弯镇	友谊巷
	1	城厢镇	古城路
	1	弥牟镇	车站东路
	2	弥牟镇	车站南路
	3	弥牟镇	车站北路
	4	弥牟镇	凉水井巷
	5	弥牟镇	新兴街
	6	弥牟镇	八阵巷
	1	景峰乡	景峰路
1993	1	祥福乡	渡口路
	2	祥福乡	祥福南街
	3	祥福乡	祥福北街
	4	祥福乡	祥福东街
	5	祥福乡	祥福西街
	6	祥福乡	祥福中街
	1	玉虹乡	玉虹正街
	1	姚渡乡	四通路
	2	姚渡乡	平江路
	3	姚渡乡	姚渡上街
	4	姚渡乡	八达路
	5	姚渡乡	安平路
	6	姚渡乡	姚渡下街
	1	日新乡	日新东街
	2	日新乡	日新南街
	3	日新乡	日新西街
	4	日新乡	日新北街
	1	龙王乡	龙兴路
	2	龙王乡	龙和街
	3	龙王乡	商贸街
	4	龙王乡	龙胜街
	5	龙王乡	解放街
	6	龙王乡	裕康街
	1	福洪乡	卷棚寺街
	1	合兴乡	新华街
	2	合兴乡	新民街
	3	合兴乡	新谊街
	4	合兴乡	顺河街
	5	合兴乡	双柏街
	1	人和乡	茅店子上街
	2	人和乡	茅店子下街
	3	人和乡	茅店子中街
	4	人和乡	茅店子后街
2000	1	大弯镇	通站路

续表75

年份		乡镇	新命名街道	年份		乡镇	新命名街道
2000	2	大弯镇	黄金路	2000	11	大同镇	同德北路
	3	大弯镇	黄金北路		12	大同镇	同仁路
	4	大弯镇	大弯东路（延伸段）		13	大同镇	一心街
					14	大同镇	南新街
	5	大弯镇	学苑路		15	大同镇	北新街
	6	大弯镇	安居路		16	大同镇	幸福街
	7	大弯镇	新河路		1	城厢镇	商业街
	8	大弯镇	紫荆东街		1	清泉镇	古树街
	9	大弯镇	紫荆南街		2	清泉镇	菜市巷
	10	大弯镇	紫荆西街		1	祥福镇	同心东路
	11	大弯镇	紫荆北街		2	祥福镇	同心西路
	12	大弯镇	市场巷		3	祥福镇	同心南路
	13	大弯镇	大夫巷		4	祥福镇	同心北路
	14	大弯镇	桥梁巷		5	祥福镇	同心中路
	1	华严镇	红阳路		6	祥福镇	滨河南路
	2	华严镇	红阳东路		7	祥福镇	滨河北路
	3	华严镇	玉带小区		8	祥福镇	天星路
	4	华严镇	政安巷		1	姚渡镇	永和路
	1	弥牟镇	长城路		2	姚渡镇	文华街
	2	弥牟镇	唐军路		1	日新镇	新隆街
	3	弥牟镇	民族路		1	龙王乡	龙泰路
	4	弥牟镇	九里场街		2	龙王乡	龙兴街（延伸段）
	5	弥牟镇	弥牟南街		3	龙王乡	裕康街（延伸段）
	6	弥牟镇	弥牟北街		4	龙王乡	龙胜街（延伸段）
	1	大同镇	大同中路		1	福洪乡	宏福路
	2	大同镇	大同东路		2	福洪乡	希望路
	3	大同镇	大同南路		3	福洪乡	永安街
	4	大同镇	大同西路		4	福洪乡	隆盛街
	5	大同镇	大同北路	2001	1	大弯镇	金怡巷
	6	大同镇	同福东路		2	大弯镇	馨苑巷
	7	大同镇	同福西路		3	大弯镇	新河小区
	8	大同镇	同福南路	2002	1	大弯镇	芳邻路
	9	大同镇	同福北路		2	大弯镇	菁华路
	10	大同镇	同德南路		3	大弯镇	石家碾东路

续表75

年份		乡镇	新命名街道	年份		乡镇	新命名街道
2002	4	大弯镇	石家碾中路	2003	2	清泉镇	商贸南街
	5	大弯镇	石家碾西路		1	华严镇	华逸路
	6	大弯镇	北居苑小区		1	玉虹乡	宏业路
	1	华严镇	杨柳小区	2004	1	华严镇	嘉裕街
	2	华严镇	杨柳路		2	华严镇	威凤街
	1	弥牟镇	民族商贸北街		1	弥牟镇	茶树街
	2	弥牟镇	民族商贸西街		1	大弯街道	巨源小区
	3	弥牟镇	八阵图商业场	2005	1	大弯街道、红阳街道	同华大道(唐巴路青白江绕城线)
2003	1	大弯镇	怡湖广场				
	1	清泉镇	商贸东街		1	红阳街道	正和路

1991—2005年青白江区消失街名一览表

表76

年份		乡镇	消失街道
1991	1	大弯镇	华院巷
	2	大弯镇	双元街
2000	1	华严镇	玉带巷

建筑管理

【建筑企业】 1991 年，全区乡、村集体建筑施工队 23 个，固定资产 1722 万元。1995 年，实行企业经营体制改革，逐步组建股份制，股份合作制和个体企业。2005 年，全区四级以上建筑企业 32 个，其中个体企业 20 个，固定资产 4.28 亿元。

1991—2005 年青白江区建筑业基本情况表

表 77

年份	企业数（个）	施工产值（万元）	年平均人数（人）	房屋竣工面积（万平方米）
1990	20	8055	10191	16.72
1991	23	6928	9358	18.30
1992	29	10748	9999	17.08
1993	29	17011	12579	16.00
1994	31	16093	10605	19.07
1995	32	24410	18706	15.35
1996	32	25318	11737	22.62
1997	35	43300	19262	28.08
1998	38	66707	17848	35.35
1999	41	52337	12968	37.10
2000	43	54530	13818	33.80
2001	37	80404	16741	42.59
2002	32	122039	20042	51.30

续表77

年份	企业数（个）	施工产值（万元）	年平均人数（人）	房屋竣工面积（万平方米）
2003	28	160869	14947	43.00
2004	32	194986	14370	52.90
2005	32	182088	16662	56.30
合计		1026853		505.46

【工程报批管理】 1991年，建设工程实行立项申报审批管理。建设单位持立项批准文件到规划部门申请项目定点，领取建设用地规划许可证。建设单位凭建设用地规划许可证在国土管理部门办理征地、划线手续。建设单位持有效设计图纸、施工单位、监理单位资质证明到建设管理部门办理施工证照。1997年11月起，执行施工许可证制度。

1996年，建设工程实行招标投标管理，成立青白江区建设工程招投标管理办公室，负责建设工程招投标的组织实施和监督管理。2000年，贯彻执行《中华人民共和国招标投标法》，同年成立成都星宇建设工程造价咨询有限公司，负责建设工程造价咨询和招标投标的组织实施，区建设工程招标投标管理办公室负责招标投标工作的监督。2005年，实施招标投标工程65个、总投资2.67亿元。

【勘测设计管理】 1990年，成立青白江区地质勘测队，1993年更名为青白江工程勘测所，2002年组建四川恒力勘测有限公司，资质乙级，承担建设工程地质勘测。先后承担了川化味之素、赖胺酸建设、铁道部第二工程局四处青白江基地建设、巨石集团池窑拉丝生产线、四川升达林产胶合板厂房建设等工程的地质勘测。

1991年，全区有资质的设计单位五家，其中四川化工机械厂基建设计室、成都桥梁厂设计室、成都钢铁厂设计室先后撤销，1996年，川化总厂设计室更名为川化股份有限公司设计室，2003年，青白江区建筑工程设计室改组后更名为成都青蜀川建筑设计有限公司。

川化股份公司设计室资质范围有化工环保乙级设计、建筑丙级设计、压力容器、压力管道设计。先后为川化三聚氰胺建设，青上化工2万吨硫酸钾建设、2.4万吨盐酸装置等建设工程设计。

成都青蜀川建筑设计有限公司资质范围为工业建筑、民用建筑丙级设计。先后设计了大弯中学综合楼、居安达名仕楼、区妇幼保健院、城厢安居工程、万宁建材公司综合楼、区尾气管理监测中心综合楼等建设工程。

【工程监理】 1998年6月，成立青白江区建设监理有限公司，2001年6月，更名为成都公信建设监理有限公司。有专业监理工程师、技术人员40人，其中高级工程师8人、工程师27人，建筑师1人；国家级注册监理工程师16人、省级注册监理工程师9人，国家一级结构工程师1人，国家二级建筑师1人。2002年7月，成立成都安泰建设监理有限责任公司，经省建设厅核准为丙级监理企业。

1998年9月，区建委、区计委联制定《青白江区工程建设监理管理办法》，规定了工程建设监理的范围、程序，明确了监理职责，规范了监理行为。监理公司先后承担了城厢镇长宁小区建设，龙潭村、前锋村、大同镇爱国村、祥福镇新生村、香山村移民安置房建设，四川米高化肥公司农用硝酸厂房、成品库房、道路建设等工程监理。

【质量安全管理】 贯彻执行《建筑工程质量管理条例》，坚持公开、公平、公正原则，严格执行建筑施工企业资质审查验收的条件和程序，加强企业资质动态管理，2001 年审验合格 13 家，2005 年审验合格 32 家。加强工程质量监管。2000 年，成立青白江区建设工程质量监督站，整顿和查处降低工程质量、超资质承揽建筑工程等扰乱建筑市场的违法行为。2002 年，成立青白江区建设工程安全监督站，强化建设工程安全监管。推行“项目法人责任制”“工程质量终身制”“淘汰设备登记制”，跟踪追查被淘汰的起重设备，防止超期使用。开展“标准化施工工地”创建活动，评选、表彰、奖励文明施工单位。坚持对基坑、塔吊、脚手架、高层作业、围档围墙等易发事故场段的监督检查，及时排除安全隐患。加强施工单位管理人员，特种设备操作人员的培训和考核、坚持持证上岗。

环境保护

概　述

1991年，贯彻执行“预防为主，防治结合，强化管理”的方针，坚持“以管促治，谁污染，谁治理”的原则，建立和完善“部门负责，群众参与，环保监管，条块结合，以块为主”的管理体制，推行“制订规划，分解目标，监督检查，考核评比”的运行机制，建立排污申报登记和建设项目环境影响评价审批制度。以废气、废水、废渣防治为重点，城市环境综合整治为突破口，推动环境保护基础设施建设，启动城市生活污水净化工程，在城区和集镇新建净化沼气118个，8001.8立方米。1992年实施排污截流和废氨水回收利用工程建设。1994年区政府制定《青白江区大弯镇烟尘控制管理办法》《青白江区大弯镇噪声管理办法》，建立成都市首个烟尘控制区和噪声达标区，覆盖面积分别为25平方千米和7.13平方千米，重点企业新建或改造消烟除尘装置。1995年城区禁止燃放烟花爆竹，1998年禁止在野外燃烧农作物秸秆，同时开通12369环境保护举报电话。1999年11月区污水处理厂开工建设，2002年6月投入正常使用。2003年城区实施雨污分流，建成生态绿化隔离林带。

2004年3月，沱江水污染事故发生后，在认真总结经验教训的基础上，进一步强化属地管理原则，规范管理程序，加大监管力度，限期治理违法排污企业。新建和改造污水处理系统，新建废水在线监测系统和在线监控系统，实现省、市、区三级联网自动监控。积极开展创建国家环境保护模范城市活动，投入3.8亿元新建和改善生态环境、环境管理、城市环境等基础设施，投入1.2亿元实施重点企业污染源治理，实现达标排放。环境污染趋势得到有效控制，生态环境得到保护，环境质量明显改善。到2005年，工业废气污染负荷比由2000年的98.52%下降23.5%，废水污染负荷比由2000年的96.3%下降75%，攀成钢废水循环使用率达到100%，工业固体废弃物综合利用率由2000年的72.4%提高到96.4%，城市生活污水处理率由2002年的13.88%提高到82.59%，生活垃圾处理率100%，汽车尾气排放达标率100%，建成区绿化覆盖率由2000年的24.6%提高到41.04%。空气质量优于国家二级标准，水质达到国家三类标准。2005年2月，代表成都市接受国家创建环境保护模范城市考核验收，被评为成都市创建国家环境保护模范城市先进集体。

环境污染源

【工业污染】 青白江区环境污染有工业污染、城市生活污染、噪声污染和农村面源污染。工业污染主要集中在大弯地区，生活污染和交通噪声污染主要集中在城区和主要交通干道。工业污染源相对集中，污染物排放量大，而且连续、稳定，尤其是工业废气、废水、废渣、烟粉尘对环境影响严重。生活燃料燃烧废气、烟尘、生活及交通噪声对城区环境影响突出。农村污染相对分散，涉及面广。乡镇企业废弃物排放，大量使用农药化肥、污水灌溉、农用薄膜残片、畜禽养殖场、屠宰场污物排放等，加剧了农村环境污染。

化工、冶金企业排放的二氧化硫、氨气、硝铵尾气、二硫化碳、二氧化碳、烟尘和粉尘，受雾天多、风速小、湿度大、静风频率高、逆温活动频繁、大气自净能力差等特殊气象条件影响，大量工业废气以低空排放的方式进入大气环境，不易稀释和扩散，影响大气环境。

【城市生活污染】 1991—1995 年，工业废气排放总量6415034.5万标立方，污染负荷分担率占全区的 73%；1996—2000 年，工业废气排放总量1853473.4万标立方，污染负荷分担率占全区的 98.52%，比 1995 年增加 25.5%，2001—2005 年，工业废气排放总量 2994955 万标立方，污染负荷分担率占全区的 90.8%，比 2000 年减少 7.72%。

化工、冶金、机械工业企业排放的废水直接污染毗河中支、北支支流、毗河下游、沱江上游水质，工业废水的渗透作用，影响地下水环境。1991—1995 年，工业废水排放总量41666.96万吨，主要污染物为氨氮、化学需氧量、石油类和硫化物。污染负荷分担率累计 97.5%；1996—2000 年，工业废水排放总量36594万吨，污染物为氨氮、硫化物、化学需氧量、石油类，污染负荷分担率累计 96.3%，比 1995 年减少 1.2%；2001—2005 年，工业废水排放总量20537万吨，污染物为氨氮、化学需氧量、硫化物和石油类，污染负荷累计分担率 97.9%，比 2000 年增加 1.6%。

冶金企业产生的钢渣、水渣、污泥，化工企业产生的硫铁矿渣、废胶块，废丝、燃煤炉渣、废触媒、废三胺滤饼和电镀废铬渣等固体废弃物大量堆积，占用耕地，污染环境。

工业噪声污染源主要是川化集团、攀成钢等大中型工业企业。

1991—1999 年，城市生活污水主要依靠城市污水管道收集，部分进入化粪池经简单处理后排放，部分直接排入河道。1999 年 11 月—2002 年 6 月，区污水处理厂在建期间，同时进行城市污水管道的建设和改造，实行雨污分流，城市生活污水除城乡结合部及在建区域外，大部分进入污水处理厂处理后排放。

城市生活产生的厨房残渣、果皮、树叶、、燃煤炭渣、破砖烂瓦和建筑垃圾除部分清运到简易垃圾填埋场外，一部分随意倾倒，影响市容，淤塞河道，污染环境。1995 年以前，城市居民生活、餐饮服务业和机关单位职工食堂均以燃煤为主要燃料。燃煤废气中的二氧化硫，氮氧化物、一氧化碳和粉尘等污染物在城区低空排放，地区分布集中，排放时间集中，影响城区大气环境。

生活噪声、交通噪声、工业噪声是城市主要的噪声污染源。1994 年以后，交通噪声、工业噪声逐步得到控制和治理，两项噪声均属轻度污染级。随着城市建设的发展和城市人口的增加，区域环境噪声以生活噪声为主。据区域环境噪声监测资料记载，1994 年生活噪声占主要噪声声源的 46.5%，2000 年达到 79.1%，2005 年为 55.9%。生活噪声主要集中在商业区、人口稠密区和娱乐场所。交通噪声。1991—1995 年，全区平均每小时车流量在 216～309 辆之间，交通噪声平均等效声级在 67.7～75.5 分贝（A）之间，最大超标年份为 1994 年，超标 5.5 分贝（A）；超标路段占监测路段的 19.7%～100%。

1996—2000 年，全区平均每小时车流量 333～562 辆之间，交通噪声平均等效声级在 66.4～69.7 分贝（A）之间，交通噪声超标路段占监测路段的 5.6%～34.8%。2001—2005 年，全区平均每小时车流量 429～862 辆之间，交通噪声平均等效声级在 67.0～69.4 分贝（A），交通噪声超标路段占监测路段的 10.7%～38.4%。

1991—2005 年，交通噪声超标路段主要有唐巴公路（今华金大道）二、三段，团结西路、团结南路、大弯南路、大弯北路和团结东路、团结中路。交通噪声严重超标路段主要集中在团结路段和大弯路路段。

【农村面源污染】 农业污染源主要有污水灌溉、乡镇企业废弃物、化肥、农药残留、农用薄膜残片、畜禽养殖场和屠宰场站的污物排放。

污水灌溉。1991—1995 年，污水灌溉区域主要分布在景峰乡（今大同镇）、华严乡（今红阳街道办事处）、绣水乡、玉虹乡（今城厢镇）部分村、组。长期污水灌溉使农田中有毒有害物质不断积累，破坏土壤结构，农作物产量下降，粮食、蔬菜中有害物质超标。1991—1995 年，29.4 公顷受污水灌溉污染的农田，水稻减产 55 万～66 万公斤，小麦减产 33.05 万公斤。

化肥、农药、农用薄膜以其成本低、效果好、使用方便等特点，在农业生产中得到广泛地推广和应用。但大量施用农药特别是有机氯农药，抗农药性害虫日益增加，害虫天敌逐渐减少，土壤和农作物中的农药残留量普遍升高，有机氯农药残留通过食物链富集危及人体健康。农用薄膜残渣碎片改变土壤理化性质，畜禽养殖场，牲畜屠宰场污物排放，季节性燃烧农作物秸秆加重了环境污染。

乡镇企业发展快，点多、面广、门类全、行业多，不可避免地出现废弃物随意排放，工业污染源向农村扩散，影响农业生态环境，农村环境污染逐年加剧。乡镇企业废弃物排放数量不多，但有害物质种类多、浓度高、毒性大。工业废水直接排入河道，污染事件时有发生。固体废弃物随意倾倒、堆放，造成淤塞河道、浪费土地和第二次污染。

环境污染治理

【工业污染治理】 按照国家环境保护法的规定和省、市政府对环境保护工作的要求，继续开展以工业“三废”治理为重点，以创建国家环境保护模范城市为载体，推动全区污染源治理。

2005年，工业废气污染负荷比下降23.5%，净化后烟尘浓度小于70毫克/升，工业废水污染负荷比下降75%，工业废渣回收利用率达96.4%。

1991—1995年，投入资金3636.12万元，完成工业废气、烟（粉）尘治理项目90个。成都钢铁厂（今攀成钢）完成1号电炉烟尘治理和二期技术改造，建成318立方米高炉煤气净化装置，每小时处理能力达到6.75万标立方，烟尘排放浓度小于10毫克/万标立方米，处理率达99.9%；四川化工厂（今川化集团）完成一化分厂尿素粉尘治理，尿素粉尘和氨气年排放量各减少1000吨。1996—2000年，攀成钢实施4号电炉消烟除尘和1号高炉扩容改造，年除尘量达260吨；川化集团催化四车间完成锻烧炉消烟除尘治理，年回收粉尘4.5吨。

2005年1月，攀成钢投资2000万元，实施炼铁厂4座高炉出铁场除尘环保工程，7月投入运行，年减少烟（粉）尘排放4400吨；新建高炉煤气燃烧放散塔，线材厂两座加热炉改烧高炉煤气，每年可利用放散高炉煤气3.8亿立方米；对2×30吨转炉二次烟气和冶炼区域尘点治理，除尘系统烟气捕集率大于95%，烟气净化后排放浓度小于70毫克/升。2005年5月，成都华明玻璃纸股份有限公司（简称华明公司）投资60万元，启动锅炉除尘器改造，治理后烟尘年排放量削减95吨，二氧化硫450吨。

1992—1997年，川化集团、华明公司先后投入资金1223万元，实施工业废水治理。新建电镀含铬废水处理装置，废水中六价铬含量由处理前每升50毫克，下降到每升0.5毫克。华明公司先后完成污水处理厂一、二、三期工程，日处理废水8000余吨，氨氮排放量进一步削减。2004—2005年，川化集团、攀成钢、华明公司、玉龙公司、宝洁公司、蓝风公司、川化味之素等企业，累计投入资金1.2亿元，完成污水治理项目42个。新建5个污水处理站，日处理能力达5万吨；新建35个污水缓冲池或沉淀池，总容量1万立方米；新安装10套废水在线监测系统，15套在线监控系统，工业废水排放实现省、市、区联网自动监控。新建硝氨冷凝液节水装置，年减排500万吨，削减氨氮排放量70吨。玉龙公司实施尿素深度水解和锅炉除尘系统技术改造，吨产品耗水量由改造前的500吨下降到9吨。华明公司排放的工业废水中化学需氧量由处理前的790.5吨削减到568.3吨，硫化物由33.9吨削减到12.99吨，达到三级排放标准。宝洁公司、蓝风公司的废水排放达到一级标准。川化味之素实施氨氮削减，清污分流等9个改造项目，实现厂内清污分流、废水分级排放。废水排放量由改造前每天1.6万立方米，减少到每天8832立方米，废水中化学需氧量年排放总量少于400吨，氨氮年排放总量少于50吨。2005年，全区工业废水污染负荷比2000年下降75%。

工业废渣主要采用回收利用的方式治理。1991—1995 年，工业固体废弃物综合利用率 70.6%，1996—2000 年达到 72.4%，2005 年达到 96.4%，处置率 3.6%，工业固体物污染得到有效控制。

【城市生活污染治理】 2002 年以前，城市生活污水经简单处理后排放，1999—2002 年，区污水处理厂的建设，城市污水管网的建设和改造步伐加快。在改造老城区雨污分流管网的同时，新区建设中的地下污水管网一律实行雨污分流，提高了城市污水的收集率。各医疗单位的医疗废水经消毒杀菌专门处理后排放。城市污水处理率由 2002 年的 13.88%，提高到 2005 年的 82.59%。

1990 年以前无固定的垃圾处理场所，先后在青白江火车站、弥牟镇、大同镇等地租用水坑、耕地及废弃河道堆放垃圾。1990 年租用玉虹乡（今城厢镇）第二砖厂取土后的废坑 30800 平方米，用作城市生活垃圾填埋场。随着填埋量的不断增加，垃圾场周围散发恶臭，堆放场渗透污水，周围大气环境、地表水、地下水和土壤严重污染，危害附近群众健康。2000 年 4 月城市生活垃圾运至龙泉长安固体废弃物处置场处理。2005 年 10 月修建区生活垃圾压缩中转站，垃圾压缩承载量每天 80 吨，每天压缩中转生活垃圾 40 吨。城市生活垃圾处理率由 1993 年的 50%，提高到 2005 年的 100%。医疗废弃物由医疗单位专人收集，专用加盖容器存放，送专业处理单位处理。

1995 年以前，城区大多数居民和 316 家餐饮店铺以蜂窝煤作燃料。1993 年区政府投资 270 万元，在大弯镇修建民用天然气配气站，到 2005 年，城区民用天然气气化率达到 95%。区政府鼓励城区餐饮经营户燃煤改燃气，给以煤改气经营户月租金减半收取、改造费用让利 30% 的优惠，城区煤改气的店铺达到 98%。

1994 年开始，在大弯镇开展烟尘控制区建设。在烟尘控制区内，严格控制锅炉、窑炉、大灶等烟尘排放，烟尘控制区覆盖率 100%。

禁止在城区燃放烟花爆竹。1995 年 9 月，青白江区人民代表常务委员会第二十一次会议，通过了《成都市青白江区禁止燃放烟花爆竹的规定》，在城区禁止燃放的区域内，严禁单位、个人销售、储存和燃放烟花爆竹。

工业噪声、交通噪声和城市生活噪声是主要的噪声污染源。川化集团、攀成钢等重点工业企业先后投入资金 194.91 万元，完成工业噪声治理项目 45 个，工业噪声得到有效控制。采取改造加宽公路，新建绕城道路和城区部分路段，白天控制载重车辆入城等措施，减轻交通噪声污染。随着城市人口的增加和工业噪声、交通噪声的有效控制，生活噪声逐步成为区域环境噪声的主要污染源。1994 年生活噪声占主要声源的 46.5%，2000 年达到 79.1%，通过治理，2005 年降到 55.9%。生活噪声主要集中在商业区和娱乐场所。中考、高考期间，各种噪声列入重点治理。

【农村面源污染治理】 农业污染治理包括污水灌溉、农药化肥、农膜残片、畜禽养殖场、屠宰场和乡镇企业排污治理。

结合工业废水治理，实施污水截流和清污分流工程。1992—1997 年，总投资 1290 万元，修筑排污暗渠 3347 米，连通华明公司、川化集团、攀成钢、蓝风公司、玉龙公司等工业企业的排污口，沿青江南路东侧引入工业排污管。原污灌区域内的灌溉渠道填埋后改道，杜绝了污水灌溉，减轻了河道污染。在推广农业科技的同时，加大宣传教育力度。引导农民科学用肥，减少化肥用量，推广使用农家肥，引导和推广生物防治，使用低毒、低残留农药，加大查处力度，严格控制国家明令禁止使用农药的生产、运输和销售。提倡农用薄膜残渣碎片的回收，减少白色污染。

1998 年，在全区范围内禁止燃烧农作物秸秆，运用教育引导、行政、经济等多种措施综合治理，季节性燃烧农作物秸秆的现象有所控制；拓展农作物秸秆综合利用途径，推行农作物秸秆还田、食用菌生产和沼气池发酵原料等方法，提高农作物秸秆综合利用率。

2004 年，区政府制定《青白江区畜禽规模养殖场污染综合治理实施方案》，规范畜禽养殖场合理布局，搬迁影响主河道水质的养鸭户，取消生猪屠宰场点 11 个，保留 15 个，所有废弃污物经无害化处理后达标排放。修建沼气池3731口，卫生厕所1959间，发展“养猪—沼气—养鱼”等生态模式养殖户1119户，开展植树造林，退耕还林、还草，防止水土流失，全区森林覆盖率达 29.74%，农村面源污染得到有效控制，农村生态环境逐步改善。

乡镇企业废弃物治理纳入工业“三废”治理同步进行。对“三废”排放的重点企业，实行限期治理，限期治理不达标的，实行停产治理，验收合格后方能恢复生产。全区 38 家再生纸厂，有 7 家不能完成治理任务，依法关闭或自动停业，其余厂家通过治理，达到排放标准，验收后投入运行。

环境监测与管理

【大气环境监测】 环境监测按照《环境监测技术规范》《空气和废气监测分析方法》和《大气环境质量标准》的规定，开展大气环境监测。1991—2005 年，共获取大气环境监测数据21964个，地表水质监测数据2726个，噪声监测数据5571组。大气环境监测采样点 6 个，监测项目 6 项，控制面积 25 平方千米。地表水监测断面 6 个，监测项目 19 ~ 36 项，监测断面流程 44 千米。噪声监测网格110 ~ 260 个，网格覆盖面积 9.99 平方千米，覆盖人口 8.11 万人。地下水监测点 41 个，1993 年调整为 8 个，1997 年调整为 9 个，监测项目 20 项，监测面积 102 平方千米。

全区环境空气污染中的二氧化硫、二氧化氮年均值符合国家二级标准，可吸入颗粒物浓度超过国家二级标准，氨符合居住区最高允许浓度。

大气环境监测以大弯镇为中心，设置监测采样点位 6 个，监测控制面积 25 平方公里。例行监测项目有二氧化硫、氮氧化物、总悬浮颗粒物、降尘、硫酸盐化速率 5 项，加地方选择项目氨，共计 6 项。二氧化硫、氮氧化物、总悬浮颗粒物、氨每季度监测一次，每年的 1 月、4 月、7 月和 10 月中旬进行，每次连续监测 5 天，即“五日法”。二氧化硫、氮氧化物、总悬浮颗粒物在监测期间内每天早上、中午、下午、晚上各监测一次，总悬浮颗粒物采取累积采样监测；降尘和硫酸盐化速率每月采样监测。

1991—2005 年，共获得大气环境监测数据21964个，其中，1991—1995 年5860个、1996—2000 年5860个，2001—2005 年10244个。

1991—1995 年，大气环境监测执行《大气环境质量标准》（GB 3095—82）。1996—2000 年，空气质量监测执行《环境空气质量标准》（GB 3095—1996）的二级标准，2001 年增加国家环境保护局

《环境空气质量标准》（GB 3095—1996）修改单的有关规定。

2003 年开始执行《环境空气周报监测技术规范》，二氧化硫、二氧化氮、总悬浮颗粒物和氨的监测由“五日法”监测改为每周一、三、五 24 小时连续采样的周报监测，降尘和硫酸盐化速率每月采样监测。

2005 年，二氧化硫年超标率由 1991 年的 6.75% 下降到 0.7%，氮氧化物由 10.74% 下降到 0，总悬浮颗粒物由 49.5% 下降到 23%，降尘由 28% 上升到 45.4%，气态氨由 27% 下降到 10.9%，硫酸盐化速率由 41% 上升到 78.4%。全区空气质量为优的天数占总天数的 2%，空气质量为良的天数占 71%，空气质量为轻度污染的天数占 27%。

【地表水监测】 地表水监测范围为毗河中支、毗河下游和沱江上游。设置区农水局（1V2）、古城桥（1V3）、毗河大桥（1V4）、三皇庙（1V5）、川化生活水厂桥（Q1）、贯子山（Q2）6 个监测断面，流程 44 千米。其中，区农水局、古城桥、毗河大桥和三皇庙为省控断面，川化生活水厂桥、贯子山为区控断面。

1996 年，取消三皇庙、川化生活水厂桥两个监测断面，毗河大桥监测断面更名为工农大桥监测断面。2003 年，将原各监测断面的编号更改为代号。区农水局断面代号为 403、古城桥断面代号为 401、工农大桥断面代号为 402、贯子山断面代号为 701。2004 年增加毗河拦河堰（祥福境）监测断面，2006 年初取消贯子山监测断面。

地表水监测项目、监测时间，根据各监测断面的实际和需要进行调整。

1995 年以前，地表水监测项目有 pH 值、总硬度、悬浮物、电导率、溶解氧、五日生化需氧量、高锰酸盐指数、铅、镉、汞、砷、挥发酚、非离子氨、亚硝酸盐氮、硝酸盐氮、石油类、氟化物、六价铬、氰化物共 19 项。监测时间分为枯水期、丰水期、平水期，每个水期监测 2 次，全年 6 次。1996 年，监测项目增加色度、大肠菌群、细菌总数和水温共 4 项，监测项目总计 23 项。1998 年开始，区农水局、工农大桥两个断面新增水生物监测，开展浮游植物和大型蚤毒性项目试验。2002 年，取消非离子氨监测项目，新增氨氮、总氮、总磷、铜、锌、硒、阴离子、硫化物、硫酸盐、氯化物、铁、锰 12 项，监测项目达 36 项。2003 年，取消悬浮物和总硬度 2 项监测项目，监测项目为 34 项，同时变更各监测断面的监测时间。区农水局、工农大桥断面每月监测一次，古城桥、贯子山断面每年的 3 月、5 月、7 月、8 月、9 月、11 月各监测一次，2004 年毗河拦河堰断面监测水温、pH 值、电导率、溶解氧、五日生化需氧量、高锰酸盐指数、铅、汞、挥发酚、石油类、阴离子、氨氮、总磷、大肠菌群 14 个项目，监测时间为每年的 1 月、3 月、5 月、7 月、9 月、10 月。

1991—2005 年，各监测断面例行监测汞、镉、铅、砷、六价铬五个项目获监测数据 1122 个。全区地表水水质在不同的时期，都有不同程度的变化。地表水主要污染物有非离子氨、高锰酸盐指数、五日生化需氧量、亚硝酸盐指数和石油类，尤其是非离子氨污染分担率平均达到 70% ~80%。地表水质污染属有机型污染，水质季节性变化无明显规律。1996—2000 年，区农水局断面水质属中度污染，古城桥、贯子山、工农大桥断面水质属重度污染。2005 年，拦河堰断面水质属重度污染。区农水局断面水质除石油类外，高锰酸盐指数、氨氮均优于国家地表水三类标准。

附：青白江环境空气监测点位图、青白江区大弯镇空气监测点位图、青白江区历年地表水监测断面点位图

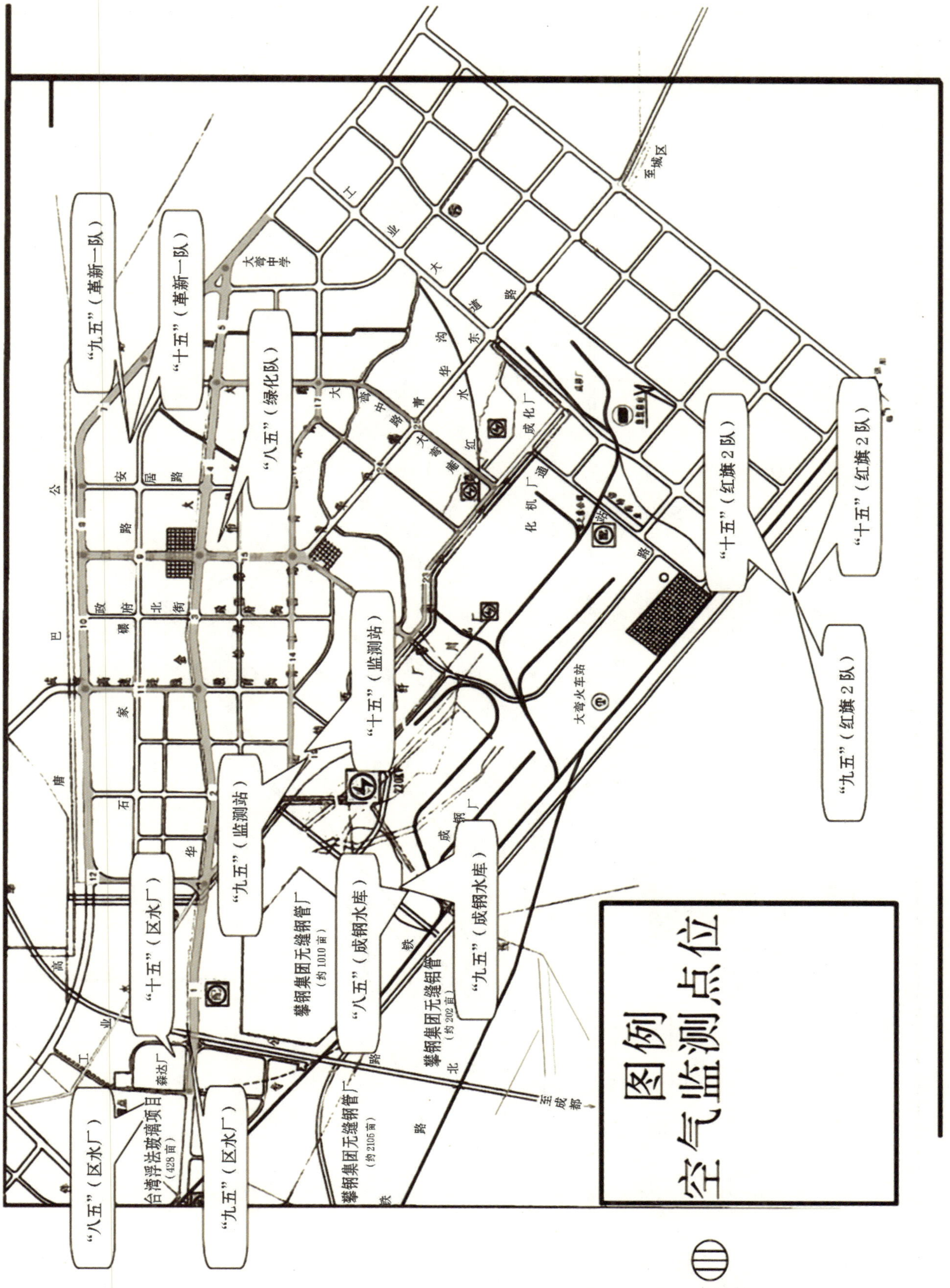

1991—2005 年青白江区环境空气监测点位图

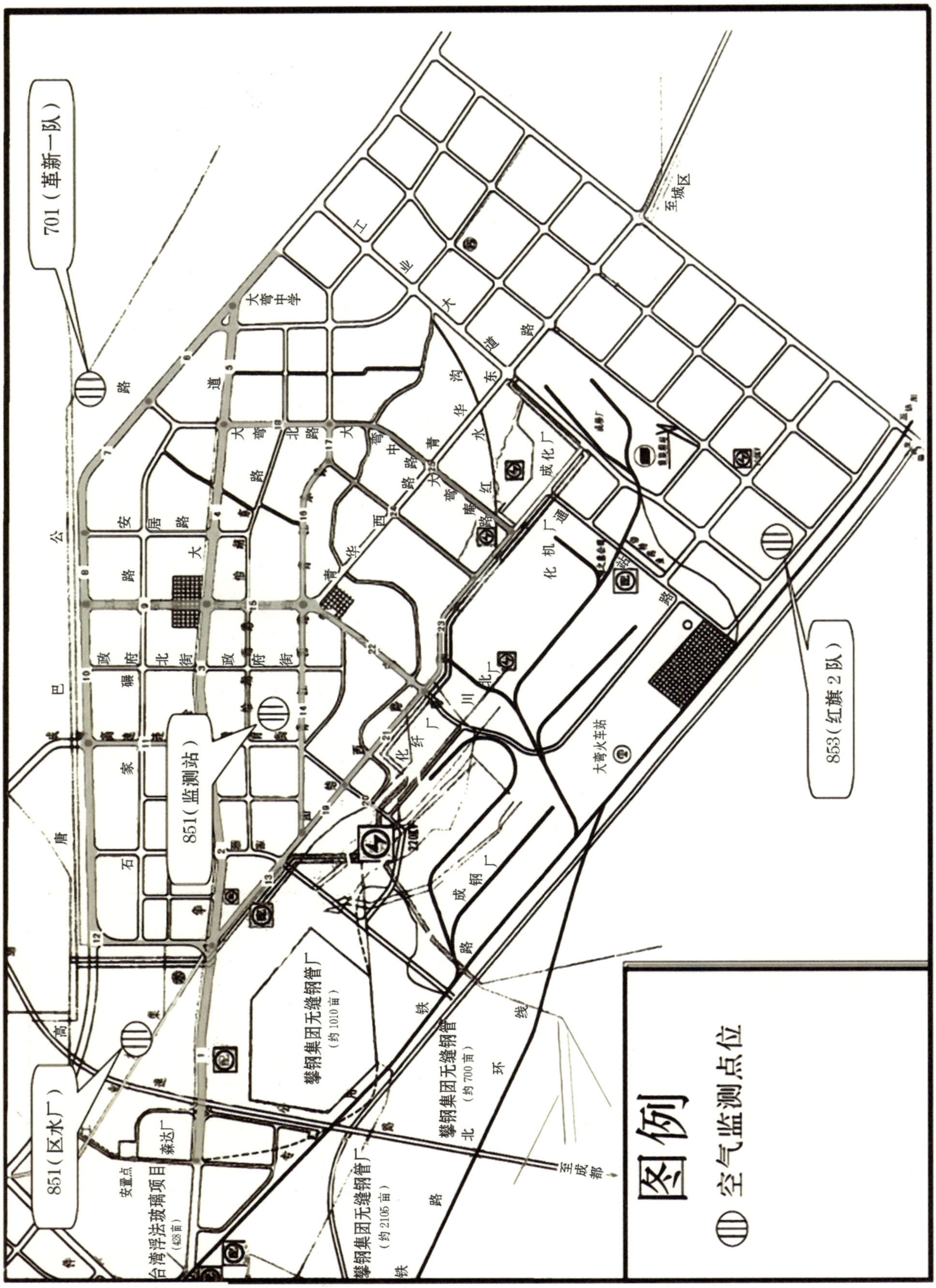

1991—2005 年青白江区大弯镇空气监测点位图

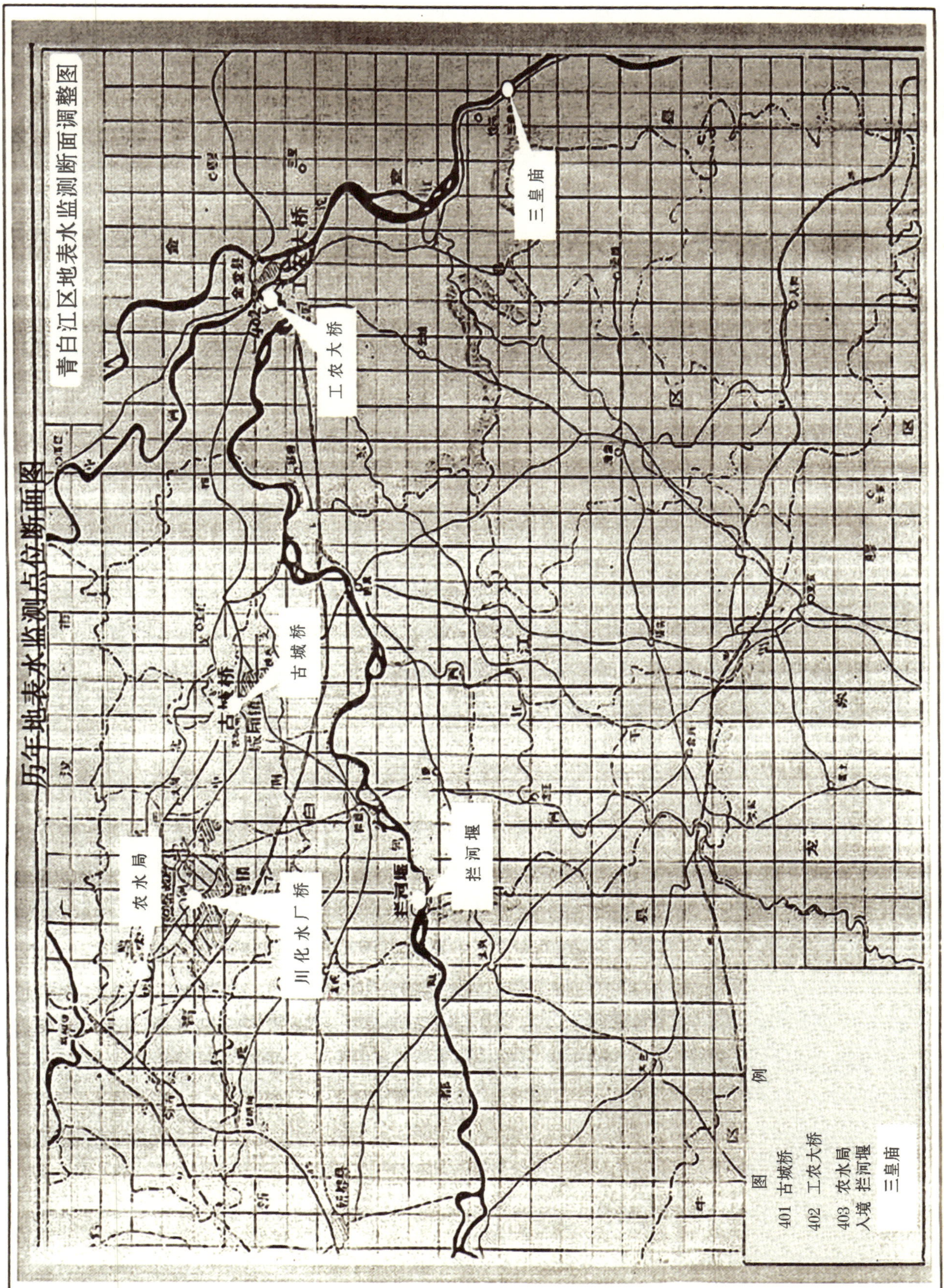

1991—2005 年青白江区地表水监测断面点位图

【地下水监测】 1992年以前，地下水监测由四川省地质环境监测总站成都市青白江区分站（简称青白江区分站）承担。1993年青白江区分站撤销，由青白江区环境监测站承担部分监测点的监测工作，2001年开始，青白江区环境监测站不再承担地下水监测。

1991年，地下水监测点位有41个，其中，民用井33口，钻孔8个；1992年，监测点调整为8个，其中，民用井5口，钻孔3个；1997年，监测点调整为9个，其中，民用井6口、钻孔3个。监测点主要分布在攀成钢—川化集团—城厢镇一带，监测面积102平方千米。

地下水监测项目主要有pH值、氨氮、硝酸盐氮、亚硝酸盐氮、总硬度、溶解性总固体、总铁、锰、硫酸盐、氯化物、挥发性酚、氰化物、汞、镉、六价铬、砷、氟化物、铜、铅、锌等20个指标。

区内地下水为无色、无味、无嗅、透明淡水，pH值在6.8~7.6之间，属中性水。化学类型大部分地区为重碳酸—钙型水质，1991—1995年分布面积占全区面积的80%，1996—2000年占44.45%~66.67%。总硬度大部分地区每升小于450.0毫克，每升超过450.0毫克的板硬水分布在川化集团附近和城厢镇地区；1991年民用井超标率18%，钻孔超标率68.75%；1994年超标率相对稳定，1995年有所升高。重金属及氰化物、汞、镉检出质均在标准下限。砷、六价铬在1993年前尚未检出，1994—1995年检测值在标准下限。酚的检测最高质为每升0.008毫克，略有超标。总铁、铁离子检测值均有超标。氨氮在地下水中检测值范围每升0.0156~1.1057毫克。亚硝酸盐氮每升0.003~0.27毫克，最高值每升1.95毫克，超标率为7.40%~12.5%。硝酸盐氮检测值、超标率均低。

1996—2000年，地下水以硬水为主，软—微硬水仅有个别监测点出现，总硬度监测平均值每升下降30毫克。溶解性总固体每升小于1克，枯丰水期变化不大。氨氮检测值每升0.0156~0.280毫克，1997—1998年未检出。硝酸盐氮检测值的超标率为11.11%，1996年丰水期最高值每升189.82毫克，2000年丰水期最低值每升10.732毫克。亚硝酸盐氮检测值范围每升0.0012~0.132毫克，变化范围大。总铁浓度每升0.1~1.47毫克，超标率达22.22%~55.56%。锰监测浓度每升0.01~0.314毫克，地下水有毒物质和重金属指标均有检出，浓度低，不超标。

1991—1995年，地下水水质处于良好级区面积9.06平方千米，占控制面积的8.88%；较好级区面积79.94平方千米，占78.38%；较差级区面积13平方千米，占12.74%。1996—2000年，地下水水质良好级区面积0.38平方千米，占控制面积的0.37%；较好级区面积98.14平方千米，占96.22%；较差级区面积2.01平方千米，占1.97%；极差级区面积1.47平方千米，占1.44%。

较差级区和极差级区主要分布在大弯镇工业区和城厢镇附近的监测点位。

【噪声监测】 区域环境噪声监测始于1994年，12年间采用方格法布点采样，对区域环境噪声、交通噪声和功能区噪声进行监测。

区域环境噪声。1994年，区域环境噪声监测网格为250×250平方米，三年间网格总数分别为114个、110个、110个，网格覆盖面积7.13平方千米和6.88平方千米。

1997年，区域环境噪声监测网格调整为140×140平方米，三年间网格总数分别为230个、232个、260个，网格覆盖面积分别为4.51平方公里、4.55平方千米、5.10平方千米。

2000年，区域环境噪声监测网格恢复为250×250平方米，三年间网格总数分别为110个、121个、111个，网格覆盖面积分别为6.88平方千米、7.56平方千米、6.88平方千米。

2003 年，区域环境噪声网格调整为 300×300 平方米，三年间网格总数均为 111 个，覆盖面积 9.99 平方千米。

1994—2005 年，区域环境噪声监测共获监测数据 1731 个。区域环境噪声各年平均等效声级达到二类区域昼间标准。其中，1994—1996 年，大弯镇区域环境噪声平均等效声级较高，达到 57.6～59.1 分贝（A）之间。1997—2005 年，除 2002 年平均等效声级达到 55.7 分贝（A）外，其余年度区域环境噪声平均等效声级控制在 53.0～54.5 分贝（A）之间。1994—1996 年和 2002 年，区域环境噪声属轻度污染，其余年度处于较好水平。

影响区域环境噪声的主要声源是生活噪声，占总声源的 50%，其中 1999 年和 2000 年分别达到 71.9% 和 79.1%。

1994—2005 年青白江区环境噪声监测结果表

表 78

年份	网格总数（个）	网格大小（米×米）	网格覆盖面积（平方千米）	网格覆盖人口（万人）	等效声级（分贝（A））	δ	低于 60 分贝（A）下面积（平方千米）	低于 60 分贝（A）下人口（万人）	主要声源占比（%）
1994	114	250×250	7.13	6.98	59.1	7.6	59.6	56.0	生活 46.5
1995	110	250×250	6.88	7.35	57.6	6.4	68.3	60.6	生活 55.4
1996	110	250×250	6.88	6.60	57.9	5.8	69.3	67.1	生活 57.3
1997	230	140×140	4.51	4.36	53.1	5.3	86.9	89.6	生活 49.1
1998	232	140×140	4.55	4.36	53.5	4.8	868	89.5	生活 58.2
1999	260	140×140	5.10	4.86	54.0	5.8	83.8	82.1	生活 71.9
2000	110	250×250	6.88	6.46	53.8	4.7	84.5	75.9	生活 79.1
2001	121	250×250	7.56	6.94	54.0	5.2	88.4	87.6	生活 65.3
2002	111	250×250	6.88	6.94	55.7	4.2	96.8	96.8	生活 55.5
2003	111	300×300	9.99	8.19	53.0	3.2	86.5	85.4	生活 48.6
2004	111	300×300	9.99	8.12	53.2	3.2	89.2	93.1	生活 57.7
2005	111	300×300	9.99	8.11	54.5	3.5	95.4	94.5	生活 55.9

交通噪声。1991—2002 年，全区交通噪声监测路段数分别为 10 个、12 个、16 个、25 个，控制路段长度分别是 13.9 千米、14.8 千米、15.4 千米、25.7 千米、24.01 千米。2003 年，成都市环境保护局对全区道路交通噪声监测点位进行认证，道路交通噪声监测点位 25 个，控制路段长度 24.01 千米。

1991—2005 年，道路交通噪声共获监测数据 240 组，按照环境质量等级划分标准，道路交通噪声属轻度污染，道路交通噪声处于好的和较好的年份占监测年份的 80%。

功能区噪声。1991 年，功能噪声监测点位主要集中在大弯镇城区和附近工厂，分区域设置噪声监测点位 5 个。其中 2 类区域 1 个，3 类区域 2 个，4 类区域 2 个。1991—2002 年，2 类区域监测点位设在中心广场，2003 年调整移至怡湖广场附近。3 类区域监测点位分别设置在川化集团、攀成钢厂区，4 类区域监测点位分别设置在川化俱乐部和团结村路口。

1991—2005 年，功能区噪声监测共获监测数据 3600 组。2004 年，昼间平均等效声级低于 60 分贝（A），其余 14 个年份昼间年均等效声级在 60.2～64.9 分贝（A）之间；夜间平均等效声级均高于 50 分贝（A），年均等效声级在 51.5～57.1 分贝（A）之间。

1991—1995 年，功能区昼间、夜间噪声处于好的时段占 36.7%，轻度污染时段占 20%，中度污染时段占 33.3%，重度污染时段占 10%；1996—2000 年，好的时段占 36.7%，轻度污染时段占 20%，中度污染时段占 36.7%，重度污染时段占 6.6%；2001—2005 年，好的时段占 60%，轻度污染时段占 10%，中度污染时段占 20%，重度污染时段占 10%。

1991—2005 年青白江区交通噪声监测结果表

表 79

年份	路段数（个）	路段长度（千米）	平均路宽（米）	车流量（辆）	等效声级（分贝（A））	超标路段比率（%）
1991	10	13.9	12.6	222	69.6	53.1
1992	10	13.9	12.6	216	67.7	48.4
1993	10	13.9	12.6	301	71.5	84.4
1994	10	13.9	12.6	264	75.5	100
1995	10	13.9	12.6	309	69.3	19.7
1996	12	14.8	14.2	333	69.1	26.9
1997	12	15.4	14.2	436	66.4	5.6
1998	16	15.4	14.2	562	68.1	29.9
1999	16	15.4	14.2	546	69.7	34.8
2000	16	15.4	14.2	482	68.1	25.1
2001	25	25.7	35.4	429	69.4	38.4
2002	18	15.4	35.4	687	67.3	15.1
2003	25	24.0	38.5	596	67.6	15.6
2004	25	24.0	38.5	697	67.0	10.7
2005	25	24.0	38.5	862	67.9	11.7

1991—2005 年青白江区功能区噪声监测结果表

表 80

年份	2 类区域等效声级分贝（A）			3 类区域等效声级分贝（A）			4 类区域等效声级分贝（A）			全区等效声级分贝（A）		
区域占全区（%）	46.3			38.1			15.6			100		
等效声级	Ld	Ln	Ldn	Ld	Ln	Ldn	Ld	Ln	Ldn	Ld	Ln	Ldn
1991	63.9	52.7	63.5	62.5	58.7	65.6	72.1	63.3	72.5	64.5	57.1	66.0
1992	62.5	52.3	62.4	64.2	54.3	64.2	72.7	62.6	72.7	64.9	54.8	64.8
1993	60.7	51.1	60.9	59.2	57.8	64.2	69.3	59.9	69.5	63.3	56.6	64.9
1994	60.2	50.8	60.4	64.5	52.4	63.9	64.5	52.2	63.9	62.8	51.5	62.4
1995	58.2	51.3	59.5	65.3	57.6	66.2	65.3	59.0	66.9	63.8	56.4	64.6
1996	63.9	52.7	63.5	62.5	58.7	65.6	72.1	63.3	72.5	64.5	57.1	66.0
1997	62.5	52.3	62.4	64.2	54.3	64.2	72.7	62.6	72.7	64.9	54.8	64.8
1998	60.9	51.1	60.9	59.2	57.6	64.2	69.3	59.9	69.5	63.3	56.6	64.9
1999	60.2	50.8	60.4	64.5	52.4	63.9	64.5	52.2	63.9	62.8	51.5	62.4
2000	58.2	51.3	59.5	65.3	57.6	66.2	65.3	59.0	66.9	63.8	56.4	64.6
2001	61.4	51.3	61.4	67.5	53.0	66.4	67.5	59.1	68.1	64.6	52.9	64.2
2002	59.1	46.5	58.4	67.3	56.4	67.0	67.3	59.6	67.8	64.2	52.1	63.8
2003	55.0	45.3	55.1	60.1	57.7	64.2	65.1	56.7	65.7	60.2	55.0	62.4
2004	55.1	46.1	55.5	60.1	57.9	64.4	63.5	54.9	64.0	59.5	54.8	62.0
2005	52.3	43.7	52.8	64.4	63.5	67.4	64.4	56.3	65.1	61.9	57.0	64.3

【环境管理】 1990 年 10 月青白江区城乡建设环境保护局分设，成立青白江区环境保护局（简称区环保局），设办公室、开发建设管理科、排污监理科和环境监测管理站。1994 年 4 月成立青白江区环境监理所，2000 年 6 月成立青白江区环境监理大队，2006 年 8 月更名为青白江区环境监察大队。2004 年区环境监察大队标准化建设达到国家二级标准。

1991 年在 11 家企业开展排污申报登记试点，后逐年扩大申报登记范围，到 2005 年工业企业排污申报登记率达 100%。1991 年建立和执行新建、改建、扩建项目环境影响报告书（表）审批制度，

1998年按照《建设项目环境保护管理条例》的规定，执行建设项目环境影响评价制度，对建设项目环境保护实行分类管理。15年来共审批建设项目786项，总投资37.4亿元，其中环境保护投资4.32亿元。坚持执行建设项目主体工程和防治污染设施同时设计、同时施工、同时投产使用（简称“三同时”）制度。1991年市属以上工业企业“三同时”执行率100%，区、乡工业企业执行率50%，到2005年市属以上和区乡工业企业执行率均达到100%。1990年对川化、成钢、成纤等19家企业征收排污费，1994年开始征收餐饮娱乐行业超标排污费。2003年7月1日，根据国务院《排污费征收使用管理条例》的规定，所有排污企业纳入排污费征收范围。同年按照国家环境保护总局等7部委和省、市安排，开展“整治违法排污企业，保障人民群众健康”专项行动，限期治理超标排污企业，两家限期停产治理仍不能达到排放标准的企业依法关闭。1998年开通12369环境保护举报投诉电话。2000年建立和完善主要污染物排放总量控制在“八五”期末水平，工业企业排放污染物达到国家和地方标准（简称“一控双达标”）监管机制，108家工业企业实现“三废”达标排放。

利用每年“4·22”地球日和“6·5”世界环境日，集中开展环境保护宣传教育，将宣传教育同环境治理、环境保护、创建绿色学校相结合。到2005年有34所中小学分别被国家、省、市、区评为绿色学校。其中国家级1所、省级3所、市级13所，区级17所，川化中学教师魏道明被评为成都市“环保卫士”。区污水处理厂、川化集团、升达林产被确定为全区中小学“环境教育基地”，怡湖广场被评为成都市园林绿化示范广场。

饮水水源保护。城镇居民饮水厂由青白江自来水供给，水源来自青白江马棚堰枢纽工程，与工业用水渠同渠取水。1991年至1994年4月，投资93.17万元，整治引水渠道，增加了流量，改善了水质。1997年在华严乡（今红阳街道办）红峰村境内建成饮水水源保护区，1998年11月，启动水源保护区第一期整治工程，将青白江火车站、弥牟耕牛市场、畜禽屠宰场等排放的污水截流，改道排入马棚堰，确保饮水质量。2000年7月，先后改造清泉、姚渡、龙王、祥福等乡镇自来水厂，13个乡镇部分居民用上自来水。城市生态环境保护。1991年实施城市园林绿化工程，新增城市园林绿化18处，新增城市单位绿化面积9.67公顷。1992年大弯镇分别被评为成都市卫生城镇和四川省卫生县城。1994年建成烟尘控制区和噪声达标区，同年投资270余万元，新建大弯镇民用天然气配气站，城区民用天然气使用率达95%，取缔城区燃煤锅炉，煤改气达98%，缓解了城区燃煤污染。2003年建成城市与工厂区森林绿化隔离带，栽种各类树木80余公顷。同年建成区实现雨污分流，2005年10月建成城市生活垃圾压缩中转站，日处理生活垃圾40吨。农村生态环境保护。把植树造林、退耕还林、还草同农业结构调整、水土流失治理同时进行。15年间，治理水土流失面积31.83平方千米，荒坡改造443.67公顷，坡地改梯田186.67公顷，整治标准化渠道283千米，修建微型水利保护工程3163处。建立农村沼气建设示范点10个，修建示范沼气池1670口。1998年禁止燃烧农作物秸秆，推广免耕覆盖、沃土栽培，秸秆还田，沼气发酵原料等秸秆综合利用新技术、新方法。到2005年，建成户用沼气池3731口，卫生厕所1959间，推广“养猪—沼气—养鱼”（菜蔬、果树、水稻）生态规模种养户1119户。调整规模养殖户布局，搬迁规模养殖户12户，规范生猪屠宰场点，将26个屠宰场合并为15个。

【城市绿化】 1990年，中心广场和青江路相继建成，成钢、川化两片生活区相连接，城市道路以中心广场为中心辐射全城，城市格局基本形成。随着城市建设的发展，城市范围逐步扩大，市政设施不断完善，城市绿化同步推进。优化植物品种配置，由单一的乔木与发展多种植物相结合，大量栽种观赏花草、灌木、绿蓠、坡地和草坪植物，形成四季常青、四季有花的特色。通过义务植物活动，推动机关、学校、医院、工厂、公共场所和居住小区的绿化进程，形成点、线、面相结合，地面、墙体、棚架、阳台、屋顶等多层次、多形式的城市绿化体系。

按照城市绿地系统规划和城市景观风貌规划，开展改墙透绿、园林增绿、城市道路、城市景观增绿和绿化隔离带等城市生态体系建设。以城市道路、城市景观、机关单位为重点，以义务植物为载体推动城市绿化工作。新建和改造华金大道、红阳路、团结西路、大弯北路、政府北路、教育街等60余条、段城市道路绿化带；新建和改造中心广场、怡湖广场、成绵路青白江收费站、城北小区、和盛花园、华金大道与红阳路平交道口等城市景观绿化；新建和改造机关、学校、医院、工厂、居住小区等单位及渠道绿化。2002年，启动城市与工厂区间绿化隔离带生态工程，栽植各类树木80余公顷，新增苗圃基地9.16公顷。

2005年城市绿地面积530公顷，比1990年增加430.32公顷，其中公共绿地面积86公顷，比1990年增加61.16公顷；人均绿地面积8.6平方米，比1990年增加5.2平方米。

专题记述

【沱江特大水污染事故】 2003年11月20日，川化集团第二化肥厂进行技术改造。2004年1月24日，技术改造进入空车运转调试阶段，在调试过程中，尿素车间解析装置的两台给料泵连续出现抱轴故障，虽经反复检修仍不能正常运行。2月11日，在两台给料泵尚未完全修复的情况下投料试生产。到2月18日，给料泵仍处于故障状态，就将系统产生的含有大量氨氮的工艺冷却液，未经过给料泵和解析塔处理，直接排入污水沟。氨氮浓度高达每升2611毫克至7618毫克，超过规定排放标准每升60毫克的40~125倍。从2月18日至3月2日，大量的高浓度氨氮废水经毗河注入沱江，导致沱江水质严重污染。沱江流域的资阳市、内江市沿江群众饮水困难，水生动植物死亡。经调查，这是一起由川化集团违规排污，环保部门监管不力，相关人员失职、渎职造成的特大水污染责任事故。

发生沱江特大水污染事故的直接原因是川化集团第二化肥厂违反操作规定，超标排放废水。川化集团第二化肥厂技术改造项目完工后，未按环保建设项目报批程序，报经环保部门批准，违规投入试生产。又在环保设施不能正常运转的情况下，断开废水处理装置，致使未经处理的高浓度氨氮废水直接排入河道。事故发生后，既不向环保部门报告，也不采取有效措施，停止试生产，截断污染源，导致污染持续蔓延，造成严重危害。3月2日，省环保部门现场检查时，竟以假数据应付检查，欺骗检查人员，性质极其恶劣。

区环保局及其相关人员疏于管理，执法不严、失职渎职行为导致沱江特大污染事故发生。2月11日至18日，该厂环保设施不能正常运转，擅自断开环保处理装置，废水直接外排，时间长达一周，区环保局相关人员却一无所知。2月23日，接到区污水处理厂报告后，仅建议污水处理厂采用吹脱法处理，未到排污源头调查，督促整改，也不向区政府和上级环保部门报告，贻误治理时机。3月1日到川化集团检查，虽提出限期整改要求，但到3月2日也没有下达整改通知书。

2004年4月30日，在对事故进一步调查核实的基础上，省委、省政府责令川化集团赔偿污染事故直接经济损失1179.8万元，处罚金100万元，征收超标排污费405万元；对相关责任人分别予以引咎辞职、撤销、罢免职务、行政降级、党内警告和严重警告等党纪政纪处分。2005年9月9日，成都市锦江区人民法院，对6名触犯刑律的，分别以环境污染事故罪和环境监管失职罪判处1年零6个月至5年有期徒刑。

房地产

1991—2005
成都市青白江区志

概　述

1990 年，全区直管公房 12.69 万平方米，其中住宅 8.95 万平方米，以出租的方式解决城镇居民和机关无宿舍职工的住房问题。1992 年推行单位职工按政策规定购买公有住房，按职工工资一定比例归集住房公积金。1995 年组建区房产交易所，个人住房和商品房上市交易。1999 年 1 月废止住房实物分配制度，2002 年 12 月取消职工集资建房政策，全面推行住房市场化。1994 年，启动安居工程建设，建立廉租房和租金补贴政策，切实保障低收入家庭等困难群体的住房需求。1994 年，实行住房登记制度，明确产籍和产权。2001 年建立商品房预售许可制度和商品房合同备案制，切实维护消费者合法权益和商品房交易市场秩序。

2003 年全区商品房交易面积 13.75 万平方米，成交额 1.04 亿元。2005 年商品房交易面积 18.38 万平方米，成交额 2.09 亿元。2005 年与 2003 年相比，商品房价格上涨 50.34%，成交面积增长 33.67%，成交额增长 1 倍。住房改革推动建筑业和物管业发展，2000 年青白江区成立第一家成都居安达物业管理有限责任公司，到 2005 年发展到 16 家；2001 年 7 月 1 日施行《建筑业企业资质管理规定》，经审查合格的施工企业 13 家，2005 年增至 33 家。1990 年，青白江区城乡建设管理委员会成立，1992 年城建委下设区住房委办公室。1999 年 4 月 26 日区住房委办公室从区城建委分离，设立青白江区房地产管理局。

住房改革

【住房改革政策】　1992 年 6 月 6 日，市政府批准《青白江区住房制度改革规划和实施方案》，确定了住房公积金、保证金租房、提租发补贴、标准价售房、集资建房等办法。7 月 25 日区政府成立区住宅建设基金管理中心，负责归集、支付、核算、管理职工住房公积金、单位住房基金及其他住房资金；编制和实施区房改委批准的住房资金使用计划；保证住房资金的营运增值；负责职工购房建房借款、安居工程建设借款、单位修建职工住房借款的审批工作。

1995—1998 年，区政府先后的制定《青白江区关于深化城镇住房制度改革的决定》《成都市青白江区职工购买公有住房实施办法》《成都市青白江区住房公积金实施办法》《成都市青白江区深化城镇公有住房租金改革实施办法》等深化住房制度改革的政策，推动了住房公积金归集、职工个人集资建房、安居工程建设和房改工作。

1999年5月，区房管局成立，实行以住房分配货币化为核心的住房制度改革，先后制定《成都市青白江区人民政府关于进一步深化城镇住房制度改革加快住房建设的意见》《成都市青白江区旧城改造实施意见》《关于调整青白江区公有住房租金标准的请示》的批复，《关于调整青白江区房改售房成本价标准的请示》的批复，《青白江区职工补充住房公积金实施方案》《成都市青白江区最低收入家庭住房保障试行办法》等政策，推进了住房制度改革。

【住房制度改革】 租金调整。租金调整前，公房租金平均每月0.06元/平方米。1992年调整0.25元/平方米；1996年0.80元/平方米；1997年1.20元/平方米；1998年1.40元/平方米；1999年1.90元/平方米。2005年，公房每月租金为2.5元/平方米。1992年，实行住房公积金制度，区住宅建设基金管理中心，按区政府制定《青白江区住房公积金实施办法》规定，单位和个人按工资总额的5%～10%交纳住房公积金，单位和个人的公积金存入住房公积金专户，公积金归个人所有。

1993年10月，区住宅建设基金管理中心与区房委办合署办公。1999年5月，区房管局内部设资金管理科，对外挂“青白江区住宅建设基金管理中心”的牌子，同时设立住房公积金缴存大厅，负责办理公积金缴存、变更、提取、转移、查询、对账等业务，委托银行办理个人公积金贷款。

住房公积金缴存基数多次调整。1992年至1997年6月为工资总额的5%；1997年7月1日至2002年6月为工资总额的6%～10%；2002年7月1日至2003年12月为6%～15%，其中财政拨款的行政事业单位按6%。2004年1月起，住房公积金的工资基数和缴费比例统一按基本工资加津、补贴为计提基数（含节日补贴）。以后年度工资总额随基本工资和津、补贴的增加而相应增加。单位缴存住房公积金比例统一为10%。

2004年10月区住房公积金业务上划市住房公积金管理中心统一管理。2005年归集住房公积金23651.05万元。

住房货币化。1999年1月，实施住房分配货币化。根据国家和省、市有关政策规定，由单位补充缴纳一定比例的住房公积金，单位不再向职工分房，职工住房主要依靠个人工资、个人住房公积金、个人住房贷款等向市场购买经济适用房或商品房。

集资建房。职工集资建房始于1992年，止于2002年12月，集资方式为定额和全额两种。集资新建住房按建筑面积计算。1992年，个人出资每平方米不低于60元，集资改造危旧住房的，每平方米不低于40元。后经调整，个人出资先后由每平方米100元、400元至600元。

1992—1997年，全区批准建成集资房43.1万平方米，其中全额集资房25件，面积28.253万平方米。

住房保证金。1993年，实行租金保证金。旧房保证金按建筑面积每平方米不低于10元，新房每平方米不低于20元，由租房者交纳。1997年公有住房保证金调整为新房每平方米不低于50元，腾空新安置的旧房每平方米不低于40元。租赁保证金在租赁户退房时一次退还。

【解困房与安居工程】 1994年，在大弯城区征地2亩，修建解困房36套，建筑面积2600平方米，总投资140万元。开始实施“安居工程”，制订减免城市公用设施配套费、商业网点建设费、人防工程建设费、邮电设施费、固定资产投资方向调节税，减半收取水、电费的政策。

1995年，安居工程五年规划纳入全区国民经济发展“九五”规划纲要，区政府制定《关于实施安居工程加快我区城镇住房解困房和适用房建设管理工作的意见》，安居工程立项、建房、销售和管理给予了政策扶持。1996年，区属单位建房不再新征土地，一律纳入安居工程统一规划，统一政策，统一修建。

1995—1998年，先后开发成钢小区、城北小区、安居西苑、安居东苑、青江苑、大弯新村、锦绣苑和城厢公安苑等安居住宅小区。入住1239户（套），建筑面积113259.27平方米，总投资1.1亿元。

1995—2002年，共建安居工程32.16万平方米，总投资2亿多元。先后按成本价分配给区教育局56套，区教育系统困难职工45套，无偿为四大班子提供住房48套（青江花园）。

同步建设安居小区商业网点、菜市、幼儿园、人行天桥、小区绿化、卫生设施、车棚、车库等。

【廉租住房】 2001年，从公积金收益增值中提取50万元，修建首批廉租住房，面积738平方米，解决了15户低保家庭的住房困难。2003年，区政府制定《成都市青白江区最低收入家庭住房保障试行办法》。2004年以实物配租和发放租金补贴等形式，解决人均住房建筑面积在12平方米以下的城镇最低收入家庭住房问题，在团结西路拆除旧的直管公房修建廉租住房15套。以发放租金补贴方式，解决人均居住面积在12平方米以下家庭98户共246人的住房困难，补贴面积3741平方米，补贴（租金）金额65093.40元。

2005年，区房管局与区物价局联合印发《关于实施城镇最低收入家庭廉租住房租金补贴的通知》（简称《通知》），完善了城镇最低收入家庭住房保障制度。按《通知》规定，廉租住房由承租人申请，采取轮候办法，依次解决，一年一次签约。严格建立住房档案，家庭收入提高或有其它住房时，承租人应迁出廉租住房。据2005年6月全区国有土地房屋调查统计和2005年10月住房摸底调查，1228户低保家庭，有98户246人符合廉租住房租金补贴条件。

房地产管理

【产权登记】 按照《中华人民共和国城市房地产管理法》《城市房屋权属登记管理办法》，进行房屋权属初始、转移、变更、注销、商品房预售、商品房预售合同备案登记。

1992年，根据《经济合同法》对房地产租赁买卖合同实行登记和鉴定管理。1994年，根据《中华人民共和国房地产管理法》进行房地产登记，1997年按《全国房屋权属登记管理办法》实施房地产登记管理。

按照建设部关于“房屋权利人持有的旧权属证书应在2000年底前有步骤地全部更换完毕”的要求，1998年8月，正式启用新的全国房屋权属证书，实行计算机缮证，确保房屋所有权人的利益，2000年内全部更换新证。建立健全完整规范的产权制度，新建，改建、扩建、买卖，赠与、交换房屋等按规定程序进行登记，发给“房产所有权证”。

1995—2005年，共办理各类房屋产权登记发证47926件，面积1136.625万平方米。办理商品房登记备案1578件、面积149810.62平方米，完成产权档案规范化组卷上架23928份。

【公房管理】 公房租金按月收取，租金标准适时调整。

1991—2005年青白江区公房租金收取情况表

表81

年份	租金（元）	年份	租金（元）
1991	247550.94	1999	852205.60
1992	290324.59	2000	856890.33
1993	386945.49	2001	673490.13
1994	543340.93	2002	710635.24
1995	749431.39	2003	635247.31
1996	946184.83	2004	628845.01
1997	958158.67	2005	683599.66
1998	993196.27	合计	10156046.39

公房维修。1991—2005年，全区直管公房的维修面积为240258.97平方米，维修金额7006686.15元。

1991—2005年青白江区直管公房维修情况表

表82

年份	维修面积（平方米）	维修金额（元）	年份	维修面积（平方米）	维修金额（元）
1991	13347.0	192189.25	1999	17313.30	656573.60
1992	14869.0	215042.42	2000	20346.19	1086465.0
1993	13756.50	290277.91	2001	14817.0	794814.96
1994	12916.89	367556.98	2002	15586.0	193720.30
1995	19788	239451.84	2003	6190.0	153485.0
1996	14905.10	558893.52	2004	16605.0	153378.0
1997	18850.49	722766.59	2005	18237.0	835557.67
1998	22731.50	546513.78	合计	240258.97	7006686.16

【房屋安全管理】 区房管局与下属单位、企业签订《安全生产责任书》《社会治安综合治理责任书》《爱国卫生目标管理责任书》。规范住宅小区楼宇建设，配齐防火、防盗设施，全区房管系统无重大失火、交通等安全事故发生。

白蚁防治。1995年12月，成立“白蚁防治管理所”，开展白蚁防治管理服务工作，重点做好新建房屋白蚁预防和旧房白蚁灭治工作。1995—2005年共办理白蚁防治944件，面积232.4863万平方米。

房屋安全鉴定。1992 年 8 月，成立青白江区房屋评估领导小组，成员单位有青白江区房委办、财政局、物价局、房管办、川化厂、成钢厂，主要负责公有住房出售的价格评估和房屋安全鉴定。1995 年开展危险房屋安全鉴定，到 1998 年，共办理危房鉴定 32 件。2000 年 7 月执行《成都市城市房屋装修结构安全管理规定》，依法实施房屋装饰装修结构安全管理杜绝发生房屋安全事故。1999—2005 年，完成各类房屋安全鉴定 434 件，面积 75.48 万平方米。

室内装饰装修管理。房屋室内装饰装修管理按《中华人民共和国城市房地产管理法》和《成都市房屋装修结构安全管理规定》执行。1998 年开展房屋室内装修结构安全管理，实施室内装修许可证制度，及时查处各种破坏房屋结构，造成安全隐患的违法、违章装修施工，有效遏制了乱拆乱建的装修局面，当年发放房屋室内装修许可证 25 个。1999—2002 年，办理装修许可证 620 个，纠正违规装修 71 件，安全鉴定 213 件。2003—2005 年，审批室内装饰装修 1305 件，面积 12.91 万平方米，查处违规装修 22 件。

【房屋拆迁管理】 2000 年成立“青白江区城镇房屋拆迁管理办公室”，负责城镇房屋的拆迁管理。

2000—2005 年，共发放“房屋拆迁许可证”15 份，延期许可证 16 份，拆迁房屋总面积 14.22 万平方米，拆迁户 206 户，发放拆迁公告 36 份。拆迁安置以房屋产权调换和货币补偿两种方式进行。2000—2005 年，房屋产权调换方式安置 80 户，货币补偿方式 130 户。其中：2000 年华严镇团结西 38 号至团结南路 35 号房屋，拆迁面积 4250 平方米，拆除后修建安置房面积 10000 平方米，改造投资 500 万元（资金来源自筹）；大弯镇、华严镇、唐巴路以南的旧城拆除、外墙装修和新建房屋（10 万平方米）的报建审批 38 件；拆除大弯房管所直管公房，新建 8716 平方米团结苑安置房，完成低洼棚户和老房改造开工 63698.5 平方米。

拆迁纠纷调解。加大宣传力，认真调查摸底，提前做好工作。在 15 个拆迁项目中，有 6 户涉及两个拆迁项目的纠纷。经多次调解，6 户拆迁户与拆迁单位达成拆迁协议，拆迁纠纷得到妥善解决。按照《城市房屋拆迁管理条例》规定，因拆迁人与被拆迁人就搬迁期限、补偿方式、补偿标准以及搬迁过渡方式、过渡期限等原因达不成协议，当事人申请裁决的，按《城市房屋拆迁行政裁决工作规程》裁决。

【物业管理】 2000 年，成立第一家物业管理有限责任公司，到 2005 年，共有物业管理公司 16 家，其中本地企业 12 家。三级资质 8 家，暂定三级 4 家，外地企业 4 家，二级资质，分别是：成都居安物业管理有限责任公司、成都市圣爱物业经营管理有限公司、成都市青白江区兴成物业管理有限公司、成都市青白江区鑫源物业管理有限公司、成都恒正和物业管理有限责任公司、成都仕帮诚信物业管理有限责任公司、成都蜀北物业管理有限公司、成都润佳物业管理有限公司、成都市国龙物业管理有限公司、成都吉诚物业管理有限公司、成都市青白江永兴物业管理有限公司、成都市青白江鑫宏物业管理有限责任公司、成都市好日子物业管理有限公司、成都交大智能物业管理有限公司。

区房管局加强物管公司指导，物管市场准入制度的监管，投诉处理与回访制度的建立和公示，信访案件的受理、办理、回复工作，物业服务招标工作等管理。建设单位建筑面积在 2 万平方米以上的项目采取统一的招标方式选聘物业管理公司，并进行合同备案。建立物业管理投诉机制，物管企业建立投诉处理、回访制度。多数物管小区已建立业主委员会，加强物管的行业管理。

2005 年 12 月，全区有 64 个住宅小区和住宅组团已实行物业管理，占 36.4%，面积 146.38 万平方米，131 个住宅、厂区、办公等实行自行管理。2 万平方米以上的新建住宅区 24 个，实行物业管理的 23 个。省级优秀住宅小区 2 个（居安物管公司的安居小区、阳光花园小区）、市级优秀物管小区 2 个（怡东园小区、广场馨苑）以及"区级优秀物管小区"。

房屋专项维修资金的归集与管理。2000 年，根据财政部、建设部《住宅共用部位设施设备维修基金管理办法》和 1998 年市政府《成都市住宅小区与高楼宇物业管理暂行规定》，住宅小区开发建设单位按工程造价 0.4% 缴存物业养护维修专项费用，购房者按购房款的 2% 交纳。公有住房出售时（房改房）形成的维修资金，售房单位对未配备电梯的住房按售房款的 10% 提取，购房人按售房款的 2% 缴存。2004 年 4 月 1 日，根据市政府《成都市住房专项维修资金管理暂行办法》，由开发建设单位、公有住房售房单位和业主缴交。2005 年房屋专项维修资金归集额 1020.02 万元，其中归集新建项目维修资金 961.28 万元，清理代收维修资金 51.01 万元，归集二手房维修资金 7.73 万元。

商品房交易管理

【商品房交易】 2001 年 8 月，开始对符合预售条件的商品房发放预售许可证。2001—2005 年，发放预售许可证 177 个，预售面积 147.2 万平方米。办理商品房合同备案 10045 户，备案面积 103.56 万平方米。

商品房交易。1991 年，交易房屋 1 万平方米（其中住宅 0.4 万平方米，非住宅 0.6 万平方米），成交额 134 万元。1995—1998 年，交易面积 468.96 万平方米，办理所有权证 6606 起。1999—2002 年，交易面积 700 万平方米，办产权证 36692 件。其中办理商品房登记备案 1578 件，面积 14.98 万平方米。1991—2005 年，共成交商品房（包括二手房）48269 件，成交面积 1225.05 万平方米，成交额达 20 亿元。

商品房价格。1992 年每平方米 230 元，1993 年 5 月 1 日起 250 元，1996 年 7 月 1 日起 520 元，1997 年 7 月 1 日起 570 元，1998 年 7 月 1 日起 600 元，1999 年 7 月 1 日起 630 元。2005 年，根据房屋土地类别和建筑面积计算房屋平均交易价格每平方米 1000 ~ 1530 元。其中：一类地区（大弯、红阳街道办事处）1530 元，二类地区（城厢、弥牟、大同、清泉）1180 元，三类地区（其他乡镇）1000 元。

【二手房交易】 经济适用房交易价格。分为三类价区：大弯、红阳街道办为一类价区；弥牟、大同、城厢镇为二类价区；其余乡镇为三类价区。2004—2005 年指导价为：一类价区每平方米 780 ~ 820 元，二类价区以一类价区指导价为基数下浮 8%；三类价区以一类价区指导价为基数下浮 10%。随着住房制度改革的推进，存量房（二手房）交易十分活跃。1992 年 7 月至 1994 年 12 月，132 个单位按标准价（优惠价）出售公有住房 13811 套，总面积 82.18 万平方米。1995—1998 年，办理房屋买卖 457 件，房改售房资金 9718.95 万元。1999—2002 年部分产权转换全产权 12764 件，面积 91.70 万平方米。2003 年存量房交易 752 件，成交面积 8.23 万平方米，成交金额达 4080.3 万元。2004 年办理存量房交易 1271 宗，成交面积 12.94 万平方米，成交额 7714.18 万元。2005 年办理存量房交易 1085 宗，成交面积 15.19 万平方米，成交额 7910 万元。1992—2005 年共办理存量房交易 30139 宗，成交面积 210.25 万平方米，成交额 3 亿元。

【公房出让】 1992 年开始以标准价向职工出售公有住房。其标准价为：1992 年每平方米 230 元，凡 1992 年内购房优惠 30%，一次性付清优惠 20%，一年内付清优惠 15%、二年内付清优惠 10%；1993 年 5 月 1 日起，公房出售标准价为每平方米 250 元。到 1993 年，共出售公房 82.2 万平方米，占房改面积的 95%，回收售房资金 3126.42 万元。

1995 年贯彻《国务院关于深化城镇住房制度改革的决定》，执行《青白江区住房委员会关于深化城镇住房制度改革的决定》，停止标准价售房，改为成本价售房，每年 7 月 1 日调整售房成本价格。

1996 年 7 月 1 日起公房出售成本价调整为每平方米 520 元，1997 年 7 月 1 日起 570 元，1998 年 7 月 1 日起 600 元，1999 年 7 月 1 日起 630 元。2005 年，公有住房出售成本价按不同类别调整为 1000 ~ 1530 元。1992—2005 年，全区出售公房 150.78 万平方米，部分产权转换为全产权的已达到 99%。

交通运输

概　述

青白江区地处成都北部交通要道，自古以来是陕西及中原地区进入川藏的必经之地。1991 年以来，结合省、市公路建设规划，先后制订了全区县级公路建设发展规划和乡村道路建设规划。县乡公路建设以构建“两纵”（城厢—人和、大弯—石板滩）“三横”（云顶〔今清泉镇〕——合兴镇〔今石板滩〕、金堂—石板滩、城厢—新都）为骨架，改造山区公路和打通断头路为基础，提高道路技术等级和通行能力为重点，以民工建勤、民办公助等多种方式筹集建设资金，加快县乡公路建设，改善公路交通运输条件。成（都）绵（阳）高速公路、成（都）南（充）高速公路相继建成通车，国道 108 线和省道 101 线先后完成改、扩建工程，县道、乡道、村道形成互通网络，接通跨界断头路，增加出入口通道，延伸通达里程，提高了道路技术等级和通行能力。1990 年全区仅有县道 2 条 18.09 千米，乡道 18 条 160.2 千米，好路率 68.7%，公路密度每百平方千米 54.1 千米。1991—2005 年共投入公路建设资金 4.1 亿元，新建客运站 3 个、乡镇客运站 8 个，至 2005 年共有国省道总里程 53.525 千米，县道 120.15 千米，乡村道路 411.6 千米，在全市“三片一地”率先实现村村通水泥（沥青）路。

1991 年，青白江区公路客运主要线路是青白江—成都。1993 年青白江区客运站建成启用，新增区内成钢至清泉客运，合兴经大弯至成都客运。1999 年 6 月青白江区编制实施《青白江区农村客运规划》，相继新建姚渡、合兴、人和、城厢、祥福、龙王、唐家寺和云顶 8 个农村客运站，到 2005 年实现村村通客运。1996 年开通城厢镇经广汉万福乡至广汉市，清泉镇经金堂县云秀乡至金堂县客运站。1997 年开通青白江区至龙泉驿区、都江堰市、彭州市、邛崃市的直通客运班车，2004 年，开通青白江区直发南充班车，2005 年陆续开通青白江区直发绵阳、广安、乐山、雅安、达州、重庆长途客运班车。1992 年经区交通运输管理所批准，区嘉义出租汽车公司投入 3 辆车，开始城市出租车营运。2000 年 7 月区交通局公开招标出让首批公交车的经营权有偿使用，到 2005 年发展城市公交线路 6 条，出租车 114 辆。

1991 年青白江区公路货运量 218 万吨，货运周转量 10690 万吨千米。1996 年以成都华铁国际储运有限公司为代表的区内物流行业发展迅速，建成具有“一关三检”铁路口岸一处，年办理能力 5 万标准集装箱。2005 年全区公路货运量 970 万吨，货运周转量 14962 万吨千米，比 1991 年分别增长 345%、40%。

过境公路建设

【老川陕路青白江段改造】 1991年以来，改建、扩建和新建连接金堂、新都、龙泉、广汉等连界公路，打通进出口通道10条。协助建设单位完成成绵高速公路、成南高速公路及其配套设施，国道、省道青白江段的征地拆迁和改建任务，建设过境公路4条，总长47.895千米，其中高速公路2条，国道1条，省道1条。

老川陕路在大件公路建成前是国道108线，大件公路建成后，1996年四季度起下放所在区县管养。1997年青白江区将老川陕路3千米大修作为为民办实事项目之一，同年9月完成大修。

1999年11月至2000年5月大件公路大修期间，车辆改道从老川陕路通行，交通流量增长9倍多，路面结构层破坏严重，至1999年12月路面已破烂不堪，沉陷、拥包猛增，坑凼成片，2002年2月路面结构层几乎全部破坏。2002年，市交通局下拨专项资金20万元，6—7月，青白江区交通局对老川陕路弥牟过境路段1.2千米进行整治，治理拥包沉陷1800平方米，补铺12厘米厚碎石1000平方米，加铺沥青路面1.1万平方米，填补坑凼800余立方米。路面情况有所改善。

2005年3月至7月，区交通局再次投资41万元，对川陕路弥牟镇至新都交界处2千米进行大修改造。填平凹陷，加固路基，进行沥青罩面处理。

【成绵高速公路】 1995年成立青白江区成绵高速公路工程建设指挥部，负责成绵高速公路青白江段和连接线征地拆迁工作。1995年9月28日，区政府印发《成绵高速公路青白江段征地拆迁补偿办法》，1996年完成征地拆迁任务。成绵高速公路青白江段征用土地34.81公顷，拆迁农户170户、636人，拆迁农房等建筑物3.6万平方米，树木1.1万株，搬迁电力输电线和维护天然气管道47处，拆迁小学1所，面积5333平方米。

成绵高速公路属国道040线（二连浩特至河口），起于成都白鹤林，连接绕城路。经新都区、青白江区、德阳市，止于绵阳市涪城区磨家乡，全长92.4千米，双向四车道，沥青混凝土路面。成绵高速公路青白江段长4.27千米，在弥牟镇入区境，经红阳街道办事处入广汉市境，成绵高速公路连接线长1.63千米，由青白江收费站出入口通往城区，是区内的主要进出口通道。

【成南高速公路】 成南高速公路是国家规划的“五纵七横”中国道主干线上海—成都公路支线中的一段。起于成都市成华区十里店，途经成华区、龙泉驿区、青白江区、金堂县、德阳市、遂宁市，止于南充市，全长215.45千米，沥青混凝土路面。

1998年10月，成立青白江区成南高速公路建设指挥部，负责成南高速公路青白江段征地拆迁工作。成南高速公路青白江段征用土地191.71公顷，拆迁农房等建筑物60102.53平方米，搬迁、改造输电线路和地下管道2200米，农业户转为非农业户831人。

成南高速公路1999年11月1日动工，2002年12月23日通车试运行。成南高速公路青白江段经福洪乡、清泉镇、人和乡入金堂界，全长20.8千米。在清泉镇境23千米+000米、26千米+045米桩号处，分别设立廖家场服务区、互通式出入口和清泉收费站。成南高速公路清泉连接线从收费站到二里桥，长2.3千米、宽17米，二级公路，混凝土路面。

成南高速公路成都—清泉段26.41千米，路基宽35米，双向6车道。清泉镇—遂宁市桂花段108.92千米，路基宽26米，双向4车道。

【大件公路】 大件公路是国道108线中的一段，起于德阳，经广汉、唐家寺、新都、止于天回镇，全长51.67千米。大件公路是省内承载能力最大的高等级公路，路面净空安全高度9米，路面设有反光标志和绿化隔离带，最大坡度4%，最小转弯半径700米，路基宽23米，路面宽20米，沥青混凝土路面。大件公路青白江段长5.325千米，在弥牟镇入区境，经红阳街道办事处入广汉市向阳镇境。大件公路青白江段2202千米+400米桩号处为川化集团有限责任公司铁路专用线平交道口，2204千米+000米桩号处为成都铁路北环线上跨式立交桥。

大件路自通车起收取车辆通行费。1988年10月5日，在大件公路主道设唐家寺收费站，1995年7月10日由主道迁至唐（家寺）巴（中）公路口设置验票站，2006年12月15日，验票站撤销。

【成南公路】 成（都）南（江）公路（原唐巴公路）属省道干线公路，编号S101线，又称省道101线。起于弥牟镇（唐家寺）国道108线，经金堂县、中江县、三台县、盐亭县、仪陇县、巴中市，止于南江县桃园镇接陕西界，全长488千米。

成南公路青白江段全长17.5千米，经弥牟、红阳、大弯、大同、城厢入金堂县境。1992年市政府决定对成南公路成都段进行改建。1992年9月成立青白江区成南公路改建指挥部，负责青白江段的征地拆迁和改建工作。1993年1月经公开招标，郫县建筑工程公司、青白江区清泉建筑公司、成都华茂房地产开发公司和金堂县路桥公司四家建设单位中标。1993年2月3日建设单位相继进场，5月20日全线动工，1994年5月29日竣工通车。改建后主车道15米，混凝土路面。其中弥牟镇—大同镇巨石大道按城市主干道设计，路面总宽度51米，设置非机动车道、人行道、绿化隔离带和路灯等市政设施，是青白江区主城区的主干道。1993年命名为华金大道一、二、三段。

2002年12月动工修建唐巴公路绕城线，二级公路、路宽15米，混凝土路面，起于区自来水公司，止于大弯中学校门，全长5.63千米，2004年7月建成通车。

县乡公路建设

【成环公路青白江段】 1991年全区乡镇公路建设在扩宽机耕道，打通断头路的基础上，提高技术等级，确保晴雨通车。1999年完成道路改造，形成乡镇之间相互通行连接县道的公路网络，基本实现乡乡通沥青路。到2005年建成通往周边区县和区内乡镇的县级公路10条（包括高速公路连接线），总长120.15千米，其中高等级公路60.86千米。建成乡道93条，长312.57千米，其中三级公路9.55

千米，四级公路288.61千米，等外公路14.34千米，县乡公路网密度每百平方千米达138.2千米。

城环公路（XA01）是成都市城区连接周边区（市）县的县级快速通道。起于龙泉驿区洛带镇，经华阳、双流、温江、郫县、犀浦、新繁、军屯、弥牟、青白江、赵镇、云秀、清泉、洪安、环回止于洛带镇，清泉、姚渡、城厢为城环公路复线，全长213.5千米。城环公路青白江段由唐（家寺）军（屯）公路青白江段、华金大道、龙（泉）赵（镇）公路青白江段、清泉镇绕城线，城（厢）太（平）公路组成，全长49.3千米。城环公路唐军路段为沥青路面，龙赵段为沥青混凝土路面，其它路段为混凝土路面。

按照“打通出口，提高等级”的公路建设规划，加快城环公路青白江段的建设。1992年建成青白江区与龙泉驿区交界处的洪安立交桥，由青白江区和龙泉驿区分别承担立交桥两端引道的建设任务，打通了城环公路至龙泉驿区的断头路。1993—1997年完成唐巴公路青白江段的改建，1998年8月完成龙赵路二级公路改建，1998年9月至2000年8月，完成城太路二级公路改建和姚渡大桥的修建。1999年2月至2000年11月，建成唐军路上跨宝成铁路立交桥。2003年6月至2004年6月完成清泉镇绕城线建设，城环公路青白江段全线贯通。

【龙赵公路青白江段】 龙（潭寺）赵（镇）公路（XA04）起于成都市成华区龙潭寺，经新都区木兰镇、泰兴镇，青白江区日新（今祥福）镇、姚渡镇，止于金堂县赵镇，全长36.4千米。龙赵公路青白江段由新都泰兴镇入区境，经祥福、姚渡镇入金堂县境，全长12.45千米。祥福镇红瓦店社区至姚渡镇路基宽8.5米，路面宽7米，2001年3—7月铺设沥青路面，三级公路，其余路段宽4~5米，碎石路面。龙赵公路是区内“两纵三横”主干道之一，是连接城太公路、大石公路的纽带和丘陵地区主要的出口通道。

【大石公路】 大（弯）石（板滩）公路（XA14）是区内“两纵三横”的主干道之一。大石公路起于大弯镇，经大同镇、祥福镇、龙王镇，止于新都区石板滩镇，全长19.37千米，区内长14千米。1989—1996年逐段连通断头路，路基宽8.5~9米，路面宽6~7.5米，1995年铺设沥青路面，三级公路。修建大、中型桥梁3座，康家渡大桥和龙王桥分别长116米和36.9米。2003年在大同镇西林村修建上跨达成铁路立交桥，桥长700米，宽7米。大石公路分别与省道成南公路、成绵高速公路和成渝铁路、成渝高速公路相连接，是区内重要的进出口通道。

【桂红公路】 桂（新都桂湖）红（金堂红花塘）公路（XA31）起于新都区桂湖（今新都）镇，经祥福镇、城厢镇、姚渡镇、清泉镇、人和乡，止于金堂县红花塘，全长47.4千米。桂红公路青白江段由新都区龙虎（今新都）镇入祥福镇境至人和乡，全长41.35千米。成太公路段为混凝土路面，二级公路，其余路段均为沥青路面，三级公路。2003年在祥福镇高楼村修建上跨达成铁路立交桥，在新华村修建下穿达成铁路立交桥。

【青解公路】 青（白江）解（放桥）公路（XA36）起于大弯镇团结东路，经大弯火车站至新都区境解放桥，区内长4.11千米。2004年6月改建川化集团有限责任公司至红阳街道办事处永红村路段，路面宽12米，混凝土路面，二级公路。永红村至解放桥路段路面宽8米，沥青路面，三级公路。在大弯街道办事处红旗村（今肖家院社区）修建下穿成都北环铁路立交桥。

【三西公路青白江段】 三西公路（X070）即原国道老川陕公路。1996年大件公路建成后，原川陕公路下放给所在区县管理和养护。三西公路青白江段由新都区入区境，经弥牟镇入广汉市向阳镇界，全长5.04千米。1997年为维持道路通行大修3千米。1999年11月至2000年5月，大件公路大修，车辆改道行驶，老川陕公路车流量增加9倍，路基塌陷，路面破烂不堪，影响车辆、行人通行。2002年成都市交通局下拨专款20万元，对老川陕路弥牟过境段1.2千米进行整治。整修路面1800平方米，补铺碎石1000余立方米，加固路基，填补坑凼800余立方米，补铺沥青路面1.1万平方米。2005年3—7月，对弥牟镇到新都区界2千米加固路基，填平沉陷，加铺沥青路面，方便车辆通行。

【云石公路】　云（顶）石（板滩）公路（XN70）起于云顶乡（今清泉镇）与金堂交界处，经清泉镇、福洪乡至新都区石板滩镇，全长23.5千米，区内长18.2千米。路基宽5~7米，路面宽4~5.5米，沥青路面，三级公路。

【广大公路】　广（汉）大（同）公路（X051）起于大同镇，经万福镇至广汉市，全长12.2千米，区内长2.98千米，路基宽12米，路面宽8米，沥青路面，三级公路。广大公路大同至万福段1994年10月动工修建，年内完成路基工程，1995年铺设沥青路面，2001年确定为县级公路，2003年再次进行改造，广大公路是区内出口通道之一。

【乡镇公路】　2005年，全区乡镇公路93条，总里程312.58千米，基中三级公路9.55千米，四级公路288.61千米。

青白江区主要乡道简况表

表83

序号	名称	起点	讫点（止点）	区内长度（千米）	路面		经过乡镇	新(改)建年份	公路等级
					宽(米)	结构			
1	新大路	广汉市新丰乡	大弯镇	2.4	6.0	沥青表面处理	红阳街道办事处	1992(改建)	4
2	三大路	广汉市三水乡	大同镇	4.2	6.0	沥青表面处理		1987、1995	3
3	清城路	金堂县清江镇	城厢镇	4.9	4.0	沥青表面处理		1992(改建)	4
4	龙石路	龙王镇	新都区石板滩镇	4.5	7.0	沥青混凝土路面		2000(改建)	3
5	高民路	高土桥	民强村	2.6	4.0	沥青表面处理		2000(改建)	4
6	姚福路	姚渡镇	福洪乡云石路	16.1	3.5	沥青混凝土路面	姚渡镇、福洪乡	2000(改建)	4
7	氮清路	金堂县氮肥厂	清泉镇	5.8	3.5	沥青表面处理		1998(改建)	4
8	平常路	人和乡平桥村	龙泉驿区长安乡	2.4	4.0	沥青表面处理		1997(改建)	4
9	龙泰路	龙王镇	新都区泰兴镇	3.0	3.5	沥青表面处理		1997(改建)	4
10	清人路	清泉镇	人和乡桂红路口	15.2	3.5~4.0	沥青表面处理	人和乡、清泉镇	1997(改建)	4
11	立灯路	立新村	火星村	7.7	3.5	沥青表面处理		1998	4
12	挺进路	成环路唐军段	青白江大河	3.3	5	沥青表面处理		1994	4

续表83

序号	名称	起点	讫点（止点）	区内长度（千米）	路面		经过乡镇	新（改）建年份	公路等级
					宽（米）	结构			
13	金新路	弥牟镇金光村	新都界	4.1	4.0	沥青表面处理		1998	4
14	三成路	大件路	攀成钢变电站	2	5.0	水泥混凝土路面		2002	4
15	红三路	华严镇红阳村	弥牟镇三星村	3.4	3.5	水泥混凝土路面	华严镇、弥牟镇	1993	4
16	双红路	华严镇红阳村	红峰村	2.1	3.5	沥青混凝土路面		1996	4
17	红革路	唐巴路绕城线	大弯镇革新村	5.4	4.5	砂石路面	华严镇、大弯镇	1998	4
18	福战路	大同镇福聚村	战斗村	2.7	4.0	沥青表面处理		1997	
19	福丰路	福聚村	丰收村	1.0	3.5	沥青表面处理		2000	4
20	茶永路	城厢镇茶花村	大同镇丰收村	1.5	3.5	沥青表面处理	城厢镇、大同镇	2002（改建）	4
21	绣国路	绣川河社区	唐巴公路	3.9	4.0	沥青表面处理		1982	4
22	马金路	城厢镇西门	东方渡	3.1	4.0	沥青表面处理		1999	4
23	马前路	城厢镇金川村	前锋村	3.6	3.5	沥青表面处理		1998	4
24	通站路	马前路	城厢镇火车站	1.9	3.5	沥青混凝土路面		2001（改建）	4
25	板前路	城厢镇前锋村	板桥村	7.8	4.5	沥青混凝土路面		2001（改建）	4
26	星星路	马金路	城厢镇星星村	1.8	3.5	沥青混凝土路面		2000	4
27	杨玉路	城厢镇杨玉路	玉龙村	5.4	4.0	沥青表面处理		1998	4
28	同十路	城厢镇同心村	联心村	7.1	3.5	沥青混凝土路面		2002	4
29	泉筒路	唐巴路	城厢镇筒渡村	1.2	3.5	沥青表面处理		2002	4
30	永丰路	大三路	城厢镇永久村	1.0	3.5	沥青表面处理	大同镇、城厢镇	1987	4
31	永广路	城厢镇永久村	广汉市界	7.7	3.5	沥青混凝土路面		1962	4
32	双强路	祥福镇民强村	强力村	2.4	4.0	沥青表面处理		1999	4
33	新青路	祥福镇新龙村	东升村	2.7	4.5	沥青表面处理		1999	4

续表83

序号	名称	起点	讫点（止点）	区内长度（千米）	路面		经过乡镇	新(改)建年份	公路等级
					宽(米)	结构			
34	新西路	祥福镇桂红路	太山村	2.9	3.5	砂石路面		1986(改建)	4
35	东泰路	新都区泰兴镇	祥福镇接龙村	8.8	3.5	水泥混凝土路面		2000(改建)	4
36	华亭路	祥福镇华家村	亭坝村	1.5	3.5	沥青表面处理		1999(改建)	4
37	光长路	姚渡镇光明村	长安村	1.8	3.5	沥青表面处理		1997(改建)	4
38	西坪路	姚渡镇西江河桥	坪家村	3.9	3.5	沥青混凝土路面		2000(改建)	4
39	黄太路	清泉镇黄泥村	清泉镇	13.4	3.5	沥青混凝土路面		1999(改建)	4
40	芦同路	姚渡镇芦稿村	同心村	3.2	3.5	沥青表面处理		1999(改建)	4
41	集体路	姚渡镇集体村	姚渡场镇	2.5	3.5	沥青混凝土路面		2001(改建)	4
42	龙红路	龙王镇龙安村	红沙村	2.4	3.5	沥青混凝土路面		1998(改建)	4
43	龙三路	龙王镇三方村	龙安村	5.2	3.5	沥青混凝土路面		1999(改建)	4
44	锦绣路	大石路	龙王镇清平村	3.6	3.5	沥青混凝土路面		1998(改建)	4
45	清清路	龙王镇清平村	清洁村	1.3	3.5	沥青表面处理		1992(改建)	4
46	互先路	福洪乡先锋村	姚福路	1.6	3.5	沥青表面处理		1999	4
47	拦团路	拦冲村	团结村	1.5	3.5	沥青表面处理		2000	4

【村通路网建设】 按照市交通局《关于编制乡公路网规划任务的通知》和《关于全市公路网规划调整方案》的要求，区政府批准制订和调整了全区乡村公路建设实施方案。由单一增加乡村公路里程转变为提高现有公路技术等级和通行能力为重点，打通村与村之间断头路，改造山区公路，形成乡村公路网络化格局。

1993—1999年，先后改造了大弯镇至革新村、弥牟镇狮子村和姚渡镇、祥福镇、龙王镇、清泉镇、福洪乡、人和乡等34个贫困村的乡村道路63.5千米。2001年区政府决定将原计划5年完成的乡村道路建设项目提前到2001年完成。区政府成立了乡村道路建设领导小组，制订了乡村道路建设工程设计、施工监管、资金筹措等实施意见。按照“谁爱益、谁负担”的原则，采取乡镇投入，企业捐助，掛钩帮扶，群众投劳，市区补助等多种方式筹措建设资金。实行村组调剂土地面积，乡镇负责路基建设，区交通局负责路面铺设，建设项目到路段，责任落实到人员的责任制。到2001年末，全区新增加85个村通水泥（沥青）路，总投资3710万元，新建乡村水泥（沥青）道路127千米，其中混凝土路面22.7千米，沥青混凝土路面27.8千米，沥青表面处理路面166.5千米。路面宽度3～3.5米的199.9千米，宽3.5米以上的17.7千米。平原地区64.9千米，丘陵地区109.9千米，山区42.2千米。2001年12月27日，全区村村通工程通过市交通局农村水泥沥青路村村通考核委员会的考核验收。

2003年启动乡村公路网络化建设试点工作，修建和改造乡道与村道，村道与村道交通网络道路32.3千米。2004年扩大试点范围，新建和改造村通网络加密道路51千米，到2005年末，全区乡村道路总里程520.1千米。

【进出口断头路改造】 成环路洪安公路铁路立交桥建设：1990年立项，1992年开工建设，年底完成路面沥青铺筑，由青白江区和龙泉驿区分别建设立交桥两端的引道，青白江区段征地1.13公顷，投资30万元。打通了成环路青白江区至龙泉驿区的断头路。

1993年完成大弯至革新村1.2千米油路铺筑。投资45万元改建弥牟镇狮子村、挺进路长3.2千米，宽8.5米，铺筑油路1.2千米，1996年全部铺筑沥青路。投资6万元扩建云顶至金堂65分厂乡道4.5千米。新建、扩建大石路大弯至祥福段小桥3座。投资5万元铺筑龙王乡至合兴乡路基500米，1996年铺筑沥青路。

大（同）万（福）路建设：大同镇至广汉市万福镇公路原为乡道，由大同镇建设，1994年10月动工，年底路基工程完工，1995年6月由区公路养护段铺设沥青路面，道路全场3.2千米，青白江区段长2.978千米，路面宽8米，三级公路。2011年定为县道。2003年再次投资38.765万元，进行了改造，是青白江区到广汉是的主要进出口之一。

1994年完成祥福至新都区龙虎镇5千米碎石路建设，1996年铺筑沥青路面，形成三级公路；打通了玉虹至广汉市三水镇通道。

【桥梁渡口改造】 1990年全区公路线上有桥梁39座，总长1037米，其中国、省道6座，长122.5米，县道2座，长31.5米，乡道31座长883米，桥梁长度在65米以上的3座。区内桥梁中，始建于明、清两代的尚有8座，金绣桥改建为胜利桥（成太路改道新建姚渡大桥、胜利桥尚存），西江桥重建，高土桥、玉虹桥、古城桥、活梁桥、绣川桥、永定桥（三仙桥）已全部改建为公路桥梁。2005年，新建中大型桥梁3座，中桥2座，公路与铁路立交桥6座。

姚渡大桥。位于城太公路姚渡镇境，长90米。1998年9月动工修建，2000年8月建成通车。

洪安立交桥，位于成环路洪安镇上跨成渝铁路，1992年修建。

唐军路立交桥，位于唐军路弥牟段，上跨宝成铁路，长850米，2000年11建成通车。

新华立交桥，位于桂红路祥福段新华（今香山）村，下穿达成铁路，长750米，2003年修建。

高楼立交桥，位于桂红路祥福段高楼村，上跨达成铁路，2003年修建。

西林立交桥，位于大石路大同段西林村，上跨达成铁路，长700米，2003年修建。

红旗立交桥，位于青解路红旗村（今红阳街道办事处肖家院社区），下穿北环铁路，长400米，2004年6月修建。

区境内原有渡口3个，今尚存2个，主要集中在毗河沿岸。两岸群众沿水而居，双方过渡采用人工渡船方式解决出行。康家渡因大桥建成而停渡，尚有东方、斜潭两个渡口仍以人工渡船解决出行。

东方渡，又名清洁渡、东方堰，位于城厢镇西3公里，日新（今祥福镇）东方村与福龙村之间的毗河上。设渡已有百年，枯水期停渡，搭木板桥供行人临时过往，洪水期停渡。

斜潭渡，又名女儿渡、哑巴渡，位于城厢镇东5公里，玉虹（今城厢镇）白贯村境的毗河上。

交通站点建设

【青白江区客运管理站】 2005年全区汽车客运管理站11个，其中二级客运管理站1个，三级客运站2个，乡镇客运站8个；乡村客运站5个、公交站点53个，招呼站180个。城市公交和农村公交客运线14条，客运班车和长途客运线路18条，形成中长、高速、农村、区间、旅游为一体的客运格局。

青白江区客运管理站（简称区客运站），又称青白江汽车站，二级客运站。1990年12月25日动工建设，1992年11月竣工，1993年10月8日验收投入使用。1993年1月成立青白江区客运管理站，属自主经营，自负盈亏的国有事业单位。

区客运站位于大弯镇华金大道三段39号，占地面积10663.83平方米，建筑面积3464平方米，停车场5000平方米。主体建筑物高27.9米，框架结构，花岗石贴柱，区客运站钟楼是城市标志性建筑。区客运站设候车厅1个、售票窗口4个，检票口4个、发车位8个，行李包裹寄存房、小卖部等服务设施齐全。1993年3月至1995年8月唐巴公路改造期间，在四川化工厂俱乐部设临时客运管理站。1995年8月和2002年2月两次规范主城区客运线路，所有客运车辆（不含公交车）实行归站管理。2004年4月2日新增至南充的客运班车。2005年参与营运的有亚细亚运业有限公司青白江分公司、成都长运运业有限公司、德阳运通运业有限公司等12家运输企业，开通成都荷花池、北门车站、龙泉、都江堰、彭州、邛崃、广汉、德阳、绵阳、南充、乐山、广安、雅安、达州、重庆等地、市、州客运班车，日发班215班次，日均客流量3000余人次。

【清泉客运站】 清泉客运站位于清泉镇平安路，三级客运站，由区客运站管理。1996年建成投入使用，占地面积2100平方米，建筑面积1150.6平方米。已开通清泉—石板滩—成都、清泉—青白江（2005年12月23日改为区6路公交线）、清泉—红梁、清泉—赵镇（金堂6路公交线）、清泉—合兴（今石板滩，区12路公交线）、清泉—人和（区13路公交线）、清泉—洪安（区14路公交线）和龙泉、金堂的往返班车。2005年参与进站经营的运输企业7家，经营客运班车线路7条，日发班277班，日均客流量3600余人次。

【城厢客运站】 1995年在城厢镇北门唐巴公路旁修建城厢客运站，2002年迁建在北门城太路口。城厢客运站占地面积8671平方米，建筑面积2205.71平方米，2003年5月建成投入营运，三级客运站，由区客运站管理。2005年已开通金堂、成都、广汉、新都等客运班车和过境车进站业务。日均发车139班，日均客流量1000余人次。

【乡镇客运站】 2000—2005年，先后在弥牟、姚渡、祥福、龙王、福洪、人和、合兴（今石板滩）、云顶（今清泉）8个乡镇修建客运站，为乘车群众提供候车场所和方便过境客车上下乘客。乡镇客运站属等外站，由所在乡镇管理。

公交客运。城市公交、农村公交从2000年开始运行，到2005年全区开通公交线路14条，其中城市公交线路11条，农村公交线路3条，其间调整部分线路，更新部分线路车辆，确保公交车安全有序运行。

1路公交车，从大弯火车站—弥牟镇民族街口，2000年7月开始营运。

2路公交车，从大弯镇青江西路路口—城厢镇家珍公园，2000年7月开始营运。

3路公交车，从成绵路收费站—祥福镇客运站，2000年7月开始营运。2005年12月23日与大弯—石板滩客运班车线路合并为3路公交线路，延伸至石板滩镇。

4路公交车，从大弯镇华逸花园—金堂客运中心站，2001年开始营运至十五里村，2004年延伸至金堂客运中心站。

5路公交车，从青白江客运站发车，绕主城区开行，回始发站，2004年2月10日开行，2005年停运。

6路公车车，从华逸花园—清泉镇梨园桥，2005年12月18日开始营运。

11路公交车，从城厢镇北门—新都客运站，2000年由城厢开往祥福镇民强村，2003年延伸至新都区客运站。

12路公交车，从清泉镇—合兴（今石板滩），2005年1月开始营运。

13路公交车，从清泉镇—人和乡，2005年1月开始营运。

14路公交车，从清泉镇—龙泉驿区洪安镇，2005年1月开始营运。

农村公交线路3条。

交通管理

【路政管理】 青白江区路政管理队1988年成立，1998年6月19日更名为青白江区路政管理所，原职能不变。2000年省市交通部门授权，增加公路超限运输检查治理职能。

2005年底路政所有执法人员22名。设办公室、巡查队，负责公路巡查，维护公路路产、路权，保障公路的安全、畅通。设超限运输检测队，治理超限运输。管理省道2条，23.99千米，县道10条，120.18千米，乡道102条，312.11千米。

1991—2005年查处侵占路产路权案件435件。2000年开始检测超限运输治理，至2005年共查处超限车辆1507辆次，取缔非法收费站卡11个。1993—1997年，查处各类侵犯公路案件807起，收回路产损失180余万元，清理路面堆积4万余立方米，实现了公路无“三乱”目标。路政管理工作连续三年评为市级先进。1998年全年收取各种路政路产赔偿费40余万元，控制红线选点52户，纠正违章建筑8户。2001年，重点开展《中华人民共和国公路法》宣传：出动宣传车，派出宣传人员，印发宣传单。2002年共收回各类路政规费50余万元（其中路产赔、补偿费用30余万元，超限补偿费20余万元），严格控制公路建筑控制区，控制红线处选点22户，处理违章建房8处，违章搭接道口3处，清理挂晾34处，清理堆占500立方米。全年未出现公路"三乱"现象。2003年重点以城太路创建"综合管理示范路"为龙头，依法纠正和查处违法侵占、污染公路及公路用地等行为，共整治侵占、污染公路的预制厂18家，取缔违章标牌42处，清理路面堆占600余立方米。2004年按照国家七部委和省、市、区的统一部署，开展了货运车辆超限超载集中治理工作，检测1100余台次车辆中，超限车辆102台次，卸载50余吨，占受检测车辆数的9.3%。2005年检测货运车辆2500余台次，超限率低于6%。全区公路无乱检查、乱收费、乱罚款的"三乱"现象。

【公路养护】　县级公路养护由区交通局公路建设管理部门负责，养护段具体实施。收费道路的管养由公路业主负责，乡村道路的管养由乡镇自筹资金实施。养护段负责道路清扫，治理道路病害，清理路肩、路基边沟、涵洞，道路行道树栽植和管理。

1992年9月，养护段养护里程由45.5千米增加至90.5千米。1996年后，承担县道养护93千米。县道建设养护经费实行县市两级共同承担，乡村公路养护经费依靠民工建勤和民办公助，由乡筹集。2002年12月，实行模拟市场运行机制，推行以公路养护工程费为基础的内部招投标制度。

1991—2005年，共治理道路病害及修补路面40余万平方米；铲除路肩22.5万平方米，清理边沟225千米，清理涵洞250余道，大修、中修老川陕路等道路60余千米，行道植树20万株。1996年投入36.1万元，修复水毁道路300米，处理塌方600立方米，维护姚渡大桥、五贤坊桥桥墩，修复道路涵洞塌方，保证了公路通畅。

2005年，区政府制定《成都市青白江区乡村公路养护管理办法》和《成都市青白江区乡村公路养护管理质量要求与考核办法》，明确乡村道路实行区、乡（镇）、村三级养护管理体制，除乡镇筹集养护经费外，区财政每年列支部分乡村道路专项养护资金，用于乡村道路养护。

公路货运

【货运市场】　1991年，全区载货汽车847辆，1995年，载货汽车1008辆，2000年载货汽车1412辆。2005年有公路货运企业9家货运汽车1000辆，完成货运量970万吨，货运周转量14962万吨千米。主要货运（物流）企业有成都华铁国际储运有限公司、青白江区冶金建材物流中心、四川省成都长途汽车运输集团公司第五十七队，成都青白江长运运业有限公司等。全区形成国有、集体、个体、股份制运输企业共同参与的货运市场。

1991—2005 年青白江区公路货运统计表

表 84

项目	1991	1992	1993	1994	1995	1996	1997	1998	1999	2000	2001	2002	2003	2004	2005
货运量（万吨）	218	153	144	169	224	215	309	363	323	403	517	748	794	874	970
货运周转量（万吨千米）	10690	9279	7532	6758	5916	5499	5501	6029	8506	9358	10294	11335	11902	13212	14962

1988 年至 1991 年 1 月青白江区公路货运价格表

表 85

项　目	计算单位	运价（元）	备　注
长途整车运输	每吨千米	0.19	1. 一次托运货物在二吨及二吨以下的为零担运输。 2. 小型机动车是指核定载重量在二吨及二吨以下的机动车辆。
小型机动车长途整车运输	每吨千米	0.22	
车辆延滞费	每吨位小时	1.50	
小型机动车车辆延滞费	每吨位小时	1.80	
调车费	每吨位千米	0.095	
小型机动车调车费	每吨位千米	0.11	

四川省汽车长途货运价格调整表

表 86

项　目			计费单位	公路等级				备　注
				一等	二等	三等	特等	
普通货物			元/吨千米	0.28	0.31	0.36	0.43	1991 年 1 月 10 日起执行
特种货物	长大笨重货物	一级		0.364	0.403	0.468	0.559	
		二级		0.420	0.465	0.540	0.643	
		三级		0.504	0.558	0.648	0.774	
	危险货物			0.420	0.465	0.540	0.645	
	贵重、易碎、粉尘			0.392	0.434	0.540	0.602	

1992 年货运燃料差价调整情况表

表 87

执行日期	长途运输运价调增（元/吨千米）	短途运输运价调增（元/吨千米）	备　注
1992 年 9 月 27 日	0.06	0.06	平均增加
1992 年 11 月 26 日	0.06	0.09	平均增加
1992 年 12 月 28 日	0.08	0.08	平均增加

【公路运价】 1990 年，公路货运价格执行 1988 年标准，长途整车货运运价为 0.19 元/吨千米。1991 年 1 月 10 日，普通货运价调整为一等路 0.28 元，二等路 0.31 元，三等路 0.36 元，特差 0.43 元，并分别调整了 2 吨以下货车、拖拉机运费和 30 公里以内短途运输运费标准。1992 年 1 月 1 日，各档次运费普遍调高 0.02 元。同年 9 月、11 月、12 月三次调高货运价格。

1993 年 5 月 1 日，放开公路货物运输价格。

公路客运

【农村客运规划】 1999 年 6 月根据市交通局《关于进一步发展农村客运的通知》，区交通局编制 1999—2001 年《青白江区农村客运规划》。以现有公路网为基础，以大弯、清泉镇为支撑点，辐射 12 个乡镇，连接大多数行政村，形成乡村客运网络。发展清泉至云顶、牛王庙、红梁，云顶至五爱、红岩，人和至红花塘、龙泉驿区长安，城厢镇至新都龙虎镇、金堂县清江镇，姚渡镇至金堂县杨柳镇、洪安火车站、金堂县云秀乡，龙王镇至新都石板滩镇等 14 条农村客运线。修建姚渡、合兴、人和、城厢、祥福、龙王、唐家寺和云顶共 8 个农村客运站。2002 年，编制第二期农村客运规划，新建十五里、合兴、弥牟、城厢 4 个客运站，客运招呼站 30 个。农村线路以微型面包车为主，部分线路开行中型客车。两次规划与建设乡镇三级客运站 2 个（清泉、城厢），等外级站 3 个（人和、合兴、弥牟）发展农村客运线路 24 条，投放各型客运车辆 75 辆，全区大多数行政村通客运。2003 年 3 月，区交通局编制了 2003—2004 年《青白江区乡村客运发展规划》，建设姚渡、祥福、龙王 3 个乡镇客运站，15 个乡村客运招呼站。

【市区客运】 1991 年，青白江区汽车队、成都市公交公司 15 路，主要营运线路是青白江区—成都。青白江区汽车队经营区内的青白江区—清泉镇，清泉镇—赵镇—大弯镇成钢厂站、大弯镇—龙王乡，大弯镇—城厢—姚渡—龙王乡等客运路线。

四川化工厂、成都洗涤剂厂、成都钢铁厂、成都桥梁工厂、成都化肥厂等驻区市属企业均有厂区至成都的客运班车。全区日发成都客运班车 72 班，川化厂、成钢厂每日发 10 班，其他市属企业每日 1 ~2班，青白江区汽车队发往区内的班车每日 20 个班次。

1992 年青白江区汽车队与都江堰车队开通两地客运班车，每日各运行一班，与龙泉驿区运输公司对开青白江—龙泉驿班车每日各发 2 班，1995 年 8 月 28 日青白江客运站正式启用，大弯镇班车全部进站发车。1995 年新增成钢至清泉客运班车 1 辆，每日发 3 班，由个体户黄清蓉经营。新增合兴至成都班车 1 辆，每日发 3 班，由个体户唐家才经营。1996 年开行青白江经合兴至成都班车，每日 4 班。青白江区第一运输公司与广汉市第三运输公司开通城厢—万福—广汉，每日 2 班。合兴—肖家坪—姚渡由个体户廖家才经营每日 3 班；清泉—云秀—金堂每日各 4 班。

2004 年 2 月 10 日，客运班车实行归站经营。川化 8 辆客车及客运线路牌转让给通怡公司，攀成钢和蓝风公司8辆客车及线路牌转让给四川亚细亚运业有限公司青白江分公司，企业客运停业。

2005年区内参营企业4家，无个体参营户。

【农村客运】 2000年开行乡村客运线路10条，投放乡村客运车54辆。2002年5月增加客运车21辆，开行线路14条。主要选用19座以下和8座以下中、小型客车。

1991—2005年青白江区公路客运统计表

表88

项目	1991	1992	1993	1994	1995	1996	1997	1998	1999	2000	2001	2002	2003	2004	2005
公路客运量（万人）	430	415	388	476	470	512	684	643	682	785	903	1035	1149	1254	1389
客运周转量（万人千米）	9476	8011	5136	8925	7160	8242	11191	12160	13547	15037	16547	18206	20027	20030	24454

【客运票价】 青白江区公路客运票价执行省物价局、省交通厅定价。1991年至2006年2月26日按四川省1989年客运票价标准执行，1991年普通客车综合平均价为0.0418元/人公里。

1992—2005年间，客运票价随着燃料价格上涨、客运附加费征收标准调整、过路过桥费调整和客运站务费等调整客运票价逐渐上调。

1998—2004年，每年春运期间公路客运票价加收20%的春运附加费。

1991—2005年青白江区部分客车里程及票价表

表89 单位：千米、元

线路	里程	从1991年初起	从1992年4月起	从1997年12月起	从2000年9月起	2005年年底	备注
青白江区—成都	36	1.8	2.4	4.5	5.0	5.5	
青白江区—成都	40	—	—	—	7.0	8.0	高速公路客运
清泉—新都—成都		3.0	3.6	7.0	7.5	9.0	
青白江区—合兴—成都	53	—	—	—	6.5	7.5	
清泉—合兴—成都		—	—	4.5	5.5	6.5	
青白江区—龙泉驿区	58	—	—	6.0	8.0	9.0	
青白江区—都江堰	90	—	—	8.0	11.0	13.0	
青白江区—彭州		—	2.5	4.0	6.0	6.5	

续表89

线 路	里程	从1991年初起	从1992年4月起	从1997年12月起	从2000年9月起	2005年年底	备 注
青白江区—邛崃	126	—	—	12.5	16.0	—	
青白江区—广汉	22	—	—	3.0	3.0	3.5	
青白江区—南充	208	—	—	—	—	44.0	高速公路客运
青白江区—绵阳	93	—	—	—	—	21.0	高速公路客运
青白江区—广安	317	—	—	—	—	56.0	高速公路客运
青白江区—乐山	190	—	—	—	—	47.0	高速公路客运
青白江区—雅安	193	—	—	—	—	42.0	高速公路客运
青白江区—达州	492	—	—	—	—	90.0	高速公路客运
青白江区—重庆	380	—	—	—	—	109.0	高速公路客运

城市公共交通

【公共汽车】 2000年7月，区交通局组织首批公交车经营权有偿使用，线路牌拍卖，成都青白江长运运业有限公司以每辆8万元中标，经营权有偿使用期8年，24辆中型公交车分别投入1路、2路、3路公交线路运行。

1路：弥牟镇—川化味之素公司。2路：区计生委门口—城厢镇。3路：祥福—成绵高速路口。2000年7月1日正式运行。

2001年1月，1路公交车从弥牟镇延伸至青白江火车站。3月1路、2路公交车各增加3辆。

2002年2月，拍卖4路公交经营权，成都青白江长运运业有限公司以每辆18.05万元竞买16辆公交车经营权，使用期8年。4路开行团结西路口—玉虹乡15里村。2004年6月延伸至金堂客运中心站。

2004年2月10日，5路公交经营权公开招标，成都青白江长运运业有限公司中标，投入客车8台，由青白江区客运站经石家碾路—教育街口—团结西路口—团结东、西路—川化俱乐部—客运站双向环线运行。

城区公交车不论远近，票价均为白班1.00元/人，晚班（19点以后）1.50元/人。

2005年1月开通12路、13路、14路公交车，分别开行清泉客运站—人和乡、云顶乡，清泉客运站—福洪乡，清泉客运站—龙泉驿区洪安镇。

2005年12月18日开通6路公交，从红阳小区—清泉镇。

【出租汽车】 1992年，经区交通运输管理所批准，青白江区变形纱厂成立青白江区嘉义出租汽车公司，初期投入小型汽车3辆，出租车市场开始形成。1993年嘉义出租汽车公司停运，有个体出租汽车10余辆，1995年发展到40余辆。1996年出租汽车实行公司化管理，青白江区先后成立成钢工贸公司出租汽车公司和青白江区通怡出租汽车有限公司。成钢工贸公司出租汽车公司有出租汽车13辆，通怡公司有49辆。同年，根据《关于印发成都市郊区、县（市）客运出租汽车经营权有偿使用实施意见的通知》，现有出租汽车缴纳1万元有偿使用费可获得5年出租汽车经营权，全区62辆出租汽车全部实行经营权有偿使用。2000年成钢工贸公司出租汽车公司终止经营，其所有的13辆出租汽车转入通怡公司。

2001年5月1日出租汽车由定点候客转变为2元起价“打街”运行。根据市交通局运输管理处《关于成都市部分区（市）县2001年度客运出租汽车经营权指标计划的通知》，青白江区出租汽车经营权50个，8月9日区交通局通过公开招标，成都市青白江长运运业有限公司以每辆10.6万元投标价，获得50辆出租汽车的经营权，经营期限15年。2002年1月成都市青白江区长运运业有限公司，注册成立锦城出租汽车公司。同年全区出租汽车实行“五统一”（统一使用标志灯，统一安计价器，统一安装隔离网，统一喷印门徽标记，统一喷印旅客监督电话），“三规范”（规范使用服务证和治安证，规范使用统一客票和张贴价签，规范建立基本台账）管理。

2002年5月，第一批有偿使用出租汽车经营权到期，区交通局进行了62辆出租汽车第二轮经营权出让，成都市青白江长运运业有限公司锦城出租汽车公司和成都市青白江区通怡出租汽车有限公司分别取得30辆和32辆出租汽车经营权，单车经营权平均有偿使用费9.7万元，使用期限15年。2002年底，该批出租汽车全部更新为“桑塔纳”和“捷达”等中档、三厢、双燃料（汽油和压缩天然气）轿车。

2003年逐步更改出租车车身颜色为绿裙黄顶，至2005年，112辆出租车全部更换为“桑塔纳”和“捷达”等中档、三厢、双燃料（汽油和压缩天然气）轿车，车身变更颜色工作同步完成。

【人力三轮车】 1980年代开始出现人力客运三轮车，没有固定车型，没有登记管理，可以沿街载客搭乘。1992年，人力客运三轮车发展到500余辆，其中大弯镇400余辆，超过了客运需求。1992年8月，区公安分局制订《成都市青白江区人力客运三轮车管理暂行办法》，按照“坚持改革，供需平衡，统一管理，从严控制”的原则，由区公安分局交通管理部门管理，按规定营运者持相关手续向管理机关提出申请，经批准后购买车辆，办理车户登记，车主每年到公安、交通、城管、税务和工商部门审验。人力三轮车管理有章可循，营运逐渐规范。

1994年按照《成都市非机动车管理暂行办法》，规范人力三轮车管理。1997年，区公安分局制订《成都市青白江区非机动车管理实施细则》，取缔无证经营，实行“三统一包”，即统一服装、统一车棚、统一颜色，一包为无交通堵塞管理模式。有效地保障了良好的交通秩序和车主、群众的出行安全。

1998年7月15日，成都市人大颁布《成都市非机动车管理条例》。区公安分局制定《成都市青白江区〈成都市非机动车管理条例〉实施办法》，按照依法管理、有序发展、划片营运的原则，加强客运三轮车的管理，取缔租赁、转借、非法营运行为。明确公安交通管理部门为主管机关，城建、交通、工商、税务、乡镇人民政府根据各自的职责，配合公安交通管理部门参与管理；建立以集镇为中心的片区管理制度，分为大弯片（大弯镇、大同镇、华严乡），城厢片（城厢镇、玉虹乡、姚渡乡、龙王乡、日新乡、祥福乡），清泉片（清泉镇、人和乡、云顶乡、福洪乡、合兴乡），弥牟片（弥牟镇）。大弯片实行总量控制，大弯片区车辆可以转让过户其他片区，其他片区不能转让到大弯片区；车辆行驶、停放、装载和违章处罚作了明确规定。2000 年，全区人力客运三轮车 2300 辆，趋于饱和。区政府印《关于加强我区人力三轮车管理有关问题的通知》，加强营运人力三轮车管理、控制发展，严格划片营运，严格实行一人一车一证。2001 年区国有资产管理办公室实行人力三轮车经营权有偿使用，使用年限 10 年。

商贸服务与旅游

1991—2005
成都市青白江区志

概　述

1991 年，全区有国有商业企业 9 家、粮油企业 7 家、物资专业公司 13 家，集体所有制基层供销社 6 家和专业供销企业 7 家，全区主副食品、生产资料、家用百货等商品供应，主要由国有和集体企业承担。1992 年全区停止发放粮油票证，放开粮油市场。商贸企业相继实行体制改革，1996 年 10 月饮食、医药公司改组改制为股份合作制企业，2002 年全部商业企业实行改革，2005 年完成人员安置。1998 年国有粮食企业实施体制改革和分流安置职工，2003 年 4 家粮站和粮食总公司启动职工安置工作。2001 年国有物资企业全部解体。个体、私营和股份制企业，连锁经营、品牌专卖、综合市场等成为商贸业的经营主体。2005 年，相继建起 3 家大型综合超市，18 家综合市场，互惠超市、红旗连锁等连锁企业在青白江区兴办直营店、加盟店，活跃了商贸经济，促进了消费增长。2005 年，全区实现消费品零售额 14.2 亿元，同比增长 14%；批发零售额 9.6 亿元，增长 15.9%。2005 年位于政府南路的帝意装饰材料城有从业人员 150 人，营业额达 2 亿元。

2001 年在区文体局增挂区旅游局牌子，2006 年成立青白江区旅游发展局。2001 年 10 月，青白江区纳入全国旅游黄金周预测预报网络。开展城厢，弥牟等旅游景点调查，编制旅游发展规划，加强旅游市场监管。2002 年接待游客 21 万人次，2004 年达到 60 万人次。

1990—2005 年青白江区全社会消费品零售总额统计表

表 90　　单位：万元

年份	社会消费品零售总额	在总额中按经济类型分				在总额中按行业分			
		国有经济	集体经济	个体、私营经济	股份制及其他经济	批发零售贸易业	餐饮业	制造业	其　他
1990	17081	12312	2652	2084	1893	13826	757	2083	2275
1991	19660	14130	2947	2395	2278	15831	899	2473	2574
1992	21817	15471	3133	2739	3556	16694	1259	3162	3784
1993	23754	5233	9484	6706	4801	14903	2028	4486	4807
1994	35542	7652	9901	8849	9172	18449	3773	4180	9172
1995	44468	8982	11533	11254	12699	21917	4812	4980	12759
1996	68693	8070	10730	29689	19664	38674	5289	5066	19664
1997	79203	8428	11491	35399	23885	47363	6185	5481	20174
1998	88525	8892	12525	40605	26503	54665	6637	5721	21502
1999	98729	11226	20906	44598	21998	65024	8303	4737	20658

续表90

年份	社会消费品零售总额	在总额中按经济类型分				在总额中按行业分			
		国有经济	集体经济	个体、私营经济	股份制及其他经济	批发零售贸易业	餐饮业	制造业	其　他
2000	109885	5364	8124	68657	27740	68218	11391	5159	25117
2001	123291	3337	4640	81118	34196	74183	13053	5570	30484
2002	138838	2736	4038	94141	37922	78689	21187	8432	30530
2003	156565	1240	1538	122340	31447	98172	32382		26011
2004	124620	414	1417	121185	1604	84762	39358		500
2005	142067	394	799	138361	2514	96046	45476		546

零售市场

【怡湖市场】 怡湖市场位于青白江区青江中路43号，建于1987年12月，部分铺面为木质结构和搭建的临时摊位，存在消防安全隐患。2001年5月，通过招商引资，引入社会资金290万元对市场进行了彻底的改造。市场占地面积8608.40平方米，建筑面积6359.78平方米，是青白江区规模最大的集服装、针纺织品、鞋帽、小百货、家俱销售于一体的综合市场。2005年有摊位307间（不含临街铺面和大厅），经营人员近400人，年营业额近8000万元。市场经营人员坚持“诚实守信，公平交易”的原则，吸引着区内外消费者来市场购物消费。2001年被省市工商局评为“四川省文明市场”“成都市文明市场”荣誉称号。

商业步行街位于青白江区大弯西路，地处老商业区。2001年11月，四川茂文集团茂文房地产公司开发修建。步行街建筑面积1.2万平方米，商铺114间，从业人员300余人。步行街聚集了万家福超市、泰邦电器、精天百货、金鑫珠宝、九龙鞋都、先驱家俱、新华书店等知名商家在场内经营。步行街的地理位置特殊，造就了极具人气的商业氛围，前往购物消费的人群络绎不绝，是青白江城区人民散步、购物的理想之地。

【花鸟市场】 1992年12月20日，区政府在大弯镇青江中路建设巷开办“节假日市场”，周日开市。入场人员不办营业执照，不交纳税金，不交摊位费。动员政府部门带头组织货源入场就市，上市商品价值42万余元，参与的党政机关干部852人，企事业单位职工282人，个体工商户216人、科技人员24人，外区（县）到此经营的20人，开市当日上午人流量达3万多人次，成交金额5万余元。随着商贩不断增加，机关事业单位陆续退出。市场从名目繁多的小商品，发展成以花草、鸟、鱼、猫、狗为主的专业市场，开市时间定为周日和周三，一般只经营半天。人们初期戏称它为“跳蚤市场”，以后习惯叫“花鸟市场”。随着入市的商家和顾客逐渐增多，市场由建设巷延伸至憩园路，挤占临街停车场，沿街为市长约1000米。两侧饭馆、面店、茶馆密布，人们不仅能购物，观赏花鸟虫鱼，还可品茶聊天，逐步形成人们休闲购物聚集地。

2005年，市政规划调整，花鸟市场迁到石家碾东路。冷清的农民集中居住区变得热闹起来，逐步形成了纵横11条街巷，长约3千米的沿街市场，数十家花卉公司、种植专业户常年在此经营花卉苗木，贵的、廉价的应有尽有，基本上能够满足不同层次消费人群的需求。名优观赏狗、猫，吸引着爱好者在此交易，鸟类如喜鹊、石燕、鹩哥；观赏鱼如金鱼、锦鲤琳琅满目；衣服、鞋帽、百货、古玩、各类小吃，品种繁多；来自海南、陕西、四川的西昌、阿坝、绵阳蔬菜水果，鸡、鸭、鱼各类农副产品应有尽有。花鸟市场吸引着成都、新都、广汉、彭州、金堂等地的购物者、商家和游人来此交易、游玩。

【连锁超市】 2001年1月，成都市三江友和贸易有限公司红旗连锁青白江商场在政府中路开业，毗邻玉带小区，商场法人代表杨佳，拥有职工30名，营业面积1200平方米，经营零售食品、饮料、烟酒、家电、洗涤、化装等日用品。2005年实现销售收入849.9万元，销售税金4.7万元，利润52万元。

青白江首家互惠超市位于青白江区华金大道二段202号，2003年开始营业，超市营业面积200多平方米。在区内主城区和乡镇陆续开了5家连锁店，企业秉承“诚信、优质、创新、双赢”的经营理念，销售日用百货、五金交电、塑料制品、保健用品、副食品等。超市日均顾客1000余人，年销售额1500余万元。

万家福超市位于大弯镇商业步行街，地处青江东路和大弯西街的交汇口。2005年4月15日开业，公司法人代表孙小平，职工78名，营业面积1800平方米，批发零售日用百货、五金交电、金银制品、家用电器、文体用品、烟酒、食品及副食品。2005年实现销售收入1096.4万元，税金3.6万元，利润162万元。

2005年1月，青白江区万福隆超市在华严街道办事处教育街荣生购物广场开业。法人代表杨宝利，有职工12名，营业面积1400平方米，零售副食品、日用百货、小家电、烟酒。当年实现销售收入126万元，销售税金3万元，利润－5.9万元。

2005年5月，青白江区鑫红星超市在大弯街道办事处青江东路开业。法人代表文寿安，拥有职工13名，营业面积500平方米，零售副食品、洗化、纸品。当年实现销售收入35.3万元，税金1.4万元；利润－0.7万元。经过进一步加强管理，扩大经营范围，后来扭亏为盈，并有所发展。

2001年4月，青白江国嘉电器广场有限责任公司在华严镇政府中路开业。职工40名，营业面积1000平方米，批发零售五金交电、日用百货、制冷设备、办公用品、通讯设备、家用电器等。2005年实现销售收入463.4万元，销售税金0.8万元，利润－35.7万元。终因经营不善停业。

2001年4月，青白江区怡洲家电商场有限公司在青白江区大弯西路开业。职工12名，营业面积580平方米，批发零售五金交电、厨具、日用百货、家用电器。2005年实现销售收入325.3万元，销售税金1.8万元，利润7.2万元。

2003年6月，精天百货在大弯镇商业步行街开业。职工6名，营业面积300平方米，零售服装、鞋帽。2005年实现销售收入15万元，销售税金0.5万元，利润1.2万元。

【街道商铺】 青白江区城区和乡镇的街道建设速度加快，红阳和大弯两个街道办事处辖区内的街道（含巷和道路，下同）由1991年的29条增至2005年的116条，街道总长由1991年的17.5千米增加到2005年的101.51千米。2005年城厢镇有街道36条，弥牟镇有街道16条，清泉镇有街道14条以及祥福、龙王、合兴、姚渡、大同等8个乡镇有街道57条，全区街道有239条，街道总长到达131.5千米，形成良好商业基础。在239条街道中，有密集的商铺商店有91条街道，占街道总数的38%，其余有零星商铺商店的街道146条，占街道总数的61.9%。分布在青白江城区的青江中路、青江西路、青江南路、青江东路、团结东路、团结西路、团结北路、教育街、政府中路、大弯西路、大弯北路、大弯南路、化工北路、怡湖中路、怡湖西路、怡湖北路、怡湖东路、芳邻路、华金大道（一、二、三段）、安居路等街道为繁华的商贸街道。安居西苑、青江苑、青江华庭、锦绣花园、怡湖小区、怡湖芳邻、国龙花园、幸福花园、怡洲花园、阳光花园、电力花园、城市花园、书香院、蜀青丽景湾、团结花园、广场馨苑、红阳花园、交大花园、青水美居、杨柳花园、荣生园等宜居小区临街的多为商住（办公）楼，底楼多为商业用房。这些商铺、商店装修设计新颖、富有创意，装修精致美观，陈设布置考究、适合各类消费群体选购的商品应有尽有。有舒适的春、夏、秋、冬四季服装、纺织针织线衣、鞋袜围巾的中老年人专卖店；有色彩艳丽款式奇异、设计奇妙、展示青春活力流行的四季时装、套装、裙装、职业装、鞋袜的青年专卖店、美容美发护肤专卖店；有凸显活泼天真、稚嫩可爱的儿童四季童装、鞋、袜衣帽，童车玩具专卖店；有适合大众消费的裤庄店、鞋庄店、服装店，室内陈设、床上用品、窗帘、家俱、居家娱乐，出行旅游用品店；还有日常生活必需品、粮油食品、饮料酒类、干杂果品、茶叶糖类食品、水产海鲜商铺；也还有遍布在街头巷尾、路旁桥头的建材、五金、农资商店及农家小院的饮食店、小商店，据不完全统计，2005年，全区包括外来经营商铺商店的工商户2.9万家，从业人员8万余人，年销售额25亿元。

农贸市场

【农贸综合市场】 团结村市场位于青白江区教育街，建于1987年，占地1.1万平方米，摊位480个，由区工商局投资修建。2003年，区工商局将市场出售给成都茗茶公司经营管理。经营肉类、蔬菜、腌卤、水产品、禽类、干杂、粮油等，是青白江成钢生活片区的主要市场。日均人流量5000余人，年成交额2.5亿元。

大弯第一综合市场，习称“川化菜市场”，位于青白江区三桥广场侧，1985年由区工商局修建，占地1.5万平方米，摊位350个。经营肉类、蔬菜、腌卤、水产品、禽类、干杂、粮油、布匹、服装百货、鞋类等。2001年工商局因债务问题，将大弯一综合市场抵押给农行，现由成都茗茶公司经营管理。日均人流量5000余人，年成交额2亿元。

大弯北路市场习称“二菜市”，位于怡湖东路东，2002年8月修建，占地面积980平方米，摊位120个，经营肉类、腌卤、水产品、禽类、粮油、水果、干杂、蔬菜等，是怡湖东路、华金大道东段生活片区的主要菜市场。日均流量3000余人，年成交额7000万元。

【唐家寺耕牛市场】 唐家寺牲畜市场原名唐家寺耕牛市场，是目前西南地区最大的耕牛专业市场，历史悠久，闻名遐迩，川北各县耕牛均在此集散。唐家寺耕牛市场，解放前开始兴起，当初在青白江区弥牟镇八阵图侧，1990年4月搬迁到弥牟镇火星村一组，更名为唐家寺牲畜市场，位于川陕公路与唐巴、唐军公里的交汇处，公路、铁路交通十分便利。2005年市场占地面积8771平方米，设有管理办公室、治安室、门卫室、开票室、兽防室、交易组、服务组。市场内有旅馆、茶馆、饭馆、洗车等服务设施。管理规范、功能齐全，服务周到，是各地客商理想的交易场所，被誉为“公道”市场，经营的客商遍及四川、重庆、云南、贵州、陕西、甘肃、河南等十三个省市，商品牛交易量位居西南地区前列。随着市场的发展、繁荣，成交量、成交额逐年增加，1990年成交额1.16亿元。1997年耕牛成交量10万头，成交金额1.5亿元。1993—1998年期间被国家工商总局授予“全国文明市场”称号。2005年耕牛成交量12万头，成交金额2.8亿元。

对外贸易

【对外经济交流】 1991年，青白江区加大对外开放的力度，加强招商引资和对外经济交流，拓展了对外交流领域。1993年5月，泰国暹罗集团董事长旁迪普·拉绒德拉机公主一行14人到长城农用车厂进行投资考察。1994年4月协助四川省建筑科学研究院组织十个国家的22名学员在怡湖宾馆举办“1994年实用建筑科学技术与材料国际培训班”。7月，国际水处理集团公司总裁柏尔杰到区环保局考察污水处理。1995年5月新加坡部分客商来区进行项目投资考察。至2005年先后有美国宝洁、日本味之素、德国梅塞尔、印度塔塔集团，俄罗斯米高化肥、日本丸红株式会社，黎巴嫩钢管等多家外资企业到区进行投资考察。

【对外经济合作】 1991—1993年，青白江区先后发展了巨人树制衣有限公司、昌新竹木制品有限公司、锦华特殊钢材有限公司、大西南金属制品有限公司、味真香食品有限公司、安迪服装实业有限公司、丰杰家具制造有限公司、香中实业有限公司、惠发电子材料有限公司等9家中外合资合作企业。这些企业多为加工企业，大都采用临时租用闲置厂房场地生产，多以国内市场销售为主，基本上无出口创汇。1994年，美国宝洁、日本味之素、德国梅塞尔、俄罗斯米高化肥、日本丸红株式会社，黎巴嫩钢管相继到青白江区进行项目投资，兴办独资或合资企业7家。

【外贸出口】 1994年青白江区外贸通过代理企业出口创汇168.6万美元。1998—2005年，取得进出口经营权企业27家，实现出口创汇2550万美元，外贸出口创汇额平均增长28%。

1993—2000年，区政府加大外贸工作力度，先后引进了川化进出口公司、中德制辊公司、省钢锉厂、省螺钉厂、迪澳植化、成钢梅塞尔气体，志诚汽车零件，成都宝洁，川化味之素，川化青上，华明玻璃纸，大龙石化，美华航空航天共13家外贸（外资）企业。

1994—2005 年青白江区对外贸易创汇情况表

表 91

年份	创汇额（万美元）	比上年增长（%）
1994	168. 6	—
1995	250. 5	48. 6
1996	600	139. 5
1997	450	-25
1998	490	8. 9
1999	650	32. 7
2000	1154. 17	77. 6
2001	1180	2. 3
2002	947. 63	-19. 7
2003	1200	26. 6
2004	1582	31. 8
2005	2550	61. 2

2001—2005 年，随着中国东部产业转移，成都东郊产业结构调整，全区外贸外资企业得到了进一步的发展，先后增加了飞亚曲轴公司、四川升达进出口有限公司、攀成钢公司、瀚江新型建材公司、焊研威达公司、台玻成都公司、巨石公司、王牌汽车公司、天保机械公司、五冶钢瓶公司、华铁储运公司、维尔格化工公司、新锋锐贸易公司、城厢土特产加工公司、国发制胶公司、林成物资贸易公司共 16 家外贸（外资）企业。

1996—2000 年出口创汇额年均增长率为 46. 74%。2002 年受沱江污染事件影响，川化一度停产，对外贸创汇影响较大，创汇额与上年相比下降了 19. 7%。从 2001—2005 年，对外贸易创汇额保持年均 20% 以上的增长速度。2005 年达到了 2550 万美元，与 2000 年相比增长了 120% 以上。出口商品种类有钢管、尿素、自动埋弧焊机、锉刀、射钉、钢卷芯、真空转鼓过滤机、凉碱机、汽车及零件、离心玻璃棉、中碱玻璃纤维、木地板、辛弗杯、明胶等，出口地多为欧洲、亚洲、北美洲等地。

粮油管理

【粮油购销管理体制与改革】 1990—2001 年，粮油购销实行统一征购、统一销售。区粮食局负责粮食购销管理，完成各级政府下达的粮油购、销、调、存、加工任务，管理区内国有粮油购销加工企业。1992 年实行粮食流通体制改革，区内放开粮食销售价格，2002 年取消粮食定购任务。

1998 年，区粮食总公司与区粮食局实行政企分开，粮食局行使粮食行政管理职能，依法对粮食购销进行监管。粮食系统企业成为自主经营、自负盈亏、自我约束、自我发展的经济实体。1999 年，国有粮食企业改制和分流、安置职工。7 月，组建成都市青白江区粮油购销站，下设大弯、太平、城厢、弥牟 4 个分站，担负政策性粮油的收购、销售、加工、调运和储存等任务。2002 年，区政府决定恢复太平、城厢、大弯、弥牟 4 个基层粮站独立法人企业资格。

1991 年，国务院将粮油合同定购改为国家定购，形成定购统销与议购议销相结合的“双轨制”经营体制。1996 年，区粮食局根据国务院和各级地方人民政府关于加快粮油流通体制改革的通知精神，推行和实施粮油两线运行方案。逐步将粮食部门的政策性业务和商业性经营分开，建立了两条线运行机制，按照“统一领导，两线运行，明确职责，分别核算，搞活经营”的原则，在粮食管理体制不变，企业法人地位不变的前提下，加强了政策性粮油的购、销、加、调、储等各环节的管理，增强企业商业性经营活力。1998 年 5 月，粮食流通体制改革的原则是实行政企分开，中央与地方责任分开，储备与经营分开，新老财务账目分开，完善粮油价格机制。从 2002 年 4 月起取消定购任务，放开粮油收购市场，实行粮油购销市场化和市场主体多元化。国有粮食企业本着“购得进，销得出，不亏损”的原则参与经营。城镇供应在 1992 年 11 月之前城镇居民凭票定量供应，农村销售各类奖售粮和救灾粮发放。11 月后，区粮食局执行省、市政府决定的“粮食流通体制和价格改革”，粮油购销价格全面放开，粮油收购由指令性计划改为指导性计划，转换粮食企业经营机制。政策性粮食销售包括城镇救济粮供应、军粮供应和应急（平抑粮价）供应，农村救灾粮供应、退耕还林粮食供应。

【粮油收购】 1985 年 4 月至 2002 年 3 月粮油收购实行合同定购，2002 年 4 月取消定购任务，放开粮油收购市场，实行粮油购销市场化和市场主体多元化。

1991 年全区国家粮食定购任务 1520 万公斤，其中大米 892.5 万公斤，杂粮 627.5 万公斤，油菜籽收购统一实行综合收购价，由承担收购任务的基层粮食部门统一收购。农民向粮食部门交售 100 公斤油菜籽返还油枯 13.2 公斤。

1992 年油菜籽收购下达收购计划。分配计划落实到户，农民凭证交售。油菜籽按国家制定的含油量标准定价，每 50 公斤中等油菜籽 70.40 元，同时取消油菜籽返枯政策。6 月根据当年小麦受灾情况和市粮食局指示，临时放宽小麦不完善粒标准：在五个等级的基础上增加两个等级，超标小麦专仓储存。11 月 1 日起，执行省、市政府决定，粮油购销价格全面放开，粮食收购由指令性计划改为指导性计划。

1993 年 3 月按市计委通知，粮食收购和农业税征收任务落实到户，不得擅自调减。4 月，完成市下达的粮食定购任务 1412 万公斤。1993 年起国家用于扶持粮棉生产的化肥、柴油由按平价供应物资改为货币方式，在收购价格之外将平议差价以加价形式付给农民。按下达定购粮食的品种、数量每 50 公斤小麦、玉米各补差价 4.20 元，每 50 公斤大米 5.20 元，每 50 公斤稻谷 3.70 元。建立粮食收购保护价制度，实施保护价范围是定购粮和专项储备粮。每 50 公斤稻谷 26.00 元（中等质量标准下同），大米 37.00 元，小麦 31.00 元，玉米 27.00 元。市场粮价低于保护价按保护价收购，高于保护价按市场价收购。1993 年省定粮食收购指导价格：每 50 公斤小麦 35.00 元，玉米 33.00 元，稻谷 31.00 元，大米 44.00 元。上下可浮动 50%。

1994 年，省政府决定把完成粮油收购任务纳入各级政府及相关部门的双向责任目标考核，保证国家掌握足够的粮源，任务层层落实到户，粮油收购坚决杜绝打“白条”。6 月 4 日，区政府决定油菜籽收购价格调为每市斤1.22~1.30元，中等小麦每市斤0.51元，中等中籼稻每市斤0.50元；中等玉米每市斤0.46元。

1995年，区政府按省、市要求实行“乡（镇）长”责任制，把完成粮油收购任务纳入目标考核，各部门通力协作，区农发行负责资金，区工商局负责整顿粮食批发市场。当年全区粮食定购1412万公斤，其他收购550万公斤，油菜籽定购465万公斤。小麦在定购价格的基础上，实行价外补贴政策，每50公斤价外补贴4.00元，农税征实部分不享受价外补贴政策。

1996年，国务院决定提高粮食定购价格。中等杂交稻每市斤从0.50元提高到0.72元，小麦每市斤从0.51元提高到0.68元。四川省采取每交售100公斤贸易粮，奖售平价尿素10公斤的措施。1996年粮食定购任务1412万公斤，其中小麦573万公斤，大米839万公斤，计划外收购536万公斤。区机动粮20万公斤，其中小麦8万公斤，大米12万公斤。油菜籽计划收购465万公斤，中等油菜籽最低保护价为每市斤1.30元。

1997年，执行国务院保护价敞开收购农民余粮，常年收购，不拒收、不限收、不停收、不压级压价，也不抬级抬价。

1998年，国务院发布《粮食收购条例》。国家实行定购粮制度。农民的余粮由粮食收购企业敞开收购。定购粮收购价格：市场价高于保护价的，参照市场价确定，市场价低于保护价的，按不低于保护价确定。未经批准，任何单位和个人不得直接向农民和其他粮食生产者收购粮食。

青白江区粮食行政部门和国有粮食企业从1996年起大幅度提高定购粮价后，直到2000年，粮食定购价都持平或高于市价。国有粮食企业粮食顺价销售困难，内部调拨困难，形成收粮容易卖粮难，库存量大增，粮食企业政策性和经营性亏损逐年加剧。

2001年，国务院对粮食主销区、主产区和产销平衡区实行分类指导。赋予地方各级政府自主决策权。12月，省政府确定全省小麦退出保护价收购；2002年6月，市政府确定青白江区为粮食销区，取消粮食定购任务。做好退耕还林粮食供应、军供粮调拨和供应、扶贫救灾粮供应等政策性粮食工作。2002年以后，国有粮食企业收粮数量锐减。农民的粮食大多为农村的个体粮商、各类粮食加工企业收购。

2004年，区粮食局联合工商部门加强市场管理，国有粮食购销企业探索创新收购方式，执行保护价政策，采取仓库收购与下乡收购相结合，实行上门收购、预约收购和委托收购等多种办法方便群众。

2005年，“粮串串”成为主要收粮方式。

1991—2005年青白江区国有粮油企业购进统计表

表92　　单位：吨

年份	粮食			油菜籽	备注
	大米(稻谷)	小麦	合计		
1991			14549	8952	
1992			14531	6992	
1993			9302	436	
1994			13904	2795	
1995	8253	5730	13983	5376	1995

续表92

年 份	粮 食			油菜籽	备 注
	大米(稻谷)	小 麦	合 计		
1996	2687	2899	5586	3949	1996
1997	8425	9315	17740	4069	1997
1998	2707	5103	7810	4346	1998
1999	4858	3410	8268	451	1999
2000	6426	1418	7844		2000
2001	1121	2130	3251	201	2001
2002	1601	529	2130	137	2002
2003	1059	769	1828	613	2003
2004	2948	1546	4494	291	2004
2005	—	838	838	210	2005

【粮油供应】 1991 年，全区市镇粮油销售点 12 个，负责 79230 人的粮油供应任务。设立“成都市青白江区军粮供应管理站”负责军粮供应。

1995 年 4 月确定 12 个政策性粮油供应网点：

大弯粮站：一门市部　二门市部　三门市部　四门市部

城厢粮站：粮站门市部　姚渡仓库门市部　龙王仓库门市部

太平粮站：粮站门市部　人和仓库门市部　洪安仓库门市部

弥牟粮站：粮站门市部

粮贸公司：经营部

1998 年，区粮食局实行政策性经营和经营性经营剥离，供应网点也随着剥离逐渐消失。2002 年 1 月，“青白江区军粮供应管理站”改为“成都市粮食局军供中心代供点”。

1991—2005 年青白江区国有粮油企业供应统计表

表 93　　　　单位：吨

年 份	粮 食			油 菜	备 注
	大 米	小 麦	合 计		
1991			35022	6108	
1992			19294	5296	
1993			2582	1100	
1994			4350	690	
1995			10500	214	
1996	6027	2504	8531	1862	
1997	884	8630	9514	1524	
1998	2351	5067	7418	1183	

续表93

年 份	粮 食			油 菜	备 注
	大 米	小 麦	合 计		
1999	5003	3363	8366	186	
2000	14431	3310	17741	70	
2001	5157	857	6014	96	
2002	6518	1759	8277	273	
2003	8406	1547	9953	174	
2004	1803	1046	2849	109	
2005	584	407	991	73	

【粮油票证】 计划经济时期，城镇居民凭票购买粮油，根据票证的用途和使用范围分为四类：一是粮票、油票；二是粮食供应证；三是粮食供应转移证；四是临时性粮、油供应票。

粮油票证分为全国通用粮票和地方粮票两大类。1990 年在区内流通使用的有“全国通用粮票”“四川省地方粮票”“四川省地方购粮券”“成都市粮食供应票”“成都市面粉供应票”“成都市食用油票”“成都市粗粮券”“军用粮票”。“四川省地方购粮券”和“军用粮票”仅限于单位集体外出购粮、搭伙和部队购买粮、油时使用，不能在市场和个人购粮时使用。城镇居民油票，每年由市粮食局印制，各粮站按照规定的手续领取和发行，油票面额为半市斤，每人每月供应半市斤，凭票可在各粮站（店）购买菜油。农村周转油票，由青白江区粮食局印制，各粮站按规定手续领取，面额有半市斤、1 市斤、2 市斤三种。用于粮食部门开展周转业务，对农民自留口油，发给周转油票，实行进出同价，凭票可在区内各粮站（店）购买食油。一年内有效。1992 年以后停止发行。

1992 年 11 月 1 日，成都市根据省政府关于粮价改革的精神，决定放开粮食购销价格。放开粮油供应，市镇居民不再使用粮票、油票购买粮油。各种粮票、油票、粮券停止使用。基层单位库存的粮票就地封存，妥为保管，另行处理。“全国通用粮票”仅作为部队人员外出探视、学习、就医等零星购买粮油使用，视同“军用粮票”管理，统一由部队后勤部门发放，粮食部门只收不发。回收的“全国通用粮票”不纳入当地粮票库存，按月整理逐级上缴。

1994 年 6 月 1 日，部队外出、探视、学习、就医等人员的军粮供应执行军粮差价补贴。停止“全国通用粮票“的使用，按票证管理办法进行清理、登记、捆扎、封签上缴省粮食局。

粮食供应凭证分为“市镇居民粮油供应证”“机关团体粮油供应证”“工商行业粮油供应证”和“市镇饲料供应证”。粮食供应凭证由粮食局统一印制，在各粮站领取发放。

市镇居民粮油供应证（1995 年 1 月换发为“市镇居民粮籍证”），由各粮站在“人、粮、户”三项相符的基础上，按居民户发给，居民凭供应证上核定的供应数，购买粮油和领取粮油票证。机关团体粮油供应证，机关、团体、厂矿等集体伙食单位凭供应证核定的粮油供应数，购买粮食、食油或领取粮票油票。工商行业粮油供应证，主要是实行计划供应，粮站按照粮食局下达的工商行业用粮、用油计划，配合行业主管共同将计划分配到各用粮、油单位，用粮用油单位凭工商行业粮油供应证上粮站确定的供应数，购买粮油。

【粮油储藏】 1990 年全区祠庙木板仓库已全部改建或拆除重建，乡（镇）储粮点 17 个。57 栋仓房，41 个油罐。粮食仓房容量 2.9 万吨（1990 年调整后的标准）。大部分是 20 世纪 5、60 年代修建，80 年代改建的仓房。食油储藏附在各粮站仓库内，全部使用钢板圆形油罐，城厢粮站文庙仓库内有 10 个大型油罐，容量 800 余吨。1990—1994 年，先后在城厢粮站、太平粮站、大弯粮站修建 4 栋简易仓房，增加仓容 3680 吨，在弥牟粮站、太平粮站、大弯粮站修建基建仓 3 栋，增加仓容 2280 吨。2005 年，粮食仓房 38 栋，库容量 3233 吨。油罐 11 个，容量 840 吨。粮食购销制度改革后，国有粮食购销企业粮食、食油库存大幅度减少，粮食仓容的利用率不足 30%，空置的仓房多用于出租。

区粮食局储运科，负责所属站库粮油入库、储藏保管、发运，以及围绕这些环节使用的机械、质量检验、器材（含消防）管理。粮站总保管、仓库保管组长、仓间保管员负责粮油安全检查。粮食入库结束后进入仓储保管，落实责任保管员，转入正常保管期。粮油普查做到有仓必到，有粮必查，查必彻底。坚持每月会查制度，及时处理不安全粮油，使库存粮油达到安全储藏标准。坚持温度、虫害检查，保证粮油安全储存。

粮油轮换。准确掌握各仓（油罐）储存粮食（食油）的性质、入库时间、数量、质量等基本情况，按照推陈储新的原则，制订轮换计划。储藏的粮食（食油）适时安排销售和轮换。以收获期计算，小麦三年以内，稻谷二年以内必须进行轮换，食油的轮换根据检验结果确定。中央专储粮油和省级储备粮油的轮换，须经上级相关部门批准后进行，轮换后的粮食（食油）必须符合国家规定的中等以上质量标准。

陈化粮处置。从 1990 年代初开始，粮食入库量逐年增加，受价格影响，粮食顺价销售难，外调逐年减少，粮食超期储藏，有的稻谷、小麦超过国家储备暂定的保管期限。1999 年 9 月，根据市粮食局关于陈化粮要经有鉴定资格单位鉴定后才能认定陈化的通知，各粮站当即与“四川省技术监督局粮油产品质量监督检验站”联系，与派来抽样人员共同进仓取样送检。被鉴定出 8495 吨粮食属陈化粮。2001 年在清仓查库中，经抽样检验认定，新增陈化粮黄谷 1015 吨，全区陈化粮总数 9510 吨，其中稻谷 9273 吨，小麦 237 吨。2000 年起参加竞价销售，2002 年分批处理完毕，并按要求对处理过程实施全程监控。

1991—2005 年青白江区粮油储藏情况（国有企业）

表 94　　单位：吨

年份	粮食				油菜籽
		稻谷	小麦	其他	
1991	22746				534
1992	23195				1349
1993	26084				1441
1994	26171				592
1995	32000				796
1996	31295				968
1997	30517				663
1998	46571				449
1999	33995	18769	15189	37	611

续表94

年份	粮食				油菜籽
		稻谷	小麦	其他	
2000	15913	15257	656		281
2001	12941	11011	1930		265
2002	15668	12726	2840	102	48
2003	1062	1062			88
2004	3817	3317	500		80
2005	34273	2500			44.4

【粮油调运】 1990年青白江区的粮油调运按照“地方服从中央，局部服从整体”“统一调拨，合理运输”“好粮外调”的原则。粮油调拨凭调拨计划调拨粮油。区县之间的调入调出计划由市粮食局下达，区粮食局计统科（后改为业务科）编制具体实施计划。区内企业之间的调入调出计划由区粮食局计统科编制计划发文下达。调拨计划是指令性计划，一经下达就要保证完成。

1990—1992年，市镇居民供应的粮油价格与市场粮油价格相差不大，市镇居民对供应的粮油购买热情不高，粮油供需情况发生了变化。主销区的成都市内各仓库、各粮店都不愿多储粮油，形成调入成都市（包括调入其他区县）计划执行困难，开始出现有调拨计划因调入方不愿接受导致调出难的情况。全区的粮油调出计划只完成了30%～50%。

1992年放开粮油购销价格。1993年下半年起，粮油持续涨价。为保证市场粮价的基本稳定和社会安定，各级政府出台限制粮油最高销售价格的政策。这些政策只有国有粮食企业执行，其粮油销售价格都低于市场粮油价格，居民（包括个体粮商）到国有粮店购买粮油的热情重新高涨。粮油调运发生变化调入方积极组织调粮，调出方迟迟不肯实施。青白江区既向成都市区、金堂等地调出粮油，也从德阳、绵阳、南部等地调入大米、稻谷，动用上级下达计划的中央专储粮，保证城镇居民供应（1995年城镇居民凭“优惠证号票”购买，1996年凭“帮困粮食供应票”购买）。

1996年全面落实“米袋子”省长负责制，制订了“四川省国家定购粮食购、销、调拨包干管理试行办法”。提高粮食收购价，每市斤中等稻谷由上年的0.50元提高到0.72元，涨幅44%；每市斤中等小麦由上年的0.51元提高到0.68元，涨幅33%，调拨价则按规定在收购价的基础上，加各项费用（小麦每市斤加0.12元，稻谷每市斤加0.125元）后均高于市场销价，调入方难以接受，调出计划难以执行。城镇人口在国营粮店购粮数量锐减，区内各粮站按收购政策敞开收购农民余粮，库存大增。1997年，市粮食局下达给青白江区的调出计划90%没有完成。

1991年油菜籽实行计划收购，菜油计划调拨。1993年实行市场收购，菜油销售随行就市，敞开供应，计划调拨限于专储油。

1990年，区粮食系统4个粮站、2个工厂共10辆标有《川粮》字样的大、小货运自备车，计34吨，其中油罐车1辆，散装油罐6个，容量29吨。1990年以前，各粮站、仓库内外调运基本由本单位汽车运输（不包括省外调运》。运力偏紧时，除本系统车辆外，主要是省运输公司汽车57队运输粮油。随着粮食购销体制的改革，国有粮食企业运输量减少，粮油运输使用社会运力。

【粮油加工】 加工稻谷，1990—1992年，大春粮食收购大米，加工稻谷由农村小米机加工。

1992 年 11 月，大弯、太平粮站购买日产 8 吨成套米机加工稻谷。1993 年 12 月，国有粮食企业购置日产 8 ~ 10 吨，米机加工稻谷。1994 年区粮食总公司建立粮食加工厂后，大弯太平粮站小型米机先后关闭停产。1995 年，粮食总公司加工厂与区饮料加工厂合并，1997 年更名为龙粟米业公司，1999 年 3 月公司改制重组为龙粟米业有限责任公司，2003 年（因公司负责人涉嫌偷漏税和侵占资产犯罪入狱）公司倒闭停产。同年，成都正点米业有限公司成立。该公司拥有日产 30 吨大米设备和大米色选机各一套，年加工生产大米由 2003 年的 3647 吨增加到 2005 年 4514 吨。

加工小麦，1990 年，加工小麦的面粉厂有城厢、太平两个面粉厂。1993 年城厢、太平两个粮站合资组建宏发面粉厂，1997 年破产停业。1994 年区粮食公司兼并城厢面粉厂而成立区粮食总公司面粉厂，1995 年更名为青白江区营丰面粉厂。1998 年太平面粉厂停产。

加工油菜籽，1990—2005 年，加工油菜籽的榨油厂主要有青白江区植物油厂和振喜油业公司，部分乡镇建立的榨油厂因设备技术管理原因先后停产。

2005 年，区内粮油加工企业固定资产达 1853 万元，有职工 182 人，年创产值 9489 万元。龙粟米业公司注册产品“龙粟”“老碾房”“开口香”“喜妹”等品牌大米，曾获四川省粮食行业首批“放心粮油”品牌，企业评为 2002 年“四川省粮食产业化 100 家龙头企业”。面粉厂生产标准粉、特一粉、特二粉、机制挂面。青白江区植物油厂在保留传统压榨油菜籽食用油外，还开发玉米胚芽油、花生香油、大豆油、米糠油、花椒油等各种精制食用油。先后注册了“仙餐”“乡老坎”等商标。2003 年，产品被中国粮食行业协会、中国植物油行业协会评为“放心油”。振喜油业有限公司产品注册有“振喜”商标。

专特商品管理

【酒类烟草专卖管理】 根据商务部《酒类流通管理办法》《四川省酒类管理条例》及《实施细则》和《成都市贯彻酒类流通随附单制度的实施意见》，对辖区内酒厂和批发企业实施《随附单》制度。酒类经营户严格执行“一点一证”，亮照经营。对申办酒类生产、批发企业，按照“生产管严、批发管住”的原则，从严审核。核发“国家名白酒零售许可证”287 个。严厉打击假冒国家名白酒和制售假酒、劣质酒类的违法活动。

1994 年 5 月 20 日，青白江区组建“四川省烟草公司成都分公司第六专卖管理所”“四川省烟草公司成都分公司第六经营部”，实行两块牌子、一套班子的经营管理体制，非独立核算单位。10 月 23 日，更名为“四川省烟草公司成都分公司青白江区公司”，仍保留“成都市烟草专卖局第六专卖管理所”的牌子，由非独立核算单位改为独立核算三级批发单位，负责区内的烟草专卖管理和卷烟经营批发业务。1998 年 7 月 15 日，“成都市烟草专卖局第六专卖管理所”更名为“成都市烟草专卖局青白江区分局”，仍保留“四川省烟草公司成都分公司青白江区公司”的牌子。2001 年 5 月 24 日，市局（分公司）取消青白江区烟草公司委托法人资格，成立“四川省烟草公司成都分公司青白江配送中心”，保留一般纳税人资格，税费仍在当地解缴，为非独立核算机构，由分公司业务管理处统一调控供货。财务管理实行报账制和目标管理，资金运行由分公司结算中心统一管理，并由分公司定额下达年度费用指标。

区烟草行业全面贯彻执行《中华人民共和国烟草专卖法》等法律、法规。结合地区特点，开拓市场、培育市场、稳定市场，把网点建设作为企业生存发展的重要工作。深入乡镇，从调查入手，先试点，再发展，做到建立一个点，覆盖一片市场，由点布网，网点结合，形成网络经营新格局。全区设烟草专卖店3个，卷烟直销点10个，规范化卷烟零售网点1350户，形成了“以我为主，规范管理；城乡一体，配送分离；专销结合，统一运行”的卷烟销售网络体系。1995—2005年，累计销售卷烟79170箱，实现销售收入50951.4万元，实现利润2799.87万元，上缴税金1644万元。

1999年7月22日起，区烟草公司启用印有“青白江区烟草专卖局”字样的防伪标识，有效规范卷烟进货渠道，制止假冒伪劣产品进入市场，维护了卷烟供销秩序。2001年3月，推行网建新模式、全面访销、全面配送、访送分离、专销结合，对全区卷烟零售户实行“户籍式”管理。对辖区内1335户卷烟经营户办理了烟草户籍卡，建立了户籍档案。

1994年7月至2002年12月，会同工商、公安、质监等职能部门，共查获各类违法卷烟案件720余件，其中大、要案182件，查获各类假冒卷烟9.4万条，罚没款330余万元。2003—2005年，共查获各类违法案件514件，违法卷烟1.96万条，罚没款82.6万元。

【生猪屠宰管理】 1991—1999年，生猪屠宰以集体、个体屠宰户为主，实施行业管理。2000年成立青白江区生猪屠宰管理领导小组，贯彻落实国务院《生猪屠宰管理条例》，严厉打击私屠滥宰，屠宰病死猪、注水猪等违法违规现象，提高生猪屠宰、分割加工技术水平，保证上市猪肉质量。2002年开展生猪屠宰厂（场）分级达标工作，28家屠宰厂（场）实施分级达标，坚持验收标准，严格验收纪律，淘汰规模小、卫生条件差、不能保证肉品加工质量的定点屠宰厂（场）。评出三级屠宰场1家，四级屠宰场8家，依法关闭城厢镇经营站屠宰场、大同镇向阳屠宰场、祥福镇屠宰场等3家不合格屠宰场。

2006年，根据市政府《关于印发成都市整顿压缩生猪定点屠宰厂（场）实施方案的通知》，制定《青白江区整顿压缩生猪定点屠宰厂（场）实施方案》。加大生猪定点屠宰场管理力度，进一步整顿压缩生猪定点屠宰厂（场），依法关闭11家不合格的手工屠宰场，新建成都市和谐肉食品有限公司三星级机械化屠宰场1个，提高生猪屠宰科技含量和上市猪肉质量。

【危险化学品管理】 1991年全区有危险化学品生产、经营、储存、运输企业131户（不含4户配气站）。危险化学品生产企业13户（共18个证，其中川化6个），经营许可证109个（含加油站29个、CNG加气站1个、生产单位经营许可证6个证、73个票据交易）。危险化学品重点使用企业17户，配气站4家（共9个站）。经营烟花爆竹批发企业1户、零售户260户。

加强川化氨球、攀成钢煤气罐等重大危险源的监控监测和监管，区安监局执法大队对有关企业实行24小时监控和监测，组织安全生产专家进行指导和监督，确保重大危险源不发生险情和事故。

强化安全许可。按照国家《危险化学品建设项目安全许可实施办法》和《四川省危险化学品建设项目安全许可实施细则》实施安全许可，对取得“安全生产许可证”后管理滑坡，隐患严重，达不到安全生产条件的企业，依法责令停产，限期整改；依法查处违法违规行为，对不具备安全生产条件的化工企业提请区政府或上级部门予以停产和关闭。把住源头，提高化工企业安全生产准入门槛。

严格落实“两个”主体责任。化工和危险化学品生产企业按照相关法律、法规，建立和落实安全生产责任制，严格执行动火、进入受限空间等特种作业安全管理的规定，依法建立安全生产管理机构，配备安全生产管理人员，完善事故应急救援预案并定期组织演练。

加强安全教育和培训，提高从业人员的安全意识和操作技能。督促指导企业结合本单位的实际和国内外同类企业事故案例，制订培训内容和计划，进行安全知识和应急救援教育和培训，增强作业人员安全意识和懂得安全知识，提高自救和互救能力，掌握防范事故的技能、应急措施。2005 年，820 余人取得从业人员上岗资格证。

按照《危险化学品从业单位安全标准化规范（试行）》要求，推行安全标准化工作，推广先进、适用的安全技术、设备，引导、督促企业依靠科技进步强化安全管理，不断完善制度，强化安全生产责任制，加大投入，提高安全水平。督促指导企业深入开展隐患排查治理，建立定期隐患排查治理制度，登记各种隐患，落实整改措施和责任人员，限时整改，使隐患排查治理工作制度化、规范化、常态化。

严厉打击非法生产经营烟花爆竹的违法犯罪行为。区政府与各乡镇（街道）签订烟花爆竹安全管理责任书，严格落实“四包”责任制，加强重点区域排查，设立举报电话。区安监局加强 260 户零售经营户安全管理培训，规范烟花爆竹从业行为，杜绝危险化学品事故发生。

【盐业管理】 青白江盐业支公司前身为青白江盐业批发部。位于弥牟镇玉狮桥 17 号，有库房 1078.8 平方米，盐仓可储盐 2500 吨，有办公宿舍楼两栋，面积 704.62 平方米。支公司是非独立核算的国有企业。隶属成都盐业分公司，设行政办公室、盐政科、业务科、财务科，有员工 8 人，其中管理人员 4 人，负责全区及大、中型企业的民用食盐、工业用盐和其他用盐的供应。区盐业支公司按照《食盐加碘条例》和《四川省盐业管理条例》规定，规范碘盐供应与经营行为。做好调运销售，保证碘盐市场供应。

1991—2005 年青白江区粮油储藏情况（国有企业）

表 95　　单位：吨、万元

年份	总销售（吨）				经营盐库存	上缴利润（万元）
		食　盐	工业盐	小袋精盐		
1991	2497	429.70	1349	718.3	1452	0.32
1992	3413	520.5	2082.5	810	4323	30.94
1993	3461	120	2122	1216	1882	12.9
1994	3067	346	1712	1009	2663	22.83
1995	4312.8	312	2920.95	1079.85	1839	14.99
1996	3762	362	2277.8	1121.75	2229	35.6
1997	3816	436	2097.55	1281.95	2493	36.6
1998	3806	415	2018.45	1372.35	2680	33.02
1999	3406	312	1633.85	1459.55	2855	28.92
2000	3534	285	1850.85	1398.15	3057	30.23

续表95

年份	总销售（吨）				经营盐库存	上缴利润（万元）
		食　盐	工业盐	小袋精盐		
2001	3524	284. 5	2066. 6	1172. 55	2198	25
2002	5323	2343. 35	1538. 2	1441. 85	379	23
2003	5106	1407. 36	2224. 1	1474. 6	781	22
2004	6596	1780. 15	3394. 80	1500. 76		105
2005	8171	1860. 30	4583. 70	1727. 00		44. 29

【药品监督管理】 2001 年 10 月，组建成都市药品监督管理局青白江分局（简称区药监分局），为成都市药品监督管理局的直属机构。将原分散在医药、卫生等部门的药品监督管理职能移交药品监督管理局。实行药品监督管理系统垂直管理，建立依法监管、执法统一、行为规范的药品监管体制。

2002 年，区药监分局建立全区各类卫生医疗机构档案 204 个，药品、医疗器械经营企业 103 家。

加强药品日常监管，规范药品市场。2002—2005 年，出动执法检查人员、执法车辆、开展专项检查 41 次，查处违反《药品管理法》药品 138 件、医疗器械 22 件，物品总值 21. 46 万元，罚款金额 19. 66 万元，没收违法所得 8. 27 万元，没收物品货值 1. 4 万元，取缔无证经营 7 户，销毁假劣药品案值 5540 万元。检查医疗机构 1125 家次，药品、医疗器械生产经营企业 1157 家次。

2003 年，开展农村药品供应网络建设，加强农村药品网络监督。2004 年 12 月 11 日，国务院整顿市场经济秩序领导小组办公室和国家食品药品监督管理局市场监督司检查组，省监察厅调研组先后到青白江区调研、检查药品监督管理工作。2005 年 1 月湖北省药监局到青白江区参观学习药监工作经验。4 月和 7 月北京市昌平区、泸州市龙马潭区也先后来青白江区学习药监经验。9 月 8 日，卫生部监察局副局长关跃进来区调研农村药品监管工作。

按照《处方药与非处方药分类管理办法》的规定，2002 年推行药品分类管理。至 2005 年底确定药品分类管理“示范药店”15 家。按照《药品经营质量管理规范》（GSP）的要求，重点加强药品商业广告的监管。到 2005 年，查处违法违规广告 6 个，提请工商查处电视播放的违法广告 2 起，收缴违法印刷品 10680 张，收缴违法违规户外广告牌及灯箱 50 个。

2003 年 1 月区药监分局对 22 名医疗机构的特殊药品专管员，用以会代训的方式进行《麻醉药品管理办法》《精神药品管理办法》《毒性药品管理办法》、“癌症三阶梯治疗”原则以及“麻醉药品专用卡”办理等法律、法规和专业知识的培训。3 月 18 日，区药监分局印发了《关于切实加强医疗用毒性药品监管的通知》。成立毒性药品管理小组，建立健全规章制度，层层落实毒性药品监管责任。区药监分局加强辖区内使用麻醉药品、一类精神药品、毒性药品的医疗机构以及二类精神药品制剂指定经营单位，毒性药品经营单位的监督检查，检查覆盖面达 100%。医疗机构现存过期失效麻醉药品，一类精神药品及时进行监督销毁。换发医疗机构《麻醉药品、一类精神药品购用印鉴卡》22 个，核发非住院癌症病人《麻醉药品专用卡》46 人次。区药监分局组织药品执法人员对辖区内 32 家药品经营企业和 20 家医疗机构售用的毒性药品进行了抽查，被抽查单位对毒性药品管理做到专柜加锁、专人保管、双人双锁、专账记录、账物相符。购进渠道符合规定，建立了保管、验收、领发、核对等制度并严格执行。

供销合作社

【体制改革】 青白江区供销合作社联合社下属 7 个公司（供销社总公司、农资公司、日杂公司、土产公司、回收公司、贸易公司、生产资料公司）、6 个基层供销社（太平供销社、姚渡供销社、城厢供销社、大同供销社、华严供销社、弥牟供销社）、1 个弥牟酿造厂。1999 年，共有职工 1650 人，其中：退休职工 450 人，全社资金自评价值 10841 万元，负债总额 10378 万元，资金负债率达 95.73%。2000 年起，弥牟供销社、土产公司、回收公司、华严供销社、大同供销社先后改组为股份制企业。到 2005 年底改制后，有职工 523 人，其中退休职工 413 人。

1991 年供销社贸易公司、城厢供销社进行“四放开”试点，按照“国家放权，企业管严，活而有序，放而有度”思路。改变竞争观念，发挥整体功能，突破经营业务限制，坚持一业为主，扩大经营范围。只要市场需要，基层社可直接从工厂、二级站、批发交易市场、乡镇企业、个体工商户进货。在搞好大宗农副产品经营业务的基础上，拓宽计划外化肥、名酒、建材、农用机械、粮油食品、腌腊制品、生猪饲料、中西药品和医药器械等经营业务，在大的集镇增设控购商品专销点，发挥综合经营的优势，合理布局，占领市场。除 18 类国家定价商品仍按现行规定执行外，国家指导价和市场调节价商品的零售价全部放开，由企业依据价值规律和市场供求情况自行定价销售。

加强物价管理，严格审批程序。建立健全物价机构，配备与工作相适应的物价工作人员，建立健全物价资料、卡片，注意保持价格的相对稳定，使其活而有序。企业定价后仍实行明码标价，对所属单位的价格执行情况进行检查。

建立自主经营，自负盈亏，独立核算，照章纳税的经营机制，实行多种形式的经营责任制。供销社坚持合作经济组织的性质和改革目标，继续做好农资供应和服务工作；建立健全化肥、农药、农膜等重要农业生产资料储备制度；改进经营方式，扩大经营范围；积极参与“菜篮子”工程，做好秋淡菜进城销售工作；完善服务体系，全面实施“助农增收”工程。发挥互助合作优势，广泛开展与农民的联合与合作，增强基层供销合作社组织上的群众性，管理上的民主性和经营上的灵活性。按照自愿原则，争取更广泛的农民群众入社，坚持入社自愿，退社自由，不搞强迫命令。实行社员代表会议制，领导成员民主选举，重大决策民主协商，经营管理民主监督。

【经营业务】 1991—1999 年，供销社主要经营业务是农资供应和农副产品购销。2000 年改制后，供销社走向市场。利用闲置固定资产，增加网点，建设市场，开拓和带动城镇及农村市场，解决农民“卖难”问题。景峰供销社和弥牟供销社利用闲置场地 5600 余平方米，投资 30 多万元，建立两个综合市场，效果明显。农资公司投资 120 多万元将化肥二仓库改建为 2400 多平方米的“中山家具城”，成为青白江区颇具规模的家具市场。华严供销社贸易大楼对外招商改建为“红艳超市”。区联社将原家具商场承包给怡州家电公司，改建为大弯镇内初具规模的家电商场。

巩固和发展政策性经营的烟花爆竹、物资回收和药品经营。烟花爆竹经营业务坚持统一定点、统一进货、统一封签、统一销售。区回收公司拓展回收渠道，开辟回收市场，在竞争中求生存、求发展。全社有药品经营点21个，药品经营业务初具规模，占领了一定的市场份额。

扩大委托代理业务。1991年，全社共批发、零售食盐1.6万余吨，批发销售额1300余万元。以贸易公司家电商场为依托，总经销“长虹”和“LG”家电，占领了农村市场，扩大了购销业务，取得较好的经济效益。将部分剩余资产委托给改制企业管理，将资产租赁或承包给已经转变身份的职工，经营副食品业务，占领了零售市场，增加了企业的销售收入。

【发展合作经济】 区供销联社坚持为“三农”服务，帮助农民增收致富，培育龙头企业+专业合作经济组织+商品基地“三位一体”的发展模式，促进农村产业结构的调整，参与农业产业化经营，发展农村专业合作经济组织。

从1997年起，先后组建了以农民为主体，供销社为依托的种植、养殖、农资等各类专业合作经济组织16个，协会2个，入社入会农户858户，带动农户1200户。各类专业合作经济组织，按照上连市场，下连农户，拓展渠道，搞活流通的原则，推动了区域经济的发展。

专业合作经济组织以供销社为依托，由同类产品的生产经营者按照“平等、自愿、互利”和“利益共享，风险共担”的原则组建专业合作经济组织。按照“民办、民管、民受益”的原则进行运作，专合组织的经营方向、财务、分配等重大事项实行民主讨论决定，实行社务公开，民主管理。专业合作经济组织强化服务功能，定期不定期对入社（会）的农户进行技术培训，组织专家到现场讲解、指导，提供生产、养殖技术，提高产品质量。

1997年10月成立大同养鸡专业合作。2005年，入社社员已由建立时的20户发展到143户。养鸡规模由建社时的1.5万只发展到80余万只，带动周边乡镇家禽发展达到100万只以上，年产值由建社时的30万元，发展到4000余万元。养鸡户人均年收入6800元，比全区平均水平高2500元。

国有商贸企业

【粮贸企业】 1992年，青白江粮油机械厂与四川大学联合开展的“ST”材料项目。1994年2月4日，区粮食总公司与化工部晨光研究院三厂合资组建股份制企业——“成都华西聚酯薄膜有限公司”，后更名为“成都市青白江区炬光新材料有限公司”。注册资金1880万元。区粮食总公司先期出资208.8万元，占股份的51%，1996年6月基建竣工后，进行几次短期试生产，始终无法正常运行。1998年6月，公司全面瘫痪。2000年8月，已欠债2000多万元，债务纠纷大部分进入司法程序。公司所有资产由法院裁决抵偿给农行青白江支行、青建公司、工行青白江支行等债权人。2003年1月，区粮食局受政府委托制订了安置实施方案，向区政府借款80.8万元安置职工，人均安置费1.2万元。

1998年11月以前，只有粮油贸易公司属经营性商业企业。1998年11月，各粮站原有的附营业务分离分别组建成都市青白江区弥牟粮油经贸站、成都市青白江区大弯粮油经贸站、成都市青白江区城厢粮油经贸站、成都市青白江区太平粮油经贸站4个经营性企业。2000年5月区粮食局将大弯粮站原有的门市部和附营业务从大弯粮站分离，分别成立成都市佳发食品厂（工业企业）、成都市青白江区丰汇粮油商贸站、成都市青白江区青怡粮油贸易站。至2000年，粮油经营性企业8个，解决1998年以后由原粮站分流的部分职工就业。由于多数企业已不能正常运转，陆续进行资产处置和职工安置，城厢经贸站职工按人平1.8万元计算安置费，其他企业按人平1.2万元计算。除城厢经贸站组建城厢粮油经贸公司继续运行外，其他企业停止运作。

【国有商业企业】 随着改革的深入国有商业企业加快了改革的步伐。1991年区商业局主管百货公司、五金交电化工公司、燃料建材石油公司、食品公司、糖业烟酒公司、蔬菜公司、饮食服务公司、医药公司、中药材公司9个公司。

1993年10月成立青白江区商业网点建设开发公司，区政府决定国有商业企业改革采取承包、租赁、出售、股份制改造等形式，明晰产权，自主经营、自负盈亏，自我约束，自我发展的独立法人主体地位。

1992年区食品公司下属9个屠宰厂（经营站）相继停产，1994年肉联厂和加工厂合并，1998年整体转让给成都志华食品有限公司。

1995年原区财贸办公室和区商业局撤并，组建成都市青白江区商业贸易委员会，主管商贸流通工作。

1996年10月，饮食公司、医药公司经区体制改革委员会批准，改组改制为股份合作制企业，1997年12月区饮食公司改组为有限责任公司。

1997年10月，区燃料石油公司、区蔬菜公司、五金交电化工公司经区体改委批准，改组改制为股份合作制企业，原大弯五金化工商店与区五交化公司合并改为股份制企业，同年10月，区体改办批准区糖业烟酒公司改制方案，以零价转让的方式转让给购买者曹捷。购买者以承担经评估确认的全部债权债务，安置企业全部在职职工和离退休职工，按当时执行的在职职工基本社会保障制度，支付离退休职工医疗费和代发补贴为条件，取得企业的全部资产产权。2002年，五金交电化工公司、燃料建材石油公司、糖业烟酒公司、蔬菜公司、饮食公司、医药公司等相继改制。

2002年，全区国有商业企业有百货公司、食品公司、中药材公司、商业网点开发公司等五个公司，共有职工248人，固定资产原值2318万元（含土地价值）。2004年8月，中药材公司、网点建设开发公司、食品公司等单位出卖资产，筹集安置费，安置3个公司的职工。

【国有物资企业】 1991—1994年，区物资局划小核算单位，完善内部激励机制，实行全员劳动合同制，加强微机信息管理和服务，巩固购销基地，扩大销售网点，拓宽流通市场。1992年，价格放开，建材经营销售连续两年突破亿元大关。1994年，宏观经济调整，内部管理不善，造成库存积压、资金流失，经营亏损511万元。同年9月成立区物资企业（集团）总公司，下属13个专业子公司。以国有资产授权经营的方式实行政、企分开，由集团总公司全权管理内部的人、财、物，并全部承担物资局的债权债务，区物资局为集团总公司的主管部门。1994年10月至1995年4月，所属各子公司150名职工与所在公司签订劳动合同，实行全员劳动合同制。1995年，集团公司先后开辟“天祥宫”茶楼、汽车租赁、砖厂、工程建筑、发运柑橘等业务。企业仍被三角债困扰，资金流通比例小，大部分资金被长期投资和三角债占用，加之部门过多，资金分散，调度不灵，1995年出现亏损。

1996年1月，区内各家金融部门停止向物资集团及子公司发放贷款，物资企业经营陷于瘫痪，追讨债权十分困难，偿还债务又势在必行，1996年底，集团公司及各子公司全部歇业。

1997—2001年，区政府对公司职工实行生活补贴和失业保险。2001年11月，区物资（集团）总公司以每人平均1.2万元的标准与职工解除了劳动合同，区物资局所属的物资企业解体。

物资仓储。中国物资储运成都（集团）公司青白江仓库，建于1963年，位于青白江区大弯镇，毗邻成都钢铁厂、四川化工厂。主要从事国家各种金属材料、化工、机电产品等重要生产资料的储存保管、运输中转、经销、销售代理以及冷拉丝加工等业务。仓库占地面积10.8万平方米，其中露天货场5万平方米，大型机械化库房1.6万平方米，其他小库房0.3万平方米，铁路专用线总长1107.8米。机械化作业，库容10万吨~15万吨，年吞吐能力50万吨。有职工139人，固定资产1700多万元。集物资储运、贸易于一体的综合性物资流通企业。

宾　馆

【怡湖宾馆】　四川博能怡湖宾馆是青白江区唯一的一家三星级宾馆和青白江区会议中心。2000年，由博能燃气公司投资改造，宾馆占地面积2.72万平方米，建筑面积2.25万平方米，各类客房105间。按园林式标准设计、建造。毗邻怡湖公园，环境优雅，风景怡人。博能怡湖宾馆年均接待来客14.3万人，营业额1000万余元，职工90余人。1个能接待300人的多功能会议厅，1个豪华接见室，2个能容纳109人的影视厅，4个中小会议室，装修豪华，设施、设备完善，档次较高、规模较大的会议中心，能同时接待610人的会务活动。

【川化宾馆】　川化宾馆由川化集团有限责任公司投资兴建，毗邻怡湖公园，环境优雅，风景宜人，占地1.33公顷，集会议、住宿、餐饮、娱乐为一体，按三星级标准修建的生态型涉外宾馆，前身为川化第二招待所（日本专家招待所）。宾馆现有职工98人，年接待14万余人，年营业额740余万元。

宾馆秉承“一套客房、一种文化、一份享受”，文化氛围浓厚，清新雅致，内设不同档次客房112套，客房装修注重人性化，中式风格、古色古香。配设各型会议室、洽谈室、贵宾接待室10个，备有手提电脑、投影仪等设备。宾馆餐饮拥有大、中餐厅和风情各异的豪华包间，可供500人同时就餐，主营川菜、兼营海鲜、粤菜、承办婚宴、寿宴和商务用餐。

餐 饮

【怡湖杨柳街区餐饮】 怡湖东路餐饮区，位于青白江区怡湖公园后门，2001 年 12 月由怡湖公园管理处投资修建，总建筑面积 5661 平方米，现有店面 72 间，从业人员达 300 余人。怡湖东路汇聚了数十家青白江区中小特色美食店，其中以老渔翁片片鱼、红灯笼串串香、金堂肥肠粉、苦藠鸭、山城鱼、鹅肠粉、一家人中餐馆等尤为出名。每当中午和傍晚，公园后街餐饮区车水马龙，前来品尝美食的顾客络绎不绝。

杨柳街餐饮区建于 2003 年，是青白江区新兴的大型餐饮娱乐区，小区占地面积 5.39 万平方米，建筑面积 7.8 万平方米，有以绿杏、家家乐、汪林火锅、好朋友烧烤、马哥兔头、崇州酸菜豆花、梭边鱼、富顺豆花等为代表的中小餐饮店 60 余家，从业人员达 2500 余人。杨柳小区有数十家音吧、茶楼、浴足保健等娱乐休闲场所。小区聚集了众多的餐饮消费人群，从中午一直营业到次日凌晨，在品尝美食之余更能方便享受休闲娱乐。

【玉带紫荆街区餐饮】 玉带小区建于 1997 年，俗称“农民街”，占地面积 2.48 万平方米，建筑面积 2.5 万平方米，有商铺 275 间，从业人员 1000 余人。玉带小区是青白江区较早的特色餐饮小区之一，有双马苑、人和鸡煲、三江砂锅、夏包子中餐馆、罗妹儿小食、清江肥肠粉、香辣兔头等中小餐馆数十余。玉带小区餐饮店曾一度为青白江人气最旺盛的餐饮区，随着杨柳街餐饮区的建成，玉带小区的不少商家迁走，现玉带小区不及鼎盛时期，但仍有不少特色餐饮店经营。

紫荆街小区位于青白江区紫荆街，建于 1996 年，占地面积 1.55 万平方米，建筑面积 1.6 万平方米，是青白江区较早形成特色餐饮的小区，有南方鸭肠王、成渝掌中王老鸭汤、野菇汤、老白串串香、三江片片鱼、老渔翁等特色餐饮店十余家。其中南方鸭肠王在青白江及周边地区都有较高知名度，每逢周末更是车水马龙门庭若市，不少成都、金堂、广汉等地游客专程驱车前来光顾。

综合服务

【家政服务】 随着生活和工作节奏的加快，人们需要从家庭事务中解脱出来，家政服务适应了居民需求。照看教养小孩请保姆，照顾老人请陪护，教育孩子请家庭教师，保洁卫生美化环境请园丁，保护居民小区安全有门卫，搬家有搬家公司，清洗衣服、清洁环境卫生既可请洗衣工、钟点工，也可送洗衣店。自 1997 年青白江区第一家家政服务公司青白江信义家政服务公司成立以来，到 2005 年全区家政服务企业已发展到 8 家，专门从事服装干洗服务的 12 家。

【法律服务】 1986 年 6 月建立城厢镇法律服务所，到 2005 年，全区共有 10 家法律服务所，专业律师 40 人。1991—2005 年，律师事务所共担任常年法律顾问 450 家次；代理各类经济、民事案件 1226 件，刑事案件辩护 1035 件，行政诉讼案件 23 件，代写法律文书 1513 件，解答法律咨询 4299 件。法律公证服务相应发展，1991—2005 年，青白江区公证处在原有经济合同公证等 13 种公证项目的基础上，新拓展了企业资产转让、拍卖、财产抵押合同、招商引资、土地使用权转让、企业职工自谋职业合同公证等 15 个项目，办理各类公证 12974 件，其中经济类公证 4462 件，民事类公证 7491 件，其他各类公证 1021 件，避免了假证、错证，履约率达到 99%。1999 年 6 月青白江区“148”法律咨询服务电话开通，1999—2005 年，全区共接到“148”专线电话咨询 1326 人次，接待当事人 416 人次，提供上门服务 107 人次，解决矛盾纠纷 256 人次。

【美容美发】 随着人们生活水平的提高，传统的理发技术和工艺远不能适应居民审美需求，手推剪发逐渐被手剪、电推、烫发、染发、拉发等新的理发技术和理发工艺取代。男子简单的平头、青年头、大背头、女子的大辫子、马尾、披肩发、短发等简单发型不仅发展到女子的烫发、焗油、拉直发，男子也可以焗油、烫发，修面等服务，象碎发、嘻皮式等，各式发型应有尽有，美发时还可进行美容按摩等，2005 年青白江区美容美发、浴足、按摩个体工商户已发展到 200 余家。

【其他服务业】 随着经济社会的发展，人们对相关信息咨询需求量增加，青白江区的房屋中介、职介公司、信息咨询公司、推拿医疗服务等也应运而生。房屋中介主要为房屋买卖双方提供咨询、接洽，商谈、现场察看、签约、成交收费等服务。职介公司、信息咨询的服务项目相似，主要发布提供用工单位用工、求职双方的要求、条件、待遇、劳保、保险方面信息，为双方接洽、商谈提供场所，政策、法律咨询服务。2005 年青白江区专门从事职业中介、房屋中介、信息咨询服务的机构已发展到 25 家，对区内二手房市场和劳务市场的发展起了推动作用。

旅游业

【机构与职能】 2001 年 4 月，七届区委 84 次常委会议批准，在区文体局增挂成都市青白江区旅游局牌子，成立青白江区旅游局。2006 年 5 月，根据区编委《关于印发〈成都市青白江区旅游发展局职能配置、内设机构和人员编制方案〉的通知》，区旅游局从文体局分出，成立区旅游发展局。负责依法管理全区旅游事业，开发旅游资源，发展旅游市场。

【旅游规划】 根据青白江区农业产业结构调整布局，全区旅游规划以大同、城厢、姚渡、祥福、龙王、清泉、福洪等乡镇为主的无公害优质早熟梨产业旅游带，毗河、西江河两岸食用竹产业旅游带。

大同镇、城厢镇无公害优质早熟梨、花卉为主的生态农业观光旅游点；姚渡龙门桃花沟农业观光旅游点；清泉花园沟农业观光旅游点；福洪解放村（今杏花村）农业观光旅游点。城厢镇周边农业观光旅游向金堂延伸，唐巴公路沿线发展农家乐旅游。

【旅游资源】 全区农家乐旅游从 1990 年代兴起以来，总投资已逾亿元，2005 年有较大型休闲景点 2 处、度假村 3 个、农家乐旅游景点 100 余家，其中星级农家乐 5 家。2004 年接待游客 60 余万人次。2004 年开发农业生态观光游，做好姚渡桃花沟、清泉花园沟农家果园示范点的规划、建设和提档升级工作，田园休闲庄、临风楼、柳桃园农家乐通过成都市星级评定，全区三星级农家乐 4 家，二星级农家乐 1 家。福洪解放村杏花基地，毗河、西江河沿岸麻竹观光带，城厢沿沱七星岛，姚渡桃花沟、清泉花园沟等成为游客观光、品果、休闲的近郊游景点。

【旅游管理】 2001 年，完成《四川省旅游资源数据库成都篇·青白江卷》的编制工作。同年 10 月，青白江区纳入全国旅游黄金周信息预测预报网络。11 月区委、区政府印发《关于贯彻〈中共成都市委、成都市人民政府关于推进我市旅游业跨越发展的决定〉的意见》。开展姚渡镇曾家寨子、城厢镇明教寺、弥牟镇八阵图等旅游景点的专项调查。2002 年，针对全区旅游市场中存在的突出问题，加强旅游市场秩序的整治。打击非法经营旅行社业务，净化旅游景点游览环境。查处旅游市场的“黑社”“黑店”“黑导游”等无证经营行为；打击非法陪游、伴游等丑恶现象；查处坑蒙诈骗消费者、损害旅游者合法权益的行为；刹住私拿回扣、索要小费、强迫购物等不正之风。制止各种封建迷信和低级庸俗的旅游活动，扫除黄赌毒等社会丑恶现象，防止邪教组织在节日旅游中制造事端。在旅游黄金周期间，公布了旅游投诉电话，受理和处理旅游投诉，进一步加大旅游市场监控力度。全区 5 家旅行社门市部操作规范，未出现超范围经营。主要旅游点的环境卫生、经营秩序、服务质量、综合管理水平明显改善，整治宗教旅游场所，做好涉旅安全工作，加强非典和“二号病”防治。为游客创造了安全、文明、整洁、自由、舒适的旅游环境。2002 年，黄金周接待游客 21 万人次，无游客投诉事件。

邮政电信

1991—2005
成都市青白江区志

概　述

1991 年，邮电通信业务主要为信函、电报和固定电话。全区拥有 200 门纵横制交换机和 300 门磁石人工交换机，长途电话需要人工转接，邮路、电报可直发全国各地，全年电信收入不到 50 万元。1992 年邮政和电讯业务分营，青白江区邮电局分为青白江区电信局和青白江区邮政局。同年 7 月建成开通 S1240 程控交换机 2000 门，固定电话并入成都市话大网，取消人工转接长话，当年放号装机 1331 部，实现电信业务收入 227 万元。1994 年以后，程控交换机经过二次扩容，在城厢镇、清泉镇、弥牟镇、祥福镇、龙王镇等主要乡镇建成开通程控交换接入网点 20 个，全区安装程控交换机 24688 门。

1994 年新建区邮政局邮政综合大楼 5714 平方米，在大同、玉虹、姚渡、祥福、龙王、福洪、人和、云顶设立邮政代办所等服务网点，逐步拓展了邮政储蓄、电子汇兑、通存通兑，异地存取等业务。

1994 年 5 月，青白江区模拟无线移动“B”网基站建成开通，移动通信业务开始运行。1995 年 DDN 数字数据、ISDN 分组数据等业务相继开办，一些部门和单位可以通过计算机传输数据信号，实现网上报送相关资料。随着通信技术的飞速发展，移动通信不断升级换代，互联网得到广泛应用，1999 年 7 月固定通信和移动通信的业务分营，撤销青白江区电信局，设立中国电信青白江分公司和四川移动通信公司成都分公司青白江营销维护部，2000 年 1 月四川移动通信公司成都分公司青白江营销维护部更名为“四川移动通信公司青白江区分公司”。

中国电信青白江分公司以固定电话，ADSL 宽带等业务经营为主。2001 年，启动“小灵通”网络建设，到 2005 年共建设“小灵通”基站 437 个，形成覆盖城乡、主要交通道路的网络通信能力。

四川移动通信公司青白江区分公司主营移动电话业务，移动数据业务及相关信息服务。到 2005 年，全区建成移动通信基站 437 个，建成传输网络骨干网 42 皮长千米，经营“全球通”、GPS 等业务，移动电话得到广泛普及应用。

邮　政

【邮政体制改革】 根据川邮编文件精神，区邮政局设邮政科、财务科、行政办公室。核定总编制 84 人，二级单位有大弯邮政所、成钢邮政所、弥牟邮政所、城厢邮政支局、太平邮政支局。1992

年撤销青白江人和邮政所，改为邮政代办所，1996 年 1 月设怡湖邮政所。区邮政局设城厢、太平两个支局，川化、成钢、弥牟三个邮政所，在姚渡、绣水、玉虹、祥福、日新、龙王、福洪、合兴、人和、云顶设邮政代办所，在景峰、唐家寺火车站设邮票代售处，全区有邮政营业服务点 19 处，履行邮政通信的经营管理和服务职能。根据国家邮政体制改革方案，1999 年 1 月区邮政局行政机构设经营服务部、计划财务部、综合办公室。局领导 2 人，管理人员 9 人，合同职工 53 人，招聘工 31 人，所设二级机构不变。2003 年 8 月按成都市邮政局“三项制度改革”方案，区邮政局调整行政机构，设市场营销部、监督检查部、综合办公室。2005 年 1 月区邮政局按市局机构调整设市场开发部、监督检查部、综合办公室。局领导 3 人，管理人员 12 人，职工 40 人，招聘工 41 人，二级单位设怡湖邮政所、大弯邮政所、成钢邮政所、弥牟邮政所、城厢邮政支局、太平邮政支局。

【邮政业务与储蓄】 主要业务包括国际国内函件、国际国内包裹、电子汇兑、报刊发行、邮政储蓄、特快专递、集邮、西联汇款、代办保险、代理国债、代理基金、广告函件、邮政增值及邮政附属业务等。截至 2005 年，邮政业务总量达 615 万元，邮政业务收入 564 万元。

1991—2005 年青白江区邮政业务情况表

表 96　　　　单位：万元

年份	函件	包裹	汇兑	集邮	报刊流转额	特快专递	邮政储蓄年末余额	代办保险
1991	15	16	16	12.36	125		1099	
1992	16.8	15.5	18	8.85	130		1429	
1993	17.2	19.1	18.5	11.88	157		1774	
1994	18.6	25.2	19	10	183	6	2690	
1995	20.5	45	17.6	7.6	208	15	4084	
1996	55.1	55.1	11.4	19.8	236	30	4501	
1997	80.1	60	12	68	279	44	4498	
1998	162	71	14	75	274	59	5188	
1999	174.8	65.2	17.5	188	265	60.5	6140	
2000	77.1	18.7	18	186	310	61	7200	
2001	112.3	15.7	19.8	139	317	43.7	8879	
2002	65.8	26.3	20.1	40	321	40	9340	
2003	135.1	25.7	21	47.9	336	58.1	10300	
2004	120	25.5	23.5	26	340	65	10500	
2005	39.5	26.3	24	25.8	298	84	15500	390

2005 年，国内函件 23.5 万元，商业信函 16 万元，包裹及印刷品 26.3 万元，特快专递 83.6 万元，集邮 25.8 万元。

2005 年，国际普邮 608 元，港、澳、台业务 2735 元，国际特快专递 5.04 万元。

1991 年，分拣封发组、投递组改革投递体制，合并成立报刊收投公司，招聘 8 名下岗女工组成专业收投队伍，负责 23 个投递段道和 3 条邮路、邮件的分拣封发、收投。

1986 年 11 月 28 日开办邮政储蓄，1991 年储蓄网点 5 个，2005 年储蓄网点 8 个。1991 年储蓄余额 1099 万元，2005 年储蓄余额 1.55 亿元。

电　信

【电信业务】 1991 年青白江区邮电局，有 200 门纵横制交换机，300 门磁石电话，至成都长途 12 条载波线路。1992 年邮政、电信分设，同年 7 月开通 S1240 程控交换机 2000 门，并入成都市话网，实现市话、长途直拨。1994 年建设开通模拟无线移动“B”网基站，发展用户 200 户。扩容 S1240 程控交换机 8000 门，投资 200 余万元，完成城市通信管网建设 4.3 皮长千米，投资 680 余万元，建设至主要乡镇的主干通信电缆 185（杆）千米。开通无线模拟移动“A”网基站，数字无线移动“G”网基站。

1997 年启动“村通电话”工程建设，总投资 5000 余万元，建成 80 余（杆）千米 12 芯光纤环路网，720 余（杆）千米电缆网；建成开通城厢、弥牟、姚渡、祥福等 11 个接入网点，安装接入网交换机 10600 线，14 个乡镇 178 个村发展用户 2967 户，“村通”工程全面完成。1998 年，在大同、合兴、人和等乡镇建设接入网点 20 个，安装开通交换机 24688 线，投资 500 余万元，建设通信杆路 80 余（杆）千米。1999 年 7 月撤销青白江区电信局，设立“中国电信青白江分公司”。

1999—2005 年，扩大通信网络规模，提高网络技术水平，优化网络技术，加强通信能力建设。先后扩容交换机 10824 线，31288 线，发展用户 20993 户，实现生产和业务经营全部计算机化。新建大弯、玉虹、白贯、姚渡、日新等接入网机房。实现通信网络多元化，相继建设开通川化集团公司、攀成钢公司模块局，川化集团住宅小区等接入网。模块局均采用光纤接续，至成都采用双环光纤接续，各乡镇接入网机房出口线对总计近 10 万千米，2005 年市话用户数达 89773 户。

【小灵通业务】 2001 年，启动小灵通网络工程建设，第一期建设 47 个基站，“小灵通“业务正式开通放号，第二期网络工程建设开通 61 个基站，“小灵通”网络信号全面覆盖大弯城区和驻区大，中型企业，发展用户 4360 户。2003 年启动“小灵通”第三期网络工程建设，建设基站 106 个。2004 年 3 月第四期工程建设结束，以主要乡镇为重点，提高乡镇网络覆盖率，建成开通基站 86 个，2005 年建成开通基站 137 个。“小灵通”网络覆盖全区城区、主要乡镇和交通道路，2005 年“小灵通”用户 17179 户。

【互联网业务】 2001 年，开通“全球通”WAP（Wireless Application Protocol）业务。互联网和移动电话技术相结合，用户无论在何时何地，不需 MODEM、不需电脑，只需按动手机按钮，通过 172 接入号码，就可获得互联网信息资源和电子商务等应用。

2001 年 12 月 20 日，成都地区开放 GPRS 业务。GPRS 采用分组交换方式，数据传输最高理论值可达 171.2 千字节/秒。可提供基本通话、多种增值业务和高速数据业务，用户可同时通话和上网。

1996 年，开通数据分组交换业务（ISDN）、数字数据交换业务（DDN）、中国公用计算机互联网（NET）接入号“163”“169”。全面启动宽带网络建设，城区范围的单位办公楼及各住宅小区，驻区大、中型企业签订宽带网建设协议。ADSL 宽带接入网依托 ATM 和 IP 承载，接入宽带接入网关，为用户提供基于专线的宽带接入，大力发展 ADSL 宽带业务，2005 年底，数据网络建设 ADSL 端口容量 8453 线，LAN 设备容量 1134 线，用户 7659 户。

移动通信

【移动通信业务】 1999 年 7 月撤销青白江区电信局，设立四川移动通信公司成都分公司青白江区营销维护部。7 月 22 日 0 时，“全球通”移动电话号码升 11 位。开通了语音信箱、短消息和呼叫转移业务。开办“神州行”号卡，这是继“全球通”后推出的大众品牌。“神州行”没有月租费，得到广大客户认可。2000 年 1 月移动成都分公司青白江区营销维护部更名为“四川移动通信公司青白江分公司”。

根据信息产业部《关于中国移动通信集团公司停止使用模拟移动通信业务频率的通知》，四川省启动了“模拟移动电话退网工作”。通过提供业务补贴或手机补贴的方式，青白江区近千个“9”字头移动电话转为“13518”号段的数字移动电话。关闭了 TACS 模拟移动电话网，停止经营模拟移动电话业务。中国移动、中国联通实现短信互通互发。2005 年，开展“移动电话村”建设。在大同镇、弥牟镇为 6 个“移动电话村”举行集中授牌仪式。年底，建成“移动电话村”12 个。

【网络基站建设】 1999 年，开建新局、医药公司等 5 个基站，基站总数 9 个。先后新建福洪、先锋等 5 个基站，开通金方舟、平桥等 10 个基站，2004 年基站总数 41 个。2005 年，新建村通基站 4 个，G 网补点基站 6 个。经过几年的努力，移动通信网络覆盖了城区、乡镇和交通沿线，完善了基础设施建设，为全区经济建设和社会发展提供有力的通信支撑。

突破发展“瓶颈”，四川移动启动了传输骨干网建设工程。青白江区建成传输网络骨干网 42 皮长千米。2005 年，全区杆路 231.385 千米，管道单路 13.857 千米（30.289 孔千米）。

【服务网点建设】 2005 年，全区共建成 10 个移动通信自办营业厅、2 个自办他营厅。

四川移动通信分司青白江分公司自办服务网点

表 97

类型	数量（个）	营业厅名称	详细地址	面　积（平方米）
自办厅	10	青江南路营业厅	青白江青江南路 2－22 号	430
		红阳路营业厅	青白江红阳东路 77 号	80
		成钢营业厅	青白江区教育路 66 号	107
		大弯中路营业厅	青白江大弯中路 8－10 号	72
		城厢营业厅	城厢镇上北街	36
		龙王营业厅	青白江区龙王镇商贸街 66－68 号	137
		福洪营业厅	青白江福洪乡隆盛街 28 号	80
		弥牟营业厅	成都市青白江区弥牟镇上街 55－57 号	60
		红瓦店营业厅	祥福镇红瓦店东街 13 号	70
		清泉营业厅	青白江清泉镇平安路 126－128 号	77
自办他营厅	2	姚渡营业厅	姚渡镇八达路	
		人和营业厅	人和乡茅店子后街	

金融保险

概　述

1991 年全区有中国工商银行青白江支行、中国农业银行青白江支行、中国人民建设银行青白江支行、青白江区农村信用联社等四家银行。1996 年成立中国农业发展银行青白江支行，同年 6 月成立中国银行青白江分理处，2002 年 2 月经人民银行批准设立中国银行青白江支行，2005 年全区有银行 6 家，各家银行先后增办了个人消费贷款、住房装修贷款、个人助学贷款、储蓄小额贷款、个人住房、商品房按揭贷款。1994 年，建设银行推出信用卡业务，1996 年银行自动提款机在全区启用，1998 年开办银联通存通兑业务。

1991 年区内有中国人民保险公司青白江区支公司，1996 年，中国人民保险公司实施机构改革，中国人民保险公司青白江支公司分别成立“中保财产保险有限公司成都市青白江区支公司”和“中保人寿保险有限公司成都市青白江区支公司”，分别主营财产保险和人寿保险。2001—2003 年，太平洋财产保险、平安财产保险、泰康人寿、新华人寿等相继入驻青白江区。2005 年全区财产、人寿保险公司 6 家。

银　行

【中国工商银行青白江支行】　1993 年，中国工商银行青白江区办事处更名为中国工商银行青白江支行。在传统信贷业务的基础上，先后开办了个人消费贷款、个人住房贷款、住房装修贷款、个人助学贷款、储蓄小额贷款、个人住房、商品房按揭贷款得信贷业务。对全区企业技术改造，中小企业发展、企业兼并重组和个人消费需求提供信贷支持。1991 年办理国库券兑付业务，1993 年开办外币储蓄业务。

1991 年，各项存款余额 19047 万元，其中储蓄存款余额 10128 万元，首次突破亿元大关。1995 年，各项存款余额 42216 万元，其中储蓄存款余额 26989 万元。2000 年，各项存款余额 115799 万元，其中储蓄存款余额 60052 万元。2005 年，各项存款余额 209348 万元，其中储蓄存款余额 150816 万元。

1991 年各项贷款余额 53563 万元，1995 年 69947 万元，2000 年 104520 万元。2005 年 59145 万元。

认真坚持“控制总量，调整结构，强化管理，适时调节，提高效益”的信贷方针，坚持以国家产业政策为导向，企业评估为基础，严格控制信贷规模，切实加强信贷管理，贷款归行率均达到90%以上，1991年，协助企业清理“三角债”504笔，金额11023万元。其中清收243笔、6139万元，清村261笔、4884万元，一些长期拖欠问题得到解决，缓解部分资金紧缺矛盾。

【中国农业银行青白江支行】 1993年，经成都市人民银行批准，中国农业银行成都市青白江区办事处更名为中国农业银行成都市青白江支行。支行设办公室、监督保卫部、资金财会部、信贷管理部、资产部、客户经理部、个人理财中心等7个部室；对外营业机构9个，其中营业部1个，网点支行3个，分理处5个。全行在岗员工共163人，其中具有初级职称83人，具有中级职称28人。1994年，实行政策性业务与商业性业务分账管理，支行营业部设农业发展银行政策性业务代理专柜。1996年，农村信用社与农业银行脱钩，农业发展银行单设县级支行，农业银行政策性职能剥离，成为国有商业银行之一。

2005年中国农业银行成都市青白江支行，各项存款余额124787万元，较1991年初增加113525万元，增长率1108%，贷款余额83079万元，较1991年初增加了70229万元，增长率646%。

2003年农业银行成都市青白江支行开办外汇存款、外汇贷款、外汇汇款、外币兑换、国际结算，通过上级行代客外汇买卖，代理国外信用卡付款等外汇业务。经国家外汇管理局四川省分局同意2004年开办结售汇业务。2005年，国际结算量达到3427.2万美元，结售汇达到3272万美元，各项外币存款达到148.2万美元。

2003—2005年农行青白江支行外币业务经营情况统计表

表98 单位：万美元

年　份	国际结算	结售汇	各项存款		
			合　计	对　公	储　蓄
2003	241	241	3.7	0	3.7
2004	1447.3	1211.4	75.2	72	3.2
2005	3427.2	3272	154.9	148.2	6.7

【中国农业发展银行青白江支行】 1996年成立中国农业发展银行青白江支行主要业务为发放扶贫专项贷款、支持农民脱贫致富；发放农业综合性开发贷款，支持农业产业化进程；发放粮油收购贷款，保证不给农民“打白条”，保护农民种粮积极性；发放建仓贷款，增加仓容，搞好国家和地方粮油储备。

2004年贯彻国务院“在完善运行机制的基础上强化农发行的支农作用”，“按照现代银行的要求打造农发行”的要求，陆续获得开办粮食加工企业收购资金贷款，农林牧副渔产业化龙头企业贷款，化肥、猪肉储备贷款，粮油种子贷款，农业科技贷款，其他粮食企业贷款业务。

贷款业务：农、林、牧、副、渔产业化龙头企业贷款；农业科技贷款；农业小企业贷款；中央储备粮贷款；粮食流转贷款；粮食调控贷款；粮食合同收购贷款；粮食仓储设备贷款；粮油种子贷款；其他粮食企业贷款；商品棉贷款；棉花良种贷款；棉花企业技术设备改造贷款；储备棉贷款；化肥储备贷款；储备糖贷款；烟叶储备贷款；羊毛储备贷款。

筹资业务：发行政策性金融债券；同业拆借；单位存款。

中间业务：代理保险；同业合作。办理经国务院批准的其他业务。

2005 年，农发行青白江支行各项贷款余额 10809 万元，较 1996 年青白江农行代理时的余额减少 3556 万元，减少 24.75%（森达木地板、区国家粮食储备库和粮油加工企业贷款划转上级行和其他银行）。

2005 年各项存款余额 124 万元，较上年减少 426 万元，下降 77.45%。

【中国建设银行青白江支行】 1994 年，建行青白江支行由国家专业银行向国有商业银行过渡，2004 年由国有商业银行转变为股份制银行。设综合部、财会部、公司部、个金部，另设专柜、大弯西路、人民广场和教育街等四个对外营业网点。

建行青白江支行贷款种类有：流动资金贷款、固定资产贷款、房地产开发类贷款、循环额度贷款、法人账户贷款、商业汇票承兑、商业汇票贴现、个人住房贷款、商业汇票转贴现等。

严格信贷管理从严控制总量、提高效益，在信贷资金运用上，以贷吸存，以存养贷，避免贷款风险，从严控制总量，优化结构，面向市场，转换机制，提高效益。2001 年各项贷款金额 4410 万元，固定资产贷款累计回收 516 万元；压缩呆滞贷款 36 万元，组织贷款利息收入 348 万元，实现利润 162 万元。

2004 年，各项贷款余额 29020 万元，较年初新增 20149 万元。压缩不良贷款 1081 万元，其中回收现金 30 万元，剥离不良贷款 1022 万元，移交省分行民兴支行 29 万元，2005 年，贷款较年初新增 2233 万元。

建行青白江支行存款业务包括储蓄存款和企业存款。

1994 年，设立信用卡部和信托投资代理处。1996 年，先后开通审计多户系统、储蓄通存通兑系统，全国建设银行电子联行资金清算和电子汇划系统。1998 年建行一般性存款突破 5 亿元，实现了在全市范围内活期储蓄的通存通兑。

1991—2005 年建行青白江支行存款业务情况表

表 99 单位：万元

年份	一般性存款余额	一般性存款增加额	储蓄存款余额	储蓄存款增加额	企业存款余额	企业存款增加额
1991	3647	678	1566	369	2081	348
1992	4572	925	2372	806	2200	119
1993	5913	1314	3693	1321	2486	286
1994	12102	6189	5731	2038	6371	3885
1995	17434	5332	9694	3963	9694	3323
1996	27011	9577	14561	4867	12450	2756

续表99

年份	一般性存款余额	一般性存款增加额	储蓄存款余额	储蓄存款增加额	企业存款余额	企业存款增加额
1997	30550	3539	15821	1260	14738	2288
1998	54695	24145	54695	32294	13967	1700
1999	32639	-22056	22401	-32294	10238	2917
2000	39184	6545	26522	4121	12662	2424
2001	48442	9258	30826	4304	16401	3739
2002	57441	8999	37838	7012	16421	20
2003	68036	10595	45324	7504	17355	937
2004	82224	14188	52381	7057	23939	6584
2005	96813	14589	61406	9025	35407	11468

注：表内数据均为年末余额

在传统存贷业务的基础上，开展代发工资、代办保险，代收电话费，开办居民个人电子汇款等中间业务，2002 年，实现中间业务收入 4.085 万元。

1995 年开始代办存款余额、国际结算、结售汇三项外汇业务。1997 年外汇存款余额突破 2000 万美元，并于当年获外管局批准正式开办自营外汇业务，成为全市除中行外可开办此项业务的唯一一家区县支行。1995 年，国际业务代办外汇存款 154.5 美元，完成分行下达增存任务的 520%；1996 年外汇存款余额 271 万美元，办理国际结算 662 万美元，完成分行任务的 107%；结售汇 708 美元，完成分行任务的 173%；1997 年，外汇存款余额达到 694 美元，完成分行三级增存目标的 282.67%，办理国际结算 940 美元，结售汇 693 美元，分别完成分行任务的 172% 和 117.77%；2003 年外汇业务取得新发展，年末外币储蓄存款余额达到 88.9 万美元，在消除不利因素后，比年初新增 14.22 万美元，新增额占全省分行外币储蓄新增额的 6.5%。

【中国银行成都青白江支行】 中国银行股份有限公司成都青白江支行的前身是中国银行成都青白江分理处，1996 年 6 月成立，隶属中国银行金堂支行，位于青白江区大弯镇青江中路 1 号。2002 年 2 月 8 日经人民银行批准迁到青白江区大弯镇怡湖西路 118 号。2003 年 6 月 18 日，成立中国银行成都青白江支行，设办公室、业务发展部、保卫部，另设支行营业部、青江路分理处对外营业网点。2005 年更名为“中国银行股份有限公司成都青白江支行”，设综合管理部、业务发展部和支行营业部、青江路分理处两个对外营业网点。

主要业务有吸收存款，发放贷款，办理结算，代理发行与兑付政府债券、金融债券，代理收付款项及代理保险业务，办理票据贴现；外汇存款，外汇贷款，外汇汇款，外币兑换，国际结算，结汇、售汇，通过上级行办理代客外汇买卖，代理国外信用卡付款业务。经中国人民银行批准的其他业务。

2003—2005 年中国银行青白江支行存贷业务表

表 100　　　　单位：万元

年份	公司存款余额	储蓄存款余额	公司贷款余额	零售贷款余额
2003	15178	5259	19414	173
2004	10047	8466	23979	801
2005	4823	10469	22030	865

【青白江区农村信用合作社联合社】 1990 年，区信用社开设企事业单位存款和城乡居民储蓄存款，分活期、定期两种。

1990—2005 年青白江区农村信用社主要经营情况表

表 101　　　　单位：万元

年份	存款业务			贷款业务			盈　亏		
	年末余额	比上年增加数	同比涨幅（%）	末余额	比上年增加数	同比涨幅（%）	年末余额	比上年增加数	同比涨幅（%）
1990	7459. 02	1838. 29	32. 71	3835. 83	800. 15	26. 36	13. 39	－74. 95	－84. 84
1991	9547. 98	2088. 96	28. 01	5035. 72	1199. 89	31. 28	48. 58	35. 19	262. 81
1992	12762. 33	3214. 35	33. 67	7441. 89	2406. 17	47. 78	36. 45	－12. 13	－24. 97
1993	16066. 02	3303. 69	25. 89	9875. 38	2433. 49	32. 70	41. 78	5. 33	14. 62
1994	20425. 94	4359. 92	27. 14	11655. 4	1780. 03	18. 02	30. 98	－10. 8	－25. 85
1995	26308. 71	5882. 77	28. 80	15365. 2	3709. 78	31. 83	33. 03	2. 05	6. 62
1996	31533. 44	5224. 73	19. 86	18368. 7	3003. 46	19. 55	－84. 08	－117. 1	－354. 56
1997	36896. 44	5363	17. 01	20201. 5	1832. 86	9. 98	－142. 4	－58. 32	69. 36
1998	42235. 91	5339. 47	14. 47	18100. 2	－2101. 33	－10. 40	－273. 5	－131. 1	92. 08
1999	56885. 19	14649. 28	34. 68	27792. 2	9692. 03	53. 55	－571. 7	－298. 2	109. 02
2000	60406. 78	3521. 59	6. 19	30087. 2	2294. 94	8. 26	－495. 3	76. 44	－13. 37
2001	70086. 67	9679. 89	16. 02	39567	9479. 81	31. 51	－381. 2	114. 09	－23. 04
2002	76770. 29	6683. 62	9. 54	42544. 3	2977. 36	7. 52	8. 91	390. 1	－102. 34
2003	92339. 12	15568. 83	20. 28	83337. 2	40792. 83	95. 88	66. 56	57. 65	647. 03
2004	107753. 4	15414. 3	16. 69	79589. 8	－3747. 34	－4. 50	453. 24	386. 68	580. 95
2005	122089. 6	14336. 2	13. 3	84748. 9	5159. 06	6. 48	602. 12	148. 88	32. 85

1993 年起对三年期以上定期储蓄存款，1991 年 12 月 1 日以后存入的三年、五年、八年期定期储蓄存款实行保值。1991 年 12 月 1 日之前存入的三年、五年、八年定期储蓄存款仍按 1988 年的规定予以保值。1993 年开办活期储蓄存款、整存整取、零存整取、存本取息、整存零取、定活两便、华侨整存整取定期存款等储蓄业务。

1997 年中国人民银行规定，信用社停止办理八年期整存整取业务。1999 年，财政部、税务总局、国家教委和中国人民银行联合发文准许金融机构开办教育储蓄。2003 年 9 月，根据新的《人民币银行结算账户管理办法》，开办个人人民币结算账户。对外资金转出或接受外部资金转入（包括本人异地账户汇款），只能通过结算账户办理。有效遏制“洗黑钱”及“公款私存”。2004 年，区信用联社率先在全省信用社系统开办“天府卡”（借记卡）。2005 年，全区信用社储蓄存款余额 77，705 万元。

1992 年区信用联社调整信贷结构，重点支持的农业生产，多种经营，农业商品基地建设。当年发放贷款 500 余万元。

2002 年发放贷款证 60409 户，占全区农户总数的 64%。支持 803 户农户发展花卉、水果栽培 76 公顷，投放贷款 269 万元；发放“微水治旱”工程贷款 139 万元，支持农户修建蓄水池 660 口，农田受益面积超过 266 公顷。2005 年，累计投放支农贷款 33，113 万元，小额贷款 798 万元。

1994 年，累计发放乡镇企业贷款 16302 万元。2000 年重点支持民营企业作，累计发放民营企业贷款 17290 万元。2003 年，重点支持“公司 + 农户 + 基地”龙头企业的发展。城厢农副产品加工厂在信用社的支持下，产品出口日本、马来西亚、德国、法国等国家。销售收入连年翻番，带动农户 100 多户。2004 年，成都天保、国发制胶、巨华纺织等 9 户重点民营中小企业累计发放贷款 4160 万元。2005 年累计发放贷款 3120 万元，贷款余额达到 4210 万元。

按照人民银行《农村信用社农户联保贷款管理指导意见》，2000 年区信用联社开展农户联保贷款。到 2005 年，已发放农户联保贷款 11 万元，各联保小组人数一般 5 ~ 10 人左右，贷款主要用于农业生产、农户种养业等。2004 年 1 月 1 日起，成都市行政区域内失地农民纳入社会保险范畴，及时开办失地农民贷款业务。到 2005 年，共发放失地农民贷款 50 多万元。

2004 年，区信用联社制订了下岗失业人员小额担保贷款管理办法。针对年龄在 60 岁以下，具备有一定劳动技能的下岗工人。由小企业担保公司为下岗人员提供期限不超过两年的全额连带责任担保。2004 年累计发放贷款 6.5 万元，2005 年，发放贷款 26 万元，从事餐饮、房屋中介、日用百货等，支持下岗失业人员再就业。

2001 年 10 月，区信用联社开办个人住房按揭贷款业务。2002 年 7 月，个人住房按揭贷款余额 729 万元。先后开办杨柳花园、荣生园等 12 个按揭项目。2005 年贷款余额 3987 万元。

1997 年区信用联社开始代理保险业务，当年办理保险业务 6 笔，金额 27231 元。2000 年办理代理保险 105 笔，金额 163401.86 元。出险车辆 3 辆，财产赔付 40183.8 元。2005 年办理代理保险金额 25 万元。

2001 年开办银行承兑汇票贴现业务以来。截至 2003 年，票据贴现 374 笔，金额 21086 万元，贴息收入 225 万元。

2004 年成都市农村信用社推出全省第一张银行卡——天府卡，区信用联社营业部及华严信用社两个网点首发。截至 2005 年，共发行天府卡 4159 张。

2003 年区联社代征农业税。先后为国税局、电信局、社保局、博能燃气公司、区收费结算中心、区政府政务服务中心等单位代理收费业务。

保 险

【中国人民财产保险股份有限公司青白江支公司】 1991年，公司先后开设财产损失保险、责任保险、保证保险、信用保险、意外伤害保险等业务。主要险种有企业财产保险、家庭财产保险、机动车辆保险、货物运输保险、产品质量保险、人身意外伤害保险等近60余个险种。1992年，开办“雇主责任保险”；1993年，开办“百户专业大户财产及人身安全综合长效还本保险”“人力、机动三轮车综合保险”；1999年，开办“公众责任保险”“供电责任保险”“餐馆场所责任保险”；2000年，开办“医院责任保险”“旅行社责任保险”；2001年，开办“金锁家庭财产综合保险”；2002年，开办“金牛投资型家庭财产保险”“个人贷款抵押房屋综合保险”。开发适销对路新险种，险种结构更加合理，适应了企事业单位及个人的保险需求，成为新的业务增长点。

15年间按照“主动、迅速、准确、合理”的理赔原则，处理各类赔损案件53698件，支付赔款15042万元。其中，机动车辆险42000件，支付赔款12600万元；企业财产险659件，支付赔款790万元；家庭财产险3150件，支付赔款189万元；货物运输险2250件，支付赔款1125万元；其他赔损案5639件，支付赔款338万元。

1996年中国人民保险公司启动保险体制改革，总公司更名为“中国人民保险（集团）公司”（简称“中保集团”），成立“中保财产保险有限公司”和“中保人寿保险有限公司”两个专业子公司。原青白江支公司分别成立“中保财产保险有限公司成都市青白江支公司”和“中保人寿保险有限公司成都市青白江支公司”。

1998年，中保财产保险有限公司成都市青白江支公司更名为“中国人民保险公司成都市青白江区支公司”。2000年，实行以“减员增效、下岗分流”为重点的机构改革，设3个科1个室，定编19人，定岗18人，下岗分流1人。人事用工制度实行层层聘用制，双向选择；深化分配制度改革，打破平均分配，建立起职工收入与本人工作业绩、职务级别等挂钩的分配制度，按岗定薪，多劳多得。

2003年，成立中国人民财产保险股份有限公司，原青白江区支公司同时更名为中国人民财产保险股份有限公司青白江支公司。

【中国人寿保险股份有限公司青白江支公司】 公司现设综合部、客户服务部、团险部、个险部、发展部等五个部及育成科、兼业代理科、理赔科、回访科等四个二级科，农村营销服务部9个，有职工270余人，其中个人代理人230余人，内部管理人员44人，与工行、农行、建行、信用联社、邮政局等5家兼业代理机构达成了代理关系。

中国人寿主要经营人寿保险、人身意外伤害保险和健康保险等业务。为适应市场需要，公司陆续开发、改造了一批产品投向市场，保险产品100多种，经营的产品覆盖了生、老、病、死和教育、成长全过程。

开展理赔优质服务，实行网络、延时、上门、住院、住校等服务加强定点医院管理，定点医院考核由年度考核改为季度考核。对违规医院采取限期整改、延长考核期，到期未整改予以摘牌，取消定点资格。在部分定点医院试行由院方垫付公司职工补充医疗保险的赔款，病人出院就能结算基本医疗和补充医疗费用，有效的约束了院方的医疗行为，为客户节省时间、简化手续，提升公司在群众中信誉度。

【太平洋财产保险公司青白江区办事处】 2003 年 8 月 31 日，中国太平洋财产保险股份有限公司四川分公司成都营业部青白江营销服务部成立。是区政府行政事业单位、机关团体公务用车定点保险中标单位。营销部秉承“一流的服务质量、一流的工作效率、一流的公司信誉”的服务宗旨，将“主动、迅速、准确、合理”的工作准则贯穿理赔流程，严格遵守国家有关法律法规和各项管理规定，诚实守信，为客户提供全面、优质的理赔服务。

设立 95500 客户服务专线，24 小时电话受理客户理赔报案、售后服务预约、投诉、意见和建议，保险理赔咨询、回访等服务。

建立 24 小时查勘制度和查勘定损人员值班制度。

理赔部门收到被保险人的赔偿请求及各种必要的单证后，及时做出核定；对属于保险责任的，与被保险人达成有关赔偿协议后 10 日内或按双方约定期限，履行赔偿义务；对不属于保险责任的，向被保险人发出《拒赔通知书》。对事故责任和保险责任明确，单证齐全、真实，且不涉及人员受伤的小额赔款（1000 元以下），建立理赔绿色通道收到被保险人的赔偿请求及各种必要的单证后，1 个工作日内赔付。

建立客户投诉处理机制。对违反职业道德或借工作之便谋取私利的理赔人员，一经查实，按照国家有关法律、法规、保险监督机构的规定和公司有关规定给予严肃处理。

【泰康人寿青白江区办事处】 2001 年 5 月，泰康人寿保险股份有限公司青白江支公司成立，隶属泰康人寿保险股有限公司四川分公司。位于青白江区青江东路 1 号 2 栋。

主要险种有世纪长乐（2003）终身分红保险、泰康智慧宝贝终身保险（分红型）、泰康安心无忧意外伤害保险、泰康新天寿（2003）两全保险（分红型）、安享人生两全保险（分红型）、吉祥相伴定期保险、泰康永利两全保险（分红型）、泰康金利两全保险（分红型）、双重关爱重大疾病保险、泰康卓越财富终身寿险（万能型）、泰康健康人生两全保险、世纪泰康个人住院医疗保险等 40 余个险种。

对新客户公司派员全程陪同体检，并支付所有费用。2003 年特别推出“康乃馨理赔前置服务,”出险住院客户 100% 病床探视，赠送慰问卡和礼品，介绍理赔所需资料和理赔流程。

【新华人寿青白江区办事处】 2002 年 6 月新华人寿保险股份有限公司青白江营销服务部成立，隶属新华人寿保险股份有限公司四川分公司，位于青白江石家碾中路 2 号幸福家园 180 号。

公司经营各类人寿保险、健康保险和人身意外伤害保险业务。不断开发新险种，险种结构更加合理，适应个人及家庭的保险需求，并成为新的业务增长点。

为客户提供快速、高效的理赔服务，陆续推出预付保险金、保险金银行转账，透明轻松理赔等特色理赔举措，实现了全国范围无障碍理赔。

【中国平安财产保险股份公司青白江营销服务部】 2002 年中国平安财产保险股份有限公司青白江营销服务部成立，隶属中国平安财产保险股份有限公司四川分公司，位于青白江区安居路 90 号。先后与区信用联社、中国人民银行、瀚江建筑材料厂、中德制辊、巨人树、天马轴承厂台玻集团、巨石集团等大中型企业建立了合作关系。

平安产险经营业务范围涵盖车险、财产损失险、意外伤害保险、责任保险及信用与保证保险等法定产险业务和国际再保险业务，先后推出个人抵押贷款房屋保险、个人分期付款购车保证保险、律师责任保险、会计师责任保险、医师责任保险、董事及高级职员责任保险等，平安财产保险经营的险种已达150多个，险种结构合理、涵盖面广。

平安产险在行业内率先实现全国通赔车险理赔服务，全面导入ISO 9001∶2000质量体系，顺利通过SGS认证。本着“客户至上、服务至上”的服务宗旨，及时处理各类机动车辆险损案、企业财产险损案、家庭财产险损案、货物运输险损案、意外伤害险损案。

教育

1991—2005
成都市青白江区志

概　述

1991年全区幼儿园31所，在园幼儿4064人，3～6岁幼儿入园率53.1%；小学160所，教学点2个，在校学生27124人，适龄儿童入学率98.5%；初级中学19所，在校学生10389人；高级中学7所，在校学生2465人；职业高中3所，在校学生582人，教职员工4752人，校舍面积26.41万平方米。

1991—2005年，教育经费投入年递增17.8%，学生人均经费递增8.49%。1991年被国家教委评为"全国电化教育先进区县"，1994年全面完成中小学危房改造。1995年通过省、市普及九年制义务教育检查验收，小学适龄儿童入学率、初中适龄少年儿童入学率、残疾儿童入学率、师资学历合格率等考核指标达到或超过国家标准。1995年，完善农村中小学现代教育技术设施装备，普及农村中小学远程教育，建立市、区、校三级教研和课堂教学网络，引入北大附中和中央电教馆优质教育资源。加强教师队伍继续教育，15年间培训教师2.85万人次，学历提升1763人，全区国家、省、市、区优秀教师476人。

1992年成立教育督导室，建立教育教学督导制度。1990—2000年调整村小布局，撤并校址不适中、学生人数少、基础设施差的村小110所。2001—2003年贯彻市委、市政府国有企业分离社会职能的实施意见，化机子弟校、攀成钢子弟校、川化集团中小学先后移交区政府。2002年引进北大附中成都实验学校，2003年秋在40所中小学推行课程改革，在川化中学推行"五四"制学制实验，组建九年一贯制学校3所。1997—2005年新建希望小学7所，2004年普及高中教育和执行困难家庭学生免学费、免课本费、住校生活补助政策。

2005年，幼儿园68所，在园幼儿8678人，幼儿入园率96.4%；小学16所，教学点47个，在校学生27129人，入学率99.9%；初级中学8所，在校学生14940人，初中毕业率99.3%；高中7所，在校学生7110人；职业高中2所，在校学生2334人；教职员工5029人，校舍面积50.71万平方米。

教育投入

【教育经费】　15年间，教育经费高于财政经常性收入增长，生均教育经费逐年增长，教师工资和生均公用经费逐年增长。教育经费递增17.8%，生均教育经费递增8.49%，2005年教育经费比

1991 年增长 9.75 倍。

1991—2005 年青白江区教育经费统计表

表 102

年份	预算内（万元）	预算外（万元）	合 计（万元）	学生总人数（人）	生均教育经费（元）
1991	872.3	428.4	1300.7	41067	316.73
1992	1014.3	659.4	1673.7	39502	423.7
1993	1265.4	377.3	1642.7	40185	408.78
1994	1820.8	492.8	2313.6	46135	501.48
1995	2222	851.3	3073.3	43842	700.99
1996	2665.6	1306.5	3972.1	44405	894.51
1997	2754.8	1766.2	4521	44783	1009.53
1998	2457.5	1622.8	4082.3	44847	910.27
1999	3307.1	1178.2	4485.3	46088	973.2
2000	3621.7	1002.6	4624.3	47218	979.35
2001	4421.6	2441.5	6863.1	48878	1404.13
2002	5558.8	2477.3	8036.1	49990	1607.54
2003	6304.2	2991	9295.2	51863	1792.26
2004	6636.7	3817.8	10454.5	53889	1940.00
2005	8060.5	5925.5	13986	52013	2688.94
合计	52985.1	27338.6	80323.7		

注：学生总人数含公办幼儿园人数

2002 年实行农村税费改革，取消农村教育附加。为确保农村义务教育投入不低于税费改革前水平并逐年增加，当年安排财政转移支付资金 1382 万元。

1993—1999 年，先后实行教育投入多元化政策，政府向银行贷款，财政贴息，逐年还贷运作模式，解决普及九年义务教育硬件建设，政府投入、学校自筹、民间资金运作模式，解决大弯中学迁建资金；经营者投资—限期经营—移交学校运作模式，解决部分中学学生食堂、学生公寓建设资金。

【危房改造】 中小学幼儿园危房改造。1986—1990 年共改造中小学、幼儿园危房 52095 平方米，占校舍总面积的 29.1%，是全省 26 个首批消除中小学危房的县（区）之一，受到省政府表彰。1994 年排危改旧 17100 平方米，危房面积仅剩 192 平方米，占校舍总面积的 0.07%，低于省市规定最低控制线。1998 年危房鉴定标准提高，分为 A、B、C、D 四级，鉴定为 A 级的立即拆除，B 级的限期拆除，C 级的停止使用，D 级的纳入改旧计划，每年组织专业人员排查。2000 ~ 2005 年共投入改造危房资金 4249 万元。其中中央补助 240 万元，省级配套资金 110 万元，市级配套资金 165 万元，区级自筹投入 3734 万元，改造危房 23914 平方米，其中 D 级危房 16350 平方米。

【新建校舍】 1990—1999 年，开展普及九年义务教育基础设施建设。新建云顶中学、人和中心校、福洪中学、龙王中学、姚渡中心校、弥牟中学 6 所学校。在原校址重建云项中心校、福洪中心校、合兴中学、合兴中心校、日新中心校、祥福中心校、姚渡中学、红旗中学、红卫中学9所学校。在原校址扩建太平中学、清泉中心校、人和中学、龙王中心校、日新中学、玉虹中学、新锋中学、大同中心校、大弯小学、华严中心校、弥牟中心校11所学校。1997年迁建大弯中学和区幼儿园。2004年新建北大附中成都实验学校。2005年选址新建清泉中心校，在原址重建城厢幼儿园，共新建31所中小学幼儿园，新建校舍44.6万平方米。2005年，全区（含村小）校舍面积50.71万平方米，比1991年的26.4万平方米增加24.36万平方米，增长92.4%。

【农村中小学标准化建设】 2004年，按照市教育局统一部署，全面启动农村中小学标准化建设工程。科学规划布局农村中小学，彻底消除校舍危房，促进教育资源优化配置，推动城乡教育均衡发展。按照“统筹规划，分步实施，合理配置、规范管理”原则，结合中小学学校布局调整和排危改造工作，规划实施农村中小学标准化建设15所，新占地约20公顷，建筑面积5.6万平方米，投入资金7546万元。其中市政府投入4100万元，区政府投入3446万元，整个工程历时3年，2007年8月工程全部竣工交付使用。15所标准化学校分布在8个乡镇：弥牟镇1所（弥牟中心校），大同镇2所（大同中心校和新锋中学），城厢镇1所（城厢学校），祥福镇2所（祥福中学、祥福中心校），龙王镇2所（龙王学校、清洁村小），清泉镇3所（太平中学、清泉中心校、金龙村小），福洪乡3所（福洪中学、福洪中心校、拦冲村小），人和乡1所（人和学校）。

师资队伍

【职称评聘】 1987年开始实行教师职称评定。1993年全区有中学高级教师98人，占中学教师总人数的7.1%，中学一级教师416人，占总人数的30.2%；有小学（含幼儿园）高级教师431人，占小学教师总人数的20.5%。2004年，开始实行教师职务评聘分开，初级中学开始设中学高级教师岗位。按规定符合中、高级职务申报条件的，原则上都可以申报评审相应教师职称，经省市评委评审通过后，就具备相应教师职称资格。学校聘用相应职称岗位教师，须按上级下达的相应岗位指标聘用。

【继续教育】 建立和完善教师继续教育制度，提高师资队伍政治思想素质和教育教学业务素质。继续教育包括教师全员培训，骨干教师培训，校长培训，学历提升培训，新教师岗前培训，专项培训，普通话培训。1990年以前，继续教育培训以“在职、业余、自学”为主，培训提高教师业务水平：加强教研活动，组织学习教育理论，钻研教学大纲和教材教法；教师离岗到省市教育学院深造；发挥区教师进修校职能作用，进行中师学历培训教育。培训重点放在钻研所教学科教材，成为所教学科合格教师，胜任教学工作，提高教师合格率。

1991—2005年，教师继续教育工作着重进一步提高教师文化素养，成为校级、区级、市级、省级乃至全国优秀教师，成为市区学科教学带头人，成为知名教师和教学教育专家。运用卫星、互联网教育平台，提升教师学历，拓展教师视野和知识面，确立教师现代教育意识，更新教育观念，树立以人为本，促进学生全面和谐发展的教育理念。15 年间，岗位培训 28456 人次，学历由初中高中学历提升为中师学历 952 人，由中师学历提升为专科学历 487 人，由大学专科学历提升为大学本科学历 324 人。校长接受市级培训 652 人次，接受区级培训 298 人次，教师“三勾通”卫星、电大、高教自考提升学历 344 人，专业培训 324 人，岗前培训 716 人，普通话培训 1725 人。2005 年，有区级优秀教师 396 人，市优秀教师 62 人，省优秀教师（含优秀教育工作者）15 人，全国优秀教师 3 人。

【名师工程】 1999 年，市教委制定《成都市教育委员会关于跨世纪名师队伍建设的意见》，名师工程建设和名师队伍建设纳入区教育局和各校五年规划。采取培养引进，与特级教师、市学科带头人“结队一帮一”“名师献课月”“教学能手献课月”等措施落实名师工程。开展各级各类优秀教师评选和宣传，涌现出一批在市区都有一定知名度的优秀教师。

青白江区名师统计表

表 103

类 别	姓 名	单 位	性别	出生年月	从事专业	工作年限
特级教师（3 人）	刘 洲	大弯中学	男	1958.10	数学	28
	汪亚丽	大弯中学	女	1954.05	语文	37
	马绍萍	研培中心	女	1963.08	数学	28
成都学科带头人（10 人）	何庆云	大弯中学	男	1962.01	化学	28
	黄祖泗	大弯中学	男	1954.07	语文	35
	魏富元	大弯中学	男	1962.10	历史	26
	吴红丽	大弯中学	女	1971.11	语文	12
	周辉祥	大弯中学	男	1964.10	数学	21
	卢永红	川化中学	女	1960.08	语文	27
	陈道蓉	城厢学校	女	1963.10	语文	27
	赖冬梅	大弯小学	女	1970.11	语文	19
	古瑞秀	大同小学	女	1963.02	数学	27
	葛春华	研培中心	男	1958.10	物理	27
成都市优秀教师（36 人）	赵泽高	大弯中学	男	1968.09	物理	20
	高志敏	大弯中学	男	1964.11	物理	25
	罗 英	大弯中学	女	1969.06	英语	19
	黄观友	大弯中学	男	1967.08	化学	20
	孟 锐	大弯中学	女	1971.12	语文	16
	陈家喜	城厢中学	男	1963.03	数学	25
	张晓玲	城厢中学	女	1972.08	政治	15
	程 辉	姚渡学校	男	1974.08	数学	15
	何碧茹	姚渡学校	女	1963.12	语文	26
	周玉华	龙王学校	女	1962.02	语文	25
	吴才修	清泉学校	男	1961.01	语文	30
	黄居秀	清泉学校	女	1963.11	语文	30
	童福全	人和学校	男	1975.08	物理	16
	陈吉金	人和学校	男	1975.09	数学	13
	李兴杰	人和学校	男	1955.07	语文	32
	万江玲	外国语实验校	女	1964.08	英语	22
	彭英才	外国语实验校	男	1969.03	政治	19
	叶家礼	蜀星中学	男	1964.07	物理	23
	刘义蓉	蜀星中学	女	1967.08	政治	19

续表103

类　别	姓　名	单　位	性别	出生年月	从事专业	工作年限
成都市优秀教师（36人）	陈家华	祥福中学	女	1968. 11	政治	19
	易成勇	实验小学	男	1970. 10	数学	19
	廖志兰	实验小学	女	1974. 10	语文	16
	曾小维	实验小学	女	1969. 10	语文	21
	王永华	大弯小学	女	1973. 05	语文	18
	李　俊	大弯中学	田	1977. 08	数学	15
	严训惠	华严小学	女	1960. 02	语文	28
	何木定	华严小学	男	1972. 04	数学	18
	褚晓燕	华严小学	女	1970. 10	语文	20
	周　梅	华严小学	女	1972. 05	语文	19
	温佐英	弥牟小学	女	1970. 04	语文	21
	邓耀桂	弥牟小学	女	1964. 09	语文	25
	熊先菊	大同小学	女	1960. 01	体育	31
	余爱萍	玉虹小学	女	1968. 09	语文	22
	罗容霞	祥福小学	女	1963. 01	语文	27
	张　琼	研培中心	女	1963. 03	语文	26
	陈　斌	研培中心	男	1963. 01	音乐	25

注：已退休的成都市特级教师有赵晓明、郭延德、魏道明、刘祚凡、张国荣、李治非，凌虹调至锦江区进修校工作。参加市级培训286人，已有77人取得结业证书；参培省级骨干教师15人，已有4人取得结业证书。

【学历状况】　鼓励教师在岗函授学习，高等教育自学考试及引进、招聘等多种途径，提高教师队伍的学历和整体素质。

1991—2005年青白江区幼儿教师学历统计表

表104

年份	大学专科	中　师	职　高	非师范	
				高中	初中
1991	6	103	29	71	86
1992	16	97	45	81	105
1993	10	48	48	74	88
1994	6	107	60	70	103
1995	7	116	46	71	96
1996	6	120	58	94	121
1997	6	199	101	116	111
1998	13	142	58	129	71
1999	21	151	66	72	74
2000	28	122	47	93	123

续表104

年份	本科	专科		高中	初中
2001	1	61		140	59
2002	2	69		185	38
2003	6	108		194	32
2004	14	151		184	66
2005	20	165		127	30

1992—2005 年青白江区小学教职工学历统计表

表 105

年份	本科	专科	中专	高中	高中以下
1992	4	56	1036	521	510
1993	4	67	1068	455	498
1994	3	86	1144	393	443
1995	1	67	1169	151	283
1996	2	98	1262	119	199
1997	6	113	1333	65	127
1998	9	157	1321	68	106
1999	3	176	1268	65	77
2000	9	211	1239	62	55
2001	13	286		1165	44
2002	21	337		1046	38
2003	31	429		901	50
2004	56	498		794	26
2005	120	547		587	26

1992—2005 年青白江区初中教师学历统计表

表 106

年份	研究生	本科生	专科生	中　专	高中及高中以下
1992		99	343	176	50
1993		98	369	159	38
1994		109	406	137	35
1995		125	492	119	29
1996		127	549	105	26

续表106

年份	研究生	本科生	专科生	中　专	高中及高中以下
1997		128	564	93	33
1998		122	596	81	26
1999		131	637	67	23
2000		151	642	60	13
2001	1	374	677		41
2002		222	585		33
2003		267	515		25
2004	2	453	308		19
2005	3	546	227		19

1992—2005 年青白江区普通高中专任教师学历统计表

表 107

年份	研究生	本科生	专科生	中专生	高中及高中以下
1992		99	343	176	50
1993		155	69	17	7
1994		109	406	137	35
1995		140	34	2	8
1996		141	46	3	2
1997		152	51	2	1
1998		162	55	1	1
1999		195	48	4	1
2000		199	48	39	2
2001	1	374	677		
2002		243	37		
2003		284	23		
2004		394	25		
2005	3	379	20		

教育行政管理

【机构与职能】 区教育局设局办公室，督导室（挂区政府教育督导室牌子）、人事科、计财基建科、基础教育科和成职幼教科6个行政科室；勤工俭学办公室，招生办公室、电化教育馆、教育研究培训中心4个事业科级管理机构。

区教育局办公室综合协调全区学校重要事务、政务负责目标管理及重要事项督办工作。

督导室监督检查、评估、指导学校贯彻执行国家的政策法规，对中小学办学水平进行督导评估及两基年检工作。

人事科指导学校人事制度改革，学校教职工编制核定和人事档案管理，指导中小学幼儿园干部队伍建设，承办校长（协办高完中校长）选拔、考核校级干部，承办大学毕业生和在职教师公招，面向社会认定（含非师范生）初级中学、小学、幼儿园教师资格，指导教职工工资管理和人事统计。

计财基建科指导学校制订事业计划和基本建设计划，管理监督学校各项经费使用、检查和审计，指导学校基本建设，指导教育基本信息统计及教育经费投入统计，参与制订教育收费政策和教育资助。

基础教育科管理、指导基础教育，特殊教育及义务教育阶段学生用书监督，管理小学招生和小学入初中相关工作，指导和管理学校素质教育、德育、学生社会实践、体育、科技教育、健康教育、艺术教育、卫生和安全教育、国防教育等。

成职幼教科管理和指导职业高中，统筹协调职业高中的发展，负责社会组织及个人举办的教育机构行政审批及日常管理，管理和指导学前教育。

勤工办（2003年以后教育系统的企业全部改为股份制，勤工办的管理职能已不存在）负责中小学幼儿园食品卫生、安全保卫和社会治安综合治理等，建立健全学校后勤服务保障体系。

招生办公室制订全区招生考试政策、措施和办法，统一管理各类教育招生考试和高等教育自学考试及初高中毕业会考。

电化教育馆指导学校教育技术设备设施、软件、教育信息网络、实验、图书、艺体卫劳等建设及管理，推进远程教育教学信息资源开发、采编、网上发布，指导并组织学校开展教育技术研究。

教育研究培训中心为学校提供教育教学信息咨询，实施教师继续教育，干部岗位培训，承担新课程标准及教学方法培训，指导教育教学工作，规划和指导教育教学科研，评价和推广科研成果，开展教改实验。

【企校剥离】 1991—2000年，青白江区有川化集团有限责任公司、攀成钢集团公司、四川化工机械厂3家企业办子弟学校。

区政府根据成府办《关于分离市属国有企业自办中小学试点工作的实施意见》、市委《关于加快推进我市国有企业分离社会职能的意见》，分别在2001年12月、2002年9月、2003年3月，与化机厂、攀成钢、川化集团公司3家企业签订协议，将化机厂子弟校、攀成钢子弟校、川化中学、川化小学移交区教育局管理，275名教职工移交地方人事部门，学生就近入学，分别就读区属中小学，川化中小学仍为两所区属独立办学机构，招生执行教育局划片招生政策。区内企业办学校全部移交地方政府。

【教育督导】 1992年6月建立“成都市青白江区教育督导室”，1998年12月更名为“成都市青白江区人民政府教育督导室”。行使区政府教育督导职能。

1994—1995年，对全区15个乡镇及中小学贯彻执行国家有关教育法律法规和方针政策，推进“两基”（基本普及九年义务教育、基本扫除青壮年文盲）工作情况进行两次督导检查和督导评估。对检查评估中发现认识不够到位，落实不到位的问题，及时发出整改通知书，事后专项督导检查。1995年12月，市政府（市政府教育督导室牵头）组织“两基”工作检查验收组，对全区“两基”工作进行检查验收。1999年12月，省政府授权市政府“两基”工作检查验收组再次对“两基”工作进行复查验收，经过三天复查，“两基”工作通过复查验收。

完成“两基”督导检查后，重点转移到初级中学（含高完中的初中工作，高中办学水平督导评估由市政府教育督导室进行）和小学办学水平进行督导评估（每3年进行一轮评估）。

1999年4月印发《成都市青白江区人民政府教育督导室关于制订学校章程的通知》，同年11月区教育局行文批准各校章程，2003年4—7月，对各校试行《章程》情况进行了检查，认真试行章程的学校给予通报表扬，不认真试行章程的学校提出批评，限期整改。

2003年9月，教育督导室在《通报》中明确界定学校党支部、学校法人代表、教代会（职代会）工会在学校的地位及其相互关系，界定了职责，明确了责任。

【安全管理】 1989年10月，教育局设安全保卫科，管理教育系统安全保卫工作。1998年9月保卫科撤销，其职能划归局办公室。安全管理逐步形成区、乡（镇）中小学幼儿园安全保卫网络，有分管领导，有专兼职安全保卫干部。专（兼）职工作人员。

建立和完善安全管理制度，先后制定《成都市青白江区教育局重大紧急（突发）事故（件）处置预案》《成都市青白江区教育局防御洪灾预案》《成都市青白江区教育局安全（保卫）工作标准》等文件，中小学幼儿园制定了安全保卫工作制度和防火、防盗、防洪、防伤亡事故发生的预案，做到人员落实，经费、物资、器材落实。

定期和不定期组织全系统安全大检查，查学校领导重视程度，查事故隐患，查事故苗头，督促学校完善整改措施，排除事故隐患，确保教学安全。

【勤工俭学】 1990—1998年，全区勤工俭学企业处于良好发展期。1999—2003年，勤工俭学企业因设备落后，生产工艺落后，产品科技含量低，无市场竞争力，逐渐被淘汰、破产或转让，勤工俭学企业改制后，有的转产，有的与外地企业重组。

1990年，学校开展勤工俭学率为98%，1991年为94%，1992年和1993年均为96%。四年总产值13636.8万元，纯收入1777.03万元，用于改善办学条件394.5万元。1998年，全系统勤工俭学企业实现总产值13960万元。2003年，按照国家政策76家勤工俭学企业进行资产评估和改制，19家企业完成改制，30家企业被注销，16家企业被吊销执照，11家企业破产或转让，勤工俭学企业与主办学校脱钩。

勤工俭学企业为改善办学条件和师生福利提供资金支持。日新中学校办企业累计为改善办学条件和师生福利提供经费28.5万元。祥福中学校办企业提供改善办学经费53万元，保障师生福利31万元，扩大再生产21万元。

成都巨人树制衣有限公司为区教育局所属勤工俭学企业，曾挂靠大弯小学。1987年创业，名青燕服装厂，15台家用缝纫机，100平方米旧教室作厂房。1992年成为成都市首家与外资合资的勤工俭学企业。1993年职工200名，300多万元自有资金，400多台专用生产设备，1335平方米生产用房，成为四川省服装行业骨干企业。自行设计的主要产品“巨人树”牌高级西服连续四年获四川省优质产品称号，1994年获省政府授予的“四川名牌产品”称号，在成都、重庆、西安、昆明等大城市拓展市场。1994年征地1.73公顷，建筑面积9000平方米，投资700万元的技改工程完成，年产西服10万套，产值5000万元，年利税1500万元。1996年为教育系统3000多名教职工赠送西服一套，连续十年为全区高考成绩前10名的学生，每人发奖学金1000元，1997年出资150万元建巨人树幼儿园，为改善区教育局机关公务用车和职工福利提供资金。

教育教学管理

【机构与职能】 2005年区教师进修学校和区教研室合并成立区教育研究培训中心（以下简称中心）。中心设行政办公室，教学科研部，培训发展部。中心同时行使区教育学院、成都电大青白江分校，区成人中等专业学校职能。中心有教职工44人，其中行政干部6人。

中心实施本地区学前教育，小学教育、初级中等教育、高级中等教育教师的继续教育；负责本地区中小学、幼儿园行政干部岗前岗位培训；为本地区中小学校、幼儿园开展教师校本培训提供业务指导和服务；承担新课程标准，新教材和教学方法的培训；为中小学教师提供教育教学科研前沿信息；配合教育行政部门，做好教师资格考试和审核的组织、协调等工作；规划和指导教育科学研究工作，评价和推广教育科学研究成果，推动中小学教师开展教改实验，提高教育质量；通过与高校及科研机构合作办学等形式，实施多元化的开放的可持续发展的人力资源培训；提供现代教育信息技术培训的指导服务，不断提高中小学教师现代教育技术水平；新任教师岗前培训，新任班主任上岗培训。

【课程改革】 2003年秋，初中各年级和小学1~4年级课程改革启动，印发了《青白江区基础教育课程改革实验推广工作方案》，提出课改的总体要求加强领导、统筹规划、分层实施、逐年推广。明确了课改的任务：合理设置课程，实验新教材，改革教学方法和教学手段，改革教育教学评价和考试制度，构建符合新课程改革要求和促进新课程实施的评价办法，界定课改范围时限。从2003年秋季起使用新课程标准和新教材。教师每期拟一份课改实验计划，写一篇课改典型案例，作一次课改实验发言，上一节课改课，写一篇课改论文。学校有课改计划和总结，有课改活动记录，有年度工作考核和完整的课改资料。

建立“区一片一校”三级联片课改网络，开展“每师一课”“每校一研”“每片一主题”的联片课改活动，组织观摩示范课，实现优势互补，资源共享，均衡提高的目标，观摩课起到了“引路课”作用。

组织城镇学校骨干教师到农村学校，到班级上“引路课”。骨干教师参与所到学校实施新课程的计划、准备、操作的制订并提供参考意见，共同探讨教学中的疑难问题，带动和推进更大范围的课堂教学方式改革。

发挥“本土专家”在课改中的作用，组织“本土专家进课堂”“名师示范月”“教学能手献课月”等活动，发挥区内省市特级教师、市区学科带头人示范作用。

组织开展课改实验检测考评，对40所中小学全面检测考评，召开课改教师座谈会，开展问卷调查，对学生进行问卷调查和综合能力检测。推进课改实验，张扬课改基本精神，评出一等奖学校10所，二等奖学校20所，优秀教师15名。

课改教材和校本教材有《青白江地理》《健康游戏》《快乐成长》《环境、生活、行动》《陶艺》《中学生安全教育》《小学生美育》《国学读本》等15科。《培养学生自主合作、探究、学习能力的研究》《小学数学实践活动研究》等7篇论文获市政府二等奖和三等奖。

【远程教育】 1991年，被评为“全国电化教育先进县（区）”。到1995年，共投入资金374.38万元，修建电化教育馆1个，专用电化教室94个，建筑面积5369平方米，装备7个语言实验室、10个计算机室、160台计算机、620台投影仪、590台收录机、14台摄影机、86台彩电、74台录像播放机、63千张投影片、10500小时录音资料、8006小时录像资料，设备总价值162万元。普及乡镇电化教育。修建电视录像播放站，平均每个乡镇播放设备达到3.5套，覆盖率100%。乡镇中心校以上学校常规电教设备，均超过省市教育部门规定配备标准，做到班班有投影仪、木质屏幕和遮光窗帘，每个投影仪配备专用小推车或架子。常规电教设备管理及配套设备设施逐步标准化规范化。

1996—2002年，教育技术装备进行升级改造，卫星、互联网络逐步建成。2002—2004年，投入资金1600万元用于远程教育网络建设。2003年，建成区教育城域网数据分中心教育局机关局域网，独立建制学校与分中心联通，建成青白江区教育城域网，开通远程教育青白江信息网，2004年，全系统实现电子政务办公。2005年，完善教育城域网建设，调整网络带宽，改版青白江教育信息网站，加强农村中小学标准化建设和学校现代教育技术设备的配置。将北大附中成都实验学校和中央电教馆资源库的优质教育资源引入青白江教育信息网，实现全区师生共享教育资源。现代远程教育规模达到64间网络教室，57个卫星接收站，4200台计算机，平均每15名学生一台，农村中小学现代化远程教育全覆盖。2005年3月，四川省农村中小学现代远程教育工程学应用现场研讨会在青白江区召开，全区现代远程教育成果得到与会者肯定。

【教研活动网络】 1991年设区教学研究室，2005年8月，区教师进修校与区教研室合并为青白江区教研培训中心（简称区研培中心）。区研培中心设教学科研部和教学科研室，与市教学科研所，中小学教学科研室构成市、区、校三级教研网络。区教学科研部设小学、初中、高中3个教研组，教研组由各学科教研员组成。区学科教研组同各校学科教研组，教研联组，片区中心教研组构成四级教研网络，指导学校教研活动和课堂教学活动。

区研培中心实行主任负责制，教研活动，高中以联组为主开展活动，区教科室与学校教科室承担全国、省、市、区四级科研课题研究。课题组结合教学实际反复论证教学中的成功经验，提升为教学科研理论，形成科研论文和科研结题报告，上级教科机构派专家组评审，完成一轮科研课题研究或一个科研课题研究。

2002 年 12 月，向全国教育科学“十五”规划教育部重点课题《网络教学的设计与评价研究》总课题组申报《基于网络环境下学科课堂教学设计与评价研究》区域性课题，被总课题组确定为“十五”教育部重点课题的子课题。2003 年 2 月，启动课题研究，采用区域性研究整体推进的方案，由 30 所中小学承担不同的子课题研究，分成大弯、城厢、太平 3 个片区，各片区研究的学科各有侧重。大弯片区对所有学科进行研究，城厢片侧重在语、数、外学科，太平片侧重在语、数学科。全体参研人员经过三年实验研究，2005 年 8 月，完成了课题的各项科研任务，形成 31 篇研究成果报告。经省市专家审定后，汇编成《基于网络环境下学科课堂教学设计与评价研究区域性课题》。

青白江区教学科研成果一览表

表 108

研究成果名称	研究单位
基于网络环境下的学科课堂教学设计与评价	区教育局
网络环境下学科课堂教学设计与评价	大弯中学
网络环境下中学语文自主学习课堂教学设计与评价	青白江中学
三角函数的图像和性质的课堂教学设计与评价	城厢中学
网络环境下的语文古诗教学学生自主学习模式研究	实验小学
网络环境下的农村初中英语“以说促学”的研究	祥福中学
现代信息资源环境下的小学语文学习模式研究	大弯小学
网络环境下小学教学应用题课堂教学设计与评价	清泉小学
网络教学效果的检测与评估	蜀星中学
师生自主合作探究学习活动的设计与评价	外国语实验小学
信息技术教学设计与评价	前进职业高级中学
学习型网络与学科教学结合的实践与思考	红旗中学
利用网站资源优化高中语文阅读教学研究	川化中学
网络环境下的初中作文教学研究	姚渡中学
利用现代化信息技术优化初中语文诗词教学	太平中学
网络环境下初中数学自主探究性学习研究	福洪中学
利用网络开发数学资源培养学习兴趣	华严小学
网络环境下小学语文看图作文教学设计与评价	弥牟小学
网络环境下小学英语授课的实验研究	大同小学
网络环境下的音乐聆听课的教学设计与评价	外国语小学
网络环境下数学课堂教学几何图形设计与评价	玉虹小学
网络环境下的小学语文阅读教学设计与评价	姚渡小学
网络环境下培养小学生英语听说能力的教学研究	祥福小学
网络环境下学生计算机能力培养设计与评价	日新小学

续表108

研究成果名称	研究单位
网络环境下的语文阅读教学设计与评价	龙王小学
网络环境下数学空间与图形课堂教学设计与评价	福洪小学
网络环境下语文数学英语课堂教学设计与评价	玉虹中学
网络环境下小学语文阅读课堂教学设计与评价	绣水小学
创设丰富的网络资源培养小学生阅读能力	城厢小学

【高考上线率】 1991—2005年，全区共有14268人（含往届生）参加全国高等院校招生统一考试，其中文科考生5083人，理科考生9185人。

1991—2005年青白江区学生高考数据统计表

表109 单位：人

年份	参考人数			上线人数																		万人上线率(%)
				文科重点(一本)			理科重点(一本)			文科重点(二本)			理科重点(二本)			文科重点(三本)			理科重点(三本)			
	文科	理科	合计	上线人数	录取人数	上线率	上线人数	录取人数	上线率	上线人数	录取人数	上线率	上线人数	录取人数	上线率	上线人数	录取人数	上线率	上线人数	录取人数	上线率	
1991	290	531	821													10	33	3.45	64	120	12.05	
1992	283	548	831													27	53	9.54	104	162	18.98	
1993	223	569	802													13	81	5.83	118	265	22.53	
1994	232	506	738													12	59	5.17	114	240	22.53	
1995	252	412	664													26	77	10.32	121	216	29.37	
1996	197	397	594													36	88	18.27	124	230	31.23	
1997	222	354	576													62	88	27.93	188	209	53.11	
1998	257	438	695													65	88	25.29	266	288	60.73	
1999	331	401	732													108	193	32.63	241	293	60.1	
2000	369	550	919													140	216	37.94	304	339	55.27	11.4
2001	330	688	1018													170	264	51.52	403	437	58.58	14.3
2002	390	813	1203													96	116	24.62	282	271	34.69	18.5
2003	351	779	1130	21	23	5.98	107	87	13.74	76	65	21.65	248	229	31.84	115	94	32.76	319	245	40.95	16.18
2004	505	913	1418	38	42	7.52	138	132	15.12	122	118	24.16	330	304	36.14	182	159	36.04	429	343	46.99	15.2
2005	951	1269	2220	36	30	3.79	111	97	8.75	115	102	12.09	286	254	22.53	182	153	19.14	407	307	32.07	15.1

注：1. 1998年以前统计到专科，1998年以后，统计到三本；

2. “一本”，即重点本科，“二本”即一般本科，“三本”即降线本科；

3. 2002年只统计本科上线及录取人数；2002年本科万人上线率9.22%；2003年本科万人上线率10.59%；

4. 2003年开始统计本一、本二、本三上线及录取人数；

5. 2003年录取人数含民航1人、空军1人，计入本三理科；

6. 2004年录取人数含民航2人、空军1人，计入本三理科。

学前教育

【完善管理制度】 1991 年，贯彻国务院颁布的《幼儿园管理条例》和国家教委制定的《幼儿园管理规程》，幼教工作由妇联牵头，教育卫生等部门配合管理改为由教育部门统一管理。乡镇中心幼儿园在乡镇教委领导下，管理村一级幼儿园和学前班，理顺了幼教工作管理体制。

2003 年，区教育局将原来由教育科管理改为成职科管理，成职科改为成职幼教科，负责全区幼儿园日常管理、考核、年检、验收发证及换证等工作。

1996 年开始实行办园许可证制度，严格幼儿园登记注册验收发证。需要登记注册发证的幼儿园，事先提出书面申请，经过验收符合必备条件方能给予登记注册发证。幼儿园必须有固定活动室，活动室无危房、草房、土墙，人均活动面积不低于 1 平方米；有基本标准的木质桌椅，有足够的小型玩具，人均一本以上儿童读物；有一人以上专任教师；有必需的一人一巾一杯并保证饮水，有流水洗手卫生保健设施；有保证幼儿安全方便厕所。1997 年开始对先后提出申请验收的 139 所幼儿园（班）进行逐一验收，到 2001 年，有 118 所幼儿园（班）验收合格，给予登记注册发证，发证率 85%。

2000 年 6 月 1 日开始，托幼园（班）必须持有卫生部门核准颁发的“卫生保健合格证”，教育部门颁发的“办园许可证”方能办园，2005 年，民办托幼儿园都持有“卫生保健合格证”和“办学许可证”。

【巩固幼教成果】 1991 年乡镇中心幼儿园建设纳入教育工作总体规划和年度教育工作一级目标管理。祥福、大同、弥牟、华严、玉虹、清泉、福洪、合兴等 8 个乡镇先后建成中心幼儿园。把入园率作为考核幼教工作重要指标向各乡镇下达，完成任务予以奖励；加强幼师培训，每年暑假，幼师集中培训一月，保育员到成都幼师校参加资格培训，合格者发给上岗资格证。

加强环境和制度建设，幼儿园（班）广泛开展“创良好环境，育一代新人”活动。育人环境要求美化，儿童化，、趣味化、教育化、贴近幼儿生活，制订统一的“幼儿园一日生活制度”“幼儿一日活动安排”“幼儿园保教工作常规要求”。幼儿园学前班按幼儿一日生活制度合理组织各种活动，改变幼教小学化、成人化倾向。1996 年实行幼儿园分等定级制度。经过评审复查，1997 年区巨人树幼儿园被评为市级示范园，1998 年被评为省级示范园。1998 年川化幼儿园、城厢幼儿园、成桥幼儿园、成钢幼儿园、化机幼儿园、成化幼儿园被评为二级一等幼儿园，祥福幼儿园、弥牟幼儿园、大同幼儿园、化纤幼儿园被评为二级二等幼儿园。

2002 年有 59 所幼儿园，占地面积 72488 平方米，比 1998 年增加 68894 平方米，增长 1.91 倍；园舍面积 42393 平方米，比 1998 年增加 22454 平方米，增长 1.1 倍；教学用房 28360 平方米，比 1998 年增加 12406 平方米，增长 77.8%；在园幼儿 8602 人，幼儿入园率达到 85.7%，比 1998 年提高 6.4%；2005 年，有 68 所幼儿园，在园幼儿 8678 人，3～6 岁幼儿入园率达 96.4%。

【公办幼儿园】 公办幼儿园主办单位管理体制，办园经费，人员编制等各不相同。巨人树幼儿园和城厢幼儿园人事、经费均由教育部门负责；小学办的学前班，乡镇中心园，全部或部分保教人员是公办教师，经费全部或部分是收取的学费；川化、成钢、成化、成桥等八家企业办幼儿园，人事、经费都由主办单位负责，教育部门负责业务指导。公办幼儿园坚持贯彻执行国家有关幼教工作政策法规，重视保教并重，遵循幼儿认识事物和接受知识的规律，通过画画、体育、音乐、舞蹈课教学及观察、游戏等活动，激发幼儿的求知欲望和学习兴趣，培养幼儿良好的学习和行为习惯，开发幼儿智力，让幼儿身体、品德、常识全面发展，为进入小学学习作准备。

【民办幼儿园】 1991 年，贯彻国家教委颁布的《幼教管理条例》和《幼儿园工作规程》，多渠道发展幼教事业，鼓励社会各界及公民个人兴办幼儿园，民办幼儿园在巩固的基础上有新的发展。乡镇中心小学投入资金建立中心幼儿园、城厢小学、团结村小学、大弯小学、川化小学等以及规模较大、具备条件的村小学也先后办起学前班，据 1993 年 9 月统计，民办幼儿园在园幼儿达到 3396 人，比公办和集体办在园幼儿之和还多 169 人。

1994 年，区教育局规定城镇小学不再办学前班，民办幼儿园更有生源保证。2003 年 9 月 1 日，《中华人民共和国民办教育促进法》正式施行，公民个人和股份制法人办园有法可依。2004 年 1 月起，所有企业办的幼儿园和乡镇办的中心园先后改为民办幼儿园。2005 年 9 月，全区民办幼儿园中，川化幼儿园、恒正和实验幼儿园规模大，恒正和实验幼儿园设备设施在区内属一流，办园成绩得到社会认可。

义务教育

【小学教育】 1990 年全区有小学 165 所，在校生 29046 人，学龄儿童入学率为 98.5%，教职员工 2332 人。2005 年，有小学 16 所，47 个教学点，588 个教学班，在校生 27129 人，教职员工 1453 人。

1991—2005 年青白江区小学教育情况统计表

表 110

年份	学校（所）	教学点（个）	班级（个）	毕业人数（人）	招生人数（人）	在校生人数（人）	教职工人数（人）	
							总 数	专任教师
1991	160	2	940	5410	3616	27124	2325	2109
1992	157	2	936	5163	4057	25983	2303	2127
1993	157	2	948	4351	5365	26969	2392	2095
1994	155	2	947	4930	5601	27661	2298	2069

续表110

年份	学校（所）	教学点（个）	班级（个）	毕业人数（人）	招生人数（人）	在校生人数（人）	教职工人数（人）	
							总 数	专任教师
1995	154	2	942	4903	4889	27979	1956	1671
1996	153	2	958	3745	4675	28745	1957	1680
1997	152	2	961	3614	4770	29718	1910	1644
1998	151	3	944	3918	4896	30372	1922	1661
1999	149	3	910	5319	4729	29521	1843	1589
2000	142	2	895	5508	5101	28898	1802	1576
2001	138	2	818	4626	5373	29306	1721	1508
2002	19	91	755	4515	5203	29704	1654	1442
2003	18	77	700	4664	4784	29571	1622	1411
2004	17	61	651	4796	4513	29483	1578	1374
2005	16	47	588	4611	3744	27129	1453	1268

【初中教育】 1991 年，全区有初中 19 所，在校学生 10398 人，教职员工 1256 人。2005 年，全区有初中 8 所，在校学生 14940 人，教职工 1574 人。

1991—2005 年青白江区初中教育情况统计表

表 111

年份	学校（所）	班级（个）	毕业生人数（人）	招生人数（人）	在校生人数（人）	教职工人数（人）	
						总 数	专任教师
1991	19	228	3501	3451	10398	1256	667
1992	16	221	2812	3640	10061	1259	668
1993	14	224	2574	3680	10084	1250	664
1994	14	241	2507	4158	10964	1245	687
1995	12	309	3260	4774	12624	1270	765
1996	12	253	3380	3685	12266	1314	807
1997	12	299	3942	3545	11135	1336	818
1998	12	286	4218	3848	10182	1385	825
1999	12	257	3133	5213	11771	1401	858
2000	12	284	2816	5426	13691	1416	866
2001	14	289	3293	4691	14558	1414	1093
2002	11	275	4560	4553	14066	1427	1120
2003	10	265	4606	4851	13932	1415	1114
2004	9	264	4304	5292	14579	1482	1156
2005	8	274	4171	5326	14940	1574	1188

【九年一贯制学校】 青白江区“九年一贯制学校”，在借鉴了兄弟区县九年一贯制学校管理和运作成功经验后开始推进的。2004 年将人和中、小学合二为一，建成区内第一所九年一贯制学校人和学校。

2005 年龙王中学建成标准化九年一贯制龙王学校。同年，城厢镇接受成都市教育强乡镇检查，绣水小学、玉虹小学、城厢镇小学进行标准化建设，城厢中学初中部校舍已纳入城厢镇文化名镇建设总体规划，区教育局决定，将城厢中学初中部划出，与玉虹中学、绣水小学、城厢镇小学合并，选址建成标准化九年一贯制城厢学校。

组建九年一贯制学校，整合了教育资源，发挥了学校教育的规模效益，中小学管理实现优势互补。

【村小布局调整】 随着人口出生率逐年下降，在校小学生人数减少，一村一校的村小布局，已不适合农村学龄儿童减少的实际情况。1990 年起，有计划调整村小布局。坚持有利于巩固和发展初等教育普及成果，方便农村儿童就近入学的原则。中心校作好调整规划和宣传，选准需要保留的村小，逐步调整撤销学生少，校址不适中，基础设施差的村小学。

2000 年，全国教育工作会议明确义务教育管理体制以县为主，乡村两级不再承担义务教育投入，为打破乡与乡和村与村之间的界限，学生就近入学创造了条件。区教育局加大调整村小学工作力度，村小学由 1991 年的 118 所调整到 2005 年的村级小学 4 所，村教学点 4 个。保留的村小学校址适中，布局合理，教育资源有效整合，教育质量得到提高。

【普及九年义务教育】 1986—1994 年，贯彻中共中央关于教育体制改革的决定，实施义务教育法，多渠道筹措教育经费，推行社会集资办学，征收教育费附加，实行教育部门宏观指导，分级办学，分级管理，调动社会办学积极性。9 年间投入教育经费 5222.08 万元，新修校舍 52959 平方米，占校舍总面积 21.9%，排除危房 49015 平方米，占校舍总面积 21.1%。

1995 年筹集资金 1681 万元，完成“普九”基建工程 50 个，建筑面积 32155 平方米，其中“普九”基建投入 1500 万元，电教、教仪、音、体、美、卫设备投入 181 万元，175 所同类中小学办学条件大体一致，校舍规范、大方、美观、育人氛围好。初中在校生辍学率，师资学历合格率，理科教学设备，运动器材配备，运动场地，生均校园面积、生均图书量等项指标达到一类地区标准。“普九”各项指标全部达到或超过国家规定的二类地区标准，1995 年 12 月经省市人民政府检查验收合格。

1999 年 12 月，省政府委托市政府，对 1995 年 12 月普九检查验收合格区县进行复查评估，青白江区通过市政府普及九年义务教育复查评估。小学适龄儿童入学率 99.9%，初中适龄少年入学率 99%，残疾儿童入学率达到 92.7；小学在校生辍学率控制在 0.046% 以内，初中在校生辍学率控制在 0.93% 以内，小学生毕业率 99.8%，初中生毕业率 99.3%；15 周岁人口初等教育完成率 99.54%，17 周岁人口初级中等教育完成率 98.21%；专任教师学历合格率小学为 99.5%，初中为 97.3%。市政府“普九”复查验收组认为“青白江区学校硬件建设进一步完善，学校管理规范，电化教育有特色，师资队伍建设受到重视；学校建设做到了绿化，美化；校园文化氛围有档次，有水平，育人环境好，达到全省一流水平。”

【两免一补】 2004 年 8 月，市政府办公厅印发《关于帮困助学工程的实施意见》，在义务教育阶段全面实施“帮困助学工程”，帮助家庭经济困难学生完成九年义务教育、高中阶段教育和中等职业教育。

区政府印发《关于“帮困助学工程”的实施意见》，将城市职工低保家庭子女，农村绝对贫困户子女，父母双亡、父母一方为烈士或一级伤残军人，且生活困难家庭子女，因疾病、意外灾难等导致不能维持基本生活的特殊困难家庭子女纳入免学费、免课本费、住校生活补贴资助范围。当年实施帮困助学，“两免一补”资助小学生681人，资助金额29.98万元；初中生576人，金额58.29万元；高中贫困生557人，受助金额30.42万元，全区受助学生1814人，受助金额118.7万元。

2005年扩大了“两免一补”范围，贫困住校生给予生活补助，受助小学生6047人；初中生3150人，受助总金额221.884万元，受助普通高中生426人，受助金额25.56万元；受助职高生585人，受助金额36.98万元。全区受助学生10208人，受助总金额284.424万元。

【希望小学建设】 希望小学选址、设计、工程招标、工程施工及质量管理由区教育局负责。1997年8月，金骊光彩公司捐资30万元，将龙王双堰村小学重建成龙王金骊光彩希望小学，学校占地面积3529平方米，校舍面积702平方米。

1999年，结合村小布局调整，教育局决定将清泉友谊、友好、尖山三校合一，丰田汽车公司捐资30万元，当年9月建成清泉丰田希望小学，学校占地面积5376平方米，校舍面积847平方米。

2001年6月，丰田新鸿公司捐资25万元，四川儒雅公司捐资5万元，将龙王青光村小学重建成龙王崇福希望小学，学校占地4000平方米，校舍面积1227平方米。

2004年9月，共青团成都市委捐资21.9万元，将龙王天平村小学重建成龙王未来号希望小学，学校占地面积4500平方米，校舍面积864平方米。

2005年5月，宝洁公司捐资18万元，将人和三元村小学重建成人和宝洁希望小学，学校占地面积1800平方米，校舍面积520平方米。

2005年9月，王丽峰捐资10万元，将清泉北宁村小学重建成清泉蓉申希望小学。学校占地面积2500平方米，校舍面积830平方米。

2005年10月，业之峰装饰公司捐资10万元，将人和龙王村小学重建成人和业之峰希望小学，学校占地面积1372平方米，校舍面积638平方米。

1997—2005年，先后有8家企业或单位在区内捐资建设希望小学7所。

【“五四学制”试验】 1987—1991年，川化中学进行一轮以学制改革为中心的“五四学制”试验。

1987年5月至1991年7月，川化小学五年级6个班随机选择了一个中等程度班，直接进入初中，进行“以学制改革为中心的整体改革”实验，试行“五四学制”教学计划，力求通过实验，探索小学初中五、四分段，在课程、教材、教法、管理、思想教育等方面进行综合设计，整体改革，减轻学生负担，探索提高教育教学质量途径和方法。

1991年市教科所，区教研室和川化教育中心组成联合检测组对实验效果进行检测。通过后又进行了一轮实验。

实验的基本经验是只要校舍和教师能满足试验“五四学制”需要，试验教材保证供应，“五四学制”可以逐步实行。实行减少或合并学科，分散难度，降低坡度，加强基础教学计划，进行课程设置和进度调整、发挥实验教材优势，深化教法改革，就能促进学生素质提高，提高初中教学质量。这些措施可操作性强，教师容易掌握，为“五四学制”的扩大实验，提供了基本途径和方法；以学制改革为突破口，带动课程、教材和教法改革。改革的出发点是由重基础知识传授，转向既重基础又重能力的培养，教法、学法并重。

学制改革有利于人材智力发展。实验班学生一般智力发展优于对照年级学生，参试人员教育、思想和能力都得到不同程度的提高。学制改革有利于克服现行学制和初中教学中存在的种种弊端。

1995 年以后，有的学校也从小学五年级招收学生，到初中学一年小学六年级课程，再学初中课程，但出发点不是“五四学制”改革试验，而是通过考试，择优将小学五年级优生提前招收到初中，以免优生流失，也没有改革学制的目标、计划、方案和教材。

高（职）中教育

【高中教育】 1991 年，全区有普通高中 7 所，58 个教学班，学生 2465 人，学年巩固率为 96.3%，毕业率为 98.3%，教师学历达标率为 75.6%。2005 年，普通高中仍为 7 所，有 134 个教学班，7110 名学生。

1991—2005 年青白江区普通高中教育情况统计表

表 112

年份	学校（所）	班级（个）	毕业人数（人）	招生人数（人）	在校生人数（人）	教职工人数（人）	
						教职工	专任教师
1991	7	58	663	911	2465	772	286
1992	7	57	799		2388	768	235
1993	7	52	779	639	2120	1250	208
1994	7	46	772	615	1868	1270	184
1995	7	47	658	767	1950	1314	192
1996	7	50	575	831	2139	1336	208
1997	7	55	572	991	2426	1385	218
1998	7	61	699	1087	2759	1401	247
1999	7	65	719	1107	3142	1416	248
2000	7	66	907	1089	3191	1410	268
2001	5	69	988	1436	3577	1424	278
2002	6	83	1095	2214	4624	1431	1095
2003	6	105	1018	2609	6024	1416	1160
2004	7	124	1312	2582	7049	1462	1176
2005	7	134	2004	2451	7110	1476	1189

【职业高中教育】 1991年区内有职业高中2所，普通高中附设职高班1个。到2005年，除2所职高外，每年都有普通高中附设职高班1~3个。

1991—2005年青白江区职业高中教育情况统计表

表113

年份	班级（个）	毕业人数（人）	招生人数（人）	在校生人数（人）	教职工人数（人）
1991	14	145	193	582	104
1992	17	94	186	570	106
1993	16	146	163	512	105
1994	21	139	300	647	102
1995	25	213	433	789	107
1996	24	249	339	715	93
1997	32	126	469	994	98
1998	33	351	358	1034	106
1999	33	288	464	1154	105
2000	29	399	284	938	105
2001	35	293	356	937	102
2002	32	367	614	1096	100
2003	34	228	973	1838	193
2004	35	240	981	2278	202
2005	56	238	1036	2334	184

民盟青江东风学校先后开设按摩、机械、电工、汽车修理，机电专业。

前进职业高级中学先后开设财会、建筑、水电、施工、财经、汽车修理、服装、幼教、计算机、工艺美术、机电、旅游、电子电器、数控加工技术、物流经营与管理等15个专业。

清泉职业高级中学先后开设农学、果树、蚕桑、养殖、缝纫、美术、食用菌、卫生保健、农村实用技术、计算机应用、电子信息技术、数控技术应用、旅游服务与管理、服装工艺、汽车维修、家用电器与维修等16个专业。

【普及高中教育】 2001年9月启动普及高中阶段教育。2001年7月，区委、区政府批准教育局关于普及高中阶段教育的请示。教育局负责作好规划预算，增容高完中的扩建改建工程招标工作，精心组织施工，加强管理，确保工程质量。同时教育局在区人事部门指导下做好高中教师招聘工作和师资培训工作，如期完成市委、市政府下达的普及高中阶段教育任务。有关部门密切配合，简化申报审批手续，特事特办，争取扩建改建工程尽快开工。

大弯中学、青白江中学、城厢中学、蜀星中学、太平中学5所高完中和前进职高分别进行扩建或改建，保证普及高中阶段教育的实施。2001年12月，6所学校扩建改建工程先后开工，经过一年多建设，扩修建筑面积40448平方米。2004年9月，占地216亩，建筑面积45000平方米，60个教学班的北大附中成都实验学校建成投入使用。

2001年，两类高中比2000年增加7个班，增招两类高中学生419人。2002年起，扩建改建工程陆续完成投入使用，两类高中比2001年增加14个教学班，增招学生1046人，增加58.3%。到2004年，初中毕业生升入两类高中学习的比例达到93.5%，比普及高中阶段教育标准85%增加13.3个百分点，提前完成普及高中阶段教育任务。

成人教育

【成人高考】 1986年实行国家成人高考统一考试制度。青白江区开始组织报名考试，配合相关高校阅卷录取，为成人高校输送合格新生。

1991年成人高考进行改革，减少报名环节，取消体检，对部分专业考试科目设置作了调整。高中起点专科所有专业均实行“3+2”考试，医疗、高护、西医类专业课考试调整为医学基础、医学临床。专科起点本科考试师范类专升本考试分为文学类，艺术类、理工一类、理工二类四大类。非师范类专升本考试，分为教师类，文史中医类、艺术类、理工类。经济管理类和法学类六类。其中师范类专业统考科目调整为外语、教育理论和高等数学，艺术类统考科目调整为政治、外语、艺术概论。

2002年，四川省成人高考开始实行计算机网上录取，主要从现场局域网录取为主。区招办对工作人员进行计算机基础知识和计算机网络知识培训，实行网上录取。区招办的招生管理工作更加科学和规范。同年区招办按上级规定停招资格生，不再推荐中等职业学校优秀毕业生免试进入成人高校学习。

2003年，按教育部规定，全区成人高考取消高中起点升专科考试，同年开始实行成人高校招生网上报名。1991—2005年，全区参加成人高考人数累计达到9764人，其中文科考生6014人，理科考生3021人，专科升本科1001人。

【高等教育自学考试】 1985年青白江区开始组织高等教育自学考试。1995年，成立成都市青白江区高等教育自学考试委员会，设区高等教育自学考试办公室。始终以“扩大服务面，提高教育质量”为出发点和归宿，加强宣传，提高服务质量，强化管理手段，确保考试质量和安全，全区自学考试稳定发展，到2005年共组织50次高等教育自学考试。

1994年2月，1999年12月区自学考试办公室两次被省教委自学考试办办公室评为先进单位；1997年9月、2000年1月区高等教育自学考试考场被省自考办和市自考办评为先进考场。

1991—2005年，全区有37347人次参加高等教育自学考试，报考78409科次，单科合格（60分）21620科次，大学专科毕业1069人，本科毕业119人。

【扫除文盲教育】 1988年，全区内青壮年文盲率为16.5%。区政府加大扫除青壮年文盲工作力度，1989—1991年，青壮年脱盲4200人，文盲率降至1.65%。1991年9月，经市政府检查验收，青白江区完成扫除青壮年文盲任务。1993年10月6日，市政府高标准扫除青壮年文盲复查验收小组到青白江考核，随机抽考绣水、华严、景峰3个乡10个村的112名脱盲人员，参考率100%，平均成绩

97.7 分。10 月 8 日，副市长贺大经宣布，青白江区高标准扫除青壮年文盲的任务已经完成。

【实用技术培训】 农村实用技术培训和农村劳动力转移实用技术培训。列入目标管理建立乡镇农民文化技术学校 15 个，198 个建立村级农民实用技术培训点 178 个。每个乡镇配备 1 名农村成人教育实用技术培训专职干部、专职教师或多名，兼职教师。

注重农校基础设施建设，每所农校建有 3 间以上的教室和办公室，教室黑板、讲台、课桌凳、办公桌椅用具齐全。农校有图书室、教学用挂图、电视录像放映机、投影仪、卫星电视、计算机、网站等基础设施。注重实用技术资料编写、发放、宣讲，先后编写《农村实用技术资料》《农村服务信息》《农村劳动力转移培训教材》，免费向农民发送，组建讲师团到农村开展宣讲培训。

建立完善农校考核制度和考核标准，培训计划、培训教材，专兼职教师授课讲义，培训教室日志记录，实用技术推广，运用、效果等纳入年度考核内容。15 年间，参加中长期培训农民有 33299 人次，参加短期培训 313548 人次，参加农村劳动力转移培训 30198 人次。

区就业局先后在城厢、清泉举办进城务工农民实用技术培训班，培训电焊、氧焊、车工、钳工、缝纫等 14 项实用技术，参加培训的青年农民 4500 人次。

【企业职工教育】 驻区企业及区属企业重视职工教育，提高职工素质，培训适合企业发展需要的人才。企业职工教育培训都注重提高职工技能，将职工文化教育与岗位培训相结合，课堂教学与现场实践相结合，注重培训实效，发挥各自优势，展示不同教育培训特色。

1992—2005 年部分年份青白江区成人技术培训情况表

表 114

年份	学校（所）	班级（个）	毕业人数（人）	招生人数（人）	在校生人数（人）	教职工人数（人）	专任教师人数（人）	兼任教师人数（人）
1992	18	428	51052	1228	1350	48	38	414
1993	18	215	34220	8806	9666	73	39	236
1995	29	356	32006	314	314	37	31	196
1996	41	368	43900	2013	2657	368	36	357
1997	20	323	21137	1621	1843	65	35	357
1998	18	39	34550	30619	4931	62	57	172
1999	57	288	30479	23048	4157	118	14	202
2000	22	381	41261	45745	2755	85	60	500
2004	26	49	22050	21650	24100	255	15	220
2005	11	172	25080	1984	2765	184	12	272

川化集团公司发挥职工大学、职工中专、中等专业技校的优势，开办以化工为主的 14 个专业，系统地对职工进行不同工种、不同层次的教育培训。川化职工大学的国家职业技能鉴定所，承担本企业职工技能等级和技师等级的考评鉴定，促进了职工教育培训事业的发展。

攀成钢培训中心和教育中心承担公司教育培训职能。1998 年恢复成钢技校，制定《成都钢铁厂职工教育一级办学管理办法》《成都钢铁厂职工培训二级办学管理办法》《成都钢铁厂通用工种中级培训管理办法》。教育科负责学历教育，职教科负责职工技能培训。

化工机械厂每年职工教育培训率达 60%，1998 年，针对岗位职工技术特点的要求，举办 11 期培训班，培训转岗职工 355 人，转岗职工掌握了新的岗位技能，下岗职工也掌握了重新就业的一技之长。

特殊教育

【区特殊教育中心】 1990 年以前三类残疾（聋哑、肢体残缺、弱智）儿童的教育采取就近到普通学校随班就读，缺乏关爱和有针对性训练。1991 年 3 月，投资 8 万元，在城厢小学内修建一楼一底 4 个教室，建筑面积 400 平方米的教学办公用房。抽调 3 名具有爱心的教师从事辅读、语言和行为举止训练工作，正式建立青白江区特殊教育中心，确定了中心负责人，制订了管理制度。同年 9 月招收了两个弱智儿童班，一个聋哑儿童语训班，三类残疾儿童有 17 人。该中心由教育局直接管理，日常管理工作由城厢小学代管。15 年间毕业特教生 15 人。

【残疾儿童教育】 1991 年三类残疾儿童教育工作，列入全区教育规划，统一管理，落实特教任务。按照市区残疾儿童教育规划，制订落实规划措施。建立区特殊教育中心，健全管理制度，配备具有爱心和耐心的教师和一名手语专任教师。开设美术和体育课。把辅导阅读常用口语和常用书面语言训练作为常规训练，把生活中的常用字的读写作为常规训练，教会残疾儿童学会正常儿童的行为举止，培养正常儿童的行为习惯。矫正不良行为习惯与课堂教学同步练习，训练残疾儿童动作的协调性，同家长保持经常性的联系沟通，争取得到家长的全力支持与配合，巩固特教成果，逐步让残疾儿童学会独立生活能力，人际交往能力，自我保护能力的常识，为残疾儿童长大进入社会打好基础。

持续抓好普校附设残疾儿童班和随班就读残疾儿童的工作，教育学生尊重残疾小朋友的人格，不歧视、不戏弄，关心残疾小朋友的疾苦，帮助残疾小朋友克服学习生活中的困难，培养学生的爱心。关心和训导残疾儿童，加强阅读常用语言的训练，让残疾儿童的潜能得到发挥，帮助残疾儿童完成学习任务。

三类残疾儿童受教育的比例逐年提高。1991—1995 年，三类残疾儿童受教育率为 75%；1995—1998 年，平均受教育率为 83.37%；1999—2005 年为 93.2%。

1992—2005 年青白江区特殊教育统计表

表 115

年份	班级（个）	在校生人数（人）	备注
1992	2	18	均为弱智班
1993	2	16	共有教职工 2 人
1994	2	15	均为小学

续表115

年份	班级（个）	在校生人数（人）	备 注
1995	2	13	其中弱智儿童辅读班1个，学生9名，普通学校附设随班就读1个，学生名均为小学。
1996	2	18	
1997	2	15	均为普校附设或随班就读
1998	2	18	均为普校附设或随班就读
1999	2	20	均为随班就读
2000	2	14	均为普校附设或随班就读
2001	6	100	特殊教育学校1所，毕业7人，招生14人
2002	4	48	毕业2人，招生10人
2003	4	62	毕业1人，招生6人
2004	3	77	毕业2人，招生8人
2005	2	77	毕业2人，招生9人

中小学幼儿园选介

【大弯中学】 大弯中学始建于1957年，原名四川省金堂县第三初级中学校。1960年划归成都市直属，更名成都市大弯中学，始招高中新生。

1957年，从金堂一中（城厢中学）抽调10名教职工和初中59级2个班105名学生转入该校，当年招收初中4个班196名学生，调入11名教师，9月开学，6个班，301名学生。校园占地面积10672平方米，建筑面积1605平方米，运动场地3000平方米。1976年占地14007平方米，建筑面积5084平方米，运动场地5000平方米，1993年占地17754平方米，建筑面积16000平方米，图书室藏书20432册。

1997年，迁入新址，占地76720平方米，建筑面积31250平方米，运动场地36000平方米。2005年，学校扩建后占地121394平方米，建筑面积71000平方米。学校分为办公区、教学区、生活区、运动区四大部分。办公区为行政大楼A楼；教学区包括配备计算机网络和闭路电视系统等设施的科艺楼B楼，现代气派的学苑楼，C高中教学楼，D初中教学楼；生活区有可容纳2000人的学生公寓和食堂，一楼为食堂，二楼为礼堂；运动区包括标准田径运动场，塑胶环形运动场、篮球场、排球场，网球场，标准的游泳池，体育馆。

1978年被确定为市重点中学，1990年3月被确定为四川省重点中学，2001年被批准为“四川省国家级示范性普通高中”。1997 年 9 月迁至大弯街道学苑路新校舍。2002 年，青白江区外国语实验学校并入大弯中学初中部。学校先后获得四川省国家示范性普通高中，四川省文明单位，四川省校风示范校，四川省卫生先进单位，四川省现代教育技术示范学校，四川省艺术教育特色学校，四川省心理健康教育示范学校，四川省教育系统民主管理先进单位，四川省劳动技术教育先进单位。四川省青少年篮球运动训练点，四川省中小学实验教学示范学校，四川省绿化示范学校，成都市园林式学校，成都市体育传统项目学校，成都市德育先进集体。大弯中学第一任校长朱晴峰。

【川化中学】 川化中学位于大弯东路 28 号，1960 年创办，名四川化工厂附设中学。最初校址在城厢镇余家湾王家花园，1962 年 8 月，从城厢迁至工业区原成都市化工学校校址，省化工厅将化工学校校舍和部分校产划归该校。

1969 年 9 月川化中学与小学合并，更名四川化工厂子弟校；1972 年 9 月中、小学分设，改名四川省化工厂子弟中学，1974 年 1 月命名四川化工厂子弟中学；1984 年 9 月更名四川化工总厂子弟中学；1994 年 4 月，更名四川川化集团公司子弟中学校，1971 年设高中。1990 年被批准为四川省重点中学，1996 年成为国家创造教育实验基地，2002 年成为四川省示范性普通高中。2003 年整体移交地方，改名四川省成都市川化中学校，同年被命名为国家级绿色学校，成为“国家基础教育实验中心外语教育研究中心实验学校”。2005 年被评为成都市“普通高中教育先进单位”，连续 12 年被评为成都市“大面积提高高中教学质量先进单位”。

【北大附中成都实验学校】 位于石家碾东路 260 号，占地 14.4 公顷，建筑面积 4.5 万平方米，设计办学规模 60 个教学班。2002 年 8 月动工修建，2004 年 4 月竣工，建有标准的运动场、游运池、网球场、学术报告厅、图书馆以及功能齐全的各种专业教室和生活设备设施。2004 年 9 月 1 日正式开学。

该校是北京大学与省政府全面合作协议签订后，由区政府引进的一所示范性国有民办学校。实行自主招生、考生自愿报名，经考试、面试后择优录取。

学校办学经费来源是收取学生的学费、住宿费、代管费、书费、保险费、班费、校服费。

学校实行校董事会领导下的校长负责制；接受区政府教育督导室的督导检查及办学水平的督导评估。接受区教育局成职幼教科依据《民办教育促进法》的日常管理，接受区招办关于学生毕业、升学考试指导，参加区教培中心组织的教学科研活动。

【青白江中学】 青白江中学创建于 1956 年，位于弥牟镇唐军路 83 号，原名新都县第一初级中学校。1960 年划入青白江区，更名成都市青白江中学校，1961 年 4 月至 1962 年 7 月改为半农半读学校，隶属市教育局。1970 年下放为区属中学，1971 年增设高中，1972 年 3 月，在弥牟镇金光村设分校。1975 年 3 月，分校独立办学，名前进初级中学校。1996 年首批通过合格高完中验收，2004 年通过“成都市示范性普通高中”验收，升格为市重点中学。1999—2005 年期间，学校初中教学连续获教学质量评估一等奖，高中教学和学生参加全国高考连续 7 年获市教育局表彰。

2003 年 10 月，学校建筑面积 19341 平方米，校园占地面积 33137 平方米。学校拥有校园闭路电视系统，广播系统，远程教育系统和计算机网络教学系统，2 台摄像机供校园电视台新闻采访，3 幢教学大楼能容纳 48 个班，3000 名学生上课，教室有大屏幕彩电，投影仪和多媒体，综合大楼内设 4 个网络教室，2 个多媒体演播室，1 个阶梯教室，1 个多功能活动大厅和电子阅览室，行政办公室，会议室，荣誉室，档案室，科技实验室，实验大楼设施一流，管理规范。2003 年，被命名为“全国网络教学实验学校”“成都市实验教学示范校”。

2002—2005 年，学校曾先后聘请美国、尼日利亚、澳大利亚教师分别对全校初高中实验班实施英语教学，参与学校英语广场活动。

2003 年 10 月，投入 20 万元，建设四川省公办学校第一个地理园。该园集教具与景观于一体，位于文化广场东侧，面积 1000 平方米。地理园化书为物，直观教学，造型逼真，科学性强；化繁为简，便于理解；是集美化校园，点缀校貌为一体的多功能园地。同时具有理想的地理课堂辅助教学和进行地理课外活动的良好功能，凸现学校“个性化特长教育”的办学特色。

【城厢中学】 城厢中学创办于 1927 年 3 月 12 日，原名金堂县立中学。1930 年设女生部，1944 年划出独立为县立女中。1945 年，设国民师范部，1948 年划出独立为县立师范校。1943 年招高中新生。后因高中未经批准而停招新生。1946 年经省政府批准，统招高中新生，成为金堂县第一所完全中学。1950 年 2 月，金堂县人民政府接收县立男中、县立女中、县立师范和私立蜀贤及崇正两所中学，组建金堂县联合学校，又称联合中学。1950 年 10 月金堂县人民政府迁往赵镇，上级决定在赵镇建立完全中学，联合学校由完全中学改为初级中学，名为金堂县立中学。次年又改名金堂县第一初级中学校。1962 年改名金堂县城厢中学校，1969 年 9 月学校解体，教师下放到城厢区六社一镇办中学。校舍成为解放军 914 部队驻地。1971 年 12 月，914 部队退还校舍。次年 2 月从各公社中学调回部分教师，恢复城厢中学。1973 年，再度成为完全中学。1981 年 1 月划归青白江区，改名成都市城厢中学校。

城厢中学初创时校址系金堂县绣川书院考棚，占地面积 2000 平方米，建筑面积 900 平方米。1931 年驻军旅长杨秀春加以扩建，修建两幢一楼一底教学楼，共 8 个教室，在两幢教学楼之间修造一个荷花池，在金渊小学与明教寺之间修筑一条“青年之路”，拆除明教寺山门，改建成欧式校门。1935 年，“季陶图书馆”在校内建成，校园占地面积 4600 平方米，建筑面积 2500 平方米。1950 年以后，金堂县人民政府先后将原县立女中，县立师范、明教寺、武庙、福建馆、陈家花园及其他五座民房大院划拨该校，1957 年校园占地面积 6.6 万平方米，建筑面积 1.6 万平方米。1958 年县人民政府又将原福建馆和原女中校舍划拨出去，作为金堂县党校和县师范校校址。1961 年将 8500 平方米生产园地划归城厢镇。学校占地面积 4.66 万平方米。1990 年占地面积 46619 平方米，建筑面积 11696 平方米。1988 年四厂子弟校并入该校。1993 年占地面积 50621 平方米，建筑面积 13896 平方米。1995 年绣水中学并入该校。学校占地 50621 平方米，建筑面积 11886 平方米。

中华民国时期的 22 年，共招生 2600 名。毕业 1000 人，1950—2005 年，共招收 54 届新生，2.1 万人，毕业 2 万人。其中有革命烈士 3 名，知深教授、研究员、专家、学者、诗人、高级工程师、中学高级教师，副处级以上党政军干部 400 人。陈高梅、何铸、流沙河、骆隆森等皆就读和毕业城厢中学。

“文化大革命”期间，损失图书 4 万册。其中《二十四史》两套 6580 册，《太平御览》1000 册，《三通》1419 册，《广雅丛书》1000 册等文史典籍，以及《大英百科全书》《辞海》《辞源》等大量工具书。

1928 年，中共地下党员赖振生、黄坦在校从事党的地下工作，吸收小学教师李敏中，回乡学生易诲之两人入党，在学生中发展陈善彬，陈善慎，梁元列等一批共青团员。1936 年中共地下党员赵君陶到校执教，培养引导学生陈敏玉，李希客走上革命道路。陈、李两人在中共川康特委书记邹凤屏安排下，1939 年 11 月 3 日到达延安，成长为党在延安时期的女干部。

学校在发展历程中，积淀下特有的校园文化。遵循“礼义廉耻”校训。1990 年，提出“雷锋精神、城中校魂”。2000年4月启用新校训“健康求真，立志成才”，2003年10月2日，流沙河为学校题字“绣水书声”，2004年熔铸了“博学慎思，严谨笃行”的校训，同年10月原全国人大常委会委员长李鹏为该校题字：“继承光荣优良传统，培育现代化建设人才”。

1927—1949年，历任校长为：曾桂陵、向理达、张季达、骆炼生、李至刚、范墨璋、余勋炜、贺明元、周敦文、廖永茂。1950年，陈国荣为第一任校长。

【前进职高】 1972年3月在弥牟镇金光村建立青白江中学分校，1975年7月，改名成都市青白江区前进中学，1976—1979年增设高中班，1984年开设职业高中班。1985年5月，改名成都市青白江区第二职业中学。1986年7月改名成都市前进职业高级中学。1998年迁入大弯中学原校址。2001年红卫中学与前进职高互换校舍，前进职高迁入前红卫中学校址。学校先后获成都市文明单位、成都市校风示范校、成都市绿色学校、成都市职业教育先进集体等称号。

2003—2005年，投入200万元购买教学用轿车、电脑解码仪、举升机、发动机、动平衡仪、模拟驾驶器、桑塔纳原装发动机、空调、变速器、ABS系统、普通车床、仪表车床、数控车床等设备和更新设备、计算机等，满足教学和实验需求。

学校推行理论实践教学一体化，学习工作体验一体化。实行学生学徒合一，教师师傅合一，教室车间合一，作品产品合一。把生产环境模拟到学习环境中，缩短学生与生产一线人员距离。

学校与成都王牌汽车有限公司、四川长富集团、上海大众汽车四川申蓉销售公司、天津矢崎汽车配件有限公司、北京新日电动车有限公司等100余家用人单位建立合作关系，学校与新入校的学生签订就业合同，已就业的学生实行三年跟踪服务，就业稳定在90%以上。

【祥福中学】 祥福中学位于祥福镇，建于1970年。校园占地面积26000平方米，3栋教学大楼，1栋办公楼，2栋学生公寓、2个学生餐厅，建筑面积6200平方米，学校图书室藏书20000册，拥有省内一流的理化生物实验室及设施设备，3个计算机室及校园网络。

1980—2005年，中考成绩在同类学校中居全区之首。学生参加学科竞赛获市、省、国家级奖项800人次，参加艺体比赛获市、省、国家奖项300人次。1984年被评为“成都市文明单位”；1986年被评为“成都市合格初级中学”；1999年被评为青白江区第一所“校风示范校”；2001年被评为“成都市艺术教育先进集体”；2003年12被评为“成都市现代技术教育示范学校”；同年学校档案管理达国家二级标准；2004年被区委、区政府评为“安全文明”单位；2005年被评为“四川省绿色学校”。

【红旗中学】 红旗中学的前身是创建于1952年的原新都县华严乡黄金村初级小学。1960年划归青白江区。1966年随所在村名更名为青白江区华严公社红旗小学，1975年青白江区革命委员会决定将该校改为八年制学校，由区文教局直接管理，定名为成都市青白江区红旗学校。1983年停招小学新生，转向初级中学。1988年秋成为单设初中，2004年8月与新锋中学合并后，分为东、西校区，2005年，结合标准化建设，迁到大同镇一心村重建，校园占地面积27539平方米，建筑面积7512平方米，运动场占地面积10000平方米。学校紧临湿地生态公园，空气清新，环境优美。

1996年学校与区教研室一起开展“初中政治愉快教学研究”，1999年1月加入北京四中与成都石室中学联合组建的继往网校，2002年4月成为“成都七中东方闻道网校”青白江“网点学校”，同年学校被确定为“中科院心理教材示例演练实验基地”。

【实验小学】 实验小学的前身是创办于1958年的成都钢铁厂子弟小学。1960年成都钢铁厂子弟小学校舍移交地方政府，学生转华严中心校就读。1961年原成钢子弟小学校舍划归华严中心校，作为中心校第二部（分校）。1972 年华严中心第二部下放到华严公社红阳大队，更名为华严公社红阳小学。1975 年改为 8 年制学校，定名为成都市青白江区红阳学校，（初级中学），1978 年改名青白江区团结村学校。

1977 年区政府定为重点学校，1978 年 6 月 18 日，被市政府定为重点学校，1981 年 4 月 15 日被省教育厅定为首批省重点小学校。1994 年 7 月，更名为成都市青白江区实验小学。

2002 年 9 月成钢厂子弟校小学部与企业剥离后划归实验小学，成为实验小学分校。1990 年学校占地 4059 平方米，建筑面积 3403 平方米，2005 年，占地 17819 平方米，建筑面积 10279 平方米。

1984 年被区委区政府授予“文明单位”称号。1992 年，“家长学校”被评为市“优秀家长学校”。1993 年入选《中国地方名校》。1996 年 5 月，1999 届 1 班学生何文博和 1998 届 1 班学生陈杉双双获得“第二届蓉城少儿艺术新苗十佳”称号。同年 10 月，何文博随成都市少儿艺术团赴爱沙尼亚、立陶宛、俄罗斯参加国际少儿艺术演出。1998 年 5 月，2001 届 1 班学生戈俊杰荣获成都市第三届“蓉城少儿艺术新苗十佳”称号。同年 11 月，1999 届 1 班学生随成都市少儿艺术团赴加拿大、美国参加少儿艺术交流演出。

1997 年 4 月至 2001 年 7 月，参加省教育厅艺术教育处组织的“中澳音乐教育实验，获得优秀实验单位”称号。1999 年 9 月至 2001 年 7 月，语文组参加区教研室主导的“语文实践活动研究”，教师曾小维在开题和结题会上献课和交流。2001—2004 年，数学组参加省教育学院组织的“创新知识与技能研究”获得优秀实验单位称号。2002 年 9 月至 2005 年，学校参加华南师大组织的“基于网络环境下的学科课堂教学设计与评价研究”获优秀奖。

【大弯小学】 青白江区大弯小学是成都市义务教育示范学校。学校占地 2.67 公顷，建筑面积 20123 平方米。绿化面积 8845 平方米，拥有教学楼、科艺楼、综合楼、篮球场、游泳池、200 米环形跑道等硬件设施，建有视听阅览室、软件制作室，音像阅览室、网络教室、电子备课室、电子阅览室、演播室等专用功能室。

学校先后获得全国大美育优秀试点学校、全国电化教育科学研究实验试点学校、全国现代教育信息技术实验学校、全国青少年劳动技能教育发明创造实验学校、中澳音乐教育实验项目学校、全国美育系统与美育心理发展研究实验基地、四川省教师职业技能示范学校、四川省电化教育示范学校、成都市校风示范学校、成都市义务教育示范学校、成都市绿色学校、成都市体育传统项目学校、成都市文明单位、成都市校园环境管理先进单位。

【外国语小学】 青白江区外国语小学校建于 1957 年，原名四川川化集团公司子弟小学。2003 年 5 月更名为青白江区外国语小学校。2003 年 8 月与大弯镇中心校合并。学校辖校本部，一个教学点，一个特殊教育学校。

学校坚持“全面发展打基础，培养特长塑个性”的办学目标，狠抓语文、数学、英语三门基础学科；发展学生思维，培养艺体特长，以“励志、求知、健体、成才”的校训，致力于培养新型的，符合时代要求的“智慧型学习者”。

学校是成都市校风示范校，成都市游泳排球航模传统校，四川省素质教育社会实践试点校，成都市少儿英语试点校，成都市艺术特色学校，学校拥有现代化的教育资源配置和浓郁的校园文化底蕴。

【巨人树幼儿园】 巨人树幼儿园的前身是青白江区幼儿园。1960 年华严中心校附设幼儿班，1962 年从华严中心校划出，独立建园，更名青白江区幼儿园。1997 年巨人树制衣服饰公司出资 150 万元，在红阳街道政安巷51号重建，1998年2月迁入新址，更名为成都巨人树实验幼儿园。

1960年开办时仅1个班，20平方米的活动室。1966—1977年先后增加活动室450平方米，1978年修建综合楼。1998年2月迁入新园，有9个班，幼儿271人，教职工29人。2000—2005年，幼儿保持在450人以上，有教职工35人。

1991—2005年投入资金500万元，改善办园条件，设备设施日臻完善。

1992年被评为市托幼工作红旗单位。1996年获市学生艺术节优秀奖。1998年11月通过省示范园验收，2000年被省教育厅命名为“四川省示范性幼儿园”，同年被市教育局评审为“成都市一级二等幼儿园”。2002年被市教育局评审为“成都市一级一等幼儿园”。2004年被区政府命名为“区优秀文明单位”。1999年获市学生艺术节二等奖，市“六一”家庭趣味游戏二等奖。2000年获区“创造游戏”比赛一等奖，市托幼先进集体。2001年获学生艺术节二等奖，市学校食品卫生先进单位。2002年获区学生艺术节先进集体。

【恒正和幼儿园】 前身是成都钢铁厂幼儿园，建于1959年。1962年成钢厂停产，幼儿园撤销，1968年12月幼儿园恢复，先后设在厂医院住院部和子弟校。

1977年正式建园，占地2748平方米，建筑面积1350平方米。1986年磷肥厂并入成钢厂，磷肥厂幼儿园改为成钢厂第一托儿所，占地1900平方米，建筑面积900平方米。1989年10月增设第二托儿所，占地900平方米。1991年2月增设第二幼儿园，占地2500平方米。1993年拆除第一托儿所园舍，新建一幢三楼一底教学楼。1993年占地6400平方米，建筑面积3360平方米。

2003年7月，改为民办幼儿园。2004年9月迁建于红阳街道办事处杨柳街，占地12018平方米，建筑面积5633平方米，更名为成都恒正和实验幼儿园。1990年有20个班，幼儿702人。2005年有18个班，幼儿760人。

该园外观设计新颖独特，硬件设施一流，每个班均独立设置活动室、寝室、盥洗室，现代化教学设备齐全；园中有配套的幼儿多功能音乐厅和钢琴室、美术室、游泳池、戏沙池、淘气堡、种植园、饲养角。该园聘有两名具有专业职称保健医生，厨师均有二级技术职称，一名专职营养配餐员，食谱在市托儿园所优秀食谱竞赛中获一等奖。2005年，食堂成为四川省食堂卫生A级单位，是市、区民办教育先进单位，市园林式单位，成都市一级二等幼儿园。

科学技术

1991—2005
成都市青白江区志

概　述

青白江区实施“科技强区”战略，以培养科技人才为重点，发展高新技术产业，探索利用高新技术改造传统产业的途径和方法，促进传统产业提档升级。先后编制了《青白江区科学技术中长期发展规划》，制定《青白江区关于大力发展民营科技企业的意见》《青白江区集体科技企业产权界定若干问题的暂行规定》《青白江区科学技术进步奖励办法》，全区科学技术事业健康发展。

1991—2005 年，享受政府津贴的各类专家 52 人；1991 年各类专业技术人员 1.14 万人，2005 年 1.72 万人。1994 年基层各类科学技术协（学）会 30 个，2005 年 41 个；1995 年民营科技企业 21 个，2005 年 42 个；1998 年高新技术企业 1 个，2005 年 9 个；2005 年大中型企业科研机构 4 个，民营科研机构 29 个。

1991—2005 年，推广科技成果 42 项，高新技术成果转化 139 项，获得国家、省、市科技成果奖 117 项。办理专利申请 249 件，强享实业有限公司被列为成都市第二批专利试点企业。建立农业科普示范基地 55 个，示范农户 1.2 万户，引进新品种 150 余个，推广新技术 60 余项。2005 年被省科协命名为四川省科普示范区。2005 年 12 月，“青江东路科普画廊”“政府路科普画廊”被中国科协列入“2006 年全国示范科普画廊”名单。

科技人才资源

【科技人才结构】 15 年间，实施人才强区战略，加快人才资源向人才资本转变，科技人才资源总量逐年增加，为经济和社会发展提供人才保证。

2005 年，各类专业技术人员 17200 人，占全区总人口的 4.26%，比 1991 年增长 50.62%。具有高级技术职称 1248 人，中级职称 6895 人，初级职称 9057 人，职称结构比例达到 1∶5.5∶7.2，中初级结构较为合理，高层次人才偏少。科技人才中 35 岁以下的占 45.3%，36～45 岁的占 39.79%，46～54 岁的占 8.14%，55 岁以上的占 6.78%，人才年龄结构趋于合理，中青年骨干人才所占比重增大。科技人才中大专以上文化程度的 8600 人，占总数的 50%；中专文化程度的 2528 人，占总数的 14.7%；高中及以下的 6072 人，占总数的 35.3%，基本形成了以大专文化水平为主体的人才队伍。

科技人才产业分布：第一产业 1513 人，占总数的 8.8%；第二产业 11644 人，占总数的 67.7%；第三产业 4043 人，占总数的 23.5%。科技人才隶属分布：省属部门单位 2700 人，占总数的 15.7%；市属部门单位 7397 人，占总数的 43%；区属部门、单位 7103 人，占总数的 41.3%。

【科技专家】 1991—2005 年底，区内享受政府津贴科技专家型人员 52 人。其中享受国务院津贴的 36 人，享受省政府津贴的 6 人，享受市政府津贴的 15 人。

享受国务院津贴的 36 人分别是：区农业局的吴世元，川化集团公司的谢木喜、陶孝伯、张文、雷子良、邓尤其、赵明智、胡元刚、尹学进、蒋岳安、苏永正、罗安奎、林运绰、陆仁明、连分衍、许文模、夏公禹、张馥根、潘兆鸿、陈龙友、韦忠檀、徐子显、何兴川，化工机械厂的谢大宏、赵佰林、李秉亚、丁世奇、徐华达、陈树生、王业功，成都化学纤维厂的王起超，成都桥梁厂的任仁南，成都化肥厂的季庸夫，苟能西、周泉水、高树林。

享受省人民政府津贴的 6 人分别是：成都钢铁厂的胡国民、陈仕桓、李永治、张运达，成都化学纤维厂的刘清欣，四川化工机械厂的李甫成。

享受市人民政府津贴的有 15 人分别是：教育系统的赵晓明、郭延德、魏道明、刘祚凡、张国荣、李治非、凌虹、何庆云，区人民医院的郑发文，成都钢铁厂的陈兆铣、李旭坚、谌灿伦、汪晓鸥，巨人树制衣公司的王小伯，成都王牌车辆股份公司的袁成军。

【专业技术人员】 15 年间，全区专业技术人才队伍不断发展壮大，专业技术人员由 1991 年的 11419 人，发展到 2005 年的 17200 人，增长 16.5%。

1991—2005 年青白江区专业技术人员统计表

表 116

年份	人数	年份	人数	年份	人数
1991	11419	1996	12712	2001	11368
1992	11652	1997	13086	2002	16369
1993	11819	1998	13053	2003	14151
1994	11987	1999	12845	2004	13619
1995	11912	2000	11886	2005	17200

科研机构

【企业科研机构】 川化集团技术中心。2005 年，技术中心资产总额 1005.98 万元，有职工 207 人。其中：具有高级技术职称 37 人，中级职称 53 人，初级职称 42 人；具有博士学位 7 人，硕士 2

人，学士学位 34 人，大学专科 48 人，中专 5 人；享受国务院特殊津贴 8 人。年科技研究与发展经费支出 5375 万元。申请专利 22 项，授权 15 项，实施专利 8 项。科研成果 28 项。其中国家级 13 项，省部级 15 项。1993 年 20 万吨/年产合成氨国产化装置获得国家科技成果一等奖，2003 年 11 万吨/年产塔式硝基复合肥生产技术获得四川省科技进步一等奖。

成都无缝钢管设计研究院。2005 年，设计研究院资产总额 1356.46 万元，有职工 83 人。其中：具有高级职称 30 人，中级职称 23 人，初级职称 25 人；具有硕士学位 2 人，学士学位 53 人，大学专科 19 人，中专 4 人。

攀成钢科技发展部。2005 年，科技发展部有职工 31 人。其中：具有高级技术职称 13 人，中级职称 14 人，初级职称 3 人；具有硕士学位 1 人，学士学位 22 人，大学专科 6 人，中专 1 人。年科技研究与发展经费支出 1645.3 万元。申请专利 1 项，授权 1 项，实施专利 32 项。科研成果 37 项。其中国家级 7 项，省级 10 项，市级 14 项。其他奖励 6 项。

攀成钢钢管研究所。2005 年，钢管研究所资产总额 477.14 万元，有职工 104 人。其中：具有高级技术职称 32 人，中级职称 26 人，初级职称 23 人；具有硕士学位 8 人，学士学位 61 人，大学专科 27 人，中专 1 人；享受市政府特殊津贴 2 人。

【民办科研机构】 民办科研机构实行“自筹资金、自主经营、自负盈亏、自担风险”的方针，属集体所有制科研机构。区科委负责民办科研机构的审批和管理。1994 年，全区民办科研机构 29 家，有职工 468 人，其中专业技术人员 327 人。1995 年 29 家民办科研机构全部改为民营科技企业。29 家民营科技企业是区长城喷涂技术研究所、成都夸克化工高新技术公司、成都迪道科技开发公司、区南亚机电仪器研究所、四川化工机械厂科华技术经营服务部、成都市九天机械设备公司、区化机材料研究所、区计量控制科技开发部、区华兴化工研究所、成都正达耐热材料科技公司、区八达电子技术服务部、区宏达科贸公司、成都市天道科技发展公司、成都道通机电技术开发公司、区中山通信技术开发研究所、成都市多伦高新技术研究所、区通用机械设备技术开发公司、区怡湖竹品工艺美术研究所、成都当代工程技术研究所、成都市大鹏新技术应用研究所、区电子节能器材厂、区硼化工技术开发公司、区精细化工研究所、区轻化节能技术应用研究所、成都兴农农业科技开发公司、成都市兴发科技贸易公司、成都市倍诚分析技术开发公司、区机电传动研究所、成都市吉田公司。民营科研型企业先后开发了混酸一步法制药用硼酸新工艺、多功能火焰喷涂枪等新产品。

科研成果

【国家级获奖项目】 区内企事业单位积极开展科技研究，开发、推广科技活动取得成果，1991—2005 年，获国家级奖励项目 27 项。

1991—2005 年青白江区科技成果获国家级奖励项目表

表 117

年份	成果名称	完成单位	颁奖单位	奖项名称与等级
1991	CBL 裂解炉技术	四川化工机械厂	国家重大技术装备领导小组	国家重大装备成果特等奖
1991	年产 20 万吨合成氨装置	四川化工机械厂	国家重大技术装备领导小组	国家重大装备成果特等奖
1991	SH－Ⅰ型乙烯裂解炉	四川化工机械厂	国家重大技术装备领导小组	国家重大装备成果特等奖
1991	三聚氰胺三相穿流板汽提塔改进	四川化工总厂	国家科委	国家科技进步三等奖
1991 1994	化肥生产过程计算机控制系统	四川化工总厂 上海化工研究院 华东化工学院	国家科委、化工部	国家科技进步三等奖化工部科技进步特等奖
1991	以天然气非催化法制二硫化碳	成都化纤厂	纺织工业部	“六五”与“七五”期间技术改造项目优秀奖
1992	年产 4 万吨尿素中压联尿法技术	成都化肥厂	全国小氮肥工业协会	科技进步一等奖
1992	蔬菜综合丰产栽培技术	农业局	农业部	丰收计划二等奖
1993	20 万吨/年合成氨国产化装置	四川化工总厂、化八院等十四个单位	国家科委	国家科技进步一等奖
1994	恩丽丝天然患子香波	成都蓝风化妆品厂	中国轻工总会	中国轻工业优秀新产品二等奖
1994	高温浓硫酸泵用合金及高温浓硫酸泵研制	四川化工机械厂	化工部	科技进步三等奖
1994	标准 HG/T 2266《炼油化工用离心式压缩机技术条件》的制订	四川化工机械厂	化工部	科技进步二等奖
1994	蔬菜丰收计划	区农业局	农业部	丰收计划三等奖
1995	球式热风炉技术在 300 立方米高炉的应用	成都钢铁厂 省冶金设计院	冶金部	科技进步三等奖
1995	蓝风洗衣剂	成都蓝风股份公司	中国轻工总会	优秀新产品奖
1995 1995	恩丽丝天然油患子香波	成都蓝风股份公司	市人民政府、中国轻工总会	科技进步三等奖优秀新产品奖
1995	元亨牌发酵型植物汁	成都市元亨饮料食品厂	农业部	中国乡镇企业科技进步三等奖
1996	专桥 2059 铁路桥梁	成都桥梁厂	铁道部	四等奖
1998	混凝土短岔枕	成都桥梁厂	铁道部	四等奖
1998	蓝风公司办公楼工程勘察	区地勘所	建设部	三等奖

续表117

年份	成果名称	完成单位	颁奖单位	奖项名称与等级
2001	1000MW核电站回路主管道研制	四川化工机械厂	国家科技部、财政部、计委、经贸委	九五国家重点科技攻关优秀科技成果大奖
2002	1700轧钢机用三种全密封长寿命圆锥滚子轴承 3806/488.95 - 2RS、3806/482.6	成都重型轴承研究所	中国机械工业联合会 中国机械工程学会	机械工业科技进步二等奖
2002	AS系列在线分析仪表样气预处理系统	成都市倍诚分析技术开发公司	中国石油和化学工业协会	科技进步二等奖
2003	用高分子复合材料修复轧管机组大型构件工艺及相关技术研究	攀钢集团成都钢铁有限公司	中国钢铁协会、中国金属协会	冶金科学技术三等奖
2003	大口径高压锅炉管的研制	攀钢集团成都钢铁有限公司	中国钢铁协会、中国金属协会	冶金科学技术三等奖
2003	高效蓄热式高炉煤气加热炉的研制与应用	攀钢集团成都钢铁有限公司	中国钢铁协会、中国金属协会	冶金科学技术一等奖
2004	漏磁检测无缝钢管斜轧缺陷研究及新型斜向探靴研制	攀钢集团成都钢铁有限公司	中国钢铁协会、中国金属协会	冶金科学技术三等奖
2005	大型压水堆核电站一回路主管道研制	四川三洲川化机核能设备制造有限公司	国家科技部	国家科技进步二等奖

【省级获奖项目】 区内企业事业单位扎实开展科研开发和推广工作。1991—2005年，科技研究成果获四川省奖励项目达38项。

1991—2005年青白江区科技成果获省级奖励项目表

表118

年份	成果名称	完成单位	颁奖单位	奖项名称与等级
1991	氯化钾常温水洗除钠新工艺	成都化肥厂化工分厂	市乡镇企业局、省乡镇企业局	科技进步一等奖 科技进步一等奖
1991	憎水性无尘岩棉保温半硬质板	成都市保温材料厂	省乡镇企业局	科技进步一等奖
1991	JPIA - 1000/137型辊道变频装置	成都钢铁厂	省冶金厅	科技进步三等奖
1991	钢渣矿渣水泥	成都钢铁厂	省人民政府	科技进步三等奖
1992	油菜新品种“川油11号”示范推广	区农业局	省农牧厅	科技进步三等奖
1992	稻田养鱼高产技术	区水电局	省水电厅	科技进步二等奖
1992	XF928型电缆交接箱	成都迅达电信器材厂	市乡镇企业局、省乡镇企业局	科技进步一等奖 科技进步二等奖

续表118

年份	成果名称	完成单位	颁奖单位	奖项名称与等级
1992	XF001－50室内电缆分线盒	成都迅达电信器材厂	市乡镇企业局、省乡镇企业局	科技进步二等奖 科技进步二等奖
1992	四川化工总厂老系统合成氨装置节能增产技术改造	四川化工总厂	省人民政府	省科技进步二等奖
1992	小化肥生产过程微机监测管理系统	四川化工总厂蒲江氮肥厂	省人民政府	省科技进步三等奖
1992	埋弧旱丝系列用钢	成都钢铁厂	省冶金厅	科技进步三等奖
1992	硅铝钡复合脱氧剂	成都钢铁厂	省冶金厅	科技进步三等奖
1993	A级绉纹卫生纸	成都玉虹造纸厂	市乡镇企业局、省乡镇企业局	科技进步二等奖 科技进步二等奖
1993	卷式纱窗	成都万宁自动纱窗厂	市乡镇企业局、省乡镇企业局	科技进步一等奖 科技进步二等奖
1993	单管组合正压气送试样装置	成都钢铁厂	省人民政府、省冶金厅	省科技进步二等奖、厅科技进步一等奖
1993	高效节能卧式烘包器	成都钢铁厂	省人民政府	省科技进步三等奖
1993	风淬钢渣技术	成都钢铁厂	省人民政府	省科技进步一等奖
1994	元亨牌发酵型植物汁	成都市元亨饮料食品厂	市乡镇企业局、省乡镇企业局	科技进步一等奖 科技进步一等奖
1994	UEA－Ⅱ型混凝土膨胀剂	青白江区混凝土外加剂厂	市乡镇企业局、省乡镇企业局	科技进步二等奖 科技进步二等奖
1994	稀土磁盘分离净化技术处理轧钢废水系统工程	成都钢铁厂	省环保局	省环境科学技术成果一等奖
1994	中强度冷轧带肋钢筋基本性能及应用技术研究	成都钢铁厂	省人民政府	省科技进步二等奖
1995 1995 1996	JL462Q曲轴	成都飞亚曲轴厂	市乡镇企业局、省乡镇企业局、市人民政府	科技进步一等奖
1995 1995	升降式铝合金窗	成都市万宁建筑材料有限公司	市乡镇企业局、省乡镇企业局	科技进步二等奖 科技进步三等奖
1996 1997	蓝风超浓缩粉	成都蓝风股份公司	市人民政府、省人民政府	科技进步三等奖 科技进步三等奖
1996 1996	CDW2815CD型农用运输自卸车	成都王牌农用车有限责任公司	市乡镇企业局、省乡镇企业局	科技进步一等奖 科技进步一等奖
1997 1997	CDW2815K载客农用运输车	成都王牌农用车有限责任公司	市乡镇企业局、省乡镇企业局	科技进步一等奖 科技进步一等奖

续表118

年份	成果名称	完成单位	颁奖单位	奖项名称与等级
1997 1997	CDW2510CD 型农用运输自卸车	成都王牌农用车有限责任公司	市乡镇企业局 省乡镇企业局	科技进步一等奖 科技进步一等奖
1997 1997	CDW2510W 型双排座农用运输车	成都王牌农用车有限责任公司	市乡镇企业局 省乡镇企业局	科技进步一等奖 科技进步一等奖
1997	杂交水稻良种“Ⅱ优802”示范推广	区农业局	省农业厅	科技进步三等奖
2001	1000MW 核电站回路主管道研制	四川化工机械厂	省经贸委	四川省科技进步一等奖
2001	Z11ZY 型低水碳比天然气蒸气转化催化剂	川化集团有限责任公司	省经贸委	四川省优秀新产品二等奖
2002	1700 轧钢机用三种全密封长寿命圆锥滚子轴承 3806/488.95 -2RS、370686 -2RS	成都科华重型轴承有限公司	省人民政府	四川省优秀新产品二等奖
2002	高压容器用无缝钢管的研制与开发	攀钢集团成都钢铁有限公司	省人民政府	科技进步三等奖
2003	大口径高压锅炉管的研制	攀钢集团成都钢铁有限公司	省人民政府	科技进步三等奖
2003	30 万吨/年合成氨一段炉转化炉废热回收	川化集团公司	省人民政府	科技进步三等奖
2003	11 万吨/年塔式硝基复合肥生产技术	川化集团公司	省人民政府	科技进步一等奖
2004	高钢级 X60 管线用无缝钢管的研制与开发	攀钢集团成都钢铁有限公司	省人民政府	科技进步三等奖
2004	大口径高强度石油套管的研制与开发	攀钢集团成都钢铁有限公司	省人民政府	科技进步三等奖

【市级获奖项目】 区内企业事业单位科技研究、开发、推广工作取得成果，1991—2005 年，获市奖励项目有 52 项。

1991—2005 年青白江区科技成果获市级奖励项目表

表 119

年份	成果名称	完成单位	颁奖单位	奖项名称与等级
1991	旱地粮食作物增产配套技术推广	区农业局	市农牧局	科技进步一等奖
1991	改革完善农业承包合同管理	区农业局	市农牧局	科技进步二等奖
1991	乡广播站站房标准化建设	区广播电视局	市广播电视局	站房标准化建设三等奖
1991	村广播室扩大机自控开关高低压改造	区广播电视局	市广播电视局	自控开关高低压改造四等奖

续表119

年份	成果名称	完成单位	颁奖单位	奖项名称与等级
1991	微电脑时间程控应用	区广播电视局	市广播电视局	微电脑应用等奖
1991	小型材加热炉微机化	成都钢铁厂	市人民政府	科技进步二等奖
1992	旱三熟中带式轮作技术	区农业局	市农牧局	科技进步三等奖
1992	玉米肥团薄膜育苗移栽配套技术	区农业局	市农牧局	科技进步三等奖
1992	MP型改性环氧膜塑料	成都化肥厂	市化工局	科技进步三等奖
1992	生化闭路循环处理造气含氰废水	成都化肥厂	市化工局	科技进步三等奖
1993	旱地四、五熟制配套技术示范推广	区农业局	市农牧局	科技进步二等奖
1993	改革会计核算制度提高农村财务管理水平	区农业局	市农牧局	科技进步二等奖
1993	三合一首乌香波	成都洗涤剂厂日化分厂	市人民政府	市优秀新产品三等奖
1993	$24m^2$ 烧结机集散型控制系统	成都钢铁厂	市经委	市新技术应用二等奖
1993	合成氨造气微机集成油压控制系统	成都化肥厂	市人民政府	新技术应用优秀项目三等奖
1993	CD90 ¢800 型合成塔	成都化肥厂	市人民政府	新技术应用优秀项目一等奖
1994	水稻旱育秧示范推广	区农业局	市农牧局	科技进步二等奖
1994	玉米新品种“辽原1号”示范推广	区农业局	市农牧局	科技进步三等奖
1994	强化管理，提高农广校教学质量	区农业局	市农牧局	科技进步二等奖
1994	小麦化学除草技术	区农业局	市农牧局	科技进步三等奖
1994	低产果园改造利用	区农业局	市农牧局	科技进步二等奖
1994	恩丽丝天然患子香波	成都蓝风化妆品厂	市人民政府	科技进步三等奖
1994	埋弧焊丝	成都钢铁厂	市人民政府	科技进步三等奖
1994	硬线	成都钢铁厂	市人民政府	科技进步三等奖
1995	废纸脱墨技术	成都市玉虹造纸厂	市乡镇企业局	科技进步二等奖
1995	优质小麦良种“绵阳26”示范推广	区农业局	市农牧局	科技进步三等奖
1995	优钢60－70盘条	成都钢铁厂	市人民政府	科技进步三等奖
1995	烧结杯试验及烧结矿冶金性能研究	成都钢铁厂、重庆大学	市人民政府	科技进步三等奖

续表119

年份	成果名称	完成单位	颁奖单位	奖项名称与等级
1995	蓝风衣领净	成都蓝风股份公司	市人民政府	科技进步三等奖
1995	成钢2号高炉加湿鼓风技术应用	成都钢铁厂	市人民政府	科技进步三等奖
1996	UEA－Ⅱ型混凝土外加剂	青白江区混凝土外加剂厂	市人民政府	科技进步三等奖
1996	玉米新品种“雅玉二号”示范推广	区农业局	市农牧局	科技进步三等奖
1996	大弯收费站宿舍楼工程勘察	区地勘所	市建委	三等奖
1997	“八五”优秀环境质量报告书	区环境监测站	市环保局	一等奖
1998	CDW150T型运输拖拉机	成都王牌农用车有限责任公司	市乡镇企业局	科技进步一等奖
1998	青白江区基本农田保护规划研究	区国土局	市人民政府	科技进步三等奖
2002	1700轧钢机用三种全密封长寿命圆锥滚子轴承	成都重型轴承研究所、武钢热轧带钢厂成都科华重型轴承研究所	市人民政府	科技进步三等奖
2002	周期轧管机组采用方坯轧管工艺研究与开发	攀钢集团成都钢铁有限责任公司	市人民政府	科技进步三等奖
2002	潜艇用不锈无缝钢管（棒）的研制开发	攀钢集团成都钢铁有限责任公司	市人民政府	科技进步二等奖
2003	高钢级X60级管线用无缝钢管的研制与开发	攀钢集团成都钢铁有限责任公司	市人民政府	科技进步三等奖
2003	远程多管火箭弹用D6AE无缝钢管研制	攀钢集团成都钢铁有限责任公司	市人民政府	科技进步三等奖
2003	用高分子复合材料修复轧管机组大型构件工艺及相关技术研究	攀钢集团成都钢铁有限责任公司	市人民政府	科技进步三等奖
2003	5000吨/年天然气制二硫化碳试验装置	成都华明玻璃纸股份有限公司	市人民政府	科技进步三等奖
2003	大口径高压锅炉管的研制	攀钢集团成都钢铁有限责任公司	市人民政府	科技进步一等奖
2003	大口径高强度石油套管的研制与开发	攀钢集团成都钢铁有限责任公司	市人民政府	科技进步二等奖
2004	3200中厚板轧钢机用长寿命多列滚子轴承	成都科华重型轴承有限公司、济南钢铁股份有限公司中厚板厂	市人民政府	科技进步三等奖

续表119

年份	成果名称	完成单位	颁奖单位	奖项名称与等级
2004	大型铸铁件工艺技术研究	攀钢集团成都钢铁有限责任公司	市人民政府	科技进步三等奖
2004	HRB400带肋钢筋切分工艺研究	攀钢集团成都钢铁有限责任公司	市人民政府	科技进步三等奖
2005	轻工机械专用厚壁无缝钢管研制开发	攀钢集团成都钢铁有限责任公司	市人民政府	科技进步一等奖
2005	攀成钢高炉喷煤自动化控制系统	攀钢集团成都钢铁有限责任公司	市人民政府	科技进步三等奖
2005	圆坯连铸机自动化系统设计研制	攀钢集团成都钢铁有限责任公司	市人民政府	科技进步三等奖
2005	3000中厚板轧机用3819/560（10779/560）长寿命四列圆锥滚子轴承	成都重型轴承研究所（成都科华重型轴承有限公司）、武汉钢铁股份有限公司轧板厂	市人民政府	科技进步三等奖

科技成果转化

【科技成果推广】 区内贯彻执行国家科技方针政策，加大科技成果推广力度，1991—2005年，推广科技成果42项。

1991—2005年青白江区科技推广项目表

表120

年份	项目名称	承担单位	下达部门
1991	“三生”防治	区林业局、区林业科技推广中心	市林业局
1991	蔬菜综合丰产栽培技术	区农业局	市农牧局
1991	低产果园改造利用	区农业局	市农牧局
1991	乡广播站站房标准化建设	区广播电视局	市广播电视局
1991	村广播室扩大机自控开关高低压改造	区广播电视局	市广播电视局
1991	微电脑时间程控应用	区广播电视局	市广播电视局

续表120

年份	项目名称	承担单位	下达部门
1991	速效仔猪抗贫血注射促长剂牲血素试验示范推广应用	区畜牧站	区科委
1991	大弯镇特种垃圾无害化处理	区环卫所	区科委
1991	水泥路面加长板块长度技术推广运用	区市政维护队	区科委
1992	森林生态防护林体系建设工程	区林业局	市林业局
1992	小麦水稻病虫害综合防治及田间杂草防除技术推广	区植保站	区科委
1992	人和乡龙王村经济林开发	区林业站	区科委
1992	福洪乡千亩荒山坡开发	福洪乡政府	区科委
1992	开发龙门村荒坡建立优质水果基地	姚渡乡政府	区科委
1992	集约化养殖增收技术	区水电局	区科委
1992	草鱼出血病免疫	区水电局	区科委
1992	瘦型猪综合配套技术推广运用	区畜牧站	区科委
1993	农业综合开发林业配套	区林业局	市农发办
1993	蔬菜丰收计划	区农业局、区农业科技推广中心	市农牧局
1993	玉米肥团薄膜育秧移栽技术推广应用	区农技站	区科委
1993	旱三熟中带轮作技术推广应用	区农技站	区科委
1993	柑橘低产园改造	区果蔬站	区科委
1993	嫁接西瓜双膜覆盖技术推广	区果蔬站	区科委
1993	特种水产养殖技术引进示范推广	区水电局	区科委
1994	优质稻开发及精米加工	区农技站	区科委
1993—1995	龙泉山脉柏木林区“三生”防治工程	区林业局	市林业局
1995	优质小麦新品种“绵阳26”示范推广	区农业局	市农牧局
1996	玉米新品种“雅玉2号”示范推广	区农业局	市农牧局
1997	杂交水稻良种“Ⅱ优802”示范推广	区农业局	市农牧局
1995—1996	青白江区花园沟优质经济林建设	区林业局科技推广中心	区科委
1996—1997	水稻旱地育秧	区农技站	区科委
1997	生物监测	区环保监测站	区科委
1997	青白江区金花雪梨基地建设	林业站	区科委
1997—1998	低产劣质果树改造	林业站	区科委

续表120

年份	项目名称	承担单位	下达部门
2000	蘑菇优质高产栽培技术	区科技服务中心	市科技局
2002	大球盖菇、姬松茸栽培技术研究	青白江区蘑菇服务中心菌种厂	市科技局
2003	优质牧草品种展示及规范化种植示范应用研究	区畜牧推广中心	成都市科技局
2004	青白江区科技招商网站建设	区科学技术局	成都市科技局
2005	青白江区双堰千亩无公害韭黄基地建设	区科学技术局	成都市科技局
2005	青白江区芦稿种养业科技试验示范	区科学技术局	成都市科技局
2005	农村星火科技培训及技术推广模式建设	青白江区秸秆科学利用协会	成都市科技局
2005	青白江区“十一五”科技发展规划	区科学技术局	成都市科技局

【高新技术成果转化】 区内贯彻执行国家科技方针政策，加速转化高新技术成果，1991—2005年，转化高新技术成果139项。

1991—2005年青白江区高新技术成果转化项目表

表121

年份	项目名称	承担单位	下达部门
1991	硼镁矿硼镁系列产品技术开发	青白江区硼化工技术开发公司	市科委
1991	氯化钾常温水洗除钠	成都化肥厂化工分厂	区科委
1991	轻印刷机械系列产品开发	成都蜀星机械厂	区科委
1991	陶瓷牛奶杯	成都国光瓷厂	区科委
1991	高效复合肥	青白江区青江化工厂	区科委
1991	含二氯异氰酸钠和过氧化物PSC蚕用消毒剂研制	青白江蚕药厂	区科委
1991	202A型螺旋榨油机	青白江区粮油机械厂	区科委
1991	脂肪酸甲酪（ME）应用开发	成都合成洗涤剂厂	国家科委
1991	二氧化硫风机转子	四川化工机械厂	省经委
1991	磷酸污水封闭循环装置（旋流器）	四川化工机械厂	化工部
1991	高温浓硫酸泵用合金及高温浓硫酸泵研制	四川化工机械厂	中国化工装备总公司
1991	年产30万吨合成氨渣油气化喷嘴开发研究	四川化工机械厂	中国化工装备总公司
1991	用固体解磷剂制硝尿磷肥中试攻关研究	四川化工总厂四川大学	国家计委
1991	过氧化氢法制水合肼	四川化工总厂	省化工厅
1991	多孔硝酸铵	四川化工总厂	省科委

续表121

年份	项目名称	承担单位	下达部门
1991	甲醚化氨基树脂	四川化工总厂	省计经委
1991	合成氨脱碳新工艺研究	四川化工总厂	省计经委
1991	生化法氨氮废水处理	四川化工总厂	省化工厅
1991	三聚氰胺节能研究	四川化工总厂	省化工厅
1991	A202 低温低压合成氨催化剂	四川化工总厂	省化工厅
1991	高炉煤气综合利用（储配）工程	成都钢铁厂	市经委
1991	小型材加热炉微机化	成都钢铁厂	市科委
1991	钢渣矿渣水泥	成都钢铁厂	市政府
1991	焊丝系列用钢	成都钢铁厂	市政府
1991	优质碳素钢盘条	成都钢铁厂	市政府
1991	稀土磁盘分离净化技术处理轧钢废水系统工程	成都钢铁厂 成都橡胶树林能源研究所	省科委
1991	钒钛矿高炉冶炼	成都钢铁厂	市政府
1991	两水闭路循环	成都化肥厂	化工部财政部
1991	年产 1000 吨硝基苯催化加氢一步法合成对氨基苯酚	成都化肥厂	市科委
1992	一段换热式转化炉	四川化工机械厂	省经委
1992	CB－2 型宽温区低水气比变换催化剂	四川化工总厂	省科委
1992	转炉煤气回收工程	成都钢铁厂	市计委
1992	高炉加湿鼓风技术	成都钢铁厂	市政府
1992	转炉静态控制	成都钢铁厂	市政府
1992	1V 级螺纹钢筋	成都钢铁厂	市政府
1992	碳素工具钢	成都钢铁厂	市政府
1992	碳素工具钢	成都钢铁厂	市政府
1992	热风炉自寻优控制系统	成都钢铁厂	市政府
1992	丰元合金化夹板应用	成都钢铁厂	市政府
1992	憎水性无尘岩棉半硬质板	成都市保温材料厂	区科委
1992	焊接式木工电动刨刀	成都大川工具厂	区科委
1992	邮电有限配套器材	成都讯达电信器材厂	区科委
1992	特大型轧机系列轴承	青白江区蜀星轴承厂	区科委

续表121

年份	项目名称	承担单位	下达部门
1992	DQF－ZB型多功能热喷涂装置	青白江区长城喷涂技术研究所	区科委
1992	硝基苯加氢一步法生产对氨基苯酚	成都化肥厂化工分厂	区科委
1993	少齿数渐开线圆柱齿轮减速器开发	青白江区红阳机械厂	区科委
1993	电解二氧化锰	成都青华化工厂	区科委
1993	ST材料	青白江粮油机械厂	区科委
1993	TZQ－B型有碴桥面预应力混凝土轨枕	成都桥梁工厂	市经委
1993	LDG－400龙门铺轨机	成都桥梁工厂	市经委
1993	后张法预应力棍凝土桥梁2059ABCD	成都桥梁工厂	市经委
1993	SM高效减水剂	四川化工总厂	省化工厅
1993	HAB吸水保水剂	四川化工总厂	省化工厅
1993	涂层尿素	四川化工总厂	省化工厅
1993	透平机械监测诊断网络系统	四川化工总厂	省经委
1993	川4型天然气一段转化催化剂	四川化工总厂	省科委
1993	3#高炉	成都钢铁厂	市冶金局
1993	转炉方坯连铸工程	成都钢铁厂	冶金部
1993	$3200m^2/n$制氧机及35KV电站	成都钢铁厂	市经委
1993	高滤速脉冲布袋除尘技术	成都钢铁厂	市科委
1993	电弧炉水冷炉壁	成都钢铁厂	市政府
1993	计算机控制流体流量大小	成都钢铁厂	市政府
1993	丙烯酸脂特种橡胶和橡胶制品加工项目	成都化肥厂	财政部
1994	1型醇类民用燃料灶具开发	青白江区新型燃料公司	区科委
1994	JL462Q发动机曲轴	成都内燃机总厂景峰分厂	区科委
1994	CP－D3型多功能火焰喷涂枪	青白江区长城喷涂技术研究所	区科委
1994	专用复合肥开发和应用	区土肥站	区科委
1994	新型汽车用弹簧钢	成都钢铁厂	省科委
1994	烧结矿冶金性能研究	成都钢铁厂	市政府
1994	主要进厂矿石冶金性能测试研究	成都钢铁厂	市政府
1994	研究块矿粉矿最佳堆放效果	成都钢铁厂	市政府
1994	精轧机铜钨陶瓷合金导卫	成都钢铁厂	市政府

续表121

年份	项目名称	承担单位	下达部门
1994	转炉顶底复吹	成都钢铁厂	市政府
1994	转炉声纳监察炉渣状态	成都钢铁厂	市政府
1994	电弧炉钢水吹氩处理	成都钢铁厂	市政府
1995	特大型轴承	成都重型轴承研究所、蜀星轴承厂	国家科委
1995	JL462Q 发动机曲轴	成都内燃机总厂景峰分厂	区科委
1995	ST 材料	青白江粮油机械厂	区科委
1995	元亨牌发酵型植物汁	成都市元亨饮料食品厂	区科委
1995—2000	高炉富氧喷煤粉	成都钢铁厂	冶金部
1995—2000	溅渣护炉技术	成都钢铁厂	冶金厅
1995—1997	连铸坯一火成材	成都钢铁厂	冶金厅
1995—1996	小型材在线检测	成都钢铁厂	冶金厅
1995—1997	高效连铸工程	成都钢铁厂	冶金厅
1995	蓝风复合皂	成都蓝风股份公司	市轻工局
1996—2000	热轧带肋钢筋余热处理	成都钢铁厂	冶金厅
1996	高速（亚音速）氧乙炔火焰喷涂枪	青白江区长城喷涂技术研究所	四川省经委
1996	B 系列 X 系列摆线针轮减速机	成都市飞亚曲轴厂	区科委
1996—1998	特大型轴承研制生产	成都市科华重型轴承有限公司	区科委
1996	60 kg/m 钢轨 12#单开道岔提速用岔枕	铁道部成都桥梁厂	市交通局
1996	LPG－400 型龙门辅轨机	铁道部成都桥梁厂	市交通局
1996	公路桥板	铁道部成都桥梁厂	市交通局
1996	蓝风超浓缩洗衣粉	成都蓝风股份公司	市轻工局
1997—1999	大型压水堆核电站主管道研制	四川化机厂中国核动力院	国家计委
1997	CDW2510W 双排座农用运输车	成都王牌农用车有限公司	区科委
1997	491Q（4Y）曲轴	成都市飞亚曲轴厂	区科委
1997	专桥 8152 铸钢支座	铁道部成都桥梁厂	市交通局
1997	Ⅲ型预应力混凝土枕	铁道部成都桥梁厂	市交通局
1997	预应力砼接触网支柱	铁道部成都桥梁厂	市交通局
1997	丝毛洗涤剂	成都蓝风股份公司	市轻工局

续表121

年份	项目名称	承担单位	下达部门
1997	低（无）磷浓缩粉	成都蓝风股份公司	市轻工局
1997	二聚硅酸盐应用	成都蓝风股份公司	市轻工局
1998	水泥添加剂	成都川福精细化工厂	区科委
1998	运输型拖拉机	成都王牌农用车有限公司	区科委
1998	GHD 多功能配电器	成都国华电子电器设备厂	区科委
1998	尿素“四改六”技改工程	成都化肥厂	省经贸委
1998	钢纤维混凝土枕	铁道部成都桥梁厂	市交通局
1998	专桥 2091. 24m 部分预应力梁	铁道部成都桥梁厂	市交通局
1998	60 kg/m12#交叉渡线用砼岔枕	铁道部成都桥梁厂	市交通局
1998	2000 吨/年过氧化氢法制水合肼二试	川化集团有限责任公司	国家经贸委
1998	蓝风超浓缩洗衣粉	成都蓝风股份公司	市轻工局
1998	红玫瑰无菌餐具洗涤精	成都蓝风股份公司	市轻工局
1998—1999	合成氨“四改六”工程	成都玉龙化工有限公司	成都市医药化工行业协会
1999	丙稀酸酯橡胶中试装置	成都玉龙化工有限公司	四川省化工行业办
1999	百万千压级压水堆核电厂回路主管道	四川化工机械厂	国家计委经贸委
1999	大型高速纸浆造纸薄膜用辊子开发	成都市中德制辊有限公司	国家科技部（星火计划）
1999	CDW160C	1605CD 新型农用运输车	成都王牌车辆有限公司
2000	DCS 在合成氨系统的应用	成都玉龙化工有限公司	成都市医药化工行业协会
2000	尿素“六改十”工程	成都玉龙化工有限公司	成都市医药化工行业协会
2000	低水碳比节能型天然气蒸汽转化催化剂	川化集团有限公司	四川经贸委
2000—2001	膜分离回收氢气装置	成都玉龙化工有限公司	成都市医药化工行业协会
2001	还原型低温交换催化剂的开发	川化集团有限公司	四川经贸委
2001	稀土型催化剂燃烧器研究开发	川化集团有限公司	四川经贸委
2001	二氧化碳超临界萃取芦荟素的研究与开发	成都瑞特生化有限责任公司	成都市科技局
2001	高分子 PVF 特精微滤功能膜	青白江区过滤器材厂	市科技局（攻关计划）
2001	芦荟种植加工产业化示范工程	四川瑞特实业公司	国家科技部（星火计划）

续表121

年份	项目名称	承担单位	下达部门
2002	青白江区改造、提升传统工业的对策研究	区科技局	成都市科技局
2002	铜基催化剂还原技术开发	川化集团有限公司	四川经贸委
2002	高级示踪水质稳定技术开发	川化集团有限公司	成都经贸委
2002	蒸青绿茶抹	成都市名茶公司	国家科技部（星火计划）
2002—2003	合成氨“六改十”工程	成都玉龙化工有限公司	成都市经贸委
2003	年产200吨迪澳明等医药保健品中间体	成都迪澳植化实业有限公司	国家科技部（星火计划）
2003	基于客户订制的物料管理系统研究	成都王牌车辆股份有限公司	四川省科技厅
2004	从枳实中提取医药保健中间体研制	区科学技术局	成都市科技局
2005	9万吨/年中碱玻璃纤维池窑拉丝成型关键工艺技术研究	巨石集团成都有限公司	成都市科技局
2005	06款神豹载货车宽体舒适性驾驶室新产品开发	成都王牌车辆股份有限公司	省经委
2005	06款神豹载货车低排放噪声底盘新产品开发	成都王牌车辆股份有限公司	省经委
2005	经济型抗二氧化碳腐蚀套管的研制	攀钢集团成都钢铁有限责任公司	省经委
2005	建筑用耐火钢管的研制与开发	攀钢集团成都钢铁有限责任公司	省经委
2005	¢340机组连轧管工艺技术研究	攀钢集团成都钢铁有限责任公司	省经委

【高新技术企业】 1998年11月，经区科技局推荐，市科技局组织专家评审，成都市中德制辊有限责任公司成为区内第一家高新技术企业。至2005年，全区高新技术企业发展到9家：成都天保机械制造有限公司、成都科华重型轴承有限责任公司、巨石集团成都有限公司、成都市中德制辊有限责任公司。2003年，成都科华重型轴承有限责任公司、成都市中德制辊有限责任公司经复审合格。2005年成都科华重型轴承有限责任公司、成都市中德制辊有限责任公司、成都天保机械制造有限公司经复审合格。

2004年，经区科技工作领导小组组织科技顾问团专家评审认定后，授予成都市飞亚曲轴有限公司、成都王牌车辆股份有限公司、成都瀚江新型建材有限公司、成都迪澳植化实业公司、成都强亨实业有限公司5家单位为高新技术企业称号。

【民营科技企业】 1998年8月，区科委、区财政局、区地方税务局制定《关于落实区委、区政府〈关于大力发展个体私营经济的决定〉的实施意见》，明确了科技型私营企业税收优惠政策。2000年8月，区政府转发了区科委、区体改委、区人事局、区财政局、区工商分局、区地税局、区国资局《关于大力发展民营科技企业的意见》的通知，鼓励发展民营科技企业，明确了税收优惠政策。2004年6月，区科技局制定《关于加快民营经济发展的配套贯彻实施意见》，从提高认识、加强协调、项目支持、知识产权指导、资金支持、中介建设、提供服务7个方面支持民营科技企业的发展。有了政策扶持，民营科技型企业得到了快速发展，企业数量从1995年的21家，发展到2005年的42家，产值从1995年的850万元增加到2005年的3.5亿元。

2005年青白江区民营科技型企业一览表

表122

企业名称	企业名称	企业名称
成都飞亚曲轴有限公司	成都天马铁路轴承有限公司	成都天保机械制造有限公司
成都瀚江新型建筑材料有限公司	四川米高化肥有限公司	四川三洲川化机核能设备制造有限公司
成都市青白江民生高效络合净水剂厂	成都市宏达机械有限公司	成都科华重型轴承有限责任公司
台玻成都玻璃有限公司	四川升达林产有限公司	巨石集团成都有限公司
成都成钢梅塞尔气体产品有限公司	成都五冶钢瓶厂	成都成异钢管有限公司
四川金顶集团成都水泥公司	成都胜达玻璃有限公司	成都王牌车辆股份有限公司
四川科美纸业有限公司	成都市焊研威达自动焊接设备有限公司	成都倍特（青白江）药业有限公司
四川儒雅教学仪器设备有限公司	成都易信达塑胶工业有限公司	成都市中德制辊有限责任公司
成都市长城热喷涂技术有限责任公司	四川国龙(集团)金属制品有限公司	成都兴圆电力有限责任公司
成都市川福精细化工厂	成都东泉预应力成套设备有限公司	成都市青白江区蘑菇服务中心菌种站
成都市名茶公司	成都双木机械制造有限责任公司	成都博能燃气股份有限公司
成都正达耐热材料科技公司	成都市青白江捷达光电器材厂	成都市青白江区亨瑞建材厂
成都市宏宇特钢机电有限公司高新蛋白厂	成都迪澳植化实业有限公司	成都倍诚分析技术开发公司
成都烈火科技工贸有限公司	成都市理顺牧业科技有限公司	成都市红丽祥农业科技有限公司

科学技术管理

【管理机构】 青白江区科学技术委员会，负责全区农业科技、工业科技、科技普及、科技信息等管理，审批科研计划、科技成果、民办科研组织。1993年6月，区科委设办公室和科技管理科。2002年11月21日，青白江区科学技术委员会更名为青白江区科学技术局。

工作职能包括：贯彻执行国家、省、市有关科技发展的方针、政策、法律、法规，研究、制订实施细则和落实意见，研究提出本地区科技发展战略和科技促进经济与社会发展的政策措施、规章制度；研究确定全区科技发展布局及重点发展领域，负责编制全区中长期科技发展规划、年度计划；归口管理区科技三项经费、科学事业费、科技基金，完善科技风险投资体系和多元化科技投入体系，多渠道增加科技投入，加强对科技工作的宏观调控；负责对全区科技型企业的宏观管理和协调服务，监督执行各类科技计划项目，推动企业和农村的科技进步；归口管理科技成果、科技奖励、知识产权、科技保密和技术市场；归口管理科技普及和科技宣传工作；做好科技统计、科技情报和科技档案工作；指导协调区级部门和乡镇科技工作；负责完成上级科技部门布置的工作，完成区政府交办的其他工作。

2005 年，区科技局设办公室、科技普及科、综合管理科，有职工 10 名。

【实施科技法】 1993 年 10 月 1 日，《中华人民共和国科学技术进步法》正式施行。加强科技进步法的宣传，赠送《科技进步法》手册，组织开展知识竞赛，聘请专家、教授作科技法律、法规、专利知识、专利保护等专题报告会。发挥广大科技人员在经济建设中的主导作用，促进科技进步，推动经济发展。在农村广泛推广优良品种和先进实用技术，先后推广西瓜嫁接栽培技术、柑橘低产园改造技术、玉米肥团薄膜育苗移栽技术等。以科技为先导，不断开发新产品，促进企业技术进步。

贯彻落实《中华人民共和国科学技术普及法》，增强全民科技和科普意识，提高人民群众的科学文化素质，崇尚科学、文明、健康、进步的民族精神，赠送《科普法》学习手册 3000 余册，将《科普法》列入“四五”普法计划，做到家喻户晓，为《科普法》的实施创造一个良好的社会环境。强化机制创新，扎实做好科技和科普工作，成立全区科技工作领导小组，由党政一把手任正副组长，各乡镇、区级各部门成立相应的组织机构，确保科技组织网络的健全。发挥科技是第一生产力作用，促进经济和社会发展，紧紧围绕“科教兴区，工业强区”战略，着力打造“成都工业高地”，利用高新技术改造提升传统产业，加快科技体制创新步伐，发展民营科技企业。强化服务意识，构建科技服务平台，推进农村产业结构调整，着力培育产业化龙头。搞好科普示范基地建设，发挥示范作用，依靠科技进步，促进经济发展。

【科技体制改革】 1995 年 3 月，区科委、体改委印发《青白江区建立社会主义市场经济体制、深化科技体制改革实施意见》，明确了科技体制改革的指导思想，主要任务。坚持调整结构，分流人员，充分发挥科研机构作用的改革目的，培育和发展技术、信息市场，推进科技经济一体化，加快传统产业改造，充分调动科技人员积极性，加强对外科技交流与合作。科技体制改革使民办科研机构得到稳步发展，1994 年民办科研机构有 29 家。1996 年 6 月，区科委、区国资局、区工商局转发《集体科技企业产权界定若干问题的暂行规定》，集体科技企业进行产权界定，明晰产权关系，办理产权登记手续，改制为有限责任公司或股份合作制企业。长城喷涂技术研究所、成都正达耐热材料科技公司等率先进行了产权界定和改制工作。1999 年，所有集体所有制科技企业完成产权界定和改制工作。

【科技经费】 1991—2005 年，全区投入科技三项经费 296 万元。

1991—2005 年青白江区科技三项经费统计表

表 123

年份	金额	年份	金额
1991	3	1992	5
1993	2	1994	5
1995	8	1996	6
1997	10	1998	15
1999	25	2000	30
2001	33	2002	36
2003	38	2004	40
2005	40		

1991—2005 年，全区科技三项经费支持项目 69 项。

1991—2005 年青白江区科技三项经费项目表

表 124

年　份	项目名称	承担单位
1991	硼镁矿硼镁系列产品技术开发	青白江区硼化工技术开发公司
1991	轻印刷机械系列产品开发	成都蜀星机械厂
1992	特大型轧机系列轴承	青白江区蜀星轴承厂
1992	DQF－ZB 型多功能热喷涂装置	青白江区长城喷涂技术研究所
1992	集约化养殖增收技术	区水电局
1992	瘦型猪综合配套技术推广运用	区畜牧站
1993	嫁接西瓜双膜覆盖技术推广	区果蔬站
1993	特种水产养殖技术引进示范推广	区水电局
1993	少齿数渐开线圆柱齿轮减速器开发	青白江区红阳机械厂
1994	JL462Q 发动机曲轴	成都内燃机总厂景峰分厂
1994	CP－D3 型多功能火焰喷涂枪	青白江区长城喷涂技术研究所
1994	专用复合肥开发和应用	区土肥站
1995	特大型轴承	成都重型轴承研究所、蜀星轴承厂
1995	优质小麦新品种“绵阳 26”示范推广	区农业局

续表124

年份	项目名称	承担单位
1996	特大型轴承研制生产	成都市科华重型轴承有限公司
1996	B 系列 X 系列摆线针轮减速机	成都市飞亚曲轴厂
1997	CDW2510W 双排座农用运输车	成都王牌农用车有限公司
1997	491Q 曲轴	成都市飞亚曲轴厂
1997	生物监测	区环保监测站
1998	低产劣质果树改造	林业站
1998	水泥添加剂	成都川福精细化工厂
1999	特大型轴承研制生产	成都市科华重型轴承有限公司
1999	大型高速纸浆造纸薄膜用辊子开发	成都市中德制辊有限公司
2000	笋用竹引种试验示范	区林业局
2000	环境监测与信息管理系统	区环境保护监测站
2000	特大型轴承研制生产	成都市科华重型轴承有限公司
2000	蘑菇优质高产栽培技术	区食用菌菌种站
2001	特大型轴承研制生产	成都市科华重型轴承有限公司
2001	新型射钉	成都双木机械制造有限公司
2001	芦荟种植加工产业化示范工程	四川瑞特实业公司
2002	青白江区争创四川省科技先进区及区内争创先进乡镇	区科技局
2002	珍稀食用菌新品种引进示范推广	区科技局、区微生物推广协会
2002	构建科技信息交流平台	区科技局、科协、日新镇政府
2002	鲜切花种植示范	区科技局、科协
2002	长城喷涂新型喷枪及调试柜开发	成都长城喷涂有限公司
2002	波尔山羊养殖示范	人和乡政府
2003	青白江区争创四川省科普示范区	区科技局
2003	亨瑞铝合金门窗	成都市强亨公司
2003	495 曲轴研制开发	成都飞亚曲轴公司
2003	食用菌新品种引进示范推广	区科技局、微生物推广协会
2003	优质果树引进示范推广	区科技局、日新镇政府

续表124

年　份	项目名称	承担单位
2003	构建科技信息交流平台	区科技局
2003	科普及知识产权宣传	区科技局
2003	知识产权项目库建设	区科技局
2003	区科技顾问团调研	区科技顾问团办公室
2004	绿色动物饲料添加剂研发	成都烈火科技工贸公司
2004	真空转鼓过滤机研发	成都天保机械制造有限公司
2004	农副产品合成新型糖蛋白质	成都宏宇高新蛋白厂
2004	黄金梨示范基地	成都红丽祥农业科技公司
2004	高强度高韧性球铁曲轴	成都飞亚曲轴有限公司
2004	大弯镇科普画廊	大弯镇政府
2004	青白江区科技网站建设	区科技局
2004	农业科技示范基地建设	成都力源农牧科研所
2004	华严镇科普画廊	华严镇政府
2005	青白江区双埝千亩韭黄基地建设	双埝村
2005	青白江区芦稿种养业科技试验示范基地建设	芦稿村
2005	青白江区芦稿种养业科技试验示范基地建设	青白江区秸秆科学利用协会
2005	科技服务中心建设	区科技服务中心
2005	纯化乙肝抗原	成都贵康生物工程有限公司
2005	农作物废料科学利用	成都烈火科技工贸公司
2005	高分子微滤功能膜	区过滤器材厂
2005	科普示范基地建设	成都红丽祥农业科技公司
2005	食用菌新品种试验示范	区微生物推广站
2005	推进城乡一体化	城厢镇政府
2005	星火培训及技术推广建设	区农牧局
2005	高强度高韧性球铁曲轴	成都志远汽车零部件公司
2005	秸秆科学利用研发	区秸秆科学利用协会
2005	年产 55 吨辛弗林技术开发	成都迪澳植化实业公司
2005	青白江区环境质量数据库管理平台建设	区环境监测站

【知识产权管理】 知识产权局与区科技局实行两个牌子，一支队伍。负责协调专利及知识产权法规的宣传，专利知识培训，制订发展规划，专利纠纷调解和查处冒充专利行为，组织参加国家、省、市专利金奖、专利先进集体和先进工作者的评选等。

2003 年 6 月，建立青白江区知识产权联席会议制度，参加联席会议的成员单位有区知识产权局、工商局、新闻出版局等知识产权管理部门和区政府办、计经局、外经局、卫生局等与知识产权相关的部门。成立青白江区知识产权联席会议制度办公室，办公室设在区知识产权局。

知识产权宣传、培训及执法活动。每年 4 月 26 日，由区知识产权局牵头，联合区司法局、新闻出版局、工商局、公安分局等单位在区怡湖公园门口举行“4·26”世界知识产权日宣传活动。采取发放宣传资料、现场咨询、音像宣传，以及挂图展示等多种方式介绍专利、商标、版权等有关知识。由区工商局、区产权局执法大队分别对假冒商标、音像制品和印刷品市场进行集中执法检查，增强全社会知识产权保护意识，维护合法权益，规范市场秩序，营造良好法治环境，邀请专家、教授到区开展知识产权培训，增强领导干部、企事业单位工作人员产权意识。截至 2005 年底，专利申请 249 件，其中发明专利 46 件，创新实用型 94 件，外观设计 109 件。强亨实业有限公司被确定为成都市第二批专利试点企业。

【科技成果奖励】 根据《国家科学技术奖励条例实施细则》《四川省科学技术奖励办法实施细则》《成都市科学技术奖励办法实施细则》，1992 年 6 月制定《成都市青白江区科学技术进步奖励办法》。区级科技进步奖设四个等次：特等奖，授予青白江区科学技术进步奖状和荣誉证书，奖金 3000 元；一等奖，授予青白江区科学技术进步奖状和荣誉证书，奖金 2000 元；二等奖，授予青白江区科学技术进步奖状和荣誉证书，奖金 1000 元；三等奖，授予青白江区科学技术进步奖状和荣誉证书，奖金 500 元。

科学技术协会

【组织机构】 青白江区科学技术协会（简称“区科协”）成立于 1963 年 10 月，1980 年 9 月区科学技术协会与区科学技术委员会合署办公。2002 年 11 月，根据《青白江区委、区政府关于青白江区机构改革的实施意见》，区科学技术委员会更名为成都市青白江区科学技术局，区科协与区科技局合署办公。

1999 年 9 月，区委在姚渡镇召开姚渡镇科学技术协会成立大会现场会，各乡镇分管党务工作的副书记现场观摩。10 月底，各乡镇全部恢复或建立乡镇科协。2005 年，11 个乡镇（街道办）成立了科普工作领导小组和科协，乡镇长（街道办主任）任组长和科协主席。区级部门、企事业单位建立学协会、企业科协，组建不同层次的科普志愿者队伍，村和社区成立科普活动小组，设有专兼职科技副主任和科普员。

【科普宣传】 围绕“普及科学知识，倡导科学方法，传播科学思想，弘扬科学精神”的科普工作主题，坚持以三月份“科技、文化、卫生”三下乡活动、四月，“4·26”世界知识产权日、五月科技活动周、六月，“6·29”科普活动日为重点，组织各乡镇（街道办）、各部门和各级学（协）会采取咨询、讲座、图片、宣传车、广播电视专栏、现场指导等多种形式开展科普活动。1991 年 1 月 27 日，区委、区政府在大弯镇中心广场举行青白江区文化、科技、卫生三下乡活动启动仪式。宣传部、科委等 13 个部门、6 个学协会，出动 16 辆宣传车、200 余名科技人员，参加启动仪式后奔赴清泉镇开展科技宣传咨询服务活动。1992 年 4 月 11 日，邀请省社会科学院胡世禄教授为区级机关干部、科技人员和骨干企业厂长、经理作题为“科学技术是第一生产力”的学术报告。1995—1998 年的 4 年间，共开展科普宣传 250 次，参加宣传的科技人员 900 人次；举办科普讲座 110 期，听讲人数达 1.1 万人次；发放技术资料 3.8 万份。

2003 年 3 月 18 日上午，区科协邀请国家知识产权局胡佐超司长为区、乡（镇）及各部门领导作“知识产权保护与发展”的专题报告会。同年 5 月 13—20 日全区开展与非典防治相关的科技宣传和科普活动，发放防治非典科普挂图 500 余份、宣传资料和防治知识手册 2000 余份，为劝阻疫区务工人员返乡，发出书信 6454 封、通电话 6062 次。“科普画廊”“青白江电视台”“区科技招商网站”和《科技信息》《科技研究》等媒介，开辟专题栏目和新闻报道，宣传防治非典知识，全区未出现非典病人。

2004 年 3 月 30 日，成都市“大手拉小手”活动及青白江区“科普活动报告会”在红旗中学举行。四川大学环保信息学院艾南山教授主讲“人类健康与环境污染”，红旗中学 1200 名师生参加报告会。2005 年 5 月 16—23 日，开展首届成都科技节青白江区专项活动。5 月 16 日在姚渡镇光明村举行区农作物秸秆综合利用技术培训会，邀请区秸秆协会、烈火科技公司的专家、技术员讲解秸秆综合利用技术，100 余人参加培训，发放资料 100 余份，赠送秸秆饲料 300 余斤。城厢镇朝阳路社区、槐树街社区与红阳街道办事处举办养殖业培训会，开展科普宣传和义务咨询等活动。5 月 18 日，区环保局举办保护环境科技展，散发环保小册子 300 册，传单 1500 份。

【科技培训】 按照“实用、实际、实效、适时”的原则，以农业产业发展和农业科技项目实施为依托，以农业增效和农民增收为目的，多渠道、多层次、多形式地开展培训工作。1993 年科协、妇联和区团委联合举办大田蘑菇栽培技术骨干培训班，培训骨干 40 多人。区微生物协会坚持每年组织会员到乡、村举办食用菌栽培技术培训班，对会员和农户进行技术指导。1997 年 4 月 23 日，成立青白江区农村党员、基层干部实用技术培训工作领导小组，区科协会同区委组织部，从农村乡镇实际出发，将培训任务指标分解落实到各乡镇，由区科协负责组织教材、师资，区委组织部负责组织生源，落实培训地点，统筹经费，确保培训任务的完成。1998 年，区农学会推广水稻抛秧技术和蔬菜拉美斑潜蝇防治技术，全年推广面积 10 万余亩。增产粮食 300 万公斤，蔬菜 400 万公斤。区农学会组织各类培训班 15 期、培训人员 1 万人次，印发资料 8 万余份。区计划生育协会举办科学致富培训班 6 期，培训人数 1600 人次。

注重科技培训与技术推广相结合，促进科技成果转化，推动科技与经济有机结合。15 年间，共开展科技知识培训 520 余期，培训总人数 18 万人次，培养致富带头人 20 余人，推广实用技术 80 余项，建立科技示范基地 30 余个，7 家单位被授予科普试验示范基地。实施金桥工程项目 29 项，其中 7 项被列为市级金桥工程项目。特大型轴承研制生产项目、退耕还林种草养畜项目荣获成都市金桥工程优秀项目二等奖，水稻抛秧技术、新型喷枪及调试柜研制开发被评为市级金桥工程优秀项目。

【科普示范】 2002年7月22日，区委、区政府向四川省科协上报《关于申报创建四川省科普示范区的报告》。9月17日，省科协批复同意青白江区为第二批四川省科普示范区创建单位。2003年7月24日，成立创建四川省科普示范区工作领导小组，分解下达创建四川省科普示范区工作任务。科普网络体系建设进一步加强。农村专业技术协会建设和管理工作基本制度化、规范化，科普培训网络健全，设施日臻完善，科普示范推广应用取得实效。2002—2004年，通过创建省科普示范区活动全区有市级科普示范乡镇3个，区级4个，示范村48个，示范户1.2万户，年产值500万元以上龙头企业8家，引进推广新品种150余个，推广新技术60余项。

2005年4月20—21日，省人大常委、省科协副主席李洪福率领四川省科普示范区（市）县检查验收专家组对青白江区三年来“创建省科普示范区”工作进行检查验收，获得98.5分的成绩，同年6月，省科协正式命名青白江区为四川省科普示范区。

【科技推广】 1991—1994年，区科协通过学会、协会在农村推广杂交水稻“三九”工程、西瓜嫁接栽培、稻田养鱼、大田露地蘑菇栽培、金针菇种植、果菌模式化栽培、地膜种植玉米等多种技术。1995—1998年围绕“稳粮、增收、达小康”的目标，重点抓科技成果转化，组织实施“金桥工程”。1999年推广水稻新品种Ⅱ优162、甜竹笋、良种柚、食用菌姬松菌、水稻抛秧等农业实用新技术62项。2002年6月，以创建四川省科普示范区活动为契机，将科普工作进入社区，建立14支科普志愿者队伍，人数达229名。各社区办起了科普宣传栏，每季度更换一次内容；建立科普图书室和科普活动场所，区科协与乡镇（街道）科协联合在城区建成4处共30米长的高标准科普画廊。利用科普宣传活动向社区发放非典型肺炎、禽流感、猪链球菌病的预防和防治的资料，发放崇尚科学、反对邪教、科学生活等各类科普挂图及资料。组织开展《科普法》和《树立科学发展观》科普知识大奖赛。各社区采取科普培训班、科普讲座、科普图片展、健身操、文艺宣传等各种形式积极开展丰富多彩的科普活动。2005年9月17日，区科协荣获首届“成都市城市社区科普文艺汇演”优秀组织奖。

【科研团体】 1994年，区科协成员学会、协会、研究会有30个。至2005年，全区有学协会41家，会员4103人。

2005年青白江区学协会统计表

表125

序号	学协会名称	会员人数	主要负责人	挂靠单位
1	农学会	55	钟　俊	区农牧局
2	水利学会	40	黄忠顺	区水务局
3	粮食经济学会	30	王有恩	区粮食局
4	财会学会	34	钟碧辉	区财政局
5	医学会	438	王　勇	区卫生局
6	税务学会	65	陈万先	区国税局
7	审计学会	145	唐贤富	区审计局
8	微生物协会	142	陈富先	区科协

续表125

序号	学协会名称	会员人数	主要负责人	挂靠单位
9	技术监督协会	74	李长全	技术监督局
10	计划生育协会	174	钟盛全	区计生局
11	西瓜生产协会	80	彭兴树	区农牧局
12	水产协会	25	叶成熙	区水务局
13	养蜂协会	30	李仲银	供销联社
14	果品生产协会	35	黄大德	供销联社
15	青少年科技辅导员协会	96	郭光群	区教育局
16	翻译工作者协会	38	刘鸿元	区科协
17	乡镇企业厂长经理协会	29	温家禄	区企业局
18	计算机协会	32	张晓明	区教育局
19	新按摩研究会	130	徐忠荣	区科协
20	科普创作协会	30	王思伟	区科协
21	农村卫生工作者协会	64	刘宾甲	区卫生局
22	秸秆科学利用协会	40	曾　琴	区科协
23	青白江区养鸡协会	110	兰义康	区科协
24	青白江区兔业协会	58	侯芳华	区农发局
25	成都天保机械制造公司科协	58	邓亲华	区科协
26	成都迪澳植化实业有限公司科协	30	牟成坤	区科协
27	清泉镇羊业产业协会	120	唐贵海	清泉镇
28	清泉镇蔬菜产业协会	717	张永根	清泉镇
29	云顶羊业协会	50	张俊华	清泉镇
30	城厢镇食用菌协会	210	吴全忠	城厢镇
31	城厢镇花木协会	110	许昌荣	城厢镇
32	城厢镇西瓜协会	65	赖世银	城厢镇
33	大同养鸡协会	110	郑德江	大同镇
34	祥福早熟梨协会	60	陈其发	祥福镇
35	姚渡农民技术协会	100	卢　燕	姚渡镇
36	姚渡食用菌协会	50	陈　林	姚渡镇
37	龙王畜禽养殖协会	112	钟南才	龙王镇

续表125

序号	学协会名称	会员人数	主要负责人	挂靠单位
38	福洪优质杏协会	130	邹权领	福洪乡
39	福洪优质肉猪产业协会	60	李万洪	福洪乡
40	人和养羊协会	106	肖明星	人和乡
41	青白江区优质猪科学养殖协会	21	陈厚正	弥牟镇

【农村技术职称评定】 1992年6月，成立区农村技术人员职称评定领导小组。各乡（镇）成立相应的领导小组，乡农科站和村农技员具体承办。同年9月，成立区农技人员初级职称评定委员会，有委员11人，设农技、畜牧、林业、农经、水电水利（水产）及特种技艺6个专业组，负责全区农技人员初级职称评定工作。12月，经市农技人员职称评定工作领导小组批准，成立区农技人员中级职称评定委员会，负责全区助理农技师和农村技师的评定和高级农技师的推荐工作。

农村技术人员职称分设四个档次：农村技术员、助理农技师、农村技师、高级农技师。在农、林、牧、渔、水利等行业从事技术服务和技术培训以及具有特种技艺有一定影响的农技人员中进行评定，村一级（含联组）担任主办会计（未在乡企评定职称）的人员可在系列中评定。整个工作分为准备、普查学习、申报评审和总结表彰四个阶段。

1992年共收到各专业申请表731份。12月15日区农技人员职称评定领导小组对不具备规定学历的人员，分片组织统一考试。应参加考试人数92人，实到74人，及格58人。1993年2月18—25日，区农技人员初级职称评委和中级职称评委先后两次对合格人员进行评审。评出初中级农技人员697人，向市推荐高级职称人员10名。经市农技人员职称评定委员会评审，罗光惠、杨宗泽、邹吉庆3人评为高级农业技师，黄金川评为高级会计师。1996年11月，经区农村技术人员初、中级职称评审委员会评审，共评出初、中级技术职称976人，其中农技师214人，助理农技师403人，农技员358人。经成都市农村技术人员职称评定委员会评审，庄如承被评为高级农村技师。1997年全区共评出910人，其中农技员413名，助理农技师215人，技师282人。1999年评出37名，其中农技员21名，助理农技师10名，农技师6名。

医疗卫生

1991—2005
成都市青白江区志

概　述

青白江区深入推进医疗卫生体制改革，加强公共卫生服务体系和农村初级卫生保健体系建设，促进了全区医疗卫生事业的发展。1990 年，全区医疗机构 61 个，床位 794 张，医生 656 人，护士 309 人，万人床位数 20.8 张，万人医务人员 31.9 人。2005 年，公立医疗机构 23 个、民营医疗机构 37 个，床位 1101 张，执业医师 393 人，执业助理医师 100 人，医生 493 人，护士 441 人，万人床位数 28 张，万人医务人员数 32.3 人。

医疗卫生体制改革。整合医疗资源，构建以区级综合医院、专科医院、乡镇卫生院为主体的公共卫生服务体系。结合乡镇区划调整，调整乡镇卫生院布局。2002 年实施卫生防疫和疾病防控体制改革，实行疾病防控和卫生执法监督职能分离。2003 年贯彻执行市委、市政府国有企业与社会职能分离的实施意见，川化职工医院整体并入区人民医院。同年 9 月改革农村药品供应方式，乡镇卫生院、村卫生站实行药品统一配送。2004 年建立农村新型合作医疗和大病统筹救助制度。2005 年深化农村卫生体制改革，强化政府提供基本医疗服务职能，建立区、乡、村三级公共卫生服务体系和基本医疗服务体系。日新卫生院、太平中心卫生院改制为民营医疗机构。

农村卫生体系建设。15 年间，先后改建、扩建乡镇卫生院 11 个，配备和更新医疗器械 304 台（件）。1991—1995 年，建立和完善农村初级卫生保健体系。2000 年启动农村改水、改厕工作，2005 年改厕 75721 户，62.7% 的农村人口用上了自来水。2005 年参加农村新型合作医疗的人数占农村人口的 93.54%，2004—2005 年，有 97638 人享受农村新型合作医疗药费报销。

疾病预防控制。1995 年部分丘陵地区有螺面积回升，1996 年后持续开展灭螺工作，15 年间无急性血吸虫病发生。2001—2003 年，有效控制发生在福洪乡解放小学的甲型肝炎、祥福镇万年村的霍乱和玉虹乡输入性霍乱疫情。2003 年 2—5 月，发生非典型肺炎疫情期间，报告疫情 24 起，流行病医学调查 230 人，隔离观察治疗 11 人，无死亡病例。发生在区内的口蹄疫、禽流感、人感染猪链球菌疫情，启动突发性公共卫生事件应急机制，阻断了病菌传播途径，控制了疫情蔓延。

爱国卫生与监督管理。大弯镇、大同镇、城厢镇、祥福镇被评为省、市卫生城镇，全区省、市卫生先进单位、红旗单位 30 个。加强食品卫生、公共卫生、学校卫生和医疗质量、医疗市场的监督管理，15 年间未发生重大公共卫生事件。

医疗卫生机构

【卫生事业】 认真贯彻实施国家医疗卫生工作的法律法规和方针政策，深入推进卫生体制改革，促进了医疗卫生事业的发展。卫生技术人员从1990年的1197人增加到2004年的1305人，增加108人，增长9%；病人住院床位从794张增加到1068张，增加274张，增长34.5%。2005年，全区11个乡镇卫生院，占地面积38821平方米，业务用房建筑面积31357平方米，净资产3722.4万元，固定资产3674.7万元，设备102台（件），有医务工作人员1449人。111个行政村设村卫生站146个，有村医生和卫生人员247人。

加大农村卫生事业的投入。从1991年起，相继对合兴、姚渡、华严、玉虹、大同、清泉、祥福、城厢8家乡镇卫生院进行较大规模的改建或新建。对大同、清泉、祥福、城厢4家乡镇卫生院和区人民医院，区妇幼保健院，区防疫站，区中医（血防）医院等四家区级（全民所有制）医院共投入资金2017.2万元，修建门诊大楼，业务综合大楼或住院大楼，建筑面积达14882平方米。其中大同镇卫生院新建门诊大楼2400平方米，投入资金278.28万元；清泉镇卫生院改建住院楼1400平方米，投入资金91万元；祥福镇卫生院修建业务综合大楼2367平方米，投入资金364万元，城厢镇卫生院搬迁建门诊大楼1900平方米，投入资金210万元。

乡镇卫生院经市卫生局和中医药管理局评审，达到了四川省农村中医医疗先进标准。对农村医疗体制进行了改革，整顿巩固提高了村级卫生站，建立了新型农村合作医疗制度，推进了农村改水改厕工程，提高了农村居民的生活质量和健康水平。

1990—2005年部分年份青白江区卫生系统机构、人员情况统计表

表126

项　目	1990	1994	1995	1996	1997	1998	1999	2003	2004	2005
卫生机构（个）	61	59	33	33	31	32	30	29	23	23
床位数（张）	794	794	821	851	939	962	962	1084	1068	1101
在职职工（人）	1401	1672	1707	1638	1587	1528	1516	1448	1485	1453
其中技术人员（人）	1197	1438	1481	1412	1362	1310	1303	1258	1305	1274
执业医师（人）	—	—	—	—	—	—	—	356	377	393
执业助理医师（人）	—	—	—	—	—	—	—	100	95	100
医生（人）	656	659	589	623	600	600	593	456	472	493
护士（人）	309	359	421	484	484	500	484	430	438	441

续表126

项　目	1990	1994	1995	1996	1997	1998	1999	2003	2004	2005
万人拥有床位（张）	20.80	20.50	21	21.64	23.76	24.34	24.05	26.93	26.43	27.93
万人拥有医务人员(人)	31.90	37.10	36	36.13	34.46	33.03	32.57	31.26	32.30	32.31
诊疗人员（万人）	—	—	—	—	91	95.86	93	72.53	58.92	84.7

【区人民医院】 青白江区人民医院是原建于1958年的成钢厂医院门诊部。1962年成钢厂停产，门诊部人员、设备移交地方，经市卫生局批准建立青白江区人民医院。

1987年在大弯镇青江南路选址新建，1990年10月14日医院住院部建成，1997年12月医院门诊综合大楼建成交付使用。2003年，川化职工医院与企业剥离交地方管理，并入区人民医院，设川化和青江南路两个院区。

2005年医院占地面积33550平方米，建筑面积29455平方米，固定资产5000万元，开设床位320张，有职工400人，其中具有高级技术职称的33人，中级技术职称的118人。

该院是区内医、教、研中心，开设有“120”急救站，内科、外科、妇产科等27个临床科室。除开展常见病，多发病的诊治外，还开展骨外科、脑外科、血液透析和心血管内科疑难病症及危急重症的抢救和治疗，1999年通过国家二级乙等综合医院评审。

【中医血防医院】 中医血防医院分两部分，分别位于城厢镇大东街1号和大南街51号。医院前身是金堂县城厢区医院，建于1975年，1983年更名为青白江区中医院。2003年3月，该院与区血防医院合并，更名为青白江区中医血防医院，开展中医和血吸虫病防治。医院占地16914平方米，业务用房7208平方米，该院设三个门诊部，其中一个设在大弯街道办事处青江东路，五个住院区，开设病床115张，成为一所专业设置齐全、设备先进、设施完善、规模较大的临床医院。

区中医血防医院履行血吸虫病防治工作职能，创造性开展工作，出色完成血防工作任务，在1991年12月召开的成都市地方血防站工作研讨会上，区血吸虫病防治工作和管理在会上作经验介绍，1991年12月28日，青白江区血防站（区中医血防医院）被评为全国血吸虫病防治工作先进单位。

【妇幼保健院】 1991年区妇幼保健所业务用房1018平方米，固定资产31万元，有职工54人，其中卫生技术人员43人，主治医师11人，妇产科副主任医师1人，床位26张，设待产室、产房、手术室、婴儿室。门诊设儿科、妇科、妇产科、计生等门诊，年门诊2.3万人次，1996年更名为区妇幼保健院。

2004年改扩建后，占地面积4770平方米，建筑面积5550平方米，业务用房3760平方米。2005年，全院职工100人，大中专毕业生占92.8%，卫生技术人员60人，其中副高级职称7人，中级职称30人，初级职称14人，设10个临床科室。住院部设病床70张，其中儿科30张床位，妇产科40张床位，设有普通病房和家庭病房。

陆续引进腹腔镜、产科远程监护、东芝B超，阿诺卡B超、宫腔镜、电子阴道镜、麻醉机、多参数监护仪、胎儿监护仪、尿液分析仪、生化仪、血球计数仪、血凝仪、原子光谱吸收仪、红外线乳腺透照仪、宫颈癌检查仪、电刀、新生儿辐射抢救台，激光治疗机、经皮黄疸仪等先进设备，提高妇幼保健医疗技术水平。该院开展了育龄妇女保健、婚姻保健，乳腺保健、更年期保健、生殖健康研究，开设有妇产科、儿科、儿保科、节育技术科，放射科、理疗科、心电图室、B超检验和激光手术室等。并在全区率先开展了腹腔镜检，无痛人流术，新式剖宫产术，无痛分娩、导乐分娩、新生儿水疗及婴儿抚触等业务。

2005 年，门诊病人达到 6 万人次，住院病人达到 1500 人次，各项业务指标均得到了良性快速增长。

区妇幼保健院贯彻落实《中华人民共和国母婴保健法》，加强母婴保健专项技术服务。区卫生局授权对全区 15 个开展母婴保健专项服务的医疗单位进行母婴保健专项技术指导，15 家医疗单位全部取得“母婴保健许可证”。1994 年区妇幼保健院被联合国儿童基金会、世界卫生组织和国家卫生部命名为“爱婴医院”。区妇幼保健院加强妇女病的检查服务和节育技术服务及托幼儿园的卫生保健指导。开展婚姻保健，新生儿疾病筛查和出生缺陷监测及妇幼卫生监测等工作，为 1998 年青白江区评为“爱婴区”做出了贡献。

【区卫生防疫站】 区卫生防疫站设防疫、防疟疾、食品卫生、环卫监测、检验、健康教育、后勤等 9 个科和办公室。主要仪器 32 台（件）防疫车、机动三轮车各一辆，低温冰箱 6 台，固定资产 51 万元。

2002 年实行卫生监督体制改革，成立“区疾病预防控制中心”和“区卫生执法监督所”，属区卫生局下属全民所有制科级事业单位。2005 年 3 月区疾病预防控制中心，区卫生执法监督所正式挂牌独立运行，将区卫生执法监督机构与区疾病预防控制机构完全分离，明确了机构的性质、职能和工作职责。2005 年，区疾控中心和区卫生执临所占地面积 3753 平方米，建筑面积 1845 平方米，业务用房 1877.3 平方米。仪器设备 47 台，各类车辆 11 台，固定资产 354 万元。职工 79 人，其中具有高级技术职称的 3 人，中级技术职称 42 人，初级技术职称 23 人。

【乡镇医疗机构】 2005 年除区人民医院、区中医血防医院、区妇幼保健院等七家区级医疗机构外，还有弥牟镇卫生院、大同镇卫生院等 11 家乡镇卫生院，中心卫生院 1 家，民营卫生院 1 家，企业医院 3 家，村卫生站 178 家，社区卫生服务站 2 家，营利性医疗机构 35 家。

青白江区一级医院名录

表 127

医院名称	级　别	评审时间
弥牟镇卫生院	一级甲等医院	1996
华严镇卫生院	一级乙等医院	1996
太平中心卫生院	一级乙等医院	1996
祥福镇卫生院	一级乙等医院	1997
大同镇卫生院	一级乙等医院	1997
清泉镇卫生院	一级乙等医院	1997
龙王镇卫生院	一级乙等医院	2001
城厢镇卫生院	一级乙等医院	1998
人和乡卫生院	一级乙等医院	1999
福洪乡卫生院	一级乙等医院	2001
日新卫生院	一级乙等医院	2000

疾病防治防控

【传染病防治】 制订艾滋病、霍乱、疟疾、痢疾、肺结核、肝炎、非典、禽流感等传染性疾病预防、控制措施，做好儿童计划免疫，食品卫生安全检测，餐饮食具消毒等工作。以结核、霍乱、艾滋病等重大传染病为重点，落实医疗机构，健全网络直报制度，专人值班负责，发生重大疫情和突发公共卫生事件，立即启动应急机制，按预案处置。

2001 年 10—11 月，福洪乡发生甲型肝炎暴发疫情，短时间内发病 33 人，解放村小学 28 人发病，其中教师 1 人，学生 27 人，疫情波及该乡其他村，清泉镇亦呈散在发病。防疫部门立即采取就地隔离和将部分重病人转市传染病医院治疗等措施，疫情得到控制。

2003 年，区内发生首例霍乱疫情，疫点发生在祥福镇万年村，发现 0139 群霍乱派菌病例 1 例，带菌者 2 例，区政府立即启动重大疫情应急机制，指挥部设在祥福镇政府，张映明副区长任指挥长，出动防疫队伍 12 人，疫情迅速得到控制。

2004 年，区内玉虹乡发生 1 例输入性霍乱疫情，发现 0139 群霍乱派菌外环境阳性，疫情得到及时扑灭。

加强霍乱检测，每年 5—10 月，每月对腹泻病人，游厨，建筑工地，农家乐，学校食品从业人员进行健康体检，对自来水，医院污水以及海产品、腌热卤、凉菜等食品进行检测。在对 2003 年、2004 年发生疫情的外环境采样检测中均未发生阳性检测结果，开展霍乱等肠道传染病健康教育，实现了霍乱零发病目标。1990—2004 年，全区急性传染病发病率控制在 350/10 万以内。

1990—2004 年青白江区急性传染病发病率一览表

表 128

年份	发病例数	发病率（每 10 万发病人数）
1990	1002	269. 17
1991	804	206. 20
1992	876	231. 83
1993	922	242. 63
1994	992	259. 54
1995	801	208. 14
1996	777	200. 43
1997	806	206. 20

续表128

年份	发病例数	发病率（每10万发病人数）
1998	969	246.33
1999	1062	268.68
2000	793	199.96
2001	994	248.40
2002	717	178.74
2003	948	236.04
2004	1208	300.19

【职业病防治】 区内有射线装置的单位共计28家，拥有各种型号X射机54台，其中用于工业探伤机22台。根据国家《职业病防治法》《放射工作卫生管理办法》和《放射工作人员健康管理规定》等相关法律法规，区卫生执法监督所对28家放射工作单位依法进行检查监督，监督覆盖率100%。对应监测的20家从事放射工作人员50人全部进行个人剂量监测，监测率100%，组织放射人员到市疾控中心做体检，检查结果全部合格。15年间，全区没有发生职业病病例。

【非典型肺炎防控】 2003年春，中国部分省市发生非典疫情。2月17日，成立由区领导任组长的青白江区非典防控工作领导小组，组建办公室，各乡镇、区级各部门、各单位也建立了相应的领导机构和办公室。先后召开五次紧急会议，全区上下紧急动员，布置非典防控工作。

制订应急防控预案，区疾控中心印发严控死守目标和措施，组建6个非典防控应急小分队，各级各类医院在门诊（急诊）实行预检分诊，建立发热门诊，做好发热病人接诊、分诊工作，规范各医疗单位发热门诊运行程序，区非典办、区卫生局、区爱卫办、区疾控中心实行24小时值班，传达省、市指示和情况通报，坚持每日报告情况。

疫情期间，组织开展非典防治知识宣传和培训7次，发放资料5000份，区电视台和广播电台开辟防控非典专题节目，宣传防控非典卫生知识。乡镇、村、组、单位、学校、医疗单位、工厂、社区办防控非典专栏。全区中小学印发非典防控宣传单36000份，发给学生家长。学校每天给学生量体温，对不正常体温学生，立即送医院查明病因，及时向上级报告。

加强流动人员体温监测，无特殊情况不要外出，外出归来人员作监测检查。在全区范围内开展了预防消毒，区疾控中心建立消、杀、灭专业队伍，对公共场所、机关单位、社区、学校、农贸市场、公交车辆、公厕、建筑工地、垃圾桶点，垃圾场、绿化带等地定期进行消、杀、灭工作，公交车每天进行清洗消毒。抗非典期间，共用氯酸钠9775公斤，84消毒液3885公斤，菌迪130公斤，灭菌片400瓶，奋斗呐50公斤，消杀面积累计50万平方米。

2003年2月17日至5月26日，区疾控中心共处理报告疫情24起，流行病学调查230人，隔离观察治疗11人。

【地方病防治】 区内地方病主要是血吸虫病。1995年，区防疫部门对清泉镇友谊村和玉虹乡玉隆村进行抽样调查。血吸虫病未出现反复，防治效果得到巩固。但有螺面积存在升高趋势，特别是丘陵地区有螺面回升率达到历史有螺面的78.6%，地区差异十分明显。

1996年，启动“传染病与地方病控制项目”卫生贷款。12月3日，区政府与市财政局签订贷款协议，项目投入169万元，其中世界银行贷款66.47万元，区财政配套102.6万元。

区乡两级政府发动群众，开展大规模的灭螺工作，制订规划，落实措施，结合农田基本建设，修沟掏堰，目标责任到乡镇、村、组及农户。组织检查验收兑现灭螺资金，表彰奖励先进，血吸虫病感染率由1992年前的9.6%下降到2%，耕牛感染率为零。15年来，未发生急性血吸虫病例。

【突发公共卫生事件应急处理】 2003年，个别省市发生非典疫情后，区委、区政府立即启动突发公共卫生事件应急处理机制，区疾病预防控制中心制订管理制度和实施方案，应对突发公共卫生事件。

2004年1月区信息网络直报系统开通，突发公共卫生事件专项预案经专家论证认可，形成突发公共卫生事件应急处置机制，组建四个应急小分队，实行24小时值班。如有突发公共卫生事件发生，按照领导指令，应急小分队第一时间即可出动。

2005年8月，人感猪链球菌病防控期间，疾控中心四个应急小分队发挥了专业突击队的作用，对疫源地严密消毒处理，及时有效地切断疾病传播途径，控制了疫情蔓延。各级党政充分发动干部群众积极参与，形成了专业突击队与群众参与相结合的突发公共卫生事件应急处理机制。

农村卫生

【农村卫生体制改革】 1999年9月，华严卫生院大弯门诊部从华严卫生院分离，组建大弯卫生院。2001年，结合撤乡并镇及成都市区域规划调整，乡镇卫生院由15家缩编为11家。2001年3月，城厢镇卫生院、绣水卫生院、城厢口腔医院三家医疗机构合并重组为城厢镇卫生院。2005年2月，玉虹乡卫生院并入城厢镇卫生院，云顶乡卫生院并入清泉镇卫生院。同年5月，合兴镇卫生院划归新都区。

2005年8月，区政府印发《青白江区关于农村卫生体制改革的意见》，强化政府承担公共卫生服务和为群众提供基本医疗服务；突破体制性障碍，鼓励社会资源进入医疗服务领域；建立完善区、乡镇、社区三级公共卫生服务和基本医疗服务体系；建立农民受益，体制理顺，机制改活，职工满意的农村卫生体制。

构建区、乡镇、村三级公共卫生服务体系和乡村初级卫生保健体系。在乡镇卫生院设置公共卫生所，在街道办事处组建社区卫生服务中心，111个行政村设146个卫生站，将村卫生站的人员、财务及业务管理逐步过渡到乡镇卫生院的延伸机构。将城厢镇、清泉镇、祥福镇卫生院建成中心卫生院。城厢镇中心卫生院负责原玉虹乡辖区内的卫生防疫和妇幼保健工作。清泉镇中心卫生院负责原云顶乡辖区内的卫生防疫和妇幼保健工作。祥福镇中心卫生院负责原日新镇辖区内的卫生防疫和妇幼保健工作。日新卫生院、太平中心卫生院以整体出让或股份制形式，改制成民营医疗机构。

医疗机构改革坚持摸清家底，明晰产权，严格程序，规范运行，有序操作，确保稳定，统筹规划，一院一策，分类指导，突出重点，全面推进的原则。2006 年 6 月，启动农村卫生体制改革宣传动员，7 月进行清产核资，9 月进行资产评估。日新卫生院净资产 62 万元，太平中心卫生院净资产 89 万元。2006 年 11 月 27 日，日新卫生院以整体出让方式，委托四川盛源拍卖公司拍卖成功，以 80.3 万元的价格出让。

【农村改水改厕】 区委、区政府将农村改水改厕工作纳入政府工作目标，围绕新时期爱国卫生，创卫生集镇，卫生村及中心村建设，推动全区农村改水改厕工作和农村环境卫生综合整治。

2000 年 7 月，区爱卫办组织 108 名调查人员，用 310 天时间，分高、中、低自然地理区域，采取挨家挨户逐一调查，完成大同、祥福、姚渡、清泉、人和等 5 个乡镇 2597 户的改水改厕调查工作，了解农户厕所和饮用水情况，听取广大农民和基层干部的意见和建议，形成调查分析报告，为制订切实可靠的工作规划，科学指导，分点实施提供资料和依据。

2004 年，利用市爱卫办提供的改水改厕“引导金”在姚渡镇龙门村，开展改水改厕试点。实行统一标准，统一建沼气，统一施工，统一验收，合格后每户发放补助金 200 元。全村 200 户改水改厕，改善了农村环境，提高了农民生活质量。2005 年，利用国债、新农村建设等项目资金，修建沼气 200 口。

区政府出资，推进区自来水管网向农村延伸，区自来水管网已覆盖 8 个乡镇。加强乡镇自来水厂的管理和建设，扶持指导偏远丘陵地区的改水工作，增加小型集中供水管网，提高管网覆盖率，解决易缺水地区群众饮水困难。弥牟镇在推进城乡一体化进程中，国光、灯塔、三星村等拆迁户全部搬进了楼房，用上了干净清洁的自来水和无害化水冲式厕所。到 2005 年，农村改水累计受益 30.15 万人，其中自来水饮用率 62.72%，改厕累计 75721 户，其中粪便无害化处理率 38.66%。

【新型农村合作医疗】 2004 年，全面推行新型农村合作医疗制度，建立以大病统筹为主的新型合作医疗和医疗救助制度。农村居民以户为单位参加新型农村合作医疗的人员按年度交纳一定基金，其住院医疗费按一定比例报销。2004 年 6 月，区政府成立“区新型农村合作医疗委员会”和“新型农村合作医疗监督委员会”，设合作医疗管理办公室。开通“青白江区新型农村合作医疗网站”，网址 hezuo. ik8. com。制定《成都市青白江区新型农村合作医疗工作实施方案》《青白江区新型农村合作医疗定点医疗机构管理规定》《青白江区新型农村合作医疗基金财务管理制度》。7 月开始办理新型农村合作医疗住院费用报销。

2005 年 5 月，新型农村合作医疗实施方案作了调整完善，对 2004 年参加合作医疗未享受住院医疗费报销的 140953 人做免费健康体检。2005 年参加合作医疗 211341 人，参合率 93.54%，比 2004 年增加 31360 人，增加 14.83%。2004 年 7 月至 2005 年 10 月，全区共有 97638 人享受合作医疗报销 329.75 万元，其中门诊 90544 人次，报销 101.69 万元，住院 7094 人次，报销 214.9 万元，大病特助 23 人次，补助 13.12 万元，在一定程度上减轻了农民的经济负担。

【农村初级卫生保健】 全区农村初级卫生保健坚持政府组织，部门配合，社会参与，强化宣传，目标管理，全面实施《青白江区农村初级卫生保健工作规划》。1991 年 3 月，建立区农村初级卫生保健委员会，区长任初保委主任委员，卫生局、财政局、广电局、教育局、农牧局等相关的 25 个部门负责人任委员，各乡镇相应建立初保委和办公室。1991 年 4 月 2 日，区初保委审定通过《2001 ~ 2010 年青白江区农村初级卫生保健发展规划》。区政府决定在农民交纳的统筹费或公益金中按 0.2% 的额度提取初保卫生事业建设，地方病防治，农村妇幼保健及初保工作经费。

1995 年 9 月 12—14 日，成都市初保委评审组对全区初保工作进行审评。按照国家五部委制订的初保规划及审评方案，随机抽查华严乡和云顶乡 6 个村、五家食品经营单位，三处公厕，进行现场和资料验证。审评组认为：青白江区委区政府高度重视，人大、政协全力支持，相关部门积极配合，卫生投入落到实处，农村卫生面貌明显改观，工作扎实、措施得力、资料齐备，数据确切。13 项初保指标，12 项得分超过总分值 60%，最终得分 91.64 分，达到农村初级卫生保健标准，评审合格。2005 年，全区有初级卫生保健站 146 个，保健医生 282 人。

爱国卫生运动

【除四害活动】 认真贯彻《成都市除四害管理办法》，坚持属地管理条块结合，以块为主的原则，在爱国卫生环境综合整治的基础上，坚持每年开展春秋两季常规性除“四害”工作。做到“五个统一”统一指导、统一行动、统一方法、统一购药、统一使用一种毒饵”和“四个不漏”：一不漏单位、二不漏巷、三不漏户、四不漏屋。针对气温、气候特点和“四害密度”监测情况。采取定期和不定期的药物杀灭苍蝇、蚊子、蟑螂和老鼠，四害密度始终控制在国家标准范围内。1988 年青白江区成为成都市“灭鼠先进区”，1996 年和 2000 年两次复查达标；1993 年成为四川省“灭蝇先进区城区”，1999 年复查达标；1998 年成为成都市“灭蟑螂先进城区”。

贯彻落实省政府《关于进一步整顿规范鼠药市场做好预防鼠药中毒工作的通知》，下达查处违禁鼠药专项目标，开展整顿规范鼠药市场，查处违禁鼠药专项行动，出动警力和行政执法人员，严厉打击违法生产、加工经营剧毒鼠药窝点和不法商贩。端掉非法自制剧毒鼠药窝点 1 处，没收氯乙酰胺原药 6 公斤，成药 700 袋，药液 1500 支，查处违法商贩 26 人。加强农贸市场监督管理，封住剧毒鼠药源头，理顺鼠药正常供药渠道，设立 18 个高效安全鼠药专售点，扭转了鼠药市场的混乱局面，保证人民群众生命财产安全和灭鼠工作的顺利开展。

【创建卫生城镇】 1991 年，创建全国卫生城镇、村、社区活动。1992 年，区政府成立“卫生城镇创建指挥部”，区长任指挥长，创建办设在大弯镇。1993 年，区爱卫会与区创建办指挥部合署办公，办公室设卫生局。创建卫生城镇始终坚持“政府组织，地方负责，部门协助，群众动手，科学治理，社会监督”的工作方针。结合各个阶段创卫工作重点，广泛深入发动群众，坚持不懈组织具有一定规模的创卫活动。

1992 年，青白江区通过了省级卫生县城检查团检查验收，大弯镇成为四川首家省级卫生县城。1999 年，通过省爱卫会省级卫生县城巩固达标验收。1998 年，2000 年，2003 年，城厢镇、大同镇、祥福镇分别创建为市级卫生集镇。1999 年蓝风社区荣获“成都市十佳健康教育示范点”称号。1991—2005 年，全区有省级卫生先进单位 13 个，市级卫生红旗单位 13 个，市级卫生村组 6 个。

建立爱国卫生运动长效管理机制，城市管理重心下移。城区主要街道及人行道做到全天保洁，日清运垃圾 73 吨，城区道路机械清扫面积达到 50%，9 个社区和全区机关单位取消垃圾桶点，垃圾袋装化达 60%。“门前三包”“门内达标”制度落实达 100%，建立城区 5 条示范街。开展社区环境卫生和校园环境卫生及城郊结合部环境卫生综合整治，做到了农贸归市、停车归场、摊点归区、坐商归店、广告归栏，提升了城市形象，巩固和发展了省级卫生县城成果，区爱卫会连续 5 年荣获成都市爱国卫生达标先进单位。

卫生监督

【食品卫生监督】 区防疫站（区卫生执法监督所）按照《中华人民共和国传染病防治法》《中华人民共和国食品卫生法》及卫生部《餐饮业食品卫生管理办法》《关于推行食品监督量化分级管理制度》等法律法规的规定，严格审批条件和程序，做好卫生许可证的审核和换发。规范管理辖区范围内季节性食品，加强大宗重点食品的监督检测。按照市卫生健康相关产品抽检计划，开展糕点，肉及肉制品、饮料、茶叶等食品监督抽检，及时向社会公布监督监测情况，加强现场卫生监督，文件制作和档案管理。开展食品专项整治行动，切实做好元旦、春节、五一等节假日的卫生监督工作。

加强食品从业人员的卫生知识及法律法规的培训教育。在食品加工销售行业推行食品量化分级管理制度，2005 年城区餐饮单位 424 家，实行量化分级管理 350 家，量化分级实施率 82%。农村餐饮单位 160 家，建立相应监督管理制度。建立食品卫生量化分级档案，将经营户的卫生设施，卫生状况，人员体检及表彰受罚情况记录在案，作为监督依据；对监督检查中发现或举报的案件进行查处。15 年间培训 8.3 万人次，卫生知识培训率 100%；食品卫生监督覆盖率 100%，监督频率每年城区 5 次/户，农村 3 次/户；各类食品监测 16 类，合格率 85%，餐具消毒监测合格率为 86.5%；痢疾、伤寒、病毒性肝炎、活动期肺结核、化脓性渗出性接触性皮肤病调理率 100%；行政处罚金额累计 22.39 万元。

【公共卫生监督】 贯彻实施《公共场所卫生管理条例》《化妆品卫生监督条例》和《生活饮用水卫生监督监测和管理办法》，在食品加工销售行业推行食品量化分级管理制度，依法进行监督监测，不断提高执法水平，规范执法监督监测行为，加大卫生监督执法力度，每年开展食品安全专项整治行动，做好元旦、春节、“五一”等假日卫生监督工作，纠正和查处违法违规行为。严格按照卫生部关于与健康相关产品抽查检验规定，规范监督监测工作，及时上报结果。对全区 1102 户包括大型餐厅、各类小食店、酒吧水吧，各类食品糕点，各类生肉及熟肉制品，饮料茶叶经营者公共场所进行经常性卫生监督，15 年间对公共场所监督监测覆盖率 100%，建档率 100%，“五病”调理率 100%。

对集中供水单位卫生监督 193 户次，从业人员体检培训 536 人次，抽检合格率 100%，自备水源监测率为 95%。化妆品卫生监督 138 户次，从业人员体检培训 198 人次。审核和换发美发美容卫生许可证 1014 份，卫生监督检查 4056 户次，从业人员健康检查 3042 人次，合格率 92.3%。

【学校卫生监督】 1999 年 10 月 8 日，红旗中学发生因人为投毒而致学生集体中毒事件，88 名学生进食早餐后出现恶心、呕吐症状，先后在川化医院和区人民医院观察治疗。卫生防疫部门迅速采取控制措施，组织医院抢救，未发生死亡事故。此次中毒事件原因经市公安局刑侦处、市防疫站中心实验室、区防疫站检验科3家采样分析，结论为氟化物中毒，案件随即移交公安部门查处。区卫生防疫部门加大学校卫生监督力度。成立学校食品安全专项整治小组，从监督科抽调4名专业人员，专门从事学校食品监督管理，加强监督指导，确保学校食堂的食品安全，消除食品安全隐患，避免学校群体性食物中毒事件发生。加强学校周边饮食摊点的监督管理，清理整顿无证经营者，做好中考、高考期间食品安全保障，建立和完善食堂卫生管理制度。每年不定期对学校餐饮食品进行检查监督，提出整改指导意见。推进学校食品卫生监督量化分级管理，加强学校食堂监督指导，到2005年，学校食堂A级2家，B级9家，C级3家。

卫生行政管理

【医疗质量管理】 2004年12月，区卫生局依据成都市卫生局《关于印发成都市医疗质量管理办法（试行）的通知》精神，下发了《青白江区卫生局关于加强医疗质量管理，确保医疗安全的通知》。对全区各级各类医疗机构和医务人员提出了加强领导，落实责任，强化措施，狠抓落实，规范行风，确保安全；对症下药，不开大处方，不误诊，不收病员礼包，不出医疗事故，依法执业的要求。卫生局调整充实区医疗质量管理委员会和区医疗质量管理督查专家组。2005年5月，派出医管委和督查专家组，全区17家医疗机构的医疗质量进行检查。检查方案全面细致，针对性强，提高了医疗机构和医务工作者的质量和安全意识，医疗质量管理水平明显提高，医疗行风好转，医疗安全得到了保证。

【慢性非传染性疾病管理】 按照《成都市慢性非传染性疾病发病登记报告管理办法》的要求，慢性病报告登记，由各级医疗卫生单位负责收集、填写死亡原因卡片，区疾控中心负责收集、汇总、分析。2003年卡片内容录入电脑保存，2004年，由各级医疗单位上网录入市突发公共卫生事件和信息报送处理系统。区疾控中心负责审核卡片，每季度进行一次慢性病漏报检查，年末与公安、计生、殡仪馆等机构再次核对数据，完成数据的统计、汇总、分析，上报区卫生局和市疾控中心，为制订卫生政策提供依据。

1990—2004年青白江区急性传染病发病率一览表

表129

年份	新生儿死亡率（‰）	婴儿死亡率（‰）
1993	18.96	29.88
1994	13.81	22.88
1995	8.09	18.26

续表129

年份	新生儿死亡率（‰）	婴儿死亡率（‰）
1996	9.57	16.24
1997	11.49	15.09
1998	16.17	18.09
1999	11.49	15.09
2000	3.17	6.94
2001	12.05	18.28
2002	7.29	10.42
2003	12.97	15.30
2004	3.37	7.41

1990—2004年青白江区死亡率及死因顺位统计表

表130

年份	死亡总人数	男	女	男女死亡之比	死亡率（‰）	死因顺位
1990	2498	1406	1092	1∶0.78	6.67	呼吸系统疾病；循环系统疾病；恶性肿瘤；意外死亡；消化系统疾病；代谢病；新生儿疾病；传染病；先天异常；泌尿生殖系统疾病
1991	2583	1441	1142	1∶0.79	6.84	呼吸系统疾病；循环系统疾病；恶性肿瘤；意外死亡；消化系统疾病；新生儿疾病；传染病；泌尿生殖系统疾病；先天异常
1992	2680	1502	1178	1∶0.78	7.05	呼吸系统疾病；循环系统疾病；意外死亡；恶性肿瘤；消化系统疾病及新生儿疾病并居；代谢性疾病；传染病；泌尿生殖系统疾病；先天异常；神经系统疾病
1993	2483	1440	1043	1∶0.72	6.50	呼吸系统疾病；循环系统疾病；损伤和中毒；恶性肿瘤；消化系统疾病；新生儿疾病；代谢和营养不良；传染病；泌尿生殖系统疾病；精神病
1994	2378	1390	988	1∶0.7	6.18	呼吸系统疾病；循环系统疾病；损伤和中毒；恶性肿瘤；消化系统疾病；新生儿疾病；传染病；营养不良和代谢；泌尿生殖系统疾病；神经系统疾病
1995	2599	1480	1119	1∶0.76	6.70	呼吸系统疾病；循环系统疾病；恶性肿瘤；损伤和中毒；消化系统疾病；营养不良和代谢；新生儿疾病；传染病；泌尿生殖系统疾病；神经系统疾病
1996	2386	1365	1021	1∶0.75	6.10	呼吸系统疾病；循环系统疾病；恶性肿瘤；损伤和中毒；消化系统疾病；营养不良和代谢；新生儿疾病；传染病；泌尿系统疾病；先天异常

续表130

年份	死亡总人数	男	女	男女死亡之比	死亡率（‰）	死因顺位
1997	2433	1380	1053	1∶0.76	6.19	呼吸系统疾病；循环系统疾病；肿瘤；损伤和中毒；内分泌营养代谢；消化系统；传染病；新生儿病；泌尿和生殖系统疾病；血液和造血器官
1998	2336	1290	1046	1∶0.81	5.91	呼吸系统疾病；循环系统疾病；肿瘤；损伤和中毒；消化系统；内分泌营养代谢；新生儿病；传染病；神经系统疾病；泌尿和生殖系统疾病
1999	2306	1342	964	1∶0.72	5.81	循环系统疾病；呼吸系统疾病；肿瘤；损伤和中毒；消化系统；诊断不明；新生儿病；神经系统疾病；泌尿和生殖系统疾病；传染病
2000	2245	1287	958	1∶0.74	5.16	呼吸系统疾病；循环系统疾病；肿瘤；损伤和中毒；消化系统；泌尿和生殖系统疾病；传染病；精神病；神经系统疾病；其他疾病和诊断不明；内分泌营养和代谢；新生儿病；先天异常；妊娠分娩和血液造血器官
2001	2573	1514	1059	1∶0.67	6.41	呼吸系统疾病；循环系统疾病；肿瘤；损伤和中毒；消化系统；泌尿和生殖系统疾病；神经系统疾病；内分泌营养和代谢；传染病；新生儿病；精神病；诊断不明；先天异常；血液造血器官
2002	2397	1483	914	1.62∶1	5.97	呼吸系统疾病；恶性肿瘤；循环系统疾病；损伤和中毒；消化系统；传染病；起源于围产期某些情况；诊断不明；神经系统疾病；血液造血医疗疾病
2003	2507	1546	961	1∶0.62	6.23	呼吸系统疾病；恶性肿瘤；循环系统疾病；损伤和中毒；消化系统疾病；起源于围产期某些情况；内分泌营养和代谢；泌尿性生殖系统；传染病；其他疾病
2004	2549	1539	1010	1∶0.65	6.31	呼吸系统疾病；恶性肿瘤；循环系统疾病；损伤和中毒；消化系统疾病；内分泌营养和代谢；起源于围产期的某些情况；泌尿性生殖系统；传染病；肌肉骨骼和结缔组织疾病

【医疗市场管理】 认真贯彻《成都市医疗机构管理条例》，加强医疗机构管理。医疗机构实行。分级达标管理，坚持评定标准、严格评定程序。区人民医院达到国家二级乙等标准，区妇幼保健院达到国家一级甲等标准，弥牟镇卫生院达到国家乡镇一级甲等医院标准。强化执法检查，打击制售假劣药品，无证行医、游医、巫医，净化医疗市场，确保群众安全就医。15年间，坚持出动卫生执法人员到农贸市场、乡镇集市检查，取缔无证行医、游医和巫医，对屡教不改者处以罚款，查处假冒伪劣药品。加强个体行医资格重审、验证，改善村卫生站（室）医疗条件，提高医疗水平，保证医疗市场质量安全，维护人民群众切身利益。

文化体育

1991—2005
成都市青白江区志

概　述

1991 年，全区有文化机构 19 个，其中乡镇文化站（中心）17 个；乡镇有线广播站 16 个，电影放映单位 11 个。2005 年，有文化机构 14 个，其中乡镇文化站 11 个。图书馆 4 个，馆藏图书、期刊 22.73 万册；中小学图书馆（室）34 个，馆藏图书 34.6 万册。图书发行经营单位 43 个，区广播电台、电视台各 1 个，企业有线电视台 4 个，电影放映单位 3 个，乡镇广播站停播。全区体育运动场地 144 个，总面积 22.46 万平方米。

区文化馆常年开展文学创作、少儿舞蹈、音乐、戏剧、曲艺培训，学员分别在省、市比赛中获奖。为基层培训文艺骨干，组织大型文艺演出，辅导基层文化活动。川化文联、攀成钢文联创作的诗歌、散文、小说、报告文字、水彩画、摄影等作品分别获得文化部、省、市的奖项。连续举办青白江区桃花诗会 15 届，挖掘乡土文化资源，促进文化交流。推进文化体制改革，转变乡镇文化站、广播站职能。2003 年，区新华书店分别组建四川新华文轩连锁股份有限公司青白江分公司和青白江书店。

1999 年举办全区首届运动会，设田径、篮球、足球、地掷球等 12 个比赛项目，全区机关、学校、企事业单位、乡镇共 81 个代表队参加比赛。青少年体育、老年体育、农民体育分别在省、市体育比赛中获奖，多次承办省、市篮球、老年门球、地掷球等比赛活动。15 年间，区业余体校向上级体校、运动队输送各项体育运动苗子 40 余名。

开展勘探、考古、发掘古墓葬 98 次，出土文物 680 余件，追回文物 40 余件。2005 年馆藏文物 1178 件，其中国家一级文物 1 件。1998 年区政府命名文物保护单位 12 个，2005 年全区有省、市、区文物保护单位 17 个，古迹遗址 19 处。

整合电视资源，突出地方特色，做好广播、电视宣传。2000 年恢复农村电影放映，2005 年福洪乡电影队被文化部评为“全国农村电影先进放映队”。

群众文化机构

【川化文学艺术联合会】　川化集团公司文学艺术联合会（简称川化文联）。下设书画协会，摄影协会，五色石文学社，艺术团。

川化文联书画协会坚持组织“川化职工艺术展”，十届共展出书画作品700件。其中的优秀作品先后参加文化部“第九届全国美展”“中国美协，中国画三百家”“挪威第十二届国际绘画三年展”等重大展事。水彩画《磅礴》《金戈铁马》分别获“四川省产业巴蜀文艺奖”美术一等奖，“四川省水彩画展”铜奖。有300件作品分别在《中国水彩》《中国书画报》《中国画家》和《美术报》等全国性报刊上发表。

川化文联摄影协会组织“家园·歌声·追寻”“川化人”“百人摄影展”等专业性摄影展30次。其中《西部情怀》《集市豆花担》《钢筋工》等作品分别获得“上海第二届国际摄影艺术交流展”入选奖，“四川省产业巴蜀文艺奖摄影”一等奖，“光与影杂志月赛”二等奖。有1000件作品在《中国摄影》《中国摄影报》《人民摄影报》《大众摄影》《人像摄影》等国家级刊物发表。

川化艺术团参加“川化职工艺术节”“华夏十月狂欢夜”“颂歌献给党”“辉煌川化”等大型文艺演出100场，同时参加省市职工文艺调演。其中，舞蹈《圆梦》参加中央电视台和化工部主办的“世纪彩虹”大型文艺演出并获优秀编导奖。舞蹈《彩月》《日月》《春天的故事》《五彩云霞》《喜洋洋》《草原牧歌》等分别荣获“四川产业系统巴蜀文艺奖”舞蹈二、三等奖。川化歌手演唱的《小纸船》《最美的心愿》《村支书》分别在“第八届全国城市歌舞赛”、中宣部“五个一”工程、“四川省祖国颂歌大赛”中分别获奖。

【攀成钢文学艺术联合会】 2003年4月，攀成钢公司党委印发“关于成立企业文联筹备组的通知”。5月成立攀成钢文学艺术联合会（简称攀成钢文联）。下设文学协会，美术协会，摄影协会、书法协会、音乐协会、曲艺协会，制定《攀钢集团成都钢铁有限责任公司文学艺术联合会章程》。2004年5月，《攀成钢文艺》创刊号出版发行。2005年5月攀成钢文联成立两周年，发动组织会员创作小说、散文、报告文学、诗歌等文学作品200篇，在《攀成钢文艺》上发表书画，摄影作品200件，精选作品参加省、市、区“纪念邓小平同志百年诞辰书画展”“企业魂”等活动，共获得五项奖励。

【图书馆】 川化信息中心图书馆。川化集团公司信息中心图书馆，位于川化厂内信息中心二楼。馆舍面积360平方米，馆内有大量的中外著名化工藏书，《美国化学文摘》（英文版）可查到上世纪初期资料，许多国家的化工文献和杂志在这里都能查阅到，国内著名的化工杂志《化工通讯》《有机化学》《无机化学》和一些大学的学报均可查阅到。馆内有图书杂志2.5万册，300种。图书馆实行自动化办公，有专职图书管理员5人，年购书12万元，为厂内提供科技情报资料，对全厂技改和技术更新发挥巨大作用。

川化公司职工图书馆。川化集团公司职工图书馆位于大弯街道办事处青江东路59号，馆舍面积500平方米，有专职图书管理员5人，年购书经费35万元，藏书量7万册，期刊110种，是川化职工图书借阅、求知学习的主要场所。

攀成钢公司图书馆。攀成钢公司图书馆位于红阳街道办事处团结北路，馆舍面积500平方米，设有阅览室、藏书室和办公室，有专职图书管理员2人。藏书量2万册，期刊18种，是攀成钢职工图书借阅、报刊阅读、求知学习的主要场所。

区图书馆。区图书馆建于1983年，全额拨款的公益性事业单位。旧馆位于红阳街道办事处文化巷18号，馆舍面积600平方米，有藏书16944册，期刊1700册。1997年，区政府投资350万元，在青江中路258号文体公园内修建新馆。2002年7月，新馆建成投入使用，馆舍面积2615平方米，设有报刊阅览室、少儿阅览室、电子阅览室，采编室和藏书室。2004年，区财政拨款26万元用于购置馆内设备。2005 年，区财政将购书款每年由 1.5 万元增至 6 万元。图书馆有工作人员 7 名，办公实现现代化、网络化。2005 年，馆内有藏书 112318 册，有各类期刊 100 种，有报纸 20 种。图书馆具有报刊图书借阅和外借，资料收集查询功能，承担企业，单位和学校图书馆业务指导。2004 年，经市专家组检查验收，达到国家三级图书馆标准。图书馆征集出版了《百年小平》《优秀作品集》和《科技致富信息》等资料，开展了送文化下乡活动。

【区文化馆】 青白江区文化馆位于红阳街道办青江西路 20 号，全额拨款的事业单位，编制 14 人。1983 年区政府决定投入 36 万元，在原址重建区文化馆，1985 年 12 月新馆竣工交付使用，馆舍面积 1350 平方米。文化馆配备有 30 多万元的乐器、服装、音响、灯光等设备和图书资料。馆内分设舞蹈组、美影组、音乐（声乐、器乐）组、文学创作组、戏剧、曲艺组等。区文化馆承担开展群众文化工作，普及审美教育，组织开展群众文化活动，培训辅导青少年，进行文艺作品创作和群众文化理论研究。1991—2005 年，区文化馆参与指导了 13 场大型文艺演出，培养出一批少儿艺术人才。群众文化辅导培训、文艺创作、群众文艺理论研究成绩突出。2005 年 4 月，经市专家组评估，区文化馆达到国家二级馆标准。2005 年 6 月被文化部授予国家二级文化馆。

【乡镇文化站】 1991 年，全区有乡镇文化站 16 个，配备 16 名文化站站长，负责基层群众文化活动的组织、辅导和管理工作。乡镇文化站和村文化室均有数量不等的文艺书籍和科普读物及报刊杂志，群众都可以到文化站（室）读书看报或自由组合的文化娱乐活动。2003 年 12 月，乡镇行政区划调整，16 个乡镇调整为 11 个，撤销乡镇文化站，组建 11 个乡镇文化广播服务中心。2004 年乡镇文化广播服务中心撤销，划归新建立的乡镇社会事业管理中心。社会事业管理中心内设文化广播专干，分管文化广播工作。到 2005 年，11 个乡镇（街办），96 个行政村，均建有文化站和群众文化活动室，开展群众文化活动和娱乐活动。在区文化馆和乡镇（街办）文化专干指导下，组织了 65 支社区（村）业余文化队伍，102 支业余文化表演队，培训配备 65 名社区（村）文化活动辅导员。

群众文化活动

【艺术培训】 艺术培训有文化活动辅导员培训和少儿艺术培训。区文化馆开办电子琴、钢琴、笛子、琵琶、美术、舞蹈等培训班。15 年共举办少儿艺术培训班 235 期，培训学员 1.63 万人次。1996 年参加全省首届电子琴大赛，青白江区代表队获第一名。同年成都音像出版社出版青白江专集《中外电子琴独奏曲集》，专集收录区内 11 名电子琴新苗演奏曲，曲目长 45 分钟，在全国公开发行 380 万盒，成为畅销盒带之一。同年在全省少年儿童民乐，民歌大赛中，青白江区代表队获特等奖，竹笛班学员何文博在市民乐比赛中获一等奖，代表成都市参加省的比赛获三等奖。2005 年，竹笛班学员冯熙在“诺亚舟杯”中国青少年艺术英才推选活动中获小学 A 组民乐一等奖。1999 年省文化厅，省音乐家协会、省少儿艺术委举办的“99 四川省少年儿童电子琴比赛”中，电子琴班学员严悦获乙组一等奖，黄小栖、宋湘亭分别获二、三等奖。

1994—2004年，市委宣传部、市文化局、市教育局共举办六届“蓉城十佳少儿艺术新苗大赛”，青白江区学员吴丹、陈莎、刘静、杨明月、纪实、张震、郑婉、张端燊、王一帆、冯熙、唐建新、王栻等12人获“十佳”称号，青白江区三次获“蓉城十佳”郊区（市）县第一。朱竞梅辅导的琵琶班学员有7人在高考中琵琶演奏水平获得高分。张华丽辅导的舞蹈班学员有5人被省、市艺术学校录取。艺术培训班教师王世立被《成都晚报》列入“百名今日成都人”，陶兴国、辜学耕3人被授予成都市优秀园丁称号。

【大型文艺演出】 1991年7月1日晚，在成钢影剧院举行“庆祝中国共产党诞辰70周年文艺晚会”，川化、成钢、教育局、卫生局等数十个单位参加演出，有关领导和3000名观众观看演出。1993年12月25日，在成钢影剧院举办“纪念毛泽东同志诞辰100周年大型文艺晚会”，邀请著名歌唱家、艺术表演家克里木、邓玉华、刘秉义到会献艺，受到观众欢迎。1995年8月，举办“纪念反法西斯战争和中国人民抗日战争胜利50周年大型歌咏比赛”。1997年6月30日，举办庆香港回归街头游行和广场庆典活动，观众达到1.2万人次。1999年9月底至12月末，开展“双迎双庆”（迎澳门回归、迎新世纪到来、庆新中国成立50周年和建区40周年）活动，23台彩车，24个方队街头游行和连续7台大型晚会。2001年7月1日，在怡湖广场举办“纪念中国共产党成立80周年“母亲颂”广场大型文艺演唱会。2002年9月中旬至10月上旬，举办“伟大的里程碑”文艺活动周，开展少年儿童钢琴大赛，大型书画摄影展，配乐诗朗诵会，专场文娱演出和颁奖文娱晚会，观众达到16万人次。2004年，举办“纪念邓小平诞辰100周年”大型文艺晚会和“百年小平优秀影片放映”活动。

【桃花诗会】 青白江的桃花诗会始于1985年，发起者和参与者多为青白江区文学艺术讲习班的学员，另有一些自由参加者。著名诗人《星星》诗刊主编，全国新诗评奖委员，享受国务院特殊贡献津贴的专家白航、《成都晚报》副刊编辑张大成参加诗会，向参会人员讲授诗歌的创作与修改，鼓励与会者努力创作，对优秀作品《星星》诗刊和《成都晚报》副刊将予发表。首届桃花诗会在清泉镇一家简陋旅馆举行，进行诗歌创作交流，以花为媒，结识诗友，走进桃花沟，爬上桃花山赏花，唱歌、跳舞，即兴吟诗，尽享赏花之乐。此后从未中断。

至2005年已办20届，每年都在清泉的花园沟、桃花山、龙洞村、姚渡的龙门村聚会，规模越办越大，一届胜过一届，品味越来越高，在省市乃至全国都具有一定的知名度和较大的影响力，已成为区内一张文化名片，吸引外地游人，文人骚客及各界人士前来观光旅游，洽谈生意，形成独特的桃花文化，桃花旅游，桃花商贸，促进了区内旅游商贸经济的发展。由区委宣传部主编，中国文史出版社出版的桃花诗集《桃花映红青白江》已于2006年3月与读者见面。诗集收录诗歌66首，著名诗人流沙河题写书名，白航作序。

图书发行

【发行机构】 1988年12月投入资金70万元，在青江东路264号修建区新华书店办公室、库房、门市部和职工宿舍，1990年4月建成投入使用，建筑面积3100平方米，其中门市部362平方米。区新华书店设业务科，教材科，农村图书发行组，机关发行组，大弯门市部，青江东路门市部，团结村门市部，城厢门市部。区新华书店属自收自支的事业单位，区文体局管理。2001年投入资金228万元，在政府中路75号世纪春天商城购买底层营业房514平方米，作为新华书店新门市部。

【发行体制改革】 2003年，依据省、市、区关于图书发行体制改革的文件精神，区新华书店进行体制改革，书店按企业运作，转变国有身份，职工买断工龄，分流富余人员10名，实行全员竞争上岗，定岗、定薪，打破干部与工人的身份界限，实现书店人才的合理流动。改制后更名为“四川新华文轩连锁股份有限公司青白江区分公司”和“四川新华文轩连锁股份有限公司青白江书店”。形成了教材发行和图书发行的两个完全独立的经营体。

【发行经营】 1988年贯彻执行国家新闻出版署“推行经营责任制”的决定，实行“包死基数，确保上交，超收多留、欠收自补”的政策，调动基层书店的工作积极性，图书销售量逐年上升，利润大幅增加。2003年图书发行体制改革后，图书发行业实行“三多一少”，即“多种经济成分，多种发行体制、多条流通渠道，少流转环节”的政策，集体、个体书店应运而生。到2005年，全区持有图书、电子出版物和音像，书刊出租经营许可证的单位有43家，其中37家分布在大弯、红阳城区，城厢镇有3家，弥牟、大同、祥福各1家。教材发行经营单位为“四川省新华文轩连锁股份有限公司青白江分公司”，图书发行经营主渠道为“四川省新华文轩连锁股份有限公司青白江书店”。

1991—2005年青白江区教材图书经营情况一览表

表131 单位：元

年份	购进总额	销售总额	实现利润
1991	2001900	1900300	99400
1992	2611400	2286800	102000
1993	2799900	2858600	－1121
1994	2710100	2787700	2287
1995	3318394	3280711	111702
1996	4817011	4733121	199133
1997	4901116	4809784	209161

续表131

年份	购进总额	销售总额	实现利润
1998	5211973	5090606	210578
1999	5797105	5587125	259699
2000	6440120	6634304	243160
2001	7062237	7052410	350504
2002	7045422	6965313	362390
2003	7781711	7557171	224539
2004	8199047	8022306	176740
2005	8513327	8163734	349593

考古发掘

【出土国家一级文物】 1987 年 7 月 5 日，大同镇战斗村三组村民苏某在房侧坟地放牛，地面被牛踩穿一个洞，露出汉砖，苏某便下洞探看，在墓门发现陶钵、陶房等物。第二天他邀约另外 5 个苏姓村民深入墓底，取陶俑、陶狗、陶房、陶仓、摇钱树、铜马等文物 40 件。6 日下午，他们到新都宝光寺、文管所出售文物未果，7 日上午，市文管委将这一情况电话通报区文物管理所（简称区文管所）。经区相关领导和部门及大同镇党政的宣传教育，7 月 9 日，苏某等人将 40 件文物全部上交区文管所。

1995 年底，区文管所带上出土 8 年多的东汉青铜马、摇钱树请市博物馆的专家进行修复，1996 年 1 月 8 日修复回区。同月 18 日，邀请省文化厅文物处、省博物馆、市文化局文物处、市文物考古队领导、川大历史系专家教授、区委区政府及相关部门领导对区博物馆的建设和珍贵文物青铜马的鉴定举行座谈会。与会领导和专家教授对区博物馆的建设提出很好的意见和建议，对青白江区出土修复的东汉青铜马给予高度评价，严格按照文物鉴定的程序和标准，仔细观察出土文物，查阅出土相关资料，一致认定青铜马属东汉时期青铜冶炼铸造的大铜马。在当时全省三匹较大的青铜马中，其完整程度和长、宽、高都位居全省之冠，被省文物鉴定委鉴定为国家一级文物，报国家文物局备案。

同年 5 月 14 日，国家文物局派出专家组对青铜马作最终认定，国家文物专家组同意省文化厅文物处的鉴定结论，认定为国家一级文物。

【跃进村考古发掘】 1996 年 3 月 29 日，在大同镇跃进村 12 组大弯中学新校区建设工地发现 12 座墓葬。市文物考古队和区文管所对墓群进行考古清理发掘，发掘清理出土文物 300 件，汉五铢钱 2000 枚。修复虎熊龙凤座、龟蛙斗拱座、人马陶灯、铜仙鹤、铜镜、铜熏炉等 88 件文物，清理出较完整的汉五铢币768枚。此次考古发掘简报，国家文物局主办的《文物》（以中英两种文字出版发行）杂志1999年第八期予以转载，该杂志封面和彩页第三、四版均为青白江区出土的文物图片。《四川文物》杂志1999年第三期封面刊登虎熊龙凤座。2000年12月铜熏炉赴韩国汉城参加“三国志英雄展”。这是本区文物首次走出国门。

2006年5月，市文物考古研究所会同区文管所，对汉代墓葬进行了抢救性清理和发掘。共计发现汉代墓15座，有砖室墓和木椁墓两种类型。第6～10号砖室墓，均用素面砖建成，墓顶用扇形券拱砌成，墓室较小，出土器物丰富，有平底罐、折腹钵、仓、灶、鸡、狗等陶器以及五铢、货泉等钱币，属王莽或东汉早期；第1、5、11、12号墓为木椁墓，均用木板建成木椁，以木棺为葬具，木棺放在木椁内，这些墓葬早年被盗，木椁和木棺多已腐朽，有的仅存木板痕迹，木椁墓出土的陶器有折腹钵、平底罐、瓮、圜底釜等，出土钱币为小半两、五铢和货泉，属西汉末年至王莽时期。

在已清理发掘的墓葬中，第4号砖室墓以花纹砖建成，花纹砖种类丰富，有菱形纹、联壁纹、钱币纹等，墓葬规模较大，墓室长6.74米，宽2.38米，墓室内出土有折腹钵、平底罐、瓮等陶器和五铢、剪轮五铢钱币，墓葬时代在东汉末期。在墓室的后半部，还保存着一具画像石棺，石棺以11块石板拼合而成，石棺门已不见，棺盖为双层庑殿式房顶形，由三段构成，石棺的右侧雕刻有精美的画像，画像由三部分构成：中间为侍女倚门图，右侧门半开，左侧门未开，一侍女站立在半开的门缝中，探出半身，左侧门的下部刻有一蟾蜍捧着灵芝。石刻的右侧图案分两部分，上部为窗棂，下部为二只仙鹤嬉戏图。石刻的左侧图案也由上下两部分构成，上部刻有兵器架，架上挂有长矛、盾牌和甲胄，下部有狗在守卫。石棺门两侧的门柱上雕刻有双阙图，石刻画像反映当时的经济、宗教和丧葬习俗。

【马坪村考古发掘】 1997年5—8月，市文物考古队和区文管所对日新镇（今祥福镇）马坪村的墓葬群进行考古发掘。此次发掘的墓葬众多，时间跨度长，发掘面积广，出土文物丰富，共勘探面积2.73公顷，发掘墓葬36座。

此批墓葬是在修建成达铁路施工现场发现的，位于当地叫老虎山、杨家山之间的山坡浅丘上，不论崖墓还是砖室墓都形制多样，其中西晋墓保存最为完好，呈长方形单室卷顶砖室墓，南北向，由墓道、封门、墓室组成。墓室建在红沙石开凿的墓圹中，墓和墓圹错位12度，墓墙变形，但卷顶完整，未被盗掘和破坏，发掘资料显示，该墓葬于公元282年8月，墓顶砖有清晰的纪年：在卷顶砖的一侧有“太康三年，宝贵吉祥”和“公元282年下葬”等铭文，墓壁四面用钱币砖和网络砖相嵌而成，墓内清理出金戒子、银手镯、银簪子、铜镜（刻有“长宜子孙”），铜釜、瓷碗、陶钵、陶罐等文物。

在老虎山还发现两件新石器，一件石斧，一件石锛。西晋在中国历史上有过短期统一，其考古发掘资料在成都以至四川地区都不多见。此次发掘对研究西晋时期成都平原的历史提供可靠的史料。马坪村古墓群有较高的历史和考古价值。首先时代跨度长，上至王莽时期，下到西晋，绵延300余年，而其间各时期墓葬都有，有些还伴有时代特征文物出土，对于这一历史阶段的古墓葬研究和考古编年序列的建立极有价值。

马坪村崖墓的墓室结构有别于他处，很有特点。这些崖墓大部分都是中间一间长而不宽的中室，左右各有类似于龛的侧室，将葬具置于侧室中，这种结构不在别的地方流行，属于本地特点，这就丰富了四川崖墓的内容。此次发掘出土文物，对于王莽到西晋时期的社会经济，丧葬制度的研究提供了宝贵的实物资料。

【乌木出土和鉴定】 1997年8月27日，一株长27米，最大直径1.7米的乌木在祥福镇甘泉村二组毗河边出土。成达铁路取垫土时发现树梢，顺着树干，朝河边深挖，经过村民近半个月的掏挖，整株乌木呈现在人们面前，乌木乌黑发亮。村干部将发现乌木的情况报告了镇政府，镇政府随即报告了区政府，分管文物工作的区委副书记、区政府区长、区文体局的相关领导及工作人员，先后多次到现场做深入细致的工作，宣传国家有关文物保护的法律法规。村民放弃了当初要将乌木卖给成都市某乐器厂的打算，表示要保护好乌木，交文物主管部门管理。有关部门按政策对发掘保护乌木的村民给予适当的劳动补偿，问题得到了圆满解决。按乐器厂要求被裁为五节的乌木运回文体局保护。有关部门请中国社会科学院考古研究所和中国农业大学专家学者前来对乌木作鉴定，鉴定结果为：该树木距今6455±64年，树种为香果树。2003年7月，乌木送往成都金沙遗址博物馆陈列、展览，供人们参观。

【前进村考古发掘】 1998年6月20日，福洪乡前进村发现古墓，区政府特批3万元资金用于抢救性发掘。市文物考古队派出6人工作组与区文管所组成联合工作队进入现场进行抢救性清理发掘。新闻单位提前介入，致使这次发掘工作难度增大，围观群众高峰时达到上万人，公安部门紧急介入后，发掘现场的混乱局面才得到控制，发掘清理工作才得以顺利进行。

通过调查和对两座被盗古墓的发掘，初步确认前进村现有崖墓在28座以上，延续时间从东汉晚期到唐代，在已发掘的成都地区崖墓中，前进村崖墓是延续时间最长的。前进村崖墓群保存较好，随葬遗物特别丰富，1、2号墓发掘出土文物（含公安机关追回的被盗文物）多达500件，在四川地区崖墓中是罕见的。特别是大量的隋唐时期青瓷器以及“四铢”“太平百钱”等钱币在四川地区崖墓中尚属首次发现。已发掘的1、2号墓葬，形制差异较大，结构特殊，仿木建筑雕刻，龛形石棺等在四川崖墓中都是少见的。

此次考古发掘发现前进村崖墓葬俗特殊，1号墓发现10具陶棺，采用多次葬式，2号墓早期葬式和1号墓相同，但南朝以后则以捡骨葬、瓮棺葬为主要葬式，这种以旧墓新葬的形式在四川地区墓葬中占有极为重要的地位，为研究古代墓葬提供了重要的实物资料，填补了成都地区隋唐崖墓的空白。

【古城遗址考古发掘】 城厢古城遗址位于城厢镇北门外古城桥周围，是一处重要的汉代古城遗址。1998年10月区人民政府列为区级文物保护单位，划定了保护范围。

1999年2月，为配合城太公路建设，进行一次考古清理发掘。发掘清理出明清至汉代的遗址有：灰坑、井圈、排水沟。其中灰坑14个，排水沟4条。出土的重要文物有陶器和钱币。陶器有盆、缸、钵、甑、鼎以及汉代建筑构件筒瓦、板瓦、瓦当和陶井圈。陶器纹饰主要有绳纹，出土的钱币为秦半两。发掘是对城厢古城遗址进行规模性田野考古工作。

此次古城遗址考古发掘获得重要认识：城厢古城遗址分布范围广，约为10万平方米，文化层堆积厚，自汉代至明清遗址，遗物丰富，遗址的时间跨度近2000年。是成都地区重要的、保存比较好的一处汉代遗址。

【新河遗址考古发掘】 2002年10月，乐斯集团在建筑施工中暴露6座宋代古墓，从开挖基坑中发现泥土异常，经市文物考古工作队实地勘查确认，为早期文化堆积层，属新石器时代“宝墩文化”早期遗址，距今约4500年，该遗址位于华严镇新河村境内，定名为“新河遗址”。发掘工作历时20多天，发现大量早期遗迹、遗物和房层建筑遗迹。经随后的考古勘探和发掘，初步确定了新河遗址北面的走向，新河遗址显示青白江城区近两千年前就有人类活动。

【三星村遗址考古发掘】 2004年4月，在弥牟镇三星村攀成钢公司迁建施工工地，发现一处商周时期生活遗址，市文物考古队和区文管所立即对该遗址进行考古发掘，出土有陶器、石器。陶器有高柄豆，小平底罐、圈足豆、花边口沿罐、剑口罐等。陶器表面多饰有陶衣，陶器器形依据考古的类型学对比，与广汉三星堆遗址中晚期器形相近。出土的石器有25件，均为小型磨光石器有人为加工痕迹。这些特点与成都平原商周时期石器相同。发现的屋基，建筑特点也与成都平原商周时期房基相同。其中在发掘勘探中出土的一个木制鸟头勺和一个陶制圆形鸟头当属这次试掘中出土的精品文物。三星村遗址出土文物可分为两组，一组以尊、喇叭口高领罐等具有“宝墩文化”风格的文物为典型代表，另一组以小平底罐，高柄豆、盘、瓮等具有三星堆文化风格的文物为典型代表。根据遗址层位关系和文物组合的变化，遗址可分为早晚两期，早期年代与宝墩文化四期相当，晚期年代与宝墩文化四期至三星堆文化二期之间相同。在三星村遗址中，一些遗迹与宝墩文化的遗物和三星堆文化的遗物有共同之处。

行政管理

【文物管理】 区文物管理所、区博物馆负责管理和保全区地下文物、地面文物和流散文物。

地下文物管理。埋藏在区内地下和水中遗存的一切文物，属于国家所有。除区文管所组织发掘外，任何单位和个人都无权发掘。在本行政区域内进行大型建设工程，建设单位应当事先报告区政府，区文管所组织考古发掘单位在工程范围内有可能埋藏文物的地方进行考古调查、勘探。在进行建设工程或在农业生产中，任何单位或个人发现古文化遗址、古墓葬，应当保护好现场，报告区文物行政部门。区文物行政部门接到报告后，在24小时内赶赴现场，并在7日内提出处理意见。

地面文物管理。加强文物使用单位的监督和检查，按照文物“修旧如旧”原则及时进行保护性维修，建立区、乡、村三级文物保护通讯系统，掌握了解情况。流散文物古迹、流散文物的征集登记和民间收藏文物的督察和管理，由青白江区文物保护管理所和区博物馆负责。

【文化市场管理】 1992年8月成立青白江区文化市场稽查中队，1998年4月，文化体育局增设文化市场管理科，区文化市场管理科和区文化市场稽查中队依据国家法律法规对区内文化市场进行有效管理。

加强歌舞娱乐场所，营业性演出，音像制品零售及出租，互联网上网服务营业场所、台球室、电子游戏厅、民间工艺和美术品经营、新闻出版、印刷复印、打印、及印章雕刻等文化市场管理。坚持“扫黄打非”净化文化市场，处罚违法经营者，扶持守法经营者。1991年全区有歌舞厅15家，1995年发展到221家，1997年福洪、合兴两乡镇就有70多家。到2005年全区歌舞厅有8家。水吧、酒吧逐步兴起，2005年，以经营茶水、酒水为主、唱歌免费的水吧、酒吧有100家。1998年，区内有电子游戏室22家，到2002年，电子游戏室全部停业。1998年有音像制品经营户119家，到2005年有60家。1998年互联网服务经营场所（网吧）在区内兴起，到2002年共有62家。加强网吧的管理整顿，网吧朝着规范、高档次方向发展，到2005年合法经营的有59家。书报刊经营户2005年有45家。1995年印刷业有30家，到2005年17家，监管中未发现有违法违规行为。

加强管理队伍建设，坚持集中培训和例会学习制度，内强素质、外树形象，严格执法程序，查处案件事实清楚，证据确凿，依法处理，办结率为100%，执法人员无违纪违法行为。开展“扫黄打非”“禁色”“禁赌”专项整治，净化文化市场。查处《剑闹江湖》《日本女兵的下场》《多棱镜》《聚宝盆》《女杀家》《围城》等盗版违禁书刊、非法出版物和黄色卡通书20种400册。查处“新月”“楼上楼”“望龙楼”等100家色情、赌博娱乐场所，取缔卡拉OK厅66家，音乐茶座12家。共收缴非法音像制品46100张（盘），公开销毁10000张（盘）分别给予警告、罚款、限期整改等行政处罚200家次。查处违禁接待未成年人，上网不按持有效身份证登记上网的网吧150家次，分别受到警告、罚款、限期整改的行政处罚，吊销“清馨网吧”营业许可证。

体　育

【体育设施】　青白江区公共体育设施先后建成区体育场游泳池、门球场、地掷球场、旱冰场、灯光球场，业余体校教学使用的室外健身器材场地及综合体育场地，川化体育场，攀成钢体育场，玉龙、蓝风、华明篮球场或灯光球场。一些社区、住宅小区、退休教师协会、怡湖公园有群众性健身活动场地，有单杠、双杠、攀登架等各种健身器械或门球、乒乓球活动设施，中小学幼儿园45个大小不等的体育运动场。2005年共有体育运动场地144个，其中400米标准田径场两个，400米以下至200米田径场31个（一个全塑胶场），公共体育场地总面积224585平方米，全区人均体育场地面积0.56平方米。

【首届运动会】　1999年7月14日，青白江区首届运动会在大弯中学田径运动场开幕。区首届运动会由区政府主办，区文体局、区教委、区工会和区农业局承办。运动会设田径、游泳、篮球、足球、乒乓球、中国象棋、射击、门球、地掷球、趣味竞技体育等12个项目。全区共有81个代表团，3300人次参加。开幕式之前，已进行了田径（青少年组）、乒乓球（成年组）、围棋、中国象棋、门球、地掷球项目的比赛。区首届运会历时5个月。

10月28日，区政府召开“青白江区首届运动会总结表彰大会”，区委、区人大、区政府、区政协及市体委有关领导出席大会。区委副书记杨安莉、市体委副主任常常安在大会讲话。首届运动会成绩优胜单位、先进集体、先进个人受到区政府表彰。实验小学等32个代表团，四个组别的前8名受到表彰；区公安分局等10个代表团获最佳组织奖；区人大等10个代表团获道德风尚奖；张锡君等10人获优秀组织工作奖，沈鹏等10人获优秀运动员奖；王光玉等10人获优秀裁判员奖。

2002年9月至2003年8月，先后举办了“里程碑系列体育活动”“区第二届运动会”等群众性体育活动，促进全区群众性体育事业的发展。

【校园体育活动】　青少年体育活动以《体育法》和《全民健身计划纲要》为指导，以学校为基地，以活动月为载体推进中、小学实施《国家体育锻炼标准》，体育达标活动参加面100%。测试项目有短跑、中长跑、投掷（铅球、实心球）、跳远（立定跳远）、仰卧起坐、引体向上等项目。达标率历年都在90%以上。2002年7月，教育部和国家体育总局颁布《学生体质健康标准》，2003年中小学实施，身高、体重、肺活量、50米和坐位体前曲等6项测试。校园体育活动开展“排球活动月”“乒乓球活动月”“百日游泳”“足球活动月”“田径班级赛”和“篮球班级赛”、棋类、航模等八大系列活动。组织学生参加校际、市区比赛，培养和选拔体育苗子。

1991—2005年，举办15届中小学生田径运动会，青少年体育运动成绩不断提高。先后组织中小学生参加市第七届运动会（1992年），市第二届青运会（1993年），市青少年田径运动会（95、98、99年各1次）、市第九届运动会（2000年）、市儿童田径运动会（2000年）和市第十届运动会（2004年）均获得优异成绩。在市第二届青运会上，青白江区代表团获得团体总分第七名。夺得金、银、铜牌共九枚，一人破市成人记录一项，二人破市青少年纪录三项。在市第八届运动会上，大弯中学李欣获男子100米蛙泳金牌，弥牟中心校周弘获男子91公斤举重金牌，破成都市抓举、挺举和总成绩三项纪录，破四川省抓举纪录；城厢中学陈道明获男子甲组铁饼比赛金牌；大弯中学的曾铮获女子200米跑金牌。在市第九届运动会上，大弯中学的张雯获跳高比赛金牌，川化中学胡磊获航模比赛金牌，大弯中学周波获200米、100米短跑银牌和铜牌，城厢中学张饮妮获铁饼比赛银牌，大同中心校陈丰能获标枪、铁饼比赛银牌和铜牌。在市儿童田径运动会上，赖婷获得跳高金牌。在市第十届运动会上，区女篮获青少年组第四名，男子足球第四名，田径获一枚金牌，游泳获两枚银牌。

2005年7月，大弯中学女子足球队代表成都市赴秦皇岛参加中国足协主办的全国U－14少年女子”足球节“技能测试赛”，获团体第六名，同月，区女篮代表队获省青少年乙组第三名，8月区游泳代表队在市游泳比赛中取得24个单项冠军，以总分483分获团体总分第二名。10月女足代表队获省中小学足球比赛小学组（女子组）第三名。3月女篮代表队获市中学联赛高中组第二名。11月女篮代表队获市“篮协杯”初中组第一名，高中组第一名，并获团体一等奖。10月在市跆拳道比赛中，区小学生取得一个第一名，中学生取得一个第二名，中学生团体第五名。

区业余体校开展游泳、足球、航模、篮球、中国象棋等项目培训班。并与蜀星中学等多所学校签订联合办业余体校协议，授予业余体校牌子。在华严中心校建立训练基地。在大弯中学、川化小学等5所学校设立7个项目训练梯队。15年间，为市级以上的业余体校、专业体校、体育苗子培训班和优秀运动队输送40余名体育苗子。

青白江区中小学生田径最高成绩

表132

项　目	成　绩				创组纪录时间及单位、姓名	
	男子组		女子组		小　学	中　学
	小学	中学	小学	中学		
100米短跑	13秒	11秒19	13秒77	12秒7	男：1993年华严中心校庄进 女：2002年实验小学杨艳萍	男：2000年大弯中学周波 女：1973年大弯中学曾静

续表132

项　目	成　绩				创组纪录时间及单位、姓名	
	男子组		女子组		小　学	中　学
	小学	中学	小学	中学		
400 米	1 分 10 秒 7	59 秒	1 分 9 秒 6	1 分 4 秒 8	男：2004 年华严中心校 刘磊 女：2004 年大弯小学 杨越	男：1998 年蜀星中学 李涵 女：1976 年大弯中学 熊先菊
1500 米	4 分 47 秒 7	4 分 33 秒 1	5 分 54 秒 8	5 分 26 秒 2		男：1990 年蜀星中学 王显斌 女：1975 年大弯中学 熊先菊
3000 米		10 分 12 秒 6		12 分 20 秒 2		男：1988 年大弯中学 肖孝军 女：1996 年人和中学 赖素云
跳高	1. 33 米	1. 74 米	1. 28 米	1. 50 米	男：1998 年大同小学 代庆强 女：1985 年景峰中心校 张海兰	男：1989 年大弯中学 王斌 女：2000 年大弯中学 张雯
跳远	5. 15 米	6. 51 米	4. 31 米	4. 384 米	男：成钢子弟校 张仁杰 女：城厢小学 罗欣	男：1995 年大弯中学 魏棋 女：2005 年大弯中学 邹霞
铅球	10. 96 米 （3 公斤）	11. 20 米 （7. 26 公斤）	7. 59m （3 公斤）	9. 49m （4 公斤）	男：1993 年大弯小学 沈自强 女：1993 年川化小学 刘丽	男：2000 年大弯中学 王舒斌 女：1991 年成钢子弟校 郑志荣
手榴弹	42. 12 米 （300 克）	51. 50 米 （500 克）	29. 22 米 （300 克）	40. 42 米 （500 克）	男：1980 年 庄永明 女：1976 年红旗小学 王玉	男：1980 年川化中学 敬军 女：1976 年川化中学 娄玉敏
4×100 米接力	59 秒 5	46 秒 9	1 分 1 秒 63	54 秒 3	男：1983 年青白江区 女：1983 年青白江区	男：1993 年青白江区 女：1994 年大弯中学

【老年体育活动】 区老年体育工作突出“增加老年体育人口”和“广泛开展老年体育活动”两个重点，组织开展的老年体育活动。

区老年体育活动项目有门球、地掷球、摩托车骑游、舞蹈、拳剑、健身操等。这些活动在街道、社区、企业，坚持月有计划，季有比赛，平时健身练兵两不误，举办和参加全国、省、市体育比赛活动取得好成绩。

1996 年区老年地掷球队代表四川省参加全国老年地掷球赛获第八名。1997 年区老年门球队参加全国老年门球邀请赛。1998 年区老年地掷球队参加全国西南、西北片区比赛男队获第二名。1999 年区老年地掷球队参加西南地区比赛获男子组第二名。2000 年区老年地掷球队参加全国第三届省、市老年地掷球比赛分别获男、女团体冠军。2003 年在全国“电业杯”全国老年地掷球比赛获团体第三名。2005 年 10 月区太极拳（剑）队代表成都市参加全国太极拳（剑）比赛获二等奖。同年 11 月区老年门球队在“华阳杯”全国门球锦标赛获双人组第二名。

2001 年 6 月在省七届老年人地掷球比赛中，区老年男子组和子女组分别获第二名。1994 年在省地掷球比赛中，男子代表队获第二名。1995 年在省地掷球赛中，分别摘取男子组和女子组桂冠。1997 年在省老年地掷球赛中，区老年队获第一名。1999 年在省老年地掷球赛中，分别获男子团体第二名、女子团体第三名。2001 年 6 月，又夺取省老年地掷球赛女子组第二名。2002 年 7 月，在省老年地掷球赛中，获男子组团体第二名。

组队参加市老年体育竞赛。区老年门球队先参加大邑县、彭州市、崇州市的邀请赛，获得两个第二名和一个第一名。1993 年和 1994 年均获市“长寿杯”门球赛第一名，1994 年 4 月在市首届地掷球赛中，区老年男子甲队、乙队分别获第三、第五名，女子甲队、乙队也分别获第三、第五名。2004 年 4 月市十运会上，区老人地掷球男队获第一名，女队获第二名，老年太极拳获团体第一名，太极拳个人获金牌两枚、银牌一枚，铜牌一枚。2005 年 4 月，在市地掷球赛中，区男、女队分别获团体第三名，参加市十七届老干部“长寿杯”门球赛获第三名，5 月参加市老年太极拳、太极剑比赛分别获第一名。

区老年摩托车骑游队骑游到西藏，并开展西部大开发环保万里行活动，2004 年、2005 年又分别到达沿海发达地区和黑龙江漠河地区，饱览祖国风光。

15 年间，共承担省、市老年体育赛事活动各 12 次。1999 年 5 月 16 日，应中国地掷球协会邀请，法国安道尔地掷球队一行 5 人，在国家和省体委领导陪同下，到青白江区进行友好访问，与区老年地郑球队进行友谊比赛。

【农民体育活动】 1997 年成立了青白江区农民体育协会，协会主席由分管农业的副区长兼任，日常工作由农业局和文体局负责。

农民体育开展篮球、乒乓球、拔河、田径、棋类、台球、实弹射击和飞标、自行车慢骑、立定投篮、家庭接力、同心协力齐步走等趣味体育活动。1991 年，青白江区承办“市青华杯农民篮球赛”，华严男子篮球队代表青白江参赛获第二名。在乡镇、街道农民群众体育活动开展的基础上，举办两届农民体育运动会。1995 年 8 月，青白江区举办参加市首届农民运动会选拔赛，14 个乡镇 500 多名运动员分别参加了篮球、中国象棋、实弹射击、投弹、台球、跳远、铅球、拔河等项目的比赛，并选出优秀农民运动员 54 人组团参加市首届农民运动会。

1997 年 6 月 8 日，举办 97 迎香港回归青白江区“农行杯”首届农民运动会，来自 14 个乡镇的 300 名农民运动员参加了拔河、篮球、中国象棋、田径等比赛项目。1998 年 11 月，青白江区选派 4 位农民运动员组队参加在双流县举办的市农民竞技麻将比赛。

2001 年 4 月，区第二届农民运动会在大弯中学体育场举行开幕式。全区 15 个乡镇 800 多名农民运动员参加了篮球、拔河、田径、中国象棋、乒乓球、台球共 6 个项目比赛。华严、姚渡、弥牟、人和、清泉、大弯、大同、祥福 8 个代表团获得团体总分前 8 名。

【休闲体育活动】 休闲体育活动主要在区委、区人大、区政府、区政协机关及区级各部门、川化、成桥、成钢等驻区企业领导干部、职工中开展，先后于 1990 年、1992 年、1993 年举办四届领导干部体育运动会，活动项目有广播体操、二人运球上篮、踢毽球、网球、乒乓球、负重过独桥、俯卧撑、迎面接力、800 米达标赛、1500 米走跑交替、趣味投环、气手枪 5 发立射、二人投掷实心球射门、跳绳等 18 个项目。休闲体育活动旨在组织干部、职工积极参加体育运动，增强体质，促进工作，推动全区群众体育活动的开展。

区内休闲体育活动，有自发组织的，随意组合的，相关部门引导组织开展的。在川化职工生活区的晚晴公园、攀成钢职工生活区的休闲广场、文体公园、怡湖公园以及青江路以北的几十家花园住宅区都有大小不等的健身场所，常年都有休闲健身的人们。每天有不同年龄阶段的人们在锻炼身体。有长跑、短跑、疾步走或散步；有跳集娱乐健身于一体的交谊舞、迪斯科或做老年健身操；有舞剑、打太极拳、下棋、玩鸟；有做引体向上，有玩单杠、双杠、吊环，玩健身球，玩呼啦圈，上攀登架。在怡湖广场，每当入夜，广场音乐四起，人们漫步在广场四周大道、休闲凉亭、小憩园、健身路径，在广场中部休闲健身广场千余群众随着音乐翩翩起舞，与喷水池上流光溢彩腾飞的薄雾形成休闲娱乐的美妙风景。

广播电视机构

【区广播电台】 1991 年 5 月 16 日，市广电局批准青白江区设立调频广播电台，在区广电局大楼顶上建设发射塔。由小调频广播电台改为大调频广播电台，结束了有线广播站的历史。1994 年电台发射塔超期拆除，电台中断广播。1995 年调频台广播发射率调整为 104.6MHZ，发射功率为 100 瓦。1997 年 12 月广播电台机房设在建设银行大楼顶上，大调频广播电台经过全面改造恢复播出。1998 年因故再次停播。2004 年 9 月 20 日，将青白江电视台的电视伴音信号连接到广播电台发射机上，电台再次恢复广播。此后多次中断播音。2005 年 8 月 1 日，区广播电台自办节目恢复广播，每天播音两次。

【青白江电视台】 1990 年，建立有线电视系统，仅有大弯镇部分机关单位收看。1991 年 5 月市广播电视局，省广播电视厅先后批准青白江区设置 17 频道电视台，为开路转播电视台，转播中央二台节目并插播本地新闻节目，功率 0.05 千瓦，天线有限高度 92 米。1993 年，经省市广电部门批准，正式建立青白江电视台。属事业单位，受区委区政府领导，业务受区委宣传部指导，日常工作由区广播电视局管理（两块牌子，一套人马），局长兼任台长，经济独立核算。内部机构设总编室，新闻部、节目制作室，技术播出部。同年 7 月 1 日，青白江电视台建成试播。17 频道与绵竹电视台出现同频干扰现象，1994 年经省广播电视厅协调后，青白江电视台改为 42 频道。

1995 年投资 50 万元，完成有线电视 550 兆邻频传输系统的改造。1997 年实施《青白江区有线电视总体规划》《青白江区大弯镇有线电视邻频电视网络方案》。1998 年 7 月，区电视台与区电信分公司联合组建区视讯有限公司，先后建立光纤传输电视信号系统，祥福、福洪、合兴等乡镇发展农村有线电视 2200 户。1999 年在全区推进普及有线电视。2000 年 5 月 1 日正式注册“青白江区视讯公司”，年底有光纤电视用户 8000 户，接收传送 42 个电视频道节目。2002 年，整合有线电视网络，川化、成桥、玉龙公司有线电视并入区有线电视网。到2004年，完成了龙王、弥牟、城厢、人和等乡镇的光纤电视线路铺设。2005年4月，青白江电视台经过资产评估，股权确认，以209.01万元的资产，与成都市兴网公司的整合，青白江电信分公司退出区有线电视网络经营管理。

2005年，区电视台有电视信号传输专路190芯千米，同轴电缆主线620千米，入户同轴电缆1100千米，有用户2.19万户。

【乡镇广播站】 1991年，全区有乡镇广播电视站16个，每站有2～3名广播员。1990年、1992年有16名广播电视从业人员被区人事局招聘为乡镇干部，1993年前两次未招聘人员都被录用为招聘干部，享受国家招聘干部待遇。2001—2002年，3名广播员担任乡镇干部离开广播站。2003年9月，乡镇事业单位机构改革，将广播站、文化站等单位撤销，成立社会事业管理服务中心，人员实行竞争上岗。经过考试，竞争上岗的广播员有5人。其余分流人员由财政给予一次性补偿并缴纳养老保险金，到退休年龄的由社保局支付养老金。

乡镇广播员的工资及办公经费由区财政和乡镇分级负担。1993年前由区财政将广播员的定额补助经费拨到广播局，再由广播局分别拨到乡镇广播站，不足部分由乡镇补助。1993年后，区财政将定额补助部分直接拨到乡镇财政所，不足部分仍由乡镇自己解决。

1990—1993年，全区各村的广播室进行了全面改造，有村广播室178个，喇叭入户率为82%。1995—1998年，先后建立了弥牟、城厢、清泉、人和、龙王等乡镇有线电视站。2000年后，区光纤电视逐步开通至乡镇，乡镇有线电视系统逐步转入区光纤电视系统，纳入区广电局统一管理。

乡镇广播站的自办节目主要围绕乡镇党委政府中心工作安排节目内容，结合农时季节传播农技知识，转播中央或省市电台节目。

2005年乡镇区划调整，全区15个乡镇广播站房、设备都已不能使用，行政村撤并后村广播室及设备能使用的有42个，占总数的42%。乡镇到村的广播主线40.3千米，村到组广播线路218.1千米，高音喇叭323只，乡镇广播站人员分流，业务停止。

广播电视电影

【广播宣传】 区人民广播电台重点宣传邓小平理论和“三个代表”重要思想及科学发展观，党的路线、方针、政策；宣传农村土地承包责任制，现代农业科学技术和乡镇企业先进典型，宣传“深化改革，扩大开放”和“反腐倡廉”。广播宣传自办节目设置的栏目有《科技兴农》《青白江新闻》《新闻链接》《田园风》《随心听吧》《车友俱乐部》等。转播中央台、四川台、成都台的节目有《新闻联播》《对农村广播》《四川新闻》《成都新闻》及大量的文艺（娱）节目。区人民广播电台每天播音三次，第一播音5∶55开机广播至8∶00结束，第二次播音11∶55开始至13∶30分结束，第三次播音17∶55开机预告节目起至22∶00全天播音结束。乡镇广播站播音时间与此相同。1991年共转播中央、省、市电台节目1570小时，自办节目1095小时，播出新闻稿1850件，专题稿853件。1992年播出稿件5361件，向省、市、新闻单位送稿35件。1993年，收到单位和乡镇稿件2886件，采用2064件，向省、市新闻单位送稿55件，采用26件。

【电视宣传】 青白江电视台坚持以邓小平理论、“三个代表”重要思想和科学发展观为指导，遵守党的宣传纪律，以正面宣传为主，认真做好党的路线、方针、政策及党的十五大、十六大会议精神的宣传。围绕区委区政府的中心工作，精心设计宣传栏目，先后设置《经济纵横》《廉政建设》《社会治安综合治理》《抗旱救灾》《农业综合开发》《人口与经济》《基层党组织整建》《计划生育》《回顾与展望》《环境保护》《经济广角》《抗洪救灾》《创建快讯》《三色长镜头》《精神文明建设》《扶贫促变达小康、《迎国庆、庆国庆》《经济之星》《迎十五大》《两个文明建设巡礼》《振兴青白江经济》《求实奋斗五年路》《乡镇领导访谈录》《携手合作共谋发展》《奋斗百天实现目标》《改革开放29年》《关注世纪工程》《辉煌四十年》《聚焦大开发》《忠诚实践“三个代表”》《纪念建党八十周年》《在鲜红的党旗下》《话说农村税费改革》《医改之窗》《青江在线》《党建纵横》《荧屏金桥》《有奖竞猜》《学习贯彻十六大精神》《两会直通车》《聚焦工业强区》《万众一心抗非典》《除陋习、树新风》《改善环境卫生，建设优美城市》《贯彻一号文件，促进农民增收》《积极创建文明城市》《积极创建国家环保城市》《45年铸辉煌》《反腐倡廉，勤政为民》《扎实推进城乡一体化》《保持共产党员先进性》《优化城乡软环境》《会战项目年》《创建全国文明城市》《曝光台》《合作医疗，互助共济》《建设规范化服务型政府》《整顿作风加快发展》《新视点》《旅游座标》《房产在线》等63个。13年间，共播出新闻稿14054件；播放专题节目1934期。

1999—2002年，《播种理想，放飞希望》《农民也是纳税人》《小镇围鼓》《齐心合力缚“龙”》《从贫困到致富的带头人》《牵手》《村村通》《让龙门水果香四方》《云顶广播——山里的好老师》《法不容情》等节目获成都市优秀作品奖。2003年区委、区政府邀请境内外青白江籍的华人华侨企业家、专家、学者等回乡省亲期间，观看青白江电视台制作的反映青白江人文、地理和投资优势的专题片《川西明珠青白江》。

【电影放映】 1991年电影受镭射、电视等新型视听娱乐方式影响，放映场次、观众和放映单位逐年减少。1991年全区放映单位11个，1994年3个；1991年放映5053场，观众135.2万人次；1995年放映812场，观众14.64万人次。1996年，区电影院改建为镭射、录像、电影、卡拉OK厅等综合性文化娱乐城，其他放映单位也将场地改作他用。

2000年，省文化厅印发《关于贯彻国家广电总局、文化部〈关于进一步深化电影改革的若干意见〉积极推进全省电影改革的通知》，区委、区政府把恢复农村电影放映工作列入为民办实事项目，印发了《青白江区关于恢复和发展农村电影工作的通知》，提出了“增加投入，确保经费；培训人员，提高质量；贴近实际，丰富内容”的贯彻意见。同年4月15个乡镇成立了电影放映队，区电影公司培训农村放映员26名，6月全区农村电影队深入村社，采用坝坝电影、社区电影、举办电影周等形式开展放映工作。开展影片预约、结合农时季节放映农业科教片，增强了放映内容的针对性。2000年放映1529场，2005年放映1972场。2005年，福洪乡电影队被文化部评为“全国农村电影先进放映队”。

新闻报刊

【青白江报】 1993年2月15日创刊，是区委、区政府机关报。报社是正局级全额拨款事业单位，正式编制人员10名。创刊之初为四开四版旬刊，试刊3个月后改为周刊，每期发行4000份。1994年发行量增至8000份，此后发行量保持在1万份。发行到全区机关事业单位科室、企业车间、班组、学校班级、乡镇村组、街道社区。1999年1月，在周刊的基础上增加月末版。2001年1月，由周一刊改为周二刊，每周二、四出版，保留月末版；同年7月1日，编辑出版了《纪念中国共产党成立80周年特刊》，共78个彩版；同年10月，报社新招聘10名编采人员。2002年，由周二刊四开四版，改为周二刊四开八版彩版。2003年1月，由周二刊四开八版，改为周二刊对开四版彩版；同年4月29日，编辑出版了《青白江报》创办10周年特刊，共20个彩版；同年9月26日，为庆祝青白江区首届房交会召开，编辑出版了《青白江报》特刊，共24个彩版；同年9月30日，出版到662期，因中央关于县（市）级地方办报政策调整而停刊。《青白江报》曾被成都市新闻出版局评为一流区（市）县报。

【川化工人报】 《川化工人报》于1959年3月15日创刊，由川化集团有限责任公司主办。办报宗旨：服务生产经营，推动改革发展。由川化生活服务公司印刷厂负责排版印刷，版面为四开四版，发行范围为本企业内部及相关单位免费交流。

【攀成钢报】 《攀成钢报》由攀钢集团成都钢铁有限责任公司主办。2002年5月，攀钢集团成都无缝钢管有限责任公司与成都钢铁厂联合重组为攀钢集团成都钢铁有限责任公司（简称攀成钢公司）。两家企业在联合重组前分别办有《钢管工人报》和《成钢报》。2003年2月，攀成钢公司决定停办《钢管工人报》和《成钢报》，创办《攀钢成都报》，为周二刊四开四版。2004年9月，由周二刊改为周三刊，每周一、三、五出版。2006年5月，《攀钢成都报》更名为《攀成钢报》。办报宗旨是：求实求新求活求深，贴近实际，贴近职工，贴近生活，为党的中心工作服务，为企业的生产服务。《攀成钢报》发行至公司班组，发行量为6500份。

【青白江党史】 1989年10月，青白江党史研究室建立，创办了《青白江党史通讯》作为内部刊物不定期发行。1992年1月《青白江党史》创刊，1995年《青白江党史》改为区委机关刊物，由区委办公室、区委组织部、区老干部管理局、区委党史研究室联合主办，区委党史研究室承办，改为双月刊，刊物为16开本，60页（特刊增加页数），每期发行量1000册，最高达到2000册。《青白江党史》主要宣传区委、区政府中心工作，建设成就、重大活动，外事往来，理论研究，文艺作品、书法、美术、摄影等。免费赠送区级各部门、各乡镇的党组织（支部以上），并在各区（市）县的党史研究之间进行交流，作为资料寄给中央、省、市的党史研究室。到2005年，《青白江党史》共出版发行103期。

社会保障

1991—2005
成都市青白江区志

概　述

1991—2005 年，青白江区先后 6 次被全国双拥工作领导小组，民政部，省、市和成都军分区评为“双拥工作模范区”“双拥工作先进区”，13 个单位被评为先进单位，13 人被评为先进个人。1991—2002 年，义务兵家属 11423 人，发放优待金 1169.3 万元，2002 年实行财政转移支付，农村义务兵家属优待金标准达到人均纯收入的 70%。按政策提高优抚对象抚恤金和补助标准。15 年间接收安置退伍军人 3868 人，军队离退休干部 10 人。

15 年间，发放自然灾害救济款 189.7 万元，救济粮 13 万公斤。1991 年，有敬老院 11 个，床位 276 张；2005 年，有敬老院 13 个，床位 835 张。同年改建散居五保老人集中居住点 6 个，逐年提高五保老人供养标准。1997 年和 1998 年，分别建立农村、城镇最低生活保障制度，共保障农村低保户 16579 人，城镇低保户 17113 人。2000 年启动农村“安身工程”建设，到 2005 年，为 1487 户农村住房困难家庭新建、改建房屋 4461 间。2003 年实施困难家庭医疗补助和特别困难家庭医疗救助，3 年间救助 12776 人。继续实施农村扶贫工程，15 年间脱贫 13614 户。创办社会福利企业。帮助 4217 名残疾人就业。基层政权建设、婚姻收养登记、社团和地名管理等进一步规范。

1993 年，全区国有企业实行全员劳动合同制，1995 年在集体、个体私营企业全面实行合同制用工制度，同年制订再就业实施方案，帮助“4050”人员和下岗失业人员再就业。1995 年 7 月，执行最低工资标准。1993 年失业保险扩大到集体、个体企业职工，1995 年外资企业的中方务工人员纳入失业保险，2003 年参加失业保险的单位 227 个，职工 31696 人。1991 年实行工伤保险，2001 年建立区工伤康复疗养中心。1994 年城镇集体企业职工参加养老保险，1995 年全面推行职工养老保险制度，同年 16 名退休临时工开始领取保险金。2005 年参加养老保险单位 365 个，职工 39683 人。1991 年开展医疗保险和大病统筹试点，2001 年医疗保障覆盖所有工人，2002 年参加单位 598 个，在职职工 24.68 万人，离退休人员 13744 人。1997 年实行女职工生育保险，2005 年参加单位 200 余个，女职工 3 万余人。2004 年建立农村新型合作医疗制度，2004 年 7 月开始办理住院药费报销，2005 年参加农村新型合作医疗 211341 人，占农村人口的 93.54%。

民政优抚

【拥军优属】 区委、区政府在春节、“八一”建军节组织慰问区人武部、武警中队、消防中队和军属、烈属，落实优抚对象政策，帮助优抚对象解决生产、生活困难，检查优抚安置政策落实情况，推进退伍军人“两用”人才的开发和使用。

1991—2005 年，青白江区先后两次获市委、市政府，成都军分区“双拥工作先进区”称号，先后三次获省委、省政府、省军区“双拥工作模范区”称号，一次获全国双拥工作领导小组、民政部全国“爱心献功臣”行动先进区称号。华严乡、景峰乡、城厢镇、绣水乡、合兴乡、四川化工厂、四川化工机械厂、攀成钢、财政局、人事局、建设局、民政局、团结村小学被授予成都市拥军优属先进单位称号。

1991—2002 年，受省双拥工作领导小组表彰的拥军优属先进个人 1 名，受市委、市政府、成都军分区表彰的拥军优属先进个人 12 名。

【军属优待】 1991—2002 年，全区义务兵军属及优抚对象优待金由乡镇筹集，每年初乡镇预评，年终兑现，共优待义务兵家属 11423 人，总金额 1169. 5 万元。1991 年，农村义务兵军属 881 户，优待总金额 23. 71 万元，户平均 269. 12 元，占当年人平收入 47. 63%，优待金达到省政府要求人平收入二分之一的有弥牟、华严、景峰、祥福、绣水、玉虹、清泉、福洪、合兴、人和、云顶 11 个乡镇。2002 年 11 月，全区实行农村税费改革，义务兵军属优待金等优待经费统一由财政转移支付，优待金为每人每年 2100 元。2005 年，义务兵军属 378 人，优待金 64. 98 万元，其中农村义务兵军属 282 人，优待金额 59. 22 万元，户平 2100 元，城镇义务兵军属 96 人，优待金 5. 76 万元，户平 600 元，农村义务兵军属优待金达到当地人平收入的 70%。

1991—2005 年青白江区军属优待金统计表

表 133

年份	优待人数	优待金额（万元）
1991	881	23. 7
1992	1053	27. 98
1993	845	36. 16
1994	877	37. 13
1995	875	51

续表133

年份	优待人数	优待金额（万元）
1996	825	62. 3
1997	779	67
1998	787	93
1999	796	117. 6
2000	820	154. 4
2001	808	141. 1
2002	844	152
2003	400	65. 2
2004	457	75. 57
2005	378	64. 98
合计	11423	1169. 26

【三属抚恤】 全区烈士家属、因公牺牲军人家属、病故军人家属（简称“三属”）抚恤标准逐年提高。1993 年 1 月 1 日起，烈士、牺牲军人家属在 1989 年农村每人每月 35 元的基础上每月增加 10 元，为 45 元；病故军人家属农村每人每月 30 元基础上增加 10 元，为 40 元；城镇 40 元的基础上增加 10 元，为 50 元。1994 年 2 月 1 日起，城镇的烈属、牺牲军人家属每人每月增加 30 元，为 90 元；病故军人家属每人每月增加 20 元，为 75 元。农村烈属，因公牺牲军人家属每人每月增加 20 元，为 70 元；病故军人家属每人每月增加 10 元，为 55 元。

1994 年 7 月 1 日起，享受定期抚恤的“三属”每人每月增加粮价补贴 6 元。1994 年 11 月 1 日起，农村烈士家属、牺牲军人家属、病故军人家属每人每月增加 5 元。1995 年 1 月 1 日起，享受定期抚恤的“三属”每人每月增加 5 元。1996 年 7 月 1 日起，“三属”定期抚恤每人每月增加 5 元，1998 年 1 月 1 日起，“三属”定期抚恤执行民政部，财政部统一标准，农村烈属、因公牺牲军人家属每人每月 73 元，城镇 83 元，农村病故军人家属 68 元，城镇 78 元。

2003 年 7 月 1 日起，“三属”定期抚恤执行新标准，城镇每人每月 250 元，农村每人每月 195 元；城镇病故军人家属每人每月 245 元，农村每人每月 190 元。

2004 年 10 月 1 日起，提高“三属”定期抚恤金标准，城镇烈属每年 4200 元，每人每月 350 元；因公牺牲军人家属每年 3900 元，每人每月 325 元；城镇病故军人家属每年 3600 元，每人每月 300 元。农村烈属 2640 元，每人每月 220 元，因公牺牲军人家属每年 2520 元，每人每月 210 元，病故军人家属每年 2340 元，每人每月 195 元。2001 年起，“三属”定期抚恤金由财政直发。1991—2005 年，全区定期抚恤 1297 人，抚恤金 204. 19 万元，一次性抚恤 21 人，抚恤金额 11. 76 万元。

1991—2005年青白江区“三属”定期抚恤、一次性抚恤统计表

表134

年份	定期抚恤人数（人）	金额（万元）	一次性抚恤人数（人）	金额（万元）
1991	97	4.81	1	0.16
1992	95	4.9		
1993	95	4.9		
1994	92	10.9	1	0.5
1995	92	10.2	3	1.8
1996	86	10.3	2	0.9
1997	84	11.1	2	2
1998	84	10.5		
1999	84	14.37	1	0.67
2000	84	15.6	2	1.6
2001	90	17.72	5	2.64
2002	94	22.92	2	0.42
2003	88	25.47	2	1.07
2004	69	19.3		
2005	63	21.2		
合计	1297	204.19	21	11.76

【伤残抚恤】 伤残等级分为特等、一等、二等甲、乙级，三等甲、乙级，共四等六级。2004年10月1日，执行残疾军人，伤残人民警察，伤残国家机关工作人员，伤残民兵民工残疾抚恤金十级制新标准。

全区执行特等、一等伤残军人，复员退伍回乡的二、三等残疾军人每年1月和7月发放伤残抚恤金制度。从2004年10月起，取消在乡和在职工作伤残军人的区别，领取的补助统称伤残抚恤金，每年1月和7月按因战、因公致残标准发给伤残抚恤（保健）金。1991—2005年，国家先后11次调整伤残抚恤金（保健）金，全区4386人次发放伤残抚恤（保健）金共计429万元。

残疾军人伤残人民警察国家工作人员伤残民兵抚恤标准

表135

残疾等级	残疾性质			残疾等级	残疾性质		
	因战	因公	因病		因战	因公	因病
一级	11200	10800	10440	六级	4480	4200	3600
二级	10080	9600	9200	七级	3360	3000	
三级	8960	8400	7800	八级	2240	1920	
四级	7280	6600	6000	九级	1680	1440	
五级	5600	5040	4560	十级	1120	960	

【在乡退伍军人补助】 15年间，全区享受定期定量补助的在乡复员退伍军人的补助标准逐年提高。1994年2月1日起，每人每月增加10元，同年7月1日起，每人每月增加粮价补贴6元。1999年1月1日起，每人每月增加10元；2002年7月1日起，每人每月增加20元；2003年1月1日起，在乡复员退伍军人定期生活补助标准每人每月提高到110元，分别按中央财政40元，市财政10元，区财政60元承担。2005年1月1日起，在乡复员军人的定期定量生活补助标准，在原标准基础上每年每人增加540元，每人每月不低于155元，回乡务农抗战老战士定期生活补助每人每年增加1080元，全年不低于2400元。2005年，在乡老复员军人、三属、伤残、享受定补的带病回乡退伍军人，按户口性质，城镇每年增加6元，农村增加4元。1991—2005年，在乡复员退伍军人享受定期补14804人次，金额1208.07万元。

1991—2005年青白江区在乡复员退伍军人定期补助统计表

表136

年份	定补人数	定补金额（万元）
1991	1004	22.39
1992	1002	23.5
1993	1013	24.1
1994	1013	57.8
1995	1013	61.8
1996	1013	56.3
1997	1013	62.3
1998	1013	62.1
1999	1013	98.06
2000	1013	101.2
2001	1013	107.13
2002	1013	122.4
2003	957	118.8
2004	859	137.6
2005	852	152.6

【退伍军人与军队离退休干部安置】 1991—2005年，青白江区共接收退伍军人3868人，其中农村2220人，城镇1448人，实行“从哪里来，回哪里去”的安置政策。2002年6月，采取安置就业，扶持就业、自谋职业有偿转移等安置办法。改革城镇退役士兵和转业士官安置政策，自谋职业一次性补助8000元。2002—2005年，全区城镇安置人数中自谋职业162人，补助金额252.84万元。

1986年开始接收安置军队离退休干部，到1990年共接6人，其中离休干部3人，退休干部3人。1991年和1996年接收退休干部各1人。2000年接收退休士官1人。2003年接收退休干部1人，离休干部病故1人。到2005年共接收离退休干部10人，离休干部3人，退休干部6名，其中退休士官1人。

1991—2005 年青白江区接收退伍军人安置情况统计表

表 137 单位：人

年份	接收人数	农村安置人数	两用人才		城镇安置人数			
			安置人数	占安置数（%）		伤残	二等功	士官
1991	239	126	80	63. 4	113	2		3
1992	292	186	181	97. 3	106	3		9
1993	252	168	156	93	84	3	3	11
1994	259	173	162	94	86			16
1995	317	205	175	85	112	2		23
1996	262	152	146	96	110			30
1997	300	155	140	90	145			35
1998	225	102	97	95	123			20
1999	224	113	110	97	131			33
2000	308	161	161	100	147			19
2001	276	172	172	100	104			18
2002	239	127	127	100				19
2003	224	132	137	100				17
2004	248	131	131	100				23
2005	203	117	117	100				13
合计	3868	2220	2087	94	1448	10	3	289

民政救济

【灾害救济】 建立灾害救济机构，编制灾害救济预案，组建救灾抢险队伍，实施资金、物资救济。1992 年 5—9 月区内遭受冰雹、暴风雨等自然灾害，14 个乡镇不同程度受灾失，5 个乡 29 个村，23 个村民小组 11890 户 43112 人受灾严重。倒塌房屋 255 间，损坏 1752 间，圈舍倒塌 839 间，损坏 818 间。牲畜死亡 9 头。河堤损坏 805 米。直接经济损失 3757. 9 万元，其中农业损失 3650 万元。灾情发生后，区委、区政府组织抗灾救灾，下拨救灾款 18. 6 万元。

1995 年 6、7、8 月，区内遭受 3 次不同程度的洪涝灾害，安排救灾款 26. 3 万元，解决了灾民的基本生活。

1997 年 4 月，14 个乡镇不同程度遭受暴风雨灾害，安排救灾救济款 44.8 万元，救灾粮 13 万公斤解决灾民的基本生活。

2001 年遭受建区以来罕见的干旱、洪涝和山体滑坡等多种自然灾害，涉及 15 个乡镇，直接经济损失 8064 万元，其中农业损失 6481 万元。灾情发生后，区财政及时下拨 100 万元救灾款解决灾民的衣、食、住、医等困难。

1991—2005 年，全区共发生 8 次较大的自然灾害，发放救灾款 189.7 万元，救灾粮 13 万公斤，解决灾民生产、生活困难，维护了受灾地区社会稳定。

【五保供养】 1991 年继续贯彻《成都市保护老人合法权益实施细则》，不断提高五保老人的生活标准。1994 年五保供养标准每年人均 486 元（含国家收购价贸易粮 215.5 公斤，菜油 3 公斤）。供养钱粮由乡镇统筹和乡村统筹。1995 年贯彻落实《农村五保供养工作条例》，供养标准年人均提高到粮 226.5 公斤，菜油 3 公斤，钱 120 元，每月发给五保老人 19 元零花钱。

1996 年修建日新敬老院，迁建大同敬老院，扩建人和、云顶敬老院，龙王、福洪、绣水、玉虹 5 个敬老院进行内部改造，采取“区财政补助一点，乡镇自筹一点，动员社会各界捐赠一点”，筹措资金 110 多万元，其中社会福利金 71.5 万元。

1997 年五保供养全区实现乡镇统筹，标准达到五保户所在乡镇上年人均纯收入的二分之一。发展院办经济，全区院办经济实现产值 61 万元，用于改善老人生活。投资 74 万元修建姚渡敬老院。

2004 年，落实农村五保供养经费，探索敬老院管理及散居五保老人供养模式，实现“应保尽保”。全面推行五保供养经费社会化发放，集中供养的五保对象供养经费按月转入敬老院，散居五保供养经费每人每月不低于 80 元，存入由乡镇（街道）为其开设的活期账户。

2005 年集中供养的五保对象年供养标准由原来的 1400 元提高到 1920 元，月人均供养标准达到 160 元，散居五保标准由 1400 元提高到 1560 元。投入资金 100 万元将 6 个乡镇闲置的 6 所学校，改建为散居五保集中供养点——民福院。

1991—2005 年青白江区五保供养情况表

表 138

年份	供养总数		分散供养		集中供养	
	总人数（人）	总金额（万元）	人数（人）	金额（万元）	人数（人）	金额（万元）
1991	1117	54.14	878	42.67	239	11.47
1992	1158	57.9	927	46.35	231	11.55
1993	1098	60.39	864	46.82	234	13.57
1994	1423	83.7	1139	63	284	20.7
1995	1504	161.6	1189	131.1	315	30.5
1996	1469	156.4	1112	123.3	357	33.1
1997	1596	157.5	1188	103	408	54.5

续表138

年份	供养总数		分散供养		集中供养	
	总人数（人）	总金额（万元）	人数（人）	金额（万元）	人数（人）	金额（万元）
1998	1636	191.7	1215	130	421	61.7
1999	1676	226.3	1196	161.5	480	64.8
2000	1626	243.9	1186	177.9	440	66
2001	1245	205.4	805	132.8	440	72.6
2002	1412	231.7	972	176	440	55.7
2003	1475	192.34	1051	141.64	424	50.7
2004	1551	215.7	1032	131.3	519	84.4
2005	1676	269.5	1204	187.5	472	82
合计	21662	2508.17	15958	1794.88	5704	713.29

【安身工程】 2000年，区委、区政府决定实施安身工程解决农村特困户、优抚对象住房困难，每年纳入区委、区政府一级目标任务分解到乡镇和区级有关部门，区委、区政府目督办追踪督查。2000—2005年，为1487户特困家庭改建、维修危房或新建住房4461间，共计补助964.41万元。

2000—2005年青白江区安身工程工程情况表

表139

年份	特困家庭户数	实施安身工程（间）	金额（万元）
2001	383	1149	421.3
2002	363	1089	269.95
2003	89	267	71.2
2004	336	1008	104
2005	316	948	97.96
合计	1487	4461	964.41

【帮困助学】 2001年全区启动“帮困助学”工程，解决城乡低保家庭子女上学困难，帮助完成义务教育阶段学业。2003年起发动民间捐赠，当年募集67911.1元，2004年募集10.11万元，2005年募集16.3万元，到2005年共计救助低保对象和贫困家庭子女16128人次上学，救助资金460.37万元。其中大中专学生293人次，救助资金74.25万元。

2001—2005年青白江区帮困助学工程统计表

表140

年份	助学人数		助学金额（万元）	
	大中专学生	两免一补	大中专学生	两免一补
2001	17	131	4.47	3.45
2002	28	2825	6.38	49.05
2003	77	1364	16.77	26.07
2004	80	1361	21.34	28.14
2005	91	10154	25.28	279.42
合计	293	15835	74.25	386.12

【帮困助医】 2003年，区政府转发区劳动、财政、民政、卫生4个部门制定的城镇困难人员医疗补助意见。当年为城镇困难群众补助医疗费40余万元，解决城镇困难群众2000人治病问题。2004年在实施城镇困难群众医疗补助的同时，加大农村困难群众医疗救助力度，全面推进农村医疗救助。全年安排救助资金31.6万元，3937人得到医疗救助。2005年救助农村新型合作医疗困难群众6768人，发放救助金6.768万元，救助患大病困难群众71人，发放救助资金10.2万元。3年间发放帮困助医资金88.568万元，医疗救助12776人。

【扶贫工程】 1991年起，全区有计划地分期分批分乡镇实施扶贫工程，区委、区政府年初规划，任务分解到乡镇和区级各部门纳入年终考核，实行目标管理。推行区乡镇干部、村干部和党团员、民兵包户扶贫，制订和实施科技扶贫，科技兴农脱贫致富政策。1991—2005年，规划扶贫23814户，脱贫13614户，共计投入扶贫资金300.13万元。

1991—2005年青白江区扶贫工程统计表

表141

年份	扶贫户数	脱贫户数	投入扶贫资金（万元）
1991	1650	830	3.5
1992	1550	778	3.5
1993	1652	850	3.5
1994	1583	870	15.87
1995	1575	834	12.5
1996	1480	773	26.91
1997	1461	780	
1998	1442	787	
1999	1884	1040	27.45

续表141

年份	扶贫户数	脱贫户数	投入扶贫资金（万元）
2000	1474	1017	27.5
2001	1378	964	126.04
2002	1669	812	48.36
2003	1776	1180	5
2004	1697	1043	
2005	1543	1056	
合计	23814	13614	300.13

【城乡低保】 1997年根据市政府《关于积极推进农村最低生活保障制度工作的通知》，区政府印发《关于建立青白江区农村最低生活保障制度的通知》，在全区农村实施最低生活保障制度，1997年12月为农村220户536人发放最低生活保障金。1998年开始实施城镇最低生活保障制度。城镇居民最低生活保障标准每月每人120元，农村最低生活保障标准每年人均750元。2001年城镇低保由1998年的239人增加到1601人，月人均120元提高到156元。2004年10月城镇居民最低生活保障标准月人均由156元提高到160元，农村低保标准年人均由750元提高到1000元。2005年，全区享受农村低保220户、5658人，实现了“应保尽保”。城镇低保1366户、2421人，标准未变。1998—2005年，享受城镇低保17113人次，金额802.19万元，农村低保16579人次，金额295.01万元。（未包括1997年12月发放的最低生活保障数）

1998—2005年青白江区城乡低保情况统计表

表142

年份	城镇低保人数	金额（万元）	农村低保人数	金额（万元）
1998	398	4.6	536	16.3
1999	1226	33.5	481	12.4
2000	700	45.3	623	16.8
2001	2926	92.12	936	25.57
2002	3921	111.29	1261	27.24
2003	2887	153.28	1939	24.9
2004	2634	178.3	5145	60
2005	2421	183.8	5658	111.8
合计	17113	802.19	16579	295.01

注：合计中城镇低保人数、金额不含临时性补助

社会福利管理

【福利企业】 1991 年，全区有扶贫福利企业 26 家，固定资产 156.2 万元，产值 1352 万元，利税 29.2 万元，职工 2824 人，安置残疾人就业 247 人，占 35.38%；贫困户 242 人，占 34.7%，优抚对象 42 人，占 6%。2005 年扶贫福利企业 9 个，产值 1149.7 万元，利税 141.5 万元。福利企业的发展，筹集了扶贫资金，促进了贫困户子女和残疾人就业。

1991—2005 年青白江区福利生产统计表

表 143

年份	单位（个）	职工人数（人）	残疾人（人）	年产值（万元）	年免征税金（万元）	年缴纳税金（万元）	年利润（万元）	备注
1991	26	2824	247	1352			29.2	
1992	19	613	220	1076.83	20.87		12.03	
1993	21	748	283	3295	28.12		132	
1994	32	674	337	343	86		103	
1995	35	719	357	1369.6	101.1		82.7	
1996	25	521	397	1489.6	143.3		87.3	
1997	17	726	363	5221		44	112.8	
1998	18	766	385	4803.5	12.5	39.1	141.5	
1999	19	786	440	4812.4		52	104.1	
2000	19	768	437	3078.7		59	105.1	
2001	12	618	411	3170.6		53	152.8	
2002	9	260	104	3170.6		83.1	49.7	
2003	10	290	114	3420.3		87.3	53.1	
2004	10	205	88	1149.7		81.5	21.6	
2005	9	88	88	1149.7	58.6	81.5	21.6	
合计	281	10606	4271	38902.53	450.49	580.5	1208.53	

【敬老院建设】 1991 年乡镇敬老院 11 所。1994 年新建龙王敬老院，1995 年新建合兴敬老院，1996 年新建日新敬老院，迁建大同敬老院，全区乡镇敬老院 15 个。2000 年城厢福利院与绣水敬老院合并，2005 年合兴敬老院划归新都区石板滩镇。2005 年全区有敬老院 13 个。

1991—2005 年青白江区敬老院情况统计表

表 144

年份	敬老院数（个）	床位数（张）	职工人数（人）
1991	11	276	29
1992	11	306	29
1993	11	306	29
1994	12	442	35
1995	13	482	41
1996	15	522	46
1997	15	577	47
1998	15	524	49
1999	15	542	52
2000	14	542	46
2001	14	542	47
2002	14	542	47
2003	14	561	41
2004	13	1012	44
2005	13	835	42

【福利彩票发行和社会捐赠】 1991 起，全区先后推出 200 万元、300 万元、400 万元、500 万元大奖彩票销售活动，邀请国家一级演员克里木等明星到场演出，推动福利彩票销售活动的开展。1991—2000 年，销售福利彩票 1398.1 万元，筹集福利资金 305.66 万元。2003 年开展“慈善一日捐”活动，当年累计接收捐赠款 10 万元，2004 年接收捐赠款 10.11 万元，2005 年接收捐赠款 16.3 万元，三年共接收捐款 36.41 万元。

1991—2000 年青白江区福利彩票销售情况统计表

表 145

年份	销售福利彩票（万元）	提取福利基金（万元）
1991	18	4
1992	180	38
1993	14	3.08
1994	200	46
1995	233	54
1996	480	110

续表145

年份	销售福利彩票（万元）	提取福利基金（万元）
1997		
1998		
1999	122.6	17.7
2000	150.5	32.88
合计	1398.1	305.66

社会事务管理

【基层政权建设】 1991年，全区有16个乡镇（4个镇12个乡），29个居（家）委会，178个村民委员会。继续贯彻《村民委员会组织法》和《居民委员会组织法》，开展村（居）民自治达标活动，2000年160个村分别达到“村民自治示范村”标准。2001年，依法选举首届社区居委会成员，全面推进集镇社区建设。民主管理进一步规范，全区村（居）务公开面达100%。

1991—2005年青白江区基层政权组织情况统计表

表146

年份	镇数（个）	乡数（个）	社区居委会数（个）	居委会委员数（个）	村委会数（个）	村委会成员数（人）	备　注
1991	4	12	29	135	178	973	
1992	4	12	23	115	178	973	
1993	4	12	23	115	178	973	
1994	4	12	23	120	178	973	
1995	5	11	23	120	178	973	
1996	5	11	25	130	178	973	示范乡镇1个，示范村61个
1997	9	5	25	130	178	973	示范乡镇5个，示范村108个
1998	10	5	30	130	178	973	示范乡镇5个，示范村108个
1999	10	5	31	103	178	973	示范乡镇11个，示范村160个
2000	10	5	32	130	178	973	示范乡镇12个，示范村160个
2001	11	4	31	130	178	784	

续表146

年份	镇数（个）	乡数（个）	社区居委会数（个）	居委会委员数（个）	村委会数（个）	村委会成员数（人）	备注
2002	11	4	19	75	178	784	
2003	11	4	17	70	178	639	
2004	9	2	12	56	178	505	
2005	9	2	24	75	96	240	

【婚姻收养登记】 1991—2000年，婚姻收养登记管理严把申请、审查、批准三个关口，加强当事人婚前教育，有效防止违法婚姻、早婚、早育和非婚生育的发生。婚姻收养登记合格率100%。2001年4月28日，第九届全国人大常委会颁布新《婚姻法》实施后，组织全区15个乡镇婚姻登记干部集中培训学习，进一步规范婚姻登记管理工作。2002年，推进婚姻登记管理体制改革，全区婚姻收养登记统一在区民政局婚姻服务中心办理，有效防止非法婚姻和搭车收费。2005年，民政局婚姻收养登记纳入区政府政务中心统一办理，婚姻收养登记管理工作更加规范有序。

1991—2005年青白江区婚姻收养登记情况统计表

表147

年份	结婚登记（对）	离婚登记（对）	再婚登记（人）	收养登记（人）
1991	4860	84	603	
1992	4698	127	593	
1993	4978	179	647	
1994	4402	215	627	
1995	4224	220	672	
1996	4377	263	747	
1997	3872	250	819	5
1998	3757	250	749	
1999	3467	308	767	11
2000	3194	405	681	9
2001	3109	347	789	8
2002	2739	593	694	19
2003	3196	637	1071	11
2004	3075	984	1301	14
2005	3189	1004	1496	24
合计	57215	5599	12256	101

【社团登记管理】 1991年2月，根据国务院《社会团体登记管理条例》规定，开展区、乡级社团的清理整顿和重新登记工作。清理整顿区级社团45个，重新登记社会团体25个，其中法人社团9

个，换证登记 1 个，提出自动解散的 2 个，合并 1 个，因换届等原因缓登 3 个。乡级社团 73 个，完成清理整顿 28 个，登记 7 个，更名 6 个，提出自动解散 2 个，业务主管部门提出改组合并 13 个，因故缓登 6 个。通过清理整顿，基本理顺了社团管理机关，业务主管部门和社会团体三者之间的关系，明确了各自的职责权限，社会团体管理工作更加规范。

2005 年，以农村专业合作经济组织为重点，发展农村专业合作经济组，促进农村经济持续、健康发展。新登记农村专业合作经济组织 8 个。2005 年 12 月，登记行业性社团 15 个，学术性社团 5 个，专业性社团 32 个，共计 52 个社会团体，按国务院《社会团体登记管理条例》规定，民政局加强社会团体的审校登记、年检和监督管理。

【民办非企业登记】 2001 年启动民办非企业单位登记工作，当年登记 59 个。截至 2005 年 12 月，登记中介服务类 3 个，教育类 94 个，劳动类 10 个，科技类 1 个，其他类 2 个，共计 110 个。按照国务院《民办非企业单位登记管理暂行条例》规定，民政局负责全区民办非企业单位审校登记年检和监督管理。

【收容遣送与救助】 1991—2002 年，根据四川省收容遣送条例，在公安等部门的配合下，实行收容遣送制度。加强流浪乞讨人员及精神病人的审查和收容遣送工作，共计收容遣送各类人员 300 余人次，家庭认养 4 人。

2003 年，根据国务院《城市生活无着的流浪乞讨人员救助管理办法》，民政部《城市生活无着的流浪乞讨人员救助管理办法实施细则》，执行关爱弱势群体，实施人性化救助的管理制度，区政府建立了救助机构，完善了救助机制，落实了专项经费，实现了由收容遣送制度到救助管理制度的平稳过渡。

2003—2005 年，累计无偿救助精神病人、危重病人、流浪乞讨人员、未成年人、弃婴、痴呆傻、肢体残疾等人员 500 余人。

【殡葬改革】 持续开展殡葬改革宣传活动，加大殡葬改革工作力度，纳入区委、区政府一级目标考核管理。推行先平坝、后山区以毗河以北带动毗河以南的方式提高火化率。

1991 年，组织华严乡机关干部、村组干部，公安干警，在双元村起尸两具同棺材运往金堂殡仪馆火化。领导干部带头火化亲属遗体。1997 年先后在城厢镇和平村、祥福乡民强村起尸火化两名干部亲属遗体。毗河以北乡镇杜绝了土葬。

2001 年，大力推动毗河以南乡镇殡葬改革。在福洪乡起尸火化一名新都来此土葬者，为处理合兴镇黄果村 6 组李某非法土葬问题，做好了应对预案。在法律的威慑力下，说服李某自行起尸送往殡仪馆火化，带动了毗河以南殡葬改革工作的开展。

2002 年 7 月 1 日起，全区殡仪车辆由区殡葬管理所集中管理。2003 年，区殡葬服务中心建成投入使用，殡葬工作步入法制化规范化轨道，新的殡葬习俗在城乡逐步形成。

【老龄工作】 2001 年，区委、区政府将区老龄委办公室职能从区老干局划归区民政局。2003 年 8 月，区编委决定老龄委办公室为事业编制。老龄工作认真落实“两个待遇”，为老年人办实事做好事，切实保护老年人的合法权益。1997 年起，100 岁以上老人每人每月享受政府补贴 100 元，为全区 3 名 100 岁以上老人分别送 21 英寸彩电一台。据统计，全区 100 岁以上老人，1993 年有 1 人，1997 年有 3 人，2000 年有 5 人，2005 年有 10 人。

2005 年青白江区 100 岁老寿星情况统计表

表 148

序号	姓名	性别	出生年月	家庭住址	备　注
1	贾划清	女	1905. 10. 29	弥牟镇国光村 5 组	健在
2	何李氏	女	1903. 12. 04	祥福镇泰山村 2 组	健在
3	张春泽	男	1905. 10. 01	大弯南路 166 号 23 栋 46 号	健在
4	黄德珍	女	1904. 04. 27	龙王镇牟池塔村 12 组	健在
5	陈敦英	女	1902. 10. 07	金堂县新城区新生活商品 B 栋 4 单元 2 楼 1 号	健在
6	潘陈氏	女	1899. 08. 06	城厢镇茶花村	2005. 11 去世
7	刘郑氏	女	1903. 11. 12	城厢镇沿沱村 3 组	健在
8	廖志如	女	1903. 02. 10	红阳巷 2 号 3 单元 25 号	健在
9	庄成玉	女	1904. 12. 14	青江中路 53 号	健在
10	程淑云	女	1905. 10. 08	红阳街道团结村 19 栋	健在

注：表内统计时间截至 2007 年 6 月 11 日

【地名管理】　根据国务院《地名管理条件》和成都市《地名管理实施办法》的规定，成都市青白江区地名管理领导小组办公室负责全区地名管理工作，地名管理办公室设在区民政局。

随着改革开放的深入推进，经济社会的快速发展，城乡建设步伐不断加快，城镇规模逐步扩大，新的城乡格局逐渐形成，原来的区域和地名发生了较大变化，给测绘、规划、建设、邮政、电信、公安、消防、工商、旅游等带来诸多不便，已不适当人们生产、生活需求。在深入调查，广泛征求意见的基础，开展地名命名工作和管理。1991—2005 年，先后命名街（巷）221 条，更正街（巷）名 26 条，取消消失街（巷）名 3 条，命名广场 1 个、生活小区 2 个、河流 1 条。经过区政府批准命名的街道、广场、小区、河流名称，以区政府文件印发，全区机关、团体、企事业单位和个人使用、书写均用标准名称，任何单位和个人不得随意命名、变更或取消。

劳动就业

【就业体制改革】　1990 年成立区就业服务管理局，是区劳动局下属单位，负责全区劳动就业和职工培训。

1992 年集体所有制单位、全民所有制企业和全民所有制事业单位实行计划招工。由区就业服务管理局按有关规定办理，指标不得跨年使用。

1993 年实行劳动合同制就业制度，区政府印发《青白江区国有企业实行全员劳动合同制的意见》，建立劳动制度改革领导小组，在区供销系统试点取得经验后，召开了全区深化企业劳动制度改革动员大会，劳动就业体制改革进入整体实施阶段，到1994年10月，全区54家国有企业的3457名国有企业职工与企业签订劳动合同，成为合同制工人，占国有企业职工总数的99.85%。

1995年区政府下发《关于全面实行劳动合同制的通知》，在巩固国有企业劳动制度改革成果基础上，进行集体企业劳动制度改革，区政府批转区劳动局制定的《青白江区劳动体制区域综合配套改革总体方案》，全区国有企业、城镇集体企业、机关、事业、社会团体中的工人，重点乡镇企业、三资企业、民营企业和个体经济组织，全部实行劳动合同制。到1996年底，全区包括驻区市属以上企业完成了职工合同制改革。劳动就业由计划经济时代的计划安排，劳动行政部门统管转变为市场化合同制就业。

【再就业管理】 实行全员劳动合同制，劳动就业走向市场，职工上岗下岗、就业再就业流动性加大，帮助下岗失业人员再就业，特别是帮助下岗失业困难人员再就业，成为新劳动体制下劳动行政管理服务部门的一项新任务。

1995年，区就业服务管理局制定《再就业工程实施方案》，启动企业下岗职工再就业工程。区劳动局在全区总结推广成钢厂、成都化纤厂等企业安置分流富余人员的经验，成都化纤厂富余人员分流安置实行厂内提前退休，允许停薪留职，清退临时工，尽量安置正式工上岗，松出严进，发展第三产业。1997年区政府成立再就业工程领导小组，次年更名为区解困和再就业工作领导小组。1999年建立再就业园区，开辟再就业渠道，扩大下岗失业人员安置面。

2003年在乡镇建立劳动保障机构，明确乡镇劳动保障机构的八项任务。区就业服务管理局设立就业培训中心，开展下岗失业人员上岗、转岗培训，制订下岗失业人员就业优惠政策，发放“再就业优惠证”，帮助提供小额贷款支持自主创业，对就业和生活困难的“4050”人员提供重点救助。登记失业率一直控制在4%以下，下岗失业人员再就业率达到70%以上，“4050”就业困难人员再就业率60%。2005年，全区开始实施创建充分就业工程，促进社会劳动力的充分就业。

【工资管理】 区内企业工资管理逐步从统管全包管理转变为总量控制，微观放开管理，实行“工效挂钩”“工资总额包干”的分配管理形式。全区37家国有企业，5家实行“工效挂钩”管理，32家实行“工资总额包干”管理，城镇集体企业实行“工资总额包干”管理。实行劳动合同制，为微观工资管理创造了条件。

1995年建立企业《工资总额使用手册》制度，发放手册161个单位，其中国有企业58个，集体企业103个，覆盖面达96%。1999年国有和集体所有制企业，全部实行《工资总额使用手册》制度。加强区属国有企业和国有控股企业经营者的工资管理，制订企业弹性工资总额计划方案。企业职工工资标准实行工资指导线制度，确定不同工种的工资标准，为供职者和用工单位提供指导性建议。

区劳动局制订劳动体制区域综合配套改革总体方案，提出培育和建立“三方利益主体”制衡机制，探索集体协商工资的办法，保证用工和务工双方利益。2001年在区水业股份有限公司和味之素有限公司开展职工工资集体协商试点，取得经验后在祥福铁件厂、四川儒雅教学仪器设备有限公司等企业推广新型的工资确定办法。

1995年7月1日起实行政府颁布的最低工资标准保障规定。1995—2004年，最低工资标准从160元逐步增加到400元。

1995—2004 年青白江区最低工资标准统计表

表 149

时间	1995 年（7 月 1 日起）	1996 年（7 月 1 日起）	1999 年（7 月 1 日起）	2000 年（7 月 1 日起）	2002 年（7 月 1 日起）	2004 年（7 月 1 日起）
最低工资标准	160 元	170 元	200 元	240 元	310 元	400 元

【技能培训】 1995 年，区政府批转区劳动局拟定的《关于成都市青白江区劳动体制区域配套改革总体方案》，加快职业技术开发，办好就业培训中心。职业培训的范围扩大到待业青年、失业人员和企业待岗职工、在岗职工岗位培训。以劳动市场为导向，推进多层次、多形式的社会办学、个人办学和联合办学。创造条件向乡镇企业和农村延伸，为乡镇企业，农村劳务输出人员开展职业技能培训，形成覆盖城镇和农村的一、二、三产业相结合的职业技能培训网络。

在全区开展“全国技能月”“青工技能竞赛和岗位练兵活动”，技工学校招生由只招定向生改为适当招收委培生和非定向生，扩大招生范围。按照“先培训、后上岗，先培训，后就业”，特殊工种人员持培训证上岗的原则，适时举办上岗培训，转岗培训，失业再就业培训，特殊工种技能培训，提高参训人员技能水平。2005 年，参加各种职业技能培训人数就达 4085 人次，向非农产业转移人员就业前引导性培训 5551 人。

【技能鉴定】 1997 年区就业培训中心建成投入使用，在就业培训中心组建职业技能鉴定所，开展职业技能考核鉴定，颁发职业技能等级证书。根据国家职业技能标准和工人技术等级标准，通过职工技能鉴定，逐步实行职工职业资格证书制度。

实行进入劳动力市场的求职者凭资格证书与用人单位洽谈，作为鉴定、签订劳动合同的重要依据。实行社会化职业技能鉴定，建立社会化职业技能鉴定站（所）并实行许可证制度，实现职业技能网络化管理。1995 年在川化厂、成钢厂和安装公司分别建立职工技能鉴定所。2000 年，增加电工、计算机、美发、家用电子产品维修等项目的初级、中级职业技能鉴定，拓展职工职业技能鉴定范围。同年建立成都市青白江区国家职业技能鉴定所新名仕美容美发鉴定站。

延伸社会化职能鉴定网络，初步形成市属以上大中型企业职业技能鉴定，地方劳动管理部门职业技能鉴定和社会技术力量职业技能鉴定相结合的职业技能鉴定的科学化管理网络体系。2005 年，经国家职业技能鉴定所考试，取得职业资格证书的就达 2993 人。

【退休职工管理】 老龄化社会进程加快，离退休职工管理工作逐渐成为区劳动行政管理部门一项经常性的重要工作。1990 年全区离退休职工 4912 人，占在职职工总数的 17.5%。2002 年，退休职工 13799 人，占在职职工总数的 42.9%，2004 年退休职工增加到 16357 人，比 2002 年增加 2258 人。1991—2005 年，退休职工年平均增长率达 12% 以上。退休职工实现了老有所养、老有所靠、老有所乐、老有所为。1991—1994 年，建成全市最早的老年活动中心，成为离退休老年职工休闲娱乐和发挥余热的场所。劳动行政部门坚持组织开展老年运动会，开展老年节日慰问活动，丰富离退休老年人的晚年生活。1994 年 4 月在全市率先实行离退休职工养老金由社会事业保险管理处直接发放，委托银行办理，方便离退休人员领取退休金，避免了因企业拖欠养老金造成退休职工的困难和矛盾，受到离退休人员欢迎，促进了社会的和谐稳定。

劳动监察

【监察机构】 区劳动监察中队建立以前，劳动监察由区劳动局综合管理部门负责，1994 年建立区劳动监察中队，形成一支专业劳动监察执法队伍，履行劳动监察执法职责，执行劳动监察任务。2001 年区劳动监察中队更名为青白江区劳动监察大队，下辖 3 个中队，增加到 42 人，其中兼职监察人员 38 人。

【执法监察】 宣传国家劳动法律法规，保障劳动法律法规在本区的贯彻执行，建立和健全劳动监察体制，形成专职监察与群众监督相结合的劳动监察体制，依法规范劳企关系双方的行为，维护劳动力市场秩序；保护妇女和未成年人合法权益，禁止使用童工等。

1994 年 5 月，开展劳动用工大检查。5 月 1 日至 6 月 3 日，对执法检查中发现的用工不办用工许可证，使用童工，随意延长工时，不按规定发放劳保用品，限制职工人身自由等违反劳动法律法规的行为，依法进行处理和纠正。

1997 年多次开展“民工流动就业与工资支付”“企业参加社会保险”等专项检查。国有、集体、外资企业的监察面达 98% 以上，民营个体工商户的监察面超过 70% 。对有违法行为的用人单位，通过鉴证和补鉴劳动合同，发出整改通知书，清理取缔非法职业介绍所等形式依法查处，维护劳动者的合法权益，保障劳动力市场的正常秩序。

2000 年，在加大劳动用工、社会保险、劳动合同与工资支付执法监察力度的同时，加强农民工权益保障监察。2003 年受理举报投诉案件 51 件，为务工人员追讨工资 172 万元。2004 年，受理举报投诉案 73 件，为务工劳动者追回工资 237.83 万元，为 1775 名农民工补签劳动合同。2005 年受理举报案件 108 件，为 2880 名农民工追讨工资 380 万元。

劳动争议

【劳动争议调解】 1991 年全区企业建立劳动争议调解委员会 25 个，1998 年，劳动争议调解机制延伸到乡镇，建立乡镇劳动争议调解委员会 15 个，到 2002 年，全区国省、集体企业全部建立劳动争议调解委员会。劳动争议案件坚持“先调解，后仲裁”的原则，建立和健全区劳动行政管理部门、区工会、区经济综合管理部门三方组成的劳动争议仲裁机制，配备仲裁专业人员，负责全区劳动争议仲裁工作。

1993 年国务院颁布《中华人民共和国企业劳动争议处理条例》，劳动部颁发《劳动争议仲裁委员会组织规则》《企业劳动争议调解委员会组织及工作规则》。1994 年，全国人大颁布《中华人民共和国劳动法》。1998 年，区劳动仲裁委员会先后制定了《青白江区劳动争议处理实施办法》《青白江区劳动争议仲裁委员会议事规则》等 3 个文件，进一步完善了规章制度规范了仲裁行为。

【劳动争议仲裁】 《劳动法》颁布实施以前，劳动者维权意识比较模糊，劳动争议数量较少，劳动争议仲裁部门受理的案件以案外调解的方式得到解决，以行政解释与疏导为主。1995 年《劳动法》实施以后，劳动行为有了明确的法律规范。劳动者权利、义务、责任关系有完整的法律界定，社会法人和自然法人运用法律手段维权的意识日益增强，用法律的方式解决劳动争议逐渐成为解决劳动争议纠纷的重要方式。1993 年裁决了第一例劳动争议案。1997 年办理第一起企业诉职工的仲裁案件，诉与被诉的关系开始出现多元化，改变了多年来工人诉企业、诉单位的单一主诉群体的状况。

1991—2005 年青白江区劳动争议仲裁数统计表

表 150

项　目	1991—1994	1995	1996	1997	1998	1999	2000	2001	2002	2003	2004	2005
劳动争议仲裁数(件)	5	13	22	19	20	24	34	38	37	38	45	57

【劳动争议预防】 坚持“劳动争议，预防为主”的劳动仲裁工作方针。做好劳动法律法规的宣传教育，开展《劳动法》《企业劳动争议处理条例》《职工考核条例》《国有企业辞退职工暂行规定》《职业介绍规定》等法律法规的宣传，营造企业良好的法制环境，增强劳动者和企业管理者知法守法，依法办事意识。区劳动行政管理部门为企业制订厂纪厂规当参谋，15 年来，先后对 120 家企业的 325 份厂纪厂规、辞退违纪职工实施细则等进行审查，提出修改意见 164 条，用法律法规规范厂纪厂规，使其合法有效。建立劳动争议信息网络。15 年来，劳动行政管理部门先后聘请 360 家企业负责人、工会主席、办公室主任、劳资科长等担任劳动争议信息员，及时掌握争议苗头，将 890 起劳动争议纠纷处理在初发阶段，避免劳动争议纠纷扩大和激化，维护了社会稳定，促进了经济发展。

社会保障管理

【失业保险】 1986 年青白江区实行失业保险。保险对象是区内国有企业的临时工、合同工。参保单位 53 个、2685 人。1993 年全区实行全员劳动合同制，职工失业保险范围扩大到国有、集体企业全体职工。1995 年，区劳动局印发《关于外商投资企业办理社会保险的通知》，规定在外资企业务工的中方职工，办理职工失业保险。1999年人事部门承担的机关事业单位职工的养老保险等工作划归劳动部门统一管理，全区失业保险纳入劳动与社会保障行政管理部门管理。到2003年，全区失业保险投保单位277户，其中区属263户，7706人，市属以上单位14户，23990人，领取失业救济1150人，是2002年1.7倍，领取金额为2002年的2.4倍。2005年区属单位参加失业保险人数增加到9100人。

【养老保险】 1988年青白江区开办职工养老保险，参保单位52户，25325人。1994年开展城镇集体企业职工养老保险。1995年，原在保险公司投保的城镇集体企业移交劳动局社保处经办。1995年区劳动局印发《关于外商投资企业办理社会保险的通知》，外资企业的中方职工，按照有关规定办理社会养老保险。职工社会养老保险覆盖面逐年扩大，到2005年底，全区投保单位365个，参加职工基本养老保险39683人。1995年底有16名退休临时工开始领取养老金。2000年领取养老金11064人，2003年领取养老金14486人，2005年领取养老金15987人。

【工伤保险】 1991年12月，区政府批转区劳动局和区体改委拟定的《关于青白江区企业职工工伤保险试行意见》，青白江区境内全民所有制企业（包括市属以上企业），城镇集体所有制企业和企业化管理的自收自支事业单位的固定职工，城镇劳动合同制工人，混岗大集体，农民合同制工人，经劳动部门批准招收的临时工，中外合资，外商独资企业的中方职工，按规定参加工伤保险。区劳动局负责工伤人员伤残鉴定，确定1~10级伤残人员的待遇标准。1998年市政府调整提高伤残人员待遇。2001年区社会保险局建立青白江区工伤康复疗养中心，为工伤职工身体康复和心理疗养创造了良好的条件。

【医疗保险】 1991—1992年，开展医疗保险两次试点，在粮食和经委系统取得经验后1992年实行，原称为“大病医疗费统筹”。区政府印发《青白江区大病医疗基金统筹试行意见》，确定区属企业和经费自给事业单位在职职工，合同制工人，混岗大集体工人，离退休职工一律参加大病医疗费统筹。1992年参加“大病统筹”的单位65户，在岗职工6523人，离退休人员922人。

2001年在大病统筹基础上，实行城镇职工基本医疗保险，区政府制定《青白江区城镇职工基本医疗保险暂行办法》，医疗保险范围覆盖在青白江区务工就业的所有工人。2001年底，区劳动局更名为区劳动和社会保障局，原由区财政局管理的公费医疗划归区劳动和社会保障局管理。医疗保险覆盖除农村以外的各个领域。

2002年，全区参加医疗保险的单位598户，在职职工4.68万人，离退休职工13744人，覆盖面100%。同年开展补充医疗保险。2006年原由区卫生局管理的新型农村合作医疗保险，划归区劳动和社会保障局管理。

【生育保险】 1997年实施女职工生育保险。参保妇女劳动者因妊娠、分娩导致不能工作能得到医疗保健和现金补助。保证妇女劳动者在生育期间得到必要的物质帮助，1997—2005年，全区参加女职工生育保险的单位已达200个，参保人数3万人，保证了参保单位和参保女职工计划妊娠分娩期间的经济收入来源。

居民生活

1991—2005
成都市青白江区志

概　述

随着改革开放的深入和经济社会的发展，人民群众的生活条件明显改善，生活水平不断提高，人们的思想观念和生活习惯都发生了明显变化。家庭户均人口减少，三口之家户增加。结婚大龄化，婚礼时尚，婚前同居者增多。收入结构和支出结构变化较大，“衣着讲式样，饮食讲营养，住房讲宽敞”成为居民生活时尚。文化教育、医疗保健、交通通信正在成为支出主体。超前消费意识增强，按揭贷款消费项目多、额度大。理财观念转变，由单一的银行储蓄存款，转向买股票、购基金、收藏古玩等多种方式投资。农家游、自助游、自驾游、随团游、饲养宠物已成为居民休闲方式。老年人邀朋结友，选择季节性外地纳凉避暑，青年人喜欢发短信、考驾照、过洋节、进网吧、美容、美体、美发和照婚纱照。见义勇为、捐资助学、扶贫帮困、尊老爱幼、无偿献血等道德风尚进一步发扬。

随着社会主义精神文明建设和全国文明城市创建活动的深入开展，文明素质不断提高，文明健康的道德风尚主导着人们的观念和行为。但一些不健康的迷信陋习依然存在，算命、测字、看相、查期、看风水、赌博、吸毒、卖淫嫖娼等现象时有发生。

家庭生活

【婚姻家庭】　家庭结构逐步向三口之家的小户型家庭发展，年轻人婚后独立门户的居多，五口以上的家庭户逐渐减少。1991—2005 年，全区户平家庭人口从 1991 年的 3.52 人逐步下降到 2005 年 2.98 人，总户数从 1991 年的 10.88 万户逐步增加到 2005 年的 13.22 万户。男女结婚年龄呈逐步推迟的趋势，婚前同居现象增多。出现了少数不要孩子的家庭，悠闲地享受二人世界的生活。一些丧偶的老年人，为了相互照顾，找一个老伴同居，因多种原因不办理婚姻登记手续的情况时有发生。

过去较为稳定的婚姻家庭关系逐步打破，离婚率逐年上升，1991 年离婚率为 1.7%，到 2005 年上升到 31.5%。过去将离婚看成一种羞耻，难于启齿，离婚十分慎重。随着社会的进步，人们对不满意的婚姻，不再是凑合着过日子，婚姻家庭生活不和谐，难于维持下去的，一般都采取离婚作为解脱的方式。15 年来，离婚率逐年上升，再婚逐步增加，单亲家庭逐步增加。

【家庭收入】　15 年来职称改革、职务与工资挂钩和工资改革，职工工资有了较大幅度的增长。职工奖金逐年增加，津贴逐步提高，离退休人员的退休金不断增加。1991 年城镇居民人均收入 1990 元，1995 年人均收入 5157 元，2000 年人均收入 8338 元，2005 年 12080 元。1991—2005 年的 15 年间，城镇居民人均收入增加了 6.07 倍。投资意识增强，城镇居民炒股、购买债券和投资房地产等增加了居民收益。

农村实行家庭联产承包责任制，农民在种植养殖上有了更大的经营自主权，根据市场需求，发展种养殖基地和特色农产品基地，黄金梨基地、西瓜基地、水蜜桃生产基地、杏生产基地、油桃和野山椒生产基地、蔬菜、贡韭生产基地、食用菌生产基地、核桃和药材生产基地等形成规模，出现了一批养牛（含奶牛）、养鱼、养猪、养鸡、养鸭、养羊、养兔等专业养殖大户。龙门和花园沟的桃花、杏花村的杏花，带动了农村农家乐旅游经济的发展，农民进城务工增多，农村居民家庭收入逐年增加。1991 年农村居民人均收入 755 元，1995 年农民人均收入 1462 元，2000 年农村居民人均收入 2911 元，2005 年农村居民人均收入 4175 元。15 年间，农民人均收入增加了 5.52 倍。

【家庭支出】 15 年来，城乡居民收入逐年上升，居民生活质量逐年提高，消费水平不断增长。1991 年城镇居民人均年消费支出 1829.90 元，2005 年人均年消费支出 14841 元，人均消费增长了 8.11 倍。1991 年农民人均年消费 672.5 元，2005 年农民人均年消费 3785.70 元，人均消费增长了 5.47 倍。

居民的消费观念、消费意识、消费方式发生了很大变化，人们在生活上讲求环保、营养、科学，衣着上追求时尚、新潮、品牌。高档家具、电扇、彩电、洗衣机、冰箱、空调、电脑、电话、移动电话等消费品不断升级换代，进入寻常百姓家。为了方便出行，部分家庭已购买了私家汽车。

城镇居民贷款买住房、汽车、大型家用电器已经比较普遍，2000 年城镇居民人均年消费支出首次超过人均年收入。2000 年，全区城镇居民人均年收入 8338 元，人均年消费支出 9597 元，人均超支 1269 元。2005 年城镇居民人均年收入 12080 元，人均消费支出 14841 元，人均超支 2761 元。

青白江区居民人均收支消费一览表

表 151

类　别	1991 年		1995 年		2000 年		2005 年	
	城镇居民	农村居民	城镇居民	农村居民	城镇居民	农村居民	城镇居民	农村居民
人均年收入	1990	755	5157	1462	8338	2911	12080	4175
人均年支出	1829.90	692.50	4699	1403.70	9597	2728.90	14841	3785.70
食品支出	928	436.6	2051	928.40	2529	1871.70	3263	1372.60
衣着支出	244.70	52.40	634	105.50	643	109	1033	146.90
居住支出	6.20	64.90	207	147.30	655	232.20	1347	164.90
家用设备用品及服务支出	180	32.30	543	66.20	600	102.70	502	130
医疗保健支出	44.70	15.10	89	41.40	182	69.90	648	235.60
交通、通信支出	43.12	3.6	243	15.10	580	84.10	1787	221.90
文化娱乐用品及服务支出	175.90	60.50	269	107.90	1301	158.90	1432	231.50
其他商品及服务支出	51.10	25.90	108	21.20	323	66.20	453	27
年末人均存款余额	2650	265	7487	752	16000	1409	31250	2133

注：人均年收入：指城镇居民可支配收入，农村居民人均纯收入

青白江区每百户居民耐用品消费拥有量

表 152

项目	单位	1991 年		1995 年		2000 年		2005 年	
		城镇	农村	城镇	农村	城镇	农村	城镇	农村
彩色电视机	台	97.5	5	112.5	7.5	137.5	36	160	79
黑白电视机	台	25	58.75		77.5		75		34
电风扇	台	172.5	45	232.5	87.5	207.5	148	205	247
电冰箱	台	82.5		100		97.5	5	105	24
洗衣机	台	97.5	5	100	7.5	102.5	16	105	48
录放像机	台	5		45	2.5				
收音机	台	22.5	32.5		25				
收录机	台	82.5	23.75				15		12
影碟机	台					62.5	8	115	37
空调机	台					12.5		85	
手表	架	302.5	210		185				
自行车	辆	282.5	158.75	262.5	160		179		181
缝纫机	台	35	38.75	40	35				
电动助力车	辆							52.5	
照相机	部	42.5		32.5		62.5	1	42.5	6
摄像机	部							2.5	
中高档乐器	架	40				15		17.5	
摩托车	辆		1.25	5	5	12.5	18	12.5	32
抽油烟机	台			60		47.5			
热水淋浴器	台			107.5		105	5	105	19
消毒柜	台							27.5	
微波炉	台					30		50	
家用电脑	台					22.5	1	50	4
电炊具	件	5		42.5		90		100	
组合家具	套	45		112.5	7.5	90			
大型家具	件	337	132	457	697		428		290
移动电话	部					32.5	3	200	69
固定电话	部	3.5(全区百户拥有量)		8(全区百户拥有量)		33(全区百户拥有量)		100	48

注：1. 1994 年 5 月 11 日，青白江区电信局开通无线移动通信，到年底该区拥有移动电话客户 130 户，到 1998 年发展到 7451 户。1999 年 7 月 28 日，青白江移动公司从青白江电信局分离出来，正式组建四川省移动公司青白江分公司。

2. 表内空白项表示没有统计数据可查。

【家庭理财】 居民的理财方式主要是存款，部分居民逐步涉及买国债、买保险、买股票、买房产、古玩收藏等形式。

储蓄存款作为居民家庭理财的首选，虽然存款利息不断下调，但群众普遍认为把钱存入银行资金安全可靠无风险，存款余额逐年增加。1991 年城镇居民年末人均存款余额 2650 元，农村人均存款余额 265 元，1995 年城镇居民末人均存款余额 7487 元，农村居民年末人均存款余额 752 元，2005 年城镇居民年末人均存款余额 31250 元，农村居民年末人均存款余额 2133 元。

股票投资，俗称炒股。开办证券交易所初期，炒股股民近千人，股票也只有深发展、延中实业、深科技、长虹等二十余种。1995—1997 年，各种股票涨幅喜人，股民尝到甜头，股民队伍不断扩大，股市兴旺。1998 年，股市大幅下跌，股民人数锐减，交易所门前冷清。到了 2006 年股市再度上涨，吸引了大批“股民”，全区“股民”达上万人。对炒股，股民总结为“721 法则”，即七成股民亏本，二成股民保本，一成股民赚钱。不少亏损严重的股民戏称炒股为“宝马车进，自行车出”。证券公司也一再提醒投资者“股市有风险，投资须谨慎。”

房地产投资是少数居民家庭的理财方式。特别是在股市低迷时期，房地产市场兴起，少数市民看准了房地产增值的商机，购买商铺或商品房住房进行出租或出售，从中牟利。2000 年，全区商品住房均价为每平方米 700 元，到 2005 年，全区商品住房均价达到 2200 元，并不断攀升。

古玩收藏、饲养宠物、栽植名贵花草也是全区少数居民家庭的理财形式。全区古玩收藏人员百余人，收藏有陶瓷、邮品、书画、钱币、杂件等。这些人在收藏中交易，在交易中收藏取得了投资回报。全区有五、六百人专门从事宠物狗的养殖交易，并取得了可观的经济效益。花草宠物市场远近闻名，成了成都、德阳等周边地区的集散地，并远销省外。

上述各种家庭理财形式均根据各自家庭的经济状况、理财人的爱好、对市场的预测，以及经营手段和形式，使不少理财人获得了收益回报。同时，也有少数家庭在投资理财中对市场行情预测失误和经营不善而亏损。

基本生活消费

【服饰消费】 20 世纪 90 年代以后，以灰、蓝、绿、青色调为主款的服饰逐步退出人们的视线，西服、卡克衫、喇叭裤、牛仔裤、萝卜裤、踩脚裤、吊裆裤、皮衣、纯毛制服相继引领时尚，居民服饰色泽鲜艳，样式新潮。

服饰因工作性质而变化，出现了各式各样的职业装，西装，因生活格调而变化，出现了各式各样的 T 恤、休闲装、风衣、披风等。女性服饰尤其变化多样，套裙、吊带裙、小管裤、直筒裤、裙裤、七分裤、九分裤、浅裆裤变来变去，韩式服饰、韩式小背心、低胸服饰、露背服饰、露脐装、打底裤在城区普遍流行。年轻男女着牛仔裤较为普遍，乞丐裤也常有所见。从布料上看，的确良、涤卡、涤纶、涤丝等逐步退出市场，纯棉、丝绸、毛料及新式进口面料层出不穷。鞋子的样式有梭跟、高跟、低跟、尖头、圆头、李宁、双星、耐克等，皮鞋、运动鞋、休闲鞋不断变换翻新。人们的消费观念不再是“新三年、旧三年、缝缝补补再三年”了，而是追求时尚、品牌和个性。

不管是城区还是小场镇，成品服装摊、店比比皆是，过去曾经风行的服装缝纫店已经寥寥无几。

发型样式从呆板、单调向变化多样、个性时尚转变。男士发型以平头、奔式、自然大分头为主，头型日趋自然时尚。年轻男士喜欢碎发，头上造型、刻字，染色。色彩有棕色、枣色、红色、蓝色、绿色。女式发型时尚自然。流行发型有碎发、波波头、直发、卷发、长碎卷发、短发接长发等。理发师通过染、烫、夹、护发营养等为顾客美发。美发消费女性明显高于男性，更注重新潮和个性，流行发型不断变幻，一度追随韩国、日本发式。

随着生活水平提高，居民穿金戴银已成为普遍现象。新婚青年男女，一般都要购买戒指、耳环、项链一类的装饰品。各式各样、价廉物美的小饰品，深受青少年的喜爱。玉佛、玉观音、佛珠等，寓意吉祥、平安、招财的各类饰品，也成为人们的流行饰品。

【居住消费】 农村居民逐步告别了低矮的茅草、扇架、泥砖、泥墙的房屋，住进了宽敞明亮舒适的砖混结构的小楼房和砖瓦结构的平房或四合院。城镇居民经历了福利房、房改房、集资建房和住房货币化分配的改革，多数居民住进了环境舒适的花园式小区。居民的居住环境改善、居住质量提高。农村居民的人均住房面积从1991年19.3平方米，增加到2005年39平方米。城镇居民人均住房面积从1991年的7.1平方米，增加到2005年的29.8平方米。

农村居民居住消费支出逐年上升。1991年，全区农民人均住房消费64.88元，1998年人均住房消费347.91元，2002年人均住房消费351元，2005年人均住房消费为675.91元。1990年代初期，农村新修住房和住房改造，向楼房、砖混结构庭院式发展。讲究内部装修，卫生设施进入农户家庭。2005年，农村建房，注重内外美观，装修进一步上档次，设计更加合理，住房功能设施齐全。四合院仍然保留川西民居的传统特色，楼房一般为两层楼，底楼正中为堂屋，开双扇门，用于待客、祭祖、用餐等。

城镇职工经过住房制度的改革，由过去的单位福利房演变为自主购买商品房。全区城镇居民的居住环境明显改善，商品房消费成为居民消费的重要支出。

1992年7月，全区实行城镇住房制度改革。到1994年12月，有132个单位按标准价（优惠价）出售公有住房13811套，总面积821833平方米，平均每套住房面积59.5平方米。城镇职工购买一套已分配的福利房一般只需三四千元至八九千元左右。

1996年，取消福利分房。采取集资建房，解决职工住房问题，参加集资建房的职工共3552名，建筑面积296857平方米，平均每套住房面积83.6平方米。

1995年以前，新建的居民住房，一般可以直接入住，少数家庭为了美观在地面铺地板胶或用地砖装修地面。随着商品房的开发，居民对房屋装修的个性化要求日益强烈，开发商逐步减少了对新建商品住宅的内装饰，以清水房交付购房者。2000年后，居民新购住宅必须进行全面装修。地面装修以木地板和地砖为主。室内灯饰装修精美，品种繁多日趋时尚，整体厨卫装修已作为居家必备。一套住房装修少则两万元，多则几万元、十余万元。2005年，全区城镇居民人均购房支出1998元，住房装修支出626元。

【出行消费】 居民出行条件极大改善。1991年，全区县乡公路仅有175.9千米，以碎石路面为主。村道只有泥土铺成的机耕道，“天晴一把刀，下雨一包糟，雨天一身泥，晴天一身灰。”人们出行极为不便。1991 年起先后新建、改建、扩建和改造国道、省道和县乡公路。2001 年，全区实现了村村通水泥沥青路，到 2005 年全区公路总里程 593 千米，形成了纵横畅通的交通网络。

1991 年居民出行主要以自行车为主。每百户城市居民拥有自行车 282. 5 辆；农村百户居民拥有自行车 158. 8 辆。到 2005 年城市每百居民拥有自行车 100 辆左右，摩托车 12. 5 辆，助力车（电动自行车）52. 5 辆，农村每百户居民有自行车 181 辆，摩托车 32 辆。90 年代后期，私家轿车、面包车开始成为居民出行的代步工具，到 2005 年私家车拥有量迅速增加。90 年代初期，人力三轮车开始在城镇运营，到 2005 年，全区人力三轮车 2000 余辆，大大地方便了群众出行。

1991 年开始全区客运车辆逐年增加，1991 年 71 辆，其中交通系统为 32 辆，工厂交通车 39 辆。1996 年，交通系统和民营客车 124 辆，1998 年 153 辆。到 2005 年，全区客运车辆 304 辆。运营线路 30 多条。

1997 年投入出租车 70 辆，结束了青白江无出租车的历史。2000 年又新增 50 辆出租车。

2000 年 9 月，开通了大弯—弥牟，华严—城厢，华严—祥福，1、2、3 路公交线路，2001 年，华严—大弯—城厢—金堂第 4 路公交车开通。到 2002 年底，全区 4 条公交线路投入公交车有 46 辆，设公交站点 139 处。

出行条件的改善，促进了出行消费的增长。居民以车代步出行的越来越多。客运量从 1991 年的 461 万人次，逐步增加到 2005 年 1389 万人次，人均年交通费消费由 1991 年的 10 余元增加到 2005 年的 439. 1 元。

休闲娱乐

【健身活动】 随着人们生活水平的提高，人们在追求物质消费的同时，健身消费逐步兴起。在原有跑步、竞走、跳健身操、广场舞、打门球、地掷球、游泳等活动的基础上，又逐步兴起了体育场馆式、健身房式和家庭式器械健身活动。

20 世纪 90 年代中后期，青白江区先后出现了消费性的健身体育场馆。全区有川化体育场、区体育场、成钢体育馆、经典艺术培训中心健身房、盆景苑健身房、化纤职工俱乐部、川化 828 健身中心、御洲阁网球场、瑞特保龄球馆等多处商业性健身场馆。这些健身场所以盈利为目的，为居民提供健身活动场所。经典健身会所、区体育场健身房、川化体育馆健身房、盆景苑健身房等一般实行会员制，以季度、半年或一年交一次费用，2000 年健身房收费标准为 100 元/月，270 元/季度，500 元/半年，900 元/年。2005 年收费标准调为 160 元/月，450 元/季度，800 元/半年，1200 元/年。每次健身活动为 60 ~ 90 分钟。到健身房健身的一般为中青年女性。她们在健身教练的指导下进行形体基本训练、跳健身操或拉力器、哑铃、跑步机、多功能健身器等健身器材进行健身活动，以达到体型健美，增强体质的目的。

成钢体育馆、化纤厂职工俱乐部和怡湖公园等处的羽毛球、乒乓球活动健身场地，则以每小时收费 5 ~ 10 元不等，为有偿健身服务。区体育场、川化体育馆游泳池等游泳场所，一般都坚持常年开放，为冬泳健身活动爱好者提供了方便。炎热的夏天，游泳场馆参加游泳健身的人经常爆满。票价逐年上升，到 2005 年票价每人 3 元。购季节票和年票的实行优惠。

家庭健身也成时尚，部分家庭为方便健身，购买了跑步机、拉力器、哑铃等健身器材，在家里利用空闲时间进行健身活动。体育健身器材，一般都价格不菲，一台跑步机一般三至五千元左右，不少中青年人也愿意花钱购买。

【旅游】 20 世纪 90 年代，旅游逐年升温，利用节假日外出旅游的人们越来越多，光大旅行社、康辉旅行社、成都海外旅游公司、青年旅行社、华夏旅行社等多家旅行社先后进驻青白江，给旅游者带来了方便。

居民外出旅游一般有三种形式：一是自助游，二是自驾游，三是随旅游团出游。旅行社不断推出多种旅游线路供游人选择，名胜古迹游、自然风光游、人文山水游、红色线路游、乡村古镇游、异域风情游、改革开放成果游、近郊周边休闲游等受到人们喜爱。2000 年后，出境旅游成为时尚，到泰国、马来西亚、新加坡旅游成为居民出境旅游的首选。

2004 年，由机关事业单位退休干部发起，组建了老年摩托车骑游队，骑游队自助出游，自愿选择出游路线，脚迹遍布祖国各地。

【农家乐】 毗河两岸素来是青白江人野炊、垂钓、踏青的郊游场所。每到春暖花开或节假日，无论是退休的老人，还是上班一族，无论是三、五家庭相约，还是中小学集中组织，常常都会在风景秀丽的毗河岸边休闲。1996 年，受郫县农家乐的启发，祥福乡党委政府组织毗河沿岸村组干部外出学习，发动群众开发农家乐旅游，一种新型的集餐饮、休闲娱乐、踏青赏景的休闲娱乐模式在青白江区诞生。1996 年，祥福镇农家乐达到 30 余家，到 2005 年，全区先后出现了聚祥、临风楼、葡萄园、乡风林、田原、静水山庄、王家庄、东方欲晓、鸟语林、福聚、花果园、怡家、黄家花园、芳草地、杜家弯、夕阳红、柳桃园、韩金园、小天竹坊、桂风苑、聚龙山庄等具有一定规模的农家乐百余家，遍及全区各乡镇。农家乐的田原风光也各具特色，形式各样，有以黄金梨、水蜜桃果园为主的，有以鱼塘、湖泊、河流为依托的，有以土鸡、河鲜等天然食品为特色的，为游人提供了各种选择。

每逢节假日，不少农家乐常常客人爆满。人们在农家乐消费一天花费不高，全天消费含午餐、晚餐，茶水、棋牌，2000 年前后每人每天消费 10 ~ 20 元不等，2005 年一般消费为 15 ~ 25 元。

2000 年以后，农家乐向规模化方向发展，环境越来越舒适优雅，一些农家乐具备承接大型酒席和中、小型会议的能力。地处大弯镇革新村的临风楼农家乐，绿树成荫，鸟语花香，设施完善，典雅大方，可同时容纳 500 余人就餐，400 余人休闲娱乐。2005 年，临风楼、田原休闲庄、东方欲晓休闲中心等三家农家乐被成都市旅游局授予“三星级农家乐”的称号，柳桃园授予“二星级农家乐”称号。

【外地避暑】 夏季潮湿，天气闷热，人们互相邀约于每年的七、八月份前往都江堰市的青城后山、青城前山，彭州市的白水河、银厂沟，崇州市的街子、九龙沟等地避暑纳凉。一些城镇退休职工、退休教师及机关事业单位的退休人员，从每年的 5 月份起就前往这些避暑圣地，一直到 9 月底才回青白江。20 世纪 90 年代，在这些地方的农家避暑山庄避暑纳凉，包吃包住宿，每人每月 400 元左右即可。2000 年以后，包吃包住，每人每月费用上涨到 500 元左右。到 2005 年，包吃包住，每人每月上涨到 600 ~ 700 元不等。若是十天左右的短期避暑，费用相应高一些。也有的避暑人群只租房舍，自己办理一日三餐。

2000年后，一些经济条件好的家庭，与避暑地农民合伙修房，提供2万~5万元不等的建房经费，可获得20~40平方米不等的住房使用权。使用期一般为10~20年不等。时间一到房舍归当地农民所有。这些避暑人群每年到这里就不再交住宿费，可自行开办一日三餐，也可在农家搭伙，搭伙时就交伙食费。

【茶馆】 街头巷尾，林盘院落大小茶馆几乎随处可见。无论它称为茶楼，还是会所，都是居民休闲聊天、品茗、棋牌娱乐、生意洽谈，调解纠纷、朋友聚会、男女相亲、谈天说地的最佳场所。一些茶楼附设了保健浴脚按摩等服务项目。一些农村茶馆还保留着川剧座唱演出。

茶的品种很多，一般来源于名山县蒙顶山、邛崃市、都江堰市、蒲江县等茶叶产地。茶馆普遍推出的茶品有：花茶、素茶和青茶。同时备有杭菊、贡菊（配以大枣、枸杞）等供女士饮用。

小茶铺一般消费为每碗茶（或杯）为0.5~1元，以1元钱一碗茶最普遍。茶楼最低消费为5元钱一杯的茶，最高消费可达百余元。

传统的茶铺，一般使用盖碗茶具。盖碗茶具由茶碗、茶盖、茶船三个部分组成。茶碗上大下小，由茶船托起，放上茶叶，冲上开水，用茶盖盖上，待茶叶浸泡几分钟后揭开茶盖，一杯清香扑鼻茶香立刻浸入肺腑。现多数茶馆嫌其麻烦，而以瓷盅、玻璃杯子代替传统的茶碗，个别茶楼也备有宜兴紫砂壶一类的高档茶具。

随着休闲方式的变化，单纯品茗聊天的人越来越少，打麻将娱乐的人越来越多。各类麻将桌成为茶馆的必备设施。

在茶馆喝茶的人一般先到的人看见朋友、熟人来了，都要高声叫喊："老板来碗茶!"并抢着付茶钱。喜欢玩棋牌的，或斗地主，或打麻将，赢家给牌钱和茶钱。逢年过节、亲朋聚会、婚丧娶嫁、同学会、战友会，一般都要到茶楼、茶馆聚聚，玩玩棋牌麻将，娱乐放松。

【歌舞】 20世纪80年代，交谊舞风靡一时。到90年代初，全区大大小小的舞厅近百家，几乎遍布全区各乡镇。在舞厅跳舞，每位舞客消费标准一般为2~5元，并提供茶水。在露天舞场跳舞费用每人1~2元。跳交谊舞，一般为舞友相约，或单位、车间班组活动，或工会活动，也有不少爱好者自行前往。1992年，青白江出现第一家歌舞厅。这种歌舞厅利用卡拉OK音响设备，使人们既能在音乐伴奏下跳舞，又能随歌曲音乐放声歌唱。歌舞厅装饰华丽，音响效果好，并陆续出现了伴歌伴舞的人员。到1995年全区有歌舞厅200余家，福洪、合兴两个乡镇卡拉OK厅多达70余家。流行之后，盛极而衰，到1998年全区减少到107家，2002年仅存34家，到2004年，全区已经没有卡拉OK厅存在。

2002年，酒吧兴起在城区的杨柳街一带。酒吧以经营啤酒、红酒、洋酒等酒水为主，设包间，通过电脑点歌。2005年，全区有60余家酒吧。酒吧休闲娱乐收费的特点是酒水、干果收费，唱歌免费。

生活时尚

【发短信】 1994年，中国移动通信网络开通短信功能。1998年开始，移动、联通先后大范围拓展短信业务，发一条短信省内一般收费为1角钱，发省外费用为1角5分，比普通话费便宜。一般发短信不需要对方回话，收短信方看到短信后就明白其意图，收短信不花钱。发短信内容繁多，如：生日祝福、节日问候祝愿、朋友相约、笑话信息转发、告知某一件事，2003年后，短信群发功能增强，企业逐步利用短信发布商业广告，如某处开业优惠、节日打折。即使你从来没有发过短信，但只要你有手机每年总会收到从各方面发来的短信数十条，尤其是在年轻人中，短信已成为生活中的一部分。

【考驾照】 随着经济、社会的发展，人民生活水平的提高，拥有私家车已不再是梦想，汽车驾驶也由职业技能向生活技能转变，考驾照已成为一种时尚。

平时朋友、同事见面常问是："去学车没有""考了没有""考过没有""好久买车"等。小区私家车越来越多，许多人在规划着自己的有车生活，因而学开车成了"当务之急"。于是不管买车的经济条件具不具备，都涌向驾校去学开车，争取早日拿到驾照。学车队伍不仅人数越来越多，而且年龄跨度也越来越大，从18岁到60岁不等，不少女性和老年人也涌入学车行列。到2005年，全区有驾校10余所，驾照分A、B、C照。A照为大货车，学费为4000多元；B照为一般货车，学费3000余元；C照为七座以下的小型客车，学费1800元左右。学员在驾校既学理论知识（即汽车机械原理和道路交通法规），又要学习实际操作驾车技术。通过市车管所理论考试合格（90分以上）后，再到市车管所参加驾驶实际操作，达到80分以上，便可领取驾驶执照。

【过洋节】 20世纪90年代之后，部分年轻人、青少年学生开始体验异域文化带来的不同概念的享乐，追逐时髦，过起了洋节。部分商家也抓住洋节的商机，借机促销，好从节日经济中火一把。流行的洋节有以下的几种：

情人节：每年2月14日，为西方传统的情人节。情人节这天，情人间互发短信、或互通电话问候祝福。男士要给女士送玫瑰花，花店的玫瑰花也特别畅销，且价格比平时贵许多，有时还会脱销。女士给男士送巧克力或果冻水晶之类食品，互约去泡吧，吃烛光晚餐，共同度过浪漫的一天。

愚人节：每年4月1日为西方的愚人节。朋友之间、同事之间（以青年男女为主）、学生之间相互开玩笑，发短信、打电话捉弄人。如约某人到某餐馆就餐，你如果按约前往，结果不是那么一回事。

圣诞节：每年12月25日为圣诞节。圣诞节期间，不少商店摆放了圣诞树，上面挂上五颜六色的彩灯，有的还装扮圣诞老人在商店门口、街上或广场上走来走去，给过往的人们发放圣诞小礼品，通过圣诞节来促销。中外合资企业一般都要举办圣诞晚会，许多企业利用圣诞节开展公关活动。2001年怡湖广场建成后，广场上成了圣诞节年轻人狂欢的地点，人们拿着充气的狼牙棒、充气锤相互追打，互相追逐喷洒彩带，非常热闹。初、高中学生多数要给老师送贺卡或小礼物，祝老师圣诞节快乐。但多数年轻人并不清楚节日意义，他们感兴趣的只是能够狂欢娱乐。

【婚纱照】 婚纱照兴起于20世纪90年代初，初期一般都在相馆照婚纱照，以后逐步发展到野外、旅游胜地去照婚纱照。

照一套婚纱照，一般是几百元至几千元不等。婚纱照本身圣洁唯美，具有珍藏纪念特征，化妆师往往会把新娘的妆面打造得清新自然，尽可能靓丽完美，突出新娘幸福甜蜜的神情。然后男女新人穿上流行服饰或古典服装。新娘婚纱的质地、款式多样化。高领、低领、欧款、韩式、蓬蓬裙、鱼尾裙、粉红、艳红、嫩黄、嫩紫等各种款式，颜色适合不同脸型肤色、身材气质的新娘。丝绸、蕾丝、薄纱是选用得最多的面料，丰富的水晶、珍珠、亮片等装饰、讲究耳环、项链与婚纱的整体搭配。新郎仍保持传承的西装革履，但西装的款式、质地、颜色也跟随现在的流行款式。有的新人沿用古典唐装拍一些传统与现代相结合的婚纱照。摄影师为新人设计各种亲昵姿态，并不断变化各种姿势留下一个个美好的镜头。

部分城镇中老年人由于受时代限制，当年结婚时简朴，未享受过婚纱照的甜蜜、幸福与浪漫，在新潮时尚的影响下，为找回失去的岁月，留下美好的回忆，也到婚纱影楼补照婚纱照作为留念。

【美容美体】 受香港和欧美美容美体等新思想、新潮流、新消费理念的影响，青白江区从20世纪90年代初就兴起了美容美体的行业，到2005年全区有数十家美容美体馆，消费群体主要是25～45岁的中青年女性。

到美容美体馆美容美体，有局部的面部美容和全身整体美容之分。美容师用各种美容产品为顾客涂抹、推拿、揉搓、按摩，有的通过针灸、蒸熏疗法，服用排毒养颜胶囊一类的保健药品，达到瘦身美体的目的。

一些简便的面部整容技术被人们接受，美容院还开展了割双眼皮、纹眉毛、眼线、嘴唇、绣眉、去面部疤痕和胎记、隆鼻等美容。

工薪阶层的女性，一般十天半月到美容美体馆护理一次。经济收入较高的女性一般坚持常年护理。每护理一次，费用30～60元不等。护理一个疗程费用一般为300～600元不等，一个疗程一般为10～15次。全年护理2000元至10000元不等。

【民间收藏】 2001年12月18日，成都市收藏家协会综合藏品工作委员会（简称区综藏委）在青白江区成立，民间收藏活动进入一个新的发展阶段，到2005年底，已在区内外发展会员112人。区综藏委设有陶瓷、邮币、书画、玉器、杂件5个专业。协会会员收藏的字画1000件，古玉600件、陶瓷7000件、钱币3000枚，奇石根雕200件和少量票证。

2002年4月20—28日，区综藏委在花鸟市场举办古玩艺术交流会，有200人拿出自己的藏品参展，共展出藏品3000件。港、澳及省内外收藏专家学者和客商应邀到会进行收藏交流。2003年4月20—27日，区综藏委在花鸟市场聚雅阁举办中国书画名家收藏展，有2000多人观看了展品。2003年9月5日，区综藏委在区民间收藏中心举办“川西古玩艺术品展”，共有3000件艺术品参加展出。

2005年12月16—18日，区综藏委在大同镇九峰山田原休闲庄举办“首届川籍书画字推介展”，共有300多件作品参加展出。这次展出设有兰花盆景，钱币邮品、奇石根雕、玉器、陶瓷等藏品展区。《收藏》《中国收藏》《成都日报》《四川经济报》等报刊先后发布了消息，信息和专题报道。

川化退休职工陈维源收藏的玉圭等传世文物，引起收藏界、文物考古专家的重视和极大兴趣。玉圭：为古代祭祀用具，尽管历经千年沧桑，圭体斑驳，但色彩依旧，轻扣有珠落玉盘悦耳之声。“黄玉圭”两面皆有变形隶篆，字体端庄古朴，惜减挪笔甚殊，文意尚待专家学者破解。玉圭长67厘米，宽17厘米，厚2厘米。1986年陈维源购于成都市文物市场。

道德风尚

【见义勇为】 区委、区政府表彰奖励见义勇为先进个人和先进群体，弘扬传统美德。1993 年 12 月成立人民群众见义勇为基金协会，组织基金 26 万余元，表彰奖励 40 多名见义勇为人员，发放奖金和慰问金共 4 万余元。

1994 年 2 月，龙王镇清洁村小学校学生陈志全为抢救落水儿童献出了年仅 12 岁的宝贵生命。3 月 2 日，区委、区政府决定命名陈志全为：“赖宁式的好少年”。3 月 5 日，市政府授予陈志全“赖宁式的好少年”荣誉称号。

1994 年 6 月，成都制药厂干事江维建（原青白江区红旗学校学生），为抓获 3 名持刀歹徒身负重伤，受到市政府的表彰奖励。

1995 年 3 月 3 日，合兴乡干部和肉联厂职工江兴发、刘易安、兰礼才等人，勇抓持枪歹徒，刘易安不幸负伤。区委、区政府对江兴发英雄群体予以表彰奖励，并号召全区人民学习他们的英雄行为。

【捐资助学】 为了帮助贫困家庭的子女读书，通过多种渠道、采取多种形式在全社会开展捐资助学活动。

1994 年，团区委开展“希望工程——1 + 1 百万爱心助学”活动，到 1998 年共收到捐款 291754.89 元，救助特困生 266 名，清泉镇红梁村小学、人和乡油房村小学办学条件得到改善，在清泉镇尖山村修建一所希望小学。

2000 年，全区开展“手拉手”资助贫困儿童、支援贫困地区学校建设及“希望工程”牵线搭桥活动。在市青少年中心的支持下，由成都中达汽车有限公司捐款 25 万元，区乡（镇）两级社会集资 45 万元，修建龙王镇崇福希望小学；2005 年，由广州宝洁公司出资 18 万元，修建人和乡关仓村宝洁希望小学；蓉生公司捐款 10 万元，修建清泉镇蓉生希望小学。手拉手结对帮扶学校区内 26 对，区外 14 对。建书屋 56 个，书架 1380 个。结对辅导员 160 对，少先队员 1.2 万对。“手拉手”帮扶捐款 15 万元。

四川儒雅公司董事长周国民，热心公益事业，多次为贫困学校和贫困学生捐款捐物。2000 年，为邛崃市两名孤儿捐助学费、书本费和生活费，帮助他们重返校园完成学业。同年为龙王镇崇福小学捐款 5 万元修缮校舍；为龙王中心校 50 名贫困生捐助学费。2002 年，出资帮助 20 名就读于祥福中学的藏族学生。2004 年，为达州灾区学校捐赠价值 2 万元的课桌椅 200 套。2005 年，出资 2 万元资助大弯中学女子足球队训练参赛。

祥福镇高平村罗登菊在城厢镇做凉粉生意，主动承担起城厢中学贫困生邹晓勇的食宿，帮助其完成高中阶段的学业。2002 年，邹晓勇不负众望，以 562 分的好成绩升入重点大学。

2002 年 2 月 24 日，龙王中学校收到一封信和 2000 元捐款，信中未留下姓名，落款为“跟随毛泽东战斗过的老人”。信中写道：“……得知贵校部分贫困生因家庭困难而辍学的情况，使我思绪万千，久久不能平静……，我参加革命多年，深知没有文化的苦处……，现将我多年积累的2000元托人转交贵校，帮助学习刻苦，生活困难的同学，希望帮助他们学有所成，为家乡脱贫致富作出贡献，我心足矣。”信中再三叮嘱不必打听捐款者为何人，信中字里行间闪烁着老人高尚的道德情操和对下一代的关怀。

【尊敬老人】 从城镇到农村、从机关到学校，从领导到群众，都传承着尊老爱幼这一传统美德。区委、区政府十分重视老龄工作，使老年人老有所养、老有所学，老有所乐，欢度晚年。全区建有老年大学、老年退休协会、老年体育协会、老年骑游队、教师退休协会、老年舞蹈队等老年社团组织。各级组织为老年社团提供学习、活动、娱乐场所和资金、使老年人身心健康、精神愉快。

每年春节、重阳节，区委、区人大、区政府、区政协的领导都要到基层看望慰问老人，送去党和政府的关怀。社会各界为老人献爱心、送温暖，到敬老院看望慰问老人，表演文艺节目，帮助老人打扫环境卫生。1997年，区民政局给三位百岁老人各送去了一台彩色电视机。

1998年11月起，给全区60岁以上的老年人发放“优待证”，老人持证外出进公园、景区、游乐场所等免收门票。百岁以上的老人，由政府每月给予100元的长寿补助金。到2005年全区有9位百岁老人，区乡两级政府每年派人看望慰问。

弥牟镇党委、政府从1993年起就定期为敬老院老人过集体生日。集体生日时间为农历的六月初六和十月初十。清泉、祥福等乡镇给老人建立了活动室，不少老人在那里品茶聊天、演唱川剧、玩耍棋牌，乐在其中。

2001年6月，区计生委为全区乡镇敬老院的300多位五保老人进行免费体检，并对患病老人及时治疗。

弥牟供销社退休职工郑世泽十几年如一日，坚持每年春节带上慰问品前往祥福镇敬老院看望慰问五保老人。

云顶乡牌坊村刘开芳老人，从1982年起，14年如一日，义务供养双目失眠的8旬五保老人唐郭氏。

四川国龙集团赵中彬，十多年来一直坚持在重阳节、春节带上礼品、红包看望祥福敬老院的老人。

四川儒雅公司周国民从2000年起，每年春节都要给敬老院的老人送上猪肉、棉絮等慰问品和慰问金。

【无偿献血】 1998年10月1日《中华人民共和国献血法》实施，青白江区先后多次在怡湖公园大门外组织宣传，并组织和动员全区公民自愿献血，广大机关事业单位干部和群众以履行公民义务为光荣，以关心社会、关爱他人为目的，纷纷加入了义务献血者的队伍。

1991—2005年青白江区义务献血统计表

表153

时　间	献血人数	献血量
1991—1998年9月	1873人次	374600毫升
1998年10月—1998年12月	964人次	192800毫升

续表153

时　间	献血人数	献血量
1999—2002 年	16868 人次	4280000 毫升
2003—2005 年	6902 人次	2001800 毫升
合　计	26607 人次	6849200 毫升

迷信陋习

【算命】 中华人民共和国成立后，将算命列为封建迷信予以禁止。到 20 世纪 80 年代后，算命、看相、测字逐步出现在农村场镇。这些算命人员有的摊前放着小广告以招揽生意，有的印制有名片，名片上印有“×××中国佛教协会会员”“中国易经协会会员”等头衔，并有住址、联系方式等。

【择期看风水】 青白江区仍然有不少群众对风水半信半疑，并抱着图个吉利宁可信其有，不可信其无的态度，以求家族兴旺，事业有成，没病没痛，消灾免难。信风水的人们一般在建房、修大门、龙门下基脚、上梁、购楼房、选朝向、定楼层、装修、搬家、婚嫁、殡葬等请阴阳先生看风水、看时辰。甚至一些建筑工地开工，企业商铺开业也请阴阳先生看风水、测时辰。

赌博、吸食毒品、卖淫嫖娼等陋习也时有发生。

民俗风情

1991—2005
成都市青白江区志

概　述

青白江区境原属新都、金堂二县辖地，历史悠久，民俗文化源远流长，在世世代代的生产和生活实践中，继承和发扬了优秀民俗，逐渐形成青白江区客家民俗、回族民俗、当地民俗多元融合，特色鲜明的民俗文化，体现了民俗文化淳朴自然、风趣幽默、形象生动、易于传承的特点。

青白江区是客家人聚居地之一，客家人的手工制香、龙王贡韭菜、大头菜种植和腌制等生产工艺代代相传。客家特产二荆条海椒、福洪香曾是出口产品，龙王贡韭被农业部批准为无公害农产品。民间习俗、民间工艺、地方风味等都保持着客家痕迹。尤其是客家语言，在客家人聚居地人们交流时说客家话，对外交往中说四川话或普通话，这种“内外有别”的语言交流方式传承至今。

青白江区文化底蕴深厚，民风淳朴。民俗活动，客家习俗，回族习俗，民间工艺，民间医俗，地方风味食品，饮食习俗，生活习俗，民间文化就像朵朵盛开的鲜花，装点着城市和乡村。

回族是青白江区人口最多的少数民族，主要居住在弥牟镇和城厢镇。每周五回族同胞要到弥牟镇清真寺做礼拜，每年举办开斋节、古尔邦节、圣纪节。回族群众继承着传统的饮食习俗、婚姻习俗、丧葬习俗。弥牟镇清真食品和唐家寺白水鹅具有浓郁的民族特色。

民俗文化活动丰富，桃花诗会年年举办，围鼓、龙灯、采莲船、腰鼓、连萧等传统文化在传承中发展，连萧被列入成都市非物质文化遗产。民间雕刻艺人的作品被雕刻爱好者作为艺术品收藏。生育、生日、婚嫁、丧葬、取名等仍保留着传统习俗。寺庙道观成为信教群众参加宗教活动的场所。

民俗文化活动

【菊花灯会】　1985年青白江举办首届菊花灯会，到1990年全区共举办三次菊花展。

1991年、1994年和1996年，在怡湖园相继举办菊花展，1万多盆菊花，将金秋十月的青白江怡湖园装扮得十分俏丽，“金盘托桂”“九州盛世”“绿水碧波”“金发女郎”“一尘不染”“八仙过海”“西厢待月”等造型的菊花，引来了数十万游人观赏，摄影留念。

1998年10月，在怡湖园内举办了“金秋十月灯会”。菊花灯会集彩、色、声、光、电于一体，共有28组灯组造型。用工艺彩灯、装饰灯、串灯等万余盏和上万盆名贵菊花、堆花造型组成。

1999年10月，“怡湖金秋迎千禧菊花灯展”在怡湖园举办。菊花灯展共展出各类菊花两万余盆。

根据园内不同地形地势，建造了13个大型灯组，3个中型灯组和10余株大型彩灯造型树衬托，并用1500米彩灯引路，是集灯光、音乐、动作、趣味为一体的大型菊花灯会。

【桃花诗会】 1985年3月12日，在清泉镇花园沟举办首届桃花诗会。著名诗人、《星星》诗刊主编白航，《青年作家》编辑方赫，《成都晚报》副刊主任张大成，在川大研究古汉语的美国学者唐凯琳（女）等应邀出席首届桃花诗会。120余位各行各业的诗歌爱好者参加诗会，不少作者朗诵了自己创作的诗歌。《星星》诗刊4月号报道了桃花诗会的消息，刊登了华严乡农民余双庆的诗。《成都晚报》副刊发表了“桃花诗会归来”的通讯。

桃花诗会每年举办一次，1992年以前由区文学艺术讲习所举办。1993年以后，桃花诗会由区政府办公室和青白江报社举办。桃花诗会举办地点随着全区水蜜桃种植规模的不断扩大而变动，清泉花园沟、姚渡龙门等村相继成为举办地。

1998年以后，数十名省、市作家协会会员参加了桃花诗会，桃花诗会的作品水平得到了快速提高。《中国经济时报》《成都日报》《华西都市报》《成都商报》，四川电视台、成都电视台等多家新闻媒体的60余名记者采访报导，桃花诗会的知名度不断提高。

2005年3月25日，由区委、区政府、省作家协会主办、区委宣传部、区文体局承办的第20届桃花诗会在清泉镇龙洞“生态苑”举行。桃花诗会由区委常委、统战部部长涂忠模主持。区委副书记、区纪委书记巫敏致欢迎词。省作家协会秘书长曹纪祖、市文联党组书记蔡继康、首届桃花诗会创始人代表王国云先后在会上发言。著名诗人白航赋诗。《我的家乡》《时间的方向》《春的印象》等数首优秀诗篇获得好评。区政协主席李光明，区委副书记、区纪委书记巫敏，区委常委、统战部部长涂忠模等区领导向省市和友邻区、市、县的来宾赠送了《成都故事·青白江诗歌故事专辑》一书。

桃花诗会，推动了青白江区文学艺术发展，由区委宣传部主编的青白江区第一本桃花诗集——《桃花红映青白江》由中国文史出版社出版发行。

【春游赏花】 每年的3月前后，春暖花开，杨柳抽芽，万物生长，到处呈现出一派勃勃生机的景象。这个季节，居民都有踏青赏花的习惯。一般是朋友同事相约，夫妻相伴，子女相随，或学校组织师生春游野炊。毗河沿岸、清泉桃花沟、姚渡龙门桃花山逐步成为人们习惯的春游场所，人们一般到河边、田野、公园看柳树吐出的嫩芽、盛开的报春花、桃花、李花、杏花和成片的黄灿灿的油菜花。桃花树下娱乐聊天，品尝农家美味，沐浴着春天的阳光，享受着大自然的美景。

【清明上坟】 清明上坟一般选择春分到清明前的某一天，由家族或家庭的长辈们组织到祖先的坟前焚香祭奠，寄托子孙对祖先的怀念崇敬，同时也祈求祖先保佑。一般家庭祭品包括酒、水果、鸡、猪肉等食品。大型家族祭祀时，也有采用全猪、全羊等。人们为了寄托对逝者的哀思，使生者得到安慰，常常在坟前焚烧各类冥币、纸制房屋、衣服、手表、汽车等物品。也有准备冥币“元宝”、纸制房屋、衣料、火炮、刀头肉（煮熟的一块肉）、酒、酒杯、水果类等一类的祭品。到祖先墓前，一般先挖土垒坟，寓意家族人丁兴旺，财源茂盛，然后在墓前摆上祭品，点上香、烛再磕头行礼，烧纸钱等。临别燃放鞭炮。对与亲人墓地相邻的坟墓，一般都要上一炷香（三根香为一炷香），烧一些纸钱。对周围较远的坟墓一般插一根香。以示阴间亡人处好友邻关系。

【赶场】 人们把约定日期到集市上进行买卖交易的活动称为赶场。全区保留着赶场习俗的场镇有弥牟镇、城厢镇、祥福镇、龙王镇、姚渡镇、清泉镇、福洪乡、人和乡。集市一般都设在乡、镇政府所在地，赶场日期分为一、三、五、七、九和二、四、六、八、十号，隔天赶一次场，月大三十一号不赶场。

凡有集市的场镇，每逢赶场日，场镇的大街小巷、农贸市场，都摆满了各种日用品、生活必需品、鸡鸭鹅兔、鸡蛋鸭蛋、肉类、蔬菜等农副产品和部分生产工具，大的集镇还有生猪交易市场。弥牟镇的牛市是西南地区最大的牛市，这里经常有来至云南、贵州、广东和凉山、阿坝及周边区、市、县的牛在这里交易，年交易量达几十万头。每逢赶场天，周边各地居民，挑担的、提鸡鸭鹅的、挑着新编筛子、担着时令蔬菜、骑车（自行车或摩托车）的、打空手的，亲戚邻里互相吆喝去赶场。集市上，从吃、穿、用到农资产品……应有尽有。除了买卖交易，还有专门到街上赶耍场看热闹的，到街上茶铺喝闲茶摆龙门阵的。赶场天，场镇上的饭馆、酒店茶铺、腌卤肉摊、商店等的生意一般都要比闲天好得多。全区最热闹的要数清泉镇的逢场天，每到赶场天，上午九点过整个场镇大街小巷市坝就拥挤不通，一直要到下午四五点钟才散场。清泉镇的早市（主要是水果、蔬菜）从凌晨三四点起就进行交易，不到天明交易就完成。所有场镇逢场，都有指定的交易区，如猪市、鸡鸭鹅兔市、蛋市、菜市、肉市、粮食市场、日用百货、五金家电、衣服鞋帽等。

【庙会】 青白江区有佛教、道教和伊斯兰教，按宗教习俗每年都有数十次规模不等的庙会。1993 年 8 月，区政府同意恢复城厢镇寿佛寺（在三楚宫旧址上重建）。1995 年农历正月初八，寿佛寺正式开放。从开放之日起时至今日，寺内香火旺盛，一年四季香客不断。每年农历腊月三十晚上到庙内来烧子时香的人络绎不绝。正月初一，烧头炷香的人拥挤不堪。每年农历的二月十九（佛祖出生）、六月十九（佛祖成道）、九月十九（佛祖出家）和农历四月初八的浴佛节（又叫放生会）、农历七月十五的盂兰盆会都要举行重大的佛事活动。每月农历的初一和十五也是佛教例行的法会。这些活动，前来庙里敬神上香的人络绎不绝，年接待居士、香客十余万人次。

城厢镇西街的三清观（原为灵官庙），1994 年农历二月十九举办了观音会（慈航会），举行道教祭拜的庙会活动。1995 年开始在庙内重塑太上老君（道德天尊）等神像，香火一年比一年旺。2006 年 3 月 20 日，区民族宗教事务局正式批准恢复开放三清观为道教活动场所。农历四月二十八日在庙内召开了三清观成立庆典庙会。每年重大的道教活动有农历正月十五的上元会，二月十五的老君会，二月十九的观音会（慈航会），七月十五的中元会，十月十五的下元会，正月初一和十五，不少居士、香客都要前去赶庙会上香敬神。三清观庙会年接待前来朝拜烧香游览的居士数万人次。

弥牟的清真古寺从 20 世纪 80 年代开始恢复宗教礼拜祭祀活动。每周五是穆斯林例行的礼拜日，区内及周边穆斯林一般都要前往清真古寺做礼拜。开斋节、古尔邦节和圣纪节到古寺朝拜的穆斯林比平时多，到清真寺参加圣纪节的穆斯林多达三四千人，仅次于成都市中心清真寺的人数。2000 年，弥牟镇清真古寺荣获四川省文明宗教活动场所称号。

【围鼓】 青白江区人把川剧玩友聚集在一起，打响锣鼓家什、拉起胡琴，不化装，你方唱罢我登场的演唱形式称为打围鼓。以打围鼓为主要形式的川剧座唱在城厢、祥福、弥牟、清泉、姚渡、大弯、红阳等乡镇、厂矿、社区中经久不衰。全区共有打围鼓川剧座唱队伍 8 支，戏友 200 余人。这些队伍器乐齐全，有的团队还有全套行头服饰。他们在业余时间，利用文化站、活动室、茶园、农家乐等作为演出活动基地。打围鼓的川剧座唱队伍，以中老年川剧爱好者为主，每年打围鼓和演出上千场次，每场演出观众少则几十人，多则几百人，观众以中老年人为主，同时也吸引了不少年轻人。

青白江区成立了川剧爱好者协会，经常邀请巴蜀艺术研究院以及绵阳、成都、宜宾、绵竹、金堂、新都、广汉、彭州等地的专业和业余川剧演出剧团进行技艺交流。打围通常演唱的川剧有《柜中缘》《桃花村》《滚灯》《刁窗》《白蛇传》《秋江》《御河桥》《拷红》等数十个剧目。

【耍龙灯】 当地居民就地取材，用板凳、稻草、竹篾等材料扎制彩绘成各式各样的龙，在节庆、祭祀活动中舞动，俗称为耍龙灯。根据“头似蛇、角似鹿、眼似兔、耳似牛”的特征，将龙头上扎制成一对象鹿角的角，一双如兔突出的铜铃大眼，一个张开的血盆大口，长长的舌头，大大的耳朵，鼻子两侧有长长的龙须，下巴有一大把胡须。龙身一般由若干节灯架构成，将灯架连为一体，用纸、麻布、绸等，绘上鱼鳞图案，尾巴呈鱼尾状。每个灯架下有一根棍子支撑，表演人一人举一节便可进行表演。耍龙灯的人数根据龙的种类大小长短而定，其人数从几人、十几人到几十人不等。耍龙灯时，耍宝人在前面逗戏引领，耍龙的人根据引领的舞步进行舞龙表演。舞龙的舞蹈有“龙打滚”“龙摆尾”“浪里窜”“波浪翻”“龙腾虎跃”“龙抱柱”等几十种形式。耍龙灯所用打击乐器，有大锣、钹、小堂鼓、马郎子等川剧锣鼓家什，以马郎子提线（指挥），耍宝人、耍龙灯的队伍按照锣鼓家什打击音乐节奏舞龙。据祥福镇、城厢镇、弥牟镇和龙王镇的民间艺人回忆，耍龙灯的曲牌有30多个，如《拜新年》《半边月》《贺新年》《鱼龙会》《上天梯》《扑灯蛾》《花蝴蝶》《冲天柱》《八仙过海》《幺、二、三》《欢天喜地》等。

龙王镇客家大傩龙是明末清初由湖广填四川的客家移民带入流传至今。龙王镇每年农历正月十五之前都有耍龙灯的习惯，此习俗一直到20世纪50年代末终止。1994年春节，在龙王镇文化站和民间艺人张盛金、李维江的共同努力下龙王客家大傩龙又重新恢复。客家大傩龙最长可达50米，需要舞龙人25位，耍宝人1位，打击器乐艺人4~5人。2003年，龙王镇客家大傩龙应广汉市的邀请，参加了广汉市的大型民俗活动“拉宝宝”节的开幕式演出。

城厢镇板凳龙相传起源于唐代，李世民登基，普天同庆，各家各户要张灯结彩，于是城厢镇居民便把板凳拿到街上舞耍以示庆贺，从此城厢镇便出现了耍板凳龙的习俗。板凳龙是将长条高板凳装饰成龙，由两位民间艺人分别举起板凳的四支脚，在耍宝人的引领下，随着锣鼓家什的打击节奏进行舞龙表演。50年代末，耍板凳龙的民间活动停止。2003年，城厢镇绣川河社区的民间艺人肖天恩等人，又将板凳龙重新搬上民间文化舞台，在春节或重大庆典活动中开展耍板凳龙的民间文化活动。

祥福小金龙是竹龙的一种，龙身长4.5米左右，分为四节，一人双手分别握着龙头和龙身的手柄，另一人双手握着龙身和龙尾的手柄，队形动作变化多样，配以川剧锣鼓打击乐器，龙随着乐曲节奏舞动。表演规模可大可小，表演时由两人舞一条龙，多以二、四、六、八、十、十二条龙同时表演。可配以适当的耍宝人、笑头和尚，秧歌队伴舞。50年代末失传。1998年，祥福镇开始恢复小金龙表演。一般为农历正月十五之前在街头、机关单位、农村院坝进行表演祈求吉祥平安。在祥福镇舞龙活动的带动下，弥牟镇、城厢镇也开展了舞小金龙的民间文化活动。

部分龙灯锣鼓曲牌

2/4　　**拜新年**

冬·共 | 壮 弄 | 壮·壮 | 乙 壮 | 壮 弄 | 冬 共 | 冬 共 | 壮·壮 | 乙 壮 |

壮 壮 弄 | 壮 壮 | 乙 壮　当 壮 弄 | 当 壮 共 弄 | 丑 壮 共 弄 | 当 壮 共 弄 |

丑 壮 共 弄 | 当 丑 丑　弄 丑 当 丑 | 弄 丑 当 丑　弄 丑 当 丑 | 弄 丑 当 丑　弄 丑 当 丑 |

壮 弄 | 壮 丑　弄 丑 | 壮 壮 | 壮 壮 壮 | 壮 ○ |

花蝴蝶

2/4

冬 ‖: 弄丑丑 | 弄丑丑 | 壮丑弄丑壮 | 壮壮壮 | 乙壮 · 壮 :‖ 弄丑丑弄 |

壮丑丑壮 | 弄丑丑弄 | 壮丑丑壮 | 弄丑 | 弄弄 | 壮 弄 | 壮 壮

弄 壮壮 | 壮弄 | 丑壮 乙壮 | 丑壮 弄 | 壮壮 乙丑 | 丑壮 丑 |

丑壮 乙壮 | 丑壮 弄 | 壮壮 乙丑 | 丑壮 弄 | 壮壮 乙壮 |

壮壮 乙壮 | 壮丑丑 丑壮 | 壮丑丑 丑壮 | 壮弄 | 壮弄丑 |

壮壮 | 壮 壮壮 | 壮丑 壮丑 | 壮丑 壮丑 | 壮 弄丑 | 壮弄壮 |

弄弄 壮 | 壮壮 | 壮壮 壮 ‖

乱劈柴

2/4

冬 · 共冬共 | 冬共冬共弄 | 壮壮壮壮 | 壮 ○ | 弄丑弄丑 | 弄丑壮 |

弄弄丑丑 | 弄弄丑丑 | 弄丑壮 | 壮壮丑 | 壮壮 ‖

冲天柱

2/4

冬 | 弄弄 弄 | 壮壮 | 壮壮 弄弄 | 壮壮 | 壮壮 弄弄 | 壮壮 弄弄 | 壮壮 弄弄 |

弄弄 弄弄 | 壮壮 弄壮 | 弄弄 弄弄 | 壮壮 弄壮 | 弄壮 弄壮 | 弄弄壮 | 壮壮 |

壮壮弄 | 弄壮 弄壮 | 弄弄壮 | 壮壮 | 壮壮弄 | 弄弄壮 | 壮壮弄 | 弄弄壮 |

壮壮弄 | 弄壮壮 | 乙壮 壮壮 | 弄 ○ ‖

幺二三

2/4

○冬 | 冬共冬 | 壮壮 弄 · 丑 | 壮 丑壮 | 弄丑 壮壮 | 乙壮壮 | 丑壮 乙丑 | 壮 丑壮 |

壮弄 | 壮丑丑 冬共 | 壮弄 | 壮丑丑 冬冬共 | 壮 弄丑丑 | 弄壮丑 弄丑丑 | 壮 弄丑丑 |

弄壮 弄丑 | 壮丑弄 | 壮壮 乙丑 | 壮 丑壮 | 乙丑 壮壮 | 乙壮 壮 | 丑壮 乙丑 | 壮 丑壮 |

壮弄 | 壮丑丑 弄弄 | 壮弄 | 壮冬共丑壮 | 弄弄 丑壮 | 弄丑壮 ‖

注：当——锣；壮——锣、钹合击；冬共——小堂鼓；丑——钹；弄——马郎子；乙——休止符。

【彩莲船】 青白江区城厢镇的彩莲船是传承多年的民间双人舞表演形式，这种舞蹈表演深受群众喜爱。

彩莲船是用竹篾扎成一支长约2米左右的小船，船上有蓬，船中间留一个能容下一个人的空间。船体、船蓬用彩色纸（或丝绸）装饰。表演时，中间站一个幺妹（50年代以前幺妹由男人扮演，以后一般由女人扮演）由幺妹扶船起舞左右摇摆、前进或后退。彩莲船外由一男人扮演稍公，稍公手拿船桨，船随稍公划船姿势舞动，幺妹在船上配合稍公划船姿势摆动船只翩翩起舞。幺妹、稍公随锣鼓家什的节奏时急时缓，如同船行急流、险滩、顺流、逆流等水中行船的情景。一些表演也适当加了一些稍公、调侃幺妹的段子。

彩莲船民间舞表演历史悠久，直到50年代末才停止表演。1997年，为庆祝香港回归，城厢镇绣川河社区的肖天恩等民间艺人，恢复了彩莲船的表演。

【腰鼓】 腰鼓，一种打击乐器，短圆柱形，两头略小，挂在腰间敲打。打腰鼓是一种民间舞蹈，腰间挂着腰鼓，一边行进，一边跳舞，一边敲打。可正面敲打，可反手敲打，可胯下敲打……。相互间有穿花，可以不断变换队形。

腰鼓队伍一般有十几到几十人不等，配有大鼓、镲镲等，由镲镲提线（指挥）。腰鼓队员在镲镲的指挥下，不断变化着打鼓姿势和打鼓队形以增添欢快喜庆气氛。

腰鼓一般用于庆典、开业、奠基和迎送贵宾等重要喜庆场面。1949年解放时迎接解放军，1968年欢送知识青年上山下乡，1976年庆祝粉碎江青反革命集团，庆香港、澳门回归等。工厂奠基、企业开工、商店开业、市场营销宣传也请腰鼓队助阵。

1989年城厢小学腰鼓队伍应邀参加金堂县举办的“金橘会”开幕式表演。1991年大弯小学腰鼓队表演的“金童闹春”参加市中小学文娱调演获得好评。1991年后，腰鼓队逐步由学生、年轻人演变为以退休老年人为主的队伍。全区各乡镇社区共有二十多支腰鼓队，几乎都是六十岁左右的老年人。老年腰鼓队在健身自娱自乐的同时，也参加一些重大节日庆典活动和一些商业性市场营销宣传。

【连萧】 连萧在四川有“连厢”“年萧”和“霸王鞭”等多种称谓。连萧传入四川后，其舞蹈动作与外省大同小异，唯有演唱曲调与四川方言融合，形成了鲜明的四川曲艺小调演唱风格。城厢镇的连萧起源于清乾隆年间，青白江区“城厢过街连萧”是一种在街道由群体表演的连萧，与民间艺人个体表演的“洞房连萧”不同。“城厢过街连萧”表演时一般由舞者领唱，众人附和、吆喝，场面十分热闹。

连萧唱词都是随时代社会变化而产生的民歌民谣。如20世纪40年代演唱词为抗日救亡鬼子的民谣，1950年代初为欢迎解放军、宣传土地改革、互助组合作社的民歌民谣。1958年，城厢镇绣川村连萧队表演的《访高级社》经选调赴京演出。1960年代后，过街连萧逐步受到冷落，以至绝迹。“文化大革命”后期，有人重启连萧表演，但不再是演唱连萧曲目，而是以革命歌曲取而代之。1990年代末，广场和社区文化的兴起，群众自发健身文娱活动的开展，连萧这种群众喜闻乐见的民间活动又在群众中兴起。在平时或在节日庆祝活动，人们又能看到了久违的“城厢过街连萧”表演队的表演。

2005年，区文化部门邀请“城厢过街连萧”的传承人王永焯重新传授“过街连萧”，组织训练表演队伍。用《连萧是根竹棒棒》词曲进行演唱表演，并参加首届成都市国际非物质文化遗产节，取得了较大的社会反响。

部分连萧曲词

曲一：

唱十二个月

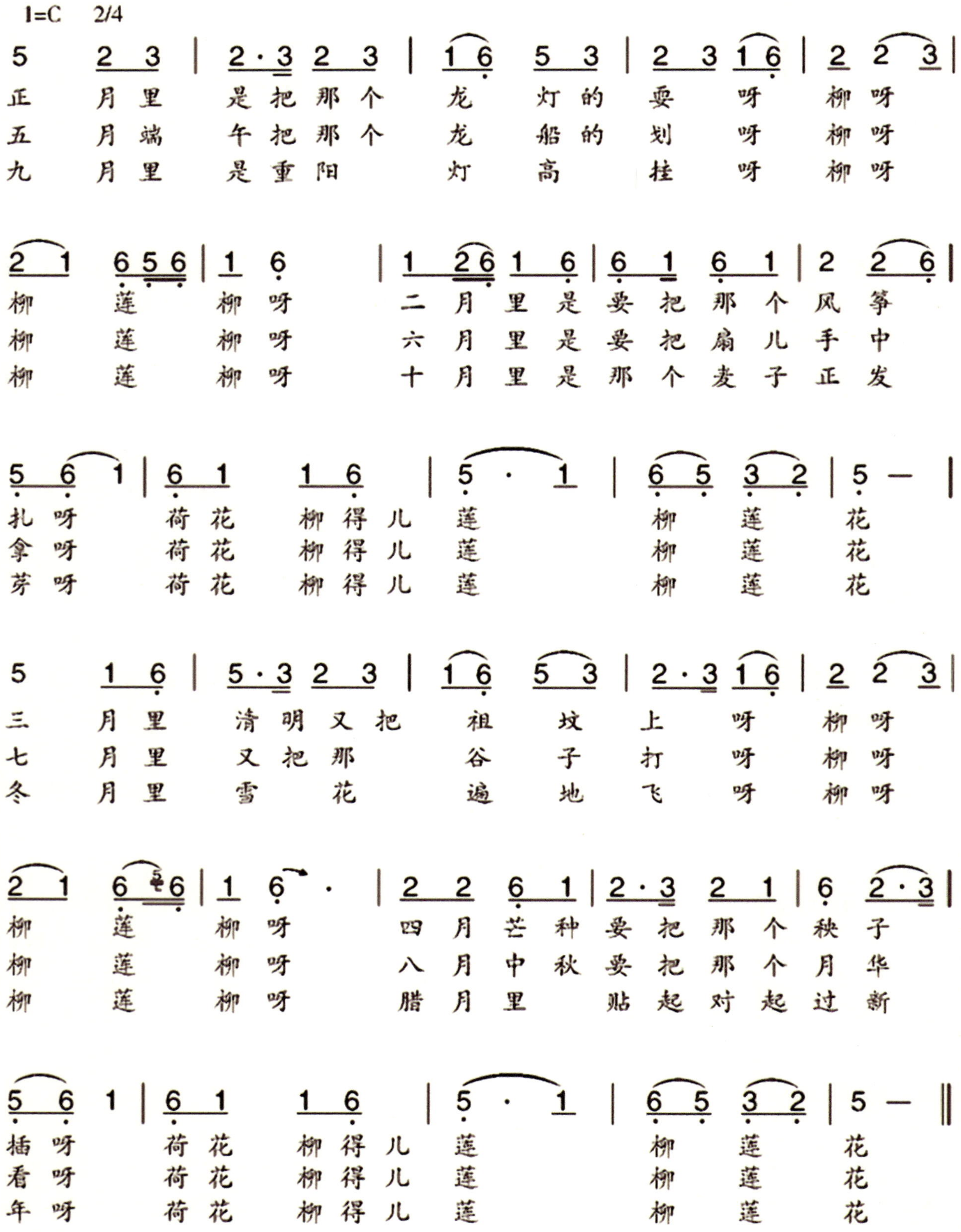

曲二：

连萧是根竹棒棒

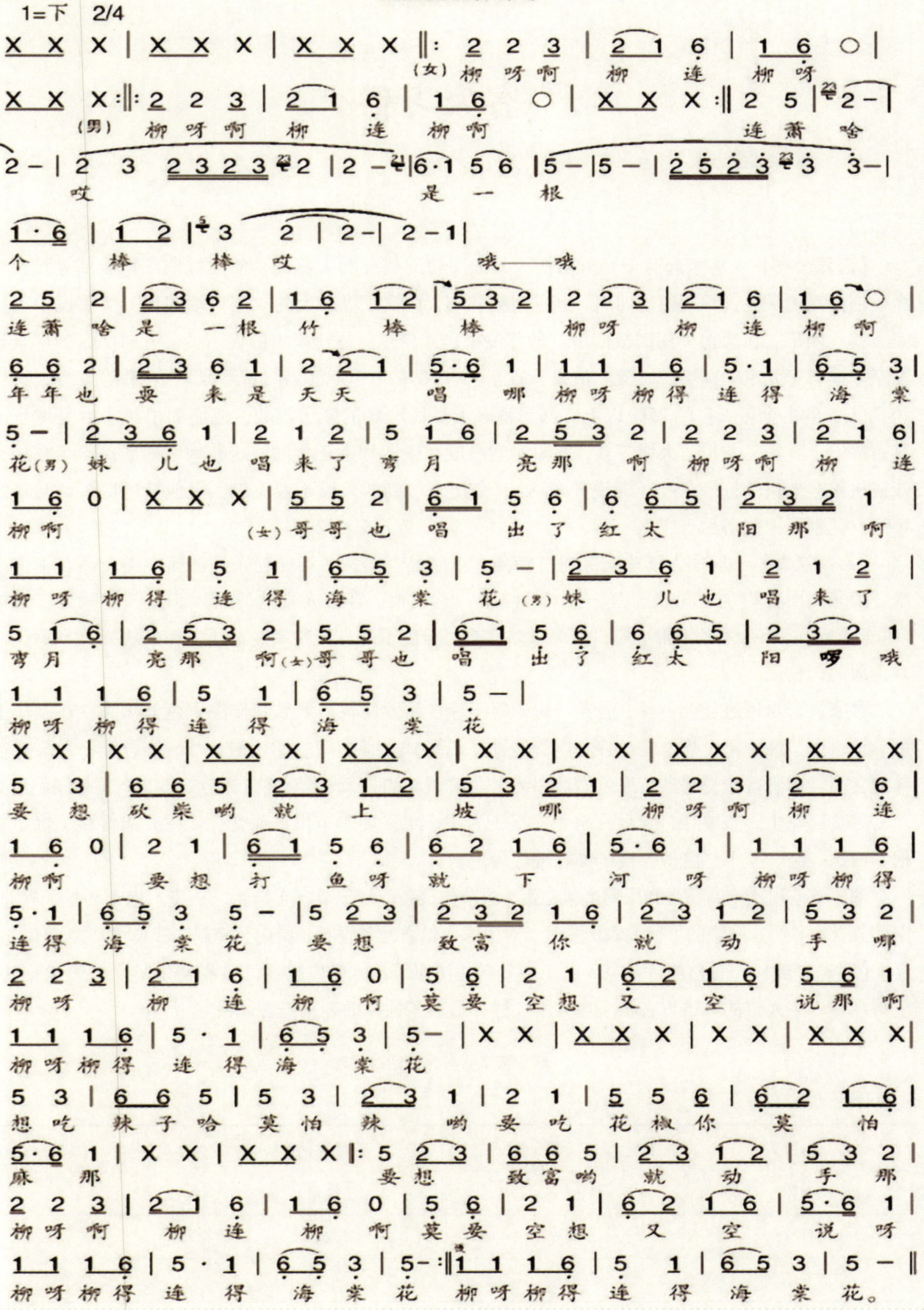
1=下 2/4
(女)柳呀啊 柳 连 柳呀
(男)柳呀啊 柳 连 柳啊 连萧啥
哎 是一根
个 棒 棒哎 哦——哦
连萧啥是一根竹 棒 棒 柳呀 柳 连 柳啊
年年也耍 来是天天 唱 哪 柳呀柳得 连得 海 棠
花(男)妹 儿也 唱来了 弯月 亮那 啊 柳呀啊 柳 连
柳啊 (女)哥哥也 唱 出了 红太 阳那 啊
柳呀 柳得 连 得 海 棠 花 (男)妹 儿也 唱来了
弯月 亮那 啊(女)哥哥也 唱 出了 红太 阳 啰 哦
柳呀柳得 连 得 海 棠 花
要想砍柴哟 就 上 坡 哪 柳呀啊 柳 连
柳啊 要想 打 鱼呀 就 下 河 呀 柳呀柳得
连得 海 棠 花 要想 致富 你 就 动 手 哪
柳呀 柳 连 柳 啊 莫要 空想 又 空 说那 啊
柳呀柳得 连 得 海 棠 花
想吃 辣子哈 莫怕 辣 哟 要吃 花椒你 莫 怕
麻 那 要想 致富哟 就 动 手 那
柳呀啊 柳 连 柳 啊 莫要 空想 又 空 说 呀
柳呀柳得 连 得 海 棠 花 柳呀柳得 连 得 海 棠 花。

客家习俗

【起源分布】 客家起源于元末明初，元末明初的战乱和大移民，使大批湖广籍和部分陕西、安徽、河南籍的平民、军人留居四川。到了清朝前期，两次规模较大的“湖广填四川”大移民中大批客家人移居四川。在清初“湖广填四川”的移民中，从广东、福建来川的人不少，青白江区的广东籍后裔至今遍布于龙王、福洪、姚渡、清泉、日新、合兴（2005 年已划归新都区）、人和等乡镇，人口近 10 万人，约占全区人口的 25% 以上。据当地客家居民珍藏的族谱记载，他们的祖籍多数是粤东的梅县、兴宁、五华、龙川、大埔等县，入川时间一般在康熙和雍正年间。这些地区的居民至今在相互交谈或村组会上仍然打广东腔（即说广东话），令初来乍到的人摸不着头脑，但他们的广东话与正宗的粤语有区别，因此俗称土广东。

【客家饮食】 客家人喜欢吃凉粉、粉条、豆制品、面条、汤元粉子、醪糟一类食品。主食以大米、面条、面粉为主，辅以红苕、玉米、洋芋一类粗粮。客家人喜欢腌制大头菜、泡酸菜、干盐菜（霉干菜）。喜辣并爱做家常豆瓣、渣海椒。喜欢用粉皮子（红苕粉制成薄饼，切成块）做熬锅肉。喜欢腌卤的肉食品。

客家人喜欢用葱、姜、蒜、香菜、海椒等辛辣食品做调料，菜品制作注重色鲜味美。在制作上有煎、炒、爆、烧、蒸、炸、炖、拌、卤等多种烹饪形式。喜欢咸、甜、酸、辣、麻、鲜、香等有盐有味的食品。男士普遍爱喝散装原度烈性白酒（俗称跟斗酒），或将原度白酒与红枣、枸杞等浸泡后喝。

零食以花生、炒薯片、豌豆、胡豆、瓜子为主。水果随季节出产而变化。主要以樱桃、桃子、枇杷、西瓜、梨、李子、脐橙、橘子和甘蔗等为主。

端午节前用盐腌制鸭蛋和用鸭蛋包皮蛋为过节作准备。端午节有吃盐蛋、皮蛋、粽子和包子等习俗。中秋节有吃月饼、麻饼的习俗。农历腊月，客家人也忙着准备香肠、腊肉、腌制一些鸡鸭一类的年货。

【客家方言】 青白江区福洪、龙王、日新、清泉等地大量广东移民后裔至今保留“广东腔”，由于与现在广东人讲的粤语方言很多地方不一样，形成了独特的客家语言风格。

部分客家话与普通话对照表

表 154

普通话	土广东（客家）话	普通话	土广东（客家）话
太阳	倪头	气柑	柚子
月亮	业光	鸡	该
下雨	落水	小鸡	该结子

续表154

普通话	土广东（客家）话	普通话	土广东（客家）话
今天	中蒙尼	鸡蛋	该谈
中午	昼边	鸭子	啊子
外面	外背	鸭蛋	啊谈
玉米	包粟	猪肉	猪妞
鼻子	皮公	馍馍	迷各
祖父	阿公	峨眉豆	饿迷透
祖母	阿婆	海椒	该交
父亲	阿爸	豌豆	豌偷子
母亲	阿咪	红萝卜	奉萝茎
外祖父	甲公	冬苋菜	冬寒喘
外祖母	甲婆	戴帽子	歹卯子
我	艾	穿衣服	着衫
母鸭	阿嘛	脱衣服	托衫
公猪	觉猪	鞋子	害子
母猪	猪嬷	洗脚	歇脚
猫	秒公	菜刀	揣刀
虾	虾公	扫帚	少把
泥鳅	胡鳅	板凳	板点
青蛙	腔该	端板凳	端板点
衣服	衫	鞭炮	沸跑
早饭	食朝	回家	转屋哈
午饭	食昼	赶场（集）	管场
黑色	乌	脸	缅
说	港	洗脸	歇缅
跑	飙	打屁股	达屁股
哭	叫	儿子	奶子
什么	脉个	耳朵	尼多
美丽、漂亮	靓	眼睛	暗租
自己	齐家	小女孩	买结子

续表154

普通话	土广东（客家）话	普通话	土广东（客家）话
抽烟	食烟	嫁女	嘎买子
吃饭	食烦	读书	吐书
吃早饭	食朝	乞丐	搞发子
吃午饭	食昼	妇女	布娘子
吃晚饭	食牙	小	写
喝茶	食茶	死人	洗凝
喝汤	喝汤儿	大	抬
吃豆腐	食透腐	龟儿子	龟结子
添饭	天烦	小娃娃	写结子
米	迷	土豆	洋玉子
稀饭	稀烦	电灯	电佛
吃红苕	食藩薯	汽车	洗叉
面条	棉跳	房子	无
碗	玩	楼房	留无
端碗	端玩	扑克	博克
白萝卜	拍萝茎	喝酒	喝烧酒

清初，从福建移居青白江区后裔至今还保留着“福建腔”的某些特点，现列举部分例词。

大同青龙嘴陈氏正宗福建闽南方言100例

表155

普通话	闽南方言	普通话	闽南方言
抽烟	加混	戴帽子	得木子
吃饭	加笨	衣服	哈哈
吃早饭	加集笨	穿衣服	冲哈哈
吃午饭	加桃	鞋子	额额
吃晚饭	加啸麦	脱衣服	脱哈哈
吃茶	加滴滴	洗脚	夕卡
吃汤	加冻	脚板	卡板
吃豆腐	加倒胡	手	球球

续表155

普通话	闽南方言	普通话	闽南方言
添饭	听笨	脸	命茈
米	曲	洗脸	夕命茈
买米	曲米	洗屁股	夕尻翠
吃红苕	加凡济	鼻子	息抗
面条	蜜刷	耳朵	拼抗
碗	瓦瓦	嘴巴	搓箩
端碗	贴瓦瓦	眼睛	目究
盘子	白	烧香	学
端盘子	贴白	儿子	豪
馍馍	国国	客人	郎客
蛾眉豆	包豆叶	客人来了	郎客溜来了
海椒	辣角	老师	行行
胡豆	胡倒	嫁女	找叶
豌豆	完倒	小女孩	妹娅强
红萝卜	昂菜倒	读书	陶册册
冬苋菜	夹托菜	赶场（集）	落贯
白萝卜	白菜倒	回家	敦来了
茈兰	茈叶	睡觉	困七明
菠菜	夹夹菜	月亮	月滚滚
樱桃	银托	太阳	立滔
柿子	气叶	晒太阳	耙立滔
气柑	雷叶	雨	夫夫
树子	球叶	下雨	落夫夫
米花糖	蜜胖	坐	阶到
鸡	格格	弯刀	碗朵
小鸡	细格格	钱	进
鸡蛋	格垒	一吊钱	一蚕进
鸭子	哈	乞丐	克家
鸭蛋	哈垒	龟儿子	龟结子

续表155

普通话	闽南方言	普通话	闽南方言
鹅	威威	请长工	捉开阔
猪	地	喂猪	起地
猪肉	妈妈	烧潲水	学蜜盆水
牛	无无	妇女	甲布郎
羊	麦麦	死人	夕郎若
菜刀	朵朵	小	细
扇子	辛叶	大	达
扫帚	苕尻	提篼	亭叶
板凳	一吊	板栗	稿拉
端板凳	抽一吊	两吊钱	龙蚕进
鞭炮	或炮	帽子	木叶
放火炮	仿或炮	书	册册

回族习俗

【起源分布】 青白江区回族主要聚居在弥牟镇和城厢镇，人口约两千人，占全区总人口的0.52%。弥牟镇的回族主要以马姓、李姓、罗姓、白姓等为主，城厢镇以马姓、贾姓等为主。相传元世主至元十一年，赛典赤、蟾思丁任陕川、云南行省平章正事时，率回民在川修桥梁、建栈道、立驿站，以畅通军运。元朝灭亡后，大部分回族官兵、工匠及眷属留居成都。明成化七年（1471年），回民在现弥牟镇金光村建“清真罗家寺”，在青白江区弥牟、城厢繁衍生息，其习俗代代相传。

【信仰】 青白江区回族信仰伊斯兰教，每周五，不少穆斯林都要沐浴更衣后到清真寺做礼拜。青白江区的回族穆斯林每年都要在弥牟清真古寺隆重庆祝圣纪节、开斋节和古尔邦节。

圣纪节为伊斯兰教历的三月十二日。圣纪日前夜，弥牟清真古寺张灯结彩，青白江周边各地阿訇到古寺共同诵经赞圣，做忏祷。圣纪日当天，各地阿訇再次诵经赞圣，并由住持阿訇解经释典、宣讲教义。弥牟清真古寺做圣纪时，成都市区、都江堰市、彭州市、郫县、新都区、金堂县，以及松潘、阿坝、德阳、广汉、盐亭等地的穆斯林纷纷前来参加，人数多达三四千人。每逢圣纪，穆斯林都要捐牛捐款，清真古寺要办宴席招待穆斯林，还要拿出一些钱和食品扶持救济孤寡贫困老人。

开斋节为伊斯兰教历的十月一日。开斋节时，弥牟清真古寺内张灯结彩，回族穆斯林沐浴更衣，到清真古寺聚会，听阿訇诵经，会礼后到回民公墓走坟，请阿訇给自己亡故的亲人诵经。

古尔邦节为伊斯兰教历的十二月十四日，又叫宰牲节。青白江区的回族穆斯林到弥牟清真古寺会礼后，选好牛羊请阿訇宰牲献祭。有的单独宰牲，有的几户人家合伙宰牲。献祭后将一些肉食赠送亲友和孤老以及贫困的穆斯林。

【饮食习俗】 回族遵循“清洁勿浊，洁食净心”的优良传统，不吃猪肉和所有动物的血液，不吃自然死亡和病死的动物，不吃非诵真主之名而屠宰的动物。牛、羊、兔、鸡、鸭、鱼等肉食，必须诵真主之名而屠宰放血之后才能食用。在弥牟镇回族聚居地，以回族食品为主的商贸、餐饮、腌卤、屠宰等业发达，其鲜牛、羊肉产品销量占整个成都市场的60%以上。2001年被省民委批准为“四川省成都市青白江区回族食品用品生产基地”。

青白江区回民注重本民族的圣纪节、开斋节和古尔邦节，同时也容纳了汉族的春节，正月十五过大年、端午节、中秋节、腊八节、农历除夕节等传统节日。回族在正月初一这天早晨吃汤圆，中午吃面、全天吃素不沾荤腥。正月十五过大年早晨吃汤圆，中午是一顿丰盛的牛肉午宴。端午节一样要吃粽子、盐蛋、皮蛋和牛肉做成的各式菜品。中秋节吃月饼，菜品以牛肉为主。腊八节用籼米、糯米、枣子、苡仁、饭豆、花生、红苕、萝卜、粉条、面条等八种以上食品熬制腊八粥，回族的腊八粥不加牛肉等食品为“素腊八”。

回族兄弟姐妹在宴客时，都要办“九大碗”（又称牛八碗）。回族办的“九大碗”主要以牛肉为主，如烧牛肉、炖牛肉、牛肉元子、炒牛肉、炒牛肉木耳肉片、炒牛肉丝、回锅肉等。其中三种菜品为双份，俗称“三出头”，加上一份凉拌鸡、一份八宝饭共计八大碗即“牛八碗”。由于生活水平逐年提高，宴席桌上又增加了鹅、鸭、兔、鱼、海鲜等食品，远远超过了俗称的“牛八碗”“九大碗”。

【婚姻习俗】 青白江区居住的回族，在婚嫁习俗方面，一般都有说媒、相亲、订婚、送亲迎亲、婚宴、闹洞房、拜新年等程序。回族婚姻男女必须信仰一致，特别是回族男子娶回其他民族的女子必须信仰伊斯兰教，尊重和服从民族的生活习惯。一般回族男女以本民族内部通婚为主。

结婚时择期，除星期二之外，天天都是好日子。最好的日子是星期五，其次是星期日，所以回族婚嫁以星期五和星期日两天时间最多。

结婚前，男方必须为女方准备足够的聘金（金额至少为女方单独生活三个月的费用）作为聘礼送到女家。举行结婚典礼时，必须有监护，并有两个半（即两男一女）证婚人，同时要有一个男孩作小天使。婚庆不能放鞭炮、烟花，可饮酒助兴，但饮酒后不能进清真古寺。

【丧葬习俗】 回族给亡人洗身，称为净身。净身有的在家中进行，有的则送清真古寺净身。在家里给亡人净身，一般都要到清真古寺借回洗床和洗浴用具。净身后，不分亡人高低贵贱，都要用3.4丈白布裹尸，再装殓。回族把墓坑称为埋宅或葬坑，坑深2.8尺。埋葬亡人时，阿訇要诵经。回族同胞提倡厚养、薄葬，丧葬禁止铺张浪费。遗体必须头朝北、脚踏南、脸向西，以示亡人回归真主。

土特产

【大头菜】 青白江区的客家人长期以来一直有种植大头菜的习惯。一般每年的农历七、八月份栽种，十月冬月收割。所收大头菜晾至半干后去掉叶和须根，不洗，再拌上盐放入坛内或大的腌菜池里进行腌制。一般三至五月，大头菜便腌熟（腌制时间长一些大头菜更香）。腌熟的大头菜洗净，拌上调料即可食用。也可切成片或丝与肉一起炒，还可以与肉沫混合做馅。青白江客家人腌制的大头菜色鲜、味美、香脆可口，大头菜食用方便，便于长期储存，是佐餐的腌制佳品，又可制成方便的小食品。

20 世纪 90 年代中期，姚渡供销社曾在日新乡泰山村专门组织收购腌制大头菜，共建了 15 个腌菜池，腌制大头菜几十万斤，然后将腌好的大头菜销往涪陵榨菜厂，由涪陵榨菜厂进行精加工后销往全国各地。

【二荆条海椒】 海椒在青白江栽种的历史应追溯到春秋时期。据伍氏家族的长者伍顺谦讲：相传伍家梁子姓伍的人家是伍子胥的后代及其堂亲，为了避免吴王诛灭，逃到四川金堂东山长梁子（今青白江区大同镇和玉虹乡境内）安居。因伍氏后人种植的海椒品味独特，远近闻名，于是当地人习惯把东山长梁子称为伍家梁子，这一地名一直延续至今。

伍家梁子的人用牛荆条子和黄荆条子两种灌木的细长条编笆子晒海椒，由于笆子上下透气，晒出的海椒浑实、红亮、伸展，海椒细长，多数海椒末端上有一个圆形的勾，形如太极图，或成“J”型，干海椒的柄能吹得过气，因此与其它海椒具有明显区别。人们习惯称它为二荆条海椒。相传伍氏后人的海椒种为嫁妆，使二荆条海椒扩散，姚渡、日新、龙王、合兴、福洪、清泉一带均有种植。

青白江二荆条海椒长期以来成为涪陵榨菜、郫县豆瓣、新繁泡菜的首选上等原料，市场销售一直看好。1950—1970 年，年产上百万斤，大部分由温江地区外贸公司出口马来西亚、印度、斯里兰卡（原锡兰）、墨西哥、西班牙等国家。1991 年四川国际电视节选二荆条海椒作为会徽图案，四川美食天府电视频道也把二荆条海椒作为台徽图案。

【香】 福洪乡胜利村的客家人将制香工艺带入四川，用木屑掺香料做成细条，最早使用油心刺柏树做原料，后来这种原料越来越少便改用马桑叶、清木香叶和二乌木做原料，现在以马桑树叶为主要原料制作红香和道香。

福洪乡胜利村以李跃清家祖辈生产香的规模为最大，质量最好。其次为曾家、冯家等。1970 年代初，温江地区外贸公司出面找到外商打开销售渠道，每年从福洪出口到港澳及东南亚地区的香就有几十吨。温江地区撤并福洪的香才停止出口。福洪乡共有十多家香烛生产作坊，机械化生产有两家，从业人员达百余人，一般年产香达 150 万公斤左右，主要销往各佛教、道教圣地。

福洪胜利的香早已解决无烟和燃后不断等技术，其生产的高香高达 1.2 米，燃烧后不掉香灰，并呈现出南无阿弥陀佛的像，深受商贩和敬香居士的好评，其产品供不应求。

【龙王贡韭】 明朝嘉靖六年李氏家族入川始祖李原、李惠、李安三兄弟携妻儿由广东惠州移居四川金堂县龙王乡（今青白江区龙王镇）定居。他们从惠州带来了韭菜老蔸芭和种子，在当地进行种植，并将韭菜培育成韭黄。韭黄色泽鲜艳、淡黄、芳香扑鼻、味美、入口香脆化渣，耐储存，深受群众喜爱。在长期种植韭菜韭黄中，李氏逐步将种植技术传授给周边群众。对嫁出李家的女儿，在陪嫁中都要陪奁一挑韭菜老蔸芭、三斤种子、九斤韭菜，表示对新婚女婿女儿“九九长寿，白头到老”的祝福。一年又一年，一代又一代，李家种植韭黄的技术分别传到了金堂、新都、郫县、新津等地，在民间至今流传着：“韭菜极品在龙王，羊脂凝雪碧玉裳，入口滑嫩不胜嚼，年宵必登雅俗堂”。“贡韭缘何载誉多，沸汤翻滚不沉没，出水牙黄色未改，滋身健体传金科”的诗句赞美龙王贡韭。

相传明朝嘉靖年间，有一次敖天官南下嘉州（今乐山市）办案。返京途中，回到久别的老家玉虹（原青白江玉虹乡），李氏是敖天官的同学，在敖天官返京时以韭黄相送。一月行程回到京城，韭黄仍然色泽鲜艳、芳香扑鼻。于是敖天官把韭黄送到御膳房，亲自指点用韭黄做了几道菜。皇帝皇后用后大为赞赏，皇后诗云：“一厢沟垄筑深闺，黄垄孕就美人胚。玉体成长皇帝爱，龙王韭黄留丰碑。”从此以后，龙王韭黄便列入了御膳房皇室菜谱。以后每年秋分至来年清明，上等的龙王韭黄便分期分批进贡入京城，供皇家食用，成了远近闻名的“龙王贡韭”。

民间工艺

【竹编】 青白江区农村竹林资源丰富，许多农民掌握着普通竹编技艺，在农闲时会编制出筛子、箩篼、筲箕、凉席、扇子、提篮、撮箕、晒席、竹椅等生活生产用品供自己使用。专业从事竹编的工匠，称为篾匠。他们制作的竹编工艺品一般在市场上销售。

篾匠制作竹编工艺品首先要注意选材，一般要选取新鲜成年慈竹或水竹。备用工具有弯刀，匀刀，凿子，引刀，撬刀，十字刀等。按照编制需要，将竹裁成长短不同的竹筒，有的竹子不裁锯只去梢。根据编制篾器（竹编制品在该区称为篾器）需要，视其所备材料，将竹筒剖开，用所准备的刀具将竹片启成青篾，二黄篾，三黄篾等。根据不同用途，将这些篾片或晾或露或水泡处理，以利编制各种竹器所用。刀功好的篾匠，所划篾条、篾丝、篾纤，光滑不划手，宽窄一致，粗细一致，柔软自如，一些篾条划来可以透亮。所有专业篾匠每年农历腊间，都要准备一些竹子，将其划成腊篾，作为篾器制品锁口篾用。

能工巧匠们可在扇子凉席上编上花纹图案，也可以编制大竹椅、大型晒席、囤子之类用品。这类专业篾匠，目前不足一百人。

【雕刻】 青白江区民间雕塑艺人分布在祥福、清泉、城厢、弥牟等镇，从艺人员 80 余人。他们用雕、琢、刻、磨、塑等手段，制作宗教雕塑、陵墓雕塑、纪念碑雕塑、装饰雕塑、园林雕塑、喷泉雕塑、民间雕塑、架上雕塑等。

祥福镇甘泉村许氏祖传雕刻工艺，传承人许秀椿擅长木雕、石雕、泥塑、根雕。许氏家族的雕刻艺术品，远销河北、河南、北京、广州、云南、泰国等地，在成都市杜甫草堂古玩市场设有“云海棠”门市，专门经营木雕、石雕等工艺品。其主要代表作有：青城山上清宫的“三清”神像三尊，每尊神像高 2.8 米；成都市青羊宫的观音神像，高 1.8 米。许氏雕塑作坊现有工人近 20 人，作坊面积 400 余平方米。2002 年，青白江电视台、四川电视台曾先后报道了许氏家族的民间雕塑工艺。

民间雕刻艺人王作同系城厢镇王家雕刻第四代传人。1982 年，王作同给成都市金银制品厂制作的“花瓶座、银丝盘座、银丝龙座等各式雕刻工艺品及其它工艺品配套出口国外。其中：大型的“银丝盘座”“花瓶座”被国家选征，陈放于人民大会堂。1986 年，王作同与四川省大理石厂合作，雕刻制作“大理石座、五福捧寿、牡丹屏座、丝制品座”等十多件精美屏座，其中，“大理石座”“五福捧寿屏座”等获“四川省旅游产品银奖”。

1988 年，彭家珍专祠负责人将王作同雕刻的“五福捧寿”的包装盒作为寿礼，赠送给全国政协副主席、澳门总商会会长马万祺。

【糖画】 青白江区民间糖画艺人将糖熬制后，制成人们喜欢的动物，瓜果、金龙、花篮之类的既可观赏又可食用的工艺品。糖画工艺品形态逼真，栩栩如生，晶莹剔透，深受大人、小孩的喜爱。青白江区糖画民间艺人主要分布于大同（陈氏家族约 17 人）城厢（李氏家族约 4 人）弥牟（吴氏家族约 6 人），华严夏氏 1 人，其技艺均为祖传。青白江区糖画艺人于 1988 年成立青白江区糖画协会，糖画艺人主要在成都市城区各大公园制作和销售糖画工艺品。

制作糖画所需设备有炉、小锑锅或锑瓢、大、小金属汤瓢、起子（长形、两面刀口平薄）、大理石板、竹签、清油、白糖等。糖画艺人的摊位上设有一个转盘，转盘上有指针，转盘圆周刻画金龙、孔雀、小鸡、花篮、桃子、糖饼一类图案，顾客转动指针，指针一停，指向什么图案摊主就给什么样的糖画实物。

【装裱】 青白江区城厢镇上北街 37 号“黄记”“作古证今装裱店”，由黄守庚（已去世）创于 1935 年，1936 年题写该招牌至今。目前黄庄和子承父业，继续经营此店。全区能装裱的人不多，装裱行业不景气。

装裱工艺八个步骤，首先是配色镶料，需配什么色彩的镶料进行认真考究搭配，配出后使装裱作品显出应有的气质品味方才下料。要熟练地掌握用刀常识和技巧，用刀裁切技术要熟练。画心镶嵌：把分配好的材料与画心粘结在一起叫镶活。镶活的顺序是：先镶诗堂和锦牙，再镶两边，然后依次是正隔界、副隔界、小隔界、天地头、司裁以后再镶通天边。表件司裁：司裁专指将镶嵌以后的画幅两侧裁切整齐，使其前后宽窄一致。转边套边：转边，套边的目的保护外露边际。粘穿嵌折：凡立轴类和横披裱件均须粘穿，一般旧字画多须嵌折。覆活准备：书画嵌折完毕，还必须作包首（不用绢包的可以免去），配备覆褙纸及其他杂件。覆活帧墙：覆活的好坏，直接关系到画幅的卷翘或平整，这是一道重要工序。覆活时要准备排刷、浆刷、洒水刷、排笔、六级糨糊，二级糨糊、隔护、裁刀、剪刀、短裁尺、针锥、镊子、小裁板等工具。然后再进行磨活剔边，配析钉包，粘贴上杆，拴绦系带等一系列工序，一幅装裱的字画便大功告成。

【弹棉絮】 弹棉絮的民间工艺匠人逐步从走村转乡转为以定点加工棉絮，青白江区现有定点棉絮加工店铺 20 余家，这些店铺主要分布于大弯、华严、弥牟、城厢等全区的十多个场镇上。

弹棉絮一般用新棉花弹被褥的胎，也有用旧棉絮翻新弹成垫絮，规格尺寸可以根据需要调整。

手工弹棉絮所备工具有手摇梳花机，甩杆，弹花弓，檀木锤，篾笆，棉盘，架子，木板等。所备材料为大经，网线或纱网等。在加工棉絮的过程中：放置好木板和架子—用梳花机将棉花梳泡—用甩杆铺好细线和大经线—铺上梳出来的棉花—用檀木锤均匀敲打弹花弓—用篾笆压—用棉盘碾熨—用甩杆牵大经、细线—再用棉盘碾熨—人站在棉盘上摇摆碾熨。通过最后这道工序，一床新棉絮便弹制成功。手工弹制棉絮，一般半天才能制作出一床新棉絮。用电动梳花机、熨棉机等机器辅助弹棉絮，一般弹一床约一小时。

【编织地毯】 青白江区福洪乡兴办地毯厂由成都地毯厂师傅传授技术。80 年代，先后在民主、字库、幸福、杏花、团结等村办起了私人地毯厂和加工点。全乡有地毯厂三十余家，加工点百余个，从业人员上千人，年销售产值达千余万元。2003 年成立“福洪乡地毯协会”协助各厂销售。

福洪地毯全部手工制作，具有浓郁的民族风情，主要销往西藏、新疆、青海、甘孜、阿坝、凉山等地区和尼泊尔等国家。

民间医俗

【洗小孩】 新生儿出生后的第三天，按青白江区的民间医俗习惯，要给婴儿洗澡，俗称“洗三”。“洗三”时将野生的陈艾、黄花艾、九节风、八角风、菖蒲和气柑壳等中草药放入锅内熬制，有的还放入一个生鸡蛋，熬制后去掉药渣，将药水舀入洗澡盆中洗婴儿，在洗浴过程中，将鸡蛋剥开，用来滚熨眼睛额头等处，目的在于去头火，眼睛亮。婴儿满月或每年端午节，都会用药水给小孩洗澡。

2000 年以后，小孩洗浴市场化，出现了田婆婆洗灸堂、何氏洗灸堂等专业洗浴。年轻夫妇洗小孩也不再依据节气时间洗浴，洗灸场所常常顾客盈门。

【扯草药】 青白江区兼有平坝、丘陵、山区，四季分明，雨量充沛，气候适宜各种作物的生长，草药随处可见。农村居民在长期的生活实践中积累了丰富的用草药治病的经验，民间有：“单方、草药治大病”的说法。农村有用草药治常见病的习惯，一般医治伤风感冒，热天中暑，肠胃不适等小病小痛，以减少去医院的麻烦和不必要的开支。

常见草药有猪鼻孔、马齿苋、冬桑叶、紫苏叶、鹅不食草、蝉蜕、薄荷、牵牛子、天葵子、木芙蓉、龙胆草、白头翁、芦根、青蒿、败酱草、干油菜、荷花、鬼针草、铁苋菜（又名血见愁）、夏枯草、竹节菜、野黄菊花、蒲公英、灯笼花（又名红姑娘）、藿香、车前草、茵陈、淡竹叶、苍耳子、矮桐子、寄生、小茴香、石菖蒲、柏树叶、苦楝皮、苦楝子、陈皮、泥鳅串、香附子、白茅根、陈艾、益母草、水蜡烛、止血草、槐花、女贞子、何首乌、鸡内金、莱菔子（又名萝卜子）、枇杷叶、乌梅、石榴皮、使君子、椿树皮、根、八角风、打破碗花花、九节风、麻柳叶、气柑壳、猫爪草、仙鹤草、金钱草、白慈姑、蛮子草。

【黄派按摩】 青白江区福洪乡黄万香（1889—1964），1920年师从峨眉道人詹龙清，在民间从事按摩工作，先后任成都市东城区针灸按摩医院医师、成都市中医学会理事、东城区政协委员。20世纪60年代，张诚毅、张义二人又拜黄万香为师，刻苦钻研按摩知识，形成詹、黄、张新按摩学派，其弟子分布于成都、重庆、吉林、天津、北京等省内外。詹、黄、张按摩学第三代传人张诚毅著有《新按摩学》一书，约50万字。1990年7月张诚毅在成都地区第一届按摩学术交流会上提出了“黄派按摩学”的观点。

地方风味

【东阳轩米花糖】 1903年，城厢镇市民何香廷创制东阳轩米花糖，以其入口香脆化渣，老幼皆宜深受群众喜爱。米花糖销售占据城厢周边米花糖销售市场，一般作为走亲访友的必备糖果点心。20世纪30年代，何春香继承父业，继续经营东阳轩米花糕点业务。到20世纪50年代初何香廷之孙何裕光继承祖业。20世纪50年代中期公私合营，东阳轩米花糖作坊并入城厢镇食品厂。20世纪80年代东阳轩米花糖荣获四川省“天府特产”第二名荣誉称号。20世纪80年代中期，年销售达300余吨，曾作为成渝铁路普客列车上的专销旅游食品。到20世纪90年代初，由于不注重产品包装换代，宣传力度不够和营销策略落后等多种原因，产品逐步滞销。到20世纪90年代中期，一个畅销近百年名优食品终因亏损停产。2005年，产品注册商标到期。

东阳轩米花糖的制作

1. 选料

糯米、花生米、核桃仁、白糖、芝麻、饴糖、上等猪板油等为主要原料。

2. 制作

糯米浸泡12小时，晾干水气、蒸熟晾晒。晾干后，用油炸泡成糯米花，将饴糖和白糖一起熬制成糖浆至软丝状，再将炒熟的花生米、核桃仁、芝麻与糖浆拌匀，上案成形，分切包装即可。做米花糖关键是掌握火候。

3. 特色

色白诱人，酥脆化渣，香甜可口，营养丰富，老幼皆宜。

【烧鸡公】 祥福镇居民刘德云利用传统菜品。开办“老食客”火锅店，将烧鸡公搬上了火锅餐桌。后移居大同镇，改名鸭棚子大同烧鸡公店。2002年，在区政府举办的“香山杯“首届餐饮名店评选中，评为“火锅名店”。2006年4月，被中国科学研究院企业发展研究中心评为“中国知名品牌”。

烧鸡公的制作

1. 选料

选自然放养，吃野生昆虫，辅以玉米、小麦，无人工配合饲料饲养的土鸡，将仔鸡公（公鸡、母鸡不能混养）养至150天左右，重约2000～3000克，即可选作食用。

汤料及材料：筒筒笋、芋儿（必备）、香料、八角、三奈、茴香、桂皮、青花椒、海椒、菜油等。

2. 制作

活鸡点杀，脱毛、去五脏、洗净、宰成块状（约5～6厘米），下锅炒至金黄，放入配制好的汤料中，用高压锅煮十分钟左右即可上桌。

3. 特色

油汤红亮、鲜而不腻、辣而不燥、麻而不辛、久吃不上火。

【邹泥鳅】 “邹泥鳅”由其创始人的姓而命名。20世纪90年代初，邹吉荣利用家传泥鳅菜品，在华严乡革新村开办专门经营地方风味的美食店，店名为“邹泥鳅”。2004—2005年，《成都日报》每周美食专栏多次刊登介绍成都郊县美食——“邹泥鳅”。

“邹泥鳅”的制作

1. 选料

野生泥鳅、菜油、家常泡青菜、泡姜、家常豆瓣、大蒜、葱、姜、花椒、盐、胡椒、味精等。

2. 制作

①家常泡菜泥鳅

将泥鳅剖、洗、去骨成片，把水滴干。将油烧熟，下调料：泡青菜、豆瓣、大蒜、姜等，炒至金黄，下泥鳅，加水烧熟成家常泡菜泥鳅。

②水煮泥鳅

将泥鳅剖、洗、去骨成片，把水滴干。将豆芽、芹菜、蒜苗、黄瓜等煮熟（刚过火断生），垫底。将油烧熟，下调料炒至金黄，再下泥鳅，加水烧熟，再倒入有豆芽、芹菜、蒜苗、黄瓜熟菜的海碗内即可上桌。

③干煸泥鳅

将剖洗成片滴干的泥鳅片准备好。用干海椒节、青海椒节与泥鳅一起放入油锅内干煸炒熟，加上调料汁即可装盘上桌。

3. 特色

家常泡菜泥鳅和水煮泥鳅鲜嫩可口，开胃口，麻辣川味适合川人口味；干煸泥鳅麻辣鲜香，回味悠长。无鱼腥味，无泥土味，久吃不腻，营养丰富。

【毗河土鲢鱼】 毗河鱼类众多，尤以毗河土鲢鱼深受居民喜欢。土鲢鱼肉质鲜美细嫩，红烧毗河土鲢鱼是当地居民延续了多年的吃鱼习俗。20世纪90年代末，祥福镇仙源村村民根据代代相传的食鱼习俗开办了“毗河土鲢鱼仙源店”，2002年，“毗河土鲢鱼仙源店”被中国烹调协会、全国餐饮绿色消费工程委员会授予“全国绿色餐饮企业”荣誉称号。

毗河土鲢鱼（冷锅鱼）的制作

1. 选料

毗河土鲢鱼（选毗河及周边无污染河流的野生鲢鱼），农家豆瓣、泡菜（泡姜、泡海椒）、高山青花椒、野山椒、八角、三奈、桂皮等几十种香料和中草药、菜油、特制高汤等。

2. 制作

鱼现杀，料现炒，切忌冷冻冷藏，以保持肉质鲜嫩味美。将油放入锅中烧熟，下料炒至金黄，下鲢鱼加汤，汤沸后十余分钟即可上桌。

3. 特色

鲜香麻辣、久煮不糊、久吃不上火，回味悠长。

【唐家寺白水鹅】 唐家寺是青白江区回族聚居地。唐家寺白水鹅是当地回族独创的传统美食，不少客人到了唐家寺，都要专门品尝白水鹅的独特风味。

唐家寺白水鹅的制作

1. 选料

饲养一年左右的鹅，香油、味精、白糖、炒盐、花椒粉、炒白芝麻、八角、三奈、桂皮、鹅油等十余种调料。

2. 制作

鹅宰后去毛、肠肚、洗净，放入加有八角、三奈、桂皮等香料的清水中煮至八分火，捞起凉冷，切成块再加入炒盐、白糖、味精、花椒粉、鹅油、香油、炒芝麻等调料拌匀即可装盘上桌。

3. 特色

清香爽口，不腥不油腻，风味独特，久吃不厌。

【古城酥锅魁】 古城酥锅魁由城厢镇王汉章20世纪20年代创制，现由王汉章后人王华兵传承经营。

古城酥锅魁的制作

1. 选料

精制面粉、红糖、上等菜油，焦炭。

2. 操作

菜油烧熟凉冷，用熟油、冷水和成油面，加糖将油面擀制成饼，放在锅上炕片刻，再将饼移入炉膛内烘烤片刻即成酥锅魁（俗称千层饼）。

3. 特色

香甜酥脆化渣，不沾牙，不油腻，甜味适中，老幼皆宜。冷后放于食用塑料袋中可放半个月左右仍然酥脆可口。

【藿香鱼】 藿香烧鱼是青白江区居民代代相传的食鱼习俗。藿香有清暑化湿、和胃止吐之功能，烧鱼加入藿香其味特别鲜香。

藿香鱼的制作

1. 选料

钳鱼或鲤鱼一条，约750克左右，食用油150克，泡姜，独蒜等适量，上等汉源花椒，二荆条海椒，鲜藿香适量，盐、郫县豆瓣，米凉粉或猪血旺适量。

2. 制作

将鱼去甲剖肚洗净，将鱼和部分调料放入锅，待鱼烧熟后，下米凉粉或猪血旺，稍许，在出锅前加入藿香，盛入盘内即可上桌。

3. 特色

麻、辣、嫩、鲜，藿香味纯正，辣而不燥，鲜而不腥，味美可口。

【筒筒鳝鱼】 青白江区堰塘较多，过去冬水田也不少，因而有丰富的鳝鱼资源。青白江丘陵地区客家人很早就认识到鳝鱼营养丰富，有较强的滋补功能，养成吃鳝鱼的传统习惯。筒筒鳝鱼就是青白江区民间独特的传统吃法。

筒筒鳝鱼的制作

1. 选料

上等土黄鳝2～3根约500克，食用油适量，盐、泡椒、泡青菜、野山椒、郫县豆瓣、藿香等。

2. 制作

将黄鳝剖后斩头去尾，切成火炮筒，将油放入锅内烧至七成熟，放入部分调料翻炒片刻，再将黄鳝倒入锅内烧熟，下藿香等调料起锅装盘，即可食用。

3. 特色

芳香扑鼻，鲜嫩可口，无泥土腥味。

食品习俗

【泡泡菜】 泡菜，清脆、酸甜可口，家家必备，泡制方法大同小异。

1. 选料

泡菜坛子（肚大口小，上有盛水的反沿，陶器或玻璃制品均可）。泡菜盐、红糖、冰糖、花椒、干海椒、大蒜、八角、三奈等香料适量。

2. 制作和管理

将冷开水（适量）倒入洗干净的泡菜坛子内，再把盐、糖等适量的调料倒入搅拌。待盐、糖溶化后把需要泡制的菜洗净晾干水分（所泡菜品不要过夜）放入制好的泡菜水中，用坛盖盖上，将坛沿上蓄上水。约一周左右时间，酸甜清脆可口的泡菜即可食用。泡菜熟后，可一边取出食用一边加入洗净晾干水气的新鲜蔬菜，并适量加入泡菜盐。坛沿要经常洗，保持清洁，坛沿水不能干，坛内若出现生花（白色漂浮物），可加入少量的白酒、红糖或饴糖（俗称麻糖）散花。泡菜、捞泡菜用干净筷子。

该区适宜泡的菜很多，一年四季都有，如：青菜、白萝卜、红皮子萝卜、胡萝卜、红海椒、嫩姜、嫩豇豆、嫩蒜、莲花白、黄瓜、甜椒、苤蓝等。

【发红豆腐】 红豆腐，或称豆腐乳，有麻辣味和白味（只有盐味称白味）两种。红豆腐为发酵类食品，味道鲜美，回味悠长。长期以来，广大农村居民一到冬季都有冻红豆腐的习俗。

1. 选料：豆腐、盐、二荆条海椒粉、花椒粉、胡椒粉、香料粉、白酒等。

2. 制作：青白江区居民一般在农历冬月间冻红豆腐。制作时选水分少一点的豆腐划成一寸左右的小块，稍为晾干一下水分，然后将豆腐块一块块地放在铺有稻草的筛子内。豆腐与豆腐之间要留一点缝隙，相互不能重叠。然后用纸或塑料布盖上，再用草遮盖使其保温发酵长出霉菌。一般十天或半月左右，能闻到臭味时，便可将发了酵的霉豆腐（俗称毛豆腐）取出拌上作料做成红豆腐。

拌红豆腐是先将毛豆腐用白酒滚一遍，然后放在作料内滚上作料，将粘满作料的豆腐一块一块地放入坛内，封存十天半月即成为可以食用。在拌毛豆腐之前应先将盐、海椒粉、花椒粉、胡椒粉、香料粉（香料可有可无）按一定比例混合好备用。

白味红豆腐只用盐、胡椒粉和酒做作料。操作方法与做红豆腐一样。

【沤豆豉】 豆豉味美，有独特的农家风味。既可单独下饭，又可用来做作料。一到冬腊月，该区农村居民普遍爱沤豆豉。豆豉保存时间长，香味独特，营养丰富，食用方便。

1. 选料：

黄豆、盐、生姜、花椒粉、海椒粉、萝卜干、红苕等。

2. 制作：

把黄豆浸泡 4～5 小时泡透。放入锅内煮熟，再滤干水趁热装入布口袋中，然后放置到草堆内发酵。经过四天四夜，通过较高温度发酵的黄豆已生满了泫丝，表明发酵成功。可取出拌上作料即成豆豉。

家庭制作的豆豉有三种：一种为干豆豉粑；第二种为水豆豉；第三种为淡豆豉。

干豆豉粑是将发酵的黄豆拌上盐、生姜、花椒粉、海椒粉和煮熟的红苕一起调和均匀，搓成鹅蛋大小的球形，晾干后备食用。

水豆豉是把发酵的黄豆拌上盐、生姜、花椒粉、海椒粉和萝卜干，拌好后即可食用。拌好的水豆豉一般装在坛罐中，随吃随取。

淡豆豉又叫风吹豆豉，是将沤好的黄豆取出后不加任何作料，分散晒干即可。淡豆豉既可食用又可入药。

【腌腊肉】 腊肉，过春节时青白江区居民家家必备的年货食品。每年冬至后，居民纷纷买猪肉腌制腊肉，不少农户还有杀年猪腌腊肉、灌香肠的习惯，该习俗一直传承至今。现在也有厂家专门生产的腊肉调料，为居民腌制腊肉提供了方便。

1. 选料

腿子肉、坐子肉、五花肉等；盐、花椒、甜酱、白糖、醪糟等。

2. 制作

①腊肉的制作

按 1 斤猪肉 7 钱盐的比例，将盐炒烫至微黄，放入适量的花椒，少许白糖，然后在肉上抹匀。将抹了盐的肉放入陶器或瓷器盆内，约 2～3 天翻一次，约一周时间，将腌好的肉取出用温开水清洗，挂在通风处晾晒风干。半个月左右即可食用。

②烟熏腊肉的制作

按照上述制作过程，将腌好的肉捞出后，挂在用柏树丫枝、花生壳、锯木粉烧成的烟上熏制，约 10 多个小时或更长一点的时间，便成风味独特的烟熏肉。过去农家烧柴草时，一般将肉挂在灶上用烟熏。

③酱肉的制作

按上述①的方法操作，只是盐的比例少一点。将腌肉拿出来晾干水分后，抹上醪糟，片刻，抹上甜酱，等一两天晾干后再抹 2～3 次。肉晾几天或十多天（根据气候而定）便成为色鲜味美的酱肉。

以上三种腌制腊肉其特色为色泽红亮，风味各异，肥瘦得当，肥而不腻，食用方便，保存时间长，是佐餐佳品。

【灌香肠】 每年农历冬至后，青白江区居民便开始灌香肠。灌装的香肠有川味和广味两种，川味偏麻辣，广味偏甜。居民既可自己灌香肠，又可以将肉拿到摊点上加工。既可用自己配制的调料，又可用厂家生产的袋装香肠调料。

1. 选料

腿子肉、夹缝肉、盐、胡椒粉，海椒粉、生姜沫、白糖、白酒、猪肠衣等。

2. 制作

将猪腿子肉或夹缝肉去皮去骨，切成小指母大小长约 2 ~ 3 寸的条状，按 1 斤肉 3 钱盐（川味香肠），其它调料适量的比例，放入切好的肉中搅和均匀，焖上 15 分钟左右，使调料味浸入肉中。然后将肠衣套在漏斗或竹筒上（漏斗、竹筒口径一般为 2. 5 厘米），将肠衣顶端用棉线或麻丝拴上，再将拌好的肉往里灌。待一根肠衣全部灌满后，再用棉线或麻丝按 20 厘米左右长度一节节的将香肠拴好。待全部装完后，将香肠搭在杆上晾晒。一般半个月左右香肠便可晾干，即可食用，也可存放。

广味香肠制作放盐时一般比川味少一半，比例为 1 斤肉放 1. 5 钱，同时放入白糖（比例重一些）、姜沫、胡椒粉、五香粉和白酒等。川味香肠的麻辣程度和广味香肠的甜度可根据各自口味适度加减花椒、海椒和白糖。

【打豆瓣】 每年农历立秋前后，红海椒上市，几乎家家户户都要大坛小坛地做豆瓣储存起来以备全年食用。打豆瓣其实是以打碎的鲜红海椒为主，豆瓣只占其中的 10% 左右，所以也有人称其为海椒酱。

1. 选料

二荆条鲜红海椒或大红袍海椒，泡菜盐，晒干的霉胡豆瓣、大蒜、花椒、菜油等。

2. 做法：

①比例：1 斤鲜红海椒加 2. 5 ~ 3 两盐，豆瓣 1 ~ 2 两，大蒜 1 两，花椒 0. 1 两，菜油 1 两。

②将鲜红海椒去把（蒂）洗净，把水滴干，用刀剁成米粒大小，现多数人家用机器粉碎鲜红海椒。同时把豆瓣、花椒、大蒜加入一同粉碎。对剁碎好的材料加入盐和菜油搅匀入坛，盖上存放即可。这种豆瓣称为阴豆瓣。另外，也有的将搅匀的豆瓣装在酱缸（盆盆钵钵均可），晒上十天半月再入坛。晒豆瓣时不能翻搅，搅后易发酸。要翻搅只能早晨和晚上。

【酿醪糟】 酿醪糟，俗称蒸醪糟，醪糟一年四季都可酿制。民间习惯于重阳节前后蒸醪糟，俗称“重阳酒”，这期间蒸的醪糟最好。醪糟醇香可口，通常为产妇专门酿制。平时则将醪糟做成醪糟蛋或粉子醪糟作为早餐。

醪糟的制作

1. 选料

糯米（俗称酒米），酒曲，陶瓷坛（或陶瓷缸），保温窝（棉絮或柴草窝），筐箩一个，甑子。

2. 制作

将糯米用水淘洗干净，浸泡 3 个小时左右，再把水滤干，放入甑子（无甑子可用有蒸格的锅）内将糯米蒸熟。再将蒸熟的糯米饭放在筐箩内铺开，凉至温度适当时（约 25℃ ~ 28℃），放入酒曲（酒曲碎细成粉）和匀，装入坛或缸内，坛或缸要先用开水淌一下预热，放入保温窝内封闭保温发酵。经过 3 ~ 4 天，一坛醇香扑鼻甘甜可口的醪糟便做成。夏季蒸醪糟，不用保温窝，自然温度便可发酵。

【做汤圆】 汤圆，书名元宵。寓意吉祥。一般在过春节期间，合家团圆之时，人人必吃，个个必尝。

1. 选料备料

①磨汤圆粉：用糯米（酒米）和饭米（书名粳米或灿米），按8：2的比例配好，将米淘干净浸泡12小时左右，然后用磨磨成米浆，再用布口袋将米浆吊干掰成小块晾干备用（吊干水分后也可食用）。过去该区农村也有用草木灰吸干水分的做法。

也有将8：2的糯米和饭米浸泡3小时后，滤干水分，拿到粮食加工作坊用电磨粉碎成细粉，即可用于做汤圆，也可晾干备用。

②做汤圆心子（书名为馅），汤圆心子种类较多，下面介绍几种心子的做法。

合糖心子：用红糖、花生米（炒熟去皮），核桃仁，按一定比例放入碓窝内舂至柔和细软，便成为合糖心子。

玫瑰心子：在玫瑰花开季节，将玫瑰花瓣摘下放入坛中或玻璃瓶内，放上白糖腌制（一层玫瑰花瓣一层白糖）。将腌制好的玫瑰用切碎的油渣（熬猪油剩下的渣）或猪油调和，做成玫瑰心子。

芝麻心子：将芝麻炒熟，舂成细沫，加入白糖，猪板油等调和均匀，捏成块状便成了芝麻心子。

洗沙心子：在商店里买洗沙（用红豆煮熟后做成），将白糖、猪油调和在一起，捏成块状便是洗沙心子。

2. 做汤圆

将汤圆粉调至干湿适宜，分成鸽蛋大小，然后取出准备好的汤圆心子（馅），分成胡豆大小，将汤圆粉子做成凹形，把馅放入其中，封口、搓圆。待一个个汤圆搓好后再将其放入沸水中煮熟，便成为一碗碗营养丰富、柔软细腻、香甜可口的汤圆。

【泡盐蛋】 每年端午节居民家宴常备食品。

1. 选料

鸭蛋，食盐（或腌腊肉的水），石榴壳或烧胡豆杆灰等。

2. 制作

泡盐蛋，书名腌蛋。泡蛋盐水有几种制作方法：①将腌腊肉的水烧开去渣、去泡凉冷即可；②将食用盐和石榴壳一起熬制，然后去渣即可成为腌蛋的卤水；③将胡豆杆烧成灰，浸泡在清水中，然后去除灰渣，加盐水熬开凉冷即可。

把凉冷的泡蛋水倒入陶瓷坛内，将鸭蛋用清水洗净晾干，再一个个放入陶瓷坛内，以盐水淹完蛋为好，有缝隙的蛋不能泡。然后用盖子盖好坛罐。一般1个月左右鸭蛋腌制入味。这时便可捞出煮熟食用。鸭蛋泡的时间越长，蛋黄越香。平时可经常加入洗净晾干的鸭蛋。盐水味淡时，可适量加入食盐。

另一种简易制作盐蛋的办法，就是将鸭蛋洗净晾干，一个个沾上白酒，再裹上一层盐，一个个放进塑料袋内装好，外面再套2~3层塑料袋密封好。半个月左右盐蛋便可食用。

【包皮蛋】 每年端午节居民家宴常备食品。

1. 选料

存放十天左右的鸭蛋（刚下的鸭蛋不能包皮蛋），石灰、烧碱、盐、柏丫灰、谷壳或锯木粉，草木灰、泥土等。

2. 制作

将上述材料（除谷壳锯木粉）按一定比例加水调合成干浆糊状。特别应注意石灰、烧碱、盐的比例。将鸭蛋一个个裹上配料，再裹一层谷壳或锯木粉，然后放在坛内或塑料袋内密封起来（不能漏气）。待半个月左右将包好的皮蛋拿出晾几天后，一个个味道鲜美的皮蛋便可食用。

寺庙道观

【清真寺】 清真寺位于弥牟镇民族街，建于清雍正二年（1724年），占地面积1638平方米。

清真寺坐西向东，四合院布局。由礼拜堂、礼拜凹壁、讲课堂、礼堂、浴室和殓尸房六部分组成。礼拜堂规模最大，木质结构，穿斗梁架，整个建筑庄重肃穆。清光绪三年（1877年）、1953年、1983年三次维修。1996年新建一楼一底砖木结构楼房，一楼会议室，二楼经班教室，屋面为圆形拱顶仿阿拉伯建筑风格。二门重檐砖石坊，有石刻楹联一幅，上联为“教著千秋昭世泽”，下联为“经传百代焕文光”，横额为“教垂奕祀”。礼拜堂为歇山式小清瓦木结构建筑，门窗雕花，古朴厚重，可供300人礼拜。

清真寺曾经是川西北和陕南地区伊斯兰教民举行宗教活动的主要场所。寺内原有羊皮烫金字体的“非各核”“委各延”绝版孤本经书五卷和上百种经典圣训，在“文化大革命”中被毁，现仅存《古兰经》《圣训》等伊斯兰经典及字画。1983年恢复宗教活动，每年数千名穆斯林群众前来参加开斋节、古尔邦节、穆圣诞节活动。

1998年10月，区政府列为区级文物保护单位。2000年清真寺获“四川省文明宗教活动场所”称号。

【寿佛寺】 寿佛寺原名寿佛宫，位于城厢镇家珍公园内。相传始建于清乾隆三年（1738年），占地面积4307平方米，建筑面积2367.27平方米。寿佛寺由山门、大雄宝殿、寿佛殿、菩提塔等组成，寺内有三藏经典教义12部。

1973年寿佛宫土地由四川钢锉厂征用，寺内房屋收归政府，能静、慧常等人移至营房巷一民宅居住。“文化大革命”期间，寿佛宫殿堂、佛像、匾额、书画等被损毁或遗失。1993年8月，区政府同意在“三楚宫”（曾作粮仓）旧址重建寿佛宫，1994年由清定大师改名为寿佛寺，1996年重修大雄宝殿。

【三清观】 三清观位于城厢镇西街，相传旧址在城厢镇西门外。据《金堂县志》记载：“献贼时，有赵性负像远避，及归，乃于西门建庙祀之。像后刻万历乙巳年（1612年）雕装。嘉庆八年（1803年）邑人捐募重修。”

2006年，区政府同意恢复三清观道教活动场所，在原灵官庙旧址上恢复三清观。三清观坐北朝南，依中轴线对称布局，由山门、万年台（戏楼）、正殿、慈航殿、厢房组成。前院及两侧厢房40余间，正殿、慈航殿供奉神像十尊，石碑、雕刻清晰可见。

【觉皇殿】 觉皇殿现存于成都市青白江区城厢中学内，为明教寺仅存的一殿，始建于明成化十七年（1481年），占地面积407平方米。觉皇殿高8米，面宽5间，进深4间。砖木结构，重檐（今单檐）歇山顶抬梁结构，檐下五踩斗拱44攒，其中明间、次间各施平身科2攒、柱头科18攒、角科4攒，歇山式屋顶，为典型的明代木结构古建筑。殿内尚存毗卢遮那佛神像和侍者各一尊。1981年市政府列为市级文物保护单位。

【文庙】 文庙现存于城厢镇下北街城厢粮站内，始建于北宋嘉裕二年（1057年），清乾隆、嘉庆年间八次培修和扩建，占地面积2515平方米，建筑面积1397平方米。庙内供奉孔子及七十二门人等历代名儒。清末至民国曾在此设立劝学所、国民小学、女子小学，部分建筑被拆除或改建，现仅存大成殿、崇圣祠、前厅和厢房。

大成殿为砖木结构，重檐歇山式屋顶，琉璃瓦，檐下拖斗拱，面宽5间21米，进深4间13米，通高11米。崇圣祠为悬山式屋顶，面宽3间14米，进深4间11米，通高8.7米。1981年市政府列为市级文物保护单位。

【武庙】 武庙现存于成都市青白江区城厢中学内，始建于明代，清乾隆六年（1741年）重建。清嘉庆九年（1804年），金堂县令谢惟杰从镇东文昌宫后迁建于现址，历时5年，于嘉庆十四年（1809年）竣工。武庙为三进，现已无前厅和后殿，仅存正殿。

正殿为砖木结构，重檐歇山式屋顶，琉璃瓦，檐下拖斗拱。面宽5间18.7米，进深5间14米，通高12米，高于文庙正殿，建筑面积946平方米。1981年市政府列为市级文物保护单位。

人物

1991—2005
成都市青白江区志

传记人物

陈志全（1982—1994年）

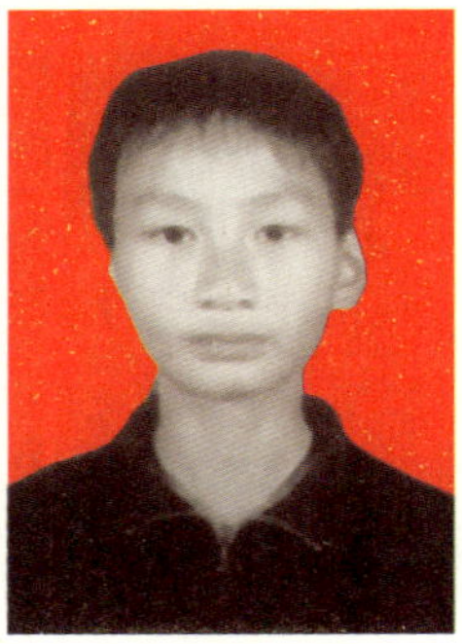

陈志全，男，1982年7月22日生于成都市青白江区龙王乡清洁村，就读于龙王清洁村小学，曾多次被学校评为“优秀学生干部”和“三好学生”。

1994年2月20日午后，陈志全与同村的三位小朋友在山坡上游玩。距山坡近百米的河边，一名九岁女孩不慎落入十余米宽，三四米深的河里。小女孩的同伴见状大声呼喊：“快！救人啊！有人掉进河里了——”陈志全听到呼救声，立即从山坡上冲向河边，边跑边脱掉衣裤，在离落水孩子一米左右处，纵身跳进河里救人。

初识水性的陈志全在水里终于抓着了小女孩的手。然而在陈志全带着小女孩游向岸边时，刺骨的河水让陈志全体力逐渐下降，一个波浪过来，小女孩又下沉了。陈志全不顾自己体力透支，又不断地钻入水中寻找小女孩。岸上的小朋友们大声喊着：“哥哥，快上来，别救了……”，小女孩的同伴发现陈志全钻出水面时，面色苍白，嘴唇发紫，划水的双臂也显得十分无力，于是也在大声地哭着说：“哥哥快上来，水那么冷的，你又没有穿衣服……”。陈志全钻出水面吸了一口气，又一头栽进水底……，这一下去却再也没有起来了。

得到消息的家长及邻居有的跳入水中用竹竿探，或潜入水中捞，直至下午四时半才将陈志全与小女孩的遗体打捞上来。年仅十二岁的少先队员陈志全勇救落水儿童而光荣献身。

同年3月2日，中共成都市青白江区委、区政府决定：命名陈志全为“赖宁式的好少年”。3月5日，成都市人民政府授予陈志全“赖宁式的好少年”称号。

税志异（1948—1995年）

税志异，男，1948年生于成都市，大学专科毕业，经济师。1972年2月进入成都化学纤维厂工作，1979年加入中国共产党。先后任车间党支部书记、主任、广劳资科副科长、科长。1993年任成都华明玻璃纸制品公司总经理。1995年8月13日不幸以身殉职，猝死在排除故障的作业现场。

1993 年，成都化纤厂为了满足国际市场对宽幅玻璃纸的需求，在区委、区政府和省市主管部门支持下，与省纺织集团总公司、青白江区华严工贸公司共同组建股份合作制企业——成都华明玻璃纸制品公司，定向募集 2747 万元进行工程建设，成都化纤厂为董事长单位。同年 4 月，时任成都化纤厂副厂长的税志异被董事会推举为成都华明玻璃纸制品公司总经理。

上任伊始，公司地址尚未落实，人手少，资金缺口大。税志异坚定地对公司员工说："华明公司是青白江第一家股份制企业，我们一定把它搞好。资金不够也不要丧失信心。""股民的钱，一分也不能乱用。"这句话是他的座右铭。在两年多的时间里，他殚精竭虑地为公司当好家、理好财。华明公司的每一个项目、每台设备、每个部件、每种材料，都通过他精打细算把费用一分一分地"抠"出来，"抠抠匠"也成了公司内外尽人皆知的绰号。1993 年 6 月，主机设备招标，面对各种关系户，他硬着头皮，顶住压力，最终让实力雄厚、有纸机制造经验的四川亚西机器厂以不到 1000 万元的价格夺标，比初定 1200 万元的标的低了 202 万元。同时，招标确定纸机设计由亚西厂与成纤厂共同承担，此项又省下设计费近百万元。单效蒸发机、胶泡桶、酸浴过滤机等设备又决定由厂总工办自行设计，厂外加工，仅 2 台单效蒸发器和 19 台脱泡桶就节省 240 多万元。同年 8 月，基建工程破土动工，税志异亲自管理设备安装、材料、辅助设备的采购，经办人员提供多个方案，按质优、价廉、工期短三个原则，货比三家，择优选择。在选择工作间的材料时，面对同样耐酸防腐的两种材料——瓷板、花岗石，他带着基建行家直接到厂家看样、洽谈。通过性能、用途、价格多方面权衡，选择了防腐性能好、接缝少、又美观的花岗石，节省 12.5 万元。就这样，税志异从华明工程预算中整整"抠"出了 1000 万元，完成了工程建设。

税志异常说："股民叫我当总经理，是对我的信任。我的权是股民给的，一定不能乱用。"他总是坚持公开、公平、公正的原则，从不单独决定买谁家的产品。华明工程需要 60 万元的电缆、电器材料，吸引了不少商家承揽这笔生意。一厂商派人晚上到他家，悄悄递上装有厚厚一摞百元大钞的信封，他丝毫不动心，正色道："拿走，拿走！不然就没有生意谈了！"。一家公司私自将一车建筑钢材拉到华明基建工地，被税志异拒绝了。这个公司请出一位曾为华明公司出过大力的老领导说情，税志异向老领导坦诚地说明了理由，这车钢材还是被拉回去了。为了华明的事业，他始终严于律己，执着地坚守着共产党员的节操。

税志异的日程表总是排得满满的，分不清白天夜晚，分不清工作日，还是节假日。基建工程完工了，他瘦了一圈。华明投产了，一旦出了废品，只要在现场，总要钻进八九十度高温的纸机下面和当班工人一道，清除废品。熟成间纺关压力不稳定，他挤出时间守着压力表，一观察就是几个小时，直到摸清规律为止。每天早上，他总是七点钟提前赶到公司，下午该下班了，却又总在作业现场，或是指挥，或是同员工一起干活。饿了，吃个锅魁充饥，以至员工们称他为"锅魁经理"。困了，实在撑不住了，才倒在沙发上打个盹，有时竟未能回家，引得妻子第二天找上门，又疼又气："你不要身体，还要不要老婆娃娃呀？"

1995 年 8 月 13 日，天气闷热，酷暑难当。下午 1 点，电路突然跳闸，生产线全线停车。税志异刚回到家一接到电话，立刻赶到公司，帮助电工解决了供电问题。由于停电造成酸槽内喷唇粘胶淤积，他从当班员工手中抢过工具，清理喷唇。清理完后，又把被堵塞的粘连胶一点一点抠出来。一直到晚上 7 点半，才把故障排除。在这期间，儿子打电话来要他早点回家吃饭，他放下电话没吭声，继续干；

值班工人走时，提醒他“下班了！”他自己接着干下去；值班长要他吃过饭再来，提议通知生产经理替换他，也被他制止了。

故障排除了，他仍不放心，继续留在现场指挥工人再检查一遍。疲惫不堪的他们坚持一处处地巡查。在纸机成型部位，一堆滑溜溜的胶块吸引了他的视线，他正要弯腰下去清理，就在一霎间，他的身躯仰面倒下，不幸猝死在生产现场。

1995 年 8 月 22 日，中共成都化纤厂党委追认他为优秀共产党员，号召全厂党员干部向他学习；同年 12 月 15 日，中共成都市纺织工业局党组追认他“纺织系统优秀共产党员”，号召全市纺织系统学习和宣传他的崇高精神和优秀品质。

1996 年 1 月 8 日，中共成都市委工交政治部决定追授他为成都市工交系统优秀共产党员和优秀企业领导干部，决定在全市工交系统广大党员、干部中开展学习税志异的活动。

1996 年 4 月 26 日，中共成都市委、市人民政府授予税志异“优秀共产党员”“优秀企业领导干部”荣誉称号。1996 年 9 月 25 日，四川省人民政府授予他“无私奉献好干部”荣誉称号。

包维超（1972—2001 年）

包维超，男，汉族，1972 年 10 月 26 日生于四川金堂县玉虹乡双龙村，1992 年 2 月在成都市公安局防暴集训队学习，同年 11 月 1 日在青白江公安分局大弯派出所参加工作。

1994 年 3 月，包维超奉命调到条件比较艰苦的姚家渡派出所工作，8 月向党组织递交了《入党申请书》，当年被成都市青白江区公安分局评为“先进个人”。1995 年任派出所内勤民警，全年破获刑事案件 9 件，打击处理犯罪嫌疑人 4 名，查破治安案件 6 件，为群众做好事 5 件，内勤档案和特种行业管理等各项工作成绩突出，受到成都市公安局嘉奖。1996 年任派出所治安刑侦民警。7 月盛夏的一天，接到群众报案，称有 5 名犯罪嫌疑人在西江河边某地抢劫 3 人现金后逃跑。包维超迅速带领两名联防队员赶往案发地，一边追击，一边调查访问。从姚渡镇追到日新镇，又追到祥福镇，经过 5 个多小时艰苦努力，终将 5 名犯罪嫌疑人抓获。一年间，他共破获刑事案件 19 件，其中杀人案、伤害致死案、强奸案、结伙抢劫案等重特大案件 4 件；逮捕犯罪嫌疑人 14 名；同时查破治安案件 14 件，治安拘留 13 人，其中携带火药枪 9 人，罚款 9 人、警告 2 人。再一次受到市公安局嘉奖。

1998 年 2 月，包维超奉调到区公安分局治安大队工作，被授予二级警司警衔。同年 10 月，妻子即将临产。为侦办一起发生在城厢镇容留妇女卖淫案，他顾不上即将临产的妻子，连续 10 多天奔波在巴中、广安等地的城镇乡村调查取证。同年在巡逻时发现一个流浪孩子，他拿出 20 元钱，将孩子送上汽车并叮嘱司机一定要将孩子送到其父母手中。类似这样为民助民的事例，在他短短的一生中做了近 40 件。

2000 年 7 月 17 日，接到群众举报，有人在大弯镇大夫南路一私人茶坊聚众赌博。他和队友们立即出发，一冲进茶坊，他第一眼就看见一男子将手伸向旁边柜子抽屉，职业敏感促使他猛地扑向那男子，经搜查，抽屉里有2支子弹已上膛的滑膛枪。

2001年1月以来，青白江区境频繁发生盗割通信电缆的案件，涉及6个乡镇、17个村，严重影响了通信事业和经济建设的发展。区公安分局为了有效遏制此类案件的多发势头，将打击盗割通信线路犯罪工作列为“打黑除恶”专项斗争的重点之一。同年2月8日，区公安分局抽调警力，开展了代号为“夜鹰”的集中行动，深夜至次日凌晨蹲点设伏。3月2日晚，又一个蹲点设伏的日子。已连续蹲点守候4昼夜的包维超本该休息，可他想到战友何某的妻子生小孩还未满月，需人照顾，于是主动请战，代替战友参加蹲点守候任务。次日凌晨3时10分，发现有4人形迹可疑，包维超等民警立即对嫌疑人员实施盘查。4人见势不妙，分头向两侧逃跑。3名民警和治保队员立即分头追击。黑夜中，包维超冲在最前面，距目标越来越近，眼看快要追上，突然，“砰”！——一声枪响，一名可疑人员突然拔枪转身向包维超射出了罪恶的子弹，包维超猝不及防，一头栽倒在地。另一组追击的警员在鸣枪警告后，捉获1人，并缴获撬棍、钢管各一根。

3时30分，包维超因子弹击中要害，失血过多，抢救无效，英勇牺牲，时年28岁。

案发后，成都市公安局局长李建、副局长谢小岚、何健生，政治部副主任董明政、刑警支队副支队长杨波、青白江区公安分局局长陈绍骏等立即率精干警力赶赴现场，组织勘验和侦破工作，两天后，杀害包维超的凶手被捉拿归案。

包维超牺牲后，市委、市政府领导王少雄、王体乾、省公安厅厅长吕卓、副厅长汤留生等和青白江区委、区政府主要领导等先后到青白江区公安分局，向包维超家属和亲人表示慰问，对包维超的英雄壮举予以高度赞扬。

2001年3月7日，市、区为包维超举行了隆重的追悼会。4月29日，民政部追认包维超为革命烈士，5月21日，公安部追认包维超为公安二级英模。

林师品（1928—2002年）

林师品，男，汉族，1928年10月生，金堂县官仓乡（今官仓镇）人。1950年4月参加革命工作，1952年8月加入中国共产党。1950—1956年，先后在金堂县财政局，金堂县土桥区工作。1956年6月任金堂县城厢联社工作组组长。1959年3月任中共金堂县大同乡（今青白江区大同镇）总支委员会书记，1959年12月大同公社（原大同乡）划归成都市青白江区。1962年7月任青白江区人民委员会农业科科长，同年10月任区人民委员会办公室负责人。1963年7月和1965年12月，分别当选青白江区第五、六届人民委员会委员。1968年6月任青白江区革命委员会生产指挥组、农业组负责人。1973年3月至1978年3月，先后任中共青白江区委农村工作部副部长、部长，兼农林水电局局长。1978年4月当选青白江区革命委员会副主任，同年9月当选中共青白江区第二届委员会委员，1979年12月增补为中共青白江区委副书记。1981年3月任青白江区第九届人民代表大会常务委员会主任。1991年退休。

1991年至2002年2月，任青白江区老年体育协会主席，其间的1996年任成都市老年体育协会副主席。

1962—1978年负责全区农业和农村工作，认真落实区委《大搞农田基本建设，改变农业基本条件的实施意见》。针对农业灌溉渠道不畅，水利设施陈旧，排灌能力下降等实际，牵头制订农田基本建设年度计划，协调涉农部门和乡镇，整修灌溉渠道，新建和改造水利设施，制订管水、用水制度，增加了灌溉面积，缩短了春灌用水时间。1971年推行干渠、支渠、斗渠三级管理体制，到1973年基本完成土坎、竹笼卵石坎灌溉渠道、分水口丝杆启闭闸门改造。先后组织整治弥牟河、朱家湾、郑家河坎、黄草堰等河堤，改造水田和低产田土。1974年建立区、公社、大队、生产队四级农业技术推广网络，推广优良种子，农业耕作新技术和科学施肥，新建机耕道路，推广农用机械，农业生产条件得到较大改善。1981年主持区人大常委会工作，克服新建立区人大常委会组成人员兼职多、专职少的困难，依法履行人大及其常委会职责，组织开展视察、调查、检查活动，建立人大监督制度，依法搞好换届选举，开展评议，推动“一府两院”工作。1986—1988年，担任青白江区怡湖公园建设指挥部总指挥，注重工程质量，严格施工安全管理，保障工程建设顺利竣工。担任青白江区地方志编纂委员会委员，参与协调第一轮《青白江区志》编纂工作。1988年和1990年被青白江区人民政府评为“老有所为精英奖”，1990年被中共青白江区委评为优秀共产党员。1989年和1990年被成都市老年体育协会评为老年体协工作积极分子。1989年被四川省老龄委评为四川省老龄工作先进个人。

退休后，继续关注老龄事业，热爱老年工作，为区老年体协贡献毕生精力。1992年为解决老年体育活动场所，经多方联系，向上争取，得到市、区体协、区修建公司、成都钢铁厂和村组的支持，解决了资金、建材和土地困难，在区文体公园外修建两个门球场，1993年新建四个地掷球场，为开展老年体育活动创造了条件。1991—2001年，先后组织青白江区老年男女门球队、地掷球队参加全国、地区、省、市老年体育比赛15场次。1996年代表四川省参加全国老年地掷球比赛，获得第八名。1997年参加在江西九江举办的老年门球邀请赛，1998年和1999年分别参加西南、西北片区老年地掷球比赛，分别获得男子组第二名，2000年参加全国第三届老年地掷球比赛获男、女组团体冠军，在省、市老年门球、地掷球比赛中均获得一、二名和道德风尚奖。1994年和1997年，青白江体协承办成都市首届和第二届、四川省第二届老年运动会地掷球比赛，青白江参赛队均获第二名。1991—2001年，林师品先后六次获得成都市人民政府、成都市体育局、成都市老年体育协会、成都市门球协会授予的“老年体育工作先进个人”“群众体育工作先进个人”“老年体育工作突出贡献奖”等荣誉称号。

林师品是成都市第九、十届人民代表大会代表，青白江区第九、十届人民代表大会代表。2002年2月病故，享年74岁。

补遗人物

谢 湜

谢湜，字持正，北宋成都府路怀安军〔今成都市青白江区城厢镇〕人。宋神宗元丰八年〔1085年〕进士，官至国子博士。为理学名人程颐的嫡传弟子，研究儒家经理有创见，著有《易义》十二卷、《春秋义》二十四卷，又《总义》三卷。

史载："谢湜自蜀之京师，过洛而见程子。子曰：尔将何之？曰：将试教官。子弗答。湜曰：如何？子曰：吾尝买婢，欲试之，其母怒而弗许，曰：" 吾女非可试者也。" 今尔求为人师而试之，必为此媪笑也。湜遂不行。"

谢湜死葬乡土，墓在城厢镇西门外约两里。清嘉庆《金堂县志》卷三有专门记载，墓表为土质，正方形，边长约5米，高2米，圆顶，除宋碑于清乾隆年间损坏外，至今保存完好。

李 佶

李佶，明成都府（今成都市青白江区城厢镇）人，生卒年不详。明正德十五年（1521年），李佶进士及第，授翰林院庶吉士。嘉靖中，李佶官至御史，刚直不阿，巡察浙江，他微服私访，巡访一次有数十名官员受其训诫，徇私、贪污、枉法的经查实即被罢黜，织造太监革职查办案引起朝野轰动。

李佶十分仰慕吕坤为人为官的道理，常手持《呻吟语》历练修行养性。"我心原止水，世态任浮云"；"名垂身难隐，道高毁自来"；"量嫌六合隘，身负五岳轻"；"利算无余处，祸防不意中""神明七尺体，天地一腔心"。"防欲如挽逆水舟，才歇力便下流；力善如缘无枝之树，才住脚便下坠。是以君子之心无时而敬畏也。"吕坤的话被他引为座右铭。

李佶为人机敏口才尚佳。野史记载轶事：李佶素与太监交恶。太监便想方设法使其难堪出丑。一天，一太监就提了一只耗子来见李佶。他得意洋洋地对李佶说：这只可恶的耗子，咬坏了我的衣服，请御史大人给它定罪吧？李佶心知是太监无事生非，便不动声色朗声判决"判它笞仗则太轻，判它绞刑则太重，不如判它腐刑，把它阉割了吧"。太监自讨没趣却也不得不佩服李佶。

因政治环境恶劣，李佶遭非难而愤然辞职归乡，政治抱负不能实现，李佶郁郁成书《赤坡集》。不久，溘然仙逝。李佶清廉自持，两袖清风。遗资不足以葬。乡绅自愿捐资葬于家乡泉龙山（今成都市青白江区城厢镇十五里村）。

魏长生（1744—1802 年）

魏长生，原名魏朝贵，字宛卿，排行老三，人称“魏三”。乾隆九年（1744 年）生于金堂县城〔今成都市青白江区城厢镇〕。父母早死，生活艰苦，学唱川戏。

乾隆三十九年（1774 年），魏长生挟秦云蜀栈的雄风，率领秦腔戏班初入京师。魏长生创造西秦腔（西琴腔），“以胡琴为主，月琴应之”，有别于“以梆子为板”的秦腔，一鸣惊人。小铁笛道人《日下看花记》中叙述道：“长生于乾隆三十九年（1774 年）始于都，习见其《滚楼》，举国若狂。”其时皇族权贵礼亲王昭木连在所著的《啸亭杂录·郑八》记述道：“魏长生甲午岁入都，名动京师，凡王公贵位，以至词垣粉署无不倾掷缠头数千百，一时不得识交魏三者，无以为人。”

魏三定居成都 10 年，与川剧艺人结邻而居，许多艺人原是他幼年学唱川戏的师兄弟。魏长生与他们同生活、共演出，对于川剧“五腔一体”的形成和发展起到了巨大的作用。魏长生及川戏伶人兴建“老郎庙”，庙址选定在成都华兴正街北面，东西长 570 市尺、南北长 330 市尺。“老郎庙”清末改建为“悦来”茶园，解放后重修，名为“锦江剧场”，今为“成都川剧艺术中心”。两百年间，成为川剧艺术的圣地。

相传，乾隆皇帝的一位皇妃只生有一位公主，爱之如掌上明珠，却不料于半年前英年早逝。皇妃从此悲伤不已，日见消瘦。乾隆皇帝为了排遣爱妃的愁郁，特地携她出宫消遣，二人乔装打扮，来看名伶魏长生的剧目。皇妃发现魏长生与其早逝的公主模样十分相像。不禁向乾隆说：“万岁爷，那位扮演辽邦公主的，就像我们死去的和硕格格。”乾隆怕皇妃伤心，连忙说：“爱卿既然喜欢，那就收他为格格，作卿的干女儿吧！”魏长生次日奉旨作辽邦公主装束，进宫向皇帝、皇妃谢恩。由于这次奇遇，于是民间尊称他为“魏皇姑”。魏长生死后，安葬在家乡绣水河大石桥畔（今成都市青白江区城镇境内），民众称其坟为“皇姑坟”。

刘继曾（1896—1975 年）

刘继曾，原名刘贯之，1896 年生，金堂县姚渡乡（今青白江区姚渡镇）人。1920 年考入唐山交通大学。1924 年加入中国社会主义青年团。1925 年 9 月，刘继曾被团中央选派到莫斯科东方大学学习，同年由中共旅莫斯科支部组织委员刘伯坚介绍加入中国共产党，后担任党小组组长。1926 年初，经东方大学党支部介绍，第三国际委派刘继曾随同苏联军事顾问团回国，参加北伐战争。1927 年大革命失败后，任中共陕西省委秘书处主任。1928 年 3 月，受陕西省委的指示，刘继曾到陕西渭南、华县、华阴一带组织武装起义。1928 年 4 月 6 日，刘继曾主持召开陕东特委第一次扩大会议。5 月 1 日，渭南苏维埃政权成立。5 月 11 日，陕东赤卫队遵照陕东特委的指示移驻塔山，建立了塔山革命根据地。5 月 16 日，西北工农革命军成立，刘志丹任军事委员会主席，刘继曾任政治委员。同年 9 月，刘继曾主持陕西省委工作。1929 年任陕西省委代理书记。1930 年初，刘继曾被军阀宋哲元逮捕，在敌人面前临危不惧，后在党组织接应下，从狱中逃出。1930 年 11 月，党中央决定将陕西省委划归北方局直接领导。1931 年 2 月，刘继曾到天津与北方局接头被捕，在审问过程中刘继曾始终未暴露自己的身份。同年 7 月，敌人只得将其释放。1932—1949 年刘继曾以教师身份进行党的地下工作。

1949 年 2 月，陕西渭北地区解放，刘继曾随中共临潼县委南下，举办干部培训班，为解放西安培训干部。1949 年冬，他被调到西安筹备成立西安市中苏友好协会，任副秘书长。1952 年 2 月，又被调到西北民族学院任教务处副处长、处长。1958 年 8 月，刘继曾奉调宁夏，筹建宁夏师范学院，任宁夏师范学院副院长兼银川师范学校校长。1962 年 9 月 29 日，宁夏师范学院、宁夏工学院、宁夏农学院、宁夏医学院合并成立了宁夏大学，刘继曾任宁夏大学党委副书记、副校长，主持学校日常工作。1964 年 9 月，在政协宁夏回族自治区第二届委员会上当选为政协副主席。“文化大革命”中，刘继曾被打成“叛徒”“走资派”，使其身心健康受到极大摧残。1975 年 12 月，刘继曾终因长期患病、医治无效与世长辞，终年 79 岁。

（转录自《银川市志》（1998 年）人物第 1416 页。）

钟水琼（1932—1988 年）

钟水琼，女，1932 年出生于金堂县大同乡（今青白江区大同镇），幼丧父，母务农。1940 年进入绣川女子小学读书，1948 年冬在金堂县立女子中学（今城厢中学）毕业。1949 年在家自修，1950 年在县立联合中学读高中一年。1951 年 3 月参加教育工作，先后在杨柳、龙王、赵家等乡小学和城关小学、赵镇第一小学任教。她常说：“教好一个孩子，就是对国家多培养一个人才，教好学生是人民教师的光荣职责”。她对差生和弱智儿童采取先调查了解，再进行教育，首先树立起家长培养孩子的信心，学校配合家长，耐心地做思想工作，以教师的深厚感情，集体的温暖，转化差生，增强其自信心，从而努力学习。她所教的班通过一学期的努力，期末考试时，差生的语文、数学成绩就赶上中等生，个别还变成优等生。她从不放弃一个差生，对特差儿童，一学期竟作几十次家庭访问和个别教育，收到良好效果。她教的班无差生、无掉队现象，成为团结向上的先进集体。她在实践中坚持语文教学改革，在小学低段识字教学中取得显著成绩，全班识字率达 97%，改变了学生认读能力差的状况，为语文教学奠定坚实的基础。1982—1983 年，所任语文教学班，经县统考，人均成绩在 90 分以上，及格率 100%，优生率 96%，名列赵镇第一。她曾多次担任县、镇举办的公开教学主讲教师，县内外教师听课后，对她的评价是：“上出了语文课的特色，做到精讲多练，在识字教学中揭示了汉字的规律，师生双边活动体现在教学始终，课堂气氛活跃，学生学得轻松，教学效果显著。”1982 年以来，县教育系统刊物上发表过她撰写的《我是怎样培养学生识字能力的》《我是怎样在低段进行词语训练的》《献身党的教育事业》等文章。1978 年被评为县的优秀班主任。她教育学生以雷锋为榜样，1984—1985 年所教班学生，利用课余给群众做好事上千件，附近单位给学生写了 18 封感谢信，给班里送锦旗，该班被评为县、区、镇先进班。

钟水琼1955年3月参加中国共产党，多次获县、市优秀教师、先进儿童工作者。“三八”红旗手、市劳动模范等光荣称号，被选为第五届中共金堂县委候补委员、金堂县七届人大代表。1988年钟水琼病逝，终年56年。

（转录自《金堂县志》（1994年）人物 第939页。）

附录

1991—2005
成都市青白江区志

重要文献

规定、意见、决定

中共成都市青白江区委　成都市青白江区人民政府
关于贫困村脱贫致富的若干规定

青委发〔1991〕21 号

为了使我区 1991 年全部消灭贫困村，加快农村经济的发展步伐，区委、区政府特作出如下规定：

1. 在贫困乡（镇）、村工作的招聘干部，优先考虑“农转非”。

2. 在乡（镇）干部缺编的情况下，优先给贫困乡（镇）安排招聘干部的指标。

3. 挂职下派到贫困乡（镇）、村任职和贫困乡（镇）的干部，在任职期间，其子女在升学、就业等方面，在同等条件下，优先考虑。

4. 将支农周转金的 30%、扶贫资金的 50%、科技三项费用的 80%、基地建设专项资金的 50%、小型水利费基数的 30%、国土开发基金的 50%，贫困乡（镇）合作基金会融资的 60%，用于扶持贫困乡（镇）、村的经济发展。

5. 财政拨出专款，对农业开发中规模化商品生产项目，经验收合格后，给予一定的无偿扶持。

6. 贫困乡（镇）、村新发展的企业，经区有关部门批准后，可免交产品税、增值税、营业税、所得税和管理费。

7. 贫困乡（镇）、村新发展的企业，创办人可以享受企业纯利润一定比例的奖励；创办人因正常原因离职后，可从企业当年纯利润中给予一次性奖励。

8. 贫困村为发展生产，在山坡上打山茅厮，所占耕地由村统一规划，报各乡（镇）政府审批。

9. 为了发展壮大集体经济，由集体新开发的荒山、荒坡、荒水都不再划分到户，由集体统一掌握，所有收益归集体，其经营方式由乡、村、社根据具体情况自定。

10. 贫困乡（镇）所属贫困村 1991 年全部脱贫，并且每个贫困村人平纯收入比全区人平纯收入增长幅度高出 20%，在目标管理考核总分中，加奖四分；凡贫困村人平纯收入与全区人平纯收入相比，其增长幅度没有高出 20% 的，一个村在该乡（镇）目标管理考核总分中，扣减一分。各乡（镇）也要把村脱贫致富工作纳入目标管理。

11. 贫困村的农林特产税按1991年额度，一定五年不变。如市下达给区的农林特产税税额有所增加，贫困村特产税增加部分由区财政补贴。

中共成都市青白江区委
成都市青白江区人民政府
1991年5月15日

中共成都市青白江区委 成都市青白江区人民政府关于加快我区改革步伐的十条措施

青委〔1992〕13号

各乡镇党委、政府，区委各部、委，区级各部门，区级各群团组织：

中共中央（1992）2号文件下达后，区委、区政府十分重视，及时向全区广大干部、党员进行了传达。全区各级党政组织，都认真学习，深刻领会，初步提出了贯彻中央2号文件精神的措施。区委于3月24日至25日召开了常委扩大会，就如何贯彻中央2号文件精神进行了深入的讨论。在此基础上，区委、区政府针对我区的实际情况，提出了加快我区改革步伐的十条措施。

1. 抓好股份制试点。分别在乡镇企业和国营工商企业中选择1～2个单位进行试点，在取得经验的基础上，再全面推开。

2. 抓好企业经营机制转换的试点。在国营企业开展打破“三铁一大”的试点。在商业、供销系统加快“四放开”“五自主”的步伐。我区国营企业可以引进集体企业、乡镇企业、“三资”企业的经营机制。同时，要配合企业改革，建立健全养老、待业、工伤、医疗保险等制度。要根据中央2号文件的有关精神，认真做好企业第二轮承包的有关准备工作。

3. 抓好行政机关职能转换的试点。先在农口各局进行职能转换的试点，逐步将其办成服务实体。逐步促进整个行政机关向“小政府、大服务”的管理体制过渡。同时，鼓励有条件的党政机关和事业单位，创办经济实体。鼓励机关干部下去领办、创办、承包、租赁实体性企业，下去后原政治待遇不变，工资可上浮二级，连续三年完成目标任务者，其上浮工资可予以固定。下去的干部实行双向选择，按干部管理权限进行审批。下去的第一年其基本工资和各项政策性补贴由原单位发放。对下去人员的部门按原有人员的总数实行工资总额、办公经费以及各类奖金包干，对因减人而节约的经费按50%的比例发给在岗人员。

4. 抓好区工业开发区的建设。依托基础，两翼起飞，带动6个乡镇（合兴、绣水、祥福、景峰、玉虹、城厢），形成以大弯镇为中心的点、面一体的经济格局，把精细化工、机械、电子、食品、包装等行业作为重点，首先抓好唐家寺工业开发小区的试点，将唐家寺工业开发小区作为全区工业开发区的起步点，逐步加快全区工业的发展步伐。同时，各乡镇要根据自己的实际，抓好本乡镇工业开发小区的建设。

5. 抓好市场建设和市场开拓。在区内，要新办和完善生产资料市场、专业市场和综合市场，搞好市场基础设施的配套建设。在区外，要努力开拓市场，设立经贸窗口，大量输出商品，扩大对外业务，搞活我区流通。

6. 抓好城镇建设。继续抓好以道路为重点的城市基础设施建设。迅速改变通讯落后的面貌。坚持统一规划，进一步加快城市统征统建、综合开发、配套建设，加快怡湖商品住宅小区建设，鼓励农民进城建房、购房、入户。各乡镇要把工业小区建设与集镇建设相结合，统一规划，逐步实施。

7. 抓好“外引内联”工作。大力引进项目、资金、人才。要充分借助国营大中型企业、科研院所、大专院校的优势，积极与它们合作，通过参股、技术转让、联合开发等形式联办国营和有关城镇集体企业和乡镇企业。联办的企业，在土地征用上手续从简，价格从优。享受我区制订的各项减免税政策。这些企事业单位从联办企业中分得的利润，不再重复征税，在完成本单位承包任务和按规定留够发展资金的条件下，允许其自主安排使用。

要积极新办“三资”企业，鼓励“三胞”来我区投资办企业。来我区的投资者，可以自由选择投资对象和投资地点，在省、市公布的投资项目中优先选择投资项目。这些企业可实行更加优惠的政策。

区级各部门都要把“三引”工作纳入重要议事日程。对经过论证并落实了引进项目的部门，按引进项目论证的利税的1%计奖，其中，资金的50%奖给引进项目的个人。对引进“笼子”外资金的单位和个人，要给予奖励，其办法是：一年以上的资金，按利息和奖励之和一般不低于利率的11%处理，鼓励引进低息资金和长期资金。对资金效益好的，还可由企业另外实行奖励。一年以下的资金，酌情奖励。对被引进的人才，在其生活福利、住房等方面予以优惠，其子女就业，在同等条件下优先考虑。

要充分利用驻区市属以上企事业单位的有利条件，发挥地区优势，联办或单独承办一批辅助项目。对驻区市属以上企事业单位引进项目者，仍按引进项目论证的利税的1%计奖。要建立青白江地区“人才库”，发挥区内和驻区市属以上企事业单位中各类人才的作用。要力争在两三年内为乡镇企业培养200名左右的大、中专人才，实行社来去厂，定向培养。对乡镇企业现有的各级各类技术人员，要充分发挥他们的作用，落实其各项待遇。要在乡镇企业中继续搞好技术职称评定。

要抓紧现有意向性项目的落实，区委、人大、政府、政协、纪委领导要分项负责。

8. 抓好领导机构的建立。为了协调各方面关系，简化审批手续，强化办事手段，提高办事效率，决定成立“成都市青白江区工业开发区领导小组”“成都市青白江区工业企业项目审批小组”“成都市青白江区市场建设领导小组”“成都市青白江区城市建设领导小组”。凡上述领导小组所决定的重点项目或重要事项，各有关部门不再审查，只加盖章，一路开“绿灯”，不得亮“红灯”，大胆放行，一切责任由区上承担。

9. 抓好咨询服务机构的建立。荟萃各方面人才，区成立由高级管理人员和高级工程技术人员组成的咨询服务组，为全区的经济发展献计献策。各乡镇也应视其实际情况，成立相应的咨询服务组织。

10. 抓好思想大发动，政策大宣传。学好2号文件，增强三个意识：加大改革力度，增强改革意识；转变工作作风，增强服务意识；改进工作方法，增强参与意识。

以上十条措施，还有一系列配套政策，解释权在区委、区政府，区委、区政府委托区委办、区委研究室，具体执行解释任务。

区级各部门党政领导，要进一步解放思想，加快改革步伐。凡区委、区政府决定了的事项，都要保证政令畅通；对顶住不办的，要严肃处理，直至免去职务。

中共成都市青白江区委
成都市青白江区人民政府
1992年4月10日

成都市青白江区人民政府
关于发布《成都市青白江区股份合作制企业试行办法》的通知

青府发〔1993〕11 号

各乡镇人民政府、区府各部门：

《成都市青白江区股份合作制企业试行办法》已经区人民政府讨论通过，现予以发布施行。

成都市青白江区人民政府

1993 年 3 月 4 日

成都市青白江区股份合作制企业试行办法

为探索公有制经济的多种有效实现形式，鼓励和引导城乡全民集体中小企业实行股份合作制，使企业产权组织形式进一步明晰化、制度化、规范化，促进全区经济发展，特制订本试行办法。

总 则

第一条 股份合作制企业是企业法人，社团法人和社会公民各自以资金、实物、土地、技术等生产要素作为股份或将企业原有资产作价入股，按“自愿入股、股权平等、利益共享、风险共担”原则组建，从事生产经营、咨询服务活动，实行独立核算，自主经营，自负盈亏、入股份红的具有法人资格的经济组织。

第二条 组建股份合作制企业的目的

1. 从企业产权制度改革入手，促进城乡全民集体中小企业转换经营机制，实现企业的自主经营、自负盈亏、自我发展和自约约束。

2. 开辟新的融资渠道，筹集企业生产发展资金，提高资金使用效益。

3. 促进生产要素的合理流动，调整产业结构，实现社会资源优化配置。

第三条 股份合作制企业（以下简称企业）必须遵守国家法律、法规及本办法，接受政府有关部门的管理和监督，维护国家利益和社会公共利益，维护企业集体财产，不得以任何名义把属集体的资产无偿私分给个人。

第四条 企业根据市场需求，自主安排经营和生产活动。企业的合法权益和正当经营活动受法律保护，任何机关、组织和个人不得侵犯或者非法干涉。

第五条 企业按照本办法制订企业章程，企业章程对企业和股东具有约束办。

第六条 股东以其所认缴的出资额对企业承担有限责任，企业以其全部资产对债务承担有限经济责任。

第七条 企业不得成为其他经济组织的无限责任股东。企业成为其他经济组织的有限责任股东时，对其他经济组织的投资总额，不得超过本企业净资本额的百分之五十。

第八条 本办法适用于下列范围

1. 本区内新办的股份合作制企业。

2. 本区内要求改制为股份合作制的城乡集体所有制企业和小型全民所有制企业。

3. 本区内要求改制的私营企业。

审批程序

第九条　实行股份合作制的企业，由区政府体改办负责审批

第十条　城乡集体企业实行股份合作制。应由职工大会（职工代表大会）审议通过，企业提出改制申请，经企业主管部门或乡镇人民政府同意，并牵头召集原资金投入各方及有关单位组成工作小组，对存量资金进行清查核实。同时具备会计师事务所，审计事务所和具有资产评估资格的机构出具资信证明和资产评估报告。

第十一条　实行股份合作制的企业，应向审批部门提供下列证明文件和材料：

1. 协议书

2. 申请书

3. 企业主管部门或乡镇人民政府审查同意的文件

4. 企业章程

5. 资产评估报告和验资报告

6. 所有权界定的确认文件

7. 审批部门要求的其他证明材料（如老企业改制须有职代会的决议）。

第十二条　企业持审批部门的批准文件及本办法第十一条规定的文件、财账按规定向工商、税务等部门办理有关登记手续。涉及国有资产的应向国有资产管理部门办理登记手续。

经工商行政管理部门审核，符合本办法和企业登记管理条例的应发给企业法人营业执照，并在企业性质栏内注明“股份合作制”，企业名称不得冠以“股份有限”或“有限责任”的字样。

股份的构成

第十三条　改制企业的全部存量资产，采取追溯投资来源的办法，按照各方投资比例划分归属。其股份构成如下：

1. 国家股：指有权代表国家投资的政府部门或机构，以国家资产（实物或货币）向企业投资所形成的股份（含现有已投入的国家资产折成的股份）。其股权的代表者为国有资产管理部门。

2. 企业集体股：指集体经济组织投入和企业职工历年劳动积累以及企业依照法律、法规和国家政策规定享受的各种优惠待遇（但与政府约定为国有资产的除外）和接受的赠与所形成的自有固定资产、流动资金、专项基金。其股权为企业的劳动群众集体所有，股权所有者代表为企业职代会，职代会按股行使票权。

3. 法人股：指具有法人资格的企事业单位和社会团体，以其依法可支配的自有资金以及新技术发明专利、先进工艺投入或转让入股形成的股份。其股权归法人投资者所有。

4. 个人股：指企业职工以其合法财产折价或资金、技术投入所形成的股份。其股权归职工个人所有。职工均应按企业章程规定出资认购一定数额的股份。

第十四条　股份合作制企业不印制股票，只发给记名股权证，其股权证不上市交易，仅作为资产证明及分红依据。

股权证明应载明下列事项：

1. 企业名称；

2. 企业登记、更名日期；

3. 企业注册资本；

4. 股东名称、已缴纳出资额和出资日期；

5. 股权证明书和签发日期；

6. 企业及负责人印章；

7. 注意事项（如“本股权证明书系内部股权证明和分红依据，不得上市流通等）。

第十五条　入股后不得退股，经董事会同意，允许法人股在法人之间转让，抵押；允许个人股在企业内转让、抵押、继承或馈赠。

企业分配

第十六条　股份合作制企业本着工资总额增长幅度低于本企业经济效益增长幅度，人均工资增长幅度低于本企业劳动生产率增长幅度的原则，自主决定工资、奖金总额和内部分配形式。可以实行岗位技能工资制、也可以实行计件、计时工资制。具体方案经股东大会（或股东代表大会）审查同意。

第十七条　股份合作制企业实行按劳分配与按股份红的原则，企业收益在依法缴纳所得税和其他税费后的净利润，提取10%作为法定盈余公积金，提取5%作为法定公益金。任意盈余公积金、任意公益金和红利基金的提取比例由董事会根据国家、集体、个人三方兼顾的原则和企业生产经营情况决定，报区体改办备案。

第十八条　公积金只限于下列各项用途

1. 弥补亏损；

2. 发展生产；

3. 增加股本；

4. 国家另有规定的其他用途。

公益金用于企业职工集体福利。

第十九条　股份合作制企业的红利基金，按企业股份分配，国家股、企业集体股和法人股不计付股息，只参加分红。

国家股红利归同级国有资产管理部门所有，作为国有资产发展基金，由国有资产管理部门委托企业主管部门代管。企业应分账核算。

企业集体股红利归企业集体所有，可一部分量化到职工个人进行分红兑现；一部分用于职工社会保障和建立住房补充基金；剩余部分按份计入职工个人名下，转换为职工个人股，用于扩大再生产。企业股红利的具体分配比例由职代会决定。

法人股红利归法人投资者所有。

个人股在一定期限内实行计息又分红的办法。个人股红利率超过征税标准的部分，应依法交纳个人收入调节税，并由企业代为扣缴。个人股红利作为投资入股可缓征个人收入调节税，但转让和退股时应补征个人收入调节税。

第二十条　股份合作制企业发生年度亏损时，可以从下一年度所得利润税前予以弥补，但弥补期最多不超过三年；连续抵补三年后未弥补的亏损，则用公积金弥补，尚不足的亏损额按股份摊，亏损当年及抵补期内不得分红。

第二十一条　股份合作制企业应按规定参加职工养老、待业等社会统筹保险。

企业管理体制

第二十二条　股东大会（股东代表大会）是股份合作制企业的最高权力机构，可选举产生董事会为常设机构。入股者较少的企业不设董事会，其董事会职权由股东大会（股东代表大会）一并行使。

第二十三条　股东大会（股东代表大会）行使下列职权：

1. 听取并审议董事会工作报告；
2. 决定企业的分立、合并、终止和清算；
3. 选举和罢免董事会成员；
4. 修订企业章程；
5. 企业章程规定的其他职权；
6. 对企业其它重要事项作出决议。

股东大会（股东代表大会）每年召开一次，特殊情况可提前或延后召开，但间隔期不超过15个月，表决时实行一股一票制。

第二十四条　董事会行使下列职权：

1. 执行股东代表大会或股东大会的决议，并代表全体股东行使企业财产的所有权；
2. 审定企业发展规划、年度生产经营计划；
3. 审议企业的年度预决算、利润分配方案及弥补亏损方案；
4. 制订企业分立、合并、增资扩股、发行债券及企业终止和清算方案；
5. 任免企业厂长（经理），并根据厂长（经理）的提名任免副厂长（副经理）；
6. 企业章程规定的其他职权。

董事会每半年至少召开一次，由董事长或董事长委托副董事长主持召集。

第二十五条　董事会设董事长、副董事长，由董事会选举产生和罢免。但需报上级主管部门和区体改办备案。董事长行使吓列职权：

1. 主持股东大会和董事会；
2. 检查董事会决议的实施情况，并向董事会报告；
3. 在股东大会闭会期间，对企业的重要业务活动给予指导；
4. 企业章程规定或董事会决议授予的其他职权。

第二十六条　股份合作制企业可由董事长履行企业法定代表人职责，也可由董事会赋予厂长（经理）履行企业法定代表人职责，厂长（经理）由董事会任免，也可以由董事长或副董事长兼任。

第二十七条　厂长（经理）行使下列职权

1. 组织实施股东会和董事会的决议，并将实施情况向董事会报告。
2. 负责企业的生产经营；
3. 拟定和实施企业发展规划，年度生产经营计划，年度财务预算方案，利润分配和弥补亏损等方案；

4. 决定企业内部机构设置，任免或聘任企业中层干部，任免或聘任企业副厂长（副经理）；

5. 按企业章程或劳动合同，决定对本企业职工的奖惩、升降级、加减薪、聘任、招用、解聘、辞退；

6. 行使企业章程规定的其他职权。

第二十八条 股份合作制企业在无外部参股和职工较多的情况下，可设立职工代表大会，其常设机构行使监事会的职能。监事会也可单独设立。监事会行使下列职权。

1. 派代表列席董事会议；

2. 对董事会的决议和厂长（经理）的决定提出质询并要求答复；

3. 检查企业经营和财务状况；

4. 维护股东、职工的合法权益，制止董事、企业厂长（经理）违反国家法律、法规和本办法、企业章程的行为，制止无效时，向政府有关机关报告；

5. 企业章程规定的其他职权。

附 则

第二十九条 股份合作制企业享有充分的经营自主权，享受各级政府制订的扶持城乡集体企业发展和股份制试点企业的各项优惠政策。企业减免税款必须全部用于发展生产，不得参与分红基金用于分配。

第三十条 股份合作制企业的会计制度，财务管理、劳动用工、工资分配、人事制度等参照执行国家对股份制企业的有关规定。

第三十一条 企业改变名称、合并、分立、迁移、歇业、终止或变更生产经营范围，须向原批准和发证机关申请办理手续。

第三十二条 股份合作制企业在分立、合并或终止时，必须保护其财产，由各股产权代表组成清算小组，依法清理债权债务和全部资产。对企业终止的，除因破产的参照《企业破产法》进行清偿和处理外，一般按下列程序清偿：

1. 所欠本企业职工工资、奖金和养老保险费；

2. 所欠税款和贷款；

3. 所欠债权人债务；

清偿后剩余财产按各股东的股份比例退还入股者。

第三十三条 区政府有关部门可根据本试行办法，结合我区股份合作制企业的实际情况，制订实施意见，并报区体改办备案。

第三十四条 本试行办法由成都市青白江区人民政府体制改革办公室负责解释。

第三十五条 本办法从发布之日实施。

1992 年 12 月 25 日

中共成都市青白江区委　成都市青白江区人民政府 关于积极鼓励我区个体、私营经济发展的若干政策规定

青委〔1993〕17号

我区个体、私营经济在改革开放形势的推动下，有了较大的发展。这对创造社会财富、繁荣城乡市场、搞活流通、解决就业、方便群众生活和增加财政收入等方面发挥了积极作用。但是，还必须看到，全区的个体、私营经济在国民经济中所占的比重还很小，还远远不能适应改革开放和建立社会主义市场经济的需要，还要狠下功夫，大力支持其发展。为此，特作出积极鼓励我区个体、私营经济发展的若干政策规定：

一、简化个体、私营企业登记审批程序

1. 凡个体、私营企业登记、审批、发照，由各辖区工商所从速办理，并尽量简化手续，也可以采取现场办公审批。

2. 对申请创办符合政策规定的个体、私营企业，因一时资金不足，手续不齐的，可先发给临时性生产经营许可证，使其先开业，再补办营业执照和有关许可证。

3. 对人和、云顶和清泉的部分村（组）从事个体经营和开办私营企业，暂不具备经营条件或经营把握不大的，工商部门可允许其试办三至六个月。试办期间经工商行政管理机关批准，可适当减免工商管理费。试办期满，要求继续经营的，待条件具备后，再办理正式营业执照。

4. 鼓励支持个体、私营企业推销地方工业产品。推销经营方式和地域不受限制。凡一次性推销地方工业产品的，可不再向工商行政管理部门办理变更经营范围手续。

二、放开个体、私营企业的生产经营范围

5. 除国务院明文规定不允许个体、私营企业生产经营的项目和商品外，其它项目和商品一律放开。鼓励支持个体、私营企业开发社会需要、产品有销路、对全区经济发展有利的生产经营项目和从事各种农副土特产品的批发和长途贩运。

6. 鼓励个体、私营企业实行一业为主，综合经营、产销结合、批零兼营、跨行业经营等多种经营方式。

7. 允许个体、私营企业与外商举办合资、合作企业；允许经纪人从事放开商品的经营活动；允许代理商从事代理业务活动。经纪人和代理商列入服务行业注册，核发个体户营业执照。从事放开商品经营活动的，代理商须具有与经营范围相应的保证金作注册资金或有企业法人担保。

三、放开企业所有制经营限制和个体私营企业从业人员限制

8. 鼓励个体、私营企业承包、租赁、购买或领办小型全民、集体工商企业和乡镇企业，以及到全民、集体工商企业和乡镇企业投资入股。

9. 鼓励个体、私营企业按照自愿平等、互惠互利的原则，与全民、集体企业进行各种形式的经济联合，不受地区、行业和所有制限制。允许个体、私营企业实行股份制，筹措社会闲散资金，兴办股份合作制企业或有限责任公司。

10. 在同法律、政策不相抵触的前提下，除允许农村村民、城镇待业青年、辞退职人员、离退休人员从事个体经营和创办私营企业外，还鼓励关停破产企业职工和行政事业单位富余人员在办理有关

手续后，从事个体经营和创办私营企业。允许农村村民到城镇兴办个体、私营企业。

11. 城镇待业青年、关停破产企业职工和行政事业单位富余人员在私营工商企业工作的，今后考入新单位（包括全民所有制企事业单位）或被区级党政机关录用就业时，其工龄一并连续计算。

四、对个体、私营企业税费适当优惠照顾

12. 对符合国家产业政策，按照规定程序新创办的个体、私营企业，缴纳税费确有困难的，除国家规定的八小企业和三十种产品外，经税务机关和工商行政管理机关申请批准，可定期减免产品税、增值税，营业税和工商管理费 1 ~ 3 年，免缴所得税和个人收入调节税 1 ~ 3 年。

13. 对新创办的年销售收入在 20 万元以上的个体、私营企业，凡账务健全的，可比照国家对城乡集体企业的税收优惠照顾。

14. 对个体和私营企业的纳税一般采取定期定额、民主评审的办法。在确定上缴基数和递增比例的前提下，可对个别增减幅度较大的，采取定期评审调整的办法。改过去按营业额附征所得税为按行业、地域测定纯益率征收所得税。

15. 对个体、私营企业的部分社会性开支（主要指捐款救灾、助学、修桥补路等）允许税前列支，进入生产经营成本。

五、为发展个体、私营企业创造良好的外部环境

16. 在对待个体、私营企业的有关政策上，应和城乡集体企业同等对待。各专业银行和城乡信用社对个体、私营企业开户、贷款数额、利率等方面，应按国家有关规定提供方便和尽可能简化手续。

17. 对经济效益好，扶贫帮困效果显著和为农业提供产前、产中和产后服务的生产开发型个体、私营企业，可从扶贫专项资金和财政周转资金中划出一部分进行有偿扶持。

18. 计划、物资、电力、土地管理、城建、环保、卫生、公安、交通、物价等部门，要在计划协调、原材料供应、能源、生产经营场地、运输、销售等方面提供方便，搞好服务，严禁故意刁难和层层设置障碍，要尽可能解决好个体、私营企业的生产经营用地，并列入城镇建设规划。开辟私营企业发展区，统一解决征地、建房、交通、用地、供水等问题，并制订开发区的优惠政策，吸引全国各地私营企业经营者进行投资建设。

六、依法维护个体、私营企业合法权益

19. 除国家法律、法规规定的，经国务院批准的，国家工商局与有关部门联合发文规定的许可证和专项审批外，其他部门规定的许可证和专项审批，一律不作为登记发照的依据。个体、私营企业除依法向国家履行纳税义务，按国家有关规定交纳有关费用外，任何单位和个人、不得巧立名目，对个体、私营企业敲诈勒索、乱收费、乱摊派、乱罚款。

20. 对个体、私营企业与国营、集体企业一视同仁，享有生产经营的平等权利，实行平等竞争，任何部门不能以任何理由进行限制。个体、私营企业可以刊刻经济专用章，不再加注个体、私营字样；可以参加重合同守信用企业评选活动，提高企业知名度。私营企业的经营项目、生产规模和形式等由企业自定，资产归企业主所有，雇工人数不受限制，企业资本不受限制。投资者享有使用权、拍卖权、转让权、继承权。其招用、辞退职工，内部管理、企业定价及分配方式由企业自主。

七、理顺个体、私营企业管理体制

21. 工商行政管理部门是个体、私营企业的行政管理和监督部门，各有关行业主管部门应当按照国家规定，对其生产经营活动进行业务指导、帮助和服务。任何单位和部门无权随意改变个体、私营

企业的隶属关系和平调个体、私营企业财产，更不能强求改变其所有制性质。

22. 个体工商户和私营企业实现的主要经济指标，由工商行政管理部门负责统计，再汇总报上级主管部门和区统计局统计。

八、做好思想政治工作，加强管理，正确宣传，引导发展

23. 要充分利用报纸、电台、电视台等舆论工具，进行正面宣传发展个体、私营经济的必要性，宣传他们依靠勤劳致富、科技致富的先进经验和典型事例，引导个体、私营经济沿着正确的轨道健康发展。

24. 个体、私营企业要自觉遵守国家法律、法规和有关政策，做到依法经营、照章纳税；加强职工的劳动保护，搞好安全文明生产和经营，不得随意侵害职工合法权益；遵守职业道德，提高服务质量，严禁生产、销售假冒伪劣及不符合卫生标准，有害人身健康的商品；不得欺行霸市、强买强卖、见利忘义。要自觉接受税务、金融、工商行政、资源管理、计（质）量、卫生、环境保护、物价等管理部门的监督检查和管理。

25. 个体劳动者协会要当好党和政府与个体、私营企业的纽带和桥梁，充分发挥个协在执行政策、依法管理和发展经济中的作用。工会要帮助个体、私营企业建立健全行业工会，协调雇工和雇主的关系，依法保障职工的合法权益。私营企业规模较大，中共党员和共青团员较多的，应按照区委的要求成立党、团基层支部，并开展正常的党团活动。

26. 本规定自公布之日起执行。

中共成都市青白江区委
成都市青白江区人民政府
1993 年 3 月 11 日

中共成都市青白江区委员会　成都市青白江区人民政府 关于进一步加快我区经济发展若干政策的规定

青委发〔1994〕39 号

为了贯彻落实党的十四届三中全会决定，加快我区改革开放步伐，促进区域经济持续、快速、健康地发展，区委、区政府特作出《关于进一步加快我区经济发展若干政策的规定》。

一、以产权制度改革为突破口，调整结构，转换企业经营机制

1. 按照建立现代企业制度的要求，从产权制度改革入手，对我区国有企业（非国有企业可参照执行）区别不同的条件和资产状况，分别采取“改、租、卖”的形式进行改造，通过调整企业的资产、组织结构，切实转换企业经营机制，增强企业市场竞争能力。

2. 产权制度改革，要在资产评估、产权界定、产权转让、社会保障体系的建立等环节上规范操作程序。根据川委〔1994〕11 号文件精神，产权界定中，分别界定为国有产权、地方政府产权和企业产权。产权转让时，要严格按照成都市体改委、成都市国资局成体改〔1994〕51 号《成都市国有小型企业产权制度改革的试行意见》操作运行。产权转让可实行评估价与转让价分离的原则。要建立严格的管理责任制，以保证国有和地方政府资产在转让中真正发挥效益和保值增值。

3. 通过出售企业实现产权转让。出售企业产权可通过协议或拍卖的方式进行。可整体转让，也可部分转让；可一次性转让，也可分期转让；可转让给本企业职工，也可转让给其他法人和自然人；转让给企业职工的可一次性付款，也可分期付款。

4. 通过股份制改造实现产权转让。产权转让可与股份制改造结合进行。区属企业多数可进行有限责任公司或股份合作制形式的改组。改组的方式可向其他法人、自然人或本企业职工出售产权，也可通过吸收法人或自然人的投资，形成企业资产主体的多元化。

5. 通过“改、租、卖”等多种形式调整结构，发展混合经济。区属企业有的可改为“国家所有、集体经营”或“国家所有，个人经营”；有的可转为“公私合营”；有的可租赁给集体、个人或外资企业经营；有的可以与其它企业实行“兼并”。“改、租、卖”不受地域、行业和所有制限制。

6. 凡新办企业，一般按新机制的要求，组建股份制企业或私营企业。乡镇企业作为集体经济要进一步发展。

二、采取优惠政策，改善投资环境，促进区域经济发展

（一）税、费政策：

凡今年元月一日以后，在我区新办的企业（在我区工商注册、税务登记的），由财政部门按照现行财政体制算账，采取先收后支的办法安排扶持补助。

7. 对生产性外商投资企业，从实现销售收入之月起，第一至第二年的地方部分增值税、营业税和所得税由财政全部返还企业；第三至第五年减半征收企业所得税。

8. 对商贸性外商投资企业，地方部分增值税、营业税、所得税实行免一减二、先收后补的优惠税收政策。

9. 外商投资企业如当年发生亏损的，可用下年所得弥补，下年所得不足弥补的，可 3 年内弥补。

10. 新办生产性内资企业，经营规模（年产值或收入）在 500 万元以上的，第一、第二两年由财政按其所缴纳的地方部分增值税的 60%，营业税的 80% 和所得税的 100% 安排支出予以补助。第三至第五年按其当年缴纳的地方部分增值税的 60%，营业税的 80% 和所得税的 100% 的三税之和，分别按 80%、50%、20% 由财政予以返还。联营联办企业，按地方财政收入部分比例安排返还。

11. 新办第三产业的企业（不包括房地产），固定资产投资在 50 万元以上的，从实现销售收入之月起，两年内的地方增值税、营业税、所得税由财政返还企业三税的各 50%。

12. 凡税收关系在区内的老企业新投产的技改项目，在两年内，企业的增值税地方所得部分、营业税和所得税以上年上交数递增 10% 为基数，超过部分由财政按一定比例返还。

13. 对新办个体、私营企业，第一年免收工商行政管理费，第二、第三年减半征收工商行政管理费；在 1993 年基础上新增的个体私营企业工商行政管理费，由工商部门和各乡镇按 5∶5 分成的原则分配，每年底由工商部门拨付给各乡镇人民政府。

14. 对新办企业，固定资产投入在 500 万元以上的，减半征收城建配套费、人防费、商业网点费。

15. 原经区委、区政府认定需要扶持的企业，继续按原定办法执行，其结算办法改为先交后补。

（二）土地政策

16. 新办和改制企业可以通过出让、转让、租赁方式有偿取得土地使用权。以出让方式获得土地使用权出让金后，按有关规定在有效期内可依法转让、出租和抵押。

17. 外商、华侨、港澳台胞投资企业用地，以及能源、交通、通信等基础设施项目用地，土地价格可适当降低。

18. 规模大、效益好、技术含量高的生产性项目，可享受土地使用仅有偿使用基准价格下浮的优惠。

19. 兴办企业，土地可采取先租后征或土地入股的办法，依法办理用地手续。对用地应缴纳的耕地占用税，在开办初期缴纳确有困难的，可申请缓至本年度末前缴清。

（三）人才、户籍政策

20. 凡愿来我区工作的各类人才，既可本人自行联系单位，也可由区人才交流中心或职业介绍所代为推荐，其方式可自由选择（包括调入、借用、聘用、兼职、承包、租赁各种企业等）。

21. 凡引进到我区企业工作的各类人才，区人事、劳动、公安及主管部门应主动协助尽快办理有关手续，其行政、工资、人事关系可落在区人才交流中心、主管部门、乡镇或企业。

22. 凡没有正式公职关系来我区企业工作的各类人才，经用人单位考核合格，由区人事、劳动部门办理最新录用手续，公安部门办理入户手续。

23. 对带项目、资金到我区兴办投资额在100万元以上的企业经营、管理、科技人才，可随项目迁入相应城镇户口3人。

24. 对引进我区企业工作的各类经济、技术骨干人才，本人使企业经济效益年净增加额在20万元以上的，经有关部门审查，原户口不在本城区的，可解决本人、配偶及子女3人进城指标，其家属是农村户口的，奖励直系亲属农转非1~3人。

25. 鼓励转业干部及大中专毕业生到企业尤其是到乡镇企业工作，其户口、粮食关系可保留在区人才交流中心，并适当提高经济待遇。

26. 选派懂经济工作，能力较强的年轻干部到沿海和经济发达地区挂职学习、锻炼，培养外向型经济管理人才。同时，选派30岁左右懂经济、善管理的干部到乡镇、企业任职，锻炼培养，获得基层实践经验。

（四）鼓励机关围绕经济建设服务办实体的有关政策

27. 除国家明确规定不允许办经济实体的部门和单位外，继续支持鼓励办好各类经济实体，这些经济实体须自主经营、自负盈亏。

28. 鼓励党政机关干部为企业排忧解难，推销产品，介绍业务、引进资金，并按规定给予奖励；鼓励其向企业投资、参股；鼓励离岗经商办企业；按干部管理权限，经组织批准离岗办企业的干部、职工，原有一切待遇（包括政策性增资、分房等）作为档案保留，直到本人自愿退职为止；鼓励离退休干部兴办各类经济实体，其原有待遇不变，所办企业参照本规定有关条款执行。

（五）鼓励开发城镇建设的政策

29. 自带资金到我区投资改造旧城者，减半征收城市建设配套费、人防费、网点费等费用；减半征收营业税，先收后返。

30. 凡在我区城乡有固定住所、有稳定生活来源的农民，缴纳一定的城镇建设增容费后，可在小城镇登记落户，按城镇人口对待。区内外农民来城镇投资5万元以上购买商品住房或自建住房；投资20万元以上办企业的（包括私营企业），可准予3人在城镇落户，免收城市增容费。

31. 自筹资金到我区从事房地产开发的，减半征收城市建设配套费、人防费、网点费等费用。

三、制订若干奖励政策，建立正常的激励竞争机制

（一）企业创高效益奖励政策

32. 企业工业总产值（1990 年不变价，下同）净增额当年达到 1000 万元以上，产销比达 90% 以上，利税同步增长的企业，企业厂长（经理）奖励按产值净增额的 5% 计提奖金。

33. 企业当年工业总产值在上年基础上翻一番，销售收入和税利与产值同步增长的，按产值净增额的 3% 计提奖金；其产值增长速度在 80% 以上。销售收入和利税同步增长的，按产值净增额的 2% 计提奖金。

34. 老工商企业年入库税收基数在 50 万元以上，新增入库税收增长速度超过 11% 的，或入库税收基数在 10 万元至 49 万元，入库税收增长超过 20% 的，分别按新增部分的入库税收额 10% 返还给企业，企业作为有关人员的奖励。

35. 新办独立核算工商企业，一年内实现本级财政的税收达到 20 万元，按 10% 计奖；达到 50 万元，按 15% 计奖；达到 100 万元，按 20% 计奖，以此类推。奖金来源在企业税收返还部分列支。

36. 继续重奖发展企业的有功人员，奖励办法，按当年区委、区政府有关文件规定执行。

（二）引资奖励政策

37. 引进区外计划外无偿资金的（不含专项资金），可按资金总额的 10% 给奖。引进区外无偿专项资金的，可按资金总额的 1% ~3% 给奖。

38. 引进区外资金，使用期一年以上（含一年）两年以内，利率低于同期银行贷款利率的，按引资总额的 3% 给予奖励；等同于同期银行利率的，按引资总额的 2% 给予奖励。使用期在半年以上一年以内的，按上述利率高低分别按引资总额的 2%、1. 5% 给予奖励。引进资金高于同期银行利率，使用期在一年以上的给予 1%、一年以内的给予 0. 5% 的奖励。

（三）引进项目奖励政策

39. 引进国内外投资者来我区兴办企业，在项目动工后，按论证利税（折合人民币计算）的 1% 两次性给奖；动工后兑现 50%；投产后兑现 50%。

40. 引进外商来我区从事“三来一补”项目的，按实现年税后利润的 5% 给奖。

（四）促进科技进步奖励政策

41. 在本区从事新技术、新产品开发和进行科技成果转让，并产生经济效益的，其科技成果投产后，年税后利润达 30 万元以上，且逐步按一定比例递增的，可连续三年按税后利润的 10% 提取奖金，其中项目主持人的奖金不低于获奖金额的 60%。

42. 企业科技人员开发新产品，投入批量生产一年后在获效益的前提下，可由企业按该产品一年后实现利润的 5% 一次性给予有关人员奖励。

（五）引进人才和提供经济信息的奖励政策

43. 为我区引进具有真才实学的管理、科技、销售人才，使企业效益明显增加，在一年后由受益企业对牵线搭桥的单位或个人给予 5000 元以内一次性奖励。

44. 提供市场信息、技术服务和技术咨询，经有关部门采用并取得明显经济效益，按每项新增税后利润的 5% 给予一次性奖励。

（六）奖金来源和报批程序

45. 奖金来源：企业创高效益的，奖金由企业承担 50%，余下的，属乡镇企业的，由乡镇财政承担 50%，属区属企业的，由区财政承担 50%。属引进资金的，由受益单位承担；属引进项目的，由我区合作方提供，可在区、乡（镇）收取的土地收益中支付；属科技项目、管理人才、信息服务的奖金，由受益单位支付；对引进独资项目的，视其投资规模和经济效益状况，由受益单位给予一定数量的一次性奖励；对引进独资到区内办社会福利、兴建生活设施项目的，按所交城市配套费的一定比例一次性奖励给引进单位或个人。

46. 企业产权制度改革及奖金发放的报批程序：企业产权制度改革，按青委发〔1994〕20号文件规定的程序报批。凡符合本规定条件获得奖励的单位和个人，均应由各自主管部门审查，送区委办、区府办，由区委、区政府批准后兑现奖励。

47. 本规定自颁布之日起施行。原有政策与本规定不符的，以本规定为准。本规定未尽事宜，另行制订。

48. 本规定授权区体改委、区委政研室解释。

中共成都市青白江区委员会
成都市青白江区人民政府
1994年8月22日

中共成都市青白江区委员会　成都市青白江区人民政府关于抓住西部大开发机遇实现跨越式发展的意见

青委发〔2000〕26号

实施西部大开发战略，是党中央总揽全局、面向新世纪作出的重大决策。根据中发改〔2000〕2号文件精神和国务院西部大开发工作会议精神，按照市委、市政府的要求和部署，为抓住历史机遇，实现青白江区跨越式发展，提出如下意见。

一、基本思路和目标任务

改革开放以来，在市委、市政府的领导下，经过全区人民艰苦奋斗，青白江区改革开放和现代化建设取得显著成效。经济持续快速发展，综合经济实力不断增强；改革深入推进，市场经济体制框架基本建立；基础设施建设成效明显，城市管理综合服务功能逐步完善；城乡人民生活水平显著提高，全区基本达到小康。但是，青白江区经济社会发展还面临不少问题：经济结构性矛盾突出，经济增长后劲乏力，对外开放层次较低，城市化水平不高，农业产业化程度低，推进现代化进程任务艰巨。在现有基础上，加快发展，有效解决面临的困难和问题，工作紧迫，势在必行。

青白江区是一个传统的工业区，是四川乃至西南地区重要的化工、冶金生产基地，在成都市具有一定的区位优势、产业优势和科技优势，化工、冶金、机械、建材、金属制品、化学纤维、服装、食品等加工工业组成了国民经济的主体结构。同时，又是一个传统的农业区，农业资源开发型产业组成了国民经济的基础结构。当前，国家着手实施西部大开发战略，在投资融资、结构调整、对外开放、区域合作等方面对西部实行政策倾斜，对青白江区改造传统产业、调整经济结构，加快经济发展是一个难得的历史机遇。全区各级党组织和40万人民人心思上，加快发展的愿望十分强烈。抓住西部大开发历史机遇，实现青白江区跨越式发展，条件具备，正当其时。

实现青白江区跨越式发展的基本思路是：以邓小平理论和党的基本路线为指导，抓住西部大开发的历史机遇，坚持“改革立区、开放强区、科教兴区、工业富区、依法治区”的战略方针，解放思想，更新观念，开拓进取，以效益为中心，实现经济体制和经济增长方式的两个根本性转变；完善基础设施，加快结构调整，加快城市化进程，促进经济、社会、环境协调发展，开创工作新局面，基本实现现代化。

在新世纪的最初10年，青白江区在西部大开发进程中发展的总体目标是：建设一流卫星城，跨越发展青白江。

主要目标是：

经济增长目标：全区GDP年均增长速度高于全市平均水平，到2005年人均GDP由1999年的1094美元增加到2300美元，2010年达到4000美元，经济质量和效益明显提高，财政收入增长高于GDP增长幅度。

结构调整目标：调整优化所有制结构，逐步提高非公有制经济在全区国民经济中的比重，建立适应现阶段生产力发展水平的所有制结构。调整优化产业结构，2005年一、二、三产业增加值比例由1999年12.2∶56.1∶31.7调整到69∶60.6∶32.5，2010年达到4.7∶62.3∶33。调整优化城乡经济结构，2005年城市化水平由1999年的22.7%增长到35%，2010年达到45%；2005年非农业劳动者比重由1999年的54.8%增加到60%，2010年达到65%。

社会发展目标：人民生活水平显著提高，城镇居民人均可支配收入年均实际增长6%以上，农民人均纯收入年均实际增长6%以上；2005年城乡平均恩格尔系数降到44%，2010年降到42%；人口平均自然增长率控制在5‰。以内，城镇登记失业率控制在4%以内，社会保障体系基本健全，各项社会事业全面发展，2005年基本普及高中阶段教育，2010年基本实现高等教育大众化。

城市建设目标：按照新的城市规划大纲草案，编制并实施新的城市总体规划，加强卫星城市建设，逐步使卫星城市功能分区趋于合理，基础设施明显改善，城市管理规范有序，形成现代化城市基本框架；建成以大弯、华严主城区为核心，城厢、弥牟组团区为纽带，远郊小城镇、中心村为支撑的具有中等城市规模的组合型卫星城市；生态环境明显改善，基本实现城市环境优美、生态良性循环，城区环境空气质量稳定在国家二级标准，地表水环境质量稳定在国家三类水域标准。

二、加快基础设施建设

近年来，我区基础设施建设的投入有较大幅度增加，“瓶颈”制约有所缓解，但仍不适应建设中等卫星城市发展战略的需要。要适应西部大开发新形势的要求，以提高和完善卫星城市基础设施为目标，适度超前，统筹规划，突出重点，加大投入，加快建设，大力改善经济环境，为实现全区跨越式发展打好基础。

（一）交通通信。形成区域贯通、方便快捷的交通通信网络。城区交通：结合新区建设和老城区改造，改、扩建城区道路，拓宽青江北路，建成城北新唐巴路，青江北路北延线、政府街北延线及东部片区主干道等，形成二环、二纵、三横的城区交通路网格局。大弯、华严主城区与弥牟组团区，由华金大道和新建城南道路相连，与城厢组团区由华金大道和青华东路东延线相连。同时规划建设较为完善的交通管制系统，形成良好的交通秩序。

区域交通：改造、提高区境内“两纵三横”公路网络等级水平。全面完成城太路、城南高速公路青白江连接线道路、大新路、青解路、姚日路等公路的新建、改扩建工程，实现全区“村村通柏油（水泥）路”，形成区域内国、省、县、乡、村公路网络的沟通和完善。加快客货站、服务区、养护料场等交通设施的配套建设。积极配合和参与省、市交通干线建设，提高青白江区与周边地区的通达水平，重点配合抓好北环线及宝成铁路复线青白江段，成南高速公路青白江段等项目的建设。

邮电通信：加快邮电、通信和广播电视基础骨干网络建设与改造。到2005年，实现邮政电子化，实施村邮工程，普及率达50%，新建接入网并进行市话扩容，使市话交换机总量由现在4.47万门发展到7.5万门，新建无线市话基站10个，新建、改建杆路、电缆网500余公里。加快无线电话基站建设，提供更多综合性业务项目服务，为适应新经济时代的要求，加快信息中心集结和网络建设，提高网络覆盖率，逐步实现互联网、广电网、电话网“三网合一”，提高信息化水平。

（二）市政公用设施。加快老城区16条街道路面及地下管网的整治，完成唐巴路北侧地下排污管网建设工程。加强城区内河渠整治，搞好城市森林绿化带和城市园林绿地建设。抓好垃圾焚烧处理场和玉虹垃圾处理厂项目建设，妥善处理好城市垃圾。完成污水处理厂建设，污水处理达到国家规定排放标准。加快城市水厂建设、天然气的综合开发及水、气配送管网建设和改造，新建日输天然气20万立方米和CNG加气站各1座，增加配供能力，提高城镇自来水普及率和天然气气化率。加快电力网络和供电设施建设，2000年，全面完成农村电网改造，到2005年，争取形成全区环形供电网络，实现“两改一同价”。

（三）水利工程。抓好长流河综合整治工程和杨柳堰配套工程建设，完成节水灌溉示范工程，抓好排洪河、长流河、友谊堰等城市防洪工程，修建加固河道47公里，河道堤坊67公里。完成青白江大河、毗河防洪工程，新建堤坊1400公里，完成整治斗渠、农渠、毛渠1700余公里的节水灌溉工程。

三、推进经济结构战略性调整

坚持市场导向，依靠科技进步，采取综合措施，加大经济结构调整力度，稳定发展第一产业，优化发展第二产业，加快发展第三产业，特别要突出发展高技术产业，大力发展区域经济，培育和形成新的经济增长点，增强整体经济实力，全面提高经济整体素质和效益。

（一）积极推进高技术产业化，形成新的产业优势。把高技术产业化作为青白江区经济第一增长点，力争到2005年，全区高新技术产品产值占工业总产值比重达到25%，高新技术产品出口额占出口总额比重达到30%。

发展高新技术，实现产业化。要认真研究和跟踪经济全球化和信息技术革命所带动的新经济发展趋势，积极培育、加快发展生物化工、精细化工、原料医药、电子信息、核能管件、曲轴制辊、重型轴承、绿色食品等产业和高新技术产品。优先扶持和有效促进现有高新技术企业特别是成长型科技企业发展壮大。

加快高技术产业化基地建设，有条件的大中型企业要办好各类科技开发中心和孵化中心，建立产学研结合机制，利用资本市场搞好高新技术企业资本运营，加强技术引进、吸收、消化、创新工作，使其成为一流的高技术产业化基地、技术创新基地、技术人才培训基地。

加快技术创新体系建设。以经济创新为目标，体制创新为突破口，支持鼓励企业自办技术研究、开发机构，建立产研结合机制，加强技术引进、吸收、消化、创新工作，建立以企业为主体、政府引导、金融机构、社会资金共同参与投入的多层次、多渠道科技投入体系。采取有力措施，鼓励企业增加研究开发经费，2005年全区研究开发经费占GDP比重提高到0.8%以上。

（二）培育壮大主导产业，提高工业技术水平和市场竞争力。以培育壮大主导产业和优势行业中的骨干企业为重点，加快以高新技术改造传统产业步伐，加大企业技术改造力度，大力调整产业结构、产品结构和企业组织结构。进一步培育壮大化工、冶金、机械（含汽车）、建材、轻纺五大支柱产业，积极培育生物化工、原料医药、制衣、住宅和信息服务产业。使其成为支撑我区工业经济发展的主导产业。

化学工业：以现有骨干企业为基础，以优势产品为主导，在发展合成氨、尿素、硫酸等传统化工产品的同时，重点发展三聚氰胺、赖氨酸、硫酸钾、双氧水、二硫化碳等生物、精细化工产品，及辛弗林、芦丁、橙皮甙等植物原料医药产品和蓝风系列高档洗涤化妆产品。力争把我区建成西部重要的化工生产基地。

冶金工业：以现有钢材生产企业为基础，结合国家冶金行业在西部大开发中的重点投向，大力支持冶炼及压延加工工业技术开发、结构优化，重点发展优质钢材、曲轴铸件，积极开发板管材等市场需求产品，力争建成四川乃至西部重要的冶炼及压延加工工业生产基地。

机械（含汽车）工业：重点发展石油化工专用设备机械、粮油机械，核电站管道为主的系列管件，农用车、小型拖拉机及零部件、汽车零部件、基础焊接件等综合性产业。促使压力容器、阀门、农用车、曲轴辊类、重型轴承、镀锌钢丝等产品更新换代，加快开拓高新技术的产品，研究发展专业化生产协作，引导企业实现规模扩张，力争建成成都的机械加工基地。

建材工业：改变我区建材工业企业个数多、规模不大、技术含量较低的状态，引导企业发展新型建辅、建材产品，重点发展升达强化木地板墙板、浸渍纸、威格佳塑钢门窗和优质水泥、特种水泥、大型桥梁、电杆、轨枕等优势产品。

轻纺（含服装）工业：努力发挥轻纺工业增长速度快、产品附加值大的优势，加强产业协作与联合，扩大产品规模、形成集团，拓展品牌效应，跻进国际市场。重点发展粘胶纤维、玻璃纸、“巨人树”“逸风”服饰、“和盛”“巨亨亚”制衣，力争建成西部重要的轻纺工业基地。

加快工业技术升级，根据主导产业发展方向和重点，集中力量加快一批重大工业骨干项目建设，增强我区经济发展后劲。充分发挥企业技术创新主体作用，增强企业技术创新内在动力。鼓励高新技术企业特别是民营科技企业和外地外资企业重组我区传统工业企业。加大企业技术改造力度，积极运用高新技术和先进适用技术改造传统产业。

实施集团化发展战略。以 44 户重点、优势企业为依托，打破所有制、隶属关系和地域界限，通过强强联合、优势互补，培育和发展一批跨所有制、跨行业、跨地区的企业集团，形成 3 至 5 家在西部乃至全国有重大影响、年销售总额在 5 亿元到 50 亿元以上的大中型企业集团。

（三）突出重点，加快第三产业结构调整步伐。以增强城市综合服务功能为重点，加快新兴产业发展，推进传统服务业结构优化和产业升级。

大力开发旅游业。加强旅游资源开发，重点抓好省级历史文化名镇城厢镇的开发，弥牟镇“八阵图”遗址开发，吸引社会资金和境外资金参与投资和经营。同时，充分利用现有资源抓好新旅游地的开发，提高服务档次和宣传力度，开拓区外游客市场，提高客源增长幅度。

提升发展流通业。按照商品市场建设规划，调整和优化商业业态，重点发展大型市场、综合超市、连锁便民超市、专营专卖店、购物中心和区域性配送中心。加强流通秩序整顿，规范市场竞争行为，探索和培育拍卖业、租赁业等新兴流通产业的发展。

积极发展房地产业。规范房地产一级市场，培育和激活房地产二级市场，建立健全房地产市场运作机制。发展居民住房信贷消费，建立廉租房制度，扩大住房有效需求。探索房地产开发投资新形式，大力发展和规范房屋装饰装修业，按照住宅产业化的要求，搞好住宅小区建设。

加快发展金融、证券、保险、信息咨询、社区服务等新兴第三产业，积极发展教育、文化、卫生、体育事业。培育和发展无形产品市场，拓宽第三产业发展领域。

（四）发展现代农业，提高农村经济整体素质和效益。紧紧围绕农民增收，按照面向市场、依靠科技、因地制宜原则，以优化农产品品种品质、粮经比例和种养业结构为重点，推进农业和农村经济结构的战略性调整，加快实现农业增长方式由数量型向效益型转变，传统农业向现代农业的跨越。2005年，粮经比例达到6∶4，养殖业产值占农业总产值比重达到50%以上，优质稻种植面积达到45%以上，“双低”油菜率达到85%以上。

优化农业产业结构。大力发展畜牧水产业，积极发展奶牛、肉牛、山羊和小家禽畜等草食型牲畜和特种养殖，提高养殖业在农业总产值中的比重，调减粮食作物面积，发展效益较高的经济作物。加大“种子”工程实施力度，大力引进推广优良品种，加快农产品品种、品质结构的调整，更新丰富产品种类，提高农产品质量，发展名特优产品和绿色产品。

大力推进农业产业化经营。重点抓好一批有基础、有优势、有特色、带动力强的龙头企业的发展壮大。积极引导乡镇企业发展农副产品精深加工和贮藏、保鲜、运销，提高农民组织化程度，拉长产业链，增加农产品附加值。要在继续稳定和完善家庭联产承包责任制的基础上，积极探索农业土地使用权有偿流转，提高土地经营规模和集约化经营。加强农产品市场建设，进一步完善农产品市场体系。加大农产品营销力度，鼓励农民和非农实体参与农产品流通，积极发展“合同农业”“订单农业”。

继续抓好科教兴农。鼓励农业科研单位和科技人员下乡镇承包和建设示范基地。重点抓好现代高效农业示范基地建设，进一步建立健全农技推广体系，逐步建立农产品质量标准体系。加强农民技术培训，提高劳动者科技文化素质。

大力发展农村经济。要始终把农村经济发展放在全区经济发展的重要位置。在政策允许范围内，大力支持、坚决落实一切有利于农村经济发展的政策措施。积极帮助和支持农村发展个体私营经济，着力引导乡镇充分发挥自身优势，优化经济布局，扩张经济总量，提高经济质量，形成“一乡一色”“一村一色”的特色经济。

四、加快城市化进程和生态环境建设

严格实施新一轮城市发展总体规划，完善卫星城市体系职能结构，抓紧制订实施城市功能区域规划，加快推进城市化进程，力争2010年初步建成经济繁荣、科教发达、设施完善、环境优美的现代中等卫星城市体系。

（一）大力推进城市化进程。工业化是城市化的基础和原动力，在大弯、华严主城区调整充实发展第二产业，大力发展第三产业，在弥牟、城厢组团区重点发展商贸、旅游等第三产业。优化卫星城市中心区的产业结构和土地利用结构，突出城区向东、向北发展，安排投资项目，围绕卫星城市发展，带动姚渡、清泉、合兴、日新、福洪等小城镇建设，鼓励乡镇企业向小城镇集中。逐步放开本地农民到小城镇落户的限制，力争到2010年全区新增5万农民成为城镇居民。

（二）加大治理力度，改善城市环境。抓住国家支持环保基础设施建设的有利时机，加快我区污水处理厂建设并投入使用，抓紧落实垃圾处理厂项目的建设。做好清洁能源推广工作，抓好全区环形输气管网建设，提高优质能源在全区能源消费中的比重。采取技改、转移、关闭等多种方式，抑制和限制污染企业发展。继续实施“光彩工程”，加大城市依法管理力度，全方位塑造卫生城市形象。

（三）加强生态保护，建设绿色屏障。按照建设大生态的思路，加大生态环境中、长期建设规划，在国家相关政策的扶持下，积极抓好退耕还林还草、坡耕地改造工程。到2005年退耕还林3万亩，低产林改造1.5万亩，退耕还林1.2万亩，植树220万株，坡改梯3万亩，土壤改造13万亩。实施生态农业工程，发展节水农业，增施生物有机肥，大力推广秸秆还田、秸秆气化技术，维持农田生态系统

养分循环平衡，建设一批生态农业示范基地。

五、深化经济体制改革

以国有企业改革为中心环节，抓好各项配套改革，大力探索适应新形势的新思路、新方法、新机制，推进“两个根本性转变”。

（一）加快企业改革步伐。坚持“有进有退、有所为有所不为”的方针，优化区域经济布局。以产权制度改革为突破口，完成区属企业资产重组，推进企业兼并破产。积极支持企业采取参股控股、股权转让、收购兼并、股票上市等多种形式，推动企业联合重组。把国有企业改革、改组、改造和加强管理结合起来，加快建立现代企业制度，完善法人治理结构，建立国有资产管理、监督营运体系，健全经营者激励约束机制。积极争取国家政策支持，帮助市属以上企业重大产品结构调整项目列入国家计划。

（二）深化投融资体制改革。加快建立投资主体多元化、融资渠道多样化的投融资体制，逐步实现行业管理职能和投资建设职能分离，实施政府投资企业化经营。实行财务总监制，加强对重点项目、重大项目和重点企业投资监督管理。扩大投资领域，拓宽融资渠道。凡政府投资的基础性、公益性项目，一律实行招投标。通过资产与项目组合，发行股票、可转换债券，扩大企业债券发行规模，充分发挥资本市场作用。

（三）继续推进综合配套改革。按照综合配套改革试点城市的要求，大力发展资本、人才、劳动、信息、技术等要素市场，加快资源优化重组的市场化进程。继续深化财税、金融、科技、教育、分配、流通等方面体制改革，完善以养老、失业、医疗、住房公积金为主的多层次社会保障体系。搞好政府和党委机关的机构改革，切实转变政府职能，理顺关系，精简机构和人员。建立高素质的国家公务员队伍，规范党政管理体系和工作机制，建立健全工作责任制，提高服务质量和办事效率。

六、扩大对内对外开放

抓住我国即将加入WTO和国家实施西部大开发的历史机遇，以发展外向型经济为重点，实行对内对外并举，软硬环境并重，加大对外开放力度，不断提高对外开放水平和实效。

（一）做好与国际惯例接轨的充分准备。加强对我国即将“入世”新形势下对外开放工作的宣传引导，抓好各级领导干部、企业经营者和涉外人员对国际经贸知识和国际通行经济规则的学习培训，强化企业主体意识和观念的转变。组织力量研究“入世”对青白江发展的影响，及时制订应对策略，做好各种思想准备和工作准备。

（二）加大招商引资和对外贸易力度。积极利用国家扩大开放领域试点政策，拓宽在金融、电信、旅游、商业等行业利用外资领域。充分发挥企业在招商引资中的主体作用，不断改进和创新招商方式，采取多种形式合资合作，广泛吸引国内外资金、技术和人才，促进企业机制创新、技术创新、管理创新。在适当时候，设立政府项目基金，抓好项目引进的指导和开发工作，坚持按照国际惯例搞好项目筛选和包装，加大对国际知名大公司、大财团、大商社招商引资力度。坚持实施大经贸发展战略。切实帮助具备条件的各类区属企业、乡镇企业和个体私营企业加快取得进出口经营权，推动我区更多的企业开拓国际市场。鼓励企业与跨国公司联合生产、配套协作，开展来料加工。继续扩大对内开放，大力引进国内名牌厂商来区投资办企业，互惠互利，共谋发展。

（三）大力改善投资环境。在努力完善投资硬环境的同时，下功夫从法制、政策、服务等方面进一步改善投资软环境。坚决治理“三乱”，依法保护外商和区外投资企业的合法权益。制订较为宽松的政策，包括放宽外商投资领域、股权限制、降低土地实际价格等；制订产业优惠政策，积极引导外资流向目前竞争力较弱、易受进口产品冲击的产业和高新技术产业；实行双向开放政策，对国内投资商给予外商同等待遇。提高涉外人员业务素质，严格规范办事程序，提高服务质量和办事效率。

七、发展科技教育事业

把科技进步和教育事业放在经济社会发展的重要位置，建立科教同经济紧密结合的知识创新、技术创新体系，实现知识资本、科技资本和产业资本的有机结合。

（一）积极推进科技进步。把技术创新放在优先地位，在高新技术改造传统产业和发展高技术、实现产业化方面取得突破性进展。加强科技中介机构建设，完善技术交易有形市场，健全科技推广服务体系，加速科技成果推广和应用，加快科技优势向经济优势的转化。多渠道增加科技投入，建立科技风险投资基金，充分利用国内外资本市场筹集资金，落实技术入股等优惠政策，形成以政府投入为导向、企业投入为主体、金融机构和社会资本共同参与的新的投融资体系

（二）大力发展教育事业。全面推进素质教育，着力提高学生政治思想素质和创新实践能力。深化教育体制改革，引导和支持社会力量以多种形式办学，逐步形成以政府办学为主，社会各界共同参与，公办和民办学校共同发展的格局。继续巩固“普九”及扫盲成果，积极发展中等和高等职业教育，大力发展农村教育，完善社会化、多层次的终身教育体系。完善教师选任机制，提高教师整体素质，到2005年，小学、初中、高中教师学历合格率分别达到98%、90%和85%。

（三）构建青白江区人才高地。以政策吸引人才，用项目聚集人才，靠环境留住人才，建立机制激励人才，努力形成尊重人才、人尽其才、才尽其用和事业留人、感情留人、适当待遇留人的良好社会氛围，使掌握系统科技知识、具备较强实践能力的各类人才，特别是掌握核心技术的科技人才、熟悉现代管理的经营人才和拥有资金项目的创业人才聚集青白江区，成就事业。尽快完善和制订吸引人才的具体措施和人才培训计划。

八、加强领导，为实现跨越式发展提供坚实保证

实现跨越式发展，是我区当前和今后一个时期的中心任务和头等大事。当前，要根据国家实施西部大开发的总体部署和市委、市政府的要求，制订好跨越式发展的总体规划和专项规划，研究制订政策措施，纳入青白江区经济社会发展“十五”计划和长远规划。同时，选好重点项目，抓好项目启动，成熟一个，启动一个，尽快开工建设一批重点项目，加快一批在建项目建设步伐，保质保量竣工一批项目，为跨越式发展开好局、起好步。各级党委、政府要切实加强领导，主要领导亲自抓，分管领导具体抓，建立严格的领导分工责任制、重大项目责任制，定期研究，定期部署，定期检查，确保跨越式发展的各项工作落到实处。

切实加强社会主义精神文明建设，为改革开放和现代化建设提供精神动力和智力支持。要坚持以邓小平理论武装头脑，指导行动。进一步解放思想，加大思想观念更新力度，广泛开展“抓住新机遇，实现新跨越”大讨论，把干部群众的思想认识统一到中央实施西部大开发战略的决策精神上来，统一到实现市委、市政府的要求上来。继续深入开展“农耕文化”的讨论，加强“致富思源、富而思进”的教育，摒弃封闭、狭隘、粗放的落后观念，培育与市场经济制度相适应的健康社会心理，增强开放意识、创新意识、机遇意识，以敏锐的触觉寻求机遇，以时代使命感珍惜机遇，在实在的工作中抓住机遇。加大实施西部大开发战略宣传力度，营造良好的舆论氛围，扩大青白江区在国内外的知名度，充分发挥宣传舆论的引导和鼓励作用。

加强民主法制建设，维护城乡社会稳定。坚持“依法治区”的战略方针，提高民主化、法制化水

平，为实施西部大开发营造良好的法制环境。层层落实维护稳定领导干部责任制，正确处理新形势下的人民内部矛盾，妥善处置群体性突发性事件，切实减轻农民负担，加强社会治安综合治理，确保社会政治稳定。坚持国有、集体企业下岗职工基本生活保障、失业保险和城镇居民最低生活保障“三条保障线”制度，切实做到制度到位，资金到账，保障到人；努力开拓就业门路，搞好职业培训，帮助下岗职工尽早实现再就业；依法扩大社会保险覆盖面，完善失业保险制度，逐步形成独立于企事业单位之外、资金来源多渠道、管理服务社会化的社会保障体系。

要切实加强党的建设和领导班子建设。按照江总书记关于“要使我们党始终成为中国先进社会生产力的发展要求、中国先进文化的前进方向、中国最广大人民的根本利益的忠实代表”的要求，全面加强党的思想、组织、作风建设。加强各级领导班子和干部队伍建设，推进以公开选拔、竞争上岗、轮岗交流、公示制为重点的干部人事制度改革，大胆选用德才兼备的优秀年轻干部，努力把各级领导班子建设成为政治上强、开拓进取、团结协调、廉政勤政的领导班子。

各级领导干部要振奋精神，转变作风，迎难而上，真抓实干。坚持一切从实际出发，紧密结合当地和本部门实际情况，在研究实施“新思路、新办法、新机制”上下功夫，创造性地开展工作。坚持深入实际调查研究，把主要精力放在抓大事要事、抓主要矛盾上，进一步转变作风，自觉做到思想艰苦、工作艰苦、作风艰苦，不断提高对重大问题的研究和决策能力。坚持从严治党、从严治政，“严”字当头，严格管理，切实解决普遍存在的管理松懈、纪律松弛、秩序混乱等问题。

区委、区政府号召，全区各级党政组织和广大人民群众，要紧密团结在以江泽民同志为核心的党中央周围，高举邓小平理论伟大旗帜，在市委、市政府领导下，抓住机遇，开拓进取，团结一致，艰苦奋斗，为实现青白江区跨越式发而不懈努力。

现代化评价指标体系

指标名称	单位	标准		1999 年			2005 年			2010 年		
		下线	上线	实际值	下线得分	上线得分	预测值	下线得分	上线得分	预测值	下线得分	上线得分
人均 GDP	美元/人	3000	5000	1094	36.47	21.88	2300	76.67	46	4000	100	80
三产业增加值占 GDP 比重	%	45	50	31.7	70.44	63.4	32.5	72	65	33	73.33	66
*高新技术产品产值占工业总产值比重	%		20	8	40	40	25	100	100		100	100
非农业劳动者比例	%	60	70	54	90	77.1	60	100	85.71	65	100	92.66
城市化水平	%	50	60	22.7	45.4	37.83	35	70	58.33	45	90	72
每个医生服务人口	%	1000		286	100	100		100	100		100	100
人口自然增长率	%	1		0.287	100	100		100	100		100	100
*恩格尔系数	%	40	35	38.4（城市）53.8（农村）加权平均46.5			40（城市）50（农村）加权平均44	90	78.75	38（城市）47（农村）加权平均42	92.5	83.2

续表

指标名称	单位	标准		1999 年			2005 年			2010 年		
		下线	上线	实际值	下线得分	上线得分	预测值	下线得分	上线得分	预测值	下线得分	上线得分
＊环境指标（人均公共绿地面积）	平方米		10	3. 23		32. 3	5. 5	55	55	7	70	70
＊R&D 经费占 GDP 比重	5	1	1. 5	0. 76	76	50	0. 8	80	53. 33	0. 85	85	56. 67
综合评分	100 分					52. 25		84. 37	74. 21		91. 08	82. 37

2010 年主要奋斗目标

指标名称	单位	1999 年	2005 年	2010 年	
人均 GDP	美元/人	1094	2300	4000	
三产业比重		12. 2∶56. 1∶31. 7	6. 9∶60. 6∶32. 5	4. 7∶62. 3∶33	
城市化水平	%	22. 7	35	45	
非农业劳动者比重	%	54	60	65	
恩格尔系数	%	38. 44 城高 53. 84（农村） 加权平均 46. 53	37（城市） 47（农村） 加权平均 44	35（城市） 47（农村） 加权平均 42	新增指标
高新技术产品产值占工业总产值比重	%	8	25		新增指标
R&D 经费占 GDP 比重	%	0. 76	0. 8	0. 85	新增指标
粮经比例	%	20∶1	1. 5∶1	1. 5∶1	新增指标
人口自然增长率	%	0. 287	0. 5 以内		
养殖业占农业总产值比重	%	28. 3	40	50	新增指标
优质稻种植面积	%		45		新增指标
“双低”油菜率	%		85		新增指标

成都市青白江区人民政府
关于追认民警包维超同志为革命烈士的请示

青府发〔2001〕13 号

成都市人民政府：

包维超，男，1972 年出生，原籍四川省成都市，1992 年参加工作，大专文化程度，生前系成都市公安局青白江区分局治安大队民警，二级警司警衔。

2001 年 3 月 2 日 23 时，青白江区公安分局弥牟镇派出所副所长沈春强、分局治安大队民警包维超、李涛及弥牟镇治保队员吕高松 4 人执行区公安分局打击盗割通信线路的“夜鹰”行动任务。在川陕公路青白江区大件路段 33 公里处进行蹲点守候，至次日凌晨 3 时 20 分，守候民警发现 4 名可疑人员往守候点跑来，遂商议按既定方案，果断采取行动，当4名可疑人员临近守候车辆（奥拓）6、7米时，民警李涛将车灯突然打开，同时下车准备对4名可疑人员进行盘查。分局3名民警一边掏枪一边对可疑人员喊话："警察！站住！"4名可疑人员即避开车灯分别向车灯光线两侧跑开，3名民警和治保队员立即分头对其进行拦截。这时，包维超同志追击的可疑人员开枪向其射击，包维超同志受伤倒地，治保队员吕高松立即将其扶回车上。另一侧追击的沈春强、李涛向可疑人员鸣枪警告后，将2人抓获，同时缴获撬棍（一头尖一头带钩）一根，钢管一根。包维超同志在车上将所持手枪交予沈春强同志说："我受伤了，你把枪保管好。"正在这时，另一组守候民警在听到枪声后，在弥牟镇派出所所长董绍泽同志的带领下赶到现场，董绍泽同志立即安排民警将包维超同志送到青白江区人民医院进行抢救，其余民警继续追击。包维超同志因失血过多，在青白江区人民医经抢救无效光荣牺牲。

包维超同志系人民警察，在执行打击盗割通信线路的"夜鹰"行动中为了抓捕犯罪嫌疑人员，不顾个人安危，被枪击伤，失血过多光荣牺牲。他的牺牲符合《革命烈士褒扬条例》第三条第四款规定"因执行革命任务遭敌人杀害"的解释，第二款"因侦查刑事案件、制止现行犯罪或逮捕、追捕、看管反革命分子、刑事犯罪分子而被反革命分子、刑事犯罪分子杀害"之规定，报请追认包维超同志为革命烈士。

以上报告，如无不妥，请呈省人民政府批准。

2001年3月6日

行政区划设置、变更

四川省人民政府
关于同意成都市青白江区撤销景峰乡设立大同镇的批复

川府民政〔1995〕58号

成都市并青白江区人民政府：

成都市人民政府《转报青白江区人民政府关于撤销景峰乡建立大同镇的请示》（成府发〔1995〕156号）文悉。省人民政府同意成都市青白江区人民政府撤销景峰乡，设立大同镇，镇人民政府驻新街，辖原景峰乡所属行政区域。

此复。

1995年10月23日

四川省人民政府
关于同意青白江区龙王乡撤乡建镇的批复

川府民政〔2001〕63号

成都市并青白江区人民政府：

成都市人民政府《关于撤销青白江区龙王乡设置龙王镇的请示》（成府发〔2001〕123）悉。省人民政府同意青白江区撤销龙王乡，新建龙王镇。镇人民政府驻龙王场。辖原龙王乡所属行政区域。

2001年10月9日

四川省人民政府关于同意调整
新都区青白江区龙泉驿区部分行政区域的批复

川府民政〔2005〕18号

成都市人民政府：

你市《关于调整新都区青白江区龙泉驿区部分行政区域的请求》（成府〔2005〕58号）悉。经省人民政府研究，同意新都区、青白江区、龙泉驿区调整部分行政区域。具体批复如下：

将青白江区龙王镇的新谊、双柏、黄果、园林、石桩、长林6个村和龙泉驿区黄土镇的回龙村、金三角社区所属的行政区域划归新都区石板滩镇管辖。石板滩镇人民政府驻石板滩场镇东风西街66号。

请认真做好区划调整后的稳定工作，促进区域经济、社会协调发展。

2005年5月10日

成都市青白江区人民政府
关于城厢镇、绣水乡调整乡镇建制的通知

青府发〔1998〕30号

各乡镇人民政府，区政府各部门：

根据《四川省人民政府关于同意青白江区调整乡镇建制的批复》（川府民政〔1997〕37号）精神，现将城厢镇、绣水乡调整乡镇建制通知如下：

将原绣水乡所属行政区域划归城厢镇人民政府管辖，镇人民政府驻城相镇，原绣水乡建制即日起撤销。

特此通知。

1998年4月8日

成都市青白江区人民政府
关于祥福乡等四乡撤乡建镇的通知

青府发〔1998〕107号

各乡镇人民政府，区政府各部门：

根据《四川省人民政府关于同意青白江区调整乡镇建制的批复》（川府民政〔1997〕37号）精神，同意新建祥福镇、姚渡镇、日新镇、合兴镇，现将调整乡镇建制通知如下：

祥福镇　镇人民政府驻康家渡。辖原祥福乡所属行政区域。

姚渡镇　镇人民政府驻姚家渡。辖原姚渡乡所属行政区域。

日新镇　镇人民政府驻红瓦店。辖原日新乡所属行政区域。

合兴镇　镇人民政府驻合兴场。辖原合兴乡所属行政区域。

原祥福乡、姚渡乡、日新乡、合兴乡建制即日起撤销。

特此通知。

1998年12月8日

成都市青白江区人民政府
关于对大弯等11个乡镇地名命名、更名的通知

青府发〔2000〕63号

各乡镇人民政府，区政府各部门：

随着改革开放的不断深化，经济的快速发展，我区城镇建设规模的不断扩大，城镇的面貌发生了很大变化。为适应城乡建设、邮电、交通、旅游、治安、消防、测绘等工作以及人们的日常生活的需要，根据国务院《地名管理条例》和《成都市地名管理实施办法》的规定，经区政府2000年6月12日第10届62次常务会研究，决定对大弯镇等11个乡镇地名命名、更名。从通知下发之日起，凡使用、书写的路、街、巷名称，均以通知标准名称为准，未经批准，任何单位和个人不得擅自修改和变通。

大弯镇等11个乡镇地名命名、更名如下：

一、大弯镇（命名14条、更名1条，其中：路8条，街4条，巷3条）

通站路、黄金路、黄金北路、大弯东路（延伸段）、学苑路、安居路、新河路、政府北路（原政府北路更名为政府中路）紫荆东街、紫荆南街、紫荆西街、紫荆北街

市场巷、大夫巷、桥梁巷

二、华严镇（命名4条、注销1条，其中：路2条，小区1个，巷2条）

红阳路、红阳东路、玉带小区、政安巷

注销原玉带巷，另地新命名玉带巷

三、弥牟镇（命名6条、更名1条，其中：路2条，街4条，巷1条）

长城路、唐军路、民族街、九里场街

弥牟南街、弥牟北街，原民族路更名为清真巷

四、大同镇（命名16条、更名1条，其中：路13条，街4条）

原景峰路更名为大同路，大同中路、大同东路、大同南路、大同西路、大同北路、同福东路、同福西路、同福南路、同福北路、同德南路、同德北路、同仁路、一心街、南新街、北新街、幸福街

五、城厢镇（命名1条，其中：街1条）

商业街

六、清泉镇（命名2条，其中：街1条，巷1条）

古树街、菜市巷

七、祥福镇（命名8条，其中：路8条）

同心东路、同心西路、同心南路、同心北路、同心中路、滨河南路、滨河北路、天星路

八、姚渡镇（命名2条，其中：路1条，街1条）

永和路、文华街

九、日新镇（命名1条，其中：街1条）

新隆街

十、龙王乡（命名4条，其中：路2条，街2条）

龙泰路、龙兴路（延伸段）、裕康街（延伸段）、龙胜街（延伸段）

十一、福洪乡（命名4条，其中：路2条，街2条）

宏福路、希望路、永安街、隆盛街

特此通知。

2000年6月23日

成都市青白江区人民政府
关于调整我区乡镇行政区划的通知

青府发〔2004〕46号

各乡镇人民政府、区政府各部门：

根据《四川省人民政府关于同意成都市青白江区调整乡镇行政区划的批复》（川府民政〔2004〕13号）和《成都市人民政府关于青白江区设置街道办事处的批复》（成府函〔2004〕103号），现将我区调整后的乡镇行政区划通知如下：

一、撤销大弯镇建制，设置大弯街道办事处，大弯街道办事处管辖区域为原大弯镇所辖区域。

二、撤销华严镇建制，设置红阳街道办事处，红阳街道办事处管辖区域为原华严镇所辖区域。

三、撤销玉虹乡建制，将原玉虹乡所属行政区域并入城厢镇。城厢镇增挂城厢街道办事处，合署办公，实行“两块牌子，一套人马“的管理模式，城厢镇人民政府驻城厢。

四、撤销日新镇建制，将原日新镇所属行政区域并入祥福镇。祥福镇增挂祥福街道办事处，合署办公，实行“两块牌子，一套人马”的管理模式，祥福镇人民政府驻康家渡。

五、撤销云顶乡建制，将原云顶乡所属行政区域并入清泉镇。清泉镇增挂清泉街道办事处，合署办公，实行“两块牌子，一套人马”的管理模式，清泉镇人民政府驻廖家场。

六、撤销合兴镇建制，将原合兴镇所属行政区域并入龙王镇，龙王镇人民政府驻龙王庙。

七、弥牟镇、大同镇分别增挂弥牟街道办事处、大同街道办事处，合署办公，实行“两块牌子，一套人马”的管理模式。

请各乡镇人民政府、区政府各部门认真做好区划调整的有关工作，确保平稳过渡，促进我区经济和社会协调发展。

2004 年 6 月 3 日

成都市青白江区人民政府
关于同意将我区龙王镇新谊村所属行政区域划归新都区管辖的报告

青府〔2005〕28 号

成都市人民政府：

根据市委、市政府对推进城乡一体化的整体规划和工作要求，经研究，同意将我区龙王镇新谊村所属行政区域划归新都区管辖。

特此报告。

2005 年 3 月 29 日

成都市青白江区人民政府
关于将我区龙王镇部分村组划归新都区管辖的报告

青府〔2005〕37 号

市人民政府：

为贯彻落实市委关于统筹城乡经济社会发展，推进城乡一体化的意见，充分整合资源，发挥区域中心镇的辐射力，也是为尊重广大村民意愿，经充分征求意见，建议将我区龙王镇的新谊、双柏、黄果、长林、石桩、园林 6 个村(包括合兴场居委会)整建制划归新都区石板滩镇管辖。现将相关情况报告如下：

一、有利于发挥区域中心镇的辐射力，促进区域经济发展

石板滩是“东山五大场镇”之一，2004 年全市乡镇区划调整之前，我区原合兴镇与龙泉驿区原义和镇都紧邻石板滩设立镇政府，这里已发展成为三镇的经济文化中心。但是，由于这里地处“金三角”，分属三个不同行政区域，区域经济难以统筹发展，区域中心镇的辐射作用受到限制，经济社会发展不平衡。我区原合兴镇与龙泉驿区原义和镇撤销后，区域中心镇辐射作用受限于行政管辖的问题更加突出，经济社会发展不平衡的差距进一步拉大，不利于该地区的长期稳定和发展。只有打破“金三角”，合理调整区域经济发展的行政管辖，使区域中心镇“名符其实”，才能充分发挥其辐射力，促进区域经济协调发展。

二、有利于扩大区域中心镇的规模，融合、优化资源配置。

石板滩地处成都市规划的都市经济圈，为重点发展的浅丘地势区域中心镇，镇域面积 27.4 平方公里，辖 3 个社区，16 个村，总人口 32061 人，规模偏小。我区龙王镇的新谊、双柏、黄果、长林、石桩、园林 6 个村共有 13.84 平方公里，12790 人，若将其划入石板滩镇，那将使石板滩镇达到与区域中心镇相适应的规模。同时，从根本上克服原有行政区域对经济发展的制约，使区域间的生产要素得到优化组合，城镇集聚、辐射效应得到提升，使中心镇能在更大范围内集中、有效、合理地配置各种要素，在更大范围内统筹考虑基础设施建设和土地资源的有效利用开发，从整体上增强石板滩镇的调控能力和发展后劲。

三、有利于吸引农民向区域中心镇集中，推进城乡一体化

我区拟调整的6个村自古就与石板滩经济文化交融，均系典型的客家聚居群体，约98%以上的人说客家话，有着共同的风俗习惯，相处甚为融洽。这6个村的农副产品也在石板滩场镇交易，石板滩蔬菜批发市场约90%的都是这6个村的村民。长期以来，这6个村的村民就医一般是在合兴卫生院、石板滩卫生院、龙泉义和新桥卫生院，其绝大多数学生在石板滩附近的中心校就学。我区拟调整的6个村的村民向往归石板滩管辖的意愿由来已久。若将这6个村整建制划归石板滩管辖，将极大方便这部分群众就医、就学和办事。

特此报告。

2005年4月25日

成都市青白江区人民政府
关于大弯街道办事处农村村级管理体制改革方案的批复

青府函〔2005〕45号

大弯街道办事处：

你办《关于撤村并社区方案的请示》（青大街办〔2005〕55号）收悉，经区政府第49次常务会议研究，同意你办村级管理体制改革方案。现批复如下：

一、将新河村与广场社区合并，合并后的名称为石家碾社区；

二、将大弯村与大弯路社区合并，合并后的名称为大弯社区；

三、将红旗村与青华路社区合并，合并后的名称为肖家院社区；

四、大夫村、双元村、黄金村分别增挂大夫社区、双元社区、黄金社区牌子，实行“两块牌子，一套人马”的管理模式；

五、保留化工路社区、怡湖社区、革新村建制。

村级管理体制改革后，你办辖5个社区、4个村（其中3个村增挂社区牌子）。

2005年6月6日

成都市青白江区人民政府
关于红阳街道办事处农村村级管理体制改革方案的批复

青府函〔2005〕46号

红阳街道办事处：

你办《关于撤村并村（组建社区）方案的请示》（青红街办报〔2005〕32号）收悉，经区政府第49次常务会议研究，同意你办村级管理体制改革方案。现批复如下：

一、将红阳村与红阳社区合并，合并后的名称为蔡家庙社区；

二、将玉带村与政府路社区合并，合并后的名称为玉带社区；

三、同井村、红峰村、永红村分别增挂同井社区、红峰社区、永红社区牌子，实行“两块牌子，一套人马”的管理模式。

四、保留青江路社区、团结路社区、顺江村建制。

村级管理体制改革后，你办辖4个社区、4个村（其中3个村增挂社区牌子）。

2005年6月6日

成都市青白江区人民政府
关于弥牟镇农村村级管理体制改革方案的批复

青府函〔2005〕47号

弥牟镇人民政府：

你镇《关于撤村并村（组建社区）方案的请示》（弥府〔2005〕41号）收悉，经区政府第49次常务会议研究，同意你镇村级管理体制改革方案。现批复如下：

一、将灯塔村、火星村合并，组建火星社区；

二、将金光村与国光村合并，组建国光社区；

三、将挺进村与狮子村合并，合并后的名称为狮子村；

四、将仁寿村与三星村合并，合并后的名称为三星村；

五、将仁瑞村与曙光村合并，合并后的名称为曙光村；

六、保留唐家寺社区、白马村建制。

村级管理体制改革后，你镇辖3个社区、4个村。

2005年6月6日

成都市青白江区人民政府
关于大同镇农村村级管理体制改革方案的批复

青府函〔2005〕48号

大同镇人民政府：

你镇《关于撤村并村（组建社区）方案的请示》（同委〔2005〕20号）收悉，经区政府第49次常务会议研究，同意你镇村级管理体制改革方案。现批复如下：

一、撤销一心村，组建一心社区；

二、撤销复兴村，组建红光社区；

三、将福聚村与跃进村合并，合并后的名称为同福村；

四、将爱国村与战斗村合并，合并后的名称为界牌村；

五、将丰收村与上游村合并，合并后的名称为青龙村；

六、将向阳村与五勤村合并，合并后的名称为五里村；

七、将景峰村与新建村合并，合并后的名称为新峰村；

八、保留西林村建制。

村级管理体制改革后，你镇辖2个社区、6个村。

2005年6月6日

成都市青白江区人民政府
关于城厢镇农村村级管理体制改革方案的批复

青府函〔2005〕49号

城厢镇人民政府：

你镇《关于撤村并村（组建社区）方案的请示》（城府〔2005〕37号）收悉，经区政府第49次常务会议研究，同意你镇村级管理体制改革方案。现批复如下：

一、将茶花村与永久村合并，组建茶花社区；

二、将绣川村与板桥村合并，组建绣川河社区；

三、将马鞍村与星星村合并，组建马鞍社区；

四、将和平村与金川村合并，合并后的名称为金河村；

五、将龙潭村与桂花村合并，合并后的名称为龙潭村；

六、将永乐村与双龙村合并，合并后的名称为十八湾村；

七、将壁峰村与双福村合并，合并后的名称为壁峰村；

八、将杨柳村与万寿村合并，合并后的名称为万柳村；

九、将明月村与五泉村合并，合并后的名称为五泉村；

十、将玉隆村与同心村合并，合并后的名称为玉龙村；

十一、将万安村与联兴村合并，合并后的名称为联兴村；

十二、将泉龙村与十五里村合并，合并后的名称为十五里村；

十三、将白贯村与筒渡村合并，合并后的名称为白贯村；

十四、保留槐树街社区、朝阳路社区、前锋村、沿沱村建制。

村级管理体制改革后，你镇辖5个社区、12个村。

2005年6月6日

成都市青白江区人民政府
关于祥福镇农村村级管理体制改革方案的批复

青府函〔2005〕50号

祥福镇人民政府：

你镇《关于村组管理体制改革的调整方案》（青祥委报〔2005〕18号）收悉，经区政府第49次常务会议研究，同意你镇村级管理体制改革方案。现批复如下：

一、将青龙村与祥福场镇居委会合并，组建康家渡社区；

二、将新生村与兴隆村合并，组建红瓦店社区；

三、将桂通村与金桥村合并，合并后的名称为桂通村；

四、将天星村与凤凰村合并，合并后的名称为天星村；

五、将香山村与新华村合并，合并后的名称为香山村；

六、将联合村与高楼村合并，合并后的名称为高楼村；

七、将民强村与强胜村合并，合并后的名称为民强村；

八、将甘泉村与强力村合并，合并后的名称为甘泉村；

九、将东升村与太山村合并，合并后的名称为太山村；

十、将华家村与接龙村合并，合并后的名称为华家村；

十一、将东方村与四方村合并，合并后的名称为东方村；

十二、将西江村与停坝村合并，合并后的名称为西江村；

十三、将万年村与高平村合并，合并后的名称为万年村；

十四、保留上元村、新山村、马坪村、福农村建制。

村级管理体制改革后，你镇辖 2 个社区、15 个村。

2005 年 6 月 6 日

成都市青白江区人民政府
关于姚渡镇农村村级管理体制改革方案的批复

青府函〔2005〕51 号

姚渡镇人民政府：

你镇《青白江区姚渡镇村组管理体制改革方案》（姚委〔2005〕25 号）收悉，经区政府第 49 次常务会议研究，同意你镇村级管理体制改革方案。现批复如下：

一、将长安村、跳磴村与坪家村合并，合并后的名称为坪家村；

二、将龙门村与凉水村合并，合并后的名称为凉水村；

三、将集体村与永和村合并，合并后的名称为永和村；

四、将大吉村与芦稿村合并，合并后的名称为芦稿村；

五、保留场镇居委会、黄坭村、光明村建制。

村级管理体制改革后，你镇辖 6 个村，1 个居委会。

2005 年 6 月 6 日

成都市青白江区人民政府
关于龙王镇农村村级管理体制改革方案的批复

青府函〔2005〕52 号

龙王镇人民政府：

你镇《关于撤村并村（组建社区）方案的请示》（龙府〔2005〕42 号）收悉，经区政府第 49 次常务会议研究，同意你镇村级管理体制改革方案。现批复如下：

一、将龙安村与龙王场镇居委会合并，组建龙王社区；

二、将牟池村与锦江村合并，合并后的名称为牟池塔村；

三、将天平村与红沙村合并，合并后的名称为天平堰村；

四、保留红树村、清平村、三方村、清洁村、青光村、双埝村、梁湾村建制。

村级管理体制改革后，你镇辖1个社区、9个村。

2005年6月6日

成都市青白江区人民政府
关于清泉镇农村村级管理体制改革方案的批复

青府函〔2005〕53号

清泉镇人民政府：

你镇《关于撤村并村（组建社区）方案的请示》（清府〔2005〕13号）收悉，经区政府第49次常务会议研究，同意你镇村级管理体制改革方案。现批复如下：

一、将清泉一、二、三居委会合并，组建廖家场社区；

二、将友谊村与花园村合并，合并后的名称为花园村；

三、将红梁村与北宁村合并，合并后的名称为北宁村；

四、将七里村与秧田村合并，合并后的名称为秧田村；

五、将牌坊村与松柏村合并，合并后的名称为牌坊村；

六、将长虹村与红岩村合并，合并后的名称为红岩村；

七、将红卫村与五爱村合并，合并后的名称为五爱村；

八、保留龙洞村、太平村、五桂村、快乐村、永顺村、金龙村、桔丰村、西平村、红星村、友好村建制。

村级管理体制改革后，你镇辖1个社区、16个村。

2005年6月6日

成都市青白江区人民政府
关于福洪乡农村村级管理体制改革方案的批复

青府函〔2005〕54号

福洪乡人民政府：

你乡《关于撤村并村方案的请示》（福委〔2005〕23号）收悉，经区政府第49次常务会议研究，同意你乡村级管理体制改革方案。现批复如下：

一、将字库村与大堰村合并，合并后的名称为字库村；

二、将幸福村与双河村合并，合并后的名称为幸福村；

三、将胜利村与新光村合并，合并后的名称为胜利村；

四、将团结村与前进村合并，合并后的名称为团结村；

五、将拦冲村与红光村合并，合并后的名称为拦冲村；

六、将先锋村与互助村合并，合并后的名称为先锋村；

七、将解放村更名为杏花村；

八、保留民主村、进步村建制。

村级管理体制改革后，你乡辖9个村。

2005年6月6日

成都市青白江区人民政府
关于人和乡农村村级管理体制改革方案的批复

青府函〔2005〕55号

人和乡人民政府：

你乡《关于撤村并村方案的请示》（人府〔2005〕28号）收悉，经区政府第49次常务会议研究，同意你乡村级管理体制改革方案。现批复如下：

一、将险峰村与黎明村合并，合并后的名称为黎明村；

二、将官仓村与南岳村合并，合并后的名称为南岳村；

三、将青林村与东风村合并，合并后的名称为东风村；

四、将新桥村与三元村合并，合并后的名称为三元村；

五、将油坊村1、2、8组与高峰村合并，合并后的名称为油坊村；

六、将油坊村3、4、5、6、7组与新民村合并，合并后的名称为新民村；

七、将卫星村与车站村合并，合并后的名称为车站村；

八、保留平桥村、壁山村、龙王村、金星村建制。

村级管理体制改革后，你乡辖11个村。

2005年6月6日

机构改革

中共成都市青白江区委　成都市青白江区人民政府
关于机构改革的实施意见

青委发〔1996〕50号

各乡镇党委、政府，区委各部、委、办、局，区级各部门，区级各群团组织：

我区党政机构改革的方案，已报经市委、市政府批准。根据中共中央中发〔1993〕7号、中央机构编制委员会中编发〔1993〕4号文件精神，以及成都市机构编制委员会成机编〔1995〕42号关于《成都市区级机构改革意见》、成机编〔1996〕7号《关于同意青白江区党政机构改革方案的批复》和全市机构改革工作会议的部署，现就我区机构改革工作提出如下实施意见：

一、机构改革的指导思想和原则

以邓小平同志建设有中国特色的社会主义理论为指导，从区级机构的行政地位和功能特点出发，紧密围绕发展区域经济这一中心，坚持政企、政事分开和精简、统一、效能的原则，切实做到“转变职能、理顺关系、精兵简政、提高效率”，走“小机构、大服务”的路子，以适应社会主义市场经济的需要，促进我区经济和社会的全面发展。

二、机构改革的重点

这次机构改革的重点是转变职能。一是区级各部门要按照建立社会主义市场经济体制的要求，结合自身的特点，进一步加强统筹协调、信息引导和检查监督职能。二是要理顺政企、政事和乡镇的关系，切实将属于市场的职能还给市场，将属于社会服务的职能交给社会中介组织，将属于基层的职能转给乡镇。三是要结合城乡一体化的特点，加强对农业和农村工作的领导，大力发展乡镇企业和第三产业。四是在转变职能，理顺关系的基础上大力精简机构和人员，减轻财政负担，提高办事效率。

三、区级党政机构的改革

根据市编委成机编〔1996〕7号文的批复，区委、区政府工作部门和议事协调实体办事机构按下列设置。根据市编委成机编〔1995〕42号印发的《成都市区级机构改革意见》，区委、区政府各部门职能作如下归并：

（一）区委、区政府工作部门的设置及其职能归并

1. 区委工作部门的设置及其职能归并

区委机构改革的主要任务是：理顺关系、划清职责范围，减少职能交叉，调整人员结构，精简内设机构和人员，进一步提高机关人员素质和工作效率。

区委设工作部门7个：区委办公室（挂区委机要局、区委保密委员会办公室牌子）、组织部（挂老干部局牌子）、宣传部、统战部、政法委员会、政策研究室（挂区政府经济体制改革办公室牌子）、区级机关工作委员会。

区纪律检查委员会按党章规定设置。

区委工作部门的职能归并

区委办公室：含保密、机要、目标督查职能；

区委组织部：含老干部管理职能；

区委宣传部：含精神文明建设、外宣职能；

区委统战部：含台湾事务、侨务职能；

区委政法委员会：含社会治安综合治理职能；

区委政策研究室：含经济体制改革的职能。

2. 区政府工作部门的设置及其职能归并

区政府机构改革的主要任务是：切实转变职能、合理划分各部门的职责权限，调整业务相近和职能交叉重复的机构，将有条件的专业经济部门转为经济实体或服务实体，精简内设机构和人员。

区政府设工作部门28个：区政府办公室、计划与经济委员会（挂区物价局牌子）、教育委员会、

科学技术委员会、人事局、劳动局、民政局、财政局（挂区国有资产管理局牌子）、监察局（与纪委机关合署办公）、司法局、建设管理委员会、交通局、农业局、林业局、水利电力局、乡镇企业管理局、商业贸易委员会、对外经济贸易委员会、文化体育委员会（挂区广播电视局牌子）、卫生局、计划生育委员会、审计局、统计局、地方税务局、技术监督局、国土局、环境保护局、粮食局。

区政府工作部门职能归并

区政府办公室：含法制、外事、民族宗教事务、机关事务、信访、目标督查管理职能；

区计划与经济委员会：含机械、电子、仪表、轻工、纺织、化工、医药、建材、物价管理职能；

财政局：含国有资产管理职能；

建设管理委员会：含园林、规划、房产、市容环卫管理职能；

农业局：含畜牧、蔬菜管理职能；

商业贸易委员会：含商业、物资管理职能；

对外经济贸易委员会：含经济协作职能；

文化体育委员会：含广播电视管理职能；

卫生局：含中医、爱国卫生管理职能；

（二）区委、区政府议事协调实体办事机构设置

1. 区农村工作领导小组办公室为区农村工作领导小组的常设办事机构；

2. 区机构编制委员会办公室为区机构编制委员会的常设办事机构，挂靠区人事局；

3. 区人民防空委员会办公室为区人民防空委员会的常设办事机构，由区政府办公室代管；

4. 区城市综合管理指挥部办公室为区城市综合管理指挥部的常设办事机构，由区政府办公室代管。

（三）区委、区政府直属事业单位和其他机构的设置

1. 区委党校：为区委直属事业单位；

2. 区委党史研究室：为区委直属事业单位；

3.《青白江》报社：为区直属事业单位，由区委宣传部管理；

4. 将区农业机械管理局改为农业机械事业局，为区政府直属事业单位，保留其行业管理职能；

5. 将区档案局与区档案馆合并，一个机构、两块牌子，实行局馆合一的体制，履行档案保管、使用和档案事业行业管理两种职能，为区政府直属事业单位；

6. 区地方志办公室：为区政府直属事业单位；

7. 区住房委员会办公室：为区政府直属事业单位，由区建设管理委员会代管；

8. 区广播电视局的行政管理职能归并区文化体育委员会后，区电视台、广播站实行台站合一体制，为区直属事业单位，由区文化体育委员会管理；

9. 区二轻局的行政管理职能归并到区计划与经济委员会后，保留二轻联社，按有关规定并由区政府授权，行使二轻行业管理和其它有关职能，由区计划与经济委员会管理；

10. 区供销社联合社：按有关规定并由区政府授权，行使供销合作行业管理和其它有关职能；

11. 区科学技术协会：与科学技术委员会合署办公。

四、区人大、政协、法院、检察院等机构的改革

（一）区人大、政协的机构改革

区人大、政协机构改革的主要任务是：精简内设机构和人员，进一步改善机关人员的结构，提高干部素质。

根据川委发〔1995〕22号文件和成都市机构改革的实施意见中对各区（市）县人大、政协机构改革的要求：

区人大常委会设综合办事机构3个：区人大办公室、财政经济办公室、社会事业办公室；

区政协设综合办事机构1个：区政协办公室。

（二）区法院、检察院机构的改革

区法院、检察院机构改革的主要任务是：进一步理顺关系、精简内设机构，加强业务部门，改革和完善不利于经济建设和改革开放的规章制度，提高工作效率和执法水平。在中央和省市的改革方案下达前，可按照中央机构编制委员会办公室《关于地方机构改革实施中若干问题的意见》及省委川委发〔1995〕11号文件的有关要求，做好实施前的各项准备工作。

（三）区工会、共青团、妇联和其它社会团体机关机构改革的任务是：理顺社团之间、社团与党政各部门之间的关系。调整结构、精减人员、克服人民团体机关行政化的倾向。人民团体机关一般不套用行政机关级别，作为过渡，可将其领导成员的待遇与机构级别区别开来。除工、青、妇、工商联暂按现行办法管理外，其它社团一般不使用行政编制，并积极开拓经费渠道，逐步减轻财政负担。

五、乡镇的机构改革

乡镇机构改革与区级机构改革同步、配套进行。按照市编委成机编〔1995〕31号文件《关于县级机构改革的意见》中有关乡镇改革的要求和成机编〔1994〕82号文件《关于进一步理顺县乡关系、加强乡镇机构编制管理的意见》要求，着重抓好以下几个环节：

（一）进一步理顺区乡关系，健全乡镇综合功能

1. 区级主管部门设在乡镇的财政、计划生育、司法、乡镇企业管理、村镇建设、国土等行政性管理机构和人员及文化站、广播站等事业性服务机构和人员一律下放给乡镇管理。相应的人权、财权、物权也要一并下放，原有经费渠道暂保持不变。以上机构中的人员，凡本人身份是固定、聘用干部和全民所有制工人（含合同制工人）的，其编制、工资在区级主管部门的，分别由区编委、人事局、财政局将人员、编制、工资基金、人头经费划转给乡镇，这类人员下放给乡镇管理后，仍享受原政策规定的同类人员的工资福利、职称评定等待遇。不属财政拨款的仍由原单位经费渠道解决。有关区级主管部门的工作任务，下达给乡镇统一安排，区级主管部门要加强政策、业务指导，支持和帮助开展业务工作。

2. 区级主管部门设在乡镇的农技站、农经站、水利水土保持站（不含流域站）、林业站（不含片站）、农机站、畜牧站等事业性服务机构实行条块结合，双重领导的体制。乡镇政府主要负责行政领导，统筹、协调、监督乡站的工作，加强对乡站人员的思想教育，为乡站提供必要的工作和生活条件。区级各业务主管部门，主要负责政策、业务工作指导和业务培训等工作。

3. 设在片区的地税所、法庭等行使执法、监督职能的机构、人员和设在乡镇的信用社、供销社、食品站、粮站、学校、医院仍按现行体制管理。

4. 乡镇和以条条管理为主的区级主管部门，应本着管人与治事相结合的原则，使用和管理好人员。乡镇要统筹安排好区级主管部门下达的各项任务。

（二）规范机构设置和行政编制使用范围

1. 乡镇内部机构设置。乡镇内部机构要本着精简、统一、效能的原则，从实际出发合理设置，宜粗不宜细，不搞上下对口，不设中间层次，不搞一事一机构。乡镇党、政机构限额按乡镇人口、社会总产值、土地面积计算综合指数的分类标准确定。

一类乡镇：大弯镇、弥牟镇、清泉镇、华严乡、大同镇、祥福乡可设置党政、农业、财经、乡镇企业、社会事务等5~6个综合性办公室；

二类乡镇：城厢镇、绣水乡、玉虹乡、姚渡乡、日新乡、龙王乡、福洪乡、合兴乡、人和乡、云顶乡可设置党政、农业、乡镇企业、财经等4~5个综合性办公室。

2. 乡镇行政编制使用范围。乡镇的行政编制使用要坚持政事、政企分开的原则，严格按照川委办〔1989〕9号、成机编〔1994〕82号文件规定的范围执行。凡属于行政职能的机构和人员一律使用行政编制，乡镇财政所、计划生育专干，原属事业编制的人员划转为行政编制人员，纳入乡镇机关行政编制人员管理。从事事业服务性、生产经营性的机构和单位、人员不能占用行政编制。

六、事业单位的机构改革

事业单位的改革是这次机构改革的重要组成部分，其改革要有利于进一步增强事业单位的活力，有利于减轻财政负担。改革的方向是政事分开，走社会化的路子。一是党政机关要减少对事业单位的直接管理和不必要的行政干预；事业单位要拓宽服务领域，增强发展活力，走自我发展、自我约束的路子，推进事业单位的社会化；二是对事业单位要在职能、管理体制、人事、工资等方面与行政机关区别开来，要打破部门所有和条块分割，积极鼓励集体、企业、个人和社会力量兴办事业单位；三是做好人员精减工作，特别是减少“吃财政”的人员，对条件具备的事业单位逐步由全额拨款转为差额补贴，差额补贴逐步转为自收自支，自收自支逐步转为企业化管理或企业单位；四是进一步调整事业单位结构，按照区域经济和社会公益事业发展要求规划事业单位，进行合理布局；五是根据省、市统一部署，结合建立事业单位法人登记制度，全面清理事业单位，确定事业单位的法人地位，使之成为面向全社会提供服务的独立法人；六是结合本区事业单位的业务特点，着重抓好农、林、水及科技推广等属于农业社会化服务体系的改革，开展有偿服务。教育、卫生、文化、体育、城建等事业单位，要充分发挥自身的优势，挖掘内部潜力，提高社会和经济效益。通过改革，使我区“吃财政”的事业单位人员精减10%左右。

七、机构改革中的若干具体问题

（一）关于专业经济部门的改革

区级专业经济部门要按照《企业法》《公司法》等有关规定，切实转变职能，简政放权、精减人员，成为精干的行业主管部门。区属各类公司要实行政企分开，成为名符其实的经济实体。区级经济管理，主要集中到区的综合经济部门，重点是搞好制订政策，统筹规划、监督检查和协调服务。

（二）后勤服务机构的改革。根据区级机关办公地点比较集中，后勤服务便于统一管理的特点，按照政事分开的要求和后勤服务社会化的方向，机关的后勤管理职能与服务职能要分开，管理机构、人员与服务机构、人员要分开，拓宽服务渠道，增强服务功能，将后勤服务工作推向社会，逐步实行后勤服务机构在管理体制、经费渠道等方面与机关脱钩。

（三）关于转体部门。机构改革中，由区政府工作机构转为区政府直属事业单位或总公司后，原直属单位的性质不变，隶属关系不变。

区政府工作机构转为事业单位后，其经费可采取全额或差额拨款的形式。转为差额拨款的单位，视不同情况给予1~3年的过渡期，过渡期满后有条件的可实行自收自支。具体办法由有关部门与区财政局商议，报区机构编制委员会讨论后由区委、区政府审定。区政府工作机构转为事业单位后，职工医疗费用在过渡期间参照机关办理，过渡期满后按事业单位的有关规定办理。

区政府工作机构转为经济实体后，享受《企业法》规定的各项权利和义务，实行独立核算，自主经营，自负盈亏，政府可授权对其所属企业的国有资产进行经营管理，同时直接对区财政进行结算；银行、财政、计划、税务等部门要给予必要的支持，帮助其发展；创办初期经费有困难的，可视不同情况在人员经费上给予1~3年的过渡期。

区政府工作机构转体前离退休人员，由转体后的事业单位管理，原待遇和所需经费仍按原渠道不变。转为事业单位后离退休的人员由转体后的单位管理，经费由转体后的单位按其转体后的经费渠道解决。

区政府工作机构转为经济实体前和转体后离退休人员的经费管理可参照上述转为事业单位的办法。

（四）关于规范机构名称和机构级别

区级党政机构的名称：区委部门为部、委、办，区政府部门为委、办、局。部、委、办、局为同一规格，行政级别为正处级。区级党政工作机构不设置部门行政管理机构（二级局）。

区级党政工作部门（包括区人大、政协各综合办事机构，区法院、检察院和纪检机关，议事协调机构的实体办事机构）的内设机构为正科级建制。

（五）关于区级机关人员编制的核定

区级行政机关编制使用范围为：区级党政机关、人大机关、政协机关、工、青、妇等人民团体和议事协调机构的实体办事机构。原为区政府工作部门，改革中转为事（企）业单位的不再使用行政编制。

区级行政机关编制按照市编委核定的总额分解到区委、区政府、区人大、区政协机关，其编制分配比例按中央确定的原则和成都市党政机构改革的实施意见进行分配。其比例为：区委机关（含工、青、妇等人民团体）占17.8%，政府机关占75.7%，人大机关占2%，政协机关占1.7%，议事协调机构的实体办事机构占2.5%，机动0.3%。

区委正副书记、常委，政府正副区长，人大正副主任，政协正副主席，区级调研员（巡视员）编制实行单列管理，不占各部门的编制数。

市编委成机编〔1996〕7号文件下达给我区区级机关行政编制533名、事业编制64名，两项合计597名，其中区级领导单列编制27名，可以分解到区委、政府各部门和区人大、政协机关的行政编制506名，事业编制64名。分解到各部门的依据是：一是按照机构改革后各部门所承担的工作职能和工作量的大小；二是以八七年、九三年两次的核编方案为基础，重新核定各部门人员编制（区级行政机关定编方案附后）。编制重新核定后，原核定给各部门的编制（包括专项编制、事业编制、编制控制数等）自然冲销，不得作为今后进人的依据。

（六）关于领导职数

根据市编委成机编〔1995〕42号文和成机编〔1996〕7号文批复，区委、区政府党政领导职数按区委书记1人，副书记2~3人；区政府区长1人，副区长3~5人配备。

区级各部门的领导职数（指区委、区政府、区人大、区政协各部门，各办事机构、各议事协调机构的实体办事机构担任正副部长、正副主任、正副局长和区级人民团体专职领导等）按正职1人，副职1~2人配备。

区级各部门内设机构的领导职数（指担任实职的正副科长、正副主任），根据科室人员编制数确定：3 人以下的设 1 职，4 ~7 人的设 2 职、8 人以上的可设 3 职。

（七）关于“三定”工作

实行定职能、定机构、定编制的“三定”工作，是这次机构改革的核心内容，是推行国家公务员制度的一项基础性工作。

实行“三定”的范围包括区委、区政府机关，人大、政协机关，法院、检察院机关和工、青、妇等人民团体机关，议事协调机构的实体办事机构，由区政府委托或授权行使行业管理或行政管理的单位和区委、区政府的直属事业单位。

“三定”工作的主要内容是：

1. 定部门管理职能。包括本部门职能转变的主要内容，即转变的重点、需要强化或弱化、转移的职能和本部门的主要职责。各部门要根据现行法律法规，参照市委、市政府对应部门的“三定”方案，按照转变职能，理顺关系的要求，坚持政企、政事职责分开，责权统一和上下衔接不错位的原则，对本部门的职能进行清理、界定。如涉及到几个部门职责交叉的问题，可先由有关部门协商解决，解决不了的由区机构编制部门予以协调；仍不能取得一致意见的重大问题，提交区机构编制委员会或区委、区政府决定。

2. 定部门内设机构。包括机构名称和内设机构的主要职责。各部门要根据本部门的主要职能，本着精干高效、分工协调和宜粗不宜细的原则，科学合理地确定部门内设机构。对职能交叉、重复设置的，要坚决裁并，不允许区级部门两个以上的内设机构对应市委、市政府相应部门的一个内设机构。对职能相近或任务较少，工作量不大的不单独设内设机构。人员编制数额在 10 人以下的区级工作部门不设置内部机构，编制数额在 10 人以上的按不低于四比一的比例设置内部机构，即一般工作人员编制在 3 人以上的才设科室。

3. 定人员编制。包括核定部门内设机构行政编制、后勤服务人员编制和内设机构领导职数。区级各部门要按照职位分类的要求，本着精简、效能和科学合理的原则，将人员编制核定到各科室。

区级各部门拟定出的“三定”方案，统一报区编委办公室审核，区机构编制委员会审批，分别由区委办公室、区政府办公室行文。职能调整较大或机构编制委员会难以确定的，则报区委、区政府审批，并以区委办公室或区政府办公室名义印发。

（八）关于人员精减和分流

市编委核定给我区区级机关编制总数与区级机关现有人数相比，精减人员的幅度为 32%，任务十分艰巨。要把机关富余人员安排与人员合理流动有机结合起来，空编单位和急需充实加强的部门，其人员选调须优先考虑机关富余人员。安排国家统配人员也要严格执行规定的行政编制数额，禁止各部门超编进人。现有超编人员的部门必须认真做好分流工作。

人员分流的具体措施和途径：一是改为经济实体或服务实体的人员成建制的转移；二是鼓励干部走出机关，创办第三产业；三是充实基层，选派部分优秀年轻干部到乡镇或各类企事业单位任职；四是充实到实体性公司和事业单位的机关人员，要与原行政部门脱钩；五是严格离退休制度，接近离退休年龄的，本人自愿，可提前离岗；六是坚决清退临时人员和借调人员。力争在三年内，使区级机关的人员与市上下达的人员编制数相一致。

（九）关于建立约束机制

为保证机构改革的顺利进行，巩固改革成果，在机构改革期间，机关和财政拨款事业单位进人予以冻结，在部门实行“三定”后，逐步推行编制与经费包干和计划、编制、工资相结合的办法，严格控制机构编制和财政拨款人员的膨胀。

八、机构改革的总体部署和实施

机构改革是一项艰巨而复杂的系统工程，涉及面广、政策性强。按照市委、市政府的要求，必须统筹规划，精心组织，上下结合，齐抓共管，先易后难，积极稳妥，分步实施。今年6月底以前基本完成机构改革方案的实施，9月底前完成各部门“三定”方案的审批工作。

（一）切实加强领导，落实责任。机构改革是区委、区政府和区级各部门、各乡镇今年重点抓好的阶段性的中心工作，要将机构改革列为重要议事日程，按照统一领导、分级负责的原则，精心组织实施。在区委、区政府的统一领导下，区编委要加强组织协调，抓区级各部门“三定”方案的审核报批，及时研究解决实施中的重大问题，机构编制部门要认真做好机构改革实施中的具体工作，各部门、各乡镇党政主要领导要做到思想到位、工作到位、责任到位，保证机构改革的顺利进行。

（二）加强纪律、防止各种不良倾向发生。在机构改革方案的实施过程中，各级领导要顾全大局，认真贯彻执行机构改革的方针和政策，各业务主管部门不得干预其他部门，特别是乡镇的机构设置。各单位工作人员要恪尽职守，严格工作纪律，确保正常的工作秩序。要坚决制止借改革之机突击提干、提职和分财分物、用公款旅游。机构变动的单位要做好人财物的移交工作，要办理好经费、物资、房产、文件、档案等资料的交接手续。要防止国有资产流失，任何单位、个人不得私分和破坏国家财物。对机构改革中出现的违纪行为，要严肃处理，并追究单位主要领导的责任。

（三）严格审批制度，组织督促检查。各部门要结合实际、研究制订各自的“三定”方案，报区编委审核后，按有关程序批准实施。“三定”方案一经批准，必须认真组织实施，任何单位未经批准，不得擅自更改。机构编制部门将对整个改革质量和进程实施督促检查，及时通报改革情况。

附：成都市青白江区区级行政机关定编方案

中共成都市青白江区委
成都市青白江区人民政府
1996年5月22日

成都市青白江区行政机关定编方案（一）

单位	定编数			单位	定编数		
	小计	行政	事业		小计	行政	事业
合计	597	533	64	区委	102	90	12
区委	102	90	12	区委办	23	20	3
				组织部	17	15	2
区政府	431	383	48	宣传部	9	8	1
				统战部	9	8	1
区人大	11	10	1	纪委	9	8	1
				政法委	5	4	1

续表

单位	定编数			单位	定编数		
	小计	行政	事业		小计	行政	事业
区政协	10	9	1	政研室	6	5	1
				机关工委	4	4	
议事协调机构	14	12	2	工会	6	5	1
区级领导	27	27		团委	4	4	
				妇 联	4	4	
机动指标	2	2		科协	2	2	
				工商联	4	3	1
区政府	431	383	48	水电局	16	14	2
政府办	32	27	5	企业局	15	13	2
计经委	20	18	2	商贸委	16	14	2
教 委	25	22	3	外经委	10	9	1
科 委	10	9	1	文体委	20	18	2
人事局	12	11	1	卫生局	20	18	2
劳动局	12	11	1	计生委	12	11	1
民政局	13	12	1	审计局	13	12	1
财政局	18	16	2	统计局	10	9	1
监察局	9	8	1	地税局	18	16	2
司法局	15	13	2	技监局	12	11	1
建管委	23	20	3	国土局	12	11	1
交通局	16	14	2	环保局	10	9	1
农业局	16	14	2	粮食局	16	14	2
林业局	10	9	1				

成都市青白江区行政机关定编方案（二）

单位	定编数			单位	定编数		
	小计	行政	事业		小计	行政	事业
区人大	11	10	1	议事协调机构	14	12	2
				农工办	5	4	1
区政协	10	9	1	编委办	2	2	
				人防办	5	4	1
				城管办	2	2	

中共成都市青白江区委员会　成都市青白江区人民政府
关于进一步完善我区乡镇行政管理体制及机构设置、编制核定的意见

青委发〔1998〕103 号

各乡镇党委、政府：

为了更好地发挥乡镇基层政权的作用，促进我区农村经济和各项事业的全面发展，加快和完善我区的机构改革步伐，搞好乡镇公务员过渡工作。根据中央、省、市有关文件精神和市编委《关于进一步理顺县乡关系，加强乡镇机构编制管理的意见》（成机编〔1994〕82 号）和《关于进一步完善乡镇行政管理体制及机构设置的意见》（成机编〔1997〕51 号）规定，结合我区实际情况，制订我区乡镇行政管理体制及机构设置、编制核定的意见。

一、指导思想

乡镇的机构改革要紧紧围绕加强基层政权建设和健全乡镇机关的领导、管理、协调、服务功能来进行，通过理顺关系，合理设置工作机构，配备精干的人员，完善行政运行机制，把乡镇机关建设成领导和管理本行政区域的政治、经济、文化和各项事业的有活力、有权威、高效能的基层政权组织。

二、工作职责

（一）乡镇党委的主要职责是：

1. 认真贯彻执行党的路线、方针政策和上级党组织的指示，对本行政区域的重大问题进行决策。

2. 负责抓好所属党组织的思想建设，组织建设和党风廉政建设，做好党的纪律检查工作。

3. 按照干部管理权限，选拔、考察、培养、推荐干部，并按相关规定程序任免干部。

4. 领导工会、共青团、妇联等群众组织，协调党政群之间关系。

5. 负责本行政区域内的思想、宣传、统战、信访、保密、武装、精神文明建设和民主法制建设等工作。

6. 完成上级党委交办的其他任务。

（二）乡镇政府的主要职责是：

1. 贯彻执行上级国家行政机关的决议、决定，保护国家、集体、公民的合法权利。

2. 制订并执行本行政区域内的经济和社会发展计划，负责本行政区域内的经济、教育、科技、文化、卫生、体育事业和财政、民政、计划生育等行政工作。

3. 配合有关部门做好工商、税务、物价等工作。

4. 维护社会秩序，做好社会治安综合治理工作。

5. 完成上级政府交办的其他任务。

三、规范内部机构设置

乡镇内部机构要本着精简、统一、效能的原则，根据工作需要适当归并，进行综合管理，宜粗不宜细，不搞上下对口，不设中间层次，不搞一事一机构，一人一机构。根据我区实际，乡镇分类、内部机构设置数额及名称确定如下：

1. 一类乡镇：大弯镇、弥牟镇、清泉镇、城厢镇、华严乡、大同镇、祥福乡、玉虹乡、福洪乡设置 7 个办公室，其名称为：党政办公室、农村经济办公室（挂企业办公室牌子）、国土村镇建设管理办公室、

民政司法办公室（与社会治安综合治理办公室合署办公）、教科文卫办公室、计划生育办公室、财政所。

2. 二类乡镇：姚渡乡、日新乡、龙王乡、合兴乡、人和乡、云顶乡设置6个办公室，其名称为：党政办公室、农村经济办公室（挂企业办公室、国土村镇建设办公室牌子）、民政司法办公室（与社会治安综合治理办公室合署办公）、教科文卫办公室、计划生育办公室、财政所。

四、关于乡镇机关人员编制的核定

乡镇行政机关编制按照市编委核定的总额分解到各乡镇机关，乡镇行政编制的核定主要参照各乡镇的人口总数、城镇人口数、社会总产值、土地面积等因素，乡镇机关行政编制只能使用到机关，乡镇各服务体系（事业单位）不能使用行政编制。各乡镇机关编制核定如下：

单位	定编数
合计	421
弥牟镇	32
大弯镇	22
城厢镇	35
清泉镇	30
大同镇	30
华严乡	30
祥福乡	30
玉虹乡	25
姚渡乡	23
日新乡	23
龙王乡	23
合兴乡	21
福洪乡	25
人和乡	25
云顶乡	20
机动指标	27

中共成都市青白江区委
成都市青白江区人民政府
1998年9月10日

中共成都市青白江区委员会　成都市青白江区人民政府
关于成都市青白江区乡镇机构改革的意见

青委发〔2001〕46号

各乡镇党委和人民政府，区委各部委，区级各部门，区级各人民团体：

根据党中央、国务院和省委、省政府，市委、市政府关于乡镇机构改革的部署和要求，按照中共成都市委、成都市人民政府关于《成都市乡镇机构改革的意见》（成委发〔2001〕20号）文件精神，结合我区实际情况，现就我区乡镇机构改革提出以下意见：

一、指导思想和原则

乡镇机构改革的指导思想是：以党的十五大、十五届五中全会和全国、全省市县乡机构改革工作会议精神为指导，按照适应社会主义市场经济发展的需要，有利于加强基层政权建设和各项基础工作，有利于精干公务员队伍，降低行政成本、减轻财政负担、提高工作效率的要求，以目前正在开展的农村“三个代表”重要思想的学习教育活动为动力，紧密结合农村税费改革和乡镇政府机关全面推行政务公开制度，大力精简机构人员，切实减轻农民负担，进一步密切干群关系和巩固农村基层政权。逐步建立起运转协调、办事高效、行为规范的乡镇管理体制。

乡镇机构改革必须遵循以下原则：坚持政企、政事分开的原则，切实转变政府职能，改进工作作风；坚持“精简、统一、效能”的原则，精兵简政，优化结构，提高效率；坚持权责一致的原则，合理划分事权，理顺条块关系，完善乡镇职能；坚持实事求是的原则，从实际出发，因地制宜地进行改革。

二、改革的主要任务

（一）转变职能，理顺关系

根据社会主义市场经济和社会发展的要求，切实转变政府职能，把基层政权工作逐步转到加强行政管理和发展社会公益事业上来。强化为农业、农村和农民服务的功能，完善农业社会化服务体系。进一步规范乡镇政府和村级组织的工作职能和事权范围，注重发挥村民委员会作为基层群众性自治组织的作用。

进一步理顺区级部门和乡镇之间的条块关系，合理划分职责权限，切实增强乡镇的统筹能力。区主管部门派驻乡镇的机构，尤其是由区级部门主管的各种农村服务体系的站、所，凡能下放给各乡镇的，其人、财、物要坚决下放，完善乡镇功能，增强乡镇统筹能力；实行乡镇与区主管部门双重管理的，应以乡镇管理为主；对垂直管理部门设在乡镇的机构，乡镇应加强对他们的监督。派驻在乡镇机构人员的党组织关系，实行属地管理。要理顺乡镇部门之间的职责关系，坚持一件事情由一个部门管理为主的原则。

（二）精简、规范乡镇机关内部机构

乡镇内部机构要本着精简、统一、效能的原则，根据工作需要适当归并，进行综合管理，宜粗不宜细，不搞上下对口，不设中间层次，不搞一事一机构，一人一机构。根据我区实际，乡镇分类、内部机构设置数额及名称确定如下：

1. 一类乡镇：大弯镇、弥牟镇、清泉镇、城厢镇、华严镇、大同镇、祥福镇、日新镇、姚渡镇、玉虹乡、福洪乡、龙王乡、人和乡可设党政办公室（承担党务、人大、工、青、妇、人事、文书档案等职能）、科教文卫与计划生育办公室（承担教育、科学、文化、卫生、计划生育等职能）、经济发展办公室（承担农村经济、乡镇企业、招商引资、土地管理、村镇建设、环境保护等职能）、社会事务办公室（承担民政、司法等职能，可加挂社会治安综合治理办公室的牌子）、财政所等5个机构和配备必要的助理员。

2. 二类乡镇：合兴镇、云顶乡可设党政办公室、社会事务与计划生育办公室（可加挂社会治安综合治理办公室的牌子）、经济发展办公室、财政所等4个机构和配备必要的助理员。

（三）乡镇领导职数的设置

乡镇党委书记1名，副书记一类乡镇2名，二类乡镇设1名；乡镇政府设乡镇长1名，副乡镇长一类乡镇设3名，二类乡镇设2名，乡镇纪委书记由副书记兼任，乡镇人大主席由乡镇党委书记兼任，可配备1名专职副主席或1名工作人员。乡镇武装部长1名。乡镇内设机构一般只配1名领导职数；街乡合一任务较重的内设机构，可增配1名领导职数，但内设机构领导职数总数不超过6名。党政领导可交叉任职。

（四）乡镇机关人员编制精减后重新核定

乡镇行政机关编制按照原市编委核定的总额基础上精简17%分解到各乡镇机关，乡镇行政机关编制的核定主要参照各乡镇的人口总数、城镇人口数、社会总产值、土地面积因素，乡镇机关行政编制只能使用到机关，乡镇各服务体系（事业单位）不能使用行政编制。

（五）乡镇事业单位机构改革和人员编制精减

1. 规范乡镇事业单位机构设置

一是压缩乡镇事业单位个数。将各乡镇为农业增产、农民增收提供保障的农技站、农经站、林业站、水产站合并建立“农业技术服务中心”；各乡镇文化站、广播站合并后建立“文化服务中心”；畜牧兽医站、农机站等自收自支单位，可暂保留，创造条件走企业化、社会化的路子。组建后的综合性事业单位（服务中心），原经费渠道不变。二是鼓励社会力量兴办乡镇科教文卫等各种公益性事业和养老福利事业。三是乡镇医疗卫生和计划生育服务机构，暂维持现状，今后待条件成熟时实行乡镇卫生院和计划生育指导站一套机构、两块牌子的体制，合理利用现有资源，充分发挥各自优势。

2. 精减乡镇事业单位人员编制

压缩乡镇事业单位人员，重点是减少财政供养人员，乡镇事业编制在原核定的基数上精减20%。在人员精减中，要注意保留专业技术人员和业务骨干，精减非专业技术人员，以达到优化农技推广人员结构，提高农技推广队伍素质。

三、组织实施

（一）统一思想，加强领导

根据市委、市政府的统一部署和区委、区政府的要求，全区乡镇机构改革在4月底前完成。时间紧、任务重，各乡镇党委、政府要高度重视，认真组织学习有关机构改革文件，统一思想认识。要落实责任制，党委、政府的主要领导要亲自抓，切实加强组织领导。要注意研究乡镇机构改革过程中出现的各种情况和问题，采取措施，妥善处理，并认真做好深入细致的思想政治工作。做到人心不散，秩序不乱，国有资产不流失，工作正常运行，人员妥善安排，确保改革的顺利进行。

（二）紧密衔接，通力配合

要把乡镇机构改革与“三个代表”重要思想的学习教育活动和农村税费改革结合起来，三项工作相互促进。通过“三个代表”重要思想的学习教育活动对乡镇机构改革进行思想动员，用“三个代表”重要思想指导机构改革工作；乡镇机构改革与农村税费改革要相互配合，以税费改革推动机构改革，以机构改革保证税费改革。

（三）精心组织，稳步推进

乡镇机构改革是一个系统工程，各乡镇要精心组织，稳步推进。乡镇机构改革方案，由区机构编制委员会办公室审核，机构编制委员会审议，区委和区政府批准。乡镇精减人员工作由区委组织部、人事局牵头，按照有关政策和公开、公正、公平原则竞争上岗的办法实行。各乡镇机构改革完成后，将机构改革情况（包括各乡镇的内设机构、职责和人员编制数）书面上报区编委办公室。

附：成都市青白江区乡镇机关及事业单位编制核定数

成都市青白江区乡镇领导职位和非领导职位设置方案

中共成都市青白江区委

成都市青白江区人民政府

2001 年 4 月 20 日

成都市青白江区乡镇机关及事业单位编制数

项目 单位	机关、事业单位编制核定数			农业技术服务中心编制核定数	文化服务中心编制核定数	畜牧站编制核定数	农机站编制核定数	企办编制核定数	计生站编制核定数	国土员编制核定数	村镇建设助理编制核定数
	核定总数	机关核定数	事业核定数								
大弯镇	52	29	23	6	3	3	2	5	2	1	1
城厢镇	66	33	33	9	3	9	2	6	2	1	1
弥牟镇	70	31	39	11	2	6	6	10	2	1	1
清泉镇	61	29	32	11	3	7	3	4	2	1	1
华严镇	52	29	23	6	3	3	2	5	2	1	1
大同镇	65	29	36	10	3	5	6	8	2	1	1
祥福镇	64	28	36	10	3	5	6	8	2	1	1
姚渡镇	50	22	28	9	3	6	2	4	2	1	1
日新镇	50	22	28	8	3	6	2	5	2	1	1
合兴镇	48	21	27	7	3	6	1	6	2	1	1
玉虹乡	55	24	31	10	2	6	4	6	1	1	1
龙王乡	48	22	26	8	2	6	3	4	1	1	1
福洪乡	53	24	29	11	2	6	3	4	1	1	1
人和乡	51	24	27	10	2	6	2	4	1	1	1
云顶乡	38	20	18	5	2	3	1	4	1	1	1
总 计	823	387	436	131	39	83	45	83	25	15	15

注：1. 农业技术服务中心编制含农技、农经、林业、水产；

2. 文化服务中心编制含文化、广播。

成都市青白江区乡镇领导职位和非领导职位设置方案

乡镇	“三定”方案和非领导职务设置办法所确定职位数							
	行　政编制数	党委书记和副书记	专职人大副主席或专职人员	政府正、副乡镇长	乡镇武装部部长	内设办公室正、副主任	科员数	办事员数
大弯镇	24	3	1	4	1	5	6	4
弥牟镇	26	3	1	4	1	6	6	5
清泉镇	24	3	1	4	1	5	6	4
城厢镇	28	3	1	4	1	6	8	5
华严镇	24	3	1	4	1	5	6	4
大同镇	24	3	1	4	1	5	6	4
祥福镇	24	3	1	4	1	5	6	4
日新镇	18	3	1	4	1	5	2	2
姚渡镇	18	3	1	4	1	5	2	2
玉虹乡	20	3	1	4	1	5	4	2
福洪乡	20	3	1	4	1	5	4	2
龙王乡	18	3	1	4	1	5	2	2
人和乡	20	3	1	4	1	5	3	2
合兴镇	17	2	1	3	1	4	4	2
云顶乡	16	2	1	3	1	4	3	2
合　计	321	43	15	58	15	75	68	46

中共成都市青白江区委员会　成都市青白江区人民政府
关于青白江区机构改革的实施意见

青委发〔2001〕101 号

各乡镇党委和人民政府，区委各部委，区级各部门，区级各人民团体：

为积极稳妥地推进我区机构改革工作的顺利开展，根据《中共成都市委、成都市人民政府关于成都市市县乡机构改革方案》和《中共成都市委、成都市人民政府关于批准〈成都市青白江区机构改革方案〉的通知》（成机编〔2001〕25 号）精神，结合我区实际，现就实施《成都市青白江区机构改革方案》提出如下实施意见：

一、区级党政机构的改革

根据市编委成机编〔2001〕25 号文的批复，区委、区政府工作部门和议事协调实体办事机构和各部门职能作如下设置和归并：

（一）区委、区政府工作部门的设置及其职能归并

1. 区委工作部门的设置及其职能归并

区委机构改革的主要任务是：理顺关系，划清职责范围，减少职能交叉，调整人员结构，精简内设机构和人员，进一步提高机关人员素质和工作效率。

区委设工作部门7个：区纪律检查委员会机关、区委办公室、区委组织部、区委宣传部、区委统战部、政法委员会、直属机关工作委员会。

区委工作部门及职能归并：

区委政策研究室、区委机要局、区委保密局、区委目标管理督查办公室并入区委办公室（保留区委政策研究室、区委目标管理督查办公室牌子）

区防邪办公室由区委办公室管理（保留牌子），机构规格为正局级。

区老干局由区委组织部管理（挂区老干局牌子），负责全区副局级及其以上离退休干部的管理；一般退休干部管理职能划入区人事局；区老龄委员会办公室职能划归区民政局。

区精神文明建设办公室职能并入区委宣传部

区台湾事务、侨务职能并入区委统战部。

区委政法委员会机关与区社会治安综合治理办公室仍实行合署办公体制。

2. 区政府工作部门的设置及其职能归并

区政府机构改革的主要任务是：切实转变职能、合理划分部门的职责权限，调整业务相近和职能交叉重复的机构，将有条件的专业经济部门转为经济实体或服务实体，精简内设机构和人员。

区政府设工作部门23个：区政府办公室、计划经济局、教育局、科学技术局、监察局（与区纪律检查委员会机关合署办公）、民政局、司法局、财政局、人事局、劳动和社会保障局、国土资源局、建设局、交通局、水务局、农牧局、林业局、对外贸易合作局、文化体育局、卫生局、计划生育局、审计局、环境保护局、统计局、市容环境管理局。

区政府的工作部门及职能归并：

区政府目标管理督查办公室、区机关事务管理局并入区政府办公室（保留区政府目标管理督查办公室牌子）。

区经济体制改革委员会办公室、区信访办公室并入区政府办公室（保留区经济体制改革委员会办公室、区信访办公室牌子），按照“三定”规定独立开展工作，其党政事务和后勤服务工作由区政府办公室统一负责。

区经济委员会、区乡镇企业局、区物价局、区二轻工业局职能并入区计划经济局（保留区经济委员会、区物价局牌子，区二轻工业局并入后原事业编制不变）。

区科学技术协会与科学技术局合署办公，实行两块牌子，一套人员。

合并区农村工作领导小组办公室、区农业局、区畜牧局，组建区农牧局。

对外经济贸易委员会更名为对外贸易经济合作局后，可挂区招商引资局牌子。

不再保留市容环境卫生管理局、城市综合管理指挥部办公室，组建市容环境管理局。

（二）区委、区政府议事协调事务机构的设置及职能归并

1. 保留区机构编制委员会办公室，为区机构编制委员会的常设办事机构，既是区委的工作机构，又是区政府的工作机构，挂靠区人事局。

2. 保留人民防空办公室，为区国防动员委员会的常设办事机构，也是区政府人民防空工作主管部门。

3. 组建安全生产监督管理委员会办公室，其办公室为区安全生产监督管理委员会的常设办事机构，挂靠区劳动和社会保障局。

（三）区委、区政府直属事业单位的设置及其职能归并

1. 区委党校（区行政学校）：实行两块牌子，一套人员，为区直属事业单位；

2. 区委党史研究室：为区委直属事业单位；

3.《青白江报》社：为区直属事业单位，由区委宣传部代管；

4. 区农业机械事业局：为区政府直属事业单位，保留其行业管理职能；

5. 区档案馆：为区政府直属事业单位，可挂区档案局牌子；

6. 区地方志办公室：为区政府直属事业单位；

7. 区房地产管理局更名为区房产管理局，将地产职能划入国土资源局，为区政府直属事业单位；

8. 区广播电视局并入青白江电视台，为区政府直属事业单位，可挂区广播电视局牌子；

9. 合并商业贸易委员会、粮食局、区供销联社，组建贸易与粮食局，为区政府直属事业单位。

二、区人大、政协、法院、检察院等机构改革

1. 区人大、政协机关机构改革的重点是进一步加强机关建设。理顺职责关系，调整机构设置，优化干部结构，形成高效的工作机制。区人大机关设置综合办事机构和工作机构4个，区政协机关设置综合办事机构和专门委员会办事机构3个。

2. 区法院、检察院机构改革要从审判工作和检察工作的实际出发，完善职能配置，调整机构设置，优化人员结构。提高队伍素质，建立机构设置合理，职责划分清晰，编制配备精干，公正廉洁高效的审判体制和检察体制。法院、检察院的机构改革严格按照市上统一规定执行。

3. 群众团体机关机构改革任务是：理顺社团之间，社团与党政各部门之间的关系，调整结构，精减人员，克服人民团体机关行政化的倾向，群众团体的机构改革按川委发〔2001〕12号文件规定执行。

三、机构改革中的若干具体问题

（一）关于部门管理机构与主管部门的关系问题

1. 区委、区政府部门管理的机构（以下简称部门管理机构）是由主管部门管理的，负责区委、区政府某方面工作的管理机关，具有相对的独立性。区委、区政府文件可直接发给部门管理机构，有关会议也可能通知部门管理机构参加。主管部门主要通过其主要领导或主要领导召开专门会议的形式，对部门管理机构实施领导。部门管理机构按照“三定”规定开展日常工作，可按照有关规定行文。工作中需请示区委、区政府的事项，原则上应通过主管部门上报，如遇紧急情况，直接向区委、区政府请示时，应抄送主管部门。部门管理机构的领导干部任免，按干部管理权限办理，其人事工作自行管理；其原有的计划、财政、专项资金渠道维持不变。

2. 关于规范机构名称和机构级别

区级党政机构的名称：区委部门为部、委、办，区政府部门为办、局。部、委、办、局为同一规格，行政级别为正处级。区级党政工作机构不设置部门行政管理机构（二级局）。

区级党政工作部门的内设机构为正科级建制。

3. 关于区极机关人员编制的核定

区级行政机关编制使用范围为：区级党政机关、人大机关、政协机关、工、青、妇等人民团体机

关和议事协调机构的实体办事机构。原为区政府工作部门，改革中转为事（企）业单位的不再使用行政编制。

区级行政机关编制按照市编委重新核定的总额分解到区委、区政府、区人大、区政协机关，其编制分配比例按中央确定的原则和成都市党政机构改革的实施意见进行分配。

区委常委、正副书记，政府正副区长，人大正副主任，政协正副主席，区级巡视员编制实行单列管理，不占各部门的编制数。

4. 关于领导职数的配备

根据市编委成机编〔2001〕25 号文批复，区委、区政府党政领导职数按区委常委 9 ~ 11 名，区委书记 1 名，副书记 3 ~ 4 名；区政府区长 1 名，副区长 5 ~ 6 名配备。

区人大配备主任 1 名，副主任 2 ~ 4 名；区政协配备主席 1 名，副主席 2 ~ 3 名。

区级各部门的领导职数按正职 1 名，副职 1 ~ 2 名配备。

区级各部门内设机构的领导职数（指担任实职的正副科长、正副主任），根据科室人员编制数确定：3 人以下设 1 职，4 人以上设 2 职。

5. 关于“三定”工作

实行定职能、定机构、定编制的“三定”工作，是这次机构改革的核心内容，是推行国家公务员制度的一项基础性工作。

实行“三定”的范围包括区委、区政府机关、人大、政协机关、法院、检察院机关和工、青、妇等人民团体机关，议事协调机构的实体办事机构，由区政府委托或授权行使行政管理的单位和区委、区政府的直属事业单位。

“三定”工作主要内容是：

（1）定部门管理职能。包括本部门职能转变的主要内容，即转变的重点，需要强化或弱化，转移的职能和本部门的主要职责。各部门要根据现行法律法规，参照市委、市政府对应部门的“三定”规定（方案），按照转变职能，理顺关系的要求，坚持政企、政事职责分开，责权统一和上下衔接不错位的原则，对本部门的职能进行清理，界定。如涉及到几个部门职责交叉的问题，可先由有关部门协调解决，解决不了的由区机构编制部门予以协调；仍不能取得一致意见的重大问题，提交区机构编制委员会或区委、区政府决定。

（2）定部门内设机构。包括机构名称和内设机构的主要职责。各部门要根据本部门的主要职能，本着精干高效，分工协调和宜粗不宜细的原则，科学合理地确定部门内设机构。对职能交叉、重复设置的，要坚决裁并，不允许区级部门两个以上的内设机构对应市委、市政府相应部门的一个内设机构。对职责相近或任务较少，工作量不大的不单独设内设机构。人员编制数额在 8 人以下的区级工作部门不设置内设机构，编制数额在 8 人以上的按不低于三比一的比例设置内设机构，即一般工作人员编制在 3 人以上的才设科室。

（3）定人员编制。包括核定部门内设机构行政编制、后勤服务人员编制和内设机构领导职数。区级部门要按照职位分类的要求，本着精简、效能和科学合理原则，将人员编制核定到各科室。

区委工作部门，区委、区政府议事协调机构、直属事业单位拟定的“三定”方案，区政府工作部门拟定出的“三定”规定，统一报区编委办公室审核，区机构编制委员会审批，分别由区委办公室、区政府办公室行文。职能调整较大或机构编制委员会难以确定的，则报区委、区政府审批，并以区委办公室或区政府办公室名义印发。

四、总体要求和组织实施

（一）加强领导，落实责任。机构改革的组织实施工作在区委、区政府的领导下，由区机构改革领导小组具体负责，日常工作由区机构编制委员会办公室承担。要将机构改革工作纳入区委、区政府一级目标管理，各部门一把手是本部门机构改革工作的主要负责人。

（二）强化纪律，保证方向。在机构改革中，要严肃组织纪律，严肃查处违反纪律的行为。严禁突击进人，突击提拔干部，严禁借机分钱分物、大吃大喝、组织高消费娱乐活动和到境外公款旅游，严禁上级主管部门干预下级部门的机构改革。同时，要做深入、细致的思想政治工作，化解各种矛盾，切实做到思想不散，秩序不乱，工作正常进行，国有资产不流失，确保机构改革平稳顺利进行。

（三）严格时限，确保质量。各部门要按照机构改革配套措施的要求，搞好部门定职能、定机构、定编制和人员定岗分流工作。重点抓好部门的职能转变，要把有关投资体制改革和行政审批制度改革的精神，落实到部门的职能配置中。在人员定岗工作中，要坚持公开、公平、公正的原则，科级领导干部职位一律实行竞争上岗，科级及其以下非领导职务人员实行双向选择。区级各部门“三定”工作在12月底基本完成。

（四）加强管理，巩固成果。在机构改革中，要加强日常管理，逐步实现机构、职能、编制工作程序的制度化、法制化。要加大管理力度，建立机构编制管理与财政预算管理相互配套的约束机制和监督惩处制度，对违反规定擅自设立机构，自行增加编制、超编进人，超配领导职数等行为，要按照管理权限从严查处。

附：成都市青白江区行政机关、直属事业机构定编方案

成都市青白江区区级机构设置表

中共成都市青白江区委

成都市青白江区人民政府

2001年10月25日

成都市青白江区行政机关定编方案

单 位	定编数			单 位	定编数		
	小计	行政	事业		小计	行政	事业
区 委	93	81	12	监察局	9	8	1
区政府	294	251	43	民政局	11	10	1
区人大	11	10	1	司法局			
区政协	10	9	1	财政局	15	13	2
议事协调机构	8	7	1	人事局	10	9	1
区级领导	27	27		劳动和社会保障局	10	9	1
纪委机关	9	8	1	国土资源局	10	9	1
区委办	26	21	5	建设局	13	11	2
组织部	16	14	2	交通局	13	11	2
宣传部	9	8	1	水务局	13	11	2

续表

单　位	定编数			单　位	定编数		
	小计	行政	事业		小计	行政	事业
统战部	9	8	1	农牧局	14	12	2
政法委	7	63	1	林业局	8	7	1
机关工委	3	4		对外贸易经济合作局	9	8	1
工　会	5	3	1	文化体育局	12	10	2
团　委	3	3		卫生局	17	15	2
妇　联	3	3		计划生育局	12	11	1
工商联	3	3		审计局	12	11	1
区府办	33	25	8	环境保护局	9	8	1
计划经济局	15	12	3	统计局	9	8	1
教育局	21	17	4	市容环境管理局	11	9	2
科学技术局	8	7	1	安　办	2	2	
编　办	2	2					
人防办	4	3	1				

说明：1. 议事协调机构编制数中含编办、人防办、安办；
2. 区委办编制数中含政研室、机要局、保密局、防邪办公室；
3. 组织部编制数中含老干局；
4. 宣传部编制数中含精文办；
5. 统战部编制数中含台办；
6. 政法委编制数中含综治办；
7. 区府办编制数中含管理局、体改办、信访办；
8. 计划经济局编制数中含经委、乡企局、物价局；
9. 科学技术局编制数中含科协；
10. 农牧局编制数中含农工办、农业局、畜牧局。

成都市青白江区直属事业机构定编方案

单　位	定编数	单　位	定编数
区委党校	22	地方志	5
党史研究室	3	房产管理局	11
青白江报社	10	青白江电视台（挂广播局牌子）	30
农机局	12	贸易与粮食局	20
档案馆(挂档案局牌子)	9		

说明：贸易与粮食局定编数含区供销联社。

成都市青白江区区级机构设置表

区委系统			政府系统				按宪法、法律设置的机构	
工作部门	按章程设置的机构	直属机构	工作部门		议事协调机构	直属机构	区人大机关	区政协机关
纪委机关	工会	区委党校	区府办	交通局	编委办公室	农机局	区人大办公室	区政协办公室
区委办	团委	党史研究室	计划经济局	水务局	人防办公室	档案馆（挂档案局牌子）	人民代表工作委员会	
组织部	妇联	青白江报社	教育局	农牧局	安办	地方志	法制工作委员会	
宣传部	工商联		科学技术局	林业局		房产管理局		
统战部	科协		监察局	对外贸易经济合作局		青白江电视台（挂广播局牌子）	法院检察院	
政法委			民政局	文化体育局		贸易与粮食局		
机关工委			司法局	卫生局				
			财政局	计划生育局				
			人事局	审计局				
			劳动和社会保障局	环境保护局				
			国土资源局	统计局				
			建设局	市容环境管理局				

青白江区（1990—2005）年区级部门及人民团体主要负责人名单

单位名称	职　务	姓　　名
区委办公室	主任	廖世泽　涂忠模　王伯鹏　邓　忠
区纪委	书记	杨安莉(女)　李光明　巫　敏　张国清
区委组织部	部长	邓光发　青士祥　麻渝生　万仲全
区委宣传部	部长	陈锦文　刘理安　张映明　朱志萍(女)　冷晓燕(女)
区委统战部	部长	朱一中　陈锦文　涂忠模
区委政法委	书记	黄忠莹(女)　李永江　邓光发　江家模　李光明　巫　敏　谢瑞金
区机要局	局长	温贤杰　郑家珍(女)　乔志文
区保密局	局长	何录明　唐雪玉(女)　曾　科　任智勇　李　祥
区综治办公室	主任	武跃云　庄成伦　钟贵楷　李福林　程　森
区直机关工委	书记	戴昭芳　张　于　刘明坤　温贤杰　沈跃芬(女)
区委党校	校长	吴敦和　王　琪　杨安莉(女)　巫　敏
区行政学校	校长	江家模　谢瑞金　王伯鹏
区党史研究室	主任	王尔光　赵仁广　廖长明
区政策研究室	主任	廖世泽　廖家钦　王伯鹏　蹇志刚　李　祥
区老干部局	局长	王长进　路心富　张志云(女)　严平原
区精神文明办公室	主任	赵玉峰　侯利俊
区委目标督查办公室	主任	涂忠模　黎　欣　李维嘉　吴世国　白涛(女)
区政府目标督查办公室	主任	王化中　李永明　刘　跃
区农业办公室	主任	陈忠明　庄昭友
区财贸办公室	主任	赵洪畴　黄成剑
区总工会	主席	陈志林　曾令辉　唐永芳(女)　万仲全
团区委	书记	赖建能　邓　忠　张　军　廖冬雪(女)　陈天万
区妇联	主席	赖维芳(女)　廖素华(女)　易丽华(女)　杨成蓉(女)　唐永芳(女)
区残联	理事长	廖宏沛　叶　斌　刘国建
区工商联	会长	邓清序　陈和平　吴　斌　曾令辉　丁宪军
区人大办公室	主任	李明宽　李福林　王中强　魏清和　李云汉
区人大财经办公室	主任	陈绍国　范维禄　刘凤菊(女)

续表

单位名称	职 务	姓 名
区人大农业办公室	主任	黄天泉 王典华 何世元
区人大科教文卫办公室	主任	辜文(女) 刘凤菊(女) 罗 骥
区人大代表联络办公室	主任	白敦王(女) 林文清 黄 莉(女)
区人大法制办公室	主任	张惠琼(女)
区政府办公室	主任	白美德 王化中 周德昌 吴世国
区监察局	局长	徐泽兴 麻渝生 胡荣才
区建设局	局长	王松林 王玉华(女) 邵渝绪 叶和清 李发全
区城乡规划局	局长	余 江
区科技局(科委)	局长	赵品文 张继安 兰隆学 庄成伦 程福中 李维嘉
区计生局(计生委)	局长	骆隆源 钟盛全
区人事局(编办)	局长	李光明 刘和平 付 彬
区劳动局	局长	赖光中 刘怀光 兰隆学
区财政局	局长	谢宝贵 钟碧辉(女) 徐 彪
区民政局	局长	刘德明 周盛西 陈 艳(女)
区工商局	局长	邵渝绪 张光修 史国庆
区商业局	局长	李云富 李崇智
区司法局	局长	庄成伦 杨晓明 王典华 徐 骏
区质监局	局长	涂基松 舒先锡 李长泉
区审计局	局长	黄明裕 唐贤富
区统计局	局长	张家香(女) 陈先铧 吴 斌
区教育局	局长	钱克昭 郭光群(女)
区文体局	局长	赵仁广 赖建能 夏昌菊(女) 程福中
区卫生局	局长	晏万春 杨潮海 赖维芳(女) 王 勇
区环保局	局长	庄道成 叶和清 郑兴华 赖建能 李永明
区国土局	局长	肖贻宗 张仁军 赵 全
区农业局	局长	游章田 钟 骏
区畜牧局	局长	陈敦光
区林业局	局长	谢新珠 邝宣忠 李大寨
区交通局	局长	黄常青 涂基松 牟建平
区地志办	主任	赵兴保 陈先铧
区房管局(办)	局长	肖福松 王 静 陈元伟
区农机局	局长	何世元 温家禄 陈晓华
区物资局	局长	彭立本 许必良
区广播电视局	局长	陈绍金 刘 毅 鲁 楠

续表

单位名称	职 务	姓 名
区档案局(馆)	局长	黄天泉 邹宗英(女) 唐雪玉(女) 王凤茹(女)
区粮食局	局长	李崇智 王有恩 马子秋 姚元全
区机关管理局	局长	胡怀贵 杜江才
人防办	主任	范维禄 刘明坤 郭忠亮
区计委	主任	余厚发 肖贻宗 邓 忠 李 莉(女)
区经委	主任	蔡显富 邓道永 何兴林
区信访办	主任	古家富 罗声慧(女) 徐胜利 郭光辉
区乡镇企业局	局长	苏顺良 温家禄 陈传明
区二轻工业局	局长	曾世煊 王思康 胥荣鑫
区物价局	局长	曾顺章 陈先铧 陈红浪
区商贸委	局长	黄成剑
区贸粮局	局长	易丽华(女)
区城综办	主任	李云汉 李永明
区市容管理局	局长	罗 斌
区安监局(办)	局长	黎 欣
区外经委(局)	局长	廖正华 叶成熙 张 军 白 涛(女) 曾 新
区水电(务)局	局长	黄忠顺 周德昌
区供销社	主任	张禄奎 彭常水
区体改办	主任	何心林 姚元全 夏 鲲
区国税局	局长	舒先麟 宗柏山 罗文义 杜 俊
区地税局	局长	钟碧辉(女) 李 平 汪四清 王光明
区防邪办	主任	吕 鸣 黄孝云
区台办	主任	陈祖贵 何心林 曾 新
区政协办公室	主任	李文秀(兼) 廖光智 陈云珍 戴正文 赵碧桃 曾 科
区政协专委会办公室	主任	廖光智
区政协经济建设咨询办公室	主任	李德富
区政协委员联络办公室	主任	蒋学文 米 莉(女)
区政协科技经济工作办公室	主任	陈云珍(女)
区政协科技经济建设办	主任	李德福
区政协精神文明工作办公室	主任	何永清
区政协第一门委员会办公室	主任	李 群(女)
区政协第二专门委员会办公室	主任	何显全

青白江区1990—2005年乡镇(街道)党(工)委书记、乡镇长(主任)、人大主席团主席名单

乡镇(街道)	党(工)委书记	乡镇长(主任)	人大主席团主席
大弯街道	陈家彬 石光明 陈元伟 刘国平 吴德祥	石光明 陈元伟 舒世林 段丽华(女) 陈道安 许昌宽	陈道贵 石光明 吴逢彬(女) 陈元伟 刘国平
红阳街道	李长全 庄昭友 钟盛全 吴世国 欧泽春 余 江	刘作杨 钟盛全 陈元伟 余 江 常 辉 刘高廷	曾绍雍 张昌全 吴世国 余 江
城厢镇	黄忠顺 张映明 刘 强 赵 全 李大寨 唐 斌 黄先林 谢瑞金	侯 云 刘 强 赵 全 李振宇 李大寨 欧泽春 何巧明 汪家坤 任立新	张德鑫 刘 强 李云林 李大寨 唐 斌 黄先林
清泉镇	杨宗华 钟贵楷 何显全 鲁 楠 丁宪军 吴德祥 曾 勇	杨宗华 钟贵楷 丁宪军 夏昌菊(女) 刘友萍(女) 曾宗俊	彭维章 何显全 蒋世奇
弥牟镇	刘理安 杨德智 张于同 郑兴华 邝煊忠 张继平 王德武	孟天罡 张于同 曾令辉 张继平 罗国友 谢文僖 王德武 曾宗俊 王 伟	孟天罡 曾令辉 张继平 王德武
大同镇	陈祖贵 陈元伟 曾顺东 谢瑞金 谢文僖 黄孝云	吴立康 赵 全 程 森 郑中贵 夏 琳 汪家坤	陈祖贵 陈元伟 吴立康 陈敦芳(女) 谢文僖 黄孝云
祥福镇	许必兴 陈先铧 吴世国 高 侨	杨家芝 陈晓曦 陈 林 徐和根	许必兴 陈弟荣 高 侨
姚渡镇	邝煊忠 姚元全 沈跃芬(女) 欧泽春 陈 林	廖长明 丁宪军 游志勇 卢 燕(女) 陈 林	曾肇修 邝宣忠 刘长明 沈跃芬(女) 欧泽春
龙王镇	杨心书 阙永德 李星成 吴德祥 周国龙	杨心书 曾太福 林培金 许建勋 李维升 卢 燕(女)	陈忠明 杨心书 林培金 吴德祥 周国龙
福洪乡	曾顺东 钟康才 候利俊 胡荣才 刘国建 胡 军	白德平 贾夏申 刘国建 胡 军 周国龙 黄先林 鞠天明	曾顺东 钟康才 候利俊 刘国建 胡荣才 胡 军
人和乡	叶长顺 谢瑞金 陈传明 江长和 卢年富	谢瑞金 陈传明 江长和 卢年富 曾 科 张同辉	叶长顺 谢瑞金 肖渊根 江长和 付清秀 卢年富

续表

乡镇(街道)		党(工)委书记	乡镇长(主任)	人大主席团主席
区划调整前	绣水乡	曾德君　邓　忠	肖茂贵　叶　斌　陈元伟	曾德君　邓　忠
	日新镇	胡理刚　陈敦光　杨德志　庄昭友　程福中　向盛茂　郑德才　杨　波	范国江　何显全　向盛茂　张顺杰　徐和根	胡理刚　庄昭友　郑德才　胡显进　杨　波
	玉虹乡	张光修　张映明　曾令淮　陈晓华	张先泽　郑中贵　陈晓华　黄先林　曾宗俊	刘义坤　张光修　何仁荣　张映明　曾令淮　陈晓华
	云顶乡	唐贵渠　彭兴培　付　彬　唐永芳(女)　曾　勇	彭维伯　王永发　姚元全　彭道勇　刘盛福　包世忠	唐贵渠　彭兴培
	合兴镇	邓道永　廖长明　吴三洪	钟康才　刘期永　时东平　张同辉　严建平	邓道永　刘期永　范国江

中国共产党成都市青白江区第五次代表大会代表名单

（正式代表298名，列席代表22名，特邀代表3名）

正式代表

侯忠万	史先惠(女)	唐贵明	杨世金	岳　鹏
陈锦文	温康金	刘明松	白美金	黄美树
余厚发	唐光明	杨兴成	蒋中本	余成章
陈道刚	陈家彬	邱继廷	钟其正	向继芬(女)
温贤栋	蔡云峰	卜远福	陈登菊(女)	陈家敏(女)
曾丽芳(女)	黄泽良	骆开贵	钟天寿	陈绍侯
刘怀云	李永江	李奉模	吴世元	蔡显桂
刘贞水	杨安莉(女)	王清源	杨恒宇	李永才
张孝英(女)	李长全	胡礼刚	赵鸿畴	彭维章
钟其会	张昌全	范国江	朱一中	黄副华
蔡玉蓉(女)	陈忠明	代正玉(女)	陈敦友(女)	黄正金
温贤益	巫世才	温成蓉(女)	游章田	李昌万
吴昌林	钟秀兰(女)	冯德贵	陈元伟	黄步金

丁成洪	许必英(女)	叶家春(女)	蔡显富	廖明华
秦继良	钟国建	刘先志	刘光正	朱章云
张全金	黄忠莹(女)	刘义坤	廖常仁	李云棱
刘顺秀(女)	肖敏生	曾昌永	张发贵	徐玉琼(女)
罗会清(女)	李忠万	邹吉宽	邓光清	阮明英(女)
彭子英(女)	赖建能	范祯福	罗光菊(女)	曾家秀(女)
罗祯炳	王慧芬(女)	邓光发	游士志	李光明
刘家珍(女)	刘业富	张德超	曾世煊	何永清
黄自新	兰礼君	曾肇修	黄常清	赖维芳(女)
曾联合(女)	刘金富	沈中华	刘华龙	康立勋
江家模	葛义超	甘堂松	钟碧辉(女)	李云富
鄢燮安	叶长顺	苏元贵	张宏友	陈兴贵
廖世泽	付兴秀(女)	代世荣	麻渝生	邱友贵
白美德	谢瑞前	江统成	吴敦如	任周盛
陈志林	张安福	曾玉萍(女)	郑永清	郭友珍(女)
陈富爱	高明富	肖文玉(女)	张先如	杨 义
许必兴	陈义金	张玉华(女)	袁秀华(女)	温贤栋
杨家芝	刘盆芳(女)	黄忠顺	陈云珍(女)	唐章华
姚应学	罗加顺	钟世文	赖福润	鄢继安
黄孝琼(女)	王永生	王华屏(女)	曾德君	徐克惠(女)
何钦树	包德蓉(女)	李克勤	王德明	兰崇彬
吴逢桂(女)	陈绍发	徐泽兴	舒定辉	钟先长
赖成荣	陈道明	张家香(女)	谭代江	范庆贵

列席代表

林师品	陈敦松	向继清	付贤钦	廖跃斌
肖汉成	李文秀	苏顺贵	温贤炎	古家富
刘继林	唐基业	肖贻宗	曹玉安	马文科
吴旭清	卿尚奎	康德超	廖光智	张禄奎
孙士忠	曾顺章			

特邀代表

屈本文	赵景明	邓清绪

中国共产党成都市青白江区第六次代表大会代表名单

（正式代表268名，特邀代表15名，列席代表37名）

正式代表

张学明	张东方	丁德顺	谢珍艳（女）	舒先麟
郑纪江	何大彬	晋国雄	万代明	李崇智
高明富	李云凤（女）	杨玉春	徐焕贵	黄大德
袁清昌	杨心书	陈云珍（女）	邵渝绪	赵德丰
谢瑞前	徐秀芳（女）	陈大忠	马武寿	徐永发
杨恒宇	林德维	陈忠明	庄德贵	罗泽良
肖敏生	邱继廷	李光明	钱克昭	岑秀珍（女）
彭兴培	卜远福	刘怀光	郭光琼（女）	曾维成
唐永芳（女）	李奉模	钟碧辉（女）	张子琼（女）	李德华（女）
唐传和	巫世才	温家禄	赖洲华	彭常水
郭远康	吴素清（女）	黄明裕	赵仁广	温贤栋
尹贤科	骆开贵	曾经达	张相璐	舒基湘（女）
孙寿权	李忠万	游章田	李德普	杨正元
邓光发	涂忠模	彭立本	陈容芳（女）	何天光
罗祯炳	刘永贵	张仁军	陈道英（女）	魏丽君（女）
邓道永	王瑶姬（女）	涂基松	张宏跃	邹宗英（女）
黄兴先	戴昭芳	邹宗英（女）	魏丽君（女）	路心富
张文明	张术轩	叶和清		

列席代表

古家富	兰隆学	景尚荣	曾顺章	张孝平
赖光忠	徐泽兴	刘德明	李云富	何录明
庄成伦	徐世元	刘金富	王长进	胡怀贵
张禄奎	王尔光	叶仁洲	肖贻宗	李运章（女）
马文科	谢宝贵	吴敦和	谢新珠	陈家永

赵玉峰	张大光	苏顺良	赵品文	温贤炎
赵兴保	余厚发	鲜世君	赵洪畴	赖建能
陈绍金	张家香(女)			

特邀代表

赵景明	刘世增	杨万青	李春生	杨贵元
杨仲恒	郭永立	林师品	韩兴举	李德久
冯　渊	张家秀(女)	夏公禹	邓清绪	万兴厚

中国共产党成都市青白江区第七次代表大会代表名单

（正式代表295名，列席代表45名）

正式代表

王　琪	付兴长	张映明	卢锦江	鲁加春
肖敏生	胡培昌	何显全	费　杰	雷春权
麻渝生	陈志军	阙永德	兰桂芳(女)	罗维秀(女)
曾经达	赵国权	郑中贵	兰裕成	李星成
刘国平	胡洪香(女)	吴缝彬(女)	杨恒宇	吴定聪(女)
庄昭友	张振喜	黄德湘(女)	江家模	罗华开
石光明	李道华(女)	周武柏	刘理安	曾本华
付　彬	熊先芬(女)	林　丽	王伯鹏	刘贵友
邓道永	黄恒修	唐永芳(女)	王隆远	侯利俊
钟盛全	高　强	张训富	邝宣忠	张继平
张昌全	万孝先	苏世萍(女)	姚元全	段丽华(女)
夏昌菊(女)	李永江	唐传和	刘开田	高　侨
李盛友	李光明	张胜书	庄德元	刘跃堂
余庆元	张宏友	黄兴先	张全金	邓挺松
欧泽东	张义金	钟昆琪(女)	秦素琼(女)	王道质
岳家春	贾夏申	杨加荣	张礼华(女)	叶秀全

温佐松	曾松柏	邱玉华(女)	丁宪军	许昌根
伍永富	曾宗俊	徐理富	刘友萍(女)	黄智仁
吕高福	王志荣	刘素华(女)	周锡清	钟国建
张世明	侯忠万	曾显明(女)	张　彬	许必英(女)
陈家鹏	戴晓明	陈敦芳(女)	曾忠树	张昌秀(女)
温康金	谢瑞金	谢仲贤	高　珉	黄孝琼(女)
温佐光	郭忠亮	陈道杰	唐雪茹(女)	向盛茂
廖长明	赵　全	舒先明	邱　勇	胡显进
刘长明	邓　忠	陶勇海	叶和清	廖品玉(女)
徐德成	程　森	刘家贵	钱克昭	陈敦祥
沈跃芬(女)	张立华(女)	陈志琼(女)	张光修	康立林
曾钦祥	侯　云	陈华琼(女)	康立勋	徐顺昌
张玉华(女)	林芳莲(女)	刘家珍(女)	庄松明	严　英(女)
张国翠(女)	刘学雷	肖贻宗	周玉华(女)	王　玲(女)
赖世金	何远林	王化中	林德维	吴才修
江长和	史德华	刘怀光	林德芳(女)	马绍萍(女)
秦　毅	陈锦文	黄成剑	杨安莉(女)	赖建能
付兴秀(女)	邓光发	何心林	王玉华(女)	马昌俊
张隆宝	廖世泽	廖正华	邱蜀新(女)	余旭跃
张隆康	曹玉安	刘和平	涂基松	谢乐芬(女)
张隆森	袁秀华(女)	吴世模	黄忠顺	彭常水
郭连明	朱一中	张立蓉(女)	鲁　楠	刘永贵
袁清昌	白美德	张云德	李忠万	张志云(女)
高明富	曾令辉	游章田	姚明行(女)	张　军
黄常辉	刘明坤	王　静	陈传明	易丽华(女)
陈晓曦	吴世国	李长全	陈先铧	罗声慧(女)
何清树	涂忠模	曾令淮	郑德才	吴忠良
罗国章	陈元富	黎　欣	李懿聪(女)	李福林
郑建川	陈元伟	范康秀(女)	万代明	陈绍国
刘国建	胡荣才	黄世友	倪　晓	唐宗茵
许建勋	徐理琼(女)	陈绍发	董锦军(女)	方以绳
唐正贵	张忠德	刘先志	廖启星	赵玉峰
黄　琼(女)	谭代江	杨成金	王会林	刘　毅
蒋国芳(女)	史国志	罗淑茹(女)	胥荣鑫	唐昌明
刘远根	李忠水	周世琼(女)	赵晓明	汪庄富
赖学芬(女)	舒殿松	万忠昭	姚应旭	陈丽华(女)
赖学富	何青富	唐贵容(女)	赖成荣	兰义康

郭 萍(女)	许必良	袁长庚	李昌寿	刘德明
李崇智	郑兴华	傅贤钦	王典华	钟祖琼(女)
舒基湘(女)	张仁军	罗华乾	周大元	陈元能
王有恩	唐贤富	孙蓉珍(女)	刘建德	邱长洲
邓华光(女)	钟碧辉(女)	李伟光	牟建平	何玉琼(女)
李德兴	温贤安	何志纯(女)	胡强华	鲜世君

列席代表

晋国雄	赵景明	罗祯炳	温家禄	张家香(女)
葛义超	陈敦松	梁崇恩	胡怀贵	邹宗英(女)
陈旭东	骆隆源	李 平	陈祖贵	庄成伦
陈敦光	景尚荣	兰隆学	姚家兴	肖汉成
谢新珠	何世元	林培金	郑家珍(女)	周盛西
赵兴宝	王文轩	鄢燮安	唐雪玉(女)	李云汉
范维禄	林师品	赖福润	赵碧桃(女)	冯长富
刘期永	游士志	赵仁广	王德洋	曾顺章
舒世林	蔡显富	米 莉(女)	舒德荣	宗柏山

中国共产党成都市青白江区第八次代表大会代表名单

（正式代表298名，列席人员56名）

正式代表

戴晓明	蔡长泽(女)	康成礼(女)	舒先明	周德元
孙 明	钟如才	胡天坤	叶景康	张国翠(女)
张 军	杜 斌	黄孝云	刘代明	王泽云
王隆远	李胜友	夏 琳	曾钦祥	陈忠孝
包世美(女)	罗昌明	余孝良	罗成忠	万仲全
陈元伟	何世全	童 芳(女)	赖世金	钟碧辉(女)
陈道安	庄昌琼(女)	王先模	邱明洪	姚明行(女)

周德昌	吴世国	陈家和	刘贵友	陈天万
杜能灿	余　江	陈家鹏	周玉华(女)	庄德元
谢继琼(女)	王　洁(女)	黄常成	曾智美	连兴术
袁国成	李光和	唐　芳(女)	李永福	秦继良
刘兴才	邝光伦	曾丽芳(女)	李大寨	刘开田
吴逢俊	黄祚余	蔡玉蓉(女)	欧泽春	钟厚廉
陈治琼(女)	周述建	吴三洪	任立新	叶才金
李道秀(女)	肖茂文	张同辉	徐理琼(女)	彭英芳(女)
温佐蓉(女)	邓淑梅(女)	史　剑	朱宗文	文小蓉(女)
胡　军	赖德明	卢　燕(女)	张碧兰(女)	张启柱
周国龙	白美全	李希黎(女)	李忠水	王文章
曾宗俊	张继平	费　杰	舒昭玉(女)	邓全富
马武英(女)	谢文僖	张世金	黄大文	卢年富
何克松	汪家坤	巫　敏	舒殿松	曾　科
宋素琼(女)	洪　流	李光明	周丛志	庄昭友
李云凤(女)	温晓君(女)	王伯鹏	陈礼英(女)	吴忠良
林大胜	叶秀全	朱志萍	曾绪立	牟建平
彭英忠	胡文才	胡荣才	余正国	王　涛
郑小双	曾西林	邓　忠	匡成礼	卿立平(女)
李万洪	温贤志	吴德祥	沈跃芬(女)	唐贤富
谢瑞金	吕高松	李维升	游志勇	徐　杨(女)
张映明	温佐光	魏光永	曾家顺	来登孝
赵红跃	温栋成	陈智彬	郭光群(女)	何克顺
侯建川	赖良树	李春武	王雪梅(女)	何昌庭
徐声明	黄国平	韦运富	彭传章	卿光富
黄　琼(女)	姚应旭	宋　丹(女)	郭万俊	廖品玉(女)
张胜军	王　俊	张光修	刘学雷	曾水香(女)
黄常辉	苏祥德	涂基素(女)	赖维芳(女)	向明菊(女)
张龙生	赖成荣	谢　炬	秦与闻(女)	何立祥
严良荣	陈昌德	曾忠树	陈显刚	杨安莉(女)
张龙宝	钟代琦	王国富	唐　方(女)	涂基松
蒋小凡(女)	王玉萍(女)	姚建平	李维嘉	邱蜀新(女)
曾志军	陈道翠(女)	陈　卓	徐胜利	涂忠模
叶世万	陈晓华	唐雪茹(女)	王中强	郑兴华
杨　波	黄先林	易丽华(女)	谢天贵	王学才
张顺杰	鞠天明	吴定聪(女)	丁宪军	左永文(女)
徐和根	郭真礼(女)	庄松明	刘友萍(女)	高　侨

陈　林	兰远富	吴　杰	王凤祥	刘和平
李　莉(女)	庄如勋	刘祖廷	钟盛全	付　彬
张　林	文　伟	陈太福	鲁　楠	李华蓉(女)
陈红浪(女)	曾　勇	胥荣鑫	赖建能	李福林
兰隆学	刘盛福	李百鸣	唐雪玉(女)	赵仁广
陈　艳(女)	包世忠	张孝勇	徐　骏	侯利俊
程福中	苏世萍(女)	李　英(女)	邱友明	唐永芳(女)
张仁军	唐贵海	许建勋	付道荣	廖冬雪(女)
艾雪松	李发全	程　力(女)	邓光发	杨成蓉(女)
廖晓芳(女)	陈先锋	巨　浪	贾夏申	钟　骏
叶　华(女)	郭忠亮	彭常水	刘国平	温家禄
唐贵蓉(女)	宋世英(女)	罗　红(女)	李顺治	黎　欣
巫开金	王　静	陈纪军	米　莉(女)	左文季
陈继先	徐　彪	黄忠顺	温贤杰	李长全
陈孝恩	杜　俊	朴远翔	邓清玉(女)	李锡文
杨建平	曾顺东	罗　斌		

列席代表

赵景明	李　邦	曾令辉	王德洋	肖敏生
王化中	姚元全	肖汉成	赖福润	王玉华
邝宣忠	马子秋	罗祯炳	陈锦文	曾经达
吕　鸣	晋国雄	袁秀华(女)	张义金	王光明
蹇志刚	游章田	龙慧君	叶和清	夏　丽(女)
侯忠万	刘理安	赵　全	李昌寿	赵克建
李永江	彭　勇	陈传明	高　勃	余怀民
严平原	张宏友	黄成剑	陈先军	李科峰
何心林	鄢燮安	陈善才	梁亚西	葛义超
李永明	陈绍国	刘建德	袁兴才	熊　革
杨恒宇	钱克昭	温贤安	姚家兴	肖贻宗
江家模				

青白江区第十二届人民代表大会代表名单

李安寿	沈艾蓉(女)	任素珍(女)	杨宗华	侯忠万
朱福根	陈先庸	陈敦松	庄德元	刘跃堂
徐培勇	沈中华(女)	庄传金	陈敦素(女)	孙昌文
蔡天河	张佐坤	陈良树	王艳琼(女)	刘泽沛
李治非	陈世生	陈通益	严　佑	李德光
王湘华(女)	曾大勇	陈敦祥	杨心书	刘作杨
范玉珍(女)	朱明惠(女)	曹玉安	赖维芳(女)	温贤本
廖子才	辜淑秋(女)	陈龙才	张传芳(女)	赵德勋
张永孝	钟建忠	罗淑秀(女)	曾本华	张兴寿
梁瑞广	王敬章	鄢燮安	刘继林	王先华
赵德山	郑元坤	黄自敏(女)	吴素清(女)	周光明
鄢云霞(女)	周建成	谢忠勇	徐秀芳(女)	赖吉仁
李正平	马文科	李崇智	白德平	周群珍(女)
易思荣(女)	代昭芳	曾永庭	李云贵	钟康才
陈秀琦	白美德	鲁元富	梁振琼(女)	张仕金
廖观云	黄天泉	石光明	丁启培	魏秀英(女)
唐大财	曾万金	黄泽良	肖汉成	何汉光
左权方	黄大德	陈正良	邓德辉	罗祯炳
张兴奎	康德超	丁德顺	钟先长	陈敦友
甘旭忠	史良信	陈道清	张魁林	谢瑞金
赵宗汉	吴诗泰	沈碧明	宋德亮	余江奎
华光友	袁秀华(女)	康德敏	吴定明	陈雨清
王邦亮	凌锡龙	赖均禄	孟天罡	闵龙华
陈家素(女)	舒先麟	王泽西	李永江	罗昌明
李志兴	蔡显富	侯　云	李良栋	熊春平
杨德智	王松林	马家祥	杨恒宇	王如民
马家龙	肖贻宗	陈　杰	唐光明	向继芬
余正国	赵仁广	廖先琼(女)	温佐光	陈正生
史国志	卿尚奎	陈玉先(女)	张训儒	熊先铸
陈云珍(女)	赵晓明	屈本文	陈友文	邓光发

吴尚涛	吴世伙	杨仲恒	陈旭东	曹桂英(女)
杨家芝	钟立惠(女)	叶成茂	李志峰	彭维伯
万岂惟	梁心金	沈序永	郭连明	唐贵秀(女)
许必寿	张先泽	曾昌明	徐千茂	刘振邦
刘金富	李云凤(女)	黄玉琼(女)	谢瑞前	

青白江区第十三届人民代表大会代表名单

朱正全	田忠友	余季樽	曹玉安	陈道贵
郭奕瑾(女)	易思荣(女)	钟光健	杨心书	张福轩
朱国坤	张永沛	刘建辉	钟秀兰(女)	刘正兴
李　俭	张忠德	温佐新	曾本华	余江奎
赵惠芳(女)	张惠琼(女)	马云兆	万屺惟	李海秀(女)
程积恭	何青富	廖达富	徐秀芳	李良栋
蔡天河	曾德君	段绍根	方文仲	唐光明
王湘华(女)	沈艾蓉(女)	张国安	何成秀(女)	马天锡
李治非	赖富润	张家香(女)	郑发文	孟天罡
王建国	邝宣忠	陈大忠	曹长清	王松林
李永治	曾绍长	戴昭芳	许必轩	吴素清(女)
张永孝	任素珍(女)	张守刚	蔡显富	周光明
陈吉香(女)	郑福全	游章田	丁德顺	张俊英(女)
李旭坚	李发荣	王玉华(女)	刘华龙	邹大明
张冬珍(女)	郭永立	王长林	陈思蓉	白德平
湛灿伦	陈秀琦	彭立本	赵晓明	李云贵
马菊云	朱其江	刘祖廷	黄自敏(女)	钟康才
赵德山	罗毓春	凌锡龙	谢忠勇	罗富云
彭君谅	任孝品	庄昭友	陈家详	罗祯炳
鄢云霞(女)	杨耀荣	黄天泉	彭传根	钟昆琪(女)
甘旭忠	蔻德庭	彭育茂	邵渝绪	刘期永
张孝烈	黄安培	徐家玉(女)	钟碧辉(女)	温佐光
张兴奎	舒先麟	李选贵	陈绍金	包世萍(女)
谭庆和	姜福根	陈敦祥	赵仁广	葛中发

江家模	赖世钦	李福林	谢述钧	何仁荣
钟其会	齐桂芝(女)	谢瑞金	何正兰(女)	黄玉琼(女)
曾令辉	何文显	李兴万	王智勇	余正国
刘泽沛	吴定明	张胜秀(女)	许必兴	马家祥
李长林	周继渊	刘振邦	候忠万	陈绍忠
廖传珍(女)	陈晓蓉(女)	彭兴培	钟立惠(女)	陈道清
杨宗华	孙寿权	曾绍雍	廖世泽	袁秀华(女)
庄德元	陈会云(女)	熊春平	杨家芝	王建洲
罗元正	李德友	冯德贵	梁心金	刘成超
秦素琼(女)	张禄奎	刘作扬	向继轩	陈宪荣
张启柱	范国江	王如民	陈德秀(女)	康立茂
辜　文(女)	王永生	吴立康	李永江	候　云
严　琼(女)	李明宽	苏顺良	张先泽	徐志全
彭维章	陈传明	吴尚涛	杨仲恒	陈玉先(女)
钟贵楷	谢瑞前	陈正生	曾昌明	张的鑫

青白江区第十四届人民代表大会代表名单

余江奎	陈宪荣	李伟光	何显全	肖　钺
李显江	康立茂	沈中华(女)	吴英富	王先模
张崇林	伍永富	郑步云	吴定明	刘凤菊(女)
蒋铭珠(女)	何世元	刘光正	文晓蓉(女)	吴立康
石光明	吕高福	曾华荣	秦素琼(女)	王如民
刘宗海	范维禄	王文轩	丁宪军	谢瑞金
徐问平	邝宣忠	涂基松	李昌万	龙生琼(女)
唐贤富	张玉蓉(女)	王有恩	魏清河	肖敏生
陈道蓉(女)	张继平	巨　浪	赵世云	陈晓蓉(女)
赵　全	郭真礼(女)	彭常水	蒋世奇	张昌全
陈道清	陈先富	曾维成	李　平	钟传秀(女)
袁秀华(女)	江家模	罗　红(女)	赖学松	宗柏山
穆怀东	陈家鹏	刘泽沛	李永才	赖建能
何子中	邱蜀新(女)	袁成军	彭瑞琼(女)	郑发文

夏 丽(女)	李代玉(女)	曾绍长	田忠友	彭兴树
王月红(女)	戴晓明	刘长明	辜幼云(女)	叶和清
王 炜	钟天贵	张惠琼(女)	王连安	郑兴华
白天德	向继轩	舒元贵	王荣贤	张晓清(女)
刘懋林	陈善文	肖贻翠(女)	张永沛	陈道贵
朱国坤	李 琼(女)	何心林	陈秀琦	何一中
李 俭	张映明	向明菊(女)	余季樽	何成秀(女)
汪 云	邹吉根	陈龙才	梁学海	钱克昭
官浪平	廖正华	郑德才	罗长明	黄自敏(女)
唐 芳(女)	黄玉琼(女)	肖贻宗	蒋世豪	赵晓明
马天锡	麻渝生	张昌龙	秦 云	黄承庚
熊春平	苗长江	杨心书	姜福根	李云汉
庄昭友	李旭坚	吴元修(女)	刘国建	张家香(女)
李长全	陈英模(女)	贾夏申	罗富云	刘明坤
邓跃贵	陈 进(女)	杨心国	范国江	冯长富
张义金	陈定均	廖世泽	钟昆琪(女)	马云兆
卿光全	邹克新	叶玉清	林华珍(女)	刘建辉
陈弟荣	温佐宽	钟碧辉(女)	杨安莉(女)	廖达富
陈绍国	牟 芬(女)	阙永德	陈传明	汪志彬
何青树	张政通	何世林	付兴秀(女)	张光修
钟立会(女)	黄甫起华(女)	周光明	张龙康	张宏友
黄雪梅(女)	贺长生	候利俊	郑代江	潘 伟(女)
邓 忠	戴祥利(女)	何兆容(女)	郭连明	罗富顺
李云林	何永辉	兰隆学	王 琪	朱明慧(女)
李香勇	郑建川	何兴才	唐永芳(女)	刘建德
候忠万	黄成剑	袁开全		

青白江区第十五届人民代表大会代表名单

吴德祥	范家堂	李发全	温贤碧	赖德明
陈元伟	史国兴	刘理安	李显会(女)	陈晓蓉(女)
江小英(女)	刘宗海	余 江	胡荣才	罗 骥

黄祚余	高　侨	陈龙才	吴定聪(女)	向继轩
关冬梅(女)	陈绍国	游章田	张传洲	胡万培
叶秀全	周维义	刘家清	吴德祥	杨安莉(女)
范康秀(女)	陈昌富	胥荣鑫	唐贤富	陈晓华
刘体先(女)	唐永芳(女)	丁宪军	彭育树	向明忠
洪　流	谢金玉(女)	李显德	周国鑫	罗　斌
陈忠孝	龙腾贵	王光明	姚明行(女)	叶翠云(女)
温佐惠(女)	张惠琼(女)	易丽华(女)	杜　俊	黄玉琼(女)
张继平	李大寨	秦素琼(女)	吴三洪	兰隆学
陈先富	严玲花(女)	万仲全	李素明(女)	周光明
闵龙基	李代玉(女)	林万和	刘远根	李义海
汪亚丽(女)	陈文荡	丁开松	严平原	黎玉平
孙　明	钟天贵	蒋国木	卿烈富	戴晓明
万江玲(女)	徐　彪	周　忠	彭兴树	胡　军
刘建周	庄德君	黄德英(女)	邱蜀新(女)	赖学富
赵晓明	郭万俊	赖学松	曾　勇	李　武
舒基湘(女)	马子秋	齐桂芝(女)	巫　敏	宋素琼(女)
罗　静	蔡显林	郭连明	张邦蓉(女)	周德昌
陈家祥	张政通	沈跃芬(女)	张龙康	温贤杰
彭常水	黄甫起华(女)	冉毅强(女)	叶长坤	何志纯(女)
曾凡英(女)	贺长生	刘　东	卢年富	王治才
余怀民	王　建	李　晖	黄　莉(女)	赖建能
雷兴发	王荣贤	刘青云	蒲　勇	郑发文
向盛茂	陈　鹏	陶　旗	马崇萍(女)	赖维芳(女)
张仁军	吴兴松	王　玉(女)	蒋顺良	杨德智
董绍泽	陈秀琦	李　俭	陈英模(女)	周长远
张世明	张永沛	张　宇(女)	林蓉芳(女)	袁开全
何立祥	屈家伸	江思远	林　立	蒲学渊
陈建元	陈让香(女)	杨建安	李旭坚	张光修
黄孝云	陈显荣	陈定均	梁恩俊	陈善才
刘凤菊(女)	李云林	杨　路	刘义华	孟兴蓉(女)
李荃萼	周一萍(女)	郑建川	张　林	马前卒
王先模	李年华	程福中	张均和	徐坤甲
罗兴志	杨　波	钟世和	孙永生	蔡亮发
蒙进斌	肖贻翠(女)	袁秀华(女)	白德全	刘建辉
陈道良	郭光群(女)	舒元贵	夏　丽(女)	周又光
候建川	严　志	王中强		

青白江区政协第三届委员名单

鄢爕安	范康秀(女)	王思康	肖光霁	袁成军
朱一中	陈元伟	卿上生	陈家彬	段西镛
王德洋	沈跃芬(女)	何新爱(女)	黄安培	陈祥麟
刘世增	杨孝清(女)	蔡显源	谢圣德	马道华
张家秀(女)	李维清	宋世英(女)	何贤钦	张禄奎
李春生	涂德筠	赖光忠	谢贵福	阳廷章
夏公禹	卜线勤(女)	刘德明	廖伯春	邱德富
李文秀	宋光度	古家富	温佐惠(女)	陈忠兴
李德富	吴富义(女)	王长进	陈顺泉	雷加强
廖光智	杨巧芳(女)	白绍佳	赵德丰	张其礼
陈云珍(女)	程家镛	张崇魁	谢宝贵	辜学耕
张世尧	杨世蓉(女)	吴树纵	黄学斌	陈　康
陈富先	李德久	罗修理	肖茂文	叶仁洲
彭家祥	王树森	孙金庆	黄云仙	刘滨甲
李光明	王子东	徐杰道	杜大林	熊运文
暨贤贵	肖以勤(女)	解曼蓉(女)	王有恩	高清华(女)
康人俊	白美良	刘清欣	陈开富	何盛清
尹效兰(女)	李运华(女)	唐贤斐(女)	王定福	陈荣忠
罗先模	陈　冰	罗书华	周更生	何志军
马立本	杨远志	许元汉	陈家篪	孙守琼(女)
温贤本	罗开云	孙辉泉	赵显淳	王化中
邓清序	刘理安	贾汝培	魏云德(女)	夏元光
赖建能	骆德隆	张正通	袁开泉	刘期长
何世林	余厚发	王大元	王肇良	贾祥炳
王曼萍(女)	向继清	廖跃斌	廖运萍(女)	温贤麒
华金良	金天彬	王瑶姬(女)	任仁南	万兴厚
冯　渊	黄启田	庄道成	熊尚琛	辜凌霄
刘传国	陈昌德	刘本明	夏学成	马天锡
简华富	王国品	牟永杰	袁国成	陆光才
叶英水	雷　鸣	赵品文	陈道刚	方文仲

陈其英(女)	彭尚隆	陈敬淑(女)	杨菊甫(女)	陈绍模
周植聪	尹昌德	李云松	汪守愚	罗羽铭
张勋元	黄碧芳(女)	达贵诚	贾永华	徐开勤
张友良	景尚云	白昭弟	释能恕(女)	张依林
兰永丰	张昌全	何裕光	罗敦树	黄兴先
廖校聪	冯长富	罗光惠(女)	唐宗秀(女)	陈玉泉
钟太兴	黄忠顺	陈绍忠	甘堂松	钟坤琪(女)
廖作怡	廖常仁	毕仕勋	赖国清	廖万书
兰家富	张俊仁	王文筒	付兴秀(女)	陈思德
范国江	黄宏珍(女)	陈问渠	黄俊宽	黄承庚
黄步金	胡志敏	黎本泉	唐永芳(女)	李绍周
陈光昭(女)				

青白江区政协第四届委员名单

杨恒宇	肖以勤(女)	温贤本	何锡玲(女)	陈加印
朱一中	张世尧	戴正文	刘万青(女)	刘宾甲
白美德	何世林	张忠清	王瑶姬(女)	黄火德
刘世曾	何永清	陈昌德	肖茂文	邱德富
张春生	陈云珍(女)	黄启田	张　晓	段西镛
夏公禹	陈富先	刘永贵	王小伯	温佐伦
石兴厚	罗先模	廖家钦	陈克瑞	杨菊甫(女)
贾汝培	康人俊	石光明	袁国成	陈光昭(女)
王树森	辜凌宵	黄忠顺	陈元富	房贵轩
王蔓萍(女)	辜学耕	蒋世奇	秦与闻(女)	宋光度
邓　忠	张琪礼	李伟光	吴世金(女)	程家镛
邓清序	党　云	孟天源	熊运文	杨巧芳(女)
冯　渊	陈立树	王定福	高清华(女)	陈显其
华金良	李　实	雷　鸣	解曼蓉(女)	孙金庆
李光明	陈孟莲(女)	彭道勇	胡强忠	罗修理
李运华(女)	孙守琼(女)	王国品	白绍佳	周佑民
李德久	罗仁成	肖光霁	汪守愚	张正通
缪淑群(女)	彭家祥	唐宗秀(女)	罗光惠	李晋成

刘清欣	任仁南	金学良	陈弟荣	黄承庚
唐贤斐(女)	熊上琛	黄柞建	郑德才	周植聪
罗书华	夏学成	谢新珠	赖国清	杨世蓉(女)
袁开泉	胡志敏	余孝良	黄光先	雷　敏
廖运萍(女)	程良数	秦树光	黄德湘(女)	尹昌德
廖信良	陈道贵	李顺治	唐永芳(女)	周维新
许元汉	达贵成	张昌全	付　彬	夏元光
王国顺	黄德元	邹吉庚	陈其英(女)	袁玉林
马立本	刘本明	刘吉富	彭传章	李维清
释能恕	温佐惠(女)	陈万先	温贤麒	谢贵福
廖校富	陆正寅	谢金洪(女)	罗羽铭	史方全
米　莉(女)	卿上生	谢圣德	陆光才	胡瑞莲(女)
涂德筠(女)	冯长富	付贤钦	徐开勤	吴　斌
蔡显才	袁成军	张俊松	兰家富	陈顺发
古家富	钟太兴	王化中	叶英水	谢宝贵
贾汝培	廖常仁	陈开富	冉伯生	周更生
孙辉泉	赵宗彬	罗敦树	黄俊宽	

青白江区政协第五届委员名单

李永江	刘跃国	徐　彪	万江铃(女)	段希镛
陈锦文	吴世国	江　艳(女)	黄承庚	马立本
邓光发	吴　斌	黄火德	辜凌霄	李兴万
刘世增	何锡玲(女)	王声琴(女)	曾　新	马启友
涂忠模	李德久	杨道斌	彭传勇	江　勤
孙钧翔	林义忠	张　华	程家镛	吴逢彬(女)
刘　曦(女)	杨成蓉(女)	徐云伟	舒德荣	曾　勇
万兴厚	赵红跃	傅贤钦	廖冬雪(女)	童　芳(女)
王小伯	孟兴蓉(女)	夏元光	蔡可瑞	刘友萍(女)
王仕访	胡洪强	黎成松	潘　英(女)	李大寨
王　健	骆登智	羊依德	李　群(女)	曾令淮
邓　忠	赵碧桃(女)	陆光才	廖校富	张碧兰(女)
兰隆学	党　云	钟先海	王崇康	陈富先

张友林	黄兴先	张顺杰	代东林	陈天仰
谭长玉(女)	谢天贵	罗兴志	王　玲(女)	王焦东
陈齐英(女)	肖远富	黄柞建	孟天源	张忠清
汪亚丽(女)	徐开勤	赵宗彬	陈祖贵	陈先铧
张力强	谷业举	钟太兴	辜学耕	景尚荣
李　职	黄俊宽	曾启明	李　实	杨家芝
李维清	沈跃芬(女)	陈克润	罗隆富	孟德年
严训惠(女)	吴定聪(女)	肖茂文	余奎明	肖光辉
段晓莉(女)	黎绍志	蔡剑冰	王瑶姬(女)	张俊松
王汝龙	周国民	王　勇	李福林	刘吉富
熊运文	米　莉(女)	文鉴恒	唐雪玉(女)	陈万先
晋　蜀	伍永秀(女)	牟成坤	刘永贵	李小晋
王　勇	陈顺发	王亚文(女)	罗声慧(女)	黄学斌
温贤本	许泽平(女)	张　舸	杨胜利	李根唐
徐彦碧(女)	罗国才	闵燕华	廖运萍(女)	赵仁广
罗仁成	谭启蓉(女)	余仲章	李瑞麟	黄启田
陈元富	唐正兰(女)	涂德筠	李道源	黄玉峰
余志禹	孙　红(女)	李国成	钟运良	严平原
释惠常(女)	王化中	王俊林	彭德昌	李顺治
叶英水	史方全	陈显英	李开基	庄成伦
刘绍润	赵雪松	王德成	邱伯文	周　婕(女)
陈道贵	何泽明	肖道奎	俞克承	米因泉
程良树	温佐翼	高承毅(女)	张世尧	王典华
袁本荣(女)	张　山	雷佐治	刘洪元	谢金洪(女)
丁开松	周盛西	李文学	孙辉泉	张显志
叶长坤	洪　流	廖信良	张　彪	黎　欣
骆方旭	钟俊德	李万顺	吴嘉隆	

青白江区政协第六届委员名单

马昭琪	释圣明(女)	段希镛	骆开良	幸晓凤(女)
孙平建	陶　旗	谢瑞云	江长和	狄　敏
移　梅(女)	刘光健	徐彦碧(女)	李琳娜(女)	张翠明(女)

吴仁勇	洪　流	柳　欣	谢红平	钟德强
王艳辉	张　晓	陈　忠	辜学耕	牟成坤
陈莉让(女)	邱　珍(女)	谢金洪(女)	李　群(女)	何惠基
卫　兵	曾　科	余怀民	马立本	魏光永
钟代琦	彭道勇	马武英(女)	陈　波	张　勇
刘国平	黄晋蓉(女)	熊运文	孙　红(女)	曾家顺
廖信良	温成杰	罗光惠(女)	刘　跃	曾凡英(女)
李　庆(女)	赵国兴	游志勇	杨跃荣	杨开泰
张显志	佘本成	邹　玲(女)	张　蓉(女)	何庆显
江　勤	陈万先	黄　琼(女)	陈国林	肖远富
张振喜	顾春生	庄昭友	刘　勇	王叶英(女)
赖咏梅(女)	胡　呤(女)	尹华山	白　涛(女)	景　勇
胡荣才	廖晓敏	张大福	杨维成	钟　骏
刘华富	彭　良	张旭艳	刘贤虎	钟江萍(女)
刘跃国	张友林	文　宇	张　迅	顾劲松
谢绍贤	徐　杨(女)	高　飞	彭德昌	郑德才
张　志	张建华	贺旭根	吴忠良	曾　亮
何世林	胥雪龙	罗兴志	陈良义	唐正兰(女)
高承毅(女)	赖德明	王　勇	艾雪松	汤家宁
徐理琼(女)	黄俊宽	黄忠义	曾　新	赖贤忠
牟　建	王　玲(女)	王亚文(女)	邹　波	李维清
林平文	李真福	田　澍	王治才	陈明彬
蔡长泽(女)	陶　萍(女)	陈志华	陈　勇	彭永华
向　均	安晓瑾(女)	雷左志	陈　艳(女)	贾夏申
陈淑华(女)	王汝龙	古伟儒	钟先海	李顺治
来登孝	陈元富	任万洪	叶　洪	李兴万
代　奎	余奎明	干凤兰(女)	马　军	张　华
黄筱玲(女)	邓亲华	何　丽(女)	徐云伟	赵　敏
余仲章	杨　力	刘国建		

青白江区国民经济和社会发展“八五”“九五”“十五”计划纲要

青白江区国民经济和社会发展第八个五年计划纲要

（一九九一年至一九九五年）

一、“八五”计划的指导思想、主要任务及目标

（一）指导思想

（二）主要目标

1. 国民生产总值达12亿元，年递增10%；

2. 社会总产值达到42亿元，年递增14%；

3. 国民收入达到10亿元，年递增9%；

4. 全地区工农业总产产值（90年不变价）达到30.5亿元，年递增8%；其中区属工农业总产值达到10.5亿元，年递增10%；区属工业总产值达8亿元，年递增12.8%；农业总产值达到2.5亿元，年递增2%。

5. 社会商品零售总额达到3.6亿元，年递增13.6%；

6. “八五”期间按两丰两欠一平测算，计划年平均生产粮食1.6亿公斤，比“七五”期间的平均水平提高9%；

7. “八五”期间计划累计安排全社会固定资产投资4.3亿元，比“七五”期间增加1.5亿元，计划年平均投资8600万元；

8. 完成科技项目80项；

9. 完成普及九年制义务教育的任务；

10. 每千人卫生技术人员数达到5人，千人病床数达到2.5张；

11. 人口出生率控制在15‰以内，人口自然增长率控制在9.5‰以内；

12. 城镇待业率控制在2%以内；

13. 乡镇企业总户值达到10亿元，年递增15%；

14. 农民人均纯收入910元，比1990年增加205元，年递增5%。

二、国民经济的重点和措施

（一）农村经济

“八五”期末全区农业总产值计划达到2．5亿元，年递增2%，其中五业结构变化是种植业所占比重由1990年的62%下降到59%，畜牧业由1990年的34%上升到36%，林、副、渔业由1990年4%

上升到5%；

1. 种植业

坚持稳定粮油播种面积，主攻单产，加强田间管理，改善耕作制度。“八五”期间，粮油生产按两丰两欠一平考虑，在耕地减少的情况下，粮食年均产量要达到1.6亿公斤，比“七五”平均水平提高9%；油菜籽年均产量要达到1000万公斤，比“七五”平均水水平提高1%。积极抓好蔬菜生产，努力稳定食用菌、药材等农副土特产品的发展。

2. 畜牧业

稳定生猪生产，努力提高生猪出肥率，积极抓好瘦肉型猪基地的建设。努力发展家禽、鲜蛋、牛奶的生产。“八五”期间，年均出栏肥猪要达到21万头，比“七五”平均水平提高4.7%；“八五”期末，肉类总产量达到1580万公斤，年递增1.5%；奶类产量达到120万公斤，年递增10%。

3. 林业

继续搞好植树造林，增加全区绿化面积，努力抓好青白江区森林生态防护林体系工程的建设，逐步实现全面绿化达标。稳定发展果、桑、桐等经济技术，努力增加水果产量，注重提高水果质量。“八五”期末，水果产量达到700万公斤，年递增16%。力争全面完成柑橘品种改良任务。

4. 副、渔业

大力发展适应家庭生产经营特点，以农副产品为原材料的加工业，稳定传统副业生产。充分发挥现有可养殖水面的能力，大力发展塘堰养鱼、稻田养鱼，加强水面的综合治理，建设一批排灌结合的精养鱼。“八五”期末，力争水产品产量达到100万公斤，年递增11%。

5. 乡镇企业

坚持“积极扶持，合理规划，正确引导，加强管理”的方针，大力发展乡镇企业。把推进技术进步和管理进步作为首要任务，努力把乡镇企业灵活的经营机制与科学管理结合起来，增强乡镇企业自我积累、自我发展、自我约束的能力。积极引导乡镇企业的健康发展。“八五”期末，乡镇企业总产值达到10亿元，年递增15%；力争乡镇企业总产值上亿元骨干乡镇达到五个。

实现上述计划安排的主要措施是：

第一，稳定政策。稳定和完善农村家庭联产承包责任制，建立健全统分结合的双层经营责任制，努力健全农村社会化服务体系，逐步壮大集体经济实力。

第二，调整产业结构。确保粮食稳步增长，积极发展多种经营。树立大农业观念，努力搞好农业综合开发，突出抓好“三三工程”，“八五”期间，力争建设“三田”20万亩。改造“三低”14万亩，开发“三荒”3000亩。大力发展乡镇企业，努力加强农村工业小区和集镇建设，大力发展农村第二、三产业，妥善安排农村富余劳动力。

第三，科技、教育兴农。积极实施科技、教育兴农的发展战略，大力推广和应用农业科技成果，认真加强种子基地的建设，努力提高植保专业化服务水平。努力改革和发展农村教育，提高农民文化科技素质，大力抓好农业技术教育，认真搞好各种农业技术培训。

第四，认真贯彻执行《水法》，切实维护和扩大植被，防止水土流失。坚持不懈地抓好水利岁修工程，广泛开展农田水利基本建设，改善农业生产条件。在山区和丘陵要搞好小流域治理，逐步解决丘陵山区人畜饮水的困难。

第五，增加农业投入。农业生产投入和以农田水利为中心的基本建设，主要依靠集体和农民，特别是靠农民的劳动积累。乡村集体经济组织要建立健全集体积累制度，搞好“以工补农”和“以工建农”。继续办好农村合作基金会和农村信用社。在积极争取中央、省、市投入的同时，区财政按一定比例对农业项目进行补助性投入。

第六，强化土地管理。认真贯彻执行土地管理法规，努力保护成都平原耕地。严格控制非农业建设用地，大力加强土地资源的综合开发和利用。“八五”期间，每年非农建设用地力争控制在市下达的指标以内。

（二）工业经济

“八五”期末，区属工业总产值达到 8 亿元，年递增 12.8%，其中全民工业总产值达到 1 亿元，年递增 10%，集体工业总产值达到 7 亿元，年递增 13%；在集体工业中，乡镇工业（含村及村以下）达到 6 亿元，年递增 14%；要求化工、建材、机械、食品等四个行业的工业总产值占全部工业总产值的比例达到 64%，提高 11 个百分点；其中，化工、机械、食品三个行业工业总产值超过 1 亿元，11 个重点企业工业总产值上 1000 万元。

1. 化学工业。“八五”期末，化学工业总产值达到 1.2 亿元，比 1990 年增长 7. 7 倍，年递增 54.2%，规划工业总产值上 1000 万元的企业 2 个。继续加强与科研院校的密切合作，加强与驻区化工企业的横向联系，积极向精细化工和短线基础化工的方向发展。充分挖掘现有化工企业的生产潜力，积极采用新技术、新工艺、更新关键设备，逐步改造传统生产方式，扩大生产能力。特别重视职工的劳动保护和“三废”治理，处理好化学工业发展与环境质量改善的关系。突出抓成都化肥厂化工分厂对氨基苯酚的科技项目和精制氯化钾的技术改造项目，抓好区有机化工厂年产 3000 吨醋酸丁酯的技术改造项目。

2. 机械工业。“八五”期末，机械工业总产值达到 2 亿元，比 1990 年增长 1 倍，年递增 15.7%，规划工业总产值上 1000 万元的企业 4 个。充分发挥现有基础好、技术强、设备先进等特点，大力发展农用运输车、曲轴、粮油机械、重型轴承等机械产品，逐步形成 1 ~2 种拳头产品。积极抓好长城机械厂成都分厂系列农用车、成都内燃机厂景峰分厂 491 曲轴的技术改造，扩大生产能力。

3. 食品工业。“八五”期末食品工业总产值达到 1.3 亿元，比 1990 年增长 51%，年递增 8.5%，规划工业总产值上 1000 万元的企业 2 个。充分利用食品资源丰富，品种多、企业多的特点，精心选择和扶持市场前景好、独具地方特色的食品工业产品，大力提高产品档次，巩固和发展名优产品。大力加强农副产品的深度加工和综合利用，继续抓好区食品公司肉联厂和区第二肉联厂的技术改造。

4. 建材工业。“八五”期末建材工业总产值达到 6300 万元，比 1990 年增长 76.2%，年递增 12%，规划工业总产值上 1000 万元的企业 3 个。主动按照国家“墙体材料改革”的要求，努力提高产品质量和档次，开发各类新型建筑材料，调整产品结构。积极抓好峨嵋水泥厂青白江分厂的技术改造。

5. 积极发展以纸包装、塑料包装为主的包装工业，注重依托大中型企业发展对各类包装的需求，稳定发展塑料编织袋、纸箱、纸袋、彩印等加工产品。积极发展以成衣服装为主的纺织工业，不断提高产品质量，增加花色品种。

实现工业持续、稳定增长的重要措施是：

第一，加快技术进步。以建立先进的生产技术为主要内容，行业发展战略为主要依据，对现有企业的生产方向进行必要的适应性调整，改善生产技术和装备，增加适销对路的工业产品。重点抓好 8 户企业的技术改造，努力扩大生产规模，提高产品质量。

第二，提高经济效益。依靠技术进步，充分挖掘企业内部潜力，努力实现降低成本。大力推行全面质量管理，努力按照产品标准组织生产，力争“八五”期间全区15项重点产品的质量稳定提高率保持85%以上。大力提高工业经营管理水平，逐步提高计划统计、财务核算和企业经济活动分析的能力，加强事前、事中、事后控制。“八五”期间，力争实现全员劳动生产率每年提高2%，可比产品成本每年降低1%。

第三，搞好横向联合。充分利用区域经济优势，进一步做好区属企业与区内大中型企业的配套和协作生产，继续巩固和发展现有各类联办企业。围绕“十四万吨乙稀”工程，积极做好一些配套工业项目的前期准备工作和现有生产装置的调迁工作。继续努力引进资金、技术、物资、人才，努力加强与市内外及沿海经济特区的经济联系，努力发展出口创汇产品和合资企业。

第四，调整两个结构。根据国家产业政策的要求，确定我区调整工业产品结构和产业结构的方向和重点，把部门和企业的发展重点统一在全区行业发展方向中去，加快工业发展的步伐。

第五，加快青白江工业区的建设。按照进一步开发和完善工业区的要求，积极应用经济杠杆和行政措施，鼓励和引导工业企业进入工业区。进一步加强青白江工业区的发展规划，力争“八五”期间拓展工业区域。进一步加强全区工业布局规划，因地制宜地适当集中发展工业，促进建制镇和乡集镇的发展。

第六，继续贯彻国家《全民所有制工业企业法》《城镇集体所有制企业条例》《乡村企业条例》，健全企业内部领导体制，进一步发挥党组织的政治核心作用，坚持和完善厂长负责制，积极按照国务院《全民所有制企业经营责任制暂行条例》，完善承包经营责任制。

（三）交通、电力、邮电

“八五”期间，交通建设以改造区乡道路为中心，逐步实现道路网络化。五年内计划改造区内乡道6条，总长31公里，力争1992年实现全区乡乡通油路。继续加强交通运输，抓好交通管理，努力开辟新的客运线路。五年内全地区新增客车40辆，货车250辆，建成青白江区汽车站，完成区汽车队的搬迁工作。积极配合国家“达成铁路”和大件路“唐家寺立交桥”建设。

积极做好电力规划布局，继续搞好电力基础设施建设，努力缓和弥牟片、城厢片电力供应矛盾。因地制宜，积极发展小水电，缓和丘陵山区的农村用电矛盾。

从根本上改变我区邮电通信十分落后的面貌，实现程控市话装机2000门，完成成都—青白江的光缆通信工程，乡镇通信电话网全部纳入市话管理。进一步完善邮电基础设施，新建邮政大楼。

（四）商品流通

1. 认真贯彻落实省市有关搞活流通的一系列方针政策，进一步深化流通体制改革，充分发挥国营和供销社的主渠道作用，重视发挥城乡个体商业的作用，坚持多种经济成分、多种经营方式，多渠道、少环节的经营方针。

2. 加强商业网点建设，搞好市场的规划和布局，努力建设一批有利于增强国有商业、物资企业发展后劲，具有现代化水平的经营设施，力争“八五”期间改建1座中型综合商贸中心，2个规范化的农贸市场。抓好以弥牟耕牛市场为重点的乡镇各类农贸市场的改造，逐步改变沿街为市的状况。

3. 大力健全市场运营体系。进一步加强以国营商业、物资企业和供销社为主体的专业批发市场，理顺流通关系。积极发展工商、农商、商商之间的联营合作，建立健全销售网络，提高我区工农业产品在区内外市场的占有率，沟通名优产品的供销渠道。

积极推动生产资料市场的建立。

4. 认真改进商业企业经营管理，强化服务意识，积极采取多种形式的销售方式，提高优质服务水平，树立良好的商业信誉，赢得更大的经济和社会效益。

5. 继续抓好农用生产资料供应和农副产品收购工作，积极办好“庄稼医院”，为农民科学田提供优质服务。积极搞好外经外贸工作，理顺外贸经济关系，努力抓好外贸出口。

6. 继续加强市场管理，认真贯彻执行国物价政策，加强对人民生活必需品和重要生产资料价格的监控，力争“八五”时期每年社会商品零售物价指数控制在106%左右。进一步加强食品卫生监督、计量监督，切实护消费者的合法权益。

（五）固定资产投资

坚持“控制规模、调整结构、保证重点”的原则，努力依照国家产业政策确定投资项目，优先安排发展方向符合行业发展战略规划的生产性项目，继续将投资重点放在农业、能源、交通、邮电建设方面。在非生产性项目建设方面，突出抓好市政基础设施和住宅建设，大力改善城乡人民生活条件。力争在“八五”期间安排全社会固定资产投资4.3亿元，其中全民投资2.2亿元，集体投资1.0亿元，个体投资1.1亿元。在全社会投资中安排基本建设投资3.1亿元，技术改造投资1.2亿元；安排生产性投资2.5亿元，非生产性投资1.8亿元。力争建成100万元以上投资项目38项，其中生产性投资项目25项。

大力加强全社会固定资产投资项目的管理，严格执行固定资产审批程序、杜绝计划外工程。认真加强投资项目的前期准备工作，积极从项目建议、可行性论证、项目设计等几个主要环节，提高项目科学决策水平和投资效益。进一步完善固定资产投资项目管理信息系统，从项目准备阶段、建设阶段和试运行阶段收集信息，建立数据库，提高宏观管理水平。

三、社会发展事业的任务及措施

（一）科学技术

1. 积极实施科技兴区的战略设想，加强科技工作，努力搞好科技发展规划，逐步建立经济发展以物质投入主导型向科技进步主导型转变的运行机制。

2. 加强农业科技成果推广和应用，重点组织好星火计划的实施，力争“八五”期间推广农业科技成果40项。积极建立科技试验示范基地，继续抓好科技范片，示范村和示范户建设，努力使全区农业科技管理、成果推广、人员培训，技术服务等方面成龙配套。

3. 加强企业技术革新，做好新技术新工艺应用的消化、吸收、创新工作，加速科技成果向现实生产力的转化、力争“八五”期间开发新产品20个。积极做好科技示范企业的建设，促进工业经济的发展。

4. 强化专业人才管理，把科技人才的培训与使用结合起来，允许科技人员合理流动，鼓励各类专业技术人才到企业从事管理和产品开发工作。加强科技人才的引进，有计划地引进一批区内缺乏的专业人才，充实科技队伍。

5. 继续发挥民办科研机构的作用，加强与区内外大中型企业科研人员的联系，搞好实用技术的推广运用。努力加强与科研单位，高等院校的合作，积极引进和开发高新技术，推动高新技术的商品化和产业化。

（二）教育

1. 加强基础教育。重点抓好普及九年义务教育，力争“八五”期末完成普及九年制义务教育的任务，小学入学率达到的任务，初中入学率达到95%。因地制宜地大力改善乡初中教学用房，努力扩大乡初中常年规模，逐步改变初等教育事业发展的地区不平衡状况，努力改善边远乡镇的办学条件。抓好示范幼儿园的建设，努力发展乡镇中心幼儿园，力争全区适龄幼儿园率达到75%。积极创造条件，努力开展残疾弱智少年儿童的特殊教育。

2. 积极进行中等教育结构改革。继续巩固和发展普通高中，积极推行高中会考制度改革，继续抓好省重点中学的建设，做好大弯中学的搬迁工作。加速职业教育事业的发展，主动按照经济建设的要求，加强职前培训和专门技术培训，努力建立劳动技术教育中心，逐步建立专业配套、结构合理的职业技术教育学校。力争“八五”期末职业高中与普通高中的在校生人数持平，两类高中入学率达到40%以上。

3. 积极以岗职培训为重点，大力发展多种形式、多层次的成人教育，提高职工队伍素质。努力办好农业技术广播学校和农村技术教育学校，有计划地培训农村各类专业和乡镇企业职工，传授各种专业技术。努力完成农村青壮年的扫盲任务。

4. 加强师资队伍建设。继续改善教师的工作和生活条件，努力提高教师的政治、社会地位和经济待遇，认真落实教师培训、晋级、调动、表彰等规定，逐步建立一支数、质并举，长期稳定的师资队伍。

（三）卫生

1. 贯彻“预防为主、社会参与、依靠科技、中西并重”的方针，全面开展初级卫生保健工作，实施“2000年人人享有初级卫生保健”的宏伟战略规划。力争“八五”期末，婴儿死亡率降至29.4‰，法定传染病报告率下降到3.4%，独立“四苗”接种免疫覆盖率达到95%，继续严格控制疟疾发病率，巩固消灭血吸虫病的成果。

2. 动员社会各方面力量，逐步增加卫生投入。加强对乡村各类集体房屋设施的统一管理，通过进行适当调剂和改造，建立健全村卫生站，完善乡卫生院。注意解决好卫生系统的诊疗设备，改善医疗人员的生活条件，集中适当资金对重点中心卫生单位进行改、扩建，完成区人民医院门诊用房的建设。

3. 重视卫生技术人员的培训，重点提高乡镇卫生院医务人员的业务水平，注意选拔医疗卫生保健各科的学术带头人，推动医疗水平的全面提高。进一步整顿医疗卫生秩序，深入持久地开展优质服务活动。努力创造条件，开展残疾人“三项”康复工作。

（四）城乡建设与环境保护

坚持“人民城市人民建”的方针，加强城乡建设的总体规划，突出新兴工业区和工业卫星城镇的特点，逐步形成城乡一体化的城乡建设格局。大弯镇继续以完善市政基础设施和环境治理为重点，继续加快市政基础设施的建设步伐，加强城市管理，逐步实行市政公用设施的有偿使用，“八五”期间重点抓好总投资9000万元，建筑面积约17万平方米的怡湖商品住宅小区的综合开发，建设一个环境优美、公用设施配套、设计新颖的住宅小区，努力实施清污截流工程，继续进行环城路的前期准备工作。

积极依托乡镇企业和驻乡镇企事业单位，认真搞好农村工业小区的规划，加快建制镇和乡集镇的建设，逐步形成布局合理、交通方便，具有浓厚地方特色的新型乡镇体系。“八五”期间，弥牟镇初步完成场镇道路骨架，城厢镇重点是结合驻镇企事业单位的建设，加快旧城改造，继续完善家珍公园，完成城厢电影院扫尾工程。清泉镇重点是搞好现有场镇道路和路面改造，逐步完成场镇道路下水管体系。“八五”期间，乡集镇的建设以集镇规划为依据，重点解决好集镇居民的饮水工程，加快农贸市建设。

继续巩固环境综合治理成果，继续强化环境保护意识。严格执行环保“三同时”，大力控制新的工业污染。继续加强对现有污染源的综合治理，限期治理工业区域的“三废”污染。努力保护农业生态环境，大力提高河流水质，特别注意改善农灌渠的水质。加强城镇噪声管理，努力减少噪声污染。所有企业都严禁使用大中型企业淘汰的无污染治理措施的生产设备，防止污染源扩散。“八五”期末，力争所有工业建设项目的环保“三同时”率达到100%。

（五）文化体育、广播电视等社会事业

坚持为人民服务，为社会主义服务的方向，积极宣传党的路线、方针、政策，大力弘扬民族优秀文化。坚持一手抓整顿、一手抓繁荣，持续开展“扫黄”“除六害”的斗争，加强对书刊、音像等文化市场的引导和管理。进一步办好图书馆、文化馆、影剧院及各种文化娱乐中心，积极开展多种形式的健康、丰富的群众文化体育活动，充分发挥现有各类文化活动设施的作用。力争“八五”期间，建设一个标准化的田径运动场，进行广播电视中心和图书馆的建设工作。

广泛宣传国家文物保护法，发扬光大历史文化。加强保密工作，努力实施密码工作发展规划。坚持浓法治档，加强档案的利用和管理，基本实现档案资料的标准化。重视人防规划，大力加强地方志和党史的编辑工作。继续贯彻国家兵役法，搞好民兵预备役、征兵和复转军人安置工作，做好民兵训练基地建设，继续努力做好其他各项社会事业工作。

四、人民生活和社会保障

（一）城乡居民收入和消费结构

“八五”期间，城乡居民的消费水平进一步提高，消费结构进一步改善。食物支出比重日趋下降，非食物性商品支出逐步上升，穿、用、住、行等支出比重将大幅度提高。“八五”期末，非食物性商品支出比重将达到50%。

（二）城乡居住条件

“八五”期末，城镇基本解决无房户和特困户的住房，通过突出抓好怡湖商品住宅小区的开发，全区城镇居民人均居住面积由1990年的7.1平方米增加到9平方米。“八五”期间，新、扩、改建农房可达100万平方米，农村面貌将进一步得到改观。随着城乡交通、通信、医疗保健、文化教育等方面的发展，城乡人民生活环境将有较大改善。

（三）控制人口增长

继续坚决贯彻计划生育政策法规，提倡晚婚晚育、少生优生，采取各种措施制止违反计划生育的现象，严格控制人口的自然增长。“八五”期间，人口出生率和自然增长率分别控制在15‰和9.5‰以内，计划生育率保持在95%左右。努力加强人口机械增长的控制工作，力争每年人口机械增长不超过900人，“八五”期末全区总人口达到40万人。

（四）劳动就业

继续贯彻执行“三结合”就业方针，积极开辟城乡生产门路，增加就业机会。“八五”期间，力争每年安置城镇待业人员500人以上，城镇待业率控制在2%以内。

认真贯彻“安全第一、预防为主”的方针，加强劳动安全的综合管理，继续坚持劳动安全“三同时”，大力加强劳动保护。

（五）社会保障

“八五”期间，按照国家、集体、个人共同负担的原则，通过多渠道筹集社会保障基金，逐步实行职工社会养老保险制度、待业保险制度和工伤大病医疗统筹制度，继续巩固财产保险和人身保险，全面推行独生子女“双全”保险，解除企业和人民群众的后顾之忧。

努力搞好扶贫规划，继续办好福利企业，推动贫困户脱贫，帮助残疾人安排好生活，稳定发展社会福利、社会救济和优抚等民政事业。

五、社会主义精神文明建设和社会主义民主法制建设

（一）社会主义精神文明建设

1. 思想文化建设

立足于培养“四有”新人，深入进行坚持四项基本原则的教育，反对资产阶级自由化倾向，抵御“和平演变”。坚持不懈地进行全民爱国主义、集体主义和社会主义思想教育，加强对广大青少年的形势教育和革命传统教育，对共产党员、共青团员和先进青年还要经常进行共产主义的思想教育，使青年一代坚定社会主义信念。在继承思想政治工作优良传统的基础上，不断探索思想政治工作中解决实际问题的新途径和新方法。防上形式主义，使思想政治教育更富于吸引力和说服力。大力弘扬中华民族的优秀传统文化，积极探索和发展企业文化，培养主人翁式的企业精神。

2. 廉政勤政建设

坚持不懈地加强廉政建设，继续端正机关作风、行业作风和职业作风，积极开展“学习、团结、勤政、廉政”为主要内容的“四好”活动。坚决打击各种贪污腐化现象，大力健全廉政制度。大力开展职业道德教育，全面纠正各种行业不正之风。

3. 社会风气建设

广泛深入地开展学习英雄模范和先进人物的活动，大力开展“做见义勇为公民”的活动，树立“见义勇为光荣、贪生枉法可耻”的道德观念，弘扬正气，打击歪风，坚决抵制各种违反公共秩序和社会公德的现象。积极开展尊老爱幼、尊师重教，拥军优属等群众活动，逐步树立良好的社会风气。大力开展“三优一学”创卫生城镇建文明单位的竞赛活动，继续抓好农村精神文明创建活动。

（二）社会主义民主和法制建设

坚持工人阶级领导的、以工农联盟为基础的人民民主专政，不断完善人民代表大会制度，坚持和完善中国共产党领导的多党合作制度和政治协商制度。继续加强基层政权组织建设，活跃基层民主生活，提高公民参政、议政的意识和能力。建立健全民主决策、民主监督的程序和制度，提高各级领导机关的办事效率。

按照全国实施第二个五年普法规划的要求，在全民中继续开展法制宣传教育，提高公民的社会主义法律意识，进一步强化宪法和法律在政治、经济、文化和社会的各个领域中的权威作用。

加强法制队伍建设，提高政治素质、思想素质和执法能力，努力提高装备水平，动员和依靠社会各方面的力量对社会治安进行综合治理。严厉打击各种违法犯罪活动，保护广大人民群众的合法权益。

六、经济体制改革的主要任务

（一）农村改革

1. 继续稳定和完善家庭承包经营，加强各业承包合同管理，逐步建立保护耕地、提高地力的管理制度。

2. 逐步建立和完善统分结合的双层经营承包机制，建立健全集体积累的机制，逐步建立严格的财务、审计等管理制度，防止集体资产流失。

3. 继续完善农业社会化服务体系。农技、农机、农经、水利、畜牧等五大服务体系将进一步提高人员素质，重点解决好服务体系在村社断线脱节的问题，努力做到农技服务六统一（良种统供、病虫统防、化肥统配、技术统训、水利统管、农田统耕）。

4. 积极抓好“四专一条龙”的建设，重点抓好龙头单位的建设，完善内部利益分配机制，协调好农、工、商三个环节的关系，促进新体制的健康发展。

（二）企业改革

1. 努力改善企业的外部环境和内部条件。坚持政企职责分开，切实保证企业自主经营。充分发挥企业党组织的政治核心作用，坚持和完善厂长（经理）负责制，保证厂长（经理）行使经营管理职权。

2. 进一步完善企业承包经营责任制。逐步把企业技术进步、经济效益和产品质量的指标纳入承包内容，完善承包指标体系。合理调整承包基数和上交比例，完善企业留利办法。改个人承包为集体承包或全员风险抵押承包，强化约束机制，加强监督。

3. 积极组建和发展行业协会和企业集团，以现有工业主管部门为龙头，有计划地组建一批发挥行业优势的企业集团，推动组织结构和产业结构调整，促进经济发展。

4. 继续推动企业兼并和产权转让。强制一部分产品不对路、长期亏损、濒临倒闭的企业通过兼并和转让，向优势企业靠拢，促进生产要素的合理流动。

（三）流通体制改革

坚持“多种经营成分、多种经营方式、多种经营渠道并存，减少经营环节”的流通体制改革方针。充分发挥国有商业、物资企业的主渠道作用，使其承担好适时吞吐调剂物资和稳定市场的重要作用，加强对非公有制经济的管理和引导。

进一步完善市场体系，大力发展农副产品期货市场，加强市场的组织管理和制度建设，建立健全各类市场的法规和秩序。

（四）住房制度和社会保险制度改革

住房制度改革的基本要求是：从实际出发，通过改革，改变低租金、无偿分配住房制度，逐步实现住房商品化，建立国家、集体、个人三结合筹资建房的机制。

进一步巩固和完善国营企业职工养老保险，逐步实现城镇集体企业职工养老保险的社会统筹，积极进行农民养老保险的试点工作。全面推行独生子女“双全”保险，大力推进农村独生子女的养老保险，解除农民群众的后顾之忧。

（五）计划体制改革

1. 计划工作的重点，将逐步放在全社会经济活动的预测、规划、指导和调控上，正确引导经济运行的方向。逐步加强经济信息中心，完善宏观经济信息网络。

2. 改善计划管理形式和方式。加强年度计划管理的同时，大力加强宏观经济政策的研究，组织实施国家产业政策，地区布局政策，把地方性经济政策和法规作为计划管理的组成部分，强化政策措施的约束力，加强运用经济政策和经济杠杆对经济活动进行管理和调节。

3. 积极建立科学的经济决策机制。加强重大建设项目的前期工作，认真进行可行性研究和科学咨询论证，逐步建立具有一定权威的咨询机构，推动科学决策程序的建立。

4. 加强经济调控体系建设。进一步理顺计划、财政、银行以及其他经济部门的相互关系，发挥计划部门综合平衡和综合协调的作用，逐步建立经济、行政、法律手段综合配套的宏观调控体系。

成都市青白江区国民经济和社会发展“九五”计划和2010年远景目标纲要

（草　案）

1996—2010年，是承前启后的世纪转折时期，也是我国改革开放和现代化建设的重要时期。在此时期，我区面临着推进改革、加速发展的艰巨任务，面临着良好的机遇和严峻的挑战。为明确“九五”期间的主要任务和2010年的远景目标，采取正确的对策措施谋求经济和社会持续、快速、健康发展，实现富民强区，特制订本纲要。

一、“八五”时期经济和社会发展状况

“八五”期间，全区人民以邓小平同志建设有中国特色社会主义理论和党的基本路线为指导，在区委、区政府领导下，解放思想，团结奋进，真抓时干，克难制胜，取得了建设和改革的巨大成就。全区经济繁荣，事业发达，社会稳定，圆满完成了“八五”计划的各项主要任务。

1. 国民经经快速发展。1995年，全区国内生产总值（1990年不变价，下同）达到18.1亿元，完成“八五”计划的113%，与1990年相比增长1.46倍，五年平均增长19.7%；人均国民生产总值由1990年的1965元上升到4668元，增长1.38倍。工农业总产值实现56.09亿元，年递增21.8%；其中区属达到33.43亿元，比90年增长4倍，年递增38%。乡镇企业总产值实现47.17亿元，比1990年增长8.5倍，年均增长57%。社会消费品零售总额实现4.41亿元，年均增长18.3%。财政收入达到1.38亿元，年末贷款余额达到12.22亿元，各项存款余额达到12.16亿元。五年累计完成全社会固定资产投资14.3亿元，比“七五”时期增长98.6%。“八五”时期是我区经济快速发展的一个重要时期。

2. 经济结构调整取得成效。“八五”时期，我区积极引导经济结构调整取得明显成效。在大力发展一、二产业的同时，三产业在政策促动和需求驱动作用下得到快速发展。三次产业的比重由1990年的21.5∶63∶15.5调整为1995年的12∶67∶21。所有制结构调整取得进展，非国有经济得到大力发展，多元化的经济结构呈现相互竞争，互相促进、共同发展的良好趋势。工业内部的组织结构和产品结构调整初见成效，一批重点企业的优势产品正在形成。农业大力调整种植结构，多种经营已成为农村经济的一个重要支柱。

3. 城乡建设和环境保护进一步加强。“八五”时期，我区城市建设继续以大弯镇为重点，按照大弯镇城市总体规划，先后完成了青江南路、团结路、公园后街、中心广场、区配气站、大弯综合市场和怡湖宾馆等城市基础设施建设和综合配套工程。建设了怡湖居住小区，5年间新建城镇住宅55万平方米。大弯镇城市建成区面积达到7平方公里。弥牟、城厢等建制镇和其它乡集镇的面貌也有较大变化，小城镇的规划和建设取得初步成果。全区新扩建了一批供变电设施，提高了供电能力。电信邮政事业快速发展，完成了成都至青白江区的光缆通信工程，程控电话装机容量达到1万门，新建成了邮

政大楼。公路建设步伐加快，提前3年实现了乡乡通油路的目标，完成了唐巴公路主车道改建等重点公路工程。与此同时，城市管理和环境保护工作得到加强，大弯镇获得四川省“卫生县城”称号。完成了大弯镇排污截流环境综合整治部分工程，建成了大弯镇噪声达标区和烟尘控制区。大气环境质量稳定在国家三级标准以内，地面水环境质量也相对稳定在国家三类水域标准以内。基础设施的完善和环境质量的提高，使我区的投资环境进一步得到改善。

4. 各项社会事业全面进步。坚持“科教兴区”战略；积极实施“星火计划”“火炬计划”和“燎原计划”，5年完成科技项目79项。基础教育得到加强，1995年全区实现了“普九”目标。计划生育工作取得新的成效，初级卫生保健规划顺利实现。文化、体育、广播电视和劳动保险等事业得到稳步发展。精神文明和民主法制建设均取得新的成绩。

5. 人民生活水平显著提高。1995年城镇居民人均生活费收入达到4867元，比1991年增长1.56倍。农民人均纯收入达到1463元，比1990年增长1.08倍。城市居民人均居住面积达到8平方米。五年间农村新建住房114万平方米。人民群众的衣食住行条件得到显著改善。

6. 经济体制改革顺利推进。以建立社会主义市场经济为目标，逐步对传统的计划经济模式进行了全面改革，市场机制的作用不断增强。农村进一步稳定和完善了家庭联产承包责任制和双层经营体制。企业以增强活力为中心，不断完善承包经营责任制，深入进行“三项制度”改革，积极探索建立现代企业制度和优化资本结构改革试点。积极稳妥的进行了流通体制、投资体制、财政金融和住房制度、社会保障制度等一系列改革，有力地促进了全区社会生产力的发展。

“八五”期间所取得的这些成就，为制订、实施“九五”计划和2010年远景目标，胜利完成跨世纪的战略任务奠定了坚实的基础。同时，全区经济和社会发展也还存在一些矛盾和问题。我区经济虽然保持了较高的发展速度，但与周边发展快的区县相比仍有较大差距，部分经济指标在全市区县中的位次有下降的趋势；农业基础仍然薄弱，农村经济市场化程度不高，山、丘地区发展较慢；产业和产品结构不尽合理，三产业发展滞后，区属企业规模不大，缺乏支撑经济持续发展的支柱产业和市场占有率高的拳头产品；经济体制改革有待进一步深入，对外开放实效尚等提高；财政困难，资金需求矛盾突出，固定资产投入不足；电力供应难以适应生产发展需要。这些矛盾和问题需要在“九五”和2010年期间加以研究和解决。

二、奋斗目标和主要任务

（一）1996—2010年的远景目标

1996—2010年，我区国民经济和社会发展遵循的指导思想是：坚持邓小平同志建设有中国特色社会主义理论，坚持党的基本路线，坚持“二十字”基本方针，正确处理改革、发展、稳定的关系，以“三个有利于”作为检验各项工作的根本标准，实行从传统计划经济体制向社会主义市场经济体制转变，从粗放经营向集约经营转变。同心同德，真抓实干，依托区域优势，以建中等城市为重点，增强经济整体素质和综合实力，实现经济社会相互协调和可持续发展。全区工作总的思路是：兴经济，富百姓，建文明，保平安，促发展。

根据上述指导思想，今后十五年我区经济和社会发展的主要目标是：

——实现经济体制的根本转变。全面完成经济体制改革和各项综合配套改革，构筑起社会主义市场经济新体制。坚持以公有制为主体，多种经济成分全面发展；建立起产权明晰、机制灵活的现代企业制度；发展和完善商品市场，培育生产要素市场，规范流通秩序；规范和完善社会分配机制，健全社会保障体系。加快对外开放步伐，使对外开放实效和经济外向型程度显著提高，逐步推进我区国民经济与国际接轨。

——综合经济实力显著增强。2010 年全区国内生产总值（1990 年不变价）达到 80 亿元，比 1995 年增长 3.4 倍；人均国内生产总值达 1.67 万元。工农业总产值达到 270.5 亿元，乡镇企业总产值达到 400 亿元。财政收入达到 4.2 亿元。产业结构基本协调，一、二、三产业的比重达到 5 : 55 : 40，并形成以支柱产业和企业集团支撑国民经济发展的新格局。

——初步建立现代城镇体系。适应经济社会发展需要，全面实施大弯镇总体规划，把大弯镇建成功能完备、设施完善、具有中等城市规模的现代卫星城。加快小城镇建设，积极推进农村工业化和城乡一体化进程。2010 年全区城市化水平达到 45% 左右。

——社会事业得到全面发展。加速科技成果推广应用，推进科技经济一体化进程，扩大技术进步对经济增长的贡献率。大力发展教育事业，显著提高居民整体素质，2010 年劳动力文化指数达到 12 年。居民的医疗保健得到充分保障。严格实行计划生育，2010 年全区总人口控制在 48 万人以内。发展文化体育广播电视等社会事业。加强环境、生态、资源保护，2010 年大气环境质量达到国家二级标准，地面水环境质量稳定在国家三类水域标准以内，部分水域达到国家二类水域标准。

——全面改善人民生活。2010 年，城镇居民人均生活费收入达到 18000 元，农民人均纯收入达到 6500 元。改善消费结构，提高生活质量，恩格尔系数下降到 40% 左右。城镇人均居住面积达到 12 平方米以上，农村砖混结构住房达到 95% 左右。文化生活丰富，健康水平明显提高。经济型轿车进入部分家庭。

（二）“九五”时期的主要任务和发展指标

1. 主要任务

1996—2000 年，我区经济和社会发展的主要任务是：

（1）保护国民经济持续、快速、健康发展。把发展放在首位，加大投融资力度，加强基础设施和重点生产项目建设，积极消除经济增长的制约因素，充分发挥生产能力，使国民经济得到快速发展，国民生产总值保持较高的增长速度。

（2）推进经济增长方式转变。着力发展支柱产业和拳头产品，着手组建企业集团，发展规模经济。加速企业技术进步，加大企业技改力度，提高生产能力和降低生产消耗。深化经济体制改革，形成有利于企业发展的激励机制和风险约束机制。加强劳动者的培训，提高劳动生产率。强化企业管理，提高经济效益。大力促进经济增长方式从粗放型向集约型、从速度型向速度效益型转变。

（3）全面振兴农村经济。坚定不移地巩固农业的基础地位，切实稳定粮油生产，积极发展多种经营，大力发展乡镇企业和抓好小城镇建设，实现稳粮增收达小康的目标。实施山丘坝梯度发展战略，积极扶持经济发展缓慢村的经济发展，逐步缩小地区差别。

（4）在坚持以公有制为主体的同时，大力发展非国有、非公有制经济，通过政策扶持、法律保护和舆论引导，鼓励兴办个体、私营和股份合作企业。加强规划，正确引导，搞好服务，推动非公有制经济上规模、上档次，使其成为我区经济的一个重要增长点，增强整个国民经济活力。

（5）实施“科教兴区”战略，优先发展科技教育事业。继续组织好“星火计划”“火炬计划”和“燎原计划”的实施及科技成果的推广应用，促进科技与经济的紧密结合。巩固“普九”成果，城镇基本普及高中阶段教育。抓好职业技术培训，培养经济建设的优秀人才。

（6）全方位、多层次、多渠道扩大对外开放，努力发展外向型经济。招商引资、项目引进、技术合作，对外贸易取得显著实效。

（7）加经环境保护。坚持经济建设、城乡建设与环境保护同步规划、同步实施、同步发展的方针，强化环境管理和综合整治，防止污染加剧和生态恶化，改善环境质量。

（8）坚持“两手抓和两手都要硬”的方针，加强社会主义精神文明和民主法制建设，强化社会治安综合治理，维护社会稳定。

2. 主要发展指标

——经济总量指标。2000 年，全区国内生产总值（1990 年不变价）达到 30.5 亿元，年均增长 11%；人均国内生产总值达到 7440 元。第一产业增加值达到 2.7 亿元，年均增长 4%；第二产业增加值达到 18.8 亿元，年均增长 9.2%；第三产业增加值达到 9 亿元，年均增长 19.2%。全区工农业总产值达到 105.7 亿元，年均增长 13.5%。社会消费品零售总额达到 8.8 亿元，年均增长 15%。各项存款余额达到 24.5 亿元，贷款余额达到 20.5 亿元左右。“九五”期间，全社会固定资产投资累计达到 81 亿元，投资率保持在 25% 左右；利用区外资金累计达到 10 亿元。

——经济结构指标。2000 年，第一、二、三产业的结构比例大致调整为 9∶61∶30。区属支柱工业产值达到 35 亿元，占区属工业总产值的比例达到 50% 以上。三资企业和个体私营经济占区属经济的比重力争达到 15%。

——经济效益指标。2000 年，财政收入达到 2 亿元，年均增长 7.7%. 区属工业增加值率达到 30% 左右，全员劳动生产率（按增加值计算）达到 3 万元，资金利税率达到 8%，流动资金周转率达到 2 次以上，产品产销率达到 95%，工业经济效益综合指数达到 95% 以上。

——社会与环境指标。2000 年，全区总人口控制在 41 万人以内，其中城镇居住人员 13.3 万人，人口自然增长率控制在 7‰以内。社会养老保险覆盖面城镇达到 100%，农村达到 60% 以上。失业率控制在 2.5% 以内。“九五”期间巩固和发展初级卫生保健成果，城镇基本普及高中阶段教育。大弯镇城市建成区面积达到 12 平方公里。大气环境质量稳定在国家三级标准以内，地面水环境质量达到国家三类水域标准。

——人民生活指标。2000 年，农民人均纯收入达到 2400 元，年均增长 10.4%；城镇居民人均生活费收入达到 7800 元，年均增长 10%。城镇人均居住面积达到 10 平方米，农村砖混结构住房达到 85% 左右。力争到 1997 年全区人民生活达到小康标准，部分开始进入较为宽裕阶段。

三、农业和农村经济

“九五”期间，进一步加强农业基础地位，紧紧把握“稳粮增收达小康”这一农村工作全局，利用良好的自然条件和区位优势，大力发展城郊型、效益型、生态型农业，形成农业综合开发、乡镇企业发展和小城镇建设三位一体的农村经济新格局，着力推动农村经济的全面发展和农村社会的全面进步。

（一）农业

按照发展大农业的要求，大力开发利用各种农业资源，合理调整农业内部结构，发展高产、优质、低耗、高效农业。把粮油生产放在突出地位，确保总产稳定。按照“345”发展思路（即抓好三个关键：品种优质化、种植规模化、经营流畅化；突出四个重点：食用菌、水果、蔬菜、小家禽；搞好五个服务：信息、技术、资金、加工、销售服务），大力发展多种经营，提高农业综合经济效益。2000

年，农业总产值（1990 年不变价）达到 3.7 亿元，多种经营收入以年均 10% 以上的速度增长。

——种植业。相对稳定粮油种植面积，主攻单产，确保粮食总产稳定在 1.6 亿公斤，油菜籽稳定在 800 万公斤左右。积极推广优良品种和实施科学种田，普及农业生产实用技术，提高种田效益。加强优质粮油生产基地和种子基地建设，“九五”期间建设优质粮油基地 20 万亩，良种基地 2000 亩。加大种植结构调整力度，大力发展经济作物，重点发展优质蘑菇和蔬菜。“九五”期间建设 7000 亩优质蘑菇生产基地，发展 8 万亩反季节蔬菜。

——养殖业。努力稳定生猪生产，积极发展集约化、规模化、企业化的生猪养殖和小家禽养殖。巩固和扩大商品瘦肉猪基地，新建麻羊基地，建设种猪场。扩建种鸭场，继续抓好水产养殖场建设。2000 年，全区生猪出栏 23 万头，鸡、鸭等小家禽出栏 200 万只以上，肉类总产量达到 2200 万公斤，禽蛋总产量达到 270 万公斤，奶类总产量达到 160 万公斤，水产品产量达到 120 万公斤。

——林业。坚持经济效益、生态效益、社会效益并重的原则，因地制宜发展防护林、经济林和“四旁”植树。“九五”期间计划植树 350 万株，增加森林面积 1100 公顷。加强森林资源保护，加快山区林业资源综合开发，促进山区林业资源优势变为商品优势。大力发展优质水果，加强龙门、花园沟等优质水果基地建设，建成以金花雪梨、碰柑、脐橙等品种为主的优质水果基地 5 万亩。全区水果产量“九五”末达到 1000 万公斤。

——农副产品加工业。大力发展以农副产品为主要原料的农村加工业。组建罐头食品、肉类、果蔬饮料等加工实体，积极发展农村专业运输户，加强与农副产品销售公司的挂钩联系，稳定和拓宽销售渠道，把产、加、销紧密结合起来，提高农副产品附加值。“九五”期间积极扶持青白江面粉厂的发展，抓好区绿色食品生产项目建设，实现蘑菇生产、加工、销售一条龙经营。

实现上述计划安排的主要保证措施是：

1. 稳定和完善农村各项政策，深化农村改革，逐步建立适应社会主义市场经济要求的农村经济体制和运行机制。坚持和完善以家庭联产承包为主的责任制和双层经营机制，积极探索以农民股份合作制为重点的新的产权制度和经营方式。根据条件和农民自愿，鼓励土地使用权合理流动，稳妥地推进土地的适度规模经营。深化农村流通体制改革，积极推进农工贸一体化和“公司 + 农户”的生产经营模式。重视市场开拓，向市场要效益，逐步实现由传统农业向商品农业和企业农业的转变。

2. 强化、“科教兴农”，发展高效农业。大力培育、引进、示范和推广良种良法、地膜覆盖、旱地改制、果树栽培、配方施肥、统防病虫、水稻旱育秧、果树嫁接、禽畜优化饲养等综合配套技术。加强对农民的技术培训，稳定和扩大农业科技队伍，发展农村专业技术协会，把农业的发展真正转到主要依靠科技进步上来。

3. 加经强农业基础设施建设，改善农业生产条件。以水利为核心，加强山、水、田、林、路的综合治理，以建设“三田”、改造“三低”、开发“三荒”为重点，搞好农业综合开发。“九五”期间计划改造中低产田 8.7 万亩，开发“三荒”3000 亩。完成北四支水利枢纽工程建设和主要支斗渠标准化整治。强化土地管理和耕地保护，2000 年耕地面积稳定在 29.6 万亩左右。因地制宜推进农业机械化，推广先进的农业生产技术装备，逐步提高机械化作用程度。2000 年，全区农机总动力达到 6.5 万千瓦。

4. 加大投入，增强农业发展实力。坚持国家、集体、个人一齐上的办法，多渠道筹集农业建设资金。农民是农业投入的主体，重点抓好农民自身的劳动积累和资金投入，抓好乡镇企业“以工补农”。积极向上争取农业开发项目和补助资金，争取更多的农业信贷投放。逐步发展壮大农村合作基金会，积极为农业发展筹措资金。区财政对农业投入的增幅要逐年提高。加强农用资金的统一协调、管理和监督，提高农用资金的使用效益。

5. 发展社会化服务体系，增强服务功能。努力抓好社会化服务体系建设，积极发展连接农户与市场的中介组织，办好农村合作社和信用社，加强信息、技术、资金、加工、销售服务。乡村集体经济组织要逐步壮大经济实力，充实装备设施，培养技术人才，增强服务功能。

6. 组织好农村剩余劳动力的转移。完善职业介绍机构，建立劳动市场信息网络，加强农村劳动力资源和转移状况调查，开展农村劳动力的专业技能培训。在满足乡镇企业和农村第三产业吸纳剩余劳动力的基础上，积极组织劳务输出，使之成为农民创收的一个重要渠道。

（二）乡镇企业

乡镇企业是我区经济建设的重要组成部分。继续贯彻和完善发展乡镇企业的各项政策，坚持大力发展、调整结构、强化管理、提高效益的方针，推动乡镇企业向高层次发展。2000 年，乡镇企业总产值达到 127 亿元，年均增长 22%；利税同步增长，达到 2.5 亿元。固定资产原值增加到 8 亿元以上，职工队伍发展到 10 万人以上。

把深化改革作为乡镇企业发展的动力，积极推行以股份合作制和有限责任公司为重点的乡镇企业产权制度改革，加快企业经济机制转换和优化。推进集约化经营，促进生产要素合理流动和优化组合。把加速科技进步作为发展乡镇企业的重要措施，在新建和技改扩建项目中，按市场需求，高起点选择项目和名优产品。同时加强企业职工技能培训，努力提高企业法人的决策水平和管理能力。推动乡镇企业向集团化，规模化方向发展，积极发展市场占有率高的名优产品，提高市场竞争能力。把坚持多轮驱动、多轨运行、多向投入作为乡镇企业发展的主要途径，大力开展内引外联，招商引资工作，积极争取国家对中西部地区的专项贷款和其它资金，增强企业积累和投资能力。

“九五”期间每年对乡镇企业的投入达到 1 亿元以上。积极抓好“后三轮”的发展，使“后三轮”成为乡镇企业的投资主体。调整乡镇企业发展布局、引导乡镇企业适度集中，依托集镇，连片开发。

大力发展农村第三产业和个体私营经济。完善和落实发展个体私营经济的各项政策，对个体私营经济发展不限比例，不限速度，不限规模。鼓励农村个体私营经济形成多样化，向国有、集体、私营、外资等多种经济成分的混合型经济转变。通过拍卖与兼并，将一些小型集体企业出售或转移给私营企业。解决好个体私营企业的生产经营场地，结合小城镇建设，规划和落实个体私营经济活动场所。积极为农村个体私营经济提供资金、信息、技术等服务。消除个体私营经济的不合理负担，创造良好的个体私营经济发展环境。同时，要加强监督管理，引导个体私营经济健康发展。

（三）小城镇建设

发展农村小城镇是实现农村工业化和城乡一体化的主要途径。坚持统一规划，分步实施的原则，在抓好大同、弥牟、祥福三个省、市级小城镇建设的同时，启动和加快姚渡、清泉、合兴、日新、龙王等小城镇的规划和建设，其它乡立足本地实际，因地制宜发展小集镇。落实和用活发展小城镇的各项政策，加强小城镇基础设施配套建设，增强小城镇的辐射能力，全面发展镇域经济。拓宽小城镇建设的融资渠道，建立以农民投资为主体的小城镇发展机制。2000 年，使一批小城镇初具规模，基本形成现代化的小城镇群体。

四、工业和建筑业

（一）工业经济发展的主要任务

我区是省市的化工、冶金基地，地区工业仍以化工、冶金为主导，加强技术改造，提高化肥、钢铁、洗涤用品等重点产品的产量和质量，超前规划和发展石油化学工业。加强协调和服务，为市属以上企业的振兴和发展创造良好的环境，大力支持川化赖氨酸工程、化纤厂粘胶粘纤工程、成钢厂线材轧机工程、成桥厂桥梁生产系统改造、南山机器厂射钉紧固器材技术改造、宝洁和蓝风公司扩大生产能力等重点项目建设，在政策、土地、招工、社会保障等方面提供优惠条件和社会化优质服务。并积极依托大厂发展区属工业，使地区工业协调发展。2000 年，全地区工业总产值达到 102 亿元，年均增长 14%。

区属工业实施“四高一优”发展战略，努力追求较高的发展速度，高的劳动生产率和人均创利率，高的技术装备水平和企业管理水平，高素质的职工队伍和干部队伍，优化经济结构，扩大增量，提高质量。完善机制，发展集团，推动工业现代化进程，实现工业经济的持续、快速发展。2000 年，区属工业总产值达到 69 亿元，年均增长 17.9%。

（二）工业的发展重点

在抓好工业经济全面发展的同时，突出发展重点。以市场为导向，调整工业结构，实施名牌发展战略，大力发展对区属工业起支撑作用的支柱产业和创利率高的拳头产品，变工业经济的粗放型为集约型，提高工业经济的整体素质。“九五”期间，将已有较强基础，发展前景较好的机械、化工、建筑建材、轻纺工业作为我区四个支柱产业，将“巨人树”西服、农用汽车、醋酸脂类、玻琉纸、优质水泥、曲轴、轴承、“ST”新材料，离心玻璃棉、绿色食品等产品作为拳头产品，重点扶持发展。工业支柱产业总产值 2000 年达到 35 亿元，占区属工业总值的比重达到 50% 以上。

1. 机械工业。抓好长城农用汽车分厂和景峰内燃机分厂的技改项目，重点发展农用运输车、发动机曲轴、重型轴承等产品。到“九五”末，农用运输车的产量达到 1.5 万辆，发动机曲轴产量达到 25 万支，机械工业总产值达到 11 亿元。

2. 化学工业。挖掘现有化工企业潜力，加快新项目建设，积极发展有机化工产品，开发精细化工、短线基础化工产品。“九五”末，醋酸脂类有机化工产品产量达到 5000 吨以上，玻璃纸达到 8000 吨，“ST”新材料达到 1000 吨，化学工业总产值达到 5 亿元。

3. 建材工业。开发系列优质水泥和特种水泥，2000 年水泥产量达到 20 万吨。发展页岩砖、墙地砖等新型建筑材料，抓好水泥制品和建筑钢材的生产。2000 年建筑建材工业总产值达到 10 亿元。

4. 轻纺工业。以“巨人树”名牌西服为龙头，发展服装加工，纸塑包装，造纸和皮鞋生产。2000 年，服装产量达到 20 万套，轻纺工业产值达到 9 亿元。

（三）发展工业的主要措施

——实施重点扶持，推动结构升级。把结构升级作为转变经济增长方式、促进经济发展的中心环节。坚持市场为导向，按照不同产业的技术特点确定主攻方向。集中力量抓好支柱产业、名牌产品的发展和重点生产项目建设。“九五”期间，规划实现亿元企业 10 个以上，重点扶持长城农用汽车制造厂、巨人树制衣有限公司、华明玻璃纸制品公司、绿色巨人食品有限公司、成都内燃机总厂景峰分厂、炬光新材料公司，有机化工厂、青白江面粉厂、玻纤厂、讯达电信器材厂等骨干企业的发展。对重点企业的发展和拳头产品的开发，在资金、人才、技术、用地、税费等方面予以重点扶持和政策倾斜。项目建设上集中力量抓重点，力争每年建设 1 ~2 个规模较大、产品技术含量较高的生产项目。

——深化企业改革，增强企业发展动力。推进所有制结构多元化，大力发展非国有经济和混合型经济。积极推行以股份合作制为重点的企业产权制度改革，通过股份合作、合资、租赁、出售以及公有私营等多种方式，对现有企业加以改造，实现产权关系明晰化。以产权关系为纽带骨干企业为核心，组建一批具有较强实力的企业集团，发展规模经济，增强企业发展实力和竞争能力。实施综合配套改革，为企业发展创造宽松的环境。积极利用外资改造、嫁接一批企业，大力兴办“三资”企业，提高工业经济外向型程度。

——大力推进技术进步，转变经济增长式。在对现有企业进行技术改造和新进行的基本建设中，重点选择科学技术档次高、产品科技含量高的项目，着力提高科技对经济增长的贡献率。“九五”期间，计划开发新产品200项，推广新工艺100项。抓好人才引进和职工队伍技能培训，积极争取市属以上工厂的科技优势为区属工业提供技术服务。

——大力筹措建设资金，壮大发展资本。拓宽融资渠道，通过争取扩大信贷投放、资产转移、发行债券、股份合作、鼓励社会公众投入等多种形式，大力筹措建设资金，使投资率保持在合理水平。扩大对外交流、交往，加大招商引资力度，积极利用外资发展工业。加强与驻区市属以上企业的合作，发展联办企业，开发“延伸产品”。

——调整工业布局，强化企业管理。进一步完善弥牟工业开发区，加强区内基础设施建设，完善优惠政策和措施，吸引更多的工业项目进入开发区。结合小城镇建设，因地制宜，集中连片发展乡镇工业，形成乡镇各具特色的工业经济。加强企业领导班子建设，造就企业家队伍。把改革、改组、改造和加强管理结合起来，建立激励和监督约束机制，促进企业管理上水平上台阶，提高工业增长的质量和效益。按照新的企业经济效益评价指标进行考核，促进利税与速度同步增长。

（四）建筑业

坚持质量第一的方针，进一步提高建筑业的技术水平。开发和推广节地、节材住宅，推广高效预应力钢筋混凝土技术和建筑防火技术。开展招标投标等多种形式的工程承包，积极开拓区外建筑市场，扩大建筑设计和施工业务，不断提高装备水平和管理水平，促进我区建筑业的发展。强化区内建筑市场管理，健全工程建设监督保证体系，确保工程质量，抓好安全生产。2000年，建筑业总产值达到6.5亿元。

五、第三产业

“九五”期间，在大力发展一、二产业的同时，加速第三产业的发展，逐步改变我区第三产业发展滞后的状况。2000年，全区第三产业增加值达到9亿元，5年平均增长19.2%，占全区国内生产总值的比重由1995年的21%上升到2000年的30%左右。

（一）科技事业

围绕我区经济和社会发展要求，引进高新技术改造传统产业，大力促进实用技术的推广应用，推动科技经济一体化，把经济引向内涵发展的道路。大力引进、培养科技人才，落实放活科技人员的政策措施，调动科技人员的积极性。加强与大厂、院校和科研单位的联系、合作，扩大和完善区科技顾问团。增加科技投入，企业按规定实行从销售收入和税后利润中提取技术开发基金和科技发展基金；区财政每年对科技三项费用的投入增长幅度要高于当年财政支出的增长幅度。抓好科学技术普及与培训，建立健全科技信息和科技服务体系。2000年，科技进步对经济增长的贡献率显著提高。

1. 农业科技。围绕发展“两高一优”农业抓好科技普级和技术服务，大力推广种植业、养殖业等优良品种和先进实用技术，积极发展农副产品深加工技术、多经作物大面积栽培技术和创汇农产品开发技术。2000 年，杂交水稻、小麦和玉米新品种推广面积分别达到 12 万亩、7 万亩和 3 万亩。普及食用菌技术，基本完成劣质果树改造。组织好农业科技的实验示范工作，建设区科农贸示范基地，建立 3 个农业科技示范乡和 9 个示范村。

2. 工业科技。强化新产品的开发和新技术的推广应用，组织好科技项目的实施，加速科技成果向现实生产力的转化。逐步采用先进的技术装备，加快企业技术改造。积极引进科技含量高的生产项目，逐步发展我区高新技术产业。抓好科技兴工示范工作。“九五”期间计划实施科技项目 150 项，开发新产品 200 个，培育科技型企业 8 家，科技先导企业 2 家。

3. 社会科技。围绕城镇建设、环境监测、医疗卫生、计划生育和广播电视等社会事业方面的科技课题，推广先进技术，组织技术攻关，实现社会科技进步。

（二）教育事业

认真贯彻落实《教育法》和《中国教育改革和发展纲要》，加快教育的改革和发展，提高教育质量和办学效益。通过 5 年的努力，使全区人民受教育的水平有明显提高，城乡劳动者的职前、职后教育有较大发展，各类专门人才的拥有量居同类地区前列，努力创办与现代化建设相适应的一流教育。

1. 基础教育。进一步发展幼儿教育，到“九五”末，大弯镇和城厢镇普及学前三年教育，农村平坝地区 4 ~6 岁儿童入园率达到 70%；山岖、丘陵地区基本普及学前一年教育。继续加强小学教育和初中教育，努力巩固“普九”成果。2000 年适龄儿童入学率达到 99%，小学毕业生升学率达到 97% 以上。重视发展特殊教育。在巩固“普九”成果的基础上，积极发展高中阶段教育，2000 年农村初中毕业生升入高级中学学校的比例达到 50% 以上，大弯镇、城厢镇基本普及高中阶段教育。

2. 职业技术教育。大力发展职业技术教育，优化中等教育结构，调整职业技术学校的专业设置。到“九五”末，全区中等职业学校的招生人数在校和人数占全区高级中等学校招生人数和在校生人数的比重达到 65% 左右，并使城乡普通高中毕业生教育都能接受一定的职业技术教育或就业前的劳动技能培训。

3. 成人教育。巩固扫盲成果，2000 年全区青壮年非文盲率达到 99% 以上。继续办好区、乡（镇）、村成人文化技术学校（点），完善农技推广服务培训体系，根据需要大力开展各种适应性培训，积极推广“绿色证书”制度。职工教育以开展岗位培训和继续教育为重点，提高职工的思想文化素质和科技素质。

4. 教师队伍建设。充分发挥教师进修学校的作用，加强教师队伍的培训。1998 年前完成中小学校长的第二轮培训，到“九五”末，幼儿园、小学、初中和普通高中教师的学历合格率分别达到 90%、95%、85% 和 75% 以上。积极吸引本科以上学历的毕业生到高中任教。认真贯彻《教师法》，加强教师队伍的思想教育和职业道德教育，提高教师社会地位和福利待遇。抓好“教师安居工程”建设，到“九五”末，教师人均居住面积达到当地人均居住标准。

5. 学校建设和教育投入。继续加强中小学校舍的改造和建设，完成大弯中学和区幼儿园的迁建工程。充实教学装备设施，改善办学条件。

切实增加教育投入，逐步实现区财政对教育拨款的增长高于财政经常性收入的增长。按规定比例收足城市和农村教育费，鼓励社会公众对教育事业的赞助。继续开展勤工俭学活动，大力发展校办企业，增强教育自身发展能力。

（三）财政和金融保险业

——进一步完善财税体制改革，积极培植税源，加强税收征管。大力组织财政收入，从紧控制财政支出，“九五”期间力争财政状况有较大好转。加强预算外资金和国有资产管理，保证预算外资金的合理使用，防止国有资产流失。

——金融。深化金融体制改革，逐步建立现代金融市场和营运机制。鼓励发展城乡信用社、地方投资公司、农村合作基金会等非银行金融机构，增强地方融资筹资能力。积极发展证券市场和资金市场。建设资金保障和主渠道在银行，积极争取银行更多资金投放，支持国民经济的持续、快速发展。2000年，各类存款余额达到24.5亿元，贷款余额达到20.5亿元左右。

——保险。积极拓展业务范围，开办新的险种，合理增加保险服务网点，提高社会保险能力。加强行业监督，及时做好理赔工作。2000年，保险费收入达到3000万元。

（四）商品流通业

按照发展大商业、搞活大流通、培育大市场的构想，大力发展商品流通业和商品市场。建立以国有商业为主体、多种经济成分并存、结构布局合理、高效畅通的商品流通网络，促进城乡市场繁荣和商品流通业的兴旺。2000年，社会消费品零售总额达到8.8亿元，年均增长15%；集市贸易成交额达到10亿元，年均增长16%。

国有商业要充分发挥优势，扩大经营范围，提高经营商品的档次和质量。加快商业体制和分配制度改革，小型国有商业实行产权转移，增强经营活力。根据需要组建商业总公司，实行大规模、高效益、跨地区经营。积极鼓励个体私营商业的发展。结合城乡建设规划，抓好综合市场和商业网点的开发建设。改建团结村市场，发展乡镇农副产品交易市场，巩固和完善弥牟耕牛市场，建设物资、生产资料市场，积极发展仓储业。对区百货公司商业片区实施改造，力争建成高档次、综合性的商业大厦，形成购物中心。强化市场管理，加强物价监督，保护经营者和消费者的合法权益。

（五）交通运输业

积极鼓励国有、集体和个体运输业的发展。2000年，全区社会运输车辆拥有量达到2350辆，客运量达到1100万人次，货运量达到800万吨，运输业增加值达到8000万元。

按照量力而行、适当超前的原则，继续加强公路建设。“九五”期间计划打通和改建毗河以北地区的主要进出境道路。完成祥龙路工程，改建城太路、金石路姚日段、成赵路、人长路、大新路和清玉路龙王段等六条公路。加强乡村道路建设，基本实现村村通公路。在加强区内公路网络建设的同时，积极配合国家和省市搞好过境达成铁路、北环线和成绵高速公路等工程的建设。

（六）邮电通信业

加快发展邮电通信业，计划邮电业务总量2000年达到2800万元（其中邮政600万元，电信2200万元）。邮政要不断拓展业务范围，合理增设服务网点，提高服务质量。电信业重点发展程控电话，积极发展移动通信、用户传真、数据通信，进一步形成方便、迅速的现代化通信网络。加强通信设施建设，继续改善全区通信条件。“九五”期间重点抓好程控电话交换机扩容，2000年市话装机容量达到2万门，电话普及率城市达到15%，农村达到1%以上。

（七）房地产业

按照市场化、商品化的要求，加快危旧房改造、商品住宅开发和“安居工程”建设。“九五”期间计划新增城镇房屋面积40万平方米以上，其中商品房15万平方米。抓好怡湖居住小区续建工程的同时，力争再建设一个功能完善的住宅小区。建成“安居西苑”，改善住房困难户的居住条件。

深化住房制度改革，加快城镇住房商品化步伐。推进土地使用制度改革，扩大土地使用权的出让范围，坚持政府垄断地产一级市场，逐步放开和完善二、三级市场。

（八）旅游业和信息咨询等新兴行业

积极开发旅游资源，保持城厢镇省级历史文化名镇风貌，搞好家珍祠等名胜古迹的保护，完善家珍公园设施。积极筹措资金建设怡湖公园二期工程，搞好旅游配套设施建设，促进旅游业及相关服务业的发展。

充实和完善信息机构，加强项目、人才、劳动力供求等信息网络建设。发展信息市场，建立和完善拍卖市场。健全市场中介组织，发挥其服务、沟通、公证、监督职能，提高市场运行质量。

（九）人口控制与劳动就业

继续贯彻执行计划生育政策和法规，抓好计生工作“三结合”，严格控制人口增长。“九五”期间人口出生率年平均控制在13%以内，计划生育率达到95%以上。加强计划生育宣传，抓好流动人口的计划生育管理和农村计划生育工作。加强计划生育基层队伍建设，健全区、乡、村三级计划生育服务网络。强化人口计划管理，适度控制人口机械增长。

继续贯彻“三结合”的就业方针，拓宽就业渠道，缓解就业压力。“九五”期间计划平均每年安置城镇劳动力600人以上，失业率控制在2.5%以内。大力发展乡镇企业和农村第三产业，扩大劳务输出，促进农村剩余劳动力的转移。建立就业服务体系，建设区就业服务中心，发展劳务中介组织和劳动力市场。

（十）其它社会事业

继续加强民兵预备役和人防工作，抓好民兵训练基地和人防工程建设。认真贯彻《档案法》和《保密法》，搞好档案、保密和信访工作。加强文博工作，建设区博物馆。

六、城乡建设与环境保护

我区城乡建设以改善城乡人民生产生活环境为目标，以大弯镇为重点，加快城乡建设，搞好城乡绿化，强化城市管理和环境保护，努力创建舒适优美的城乡环境。加快建制镇改造和农村小城镇建设步伐，加快城乡一体化进程。2000年，全区城镇居住人口达到13.3万人，大弯镇建成区面积达到12平方公里。

（一）城市建设

加快城市基础设施和公用设施建设。大弯镇要按照现代化城市的功能要求，以规划为龙头，以基础设施为重点实施建设。“九五”期间完成华金大道大弯段的配套工程，新扩改建教育街北延线、政府路、青华路、青江北路延线、大弯东路等城市道路，启动环城路工程和华金大道广场建设，到2000年初步形成环状、方格网的城市道路系统。抓好区自来水厂三期扩建工程，2000年日供水能力达到7万吨。加强天然气供配气设施建设，扩大供气能力，大同、城厢镇居民实现烧天然气。城厢镇要加快旧城改造步伐，保持历史文化名镇特色。农村小城镇建设要突出特色，完善功能，成为乡村经济和社会发展的中心。“九五”期间突出抓好电力建设，积极筹措资金，争取建设110千伏和35千伏变电站各一座，并继续发展小水电，缓解电力不足的矛盾。

（二）城乡绿化

巩固我区的全国平原造林绿化百佳县成果，全面搞好城乡绿化。以公共绿地建设为重点，发展城市立体绿化、社区绿化，抓好单位附属地、居住小区绿化和村庄绿化，加强城乡道路绿化。“九五”期间计划建设森林公园，做好大弯镇防污绿化林带建设的前期准备工作。到2000年，农村森林覆盖率达到30%，城市绿化覆盖率达到32%。

（三）城镇管理

以大弯镇为重点，切实加强交通、服务行业、市政设施、流动人口等管理。大弯镇巩固省级“卫生县城”成果。加强法规建设，坚持依法管理。

（四）环境保护

认真贯彻《环境保护法》，坚持预防为主，防治结合，强化管理的政策，大力抓好工业污染防治和城市环境综合整治，使我区环境质量逐步得到改善。

——工业污染防治。合理规划工业布局，严禁在大弯镇上风上水方向建设有污染的项目。建设项目严格执行环境影响评价和“三同时”制度。狠抓工业污染防治，结合企业技改，采用先进技术和工艺，推行“清洁生产”。乡镇企业要向高技术、高效益、污染少的方向发展。对消耗高、效益差、污染大、治理难的项目实行关停并转。积极开展重点污染源的治理，抓好川化、成钢、成化等厂的10个重点治理项目建设。完成大弯镇排污截污流工程，抓紧做好建设10万吨污水处理厂的前期准备工作，逐步实现工业污水集中处理。

——城市环境综合整治。严格执行《大弯镇环境噪声管理办法》和《大弯镇烟尘控制管理办法》，加强对文化娱乐、交通噪声管理和餐饮服务业的烟尘控制。加强城市垃圾无害化处理。建立大弯镇饮用水源保护区。完成弥牟工业开发区排污管线的规划和建设，消除其对饮用源的潜在危害。

——农业环境保护。大力推广和发展生态农业，搞好水土保持和植树造林。加强农民生活用水和农业生产用水保护，解决人和乡石板河污染沿河人畜饮水问题，完成玉虹乡污灌改清灌工程。

七、人民生活

今后五年，居民生活改善和提高的重点是，适度提高收入水平，调整消费结构，丰富休闲形式，改善居住和出行条件，提高生活质量。全区力争1997年基本实现小康目标，并逐步建立起健康、舒适、富足的现代生活模式。

（一）居民收入与基本生活

在大力发展经济的基础上，保持居民收入稳步增长。到2000年，城镇居民人均生活费收入达到7800元，农民人均纯收入达到2400元。搞好收入分配调节，努力缩小收入差距，基本消除贫困。严格控制物价过快上涨，确保城乡居民生活稳步提高。引导居民改善消费结构，降低食品消费支出比例，增加住房和精神文化生活费用的支出。引导穿着向多样化、高档次方向发展。显著改善居住条件，到2000年，城镇居民人均居住面积达到10平方米以上，农村砖混结构住房达到85%左右，人均居住面积达到20平方米，安全卫生饮用水普及率达到99%，用电普及率达到100%。

（二）社会保障

社会保障程度是衡量居民生活质量的一个标志。努力扩大社会保障覆盖面，初步形成以社会养老保险为核心，其它社会保险和社会福利、救济与优抚事业相配套的社会保障体系。

加速发展养老和失业保险。把养老和失业保险由现在的城镇国有企业职工逐步扩大到集体、私营和股份制企业职工，以及外商投资企业中方职工和全体个体工商业者。

2000年，城镇养老和失业保险覆盖率达到100%，农村养老保险覆盖率达到60%以上。扩大医疗保险和工伤保险范围，实行大病医疗费统筹。推行农村合作疗保险，完善财产和人身保险以及农村独生子女“双全”保险，探索和开展妇女生育保险。

继续发展社会福利事业，办好敬老院和福利企业，做好社会救济、优抚安置工作。继续发展残疾人事业，保护残疾人的合法权益。

（三）医疗保健

医疗保健是现代文明生活的组成部分。大力发展医疗保健事业，巩固发展初级卫生保健成果，提高城乡居民健康水平。

加强预防保健和农村卫生工作，抓好传染病和血吸虫病的防治。健全区、乡、村三级卫生网络；重点抓好村级卫生站建设和农村改水改厕，到1997年全区95%的村建有卫生站。认真组织实施妇幼保健规划，做好妇幼保健工作。增加卫生事业经费投入，改善医疗卫生条件。计划新建“区急救中心”，改扩建一批乡镇卫生院，充实先进医疗卫生设备，加强卫生队伍建设，以适应卫生事业发展的需要。

（四）文化、体育

坚持“二为”方向和“双百”方针，努力繁荣文化艺术事业。鼓励发展民间文化艺术团体，有组织地发挥个体艺人作用，挖掘和培养文艺创作骨干，筹建区文联。建设区广播电视发射中心，办出广播电视地方特色，丰富群众的电视文化生活。发展公共图书事业，筹建区图书馆。加快乡镇文化中心建设，大力开展群众性文化活动。强化文化市场管理，促进文化娱乐行业的健康发展。

积极发展体育事业。建设区体育场，继续加强学校体育，发展群众体育，实施全民健身计划。2000年达到体育先进县条件。办好区业余体校，培养体育人才。

八、精神文明和民主法制建设

（一）精神文明建设

立足于培养“四有”新人这一精神文明建设的根本任务，重点加强理想教育和思想道德建设。

坚持进行社会主义、爱国主义和集体主义思想教育，树立正确的人生观，形成共同理想和精神支柱。抓好道德建设，引导人们正确处理国家、集体、个人三者利益关系，发展平等、团结、友爱、互助和新型人际关系，树立良好的礼仪风尚和职业道德。深入开展反腐败斗争，纠正部门和行业不正之风，加强勤政、廉政建设。坚持开展群众胜精神文明建设活动，争创卫生文明城镇、文明户。积极推动农村“万名青年奔小康”、城镇妇女“巾帼建功”和农村妇女“双学双赛”活动的开展。

（二）民主和法制建设

坚持和完善人民代表大会制度，保障人民代表履行权力。积极支持人民政协履行政治协商、民主监督和参政议政职能。做好民族宗教和侨务工作，巩固和加强民族团结，加强基层政权建设，增强依法行政能力。

（三）社会治安综合治理

坚持依法治区，加强社会治安综合治理，维护社会稳定，保证人民群众安居乐业。开展法制宣传教育，全面启动开展“三五”普法，提高人民群众法律意识，增强法制观念。鼓励和支持见义勇为行为，弘扬社会正气。积极防范和依法打击各种违法、犯罪活动。加强法制队伍建设，逐步改善装备条件，增强执法能力。强化社会治安工作目标责任制，把综合治理的各项措施落实到基层。

九、经济体制改革和对外开放

（一）经济体制改革目标和主要任务

“九五”时期，按照建立社会主义市场经济的总要求对经济体制进行综合配套改革，初步建立起社会主义市场经济体制基本框架，促进社会生产力的发展。

——农村改革。稳定农村政策，完善以家庭联产承包为主的责任制和双层经营机制，鼓励多种经济成分协调发展，逐步壮大集体经济实力。积极发展农工贸一体化、产供销一条龙的经营实体，推进农村经济产业化。积极发展农村股份合作制为主的多种产权关系，促进土地、劳动力、资金、技术等生产要素合理流动和优化配置。

——企业改革。以理顺产权关系为突破口，逐步探索建立以企业法人财产制度为核心现代企业制度。“九五”期间，完成国有企业公司改造。对小型国有企业实行转、租、卖，盘活资产。加速集体企业股份合作制改造。结合行业特点，组建以重点企业为核心的企业集团，鼓励企业跨行业、跨地区经营。支持各种经济成分平等竞争，形成国有企业、集体企业和私营行业、三资企业等多种经济成分共同发展的格局。结合贯彻《两则》，严格企业成本核算和财务管理，加快企业内部的人事、劳动、分配制度改革，建立科学的企业管理制度。

——社会分配制度和社会保障制度改革。实施劳动体制区域综合配套改革，全面推行企业全员劳动合同制，实行劳动者自主择业和合理流动。按照效率优先、兼顾公平、自主分配、政府调控的原则，搞好企业工资制度和社会分配制度改革。进一步推进保险制度改革，扩大社会保障覆盖面，提高社会保险能力。

——转变政府管理经济的职能。按照国家和省市的部署，遵循政企分开、精简、统一、效能的原则，积极稳妥地推进机构改革，强化政府的宏观管理职能，增强对经济运行的调节能力。继续完善计划的总体指导作用和综合协调功能，逐步建立计划、财政、银行三者之间相互配合、综合协调的新机制。

（二）对外开放的目标和主要任务

坚持“以开放促发展”的方针，进一步解放思想，更新观念，增强开放意识，加快开放步伐，提高开放实效、促进对外开放向宽领域、多层次、纵深化方向发展。

制订和完善对外开放政策，立足长远，着眼大局，主动让利，吸引外资。改善投资环境，简化办事程序。扩大对外经济、技术、文化交流，做好外事、外宣和侨务工作。加大招商引资力度，注重引资实效。按照国际惯例做好招商引资项目的前期工作，建立和完善招商引资项目库。“九五”期间力争引进资金10亿元，其中境外资金2亿元，引进项目50个。对已有三资企业依法搞好管理，加强服务。努力发展对外贸易，积极开发高新技术产品和创汇农产品，建设出口商品基地。“九五”期间计划培植3~5个生产性出口创汇企业。积极争取外贸出口权。2000年，全区出口创汇力争达到3000万美元。加强同省内外经济联合和经济技术协作，合理选择和接收沿海产业的转移和区外企业的迁入。

成都市青白江区国民经济和社会发展第十个五年计划和2010年长期规划纲要

（草　案）

21世纪初叶，是我国实施经济发展第三步战略目标的开局阶段。在经济全球化步伐加快，我国社会主义市场经济快速发展和中央实施西部大开发战略的宏观背景下，我们面临许多发展机遇，同时也会遇到严峻挑战。为进一步加快我区现代化建设步伐，抓住机遇实现跨越式发展，按照国家和省、市关于编制“十五”规划的部署和区委的要求，特制订本《规划纲要》，明确提出“十五”时期的奋斗目标、主要任务及对策措施，同时对2010年的远景目标提出轮廓性的设想。

一、“九五”时期的发展状况

“九五”时期，在区委、区政府的领导下，经过全区人民艰苦奋斗，我区经济和社会发展取得显著成就，较好地完成了“九五”计划的主要任务。全区人民生活基本达到小康水平，实现了经济发展的第二步战略目标。

（一）国民经济持续发展，总体实力进一步增强。2000年，全区国内生产总值（GDP）达到39.06亿元，完成“九五”计划的101%，5年平均增长11.1%，人均国内生产总值由“八五”末的5639元增加到9760元。三次产业的比重由“八五”末的18.9∶55.3∶25.8调整到10.7∶55.4∶33.9。社会消费品零售总额实现10.98亿元，完成“九五”计划的98%，年均增长14.5%。财政总收入（含上交省级收入）达到2.36亿元，完成“九五”计划的118%，年均增长11.2%；其中地方（区级）财政收入实现1.12亿元。年末贷款余额和各项存款余额分别达到23.92亿元和33.61亿元，年均增长14.4%和22.5%。5年累计完成固定资产投资28.35亿元，比“八五”时期增长98.3%。

（二）农业生产条件改善，农村经济持续发展。“九五”时期，采取积极措施，促进了农村经济稳定发展。一是多渠道筹集资金进行农田水利和乡村道路的建设与改造，不断地改善了农业生产条件。二是以市场为导向调整农业结构，促进了农村经济全面发展。“九五”末全区粮食总产量稳定在15.67万吨，生猪出栏25.88万头，粮经比例达到6∶4，养殖业占农业总产值的比重达到30%左右。三是小城镇建设步伐加快，“九五”期间全区有祥福、日新、姚渡等5个乡改为镇。省级试点镇大同镇加强了城镇道路、输电线路、供气供水等基础设施建设，城镇建成区面积达到0.6平方公里。弥牟、城厢、祥福镇及其它小城镇的基础设施建设和经济发展取得较好成绩。四是乡镇企业在第二次创业中保持较好发展势头，2000年全区实现乡镇企业总产值37.18亿元，实现增加值7.94亿元，实现利税9126万元。五是通过“帮扶”和自身努力，经济发展缓慢村的面貌得到较大改变。通过结构调整和发挥优势，农村的特色经济正在逐步建立。

（三）工业经济快速发展，经济质量有所提升。“九五”期间，全区逐步推进“工业富区”战略的实施，促进了工业经济的快速发展和经济质量的提高。“九五”末全区实现工业增加值18.71亿元，5年平均增长11.4%。“九五”期间着力培育的化工、机械、建材和轻纺四个主导产业得到较大发展。全区择优扶持的重点企业优势凸现，2000年全区46户重点企业实现增加值10.15亿元，占全区国内生产总值的26%。

（四）城乡建设和环境保护不断加强，发展环境进一步改善。城市规划进一步完善，完成了大弯（华严）镇城市总体规划修编和部分乡镇建设规划编制任务。市政公用和基础设施建设力度加大，先后完成了华金大道配套工程和成绵高速路连接线道路建设，新修了安全巷、政府路、大弯东路、通站路、紫荆路、安居路、怡湖东路东延线等城市道路，完成了区自来水厂三期扩建第一阶段改建任务，组织实施了人民广场新建工程。城镇住宅建设发展较快，5年新建住房96万平方米。城镇规模不断扩大，大弯（华严）镇建成区面积由“八五”末的7平方公里达到“九五”末的9平方公里。全区城镇化水平达到23%，公路、能源和通信设施建设取得新的成就，改造了城太路、姚日路和部分乡村道路，新建了龙王、祥福变电站，完成了农村电网改造。环境保护工作进一步加强，完成了排污截流工程，投资1.13亿元的区污水处理厂的建设已基本完工，关闭了污染重的“五小”企业，重点企业进一步加大了污染治理力度。全区空气环境质量和地面水环境质量均稳定在国家三级标准和三类水域标准以内。

（五）科技，教育和社会事业全面进步。坚持“科教兴区”战略，科技知识普及和科技成果的应用工作不断得到加强。“九五”期间实施科技项目52项，开发新产品100个。成都市中德制辊有限责任公司、科华重型轴承有限公司、成都王牌车辆股份有限公司、成都迪奥植化实业有限公司、成都飞亚曲轴厂等一批科技型企业逐步发展壮大。各级各类教育全面发展，在巩固“普九”成果的基础上，初中升高中阶段教育升学率由“八五”末的45%提高到“九五”末的83%。学校建设加强，完成了大弯中学的迁建和部分中小学校的改造。卫生、文化、体育、广播电视和其它社会事业取得新的进步，新建了区医院门诊大楼和区博物馆。顺利实施了“三五”普法规划，社会主义精神文明和民主法制建设得到加强。经济体制改革不断深入，对外开放的实效不断提高。

（六）居民收入稳步增长，生活质量得到改善。2000年，全区农民人均纯收入达到2710元，比“八五”末增加247元，5年平均增长13%。城镇居民人均可支配收入达到8308元，比“八五”末的4867元增加3441元，年均增长11.3%。

生活质量有所提高，全区恩格尔加权系数降到47%左右。通过多种保障渠道，低收入和无收入的居民基本生活得到保障。居民居住条件进一步改善，2000年城镇居民人均居住面积达到10平方米以上，农村5年间新建住房155万平方米。

“九五”期间取得的这些成就，为“十五”期间的加速发展打下了良好基础。

在全区经济持续发展、各项事业全面进步的同时，也还面临不少困难和问题。国民经济虽然得到持续稳定发展，但横向比较发展速度仍然偏慢，一些指标如人均国内生产总值、人均财政收入和农民人均纯收入等均低于全市平均水平；支撑经济增长的优势产业不突出，科技产业化水平低，国民经济整体素质不高；生产性建设投入不足，经济增长和财政增收后劲乏力；农村经济结构调整的力度不够，农业产业化水平不高，农民增收的难度加大；城镇下岗职工增多，农村剩余劳动力转移任务艰巨，全区就业压力较大；对外开放层次和招商引资实效还有待进一步提高；城镇化水平较低。这些矛盾和问题，有待我们在“十五”发展中加以重视和解决。

二、总体发展思路和目标

（一）发展基础和条件

21世纪初，发展环境和条件将更具驱动性和挑战性。经济全球化、新科技革命和世界经济结构大调整，为我区经济发展带来了新的动力；国内宏观经济的良好态势和中央西部大开发战略的实施，为我区加快发展带来了新的机遇；经过几十年建设我区形成的较完善的基础设施、发达的交通骨干网络和较强的工业及科技实力，为我区今后发展创造了良好条件；我区经济发展已处于工业化中期阶段，工业化水平已达到48%左右，实施“工业富区”战略的条件已经具备；抓住机遇实现跨越式发展在全区上下已形成共识，为组织全区人民艰苦奋斗实现发展目标打下了坚实的思想基础。但机遇与挑战并存。在外向型、开放型经济形势下，加快实现机制创新、技术创新和经济结构的升级，是“十五”期间我们面临的一项艰巨任务；买方市场的初步形成和消费品市场供大于求的状况，使我们面临十分激烈的市场竞争环境；横向比较的发展差距和周边地区的迅速崛起，对我区形成巨大的压力和竞争态势。我区作为省、市的重要化工、冶金工业基地，在迈向现代化建设第三步战略目标的进程中，有条件也应该抓住机遇，迎接挑战，奋起直追，加快现代化建设步伐，实现跨越式发展。

（二）发展思路

“十五”和到2010年期间的总体发展思路是：以邓小平理论和党的基本路线为指导，紧紧抓住西部大开发的历史机遇，以提高国民经济整体素质为中心，以改革开放和制度创新、技术创新为动力，调整和优化经济结构，加速实施“工业富区”战略，完善基础设施，推进城镇化进程，实现经济体制和经济增长方式的根本性转变，促进经济、社会、环境协调发展，加快现代化建设步伐。

（三）经济社会发展目标

1. “十五”计划发展目标

“十五”（2001—2005年）期间经济和社会发展的主要目标是：国民经济保持较快发展速度，社会保障制度基本健全，初步实现经济结构调整目标和经济增长方式的根本性转变，科技教育加快发展，精神文明和民主法制建设取得明显进步，城镇化建设取得大的突破，人民生活水平得到较大的提高，为2010年基本实现现代化奠定坚实基础。

总量指标：国内生产总值2005年达到66亿元，年均增长11%；人均国内生产总值实现15800元。一、二、三产业增加值分别达到4.9亿元、38亿元和23.1亿元，年均增长3%、12%和11.8%。财政总收入（含上交省级收入）2005年实现4.07亿元，其中地方（区级）财政收入1.94亿元，年均增长11.5%。社会消费品零售总额达到19.3亿元，年均增长11.9%。全社会固定资产投资“十五”期间达到51亿元，年均增长11.5%。

结构调整指标：调整优化所有制结构，非公有制经济在全区国民经济中的比重提高到50%左右。调整优化产业结构，三次产业的比重由2000年伪10.7：55.4：33.9调整到7.4：57.6：35。调整优化城乡经济结构，城镇化水平由2000年的23%提高到35%，非农业劳动者比重由2000年的54%提高到60%以上。

社会发展指标：到“十五”末，全区总人口控制在42万人以内，人口自然增长率控制在5%以内。人民生活水平显著提高，农民人均可支配收入达到3460元，年均增长5%。城镇居民家庭人均可支配收入达到11650元，年均增长7%。城镇登记失业率5年平均控制在5%以内。恩格尔加权系数平均达到44%。社会保障体系基本健全，各项事业全面发展，2005年基本普及高中阶段教育。

环境保护指标：全区森林覆盖率提高到32%；污染物排放总量稳定在“九五”时期水平；空气环境质量稳定在国家三级标准，力争达到国家二级标准；地面水环境质量稳定在国家三类水域标准，部分指标达到国家二类水域标准。

2. 2010年远景计划目标

在全面实现“十五”发展目标的基础上，再经过5年时间的努力，到2010年，全区经济实力迈上新台阶，基本实现现代化，建成一流卫星城，跨越发展青白江。国内生产总值实现116亿元，人均国内生产总值达到26360元。财政总收入达到7.33亿元，其中地方（区级）财政收入达到3.5亿元。各项社会事业协调发展，城镇建设取得新的成就，把大弯（华严）镇建设成具有中等城市规模的园林式卫星城，同时建成一批功能齐全、配套完善的小城镇，全区城镇化水平达到45%。

3. 奋斗目标：在计划目标的基础上，确定全区跨越式发展目标。根据《区委、区政府关于抓住机遇实现跨越式发展的实施意见》精神，我区“十五”和未来十年的主要奋斗目标确定为：全区国内生产总值2005年达到80亿元，“十五”期间年均增长15.4%；2010年达到146亿元；人均国内生产总值2005年达到19048元，2010年达到33180元。在GDP中，一、二、三产业增加值“十五”末分别达到5.1亿元、46.9亿元和28亿元，年均分别增长4%、16.8%和16.1%。财政总收入2005年达到4.85亿元，其中地方（区级）财政收入2.31亿元，年均分别增长15.5%；2010年财政总收入达到8.94亿元。全社会固定资产投资“十五”期间达到58亿元，年均增长16%。2005年全区社会消费品零售总额达到24亿元，年均增长16.9%。农民人均可支配收入达到3630元，城镇居民家庭人均可支配收入达到12200元，年均分别增长6%和8%。

三、产业结构调整和优化升级

“十五”期间，坚持以结构调整为主线，以市场为导向，依靠科技进步，采取综合措施，稳定发展第一产业，加速发展第二产业，优化发展第三产业，力争通过5年时间的努力，实现产业结构的优化升级。

（一）农业结构调整

以提高农村经济效益为中心，以优化农业生产布局、农业品种结构和农业内部产业结构为重点，加强政策引导和帮扶力度，促进农村经济全面发展和农民收入稳步增长。

1. 农业内部产业结构调整

大力调整种植业结构。一是合理调整粮经比例，扩大经济作物播种面积。引导农民增强市场适应能力，因地制宜加大种植结构调整力度，到2005年全区粮经比例力争调整为4∶6。二是大力实施种子工程，建设高产优质杂交稻产业化制种基地8000亩，产量达到150万公斤以上，“十五”末全区优质稻种植面积达到45%以上，“双低”油菜率达到85%以上。三是加强优质粮、油、菜基地建设，“十五”期间计划发展优质粮油基地20万亩（其中优质稻10万亩，麦7万亩，油菜3万亩）、优质无公害蔬菜基地5万亩，建设高标准菌种场一个、优质示范面积1000亩，食用菌总产量达到650万公斤以上。

大力发展畜牧业。一是积极鼓励和指导以家庭养殖为主的养殖业发展，到2005年生猪出栏达到30万头，小家禽出栏达到230万只。二是抓好养殖基地建设和养殖专业户的发展。计划建设特种养殖场、肉牛短期育肥、山羊、毛皮兔、肉兔养殖基地和成华猪种猪场，年出栏肉牛3000头、山羊3万只、兔20万只。三是组建草食牲畜龙头公司，实行“公司+农户+基地”经营模式，积极发展草食型畜牧业和加工业，形成年加工肉牛5000头、羊4万只、兔30万只的加工能力。四是大力发展水禽水产养殖，建设水禽基地。计划2005年全区出栏水禽70万只，水产品产量达到1400吨。“十五”末，畜牧业总产值占农业总产值的比重达到50%左右。

积极发展林果业。结合退耕还林，计划在清泉、人和、云顶等乡镇造林上万亩，改造低效林1万亩。“十五”末，全区水果总产量达到1万吨。

2. 农业生产布局调整

根据低山、丘陵、平坝区不同的自然资源特点，把改善生产条件与调整产业结构结合起来，大力发展生态农业、高效农业、观光农业。平坝和浅丘地区重点发展优质高效农业，建设优质粮、油、肉、鱼、菜等产品生产基地，并充分依靠科技进步，全面提高农产品质量，增强市场竞争力，促进产业化经营。“十五”期间，有一定基础条件的乡镇要重点发展为城市服务的“菜篮子”产品、花卉苗木和休闲观光等农业，广开农民增收门路。山区和丘陵地区重点发展生态型农业。结合实施生态环境工程，推动农业结构调整，逐步将25°以上的坡耕地退耕还林、还草，因地制宜发展优质水果、特色蔬菜、药材等经济林木和作物，大力发展以羊、牛、兔为主的节粮型草食牲畜。

3. 乡镇企业发展和农村剩余劳动力转移

继续把发展乡镇企业作为兴经济、富百姓的重要举措来抓。通过深化改革，创新机制；加快产品结构调整，提高市场竞争能力；支持重点发展，促进规模经营；依靠科技进步，增强企业创新能力等途径，提升乡镇企业的发展速度和经济效益。“十五”期间，计划培育年销售收入5亿元以上的乡镇企业4个，农业产业化龙头企业3个，乡镇企业增加值、利税总额每年保持12%以上的增长速度，乡镇企业吸纳农村剩余劳动力的人数2005年达到5万人。

在扩大乡镇企业吸纳剩余劳动力的同时，加强对农村剩余劳动力的技能培训，健全区、乡劳务输出服务组织，积极组织劳务输出，使外出务工收入成为农民增收的一条重要渠道。

4. 农业服务体系建设

抓好农业服务体系建设是推动农业结构调整的重要条件。“十五”期间继续加强农经、农技、畜牧、水利等服务体系建设，稳定服务队伍，引进和充实专业人才，积极为农民在种植、养殖、加工、销售等方面提供信息和技术服务，促进农业产业化发展。农业机械化是农业现代化的重要组成部分。“十五”期间积极促进农机事业发展，提高机耕、机播、机收水平。2005年，全区农机总动力由2000年的6.89万千瓦增加到8.8万千瓦，机收和机脱作业水平分别达到31%和85%，小麦机播和机械耕地面积分别达到8.5万亩和21万亩以上。

（二）工业结构调整

“十五”期间，着力实施“工业富区”的发展战略，把振兴工业放在经济工作的首位，加大工业结构调整力度，加速推进工业化进程。到2005年，全区工业增加值计划实现33亿元，5年年均增长12%。

1. 调整工业技术结构，提升工业经济质量。一是以市场为导向，以企业为主体，以高新技术和先进适用技术提升传统产业为切入点，推动工业结构升级。“十五”期间加大技术改造力度，计划投入技术改造资金12亿元以上，重点支持川化集团股份有限公司大型化肥装置节能增产、三聚氰胺节能降耗、赖氨酸扩建工程，成都蓝风实业股份有限公司年产1万吨脂肪酸甲脂磺酸钠装置和年产1.4万吨磺化装置，成都化肥厂尿素“六改十”工程，成都钢铁厂小型材半连轧和高速线材生产线，成都飞亚曲轴厂年产18万支曲轴生产线等一批重点技改和新建项目的实施。二是充分利用我区大中型企业集中、科技基础较好的有利条件，鼓励企业加强与大专院校和科研院所的联系，大力开发技术含量高、附加值高的新产品。三是积极培育高新技术企业。继续抓好中德制辊辊类产品开发等国家级星火计划项目和科华重型轴承厂特大型轴承产品开发等国家级火炬计划项目的实施，积极扶持长城热喷涂技术有限公司、双木机械有限公司和兴圆电力设备有限公司等企业的专利技术和产品开发。积极扶持、促进中小企业特别是科技型企业，向“专、精、特、新”的方向发展。四是进一步强化对新上项目的引导，减少小型、分散、低效益项目建设和重复建设，引导企业下决心逐步淘汰现有的技术落后、设备陈旧的生产能力。

2. 调整工业产业结构，培育壮大主导产业。按照大力发展化工工业，加速发展机械工业，积极发展建材工业，稳步发展轻纺工业的思路，充分运用经济、行政等调控手段，从资金、土地、税收等方面给予政策倾斜，继续培育壮大四个主导产业。

化学工业。以现有川化集团有限责任公司、川化味之素有限公司、成都化肥厂、成都蓝风实业股份有限公司等企业为骨干，以优势产品为主导，在进一步发展合成氨、尿素、硫酸和洗涤用品等传统化工产品的同时，重点发展三聚氰胺、赖氨酸、硫酸钾、双氧水、二硫化碳等精细化工产品和辛弗林、芦丁、橙皮甙等医药原料产品。充分利用现有化学工业的基础条件，配合国家疆油入川工程，力争一批化工项目落户我区，努力把我区建成西部重要的化工基地。“十五”末，全区重点化学工业企业的增加值计划达到11亿元，占全区工业增加值的比重达到33%左右。

机械工业。以成都王牌农用车股份有限公司、成都中德制辊有限公司、成都飞亚曲轴厂、成都国龙金属制品厂等企业为依托，运用现代工程技术、信息技术、机电一体化技术改造机械工业，提升机械工业的经济质量。重点开发石油化工、专用设备机械、预应力钢丝绳、核能系列管件，发展农用车、曲轴、辊类、重型轴承等产品。加强专业生产协作，引导企业实现规模扩张，力争把我区建成成都的机械加工基地。“十五”末，农用车产量达到4万辆，制辊达到1万吨，曲轴40万支。全区重点机械企业的工业增加值达到1.2亿元，年均增长20%左右。

建材工业。抓住西部大开发的历史机遇，努力改变我区建材工业企业多、规模小、技术含量低的状况，大力开发新型建辅建材产品。以成钢厂、成桥厂、升达林产公司、成都瀚江新型材料有限公司等企业为主体，重点发展建筑钢材、强化木地板、浸渍纸和大型桥梁、铝塑建材、离心玻璃棉等建材产品。2005年，建筑钢材年产量达到80万吨，木地板达到1000万平方米，离心玻璃棉达到4000吨。全区重点建材企业工业增加值达到5.3亿元，占全区工业增加值的比重达到16%以上。

轻纺工业。以成都华明股份有限公司、成都巨人树服饰股份有限公司等企业为龙头，加强产业协作与联合，扩大产品规模，拓展品牌效应，提高市场占有率。重点发展粘胶纤维、玻璃纸、“巨人树”服装等产品，力争建成成都重要的轻纺工业基地。“十五”末，服装年产量达到80万套，粘胶纤维和玻璃纸产量分别达到3.5万吨和5500吨。全区轻纺工业重点企业增加值实现1.35亿元，年均增长3%左右。

3. 调整经营队伍结构，提高经营者素质。邀请专家学者举办讲座，对企业的厂长经理进行培训，提高其科学决策、跟踪信息、把握市场的能力。鼓励厂长经理参加各类专业技术培训特别是MBA（工商管理硕士）的学习。放宽政策，加强企业管理人才和专业技术人才的引进和培养力度。指导企业对职工加强技能培训。经过几年努力，使企业经营队伍素质得到明显提高。

4. 调整管理机制，建立现代企业制度。要进一步转变政府职能，按照市场经济的规则管理经济，减少对企业的行政干预，着力在信息、政策、协调等方面做好服务工作。调整区属工业管理体制，改变政出多门、各自为政的状况，加强集中统一协调和指导。加大企业产权制度改革力度，推动国有、集体企业全面实施企业产权制度改革。指导企业进行规范的公司制改造，建立现代企业制度，促进企业走上科学管理、健康发展的道路。

（三）第三产业结构调整

1. 商品流通业。“十五”期间，一是加强毗河以南地区乡镇的商业网络建设和农副产品交易市场建设，加快传统商业向现代商业的转变，初步形成布局合理、各具特色、功能互补的现代化商贸流通格局。二是进一步深化流通体制改革，增强商业企业活力。加快对外开放步伐，积极引进国内外知名流通企业，开展独资、合资、合作经营，形成开放繁荣的商业新局面。三是加强毗河以北乡镇商品市场建设，形成合理的商业业态。大弯（华严）镇重点发展大型商场、综合超市、便民超市、专营专卖店、购物中心和区域配送中心，并加强主要商业街的整体规划和综合开发，增强城市现代服务功能。按照城市向北向东发展规划布局，加快城市北部和东部的市场建设，发展专业批发市场，逐渐形成新的商业副中心。加强居住小区商业网点建设，规划建设商业特色街。在华金大道以北新区建设1至2个集贸市场。

2. 房地产业。抓住我区城市向北向东发展和加快基础设施建设的有利时机，加大住宅建设力度，建立和完善多层次住房供应体系，以住宅建设为重点，规范房地产一级市场，培育二级市场，发展租赁市场，搞活房地产市场。完善住房金融服务，努力扩大住房消费，推动房地产业持续、快速、健康发展。搞好住宅小区建设，“十五”期间，计划建设住宅小区12个，新增住宅面积100万平方米，改造旧房30万平方米，使城镇人均居住面积达到15平方米，住房成套率上升到95%。发展居民住房信贷消费，扩大住房有效需求。探索房地产开发投资新形式，规范发展住房装饰装修业。

3. 旅游业。加强旅游资源开发，充分利用省级历史文化名镇城厢镇和其它旅游资源，吸引社会资金和外资参与投资和经营。积极利用周边旅游资源，吸引区外游客到我区消费。进一步提高旅游服务行业设施的档次，改善服务质量，开拓旅游市场。

4. 信息化和服务业。信息化是我区产业优化升级和实现现代化的重要环节。“十五”期间，在政府行政管理、社会公共服务、企业生产经营等领域，推广和引导运用数字化、网络化技术，提高计算机和网络的普及应用程度。有计划地发展网络商户，加快发展电子商务。在全区各类学校积极推广计算机和网络教育，普及信息化知识和技能。

培育和发展服务业，拓宽第三产业发展领域，对经济进行结构调整和提高居民生活质量将起到重要作用。“十五”期间大力发展信息、金融、会计、咨询、劳务、法律服务等行业，积极发展社区服务、拍卖、典当等新兴行业。引导文化娱乐、健身保健等产业发展，满足服务性消费需求。引导服务行业运用现代经营方式和服务技术，提高服务质量和经营效益。加快实现中介机构与行政部门脱钩和改制。推行企事业、机关单位后勤服务社会化。

四、城乡结构调整

“十五”及未来10年，必须加大建设力度，大力推进城镇化进程，实现城乡经济社会的繁荣和稳定。

（一）大弯（华严）镇城市建设

1. 建设思路和目标。坚持统一规划，分步实施；着眼长远，适度超前；突出重点，体现特色；合理布局，配套建设的原则，进行老城区改造和加快新区建设步伐，进一步完善基础设施和公共服务设施，深化以城市户籍制度为重点的城市配套改革，完善社会保障体系，营造加快城镇化发展的环境，推进城镇化进程。经过10年努力，初步建成以化工、冶金、机械加工工业为主的具有中等城市规模的园林式卫星城。

“十五”期间，重点实施新一轮城市总体规划，到2005年，大弯（华严）镇建成区面积达到11平方公里，初步展现经济繁荣、科技发达、设施完善、环境优美的一流卫星城的风貌。

2. 优化城区地域结构，强化主城区功能。未来大弯（华严）镇的建设，重点向北向东发展。工业布局主要向南和东南发展，在华金大道以北不再新布点工业企业。优化主城区产业结构，在大弯（华严）镇重点发展第三产业和污染小、科技含量高、市场竞争力强的工业。在用地上，通过行政和地级级差调节作用，控制经济社会效益小的项目在主城区的用地，为主城区的顺利发展留置宽广的空间。

3. 加快新区建设和进行老城区改造。严格按规划要求实施华金大道两侧的城市建设，到“十五”末，基本建成以华金大道为轴心，科技区、居住区、商业区功能分明，绿化率高的优美新区。老城区改造采取装饰装修与拆旧建新相结合的办法，完成教育街、青江北路、团结路等16条街道的改造。加大危破房屋改造力度，进一步改善城镇居民居住条件和环境。

4. 强化城市综合管理。坚持做到建管同步，健全城市管理制度和办法，加强协调配合，落实管理职责。加大城市管理执法力度，必要时组建城市管理综合执法队伍。积极开展创卫工作，努力实现城市的净化、绿化、亮化和美化，争创国家卫生县城。

（二）小城镇和中心村建设

继续把建设小城镇作为发展农村经济、推进城镇化进程的一个大战略来抓。一是扩大小城镇规模，加大小城镇建设力度。“十五”期间，力争再有3个乡改为镇。建设中以规划为龙头，加快小城镇和乡场镇基础设施建设与场镇改造步伐。同时把小城镇建设与发展乡镇企业结合起来，鼓励、引导企业到小城镇连片开发，成片发展。二是以优惠的政策、良好的条件鼓励和吸引农民到小城镇办企业、建房、经商、务工，转为城镇居民，发展第三产业。三是充分发挥小城镇的辐射和带动作用，促进镇域经济发展。小城镇建设要突出特色。城厢镇的建设重点突出古城风貌和历史文化名镇特色；弥牟镇的建设主要体现民族风格，增强吸引力和辐射力；清泉、祥福、姚渡、合兴等镇重点突出商贸特色。经过五年时间的努力，力争把现有的小城镇建成各具特色、经济发达、设施完善、环境达标的小城镇。

中心村是城市体系的支撑点。在加快小城镇建设的同时，进一步加快中心村建设。“十五”期间，省级试点小城镇必须完成中心村规划，并力争建设一个以上的中心村；其它乡镇要积极抓好试点，探索新形势下优化居住环境、发展农村规模化经济的途径。

五、基础设施建设

（一）交通设施建设

以完善区内“两纵三横”公路网络、提高道路等级为目标，进一步加强公路交通设施建设，形成区域贯通、方便快捷的交通网络。“十五”期间，改造我区与周边地区的“接头路”；新扩改建成南高速路青白江连接线、成环路西半环青白江段和姚（渡）日（新）路等公路。继续加强乡村道路建设，在实现村村通客车的基础上，“十五”期间实施全区“村村通油路”工程。积极配合省、市搞好过境北环线、成南高速公路等交通干线建设。加强交通配套设施建设，“十五”期间新建青白江区城厢客运站。加强客货运输市场管理，促进运输业健康发展。

（二）城市基础设施建设

“十五”期间，进一步加快城市基础设施建设，增强城市的承载能力和综合服务功能。小城镇结合新区建设和老场镇改造，花大力气完善公用设施，加快改扩建镇区道路步伐。大弯（华严）镇要拓宽青江北路，建成新唐巴路及东部片区主干道，形成较为完善的城区交通路网格局。实施长流河、杨柳堰河道的综合整治工程。完成区自来水厂三期扩建和全区天然气供气设施建设。进一步抓好排污管网建设，完成区污水处理厂配套项目的收尾工程和垃圾处理厂的建设。抓好城市公共绿化的建设管理，新建防护林95万平方米，人均公共绿地面积“十五”末达到6平方米。加强电网和供电设施建设，建设祥福110千伏变电站，“十五”末基本形成全区环形供电网络。大弯（华严）镇城区通信电缆实现地下化，供电线路力争逐步实现地下化。

（三）信息基础设施建设

加速邮电信息、电子网络建设，开办电子邮局，实现网上用邮。实施“村邮工程”和“户籍工程”，“十五”末普及率分别达到50%和80%。加强电信设施建设，新建接入网和扩充市话量，市话交换机容量由“九五”末的4.05万门增加到5万门。新建无线基站10个。新改建干路、电缆网500公里，新增通信管道15公里。加快信息网络建设，“十五”期间计划建设区级机关局域网，实现数据资源共享，提高机关办公自动化水平。

（四）农田水利设施建设

全区重点实施以水利为中心的五大工程建设，使农业生产条件得到明显改善。一是实施尾水旱片治理工程，完成祥福、日新旱片治理和东干渠我区重点支渠的改造；二是实施重点河段的综合治理工程，力争完成青白江河、毗河险工险段防洪工程；三是全面实施农灌渠的综合整治工程，提高通畅能力；四是实施田土改造工程，计划改造下湿田和中低产田土10万亩；五是实施水土流失治理工程，重点抓好龙泉山脉开发，治理水土流失面积96平方公里，改造坡耕地2.6万亩，新建蓄水池3000个。为2010年基本建成现代化水利区打下坚实基础。

六、科技教育和社会发展

（一）科技发展

一是大力推广农业科技成果，建立和健全农业科技推广网络，到“十五”末，全区建立科技示范乡5个，示范村12个，示范户100户。二是加强科技中介机构建设，健全科技推广服务体系，发展技术交易市场。三是增加科技投入，条件成熟时建立科技风险投资基金，进一步落实技术入股等政策措施，推动科技成果向现实生产力的转化。四是大力发展民营科技企业，“十五”末全区民营科技企业发展到40户，实现年产值4亿元以上。到2005年，全区科技进步对经济增长的贡献率达到60%以上。

（二）教育发展

继续深化教育体制改革，引导和支持社会力量以多种形式办学，逐步形成以政府办学为主，社会各界共同参与，公办和民办学校共同发展的格局。全面推进素质教育，着力提高学生思想政治素质和创新实践能力。巩固和发展“普九”及扫盲成果，积极发展中等和高等职业教育，大力发展农村教育，完善社会化、多层次的终身教育体系。“十五”末，适龄儿童入学率达到99%以上；小学升初中升学率达到98%，高中阶段教育普及率达到80%，力争达到85%，实现基本普及高中阶段教育。加强教师队伍建设，提高教师队伍整体素质，到2005年，全区小学、初中、高中教师的学历合格率分别达到98%、90%和85%以上。加强学校建设，进一步改善办学条件。“十五”期间在华金大道以北新区建初级中学一所。进一步加强干部教育培训力度，加大资金投入，切实抓好干部培训阵地现代化建设。充分发挥党校“三个阵地”“一个熔炉”作用，培养高素质的领导干部和建设人才。

（三）社会发展

1. 卫生事业。深化医疗卫生体制改革，逐步建立与市场经济体制相适应的卫生保障体系。合理调整全区医疗机构布局。在大弯（华严）镇，计划以区医院为基础，联合有关医疗机构组建青白江区第一人民医院，在城厢和清泉镇分别组建青白江区第二和第三人民医院。进一步健全农村卫生网络，完善乡镇卫生院服务功能。加强村卫生站建设，力争全区90%的村卫生站达到甲级标准。积极发展社区卫生服务，努力健全预防保健网络，提高防病治病水平。加强妇幼保健工作，降低急性传染病发病率、孕产妇和婴儿死亡率。“十五”期间计划设立区疾病预防控制中心，完成全区急救网络布局及配套设施建设。

2. 文化事业。继续坚持文艺“二为”，方向和“双百”方针，搞好文艺创作，加强文物保护，健全文化网络，充分发挥区文化馆、图书馆等文化设施作用，大力开展集镇文化、民俗文化、社区文化、企业文化、校园文化等文化活动。继续开展文化下乡活动，进一步丰富农村群众文化生活。加强文化娱乐场所建设和文化市场管理，促进文化事业健康发展，争创先进文化区县。

3. 体育事业。进一步实施全民健身计划，大力开展各类群众性体育活动，积极抓好学校体育。“十五”末全区参加体育锻炼人口的比重达到65%，学生体育达标率达到97%以上。

4. 广电事业。继续加强广播电视基础设施建设，“十五”期间，建设区广播电视中心。完善有线电视网，发展光纤电视用户5万户。大弯（华严）镇力争实现“一城一网”。区到乡镇实现干线光缆传输，乡镇至村二级传输达到50兆，推动有线电视加快发展。

5. 人民生活。进一步健全社会保障制度，使城乡居民基本生活得到保障。努力开拓就业门路，抓好职业培训，增强失业人员就业技能。妥善处理减员增效和职工就业的关系，积极发展生产，扩大就业。进一步发展社会保险事业，提高社会保障水平。在发展经济的基础上，努力增加城乡居民收入，提高生活质量，使居民生活达到宽裕型小康水平。

七、可持续发展

（一）人口控制

继续控制人口数量，努力提高人口素质。认真执行国家现行计划生育法规和政策，稳定低生育水平。重点抓好农村计划生育工作，促进优生优育。进一步落实责任制，加强对流动人口的计划生育管理。加强人口机械增长管理，控制人口过快增长。加强计划生育宣传和法制建设，建立健全调控体系，确保人口控制目标的实现。

（二）资源管理

合理开发利用和节约各种自然资源，促进可持续发展。加强土地资源开发利用管理，做好土地资源动态平衡工作。根据“十五”全区经济和社会发展需要，将非农业建设用地总规模控制在2500亩以内，开发宜农地2250亩。到“十五”末，全区基本农田保有量稳定在28．5万亩。依法加强矿产资源和水资源管理，防止资源损失和浪费。

（三）环境保护和生态环境建设

认真贯彻国家有关法律法规，坚持污染防治和生态保护并重的方针，努力控制污染物排放总量，改善环境质量，促进生态平衡。结合经济结构调整，加大工业污染防治力度，企业产生的废水、废气必须经处理达标后才能排放。对污染重、效益差的小企业，有计划的重点整治或关闭。继续加强城市环境综合整治，提高城市污染防治能力，稳定提高城市环境质量。努力控制农业污染，切实保护农村环境，改善农村环境质量。积极推进全区气化工程，“十五”期间，全区小城镇实现镇镇通天然气。加强汽车尾气管理，加强CNG加气站的建设和管理，加快汽车油改气步伐，“十五”末有条件的汽车基本实现以压缩天然气为动力。加强生态环境建设，努力创造条件实施我区生态环境建设规划，积极推进植树种草，2005年全区森林覆盖率达到32%，为建设山清水秀的青白江打下基础。

八、发展环境建设

（一）体制环境建设

1. 经济体制改革。“十五”期间，继续加快企业改革步伐，以产权制度改革为突破口，积极探索公有制多种有效实现形式，鼓励非公有制经济企业参与国有企业资产重组，大力发展混合型所有制经济，把国有企业改革、改组、改造和加强管理结合起来。推进公司制改革，完善企业法人治理结构，建立有效的制衡机制。积极探索国有资产管理的有效形式，建立和完善国有资产管理、监督、营运体系。继续深化投融资体制改革，进一步扩大投资领域，拓宽融资渠道。推进财税、金融、科技、教育、分配、流通等方面的综合配套改革，完善社会保障制度，发展资本、劳动力、技术等生产要素市场，加快资源配置的市场化进程。

2. 企业组织结构调整。实施择优扶强政策，以现有重点优势企业为依托，打破所有制、隶属关系和地域界限，通过强强联合、优势互补，组建和发展一批跨所有制、跨行业、跨地区的企业集团，形成3至5家在西部乃至全国有较大影响、年销售额在10亿元到50亿元的大中型企业集团。

3. 所有制结构调整

在调整优化产业结构的同时，大力调整所有制结构，逐步提高非公有制经济在全区国民经济中的比重，建立与现阶段生产力发展水平相适应的所有制结构。坚持“有进有退，有所为有所不为’’的方针，加快对国有经济布局的战略性调整，促进产权合理流动和重组，推动国有资本向技术产业和优势企业集中，提高国有资产的运行质量和效益。放心、放手、放胆发展个体私营经济，培育一批实力雄厚、竞争力强的大企业和企业集团，放开搞活中小企业，不断壮大非公有制经济实力。

（二）法制环境和精神文明建设

坚持“依法治区”方针，加强民主法制建设。坚持和完善人民代表大会制度、民主协商制度。深入开展普法教育，强化执法监督，促进依法行政，维护司法公正，不断提高民主化、法制化水平。进一步落实维护社会稳定领导干部责任制，加强社会治安综合治理，依法打击各种违法犯罪活动，促进全区社会稳定，为经济和社会发展提供良好的治安环境。

切实加强社会主义精神文明建设。引导干部群众认真学习邓小平理论，加强爱国家、爱集体、爱事业和“致富思源，富而思进”的思想教育，增强时代紧迫感和艰苦奋斗精神，培育与社会主义市场经济制度相适应的健康社会心理。继续开展创“文明单位”“文明户”和社区共建等一系列精神文明建设活动，提高全区社会文明程度，增强开放创新意识，为现代化建设提供精神动力和智力支持。进一步加强国防教育，增强公民国防意识，促进民兵预备役工作的开展，推进我区省级“双拥”模范区建设。

（三）对外开放环境建设

“十五”期间要进一步落实“开放强区”的战略方针，以大开放促进新跨越。抓住我国加入WTO的有利时机，拓宽我区利用外资领域。充分发挥企业在招商引资中的主体作用，改进和创新招商引资方式，广泛吸引国内外资金、技术、人才，促进企业机制、技术、管理创新。继续建立引资引项政府奖励基金，激励引资引项有效开展。进一步抓好项目引进的指导和开发工作，按照国际惯例搞好项目的筛选和包装，加大对国际、国内大公司、财团、商社的招商引资力度，提高引资引项实效。“十五”期间引进项目和引进资金都力争比“九五”时期增长1倍。适应加入WTO的需要，实施大经贸发展战略，努力扩大对外贸易，帮助具备条件的企业加快取得进出口经营权，大力开拓国际市场。“十五”期间实现外贸出口总额力争比“九五”时期翻一番。

（四）投资软环境建设。努力改善政府管理服务工作，认真实施政府机构改革，建立与市场经济相适应的政府管理机制。精减和下放政府行政审批权，凡是应由企业自主决策的事项，均由企业依法决策。在严格行政执法的同时，减少对企业的各类检查和行政干预，严禁对企业滥罚款乱处罚。依法减少对企业的各类行政收费，规范行政收费行为。继续清理和废除不利于发展的各类文件，适时制订推动经济社会健康发展的政策措施。大力提高行政机关工作人员业务素质，加强公仆意识教育，改进机关作风，严格规范办事程序，提高服务质量和办事效率，为外来投资者提供良好的服务。在发挥市场配置资源基础作用的同时，加强政府的宏观调控和管理职能，引导经济和社会事业健康、有序和协调发展。

九、固定资产投资和重点项目建设

加大投入和抓好一批骨干项目建设，是确保规划目标实现的重要条件。“十五”时期要进一步刺激投资需求，增强筹资能力，积极改善投资环境，突出重点投资领域，加强重点项目建设，使规划的实施有良好的投资基础做保证。

（一）扩大投资规模，改善投资结构

积极扩大投资需求，努力保持投资总量的增长幅度快于 GDP 的增长幅度。“十五”期间，全区固定资产投资计划达到 51 亿元，奋斗目标达到 58 亿元，投资率达到 19%，对经济增长的贡献度达到 40% 以上。在扩大投资规模的同时，要进一步优化投资结构，提高投资效益。引导社会资金向生产性、高技术产业、技术改造等领域投入，使生产性投入的比重比“九五”时期有较大幅度的提高。“十五”期间工业项目计划投资 26 亿元，占总投资额的 51%。同时加大基础设施和生态环境建设的投入，进一步改善投资条件。

（二）拓宽融资渠道

一是积极推进银企携手，努力发展高技术含量、高附加值的产业，争取金融部门更多的支持。条件成熟时，政府建立项目基金和项目贴息资金，有选择地对效益好的重点项引进行贴息支持。二是积极鼓励企业将自有资金投入再建设，加快设备折旧速度，加强自筹资金能力，壮大发展实力。三是推荐一批符合国家政策支持条件的项目，如生态环境和农业建设项目，积极争取国家和省、市的政策和资金支持，有条件的项目争取国家债券和外资贷款。四是做好服务工作，积极支持成都、蓝风实业股份有限公司和其它有条件的企业争取上市，到资本市场融资。五是把招商引资作为加快我区发展的突破口，加大招商引资力度，全面放开政策允许的投资领域，制订优惠政策，吸引区内外投资。六是通过特许权转让并向社会公开招标，为基础设施建设筹集发展资金。采取积极措施拓宽融资领域，保障现代化建设的资金需求。

（三）实施一批重点建设项目

“十五”期间，以国家扩大内需，加快基础设施建设的宏观政策为指导，抓住中央实施西部大开发战略的机遇，积极储备和加速实施一批上档次、上规模的骨干建设项目，以促进全区投资增长和经济发展。一是重点支持工业技术改造和新建项目的实施，增强工业经济的整体实力；二是尽快启动和加快交通、通信项目的建设，使全区交通、通信条件再上新的台阶；三是实施以基础设施为重点的城市建设工程，完善城市功能，促进城市经济加快发展；四是实施以水利为中心的农业基础设施建设工程，改善农业生产条件。与此同时要抓好项目的启动，选准项目，成熟一个，启动一个，为实施项目，加快发展起好步。通过实施一批重点项目建设，拉动投资和经济增长，促进规划目标的圆满实现。

1990—2005 年青白江区国民经济和社会发展统计表

年份	地区国内生产总值						财政收入		固定资产投资总额（亿元）	社会商品零售总额（亿元）	城市居民年人均可支配收入（元）	农村居民人均纯收入（元）
	总值（亿元）	第一产业（亿元）	第二产业		第三产业	人均国内生产总值（元/人）	全口径财政收入（亿元）	其中：地方财政（亿元）				
			合计（亿元）	其中：工业								
1990	7.34	1.57	4.63	3.15	1.14	1958	1.10		2.13	1.71		649
1991	8.03	1.63	4.95	3.23	1.45	2125	1.07		1.71	1.97	1990	755
1992	10.02	1.91	6.22	5.01	1.89	2637	1.08		1.94	2.18	2558	820
1993	15.13	2.31	10.46	10.02	2.36	3959	1.07		3.77	2.38	3546	906
1994	18.52	3.20	12.20	11.72	3.12	4941	1.22		3.18	3.55	4031	1160
1995	22.37	3.72	13.98	13.48	4.67	5770	1.38		4.18	4.45	5156	1463
1996	26.28	4.34	16.33	15.04	5.61	6723	1.63	0.83	4.93	6.87	6476	1815
1997	32.42	4.85	20.47	18.47	7.10	8241	2.14	1.21	4.72	7.92	6985	2196
1998	33.13	4.41	18.18	15.92	10.54	8403	2.41	1.37	5.11	8.85	7102	2418
1999	35.83	4.21	20.15	17.56	11.47	9050	2.70	1.54	6.28	9.87	7647	2570
2000	40.69	4.37	22.58	19.73	13.74	10167	2.36	1.12	9.93	10.99	8304	2713
2001	46.72	4.55	26.74	23.47	15.43	11648	2.62	1.29	12.15	12.33	8946	2943
2002	53.49	4.80	31.47	27.43	17.21	13834	3.13	1.48	15.31	13.88	9608	3141
2003	65.74	5.37	41.11	36.10	19.25	16352	3.85	1.68	20.46	15.66	10596	3351
2004	79.77	6.12	51.19	44.44	22.46	16882	4.68	2.19	28.78	17.85	10880	3787
2005	83.84	6.88	54.79	48.63	22.17	20574	6.24	2.83	43.40	20.35	12080	4175

注：按当年价

1990—2005 年青白江区国民经济和社会发展统计表

年份	人口总数（万人）	从业人口（万人）	其中：在岗职工	教育						卫生				
				学校数（所）	其中			在校学生（人）	教师人数（人）	卫生机构（个）	其中：医院、卫生院	卫生工作人员（人）	其中：医生人数（人）	实有床位
					中学	小学	幼儿园							
1990	37.49	22.57	4.66	218	29	165	24	48815	3138	61	15	1401	565	781
1991	37.79	23.81	4.83	220	29	160	31	47353	3450	61	19	1427	575	781
1992	38.00	24.28	4.87	210	26	160	24	46933	3428	61	18	1294	602	790
1993	38.22	24.53	4.97	207	24	160	23	47318	3440	61	19	1488	548	786
1994	37.48	24.63	4.97	223	24	154	45	48306	3351	59	22	1608	610	794
1995	38.77	24.90	5.09	218	22	154	42	51807	3003	59	22	1672	659	794
1996	39.09	24.96	5.04	223	22	153	48	52326	3138	33	22	1707	617	821
1997	39.34	25.23	5.05	224	22	153	49	53475	3325	33	22	1638	623	851
1998	39.53	24.69	4.49	232	22	151	59	53756	3165	31	22	1576	582	854
1999	39.66	24.21	4.37	225	22	149	54	54973	3114	31	22	1587	600	939

续表

年份	人口总数（万人）	从业人口（万人）	其中：在岗职工	教育						卫生				
				学校数（所）	其中			在校学生（人）	教师人数（人）	卫生机构（个）	其中：医院、卫生院	卫生工作人员（人）	其中：医生人数（人）	实有床位
					中学	小学	幼儿园							
2000	40. 02	24. 29	4. 08	213	22	142	49	56313	3160	32	23	1528	583	962
2001	10. 11	24. 06	3. 78	194	22	138	34	57808	2912	30	21	1516	592	962
2002	40. 16	24. 66	4. 28	188	22	110	56	58092	2875	33	24	1462	465	1026
2003	40. 24	24. 7	5. 32	187	22	95	70	60955	2929	29	21	1448	456	1084
2004	40. 40	24. 44	5. 18	98	16	17	65	62934	3015	29	21	1485	472	1068
2005	39. 43	23. 00	5. 50	91	15	16	60	60099	3074	23	18	1453	493	1101

注：中学含职业中学

2005年青白江区重点工业企业主要经济指标

单位：万元

企业名称	产品销售收入	利税总额	工业总产值		工业增加值	说明
			现价	不变价		
冶金业						
攀钢集团成都钢铁有限责任公司	749589	68570. 5	795781. 8	722459. 6	247632. 2	2002年前为成都钢铁厂
攀钢彩板	36426. 6	3243. 8	36557	32660. 4	4791. 5	2004由成都东迁落户企业
成都异型钢管	5907. 4	445. 4	5932. 3	5894. 4	3179. 9	2004由成都东迁落户企业
化工工业						
川化集团有限责任公司	174553	28057	185627	135373	117049. 8	1995年前为四川化工总厂
成都华明公司	59018. 6	3963. 3	57750. 4	64559. 3	10349. 2	1993年前为成都化纤厂
蓝风公司	30000	1509. 7	20989	19842. 5	9432. 3	1993年前为成都合成洗剂厂
玉龙化工有限公司	27267. 7	6772. 6	27205	34386. 2	13288. 4	2002年前为成都化肥厂
四川米高化肥有限公司	16387. 7	2989. 1	16070. 2	14057. 2	1326. 2	2003年初建
机械工业						
成都王牌车辆	98650. 3	1912	92310. 1	81455	1278	1998年起用现名
天马铁路轴承有限公司	22861. 1	6181. 3	16548. 2	16548. 2	2968. 5	2002年改制后起用现名
成都焊研威达有限公司	8693. 6	399. 1	10488	10488	3258. 1	
中德制辊	5622. 8	2806	5898. 6	5898. 6	1603. 1	
飞亚曲轴	4456. 4	495. 3	4966. 3	4966. 3	1479. 3	1999年起用现名
建材工业						
升达林产有限公司	48560. 5	7482. 8	51365. 9	54618. 7	18001. 2	
台玻成都玻璃有限公司	24071. 1	292	25781. 1	25781. 1	4710. 5	
中铁八局集团桥梁公司	15332. 4	107	12162. 3	11527. 3	3000	
巨石集团成都有限公司	15261	5493	26049	21049	22011	
成都瀚江新型建材	3680	457	3407. 4	4114. 2	997. 2	

说明：资料来源《2006年青白江统计年鉴》

《青白江区志》承编单位修志工作人员名录

（以姓氏笔画为序）

丁泽清	丁宪军	万　敏	于志文	马　强	马武寿	马家祥	尹大勋
尹丽敏	方　宁	方　洁	方作明	王　伟	王　丽	王　洁	王　玲
王　敏	王　婷	王　琴	王　蓉	王化中	王长林	王世福	王玉丽
王安琪	王应辉	王诗华	王思德	王振林	王祥辉	王道铣	邓　勇
邓　梅	邓　晴	邓光优	邓全富	邓贤洪	邓庭全	邓清玉	韦运富
付　彬	兰文渝	冯　娅	冯小华	包世忠	包华平	卢华全	卢年富
古　兵	古生虞	史本玉	史国庆	叶　德	叶世全	叶成熙	叶哲彦
叶家辉	叶乾育	宁友明	石红樱	艾雪松	龙秀琪	乔春丽	任　俊
伍维宇	刘　义	刘　宇	刘　迁	刘　阳	刘　涛	刘　莉	刘　敬
刘　然	刘　路	刘　颖	刘凤菊	刘友萍	刘代明	刘永学	刘再鲲
刘宇坤	刘红雨	刘丽玲	刘作辉	刘宏国	刘远为	刘国平	刘国建
刘明玉	刘家全	刘晓红	刘高廷	刘盛福	向万友	向以桦	向盛茂
吕　鸣	吕　洁	吕显东	孙　抒	孙　燕	孙文敏	安晓瑾	庄永林
朱世培	朱巨辉	朱家玉	江　艳	江　静	江长和	江盛芳	牟连弟
米因泉	米德亮	许必强	许达成	许昌华	严三良	严乐云	严平原
何　文	何　军	何卫东	何心林	何庆显	何成辉	何克松	何良显
何松成	何泽才	余　芳	余孝良	余勇璋	吴　汀	吴仁勇	吴世元
吴世国	吴世聪	吴东昌	吴立寿	吴红卫	吴建华	吴忠良	吴育兰
吴晓辉	宋云骏	张　化	张　扬	张　红	张　迅	张　局	张　林
张　晓	张　敏	张　梅①	张　梅②	张　梅③	张　静④	张　静⑤	张　燕
张义柱	张业辉	张代华	张发传	张训富	张佐亮	张祚清	张君和

① 发改局。
② 物价局。
③ 残联。
④ 环保局。
⑤ 清泉镇。

张孝云	张孝勇	张宏友	张建明	张昌龙	张春晖	张顺杰	张桂琼
张继尧	张惠琼	张德鑫	李 永	李 林	李 英	李 勇①	李 勇②
李 春	李 珂	李 祥	李 领	李 瑛	李 蓉	李 蜜	李 薇
李万长	李书钧	李云坤	李发容	李永明	李华蓉	李志强	李建明
李明珍	李知虎	李茂香	李贤伟	李青正	李星成	李胜兵	李贵尧
李根唐	李祥玉	李崇才	李悠江	李章全	李维嘉	李跃军	李德明
李德茂	李德普	杜 龙	杜 俊	杜为民	杜伟平	杨 进	杨 波
杨 荣	杨 敏	杨 斌	杨以才	杨玉茜	杨志明	杨国荣	杨国益
杨明均	杨明清	杨绍兴	杨绍彬	杨显忠	杨胜利	杨晓明	杨维平
杨跃国	杨福娟	汪 勇	汪正禄	汪庄富	汪晓蓉	沈序富	沈宗富
沈晓英	沈跃芬	肖 文	肖 敏	肖孝先	肖波文	肖敦强	肖渝霞
肖德平	苏 萌	苏少勇	苏国辉	谷云飞	邱 军	邱友明	邱兴成
邱明全	邱述新	邱琼华	邱蜀新	邹丽苹	邹杨顺	邹静波	闵燕华
陈 平	陈 怡	陈 明	陈 娅	陈 莉③	陈 莉④	陈 婧	陈 雯
陈 颖	陈 磊	陈一维	陈义琴	陈小海	陈元伟	陈天万	陈世信
陈世荣	陈立志	陈先军	陈兴凤	陈兴全	陈兴鹏	陈华云	陈延兴
陈池英	陈红浪	陈帝伟	陈弟荣	陈昌建	陈明盛	陈俊文	陈俊辉
陈律廷	陈洪彬	陈家义	陈晓曦	陈道军	陈道和	陈道蜀	周 刚
周 斌	周长远	周国安	周国威	周明钰	周述勇	周碧才	孟兴蓉
孟照山	屈 峰	岳 鹏	岳其德	庞广安	易 静	林 丽	林大志
林立广	林芳莲	林德福	罗 华	罗永洪	罗远安	罗国友	罗建全
罗清志	罗隆彬	罗隆富	范凤娥	范运梅	郑 亮	郑其学	侯利俊
侯咏梅	侯晓红	柯 伟	柳 燕	段丽华	洪 流	祝 强	胡 平
胡 波	胡文秀	胡华娟	胡荣才	胡荣亚	胡桂苹	胡祥坤	胡 燕
胥雪龙	贺春霓	赵 丹	赵 平	赵 坤	赵 科	赵 敏	赵 毅
赵仁广	赵玉峰	赵光武	赵兴保	赵旭才	赵红跃	赵清霞	钟 建
钟 骏	钟 敏	钟卫东	钟盛全	党 云	卿立中	卿立平	卿光泉
卿科文	唐 杰	唐 斌	唐 琪	唐小峰	唐已文	唐世槐	唐永发
唐永芳	唐丽霞	唐贤富	唐漫莎	夏 丽	夏 琳	夏 潍	夏昌菊

① 教育局。
② 工商银行。
③ 政法委。
④ 司法局。

夏贵成	徐 杨	徐 林	徐 强	徐天蓉	徐向上	徐胜利	徐家富
涂基勇	秦娓燕	翁 霞	莫 珂	袁开全	贾 苍	贾 璐	贾夏申
贾琼章	郭 江	郭万俊	郭廷忠	钱翠华	陶孟祥	高 跃	高欣欣
高琴琴	崔 劼	康志恒	曹 伟	曹 霞	黄 东	黄 进	黄 耘
黄 莉	黄 琼	黄 毅	黄 镇	黄 薇	黄永忠	黄玉豪	黄先林
黄地根	黄成基	黄自祥	黄建文	黄建光	黄凌云	黄晓宏	黄晓玲
黄基彬	黄雪峰	黄薪月	傅道荣	彭 勋	彭兴培	彭忠良	彭育林
彭英泽	彭姚华	彭常水	彭雪琴	彭琼英	彭道勇	曾 宏	曾 理
曾 静	曾凡英	曾云兰	曾令兵	曾光德	曾亨全	曾启俊	曾忠树
曾念发	曾念勇	曾昌松	曾治凤	曾顺富	曾家顺	曾根旭	温 莉
温佐萱	温佐勤	温利林	温贤军	温贤杰	温贤柱	温贤树	温康福
温琴利	游志勇	程 力	程 森	程顺林	程积恭	程福中	童 芳
葛 磊	葛川源	蒋世奇	谢 芸	谢 婧	谢圣德	谢宏宇	谢杰阳
谢瑞云	辜晓明	窦霁云	蒙进斌	蒲 斌	蒲德勇	赖 辉	赖怀志
赖治宇	赖维光	鄢永德	阙永德	雷 萍	雷兴发	雷家强	雷隆清
廖 颖	廖长明	廖启星	廖枫杰	廖品玉	廖顺银	廖悦乔	熊 丽
熊 英	熊 革	熊建伟	熊恒惠	蔡 兴	蔡 钧	蔡长泽	蔡纪林
蔡达新	蔡育青	蔡显超	谭光荣	潭学军	鲜绍军	潘 捷	潘向阳
潘丽萍	潘秀明	潘雪梅	谭学源	黎 静	黎雪梅	薛 晰	蹇志刚
魏 晋	魏庆凤	魏贤光	魏青文	魏顺松	瞿泽良		

索 引

使用说明

一、本索引采用内容分析索引法，按索引条目汉语拼音字母顺序排列。

二、索引标目后的数字表示内容所在的页码。

A

B

C

D

E

F

K

L

M

N

O

P

Q

R

S

T

W

X

编后记

2004年7月，根据成都市第二届地方志编纂工作统一部署，我区启动了《成都市青白江区志（1991—2005）》的编纂工作，通过建立机构、组建队伍、制订方案、设置篇目、培训人员、收集资料、编纂志稿、严格审查、反复修改，历时十二个春秋寒暑的编纂过程后，终于公开出版面世。这是在区委、区政府的正确领导下，在区人大、区政协的关心支持下，我区地方志工作取得的又一丰硕成果。

《成都市青白江区志（1991—2005）》的编纂过程大致分为前期准备、搜集资料、合纂初审、总纂复审、终审出版五个阶段。

前期准备。2004年12月，区地志办拟订了《成都市青白江区第二届地方志编纂工作方案》《成都市青白江区志（1991—2005）编纂大纲》，2005年5月先后经区政府常务会议、区委常委会议审议通过，报市地志办审批后实施。随后，调整了区地方志编纂委员会成员，设立了区志总编室、专家咨询委员会、审查验收委员会，确定了总编辑和副总编辑，全区88个承修单位建立了修志工作领导小组，明确了分管领导，落实了工作人员。建立和完善了“党委领导、政府主持”的领导体制和“地志办负责、承修单位共同参与”的工作机制。同年8月18日，召开全区第二届地方志编纂工作动员会，提出了“统一思想，精心组织，明确责任，落实任务”的要求。

收集资料。按照“事以类聚、横排纵写，横不缺要项、纵不断主线”的体例要求及“科学分类和现代社会分工相结合”的原则，编写区志篇目征求意见稿。根据修改意见，学习借鉴兄弟区县经验，反复调整修改，形成区志基本篇目，印发承修单位用作资料收集。

结合阶段性工作，分别在2005年9月、2006年6月、2007年6月聘请修志专家到区举办方志基础知识、收集资料、填写资料卡、编写资料长编和初稿撰写培训班。承修单位按照先易后难、先粗后细、先内后外、先口碑后文档、先查阅后摘抄的步骤开展资料搜集。针对资料工作新手多、容量大、内容新、搜集难的特点，采取派出去学习、分类目召开座谈会、现场指导示范、印发培训资料等方式，帮助工作人员掌握业务知识，协助承修单位拓宽资料收集渠道，增强了培训工作针对性，确保资料的完整、真实、有效。到2007年12月，共收集资料3500余万字，填写资料卡1100余万字，编写资料长编800余万字。

合纂初审。2008年1月，编纂工作转入志稿合纂。针对部分初撰稿待审，部分篇目资料收集难的问题，总编室将人员分为合纂组和材料组。合纂组按部类设主笔一人，实行主笔负责制，承担初稿史实核对、条目审定、文字编辑和提出需核实、补充的资料内容；材料组负责初稿催收、补充资料的收集整理、评审工作的组织和后勤保障。坚持两周一次的例会制度，集中探讨和解决合纂工作中问题。2008 年 7 月，市地志办到区检查工作，对区志篇目设置提出修改意见，针对不足作了调整和修改。同年 11 月召开区志篇目评审会，市地方志专家组在肯定区志篇目设置“总体成功，思路正确，分类清楚，工作细致”的同时，提出 50 余条修改意见。总编室认真采纳专家组评审意见，逐项调整、修改和完善。

2009 年 3 月，组织开展自查自审，互读互审，通读通审和边审边改。同年 5 月将初稿印发承修单位组织初审，根据初审意见进一步核对史实、补充资料、修改完善，并将修改情况反馈承修单位。

总纂复审。2010 年，开始志稿总纂。按照“统一体例，规范行文，统一文风”的编纂要求，重点把好资料关、体例关和文字关。虚心听取和采纳专家意见，学习借鉴兄弟区县经验，志书篇目由大编体调整为中编体，合并、拆分了部分类目和条目；压缩文字，处理交叉重复；统一文体，纠正非志书文体写法；统一文风，顺时记述事物（件）发展过程。2011 年 4 月，形成区志复审稿。同年 5 月，由区志编纂委员会组织复审。同年 7 月，市地方志专家组对复审稿提出“进一步细化篇目，完善图表，统一风格，坚持标准，提高质量”的要求。根据专家组复审意见，总编室对复审稿进行认真审读，反复修改。重点把好政治关，删除了有关内容；把好保密关，删除了涉密事项；调整篇目，统一了体例结构；重排图照，突出了地方特色；精炼文字，处理了交叉重复；核实数字，完善了统计表格；查漏补缺，确保志稿内容完整。2012 年 5 月，形成区志终审稿第一稿报送市地志办审验。

2012 年 8 月，市地志办在《成都市地方志编纂委员会办公室关于〈青白江区志（1991—2005）〉稿修改意见的函》（成地志办函〔2012〕24 号）中提出了审核意见：一是篇目结构和层次设置欠规范；二是未严格按照条目体的体例设置层次，撰写条目；三是部分卷类资料缺失严重；四是相当部分的内容，行文不很规范。总编室高度重视，安排专人按照中指组《地方志书质量规定》《四川省第二轮市县级志书编纂规范》《成都市志（1990—2005）行文规则（修订）》的要求，并参照市地志办审读意见，再次通读志稿，调整篇目，补充资料，修改完善。同年 12 月，形成区志终审稿第二稿再次报送市地志办审验。

2013 年 3 月，经市地志办审验同意，经过修订的区志终审稿连同终审上报材料装订成册，报送市地方志审查验收委员会终审。2013 年 7 月 12 日，区志通过市审查验收组终审。根据终审验收组的意见，再次对全书内容进行了增补和修改。2014 年 1 月 28 日，市政府批准出版发行。

《成都市青白江区志（1991—2005）》编纂过程中，恰逢国务院《地方志工作条例》和《四川省地方志工作条例》分别颁布施行，为依法修志和促进地方志事业持续健康发展提供了法律保障。编纂地方志是中华民族优秀文化传统，是社会主义精神文明建设的重要组成部分，是一项宏伟的社会主义文化建设系统工程。《成都市青白江区志（1991—2005）》记载了全区十五年厚重而辉煌的历史，反映了全区十五年自然、政治、经济、文化、社会的特色和现状；重点记述了在改革开放历史进程中产生的新体制、实施的新举措、取得的新成就和带来的新变化；客观反映了新形势下出现的新矛盾和新问题。本志是一部指导思想正确，体例完整，内容全面，文字精练，记述准确，符合国家法律规定，时代特征明显，地方特色突出的资料性文献，将在“存史、资政、教化”和为全区经济社会发展服务中发挥重要作用。

《成都市青白江区志（1991—2005）》一书设卷目30个、类目195个、条目963个，收录照片63张、图表182幅，约100万字。本书的编纂工作得到了来自方方面面的关心、支持和帮助。历届区委、区人大、区政府、区政协领导十分重视编纂工作，确保了修志工作顺利进行；区委、区政府主要领导多次提出编修要求，亲自指导，并为本书作序；区委、区政府分管领导全程参与指导修志工作，落实人财物，切实解决困难和问题；省地方志编纂委员会及市地志办的领导和专家，多次莅临指导工作，为确保志书的科学性、全面性，提高志书质量，起到重要作用；区地志办原主任陈先铧、熊剑、李维嘉为区志编纂工作倾注了大量心血；区委办、区人大办、区政府办、区政协办对编纂工作给予了大力支持；区委组织部、区委宣传部、区委统战部、区民政局、区国土局、区交通局、区文体广新旅游局、区统计局、区档案局等相关部门和各乡镇（街道）为查阅档案、补充资料提供了诸多帮助；区财政局保障了修志工作经费；区新闻中心及相关单位和人员为本书提供了大量图片；川化集团公司、攀成钢公司等驻区企业积极配合，主动提供史料，让志书内容更加丰富。区志总编室的总编、副总编、各责任编辑以及各单位初稿撰写人员，为保证志书内容真实准确、全面完整，不计寒暑，克服困难，搜集资料，实地考证，倾心尽力、反复锤炼，付出了大量的劳动。在此，谨向所有为本书编纂出版给予关心支持、奉献智慧辛劳的领导、专家、全体编纂人员及社会各界人士表示诚挚的感谢和崇高的敬意！

《成都市青白江区志（1991—2005）》的编纂是一项十分繁重而又艰辛的工作，全体编纂人员本着对历史、对后代负责和实事求是的精神，精益求精，反复修正，力求志书规范完整，确保质量，并突出时代特点和地方特色，准确反映青白江区的历史和现状。但由于涉及的历史跨度长，资料分散，挖掘搜集、查证核实的难度很大，加之本志编纂人员水平有限，书中难免有错漏和不妥之处，敬祈广大读者和专家见谅并批评指正。

《成都市青白江区志（1991—2005）》总编室
2016年12月